南开百年学术经典

何廉文集（上册）

何 廉 著
关永强 编

南開大學出版社
天 津

图书在版编目(CIP)数据

何廉文集 ：上册、下册 / 何廉著 ；关永强编. —
天津：南开大学出版社，2020.9
（南开百年学术经典）
ISBN 978-7-310-05906-5

Ⅰ. ①何… Ⅱ. ①何… ②关… Ⅲ. ①经济学—文集
Ⅳ. ①F0—53

中国版本图书馆 CIP 数据核字(2019)第 252610 号

何廉文集 ：上册、下册
HELIAN WENJI：SHANGCE、XIACE

南开大学出版社出版发行
出版人：陈 敬
地址：天津市南开区卫津路 94 号 邮政编码：300071
营销部电话：(022)23508339 营销部传真：(022)23508542
http://www.nkup.com.cn

三河市天润建兴印务有限公司印刷 全国各地新华书店经销
2020 年 9 月第 1 版 2020 年 9 月第 1 次印刷
230×155 毫米 16 开本 55.5 印张 10 插页 645 千字
定价：278.00 元

如遇图书印装质量问题，请与本社营销部联系调换，电话：(022)23508339

（何廉 1930 年于南开大学，由何保瑾先生提供）

何廉（1895—1975），字淬廉，湖南邵阳人，著名经济学家和教育家，南开大学经济学科的主要创办者。

1926 年获耶鲁大学博士，随即担任南开大学教授，先后创办南开大学经济研究所和经济学院，积极倡导经济学中国化，主持编制享誉海内外的“南开指数”，培养了我国最早的一批经济学研究生。1936 年后曾相继担任行政院政务处处长、经济部次长、农本局总经理和中央设计局副秘书长等职务，其间持续主持南开大学经济研究所的工作。抗战胜利后积极参与南开大学复校工作，1948 年任南开大学校长。

天津南開大學商科
NANKAI UNIVERSITY

SCHOOL OF COMMERCE　　TIENTSIN CHINA

會長先生台鑒：逕啟者，我國稅則紊亂，大爲商民感苦。茲悉貴會及考訂稅則委員會有調查天津貨價、規訂稅則之舉，一勞永逸，加惠商民不淺。康對於物價向好研究，擬擇日晉謁台端，恭聆進行辦法，並承大教。前日敝校公函度塵記室，乞賜洽，無任感禱，尚頌公綏

何廉拜啟　十月廿三日

（何廉手迹，1930 年，原件存天津市档案馆，J0128-2-000690-018）

本书出版得到了中央高校基本科研业务费专项资金支持。

“南开百年学术丛书”出版说明

巍巍学府，百年南开。

2019 年 10 月，南开大学将迎来建校 100 周年。

从筚路蓝缕、举步维艰的私立大学到闻名世界的高水平大学，南开大学走过了一条艰辛曲折而又光明辉煌的道路。在这路途中，一代又一代的南开人坚忍不拔，愈挫愈奋，用实际行动阐释了“允公允能，日新月异”的校训，谱写了中国教育史上的不朽篇章。

学术乃学者立身之本，亦大学立校之基。一百年来，南开学人以自己的勤奋、智慧、心血、汗水，取得了难以计数的学术成果，在国内外产生了广泛而深远的影响。这些成果或酝酿于民族危亡之时，或完成于战火纷飞之际，或草创于风雨如晦之间，或出版于拨乱反正之后。这些著作或开新派，或释旧说，或察幽微，或集大成，嘉惠学子，享誉士林，体现着南开人的学术贡献。

由于时间久远和社会变迁等原因，前辈学人的著作多有散佚和湮没，有的甚至成为海内孤本，搜集颇为不易；即使一些距离现在并不太久的著作，由于当时印数不多，发行不畅，搜集的难度也依然较大；加之出版时间不同，出版单位各异，故而难见系统规模，查找亦多有不便。

出于诸多方面的考虑，借百年校庆之契机，我们决定编辑出版“南开百年学术丛书”。这部丛书根据著作呈现方式及相关内容，又分为三个系列，即为“南开百年学术经典”“南开百年学术文萃”和“南开百年学术文库”，收录一百年来南开学人具有代表性的专著、论文以及学术自传等。将众多作品汇为一编，既收相得益彰之效，又得研读考索之便，对于文化积累和学术传承亦不无裨益。

我们意在通过这部丛书，全面反映南开学人学术探索、学术创新和学术跋涉的进程，系统展示南开学人的学术品格、学术特色和学术贡献。

我们相信，这部“南开百年学术丛书”必将成为一座学术的丰碑，瞻望前贤，启迪后昆。

我们希望海内外校友和广大读者提出批评和建议，使“南开百年学术丛书”臻于完善。

南开大学出版社

2015 年 8 月

代序

回忆何廉等经济研究所的五位老师[1]

杨敬年

（一）

1936 年，我从中国国民党中央政治学校大学部行政系毕业，考入南开大学经济研究所为第二届研究生，从此结识了何廉和方显廷、张纯明、李锐、陈序经这五位先生。他们不但对我的治学和做人产生了深刻的影响，而且在我的人生历程中起了决定性的作用。五位先生都对南开经济研究所的建立和发展做出过艰苦卓绝的努力。现在他们都已离开人世。我在这里追忆跟他们学习和工作的往事，以此来寄托对他们的怀念和景仰之情。

有一件事在南开校史中很少提到，那就是抗战前[2]南开经济研究所和燕京大学、协和医院、金陵大学联合建立的华北农

---

① 本文原载《南开大学报》2004 年 4 月 9 日、5 月 28 日、6 月 25 日，这里仅做了很少数几处文字上的调整。

② 此时间应是指 1937 年以前。

村建设协进会，由何廉任会长，并在山东济宁设立实验县，得到美国罗氏基金团（即洛克菲勒基金团）的资助。当时招收的第一、二届研究生研究学门分为合作、土地制度、土地行政、地方行政、地方财政（第二届增加经济史），就是为农村建设培养人才，研究生每月奖学金 50 元，也是罗氏基金团的钱。

当时从事农村建设事业，是学者们报国的方式之一，类似的组织，还有晏阳初在河北定县办的平民教育促进会，梁漱溟在山东办的乡村建设研究院。可见南开经济研究所的首要特色，即理论联系实际（经济学“中国化”），不但体现在教材内容方面和科研课题方面，而且也体现在人才培养方向上。我入学后赶上欢送何廉先生去南京任职，但他仍兼任所长，由方显廷先生任代理所长。

我们第二届研究生共招 9 人，来自燕京大学的 4 人（中途退学 1 人），来自北京、清华、辅仁、南开四大学的各 1 人，只有我来自南方。我是第二届研究生代表，在我和方先生的多次接洽中，有两件事记得很清楚。第一件是我们入学后为考试的事闹了一次小风潮。南开的习惯做法是“三天一小考，五天一大考”，对学生要求严格。我们来自外校，不适应这种考法，要求改革，方先生不许，于是我们以全体退学相威胁，卷起铺盖就要走。老师们出面调停，当晚分别请有关系的人到家中吃饭，实行分化，说不要听人唆使，如袁贤能先生就请来自燕京的同学。我无人请，自然嫌疑最大。第二天大家凑集情报，决定还是要走。方先生只好屈服，改为每门课期中、期末各考一次。事后何先生听到此事，说深为痛心。当时研究生规定两年毕业，第一年学习五门课程，第二年头三个月外出考察，然后回校作毕业论文。

第二件事是，我们入学后天津到处是日本兵，整日天空有日军飞机轰鸣，已经习以为常。临近暑假，有一天方先生忽然找我，问我们班哪些人在天津有家，说“只要我有饭吃你们就有饭吃”，我们才意识到形势的严峻。于是我和贾学诗、胡应荣三人决定请求提前外出考察。我们预定到浙江、江西、湖南三省考察地方财政和地方行政，研究所发给了经费和介绍信。在南京才住几天，便发生了七七事变，南开大学被日军炸毁。我们去行政院见何先生，他说既已出来，就继续考察。我们在杭州首次见到日机轰炸，只考察了金华、兰溪两县。后来到了南昌、武汉和长沙，走到哪里日机就轰炸到哪里，考察无法进行，于是我回到湖南老家汨罗（当时是湘阴）。

1938年春，南开经济研究所复学仍无消息。迫于生计，我到湖南省政府民政厅工作。当时中央政治学校老师胡次威任厅长，南京一带逃难出来的中政校同学都聚集在这里。工作不到两个月，就接到方先生发来的三封电报。一封发到我老家，一封发到湖南辰溪刘君煌（经研所第一届同学）家，一封发到民政厅，邀我去贵阳工作。方先生到处找我，并不计较我在初入学时闹过事，使我十分感动。

到了贵阳，我才知华北农村建设协进会此时已改名为中国农村建设协进会，何先生还是会长，由方先生主持实际工作，地点在飞山庙，方先生的家也住在这里。当时贵州省政府主席吴鼎昌、秘书长郑道儒、财政厅厅长周贻春，都和南开有深切的关系。因此协进会和省政府各厅处均有合作协同，共同开展工作，并在惠水县（原名定番）设立实验县，由燕京大学教授张鸿钧任县长，后由冯步洲（研究所第一届同学）继任。协进会设中文秘书一人，总务一人，编译一人。由我担任编译，工作是翻译（将方先生用英文写的文章译成中文）、管理档案、会计（曾将罗氏基金团中国办事处一位美国女职员留下的一小皮箱账簿整理成资产负债表，由贵州大学一位合格会计师姓金的教授签字），兼管经济研究所事务（此时该所尚未恢复）。经常有从北方来的南开人经过贵阳，方先生每次请客吃饭，都请我和我妻子作陪，对我初从农村出来的妻子总是帮着脱大衣穿大衣，礼遇备至。

在贵阳工作不到一年，方先生接到张纯明先生从重庆来信，邀我去重庆工作，月薪 200 元。我在方先生处是月薪 100 元，九折，另由经研所补助 10 元。方先生觉得待遇相差太远，不便耽误我的前程，让我去重庆。我离开贵阳之日，正值日机轰炸贵阳之时。我在飞山街的寓所也被炸毁，而我侥幸逃过一劫。

1939 年南开经济研究所在重庆恢复，方先生返所任职。抗战胜利后，他到联合国亚洲及远东经济委员会工作。他的事迹，见他自己用英文写的《一位中国经济学家的七十自述》（H D Fong. Reminiscences of a Chinese Economist at 70 [M]. Singapore: South Sea Press, 1975.）。中译本《方显廷回忆录》由他的女儿方露茜翻译，并于 2006 年由商务印书馆出版。

（二）

张纯明先生是南开大学政治系主任，是我在经研所的行政学一课的老师。当时经研所的老师不但包括经济系的全体老师（教学与科研统一），而且也包括政治系的一些老师，如张纯明、王赣愚、林同济、张金鑑等，此外还有社会学家陈序经、法律学家刘朗泉等，仿佛和伦敦政治经济学院相似，是兼容并包的，这是经研所的第二个特色。当时经研所设在木斋图书馆（今行政楼所在地）地下室，师生同时上班，每天 8 小时，星期六下午和星期日休息。每人一张书桌，一个书架。张先生是河南人，美国耶鲁大学博士，何先生的连襟。当时任行政院简任秘书，后来出任河南省政府民政厅厅长。抗战胜利后张先生回美国教书，在美国病逝。

张先生在行政院，院长有时叫他写演讲词，他找我去，就是叫我替他代笔。我被安置在行政效率促进委员会，名义是调查员。调查员共10人，月薪规定300～360元，都是些当过县长或行政督察专员的人担任。张先生说我是学生，只要200元。我们并不上班，每天只是各提一根手杖，到行政院走一遭。我也从来不曾代替张先生写过演讲词（可能是因为上面未再交下这项任务），只代他翻译过英国韦伯夫妇所著的《苏维埃共产主义》一书中的一章“民主政治还是独裁政治”。我倒是利用1939年的空闲，参加了庚款留英第七届公费生考试，结果以0.9分之差落第。其实我的功课都比那位被录取的人考得好，因为专门著作占总分5%，他送了，得55分，而我没有送。当时我也有大学毕业论文可以送去，只是一时狂妄，认为每门课多考几分就得了，送它干什么，没想到竞争如此激烈。事后抄分，庚款董事会的人都为我惋惜。由于第二次世界大战，第七届学生也只能去加拿大。以后我等了六年，才考取第八届庚款去到英国。

（三）

在行政院不到一年，当时任经济部农本局总经理的何廉先生忽然找我。这是我第三次和他见面，他的第一句话：“青年总是可爱的。”原来他要到“三民主义青年团中央团部”去担任经济处处长，副处长是燕京大学教授吴景超，李锐是秘书，他们都是兼职，要找一个人去长驻办公，所以找到了我。我当时一意投考留学，工作只是谋生，在哪里都无所谓，自然应允了。报上去是叫我当助理秘书，因该部无此名称，故“一并派为秘书”。

当时“中央团部”由陈辞修任书记长，设书记长办公室（主任柳克述、副主任谢然之、人事组长郭骥）、训练处（处长王东原）、组织处（处长康泽）、宣传处（处长何浩若）、总务处（处长项定荣）、社会服务处（处长卢作孚）和经济处。经济处设团员经济组、生产事业组、经济思想组，各有组长，由何先生邀请。

我在“中央团部”将近一年，除处理日常事务外，就是经常代表经济处参加每周一次的常务干事会议，何先生只偶尔出席。会议一般由段锡朋主持，我只是听听，向何先生汇报。一年中，团员经济组在团部内办了一个消费合作社，卖些日用百货。生产事业组办了一个服装生产合作社，进了些衣料，尚未开业。经济思想组请西南联大一些教授在重庆开了一次会，计划编辑一套三民主义经济丛书，但从未见后续行动。可见何先生对经济处的工作只是消极应付，不像卢作孚（民生公司总经理）那样积极，在各省都成立了三青团社会服务处。郑彦棻有一次对我说：“你们很危险。”

年终“中央团部”书记长改由张治中接任，何先生坚决辞职。最后张治中来信说，“请你三次吃饭都不到”，“先生之贤劳可想而知”，于是准他辞职，经济处取消。此时何先生对我说：“敬年，你年纪大了，我劝你不必考留学了。如果你想搞银行，我介绍你给周作民；如果你想搞政治，我介绍你给陈辞修。”我坚持考留学，于是回答说：“我还是跟着你。”他把我派到农本局人事室，名义是视察。

当时农本局设业务处、会计处、人事室、经济研究室。会计处长是廖芸皋（南开大学会计学教授），两个科长是王文钧（南开大学经济系毕业）和梁思达（经研所第一届研究生，梁启超的小儿子）。另设福生庄，经营棉花棉纱棉布生意，会计方才英（南开大学经济系毕业）。经济研究室由李锐任主任，参加工作的有刘君煌、贾学诗和胡应荣。农本局在四川各县设有合作金库和合作仓库。

我在农本局7个月，没有做什么工作。忽然有一个深夜农本局被军警包围，将所有账簿和会计人员带走，在附近九十里的化龙桥进行隔离审查。几个月过去了，并未发现任何问题，因为何先生对会计制度要求十分严格，而且用的都是可信的人。但是他却不得不因此下台了，农本局改为花纱布管理局，由穆藕初任局长。祸不单行，何先生的乡间寓所在汪山，日机轰炸把他的大儿子炸死了。后来何先生东山再起，出任经济部次长（副部长）兼"中央设计局"副秘书长。一般认为，何先生辞去"中央团部"职务与在农本局被整，中间不无关系。

（四）

农本局取消后，我由经研所第一届同学黄肇兴介绍，在江西大庚资源委员会钨业管理处工作了一段时间。这时李锐先生已到财政部秘书处任简任秘书，他推荐我任荐任秘书，我又回到重庆。李先生原是经研所教授，湖南邵阳人，曾去伦敦政治经济学院进修，是我的财政学一课的老师。他与何廉合著的《财政学》一书讲的完全是中国的财政，在当时能搜集到这些实际资料，是很不容易的。我投考研究生时，幸亏看了他的书，因为考的全是中国财政，而我在大学学财政学时用的是印度学者歇拉斯（Shirras）的英文教本（入学时共考英语、经济学、财政学、会计学、统计学五门，都是我在大学一年级学的；会计学用英文出题，恰好大学也是用的英文教本）。李先生后来出任财政部税务署署长，最后任湖南财政厅厅长。长沙解放前，他辞职到四川财经学院教书。“文革”后病逝。

我在财政部两年，只是看看海关总署和统计处的文稿，合编过两次《财政年鉴》，偶尔为部长写写演讲词，十分清闲。我经常在办公室看书，秘书长鲁佩璋也不反对，因为他的女婿也要考。这几年因太平洋战事，无法派留学生出国。我考第八届庚款公费生是 1943 年冬报名，1944 年春考试，是年秋揭晓，我终于被录取。1945 年 8 月 4 日我们乘飞机离开重庆，到印度孟买候船，10 月到达英国。

（五）

1945 年上半年我在重庆等待出国，曾和李锐先生去沙坪坝南开中学内何廉先生家为他祝寿，留住一夜，与正待去美国的杨石先先生同室，谈至深夜。抗战期间，南开与清华、北大在昆明共建西南联合大学，唯独经研所迁至重庆，是为了何先生便于管理之故。研究所于 1939 年恢复招收研究生，直至 1948 年，共招 11 届，培养研究生 60 人。重庆招的研究生研究方向有所改变，分为经济理论、经济政策、国际经济、货币银行、工业经济、农业经济、经济统计、经济史等。

抗战胜利后何先生回美国教书。1947 年我在牛津大学时接到他的信，托我购买剑桥古代史、中古史和近代史三部大部头著作，每种十余本，并询问我的学习情况。我买了书，并向他汇报我在 1948 年夏可以获得博士学位。他回信说已经做了安排，让我毕业后去美国国会图书馆研究一年，于是我订了去美国的船票。

1948 年夏，何先生受命担任南开大学校长。当时老校长张伯苓出任国民政府考试院院长，南开大学改为国立，归教育部管辖，校长对部长须用呈文，所以他不便继续担任校长。何先生给我寄来 500 美元作旅费，催我赶快回国。

1948 年 9 月初，我乘船到香港登陆，报纸上有我们归国学生的名字。陈序经先生托他在香港的亲戚来找我，邀我去岭南大学一游。陈先生在天津时是经研所的研究主任，和我们研究生都进行过个别谈话，又教我们“科学方法论”一课，彼此很熟。后来他随南开大学到昆明，担任西南联大法商学院院长。此时他接任岭南大学校长不久。

在陈先生家住了好多天。陈先生劝我留在岭南教书，说这里的环境比较接近牛津，工资用港币发放，高于国立大学，又安排我在三所宫殿式楼房之一居住。他劝我刚回国要多写文章，不要去做官，并出示他一尺多厚的各种书稿，说都是他每天早晨四点起床写的。我因与何先生有约在先，不便做出决定。

适逢何先生由美乘轮返国，在香港登陆。我随陈先生去看他，在旅舍同吃一顿午饭，宾朋满座。两位先生谈我的问题，我不在场。事后陈先生告诉我，何先生并不反对我留岭南，500 美元是金城银行的钱，由岭南归还。于是我随陈先生回到岭南。

正值秋季开学，教务长冯秉铨、文法学院院长王力来看我，请我在开学典礼上代表教师讲话，我答应了，还在政治系主任、一位美国教授家中做客，住了一夜。临到给学生开课时，我遇到了困难。原来我在牛津的全部书籍，是通过英国邮局免费运送上海建业银行友人处的，这是英国对外国人在英花钱的优待。此时何先生说："敬年的书慢点运去。"我没有书无法上课，只好回到南开，临行适值陈先生回南开接家眷，未能征得他的同意，辜负了他的一番好意，至今歉疚不已。

在纪念陈先生100周年诞辰学术讨论会上，我曾发言，表达我对陈先生的怀念与景仰之情。作为一个学者，他的治学精神令我敬仰。他在美国伊利诺伊大学获得博士学位后，又去法德两国留学，一生专心学问，不做官，给后人留下许多著作，成为宝贵的精神财富。他永远在追求真理，永远不满足于已经取得的成就。作为一个教育家，我敬仰他的爱国主义精神。抗战胜利后许多学者去美国，而陈先生却守在国内，1948年还接任岭南大学校长，和当时即将垮台的国民政府抢运学者去台湾的行为对抗，把许多著名的学者留在岭南大学，如陈寅恪、姜立夫、王力和协和的八九位专家等。他还广泛罗致新从海外学成回国的青年学者到岭南大学教书，如王正宪、钱荣堃、杨庆堃等。他拒绝担任新加坡新成立的南洋大学校长。他要为中国培养更多更好的人才，他的学生已经遍布海内外。

陈先生一生事迹，详见他的公子陈其津著《我的父亲陈序经》（广东人民出版社，1999年）。

（六）

我于1948年10月回到南开。当时天津已由解放军接管，何先生只做了两个月南开大学校长，通过天津建业银行经理蔡宝儒，为学校准备了一些粮食和煤炭，作"应变"之用，就去了上海，后又返回美国。行前他和我见面，说"敬年，你还年轻”，意思是一切好自为之。后来才知他在蔡宝儒处给我留了点金子，我的出国护照还在手中，完全可以走，但是我决定在天津迎接解放。我私心窃喜，有所作为的时代终于来到了。

中华人民共和国成立后，蔡宝儒曾希望通过轻工业部副部长龚饮冰争取何先生回国，何先生终于没有回来，在美国病逝。他的儿子何保珊在加拿大不列颠哥比亚大学任经济系主任，研究发展经济学，曾回南开大学两次。

龚饮冰是湖南人，何先生的朋友，抗战时期在重庆创办建业银行，自任总经理，由何先生为他配置各地分行经理，如重庆分行经理黄肇兴、桂林分行经理李建昌、成都分行经理陶继侃，都是经研所第一届研究生。黄肇兴后来又任上海分行经理，天津分行经理蔡宝儒原是农本局福生庄的会计人员。当初龚饮冰在重庆长袍马褂，抽水烟袋，俨然是个读旧书的老夫子，何先生并不知道建业银行的背景。等到天津解放，龚饮冰由香港经天津去北京，穿一身解放军军服，后又担任政府要职，大家才恍然大悟。

《何廉回忆录》是在美国用英文出版的中国名人传记丛书之一，这套书均有译本，只有何廉的书是例外，故由中央文史馆组织人翻译，中国文史出版社 1988 年出版，2012 年再版。

我和经研所五位老师的过从，历历如在昨日，而我却已经是 107 岁的人了。南开经研所的又一特色是，师生关系密切，感情深厚，老师们不但教书，而且育人。我 1936 年投考南开研究生原只打算作为过渡，因为庚款留英考试，要求大学毕业后工作或研究两年才能报名，不曾料到此生会终老南开。从抗战前夕离开天津，到 1948 年 10 月归来，我虽身不在南开，而在思想感情上却未尝有一日和南开脱离关系，这种关系就是靠与五位老师的深情厚谊来维系的。

目　录

说校风

昔曾文正谓风尚之转移，系乎一二人之心之所向。一二人之心向义，则众人与之赴义；一二人之心向利，则众人与之赴利。迨至赴之者众，遂蒸为风尚而不可变。此长育人材者，所以致谨于是也。东汉之初，士相尚以经术，而重廉耻敦气节之风甚盛；宋时廉洛诸子，以性理相倡，而端品性守道义之风特高；有清初叶，博学之士，恐蹈文字之祸，遂相率以从事于考据，结果考据之学，大行于时，后桐城姚鼐，以古文倡，梅伯言管异之之徒，从而广之，于是学风又为之一变。故风尚之来，必有其特异之点，始乎一二人，而成于众慕，始乎微而终乎不可遏者也。

一国之风尚，必矫然异于他国，一校之校风，亦何独不然。当宋之时，胡安定长太学，学子之诚明者达，昏愚者励，顽愎者革，故人之见之者，不问而知为胡氏弟子也。即今海外各大学，如美之哈佛耶鲁，英之牛津剑桥，亦皆有其特异之校风，肄业其中者，卵育熏陶，潜移默化，观其行动举止之间，即知其为哈佛耶鲁牛津剑桥之学生矣。盖学校为学生所集成，则学生之趋向好尚气质德操之所表现，即校风也。今有一校于此，其学生优游度日，不务精其业，其校风之偷惰可知矣；几壁污秽，废物满地，更阑漏尽，呌啸喧号，则其校风之杂乱可知矣。校风既颓，则承学之子，沉溺而不自觉，欲人材之振兴，其可得乎。南开自成立以来，廿有三载，日新月异，以有今日。曩时之寥寥数十人，今且一千余人；曩时仅男中一部，今则分男中女中大学三部；曩日之设备不完，今且日臻完善。察其进步之程序，亦足以推知其校风之大概矣。

风尚非一成不变者也，社会进化，无时稍止，而风尚亦随之变迁而不息。南开健全之校风，养成以渐有足多者。学生多志于学，而无嚣张之气，奢侈之习，此南开之校风也。老成持重，具有自治之精神，作事负责，而无推诿之陋习，此又南开之校风也。唯其校风如是，故毕业学生，服务社会者，多能得社会上之欢心，而无轻浮败事之举。夫教育为造就人材之工具，造就人才即所以供给社会之需要，使所造成者不足以为社会之用，则与教育之目的，大相径庭矣。尝见吾国学生，其在校也，辄变其淳朴务实之性，而趋于虚夸自炫之途，任口雌簧，拘墟自封，勤恪读书，则目为笨滞，持已谨严，则讥为颓唐，学风之圮颓如是，毋怪其一出校门，毫无进展，神志昏于醉饱，职务废于丛脞也。

然则南开学生，保有此固有之学风，遂可以划然自足乎？曰，是不然，天下之事，不进则退，水滞则腐，为理甚明，已有之校风，固宜保存，未来之习尚，尤当培养。吾国民性，淳朴耐劳，著自古昔，为学之士，大率穷年兀兀，竭日夜之力以从事，谈性理者，析入毫芒，精考据者，动千万言，不以艰难困苦，阻其迈往之气，不以荣辱得失，易其坚决之志，故能穷尽事理，卓然而有成。荀子曰，古之学者为己，今之学者为人。又曰君子之学也，以美其身，小人之学也，以为禽犊。夫学而为己，以美其身，是以学问为目的，而不以学问为手段也。处今日学术昌明之世，吾辈读书，（一）当本科学之精神，作彻底之研究，既不鲁莽了事，又不囿于成见，由一己探讨思索之所得，深信不疑，渐渐变为信仰，迨至成信仰之后，则一生趋向之目标既定，目标定矣，权利不能倾，得失不能荡，外界之“主义”“学说”不能移，于是而谈建树，则甚易易，尚何至临政茫然，视人之马首为转移哉，今日吾国中置身政途者，大率中无主见，以故朝令夕改，举措无方，虚縻金钱，毫无建白；（二）研究学科之时，当以学校为练习之场，夫知之而不能自为，与不知同，为之而不能奏功，与不为同，苟能以吾经验，补吾学识之不及，以吾学识，济吾经验之穷，则所学者为有用之学，不致有食而不化之病，且练习之时，必有组织，则服务合作之精神，养成于不知不觉之中，他日入社会，展其所学，殆若驾轻车就熟道矣。

以上二者，为吾谫陋之见。倘得自今以后，蔚成为本校之风尚，则他日人材辈出，其庶几乎。顾炎武曰，国家兴亡，匹夫有责，洗举世浮夸之习，殚精力于学业，深其造诣，以为国家用，亦即救国之一法也。

（《南开大学周刊》第40期，1927年）

经济学中国化

《京津商情统计特刊》发刊词

宇宙间之现象，有自然与人事之区别。自然现象，常依天然之定律，循环不息，如能集既往之经验，求共同之原理，即可以推测其未来之准则。人事现象则非是，古今社会，迥乎不同。生产之法，有范围广狭之殊；交通之事，有迟速难易之别。变幻无常，随时而异，其未来绝对必然之结果，断难逆揣也，第天下至不一定之事，莫打靶与掷骰若也，然打靶之正差，掷骰之结果，犹能以或然论推测之，况人事有既往之现象可寻乎，故吾辈对于人事现象，虽无由知其未来绝对必然之结果，然果能察其从前变迁之途迹，去其小异，取其大同，推寻其既往，当不难推测其未来相对的或然之趋势也，科学研究之对象，不能一成不变，故科学界无未来绝对的必然之事实，英儒批安生（Karl Pearson）曰："科学并非证明任何结果之必然性，且任何结果之重复发生，科学亦未尝以绝对必然之态度证明之，科学者，就过去论，乃记述耳，就将来论，则信仰也。"

商情者，人事之一也，本会研究商业，其主旨即在本各项经济统计，以求商情既往变迁之途径，用以视其未来相对的或然之趋势，为国人经营商业之参考，暂行所研究者，为（一）批发物价，（二）进出口贸易，（三）金融市场统计，均限于京津二市，唯收集既往之批发物价，困难甚多，因之尚未完成，俟数月后，或可发表也，兹将天津近三十年对外贸易与金融市场各项统计之分析，为之公布，此后每星期一，拟将上星期商情统计公布一次，以供商人之参考焉。

本会搜集京津金融市场之外汇统计，承大公报经济记者杜君协民襄助之处甚多，至初步抄录，全系本校商科学生，吴大业、戚荣会、周维蕃、陈德纯、曲有诚诸君暑假内之义务工作，用特附此鸣谢。

编者识。

（《大公报·统计周报》发刊词，1928年1月1日）

《大公报·经济研究周刊》本刊旨趣

社会科学系以社会为对象。各国社会现象之构成，原本历史，彼此互异。因之社会科学每具国别，固非中外一辙，可执一以概百也。经济为社会科学之一，故中国之经济研究，非仅明了经济学原理及国外之经济组织与制度，即为已尽能事，贵在能洞彻本国之经济历史。考察本国之经济实况，融会贯通，互相比较，以为发展学术，改进事业之基础，能如是斯可谓之中国化的经济研究。本会自民国十七年成立以来，即本实事求是之精神，努力于此，一切研究均从实地调查入手，业已粗具成效。计先后出版者有天津工业丛刊，华北物价丛刊，及各项工商统计数种，同时编制统计周报，销行于国内外。惟所出各册，多系英文，盖因本会经费之供给，来自国外，初不得不尔也。现已编成中文，爰创本刊，按期发表，以供国人之考镜焉。

本刊内容除登载本会之实地经济调查报告及所编之经济统计外，同时根据事实讨论国内之重要经济问题及介绍国内外之重要经济书籍。将来刊中所载，倘有错讹之处，甚望海内贤达，有以指正之也。

（《大公报·经济研究周刊》，1930 年 3 月 3 日）

《大公报·经济周刊》本刊之旨趣

我们现在不但有政治的国难，还有经济的国难。政治的国难大家都感觉到：国土给敌人强占着，人民给敌人屠戮着，国家的主权给敌人蹂躏着。但是经济的国难却没有这样地为大家深切地注意到。大家固然都知道我国的农村经济困难日甚一日，国际贸易入超年多一年，然而大家却很少感觉到我们的经济已经蒙受着和政治同样深度的国难。

我们的政治国难，不全是由帝国主义的国家的侵略政策造成的，大部分的原因还在我们中国人自己身上。同样，我们的经济的国难，亦不见得全是受了世界经济衰落的影响，大部分也是由于国内的纷乱情形所致。然而帝国主义国家的侵略政策与我们的政治国难，世界经济的衰落与我们的经济国难，都是有密切关系的。

本刊就是以讨论我国经济状况，介绍世界经济大势，这样一个旨趣创办起来的。不过我们并不期望本刊是我国研究经济的专门刊物。我们只想以同人研究的余暇，有系统地，把中国及世界经济的各方面，用浅近的文字和图表，介绍给读者。我们预备每期都有这样三类的文字：第一类是论文，就是关于中国以及世界经济上各种问题的讨论。第二类是经济调查通讯，由本院驻外调查员按期寄发。第三类是书报批评，选择国内外重要的经济书籍加以客观的批评和介绍。至于专门的论著和经济资料，因为我们已经有《经济统计季刊》（中文）和《统计周报》（英文）为之刊载，长篇的经济著作，也因为可以归入本院所刊行的经济丛刊里，不想在本刊耗费很宝贵的地位。

也许读者诸君还记得，我们在过去，承《大公报》的好意，曾经两度在本报和社会相见过。第一次在民国十七年，我们刊行过中文的《统计周报》，整整的一年，到民国十八年的开始才单另发行。第二次从民国十九年的三月到民国二十年的三月，也是整整的一年，我们刊行过《经济研究周刊》。这两次都是用南开大学社会经济研究委员会的名义编的。这委员会就是现在本院的前身。所以我们现在也可以说是第三次在本报又和读者诸君相见了。

不过我们这一次的努力，和以前两次，在性质上都稍有不同。第一次的《统计周报》是专载关于经济方面的统计资料的。第二次的《经济研究周刊》是专载我国工商业的调查报告的，间或有几篇论文。这一次我们的旨趣却不在这两方面。刚才我们不是已经说过吗，我国现在正蒙受着极深度的经济的国难，而一国的经济又和世界的经济是分不开的。我们现在的希望就是能够在中国以及世界经济的各方面，给读者诸君一点点的贡献。我们不期望本刊是供少数专家鉴赏的园地，只期望本刊是一般国民通俗的读物。

（《大公报·经济周刊》第1期，1933年3月1日）

《大公报·华北经济特刊》本刊之旨趣

华北冀鲁晋察绥五省（本刊所云“华北”即指此五省而言），为我国前代文物之中心，即在今日人民心理上，犹属俨然中枢也。第自九一八事变以还，冀察等处似已沦为国防之最前线，对外纠纷接踵而起，折冲应付，在在为难。一般以感于与虎谋皮之不易也，每拟效古公亶父之避狄！此种消极心理，久则觳觫移人。而华南同胞以相距较远，或闻见不切，将如越人之视秦人肥瘠。此种退避消极之错误心理，亟须有以纠正焉。

要知中国系整个的，有统一之文字，统一之思想，及统一之天然形势，历史上因放弃一部领土而覆亡随之者，不乏先例。而自经济的观点言，更属不容分裂。华北煤矿，闻名世界，铁矿储量，亦多集中华北，而江南煤铁储量，均甚贫乏。反之，炼钢所必需之锰钨等矿，则以南方为丰富，北方为甚属少见。设南北分裂，则工业即失基础。棉毛为纺织所资，盛产于北地，而南省产量不多；油漆材料及硝酸盐酸之属，多产华南，而华北于焉取给。合则有无相通，两受其益，分则关津多阻，各蒙其害。由此数例，已足见中国经济之整个性，合则两存，分则俱伤。而华北经济站在整个中国经济中之重要，不言可喻。

本所在《大公报》刊行周刊有年，向以讨论我国经济问题、介绍世界经济大势为素志。今该报盱衡国际大势，设分馆于沪滨。值兹创刊伊始，敝所感责任之所在，爰集同人之所见，汇为《华北经济特刊》，津沪两处，同时发行。果能由此使国人更明了华北经济地位之重要，及其与整个中国经济关系之深切，憬悟奋起，则斯刊之创为不虚矣。异日研究有得，尚拟续出华南、华中、华西，及其他区域经济特刊，以飨读者。

（《大公报·华北经济特刊》，1936年4月1日）

《财政学》引言

社会科学之教本，欲期详明，贵能撮述理论之概要，而以实际事实印证之。第实际事实，各国不同，故教本之编著，亦贵能相体裁衣，具有国别。近十余年来，吾国社会科学，渐已发达，然国内各大学中，所采用之教科书，仍多为西籍，即有用中文本者，亦大都取材外国事实。夫采用外籍，固不足病，第以之为讲授之教本，则承学之士，所学与所见迥殊，结果思想易陷于分歧，而所学易感觉隔膜。

编辑社会科学教本，在今日中国，需要甚切，已为一般所共认。本所年来研究工作，除实地调查及统计编制外，兼由各教授致力于教科书之编辑。本书之成，即此项编辑工作之一也。

著述发达，非可一蹴而几，竭力以赴之，亦须循阶渐进，始能达于成熟之境。执教鞭者，怀矜持自重之心，不肯轻于著述，固足以矫正滥于出版之弊，然习用外籍，因循不变，终难使吾国学术，脱附庸而进于独立。居尝谓欲促进今日中国学术，应先提倡本国化之社会科学，拳拳服膺，矢志进行有年矣。惟本所同人，学识浅陋，编著教本，必多挂漏，第欲披榛觅路，自居于荷戈走卒之列。成熟之巨著，特创之贡献，是所望于国内贤达也。

中华民国二十三年六月

（何廉、李锐，《财政学》，商务印书馆，1935 年）

经济指数

统计与工商业之关系

本会统计周报刊行已逾数月，前此所包含之统计，仅京津汇市指数及公债最高价与最低价。现华北批发物价指数，编制业已完成，特行加入，并附以每周平均批发物价表，庶关怀经济统计者得资研究。我国统计之学，阙焉不讲，指数名词，甫于数年前移译来华，故能谙其法式、明其作用者寥寥。本报发刊以来，每承读者不弃，以统计为何用、指数为何物见询，用不自揆，作成短浅文字数篇，按周发表，或足资读者之参考焉。文题如下：（一）统计与工商业之关系；（二）指数之意义及应用；（三）本会物价指数及外汇指数编制之说明；（四）介绍中国别处几种指数。

编者识。

中国人经营工商业，素来全凭命运——靠着财神吃饭——而不注重事实。殊不知事实为政策之母，不根据事实，就不能有何具体的政策。在从前闭关自守组织简单的社会，供求范围不大，同业竞争甚少。此种无政策的工商经营，或者可以侥幸获利。可是中外互市以来，国内工厂商店已卷入世界工战的和商战的漩涡，所以我国工商业相形见绌，着着失败。而外人之工商势力日益膨胀，喧宾夺主，结果遂成了今日经济侵略的局面。

外人之经营工商业，一举一动，都有预定的政策以做标准。

所以以他们的眼光看来，无论经营任何工商业，事实、数量、报告等与资本、原料、劳工等同一重要。因为原料是制造的物质，而事实乃政策的基础。换句话说，工商政策是否妥当，全看其有无事实的统计的根据为断。

统计在工商业应用的地方甚多，当工厂商店未组织之前及已成立之后，其计划、经营、发展、改良诸项，均须根据统计，以定方针。现在我略举数点以说明之。

（一）应用统计以指导投资。我国资本缺乏，经营工商者引为莫大阻碍。然细察国内工商现状，亦有集资百万之工厂商店、未及开幕而破产者，或设立未久、即一败而不可收拾者，多由于不根据事实而轻于投资。所以我们若决定某种事业可以投资，即需用统计及统计的方法决定其进行。例如开办工厂，则应统计该处工人之多寡、原料之供给、运输之便宜。如设立普通商店，则须统计地方人口的数目、同业的多少、消费的数额，等等。如建筑铁路，则须先统计两地间之贸易及人口，以定货运客运之多寡，再决定应循何处路线修筑，乃能招揽最多之货客。并须窥测货客之经是路者，将来有无改向他处的趋势，再次当观察现有交通机关之数目，及有无另筑新路之可能与必要。新路完成后，所收之运费是否能与他交通机关相竞争。凡此种种，均赖统计及统计方法以分析之，方能决定。倘冒昧投资，未有不失败的。

（二）应用统计以测验市场。某种工厂商店，有无成立之可能，须视社会对其所出之商品有无需要而定。经营工业者，务先研究此种需要之性质，为暂时的，抑为永久的？又此种需要，有无伸缩性及变迁性？商品周转之速度又如何？凡此种种，皆当以统计方法研究之，分析之。其次则供给方面，调查同业的多少，及各个供给之额，而后能决定本店出品之数量，以应社会之需求。出品过多，必致滞销，过少又不敷应市。此盖于营业上最关重要。因商品中除日用必销品外，销费之数往往有季节的变化，社会消费常受季节的影响，且随地方而异。我们可汇集历年各地方各时期的销售额而研究之、分析之，即可知季节变化的程度，又从考察历年纪录的结果，可以知道销售上增减之趋势，于是某种商品某时在某地方需要若干，胸有成竹，自能措置裕如，否则事前不知预防，每当季节变化时，不合时之物品积聚过多，而顾客必需之货反无法应付，如是营业，未有不失败者，所以市场测验统计亦甚关重要。

（三）应用统计以确定成本。我们既根据市场测验统计以定出品的额量，可以进而规定货物的成本，货物成本除制造费以外，经常费、特别费、广告费、运费、保险、利息、栈租、税饷、虚耗等项目甚多。以言利息，从商品出厂到货价清结的时候，为期久暂，各种交易不尽相同，所以货价内应加入利息百分之几，须从多数观察，得其平均之数，方可作准。以言运输，则每担所需运费，随时随地不同，亦须从各地方各时期而分别观察。以言虚耗，如运送中之缺少、搬运中之破损及贮藏时变质朽坏，所虚耗之数，大小均不一定，不能不采一个平均数以为标准，诸凡此类，均需用统计以为根据。

（四）应用统计以推销商品。推销商品之法甚多，如登广告、派推销员、发推销信，等等。然各法之中须比较其优劣，然后采用。其法先从销售之数，加之分析。何者为广告介绍，何者为跑街招来，何者为通信罗致，其来源明白之后，再研究广告、推销员、通信等各法所用之费，与所成之交易互相比较，何者效力最大，一目了然。假若用广告推销，用费最省，效果最大，再进而分析之，将所登在报章上之广告与登在杂志上之广告作精密之比较，庶能知何种广告之媒介物为最善而采用之。至此种媒介物应登于何时何地，始能引一班顾客之注意，则须将顾客之种类职业、男女、社会阶级等统计加以分析，而后可以定之。诸凡此类，皆为统计关于商业上推销政策之贡献。

（五）应用统计以分析利益损失。我国商人只求损益表上见有利益一项，于愿已足，其他一切，可以不顾。倘问其利益从何而来，则瞠目不致所答。倘一旦亏本，惟有怨天尤人，而不知研究困本的原因何在。大凡营业情形欲求真确了解，非将损益加以详细的分析不可。例如某工厂出品的种类甚多，销行全国，即有损益总额，亦不能明其营业之真相，所以必将各地方之营业状况加以分析，如某处经常费特别费当销货额百分之几、某地方的广告费当货价百分之几、某地方的租金奖励费多少、某地运费之比率如何，而将各地方各种开支比率互相比较，以观察各地营业的优劣，乃能知道总公司之利益究自何处而来。经此一度统计的分析，利益高者则扩充之，利益低者则收缩之，于是集中全力于有利之地方。各地方营业既需比较，各种牌式的商品亦当如是。同是一种出品，各种商牌何者利益最高、何者利益最低，普通的会计无从知之，须以统计方法分析会计上所载之开支。如广告、业金奖励金，各种货式不同，某种式样或成本虽轻，而推销之费甚重；或虽利益微薄而销售之额甚巨，因之每单位所需营业费之比率甚小。凡此种种每不一定，惟有经此一番统计的分析之后，营业之损失从何地市场何种货品而来，皆可一目了然，于是权衡轻重，以定贸易方针，不致再受损失。

以上诸端，皆工商业应用统计的显而易见之处。其他尚多，如研究商业循环、商情预测，以及关于工业上各种重要问题，均有依赖统计、应用统计方法之处，限于篇幅，故未论及。

（《大公报·统计周报》，1928 年 4 月 30 日、5 月 7 日）

指数之意义及其应用

指数二字英文为 Index Number，实即一种统计的比较表，用以比较此时与彼时或此地与彼地经济现象之相对变易，以推测其未来之趋势。例如中国年来生活费增高，尽人皆知，然生活费高至如何程度，则非用统计方法以求之，即不能得其确实的比较与数量的测视。假使经济界现象之变易常为一律，其比较与测视亦无须乎指数，惟其变易程率万有不齐，故必有平均调和之法以表示之，才能收屈指可计之效，此指数之意义也。应用指数之处为数甚多，大凡各经济上或商业上的团体现象，其异时异地之比较均需应用指数，兹特举数例以说明之。

（一）物价。处现在交换经济之社会中，吾人之经济生活实以物价为中心，盖物价之或涨或落，影响于社会上之生产者及消费者至深且大，物价贵贱既为重要社会问题，此世界文明各国所以不惮烦剧以从事研究也。研究物价之途径有二：（甲）研究各个货物价格之变迁。大抵各个货物价格之变迁，随各货物自身之供求而定。供超于求则物价趋于贱落，供不敷求则物价趋于腾贵。此种变迁原因，为各个货物所独有，例如今日与昨日比较，购米一担价高二元，推寻其因，非来源减少，即需求增多。再不然，即米商有投机作用，是其主因都在米自身上，与他项货物无甚关系。此种研究属于商品学，对于实际从事商业之人最为主要。（乙）研究一般物价之变迁。一般物价即全体物价之意。一般物价之变迁，其主因由于通货膨胀，其购买力随而下落。盖通货之为物，饥不可食，寒不可衣，其功用时为百物交易之媒介，故货币多则其购买力低，低则物价腾贵；货币少则其购买力大，大则物价低落。换言之，物价与币值成反比例。物价腾贵即币值低落，物价低落即币值增高，其理至明而易晓，惟一般物价之涨落至不相同。例如就米肉炭布四物而言，假设米一斗由四元涨至八元，肉一斤由四角涨至六角，煤一吨由五元涨至八元，布一码由十元跌至八元，于此各物涨落不均之中，而欲测定各物对于货币之一般的平准，则惟有应用物价指数之一法而已。物价指数之编制方法，须先选定一时期谓之基期（本会物价指数之基期为民国十五年），而以该期所选择之重要物价为基价。为便利计，将各基价为一百，而以后各该物之平均物价与其代表基期之物价相除，得各物之价比。再以各价比相加之和除货物之数目，其商即为指数。请举例以说明之，假设社会中只有四种货物，如上例，一为米、一为肉、一为煤、一为布在批发市场中，去年米一斗四元、肉每斤四角、煤每吨五元、布每码十元，今年米从四元涨至八元、肉从四角涨至六角、煤从五元涨至八元，而布从十元跌至八元。今以去年各个物价为基价等于一百，则今年之米比去年涨至 100%（因为两米价之比例为八与四之比），其比价为二百；今年之肉比去年涨至 50%（因为两肉价之比例为六与四之比），其比价为一百五十；今年之煤比去年之煤涨至 60%（因为两煤价之比例为八与五之比），其比价为一百六十；今年之布比去年跌至 20%（因为两年布价之比例为八与十之比），其比价为八十。将各比价之和（200+150+160+80=590）以 4 除之，所得者为 147.5，即为一般物价指数，其意义即今年之一般物价比去年涨 47.5%。换言之，即今年每一银元在批发市场之购买力仅等于去年八毛二分强而已（147.5之例数为0.87强）。计算指数之公式甚多，本篇所述者，在统计学上为简单算术平均法。其法浅而易明，惟不如别项公式之准确。一般批发物价指数之意义及求之之法，既如上述矣，其用处安在，必为读者所欲知也。批发物价指数在此交换经济社会之中，实为各项经济问题之指南针。举凡货币购买力之大小，贸易变迁之趋势，商业循环之推测，与夫农工商业所受物价变动之影响，均需赖以为参考之资。惜篇幅有限，不能一一详述。现世文明各国所编之批发物价指数不下数百，迟者每年计算一次，速者每星期计算一次。我国编制批发物价指数之机关共有三处：①上海货价调查处；②广州农工厅；③本会。上海货价调查处与广州农工厅之批发物价指数，均系每月发表一次；本会之指数，则每星期一次。

（二）外汇。外汇市价，即表示外汇在本国之交换价值，或国币在外国之交换价值。我国自欧战以来，对外汇兑变易匪常，陡涨暴落，辄越常规，影响对于外贸易至深且大。吾人如欲研究各个外汇（如美汇、英汇、日汇等）之逐日变迁，则得每日各个外汇之行市，即足以知其程率。若欲知外汇市场之一般趋势，则非编外汇指数得一平均汇市价比，不易有正确之推测。现我国申津两埠，均有外汇指数、上海外汇指数，自民元至现在，逐月发刊，由上海特别市农工商局主其事。本会之津京外汇指数，自前清光绪廿四年起至去年底，按月编制。自今年起，则按周发表。广州闻亦已进行编制外汇指数，想不日可披露也。

（三）对外贸易。我国民国元年进口货值共关银473097031两，民国十五年进口货值共关银1124221253两。是十五年之进口贸易，超过民元 138%。其实此种统计的方法甚不可靠，因为此两年中进口货值之不同，或者完全由物价升落或金银汇价高低所致，而非实际上进口货额有何增加。苟民国十五年之货物价格较民元增高，或金银汇市增高，无论两年之进口货额相等，即元年之货额稍多于民十五年，因物价及汇价增高之故，亦足以使民十五之进口货值超于民元。故吾人研究对外贸易之变动，以货值计不甚准确，必以货额计，方能为准。惟货额所用之单位各不相同，米以担计，布以码计，不能以各单位相加得其总额。以资比较，且各种进口货额有增有减，甚不一致。若以各个货物之额相比较，则仅能知两年各个货物进口之或增或减，而不能知两年之进口总额有何变易。所以欲明中国进口贸易年来之变迁，非有一种进口贸易量指数不可。此种指数计算甚难，世界各国仅美国意大利二国业已编制成功，其他各国尚有在编制之中者，亦有未曾着手编制者。本会现正在编制中国六十余年来进出口贸易量指数，预计在一年之后即可发表。

（四）生活费。生活费者，社会各阶级维持其实际生活所需之费用也。以狭义言之，即生存最低之衣食住费。以广义言之，则凡教育、修养、交际、祭祀、丧葬、保险，以及疾病之疗医、租税之负担，各种需要均包含于生活费内。是生活费中所包含者，种类为数甚多，共价格涨落，当不一致，故必有生活费指数，方能测量其高低升降。生活费指数者，即表示某时期中社会上之实际生活所需费用，与其基期之实际生活所需费用之或增或减之比率是也。迩来我因劳资两方时起争纷，劳力者每以维持生活为言，资本家则以负担过重为辞。如有生活费指数，即可待解决劳工方面各问题之标准。欧美各国现按诸生活费指数以定工资多少者日益增多，近来南北各埠均有工人生活调查之举，为编制生活费指数之预备。本会生活费指数大约年底可以编成。

（五）工资。工资者，即工人劳力之代价，各时各地之变迁，高低既不一致，非用平均调和之法编制工资指数，不足以资比较。工资指数之用处与生活费指数互相补助。为解决工潮之标准，广东农工厅业已编工资指数数种，上海特别市农工商局现亦已着手编制上海工资指数矣。以上诸端，为经济上、商业上应用指数重要之处，其他如公债市价、股票市价、生产量、工人失业数种种经济现象，若欲得明了的比较、正确的测量，以预度其变迁之趋势，均惟指数是赖。美统计家克莱氏（Keller）谓指数为经济统计之明镜，真不易之言也。

（《大公报·统计周报》，1928年5月14日）

本会批发物价指数与对外汇兑指数编制方法之说明

指数之意义与应用，余已于上周在本报说明之矣。本会编制指数已完成，而按周发表者有两种：一为批发货价指数；二为对外汇兑指数。请以编制方法及资料之来源分述之，庶读者有所参考焉。

一、批发物价指数

本会批发物价指数之编制，自 1913 年至 1927 年为每年一次，自本年（1928 年）一月至三月则每月一次。惟自四月份起，则每周编制一次，以每星期三晚为每周物价指数之终算期，星期四即将每周指数算就，星期五向海外拍发，庶中外报章均能于星期一同时刊布也。

指数编制之主要问题，必须审慎考虑者，共有五项：（一）关于搜集货品之范围；（二）关于采选最适当之货品代表；（三）关于货价材料之搜集；（四）关于选择最适当之计算公式；（五）关于选择最适当之基期。兹将以上五项逐一详述如下。

（一）货品范围

搜集货品之范围，完全视编制指数之目的而定。本会编制华北批发物价指数之目的既在乎测量华北货币对趸售物品购买力之变动，故其范围只限于华北京津市场各物品之批发价格。换言之，本会批发物价指数包含货品之范围，仅限于天津北京两地之趸售货价而已。

（二）货品代表

按诸理想，编制指数以能完全包括限定范围内所有之货品为最佳，但实际上每限于调查所需之经费以及他种事实上之阻挠，不能将所有货品悉数调查，故不能不引用采选最适当之货品代表方法，以代表指数所应包含之全体货品。然采选货品代表，亦非率而可为，倘市上每项货物买卖价格之变动与其他货物毫无关系，或在同一范围内之各项物品重要相等，则吾人任意取一列货品为代表，即可以代表各货趸售价格之平均变动，惟事实上每货之重要程度极为不齐。而货价之变动亦大都受其他货价涨落之影响。例如，制造物之价格常随其原料价格之涨落为变，等等。凡此种种，吾人于选择货品代表之时，皆须充分注意，稍有不慎，则编制之指数必难可靠，是以指数只可靠与否，每试探选货品代表之适当与否为断也。若采选货品代表不适当，则虽用最佳之公式计算指数，其结果尚不如用最劣之公式计算适当货品代表所得之指数为佳也。所谓适当之货品代表者，尝采自不同类之货品中，就其重要之程度以定选取各类货品代表数目之多寡。本会所选择之货品代表共 100 种，其采选之手续，先于京津市场做一大概之观察，借知何者为趸售市场之重要物品，再根据经验丰富之商人所言，而估量各类物品（如粮食、疋头、五金等）在市场之重要程度。于是从两家或两家以上之趸售商铺搜集正确之行市单，依照各货在京津市场销路之广狭而选定货品代表焉。

（三）货价材料之搜集

搜集货价非特为编制指数之根本要着，亦为调查工作中之最繁难复杂者。欲从可靠之来源搜集多年之许多种货价，在统计材料最形缺乏之中国，其困难情形非身历其境者，殆难悬想。本会若无各商家殷勤之协助，供给从前多年之账簿以备研究，则此项调查工作只有中途放弃之一法。幸各商家热心襄助，故每种货价皆由两家以上之账簿中搜集而来。自1913年至1927年之每年指数，对于货价常变之货物，则采用其每年每月一日及十五日货价之平均数；对于货价不常变之各种货物，如木材、水泥等，则采用其每年一月份、四月份、七月份及十月份每月一日及十五日货价之平均数。自本年（1928年）一月起编制每月之物价指数系采用每月每星期三货价之平均数，自四月份起每周编制之指数，则采用每日货价之平均数，而以每星期三为每周终算期。所有现用各货之价格，均由本会调查员每日于趸售市场中搜集而得者。

（四）计算公式

本会编制华北批发物价指数所用公式为简单几何平均法，盖几何平均法不若他项平均法有偏高之弊，而能使绝大或过小之货价比数所影响于平均数之势力减少至最低限度故也。照表面看来，几何平均法不如算术平均法之简单明了，然实际上几何平均法较算术平均法并无难解之处，一经熟悉，即不觉繁复矣。是故几何平均法之应用，近旦日见推广，各国编制指数如遇无价值权数（Value Weights）之时，大率用之，如英国商务局及伦敦金融时报之指数、意大利米兰（Milan）市商会之指数、比国劳工部统计科之指数、波兰中央统计局之指数、俄国设计委员会之指数等，皆系用简单几何平均法计算者，故本会编制华北批发物价指数亦采用此公式焉。

（五）基期

以某一时期之货价为计算他期货价指数之标准，其价格为基价，其时期即为基期。近世各国指数之基期多半为1913年（即民国二年），以此年为欧战以前之一年足以代表战前平时经济状况之一斑，且可使战前战后物价便于比较也。然1913年距今已远，殊难得可靠之物价以为测量现时物价变动之标准。1926年（即民国十五年）华北货价之升落较为平稳，故本会即用1926年为基期。考采用1926年为基期者，并非仅本会为然，世界有名之统计机关，如美国劳工统计局亦已于去年（1927年）废1913年为基期，而改用1926年为该局之指数基期矣。美国耶鲁大学费喧教授与伦敦金融时报以及米兰商会均已起而仿行，故战前（1913年）之基期行将完全弃用，亦意中事也。

本会每周发表之物价指数有八种：1. 农产品指数；2. 食料物价指数；3. 棉花疋头物价指数；4. 五金物价指数；5. 建筑材料指数；6. 燃料物价指数；7. 杂项指数；8. 一般物价指数（总指数）。读者如欲知每周一般批发物价变动之趋势或银元在一般批发市场中之购买力，可从本会一般物价指数推测。若欲知各类物价变动之大概或银元在各类物价之批发市场中之购买力，则须以各类物价指数为标准。

二、外汇指数

本会外汇指数，自光绪二十四年（1898）至民国十六年（1927）按月编制，已发表于《大公报·元旦特刊》。自本年起按每星期一发表，以每星期五日晚为每周指数之终算期。兹将取材来源及编制方法一一论之。

（一）外汇市价

天津日报之有外汇市价者，除英文《京津泰晤士报》外，均自近数年起。英文《京津泰晤士报》自开办以来，即有汇市报告，惜该报全册已不多见，无法可得。中国各银行素鲜统计可考，英商汇丰银行藏有数十年来天津汇市统计，然视为秘宝，不予外借。本会前在永盛洋行借得近三十年之汇市报告册，前此编制外汇指数，其自 1898 至 1927 年之资料均由是册转抄，自本年起之每周市价则由永盛洋行公布之报告抄来。天津外汇市价之有报告为英美日法四国、战前德汇亦有市值，大战起而德汇市值因之取消，是以本会外汇指数只能包含英美法日四国，所用之汇率为每日电汇卖价，由每日之电汇汇率以求其每周及每月之平均。

我国外汇市价有以外币折合中币者即一单位外国货币值本国货币若干，如天津英汇以行化银每两合成几先令几便士又几分之几，法汇以行化银每两合法郎若干个又几分之几。然亦有以中币折合外币者即一单位本国货币合外国货币若干，如天津日汇率百元合行化银若干而又几分之几。二者皆可用，惟吾人编制指数之时均需以外汇币单位，以便平均而易于了解。例如英汇每化行一两购两先令七便士，将先令化为便士，即三十一便士，再将三十一化成倒数，即得外币每单位之价。盖一两既值三十一便士，则每便士即等于三十一分之一两，其理甚明。

（二）基期价格

编制任何指数均须有基期价格，方能计算其百分数，英、美、德、瑞典、挪威各国均金本位国，币制相同，故其编制外汇指数均用汇兑平价（Par of exchange）为基价。汇兑平价者，即两同本位制国货币之相等价值也，例如英美两国为同本位制国，故其汇兑平价在英为英金四十九又十六分之五便士，而在美则为美金 4.8665。但在银本位国与金本位国间之汇兑，币制不同，固无平价之谓，是需采用一定时期之价格为基价。此选定之期，本诸理论应为一年或一年以上，今日各国指数之基期大都为 1913 年，盖此年为欧战前最末一年，足以代表战前平时经济状况之一斑，且可作战前战后之比较。因此之故，天津外汇指数，亦以 1913 年为基年，以其全年之平均汇价为基价。

（三）权数

计算外汇指数须有权数（计算任何指数须有权数，惟有时不能得着权数，不能不用简单的公式计算，如本会之编制批发物价指数是）。权数者，视各国汇市在本国轻重轩轾之不同，而增减高下其影响之谓也。我国对外汇兑，因商务重要之关系，以英美日三国为中心，是以英金美金日金之在外汇市场其地位之重要，与其他各国迥异。因此之故，吾人编制指数，不能以各国汇率相提并论，盖恐因一国汇兑发生非常变化，影响及于全部。欲救此弊，非用权数不可，然则权数当为何物乎，照理论言，外汇指数所用权数应为本国与各国之汇兑交易总额，惟此项统计全世界尚属缺如。故英美瑞挪四国之外汇指数，均以本国与各国之贸易额为权数，而此四国之中尤以英国为最周密。贸易额中除物品之输出输入及复输出外，尚包含金银出入以及他额无形之出入，如运输保险投资利息之额，且此项权数每季修改一次，盖战后之商业变迁甚大，固定之权数不能为正确之表示也。美国外汇指数之权数，与英相近，亦用物品金银之输出入额，至于无形之输出输入，则无详细统计，故不采用物品金银之输出输入乃根据上一月之统计，是其权数逢月改变一次，较英尤甚，夫权数变更太多，则所得之指数变化，究不知为汇价之变化所致，抑为权数之变化所致矣。因此之故，美国 Federal Reserve Board（美国联邦储备委员会）在 1923 年将前一月之贸易额改为前十月之贸易额，庶几一折衷之办法也。其他瑞挪二国均用固定权数，瑞典外汇指数之权数，则根据1919年对各国之物品金银及其他无形输出输入各项目之估计额；挪威多汇指数之权数，则为1910至1913之贸易额及无形输出输入各项之估计额。

我国编制外汇指数，欲得适当之权数，较欧美诸国尤为困难，无形输出输入各项目之统计，可无论矣，物品贸易额虽尚可查，而金银进出口额则无处可稽，盖关册所载金银出入口额之来去地域，除亚洲尚分别戴明外，若英美法诸国竟无细数可寻。仅标明来自欧美者若干而已，既系概括的记载，势不能判其若干为美，若干为英。惟自民国元年（1912）以来，我国金银进出口额对各该年贸易额之比，最多占21%，最少占4%，其额不巨，故影响尚微，舍之不用，只用中英、中美、中日、中法之物品贸易额，亦无可如何之法也。故本会编制天津外汇指数，采用我国对各国之物品贸易额为权数，易年一更，即以上年全年之贸易额为计算本年各月指数之权数是也。

（四）公式

指数公式为数甚繁，英国外汇指数采用几何平均方法，瑞挪德三国采用算术平均方法。惟算术平均有偏高之弊，虽采用适当正确之权数足以减其偏高之特质，然编制外汇指数，适当之权数甚不易得。倘权数失当，则偏重之弊行将倍之，几何平均性过抽象，意义不易了解，且计算病其稍繁，费时较多。美国外汇指数其始也曾用几何平均，1923年以后，改用总合平均，职是故也。总合平均公式简单，意义鲜明，且计算无须相对价格，手续较简，费时亦少，是故本会编制天津外汇指数亦采用之。

（五）结果之发表

本会除一般外汇指数外，尚有各个外汇指数，如英汇、日汇、美汇、法汇指数，吾人欲研究各个外汇每周升降之平均程率，即可从各个外汇指数比较之。至外汇市场之一般趋势，则须就总指数推测而得。

（《大公报·统计周报》，1928年5月21日、5月28日）

华北每周批发物价指数编制之说明

物价指数为经济界之寒暑表，所以测物力之盈虚、窥币值之消长，为用至大，此经济学者所尽知也。我国物价指数之编制，当首推英人温德莫（W. S. Wetmore）所编之1873至1892年之批发物价指数，其次则为日本货币委员会1874至1893年之中国批发物价指数。至现行编制按期发表之指数，则自八年前上海货价调查处所编之一般物价指数始。自是以来，先后述作者仅有上海输出输入货物指数、广州一般批发物价指数及农产品批发物价指数等。华北诸埠，尚属阙如，研究经济统计者，引为遗憾。天津南开大学社会经济研究委员会有鉴于此，爰于十六年（1927）夏起，从事调查津京批发物价，编制指数。本篇所述，仅关于指数之编制方法及其结果，其于历年来各种物价表及其变迁之经过，暂不具论，尚冀稍待时日，完全刊布，以供海内专家研究之资料也。

本会指数之编制，自1913年至1927年为每年一次，自本年（1928）一月至三月则为每月一次，惟自四月起则每周编制一次。以星期三晚为每周物价之终算期，星期四即将每周指数算就，星期五晨向海外拍发，庶中外报章均能于星期一同时登布。

考指数之编制，其主要问题必须审慎考虑者，计有下列五项：

一是关于搜集货品之范围；

二是关于采选最佳之样本；

三是关于货价材料搜集；

四是关于选择最佳之计算公式；

五是关于选择最佳之基期。

兹将本会指数关于以上各项，逐一详述如下。

一、货品范围

搜集货品之范围，纯视编制指数之目的而定。本会指数既在测量华北货币对趸售物品购买力之变动，故其范围只限于华北京津市场各物品之批发价格。狭言之，本会指数系限于天津北京两地之趸售货价。

二、取样

在理想上看来，编制指数以能包括限定范围内所有之货品为最佳，但实际上每限于调查之经费以及他种事业实上之阻挠，不能将所有货品悉数调查。故不得不用取样之法，以样本代表指数所应包括之全体货品。倘市上每货买卖价格之变动与他货独立无关，且每货在全体货价中相等重要，则吾人任取一列货品为样本，即可代表各货趸售价格之平均变动。惟事实上每货之重要程度极为不齐，而货价之变动，亦大多紧于少数或许多货价之涨落。例如制造品之货价，常随其原料品为变动；又如原料品或原料品及其制造品价格之变动，其影响于各种货价者又不同。凡此种种，吾人于选取样本之时，皆须充分注意。苟有玩忽，则其编制之指数，必不可靠。是以指数之可靠与否，要视样本之可靠与否为准。不良之样本，虽用最佳之公式计算，其得出之指数，每不如有良好之样本而用最劣之公式计算者。所谓良好之样本者，当采自所有不同类之货品中，以代表各方面之货品，而分别其重要之程度，以定其数目之多寡。本会所选择之样本货品共一百，其采集之手续得如下述。

先于京津市场做一大概之观察，藉知何者为趸售市场中之重要物品，再根据经验丰富之商人所言，而估量各类货物（如粮食、疋头、五金等）在市场之重要程度，于是由两个或两个以上之趸售处搜集各行市单（Commodity List）。据在京津市场销路之广狭，而选定其代表货品焉。

兹将本会选定之一百样本货品以工业分类如下：

（一）食物类

小站稻米、上海秈米、绿桃面粉、红桃面粉、绿兵船面粉、红兵船面粉、红麦、白麦、大吉豆、小吉豆、元玉米、白玉米、红粮、元小米、白小米、生米、元米、小豆、江豆、元豆、合豆、青豆、白麻、猪肉、羊肉、牛肉、鸡、鸭、鸡蛋、荒字洋白糖、毛厘士赤糖、香片茶叶、金片茶叶、香油、花生油、豆油、久大精盐、沙盐、酱油、醋、乾酒。

（二）疋头类

西河花、十六支松鹤纱、十支松鹤纱、十支蓝虎纱、十八子市漂、红鸡人枪市布、军人枪市布、人头粗布、双龙粗布、孔雀洋标、并头莲洋标、月星粗斜、人面细斜、采石矶德国缎、司马相如斜纹缎、双童鹿直工呢、全家福直工缎、西宁毛。

（三）金属类

元铁、竹节钢、船钢板、生铁、剪口铁、九十磅马口铁、三角铁、洋钉、黄铜丝、黄铜片、铅丝、平铅铁。

（四）建筑材料

安东红松、安东白松、红砖、蓝砖、红瓦、蓝瓦、东山石灰、启新马牌水泥、玻璃、生漆桐油、斧牌铅油。

（五）燃料类

开滦块煤、开滦一号末煤、开滦二号末煤、开滦售炭、宛平房山硬煤、宛平房山末煤、晋省阳泉大炸、老牌煤油、虎牌煤油、北洋火柴、鹰牌白洋烛、火酒。

（六）杂项

大千柱毛边纸、龙印报纸、净板牛皮、关东烟叶、双旗肥皂。

三、货价材料之搜集

搜集货价，非特为编制指数之根本要著，抑亦调查工作中之最繁难复杂者。夫欲自可靠之来源，搜集多年之多种货价，在统计材料最行缺乏之中国，其困难之经过，非身历其境者，殆难想象。使本会无各商家之资助，供给从前多年之账簿，以备钩稽采择，则调查工作，只有将全部中途放弃之一途。幸各商家热心襄助，故每种货价，多由两家以上之账簿搜集而来。自 1913 年至 1927 年之每年指数，对于货价常变之物，则采用其每年每月一日及十五日货价之平均数；对于价格变动不甚之各货（如木材、水泥等）则采用其每年一月、四月、七月及十月每月一日及十五日货价之平均数。自本年一月起，编制每月之指数，系采每月每星期三货价之平均数；自四月起每周编制之指数，系采每日货价之平均数，而以每星期三为每周终算期。

所有现行各货之价格，均本会调查员每日于趸售市场中搜集者也。

四、公式

本会编制指数所用公式为简单几何平均法，盖几何平均法，不若他项平均数之有“偏误”（Type bias）之弊，且用几何平均数，可使绝大或过小之货价比数其影响于平均数之势力减少至最低限度。照表面看来，几何平均不如算术平均之简单明了，然实际上，几何平均法较算术平均法并无难解之处，且一经熟习，其计算亦并不甚繁杂。是故几何平均法之应用，近且日见推广，各国编制指数如遇无价值权数（Value weight）之时，大率用之，如英国商务局及伦敦金融时报之指数、意大利米兰市（Milan）商会之指数、比国劳工部统计局之指数、波兰中央统计局之指数、俄国设计委员会之指数等，皆系用简单几何平均数法作成者。

五、基期

以某一时期之货价用为计算他期货价指数之标准，其价格为基价，其时期即为基期。近世各国指数之基期，多为 1913 年（民国二年），以该年为欧战以前之一年，足以代表战前平时经济状况之一斑，且可使战前战后物价便于比较。惟 1913 年距今已远，殊难得可靠之物价，以为测量现时物价变动之标准，1926 年（民国十五年）华北货价，尚无异常升落之象，故本会采取之以为基期。考采用 1926 年为基期者，不只本会为然，美国劳工统计局为世界有名之统计机关于去年已废 1913 年而采 1926 年为该局之指数基期，费暄教授与《伦敦金融报》以及米兰商会均已起而仿行，是战前基期行将完全弃用亦意中事耳。

六、结果

下表（第三列至第九列）所载系货价之分类指数与总指数，两者皆自 1913 年起至 1928 年四月止，四月份第一星期之指数亦附此。第十列所载之银元购买力，即总指数之倒数也。

农产品价格之变动，常有其特殊之性质与意义，为与一般货价指数之比较起见，本会另编一农产物趸售价指数，内共含农产品 29 种，为一般指数中所包含货品中之一部，见下表第二列，望读者注意及之。

华北批发物价指数（1913 年至 1928 年，以 1926 年为百分）

年月	农产品	分类指数						总指数	银元购买力
		食物	布疋及原料	金属	建筑材料	燃料	杂项		较 1926 年全年平均（百）增（+）或减（－）之分数
民国二年	63.37	64.87	65.47	80.24	70.53	61.02	78.67	67.50	+ 48.15
三年	61.19	63.65	61.20	78.02	79.50	61.51	73.98	66.88	+ 49.52
四年	60.04	63.82	65.53	91.41	74.54	61.75	85.07	68.74	+ 45.48
五年	62.88	66.13	72.98	118.95	80.06	68.97	84.07	74.29	+ 34.61
六年	69.13	71.00	83.29	135.40	84.23	70.59	84.30	80.05	+ 24.72
七年	65.63	67.43	96.64	158.54	87.17	74.63	75.99	82.17	+ 21.70

续表

年月	农产品	分类指数						总指数	银元购买力
		食物	布疋及原料	金属	建筑材料	燃料	杂项		较1926年全年平均（百）增（+）或减（－）之分数
八年	62.44	66.00	107.06	111.05	86.78	75.71	77.88	81.00	+ 23.46
九年	79.42	83.40	104.33	133.61	81.88	75.71	83.17	89.48	+ 11.76
十年	78.70	82.23	99.78	124.61	88.80	78.75	83.29	88.91	+ 12.47
十一年	77.53	80.34	99.33	97.05	90.10	78.47	85.50	86.58	+ 15.50
十二年	82.45	84.76	107.41	96.44	94.12	77.02	88.56	90.26	+ 10.79
十三年	88.31	88.74	109.70	97.65	93.89	84.10	89.76	93.41	+ 7.05
十四年	97.18	95.52	108.21	99.04	94.42	90.60	96.03	97.23	+ 2.85
十五年	100.00	100.00	100.00	100.00	100.00	100.00	100.00	100.00	0.00
十六年	105.31	101.92	99.96	100.91	96.04	100.52	108.11	102.96	－ 2.87
十七年									
一月	106.32	111.22	101.55	96.55	100.93	105.54	110.54	105.63	－ 5.33
二月	108.06	113.63	101.40	99.85	101.81	105.56	110.03	107.07	－ 6.60
三月	131.4	116.73	102.70	99.15	102.72	107.27	106.05	108.53	－ 7.86
各周计算终止日									
四月十一日	21.45	115.65	102.85	98.57	103.46	107.88	106.05	108.23	－ 7.60

（《经济半月刊》第2卷第9期，1928年）

本会华北批发物价指数修正说明书

物价指数之编制，其目的在得一经济界之寒暑表以表示一般物价之趋势，而测验货币购买力之消长。是故选择物品，务须求其赅要。分类比量，务须取其适当。采用公式与基期，务须择其精确。盖不如是不足以为一般物价之准绳而测视币值变动之实况也。

本会所编之华北批发物价指数，始于民国十七年，包括货品一百种，共分六类，即食物四一种、疋头十八、金属十二、建筑材料十二、燃料十二、杂项五，率皆由平津市场中重要物品内挑选。编制指数之公式，为简单等比平均法。其计算指数之基期，为民国十五年（1926），以 100 为基数。详细说明，见《经济半月刊》第二卷第九期《华北每周批发物价指数编制之说明》（民国十七年 5 月 1 日出版），及本会出版之《英文物价丛刊第一号》（Price Series, Bulletin Number Ⅰ, May, 1920）。

本会二年以来对于物价指数，业已逐日调查，按周编制，披露于本会之统计周刊，及国内外各报章各重要经济杂志矣。第市场商品，日异而岁不同，因社会风尚之变迁，与新陈代谢之结果，昔之所见为流行者，今或已视为陈腐，而今之所目为主要者，在昔多犹未发达。故欲求物价指数之切于实用，则凡流行之货物，不得不酌予采入，其在市场浸渐视为陈腐者，则当设法删去。采入删去之道，即在随时改正而已。本会批发物价指数之每年修改一次，即此意也。去岁四月修改时，更换之处甚少。今已异年，故作第二次之修改，此次修改所删去之物品凡九，计洋货七土货二：军人枪市布、并头莲洋标、月星粗斜、人面细斜、司马相如斜纹缎、双童鹿直工呢、全家福直工缎、北洋状元牌火柴、安东红松。

上述之 7 种棉织物品，自去年春季抵制日货以来，虽市场间有零星售卖，然各大批发商店，则已久无行市。北洋火柴及安东红松，销路日疲，故删去之。

新加入者，凡一十五品，计洋货十一，土货四，皆为市场年来畅销之货：绿皇宫面、绿竹字面、万年青市布、八蝶洋标、四平莲粗斜、七字鼠细斜、三多直工呢、鸾凤燕直工缎、双面美人斜纹缎、二十支三鹿三股棉纱、紫铜块、新方铁、烟筒铁、吉林红松、饭碗牌火柴。

以上所删去之物品有九，而新加入者，则为十五，是故本会修正之批发物价指数所包括之物品共一〇六。此一〇六种货品，按工业分类如第一表所示。

第一表　原有指数与修正指数所包括货品之分类比较

类别	原指数所包括之货品		此次修正指数所包括之货品	
	数目	百分比	数目	百分比
食物类	41	41	43	41
布疋及其原料类	18	18	19	18
金属类	12	12	15	14
建筑材料类	12	12	12	11
燃料类	12	12	12	11
杂项类	5	5	5	5
总计	100	100	106	100

除上述之物品增加删去以外，原有之物品价格，经此次之

修正者，有荒字洋白糖、二十四号粗砂白糖、毛厘士赤糖三种糖价，及黄铜丝与黄铜片二种铜价。前本会所用之三种糖价，系按市面普通行化银盘折合银元价，其结果与用糖栈之银盘略有出入，兹特更正之。黄铜丝、黄铜片原采用两家商号之平均价，查两号货色每每不同，价格相差亦巨，故现改用一家之价。

从本期起，以后“经济统计”内所载之华北批发物价指数即此次之修正指数，兹将民国二年（1913 年）起至本年（1930 年）5 月之修正指数表列于下，以供读者参考。

第二表　（甲）修正华北批发物价指数（按工业分类）

（民国十五年全年平均等于 100）

时期	食物	布疋及其原料	金属	建筑材料	燃料	杂项	总指数
民国二年	64.27	65.47	80.24	70.53	61.02	78.67	67.18
三年	63.86	61.20	78.02	79.50	61.51	73.98	66.89
四年	64.20	65.53	91.41	74.54	61.75	85.09	68.78
五年	66.36	72.98	28.95	80.06	68.97	84.07	74.19
六年	71.30	83.29	135.40	84.23	70.59	8.30	79.95
七年	68.30	96.64	158.54	87.17	74.63	75.95	82.21
八年	66.92	107.06	111.05	86.78	75.71	77.88	81.07
九年	82.47	104.33	133.61	81.88	75.71	83.17	88.92
十年	82.24	99.78	124.61	88.80	78.75	83.29	88.91
十一年	79.92	99.33	97.05	90.10	78.47	85.50	86.40
十二年	84.96	107.41	96.44	94.12	77.02	88.56	90.35
十三年	89.24	109.70	*7.65	*3.89	84.10	89.76	93.61
十四年	95.89	108.21	*8.26	94.42	90.60	96.03	*7.28
十五年	100.00	100.00	100.00	100.00	100.00	100.00	100.00
十六年	106.95	99.96	101.22	96.04	101.52	108.11	103.02
十七年	113.07	103.26	99.51	103.81	110.02	110.72	107.*8
一月	111.24	101.55	*7.03	100.93	105.54	110.54	105.70
二月	113.64	101.40	100.37	101.81	105.56	110.03	107.14
三月	116.20	102.46	99.28	102.49	107.31	110.00	108.47

续表

时期	食物	布疋及其原料	金属	建筑材料	燃料	杂项	总指数
四月	116.36	102.78	99.18	102.75	108.45	108.56	108.71
五月	115.25	102.96	99.43	103.52	110.01	108.65	108.45
六月	116.25	103.36	98.16	101.66	108.49	111.87	108.78
七月	116.90	105.29	98.93	103.60	109.88	111.60	109.70
八月	111.55	101.55	98.12	103.26	111.07	114.13	107.00
九月	108.55	101.77	99.17	104.86	111.56	113.19	106.45
十月	110.86	102.76	102.47	105.13	113.02	113.00	108.17
十一月	10*.65	105.24	99.73	107.62	115.68	110.88	108.55
十二月	110.43	107.97	102.59	107.12	111.70	106.14	108.60
十八年	116.52	107.35	104.63	107.45	109.77	107.40	111.08
一月	115.81	110.26	104.78	106.9	111.43	105.13	111.36
二月	117.90	112.68	106.83	106.48	111.83	107.80	112.94
三月	117.59	111.08	107.66	108.63	110.80	106.44	112.82
四月	115.00	108.26	104.68	108.12	109.65	104.92	110.73
五月	113.44	110.13	105.36	107.63	108.54	103.70	110.05
六月	115.00	105.90	102.45	107.17	108.25	109.69	110.24
七月	117.94	106.04	101.60	107.*0	108.06	112.02	111.01
八月	119.24	105.64	101.46	106.65	107.69	111.00	111.03
九月	118.18	107.37	102.54	106.88	108.37	109.81	111.32
十月	117.07	105.20	104.69	108.55	110.55	106.35	110.98
十一月	115.05	103.76	107.08	107.35	111.30	108.56	110.32
十二月	116.05	101.85	106.47	106.98	110.76	103.40	110.10
十九年							
一月	117.17	102.13	112.51	104.97	108.05	103.70	110.59
二月	120.86	104.13	120.78	104.70	107.93	111.54	113.86
三月	121.05	104.00	123.06	103.78	109.15	113.22	114.28
四月	118.58	103.30	123.28	103.62	110.73	114.96	113.40
五月	120.14	103.15	124.47	103.81	115.40	114.32	114.79

注：*为原材料中无法识别的数字，编者注。

第二表 （乙）修正华北批发物价指数（按制造分类）

（民国十五年全年平均等于100）

时期	农产品	动物产品	林产品	酱产品	原料品	生产品	消费品	制造品
民国二年	61.18	61.52	55.33	62.72	60.90	77.38	71.00	73.80
三年	57.83	65.05	57.49	62.78	60.11	78.63	69.73	74.04
四年	57.61	65.27	59.05	63.28	59.89	86.13	72.31	77.94
五年	60.88	70.08	63.76	65.53	63.29	101.19	75.48	85.09
六年	70.39	67.11	65.25	68.58	69.45	108.62	79.83	90.55
七年	64.05	78.37	76.18	73.48	68.95	111.59	86.04	95.70
八年	59.25	80.97	76.35	68.06	65.29	102.95	93.43	97.13
九年	77.31	84.09	71.31	72.81	76.54	105.97	97.69	100.92
十年	77.69	84.08	82.35	68.53	76.92	106.46	96.10	100.62
十一年	74.97	8.92	85.23	72.34	76.78	95.35	95.60	95.50
十二年	81.59	87.63	89.42	75.34	81.60	98.21	98.67	98.48
十三年	89.03	88.90	94.85	78.88	87.13	99.76	99.31	99.50
十四年	100.01	91.30	92.10	88.68	95.16	100.30	97.91	98.92
十五年	100.00	100.00	100.00	100.00	100.00	100.00	100.00	100.00
十六年	102.51	113.45	108.78	99.92	104.32	97.24	105.35	102.11
十七年	103.34	124.24	124.62	115.00	111.08	100.00	110.30	105.16
一月	103.59	113.06	123.22	110.29	108.38	16.41	109.02	103.27
二月	104.37	118.86	126.98	112.29	110.49	97.56	102.94	104.22
三月	108.31	120.84	124.55	115.54	113.41	97.55	110.46	105.24
四月	110.24	118.74	125.33	114.44	113.87	98.75	110.10	105.53
五月	109.54	119.26	126.28	114.54	113.67	98.44	109.88	105.25
六月	107.90	131.45	125.63	114.24	114.60	98.646	109.55	105.16
七月	108.32	133.72	127.12	115.67	115.69	97.60	109.45	105.47
八月	97.80	130.72	125.12	114.79	109.81	99.68	109.25	105.31
九月	94.45	130.22	123.63	116.89	106.90	101.20	109.74	106.17
十月	97.86	132.34	120.81	116.06	109.18	104.02	110.11	107.67
十一月	97.48	121.60	123.78	116.43	107.68	104.00	113.87	109.65
十二月	99.17	120.54	123.86	111.89	107.44	104.23	113.30	109.51
十八年	106.75	126.63	128.40	106.07	111.59	105.90	114.21	110.81
一月	104.76	128.34	123.72	111.74	111.69	106.19	115.07	111.46

续表

时期	农产品	动物产品	林产品	酱产品	原料品	生产品	消费品	制造品
二月	105.97	132.98	122.07	111.11	112.64	107.99	116.48	112.99
三月	105.37	132.59	124.59	108.95	112.19	109.06	116.94	113.42
四月	103.54	126.25	124.94	107.25	109.94	106.25	114.12	111.59
五月	102.91	125.90	125.90	106.45	109.33	105.99	114.69	110.75
六月	104.76	127.22	126.42	105.05	110.08	105.25	114.79	110.62
七月	110.70	124.54	127.14	104.31	112.74	105.61	112.70	101.89
八月	112.78	124.15	127.14	103.02	113.53	104.48	112.94	109.57
九月	111.22	124.66	127.63	102.58	112.86	105.21	113.68	110.30
十月	108.99	124.62	136.43	103.47	112.51	105.53	113.10	110.09
十一月	105.09	121.95	136.32	105.32	110.73	105.36	113.15	110.03
十二月	104.90	126.31	136.54	103.58	110.82	103.84	112.81	109.24
十九年一月	105.78	122.64	129.79	100.05	109.10	107.25	113.60	111.02
二月	110.03	115.71	128.36	102.76	112.58	111.08	117.05	114.70
三月	110.31	126.21	125.46	103.52	112.71	111.73	117.55	115.58
四月	107.36	126.74	125.54	102.06	110.41	111.67	117.40	115.12
五月	111.13	120.87	126.31	103.92	112.38	111.70	119.53	116.33

（《大公报·经济研究周刊》，1930年6月1日）

编制天津工人生活费指数说明书

指数为一列数字，用以测量此时与彼时或此地与彼地经济界现象之相对变易者也。今日物价之高，工资之低，夫人而知之矣。然物价之高，高至如何程度，工资之低，低至如何地步，非有法以测量之，则不能得数字之表示，此指数之所以发明也。假使经济界现象之变异为一律，则其测量亦无须乎指数。惟其变易不等，故必采用调和之法，以简驭繁。盖百货价格，万有不齐，其散播之状，与炮弹发放之碎片无殊。炮弹碎片之发放，固有一定之重心，而物价升降之起伏，亦必有一定之平均趋势。物价指数者，易言之，即此平均趋势也。

指数为类至多，凡经济界现象之时间或空间之比较，均可采用。如比较工资之贵贱，则有工资指数。比较证券之涨落，则有证券指数。比较生产之多寡，则有生产指数。比较汇兑之顺逆，则有汇兑指数。比较贸易之增减，则有贸易指数。比较物价之升降，则有物价指数。本篇所讨论者，则为比较生活费高低之用，所谓生活费指数是也。

欲了解生活费之意义，当先了解生活程度之意义。生活程度者，即吾人适应欲望之行为，或为必要的，或为习惯的，或为奢侈的，虽时移地易，人各不同。然为一级中所习惯享受者，斯为该阶级之生活程度。故生活程度，有广狭二义。以狭义言，即生存最低限度之衣食住等，所谓得之则生，不得则死是也。

以广义言。则凡教育修养交际祭祀丧葬，以及疾病之医疗，危险之预防，租税之负担，奢侈之消耗各项，莫不概括。颜渊在陋巷，箪食瓢饮，近于狭义之生活程度。孔子自谓从大夫之后不可徒行，则近于广义之生活程度。我国近年来，生活程度日高，社会上呈杌陧不安之象，论者忧之。然就经济原则上而言，生活程度愈高，则劳力效能愈显，生产能力愈大，则教育文化愈进，社会幸福愈增。足证生活程度虽高，不足为病。此中理论，姑勿深及。第吾人所谓生活程度者，即社会各阶级之实际生活所需之费用。而所谓生活费指数者，即表现某社会阶级在某时期或某地方之实际生活所需费用与他时期或地方比较之或增或减之比率也。

大战（第一次世界大战）以前，欧美各国，已有生活费指数，但实际上多为一种零售物价指数。仅以测示零售市场上货币购买力之高低，鲜有用之为实际上调剂经济状况之一种根据。盖其时因物价无剧烈之涨落，币值鲜显著之变动，各种用货币为定期之契约，故无改订之必要。迨战时及战后，各国物价无不暴涨，币值因而骤落。如德之马克、法之佛郎（法郎的旧译名），一落千丈，为势尤猛。故凡订明货币数目之定期契约，均须利用生活费指数，以剂其平，俾与物价之升降，币值之消长相称。此种契约，为例甚多，如普通人民之债权债务上付息还本之契约，及厂主劳工间之工资契约，而后者尤关重要。盖工人所得无几，以额定之工资，遇继长增高之物价，将无以维持其固有之生活程度，结果非要求增加工资不止。且一遇此种问题之发生，若无可靠之生活费指数，以为解决之标准，则雇主、工人互相猜疑，劳资纠纷无法解决。故生活费指数者，即运用可靠材料及精密方法所编制之一种统计，用以解决此类劳资争议者也。欧美各国为避除劳资纠纷起见，每遇货币购买力有变迁时，即根据生活费指数，将货币工资加以改订，庶获得失相偿，不致动摇实际上之工资。1909 年后，德国社会民主党之何多柏南（Adolb Braun）即揭橥是说，以为工人须完全不受物价变迁之影响。其订定最低工资之时，三分之一须恒久不变，此外三分之二须随食物、燃料、灯光等重要物价之变迁而改正。欧战以前，英法诸国，亦有此说，其大旨要皆相类。今则英伦三岛适用生活费指数，以定工资之高低者，已达三万工人之多。其他如比利时、丹麦各国，亦复类是。

“生活艰难”，为我国年来流行语之一。然试执人而叩之曰，国人生活艰难，以至如何程度？则多瞠目而不答。夫欲知生活费之变迁，必须赖有生活费之指数。法国全国之生活费指数，计有六十区域。以我国幅员之广，人口之多，即有六百种生活费指数，亦不为多。又按比利时之例，分制四级工人与最低中等阶级之五种指数。则全国应有三千生活费指数，庶几各省区人民之生活状况，可以了如指掌。理论上虽如此言，事实上殊不能实现。盖交通阻梗之内地，黄馘细民，享受耕田而食、凿井而饮之生活，殊无编制生活指数之必要。现在近世工业，已有规模之各重要商埠城镇，如上海、天津等处，则为当务之急耳。

近世以来，劳资纠纷，层见叠出。民十七下半年上海一市，发生之劳资纠纷案件，共 222 起。其中关于佣雇状况如工资工时等而起者，共 152 案，占全数 69%。天津劳资纠纷，尚无准确之调查，惟据北平社会调查所之报告，十六年至十八年六月，平津两市之 134 次劳资纠纷案件，其中因佣雇状况如工资工时等而起者，共 104 起，占全数 80%。生活问题与劳资纠纷关系之重要，于此可见一斑。此种纠纷之解决，不须标准则已，苟须标准，舍编制工人生活费指数外，无他道也。

编制生活指数，其主要问题，必须审慎考虑者有四：（一）取样问题；（二）加权问题；（三）调查物价问题；（四）选择计算指数之公式与基期问题。兹将本会天津工人生活费指数之编制方法，逐一详述于下。

（一）取样问题。生活费指数所包含者，为普通各种消费物品，如食物、衣着、房租、燃料、杂项各类。惟生活费指数用以表示生活费之趋势，而非用以测量全数消费物品价格之升降。故就理论言之，无须将各样消费物品一一包含。揆诸事实，因物类项目太多，等级太繁，亦不能全数采纳，只得慎重选择其重要者，以为计算生活费指数之用。选择物品之法有二：1. 总括消费法；2. 家庭生计调查法。所谓总括消费法者，即以一国每期中消费物品之生产总额，加上输入总额，而减去输出总额。所得之数，即为消费物品总额。再以此额除同时各类中各项物品之消费额，则得各项物品消费额对消费总额之百分数。然后以之为测量各项物品消费上重要之标准而定取舍。所谓家庭生计调查法者，即为选择某地方经济能力类似之家庭若干家，在制定时期中，作一每家各项消费之详细调查。再求各家之平均各项消费额，及其平均消费总额。以平均消费总额除各项平均消费额，即得各项消费额对消费总额之百分数。然后以之为选重要消费物品之标准，而编制生活费之指数。

我国输出入统计，虽有关册可考，而生产统计，尚付阙如。故总括消费法，自不能行，惟有采用家庭生计调查之一法而已。本会为编制天津工人生活费指数之预备，自民十六年九月起，即在天津举行工人家庭生活调查。为其十月，选择工人家庭240家，所选者多为手艺工人之家庭，散居津市东南西北各区。每日派员持日用流水簿，分向各家调查所有收支之种目及数量价值而登记之。根据此十月调查之结果，求得其各家平均每次消费物品额，与其平均消费物品总额之百分比，以为选择指数中所应包含之物品之标准。其结果得物品四十种，计食物二四，衣服八，燃料四，房租二，杂项二，如下：

（1）食物类。上海大米、美国白面、伏地白面、北河玉米面、海下小米、北河绿豆、黄豆菜、绿豆菜、土豆、豆腐、葱、蒜、大白菜、伏地菠菜、小白菜、韭菜、酱油、醋、香油、食盐、面酱、猪肉、牛肉、羊肉。

（2）服用品类。棉花、高阳粗布、本地白市布、西洋市漂布、东洋花标布、东洋毛丝纶、西洋冲礼服呢、东洋直工呢。

（3）燃料类。煤球、木炭、柴禾、煤油。

（4）房租类。灰房、土房。

（5）杂项类。纸烟、自来水。

（二）加权问题。编制生活费指数，除慎择其所包含之物品外，尚须利用权数。视各项物品轻重之不同，而增减其变化之影响。盖家常消费物品之轻重不一，米粮重于糖食，烟茶轻于肉类，欲求趋势之正确，须得家常消费物品价格变动之适宜的平均。权数之用，即所以得其适当之比重也。本会所编制天津工人生活费指数，所用之权数有二：

1. 指数内所包含之各个物品权数。此项权数，即为家庭生计调查所得之平均，每家各该项物品之消费数量如下。

物品	单位	消费量
食物类		
上海大米	升	96.25
美国白面（次）	斤	221.94
伏地白面	斤	1.38
北河玉米面	斤	467.06
海下小米	升	27.56
北河绿豆	升	12.88
黄豆菜	斤	31.13
绿豆菜	斤	35.63

续表

物品	单位	消费量
土豆	斤	47.25
豆腐	斤	17.25
葱	斤	31.94
蒜	斤	1.19
大白菜	斤	167.56
伏地菠菜	斤	12.56
小白菜	斤	25.88
韭菜	斤	30.13
酱油（中等）	斤	17.69
醋（次）	斤	8.13
香油（次）	斤	13.31
食盐	斤	23.25
面酱（次）	斤	5.50
猪肉	斤	14.19
牛肉	斤	3.13
羊肉	斤	8.25
服用品类		
棉花（北河）	斤	4.81
高阳粗布（八斤重）	尺	4.55
本地白市布（花鸟）	尺	51.15
西洋市漂布（十八子）	尺	46.66
东洋花标布（眼镜）	尺	0.55
东洋毛丝纶（美人）	尺	4.68
西洋冲礼服呢（人梅）	尺	1.10
东洋直工布（寒山寺）	尺	3.04
燃料类		
煤球	十斤	47.86
木炭	斤	18.50
柴禾	十斤	82.69
煤油（幸福牌）	斤	45.06
房租类		
灰房	间	1.40
土房	间	1.20
杂项类		
纸烟（红屋牌）	小盒	19.00
自来水	担	132.90

2. 各个物品之权数，视各该物品自身之轻重而定。其效用

在使各个物品之与全体，得保其固有之重要。吾人编制生活费指数时，所有消费物品，如能悉数包含，则各依其自身之轻重而定其权数。所得之指数，可以表示生活费变动之准确无疑。惟一切物品，尽行包括，事实上不能做到，不得不用取样法，从全体消费物品之各部分，为食物、衣着、燃料、房租、杂项等分取其重要者，以代表各款之各个物品之特殊行动。是故欲得精密准确之指数，除加权各个物品，使其于全体得保其重要外，尚须加权各类物品。庶各部分之于全体，均占其应得之地位关系。本会天津工人生活费指数，其各类物品之权数，计食物类为六二，衣服类为六，燃料类为一三，房租类为一四，杂项类为五。此种权数，乃根据家庭生计调查所获之平均各类物品消费额对消费总额之百分比而得。

（三）搜集零售物价。物价搜集之问题有三：即搜集方法、搜集地点与搜集时期。本会所采用者，即为派专员于每星期三出外调查。故每月之物价，为该月各星期三之平均价格。至搜集地点有四：1. 河东郭庄子；2. 南关大街；3. 西头如意庵；4. 河北小王庄。盖因此四处地点，均为工人住居之所也。

（四）计算公式与基期。计算指数之公式，至繁目众。本会所采用者，为加权总合法。此式乃两期物价总数之比例，而以其基期各物品之消费量为权数者，其式如下：

$$\frac{\sum pq_0}{\sum p_0q_0}$$

其中，P 者计算期之物价，p_0 基期之物价，q_0 者基期之物量，$\sum$者总合之谓。

此式用以计算生活费指数，最为适宜。盖其意义，即计算期之生活与基期之生活费相比之谓也。至于基期，本会所采用者为 1926 年。因该年津市零售物价，尚属平稳。且本会华北批发物价指数之基期，亦为1926年，又可藉资比较也。

本篇所述，不过说明天津工人生活费指数之编制方法耳。至其所得指数，将在本刊下期《天津工人生活程度及其近四年来生活费之涨落》一文，详为分析，以飨阅者。

（《大公报·经济研究周刊》，1930年6月29日）

天津工人生活程度及其近四年来生活费之变迁

本会天津工人生活费指数所包含物品及其编制方法，已于本刊上期《编制天津工人生活费指数说明书》一文详述之矣。本会生活费指数中，包含零售物品共四十种：计食物二四种，服用品八种，燃料四种，房租二种，杂项二种。计算公式，本会采用加权总合法，以民国十五全年平均为基期，等于一百。自民国十五年一月至本年（1930年）六月之指数，按月计算，其结果详见本刊第一表。此后则按周计算，在本会统计周报上发表，以便与本刊所编之其他每周统计比较焉。

吾人所谓生活程度者，为社会各阶级之实际生活。所谓生活费者，即社会各阶级维持其实际生活所需之费用。至生活费指数，则为某社会阶级在某时期之实际生活所需费用与他时期相较之或增或减之比率也。欲本天津工人生活费指数，以研究其近四年来生活费或增或减之限度，则首须明了其生活程度之高低；工人生活程度之高低，可于其家庭支出上观察之。本会民十六年九月至十七年六月曾有天津 132 家工人家庭生计调查，为期十月，每家平均支出计 176.68 元。其中食物费计 109.59 元，衣服费计 10.73 元，房租费计 24.91 元，燃料及水计 22 元，杂项费计 9.45 元。食衣住三者，为生存之要素，约占支出总数 80%。其中食物费一项，占支出 60%以上。今以食物费分为米面蔬菜鱼肉调和干鲜果品及零售点心六类。则干鲜果品及零售点心两类，仅占食物费总数 4%；米面蔬菜鱼肉调和四类，则占食物费总数 96%。而此四类之中，米面占 59%，蔬菜占 17%，调和占 9%，鱼肉一类不足 10%，与调和费相差无多。天津工人生活程度之低下，即此可见一斑。

天津工人生活程度之低，已如上述。至维持生活程度必需费用之或增或减，则随市场零售物价之升降而定。本会生活费指数，起于民国十五年一月，近四年半以来，天津工人生活费之涨落，可用此以为测量之标准。

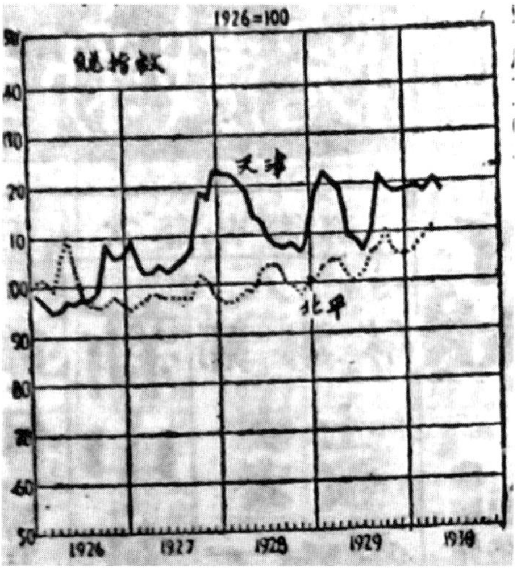

图 1　平津工人生活费指数比较图

自民国十五年一月至本年六月，天津工人生活费有逐渐增长之趋势。细察图 1 之实线，即可见之。今以民国十五年为基年，等于一百，民十六年之平均生活费指数，较民十五高 8%强，民十七较民十五高 13%，民十八较民十五高 16%，本年六个月之平均，较民十五则高 19%。在此四年半中，生活费之最高点为民十六年十二月，其指数较基年之全年平均计高 23%。

最低点则为十五年三月，其指数较基年之全年平均，约低5%。本年六月份之工人生活费指数为118强，较本年一二三四五各月均形低落，然较去年之全年平均尚高1%强，若以之与基年平均（民十五）相较，则高18%强矣。

各类生活费之涨落最显著者，为燃料类；其次为衣服类；再次为杂项房租食物诸类，兹按类分析如下：

（一）食物类。自民十五年以来，食物类指数之逐渐增强，图2之实线，表现甚明。民十六全年之平均食物类指数，较之基年，高9%，民十七年全年之平均食物类指数，较基年高13%。民十八全年之平均食物类指数，较基年高16%，本年六个月之平均食物指数，较基年高19%，至六月份之平均食物类指数，较基年约高17%。

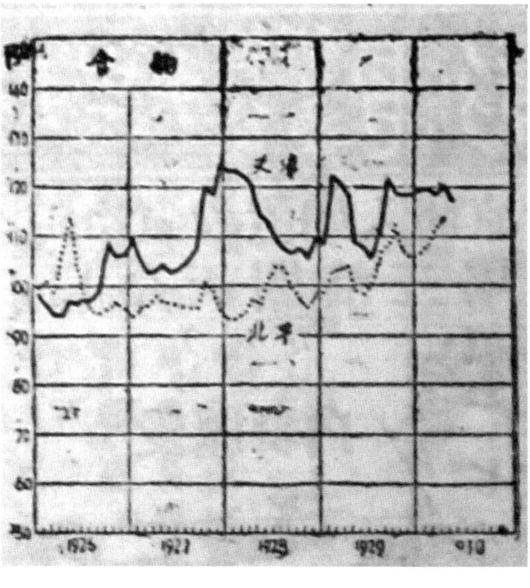

图2　平津食物类指数比较图

兹将本会生活费指数所包含之24种食物品在上星期之零售价格，与民十五全年之平均零售价格列于表1，以资比较。

表 1　食物类价格之比较

食物类	单位	民十五年（银元）	上星期（银元）	增（+）减（-）率
上海大米	升	0.133	0.145	+9%
美国白面（次）	斤	0.078	0.080	+3%
伏地白面	斤	0.081	0.093	+15%
北河玉米面	斤	0.044	0.055	+25%
海下小米	升	0.083	0.100	+20%
北河绿豆	升	0.085	0.100	+18%
黄豆菜（全年）	斤	0.018	0.025	+39%
绿豆菜（全年）	斤	0.022	0.020	-9%
土豆（全年）	斤	0.027	0.043	+59%
豆腐（全年）	斤	0.026	0.040	+54%
葱（全年）	斤	0.048	0.020	-58%
蒜（全年）	斤	0.052	0.075	-44%
大白菜（冬春）	斤	0.0175	—	—
伏地菠菜（冬春）	斤	0.0525	—	—
小白菜（夏秋）	斤	0.017	0.025	+47%
韭菜（夏秋）	斤	0.056	0.040	-29%
酱油（中）	斤	0.053	0.080	+51%
醋（次）	斤	0.019	0.040	+21%
香油（次）	斤	0.293	0.318	+9%
食盐	斤	0.074	0.085	+15%
面酱（次）	斤	0.071	0.080	+13%
猪肉	斤	0.249	0.320	+29%
牛肉	斤	0.169	0.293	+73%
羊肉	斤	0.209	0.225	+8%

（二）服用品类。图 3 实线表示自民国十五年以来衣服类指数涨落概况。查十五六两年之指数，变动甚微。十六年全年平均衣服类指数较十五年之全年平均，仅高百分之一强。自民国十七年一月起衣服类各项价格，均行狂涨，其指数随而上升。

十七十八两年每年之平均指数，较之基年，约高 18%。本年一月起，价格忽暴落，其指数随而下跌。五月以来，价格又渐上涨。迨至六月末，几恢复十七十八两年之原状。盖将本会生活费指数所包含 8 种服用品在上星期之平均价格，与民十五全年之平均价格列于表 2，以资比较。

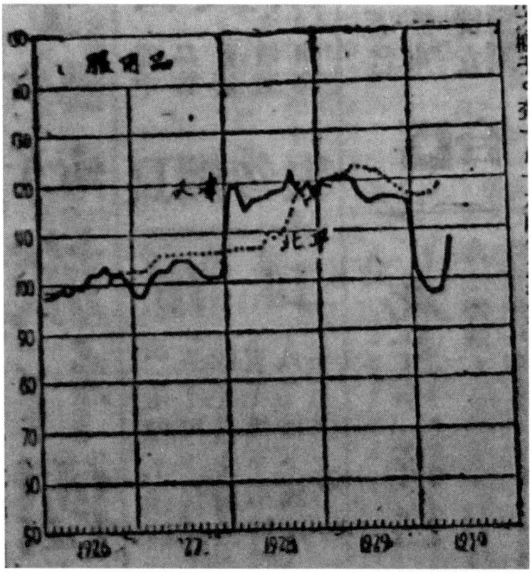

图 3 平津服用品类指数比较图

表 2 服用品类价格之比较

服用品类	单位	民十五年（银元）	上星期（银元）	增（+）减（-）率
棉花（北河）	斤	0.507	0.600	+18%
高阳粗布（8 斤重）	尺	0.077	0.087	+13%
本地白市布（花鸟）	尺	0.090	0.088	-2%
西洋市漂布（18 子）	尺	0.139	0.180	+29%
东洋花标布（眼镜）	尺	0.100	0.120	+20%

续表

服用品类	单位	民十五年（银元）	上星期（银元）	增（+）减（-）率
东洋毛涤纶（美人）	尺	0.083	0.08	+4%
西洋冲礼服呢（8梅）	尺	0.412	0.300	-27%
东洋直工呢（寒山寺）	尺	0.155	0.140	-10%

（三）燃料类。燃料类各物品价格之变动概况，图4之实线表示甚显。民十五十六十七三年涨落无多，十六年之全年平均指数较十五年仅高 2%，十七年之全年平均指数，较十五年仅高 6%。惟自十七年十二月起燃料各项物品之价格，遂形狂涨，而本年五月以来为尤甚。十八全年之平均燃料费指数约高 26%，而六月份之燃料类指数，竟高 43%，为四年来所未有。兹将本会生活费指数所包含四种燃料物品，在上星期之平均价格，与其十五年全年平均价格列于表3，以资比较。

表3　燃料类价格之比较

燃料类	单位	民十五年（银元）	上星期（银元）	增（+）减（-）率
煤球	斤	0.0074	0.0075	+1%
木炭	斤	0.046	0.058	+26%
柴禾	斤	0.0116	0.0135	+16%
煤油（幸福牌）	斤	0.044	0.140	+218%

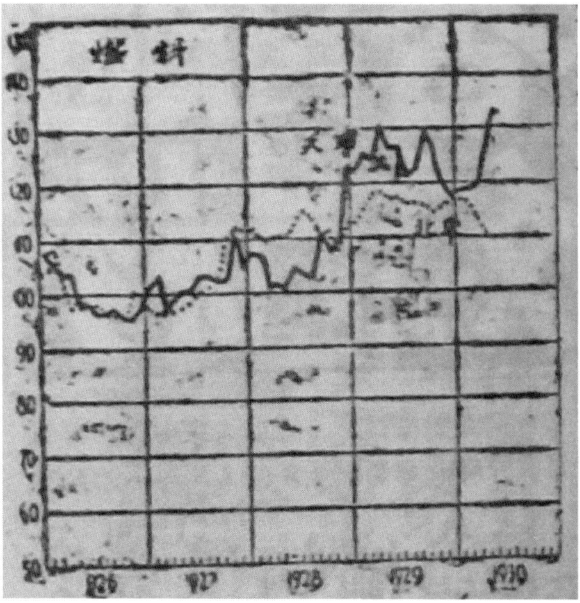

图 4　平津燃料类指数比较图

（四）房租。房租指数自民十五年来，变动之概况，详示图5上之实线。查民十六年之指数较之基年高10%，民十七高20%，民十八年高19%。本年复行回涨，六个月之平均房租指数，较之基年，约高19%，兹将本会生活费指数所包含房屋两种六月份之租价，与民国十五年之租价列于表4，以资比较。

表 4　房租类价格之比较

房租类	单位	民十五年（银元）	上星期（银元）	增（+）减（-）率
灰房	间	1.950	2.26	+16%
土房	间	1.655	1.91	+15%

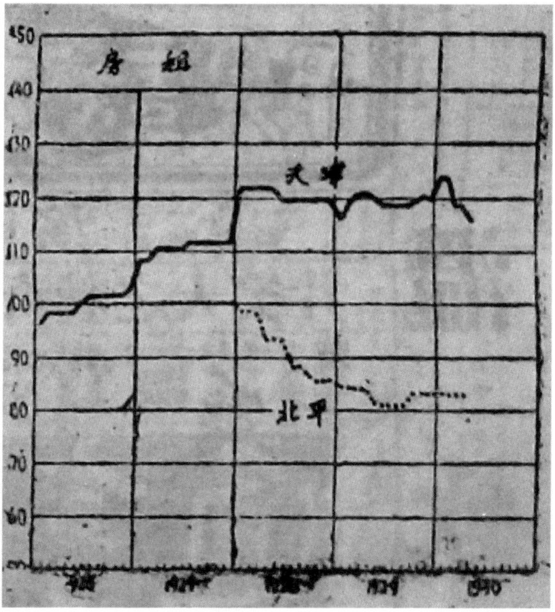

图 5 平津房租类指数比较图

（五）杂项。本会生活费所包含杂项类之物品仅有两种：一为红屋牌纸烟；一为自来水。据图 6 实线所表示，其指数之变动，甚为显著。查民十六年之平均杂项指数，较之基期，计高 19%；民十七年者，较之基期，计高 23%；民十八年者，较之基期，计高 14%；本年六个月之平均指数，较之基期，计高 33%。兹将红屋牌纸烟及自来水六月份之平均价格，与其基年之平均价格列于表 5，以资比较。

表 5 杂项类价格之比较

杂项类	单位	民十五年（银元）	上星期（银元）	增（+）减（-）率
纸烟（红屋牌）	小盒	0.0395	0.35	-11%
自来水	担	0.0138	0.020	+45%

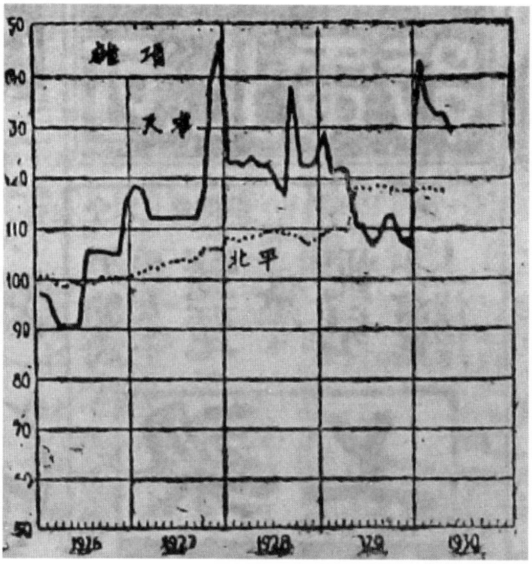

图6 平津杂项类指数比较图

我国币制紊乱，已达极点。各种货币之间，殊无确定之价格。主币与辅币，名虽十进，实则毫无标准，因此授受上困难丛生。本会天津工人生活费指数之编制，其所搜集之零售价格，大多以铜元计算。而普通工人之收入，除洋车夫及少数杂役外，多以大洋计算。是故吾人编制生活费指数时，概将各项物品之铜元价，按照市价，一律折成大洋。惟天津近四年半以来，银洋兑换铜元之市价，变动甚为剧烈。有时物价若以铜元计，并无变动，然因大洋兑换铜元市价之涨落，致物价折成银元时，随而增减。是故天津工人生活费之变迁，不仅以零售物价之升降为转移，亦且受兑换市价涨落之影响。

（六）平津工人生活费高低之比较。北平社会调查所编制北平工人生活费指数，按月发表，已有年余。惟其所包含之物品及其计算基期，均与本会天津工人生活费指数不同，因此不能做准确之比较，以测量平津两市工人生活费之高低。兹为概念的两地之生活费比较起见，特将北平工人生活费指数改算，以民十五年为基年，绘图比较（见上列各图，其虚线代表北平工人生活费指数，其实线则代表天津工人生活费指数，两线距离之大小，即足以测量平津工人生活费高低之限度）。细察该图，天津工人之生活费，自民十五年九月以来，均较北平工人之生活费为高，而以房租食物为尤甚，其他各项，如衣服燃料杂项等，则其次焉者也。天津工人生活费指数如表 6 所示。

表 6 天津工人生活费指数

年月	食物	服用品	燃料	房租	杂项	总指数
民国十五年	100.00	100.00	100.00	100.00	100.00	100.00
一月	98.25	97.40	107.28	96.61	97.72	98.59
二月	96.13	97.40	105.54	98.52	96.98	96.57
三月	94.12	98.41	103.82	98.52	91.10	94.65
四月	94.72	97.92	103.82	98.52	91.10	95.20
五月	97.77	99.54	97.82	98.52	91.10	97.80
六月	96.57	99.30	98.22	100.04	91.10	96.72
七月	97.24	101.88	96.48	101.23	105.80	97.37
八月	97.69	101.92	96.48	101.23	105.80	97.79
九月	99.46	103.48	97.33	101.23	105.80	99.48
十月	109.77	101.73	95.59	101.23	105.07	108.90
十一月	106.23	101.88	95.68	101.23	105.07	105.65
十二月	106.75	100.10	97.66	103.14	115.32	106.23
十六年	108.95	101.63	102.20	110.46	119.24	108.59
一月	110.14	97.43	101.16	108.14	118.99	109.53
二月	104.91	97.43	103.28	108.14	118.26	104.79
三月	102.54	101.81	96.88	110.39	112.38	102.43
四月	103.02	102.74	98.37	110.39	112.38	102.95
五月	104.40	102.73	100.14	110.38	112.38	104.29
六月	102.68	104.44	100.14	110.39	112.38	102.74
七月	103.55	104.47	103.24	111.28	112.38	103.68
八月	105.15	104.47	103.24	111.28	112.38	105.16
九月	107.92	101.32	101.94	111.28	112.38	107.61
十月	120.25	100.88	102.67	111.28	119.73	119.04
十一月	118.25	100.87	110.74	111.28	139.57	117.59
十二月	124.65	100.91	104.63	111.28	147.66	123.26
十七年	113.37	117.97	106.44	120.19	123.53	113.29

续表

年月	食物	服用品	燃料	房租	杂项	总指数
一月	123.24	119.04	107.12	121.50	123.40	122.54
二月	123.08	119.00	106.62	121.50	123.40	122.37
三月	122.03	114.17	100.68	121.50	122.67	121.00
四月	119.80	116.23	101.55	121.50	124.14	119.02
五月	113.97	116.97	100.48	121.50	122.67	113.58
六月	112.62	117.55	104.65	119.25	122.67	112.49
七月	109.00	118.19	103.53	119.25	122.67	112.49
八月	107.42	118.19	102.39	119.25	117.52	107.60
九月	106.51	121.92	110.85	119.25	138.84	107.23
十月	107.66	117.83	107.19	119.25	122.67	108.03
十一月	105.49	120.22	109.42	119.25	122.67	106.14
十二月	109.55	116.34	122.80	119.25	123.40	110.39
十八年	115.83	118.08	124.46	119.18	114.11	116.28
一月	118.63	120.01	122.44	115.61	129.28	118.80
二月	122.31	120.62	125.57	119.47	121.20	122.38
三月	120.64	120.76	124.60	120.36	121.20	120.81
四月	118.66	121.00	130.67	120.36	121.93	119.23
五月	108.35	120.62	126.75	120.36	110.95	109.55
六月	107.55	116.89	126.77	118.70	110.21	108.68
七月	105.43	115.52	121.06	118.70	107.27	106.46
八月	110.72	116.46	122.78	118.70	108.01	111.43
九月	121.58	116.46	129.25	118.70	112.38	121.75
十月	118.95	116.71	125.68	119.47	112.38	119.18
十一月	118.35	116.09	120.14	120.19	107.27	118.39
十二月	118.78	115.76	117.79	119.55	106.54	118.66
十九年						
一月	119.25	101.62	118.74	123.41	142.51	119.03
二月	119.37	98.54	118.68	123.58	135.90	119.08
三月	118.40	97.29	119.56	118.41	132.22	118.11
四月	120.73	97.56	125.45	118.41	132.96	120.52
五月	117.66	108.53	133.20	115.52	119.28	118.14
六月	116.25	112.41	144.04	115.69	128.70	117.39

注：民国十五年等于100（按物品的银元价格计算）。

（《大公报·经济研究周刊》，1930年7月6日）

劳工统计编制方法之研究

劳工运动为我国今日最要问题之一，而劳工统计之编制，实为解决劳工问题之科学的根据。廉自月前归国以来，闻京沪间职工调查之，风起云涌。爰本献曝之心，仓促编成此稿。全文共四部：1. 编制生活费指数方法之研究；2. 编制工资统计及工时统计之研究；3. 编制工人失业统计之研究；4. 编制工人意外遭遇统计之研究。文羌词杂，阅者见谅。若蒙明教，则尤编者所欢迎者也。

编者识。

一、编制生活费指数方法之研究

编制生活费指数，首须规定指数中所应包含之物品及各物之权数，再调查计算基期及计算本期所包含物品之零售价格，而求指数。此乃一定之顺序。故本篇首论规定生活费指数中应包含之物品，及收集其权数材料之法；次述搜集价格之手续；而计算公式置诸篇末。盖以材料之调查失当，虽有精良之计算公式，亦不能得正确之结果也。所谓磨砖作镜，焉可鉴容；铸锡为刀，岂堪琢玉。其为害岂特徒劳无功已哉。

（一）物品各类之采纳及权数材料之征集

世界最初生活费指数之编制，多限于一区域内，所含之物品种类大都为食料燃料等。盖此类物品，调查较易。非若调查什器、衣着、房屋、开支等类之难于着手也，使各类物价变动之趋势相同，则调查物价，只需择取一二类物品，即可测量各类物价变动之趋势，无须多费手续，调查多类物品。奈此类与彼类货价之变动差异甚大，非择普通各类消费物品详细调查，势不能显示正确之生活费变动趋势。消费物品共分五类：1.食物类；2.衣着类；3.房租类；4.燃料电气类；5.杂项类。是故近世统计先进各国其编制之生活费指数，皆属此五类中之物品也。

生活费指数者，以基期与本期之生活费，用百分法以表示其变动之趋势，而非以测量全数消费物品价格之升降也。就理论上言之，编制生产费指数时,各类之每样物品无须一一尽行包含，即按诸实际。因物类项目之多，等级之繁，亦不能全数采纳。西洋各国每类中所取项目，多少悬殊。奥国生产费指数之食物类取 16 项，而瑞士之生活费指数则取 50 项，美国劳工统计局生活费指数之衣着类中包含 57 项,而芬兰之生活费指数仅含 2 项。且芬兰之燃料电气类中仅取一项，而瑞士则包含九项之多。下列第一表所载，乃各国生活费指数所包含之食物、燃料电气与衣着类之项目，房租与杂项 2 类此表不载。盖欧西各国之房租，常依照房屋之大小式样而定。德国以每所房屋包含两室一灶者为单位，英国则以工人家庭住屋为标准。又有数国其统计方法不一，如加拿大虽亦以工人家庭住屋为标准，然分两等。凡房屋地点适宜、交通便利者属甲等，稍次者属乙等。杂项类之所以不载，因多数国家此类项目之多少不得而知也。

第一表　各国生活费指数中食物、燃料电气与衣着三类所含之物品项数表

国别	食物类	燃料电气类	衣着类
奥国	16	4	3
德国	17	4	13
比国	33	7	25
堡加利亚国	36	6	5
爱尔兰	36	6	23
美国	43	6	54－57
芬兰	14	1	2
英国	20	5	8
匈牙利	10	2	5
印度（工人阶级）	17	3	3
印度（欧人）	30	4	22
鲁森堡	13	4	2
波兰	16	2－3	7
瑞士	50	9	25

或问编制生活费指数（或他项指数）时，其选择各类应包含物品之项目，究以多少若干为宜。此则非空言所可解答，可就实地试验所得之结果以规定之。美国 1918 年战时工业局之指数，包含货物至 1474 项之多。而同时劳工统计局之指数表，仅含货物 300 余项。然两处指数结果之差，不逾 2%。耶鲁大学费暄教授（Prof. Irving Fisher）曾根据唐氏周报（*Dun's Review*）之货目，以精当之法，选择物品，编制数种指数。初取二百样物品，次取一百样。由此迭次折半，至三样为止。及所得各指数之结果，其升降之趋势，甚相仿佛。如以第一次包含二百样之指数，为正确之标准（Standard of accuracy），用均方差法（Standard deviation）计算，其所得各种指数之离中差（Deviation）均甚微，见第二表。由此观之，编制指数如各项物品之选择得宜，包含项目之多少，固无甚关系也。

第二表　由包含二百样物品之指数之离中差

指数中包含货物数目	离中差（按百分比）
100	1.78
50	2.05
25	1.61
12	2.64
6	4.31
3	3.65

生活费指数中包含之物品，除慎择其种类外，尚须利用权数以增减高下其变化之影响。盖家常消费物品之轻重不一，米粮必重于糖食，茶烟必轻于肉类。欲求趋势之正确，须得家常消费物品价格变动之适宜的平均。权数之用，即以得其适当之比重也。至其选择物品采用权数之法，可分为二：甲总括支出法、乙家常生计调查法。请分述之。

第一，甲总括支出法。此以一国之指定期中各类物品之出产总额，加输入总额，减输出总额，即得各类支出之总共纯额。乃以此额除同时各类中各项物品之支出额，再定百分之几以上之物品采入，以下弃去。例如某国某期内之总共支出纯额为x，而各类中各项货物a、b、c、d等同时之支出额为a_1、b_1、c_1、d_1等。今欲鉴别a、b、c、d等物之应否包入生活费指数中，则可以a_1/x、b_1/x、c_1/x、d_1/x等式求百分比，乃决定满百分之几者列入，不满者弃去。

用此法以选择指数中应包含之货物，则计算其指数时，其各项货物之权数材料，即为各该货物之支出数量。

此法若能得精确之出产，输入输出之各项统计，则可称最为确当。奈有数种费用如房租等。既难知其总额，复难测其数量（此类统计，各国统计学家尚未有确定标准之处置方法），且此法只能用于编制全国生活费指数。若用以计算一地方或一团体生活费指数，则觉范围大小悬殊，有不能采用之处。近世各国用此法者，仅澳洲、南非合众国、新西兰及印度耳，且此数国所用之出产及输出入统计亦不正确。故其指数，未必至为可靠。澳洲以1906至1910之5年总括支出为根据。南非合众国以1917至1919之3年总括支出为根据。新西兰及印度皆以1909至1913之5年总括支出为根据。

第二，乙家常生计调查法。家常生计调查法，范围大小，均能适用。大则一国，小则一村。今试调查全国人民之家常生计，可先调查各人民家庭在指定一期内所用各类消费品之数量及价格，继以数量与价格相乘，乃得各类物品在指定期内之消费额，再以各类物品之消费额相加，则可知每家庭在指定期内之消费额若干。复以全国家庭之消费额相加，遂得全国人民家庭在指定期内之总消费额。既得全国人民家庭在指定期内之总消费额，即能求得全国平均家庭之总消费额。得此全国平均家庭之总消费额，复以之除平均家庭每项货物之消费额，用百分法规定百分之几以上之消费物品列入，以下弃去。例如平均家庭之总消费额为x。而每项货物a、b、c、d等之消费额为a_1、b_1、c_1、d_1，则可用a_1/x、b_1/x、c_1/x、d_1/x等式求其百分数，规定百分之几以上之消费品列入，以下弃去。又欲调查一村人民之家常生计，可先调查一村人民家庭在一指定期内所用各类消费品之数量及价格，继以数量与价格相乘，乃得各类物品在指定期内之消费额，再以各类物品之消费额相加，遂得一村中各家庭在指定期内之总消费额若干。复以各家庭之消费额相加，则可知一村人民家庭在指定期内之总消费额。既得一村家庭在指定期内之总消费额即能求得一村平均家庭之总消费额。得此平均家庭之总消费额后，复以之除平均家庭每项货物之消费额，用百分法规定百分之几以上列入，以下弃去。如平均家庭之总消费为 x，而每项货物 a、b、c、d 等之消费额为 a_1、b_1、c_1、d_1 等。则可用 a_1/x 、b_1/x 、c_1/x 、d_1/x 诸式，求其百分数。规定百分之几以上之消费品列入，以下弃去。

用此法以选择指数中应含之物品，其计算指数时各物品之权数材料，即其平均家庭中指定期内之消费数量。

各国之采用家常生计调查法者若比利时、加拿大、丹麦、美国、芬兰、挪威、英国、瑞典、瑞士等，其调查之范围，多限于工人家庭生计。甚至有数国之家常生计调查，仅限于工人家庭中之入款若干者。例如，加拿大即照战前（1913）一家五口之熟手工人家庭，而每星期有进款念一元者为根据。芬兰则以 1908 至 1909 年中，每家五口而能年入 1600 至 2000 马克者为根据。挪威则以 1914 年每家五口年入 1500 克郎奴者为根据。瑞典则以 1914 年四口之家，年入 2000 克郎奴者为根据。本此种工人之家常生计调查所编制之生活费指数，仅可测量该工人生活费之变动，而不能表示普通一班职工生活费之升降也。吾人咸知工程师或管理员等所用物品之价格及性质之变动，必异于用手作工者，即所用各项之消费数量，抑或竟相差悬殊。盖用手作工之工人，消费之大部分为饮食，而教育旅行等费，势必较少。因此之故，各国家常生计调查及编制之生活费指数，分为数种。瑞士国所编生活费指数，在各分类之家常生计调查，共分 3 类：1. 工厂职员；2. 熟手工人；3. 生手工人。比利时旧有之生活费统计根据 1910 年之 3 种家庭进款，亦分 3 类：1. 每日能入 5 佛郎者；2. 每日能入 5 佛郎至 8 佛郎者；3. 每日所入在 8 佛郎以上者。

但此项方法在 1923 年秋季停止，而重新调查编表，共分五类。内中四类，按照工人之进款不同分配；其他一类，则为中下阶级人民之消费品指数。印度劳工部除已编制之工人生活费指数外，复受各公司银行之委托编一欧西生活费指数（Western standard of living），刊于 1924 年四月份之《劳工报》（*Labour Gazette*）。各货之包含及其指数皆以月入 1000 或 800 罗比至 2000 或 2000 以上罗比之家庭的消费为标准。

总括支出法与家常生计法之比较，以适用论，则后者优于前者。盖计算生活费之范围，或大或小，此法皆可采行。且家常生计之调查，较全国生产输入输出者统计之着手收集稍易，上文已言之矣。以结果之精确论，则前者亦非远高于后者。故各国之生活费统计，多采用后者也。南非合众国统计局及印度劳工部，曾以总括支出及家常生计调查两法，计算生活费指数，用以比较其结果，即下列之第三表。

第三表

方法	（甲部）南非合众国（1910＝100）			（乙部）印度（1914＝100）							
	1920			1919		1920		1921		1922	
	十月	十一月	十二月	六月	十二月	六月	十二月	六月	十二月	六月	十二月
总括支出法	176	175	170	174	174	180	181	173	179	163	162
家常生计法	177	177	172	172	169	174	180	176	180	165	164

表中甲部为南非合众国统计局用两法计算指数之结果比较，其基本期为 1910 年（等于 100）。乙部为印度劳工部用两法计算指数之结果比较，其基本期为 1914 年（等于 100）。觉其差异至微，今若以总括支出法计算之结果为精确之标准。用平均差法计算，第三表甲部两指数之离中差为 1.66，乙部两指数之离中差为 2.75；若用均方差计算，则甲部两指数之离中差为 1.7，乙部两指数之离中差为 3.2 而已。

生活费指数各类消费之比重，均由包含物品及权数材料之性质与数量而定。下列第四表所载，即各国生活费指数中包含之食物、房租、燃料及电气、衣着、杂项各类家用物品之消费比重。

第四表　各国各类消费品之比重

国别	调查时期	食物类	房租类	燃料电气类	衣着类	杂项类
比利时	1921					
工人家庭						
1		68.13%	7.68%	6.70%	11.84%	5.65%
2		66.80%	7.76%	6.08%	13.41%	5.95%
3		63.94%	6.20%	5.03%	14.57%	10.26%
4		60.68%	4.77%	4.09%	18.83%	11.63%
中下阶级家庭		64.00%	9.65%	4.82%	13.81%	7.72%
加拿大	1913	43.00%	16.00%	6.00%	15.00%	20.00%
丹麦	1922	41.80%	12.40%	4.00%	11.30%	30.50%
爱尔兰	1922	57.10%	5.40%	7.00%	17.50%	13.00%
芬兰	1908—1909	55.00%	11.80%	4.10%	11.60%	17.50%
美国	1918	38.20%	13.40%	5.30%	16.60%	26.40%
法国	1914	60.00%	12.00%	5.00%	15.00%	8.00%
英国	1904—1912	60.00%	16.00%	8.00%	12.00%	4.00%
印度（工人）	1909—1914	81.70%	9.10%	4.90%	4.30%	—
印度（欧人）	1923	11.30%	18.50%	4.30%	6.80%	59.10%
意大利	1913	62.09%	11.40%	4.51%	12.00%	10.00%
挪威	1912—1913	47.90%	15.65%	5.20%	12.65%	18.55%
荷兰	1920	49.40%	7.50%	4.40%	17.90%	20.80%
波兰	战后	50.50%	6.10%	8.70%	20.20%	14.60%
瑞典	1913—1914	43.00%	15.00%	4.00%	12.00%	26.00%

细察此表中之数字差异稍大者，盖有四故：1. 求比率时方法之不同；2. 或根据大战以前比率或根据大战以后比率；3. 气候及经济情形不同；4. 各国人民嗜好不一也。

（二）物品种类及数量之变易

生活费指数中所包含之物品各类及其权数，乃本诸指定期中各物品用总括支出法或家常生计法（即甲、乙、二法）所得之比重结果而决定。其各期计算时之变数，仅为各项物品之价格而已。然一指定期所取之各类及数量，与以后各计算期之实际消费物品及其数量是否适合，乃一极堪注意之问题。换言之，即生活费指数中包含之物品及各物之权数当始终不改乎，抑应逐时变更乎。设不变更，倘一类货物在某一指定期时仅取 10 项，而以后计算时之实际消费情形当取 20 项。某类货物在一指定期时共计 50000 磅，而计算时之实际消费量竟在 100000 磅以上。例如 20 年前，吾人晚间燃灯向用豆油，今则用煤油、用电光，豆油灯已罕见。照此情形，若仍以 20 年前之物品及数量为标准，则所得结果与实际相离太远，非骡非马虽乡曲妇孺亦知其荒谬绝伦矣。若此则何取乎统计为。故统计学家若遇类似上述情形时，当重新调查，改定各类应含物品之各类及数量。现时各国生活费指数，多以大战前（1913）为加权基期（Base Period for weighting）考诸实际。现时工人或他社会团体人民之消费物品及其数量，必有异于战前者，是均有重新调查家常生计、改编其指数之必要。闻关于此问题，各国之指数统计家，正在研究讨论之中。至比利时、丹麦、美、德等国之指数，则已正式改编矣。

当改编指数之时，有一极堪注意之点，即新旧两系指数之继续问题是也。今若某国生活费指数，本以 1913 年之家常生计调查为权数基期然至1920年消费品种类及数量剧变,乃重新调查,另定权数基期,改编指数。然此改编之指数,究自1913年起算,抑自1920年起算。若以1920年起算,则新旧两系指数,显然不能接续,而得长期之统计,以窥将来生活费升降之趋势,研究生活费指数者必引此以为莫大之遗憾。然若自1913年起算,则1920年以前之零售价格,或无从着手搜集。是必取乎中道,以解其难。美国劳工统计局所出之工人生活费指数表中之食物一类,从1913年1月至1920年12月,系照22项物品价格计算。其各物之权数,乃根据1903年之家常生计调查所得各物之消费数量。而自1921年以后。则以43项食品计算。其各物之权数,乃根据1918年7月至1919年2月之家常生计调查所得各物之消费数量。为维持新旧指数连续起见,除将旧有根据22项物品,及1903年之家常生计调查所编之指数仍行发刊外,其改编现有之新指数时乃求1920年末月至1921年首月各食物价格之变动结果,而得其百分比。得此比率,乃照1920年末月之指数以推得1921年首月之指数,以便新旧两系指数之连接也。他若荷兰爱屋斯特之地方统计局(Municipal Statistic Bureau of Amsterdam)旧有之生活费指数,系根据战前战后之平均家常消费而作。1920年9月所作之生产费指数新表,乃本该年3月起所调查之消费品结果系数。旧指数之价格基期为1910年至1911年(等于100),新指数之价格基期为1920年3月(等于100)。因为1920年9月后之生活费与战前之生活费比较便利起见,故该处新指数之1920年9月之数字,为213.7,而非100。以后各期指数数字,亦即以此相同比率推进。213.7者,即旧指数1920年9月之数字也,但此法不甚准确。盖1920年3月以后之指数,与1920年3月以前之指数,其调查及编制之方法均不一致。以之相比,其为不妥,昭然明矣。

（三）收集零售物品价格

1. 搜集方法

收集零售价格之方法，视各国之行政制度及物品类别而异。或由中央政府收集，或由地方机关收集。有自通信而得者，有专人调查而得者。大凡中央政府所集材料，其货物质类，稍为统一，然不若地方机关所得结果之详确。盖近水楼台见闻较切故也。

各国政府统计局搜集价格之方法，甚不一致。英国收集生活费指数食物类之价格，乃由经营工人生意之零售商铺征集；房租类则得之于各地经租账房及房地产局；衣着类系得自备办零用物者之报告；燃料电气类中之煤及煤气，系得自各地通信；而煤油洋烛火柴等物，及杂项类各货价格，则直接自零售商铺搜集。德国收集方法，除衣着类外，皆由各地方市政局向零售商店集得；而衣着类则由全国统计局制表分送各州县统计机关，再由各州县统计机关派之商家填注。盖衣着类品目特繁因时因地，各自不同，非此法不足以为功。美国之食物类价格，乃由各城镇 15 至 25 名商人向劳工统计局报告，所得价格尚须经该局代理人之亲身调查，方能证实。燃料电气类亦直接得自零售商店，而衣着、什器、杂项等类则同特别代理人实地至各商家调查账目而得，每项物品皆有 4 个时价，在纽约一地且有 5 个焉。比利时收集价格之法亦由劳工部向各市场零售商调查而得。挪威则大都得自中央统计局之通信。捷克斯洛维亚乃得自地方厅及工会。加拿大多直接向各地零售商征集，亦有少数物品为劳工部用通信方法收集。奥国食物类材料系统计局直接向各地零售商征集，而房租一类则得之于各地房屋经租人。新西兰所取材料，乃得自各地工厂监督，各国收集材料之法，大率如此。

我国搜集零售物价，较各国更形困难，厥故有二：（1）商业无具体之组织；（2）国民向不知统计之价值。惟商业无具体之组织，故各物无标准之市价；惟国民向不知统计之价值，故调查时易生种种之误会。是通信集材之法，在我国实无采行之可能。即实在调查之时，亦有应当注意者二事：

（甲）在未调查之先，当以友谊态度申明统计之价值；

（乙）在既调查之时，当处处察其正谬，所谓半调查半侦探是也。

且尤有进者，我国币制紊乱，已通极点。各种货币相互间无确定之价格，主币与辅币，辅币与辅币，虽名称十进，实则毫无标准。上午下午，变化不测。因此授受上计算上困难丛生。吾人计算生活费指数所搜集之零售物价，其价格之货币绝非一类，是当按同时市价，将各种辅币一律折成主币（大洋）计算。故编制生活费指数者，除搜集物价外，尚须调查历年来每月银元与各种辅币之平均市价也。

2. 搜集之地点

选择可供材料之零售商铺须视该铺所售物品及在社会上所占地位而定。大都察该商铺所售货物，是否为普通日用所需并其顾客是否以工人阶级为多。若与上列二者相合者，则认为有代表普通市情之可能。在西洋各国，每一城市常指定数家商铺，委以供给材料之任。

货物品质不同，价格固难划一，且甲乙二家同样之货，未必同价。故调查物价之事，至为困难，而以衣着类为尤甚。故有数国编制指数表之始，此类都未包入。德奥两国，即其明证。如欲解除此项困难，可就每类中取其主要项目之可以表明真确程度者，从零售商铺，得其一定之流通价格。德国生活费指数表中之衣着类，常附粘货样，亦可见其苦心。瑞士此类每项价格，常有 1 个至 4 个之多，为各商铺依普通不同点而报告，以真确注释附于表式之上。加拿大之杂项衣着二类，均推算其价格变动之百分比。百各项品质之物，皆求得其精确价格，英国衣着类各项货价之调查表发出者，必先附以上次价格，使填写者得依上次项目同样填入，而燃料电气类亦用此法。

3. 收集时期

各国收集零售价格之期，亦不一致。以理论言，大凡物价之变动速者，每星期当收集一次或两次；其变动至速者，每日当收集一次；其变动迟者，每月一次已足。计算每期指数时，即用各日、各周及各月之平均价格。每月收集一次者，多以十五为期。每周一次者，辄取星期三；两次者，常取星期二及星期五。此则统计家所公认之常规也。

（四）计算公式与基期之研究

1. 公式

计算指数之公式，至繁且众。耶鲁大学费喧教授曾以同时同样之材料，用二百余公式计算指数，其意即在采取实验之方法，以研究各式之孰为精当。其所用以解决公式优劣之标准者，即为二大还原测验：时间还原测验，因数还原测验。

大凡编制指数，必取两时期之材料。时间还原测验者，以任何一时期材料为基期。而计算指数，所得之结果，当如同样之比（Same Ratio）。质言之，向前计算之指数，当为向后计算指数之倒数。或向前计算之指数，与向后计算之指数相乘，当等于一。例如民国元年白米价每升大洋一角，至十五年时，其价增至每升两角。又牛肉元年价，每斤一角半，而十五年价每斤三角。是二物十五年之价格，倍于元年之价格。而元年之价格，仅为十五年价格之折半也。今若计算二物十五年之指数，而以元年为基期，其结果为 x。则计算元年之指数，以十五年为基期，如计算之公式能合时间还原测验，则其结果必为 $\frac{x}{2}$ 也。因数还原测验之原理，与时间还原测验之原理无殊。因数还原者，即计算指数时，价格与数量易地，其结果毫无矛盾，两指数之结果相乘，当等于两期之价比，即 100%（Value Ratio）。以代数符号表之即 $\frac{\sum p_1q_0}{\sum p_0q_0}$，$p_1$ 为计算期每物之价格，q_1 计算期每物之数量。p_0 为基期每物之价格，q_0 为基期每物之数量。例如，民国十五年白米每升之价及牛肉每斤之价均倍于元年（如前例），而物消费数量，仅为元年之半。是元年白米牛肉之价值（Value），与十五年之白米牛肉价值相等。盖元年二物之价格，虽仅为十五年价格之半，然其数量则倍之。十五年二物之消费数量，虽仅为元年之半，然其价格亦倍之也，是二物之价格指数与二物之数量指数相乘。如其计算公式能合因数还原测验，则当等于 100%也。

费暄教授于 200 余公式之中，得能合上述之两大还原测验者，仅十有三。而此 13 公式中，以计算之繁难、意义之晦涩，仅得一公式为最优，即世界统计家所公认之理想公式（Ideal Formula）是也。以代表符号表之如下：$\sqrt{\frac{\sum p_1q_0}{\sum p_0q_0} \times \frac{\sum p_1q_1}{\sum p_1q_1}}$。此式中 p_1 为计算期某物之价格，q_1 为计算期该物之数量，p_0 为基期某物之价格，q_0 为基期该物之数量。

理想公式自费暄教授倡导以来，采用者首为意大利巴克教授（Prof.R. Bachi），以计算其国外贸易指数。美国商部贸易局之最新国外贸易指数，亦用此式。今春费暄氏所发刊之证券交易指数，即用此式，而加拿大统计局之证券交易指数，亦随而附从之。闻柏比塞（Babson）统计所，将用此式以计算工商制造及分配额之指数。印度劳工局，亦将用以改编所发刊之批发物价指数，然尚在踌躇不决之中，因着手搜集材料之不易也。

理想公式之权数材料，每计算必变，因此之故，各国现时编制之生活费指数尚难采行。理想公式以外，尚有加权式数种。据费暄教授之实验的比较研究，其结果与理想公式相差不多，且材料易得，计算颇易，了解不难。故费暄教授名之为最切实之加权公式。请照各式精确之次序而分述之。

（1）第 2153 式为 $\dfrac{\dfrac{\sum p_0+q_1}{2}p_1}{\dfrac{\sum p_0+q_1}{2}p_0}$，改简之则为 $\dfrac{\sum(p_0+q_1)p_1}{\sum(p_0+q_1)p_0}$。此式乃两期物价总数之比例，用计算基期计算本期数量之算术平均为权数。是权数亦须逐期变更，其不适用于现时编制生活费指数之处，与理想公式无异也。

（2）第 6053 式。此式与下述之第 53 式同，所异者，其基价为几年之平均价，而非一年之平均价格。其权数为几年之平均数量，而非一年之平均数量也，故费暄教授名此式为基期扩张总合法（Aggregative broadened base）。

（3）第 53 式为 $\dfrac{\sum p_1q_0}{\sum p_0q_0}$。此式乃两期价格总数之比例，而以基期之数量为权数。

（4）第 54 式 $\dfrac{\sum p_1q_1}{\sum p_0q_1}$。此式与第 53 式同，所异者，其权数为计算本期之数量，而非基期之数量也。

（5）第 9051 式为 $\dfrac{\sum Wp_1}{\sum Wp_0}$。此式与第 53 式同，惟所用权数，非基期之数量，而为编制时任意规定之概数，故式中以 W

表之。

以上最切实之加权公式中，为现时编制生活费指数之用，余意以第53式为最优。盖此项之结果精确，与理想公式相差仅在1%以内，且其所需材料，即为基期各物之消费，得之亦不甚形困难，上节已详论之矣。且53式为用实际价格之总合数，较之相对价格之均平数，优点甚多。

（1）公式简单，意义鲜明，易于了解。

（2）计算时无须相对价格（Price relative），故手续较简，费时亦少。

（3）如选择物品之范围广阔，所用之加权材料亦形真确，则遇少数物价膨胀之时，其影响不致及于全体。然无论何物变化，均得反映其指数之结果。

（4）实际价格总合法，无论其采用连锁价格基期，或固定价格基期，均易为转换也。

2. 基期

基期之意义有二：(1)权数基期(Base period for weighting)；(2）价格基期。

权数基期者，即搜集或调查权数材料之期也。价格基期者，即计算指数时，以一指定期之价格等于一百或一千也（此项数字标准，并无一定，英国经济周报Economist指数基本数为二千，惟一百或一千为最普通)。权数基期随搜集加权材料之期以定，而无他标准之可言。简易公式为无意加权之公式，不是另择加权材料，故以简易公式计算之指数。如财政部驻沪调查货价处之批发物价指数，则无权数基期之谓也。加权指数之权数基期，亦有与其价格基期同时者。如加拿大统计局最近编制之生活费指数，其权数基期为1913年，而价格基期亦为1913年是也。其他各国指数，其权数基期与价格基期则多别异。美国劳工统计局之批发物价指数之权数基期为1919年，而价格基期则为1913年。至其生活费指数及食物零售价格指数之权数基期，为1918年7月至1919年2月，而其价格基期则为1913年。他若德国中央统计局之批发物价指数，其权数基期为1908年至1912年，而价格基期则为1913年也。价格基期共分两种：连环基期、固定基期。

何为连环基期？即以上期之价为本期之基价，本期之价为下期之基价，而分算每期之连环指数。此后将其结果，逐一相乘，成一连节。例如以民国元年之物价为基价（等于100），计算二年之物价指数，其结果为101。次算民三之物价指数，而以民二之物价为基价（等于100），其结果为107。但此107之数字，乃三年与二年之连环指数，而以二年为基期等于一百者。欲得三年与元年之连环指数，而以元年为基期，则须假道二年与元年之连环指数。其做法即以三年与二年之连环指数（107）乘二年与元年之连环指数（101），其结果得108.07，即三年与元年之连环指数，而以元年为基期等于一百者也。照此同样方法，以三年之价为基价（等于100），计算四年与三年之连环指数得96，再以此数字与前两连环指数相乘（96%×107%×101%）得103.5，即为四年与元年之连环指数，而亦以元年之价为基价等于100者也。

固定基期较连环基期，计算上稍为简易。先选择一期为基期（此期之实际物价等于100），遂本此以求先后各期之指数。例如采用简易计算式以民国十年为基期（等于100），计算十一年之物价指数。必首求十年（基期）与十一年（计算本期）每物价之比，得各价比（Price Relatives），再以价比之和除物品之总数，遂得价比之平均，此即十一年之指数。类此计算，即可求得前后各年之指数也。

连环基期之指数，对于各期价格升降之迹，表示明显测量真确。因所有值格之上落集中，适宜平均故也。惟各连环指数锁接之后，则结果渐晦，解释渐繁。且采用连环基数以编制指数，每有错误积累（Accumulative error）之虞。盖取材上计算上任何错误，皆愈积愈大，无法可避。时日过久，不免有毫厘千里之憾也。

固定基期之指数，既无错误积累之虞，且意义了然，解释便利。所虑者，基期规定之后，转换维艰（用总合法计算如上述之第 53 式则转换较易）。如不逐时转换，则经长时期后，基期物品之轻重轩轾，当远异于计算时之物品。以此相比，殊乏意义，复以价比平均，尤不适宜。盖平均之原理，在求各平均品之集中趋势也。夫价格之距离愈广，则价变之差异更高。经过之时日愈久，则价变之趋势益形散漫。物价升降之有长期倾向者，时日之迁，则或涨或跌，其距价变之平均更远。是价高之物品，影响全部平均数地位之力甚大，而非价低物品之力所能抵销。大凡物价增高，其数量必少；物价降落，其数量必大。以少数物价支配全部物品价比之平均所得之指数，安足以为物价变动趋势之正确测量耶。

由上观之，编制生活费指数或他项指数时，以采用固定基期而逐时转换为上策。惟基期之规定，不能任意取择。近世各国指数之基期多为 1913 年（民国二年），盖此年为大战前最末之一年，足以代表战前平时经济状况之一斑，且可便战前战后物价之比较。惟 1913 年迄今，相距已远。故费暄教授偕美国劳工统计局，及中央准备处等，有转换各指数之固定基期为 1925 年（民国十四年）之倡议。倘能得各国统计界之同意，逾年即能成为事实。我国所编制之生活费指数，最好亦取十四年全年之平均价格为基价。盖是年物价变动之差异，尚为平稳，且基价之搜集，亦尚容易也。

二、编制工资指数方法之研究

（一）工资率（Wage Rates）与工资（Actual Farings）

工资率为发给工资之标准，工资乃工人之实际收入。工资率大都由雇主与工人双方谈妥，或由工会决定经劳资两方承认。要以不超过适当之出品成本，及可以应付工人生计为原则。其间难免畸轻畸重，须视双方孰占优势而定。工资率之种类有二：

（1）以出品多少者。Piece Rate 则工人所得工资之数，视其技能之精疏、工作之迟速、工具之利钝而人各不同。

（2）以工作时间长短计者。Time Rate 分按周（Per Week）、按日（Per Day）、按时（Per Hour）三种。近年各国之工资率，因鉴于用星期及日数计算，其中工作时间之长短，尚不一致，故多用按时数计矣。

（二）工资指数之作用及其所取材料

工资指数之作用，大别有二：

（1）表示工资为生活费之一种，且视其异地异时之变迁。此项指数材料，大都用工资率。

（2）表示劳工生活程度之阶级，及观察国家进款之支配。此项指数材料，皆用工资，而同时顾及货币购买力之强弱。

工资率多得自各厂与工人所订之合同，然下列五种，在欧美亦为取材之源。

（1）地方代理人及工厂监督之报告；

（2）雇主之工资簿；

（3）职业介绍所；

（4）疾病及意外保险公司之报告；

（5）工团报告。

在吾国今日，（1）、（2）、（3）三项均告阙如。（3）项现在所有者，仅属于私家雇工等之俗称荐头店，且毫无组织，不足胜供给材料之任。其他职业介绍所之已创见者，如中华职业教育社及寰球中国学生会之职业介绍部等，创办未久，而被介绍之人，大都为学校教师与工厂及商店职员。若云劳工介绍，除工会中无组织之偶一为之外，余尚无闻。故在我国编制工资率指数，其材料当从（2）项雇主之工资簿求之为最妥。

工资来源有四：

（1）雇主之工资簿；

（2）疾病及意外保险公司之报告；

（3）派员亲向各工厂调查；

（4）制定表格，分发雇主。将各工人之工资总数，与全厂工人数目一一填明。

以上除（2）项我国告缺外，其余3项，皆可择便采行。

以理论言，编制工资指数应将各业工人之工资率或工资，逐项详细调查。继按诸实际，全数工人之工资率或工资，调查不易，而于无组织之工业为尤甚。故办理工资率或工资统计者，只可选定可以代表一般之大工业数种为根据。

按工资率指数（Index Numbers of Wage Rates）之收集材料，较工资指数为便，而作用较工资指数（Index Numbers of Earnings）为隘，惟已有工资率指数及失业工人或在业工人之统计（Statistics of Employment or Statistics of Unemployment）即可算得工资指数。今姑以 W 代表工资率指数，P_1 代表在业工人对于工人总数之百分比，P 为失业工人对于工人总数之百分比，x 为工资指数，得则下式：

$$x = W - \frac{WP}{100} = W(1 - \frac{P}{100}) = \frac{WP_1}{100}$$（盖在业工人之百分比即 100 – P 也）

（三）工资之分类

工资材料集得后，必须分类。求适当之分析、分类之法，计有两种：

（1）以工业分类（By Industries），每业中再以职务分类。

（2）以职务分类（By Occupations），此中再分性别、年龄、能力等。

至于究以何法为宜，须按工资指数之作用而定去取。若其作用为表示工资为出产费之一种，则宜工业分类。故各国编制工资率指数者，如加拿大、英国、新西兰、美国等，皆以工业分类也。加拿大分建筑业、印刷业、矿业、航业等。新西兰分毛织业、印刷业、建筑业、运输业等。英国分纺织业、建筑业、造船业、钢铁业、印刷业等。美国分印刷业、矿业、铁路业等。若其作用为表示工人生活费之阶级，及国家进款之支配，则宜以职务分类。而以工资为材料，故编制工资指数者。若美国之建筑业中分木工、泥水工，铁路业中分机匠、售票人等。印度建筑业中亦分木工、铁工、泥水工等，皆以职务分类也。兹将各国编制工资及工资率指数之材料，来源分类法、计算法等，列表于次，以醒眉目。

各国工资指数之编制方法表

编制者		范围	材料性质	材料来源	分类法	计算公式
国名	机关					
南非合众国	Office of Census statistics	少数区域	工资率	工团及雇主报告	先以工业分，再以职务分	加权算术平均法（权数为工人人数）
德国	Statistisches Reichsamt	"	"	工资合同	"	简单算术平均法
"	"	"	工资（矿工）	雇主工资簿	以职务分	"
澳洲	Common welth Bureau of Census & Statistics	全洲	工资率	工团报告	先以工业分，再以职务分	"
奥国	Bundesamt Fuir Statistik		"	"	"	"
加拿大	Department of Labour	少数区域	"	"	"	"
丹麦	Department of Statistics	全国	每时工资	雇主之公所	以职务分	"
美国	Bureau of Labour Statistics	"	工资率	派人赴工厂调查	以工业分	加权算术平均法
"	"	"	工资	"	以职务分	"
意大利	Ministry of Labour & of Social Insuranee	少数区域	工资率	失业及意外保险公司	以工业分	简单算术平均法
英国	Ministry of Labour		"	工团报告	"	"
"	"		工资	雇主报告	以职务分	"

（四）工资指数计算法

计算指数之重要点有二：（1）公式；（2）基期。已详于编制生活费指数之研究文中，阅者可复按即得，故不赘述。编制工资与工资率指数，仍宜采用固定之价格基期，逐时转换为上策。如能得加权材料，公式亦宜取第 53 式：

$$\frac{\sum p_1 q_0}{\sum p_0 q_0}$$

工作者，即工人劳力之价格，故式中，p_1 为计算期某种工人之平均工资，p_0 为基期该种工人之平均工资，q_0 为基期该种工人之人数也。

加权公式固远优于简单公式，惟各国因取材维艰，采用加权公式以计算工资率与工资指数者，除南非合众国及美国外，实无多见。我国职务统计，向无先见，即各种工业组织，亦未达十分优良。搜集材料，困难弥甚。故若举办工资指数，只能采用简单公式之较佳者。简单公式共有六种：

1. 算术平均法；
2. 几何平均法；
3. 中数法；
4. 密集法；
5. 倒数平均法；
6. 总括平均法。

用密集法以计算指数者，未之前闻。倒数平均法，虽有一二统计家如考耶尔（F.Coggeshall）等为之拥护，而见诸实用者亦鲜，故不论。算术平均、几何平均、总合平均、中数四法，采用者多，而尤算术平均法为优。算术平均法者，即以价比之项数除各项价比之和，其公式为：

$$\frac{\sum\frac{p_1}{p_0}}{n}$$

几何平均法者，即以各项价比相乘，而求其价比项数之方根，式为：

$$\sqrt[n]{\frac{p_1}{p_0}\times\frac{p_2}{p_0}\times\cdots(\text{n terms})}$$

中数之求法，先将全体各项价比依次排列，而取其中间一项。如中间之项为偶数，则取其二项之算术平均数或几何平均数。中数式为：

$$\frac{n+1}{n}$$

总合平均法，即以基期工价之总合数除计算期工价之总合数，公式为：

$$\frac{\sum p_1}{\sum p_0}$$

以上各式中之 p_1 为计算期之工价，p_0 为基期之工价，n 即各种工价之项。数四公式中以算术平均法为最劣，中数法与总合平均法稍胜，几何平均法较佳，或病其太繁。然可用对数表计算，而转难为易。费暄教授以几何平均公式为最切实用公式之一，其意以编制指数时如无加权材料，不得已而用简单公式，即以采用此式为最宜。

（五）工资之比较

1. 国内工资之比较。在国内同一地点同一时期以各种工人之工资相比，皆可用普通工资指数（Index Number of Nominal Wages）。普通工资（Nominal Wages）者，即货币工资（Money Wage）之谓，盖货币购买力与其他经济情形相同故也。若以异地同时或同地异时之各种工资相比，则其货币购买力及其他经济情形。因时因地而异，非以实际工资指数（Real Wage Index）相比不可。求得实际工资之法，须先有适宜之工人生活费指数，以之除普通工资指数（两指数之价格基期须用同期）而乘以100。或先求各时生活费指数之倒数，再以倒数与普通工资指数相乘，得积数即为实际工资指数。设民国元年之普通工资指数为100，其时之生活费指数亦为100，至民国十四年之普通工资指数为126，而生活费指数为156。是其实际工资指数为 $\frac{126}{156}\times100=80.8$ 或 $\frac{100}{156}$（计算期生活费指数之倒数）$\times126=80.8$。

2. 国际间工资之比较。国际间工资之比较，因工人生活之不同，各国货币购买力有异，国际间汇兑市价涨落无定，故困难丛生，至今未有彻底完善之解决。姑将已有各法申述如下。

（1）先得各国固定工人之工资或工资率，及其汇兑市价，然后择定一国，将其他各国之工资率或工资，逐一按汇兑市价合成该国货币。于是任取一国之工资为基本（Base）等于100，计算指数，以相比较。此法如各国之货币购买力相同，工人之生活程度无异，用之亦无不可，否则不能应用。

（2）先得各国固定工人之工资及其工人生活费，于是择定一国，将其他各国之工资及工人生活费，一一合成该国货币，分编工资指数及生活费指数，以相比较。例如民国十四年中国日本之工资及工人生活费指数如下（以日本为基本，等于100）。

指数	日本	中国
工资指数	100	80
生活费指数	100	120

则两国间之实际工资指数，日本为100，中国为 $\frac{80\times100}{120}=$

66.6，即 100:66.6。

（3）先得各国生活费内所含之物品，再求各国工人在各该国应作若干时工作，方能购买生活费内所含之物品。设中国工人每年每人须 10 元方能支持生活费。而日本则须 20 金元。吾侪可调查中国工人须工作若干时始能得此 10 元，日本工人须工作几时方能得此 20 金元。若已知中国工人须工作 20 小时方能得 10 元，日本工人须工作 15 时方能得 20 金元，则日本与中国实际工资之比为 15:20，即 100（日本）:75（中国）。

（4）此法须先得四种材料：

①各国某种工人之工资；

②各国工人生活费指数（同一基期）；

③各国基本期间国内货币购买力之比；

④各国基本期间国外汇兑市价。

有此四种，即可按步计算实际工资，以相比较，举例如下：

民国十四年中国某种工人每时之工资为银元 4 角，美国同类工人每时工资为美金 8 角。

民国十四年中国此种工人之生活费指数为 156，美国为 165（均以民二为基期等于 100）。

民国二年中美两国国内货币购买力之比为 100:70。

民国二年中国银元 1 元合美金 4 角 5 分。

如此则先求民十四美金 8 角值民二几何，即：

$$\frac{80\times100}{165}=0.48$$

得合美金 4 角 8 分，照民二汇兑市价，合成中国银元为 1 元 7 分。算法如下式：

$$0.48\div0.45=1.07$$

但民二中美国内货币购买力之比为 100:70，是美国比中国低 30%。故民二在美国银币 1 元 7 分等于在中国 1 元 5 角 2 分。

计算式为：

$$\frac{1.07\times100}{70}=1.52$$

由此可知民二工人 1 元 5 角 2 分之货币购买力，可抵民十四 2 元 3 角 7 分。计算式为：

$$1.52\times\frac{156}{100}=2.37$$

而中美两国民十四实际工资之比，即为银币 4 角与 2 元 3 角 7 分之比，或 $(\frac{40}{156}\times100:1.52)$，即 100:592。

（《银行月刊》第 6 卷 9—10 期，1926 年）

二十余年来我国已编之物价指数

（一）绪言

指数为一列之数字，用以测量此时与彼时或此地与彼地之团体统计材料的相对变易者也。今日生活费之高，工资之低。夫人而知之矣。然生活费之如高，高至何？工资之低，低至如何？非有法以表示之，即不能得相当的数量比较。此指数之所以发明也。如经济现象之变易为一律，则其表示亦无须乎指数。惟其变易不一，故必采用调和之法，以简驭繁。例如物价一端，物品之数目及价格，万有不齐。其散播之状，与炮弹开放之碎片无殊。炮弹碎片之散发，有一定之重心；而物价升降之起伏，亦必有一定之平均趋势。物价指数者，易言之，即此平均也。

编制指数须用比率平均数，而不宜用平均数比率。二者在数学上、统计上之结果皆悬殊。乃研究指数者，每混用之，是可惑也。夫比率平均数与平均数比率二者在数学上，其为值不等。而在统计上则平均数比率者表示各个材料之平均数的相对变易，比率平均数者表示各个材料之相对变易的平均数，其意义互殊。且团体统计材料每无一定之单位，若用平均数比率以求指数，则结果荒诞无定，随材料所表示之单位变易而异。例如物价一端。甲年米每斗银一元，煤每吨银十元，布每丈银两元，棉花每包银二十元。乙年米每斗银二元，煤每吨十元，布每丈三元，棉花每包五十元。若用平均数比率法求之，则乙年物价之平均数为十六元二角五分，甲年物价之平均数为八元二角五分，而乙年物价指数比诸甲年为 197%。但此四物之价格单位不同，所得之价格平均数，只可视为毫无意义的数字之合质。今若易煤之价格单位为每百磅洋五角，则甲年米煤布棉四物价格之平均数为五元八角八分，乙年之四物价格平均数为十三元八角八分，如此则乙年之物价指数比诸甲年为 237%。价格未变，而指数自 197 变成 237 矣。若用比率平均数，则不致有此弊端。因甲乙两年煤价不变，故其比率亦不变。单位之更易，与比率无碍也。是以编制指数，宜用比率平均数，而不宜用平均数比率明矣。

统计家 Care Snyder 谓今日为指数时代。环顾全球，此言甚为可信。今日各国现行编制之指数，共有 260 余种，其中 90 余种为批发物价指数，70 余种为零售物价及生活费指数，20 余种为证券市价指数，其余则为贸易、国外汇兑、工资、出产等指数。除此以外，尚有已编而未继续之各种指数 100 余种，其中大部分为批发物价指数。我国之有指数也，据余所考，实自 20 年前英人温德莫所编 1873 至 1892 之批发物价指数起，而日本货币委员会所编之中国批发物价指数继之。乃 W.C.Mitchell 之 Index Numbers of Wholesale Prices in U.S. and Foreign Countries、Emil Hofmann 之 Indexzisser Ansland und Inland 二书，详述各国指数，独于中国指数未曾论及。自财政部驻沪货价调查处现行编制之批发物价指数发刊后。国际联盟会 1924 年所出之 Memorandun on Currency（1913—1923）始将该处指数列入。今广东农工厂已按月发表批发物价指数及工资指数，上海商报亦编制自民元一月至民国十五年十二月之国外汇兑指数，发表于十六年元旦之商报特刊，闻此后将陆续按月发表。近来沪粤津汉各处，均有工人生活调查之举，以为编制生活费指数之预备。是我国各种基本统计虽尚在萌芽时代，而指数之编制，已渐入发达之象矣。本篇所述，仅关于物价指数之一端，他种指数兹不具论。

（二）物价指数之分析

甲　批发物价指数

（1）温德莫（W.S.Wetmore）之中国批发物价指数，自1873至1892止，按年编制，刊于Proceedings of the Royal Colonial Institute, 1894—1895 Vol.26, pp.140-145。

（a）货价：海关所评定之进出口货价。

（b）货物之种类：共20种。

米　明矾　羊毛　茶砖　青茶　小麦　番江花染料

蜡　生丝　驼毛　油鱼　黄豆　桐油　烟叶

纸　苎麻　甘草　黑茶　脂油　棉花

（c）价格基期：1873年等于100。

（d）计算方法：简单算术数平均法。

（e）指数：如下表所示。

年份	指数	年份	指数
1873	100.0	1883	95.8
1874	90.7	1884	94.1
1875	89.3	1885	92.7
1876	96.5	1886	92.9
1877	101.5	1887	88.7
1878	105.1	1888	88.1
1879	101.1	1889	90.1
1880	96.2	1890	90.4
1881	97.0	1891	87.4
1882	99.3	1892	88.1

（2）日本货币研究委员会（Japanese Commission for the

Study of Monetery Systems）之中国批发物价指数，自 1874 年至 1893 年止，按年编制，发表于该委员会之报告书（Report of the Commission for the Study of Monetery Systems, 1895）。

（a）货价：趸售市价之每年平均。

（b）货物之种类：分三大类，共 52 种。

内地货物（Inland Commodities）20 种。

出口货物（Articles of Exports）17 种。

食物上海市（Food in Shanghai Market）15 种。

（c）价格基期：1874 年等于 100。

（d）计算方法：简单算术平均法。

（e）指数：如下表所示。

年份	指数	年份	指数
1874	100.0	1884	104.0
1875	103.0	1885	105.0
1876	111.0	1886	107.0
1877	101.0	1887	105.0
1878	106.0	1888	100.0
1879	111.0	1889	105.0
1880	105.0	1890	104.0
1881	110.0	1891	104.0
1882	108.0	1892	108.0
1883	103.0	1893	108.0

（3）唐启宇中国批发物价指数，自 1867 至 1922 止，按年编制，（发表）在唐君之博士论文内。该论文藏美国康奈尔大学图书馆中。

（a）物价：海关所评定之进出口货价。

（b）物品之种类：分农产品工产品两类，共 28 种。

农产品 { 米　黑茶　茶砖　棉花　人参　檀香木
　　　　纸　绿茶　烟草　蚕茧　燕窝　羊毛

工产品 { 铅　皮　哔叽　车白糖
　　　　钢　煤　草缏　白糖
　　　　铁　锡板　生丝　火柴
　　　　籐　锡块　靛油　英国棉纱

（c）价格基期：1913 年等于 100。

（d）计算方法：加权总合法，其权数为各物品之量，如下表所示。

加权量	单位	物品
20	千担	茶砖
270	千担	黑茶
280	千担	绿茶
30	千担	蚕茧
120	千担	檀香木
840	千担	棉花
3	千担	人参
70	千担	纸
80	千担	燕窝
250	千担	烟叶
19200	千担	米
500	千担	羊毛
40	担	英国棉纱
250	担	锡板
110	担	铅
70	担	铜
80	担	铁
210	担	籐
3900	担	车白糖
1700	担	白糖
140	担	生丝
3	担	哔叽

续表

加权量	单位	物品
1150	担	煤
50	担	锡块
230	担	靛油
80	担	草缏
2700	担	火柴
50	担	皮

注：查我国向无出产统计。唐君所采用之加权量。既非进出口额。未审从何得来。或者为唐君估计之数。姑志之以质疑。

（e）指数：如下表所示。

年份	农产品	工产品	平均价格
1867	59.6	108.0	81.8
1868	57.2	118.8	84.2
1869	54.1	124.0	84.8
1870	57.9	116.4	83.7
1871	56.6	113.6	81.6
1872	57.6	110.6	83.5
1873	46.9	114.4	79.9
1874	47.6	87.8	67.3
1875	46.1	74.9	60.2
1876	43.1	85.2	63.7
1877	44.9	79.8	61.9
1878	51.4	82.7	68.7
1879	45.6	83.0	63.9
1880	46.1	83.8	64.5
1881	43.4	84.3	64.2
1882	42.7	86.8	64.3
1883	44.2	78.8	61.1
1884	45.3	80.1	62.3
1885	48.0	77.7	62.6
1886	52.2	79.8	65.7
1887	45.5	93.2	68.7
1888	46.1	94.8	69.9
1889	48.9	95.0	71.4
1890	48.4	102.1	74.6

续表

年份	农产品	工产品	平均价格
1891	46.7	97.3	70.5
1892	50.6	81.7	65.7
1893	47.9	95.7	71.3
1894	52.2	96.5	73.8
1895	51.3	92.0	71.2
1896	56.3	88.8	72.2
1897	61.1	97.4	78.9
1898	66.1	103.0	84.1
1899	71.7	114.9	92.8
1900	62.6	112.2	86.9
1901	58.5	104.2	80.8
1902	73.7	121.1	96.9
1903	80.1	126.9	103.0
1904	73.5	124.6	98.5
1905	100.0	122.3	110.9
1906	77.5	123.1	99.8
1907	82.0	126.5	103.8
1908	101.6	119.6	110.4
1909	111.2	111.6	111.4
1910	99.3	105.6	102.4
1911	104.1	105.5	106.3
1912	114.0	96.8	105.6
1913	100.0	100.0	100.0
1914	97.3	103.6	100.4
1915	100.3	131.8	115.7
1916	100.9	140.7	120.4
1917	103.9	130.3	113.0
1918	113.8	145.8	129.5
1919	112.5	137.7	124.8
1920	125.8	168.0	146.5
1921	113.0	166.7	139.2
1922	119.4	153.4	136.0

（4）巴克（J.L.Buck）之中国批发物价指数，自1875至1923，按年编制，刊于《美国统计会学报》（Journal of the American Statistical Association, June, 1925, pp.238-241）。

（a）物价：山西武乡附近市镇市价。

（b）物品之种类：共8种。

米　白布　高粱子　酱油

粟　烟叶　棉花　酒

（c）价格基期：1900至1914平均等于100。

（d）计算方法：简单算术平均法。

（e）指数：如下表所示。

年份	指数	年份	指数	年份	指数	年份	指数	年份	指数
1875	59	1885	34	1895	48	1905	90	1915	140
1876	59	1886	31	1896	46	1906	93	1916	157
1877	65	1887	53	1897	54	1907	88	1917	178
1878	196	1888	49	1898	50	1908	—	1918	180
1879	180	1889	43	1899	191	1909	83	1919	204
1880	121	1890	43	1900	183	1910	65	1920	232
1881	48	1891	42	1901	183	1911	79	1921	264
1882	42	1892	48	1902	158	1912	105	1922	277
1883	37	1893	39	1903	124	1913	121	1923	300
1884	38	1894	37	1904	111	1914	128		

（5）财政部驻沪货价调查处中国批发物价指数，自1919年九月起，按月编制，刊诸该处货价季刊及月刊。此外，各种经济杂志亦时登载。

（a）物价：上海每月十五之趸售物价。

（b）物品之种类：物品共135种，物价共253个，如下表所示。

各项	粮食	其他食物	匹头及其原料	金属	燃料	建筑材料	工业用品	其他物品	合计
物品	11	28	19	8	7	9	15	38	135
物价	16	43	58	19	15	17	25	60	253

（c）价格基期：1913 年二月等于 100。

（d）计算方法：简单算术平均法。

（e）指数：如下表所示。

年月	指数	年月	指数
1922 年 10 月	141.6	12	157.4
11	143.3	1925 年 1 月	159.9
12	148.5	2	159.2
1923 年 1 月	152.7	3	160.3
2	157.5	4	159.3
3	158.7	5	157.8
4	157.7	6	157.3
5	158.4	7	162.8
6	155.2	8	160.3
7	155.4	9	160.2
8	153.1	10	159.0
9	156.8	11	158.4
10	156.1	12	158.1
11	157.3	1926 年 1 月	164.0
12	157.5	2	163.0
1924 年 1 月	156.7	3	164.4
2	159.5	4	163.1
3	157.5	5	159.7
4	153.7	6	155.8
5	154.3	7	156.9
6	151.8	8	160.5
7	151.5	9	164.2
8	148.8	10	177.1
9	149.0	11	174.4
10	152.8	12	172.0
11	154.9		

（6）财政部驻沪货价调查处之中国输出入物价指数，自 1925 年 5 月起，按月编制，刊于该处季刊及月刊，其他各种经

济杂志亦时刊载。

（a）物价：上海输出入物品每月十五之批发物价。

（b）物品之种类：列表于下。

品别	输出		输入	
	物品	物价	物品	物价
原料品	32	41	10	13
生产品	7	12	22	36
消费品	22	26	45	66
合计	61	79	77	115

（c）价格基期：用连锁基期制，其基本年度为 1913 年 2 月等于 100。

（d）计算方法：加权算术平均法，式为

$$\frac{\sum p_0 q_0 \frac{p_1}{p_0}}{\sum p_0 q_0}$$

p_0 为民二（1913）二月初之物价，p_1 为拟算指数各月之物价，q_0 为民二输出或输入之数量。

（e）指数：如下表所示。

年月	输出				输入			
	原料品	生产品	消费品	总平均	原料品	生产品	消费品	总平均
民国十四年五月	159.5	134.4	137.2	147.9	163.1	146.4	153.5	153.3
六	158.1	136.1	136.0	147.5	157.4	147.9	154.3	153.3
七	163.5	135.6	146.6	152.2	162.6	155.6	158.8	158.8
八	159.4	137.6	147.2	151.0	160.8	149.7	157.5	156.2
九	154.4	138.2	149.1	149.2	160.1	151.2	156.9	156.0
十	156.1	138.6	146.4	149.6	147.0	148.9	156.6	153.0
十一	151.1	138.7	144.3	146.8	156.4	143.4	149.7	149.3
十二	149.3	138.8	147.9	146.7	152.5	138.7	149.7	147.5

续表

年月	输出				输入			
	原料品	生产品	消费品	总平均	原料品	生产品	消费品	总平均
民国十五年一月	151.5	145.3	148.2	149.8	155.8	139.8	148.6	147.8
二	153.0	140.8	153.2	150.2	161.6	139.7	150.7	149.9
三	154.8	138.5	150.1	149.9	155.6	138.4	153.6	150.3
四	157.7	135.7	146.0	149.6	159.2	139.8	152.7	150.7
五	152.5	129.7	144.4	145.0	158.1	137.7	151.9	149.5
六	153.7	131.2	157.2	148.8	151.6	136.3	152.3	148.3
七	155.5	134.7	153.7	150.1	154.9	137.1	151.2	148.4
八	149.1	146.1	155.2	150.8	156.3	136.8	151.9	149.0
九	152.2	147.0	157.8	153.2	162.4	137.5	153.4	151.1
十	161.0	157.0	160.9	161.3	160.0	143.0	156.5	154.0
十一	166.8	166.4	166.2	168.1	160.5	146.7	162.1	158.3
十二	164.6	164.1	165.7	166.2	159.0	144.8	161.9	157.5

注：财政部驻沪货价调查处为修改进口税则，自1923起按月编制上海输入货物关价指数，及增补上海输入物价指数二种。编制之法，与该处之批发物价指数及输出入物价指数微有异同。详见该处之“上海输入货物阅价指数”及“增补上海输入物价指数”。

（7）广东农工厂之中国物价指数，自1912年起至1924年止按年编制，自1925年起则按月编制，刊于该厂之《统计汇刊》，其他经济杂志亦有登载。

（a）物价：广州批发市价。

（b）物品之种类：分6类，共205种。

米类	20	燃料	14
其他食物	65	金属及建筑料	41
衣料	43	杂项	22

（c）价格基期：1913年等于100。

（d）计算方法：先用简单算术平均法求各类之指数，再用加权算术平均法求总计指数。各类之权数，乃斟酌地方情形所定之一种系数，如下表所示。

物品	加权系数
米类	20%
其他食物	30%
衣料	10%
燃料	15%
金属及建筑料	10%
杂项	15%

（e）指数：如下表所示。

年月	指数
民国元年（1912）	99.4
民国二年（1913）	100.0
民国三年（1914）	103.6
民国四年（1915）	112.1
民国五年（1919）	119.4
民国六年（1917）	124.7
民国七年（1918）	133.4
民国八年（1919）	136.4
民国九年（1920）	135.4
民国十年（1921）	144.8
民国十一年（1922）	153.4
民国十二年（1923）	161.0
民国十三年（1924）	175.6
民国十四年（1925）	
正月	178.3
二月	180.4
三月	181.9
四月	184.6
五月	189.2
六月	195.7
七月	201.3
八月	198.5
九月	201.4
十月	199.9
十一月	192.1
十二月	186.2

续表

年月	指数
民国十五年（1926）	
一月	188.4
二月	192.8
三月	194.9
四月	193.1
五月	193.7
六月	187.6
七月	183.8
八月	185.6
九月	190.1
十月	191.61
十一月	198.38
十二月	198.03

注：广东农工厂现正编制广州市农产批发物价指数，包含米、油、蔬、菜、畜、糖、果、丝8类，共136种。1923年各月指数业已发表于《统计汇刊》第二期，惟作法未曾详述，故略之。

乙　零售物价指数

零售物价指数编制维艰，故其发达较批发物价指数为迟。我国零售物价指数，现行编制者，尚属阙如惟甘博氏（S.D.Gamble）曾有北京物价工资及生活程度之调查。按年编制北京生活费指数，自1900年起至1924年止而已，其指数刊于Prices, Wages, and Standard of Living 1900—1924, Special Supplement to the Chinese Social and Political Science Review (July, 1926)。

（a）物价：北京零售物价。

（b）物品之种类：共7种。

玉米面　白米　白面　布　小米面　小米　煤球

（c）价格基期：1913年等于100。

（d）计算方法：加权总合法，权数为一系数，根据陈达君等北京之生活调查而得。其公式为$\frac{\sum Wp_1}{\sum Wp_0}$，即费暄教授之第9153式。

甘博氏谓其所用之公式为费暄教授之第2153式（$\frac{\sum (q_0+q_1)p_1}{\sum (q_0+q_1)p_0}$），余以为非确。盖其所有之权数为陈达君等之生活调查所得消费价之百分率，而非调查中各个物品之消费量。夫物品之消费量所表示之单位不同，布以尺计，米以石计。非得价值则不能求其百分率也，且2153式须有每计算期之消费量方能采用，因式中之Q_1即计算期之消费量也。陈达君等之北京生活调查，仅限于1918、1922至1923、1923至1924、1924等年。似此虽能得此数年各物品之消费量，亦不能用2153式以按年编制1900年至1924年之生活费指数也。

（e）指数：如下表所示。

年份	指数	年份	指数
1900	81	1913	100
1901	68	1914	93
1902	76	1915	88
1903	84	1916	96
1904	78	1917	102
1905	75	1918	97
1906	83	1919	88
1907	87	1920	114
1908	89	1921	117
1909	89	1922	113
1910	90	1923	118
1911	100	1924	126
1912	102		

以上所述之批发物价指数及零售物价指数，乃我国二十余年物价指数事业之略史。乍视之，似有可观。唯一经分析研究，

则觉瑕疵百出，欠善之处甚多。吾人研究经济统计者，对此实有遗憾焉。例如已编未续之各指数，除巴克甘博两氏及日本货币研究委员会之指数外，其余皆采用关价。关价较实价为低，曷足以代表市场状况。又如甘博巴克温德莫三氏之指数，包含项目少至 7 种，最多亦仅 20 种。大凡编制指数，其包含物品之项目，虽非多多益善，然过少亦不能代表市场货价涨落之趋势。据费暄教授之研究，包含 20 项以下物品之指数，概少实用；若逾 200 项，则事繁费大，虽结果增善，亦得不偿失矣。简单算术平均法，几为我国编制指数者所通用。我国无生产消费统计，采用加权公式，固难做到。惟简单算术公式之弊端，世所公认。当物价离中差异极大之期，指数偏高之误甚大。现各国采用简单算术平均法所编制之指数，多已改用他法。我国已编而未续之指数固无论矣，惟现行编制之上海广东两重要指数，甚望其能早弃所用之简单算术平均法，而改用一较善之公式也。

（三）附录

中国与世界各主要国五十余年来之批发物价指数比较表(1913年为100)

	中国	法国	日本	德国	美国	英国
1870		115		92	125	113
1871		119		99	121	118
1872		125		110	126	128
1873		125	47	119	121	131
1874	65	114	47	113	117	120
1875	67	112	47	104	113	113
1876	72	112	46	101	102	112
1877	66	113	47	103	101	111
1878	69	104	51	93	86	102

续表

	中国	法国	日本	德国	美国	英国
1879	72	101	65	83	83	98
1880	68	104	72	94	96	104
1881	72	101	78	90	99	100
1882	70	99	71	86	105	99
1883	67	87	58	85	93	96
1884	68	87	52	78	85	89
1885	68	86	52	74	79	85
1886	70	82	48	69	76	81
1887	68	80	49	70	78	80
1888	65	83	50	76	83	82
1889	68	86	52	84	81	85
1890	68	86	56	89	81	85
1891	68	85	55	95	80	85
1892	70	82	56	84	75	80
1893	71	81	58	77	77	80
1894	74	75	59	72	69	74
1895	71	74	65	71	70	73
1896	72	71	60	71	67	72
1897	79	72	78	77	67	73
1898	84	74	71	82	70	75
1899	93	80	78	82	75	80
1900	87	86	74	87	81	88
1901	81	82	72	82	79	82
1902	97	81	72	81	84	81
1903	103	83	75	80	86	81
1904	99	81	80	83	86	82
1905	111	85	86	86	86	85

续表

	中国	法国	日本	德国	美国	英国
1906	100	90	84	88	89	91
1907	104	94	90	98	94	94
1908	110	87	90	93	90	86
1909	111	87	87	93	97	87
1910	102	93	89	91	101	92
1911	106	98	93	97	93	94
1912	106	102	99	108	99	100
1913	100	100	100	100	100	100
1914	100	102	95	103	98	100
1915	116	140	97	122	101	127
1916	120	189	117	116	127	160
1917	113	261	147	115	177	206
1918	130	339	193	154	194	226
1919	125	356	236	97	206	242
1920	147	509	259	106	226	295
1921	139	345	200	83	147	182
1922	136	327	196	82	149	154
1923	145	419	199	95	154	152
1924	143	489	206	123	150	165
1925	148	551	202	132	159	160
1929	154					

中国与世界各主要国之批发物价指数比较图[①]

1870—1926

1913=100

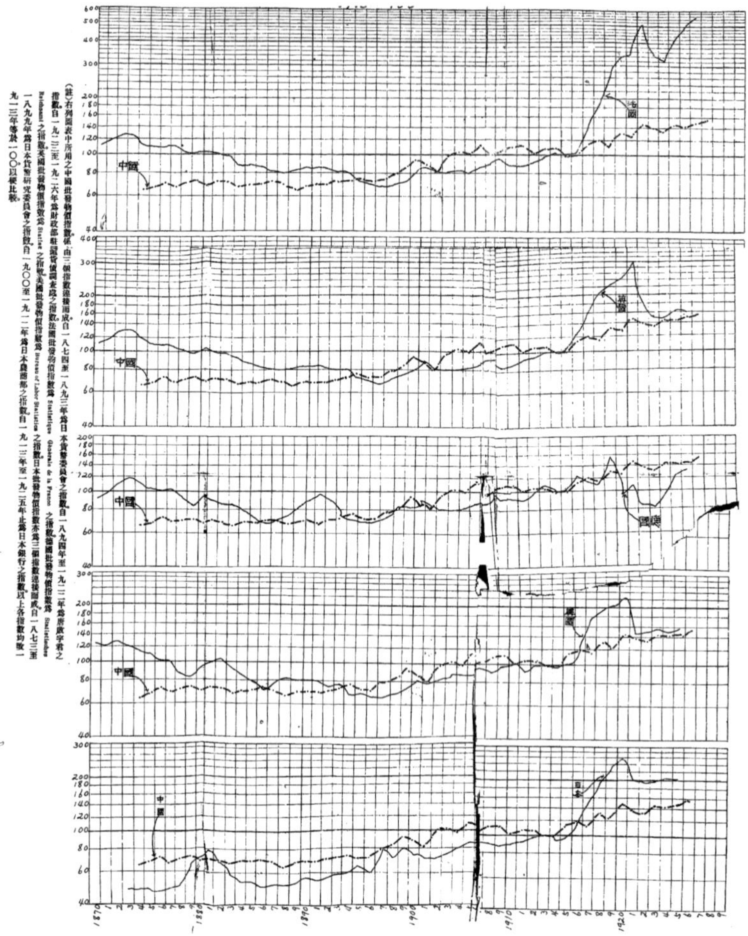

（《银行月刊》第 7 卷 2 号，1927 年）

---

① 上述图表中所用之中国批发物价指数，系由三个指数连接而成，自 1874 年至 1893 年为日本货币委员会之指数，自 1894 年至 1922 年为唐启宇君之指数，自 1923 年至 1926 年为财政部驻沪货价调查处之指数。法国批发货价指数为 Statisque Generale de la France 之指数，德国批发物价指数为 Statistisches Reichsamt 之指数，英国批发物价指数为 Statistt 之指数，美国批发物价指数为 Bureau of Labor Statistics 之指数。日本批发物价指数亦为三个指数连接而成，自 1873 年至 1899 年为日本货币研究委员会之指数，自 1900 年至 1912 年为日本农商部之指数，自 1913 年至 1925 年为日本银行之指数。以上各指数均取 1913 年等于 100，以便比较。

三十年天津外汇指数及外汇循环

一、外汇指数

世界各国之有外汇指数者，向只有英、美、德、瑞典、挪威五国。英、美、德、瑞典、挪威之编制外汇指数也，始自欧战之末，其时各国金融紊乱，市值之消长，朝夕数更，对外贸易亦失恒度，而汇市遂因之以受影响，陡涨暴落，辄越常轨。故群相从事编制外汇指数，按月发表，以测视汇市升降之程率及其趋势①。我国年来对外汇兑，变易非常，汇市统计，甚堪注意。南开大学社会经济研究委员会有鉴于此，编制天津外汇指数。自1898年至1926年已告成功，其结果见第二表及第一图。1927年之各月指数尚在计算中，此后仍继续编制。拟自明年一月起，改月为周，按每星期一发表。兹将取材来源及编制方法一一论之。

（一）外汇市价

天津日报之有外汇市价者，除《京津日报》（*Peking and*

---

① 各国编制此项指数者，英为London Statist；美为Federal Reserve Board；法为Frankfurter Zeitung；瑞典为Kommersiella Meddelanden；挪威为Farmando。参看Federal Reserve Board；Federal Reserve Bulletin, July, 1921, pp.794.799；Washington, D.C；Government Printing Office, 1921.

Tientsin Times）外，均自近数年起。《京津日报》自开办以来（1894），即有汇市报告。惜该报全册已不多见，无法可得。中国各银行素鲜统计可考。英商汇丰银行藏有数十年来天津汇市统计，然视为秘宝，不予外借。最后在永盛银行（Doney & Co.）借得《近三十年之汇市报告册》。此次编制外汇指数，其资料均由是册转抄。

天津外汇市价之有报告者为英、美、日、法四国。战前德汇亦有市价，大战起而德汇市价因之取消，是以本会外汇指数只能包含英、美、法、日四国。所用之汇率为每日电汇卖价，由每日之电汇汇率，以求其每月之平均。

我国外汇市价，有以外币折合中币者：即一单位外国货币，值本国货币若干。如天津英汇以行化银每两合成几先令几便士又几分之几，美汇以行化银每百两合若干元又几分之几，法汇以行化银每两合法郎若干个又几分之几。然亦有以中币折合外币者：即一单位本国货币合外国货币若干。如天津日汇每百元合行化银若干两又几分之几。二者皆可用。唯吾人编制指数之时，均需以外币为单位，以便平均而易了解。例如英汇每行化一两购两先令七便士。将先令化为便士，即三十一便士。再将三十一化成倒数，即得外币每单位之价。盖一两即值三十一便士，则每便士即等于三十一分之一两，其理甚明。第二表中英、美、法三国汇价均已化成倒数，以外币为单位计。

（二）标准价格

指数者，即一列数字，用以测量此时与彼时或此地与彼地的团体现象之相对变易者也[1]。故凡编制任何指数，均须有标准价格，方能计算其百分数。英、美、德、瑞典、挪威五国均

① Rietz, H. L. (Editor): Handbook of Mathematical Statistics, Ch. 12; Index Numbers, by A. A. Young; Boston, Houghton Mifflin Co., 1924.

金本位国，币制相同，故其编制指数也，均用汇兑“平价”（par of exchange）为标准价格[①]。汇兑平价者，即两同本位制国货币之相等价值也。例如英、美两国为同本位制国，故其汇兑平价在英为英金四十九又十六分之五便士，而在美则为美金$4.8665。但在银本位国与金本位国间之汇兑，币制不同，固无平价之谓，是需采用一定时期之价格为标准。此选定之期，本诸理论，应为一年或一年以上[②]。今日各国指数之基期都为1913年，盖此年为欧战前最末一年，足以代表战前平时经济状况之一斑，且可作为战前战后之比较。因此之故，天津外汇指数亦以1913年为基年，以其全年之平均汇价为基价。

（三）权数

计算外汇指数须有权数。权数者，视各国汇市在本国轻重轩轾之不同而增减高下其影响之谓也。我国对外汇兑，因商务重要之关系，以英、美、日三国为中心。是以英金、美金、日金之在外汇市场，其地位之重要，与其他各国迥异。因此之故，吾人编制指数，不能以各国汇率相提并论，盖恐因一国汇兑发生非常变化，影响及于全部。欲救此弊，非用权数不可。然则权数当为何物乎？照理论言，外汇指数所用权数应为本国与各国之汇兑交易总额[③]。唯此项统计全世界尚属缺如，故英、美、瑞、挪四国之外汇指数均以本国与各国之贸易额为权数，而此四国之中，尤以英国为最周密。贸易额中，除物品之输出输入及复输出外，尚包含金银出入以及他项无形之出入，如运输、

① Federal Reserve Bulletin, July, 1921, pp.794-799.

② U. S. Bureau of Labor Statistics Bulletin No.284, Mitchell. W. C.: Index Number of Wholesale Prices in the United States And Foreign Countries, pp.81-82; Washingdon. D. C., Government, Frinting Office, 1921.

③ Fisher, lrving: The Making of Index Numbers, pp.43-61; Boston Honghton Mifflin Co.: 1922.

保险、投资、利息之类。且此项权数每季修改一次，盖战后之商业变迁甚大，固定之权数不能为正确之表示也。美国外汇指数之权数与英相近，亦用物品金银之输出入额。至于无形之输出输入，则无详细统计，故不采取。物品金银之输出输入，乃根据上一月之统计，是其权数逢月改变一次，较英尤甚。夫权数变更太多，则所得之指数变化，究不知为汇价之变化所致，抑为权数之变化所致矣。因此之故，美国 Federal Reserve Board 在 1923 年将前一月之贸易额改为前十月之贸易额，庶几一折衷之办法也。其他瑞、挪二国均用固定权数。瑞典外汇指数之权数，则根据 1919 年对各国之物品金银及其他无形输出输入各项目之估计额；挪威外汇指数之权数，则为 1910 至 1913 年之贸易额及无形输出输入各项之估计额[①]。

我国编制外汇指数，欲得适当之权数，较欧美诸国尤为困难。无形输出输入各项目之统计可无论矣，物品贸易额虽尚可查，而金银进出口额则无处可稽，盖关册所载金银出入口额之来去地域，除亚洲尚分别载明外，若英、美、法诸国竟无细数可寻，仅标明来自欧美者若干而已。既系概括的记载，势不能判其若干为美，若干为英。唯自民国元年（1912）以来，我国金银进出口额对于各该年贸易额之比，最多占 21%，最少占 4%（观表一）。其额不巨，故影响尚微。舍之不用，只用中英、中美、中日、中法之物品贸易额，亦无可如何之法也。故本会编制天津外汇指数，采用我国对各国之物品贸易额为权数，易年一更，即以上年全年之贸易额为计算本年各月指数之权数是也。

① Federal Reserve Bulletin, July, 1921; Oct.1922.

表一 中国近十五年每年金银出入额与贸易额之百分比

年份	百分比	年份	百分比
1912	9.73%	1920	21.43%
1913	8.53%	1921	14.73%
1914	6.63%	1922	7.96%
1915	9.02%	1923	8.74%
1916	13.10%	1924	4.85%
1917	9.37%	1925	5.22%
1918	5.02%	1926	5.79%
1919	10.33%		

（四）公式

指数公式，为数甚繁。英国外汇指数采用几何平均方法，瑞、挪、德三国采用算术平均方法[①]。唯算术平均有偏高之弊（upward bias），虽采用适当正确之权数足以减其偏高之特质，然编制外汇指数，适当之权数甚不易得。倘权数失当，则偏重之弊行将倍之[②]。几何平均，性过抽象，意义不易了解，且计算病其太繁，费时甚多[③]。美国外汇指数，其始也曾用几何平均，1923 年以后改用总合平均，职是故也[④]。总合平均，公式简单，意义鲜明，且计算无须相对价格，手续较简，费时亦少，是故天津外汇指数亦采用之。其公式如下：

$$\frac{\sum P_1 t_1}{\sum P_0 t_1}\left(\begin{array}{l}P_1\text{计算期之汇价；}P_0\text{为基年之汇价；}\\ t_1\text{者为计算期先年全年之物品输出入额。}\end{array}\right)$$

（五）三十年天津汇市之变迁

下列第二表及第一图，表示天津汇市英、美、法、日四国

① Foderal Reserve Bulletin, July, 1921.

② Fisher, Irving: the Making of Index Numbers, pp. 88-117.

③ Bureau of Labor Statistics Bulletin No. 284: Mitchell, W. C.: Index Number of Wholesale Prices in U.S.A. and Foreign Countries, pp.71-72.

④ Federal Reserve Bulletin Oct. 1922.

汇价之比（1913年为100）及其外汇指数。吾人欲研究各个外汇升降之程率，即可从各个比价表推测之。至外汇市场之一般趋势，则可就总指数考察而得。兹将天津汇市三十年来之变迁情形，分四时期略述之：

第一期：自1898年至1914年（即民国三年）为第一期。此期外汇尚属平稳，无狂涨暴落之象。今以1913年为基年等于100，英汇之最高者为129.89（1903年3月），最低者为86.59（1906年11月）；美汇之最高者为127.01（1903年1、2、3月），最低者为86.06（1906年11月）；法汇之最高者为128.54（1903年2月），最低者为86.17（1906年11月，1907年1月）；日汇之最高者为128.73（1903年1月），其最低者为86.51（1906年11月）。外汇指数之最高者为128.36（1903年1月），最低者为86.51（1906年11月）。四国之汇兑价比及总指数变迁之全距离，都在40点左右。

第二期：1915年（民国四年）至1920年为外汇涨落最大时期。今以1913年之汇价为标准等于100，则本期中英汇之最高者为122.68（1915年1、2、7、8月），其最低者为33.91（1920年1月）；美汇之最高者为125.62（1915年8月），其最低者为44.62（1920年1月）；法汇之最高者为120.89（1915年1月），其最低者为17.27（1920年2月）；日汇之最高者为121.99（1915年7、8月），其最低者为43.52（1920年2月）。外汇总指数之最高者为121.44（1915年8月），其最低者为40.97（1919年12月）。在此5年之中，英、美、法、日总汇价比及其指数变迁之全距离，均在90点上下。较第一期（共16年）变迁之全距离约大一倍有奇。

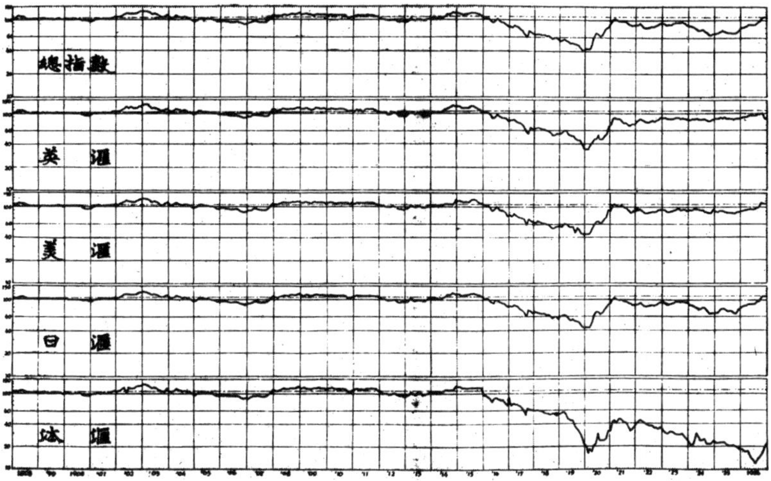

第一图　天津外汇指数（1898—1926）1913 年为 100

第二期内之汇市升落，可作两期分析（观第一图）。自 1915 年至 1919 年银价甚昂，汇市日落，盖自欧战开始后，协约各国为维持金本位起见，不能不收现金集中于中央银行，以纸币或银辅币代之。人民恶纸币而喜用银币，于是银币之需要大增，各国遂纷纷搜集现银铸币。如在 1913 年欧战未开始以前，英国每年铸造银币，不过 160 余万磅，开战后频年增加，在 1918 年共计铸造 925 万磅，合计银共 3100 余万瓦斯（注：盎司），占全世界产银额 15%有余。法国在战前每年铸造银币不过 800 万至 1100 万法郎，在 1918 年间所铸之银币，计达 9200 余万法郎，较战前约增 8 倍[①]。查世界银货最大之来源为美国及墨西哥。当时，美国亦采现金集中政策；墨西哥则内乱频仍，银矿停工，出产大减。1913 年银总额为 5500 余万瓦斯（注：盎司）；

① "Gold and Silver Statistics", published by Commission of Gold and Silver Inquiry.U.S.Senate,1924. pp.193-196.

1916 年遂降至 2900 余万瓦斯（注：盎司），约减半[①]，世界银货来源因之稀少。而我国在此期内，外商渔利，陆续运银出口。自欧战起至 1917 年（民国六年）生银出口总数约近一万万两，存底甚薄，较战前减少 2/3。因此造成一银贵金贱之现象，遂致外汇市价呈一落千丈之势。

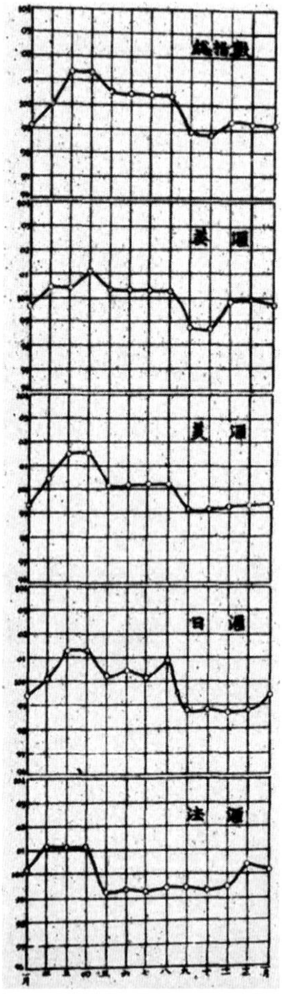

第二图　天津外汇季节变差（1898—1915，1921—1926）

① "Gold and Silver Statistics", published by Commission of Gold and Silver Inquiry.U.S.Senate,1924. pp.193-196.

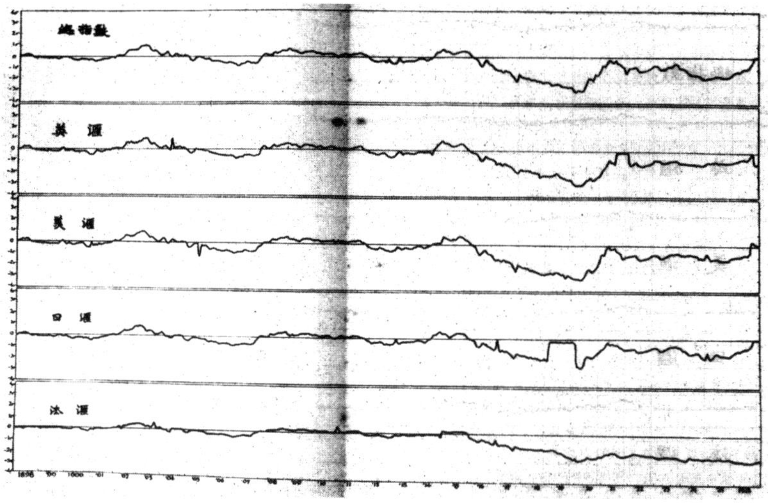

第三图　天津外汇循环（1898—1926）以均方差（σ）为单位

表二　天津外汇指数（1898—1926）

1913 年为 100

年月	英汇（单位为便士）		美汇（单位为美金元）		法汇（单位为法郎）		日汇（单位为日元一百）		总指数
	汇价	汇价比	汇价	汇价比	汇价	汇价比	汇价	汇价比	
1898	$\overline{\$}$		$\overline{\$}$		$\overline{\$}$		$\overline{\$}$		
1 月	0.0303	140.12	1.50	104.10	0.2881	103.47	75.12	104.65	104.64
2 月	0.0312	107.21	1.56	108.27	0.8012	108.15	76.80	107.44	107.46
3 月	0.0322	110.65	1.60	111.04	0.2985	107.18	79.50	108.84	111.61
4 月	0.0222	110.65	1.59	110.35	0.3058	109.78	78.80	110.23	110.23
5 月	0.0322	110.05	1.59	110.35	0.3076	100.44	78.60	110.23	110.24
6 月	0.0312	107.21	1.55	107.57	0.8003	107.82	78.75	107.44	107.45
7 月	0.0303	104.12	1.51	104.80	0.2932	105.27	75.00	104.05	104.66
8 月	0.0308	104.12	1.40	108.41	0.2881	103.44	71.33	103.26	103.26
9 月	0.0294	101.03	1.47	102.02	0.2840	101.97	73.00	101.86	101.86
10 月	0.0294	101.03	1.47	102.02	0.2832	101.69	73.80	103.26	103.23
11 月	0.0294	101.03	1.45	100.63	0.2935	107.18	72.50	101.86	101.85
12 月	0.0294	101.03	1.45	100.63	0.2801	100.57	72.66	101.86	101.84

续表

年月	英汇（单位为便士）		美汇（单位为美金元）		法汇（单位为法郎）		日汇（单位为日元一百）		总指数
	汇价	汇价比	汇价	汇价比	汇价	汇价比	汇价	汇价比	
平均	0.0306	105.15	1.51	101.80	0.2940	105.57	75.75	106.45	105.96
1899	$\overline{\$}$		$\overline{\$}$		$\overline{\$}$		$\overline{\$}$		
1月	0.0294	101.02	1.45	100.64	0.2786	100.04	72.50	101.86	101.84
2月	0.0294	101.02	1.46	101.33	0.2816	101.11	72.75	101.86	101.85
3月	0.0303	140.12	1.48	102.72	0.2873	103.16	74.00	103.26	103.25
4月	0.0294	101.02	1.47	102.03	0.2840	101.97	73.70	103.26	103.23
5月	0.0294	101.02	1.45	100.64	0.2816	101.11	73.38	101.86	103.21
6月	0.0294	101.02	1.45	100.64	0.2808	100.83	72.60	101.86	101.84
7月	0.0294	101.02	1.45	100.64	0.2801	100.57	72.40	100.47	100.47
8月	0.0294	101.02	1.45	100.64	0.2801	100.57	72.60	101.86	101.84
9月	0.0303	104.12	1.48	102.72	0.2865	102.87	73.50	103.26	103.25
10月	0.0303	104.12	1.52	105.50	0.2906	104.34	74.60	104.35	104.56
11月	0.0294	101.02	1.47	102.03	0.2832	101.69	73.00	101.66	101.86
12月	0.0294	101.02	1.44	99.44	0.2770	99.46	72.50	101.86	101.86
平均	0.0296	101.72	1.46	101.33	0.2826	101.47	73.25	101.86	102.48
1900	$\overline{\$}$		$\overline{\$}$		$\overline{\$}$		$\overline{\$}$		
1月	0.0294	101.02	1.46	101.33	0.2808	100.83	73.00	101.86	101.86
2月	0.0303	104.12	1.46	101.33	0.2832	101.69	72.00	100.47	190.48
3月	0.0294	101.02	1.46	101.33	0.2808	100.83	71.90	100.47	100.49
4月	0.0294	101.02	1.46	101.33	0.2816	101.11	71.75	100.47	100.49
5月	0.0294	101.02	1.46	101.33	0.2824	101.40	71.80	100.47	100.49
6月	0.0294	101.02	1.47	102.30	0.2849	102.30	72.12	100.47	100.49
7月	0.0294	101.02	1.47	102.30	0.2849	102.30	72.12	100.47	100.49
8月	0.0294	101.02	1.47	102.30	0.2849	102.30	72.12	100.47	100.49
9月	0.0285	96.61	1.40	97.17	0.2717	97.56	70.25	97.68	97.67
10月	0.0277	93.90	1.36	94.39	0.2680	96.23	70.60	99.07	98.99
11月	0.0277	93.90	1.36	94.39	0.2659	95.48	70.00	97.68	97.62
12月	0.0277	93.90	1.36	94.39	0.2659	95.48	68.50	96.28	96.25
平均	0.0288	97.83	1.42	98.60	0.2706	99.72	71.33	99.07	99.48
1901	$\overline{\$}$		$\overline{\$}$		$\overline{\$}$		$\overline{\$}$		

续表

年月	英汇（单位为便士）		美汇（单位为美金元）		法汇（单位为法郎）		日汇（单位为日元一百）		总指数
	汇价	汇价比	汇价	汇价比	汇价	汇价比	汇价	汇价比	
1月	0.0285	97.94	1.40	97.16	0.2717	97.55	68.06	94.96	95.01
2月	0.0303	104.12	1.44	99.94	0.2816	101.11	71.16	99.30	99.31
3月	0.0294	101.02	1.45	100.63	0.2785	100.00	71.75	100.11	100.13
4月	0.0294	101.02	1.49	103.41	0.2949	105.88	72.44	101.08	101.12
5月	0.0294	101.02	1.45	100.68	0.2832	101.68	72.52	101.19	101.18
6月	0.0303	104.12	1.46	101.33	0.2840	101.97	72.75	101.51	101.51
7月	0.0303	104.12	1.48	102.72	0.2873	102.15	73.22	102.16	102.18
8月	0.0303	104.12	1.48	102.72	0.2840	101.97	74.18	103.50	103.49
9月	0.0303	104.12	1.47	102.02	0.2865	102.87	74.00	103.25	103.24
10月	0.0303	104.12	1.49	103.41	0.2923	104.95	74.66	104.17	104.17
11月	0.0312	107.21	1.52	105.42	0.2967	106.53	76.09	106.17	106.04
12月	0.0312	107.21	1.54	106.88	0.3012	108.16	77.11	107.58	107.59
平均	0.0801	103.33	1.47	102.02	0.2870	103.05	72.74	101.49	102.08
1902	$\overline{\$}$		$\overline{\$}$		$\overline{\$}$		$\overline{\$}$		
1月	0.0312	107.21	1.58	106.19	0.2994	170.50	76.69	107.01	106.99
2月	0.0312	107.21	1.56	108.27	0.3039	109.12	77.75	108.48	108.49
3月	0.0322	110.65	1.61	111.74	0.3134	112.53	80.31	112.06	112.06
4月	0.0344	118.21	1.67	115.90	0.3289	118.09	84.53	117.95	117.91
5月	0.0357	122.68	1.73	120.07	0.3367	102.89	85.96	119.94	119.95
6月	0.0344	118.21	1.71	118.68	0.3311	118.88	84.92	118.49	118.57
7月	0.0357	122.68	1.70	117.99	0.3300	118.49	85.05	118.67	118.66
8月	0.0344	118.21	1.69	117.29	0.3280	118.09	85.14	118.81	118.77
9月	0.0344	118.21	1.67	115.90	0.3300	118.49	55.34	119.08	119.02
10月	0.0344	118.21	1.72	119.37	0.3401	122.11	85.56	119.38	119.39
11月	0.0357	122.68	1.77	122.84	0.3424	122.94	91.16	127.20	127.11
12月	0.0357	122.68	1.79	124.23	0.3496	125.52	90.78	126.67	126.62
平均	0.0340	122.68	1.68	116.60	0.3270	117.41	85.00	118.60	117.80
1903	$\overline{\$}$		$\overline{\$}$		$\overline{\$}$		$\overline{\$}$		
1月	0.0373	128.17	1.83	127.01	0.354	127.10	92.00	128.73	128.36
2月	0.0377	120.55	1.83	127.01	0.358	128.54	91.75	128.02	128.36

续表

年月	英汇（单位为便士）		美汇（单位为美金元）		法汇（单位为法郎）		日汇（单位为日元一百）		总指数
	汇价	汇价比	汇价	汇价比	汇价	汇价比	汇价	汇价比	
3 月	0.0378	129.89	1.83	127.10	0.358	126.75	90.66	126.51	126.98
4 月	0.0357	122.68	1.75	121.46	0.337	121.00	86.60	120.83	121.38
5 月	0.0338	116.15	1.67	115.90	0.324	116.83	83.60	116.65	117.19
6 月	0.0347	119.24	1.70	117.99	0.329	118.18	85.60	119.80	119.97
7 月	0.0338	116.15	1.66	115.21	0.323	115.97	83.80	116.93	117.18
8 月	0.0327	112.37	1.60	111.04	0.310	111.31	81.00	118.02	118.00
9 月	0.0316	108.59	1.55	107.57	0.301	108.07	78.00	108.83	108.82
10 月	0.0312	107.21	1.53	106.19	0.297	106.64	77.66	108.37	108.80
11 月	0.0325	111.68	1.60	111.04	0.299	107.36	80.20	111.90	111.62
12 月	0.0335	115.12	1.65	114.51	0.318	114.18	82.60	115.25	115.80
平均	0.0343	117.86	1.67	115.63	0.326	117.05	88.30	123.21	118.12
1904	$\overline{\$}$		$\overline{\$}$		$\overline{\$}$		$\overline{\$}$		
1 月	0.0314	107.90	1.55	107.67	0.299	107.36	77.80	108.55	108.82
2 月	0.0304	104.46	1.60	104.10	0.294	105.56	75.00	104.65	104.65
3 月	0.0347	106.93	1.56	108.27	0.302	108.43	78.00	108.83	108.83
4 月	0.0336	115.46	1.65	114.51	0.319	114.54	81.80	114.14	114.42
5 月	0.0325	111.68	1.59	110.35	0.309	110.95	79.40	110.79	110.24
6 月	0.0320	109.96	1.56	108.27	0.304	100.15	78.20	109.11	108.83
7 月	0.0312	107.21	1.53	106.19	0.296	106.28	76.50	106.74	107.26
8 月	0.0317	108.93	1.55	107.57	0.301	108.07	77.90	108.69	108.82
9 月	0.0314	107.90	1.55	107.57	0.299	107.36	77.20	107.72	107.44
10 月	0.0306	105.15	1.53	106.19	0.296	106.28	76.00	106.04	106.05
11 月	0.0303	104.12	1.48	102.72	0.286	102.69	73.20	102.14	102.66
12 月	0.0290	99.65	1.42	98.55	0.277	99.46	70.80	98.79	99.06
平均	0.0313	107.56	1.53	106.19	0.296	106.28	76.90	307.30	107.26
1905	$\overline{\$}$		$\overline{\$}$		$\overline{\$}$		$\overline{\$}$		
1 月	0.0285	97.93	1.40	97.16	0.271	97.30	59.25	90.62	96.30
2 月	0.0294	101.03	1.44	99.94	0.278	99.82	71.60	99.76	100.46
3 月	0.0317	108.93	1.51	104.80	0.293	105.20	75.60	105.48	106.02
4 月	0.0314	107.90	1.55	107.57	0.298	107.00	76.87	107.26	107.45

续表

年月	英汇（单位为便士）		美汇（单位为美金元）		法汇（单位为法郎）		日汇（单位为日元一百）		总指数
	汇价	汇价比	汇价	汇价比	汇价	汇价比	汇价	汇价比	
5月	0.0305	104.81	1.50	104.10	0.291	104.48	74.75	104.30	104.64
6月	0.0306	105.15	1.49	103.41	0.289	103.77	74.20	103.53	103.26
7月	0.0302	103.78	1.48	102.72	0.288	103.41	78.87	103.08	101.88
8月	0.0297	102.06	1.45	100.63	0.283	101.61	72.50	101.16	101.84
9月	0.0195	101.37	1.45	100.63	0.280	100.53	71.87	100.29	100.47
10月	0.0289	99.31	1.43	99.25	0.277	99.46	71.00	99.07	99.07
11月	0.0285	97.93	1.36	94.39	0.263	94.43	67.80	94.60	94.88
12月	0.0283	97.25	1.36	94.39	0.262	94.07	67.80	91.60	94.88
平均	0.0298	102.40	1.45	100.63	0.281	100.89	72.23	100.78	100.93
1906	$\overline{\$}$		$\overline{\$}$		$\overline{\$}$		$\overline{\$}$		
1月	0.0285	97.93	1.37	95.08	0.266	95.51	69.00	96.27	96.26
2月	0.0279	95.87	1.38	95.78	0.266	95.51	68.80	96.00	96.27
3月	0.0279	95.87	1.37	95.08	0.266	95.51	68.70	95.86	96.26
4月	0.0277	95.18	1.36	94.39	0.263	94.43	68.00	94.88	94.88
5月	0.0270	92.73	1.33	92.30	0.257	92.28	66.20	92.37	92.10
6月	0.0271	93.12	1.33	92.30	0.258	92.63	66.33	92.55	92.10
7月	0.0271	93.12	1.34	98.00	0.259	92.99	66.66	93.02	98.48
8月	0.0271	93.12	1.34	93.00	0.259	92.99	66.66	93.02	98.48
9月	0.0265	91.40	1.30	90.22	0.253	90.84	65.00	90.69	90.69
10月	0.0259	89.00	1.28	88.83	0.246	88.33	63.90	89.16	80.29
11月	0.0252	86.56	1.24	86.06	0.240	86.17	62.00	86.51	86.51
12月	0.0259	89.00	1.26	87.45	0.244	87.61	63.00	87.90	87.90
平均	0.0269	92.48	1.32	91.61	0.255	91.56	66.18	92.34	92.44
1907	$\overline{\$}$		$\overline{\$}$		$\overline{\$}$		$\overline{\$}$		
1月	0.0263	90.37	1.29	89.53	0.240	86.17	63.80	89.02	89.30
2月	0.0263	90.37	1.30	90.22	0.250	89.76	64.50	90.00	90.69
3月	0.0277	95.18	1.33	92.30	0.257	92.28	66.65	93.00	93.47
4月	0.0277	95.18	1.38	95.78	0.256	91.92	68.75	95.93	96.27
5月	0.0277	95.18	1.35	93.69	0.261	93.71	67.20	63.76	92.49
6月	0.0270	92.78	1.32	91.61	0.257	92.28	65.87	91.91	92.09

续表

年月	英汇（单位为便士）		美汇（单位为美金元）		法汇（单位为法郎）		日汇（单位为日元一百）		总指数
	汇价	汇价比	汇价	汇价比	汇价	汇价比	汇价	汇价比	
7 月	0.0270	92.78	1.31	90.92	0.254	91.20	65.60	91.53	92.08
8 月	0.0266	91.40	1.31	90.92	0.254	91.20	65.37	91.21	90.70
9 月	0.0266	91.40	1.31	90.92	0.255	91.56	65.62	91.57	92.08
10 月	0.0270	92.78	1.39	96.47	0.271	97.30	70.08	97.78	97.66
11 月	0.0312	107.21	1.46	101.33	0.284	101.97	73.21	102.75	102.91
12 月	0.0333	114.48	1.08	109.06	0.307	110.28	79.43	110.83	110.21
平均	0.0279	95.87	1.36	91.29	0.262	94.07	68.01	94.89	59.08
1908	$\overline{\$}$		$\overline{\$}$		$\overline{\$}$		$\overline{\$}$		
1 月	0.0331	118.74	1.55	107.57	0.803	108.79	78.60	109.67	110.19
2 月	0.0317	108.93	1.55	107.57	0.301	108.07	77.62	108.30	108.82
3 月	0.0319	109.62	1.57	108.96	0.604	101.15	78.50	109.53	110.21
4 月	0.0327	112.37	1.60	111.04	0.809	110.95	79.60	111.07	111.62
5 月	0.0342	117.52	1.66	115.21	0.321	115.86	83.00	115.81	115.81
6 月	0.0333	114.43	1.63	113.13	0.315	113.10	81.20	113.30	113.03
7 月	0.0333	114.43	1.63	113.13	0.818	114.18	81.75	114.07	114.40
8 月	0.0338	116.15	1.66	115.21	0.828	115.97	83.50	116.51	117.18
9 月	0.0338	116.15	1.68	116.60	0.324	116.33	83.75	116.86	117.20
10 月	0.0338	116.15	1.68	116.60	0.323	115.97	83.33	116.27	115.83
11 月	0.0348	109.58	1.70	117.99	0.331	118.85	85.12	118.77	118.60
12 月	0.0349	119.93	1.72	119.37	0.337	121.00	86.80	121.11	121.86
平均	0.0334	114.77	1.63	113.13	0.317	113.82	81.81	114.15	114.52
1909	$\overline{\$}$		$\overline{\$}$		$\overline{\$}$		$\overline{\$}$		
1 月	0.0338	116.15	1.65	114.51	0.321	155.26	83.00	115.82	115.80
2 月	0.0340	116.83	1.66	115.21	0.322	119.21	83.50	117.21	117.78
3 月	0.0344	118.21	1.69	117.29	0.327	117.41	84.87	118.61	118.59
4 月	0.0337	115.80	1.66	115.21	0.327	115.26	83.00	115.82	115.81
5 月	0.0327	112.87	1.61	111.74	0.314	112.75	81.00	113.02	113.01
6 月	0.0327	114.43	1.63	113.13	0.317	118.82	82.00	114.42	114.40
7 月	0.0333	117.86	1.68	116.60	0.326	117.06	84.00	117.21	117.20
8 月	0.0343	117.86	1.69	117.29	0.327	117.41	84.25	117.21	117.21

续表

年月	英汇（单位为便士）		美汇（单位为美金元）		法汇（单位为法郎）		日汇（单位为日元一百）		总指数
	汇价	汇价比	汇价	汇价比	汇价	汇价比	汇价	汇价比	
9月	0.0338	116.15	1.67	115.60	0.322	119.21	83.20	115.82	115.82
10月	0.0338	116.15	1.67	115.90	0.323	115.98	83.25	115.82	115.82
11月	0.0338	116.13	1.67	115.90	0.325	116.70	84.00	117.21	117.19
12月	0.0338	114.43	1.63	113.13	0.316	113.46	81.60	114.42	114.40
平均	0.0338	116.15	1.67	115.90	0.322	119.21	82.27	114.42	116.04
1910	$\bar{\$}$		$\bar{\$}$		$\bar{\$}$		$\bar{\$}$		
1月	0.0330	113.40	1.63	113.13	0.317	113.82	81.87	113.02	113.03
2月	0.0336	115.46	1.65	114.51	0.320	114.90	82.50	115.82	115.80
3月	0.0337	115.80	1.67	115.90	0.322	119.21	82.00	114.42	114.43
4月	0.0330	113.40	1.63	113.13	0.314	112.75	80.87	113.02	113.03
5月	0.0327	112.37	1.62	112.44	0.313	112.39	80.50	113.02	113.02
6月	0.0330	113.40	1.63	113.13	0.314	112.75	80.62	113.02	113.02
7月	0.0333	114.43	1.63	113.13	0.315	113.11	81.20	113.02	113.03
8月	0.0333	114.43	1.63	113.13	0.316	113.46	81.20	113.02	113.03
9月	0.0327	112.37	1.61	111.74	0.310	111.31	79.75	111.63	111.63
10月	0.0317	108.93	1.56	114.51	0.301	108.08	77.25	107.44	107.45
11月	0.0314	107.90	1.54	106.89	0.289	103.77	76.20	106.05	106.05
12月	0.0317	108.93	1.56	114.51	0.303	108.80	77.50	108.84	108.83
平均	0.0317	108.93	1.61	111.74	0.311	111.67	80.09	111.63	111.86
1911	$\bar{\$}$		$\bar{\$}$		$\bar{\$}$		$\bar{\$}$		
1月	0.0312	107.21	1.58	109.66	0.3058	109.80	78.00	108.83	108.84
2月	0.0333	114.43	1.63	113.13	0.3164	113.60	81.00	113.02	113.03
3月	0.0322	110.65	1.61	111.74	0.3125	112.20	80.00	111.62	111.63
4月	0.0322	110.65	1.61	111.74	0.3105	111.49	80.00	111.62	111.63
5月	0.0312	107.20	1.61	111.74	0.3095	111.13	80.00	111.62	111.63
6月	0.0322	110.65	1.61	111.74	0.3115	111.84	80.00	111.62	111.63
7月	0.0333	114.43	1.63	113.13	0.3144	112.89	81.00	113.02	113.03
8月	0.0333	114.43	1.63	113.18	0.3184	114.32	82.00	114.41	114.41
9月	0.0333	114.43	1.63	113.13	0.3174	113.96	81.00	113.02	113.03
10月	0.0333	114.43	1.63	113.13	0.3174	113.96	81.00	113.02	113.03

续表

年月	英汇（单位为便士）		美汇（单位为美金元）		法汇（单位为法郎）		日汇（单位为日元一百）		总指数
	汇价	汇价比	汇价	汇价比	汇价	汇价比	汇价	汇价比	
11 月	0.0322	110.65	1.53	109.66	0.3174	113.96	79.00	110.23	110.23
12 月	0.0312	107.21	1.56	108.27	0.3021	108.47	78.00	108.83	108.83
平均	0.0324	111.34	1.61	111.67	0.3127	112.28	80.08	111.74	111.76
1912	$		$		$		$		
1 月	0.0312	107.21	1.51	104.80	0.2832	105.27	76.00	106.04	106.04
2 月	0.0294	101.03	1.47	102.00	0.2832	101.68	73.00	101.86	101.86
3 月	0.0294	101.03	1.47	102.00	0.2892	101.68	73.00	101.86	101.86
4 月	0.0294	101.93	1.44	99.94	0.2808	100.82	72.00	100.46	100.46
5 月	0.0285	97.93	1.42	98.55	0.2747	98.63	71.00	99.07	99.07
6 月	0.0285	97.93	1.42	98.55	0.2770	99.46	71.00	99.07	99.07
7 月	0.0294	101.03	1.47	102.00	0.2808	100.82	72.00	100.46	100.48
8 月	0.0294	101.03	1.44	99.94	0.2793	100.28	72.00	100.46	100.46
9 月	0.0285	97.93	1.40	97.16	0.2710	97.30	69.00	96.27	96.27
10 月	0.0270	92.78	1.35	98.69	0.2652	95.22	67.00	93.48	93.49
11 月	0.0270	92.78	1.35	93.69	0.2617	93.96	68.00	94.88	94.87
12 月	0.0270	92.78	1.33	92.30	0.2590	92.99	67.00	63.48	93.48
平均	0.0287	98.69	1.42	98.72	0.2757	98.99	70.92	98.95	98.95
1913	$		$		$		$		
1 月	0.0270	92.76	1.36	94.39	0.2610	93.71	67.00	93.48	93.50
2 月	0.0285	97.93	1.38	95.78	0.2695	96.76	69.00	96.27	95.28
3 月	0.0303	101.12	1.51	104.80	0.2898	101.05	77.00	107.44	107.42
4 月	0.0303	101.12	1.47	102.02	0.2808	100.82	72.00	100.46	100.48
5 月	0.0285	97.93	1.42	98.55	0.2789	98.34	70.00	97.37	97.68
6 月	0.0294	101.03	1.44	99.94	0.2801	100.57	72.00	100.46	100.47
7 月	0.0294	101.03	1.47	102.02	0.2881	108.44	72.00	100.46	100.48
8 月	0.0294	101.03	1.44	99.94	0.2832	101.68	72.00	100.46	100.46
9 月	0.0285	97.93	1.42	98.55	0.2739	98.34	71.00	99.07	99.07
10 月	0.0285	97.93	1.42	98.55	0.2747	98.63	71.00	99.07	99.07
11 月	0.0294	101.03	1.47	102.02	0.2808	100.82	73.00	101.86	101.86
12 月	0.0303	101.12	1.49	103.41	0.2855	102.87	71.00	103.25	108.26

续表

年月	英汇（单位为便士）		美汇（单位为美金元）		法汇（单位为法郎）		日汇（单位为日元一百）		总指数
	汇价	汇价比	汇价	汇价比	汇价	汇价比	汇价	汇价比	
平均	0.0291	100.00	1.44	100.00	0.2785	100.00	71.67	100.00	100.00
1914	$\overline{\$}$		$\overline{\$}$		$\overline{\$}$		$\overline{\$}$		
1月	0.0303	104.12	1.51	104.80	0.2898	104.05	75.00	104.65	104.65
2月	0.0303	104.12	1.51	104.80	0.2923	104.95	75.00	104.65	104.65
3月	0.0303	104.12	1.49	103.41	0.2898	104.05	75.00	104.65	104.65
4月	0.0303	104.12	1.51	104.80	0.2890	103.77	74.00	103.25	103.27
5月	0.0303	104.12	1.51	104.80	0.2906	104.34	75.00	104.65	104.65
6月	0.0312	107.21	1.53	106.19	0.2985	107.18	77.00	107.44	107.43
7月	0.0322	110.65	1.58	109.66	0.3086	110.80	79.00	110.23	110.23
8月	0.0333	114.43	1.58	109.66	0.3086	110.80	85.00	118.60	118.60
9月	0.0344	118.21	1.58	109.66	0.3086	110.80	84.00	117.21	117.21
10月	0.0357	122.68	1.58	109.66	0.3086	110.80	86.00	120.00	120.00
11月	0.0370	127.14	1.58	109.66	0.3086	110.80	89.00	124.18	124.19
12月	0.0357	122.68	1.78	123.54	0.3389	121.68	86.00	120.00	120.02
平均	0.0325	111.68	1.53	106.01	0.2996	107.57	80.00	111.62	111.63
1915	$\overline{\$}$		$\overline{\$}$		$\overline{\$}$		$\overline{\$}$		
1月	0.0357	122.66	1.75	121.46	0.3367	120.89	86.00	120.00	120.02
2月	0.0357	122.68	1.75	121.46	0.3355	120.46	86.00	120.00	120.02
3月	0.0344	118.21	1.72	119.37	0.3267	117.30	83.00	115.81	115.85
4月	0.0344	118.21	1.72	119.37	0.3246	116.55	83.00	115.81	115.85
5月	0.0344	113.21	1.72	119.37	0.3215	115.43	84.00	117.21	117.28
6月	0.0344	118.21	1.72	119.37	0.3205	115.08	85.00	118.60	118.51
7月	0.0357	122.68	1.78	123.54	0.3236	116.19	87.00	121.39	123.42
8月	0.0357	122.68	1.81	125.62	0.3236	116.19	87.00	121.39	121.44
9月	0.0344	118.21	1.78	182.54	0.8285	116.19	86.00	120.00	120.04
10月	0.0333	114.43	1.72	119.87	0.8236	116.19	85.00	118.60	118.61
11月	0.0322	110.65	1.69	117.29	0.3236	116.19	83.00	115.81	115.83
12月	0.0312	107.21	1.61	111.74	0.3236	116.19	79.00	117.90	110.25
平均	0.0343	117.83	1.73	120.13	0.3270	117.41	84.50	117.90	117.93
1916	$\overline{\$}$		$\overline{\$}$		$\overline{\$}$		$\overline{\$}$		

续表

年月	英汇（单位为便士）		美汇（单位为美金元）		法汇（单位为法郎）		日汇（单位为日元一百）		总指数
	汇价	汇价比	汇价	汇价比	汇价	汇价比	汇价	汇价比	
1 月	0.0303	104.12	1.56	108.27	0.2617	93.96	77.00	107.44	107.44
2 月	0.0303	104.12	1.53	106.19	0.2583	92.74	76.00	106.04	106.04
3 月	0.0294	101.03	1.51	104.80	0.2500	89.76	75.00	104.65	104.65
4 月	0.0277	85.18	1.38	95.78	0.2325	83.48	69.00	96.27	96.27
5 月	0.0250	85.91	1.28	88.83	0.2155	77.37	65.00	90.69	90.67
6 月	0.0256	87.97	1.36	94.39	0.2320	83.30	70.00	97.67	97.64
7 月	0.0285	97.93	1.44	99.94	0.2433	87.36	72.00	100.40	103.01
8 月	0.0270	92.78	1.36	94.39	0.2314	83.08	69.00	96.27	96.36
9 月	0.0256	87.97	1.29	89.53	0.2217	79.60	66.00	92.09	92.06
10 月	0.0256	87.97	1.28	88.83	0.2212	79.42	65.00	90.69	90.68
11 月	0.0250	85.91	1.20	83.28	0.2057	73.85	61.00	85.11	85.09
12 月	0.0237	78.00	1.13	78.42	0.1934	69.44	58.00	80.93	80.90
平均	0.0239	92.40	1.36	94.39	0.2305	82.76	68.58	95.69	95.89
1917	$\overline{\$}$		$\overline{\$}$		$\overline{\$}$		$\overline{\$}$		
1 月	0.0232	79.72	1.16	80.51	0.2469	88.65	59.00	82.32	82.31
2 月	0.0222	76.28	1.12	77.73	0.1926	69.15	57.00	79.63	79.51
3 月	0.0238	81.78	1.19	82.59	0.2040	73.24	61.00	83.11	85.09
4 月	0.0277	78.00	1.14	79.12	0.2004	71.95	59.00	82.32	82.29
5 月	0.0222	76.28	1.13	78.42	0.1992	71.52	58.00	80.93	80.90
6 月	0.0217	74.57	1.08	74.95	0.1908	68.50	55.00	76.74	76.72
7 月	0.0208	71.47	1.05	72.87	0.1845	66.24	53.00	73.95	73.94
8 月	0.0185	63.57	0.95	65.93	0.1675	60.14	49.00	68.97	68.35
9 月	0.0166	57.04	0.84	58.30	0.1474	52.92	43.00	60.00	59.98
10 月	0.0156	53.00	1.01	70.09	0.1782	68.98	63.00	73.95	73.91
11 月	0.0196	67.35	0.99	68.71	0.1745	62.43	51.00	71.16	71.14
12 月	0.0181	76.19	0.94	65.24	0.1652	59.31	49.00	68.37	68.34
平均	0.0204	70.73	1.05	72.87	0.1876	67.36	53.92	75.23	75.21
1918	$\overline{\$}$		$\overline{\$}$		$\overline{\$}$		$\overline{\$}$		
1 月	0.0185	63.57	0.92	63.85	0.1631	58.56	48.00	66.97	66.95
2 月	0.0188	64.60	0.95	65.93	0.1663	59.71	49.00	68.37	68.35

续表

年月	英汇（单位为便士）		美汇（单位为美金元）		法汇（单位为法郎）		日汇（单位为日元一百）		总指数
	汇价	汇价比	汇价	汇价比	汇价	汇价比	汇价	汇价比	
3月	0.0185	63.57	0.93	64.54	0.1633	58.63	48.00	66.97	66.96
4月	0.0181	62.19	0.91	63.15	0.1626	58.38	47.00	65.58	65.56
5月	0.0178	61.16	0.89	61.77	0.1667	56.26	47.00	65.58	65.55
6月	0.0172	59.10	0.86	59.68	0.1526	54.79	45.00	62.79	62.77
7月	0.0196	58.07	0.84	58.30	0.1490	58.50	45.00	62.79	62.76
8月	0.0163	56.01	0.81	56.21	0.1499	52.81	44.00	61.39	61.36
9月	0.0151	51.89	0.76	52.74	0.1499	53.82	41.00	57.20	57.18
10月	0.0151	51.89	0.76	52.74	0.1529	54.90	42.00	58.60	58.56
11月	0.0156	53.60	0.78	54.13	0.1451	52.10	43.00	60.00	59.96
12月	0.0153	52.57	0.78	54.18	0.1438	51.63	41.00	57.20	57.19
平均	0.0169	58.17	0.85	58.93	0.1546	55.51	45.00	62.79	62.76
1919	$\bar{\$}$		$\bar{\$}$		$\bar{\$}$		$\bar{\$}$		
1月	0.0158	54.29	0.80	55.52	0.147	52.78	42.40	59.16	53.76
2月	0.0163	56.01	0.78	53.99	0.155	55.65	44.00	61.89	56.28
3月	0.0172	59.10	0.87	50.38	0.159	57.09	44.50	62.09	57.60
4月	0.0171	58.70	0.86	59.61	0.146	52.42	43.60	60.83	56.33
5月	0.0153	52.57	0.80	65.73	0.129	46.37	41.00	67.20	52.49
6月	0.0148	50.85	0.77	53.58	0.122	43.80	89.50	56.11	51.20
7月	0.0145	49.83	0.79	54.90	0.120	43.08	40.00	55.81	51.21
8月	0.0136	46.73	0.76	46.71	0.104	37.34	38.50	53.72	49.92
9月	0.0120	44.67	0.75	52.26	0.096	34.32	38.25	53.87	48.65
10月	0.0131	45.01	0.71	49.48	0.085	30.55	36.60	51.07	47.35
11月	0.0112	38.48	0.66	45.53	0.077	27.71	83.25	46.39	42.25
12月	0.0102	35.05	0.65	44.97	0.063	22.47	31.80	44.87	40.97
平均	0.0143	49.14	0.77	53.23	1.116	41.65	39.40	54.97	50.67
1920	$\bar{\$}$		$\bar{\$}$		$\bar{\$}$		$\bar{\$}$		
1月	0.0099	33.91	0.64	44.62	0.0587	21.07	31.47	43.91	43.26
2月	0.0100	34.36	0.64	44.69	0.0481	17.27	31.19	43.52	43.26
3月	0.0100	37.80	0.67	46.43	0.0518	18.59	36.40	43.81	43.28
4月	0.0118	40.54	0.73	50.52	0.0503	18.06	36.25	50.58	50.23

续表

年月	英汇（单位为便士）		美汇（单位为美金元）		法汇（单位为法郎）		日汇（单位为日元一百）		总指数
	汇价	汇价比	汇价	汇价比	汇价	汇价比	汇价	汇价比	
5 月	0.0134	46.04	0.83	57.67	0.0593	21.29	44.75	62.44	62.72
6 月	0.0153	47.39	0.95	65.44	0.0811	21.93	49.80	69.48	69.70
7 月	0.0151	51.89	0.94	65.10	0.0820	29.44	49.00	68.37	68.32
8 月	0.0134	45.94	0.88	61.35	0.0676	24.27	46.00	64.18	64.14
9 月	0.0138	45.80	0.91	63.29	0.0662	23.77	47.00	65.58	65.54
10 月	0.0147	50.51	1.01	70.09	0.0676	24.27	52.00	72.53	72.51
11 月	0.0158	54.29	1.10	76.34	0.0698	25.06	56.80	79.25	79.48
12 月	0.0196	67.35	1.33	92.30	0.0871	31.27	66.25	86.86	92.07
平均	0.0136	46.72	0.89	61.49	0.0658	23.62	45.15	63.00	62.88
1921	$\bar{\$}$		$\bar{\$}$		$\bar{\$}$		$\bar{\$}$		
1 月	0.0204	70.10	1.29	89.53	0.0868	31.16	63.75	88.95	69.29
2 月	0.0240	82.47	1.50	104.10	0.1140	40.93	72.00	100.46	100.50
3 月	0.0260	89.34	1.60	111.04	0.1204	43.23	76.20	106.32	106.10
4 月	0.0247	84.87	1.51	104.86	0.1124	40.85	72.60	101.30	101.88
5 月	0.0246	84.53	1.48	102.72	0.1269	45.56	71.00	99.07	99.10
6 月	0.0238	81.78	1.51	104.80	0.1254	45.02	71.40	99.62	99.13
7 月	0.0219	75.25	1.44	99.94	0.1150	41.29	69.50	96.97	97.69
8 月	0.0217	74.57	1.42	98.55	0.1124	40.35	68.60	95.72	96.29
9 月	0.0211	72.50	1.85	93.69	0.1000	35.90	64.75	90.34	90.72
10 月	0.0197	67.69	1.22	84.67	0.0896	32.17	63.75	88.95	89.22
11 月	0.0210	72.16	1.26	87.45	0.0919	32.99	60.80	84.83	85.13
12 月	0.0211	72.33	1.28	88.83	0.1010	36.26	62.00	86.51	86.53
平均	0.0224	76.97	1.40	97.16	0.1070	38.42	68.02	94.91	95.13
1922	$\bar{\$}$		$\bar{\$}$		$\bar{\$}$		$\bar{\$}$		
1 月	0.0277	78.00	1.29	89.53	0.106	38.06	61.69	86.07	86.53
2 月	0.0238	84.78	1.31	90.92	0.116	41.65	62.81	87.64	87.92
3 月	0.0248	85.22	1.36	94.39	0.125	44.88	65.17	90.93	90.73
4 月	0.0239	82.13	1.29	89.53	0.121	43.44	61.86	86.31	86.53
5 月	0.0227	78.00	1.22	84.30	0.112	40.21	58.47	81.58	80.96
6 月	0.0224	76.97	1.21	84.25	0.107	38.42	58.31	81.36	80.95

续表

年月	英汇（单位为便士）		美汇（单位为美金元）		法汇（单位为法郎）		日汇（单位为日元一百）		总指数
	汇价	汇价比	汇价	汇价比	汇价	汇价比	汇价	汇价比	
7月	0.0227	78.00	1.23	85.36	0.104	37.34	59.27	82.70	82.34
8月	0.0235	80.75	1.25	86.47	0.102	36.62	59.91	83.59	83.74
9月	0.0229	78.69	1.24	86.27	0.0975	35.00	59.68	83.27	83.73
10月	0.0235	80.75	1.27	88.14	0.0974	34.97	61.88	86.34	86.51
11月	0.0245	84.19	1.32	91.61	0.0958	34.39	64.41	89.87	83.31
12月	0.0261	89.69	1.33	92.30	0.0996	35.76	65.59	91.52	92.07
平均	0.0236	81.09	1.27	88.14	0.106	38.06	61.59	85.93	85.94
1923	$\bar{\$}$		$\bar{\$}$		$\bar{\$}$		$\bar{\$}$		
1月	0.0259	89.00	1.33	92.30	0.0992	33.10	65.40	91.25	90.69
2月	0.0259	89.00	1.32	91.61	0.0829	29.76	63.80	89.02	89.32
3月	0.0251	86.25	1.27	88.14	0.0818	29.37	62.00	86.51	86.51
4月	0.0250	85.91	1.28	88.83	0.0958	30.80	62.72	87.51	87.89
5月	0.0248	85.22	1.28	88.83	0.0855	30.70	63.00	87.90	87.89
6月	0.0254	87.28	1.32	91.61	0.0841	30.19	65.00	90.69	90.68
7月	0.0259	89.00	1.36	94.38	0.0810	29.08	67.00	93.48	93.47
8月	0.0260	89.34	1.37	95.08	0.0785	28.18	67.40	94.04	93.48
9月	0.0254	87.28	1.34	93.00	0.0789	28.33	65.66	93.01	93.45
10月	0.0257	88.31	1.36	94.38	0.0821	29.47	67.50	94.18	94.85
11月	0.0250	85.91	1.56	94.38	0.0754	27.07	66.25	92.44	92.09
12月	0.0242	83.16	1.32	91.61	0.0696	24.99	62.25	86.85	86.55
平均	0.0253	86.94	1.32	91.61	0.0814	29.22	64.91	90.57	90.57
1924	$\bar{\$}$		$\bar{\$}$		$\bar{\$}$		$\bar{\$}$		
1月	0.0240	82.47	1.34	93.00	0.0645	23.15	60.77	84.79	85.19
2月	0.0247	84.67	1.33	92.30	0.0596	21.40	60.99	95.10	85.18
3月	0.0243	83.50	1.36	94.30	0.0629	22.58	59.01	82.34	82.45
4月	0.0250	85.91	4.37	95.08	0.0837	30.05	56.70	79.11	79.71
5月	0.0245	84.19	1.35	93.69	0.0774	27.79	54.38	75.87	75.57
6月	0.0242	83.16	1.34	93.00	0.0707	25.38	55.31	77.17	76.93
7月	0.0243	88.50	1.33	92.30	0.0686	24.63	55.79	77.84	78.30
8月	0.0245	84.19	1.30	90.22	0.0713	25.60	53.93	78.25	75.52

续表

年月	英汇（单位为便士）		美汇（单位为美金元）		法汇（单位为法郎）		日汇（单位为日元一百）		总指数
	汇价	汇价比	汇价	汇价比	汇价	汇价比	汇价	汇价比	
9月	0.0235	80.75	1.26	87.45	0.0672	22.51	51.74	72.19	72.73
10月	0.0230	79.03	1.23	85.36	0.0644	23.12	48.13	67.15	67.20
11月	0.0238	81.78	1.23	85.36	0.0653	23.44	48.49	67.66	67.20
12月	0.0243	83.50	1.25	93.92	0.0688	24.70	48.68	67.92	68.59
平均	0.0241	82.81	1.30	90.22	0.0687	24.66	54.49	76.03	76.21
1925	$\overline{\$}$		$\overline{\$}$		$\overline{\$}$		$\overline{\$}$		
1月	0.0251	85.25	1.27	88.14	0.0678	24.34	48.50	67.67	68.58
2月	0.0250	85.91	1.26	87.45	0.0664	23.84	49.73	69.39	69.95
3月	0.0256	87.97	1.29	82.53	0.0656	23.55	53.25	74.30	74.11
4月	0.0261	89.69	1.29	89.53	0.0670	24.05	53.80	75.07	75.49
5月	0.0259	89.00	1.27	88.34	0.0659	23.66	53.40	74.51	74.09
6月	0.0251	85.25	1.25	86.75	0.0606	21.75	51.50	71.86	72.67
7月	0.0252	86.59	1.24	86.06	0.0592	21.25	51.40	71.72	74.28
8月	0.0251	86.25	1.24	86.06	0.0586	20.93	51.37	71.67	71.28
9月	0.0245	84.19	1.21	83.98	0.0575	20.64	49.75	69.41	99.91
10月	0.0246	84.53	1.21	83.98	0.0562	20.17	50.02	67.79	69.91
11月	0.0252	86.59	1.25	86.75	0.0517	18.56	52.40	73.11	72.67
12月	0.0253	85.94	1.25	86.75	0.0490	17.59	54.80	76.46	76.80
平均	0.0252	86.59	1.25	86.75	0.0604	21.68	51.60	72.00	72.28
1926	$\overline{\$}$		$\overline{\$}$		$\overline{\$}$		$\overline{\$}$		
1月	0.0259	89.00	1.27	88.14	0.0489	17.55	56.61	78.99	79.60
2月	0.0263	90.37	1.29	89.53	0.0482	17.30	59.33	82.78	82.38
3月	0.0265	91.06	1.30	90.92	0.0474	17.01	59.73	83.34	83.76
4月	0.0273	93.81	1.34	93.00	0.0461	16.55	63.34	88.38	87.93
5月	0.0272	93.47	1.34	93.00	0.0425	15.26	63.11	88.06	87.93
6月	0.0272	93.47	1.33	92.30	0.0403	14.47	62.81	87.64	87.92
7月	0.0270	92.78	1.34	93.00	0.0357	12.81	62.99	87.87	87.92
8月	0.0285	97.93	1.39	96.47	0.0401	14.39	66.57	92.88	93.48
9月	0.0289	99.31	1.42	98.55	0.0413	14.82	69.03	96.32	96.26
10月	0.0322	110.65	1.65	114.51	0.0470	16.87	78.00	108.83	108.85

续表

年月	英汇（单位为便士）		美汇（单位为美金元）		法汇（单位为法郎）		日汇（单位为日元一百）		总指数
	汇价	汇价比	汇价	汇价比	汇价	汇价比	汇价	汇价比	
11月	0.0246	84.53	1.61	111.74	0.0550	19.74	79.84	111.40	110.21
12月	0.0246	84.53	1.60	111.04	0.0648	23.08	79.29	110.63	110.19
平均	0.0271	93.12	1.40	97.16	0.0434	16.66	66.70	93.07	93.04

1919年底起，银价渐跌。外汇除法汇仍低落外，余均渐长。至1920年3月，英汇价比（1913年为100）自33.91增至67.35；美汇价比自44.62增至92.07。推其原因，约有数端：1.欧洲诸国自1919年以来，相率减铸银币；2.战时各国人民所藏银货，战后多出售于市场，德法两国中央银行亦出售大批银货于伦敦，银之供给大增；3.投机之徒见银价跌势之甚，纷纷脱手，银价随之而落；4.自战时银价大昂，墨西哥政府行奖励产银政策，银产因以增加；[①]5.中国因北方灾害兼值直皖战争，输出贸易停滞，迨至欧战和议告成，我国自欧美各国输入贸易始日增多。

第三期：自1921（民国十年）至1925年，可谓外汇平稳时期，某涨落之程率不甚狂暴。在此5年之中，英汇价比之最高者（1913年为100）为89.69（1922年12月），最低者为72.16（1921年11月），全期升降之距离只17点。美汇价比之最者为111.04（1921年3月），最低者为34.25（1922年6月），全期之升降距离只26点。法汇最高者为45.56（1921年5月），最低者为17.59（1925年12月），全期之变化距离为28点。日汇

① 墨西哥银产额自1918年起增加。1920年产银6600余万瓦斯（注：盎司），较1916年约多2/3。1922年产银8100余万瓦斯（注：盎司），较1916年约多3/4。“Gold & Silver Statistics”, published by The Senate Commission of Gold & Silver Inquiry, U.S.A., 1924, PP.6-7.

价比之最高者为 106.32（1921 年 3 月），最低者为 67.15（1924 年 10 月），全期变化之距离为 39 点。总指数因受日汇变化之影响，故其变化之距离与日汇价比略同。

考日汇所以暴落之原因，盖日本自 1923 年 9 月关东震灾发生后，国内实业受创甚巨。虽竭力恢复生产，然因困于资金原料供给之缺乏，外货输入甚形膨胀，致 1924 年上期六个月之间，入超总数竟达日金六亿余万元。日本对外贸易，以美最大，我国[①]次之，故日美、日中之汇价均大跌。该年 10 月内，日美汇兑跌至美金 38.5 元（以日金百元计），较平价低 23%（平价为 49.85 元）；日中汇兑跌至行化银 48.13 两（以日金百元计），较同年 2 月之汇价低 22%。迨至 1925 年春初，日本有输出现金之声明，国际贸易复力求亲善，汇市逐渐增高。

第四期：自客岁起，外汇市价逐步上腾；至 10 月以后，一致暴涨。英汇价比之最高者为 110.65（10 月），较同年之最低者高 25%，而较 1913 全年平均汇价高 10%；美汇价比最高者为 114.51（10 月），较同年最低者高 31%，而较 1913 年全年平均汇价高 14%；日汇价比之最高者为 111.40（11 月），较同年之最低者高 41%，而较 1913 年全年平均汇价高 10%。法汇因年来法国纸币流行，金融纷乱之故，益形跌落；然自去年 7 月起，亦渐往上升；迨至 12 月，其汇价较同年最低者高 91%，而较 1925 年 12 月之汇价增高 33%。而总指数之最高者为 110.21（11 月），较本年最低者高 38%，而较 1913 年之全年平均高 10%。考其原因，我国自欧战和议告成后，对外贸易无年不逆，其入超且有逐年增高之势，去年竟达 300000000 余万关两，额至巨

① 在 1924 年，日本出入贸易额，美占 33%，中国占 12%。League of Nations: Financial Committee: Memorandom on Balance of Payments and Foreign Trade Balances, 1920-1924.

矣。以是论之，对外汇兑支付之义务日增，汇市之逐步上升，有由来矣。舍此以外，尚有两因：

1. 世界各国产银额增加，我国与印度存银丰富。印度金本位币制改革案发表后，世人都虑银货将失一重要之市场。且印度政府之藏银亦将出售，银价前途极为悲观。而日本所受地震之损害，行将恢复原状，日美汇市大有起色。日政府准备解除金禁之说甚嚣尘上，而运现赴美更有即日实行消息。一般投机者对于日金前途甚抱乐观。此外汇逐步上腾之一因也。

2. 欧美金本位各国自大战告终以还，群相整理币制，力谋恢复战前之金融原状。因是之故，货币购买力逐步增高，物价日形落下。英、美、日各国物价指数足以测量证明之。英国贸易局（Board of Trade）批发物价指数，其 1926 年全年之平均较 1925 年之平均低 7%，较 1924 年则低 12%；美国劳工统计局（Bureau of Labor Statistics）之批发物价指数，其 1926 年之平均较 1925 年低 5%；日本亦然。日本银行之批发物价指数，其 1926 年之平均较 1925 年之平均低 13%，较 1921 年之平均则低 16%。法国纸币滥发，金融尚称紊乱，年来币值之低下，一落千丈。然自去年 11 月以来，渐形改良，物价指数稍为上起。我国货币购买力，以货价调查处之批发物价指数测量，则日呈向下之势，盖自 1925 年 11 月以来，指数日高，越一年增高 10%有余。去年平均较 1925 年平均高 8%，较 1924 年之平均则高 7%。以币值下落国与币值上升国间之国际汇兑，按诸购买力的平衡之推论，汇市之高无可疑者。此外汇逐步上腾之第二原因也。

二、外汇循环

经济界现象之变化，大概不外乎四种原因：一曰长期倾向（long time trend）；二曰季节变差（seasonal variation）；三曰循环变动（cycle movements）；四曰意外事项（accidental movements）。长期倾向者，因此项变化之或增或减，或伸或缩，均具有恒久之性质。如物价之日增，利率之日跌，此其例也。其主要之原因足以发生此项变化者，约有数端：（1）人民之增加；（2）商业范围之扩张；（3）工业技术之增进；（4）天然富源之渐竭等是也。季节变差者，或由气候之异同，或由商业之习惯，或由供求之特质种种原因所发生之月令变迁是也。例如，扇席二业，盛于夏季；线毛狐裘，销于冬令，此其例也。意外事项者，如战争、水灾等足以影响之一部或全体。如欧洲大战，日本地震，最近我国长江一带之军事滋扰是也。此种事项非吾人所能预知，故曰意外事项。此外尚有尤重要之一种变化带有循环性质者，谓之循环变动。如天时之不能有晴而无雨，气候之不能有寒而无暖，经济界之现象亦复如此。盛极衰至，历历不爽。

（一）长期倾向：我国外汇变化既如上述，今且为分析之。国外汇兑在金本位与金本位国间，本无长期趋向之可言，盖除变态时间由金本位转为纸本位以外，其间之变化虽有涨落，然要以平价为归，故向上或向下之趋势甚少。唯中国用银，对外汇兑诸国均为金本位，因银价之日落，外币汇价遂往往成向上之长期趋势。表示长期趋势之线，视趋势之异同为转移。有时为直线，有时为曲线，有时为若干线连合而成。大抵逐年增加之数约略相同者，其长期倾向线为直线，否则为曲线。唯照经济界现象上之趋势，直线为多[①]。天津外汇亦然（观第一图），故以直线表示之。

研究自1898年至1926年天津汇市之长期倾向，其中困难之最甚者则为欧战及欧战后之变态影响，故必将此欧战时期剔除之。然剔除之后，则战时及战后之趋势将何从而定乎？哈佛大学经济研究委员会之决定各项商情长期趋势也，将欧战数年剔除，而延长战前长期趋势之直线以为战时及战后之长期倾向作一估计[②]，此法殊非尽善。盖吾人不能谓各项商情之趋势，未因战时之变态影响而改换之也。最善之法即分两期决定：战前为一期，战后为一期，战时可弃之不顾。于是战前有战前之长期倾向线，战后有战后之长期倾向线。两线同异是以表示两时期之实况。唯战后距今仅有七年，而自1919年至1921年，经济界之变态影响尚未尽去，所可用以决定长期趋势只三四年。唯长期趋势之决定，至少亦须十年[③]，否则时间太短，殊难确定。在此青黄不接之过渡时代，吾人研究社会科学，既不能如研究自然科学者之能自制资料以供考察，又未便坐待时期之成熟方行研究，是唯有暂用估计之一法而已。因此之故，天津外汇趋势之决定，效法哈佛经济研究委员会。其所用时期为1898年至1915年，自1916年至1926年之趋势为延长固有趋势之直线的估计（参看第一图中之各直线）。

直线之方程式为y=mx+b，m为直线之斜度（slope），b为共切点(intercept)。决定长期趋向直线之问题，即求直线中之m与b两常数之数值。求此二常数之方法最简明者为哈佛大学教

① The Beview of Economic Statistics, vol 1. P.13: Cambridge Harvard Economic Service. January, 1919.

② The Review of Economic Statistics, January, 1919, p.39.

③ Day, E.E.: Statistical Analysis, p.268; New York, Maemillad, 1925.

授辟塞氏新发明之最小二乘方法①。按照此法求得之天津外汇之长期趋向如下表：

表三　天津外汇之长期趋势

类别	单位	长期趋势线			逐月增加点（4）
		方程式（1）	定直线之时期（2）	始点（3）	
英汇	汇价比（1913 年为 100）	Y=0.136x+106.67	1898—1915	在 1906—1907 之中	0.0136
美汇	汇价比（1913 年为 100）	Y=0.153x+106.15	1898—1915	在 1906—1907 之中	0.0153
日汇	汇价比（1913 年为 100）	Y=0.0112x+107.02	1898—1915	在 1906—1907 之中	0.0112
法汇	汇价比（1913 年为 100）	Y=0.0117x+106.56	1898—1915	在 1906—1907 之中	0.0117
外汇指数（即英美日法之加权总平均）	汇价比（1913 年为 100）	Y=0.0132x+106.89	1898—1915	在 1906—1907 之中	0.0133

上表之第四项即表示外汇有逐步上升之趋势。设在常态之下，英汇能每月增高 0.0136 点，美汇每月增高 0.0153 点，日汇每月增高 0.0112 点，法汇每月增高 0.0117 点，其总指数则每月可增 0.0132 点。得此逐月增加之数目，即可得直线各点之地位而决定外汇长期趋势之直线。

（二）季节变差：外汇之长期趋势既已决定矣，吾人可考查其是否有季节变差之存在。有之，则须测定其变差之程率。夫

① 读者欲知此法之详，可参看 The Review of Economic Statistics, January, 1919, pp. 8-18; Day, E. E.: Statistical Aualysis, pp. 258-280; Mills F. C.: Statistical Method, pp.252-314; New York, Henry Holt & Co., 1925.

测定季节变差之时期，年愈多而愈善。余所采用者为自 1898 年至 1915 年、自 1921 年至 1926 年，共 24 年。大战时期，变态之影响甚大，故剔除之。余曾以 1898 年至 1915 年之 18 年，及 1898 年至 1926 年之 29 年分求其季节变差。其结果与 1898 年至 1915 年及 1921 年至 1926 年两期合并求出之季节变差之结果，相差甚微。最后所以采用此 24 年两期合并之结果者，因其与前 18 年所得之结果，较全国 29 年与 1898 年至 1915 年之 18 年所得之结果，相差更少故也。

计算季节变差之方法甚多，本会所采用者曰环比法(method of link relative)。此法亦为辟塞教授所发明，哈佛大学经济研究会所采用也。其法虽颇繁，然甚精密①。按照此法得天津外汇之季节变化如下表（观第二图）。

表四 天津外汇季节变化（1898—1915，1921—1926）

月份	英汇	美汇	法汇	日汇	总指数
1 月	99.77	99.30	100.12	99.46	99.12
2 月	100.57	100.05	101.27	100.13	100.30
3 月	100.44	101.55	101.42	101.42	101.44
4 月	101.03	101.58	101.04	101.35	101.33
5 月	100.39	100.13	99.28	100.22	100.51
6 月	100.35	100.17	99.43	100.47	100.41
7 月	100.32	100.21	99.29	100.16	100.36
8 月	100.28	100.25	99.43	100.09	100.25
9 月	98.61	99.15	99.42	98.86	98.44
10 月	98.57	99.18	99.38	98.79	98.83
11 月	99.84	99.22	99.53	99.69	99.32
12 月	99.80	99.26	100.41	99.73	99.21

① 读者欲知其详，可参看 The Review of Economic Statistics, January, 1919, pp.18-31; Chaddack, R. E.: Principle And Method of Statistics, pp.339-359; Boston, Honghton Mifflin Co., 1925.

观上表及第二图，足见天津外汇确有季节变差之存在。一年之中，以 3、4 月为最高，以 9、10 月为最低（法汇稍异）。英汇之最高者（4 月），较最低者（10 月）高 2%有余；美汇之最高者（4 月），较最低者（9 月）高 2%有余；日汇之最高者（3 月），较最低者（10 月）高约 2%；法汇之最高者（3 月），较最低者（5 月）高 2%。外汇之总指数之最高者（3 月），较最低者（10 月）高 2%有余。可注意者，即除法汇外，英、美、日市及外汇总指数之季节变差，甚相类似。法汇虽稍异，然其高低之时期无殊，不过最低之期（自 5 月至 10 月）较为延长而已。

（三）循环变迁：欲明经济界之循环变迁，必先将其他项变化剔除。意外事项，无法预知，须逐事逐项为个别之研究，而不能以普遍之方法概括之。故吾人研究经济界任何现象之变化，若以长期倾向及季节变差设法剔除，其所得之结果即为循环之变迁。而所谓循环变迁，实包括意外事变在内也。

天津外汇变化中之长期倾向与季节变差均已如上述矣。若设法以剔除之，则得外汇循环变迁。剔除之法：1.以各国汇市价比及外汇指数之长期趋势之直线移平，作为 100%，而就实在之每月各国汇市价比及其指数，计算其对比直线之百分数，则长期趋势之影响可去；2.再就此百分数中减去其季节指数，则季节变差之影响以除，其结果为外汇之循环变迁，而以对于常态直线之离中差表示之。为便利与他项商情之循环变迁比较起见，再就此离中差而计算均方差，以所得之均方差除各月离中差，即得外汇循环变迁而以均方差为单位者也。兹列 1898—1926 年之外汇循环变迁图表于下：①

① 参看 Review of Economic Statistcs, January, 1919; Day, E. E.: statistical Analysis, pp. 302-312; Chaddack, R. E.: pp.306-307.

表五 天津外汇循环（1898—1926）
以均方差（σ）为单位

（1）英汇循环

年	1月	2月	3月	4月	5月	6月	7月	8月	9月	10月	11月	12月
1898	-0.04	+0.06	+0.21	+0.18	+0.21	+0.07	-0.06	-0.06	-0.12	-0.12	-0.18	-0.17
1899	-0.17	-21	-0.07	-0.23	-0.20	-0.20	-0.20	-0.20	+0.01	+0.01	-0.18	-0.18
1900	-0.18	-0.09	-0.21	-0.24	-0.21	-0.21	-0.21	-0.21	-0.32	-0.43	-0.49	-0.49
1901	-0.32	-0.09	-0.22	-0.24	-0.22	-0.09	-0.08	-0.03	-0.01	-0.01	+0.06	+0.07
1902	+0.07	+0.03	+0.18	+0.47	+0.69	+0.50	+0.69	+0.50	+0.58	+0.58	+0.71	+0.71
1903	+0.94	+0.96	+0.98	+0.65	+0.41	+0.54	+0.41	+0.25	+0.17	+0.11	+0.24	+0.38
1904	+0.08	-0.10	+0.09	+0.34	+0.21	+0.14	+0.03	+0.10	+0.13	+0.01	-0.09	-0.27
1905	-0.34	-0.25	+0.09	+0.02	-0.08	-0.07	-0.13	-0.20	-0.15	-0.24	-0.27	-0.35
1906	-0.35	-0.47	-0.47	-0.32	-0.60	-0.58	-0.58	-0.58	-0.58	-0.67	-0.83	-0.73
1907	-0.67	-0.71	-0.50	-0.53	-0.50	-0.60	-0.60	-0.66	-0.58	-0.52	+0.02	+0.33
1908	+0.30	+0.06	+0.10	+0.18	+0.40	+0.30	+0.30	+0.37	+0.45	+0.45	+0.53	+0.55
1909	+0.39	+0.38	+0.48	+0.32	+0.20	+0.29	+0.44	+0.44	+0.44	+0.40	+0.38	+0.31
1910	+0.27	+0.32	+0.34	+0.21	+0.20	+0.24	+0.22	+0.29	+0.27	+0.13	+0.03	+0.08
1911	+0.01	+0.27	+0.12	+0.09	+0.03	+0.12	+0.28	+0.28	+0.35	+0.35	+0.14	-0.01
1912	-0.01	-0.29	-0.29	-0.32	-0.42	-0.42	-0.29	-0.28	-0.34	-0.55	-0.61	-0.61
1913	-0.61	-0.43	-0.17	-0.19	-0.42	-0.28	-0.29	-0.29	-0.36	-0.34	-0.27	-0.14
1914	-0.14	-0.18	-0.17	-0.28	-0.17	-0.44	+0.10	+0.26	+0.49	+0.57	+0.80	+0.62
1915	+0.62	+0.58	+0.40	+0.38	+0.40	+0.40	+0.59	+0.59	+0.48	+0.33	+0.11	+0.03
1916	-0.16	-0.19	-0.13	-0.58	-0.94	-0.85	-0.44	-0.65	-0.77	-0.77	-0.93	-1.24
1917	-1.17	-1.35	-1.11	-1.30	-1.34	-1.41	-1.53	-1.86	-2.05	-2.22	-1.69	-1.90
1918	-1.84	-1.83	-1.87	-1.95	-1.97	-2.05	-2.09	-2.42	-2.27	-2.27	-2.26	-2.30
1919	-2.22	-2.19	-2.06	-2.10	-2.32	-2.39	-2.43	-2.56	-2.57	-2.55	-2.88	-3.02
1920	-3.06	-3.08	-2.93	-2.85	-2.59	-2.54	-2.35	-2.59	-2.53	-2.33	-2.23	-1.78
1921	-1.58	-1.11	-1.82	-1.03	-1.02	-1.13	-1.40	-1.42	-1.43	-1.63	-1.51	-1.50
1922	-1.26	-1.14	-1.00	-1.15	-1.29	-1.33	-1.29	-1.18	-1.19	-1.10	-1.02	-1.79
1923	-1.82	-0.85	-0.96	-1.00	-1.00	-0.92	-0.85	-0.83	-0.84	-0.79	-0.95	-1.06
1924	-1.09	-1.03	-1.08	-1.01	-1.05	-1.09	-1.07	-1.04	-1.11	-1.18	-1.12	-1.06
1925	-0.94	-0.99	-0.90	-0.98	-0.86	-0.97	-0.95	-0.97	-0.98	-0.96	-0.93	-0.92
1926	-0.83	-0.82	-0.78	-0.69	-0.68	-0.88	-0.71	-0.52	-0.37	-0.09	-1.02	-1.02

（2）美汇循环

年	1月	2月	3月	4月	5月	6月	7月	8月	9月	10月	11月	12月
1898	+0.02	+0.18	+0.24	+0.20	+0.28	+0.14	-0.001	-0.06	-0.08	-0.09	-0.16	-0.16
1899	-0.16	-0.17	-0.18	-0.21	-0.20	-0.21	-0.21	-0.22	-0.06	+0.07	-0.10	-0.23
1900	-0.14	-0.18	-0.25	-0.26	-0.18	-0.14	-0.14	-0.14	-0.34	-0.48	-0.48	-0.02
1901	-0.35	-0.25	-0.80	-0.16	-0.23	-0.19	-0.13	-0.13	-0.11	-0.05	+0.05	+0.12
1902	+0.98	+0.14	+0.24	+0.44	+0.71	+0.64	+0.60	+0.57	+0.56	+0.72	+0.89	+0.95
1903	+1.09	1.05	+0.97	+0.70	+0.50	+0.60	+0.46	+0.25	+0.14	+0.08	+0.30	+0.47
1904	+0.13	-0.08	+0.05	+0.85	+0.22	+0.12	+0.01	+0.08	+0.13	+0.06	+0.11	-0.31
1905	-0.38	-0.29	-0.13	+0.02	-0.06	-0.13	-0.16	-0.27	-0.21	-0.28	-0.52	-0.52
1906	-0.49	-0.50	-0.61	-0.64	-0.67	-0.67	-0.64	-0.65	-0.72	-0.79	-0.98	-0.87
1907	-0.77	-0.77	-0.75	-0.58	-0.61	-0.71	-0.75	-0.75	-0.70	-0.43	-0.20	-0.20
1908	+0.09	+0.06	+0.04	+0.14	+0.42	+0.31	+0.31	+0.41	0.53	+0.53	+0.59	+0.66
1909	+0.42	+0.41	+0.44	+0.33	+0.24	+0.30	+0.47	+0.50	+0.49	+0.49	+0.48	+0.35
1910	+0.34	+0.37	+0.36	+0.23	+0.26	+0.30	+0.29	+0.29	+0.28	+0.41	+0.04	+0.40
1911	+0.17	+0.30	+0.15	+0.15	+0.22	+0.22	+0.28	+0.28	+0.34	+0.33	+0.16	+0.10
1912	-0.07	-0.25	-0.32	-0.42	-0.42	-0.42	-0.26	-0.36	-0.44	-0.60	-0.61	-0.68
1913	-0.58	-0.55	-0.20	-0.33	-0.43	-0.36	-0.27	-0.37	-0.38	-0.38	-0.22	-0.15
1914	-0.09	-0.13	-0.27	-0.21	-0.14	-0.07	+0.09	+0.09	+0.14	+0.14	+0.14	+0.80
1915	+0.69	+0.65	+0.48	+0.48	+0.55	+0.55	+0.74	+0.84	+0.79	+0.59	+0.49	+0.23
1916	+0.06	-0.08	-0.22	-0.65	-0.91	-0.65	-1.39	-0.65	-0.83	-0.87	-1.11	-1.37
1917	-1.27	-1.44	-1.29	-1.45	-1.42	-1.58	-1.68	-2.01	-2.32	-1.71	-1.83	-1.99
1918	-2.06	-2.01	-2.15	-2.22	-2.21	-2.31	-2.38	-2.48	-2.59	-2.59	-2.52	-2.53
1919	-2.46	-2.57	-2.35	-2.39	-2.50	-2.60	-2.54	-2.93	-2.61	-2.75	-2.98	-2.96
1920	-2.98	-3.02	-3.01	-2.82	-2.41	-2.05	-2.06	-2.24	-2.10	-1.78	-1.49	-0.74
1921	-0.89	-0.22	+0.03	-0.27	-0.21	-0.20	-0.48	-0.50	-0.67	-1.10	-0.97	-0.91
1922	-0.88	-0.85	-0.76	-1.00	-1.17	-1.17	-1.12	-1.07	-1.03	-0.94	-0.78	-0.75
1923	-0.75	-0.83	-1.06	-1.04	-0.96	-0.83	-0.71	-0.68	-0.72	-0.65	-0.66	-0.79
1924	-0.78	-0.80	-0.78	-0.75	-0.74	-0.78	-0.81	-0.91	-0.99	-1.08	-1.09	-0.69
1925	-0.96	-1.08	-1.01	-1.02	-1.01	-1.08	-1.11	-1.11	-1.15	-1.16	-1.08	-1.03
1926	-0.97	-0.94	-0.96	-0.86	-0.79	-0.82	-0.79	-0.63	+0.48	+0.26	+0.18	+0.09

（3）法汇循环

年	1月	2月	3月	4月	5月	6月	7月	8月	9月	10月	11月	12月
1898	-0.05	-0.04	-0.01	-0.08	-0.14	-0.07	-0.02	-0.03	-0.07	-0.07	-0.05	-0.04
1899	-0.13	-0.10	-0.01	-0.11	-0.08	-0.09	-0.10	-0.10	-0.05	-0.01	-0.08	-0.15
1900	-0.11	-0.12	-0.14	-0.13	-0.08	-0.06	-0.06	-0.06	-0.17	-0.20	-0.23	-0.25
1901	-0.19	-0.14	-0.17	-0.02	-0.08	-0.07	-0.04	-0.07	-0.05	-0.01	-0.03	-0.04
1902	+0.04	+0.04	+0.12	+0.26	+0.05	+0.31	+0.31	+0.24	+0.60	+0.39	+0.40	+0.44
1903	+0.48	+0.49	+0.44	+0.32	+0.25	+0.29	+0.24	+0.13	+0.59	+0.03	+0.04	+0.17
1904	+0.05	+0.05	-0.02	-0.17	-0.21	+0.08	+0.02	+0.06	+0.04	+0.02	+0.07	+0.17
1905	-0.21	-0.18	-0.06	-0.01	-0.30	-0.05	-0.05	-0.10	-0.12	-0.14	-0.26	-0.29
1906	-0.25	-0.28	-0.28	-0.30	-0.30	-0.28	-0.29	-0.30	-0.34	-0.40	-0.45	-0.44
1907	-0.47	-0.42	-0.36	-0.36	-0.28	-0.31	-0.31	-0.34	-0.33	-0.26	-0.10	-0.08
1908	+0.05	+0.0002	+0.02	+0.07	+0.21	+0.15	+0.19	+0.22	+0.23	+0.22	+0.29	+0.34
1909	+0.19	+0.25	+0.21	+0.15	+0.14	+0.17	+0.25	+0.25	+0.29	+0.22	+0.23	+0.14
1910	+0.15	+0.15	+0.24	+0.10	+0.14	+0.14	+0.16	+0.15	+0.11	+0.04	+0.06	+0.02
1911	+0.57	+0.12	+0.08	+0.07	+0.11	+0.12	+0.14	+0.18	+0.17	+0.17	+0.16	+0.02
1912	-0.05	-0.16	-0.16	-0.17	-0.18	-0.16	-0.13	-0.14	-0.26	-0.26	-0.29	-0.34
1913	-0.81	-0.27	-0.11	-0.17	-0.19	-0.14	-0.07	-0.12	-0.19	-0.18	-0.14	-0.12
1914	-0.08	-0.09	-0.11	-0.11	-0.06	-0.004	-0.09	-0.09	-0.09	-0.09	-0.08	-0.31
1915	+0.29	+0.24	+0.18	+0.17	+0.19	+0.18	+0.21	+0.20	+0.20	+0.20	+0.19	-0.18
1916	-0.32	-0.37	-0.44	-0.67	-0.67	-0.54	-0.44	-0.54	-0.02	-0.62	-0.76	-0.88
1917	-0.44	-0.89	-0.82	-0.84	-0.81	-0.88	-0.93	-1.07	-1.23	-0.98	-1.02	-1.11
1918	-1.12	-1.12	-1.15	-1.14	-1.15	-1.19	-1.20	-1.23	-1.21	-1.19	-1.25	-1.28
1919	-1.25	-1.22	-1.18	-1.28	-1.37	-1.44	-1.45	-1.58	-1.85	-1.78	-1.80	-1.94
1920	-1.87	-2.08	-2.05	-2.05	-1.94	-1.92	-1.75	-1.88	-1.89	-1.88	-1.86	-1.74
1921	-1.74	-1.63	-1.50	-1.56	-1.40	-1.41	-1.41	-1.52	-1.62	-1.70	-1.69	-1.63
1922	-1.59	-1.63	-1.47	-1.49	-1.52	-1.50	-1.58	-1.60	-1.64	-1.64	-1.66	-1.54
1923	-1.70	-1.80	-1.81	-1.76	-1.73	-1.75	-1.77	-1.79	-1.79	-1.76	-1.82	-1.89
1924	-1.99	-1.99	-1.99	-1.79	-1.80	-1.86	-1.87	-1.85	-1.92	-1.91	-1.90	-1.89
1925	-1.88	-1.93	-1.94	-1.92	-1.88	-1.04	-1.95	-1.96	-1.96	-1.91	-2.01	-2.05
1926	-2.95	-2.08	-2.99	-2.09	-2.10	-2.10	-2.13	-2.10	-2.09	-2.04	-1.99	-1.98

（4）日汇循环

年	1 月	2 月	3 月	4 月	5 月	6 月	7 月	8 月	9 月	10 月	11 月	12 月
1898	-0.02	+0.06	+0.06	+0.12	+0.16	+0.04	-0.05	-0.11	-0.11	-0.05	-0.15	-0.15
1899	-0.14	-0.17	-0.16	-0.16	-0.17	-0.18	-0.22	-0.17	-0.06	-0.004	-0.15	-0.15
1900	-0.14	-0.22	-0.28	-0.36	-0.23	-0.24	-0.28	-0.23	-0.28	-0.28	-0.32	-0.38
1901	-0.42	-0.27	-0.30	-0.34	-0.21	-0.21	-0.17	-0.11	-0.07	-0.08	+0.006	+0.06
1902	+1.05	+0.08	+0.18	+0.31	+0.62	+0.45	+0.47	+0.48	+0.54	+0.55	+0.82	+0.79
1903	+0.89	+0.88	+0.72	+0.42	+0.38	+0.48	+0.40	+0.26	+0.13	+0.12	+0.22	+0.35
1904	+0.10	-0.08	+0.08	+0.15	+0.15	+0.07	-0.004	+0.07	+0.09	+0.02	-0.17	-0.80
1905	-0.37	-0.28	-0.11	-0.12	-0.11	-0.15	-0.15	-0.22	-0.21	-0.25	-0.46	-0.40
1906	-0.39	-0.43	-0.44	-0.60	-0.57	-0.58	-0.55	-0.54	-0.58	-0.64	-0.78	-0.73
1907	-0.67	-0.66	-0.60	-0.57	-0.52	-0.61	-0.61	-0.62	-0.65	-0.31	-0.16	0.16
1908	+0.12	+0.04	+0.03	+0.01	+0.32	+0.21	+0.26	+0.35	+0.42	+0.40	+0.46	+0.54
1909	+0.35	+0.18	+0.38	+0.19	+0.21	+0.25	+0.37	+0.37	+0.37	+0.37	+0.39	+0.28
1910	+0.24	+0.32	+0.21	+0.08	+0.20	+0.10	+0.21	+0.21	+0.21	+0.04	+0.04	+0.06
1911	+0.07	+0.20	+0.10	+0.02	+0.15	+0.13	+0.20	+0.26	+0.20	+0.20	+0.11	+0.03
1912	-0.04	-0.28	-0.28	-0.42	-0.34	-0.35	-0.29	-0.28	-0.39	-0.50	-0.48	-0.64
1913	-0.53	-0.45	-0.07	-0.42	-0.40	-0.30	-0.29	-0.29	-0.29	-0.29	-0.22	-0.17
1914	-0.10	-0.13	+0.19	-0.32	-0.14	-0.04	+0.08	+0.39	+0.39	+0.51	+0.63	+0.47
1915	+0.48	+0.45	+0.28	+0.15	+0.34	+0.38	+0.49	+0.50	+0.49	+0.45	+0.30	+0.09
1916	-0.01	-0.09	-0.19	-0.60	-0.88	-0.43	-0.03	-0.46	-0.57	-0.63	-0.87	-1.03
1917	-0.97	-1.10	-0.94	-1.18	-1.06	-1.23	-1.32	-1.58	-1.80	-1.87	-1.41	-1.52
1918	-1.51	-1.54	-1.65	-1.78	-1.55	-1.76	-1.75	-1.80	-1.91	-1.86	-1.84	-1.94
1919	-1.85	-1.80	-1.88	-2.00	-2.00	-1.98	-2.01	-2.10	-1.98	-2.14	-1.90	-2.40
1920	-2.40	-2.48	-2.53	-2.35	-1.77	-1.50	-1.54	-1.70	-1.60	-1.33	-1.11	-0.83
1921	-0.74	-0.32	-0.16	-0.43	-0.37	-0.37	-0.47	-0.50	-0.66	-0.71	-0.90	-0.85
1922	-0.85	-0.79	-0.75	-1.00	-1.05	-1.08	-1.01	-0.98	-0.93	-0.81	-0.72	-0.66
1923	-0.66	-0.76	-0.92	-0.97	-0.81	-0.72	-0.60	-0.59	-0.58	-0.52	-0.62	-0.68
1924	-0.91	-0.92	-1.08	-1.30	-1.29	-1.20	-1.19	-1.18	-1.40	-1.60	-1.70	-1.15
1925	-1.70	-1.60	-1.40	-1.52	-1.30	-1.40	-1.40	-1.40	-1.45	-1.50	-1.36	-1.24
1926	-1.18	-1.01	-1.05	-0.94	-0.84	-0.84	-0.83	-0.68	-0.45	-0.02	-0.04	-0.95

（5）总指数循环

年	1月	2月	3月	4月	5月	6月	7月	8月	9月	10月	11月	12月
1898	-0.005	+0.06	+0.21	+0.15	+0.19	+0.07	0.06	-0.12	-0.12	-0.05	-0.14	-0.13
1899	-0.13	-0.19	-0.18	-0.18	-0.14	-0.20	-0.26	-0.19	-0.04	+0.01	-0.01	-0.12
1900	-0.14	-0.26	-0.31	-0.31	-0.27	-0.26	-0.26	-0.26	-0.32	-0.26	-0.28	-0.40
1901	-0.46	-0.32	-0.33	-0.24	-0.24	-0.23	-0.19	-0.13	-0.08	-0.17	-0.08	+0.11
1902	+0.08	+0.09	+0.20	+0.47	+0.57	+0.55	+0.55	+0.56	+0.63	+0.66	+0.98	+0.97
1903	+1.05	+0.99	+0.87	+0.62	+0.47	+0.60	+0.48	+0.29	+0.16	+0.14	+0.27	+0.46
1904	-0.15	-0.10	+0.04	+0.30	+0.15	+0.09	+0.02	+0.09	+0.09	+0.03	-0.14	-0.30
1905	-0.42	-0.29	-0.10	-0.27	-0.12	-0.20	-0.23	-0.23	-0.21	-0.29	-0.50	-0.50
1906	-0.43	-0.49	-0.55	-0.60	-0.69	-0.69	-0.62	-0.62	-0.68	-0.74	-0.89	-0.82
1907	-0.75	-0.75	-0.68	-0.55	-0.66	-0.70	-0.69	-0.75	-0.62	-0.37	-0.15	+0.18
1908	+0.18	+0.06	+0.07	+0.14	+0.37	+0.25	+0.81	+0.44	+0.50	+0.45	+0.55	+0.68
1909	+0.43	+0.43	+0.44	+0.32	+0.23	+0.30	+0.43	+0.43	+0.43	+0.44	+0.48	+0.38
1910	+0.30	+0.36	+0.25	+0.19	+0.23	+0.23	+0.23	+0.24	+0.24	+0.05	-0.03	+0.10
1911	+0.10	+0.23	+0.11	+0.12	+0.16	+0.16	+0.23	+0.29	+0.29	+0.30	+0.15	+0.09
1912	-0.03	-0.29	-0.33	-0.39	-0.41	-0.41	-0.34	-0.34	-0.47	-0.10	-0.55	-0.61
1913	-0.60	-0.53	-0.09	-0.40	-0.48	-0.65	-0.35	-0.35	-0.35	-0.34	-0.24	-0.17
1914	-0.11	-1.17	-0.22	-0.28	+0.18	-0.05	+0.08	+0.46	+0.46	+0.59	+0.75	+0.57
1915	-0.57	+0.51	+0.27	+0.28	+0.38	+0.44	+0.57	+0.58	+0.58	+0.52	+0.37	+0.12
1916	+0.003	-0.12	-0.23	-0.60	-0.83	-0.50	-0.26	-0.55	-0.68	-0.74	-1.01	-1.19
1917	-1.12	-1.31	-1.11	-1.23	-1.26	-1.44	-1.56	-1.80	-2.11	-1.49	-1.63	-1.76
1918	-1.81	-1.81	-1.93	-1.98	-1.95	-2.07	-2.06	-2.12	-2.24	-2.18	-2.14	-2.26
1919	-2.40	-2.35	-2.35	-2.40	-2.53	-2.58	-2.58	-2.63	-2.63	-2.67	-2.93	-3.01
1920	-2.89	-2.93	-2.99	-2.67	-2.08	-1.77	-1.82	-2.01	-1.49	-1.57	-1.28	-0.72
1921	-0.84	-0.40	-0.20	-0.39	-1.47	-0.27	-0.53	-0.58	-0.77	-0.83	-1.35	-0.97
1922	-0.97	-0.96	-0.89	-1.07	-1.28	-1.28	-1.21	-1.15	-1.08	-0.96	-0.86	-0.73
1923	-0.79	-0.90	-1.08	-1.02	-1.03	-0.81	-0.73	-0.72	-0.66	-0.56	-0.74	-0.98
1924	-1.03	-1.09	-1.27	-1.39	-1.53	-1.46	-1.46	-1.52	-0.58	-1.82	-1.84	-1.78
1925	-1.77	-1.77	-1.64	-1.58	-1.00	-1.66	-1.72	-1.71	-1.71	-1.70	-1.61	-1.42
1926	-1.29	-1.18	-1.22	-1.03	-0.99	-0.99	-0.99	-0.74	-0.53	+0.004	+0.04	+0.04

观上表及第三图，天津外汇之循环变迁，一起一伏昭然可见。兹将各个循环变迁之长久分列于下：

表六　天津外汇各个循环变迁之长久（1898—1926）

循环时期外汇	第一循环		第二循环		第三循环		第四循环		第五循环	
	时期	长久	时期	长久	时期	长久	时期	长久	时期	长久
英汇	1899年2月至1906年10月	92月	1906年11月至1912年11月	72月	1912年12月至1920年1月	85月	1920年2月至1921年9月	19月	1921年10月起尚未完	未定
美汇	1900年9月至1906年10月	73月	1906年11月至1912年11月	72月	1912年12月至1920年2月	86月	1920年3月至1921年8月	17月	1921年9月起尚未完	未定
法汇	1898年4月至1906年10月	102月	1906年11月至1912年11月	72月	1912年12月至1920年1月	85月	1920年2月起尚未完	未定		
日汇	1899年2月至1906年11月	92月	1906年11月至1912年11月	72月	1912年12月至1920年2月	86月	1920年3月至1925年1月	58月	1925年2月起尚未完	未定
外汇指数	1890年2月至1906年10月	92月	1906年11月至1912年11月	72月	1912年12月至1919年11月	83月	1919年12月至1924年9月	57月	1924年10月起尚未完	未定

循环长久随时期、地域而变异，固无一定。米西教授（Mitchell,W.C.）曾主张之[①]。上表所列天津外汇循环之长久亦有以证明之矣。

上述各节，一为测视天津三十年来外汇升降之程率；一为分析其变迁之类别，盖本篇主旨即在乎此。至于各种变动原因（如季节变差、循环变迁等），则问题复杂，有如茂密之林，披

① Mitchell, W.C.: The Business Cycles, p.581, University of California, 1913.

荆觅路，当非一朝所可得。余现正在搜集各项商业资料，探讨寻释。他日如有所得，当续布也。倘海内学者措意于此，先余求其变动之理由者，则尤余所欣望也。

（《清华学报》第 4 卷第 2 期，1927 年）

中国六十年进出口物量指数、物价指数及物物交易指数（1867—1927）

一、绪论

吾人欲研究进出口贸易之趋势及其相互之关系，须有物量指数与物价指数以为标准，否则对于贸易之涨落，殊难得一极准确之测视。盖百货价格，万有不齐，币值消长，杳无一定，进出口之物值，每不足以表示其物量之多少。例如 1928 年之银一元，其购买力仅等于 1913 年之银六角二分。是以国外贸易之趋势，常为激烈变化之币值所蔽；而进出口物值之涨落，遂不足以表示进出口物量之消长。不仅此也，金本位国家与银本位国家之外汇市场之变动，亦为不能自进出口物值测定其物量之消长之重要原因。欧战期间，金币价值暴落，而交战国家又需要巨量现银，以为铸造辅币之用。中国乃银本位国家，是以外汇市场因而降落。欧战以后，金价飞腾，外汇市场随而俱升。外汇之升降无定，贸易值与贸易量之相互关系，因以破裂。有此二因，故进出口物量与物价指数之编制，遂为研究进出口贸易之趋势及其相互关系所不容缓之工作。编者从事于中国进出口物量与物价指数之编制，已历三载。自 1867 年至 1927 年之指数，已告成功。此后仍拟继续编制，按年发表。其取材来源及其编制方法，略述如下。

二、取材来源

吾人进出口物量与物价指数之编制，其统计材料，完全取自海关贸易总册与贸易报告。中国海关设立于1854年，而其贸易总册之刊行则起自1867年，贸易报告起自1864年。1867年前，仅有贸易清册而无贸易总册。贸易清册之刊行，起自1859年。吾人编制物量与物价指数，其所以起自1867年者，盖因1867年以前，通商各关之贸易清册，有以墨西哥银元计算者，亦有以各种银两计算者。币制不一，殊难作统计上之分析。1867年，海关始以“海关两”为所有通商各关贸易报告之标准货币。故本会编制进出口物量与物价指数，起于此年。

三、编制方法

编制指数，殊非易举；而编制进出口物量指数，困难尤甚。以其缺乏共通之测量单位故也。大凡编制指数，为期过久，则统计材料，既难划一，又不免有间断之处。且各种计算方法，利弊分歧，究应采用何法，颇难确定。种种困难，应付非易。在各种指数之中，编制物价指数，较物量指数尚为简便。盖物价指数之编制，所有货物，无论其个别之特点如何，尚可以一共通之分母货币代表之。编制物量指数则不然。其统计资料，有以吨为单位者，有以匹为单位者，有以升为单位者，有以磅为单位者，有以加仑等为单位者。且中国海关六十余年来之贸易统计，不仅物量单位多不相同；而所列物量，又往往缺乏明确之意义。故编制进出口物量指数，困难尤多。例如“未列名干鲜果品”，海关报告以磅为单位。各种果品之质是否相同，是否可以同样单位计算，实属最大疑问。加之海关又往往仅列进出口总值，而不载其数量。此种货物，如欲算入指数之内，则唯有先以价格除其总值，以推算其数量之一法耳。处现在统计幼稚之中国，欲搜集六十余年来物品之市价，实际上殊不可能。此种种事实，皆为研究中国进出口物量之根本问题。对于进出口物量指数之编方法，尤有极重要之关系。

吾人对于进出口物量与物价之研究，共计编制两种指数：第一种极为普通，即以固定某年之进出口物量或物价为基数，除各计算年之进出口物量或物价，而得其百分率。是之谓未调节指数（Unadjusted Index）。第二种指数则不同，因第一种指数，未曾顾及所有经济界现象实际上应有之常度的变迁。此种常度之增减，对于一国之经济上，固不生若何影响。然大于或小于常度之增减，则影响于经济状况者甚巨。故必须以统计方法分析之，求得其对于常度趋势之离中差，始能表现中国国外贸易之真正变迁。此即吾人所谓调节指数（Adjusted Index Number）也。

（一）未调节指数之编制。编制普通未调节指数，其主要问题，必须审慎考虑者有五，即研究范围、取材来源、选择物品、采用公式与基期是也。吾人所编制者，为中国进出口物量与物价指数。其取材来源，为中国海关贸易总册，业已详述如上。其余尚待讨论者，只选择物品及公式与基期三问题耳。

（二）选择物品。计算中国六十年来之进出口物量与物价指数，因海关总册及报告内，其所载之货物，有不列数量者，亦有所列数量缺乏明确意义者，故不能直接概括所有进出口之货物。然大多数货品，海关报告皆明载数量。故吾人所编制之指数，其直接列入之物品，约值贸易总值 2/3 以上。下列第一表，即各年直接列入指数内物品之物值与贸易总值之百分率。

进出口物量指数乘物价指数，必须与所有进出口货值之升降消长相符合。此点极为重要。故吾人编制物量与物价指数时，对于未直接列入计算中之物量及其价格，须得一适当之估计，以加入之。盖直接列入计算中货值实数之变易，较之未直接列入计算中货值实数之变易，自不能绝对相同。如差异甚大，则未直接列入计算中之物品之量或价，或量与价二者之消长，皆与直接列入计算中之货物之量与价互异。即使直接列入计算中与未直接列入计算中之物值实数无甚差异，而未直接列入计算中之物量与物价之涨落，仍不免与直接列入计算中物量与物价之涨落略有出入也。

吾人估计未直接列入计算中之物量与物价之方法，系根据未直接列入计算中物价变迁之趋势，与直接列入计算中物价变迁之趋势相似之假定。此种假定，较之未直接列入计算中物量变迁之趋势，与直接列入计算中物量变迁之趋势相似之假定，颇为合理。本此假定，用直接列入计算中之物价，编制指数；复以其所得之物价指数除未直接列入计算中之物品总值，即得未直接列入计算中物量之估计。唯直接列入计算之货物中，每有少数物价变迁超越常度，与未直接列入计算中一般物价之变动，迥不相同。是故从直接列入之物价计算指数时，首当剔除其价格变动甚烈之物品（即本年价格与上年价格相比其增加率或减少率在 50% 以上者）；然后所获之物价指数，始可用以除未直接列入计算中之货物总值，而求得其物量之估计。

第一表　（A）直接列入指数内之进口物值与进口物总值之百分比

年份	直接列入指数内之进口物值	进口物总值	百分比	年份	直接列入指数内之进口物值	进口物总值	百分比
	（单位：百万海关两）				（单位：百万海关两）		
1867	68	69	99	1898	176	210	84
1868	70	71	99	1899	222	265	84
1869	71	75	95	1900	173	211	82
1870	68	71	96	1901	216	268	81
1871	75	78	96	1902	262	315	83
1872	71	75	95	1903	278	327	85
1873	70	74	95	1904	293	344	85
1874	68	71	97	1905	369	447	83
1875	64	68	94	1906	332	410	81
1876	66	70	94	1907	383	416	92
1877	68	73	93	1908	318	395	81
1878	65	71	92	1909	330	418	79
1879	74	82	90	1910	363	463	78
1880	70	79	89	1911	390	472	83
1881	80	92	87	1912	379	473	80
1882	67	78	86	1913	461	570	81
1883	64	74	86	1914	471	569	83
1884	63	73	86	1915	387	454	85
1885	74	88	84	1916	419	516	81
1886	72	87	83	1917	457	550	83
1887	65	102	64	1918	444	555	80
1888	82	125	66	1919	499	647	77
1889	70	111	63	1920	602	762	79
1890	86	127	68	1921	665	906	74
1891	91	134	68	1922	675	945	74
1892	92	135	68	1923	735	923	80
1893	96	151	64	1924	809	1018	79
1894	139	162	86	1925	765	948	81
1895	141	172	82	1926	899	1124	80
1896	174	203	86	1927	793	1013	78
1897	170	203	84				

第一表 （B）直接列入指数内之出口物值与出品物总值之百分比

年份	直接列入指数内之出口物值	出口物总值	百分比	年份	直接列入指数内之出口物值	出口物总值	百分比
	（单位：百万海关两）				（单位：百万海关两）		
1867	55	58	95	1898	135	159	85
1868	68	69	98	1899	168	196	86
1869	65	67	97	1900	131	159	82
1870	59	62	95	1901	133	166	80
1871	73	75	97	1902	177	214	83
1872	82	84	98	1903	174	214	81
1873	76	78	97	1904	208	239	87
1874	72	74	97	1905	194	228	85
1875	67	69	97	1906	215	236	91
1876	78	81	96	1907	242	264	92
1877	64	67	96	1908	252	277	91
1878	64	67	96	1909	311	339	92
1879	69	72	96	1910	344	381	90
1880	75	78	96	1911	346	377	92
1881	69	71	97	1912	337	371	91
1882	62	67	93	1913	378	403	94
1883	65	70	93	1914	334	356	94
1884	62	67	92	1915	397	419	95
1885	60	65	92	1916	441	482	91
1886	71	77	92	1917	429	463	93
1887	78	86	91	1918	446	486	92
1888	80	92	87	1919	590	631	94
1889	85	97	88	1920	467	542	86
1890	75	87	86	1921	544	601	91
1891	88	101	87	1922	595	655	91
1892	88	103	85	1923	690	753	92
1893	98	117	84	1924	702	772	91
1894	110	128	86	1925	708	776	91
1895	123	143	86	1926	801	864	96
1896	108	131	82	1927	845	919	92
1897	139	164	85				

此种估计方法之计算步骤，详见第二表。此法之准确与否，可以编制之物量指数与物价指数测验之。如物量指数与物价指数相乘，其积数等于物值之比，则此种估计之准确，可无疑义（参看第十二表）。

（三）基期。以某一时期之物价或物量，为计算他期物价或物量指数之标准，其价为基价，量为基量，其时期即为基期。基期有固定基期与连环基期之别。固定基期，转换维艰；连环基期则富有伸缩性，可以逐时转换，绝不发生若何问题。进出口物品之数目及其种类，变易无常，故吾人编制进出口物量与物价指数，均采用连环基期。用连环基期之计算方法，即以上期之量或价为本期之基量或基价，本期之量或价为下期之基量或基价，分算每期之连环物量与物价指数。然后，以 1913 年之指数为基数，等于 100，前后逐一相乘，成一连环指数。其所以用 1913 年之指数为基数，而逐一相乘者，盖后者之指数，仅有一年为基年，等于 100；较每年皆为次年之基年，各等于一百者，便于参考多矣。

第二表　计算物量与物价指数之实例（1926—1927）

	进口货值：以海关银一百万两为单位	
	1926	1927
直接列入指数内之货物		
价值实数	$(\sum q_0 p_0)$	$(\sum q_1 p_1)$
总数	900	793
价格变动甚剧之货物	2	2
其他货物	898	791
根据 1926 年物价求得之货值	$(\sum q_0 p_0)$	$(\sum q_1 p_0)$
总数	900	731
价格变动甚剧之货物	2	1
其他货物	A898	B730

续表

	进口货值：以海关银一百万两为单位	
	1926	1927
根据 1927 年物价求得之货值	$(\sum q_0p_1)$	$(\sum q_1p_1)$
总数	950	793
价格变动甚剧之货值	2	2
其他货物	a948	6791
间接列入指数内之货物		
价值实数	224	220
根据 1926 年物价所估计之货值		$(\sum q_1p_0)$
（即以 1927 年之 220 乘 $\frac{B}{b}=0.92$）	224	202
根据 1927 年物价所估计之货值	$(\sum q_0p_1)$	
（即以 1926 年之 224 乘 $\frac{a}{A}=1.06$）	237	220
最后计算指数所用之总数		
根据 1926 年物价所得之货值	$(\sum q_0p_0)$	$(\sum q_1p_1)$
价格变动甚剧之货物	2	1
他项直接列入指数内之货物	898	730
间接列入指数内之货物	224	202
总计	1124	933
根据 1927 年物价所得之货值	$(\sum q_0p_1)$	$(\sum q_1p_1)$
价格变动甚剧之货物	2	2
他项直接列入指数内之货物	948	791
间接列入指数内之货物	237	220
总计	1187	1013

注：物量指数＝

$$\sqrt{\frac{\sum q_1p_0}{\sum q_0p_0}\times\frac{\sum q_1p_1}{\sum q_0p_1}}=\sqrt{\frac{933}{1124}\times\frac{1013}{1187}}=\sqrt{0.8301\times0.8534}=\sqrt{0.7084}=84.2$$

物价指数＝

$$\sqrt{\frac{\sum p_1q_0}{\sum p_0q_0}\times\frac{\sum p_1q_1}{\sum p_0q_1}}=\sqrt{\frac{1187}{1124}\times\frac{1013}{933}}=\sqrt{1.0560\times1.0857}=\sqrt{1.1465}=107.1$$

两年货值比率＝ $\frac{1013}{1124}=0.901$

物量指数×物价指数 $=0.841\times1.072=0.901$

（四）公式。进出口贸易量之变迁甚剧，贸易货品，繁杂异常，变换亦恒无定，且其中大多数货品之价格，又时有显著之涨落，因此运用加权方法之适当与否，其影响于所编之指数者其巨。例如计算 1913 年与 1927 年之物量指数，其以战前物价为权数，与以战后物价为权数之所得数，相差至巨。即计算某年与次年之物量指数，以第一年之物价为权数，即以第二年之物价为权数，亦常发生绝对不同之结果。计算物价指数而用物量为权数时亦然。故权衡每年至次年之变迁，其最佳方法，莫如以二年之平均价或平均量为权数。而计算平均价或平均量，又以等比平均法为优。换言之，吾人所用公式，即耶鲁大学费暄教授所谓之“理想公式”也。其公式如下：

$$\text{物量指数} = \sqrt{\frac{\sum q_1 p_0}{\sum q_0 p_0} \times \frac{\sum q_1 p_1}{\sum q_0 p_1}}$$

$$\text{物价指数} = \sqrt{\frac{\sum q_0 p_1}{\sum q_0 p_0} \times \frac{\sum q_1 p_1}{\sum q_1 p_0}}$$

其中，p 等于计算期之物价；p_0 等于基期之物价；q 等于计算期之物量；q_0 等于基期之物量；$\sum$等于和数。

采用理想公式，其物量与物价指数，可以同时算出，不须重费手续。盖计算物量指数，必先求得$\sum qp_0$、$\sum q_1 p$、$\sum q_1 p_0$及$\sum q_0 p$，物价指数亦然。且物量指数与物价指数相乘，两相删消之后，即等于物价之比（参看第十二表）。此实为统计工作中最便易之校误方法。故编制进出口物量与物价指数，采用理想公式，最为适宜。

$$\sqrt{\frac{\sum p_1 q_0}{\sum p_0 q_0} \times \frac{\sum p_1 q_1}{\sum p_0 q_1}} \times \sqrt{\frac{\sum q_1 p_0}{\sum q_0 p_0} \times \frac{\sum q_1 p_1}{\sum q_0 p_1}} = \frac{\sum p_1 q_1}{\sum p_0 q_0}$$

（五）调节指数之编制。调节指数与未调节指数不同。编制调节指数时，对于经济现象中之恒差，视为常态的变迁。所谓恒差者，因此项变化之或增或减或伸或缩，均具有恒久之性质。如物价之日增、利率之日减，皆其例也。其主要之原因，足以发生此项变化者，约有数端：1.人口之增加；2.商业范围之扩张；3.工业技术之改良；4.天然富源之渐竭。表示恒差之线，视恒差之性质为转移。有时为直线，有时为曲线，有时为若干线连合而成，均可以算式决定之。大抵逐年增加之数约略相等者，其恒差线为直线，否则为曲线。中国进出口物量与物价之恒差，曾各用直线表示，结果均欠圆满。因试用更复杂之曲线多种，而以均方差法测验其确度。结果以二次方程之抛物曲线为最适合，遂采用之。求二次方程抛物线之公式及其算得之常数，均见第三表。

第三表　代表恒差曲线之公式及其常数

	常数			公式
	a	b	c	
进口物量	46.0806	1.1112	0.0148	$Y=46.0806+1.1112x+0.148x^2$
进口物价	64.7882	0.7637	0.0040	$Y=64.7682+0.7637x+0.0041x^2$
出口物量	58.8746	0.8896	0.0118	$Y=58.8746+0.8896x+0.0118x^2$
出口物价	64.0926	0.8490	0.0105	$Y=64.0926+0.8490x+0.0105x^2$

恒差决定之后，第二步即为移平代表进出口物量或物价恒差之抛物曲线，作为100%，以其为常态之变迁。再以进出口物量与物价之未调节指数，计算其对此曲线之百分数，所得结果即代表各年进出口物量与物价距离恒差之百分数。斯即所谓进出口物量与物价之调节指数，而以代表其恒差之曲线等于100为基数也。

四、物物交易指数

从上述之未调节进出口物量与物价指数，吾人可推算中国之进出口物物交易指数。物物交易指数有二：总数的物物交易指数与净数的物物交易指数。第一种包括所有进口与出口之货量，即以一国输入量之总数与其输出量之总数相互比较。第二种则仅包括以货易货之物品，净数的物物交易为国际贸易之最简单者，除以国货易外货外，他俱不顾。唯国际贸易中，舍以物易物之外，尚有其他非商品之交易。现代国家之国际贸易，大抵可分为二种：一为出口货值与进口货值相等之交易，一为进口货值超过于出口或出口货值超过于进口之交易。二者皆为常有之现象。此种入超或出超，代表非商品之交易。然苟详加鉴别，则所谓商品与非商品之交易，亦仅分析上之差异耳。实际上国际贸易之举行，乃大宗整批物品进口，总谓为输入品。另有大宗整批物品出口，总谓为输出品。凡有无形输出之国家，其输出输入两相抵消后，而获有净收入者，则其进口货值必大于其出口货值，反之则出口货值超过于进口货值。货值为入超之国家，则其进口物量亦必较出口物量为大。此种国家，倘与进出口货值相等之国家相比，其能以固定之出口货量易得较多之进口货量明矣。是故国际贸易间，就物量而言之出超或入超，与就物值而言之出超或入超，其意义迥异。而吾人计算物物交易指数，不能以贸易物值之差为标准，殊甚显著。

测量净数的物物交易之变迁，方法甚为简易，即以出口物价指数除进口物价指数是也。盖自进出口物价指数可知某年进出口物价是否高于或低于某年之进出口物价，设某年之进出口物值相同，则观物价之涨落，即能确定其物量之增减。盖有一定之出口物值，则出口物价跌落，即表示出口物量之增加；反之出口物价升涨，则表示出口物量之减少。是以每年之进出口货值总额如相等，则观于进出口物价之变迁，即可知进出口物量之消长矣。物价之升降，既能明示物量变迁之方向，即足表示物物交易净数之涨落。物价与物量间之关系，显然成反比例，使出口物价低落，则输出物量增加；进口物价升涨，则输入物量低减，此仅表示其某年之出口物所交换之定量之入口物，是否多于或少于基年耳。盖吾人所欲研究者，乃某年之物物交易状况，是否较基年为有利本国。至于物物交易自身之是否有利，则非本篇讨论所及也。

进出口货值之消长，虽不相等，然其物值间苟有一定不变之比例，则上述方法，仍可应用以求得物物交易净数。假定进口货值每年皆较出口货值多25%，则进出口物价之倒数（reciprocal）即可表示其物量之消长；观进出口物价之变迁如何，即能知出口物量是否多于或少于交易之进口物量矣。是故进出口货值如其总数相等，或另有一定不变之比例，吾人皆能自进出口物价指数，求得物物交易净数之变迁消长也。

净数的物物交易之假定，揆之事实，殊有不符之处。盖近代国家之进出口货值，决难相等，二者之间，亦不能有一定不变之比例，故所谓净数的物物交易，不过一种假设之事例而已。吾人实际上所经验之现象，所谓为物物交易总数，即整批的总输入与整批的总输出之关系之谓也。求物物交易总数之方法，以进口物量指数除出口物量指数，即得之矣。总数的物物交易，与净数的物物交易同，亦不能表示其某年之进出口贸易是否有利本国，仅能表示其某年对基年之变差，及其变迁之方向而已。

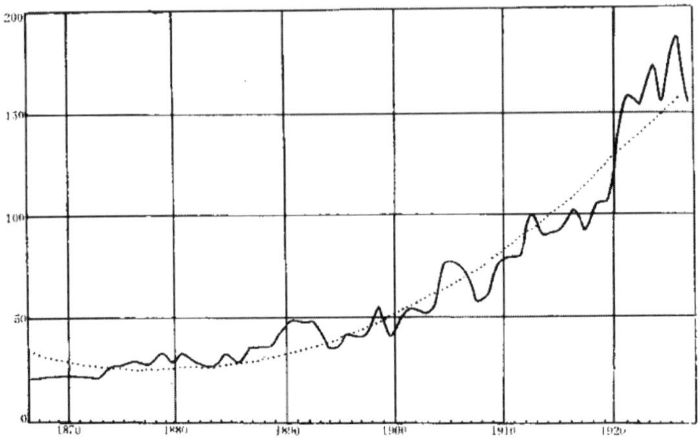

第一图　进口物量未调节指数（1867—1927）

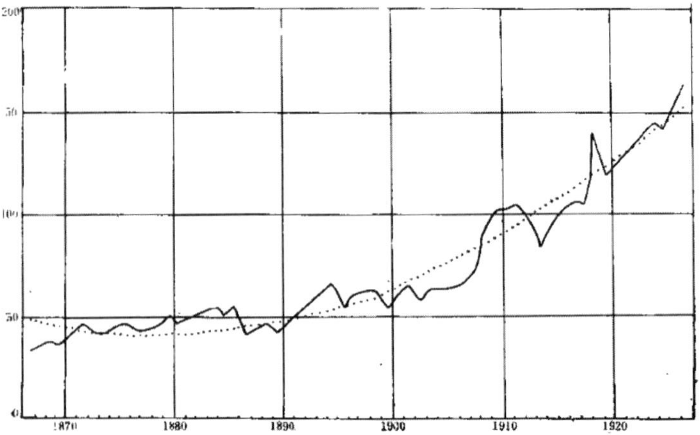

第二图　出口物量未调节指数（1867—1927）

五、物量指数物价指数及物物交易指数之分析

（一）进出口物量指数。进出口物量之未调节指数，见第十四表第一与第二两行，及第一图与第二图。细观图表，中国六

十年来之进出口物量，均呈向上之趋势。而其进口物量之增加，则几二倍于出口物量。1868 年进口物量指数为 20.7（1913 年等于 100），1927 年则为 157，几八倍于 1868 年。1868 年出口物量指数为 36，1913 年等于 100，1927 年为 163.4，虽较 1868 年之指数，增高 4 倍有奇，然其增加率，犹不及进口物量指数增加率 52%也。即就每十年之平均物量指数而分析之，则除 1908 至 1917 年之十年外，进口物量之增加率，均较出口物量之增加率为高（参看第四表）。1878 至 1887 年十年之平均进口物量，较前十年（1868 至 1877 年）者，约高 26%；而出口平均物量，则仅增 17%，较进口物量之增加率约低 35%。1888 至 1897 年十年之平均进口物量，较前十年（1878 至 1887 年）者，约高 40%；而平均出口物量，则仅增 8%，较进口物量之增加年均低 80%。1908 至 1917 年十年之平均进口物量，较前十年（1898 至 1907 年）者，约增 45%；而出口物量之增加率，则为 55%，较进口物量之增加率约高 22%。1918 至 1927 年十年之平均进口物量，较前十年（1908 至 1917 年）者，约增 68%；而平均出口物量，则仅增 41%，较进口物量之增加率约低 40%。此中国六十年来进出口物量增加率比较之概况也。

第四表　进出口物量未调节指数之每十年平均（1913 年等于 100）

年份	进口物量	前十年平均相比增加率	出口物量	前十年平均相比增加率
1868—1877	24.27		41.75	
1878—1887	30.45	+25.46%	48.99	+17.34%
1888—1897	42.55	+39.73%	63.01	+8.20%
1898—1907	58.56	+37.62%	62.22	+17.37%
1908—1917	84.85	+44.89%	96.56	+55.19%
1918—1927	142.31	+67.71%	135.87	+40.71%

进出口物量，逐期增加率之概况，已如上述。至其变动之大小，亦可凭指数以测定之。进口物量，在 1868 至 1898 年之间，虽逐年渐增，而无狂涨暴落之象。1898 年以后，涨落颇形暴烈，而以 1918 至 1927 年之十年间为最甚。出口物量，在 1887 年以前，涨落甚微；唯 1888 至 1897 年之间，变动颇烈；1898 至 1907 年复呈平稳之势；自 1908 年起，涨落又形暴烈，而以 1918 至 1927 年之十年为最甚。六十年来进口物量之变动，除 1898 至 1907 年之十年外，均较出口物量之变动为大。此种变动，第一图与第二图上之曲线，表示甚明。吾人更可推求每十年进出口物量指数之离中趋势，而以数字表示其各期之大小。计算离中趋势之最普通方法，为平均差与标准差，标准差又名均方差，以其为差数之方之平均数之平方根故也。二者以标准差所表示之离中趋势为最完全之差数。兹将每十年进出口物量指数之平均差与标准差，表列如下。

第五表　进出口物量未调节指数之离中趋势

年份	进口物量指数		出口物量指数	
	平均差	标准差	平均差	标准差
1868—1877	2.98	3.3	3.13	3.7
1878—1887	2.17	2.2	3.43	4.0
1888—1897	4.28	4.8	7.27	7.9
1898—1907	10.78	12.9	2.70	3.3
1908—1917	11.90	14.1	7.96	10.2
1918—1927	26.29	29.6	15.86	20.0

上述中国进出口物量之变迁，乃根据未调节之进出口物量指数以测定之。未调节指数所表现之进出口物量之涨落，系以其基年之物量为标准，且包括恒差在内，故不能用以推测进出

口贸易实际上之盛衰消长。调节指数，以进出口物量中之恒差为标准，故所表现者，为进出口物量与进出口物量恒差之百分比。商业上固有向上与趋下之恒常倾向，是之谓恒差，已如上述。恒常倾向之或增或减，与商业本身之盛衰无关；而大于或小于恒常倾向之变迁，即所以代表商业实际上之消长也。例如民国十七年，进口物量调节指数为 96.22，出口物量调节指数 107.19，是进口物量低于恒差 3%强，出口物量高于恒差 7%强是也。自 1868 至 1927 年进出口物量调节指数见第十四表和第三、第四两图，在此六十年中进口物量之增加，低于恒差者 29 年，高于恒差者 31 年；1898 至 1907 年十年之平均进口物量，较前十年（1888 至 1897 年）者，约高 38%；而出口物量，则仅高 17%，较进口物量之增加率约低 55%。出口物量之增加低于恒差者 31 年，高于恒差者 29 年。进口物量之增加，高于恒差之最甚者为 1891 年之 44%，此外高于恒差 30%以上者，有 1878、1888、1890、1892 四年；其低于恒差之最甚者，为 1868 年（35%）及 1869 年二年（31%）。出口物量之增加，高于恒差之最甚者，为 1884 年之 24%，此外高于恒差 21%强者，有 1886 年与 1895 年两年，余均在 20%以下；其低于恒差之最甚者，为 1868 年（24%）与 1870 年（22%）两年。进口物量之增加，过于其恒差之最高点，较之出口物量之增加，过于其恒差之最高点，约多 83%。进口物量之降落，低于恒差最下点，较出口物量之降落，低于其恒差最下点，约 46%。是中国六十年来，进口物量增加，高于恒差之年数，较出口物量之增加，高于恒差之年数为多；而其增加与降落之剧烈，亦远非出口物量之所能及也。此种增加降落之大小，亦可用离中差法，得一更准确之数字以表明之。第七表载进出口物量调节指数之离中差异，进口物量指数之平均差与均方差，除 1898 至 1907 年之十年外，均大于出口物量指数之平均差与均方差。进口物量指数之平均差与均方差之最大者，为 1878 至 1887 年之十年，足见该期进口物量涨落之烈。而出口物量指数之平均差与均方差之最大者，则为 1888 至 1897 年之十年。然较进口物量指数离中差之最大者，相差甚远。

（二）进出口物价指数。进出口物价，表示一国人民实际所付或受价格之变化；而市场物价，则表示特种品级货品之价格。例如中国所购之棉花，各种品级之比例，逐年互异，若取其输入之总值，以总量除之，则得国人实际所付棉花每磅之平均价，较之上海市场特种品级之棉价为确。故吾人若仅欲测定国人所付或所受平均价格之变动，而不问其中品质之变化若何，则进出口物价较市价为宜，否则市价较进出口物价为佳。盖进出口物价之所以表示者，有二种变化混合在内：一由于物价之变动，一由于买卖货物品质之变动。且进出口物价之变动，不若市场价格变动之剧烈，以其为输出入总值除总量而得之平均价故也。中国六十年来之进出口物价，均有逐年增长之势（观第十四表第三、第四两行，及第五、第六两图）。其出口物价之一般平均，较进口物价为高。两者之变动率，虽略有差异，然其变动之趋向，或增或减，则绝对相似（观第七表）。唯六十年来之进口物价，较出口物价，稍为平稳，不若出口物价之狂涨暴落，变动异常。进口物价每十年之平均差及均方差，除 1868 至 1877 年与 1888 至 1897 年两期外，均较出口物价每十年之平均差与均方差高出甚远（观第八表）。此就未调节指数测定中国六十年来进出口物价变动之概况也。

第六表 进出口物量调节指数之离中趋势

年份	进口物量		出口物量	
	平均差	均方差	平均差	均方差
1868—1877	19.13	20.32	9.87	11.45
1878—1887	15.23	16.25	8.18	9.60
1888—1897	9.29	10.25	9.71	10.96
1898—1907	3.35	3.87	7.42	9.38
1908—1917	5.20	6.73	4.20	5.46
1918—1927	7.92	9.07	4.21	5.47

第七表 进出口物价未调节指数之每十年平均（1913 年等于 100）

年份	进口物价		出口物价	
	指数	增（+）减（-）率	指数	增（+）减（-）率
1868—1877	42.15		51.52	
1878—1887	38.25	-93.0%	42.29	-17.9%
1888—1897	51.77	+35.3%	54.33	+28.5%
1898—1907	78.14	+50.9%	82.45	+51.8%
1908—1917	97.79	+25.1%	99.29	+20.4%
1918—1927	110.01	+12.5%	139.38	+31.3%

第八表 进出口物价未调节指数之离中趋势

年份	出口物价指数		进口物价指数	
	平均差	均方差	平均差	均方差
1868—1877	2.76	3.6	5.23	5.4
1878—1887	4.27	4.8	2.07	2.6
1888—1897	3.05	4.2	12.00	12.6
1898—1907	9.67	11.2	5.36	6.3
1908—1917	7.99	8.9	4.99	5.9
1918—1927	14.22	15.0	5.87	6.8

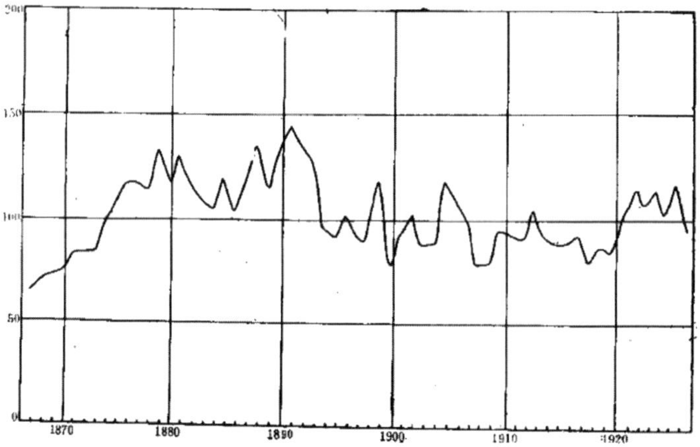

注：长期趋向之纵线等于 100。

第三图　进口物量调节指数（1867—1927）

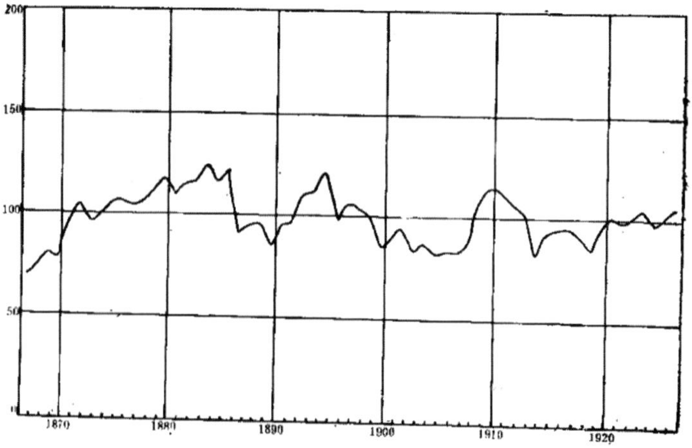

注：长期趋向之纵线等于 100。

第四图　出口物量调节指数（1867—1927）

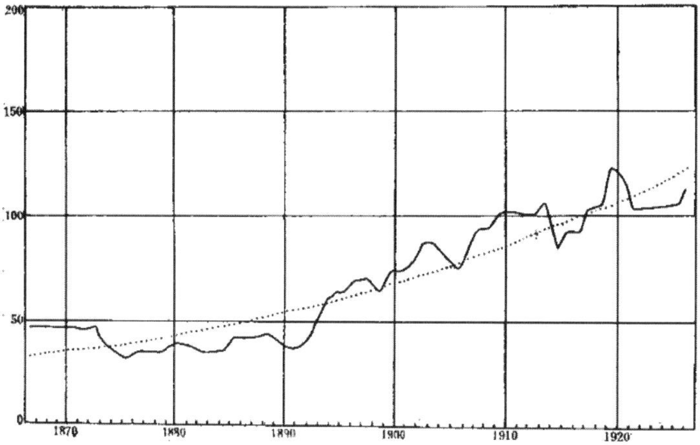

注：1931 年等于 100。

第五图 进口物价未调节指数（1867—1927）

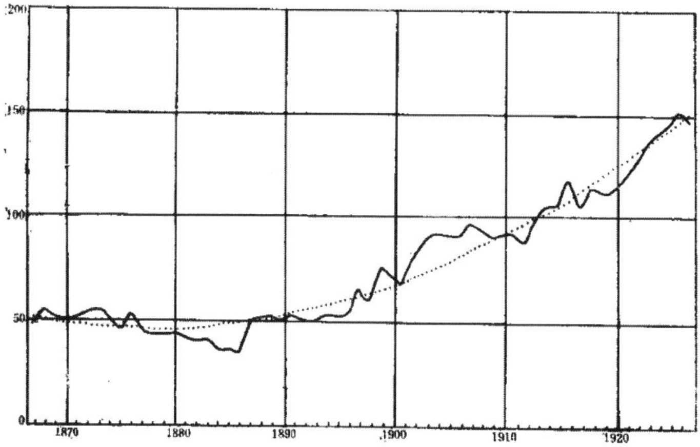

注：1931 年等于 100。

第六图 出口物价未调节指数（1867—1927）

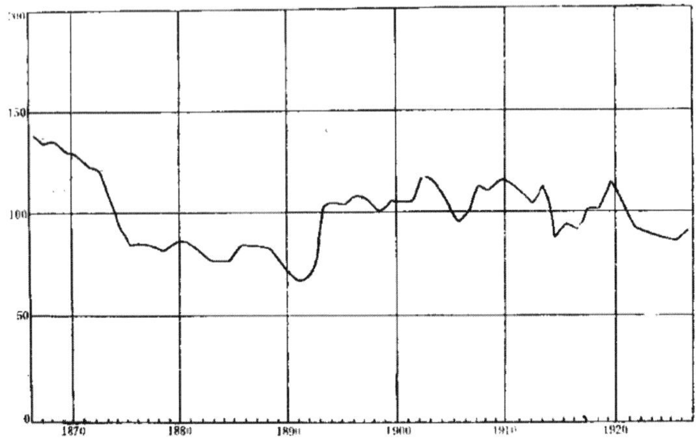

注：长期趋向之纵线等于 100。

第七图　进口物价调节指数（1867—1927）

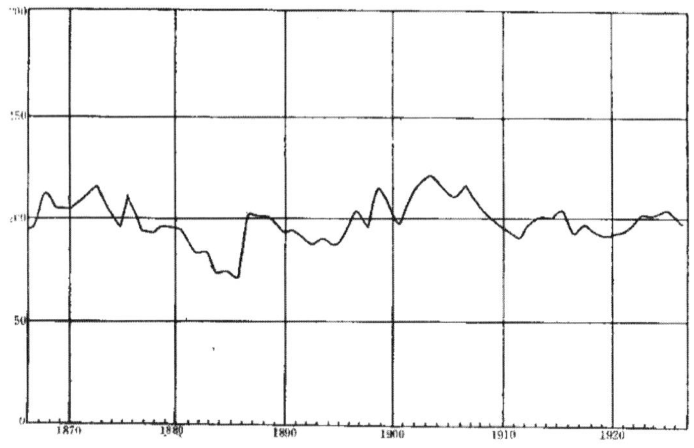

注：长期趋向之纵线等于 100。

第八图　出口物价调节指数（1867—1927）

进出口物价之变动，亦可就其调节指数以测定之（见第十三表及第七、第八两图）。唯其意义，迥然两异，已如上述。中国六十年来之进口物价，高于其恒差之变动者 31 年；低于其恒差之变动者 29 年。出口物价，高于其恒差之变动者 29 年；低于其恒差之变动者 31 年。进口物价超于恒差之最高点，为 3.7%（1868 与 1869 两年）；低于恒差之最下点，为 30%（1892 年）。出口物价超于恒差之最高点为 20%（1904 年），低于恒差之最下点为 29%（1886 年）。进口物价高于恒差之最多年数为 9 年，其高点在 5%至 10%之间；低于恒差之最多年数亦 9 年，其低点在 10%至 15%之间。出口物价高于恒差之最多年数为 12 年，其高点在 1%至 5%之间；低于恒差之最多年数为 11 年，其低点在 5%至 10%之间。由此可知中国六十年来进口物价，高于或低于其恒差之剧烈，均远过出口物价。此种变动之剧烈，亦可用离中差方法，以求一数字之表示。下表即为进出口物价调节指数每十年之平均差与均方差。

第九表　进出口物价调节指数之离中趋势

年份	进口物价		出口物价	
	平均差	均方差	平均差	均方差
1868—1877	19.13	20.32	4.98	6.24
1878—1887	15.23	16.25	4.58	5.34
1888—1897	9.29	10.25	3.88	5.17
1898—1907	3.35	3.87	9.42	10.45
1908—1917	5.20	6.77	6.66	8.01
1918—1927	7.92	9.70	3.68	4.15

（三）物物交易指数。六十年来中国对外之物物交易指数，见第十四表第五、第六两行和第九图。大凡任何一年之物物交易指数，如高于基数，则表示该年用以换进口物之出口物量，较基年所用以换进口物之出口物量为多。换言之，即该年之物物交易，较之基年，为不利于中国。反之，如其指数较基数为低，即表示该年用以换进口物之出口物量，较基年所用以换进

口物之出口物量为少。而其物物交易，较之基年，为有利于中国。第九图载有虚实两曲线，实线代表总数的物物交易指数，虚线代表净数的物物交易指数。二线之高低不同，然其逐年变动之方向则颇相似。吾人可先就其虚线所代表净数的物物交易指数，以观察中国六十年来进出口贸易之相互关系。

中国净数的物物交易，比之基年（1913），为最不利于中国者，首推 1895 年，其指数较基数约高 23%。而比较最有利于中国者，则为 1876 年，其指数较基数低 35%。换言之，假使中国国际贸易，纯为以国货易外货，绝无非商品之交易杂其中，则 1895 年用以换进口物之出口物量，较之 1913 年，约多 23%。而 1876 年用以换进口物之出口物量，较之 1913 年，约少 35%。在此六十年中，净数的物物交易指数，起落无定；其变动似无固定之趋势，前三十年（1868 至 1897 年）之平均指数（89），较后三十年（1898 至 1927 年）之平均指数（96），约高 5%。其每十年之平均指数，颇呈逐渐上增之势，迨至最近十年，始见下落（见第十表）。此净数的物物交易指数之变动概况也。

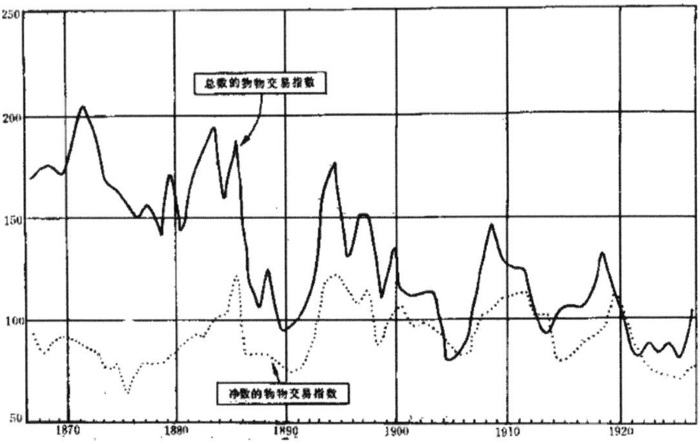

注：1913 年等于 100。

第九图　物物交易指数（1867—1927）

第十表 净数的物物交易指数之每十年平均（1913年等于100）

年份	1868—1877	1878—1887	1888—1897	1898—1907	1908—1917	1918—1927
平均数	81.69	91.68	94.59	95.91	99.45	85.70

中国六十年来总数的物物交易指数，虽逐年变动无常，然就长期观之，则六十年中，显呈一渐降之趋势。换言之，中国六十年来国际贸易之不利的地位，已渐趋改善矣。在此六十年中，其进出口贸易之相互关系间，比1913年（即指数之基年），较为有利者，仅12年，其余均较不利，而以1872年为最甚，因该年之指数达最高点（202.4）故也。1868至1897年之平均指数，约高于基年（1913）54%；而1898至1927年之平均指数，只约高于基年 8%。前后三十年间，其指数之高低，相差至42%之多，不可谓不巨矣。兹将总数的物物交易指数之每十年平均列表如下。

第十一表 总数的物物交易指数之每十年平均（1913年等于100）

年份	1868—1877	1878—1887	1888—1897	1898—1907	1908—1917	1918—1927
平均数	173.47	102.29	126.84	110.68	115.94	98.34

本篇所论各种指数，可大别为三类：1.进出口物量物价之未调节指数；2.进出口物量物价之调节指数；3.总数的与净数的物物交易指数。三项指数，意义互异，上文业已详及。此项统计之编制，不过为中国国际贸易研究之基础工作，而非中国国际贸易之研究。唯基础既具，则此后研究进行，始能有所规范。编者现正拟以各种指数为标准，从进出口货物之性质种类及来源、国内外市场之供求，及工商业发达之损益，与其政治上之各种影响等，逐一分析，以求得上列三类指数变动之原因，而为一有系统之说明。他日如能告成，则即研究中国近世纪国

际贸易史之本也。

第十二表　进出口物量与物价之连环指数（1867—1927）

（A）进口物量与物价指数

年份	物量指数	物价指数	物量指数与物价指数相乘	物值比率	年份	物量指数	物价指数	物量指数与物价指数相乘	物值比率
1867	100.0	100.0			1898	103.2	100.2	1.03	1.03
1868	102.9	100.0	1.03	1.03	1899	135.3	98.7	1.27	1.27
1869	103.6	102.0	1.06	1.06	1900	71.5	111.4	0.80	0.80
1870	98.3	97.6	0.96	0.96	1901	126.2	100.6	1.27	1.27
1871	108.4	101.4	1.10	1.10	1902	113.4	103.6	1.18	1.18
1872	99.5	96.7	0.96	0.96	1903	91.8	113.1	1.04	1.04
1873	97.0	101.0	0.99	0.99	1904	106.4	98.8	1.05	1.05
1874	115.5	83.2	0.96	0.96	1905	139.5	93.1	1.30	1.30
1875	107.3	91.7	0.99	0.99	1906	98.7	92.9	0.92	0.92
1876	107.5	95.8	1.03	1.03	1907	93.1	109.1	1.02	1.02
1877	99.4	104.9	1.04	1.04	1908	81.9	115.9	0.95	0.95
1878	96.6	100.7	0.97	0.97	1909	106.1	99.7	1.06	1.06
1879	117.0	98.7	1.16	1.16	1910	102.7	107.8	1.11	1.11
1880	88.6	108.7	0.96	0.96	1911	102.2	99.7	1.02	1.02
1881	112.7	103.3	1.16	1.16	1912	102.4	97.9	1.00	1.00
1882	89.2	95.1	0.85	0.85	1913	120.7	99.9	1.21	1.21
1883	96.3	98.5	0.95	0.95	1914	91.6	108.9	1.00	1.00
1884	98.6	100.0	0.99	0.99	1915	100.5	79.3	0.80	0.80
1885	117.2	102.8	1.21	1.21	1916	104.9	108.3	1.14	1.14
1886	87.6	114.2	1.00	1.00	1917	106.7	99.9	1.07	1.07
1887	118.0	98.4	1.17	1.17	1918	90.0	113.2	1.01	1.01
1888	120.9	101.1	1.23	1.23	1919	111.1	102.2	1.17	1.17
1889	87.5	101.5	0.89	0.89	1920	100.6	117.0	1.18	1.18
1890	124.4	91.9	1.14	1.14	1921	124.8	95.3	1.19	1.19
1891	111.0	95.1	1.06	1.06	1922	119.8	87.4	1.04	1.04
1892	98.5	102.3	1.01	1.01	1923	97.8	100.8	0.99	0.99
1893	99.2	112.8	1.12	1.12	1924	110.2	100.1	1.10	1.10
1894	76.3	140.6	1.07	1.07	1925	91.9	101.5	0.93	0.93
1895	100.9	105.2	1.06	1.06	1926	118.9	99.9	1.19	1.19
1896	116.2	101.5	1.18	1.18	1927	84.2	107.1	0.90	0.90
1897	93.5	106.9	1.00	1.00					

（B）出口物量与物价指数

年份	物量指数	物价指数	物量指数与物价指数相乘	物值比率	年份	物量指数	物价指数	物量指数与物价指数相乘	物值比率
1867	100.0	100.0			1898	103.0	94.2	0.97	0.97
1868	105.5	114.7	1.21	1.21	1899	98.5	125.2	1.23	1.23
1869	105.0	92.1	0.97	0.97	1900	87.8	92.4	0.81	0.81
1870	94.3	96.5	0.91	0.91	1901	107.8	96.8	1.01	1.04
1871	118.3	102.3	1.21	1.21	1902	110.1	117.9	1.29	1.29
1872	109.9	101.9	1.12	1.12	1903	91.8	109.4	1.01	1.00
1873	90.2	103.1	0.93	0.93	1904	107.1	104.2	1.12	1.12
1874	102.6	92.5	0.95	0.95	1905	97.7	97.5	0.95	0.95
1875	105.3	88.5	0.93	0.93	1906	103.3	100.2	1.04	1.04
1876	101.3	115.9	1.17	1.17	1907	103.9	107.7	1.12	1.12
1877	95.3	86.8	0.83	0.83	1908	108.8	96.4	1.05	1.05
1878	101.5	98.5	1.00	1.00	1909	127.2	96.2	1.22	1.22
1879	104.5	102.8	1.07	1.07	1910	110.8	101.4	1.12	1.12
1880	109.1	99.3	1.08	1.08	1911	99.2	99.7	0.99	0.99
1881	92.3	98.6	0.91	0.91	1912	101.7	96.8	0.98	0.98
1882	105.6	89.3	0.94	0.94	1913	96.3	112.9	1.09	1.09
1883	102.8	101.7	1.05	1.05	1914	83.8	105.4	0.88	0.88
1884	107.2	89.1	0.93	0.93	1915	115.1	102.3	1.18	1.18
1885	94.0	103.2	0.97	0.97	1916	106.1	108.5	1.16	1.16
1886	104.7	95.5	1.00	1.00	1917	106.8	90.8	0.96	0.96
1887	76.0	140.9	1.12	1.12	1918	97.1	107.8	1.05	1.05
1888	105.7	101.2	1.07	1.07	1919	132.8	97.8	1.30	1.30
1889	103.8	101.6	1.05	1.05	1920	85.2	100.8	0.85	0.85
1890	92.8	96.6	0.90	0.90	1921	106.4	104.2	1.11	1.11
1891	114.2	101.7	1.16	1.16	1922	102.8	106.0	1.09	1.09
1892	104.0	98.1	1.02	1.02	1923	105.2	109.3	1.15	1.15
1893	114.8	98.9	1.14	1.14	1924	105.4	103.1	1.09	1.09
1894	105.0	104.1	1.09	1.09	1925	97.8	103.3	1.01	1.01
1895	110.4	101.2	1.12	1.12	1926	106.2	104.8	1.11	1.11
1896	85.0	107.9	0.92	0.92	1927	109.2	97.4	1.96	1.96
1897	109.2	114.6	1.25	1.25					

第十三表 进出口物量与物价调节指数（1867—1927）

年份	进口		出口		年份	进口		出口	
	物量指数	物价指数	物量指数	物价指数		物量指数	物价指数	物量指数	物价指数
1867	60.23	139.35	70.28	97.14	1898	88.55	109.41	105.90	95.92
1868	64.61	137.13	75.85	113.15	1899	118.83	100.15	101.22	116.83
1869	69.42	137.45	81.28	106.19	1900	77.63	108.90	86.14	105.10
1870	70.62	131.94	78.22	103.95	1901	93.43	107.09	89.98	98.94
1871	79.28	131.25	94.05	107.64	1902	100.91	108.37	95.97	112.56
1872	81.35	124.71	104.98	110.80	1903	88.19	119.73	84.23	119.14
1873	81.72	123.69	95.84	115.30	1904	89.48	115.67	88.22	120.67
1874	96.43	100.97	99.47	107.42	1905	119.10	105.25	83.21	114.28
1875	105.58	90.95	105.76	95.44	1906	112.21	95.65	83.32	111.21
1876	114.95	85.29	107.92	111.06	1907	99.67	101.91	83.71	116.17
1877	115.35	87.49	103.46	96.52	1908	77.95	115.48	88.09	108.72
1878	112.06	86.12	105.39	93.01	1909	79.03	112.54	108.44	101.49
1879	131.21	83.09	110.18	97.35	1910	95.29	118.15	115.27	99.91
1880	115.73	88.25	119.92	96.32	1911	93.24	115.75	115.59	96.65
1881	129.27	89.26	110.22	94.51	1912	91.35	110.77	109.83	90.83
1882	113.71	83.05	115.63	83.99	1913	105.54	104.06	102.26	99.50
1883	107.59	79.88	117.91	84.78	1914	92.65	115.32	82.90	101.79
1884	103.84	78.07	124.95	74.76	1915	89.33	89.52	92.37	101.05
1885	118.69	78.02	117.90	75.06	1916	89.90	94.89	94.86	106.48
1886	101.23	87.30	121.60	70.63	1917	92.11	92.77	97.12	93.84
1887	115.47	84.69	90.97	102.17	1918	79.64	101.87	92.59	98.24
1888	134.94	83.88	94.52	101.64	1919	87.36	101.91	87.52	93.32
1889	113.77	83.25	96.05	101.53	1920	84.49	116.72	97.23	91.37
1890	135.91	74.86	87.16	96.24	1921	101.45	108.91	100.20	92.46
1891	144.71	69.51	97.15	95.75	1922	116.49	93.19	99.85	95.26
1892	136.61	69.46	98.58	91.92	1923	109.74	91.97	101.83	101.19
1893	129.56	76.43	110.37	88.83	1924	116.55	90.18	104.05	101.38
1894	94.55	104.99	112.92	90.34	1925	103.31	89.70	98.19	101.79
1895	90.97	107.94	121.16	89.17	1926	118.54	87.81	101.14	103.75
1896	100.98	107.02	99.98	93.77	1927	96.22	92.27	107.19	98.25
1897	90.03	111.86	106.04	104.66					

注：长期趋向之纵线等于 100。

第十四表　进出口物量与物价指数及物物交易指数（1867—1927）

年份	物量指数		物价指数		物物交易指数	
	进口 Qi	出口 Qe	Pi	Pe	Qe/Qi	Pi/Pe
1867	20.1	34.1	46.6	49.9	109.7	93.4
1868	20.7	36.0	46.6	57.2	173.9	81.5
1869	21.1	37.8	47.5	52.9	176.6	89.8
1870	21.0	35.7	46.4	61.1	179.0	90.8
1871	22.8	43.2	47.0	62.3	185.1	89.9
1872	22.7	46.4	45.5	53.3	204.4	85.4
1873	22.2	41.8	46.6	55.0	188.8	83.6
1874	25.6	42.9	38.3	50.9	167.6	75.2
1875	27.5	45.2	35.2	45.0	161.4	78.2
1876	29.5	45.8	33.7	52.2	155.8	64.6
1877	29.3	43.7	35.3	45.3	149.1	77.9
1878	28.3	44.4	35.5	41.6	156.9	79.9
1879	33.1	46.4	35.0	45.8	140.2	76.4
1880	29.3	50.6	38.0	45.5	172.7	83.5
1881	33.0	46.7	39.3	44.9	141.5	87.5
1882	39.4	49.3	37.4	40.2	167.7	93.0
1883	28.3	50.7	36.8	40.9	179.2	90.0
1884	27.9	54.3	36.8	36.5	194.6	101.8
1885	32.7	51.9	37.8	37.1	158.7	101.9
1886	28.7	54.3	43.1	35.4	180.2	121.8
1887	33.8	41.3	42.8	52.0	122.2	82.3
1888	40.9	43.7	43.4	52.6	106.8	82.6
1889	35.8	45.3	44.1	53.7	126.3	82.4
1890	44.5	42.0	40.6	51.7	94.4	78.5
1891	49.4	47.9	38.6	52.6	97.0	73.5
1892	48.7	49.8	39.5	51.5	102.3	76.7
1893	48.3	57.2	44.5	50.9	118.4	87.1
1894	36.9	60.1	62.6	53.0	162.9	118.1
1895	37.2	56.3	65.9	53.6	178.2	122.9
1896	43.3	56.3	66.9	57.8	130.0	115.7
1897	40.5	61.6	71.6	66.2	151.8	108.2
1898	41.8	63.3	71.7	62.3	151.4	115.1
1899	56.5	62.4	67.2	78.0	110.4	86.2

续表

年份	物量指数		物价指数		物物交易指数	
	进口 Qi	出口 Qe	Pi	Pe	Qe/Qi	Pi/Pe
1900	40.4	54.8	74.8	72.1	135.6	104.7
1901	51.0	59.1	75.8	69.4	115.9	107.9
1902	57.8	65.1	78.1	81.7	112.6	95.5
1903	53.0	69.7	88.2	89.6	112.6	99.1
1904	56.4	63.9	87.2	92.8	113.3	94.9
1905	78.7	62.4	81.6	90.5	79.3	89.7
1906	77.7	61.5	75.5	90.7	83.0	83.2
1907	72.3	67.0	82.3	97.6	92.7	84.3
1908	59.2	72.9	75.4	94.1	123.1	101.9
1909	62.8	92.8	95.1	47.5	147.4	105.1
1910	79.2	102.9	102.6	41.8	124.9	111.8
1911	81.0	102.1	102.3	41.5	126.0	111.8
1912	82.9	103.9	100.1	83.6	125.3	113.0
1913	100.0	100.0	100.0	100.0	100.0	100.0
1914	91.6	83.8	108.9	105.4	91.5	103.3
1915	92.1	96.5	86.4	107.8	104.4	90.1
1916	96.6	102.4	93.6	117.0	105.4	80.9
1917	103.1	108.3	93.8	106.2	105.0	88.0
1918	92.8	105.5	104.9	114.5	113.7	91.6
1919	105.9	140.1	107.2	112.0	132.3	95.7
1920	106.5	119.4	125.4	122.9	112.1	111.1
1921	132.9	127.0	119.5	117.6	95.6	101.6
1922	158.5	130.6	104.4	124.7	82.4	83.7
1923	155.0	137.4	105.2	136.3	88.6	77.2
1924	170.8	144.8	105.3	140.5	84.8	74.9
1925	157.0	140.9	106.9	145.1	89.7	73.7
1926	186.7	149.6	106.8	152.1	80.1	70.2
1927	157.2	163.4	114.4	148.1	104.1	77.3

注：1913 年等于 100。

（南开大学社会经济研究委员会，1930 年）

中国进出口物量指数物价指数及物物交易率指数编制之说明(1867—1930)

引言

吾人欲研究中国进出口贸易之趋势及其相互之关系，必须有物量指数、物价指数以为根据；否则对于贸易之涨落，殊难得一准确之测视。盖百货价格，万有不齐，币值消长，杳无一定，进出口贸易之价值，每不足以表示其数量之多寡。例如根据本院编制之华北批发物价指数，1930 年每银一元能购之物品，仅与 1913 年之五角八分者相当。是以对外贸易之趋势，常为变化剧烈之币值所蔽，而进出口物值之涨落，遂不足以表示进出口物量之消长。不仅此也，金本位国家与银本位国家间汇率之变动，亦为进出口物值不能代表物量升降之重要原因。欧战期内，金币价值暴落，而交战国家又需巨量现银增铸辅币，银价飞涨；中国为银本位国，对外汇率遂因以降落。欧战以后，金价上腾，外汇市价，复随而俱升。根据本院之外汇指数，1931 年外币价值已等于 1919 年者三倍有余。国内与国外币值之升降无定，乃使价值与数量间相互之关系，因以破坏而进出口物量指数与物价指数之编制，乃为研究中国进出口贸易趋势及其相互关系时所不容缓之工作。编者从事于此，已历四载，自 1867

至 1927 年之指数，已有中英文之单行本，先后刊行，今再续编 1928 至 1930 年之数字，并其取材来源与编制方法，略述如下。

研究范围与编制方法

吾人现时之研究，乃以中国海关华洋贸易总册中所载之进口物量及以物量除物值所得之物价，制成指数，以视 1867 至 1930 年我国对外贸易之变迁。中国海关总册仅载进出口之物值与物量，吾人所用之价格，乃以每项物品之数量除其价值，间接计得。中国海关 1859 年曾有贸易清册之刊行，1864 年复增刊贸易报告。1882 年两种刊物合并为一，称为华洋贸易总册。1867 年以前，各关贸易报告，有以银元为计算之单位者，有以银两为计算之单位者；货币之计算单位不同，分析时即感困难，以其无比较之可能故也。1867 年海关引用“海关两”以为各关之共同计算单位，于是关册所载始能一致。是以吾人现时之研究亦以 1867 年为始。

进出口物量指数之编制，除普通各种指数一般之困难外，尚有其特殊之困难，为他种指数之所无者，以其缺乏共同之计算单位故也。普通指数之编制，欲求完善，本非易举，如材料性质之不能一致，数字之中断，公式之采用，与夫权数之选择，均能与吾人以若干之难点。惟物价指数中，所有物品，虽各有其特殊之点，而吾人尚可以货币之共同单位表示之；至于物量指数，则其统计资料，有以吨为单位者，有以匹为单位者，有以磅为单位者，有以加仑等为单位者，其错综复杂，远非价格之可及。且吾人应用海关贸易统计，至六十余年之久，其前后所用之单位，每不一致，复与吾人以若干之困难。又关册所载之数量，如“未列名干鲜果品”均以磅计，“未列名鱼介海产”均以担计，此等物品之性质欲其完全相同，而量度之单位，又能绝对相等，几乃不可能之事实，故其所载之数量，亦略无意义之可言。且贸易报告之中，大部物品虽明载数量，而尚有若干货物仅具价值者。指数之编制，若不愿将此类物品尽行抛弃，则其物量之推算，仅能以此项物品之价格除其总值，间接计得。海关贸易总册对于价格既无统计，则处统计幼稚之中国，欲求六十年来之物价，诚不可能。凡此皆为研究中国进出口物量之根本问题，以其对于进出口物量物价指数之编制，关系至大也。

吾人指数之编制，分为二种：一为普通之所用者，即以固定之一年为基期，而以其他各年之物量或物价化为基期数字之百分率，即本文之所谓“未调节指数”（Unadjusted index）是也。此种指数，对于经济现象中之常态变迁，未能顾及。按经济现象中常态变迁之存在与否，对于各年进出口之增减，在解释时关系极大。进出口之增减，若与常态变迁完全相同，则工商业亦可为常态之发展，而无盛衰互易之弊。苟进出口之增减，与常态之升降发生差异，则于一般之经济状况，必有若干之影响。吾人第二种之指数，即以第一种指数化成常态变迁之离差，以视中国对外贸易起伏升降之状况，此即本文所谓“调节指数”（Adjusted index）是也。

未调节指数

普通未调节指数之编制，其主要问题，必须审慎考虑者五，即研究范围、取材来源、选择物品、采用公式与基期之决定是也。吾人现时之所编制者，乃为中国进出口物量物价指数，所用材料均采自海关贸易总册，故尚待讨论者仅选样、基期与公式三项问题耳。

1. 选样。海关报告册中，常有若干物品，不载数量，或虽有数量，而其数量欠明确之意义者（如“未列名物品”与“他国物品”是）。此等物品在计算指数时，均不能直接列入。幸大部货物均尚能明载数量，故指数中直接包含之物品，每年均占总值 2/3 以上。第一第二两表即示各年指数直接列入物品对各年进出口总值之百分率。

2. 基期。进出口之物品，变化无常；海关报告册之分类方法，亦无定则。此种改变，时代愈远，则差异愈甚。吾人若以固定之一年为计算指数之基期，则于物品之改易，困难极大。本院进出口物量物价指数乃采连锁基期之法，先以 1867 年为基期计算 1868 年之指数，再以 1868 年为基期，计算 1869 年之指数。如是类推，至 1930 年而后止。次以 1867 年指数与 1868 年者相乘，所得结果再与 1869 年者相乘，以此类推，其结果即为以 1868 年为基期之指数（见表三、表四）。但 1868 年代久远，不宜用为比较之标准，故吾人再将全部数字，除以 1913 年之指数，而改以是年为基期，盖 1913 为欧战以前最后之一年，最宜用为此种长期数字之比较也。

表一　直接列入指数内之出口物值对出口总值之百分比

（物值单位：百万海关两）

年	直接列入指数内之出口物值	出口物总值	百分比	年	直接列入指数内之出口物值	出口物总值	百分比
1867	55	58	95	1899	168	196	86
1868	68	69	98	1900	131	159	82
1869	65	67	97	1901	133	166	80
1870	59	62	95	1902	177	214	83

续表

年	直接列入指数内之出口物值	出口物总值	百分比	年	直接列入指数内之出口物值	出口物总值	百分比
1871	73	75	97	1903	174	214	81
1872	82	84	98	1904	208	239	87
1873	76	78	97	1905	194	228	85
1874	72	74	97	1906	215	236	91
1875	67	69	97	1907	242	264	92
1876	78	81	96	1908	252	277	91
1877	64	67	96	1909	311	339	92
1878	64	67	96	1910	344	381	90
1879	69	72	96	1911	346	377	92
1880	75	78	96	1912	337	371	91
1881	69	71	97	1913	378	403	94
1882	62	67	93	1914	334	356	94
1883	65	70	93	1915	397	419	95
1884	62	67	92	1916	441	482	91
1885	60	65	92	1917	429	463	93
1886	71	77	92	1918	446	486	92
1887	78	86	91	1919	590	631	94
1888	80	92	87	1920	467	542	86
1889	85	97	88	1921	544	601	91
1890	75	87	86	1922	595	655	91
1891	88	101	87	1923	690	753	92
1892	88	103	85	1924	702	772	91
1893	98	117	84	1925	708	776	91
1894	110	128	86	1926	801	864	93
1895	123	143	86	1927	845	919	92
1896	108	131	82	1928	922	991	93
1897	139	164	85	1929	931	1016	92
1898	135	159	85	1930	820	895	92

表二　直接列入指数内之进口物值对进口物总值之百分比

（物值单位：百万海关两）

年	直接列入指数内之进口物值	进口物总值	百分比	年	直接列入指数内之进口物值	进口物总值	百分比
1867	68	69	99	1899	222	265	84
1868	70	71	99	1900	173	211	82
1869	71	75	95	1901	216	268	81
1870	68	71	96	1902	262	315	83
1871	75	78	96	1903	278	327	85
1872	71	75	95	1904	293	344	85
1873	70	74	95	1905	369	447	83
1874	68	71	97	1906	332	410	81
1875	64	68	94	1907	383	416	92
1876	66	70	94	1908	318	395	81
1877	68	73	93	1909	330	418	79
1878	65	71	92	1910	363	463	78
1879	74	82	90	1911	390	3472	83
1880	70	79	89	1912	379	473	80
1881	80	92	87	1913	461	570	81
1882	67	78	86	1914	471	569	83
1883	64	74	86	1915	387	457	85
1884	63	73	86	1916	419	516	81
1885	74	88	84	1917	457	550	83
1886	72	87	83	1918	444	555	80
1887	65	102	64	1919	499	647	77
1888	82	125	66	1920	602	762	79
1889	70	111	63	1921	666	906	74
1890	86	127	68	1922	675	945	71
1891	91	134	68	1923	735	923	80
1892	92	135	68	1924	800	1，018	79
1893	96	151	64	1925	765	918	81
1894	139	162	86	1926	899	1，124	80
1895	141	172	82	1927	793	1，013	78
1896	174	203	86	1928	932	1，196	78
1897	170	203	84	1929	1，015	1，266	80
1898	176	210	84	1930	1，017	1，310	78

3. 公式。进出口物品，种类繁多，其数量与价格，亦常有极大之变易，故编制指数时所用之权数，对于所得结果，影响至大。如以1913年为基期而计算1927年之物量指数时，以战前物价为权数与以战后物价为权数者，其结果相差至巨。吾人即用锁基方法以上年为计算本年指数之基期，而以上年物价与本年物价用权数之结果，亦不尽符，计算物价指数而以物量为权数时亦然。是以最善方法即以基年权数与本年权数各计一单独之指数，而求其平均。此即费喧教授（Professor lrving Fisher）之“理想公式”也。[①]其式如下：

$$物量指数=\sqrt{\frac{\sum p_0q_1}{\sum p_0q_0}\times\frac{\sum p_1q_1}{\sum p_1q_0}}$$

$$物价指数=\sqrt{\frac{\sum p_1q_0}{\sum p_0q_0}\times\frac{\sum p_1q_1}{\sum p_0q_1}}$$

式中，p_0与p_1即为基年与某年之进出口物价，而q_0与q_1即为基年与某年之进出口物量。采用理想公式，物量与物价指数，可以同时算出，不须重费手续，盖两种指数所需之数量，均为$\sum p_0q_0$、$\sum p_0q_1$、$\sum p_0q_1$与$\sum p_1q_1$也。且理想公式尚有一种特殊的利益，其物量指数与物价指数之乘积，适与其价值之比率相等，$\sqrt{\frac{\sum p_0q_1}{\sum p_0q_0}\times\frac{\sum p_1q_1}{\sum p_1q_0}}\times\sqrt{\frac{\sum p_1q_0}{\sum p_0q_0}\times\frac{\sum p_1q_1}{\sum p_0q_1}}=\frac{\sum p_1q_1}{\sum p_0q_0}$。中国进出口物值乃明载于海关总册者，故用为计算时之校误，至为便利（参看第三、第四两表）。

① Fisher,l.,The Making of lndex Numbers, pp.220-225.

表三　出口物量与物价之连环指数

（Revised Year-to-year index Numbers of Quantities and Prices of imports, 1867—1930）

年 Year	物量指数 Quantity Index	物价指数 Price Index	物量指数与物价指数之乘积 QXP	逐年物值比率 Value Ratio
1867	100.0	100.0		
1868	105.5	114.7	1.21	1.21
1869	105.0	92.4	0.97	0.97
1870	94.3	96.5	0.91	0.91
1871	118.3	102.3	1.21	1.21
1872	109.9	101.9	1.12	1.12
1873	90.2	103.1	0.93	0.93
1874	102.6	92.5	0.95	0.95
1875	105.3	88.5	0.93	0.93
1876	101.3	115.9	1.17	1.17
1877	95.3	86.8	0.83	0.83
1878	101.5	98.5	1.00	1.00
1879	101.5	102.8	1.07	1.07
1880	109.1	99.3	1.08	1.08
1881	92.3	98.6	0.91	0.91
1882	105.6	89.3	0.94	0.94
1883	102.8	101.7	1.05	1.05
1884	107.2	89.3	0.96	0.96
1885	94.0	103.2	0.97	0.97
1886	113.9	104.0	1.19	1.19
1887	76.0	146.9	1.12	1.12
1888	105.7	101.2	1.07	1.07
1889	103.8	101.6	1.05	1.05
1890	92.8	96.6	0.90	0.90
1891	114.2	101.7	1.16	1.16
1892	104.0	98.1	1.02	1.02

续表

年 Year	物量指数 Quantity Index	物价指数 Price Index	物量指数与物价指数之乘积 QXP	逐年物值比率 Value Ratio
1893	114.8	98.9	1.14	1.14
1894	105.0	104.1	1.09	1.09
1895	110.4	101.2	1.12	1.12
1896	85.0	107.9	0.92	0.92
1897	109.2	114.6	1.25	1.25
1898	103.0	94.2	0.97	0.97
1899	98.5	125.2	1.23	1.23
1900	87.8	92.4	0.81	0.81
1901	109.1	98.0	1.07	1.07
1902	108.8	115.6	1.26	1.26
1903	91.8	109.0	1.00	1.00
1904	107.1	104.2	1.12	1.12
1905	97.7	97.5	0.95	0.95
1906	103.3	100.2	1.04	1.04
1907	103.9	107.7	1.12	1.12
1908	108.8	96.4	1.05	1.05
1909	127.2	96.2	1.22	1.22
1910	110.8	101.4	1.12	1.12
1911	99.2	99.7	0.99	0.99
1912	101.7	96.8	0.98	0.98
1913	96.3	112.9	1.09	1.09
1914	83.8	105.4	0.88	0.88
1915	115.1	102.3	1.18	1.18
1916	106.1	108.5	1.15	1.15
1917	105.8	90.8	0.96	0.96
1918	97.4	107.8	1.05	1.05
1919	132.8	97.8	1.30	1.30
1920	85.2	100.8	0.86	0.86
1921	106.4	104.2	1.11	1.11
1922	102.8	106.0	1.09	1.09

续表

年 Year	物量指数 Quantity Index	物价指数 Price Index	物量指数与物价指数之乘积 QXP	逐年物值比率 Value Ratio
1923	105.2	109.3	1.15	1.15
1924	99.5	103.6	1.03	1.03
1925	97.3	103.3	1.01	1.01
1926	106.2	104.8	1.11	1.11
1927	109.2	97.4	1.06	1.06
1928	101.3	106.4	1.08	1.08
1929	95.6	107.2	1.02	1.02
1930	87.9	100.4	0.88	0.88

表四　进口物量与物价之连环指数

（Revised Year-to-Year Index Numbers of Quantities and Prices of Imports, 1867—1930）

年 Year	物量指数 Quantity Index	物价指数 Price Index	物量指数与物价指数之乘积 QXP	逐年物值比率 Value Ratio
1867	100.0	100.0		
1868	102. 9	100.0	1.03	1.03
1869	103.6	102.0	1.06	1.06
1870	98.3	97.6	0.96	0.96
1871	108.4	101.4	1.10	1.10
1872	99.5	96.7	0.96	0.96
1873	97.6	101.0	0.99	0.99
1874	115.5	83.2	0.96	0.96
1875	107.3	91.7	0.99	0.99
1876	107.3	95.8	1.03	1.03
1877	99.4	104.9	1.04	1.04
1878	96.6	100.7	0.97	0.97
1879	117.0	98.7	1.16	1.16

续表

年 Year	物量指数 Quantity Index	物价指数 Price Index	物量指数与物价指数之乘积 QXP	逐年物值比率 Value Ratio
1880	88.6	108.7	0.96	0.96
1881	112.7	103.3	1.16	1.16
1882	89.2	95.1	0.85	0.85
1883	96.3	98.5	0.95	0.95
1884	98.6	100.0	0.99	0.99
1885	117.2	102.8	1.21	1.21
1886	87.1	113.6	0.99	0.99
1887	118.0	99.4	1.17	1.17
1888	120.9	101.4	1.23	1.23
1889	87.5	101.5	0.89	0.89
1890	124.4	91.9	1.14	1.14
1891	111.0	95.1	1.06	1.06
1892	98.5	102.3	1.01	1.01
1893	99.2	112.8	1.12	1.12
1894	76.0	140.6	1.07	1.07
1895	100.9	105.2	1.06	1.06
1896	116.2	101.5	1.18	1.18
1897	93.5	106.9	1.00	1.00
1898	103.2	100.2	1.03	1.03
1899	135.0	93.5	1.26	1.26
1900	71.5	111.4	080	080
1901	126.2	100.6	1.27	1.27
1902	113.4	103.6	1.18	1.18
1903	91.8	113.1	1.04	1.04
1904	106.4	98.8	1.05	1.05
1905	139.5	93.1	1.30	1.30
1906	98.7	92.9	0.92	0.92
1907	93.1	109.1	1.02	1.02
1908	81.9	115.9	0.95	0.95
1909	106.1	99.7	1.06	1.06

续表

年 Year	物量指数 Quantity Index	物价指数 Price Index	物量指数与物价指数之乘积 QXP	逐年物值比率 Value Ratio
1910	102.7	107.8	1.11	1.11
1911	102.2	99.7	1.02	1.02
1912	102.4	97.9	1.00	1.00
1913	120.7	99.9	1.21	1.21
1914	91.6	108.9	1.00	1.00
1915	100.5	79.3	0.80	0.80
1916	104.9	108.3	1.14	1.14
1917	106.7	99.9	1.07	1.07
1918	90.0	112.2	1.01	1.01
1919	114.1	102.2	1.17	1.17
1920	100.6	117.0	1.18	1.18
1921	124.8	95.3	1.19	1.19
1922	119.3	87.4	1.04	1.04
1923	97.4	100.3	0.98	0.98
1924	110.2	100.1	1.10	1.10
1925	91.9	101.5	0.93	0.93
1926	118.9	99.9	1.19	1.19
1927	84.2	107.1	0.90	0.90
1928	119.8	98.4	1.18	1.18
1929	106.4	99.4	1.06	1.06
1930	93.7	100.5	1.04	1.04

4. 未直接列入指数中各物品之估计。进出口物量指数与物价指数之乘积，其变迁状况，必须与全部进出口货值之升降相符，既如前述；指数之取材，若不能包括进出口物品之全部，则此种条件，即无适合之可能。故吾人指数之编制，对于未能直接列入计算中之物量物价，必须与以相当之估计，以补足之。盖直接列入计算中之货值实数，其变易状况，自不能与未直接

列入者，绝对相同。苟差异甚大，则两种物量物价之升降，必有不能相符者。且两种货值之变动即能完全吻合，而其价格与数量之升降，仍有分歧之可能也。

未直接列入计算中之物品，仅具价值，而吾人之所需，乃为数量与价格。两者若得其一，则此项问题，即可解决。本院所用之估计方法，乃假定未直接列入物品之价格，其变迁状况，与直接列入者，完全相同。吾人固亦可以假定直接与未直接列入之物量变迁相似，而第一种之假定，当较后者更为合理。惟直接列入之物品中，每有少数价格之变迁，超越常度，此种变动，对于未直接列入物品中一般价格之升降，不能代表。故估计时应将价格变动过剧之项目（即本年价格较上年价格增加40%或减少 30%者）首先剔除，方能应用。经此剔除后，估计方法，即以所余之直接列入物品先制指数，再以其所得之物价指数，除本年未直接列入物品之价值，即得本年未直接列入物品之基年价值。同是吾人亦可以直接列入物品之价格指数乘基年未直接列入物品之价值，而得后者之本年价值。详细步骤见第五表，进出口物量物价未调节指数之变迁见第七表及第一、第二两图。

表五　计算物量指数与物价指数之实例（1926—1927）

	进口货值（海关银百万两）	
	1926	1927
直接列入指数内之货物：		
货值实数：	$(\sum p_0q_0)$	$(\sum p_1q_1)$
总数	900	793
价格变动过剧之货物	2	2
其他货物	898	791
根据 1926 年物价求得之货值：	$(\sum p_0q_0)$	$(\sum p_0q_1)$

续表

	进口货值（海关银百万两）	
总数	900	731
价格变动过剧之货物	2	1
其他货物	A 898	B 730
根据 1927 年物价求得之货值	$(\sum p_1q_0)$	$(\sum p_1q_1)$
总数	950	793
价格变动过剧之货值	2	2
其他货物	a 948	b 791
间接列入指数内之货物：		
价值实数	224	220
根据 1926 年物价所估计之货值（即以 1927 年之 220 乘 $\frac{B}{b}=0.92$）	224	$(\sum p_0q_1)$ 202
根据 1927 年物价所估计之货值（即以 1926 年之 224 乘 $\frac{a}{A}=1.06$）	$(\sum p_0q_1)$ 237	220
最后计算指数所用之总数		
根据 1926 年物价所得之货值：	$(\sum p_0q_0)$	$(\sum p_1q_1)$
价格变动过剧之货物	2	1
其他直接列入指数内之货物	898	730
间接列入指数内之货物	224	202
总计	1124	933
根据 1927 年物价所得之货值：	$(\sum p_1q_0)$	$(\sum p_1q_1)$
价格变动过剧之货物	2	2
其他直接列入指数内之货物	948	791
间接列入指数内之货物	237	220
总计	1187	1013

注：物量指数＝

$$\sqrt{\frac{\sum p_0q_1}{\sum p_0q_0}\times\frac{\sum p_1q_1}{\sum p_1q_0}}=\sqrt{\frac{933}{1124}\times\frac{1013}{1187}}=\sqrt{0.8301\times0.8534}=\sqrt{0.7084}=84.2$$

物价指数＝

$$\sqrt{\frac{\sum p_1q_0}{\sum p_0q_0}\times\frac{\sum p_1q_1}{\sum p_0q_1}}=\sqrt{\frac{1187}{1124}\times\frac{1013}{933}}=\sqrt{1.0560\times1.0857}=\sqrt{1.1465}=107.1$$

两年货值比率＝ $\frac{1013}{1124}=0.901$

物量指数×物价指数 $=0.841\times1.072=0.901$

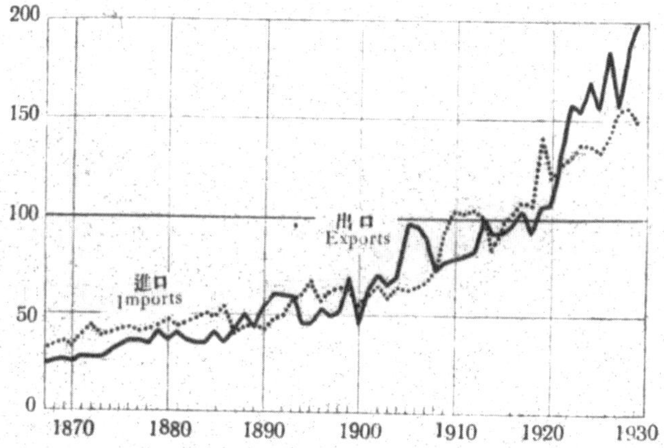

注：1913 年等于 100。

图一　进出口物量指数

（Quanty Index Numbers of Imports and Exports in China, 1867—1929）

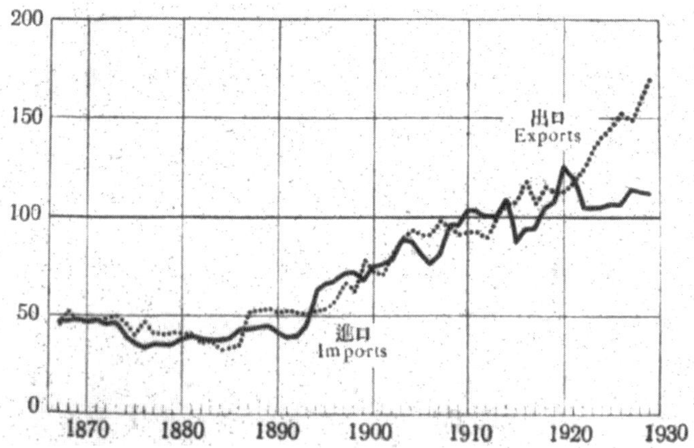

注：1913 年等于 100。

图二　进出口物价指数

（Price Index Numbers of Imports and Exports in China, 1867—1929）

调节指数

调节指数乃剔除常态趋势以后之进出口物量物价指数也。普通经济现状中之常态趋势，多为直线的，惟直线趋势，对于中国进出口物量物价之指数，并不适合。吾人曾计算更复杂之曲线趋势若干种，而以均方差法一一验其适合之度，结果以二次方程之抛物曲线最为适宜，遂采用之，各种数列之趋势线，公式如下：

常态趋势线之公式

（时期：1867－1929；原点：1898）

进口物量指数	$Y=56.5+2.25X+0.051X^2$
出口物量指数	$Y=58.8+1.84X+0.044X^2$
进口物价指数	$Y=70.6+1.46X+0.006X^2$
出口物价指数	$Y=64.5+1.86X+0.040X^2$

趋势线决定之后，即以各线每年之值除每年指数，所得结果，即为每年进出品物量物价指数对于常态趋势线之百分率，此即进出口物量物价之调节指数，以常态趋势线作为 100，以视其对于常态情形之变异状况者也。计算结果见第六表、第七表、第三图与第四图。

表六 修正中国进出口物量之调节指数 1867—1930

（长期趋势线各年之值＝100）

Revised Quantity Index Numbers of Imports and Exports of China, 1867—1930 (Ordinatd of Trend=100)

年 Year	进口 Import	出口 Export	年 Year	进口 Import	出口 Export
1867	69.2	72.3	1899	117.5	102.5
1868	72.8	78.0	1900	80.9	87.6
1869	77.4	83.5	1901	98.0	92.4
1870	77.3	79.7	1902	106.9	97.3
1871	85.4	95.6	1903	94.2	86.5
1872	85.8	106.4	1904	96.4	89.6
1873	85.0	97.0	1905	129.1	84.6
1874	98.7	100.5	1906	122.5	84.7
1875	106.6	106.0	1907	109.6	84.9
1876	114.5	108.1	1908	86.4	89.5
1877	113.9	103.6	1909	88.4	110.2
1878	109.4	104.5	1910	87.2	118.0
1879	127.1	108.8	1911	86.0	113.3
1880	111.4	118.0	1912	84.5	111.4
1881	124.0	108.2	1913	98.2	103.8
1882	108.3	112.8	1914	86.7	84.2
1883	102.3	114.8	1915	84.1	93.9
1884	98.6	121.6	1916	85.1	96.3
1885	114.1	112.5	1917	87.5	99.6
1886	95.9	126.0	1918	76.0	93.2
1887	110.6	93.8	1919	83.8	119.9
1888	128.6	97.3	1920	81.5	98.9
1889	109.2	98.7	1921	98.2	102.0
1890	131.1	89.6	1922	113.3	101.7
1891	140.7	99.5	1923	106.7	103.8
1892	133.7	100.8	1924	113.8	100.2
1893	127.7	112.8	1925	101.2	94.5
1894	93.8	115.4	1926	116.6	97.4
1895	91.2	123.5	1927	95.0	103.3
1896	101.9	102.0	1928	110.4	101.6
1897	91.5	108.1	1929	113.8	94.2
1898	90.8	107.8	1930	103.4	80.7

表七　修正中国进出口物价之调节指数 1867—1930
（长期趋势线各年之值＝100）

Revised Price Index Numbers of Imports and Exports, 1867 — 1930

(Ordinate of Trend=100)

年 Year	进口 Import	出口 Export	年 Year	进口 Import	出口 Export
1867	150.8	99.8	1899	93.1	117.5
1868	145.7	115.7	1900	101.5	105.4
1869	143.8	108.1	1901	100.3	100.1
1870	135.8	105.3	1902	102.0	112.7
1871	133.1	108.5	1903	113.1	119.0
1872	124.8	113.9	1904	109.5	120.2
1873	122.2	115.3	1905	100.1	113.7
1874	98.5	107.0	1906	91.2	110.5
1875	87.8	94.6	1907	97.7	114.6
1876	81.6	109.5	1908	111.2	108.0
1877	83.5	94.9	1909	108.8	100.8
1878	81.5	92.8	1910	115.2	99.1
1879	78.0	94.7	1911	112.8	95.8
1880	82.9	93.4	1912	108.5	90.1
1881	83.4	91.0	1913	106.5	98.6
1882	77.0	80.6	1914	114.0	100.9
1883	74.1	80.7	1915	89.0	100.1
1884	72.2	71.1	1916	94.7	105.4
1885	72.4	72.0	1917	93.0	93.0
1886	80.2	73.1	1918	102.6	97.3
1887	77.9	106.1	1919	103.2	92.4
1888	77.0	105.0	1920	118.8	90.5
1889	76.4	104.5	1921	111.3	91.5
1890	68.6	98.7	1922	95.7	94.4
1891	63.8	97.8	1923	94.4	100.2
1892	63.9	94.0	1924	93.0	100.9
1893	70.4	90.4	1925	93.0	101.4
1894	96.8	91.5	1926	91.5	103.2
1895	99.7	90.2	1927	96.6	98.0
1896	99.1	94.6	1928	93.6	101.3
1897	103.9	105.6	1929	91.5	105.7
1898	101.8	96.6	1930	99.7	105.2

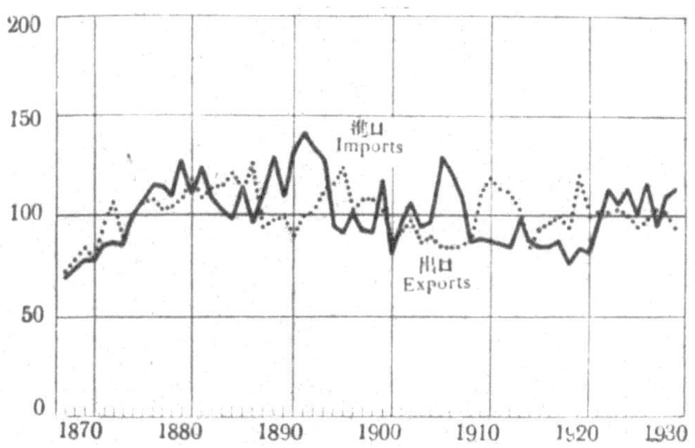

图三 进出口物量调节指数 1867—1929（长期趋势线每年之值＝100）

Quanty Index Numbers of Imports and Exports in China, 1867—1929

(Ordinate of Trend=100)

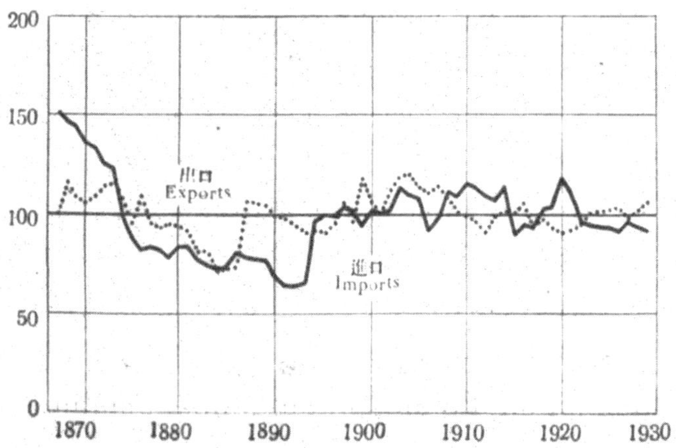

图四 进出口物价调节指数 1867—1929（长期趋势线每年之值＝100）

Price Index Numbers of Imports and Exports in China, 1867—1929

(Ordinate of Trend=100)

物物交易率指数

吾人既得未调节之进出口物量物价指数，即可以数量方法量度中国进出口物品交易比率之变迁。此种量度，陶斯克教授（Professor F.W.Taussig）名之曰“物物交易率”（Barter terms of trade）。①陶氏分物物交易率为“总数的”（Gross）与“净数的”（Net）两种：前者指全部进出口物量之比较，吾人简称之曰总交易率；后者仅指以物易物之数量，至于用为支付其他费用之部分，则不计之，吾人简称之曰净交易率。净交易率为国际贸易之最简单者，除以国货易洋货外，他俱不顾。惟国际贸易中，除普通之进出口外，尚有所谓非商品之交易者。盖现代国家之国际贸易可分两部，一为进口货值与出口货值相等数量之交易，一为进口货值超过出口货值或出口货值超过进口货值之数量，即代表非商品之交易。然此种差别，仅为分析时便利起见耳，实际上之国际贸易，乃以一大宗之整批输入物品以易一大宗之整批输出物品，其中何者用以支付有形之项目，何者用以支付无形之项目，不能别也。凡无形项目交易获有净收入之国家，其进口货值必大于出口，反是则出口货值必将较大。进口若多于出口，则与其他进出口货值均等之国家相较，其每单位之出口物量亦必能易得较多之进口物量。

第八表最后一列所载之净交易率指数，乃根据宝莱教授（Professor A. L. Bowley）之方法，②以出口物价指数除进口物

① Taussig, F.W, International Trade, P 113.

② Bowley, A. L.，Changes of Prices of lmports and Exports Since 1881, Journal of the Royal Statistical Society, 1897,Vol. LX, P.437.

价指数而得。严格言之，净交易率指数，实为出口物价指数倒数对进口物价指数倒数之比率，盖进出口货值若恒相等，则此种比率适为进出口数量净数之比率也。各年之进出口货值即互不相等，而两者之间，若能维持一固定之比例，则以上所述仍可适合，而物量之变动均可由价格之变化以显出之。物价下降，则相等之货值即示较大之数量，而物价上涨时反是。是以吾人若假定进出口货值相等或常具一固定之比例，则进出口物价指数变动方向之反面，即示进出口数量变动之方向，亦即净交易率变动之方向也。出口价降则吾人必将输出较多之数量，进口价涨则吾人必将输入较少之数量。是以出口物价指数倒数对进口物价指数倒数之比率，即示吾人对于每单位进口货量所付之出口货量与基年所付数量之比较。吾人所得之结果，非能语人以某年交易率之是否绝对有利，而仅能示某年之交易率较之1913年之基期，是否更为有利，此点必须注意者也。

表八 修正中国进出口物量物价与物物交易率指数

(Revised Index Numbers of Quantities and Prices of Imports and Exports and of Gross and Net Barter Terms of Trade in China, 1867—1930)

年 Year	物量指数 Quantity Index		物价指数 Price Index		物物交易率指数 Index of Barter Terms of Trade	
	进口 Import Qi	出口 Export Qe	进口 Import Pi	出口 Export Pe	总交易率 Gross Qe/Qi	净交易率 Net Pi/Pe
1867	24.7	31.9	46.9	45.1	129.1	104.0
1868	25.4	33.7	46.9	51.7	132.7	90.7
1869	26.4	35.4	47.9	47.8	134.1	100.2
1870	25.9	33.3	46.7	46.1	128.6	101.3
1871	28.1	39.4	47.4	47.2	140.2	100.4

续表

年 Year	物量指数 Quantity Index		物价指数 Price Index		物物交易率指数 Index of Barter Terms of Trade	
	进口 Import Qi	出口 Export Qe	进口 Import Pi	出口 Export Pe	总交易率 Gross Qe/Qi	净交易率 Net Pi/Pe
1872	27.9	43.3	45.8	48.7	155.2	95.2
1873	27.3	39.1	46.3	49.6	143.2	93.3
1874	31.5	40.1	38.5	45.9	127.3	83.9
1875	33.8	42.2	35.3	40.6	124.9	86.9
1876	36.3	42.8	33.8	47.1	117.9	71.8
1877	36.1	40.8	35.5	40.8	113.0	87.0
1878	34.9	41.4	35.7	40.2	118.6	88.8
1879	40.8	43.2	35.2	41.3	105.9	85.2
1880	36.2	47.2	38.3	41.1	130.4	93.2
1881	40.8	43.5	39.6	40.5	106.6	97.8
1882	36.4	45.9	37.6	36.2	126.1	103.9
1883	35.0	47.2	37.1	36.8	134.9	100.8
1884	34.5	50.6	37.1	32.9	146.7	112.8
1885	40.5	47.6	38.1	33.9	117.5	112.4
1886	35.3	54.2	43.3	35.3	153.5	122.7
1887	41.6	41.2	43.0	51.8	99.0	83.0
1888	50.3	43.6	43.6	52.4	86.7	83.2
1889	44.0	45.2	44.3	53.3	102.7	83.1
1890	54.8	42.0	40.7	51.5	76.6	79.0
1891	60.8	47.9	38.7	52.3	78.8	74.0
1892	59.9	49.8	39.6	51.4	83.1	77.0
1893	59.4	57.2	44.7	50.8	96.3	88.0
1894	45.3	60.1	62.8	52.8	132.7	118.9
1895	45.8	66.3	66.1	53.5	144.8	123.6

续表

年 Year	物量指数 Quantity Index		物价指数 Price Index		物物交易率指数 Index of Barter Terms of Trade	
	进口 Import Qi	出口 Export Qe	进口 Import Pi	出口 Export Pe	总交易率 Gross Qe/Qi	净交易率 Net Pi/Pe
1896	53.2	56.4	67.1	57.7	106.0	116.3
1897	49.7	61.6	71.8	66.1	123.9	108.6
1898	51.3	63.4	71.9	62.3	123.6	115.4
1899	69.2	62.5	67.2	78.0	90.3	86.2
1900	49.5	54.9	74.8	72.1	110.9	103.7
1901	62.5	59.8	75.3	70.6	95.7	106.7
1902	70.9	65.1	78.0	81.7	91.8	95.5
1903	65.1	59.8	88.3	89.0	91.9	99.2
1904	69.2	64.0	87.2	92.7	92.5	94.1
1905	96.6	62.5	81.2	90.4	64.7	89.8
1906	95.3	64.6	75.4	90.6	67.8	83.2
1907	88.7	67.1	82.3	97.6	75.6	84.3
1908	72.7	73.0	95.4	94.1	100.4	101.4
1909	77.1	92.9	95.1	90.5	120.5	105.1
1910	79.2	102.9	102.5	91.8	129.9	111.7
1911	80.9	102.1	102.2	91.5	126.2	111.7
1912	82.8	103.8	100.0	88.6	125.4	112.9
1913	100.0	100.0	100.0	100.0	100.0	100.0
1914	91.4	83.8	108.9	105.4	91.5	103.3
1915	92.1	96.5	86.4	107.8	104.8	80.1
1916	96.6	102.3	93.6	117.0	105.9	80.0
1917	103.0	108.3	93.5	106.2	105.1	88.0
1918	92.7	105.5	104.9	114.5	113.8	91.6
1919	105.8	140.0	107.2	112.0	132.3	95.7

续表

年 Year	物量指数 Quantity Index		物价指数 Price Index		物物交易率指数 Index of Barter Terms of Trade	
	进口 Import Qi	出口 Export Qe	进口 Import Pi	出口 Export Pe	总交易率 Gross Qe/Qi	净交易率 Net Pi/Pe
1920	106.5	119.3	125.4	112.9	112.0	111.1
1921	132.9	126.9	119.5	117.6	95.5	101.6
1922	158.5	130.5	104.4	124.7	82.3	83.7
1923	154.4	137.3	104.7	136.3	88.9	76.8
1924	170.1	136.6	104.8	141.2	80.3	74.2
1925	156.3	132.9	106.4	145.9	85.0	72.9
1926	185.9	141.1	106.3	152.8	75.9	69.6
1927	156.5	154.1	113.9	148.9	98.5	76.5
1928	187.5	156.1	112.1	158.4	83.3	70.8
1929	199.5	148.9	111.4	169.8	74.6	65.6
1930	186.8	130.8	123.1	170.4	70.0	72.2

注：1913 年等于 100。

净交易率之假定，与一般事实不尽相符。盖现代国家之进出口物值从未有相等者，即两项数值间之固定比例亦不多见。故吾人所谓净交易率者，仅为一种假定之事例耳，其最重要者，尚为总交易率，此即一国之整批输入物品与其整批输出物品间之关系也。吾人对于总交易率所用之量度方法，乃根据于陶斯克教授，仅以进口物量指数除出口物量指数。[①]其结果之所示，亦与净交易率指数相同，非能语吾人以某年之交易率是否绝对有利，而仅为各年交易率与基年之比较。

① Taussig, F. W. , International Trade, PP.251－252.

总交易率与净交易率指数，均见第八表与第五图。两种指数高于 100 则示每一单位进口物量所易之出口物量，多于 1913 年，其物物交易率与 1913 年相较，不利于中国。指数低于 100 则反是。第五图之实线即示我国总交易率之变迁，此线自 1867 年至现在均有下降之势，吾人对于每单位进口货物所付之出口物品，逐渐减少，交易之率渐趋有利。点线乃为净交易率之变迁，其六十年来之趋势，亦与总交易率大略相似，惟其程度，则不若前者之甚。

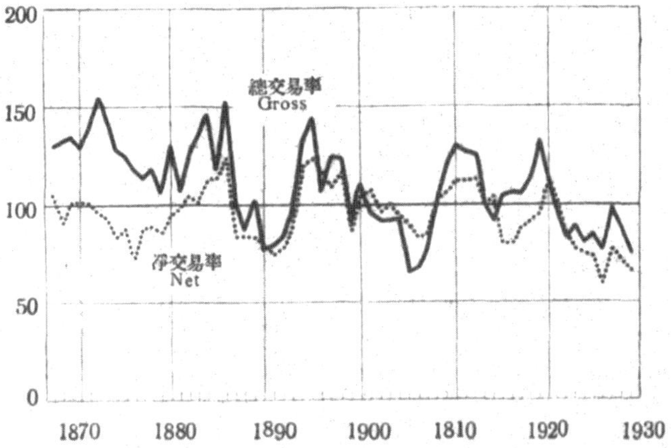

注：1913 年等于 100。

图五　物物交易率指数

（Index Numbers of Barter Terms of Trade in China, 1867—1929）

（《经济统计季刊》第 1 卷 1 期，1932 年）

世界与中国经济状况

矛盾的经济世界

今日之经济世界，无在而非呈矛盾之现象。矛盾愈多，因之贫富之差异愈甚，贫富之差异愈甚，因之社会之问题愈滋。吁，现象如斯，病症毕露，吾人岂忍掩耳而为之讳哉？欲求改善，是不可以不言。

试先就吾国之经济现象证之。吾国之农村经济，处连年天灾人祸之后，元气斫丧，已濒破产，乡间利贷之高，普通周息自百分之二十至八十。利率如是，告贷且犹无门。城市之利贷亦高，而工商业因困于资力相继倒闭者仍时有所闻。此似为国内资金缺乏之象，然而各大银行，存款甚多，不能放出，有举巨款在上海建筑高楼数十层者。一方告贷无从，以致工商衰落；一方拥有巨资，苦于无地可投。有无不能相通，缓急不肯相济，至于此极，宁非怪象！近年内地通货，常苦不足，乡间现洋，为数尤少，故有举纸币一张，分裁为二以供通用者（为河南内地及徐州一带之实事）。此似为国内通货缺乏之现象，然而各大商埠如平津，则现洋充斥，以之兑换纸币，尚须折水。货币为流通之物，今竟聚集都市，失其所以为流通之工具，又宁非怪象！此外如各省之年丰有灾，产额增而民啼饥，三等车之拥挤不堪，而头等车座位多空，毒品之严防禁止，而种植及制造之数日增。耳闻目见，几无一非矛盾之现象，此稍留心经济情形者所易见也。畸形病态，有不可言喻者。

再就世界之经济现象证之。欧战告终，欧西各国之经济，濒于破产，处元气摧残之后，竟以增加生产为目标。不及十年，而生产遂恢复战前之状。据国联所编制之世界生产指数，1929年，世界生产总额，较1925年，平均增加11%。其中食物生产，较1925年，增加5%，而工业原料品，则增加20%。此数年内，食物每年平均增加率仅1.2%，而工业原料之每年平均增加率为5%。畸形发展之象，即此可见一斑。更自各工业原料分析观之，其中生铁产量增加28%，铜之产量增加33%，航船产量增加27%，汽车产量增加29%，人造丝产量，增加122%。其畸形处更为显著，此生产增加方面之矛盾现象也。近年来，世界生产增加之速率，远在人口增加速率之上，在1925至1929数年之中，生产增加之百分数，较人口增加之百分数，约大一倍有余（人口增加4%，生产增加11%）。似此生产增加，速于人口，工人失业，应形减少，然而征之事实，1929年世界工业国家之失业工人，为数竟达千万，较之1925年所有，且超逾之。两两相形，矛盾已极。1929年后，世界经济衰落，矛盾之现象尤多。试举1930年之事实数点，以为佐证。1930年中，世界不能售出之小麦存货，计有19000000公吨之多，不能售出之咖啡存货，计有5593000袋之多，不能售出之白糖存货，计有3216000公吨之多。存货既多，生产者又不欲贱其价以售，于是美国之小麦有付之焚毁者，巴西之咖啡有投入海中者。此茫茫世界中，无数之贫民，方捧腹啼饥，求一饱而不可得，而彼生产者，因不欲使价格低落，宁焚之弃之而不肯举以供人之食，此岂非极矛盾而不可以理解者乎？循此不变，无论今后之生产方法如何改善，生产数量如何增加，而失业、困穷、饥荒、饿死，终不可以免，不第不可免，且恐将随日而俱增也。

世界之矛盾经济现象，已举数端论之矣，兹复自国际间之经济关系言之。欧洲大战之经济结果，最著者即为各国间经济均衡之破坏。欧美两洲之经济关系，尤失平衡之常态。处此战后而欲求恢复世界之繁荣，应速谋均衡之恢复，盖惟出此而后工商业所资赖之稳定始可实现也。按之实际，战后所定之政策，未能与此相符，一若采用赔债及战债政策，使比较困穷之国之财富，输入于较富之国，而世界已破坏之经济状况，即可复原。故结果所至，不第不能恢复国际之经济均衡，而变本加厉，反有每况愈下之势。战债问题，为今日国际间之一大经济问题。牵入漩涡之国，二十有八。债主之国，如德有债权国十一，小国如奥及捷克亦有债权国九与十，债权之国，如美负其债者十有六国，如英负债者十有七国，如法负其债者十国。战债总额，在 1931 年 6 月胡佛提议停付战债时，共有美金 52741547000 元。债主国以德为最大，其应还美金 25609625000 元。债权者以美为最大，其应收美金 20822621000 元。国际间之债务，既如此之巨，因之国际间每年之资金支付亦甚巨。在 1931 至 1932 年之间（即胡佛所提之停付期间），其总额约在 800000000 金元之谱。计此数中，德应付 385000000 金元，英应付 160000000 金元，法应付 116000000 金元，意应付 37000000 金元，比应付 15000000 金元。而自此数中，美应收 262000000 金元，法应收 196000000 金元，英应收 188000000 金元，意应收 48000000 金元，比应收 30000000 金元。自上述数字观之，德为主要债主国，美为主要债权国，在此停付战债期间，德应付之总数，等于其他债主国所应付之总和。美应收之总数，占世界各债权国应收总数 40%。

国际间偿债之法，详加分析。应由债主国以货品或劳务作为偿付之资，此经济基本原则也。且自长期观之，债主国应有出超，而债权国应有入超。用金偿债，虽亦可行，但实有限。

以资本（如国外投资之类）作偿债之用，尤只宜偶尔行之，盖国内之资本，苟多举以偿债，则是自斫其国家之产业，即借债为之，亦徒自增加其负担耳。国家如公司然，虽有时可偶用资本或贷款以偿欠，但自长久言，必须恃纯净收入以为挹注也。国际间偿付之原则如是，今债权各国，均渴欲收回战债，试一察其所持之政策，是否与此相符？对于德国之国外贸易，是否提倡其出超？征诸事实，殊多背驰。协约各国之态度，大抵对于德国贸易之发展于世界市场，认为于其国之工商业不利。至德国贸易之及于其国，则认为绝对有害。群相率增加关税，高筑壁垒，以拒之千里之外。是一方逼人偿债，一方又不予人以促进偿债能力之机会也。事之矛盾，昭然若揭。美国为主要之债权国，自事理言，尤宜提倡负债各国之出超，而实际上美国年来之关税政策，一面限制其各种竞争物品之进口，一面竭力提倡各种出口货品之增加。以喻譬之，战债犹索也，关税犹利器也，美国既以索系人之颈，而同时又以利器拒之，使不得近，此徒令受系者感处境之困难耳。此种政策，可谓矛盾已极。

国际间经济关系之矛盾现象，不仅是也，试再就黄金之流通言之。世界每年产金之数量，约 400000000 金元，其中半数，用为世界金本位国家货币及信用制度之准备金，而此种准备金之现有储量，约 11000000000 金元。此数已不可谓不多，但仍时呈缺乏之象，以致各国物价下降，工商衰落。1931 年，正英国放弃金本位之前，英国所存之金，至不足以偿付伦敦之巴黎银行之短期借款，其缺乏之情形，可以想见。然则此 11000000000 金元之存量，果安在哉？据可靠之统计，1/3 存之美国，1/4 存之法国。世界中金之存量，倘分配适宜，本足以资流通之用，乃因麇集一处，致其他各处求为用而不可得，此亦矛盾现象之至者也。

上述各项矛盾之经济现象，骤视之似甚离奇。实则在现行经济制度之下，此种现象之脱颖而出，实意中事。盖制度本身，即已含有矛盾，种瓜得瓜，奚足为异。现代之经济制度，纯为一种以获利为目的之制度，业工商者，视物价为指针，以获利为目的，其所营之业，是否有功用于社会，其所产之物，是否适应社会之需要，俱不问也。然此非谓现代经济制度不能供给社会消费者之需要，不过现制下之经济行动，其主动只在获利，而非以供给社会需要为前提耳。商业循环，为现代经济制度下必有之现象。盖因现制下之生产事业，趋重获利，其影响所及，足以阻碍购买力之充足的分配于一般民众，于是少数之逾量投资，市场之信用膨胀，在所难免。迨至信用膨胀之限度一达，无法维持其现状时，始则制造生产货品之工厂减少，工作工人失业，继因工人失业者之日增，而制造消费货品之工厂，亦受影响，于是社会顿形紧缩，工商遂趋衰落。此现代工商业情形，所以常若患疟疾者之时寒时热也。经济的国家主义，亦因现代经济制度之发达而增剧，盖以获利为目的之经济盛行，各国中经济利益不同之阶级必多。此各经济利益不同之阶级，往往直接或间接要求政府执行其有利于己之各种政策，如采用保护关税及禁止某种货品输入之类是。因之，整个的国家经济或世界经济失却调和，致时呈此荣彼枯之象。

现代之经济制度，其病态病原，已揭其荦荦大者言之。处今日而欲求疗治之法，应为澄本清源之计，枝枝节节，以谋补苴，必将如捧土塞河，劳而鲜效。所谓澄本清源之计，即制度上之变更是也。一种制度，经长期之试验，已揭露其自身之弱点，发生无数之病态，则改弦更张，岂容少缓！故变更现有以获利为目的之经济，而以功用经济代之，实为今后改善经济应有之趋势。

何谓功用经济？简括言之，各种经济行动，获得财富，宜视其行动对于社会功用之如何以为断。其劳务之有利于社会愈多，则其应得之债酬亦愈多，无劳务者，根本即不应有财富之取得。故在功用经济之制度下，所着重者，非获得利益，乃执行职务。非仅视价格，乃兼顾功用也。采用功用经济之制度，其应注意之点有三：第一，宜有限制。各种经济行动之进行，其目的须有一定，在其有定之目的范围内，进行须有限制。若者值，若者不值，分划甚明，而其发展之范围，因此而定。第二，宜有计划。产业之种类至多，各种经济行动之进行，应有统一之计划，庶能导大众之力以同赴公共之目的。第三，宜有适当之分配。职务分配，不宜因机会或权势而异，应根据一种原则。报酬分配，不宜因得之者之幸运与否而有不同，应视其对于职务之称否，不逾其所应得，亦不少于其所应得。

变更制度，夫岂易言？一般人谈虎色变，率以为变更现有之经济制度，即将出于革命，流于共产，遂致明知现制之弊，相率噤若寒蝉，不肯轻发。实则此皆错误之见，事实上实不若是也。功用经济，苏俄自国家社会主义之基础上采而行之，已有相当之成功。第同时丹麦从合作运动之基础上采而行之，亦有相当之成功。足征更易制度，不必须经由革命，惟知其弊而不肯改，泄泄沓沓，则革命终不可以幸免。现世资本主义之国家，如英如德如美，近年来已渐趋于此种改革。吾国为经济衰落之国，目前固以振兴实业增加生产为要着。第现有经济制度之病态，现已显著，则此后之徐图更改，亦谈经济建设者所不可忽也。

（《大公报·经济周刊》第1期，1933年3月1日）

美国银行风潮发生之经过及原因

（一）

此次美国银行风潮之起，不数日间而掀动全美，以金元富足之美国，而忽呈此金融恐慌之现象，骤视之似甚离奇可诧。然苟细察，则知其银潮发生之原因，积蓄已久，譬之火厝薪边，特待触而发耳。

原此次银潮发生于米西根第答罗城之联合监护公司，该公司因现款不敷应付存户提款及发财政善后社之借款息金，风声外播，存户遂纷纷前往提款。米西根州长即以金融紧急之理由，下令全州各银行信托公司及其他财政机关，自 2 月 14 日起至 21 日止，停业 8 天。计停业者，除证券交易所外，有州银行 420 家，国银行 120 家。在此期中，经百方维持，银潮暂告平息，期满之后，州长下令各银行于 22 日开市，但只许提取存款 5%。因此限制提存之结果，各方人心之疑惧未释，东部之马利兰州，遂随之而发生提存风潮。提款之数，一日内竟达六百万金元之多。该州州长为保持存户及银行之利益计，乃于 2 月 24 日，下令全州各银行停业 3 日，计停业之银行，共 205 家。

自米马两州发生银行提存及停业后，美国人民对于银行之信任心，遂大动摇，小存户纷向银行提取储蓄存款。各州见此情形亦皆讨论授州长宣布银行停业之权，以图减轻双方无谓之损失。故 2 月 26 日一日中，各州立法会议集议此事者计 20。迨至 3 月 2 日，宣布银行停业者，共十有八州，受停付影响者，共逾五千万人。因此各州宣布银行休业之事续出，于是恐慌之空气，渐弥漫于全国，3 月 3 日之一日中，美国因金融风潮所受之损失，达 11600 万金元，宣布休业之银行，达 3000 家。人有戒心，蔓延愈广。3 月 4 日，即新总统罗斯福就职之日，即素以金融总汇著称之纽约及伊利诺伊两大中枢，亦相继卷入金融怒潮之中，宣布银行停业。是日日没时，全国四十八州中，宣布银行停业者共四十有四。事势进展如此，全国金融遂均陷于停顿之状态而不能动。根据哈瓦斯五日电，所有停业银行数目及滞存款项约如下表。

银行	家数	存款总额（万金元）
国家银行	6150	2336800
州银行及商业银行	2455	947900
信托公司	1235	1311800
私立银行	227	5500
储蓄银行	1096	1102100
总共	20063	5704000

自上表观之，银行停业者共 20063 家，滞存款项共 5704000 万金元，为数之巨，几等于 1931 年之全国国入（5750000 万金元）。

(二)

美国此次银行风潮之发生及其推演，上已略及，而溯其所以致此，则有远因与近因两种。近因易明，简约言之，即全为一种心理作用所致。盖人民闻银行风潮发生，即恐波及，加以目观银行相继停业，愈生戒惧，激于一时之利念，遂纷向银行提存，虽有政令，亦莫之能禁。在此心理失常之时，存户只恐后时而不能得款，鲜能念及银行挤倒后之损失。提者愈多，恐慌之心理愈炽，而银行处境之危险亦愈甚。盖银行之收受存款，通常除提相当现金作为准备外，余皆周转于工商业，决无尽付之窖藏者。故使存户纷起提款，超出其平常准备之外，银行即穷于应付，盖客家之放款，非立谈间所能收回也。假使提存者只一银行，则其他银行，尚可设法接济，今多数银行，同时被存户提款，则周转不灵，其势惟有出于暂时休业之一途。此美国各州，于银行潮发生之初，所以多今停业也。

至于远因，则较复杂，就大体上言，一由于全国负债之过多，一由于银行制度之不善。盖自欧战以后，各国竞努力于生产之增加，美人尤抱乐观，竭力扩充工商业，因之工商技术之发明，日多一日。1920 至 1929 之十年内，政府所授与之发明特许证，超逾前百年之所有。为数之多，可以想见。而此种扩充工商业之资金，则多借自银行。农业亦然，美国农业在战时大事扩充，战后仍旧进行，未加裁抑，其资金则大率来自借贷。同时分期付款之购买制度，战后亦大扩充，其影响所及，与借款同。

美国投资之热，不仅限于国内已也，亦且及于国外。欧洲及南美洲，美国所投之资甚巨。1929 年私人及政府应收之国际债额，共约 256 亿金元。

上述世界之投资，其资金多自借贷而来，故在 1929 年时（即世界经济衰落之第一年），美国私人负债竟达 1783 亿金元之数。再加入联邦政府及地方政府之债务 300 亿金元，共有 2083 亿金元之多，此项巨数，其分配约如下表；

	各项分配	数额
私人负债	一，农民房地押款	95 亿金元
	二，农民其他借款	19 亿金元
	三，都市房产押款	370 亿金元
	四，保险单押款	24 亿金元
	五，公司长期与短期借款	760 亿金元
	六，分期付款购买	30 亿金元
	七，商业银行借款（即贴现）	390 亿金元
	八，经纪人借款	95 亿金元
	私人负债总额	1783 亿金元
政府负债	一，联邦政府负债	170 亿金元
	二，地方政府负债	130 亿金元
	政府负债总额	300 亿金元
总计		2083 亿金元
平均每人负债		1714 金元

美国 1929 年 2083 亿金元之债额，是否过巨？自债额与全国存金及全国国入之比率观之，即可得一具体之印象。大凡一国债额与其存金之比率过低时，则不利于债权者；一国债额与其国入之比率过低时，则不利于债务者。据美国经济家 Wanan F. Hichernell 之研究，一国之债额，不应超过其国入总数之半，

同时存金之数，至少应等于债额 9%；否则即为负债过巨，易有破产之虞。美国 1929 年之债额，为 2083 亿金元，其国入为 875 亿金元，已远超过半数。政府及银行存金 39 亿金元，不及债额 2%。衡之 9%之标准，已少数倍。负债过巨，即等于信用膨胀。弊害所至，易使债权者与债务者俱起恐慌。盖债权者因实金之供给减少，可以动摇其信用之基础；债务者因市场物价之降落，足以限制其偿付之能力，增加其债务之负担。故一有动摇，即呈经济崩溃之象。

情形既略述如上，试举 1929 年之事实证之。1929 年 9 月，英伦因 Charenee Hatry 氏企业之倒闭，英国在纽约证券市场之投资者，多售出其所有之美国证券，以其现金供维持本国证券市场之用。加以英兰银行，为维持英国金本位计，提高贴现利率至 6.5%，以鼓励现金输入。于是英国在纽约之投资者，群相率去卖纽约证券，纽约证券市场因之顿起恐慌，证券市价遂惨落而不能复振。而证券市价惨落之后，物价亦随而下降，盖因消费者心怀恐惧，不欲多购，货币流通之速度，因之减少；同时银行因证券市场之风潮，又于 1929 年 10 月开始清偿其往来存款，于是存款通货之流通额，亦因之减少。1930 年上半期联邦准备会会员银行之定期存款，虽会增加 57000 万金元，其往来存款，则减少 62700 万金元。此即信用通货紧缩之始。嗣后每况愈下，计 1929 至 1932 之 3 年中，美国 141 大都市（纽约在内）之存款通货流通额减少 21%（从 187 亿金元减至 147 亿金元），货币流通之速度，减少且 61%。债务之额，至 1932 年时，虽已清偿者达 370 亿金元，然因债务之清偿，而通货之流通额减；因人民之心怀恐惧，节缩不用，而通货之流通速度滞。结果所至，一般之物价下降，而通货之购买力增高。清偿愈多，物价愈落，迨至 1932 年 12 月，股票之价格较 1929 年平均降

75%，物价降 35%。物价愈落，负债愈增，而偿债更形困难。1929 年之 2083 亿金元债额，至 1932 年，虽已清偿 370 亿金元，较原额减少 18%，然物价下落币值上涨之故，1932 年之债负，实为 2617 亿金元，较原额增加 27%。

收入减支出，即商人之利润也。市场物价愈下落，商人之收入，愈随而下降；支出方面，虽亦有变动，然为数甚微，不能与收入之减少相提并论，故在此物价惨落之情形下，工商业之利润，由减少以至于零，因此工商业经营之动机，随而销丧。结果商业倒闭（1932 年之商业倒闭者较 1929 年增 23%），生产衰落（1932 年之生产额较 1929 年减少 47%），失业增加（1932 年较 1929 年增 73%），国入减少（1932 年较 1929 年减少 34%）。市场之交易，遂日趋停顿之状（1932 年之票据交换额，较 1929 年减少 2/3）。萧条气象，满布全国。因此种种，现金输出，1931 冬至翌年春，共计约 78800 万金元之多；而民众提存现款以匿藏者亦日增，至 1932 年夏，计有 15 亿金元之数。于是银行停业者日多，1930 至 1932 年 10 月，共有 4842 家，约占 10 年来银行休业总数之半。此皆致成此次金融恐慌之主因也。

（三）

负债过多之情形，已加缕述，再就其银行制度之不善，约略言之。美国银行之现状，为近百年来“银行自由政策”发展之结果，在此种政策之下，无论何人，苟能筹措政府所定之最低资本额，即可请求特许，组织银行。1900 年之银行法，将原先之最低资本额（5 万金元），减低为 2.5 万金元。当此银行法通过之时，银行总数为 10382，至 1920 年增至 30139。20 年之内，增加银行19757，平均每年增加988。增加之数日多，于是银行倒闭之事频见。最近12年中，倒闭之银行，计10484，共有存款计4882481000金元。计其中国家银行1571，存款为1143857金元，州银行与私立银行8513，存款为3738624000金元。因此，银行倒闭而致存款者所蒙之损失计15亿金元，股东所蒙之损失计10亿金元。此种倒闭之银行，多为乡村小银行，在上述10484之中，66%其资本总值在5万金元之下。资本既微，又各为单独银行，不相隶属，故易受其所在地经济盛衰之影响；而以在农业或工业畸形发达之地方为尤甚。银行营业应受国家之监督，第在美监督甚难。盖因美采国银行与州银行并立之制，互相竞争，政府方面授予特许之权不一，银行自身又多互相摧残之竞争。同时在现有制度之下，国银行可随时改为州银行，州银行亦将改为国银行，故监督之权，甚难实施，因之各种不健全之摧残竞争，亦遂无法遏抑。制度散漫，实亦致成银行风潮之要因也。

银潮发生之远因，实不仅上述二者，本文特以其为致成之主因，故详论之。此次银潮发生后之影响，其最著者如资金之外移、现金之藏匿、工商之停整，及对外作用之丧失。而后者尤足注意，自银潮发生之后，伦敦汇市暂停，丹麦外汇交易只收英镑，巴黎市场美汇无市，各银行均不付美行支票，罗马亦停止美汇交易两小时，意大利国家银行电纽约将所有存款改作黄金记账，盖恐美将放弃金本位。诸如此类，不可胜举。

美国政府对此次银潮之处置，新总统罗斯福援引1917年10月之法律，发布紧急命令，令全国银行，停业四日。发行新币，以支持具有解决能力之银行，而听其能力薄弱者，因缺乏通货而自行倒闭。同时禁止对于外币之买卖，及现币生金等之输出、储藏与销毁。此项命令，国会现已通认，据财长伍定氏之声明，美国并未放弃金本位，实则其令中所定办法，如银行停市期满后，存户不得支取现金；严禁输出现金，即移动亦在取缔之列等，与放弃金本位，初无二致也。

据11日华盛顿路透电消息，凡属于票据清换所之银行，定星期二日开业，小地方之银行则定星期三开业。此系采渐进计划，以便得需要之时间，运输新币。美国此次满天风云之银潮，至是似成过去矣。惟上述命令，为救济之处置，虽可收一时之效，然其能否铲除此次恐慌之原因，则殊不可知，此视乎将来之发展如何而定。然吾人以为此尚非治本之法也，治本之法，应注意下列二点：1. 彻底改革通货制度，以期购买力之稳定而不变；2. 整理全国银行制度，以期收统一与监督之效。

（《大公报·经济周刊》，1933年3月15日；另载于《国闻周报》第10卷第12期、《江西财政月刊》第13期）

日本之经济发展及其现况①

（一）日本经济发展之分期

近代战争非仅为军事势力之搏斗，而为经济力之竞争，故当欧战之后，对各国之生产力及富力之研究事业甚盛，而国人则多未之注意。东三省事件之将来开展如何，吾人固不得而知，然无论为战为和，必将牵涉世界其他强国，经济势力既为近代战争之主力，对各国之经济状况之研究，实不容缓，其中尤以日本最关重要焉。

欲知经济势力之究竟，必先知其背景，即其经济发展之过程与现状是也。其他问题，容陆续讨论。

日本之近代经济组织，肇始明治维新，以迄今日，其间经过，约可分为四期如下：

第一期，自明治维新起迄中日战争止（1868—1895）。

第二期，自中日战争起迄欧洲大战止（1896—1914）。

第三期，自欧洲大战始迄欧洲大战终（1915—1920）。

第四期，自欧洲大战终迄今日止（1921—1930）。

① 何廉先生在经济学会的演讲，曾用修、陈振汉笔记。

此四期之段落颇为明显。第一期方当明治维新之后，经济建设多为基础工作，采用西洋各国之经济组织，以为张本，从事改革；而后逢甲午战胜，彼邦人士，益加兴旧。第二期在经济发展上较第一期为重要，当时日本乘中日、日俄战胜之机会，国际地位得以骤然增高，海外发展甚为顺利，高丽台湾皆于是时相继占去，国富增加，乃得从事内部之建设。第三期为日本经济发展之最高时期，此时欧战方酣，各国咸勠力疆场，工商业因之不振。日本虽为交战国之一，然其除攻击我国山东，坐收渔利外，未尝出一兵一卒。一方面因供给军火，大获利益；一方面复得从容发展在中国、南洋群岛及澳洲之商业，而获大利，商业在此时期特为发达。第四期之发展状态较为复杂，殊难分析，然要之可归纳为三种现象：自 1921 年至 1923 年为收缩时期，各国以大战损失甚大，民生凋敝，商业不振，而日本则以第三期发展过速，建设甚多，故此时不见有显明发展。1923 年 9 月日本逢空前地震，损失滋巨，为谋恢复计，故自该年以后以至 1927 年，朝野并力合作，工商业颇有进展，然贸易入超仍有增加，汇率亦日渐减低。自 1927 以至 1930 年为日本民政党柄政时代，该党主实事求是，逐渐推进，与政友会之主尽力扩充者不同，故 1929 年时将禁金令取消，以求得与欧战时期相同之繁荣，然终以世界趋势与事实关系，未得达其目的，今日又以禁金令开矣。

（二）日本本部之土地与人口

日本本部土地共为 147416 方里，其中可耕地仅占 15.8%，林地占 50.8%，其他占 33.4%，于此可注意者，即其面积甚小，而可耕地更小。日本之人口总数，据 1930 年之统计共为 64448000 人，故其人口密度为每方里 437 人，除较英（468）、比（670）二国为小外，较其他任何各国为大（参看第一表）。中国人口密度则以三十省之土地人口合计之，平均为每方里 101 人，以十七省（鲁、冀、苏、皖、川、浙、闽、粤、桂、赣、湘、鄂、晋、豫、辽、吉、黑）计之，则为 311 人。日本之人口密度实仅较我国之山东（466）、河北（450）、江苏（801）等省为小。尤可注意者其人口与可耕地之分配状况，计每方里之可耕地有 2774 人，较世界任何国家为高（参看第一表）。英国每方里可耕地有 2170 人，然英为工业国，农民仅占 7%，无甚重要，日本则 50%以上为农民，占人口之绝对多数，其比率仅次于印度与中国（皆为 70%，参看第二表）。故日本工业化，仍未达最高程度，粮食之不足，为最大之问题。

第一表 世界各国人口密度比较表

国名	每方里面积人口	每方里可耕地面积之人口
日本本部	437	2774
英	468	2170
比	670	1709
意	349	819
德	330	806
法	191	467
美	41	229
中	10（30 省） 32（17 省）	1800—3000（山东西北部）

第二表　世界各国人口之职业分配表（与人口总数之百分比）

国名	年份	农业及渔业	制造工业及矿业	商业及交通	公共事业及自由职业	家庭	有职业男子	有职业妇女	有职业之男及女
日	1920	51.8	21.4	16.1	6.1	0.2	61.2	36.3	48.5
英	1921	6.8	47.2	20.9	10.9	11.8	67.0	25.6	45.4
美	1920	26.3	33.4	17.6	7.0	8.2	61.4	16.5	39.3
德	1925	30.5	41.3	16.4	6.5	4.4	71.2	36.4	53.0
法	1921	41.5	29.9	16.6	8.1	3.9	68.0	40.9	53.6
意	1921	56.1	24.6	10.4	6.5	2.4	68.1	27.2	47.4
加拿大	1921	35.0	28.5	20.8	9.0	6.7	59.1	2.5	36.1
澳洲	1921	22.9	34.1	24.3	8.6	9.0	67.5	17.6	42.7
印度	1921	72.3	11.5	7.3	2.9	1.8	59.6	28.8	44.8

（三）日本之经济发展及其现状

1. 农业。日本农民既占全国人口总数50%以上，可知其农业地位之重要，而在农业方面之投资总额占全国47%，较在任何其他事业者为大（参看第三表）。

第三表　日本工业投资状况表

实业名称	资本（以百万元为单位）	百分比
农业	34700	47.1
商业	13000	17.6
制造业	10000	13.6
森林业	6000	8.1
矿业	5000	6.8
运输业	4500	6.1
渔业	500	0.7
总数	73700	100

农产物之主要者为米及蚕丝，米为日人之主要粮食，蚕桑则为最重要之农村副业。种稻之耕地约占可耕地总数50%有奇（18873000亩），其收获之价值占农产总值60%以上（2651536000金元），种桑之地占可耕地总数10%（1494493亩），故此二者占农业之最要地位，即可据以觇日本农业发展之概况也。今试自1887年以来之稻米产量及稻田亩数，计其每亩田之产量，以观近数十年来之变迁状况：第一、二期内（1887—1913），平均每年有稻田7299792亩，产米214975000担，每年每亩产35.2担；第三期（1914—1920）间有稻田755099亩，产米共295946000担，每亩产38.3担，第四期（1921—1929）内有田774743亩，产米共299109担，每亩产38.6担。可见其第四期之增加率殊小，是盖由于土地之发展限度，已臻最高地位，不能再有若何增加也。至于蚕桑则近年来发展甚速，1927至1929两年内之生产较1918至1920两年增加至16.8%。其第一、二期（1894—1913）内平均每年得茧255009000镑，生丝20452000镑；第三期（1914—1920）每年得茧490419000镑，生丝41974000镑；第四期（1920—1929）茧达666427000镑，生丝达69939000镑，计较第一期增至三倍以上，发展之速，殊可惊人，然主要农业之稻米生产已无发展余地，农民乃竭力在副业上从事扩充也。

2. 林业。就日本本部言，林地占全国总面积47.5%，以帝国全部论，则占56.7%，居全世界林地第三位。木材为造纸业之基础，故殊为重要。其他各国之林业，多为国家所经营，独日本则大半属诸私有，因之其发展上障碍不免较多。计私有者占全部50%，中央政府所有者占29%，地方政府占17%，其他则皇室占3%、寺庙占1%。因日本造纸事业之发达，林业之发展亦速，然仍有供不应求之势，地震以后，建筑甚频，需用木料更多。近每年至少须进口木材 90000000 方尺，多至 110000000 方尺，值 100000000 日元，犹不过占全国需用木材 20%也。

3. 渔业。日本海岸线长 17000 里，而美国不过 7314 里，渔区共占 924000 方里，大于日本全国面积六倍，产量占全世界产量总额 1/4，而列于世界第一位也。虽贸易上之获得有限，与海军之发展至有关系，故政府竭力奖励之也。

4. 矿业。矿产可分为金属与非金属二类。金属之中，在日本三岛者以铜矿为最要，铁矿次之，其他矿产，以关系较小，兹不具论。

日本之铜矿生产占全世界第三位，世界产铜最多者为美国，其次为智利。1928 年日本所产之铜占全世界总额 3.9%，美则占 49%，智利则占 17%。铜之生产，在日本发展极速，其第三期之生产，计较第一、二期，增加三倍以上，第四期之产量则又减少：自 1877—1913 年间，平均产 58384000 磅，至 1914—1920 年则增至 189031000 磅，1921—1929 年减至 140992 磅，此时盖由于外国铜价廉，较由本国自行生产为合算也。然设能尽量开采，日本铜矿足敷本国应用矣。

日本铁矿之储量为 5600 万吨，每年平均产 105585 吨。其发展状况颇有兴趣，盖第三期中增加甚速，而至第四期反逐渐减少，所用之铁大致自外国运来。计第一、二期中（1893—1913），平均每年产量甚少，几不足论；第三期（1914—1920）中增加至 243431 吨，第四期（1921—1929）中为 10585 吨。而 1929 前半年之生铁生产在德国为 6600000 吨，在英国及爱尔兰为 3700000 吨，在法国为 5200000 吨，在俄为 2100000 吨，在美为 22000000 吨，可知日本产铁之少。如照日本现在每年平均产量，五百年后日本之铁矿即尽，而在 1928 年，日本本国之出产尤不过占消费量全额 7.9%，其 1/9 来自殖民地，其余则来自中国及南洋，如此可见日本之铁矿，实大不足供其已国之用也！

非金属矿产中，自以煤为最要。煤之储量在日本及高丽约共有 80 亿至 90 亿吨，然在美国有 42310 亿吨，加拿大有 13610 亿吨，中国有 10970 亿吨，可知日本煤矿储量之小。至煤之出产，在 1929 年为 34258000 吨，历年来之发展状况，亦殊可观：计第一、二期（1877—1913）内每年平均生产 7717000 吨，第三期（1914—1920）即达 25799000 吨，第四期（1921—1929）达 30835000 吨。日本煤矿以今日之速率生产，不足三百年即能尽净，而今日进口之煤已较出口之煤为多，因煤为工业之主要原料，工业发达需煤即增，况今木炭之价格增高乎？中国矿业之进步，使日本可以廉价向中国购煤，当 1913 年日煤出口超过进口 3294000 吨，然至 1928 年，进口煤反超过出口 584000 吨，以此种情形观之，日煤之不敷己用已明甚矣。

另一重要非金属矿产为煤油。日本煤油之储量为 5600 万桶。1928 年之生产量为 77216393 加仑。至其发展之状况，则自第一期以至第三期，殊有一日千里之势，惟入第四期，产量反骤然减少，盖由于成本过巨。而煤油为军用工业及日常应用之要品，故进口煤油为量甚多：计自 1877 年—1881 年每年平均产 1009000 加仑；至 1893—1897 四年间骤增至 7 倍以上，每年产 7730000 加仑；而 1903—1913 年中间复增至 10 倍以上，而有 75758000 加仑；1914—1920 年间增至 109833000 加仑；1921 年以迄 1929 年间之产量，降为每年平均 78612000 加仑。日本之煤油储量绝不足敷其本国之需要，1928 年合日本本部及台湾之出产共为 180 万桶，不过合全世界煤油出产总量 1%之 1/8。同年日本自国外运入 380554900 加仑，然此犹不过为供给家常需用之煤油，其为海军购用油量，当更大于此数也。

5. 交通。交通事业与一国经济力之关系之重要，可无待言。

日本交通事业，以政府之努力及人民之合作，发展殊速。交通工具之最重要者为铁道、轮船及电线（电报及电话），兹以此三者为代表，分别述其发展经过及现状，以明日本交通事业状况之一般：

（1）铁道。中国之倡议建筑铁道，早在1863年。时沪上洋商要求政府许建苏沪铁路，较日本之初建铁道，犹早十年也。日本第一铁道，为自东京至横滨一段，长18里，于1873年始由政府兴建。自后于第一期（1873—1888）内增至642里，内有317里为商办铁路；第二期（1897—1908）内增至4899，较之第一期，几增加八倍，而可注意者即商办铁路之收归国有，4899里中有4453里系国有铁路，商办路仅446里，而在1906年时，曾增至3283里也。此时日方战胜俄国，铁路建筑之增加尤为迅速。第三期中1917—1918两年间，方当欧战，日本铁路增加甚速，至有7834里之多，较之第二期之末，几增加3000里；内国有路占6000里，商办路则1835里。降至第四期，1927至1929三年间，日铁路增加至12199里，内国有路占8509里，商办路占3689里，此日本铁道发展之大概也（参看第四表）。

第四表　日本本部铁道发展状况表（1873—1929）

年份	国有铁道	商办铁道	总数
1873	18	—	18
1877—1878	65	—	65
1887—1888	325	317	642
1897—1898	662	2288	2950
1905—1906	1500	3283	4783
1907—1908	4453	446	4899
1917—1918	6000	1835	7834
1927—1928	8322	3401	1723
1928—1929	8509	3689	2199

注：以里为单位。

日本现有铁路共12199里，除中国外，较世界任何重要国家之铁路里数为少。如英本部三岛有20400里，美有249131里，法有39552里，德有35390里，即印度亦有39712里。以铁路与人口及面积之比例，除中国与印度外日本亦低于其他各国：如每一千人中美国有铁路2.8里，英有4.6里，法有9.7里，德有5.6里，意有3.2里，日本则每千人仅有铁路1.8里，中国仅有0.2里，印度为1.2里。以面积比，则每千方里中，英有229.9里铁路，法有185.9里，德有195.5里，意有112.7里，美则仅有83.8里，日本计有77里，印度仅21.8里，中国则仅4.6里。实不能与其他各国比较也（参看第五表）。

第五表　世界各国铁路里数表（1928）

国名	总里数	每千居民所有里数	每千方里所有里数
日	12199	1.8	77.0
美	249131	2.8	83.8
英	20400	4.6	229.9
法	39552	9.7	185.9
德	35390	5.6	195.5
意	13492	3.2	112.7
中	8750	0.2	4.6
印	39712	1.2	83.8

日本铁路之财政状况发展甚可惊异，1929之经营效率（Operating Ratio）最高，达52.7，而在美为71.9，在英为79.5，在德为83.9。普通国家商办铁路获利往往较国有铁路为厚，然在日本，情形适为相反，其国有铁道每年获利，占资本总额9%，商办者则获利仅占资本总额7%也。

（2）轮船。日本造船厂之建筑亦较中国为晚，其最早之船厂为大阪铁厂（Osaka lron Works）建于1881，而中国之江南造船厂建于1865年，招商局亦于1875年成立，而及今日本航业居世界第三位，中国则根本毫无，不求长进，故步自封，甚可慨也！日本航业之发展状况可于所运之进出口货比率中得之：在第一期，航业自较幼稚，故 1894 年中，日船所运该国之出口货仅占出口货总额 7%，所运进口货仅占货总额 87%。及至第二期，进步甚速，计 1904 年日船载出口货占全部出口货 52%，出口货占全部 46.6%。而日本轮船事业发展最速，盖在欧战时期，东亚市场但见日轮往来也。计 1918 年日船运日本本国全部出口货 89%，全部进口货 87.1%，较之大战之前（1913）几增加一倍也。降至最近，似稍衰颓，盖各国竞争甚烈，不容日本独占也。计 1928 年日船运日本本国出口货占全部 72%，进口货占 63%，亦仍可观。当 1913 年时，日本船业占世界第五位，今则一跃而为第三位（参看第六表）。此为日本轮船业发展之概况。

日本轮船现共有 4186652 吨，其中 67%且全在本国造船厂制造。英国现有轮船 20046270 吨，美则有 13591803 吨，德为 4057657 吨，法意荷等更少（参看第六表），故日本轮船业现居世界第三位，设英为 100，美为 68，日即占 21，恰合三强海军 5：5：3 之比例。而日人之吨数虽较美船为少，其效力反大，设美国再不努力，或将被日本所追蹑矣。

第六表　世界各国商船吨数比较表

国名	轮船吨数	
	1929 年	1913 年
英	20046270	18273944
美	13591803	4302294
日	4186652	1500014
德	4057657	4743046
法	3302684	1793310
意	3215327	1274127
荷	2932420	1286742
中	314638	68690
总数	66407093	43079177

（3）电线。日本电报殖基于 1869 年，较中国为早（中国第一电线建筑于 1881 年），当时电报线仅 19 里，其后累年增加，在第一期中（1869—1891）即增至 20020 里，至第二期（1900—1910）复增加至 101500 里，较第二期增 5 倍；入第四期（1920—1927）增加不多，为 184500 里。电话之见形于日本，为 1891 年，较电报迟 22 年，然电话线之发展，则较电报为速，计 1891 年日本有电话线 207 里，至 1900 年即至 4400 里，至 1910 年增至 262000 里，1920 年 777000 里，及 1927 年突增至 2160000 里。26 年间，增加一万倍之巨。

日本现有电报线 185074 里，计每一万居民有电报线 29 里，而美国则每一万居民有电报线 179.3 里，法有 108 里，英有 79.6 里，德有 65.4 里，意有 51.5 里，比有 32.3 里，故以电报线与人口之比例论，日本占全世界第七位，仅胜过印度与中国（印每万人占 12.5 里，中 3.6 里）而已。

日本现（1927）有之电话线为 2167027 里，平均每万人占有电话线 339.3 里。以人口比例论，占全世界第六位，因美国每万居民有 5319.1 里，德有 1664.0 里，英有 1595.2 里，比有 1085.2 里，法有 603.3 里，仅意、中、印次于日本（意 171.1 里，中 2.0 里，印 10.28 里）。

6. 制造工业。日本之制造工业，以从事工业之人数之多少观之，则在 1926—1928 年间从事缫丝者平均每年有 407920 人，约占全体从事工业者（1241602 人）之 1/3；从事纺纱者有 203833 人，占全体 1/6；从事织布者有 160333 人，占全体 1/8。而三者合计之，占全体工业人员之半数以上，可知纺织业在日本工业界之重要。而以生产品之价值计之，据 1924 年之统计，则丝产品有 801261000 日元，占全市工业生产值之第一位，棉纱有 644945000 日元，占全部工业生产值第二位，棉布值 633427000，占第三位。故以生产值论，日本工业亦以纺织业最为重要。

此就日本之本国工业状况及生产立论，然就世界工业论，则钢铁时代虽已过去，钢铁业仍为一切工业之母。一国工业发达之程度如何，胥可由其所消蚀之钢量之多寡决定。故吾人于研究一国之制造业，实未可忽略其钢铁制造之状况。兹特以此二种制造业为代表，说明其发展沿革及现状，以明日本全国制造事之大概。

（1）纺织业

①丝。日本丝业，无论为缫丝，为织绸，最初之雏形皆为家庭手工业。机器之应用，始于第二期。1909 至 1931 年间，平均每年以手工所缫之丝有 7726000 磅，以机器缫者则为 20179000 磅。至第三期，1918 年一年内，手工缫丝量为 8740000 磅，以机器者则为 39171000 磅。逮第四期，在 1928 年内手工生产为 9361000 磅，机器生产则有 78139000 磅。日本之丝织品发展，其趋势皆为向上递升者。在第一、二期内（1909—1913），平均每年所有之未调节值（Unadjusted）141976000 日元，调节值（Adjusted）为 146367000 日元；第三期内（1914—1920）未调节值为 364805000 日元，调节值为 210993000 日元；第四期（1921—1928）间之未调节值平均为 519714000 日元，调节值则为 286070000 日元。

日本之丝线纺织事业，情形仍属不振，1928 年之出产，不过为 60047000 日元而已。

日本丝业之地位，无论为生产及出口，皆占全世界第一位。在 1925—1928 四年间，日本平均每年产丝 35560 吨，而同时意大利每年平均不过产 5010 吨，高丽在 1924—1927 四年间，平均每年产 956 吨，其他各国丝产更少（参看第七表）。出口方面，1925—1928 四年间日本之每年平均出口量为 29436 吨，中国同时仅出口 10210 吨，居于次位，其他除意大利在 1924—1927 年四年间之平均出口丝有 5712 吨外，殆不足论矣（参看第七表）

第七表 世界生丝供状况表（四年间之平均吨数）

A. 生产状况

国名及年份	生产吨数
日本（1925—1928）	35560
朝鲜（1924—1927）	956
意大利（1925—1928）	5010
法兰西（1923—1926）	334
欧洲东南部（1924—1927）	292
叙利亚及沙拍拉斯（1924—1927）	264
希腊（1924—1927）	259
西班牙（1924—1927）	91
土耳其（1924—1927）	84

B. 输出状况

国名及年份	输出吨数
日本（1925—1928）	29436
中国（1925—1928）	10210
印度（1925—1928）	64
印度支那（1925—1928）	50
土耳其斯坦、考夹西亚、波斯（1924—1927）	189
意大利（1924—1927）	5712
法（1925—1927）	472

②棉织业。日本棉织业之雏形亦为家庭手工业，其发展程度自 1890 年以后，始剧速焉。其在第一期之末（1894—1898），每年有锭子 796000 具工作，出产棉纱 442000 包。在第二期末（1909—1913）则锭子数剧增至 2182000 具，出产棉纱 1231000 包；自后趋向虽仍然增加，但稍稳定。在第三期（1914—1920）有锭子 3132000 具，出产棉纱 1835000 包。第四期（1921—1929）

内，锭子数为 5420000 具，出产棉纱 2344000 包。至织布进展之速，则三期内几每期增加一倍。第二期内（1909—1913）布匹之每年平均未调节值为 139343000 日元，合调节值 138649000 元。至第三期（1914—1920）内，其每年平均未调节值为 483570000 日元，合调节值 241833000 日元，约为第二期之一倍。第四期（1921—1928）之每年平均未调节值为 721300000 日元，合调节值 429358000 日元。亦几为第三期生产值之一倍也。

日本之棉织业占全世界第六位，按照国际棉织公报之纪录，1930 年七月日本有机锭 7072 具，而同时英国有 55917 具，美国有 34031 具，德国有 11070 具，法国有 10250 具，印度有 8907 具。中国居第八位，有 3829 具。意大利居第七位，5342 具，较中国为多也。本年（1931）一月之调查结果，亦复如是，计英 54933 具，美 33345 具，德 10838 具，法 10254 具，印 9125 具，日 7191 具，意 5346 具，中 3905 具，是日之棉业地位，亦高出于中国之上，不可厚侮也。

（2）钢铁业

日本之钢铁业萌芽于 20 世纪初（1900），然进展则殊迅速，计自 1912—1929 十余年间，增加产量三倍以上，而钢之生产则自 1917 至 1929 十二年间，产量增加亦有三倍之巨。铁之生产在第一期中 1912 年为 239168 米吨，1913 年为 242676 米吨；第三期中，1914—1920 年平均每年生产为 460850 米吨；及第四期（1921—1929）则每年平均产量增至 767024 米吨。钢之生产在 1917 年为 773132 米吨，在 1927 年为 1685242 米吨，1929 年为 2293840 米吨。

日本钢铁生产之少，殊不能与他国相比。其铁产状况，前论日本矿业时已大略言之，计 1929 年前半年内之生产，美有

2200万吨，德有660万吨，法有520万吨，英国及爱尔兰岛有370万吨，而日本则在1921—1929年间每年之平均产量不过为767000余吨。至于钢之产量，日本亦殊贫弱，1929年前半年钢之产量，美为2940万吨，德为830万吨，英及爱尔兰为500万吨，法为480万吨，比与鲁森堡为340万吨，俄为240万吨，而日本不过229万余吨，列于世界第七位也。

以上已述日本钢铁制造业之沿革，及其在世界之地位，兹更一述其钢铁生产之趋势。日本之生铁不敷本国需用，全国消耗之铁，有40%运自外国，而此40%中，有55%来自英属印度，35%来自中国及满洲，10%来自英、德、瑞典及美国（参看第八表）。日本自产之钢仅足供给全部消费额之65%，其外来钢中，有38%系来自德，20%来自英及美，其余则自瑞典及比利时（参考第八表）。由此可知，日本之铁矿实不足以使日本成为一钢铁制造国家。其在本部及高丽之铁矿储藏量为6000万吨，在满洲者为35000万吨然皆质地恶劣，制造成本甚大，而不得不向南洋群岛输运生铁，是以日本欲发达钢铁业以适应本国之需要实属不可能。如日本每年之钢铁生产量等于美国现在钢铁之生产量，则不出十五年，日本本部、高丽及中国之储铁即将罄尽矣，抑有进者，日本之钢铁业之发展，以其成本太高，实属得不偿失者也。

第八表 日本本部产铁状况表（以吨为单位）

年份	日本本部所产铁之吨数	国外输入之吨数	由朝鲜输入之吨数	铁产总量	铁产量对日本生产总额之百分比
1918	582756	225100	41421	849279	68.6
1919	595518	283140	62387	941045	63.3
1920	521348	660	40743	910439	57.2
1921	472725	227100	48055	747990	63.2

续表

年份	日本本部所产铁之吨数	国外输入之吨数	由朝鲜输入之吨数	铁产总量	铁产量对日本生产总额之百分比
1922	550845	327960	80002	958807	57.5
1923	599698	346020	81916	1027634	58.4
1924	585930	441960	73513	1101403	53.2
1925	685178	316380	83857	1085415	63.8
1926	809624	399639	102548（估计值）	1311082	61.6
1927	895246	472947	100542（估计值）	1468735	61.0
1928	1092536	569215	144321（估计值）	1806072	60.5

7. 金融。日本银行之重要者有四：即日本（国家）银行，建立于1882；台湾银行，成立于1897，时当台湾地区被割归日本以后二年；三为朝鲜银行，成立于1910；四为横滨正金银行，乃一专为国外汇兑之银行也。台湾银行与朝鲜银行之设立，不过为欲操纵殖民地之金融与经济势力，其具有侵略意味，实与铁道专业如出一辙。日本银行之发展，在欧战期中最盛，计1915年，资本在十万日元以下之银行有550家，十万至五十万者663家，五十万至百万者129家，资本在二百万以上者100家，共计有1442家。至1921年则资本十万元以下者减为295家，资本十万至五十万者减为476家，资本五十万至一百万者则增至290家，资本一百万至二百万者142家，二百万以上者128家，共计有1331家。至1929年，则资本在十万元以下者仅有70家，十万至五十万者为176家，五十万至百万者235家，一百万至二百万者209家，二百万以上者191家，共计881家。银行之数逐减，资本则日就集中，此为银行业发展之趋势也。

然日本金融事业困难正多，其最显然者，即金本位问题与利息之过高是也。日本于1897年颁行金本位，即因银行事业发展范围过广，金融反见停滞。同时贸易入超过多，国内金融不稳汇率低减，金本位之施行乃困难迭现，虽以民政党之实事求是，苦心维持，宣布解禁金令，以期恢复工商业，然股票市场仍日就降落，尤以此次东北9月18日事变起后，变动尤烈。本国金融准备不足，金本位之弱点亦已暴露无遗，故最近政友会内阁之上台，又以禁金令闻，斯亦英国停用金本位后之必然影响也。

工商业发达之国家，无论为存放或抵押，利息皆较工商业幼稚之国家为低，然日本借券之利息，平均较美国同样借券之利息高2%至4%。而为救济计，1909至1930年间公债利息政府明定减低5.11%至8%，商务借券减低4.75%至8.03%，而银行公会会员银行之利息减低5.81%至10.43%。平常借款之利息则在1919至1928十年间平均减低9.45%，故日本金融事业之前途实未可乐观也。

8. 贸易。兹之所论，乃日本之对外贸易。日本之对外贸易，发迹自1868，此后之20余年间，进展甚为缓慢，至1890及1897年，则贸易量之增加，可三数倍；自1900年至欧战之始（1914），逐渐进展；自1914至1918年，则发展甚为明显。自1921年倾跌以后，其对外贸易又逐渐继续发展，以至1929年。惟自1925年以后，其进展殊为缓慢。此为其贸易发展之沿革大略。

至日本对外贸易之出入口比较，则自1868年以后之61年内，有42年为入超，仅19年为出超。即1900年以来，30年内，仅有1906年、1909年、1915至1918年等6年为出超。1928之入超竟至224359000日元，1929年亦至67622000日元之巨（参看第九表）。

第九表　日本对外贸易之入超概况表（1923—1928）

年份	日本本部（以日元为单位）	日本、台湾地区及朝鲜（以日元为单位）
1923	145000000	—
1924	230000000	310000000
1925	27000000	116000000
1926	119000000	232000000
1927	85000000	—
1928	6000000	—
平均	102000000	219000000

日本之贸易区域极为集中，而今且更有趋向集中之趋势也。其进出口贸易市场最大者为美国，占全部贸易额 35.9%；中国次之，占 12.8%；印度第三，占 11.1%（参看第十、十一、十二诸表）。日本之贸易市场既如此集中故极易受他国政治经济势力变迁之影响而受动摇。

第十表　日本之出口市场（1925—1929 五年平均数）

市场	出口货值（单位为一千金元）	对日本出口货总额之百分比
中国内地、香港及关东	278186	26.6
印度	48101	8.0
亚洲其余各部	87580	8.3
输入亚洲之总额值	449867	43.9
美国	444118	42.5
欧洲	73751	7.1
澳洲及新西兰	28976	2.8
其他	29609	4.7
总额	1046321	100

第十一表 日本生丝出口状况（1925—1929 五年内平均数）

运销地	货值（单位为一千金元）	百分比
美国	369804	95.6
法国	12831	3.3
其他	4026	1.1
总额	386661	100

第十二表 日本棉业输出状况（1924—1927 四年间之平均数）

运销地	货值（单位为一千金元）	百分比
中国内地、香港及关东	110156	46.0
亚洲其他各部	81005	33.1
输入亚洲之总值	191161	79.8
总值	239644	100

至日本对外贸易之性质，可以两方面观察，即进出口货是也。日本之出口货，以生丝最占重要，据 1924—1927 四年间之平均值，生丝占贸易总值 39.6%，其次为棉纺织品，占 24.8%，最次则为丝织品及布匹瓷器等物。若以市场分别，则按 1924—1927 四年间之平均值，其运输于中国市场之货物，最多者为棉织物，平均每年值 86519000 金元，占对中国全部输出贸易 31.4%；次为棉纱，值 23637000 金元，占全部 8.6%；其次为糖，值 15132000 金元，占全部 5.5%；再次则为煤、水产物及纸等。日货之输入美国者，则最多者为生丝，1924—1927 四年间平均值为 363842000 金元，占全部贸易额之 84.5%；其次即为丝织品，值 11140000 金元，占 2.6%；其他则为瓷器、玻璃、茶等。

进口货方面，依 1924 年至 1937 年之情形论，则最重要者为生棉，占全部进口货 30%；其次为粮食，占全部 15.1%；更次为皮毛及其制品，占 8%；其他则为药材、化学物品、钢铁、机械、木材、肥料等。

兹更可分析其贸易品之种类，依 1923 至 1927 年五年间之情形，进口货中，食物占 14.4%，原料占 53.6%，半制造品占 16%，完全制造品占 15.4%，其他占 0.6%。出口货中，则食物占 6.7%，原料占 6.5%，半制造品占 45.7%，制造品占 40%，其他占 1.1%。

（四）国富与国人之增加

日本国富增加颇为缓慢，计 1905 年每人得日金 514 元，1913 年则为 600 元（调节值 528 元），1924 年则增加至 1731（调节值 738）元。与他国国富之比较，除德意及我国外，亦皆相形见绌。如美每人可得日金 6607 元（1925），英为日金 5247 元（1925），澳洲联邦为日金 3450 元（1922），法为日金 2549 元（1925），德则仅日金 1154 元（1922），意为日金 1117 元（1925），中国则每人仅得 268 元（现值日金百余元）。以论国入，则日本每人为日金 218 元（1924），仅占国富 12.58%，亦除中国外，较任何国家为小。美有日金 1272 元（1925），占国富 18.69%。英有日金 977 元（1925），占国富 18.55%。法有日金 549 元（1925），占国富 11.18%。澳洲联邦有日金 771 元（1922），占国富 23.29%。德有日金 398 元（1922），占国富 34.89%。意有日金之 231.4 元（1925），占国富 23.24%。中国则每人仅得 27 金（现值日金十元左右）也。

（《南开大学周刊》第 122 期，1931 年）

世界棉战与中国

现代工业国家之经济竞争，其最显著者，厥为商品，而商品竞争之最重要者，棉其一也。棉为纺织工业之原料，其织品则为世界人类衣料之源。是故近年以来，世界棉战日甚一日，尤以英美日三国为最烈。其目的在谋棉织制品市场之扩充，以及攫得原棉来源之独立。盖原棉之来源不独立，则俯仰随人，平时即难免受价格及供给数量变动之影响，若遇战时，尤有原料断绝之虞。此工业国家所由汲汲经营者也。

世界棉纺织业，以英为先进，故其始终执世界棉纺织业之牛耳。欧战以前，全世界棉纱每年总数为 14300 余万支，英国约占半数，次为美国，约占 1/5，而日本仅占 1%强。欧战以前，全世界棉纱每年平均之出口贸易总额，共为 29300 余万公吨，英国及印度约占 2/3，美则无之，日本仅占 17%。全世界疋头每年平均之出口贸易总额，共 76700 余万公吨，英国及印度共占 70%，美占 5%，日本则不过占 1%强。是欧战以前棉纺织业，要以英居首位，次于英者为美，而日本则不足轻重也。至于世界原棉之来源，其重心在美而非在英，日更无足轻重。欧战以前，世界每年棉产约 2000 万包（每包 500 磅），美国所产占 1300 万包，约当世界产额 2/3。世界每年消棉总额除美国外，约 1500 万包，其中半由美国供给，半由印度埃及及其他各国生产。美国每年所产之棉，本国自己消费者约占 1/3，其余 2/3 则输出外国，虽亦有少额之输入，但为数极微，不过占本国产额 2%而弱。英国本国不宜植棉，因之向其殖民地——印度埃及——积极经营，以求原棉之独立。经百余年之努力（查 1788 年东印公司即开始购运棉种分配印度农民，嗣后复聘植棉专家赴印，指导种植美棉。1852 年英在印度曾有 5 年棉业改进计划，经费为 2000 万金镑），迨至欧战以前，印度埃及全年棉产始有 500 余万包，占世界棉产额 1/4 强，惟此仅能供给英国消费需要之半数，其余尚须自美输入。欧战以来，英国在印度之原棉经营，进行益力。1921 年印度植棉面积为 2000 万亩，1925 年增至 2800 万英亩。虽自 1930 年经济恐慌开始，印度棉田面积因而减至二千三百万英亩。但据最近估计，本年印度值棉面积较 1934 年增加 10%。此欧战前英美日棉战之情形，与英国原棉来源独立之计划及其进行也。

欧战期中，日本乘英国放弃远东棉纺织业市场之隙，乃积极开拓其棉纺织业，以言锭数：则 1931 年时英国已减至 5500 万余支，较欧战以前减少 1%强，至 1935 年，更减至 4400 万余支，较 1931 年减少 2%。美国虽略有增加，而为数甚微，惟日本则 1931 年，增至 719 万余支，较欧战以前增加 3 倍有余，1935 年复增至 953 万余支，较欧战以前增加 4 倍以上，虽其数尚未足与英美相埒，但其激增之趋势，实足惊人！以言全世界棉纱平均每年出口贸易总额，则欧战以后之百分比分配，英与印度由欧战以前 64%减至 41%，日本则自欧战以前 17%增至 22%。至全世界欧战以后平均每年疋头出口贸易总额之百分比分配：英国由战前 71%减至 53%；美国略有增加，由 5%增至 6%；日本增加最速，由战前平均每年之 1000 万公吨增至 8400 万公吨，其占全世界出口贸易总额之百分比，则由 1%增至 12%，进步之速真令人望尘莫及。由此可见日本在世界棉业市场，日趋重要，惟其如此，故其在世界市场上与英美之棉业竞争亦日深也。

迩来日本疋头之出口至英属印度者，1930年尚只40000万方码；至1933年，已增至45000万方码。出口至南美者——智利及阿根廷乌拉圭——1930年为2300万方码，至1933年增至5700万方码，约增二倍有半。出口至非洲者（埃及在内），则由1930年之17800万方码，增至1933年之42300万方码，亦约增二倍半。印度为英之殖民地，而英国对印度之疋头出口反有减少趋势，由1932年之59900万方码减至1934年之58200万方码；对于埃及之出口疋头，亦由1932年之8200万方码减至1934年之4400万方码。对英属西非洲出口疋头，由1932年之15900万方码减至1934年之6800万方码。对英属东非之疋头出口，由1932年之1300万方码减至1914年之849万方码。由此可见英国对其属地之棉制品贸易，年有减少，而日本对之则年有增加。故英日在棉制品市场上之竞争，日加激烈。至美日之关系，当1923年日本棉布出口至美国者仅120余万方码，至1934年突增至728万余方码，约增6倍。更由日本对南美棉制品出口年来之增加，足以证明美日在市场上之棉业竞争亦已开始。

日本绵纺织业既日臻发达，几可与英美争霸，惟其原棉之来源，悉仰给于外国。就1929年日本之进口贸易而论，其进口贸易总值为221600余万日圆，而原棉进口则为57300余万日圆，约占1/4而居首位。以原棉消费之数量论，1931年约共1000万担，其来自美者为400余万担，来自印度者为410余万担，来自中国者为67万余担，来自其他各国者为30余万担。其原棉依赖他国之甚及其危机，已可概见。倘一旦英美限制日本原棉之供给，则其棉纺织业必立陷于危险，而其整个国家经济基础，亦将形成瓦解。此日本年来积极企图攫得原棉来源之独立之由来也。

按世界产棉国家，以最近之形势论，当仍以美国居首，埃及与印度合计次之，俄国占第三位，中国占第四位，再次则有巴西秘鲁墨西哥等国。惟美国为强有力之独立国家，经济足以自给；埃及印度均为英国殖民地，英国足以左右之；俄国棉花无出口者。其对于国际棉业经济无足轻重。日本对于以上诸国，均无法以取得其原棉来源之独立，其所可向往者，厥为中国，是故际此积极于原棉供给独立进行之下，乃集中其目标于中国。自 1932 年以来，日本即在东北四省区域内举行大规模之植棉，设立“满洲棉业协会”及“满洲棉业会社”两机关，一司调查与设计，一司生产与贸易。1934 年其棉田面积约为 198000 亩，较 1933 年增加 1/3 以上，《塘沽协定》以后，更积极注意于华北之植棉以促成其原棉供给独立之准备。

我国本为农业国家，人口众多，而生活程度低下，故为棉纺织品之重要消费市场，而提倡种棉，为时亦早，迄至最近，棉花产额，已占世界第四位。近年以来，提倡益力，中央设有棉业改进所。直豫鲁陕等省亦均设有棉业改进机关，实地研究，以期增加产额，改进棉质。故近年来棉田面积之增加甚巨，在民国十三年棉田面积尚只 2900 万亩，至二十二年增至 4100 万亩，至二十三年更增至 4400 万亩，揆诸促进棉产改良棉质之最初目的，本以供给本国棉纺织业为主要，惟年来国内棉纺织业衰落特甚，于是此积极扩展之棉区及锐增之棉产，乃于此时而适合日本原棉独立之需要及其计划！夫国际贸易倘能持之有道，固有利而无弊。处此情形之下，吾人只得较前此更积极地自谋改进棉质，扩充棉产，以达到我国原棉商品化为目的。否则盲目以从，毫无自主，而操纵由人，其害将伊于胡底。

在此积极自动的促成原棉商品化之下，吾以为同时应特别注意下列两端：一，发展本国棉纺织业。我国原棉之商品化，其国外市场将恐成为独占，若不设法发展国内市场，则棉之需要与否，听人自由，设过需棉国之棉纺织业衰落，需棉数量骤减，则原棉必见滞销，价格必至惨落，农村损失，将不堪言，而整个农村经济即不免有动摇之虞。故必同时发展本国棉纺织业，使一部分国产原棉供给自己之用，以其余者对外贸易，则原棉市场，得有稳定可能，不至仰人鼻息，随国外棉纺织业之变动而有兴衰。二，确定整个农业政策，促进原棉商品化，则发展棉田，固为必然之事。棉田扩充，粮田自必减少。设使原棉输出。稻麦必有待于输入，则一遇灾荒，民食有虞，即一旦棉价跌落，农民售棉所得之贱值，亦不足以偿外来稻麦之昂价，是宜有整个之农业政策。务使发展原棉，改进稻麦，双管齐下。庶乎棉田扩充，虽粮地因而减少，而稻麦杂粮之产量，不致减少。凡此二端，理明意显，诚能切实谋划，以成事实，则我国于世界棉战中所处之地位。得能有利无害，是所望于朝野上下万众一心以赴之。

（《大公报·星期论文》，1935 年 8 月 18 日；另载于《关声》第 4 卷第 3 期、《纺织周刊》第 5 卷第 33 期）

中美五千万金元棉麦借款

财政部长宋子文氏此次赴美参加华府谈判之便，向美帝约举办五千万美金棉麦借款。消息传来，舆论哗然，而毁誉参半，赞否不一，迄今时隔月余，未有定论。爰特不揣谫陋，就管见所及，将贷款谈判经过及内容大要、对内影响、与用途支配三点，一一略述之。

此次借款系宋子文代表中国向美国联邦财政改造公司接洽签定，债款总额为五千万美金，按近日对美汇率计算，约合国币二万万元以上。中以 4/5 在美购买棉花，1/5 购买小麦及面粉，购得之货物并限由美船运华。利息长年五厘。棉花还本办法：货到华时还一成，三月后还一成五，第二年最后六个月再还一成，第三年一成五，第四年二成，第五年三成。麦及面粉还本：第四年二成五，第五年七成五。担保品为：（1）统税收入；（2）海关收入。此后统税改组时，并不得使收入短少，以免担保无着。

借款内容，据吾人所知者，约略如斯，兹姑不问宋氏代表政府签约职权上是否合法，借款方式是否别开先例，以及政府借款之真正动机何在，借款之主动者究为何人，凡此皆非重要问题。吾人所应须询问者为借款之条件是否正当，及此宗借款对于吾国之影响如何也。借款条件之要点为：（一）以 4/5 购买棉花，1/5 购买麦及面粉；（二）利息长年五厘；（三）三年后还本，五年内偿清；（四）以统税及海关收入为担保。就中长年利息五厘并不为高，八年内偿清以借债还债方式偿还亦无不可，以统税及海关收入担保更不成问题。最主要之点厥为购买棉麦问题，各方面讨论亦大率集矢于此点。此项借款之有利于美国，殆无问题，而于我国，究竟为利为害，在视此项棉麦之供给是否为我国今日所需要。如本国果有此项需要，则适所以投我之所好，复有何弊害可言？况由政府大批购买，事实上必较厂商零星购买为合宜。历来我国输出入贸易，多由外人经手，本国工商界既力未能逮，政府复未尝插足，其中漏卮损失，未胜计算。计民国十八年我国进口美棉为1028144担，至十九年增至1288830担，二十年则突然增至2683247担，几增一倍以上，至二十一年更增至3102351担，约增加1/5。惟此项增加，并非由于我国消费棉花总量之激进，而为工厂所需长纤维棉花较多，输入印度棉花锐减所致。此宗输入棉花每磅运费与一切杂费合计约为美金二分四厘，而本年四月美棉市价为每磅九分三厘，合计每磅棉花连运费需美金洋一角一分七厘。每包以五百磅计，则连运费在内，合价金洋五十八元五角，借款总额4/5即四千万元可购棉共680000包，等于2570000担，与民二十购入美棉担数相埒，尚不过去年购入美棉5/6。惟如不计入运费，以此款可购棉860000包，等于3200000担，与去年购入美棉担数相伯仲。然借款条件中已规定所购棉麦均须由美船运载，是此项运费，亦算入借款之一部，殆无疑问。故就美棉言，所借之担数，尚不及去年一年输入美棉担数，必能为本国厂商所吸收，而不致压低市价，影响本国棉业也。总之，就历年我国输入美棉数量及市场上供求关系观察，此项之借款，不致影响我国棉农，无须鳃鳃过虑，而对于我国厂商，可以减少原料之成本，增加采办之便利，其有裨益，何止一端？至于小麦，民国十九年进口共为 22774000 担，中由美国进口者为 4000000 担，澳大利亚进口者为 14000000 担，加拿大 3300000 担，至于去年，则进口小麦总额突增至 15095698 担，中来自美国者 2993000 担，澳大利亚者 9230390 担，加拿大者 2747760 担，是历年输入我国小麦最多者为澳洲联邦，而非美国。根据今年六月物价计算，小麦每斛值金洋七角五分，如此不计运费，以借款总额 1/5 即一千万美金购麦 13333000 斛，或 6000000 担（每担等于 2.22 斛），尚不及去年进口小麦总量之半，是以此宗借款以 1/5 购麦，由历年之输入小麦总量及市场上需要状况衡之，于我未为有害，亦可断言。其唯一影响不过为澳麦及加麦输入量之减少耳。至于与我国农民生计有碍之论，殆为杞人之忧，苟我国而有剩余麦产，又有便利之运输以流通之，必岁无如此巨量之输入，而如购买本国麦产之价格，高于美麦或任何外国麦，本国厂商亦必舍而之他。如此，何若政府大批购办，藉以减少外商之垄断，增加本国工商界之便利乎？故吾敢曰：此次之棉麦借款，其于美国固为有百利而无一弊之举，于我国则亦不若众口之所哓哓，有害而无益者也。此借款成功，政府固得经济上之援助，人民亦未有何显著之牺牲可言。

虽然，此不过就借款条件而言也，问题之尤要者，尚在吾人如何利用此项借项，如何支配用途。水能行舟，亦能覆舟。外债本身如条件妥当，即不足为害，其最后影响，福国抑害民，端在吾人如何利用之耳。如政府举债以屠杀民众，举债以制造内乱，则虽条件上如何有利，原则上如何合理，国民仍当竭力反对。此次政府是否先有建设方针然后借款，吾人未敢揣测，虽政府舌人再三声明，吾人也未敢置信，而迨借款告成后，始由立法院议分用途，乃为事实。六月十四日立法院财政经济两委员会关联席会议审查五千万美棉麦借款案。十六日立法院大会始将此案附条件通过，而所附带条件共七条，兹掇拾要点如下。（一）本借款设管理委员会，负保管支配及监督之责，以下列人员组织之：甲，政府代表五人；以五院长充之。乙，由农工商各推代表六人。（二）本借款收入全部之用途，限于下列生产事业，不得扩充任何对内用兵或其他消费之用：甲，创办及发展基本工业；乙，复兴农村经济；丙，兴办水利；丁，发展重要交通事业。（三）政府对于美棉代价中拨若干，作改良棉业生产经费。（四）促成棉纺织业运销合作之组织。政府既宣告吾人以此项借款纯为建设而举，自应用于建设方名副其实，而“不得移充对内用兵或其他消费之用”，然建设亦同样可以消费，增设若干骈枝机关，虽名义上为从事建设而设，实际上亦等于消费，而不切实用，不合需要之建设，如某省之无线电事业、公路事业，徒资骈髦，无益实际，此各建设何益于有，与消费抑有何异？故建设须有计划、有系统，用途支配之公开及受民众监督，实为必要。而立法院附件管理委员会中农工商各界代表仅六人，仅多于政府代表一人，实属无补于实际。所标四项生产事业，以后二者兴办水利及发展重要交通事业最为根本切要之途。盖农村经济衰落，西北诸省最甚，厥因由于水利不修，水旱之灾常为历年饥馑主因。江淮水灾，本年差幸得免于难，然十九年灾荒，惨重印象，固犹历历在人耳目也。欲农村之复兴，兴办水利实为必要之图。水利事业，分治标治本两途，浚修江淮水道，治标之计也。而政府虽有特别机关专司其事，无如经费困难、人事腐败，效力绝鲜，此后应增加经费，力图改革。兴筑西北河渠，导水灌溉，治本之计也，需款尤巨。年来西北水利，赖华洋义赈会之力，有泾惠民生等渠之开筑，西北人民受惠无穷，此后政府应起而图之！否则徒望复兴农村经济，殊属空泛也。至于交通事业之亟待发展，可无待论，欲创办及发展基本工业，应自发展交通始。统一和平为今日唯一急要之图，而唯一为统一之梗者，缺乏交通之便是也。故鄙意以为此五千万借款，最大用途应支配于兴办水利及发展交通两项事业下。如此两项事业赖此次借款而有相当成就，则政府对内可昭忠诚，对外可获信用，立利用外资之楷模，而肇建设之基础，国计民生，庶几有豸。苟能臻此，则此五千万借款，其意义之大，又岂寻常外债所可比拟之哉？

（《大公报·经济周刊》，1933 年 7 月 12 日；另载《纺织周刊》第 3 卷第 30 期）

宋子文部长返国与国内经济建设

宋子文部长于本年四月十八日启程渡美，参加华府谈判，缔结棉麦借款，旋赴伦敦参加经济会议，会毕复与国联接洽扩充技术合作，始道经法意德美返国，漫游四月，行色甚壮，所至各处，欢迎招待之盛，为自李鸿章出使以来所未有。英伦报章，誉为中国第一流政治家。上月月抄返国，海上欢迎之热烈，年来仅见。宋氏物望之重，与国民付讬情殷，可以见矣。虽然，宋氏之所以受内外知遇，良非无因，中国财政，宋氏整理之功实不可灭；国际合作，宋氏提倡之力，人所共见。于国外经济建设，宋氏致力亦称独多。当此世界经济萧条之秋，宋氏赍企求合作之愿望以去，以中国在未来世界经济中地位之重要，各国焉得不示欢迎；以今日国内财政之竭蹶，待援之殷切，又谁其不望以改造中国经济自任之宋氏归来！

宋氏于初抵国门，即发表谈话，有云“外感于世界经济文化国防，凡百设施之突飞猛进，内怵于近年我国天灾人祸之纷至沓来，认为立国之道，惟在以国民经济为中心，而以国家全力维护与发展之；同时望全国上下化除成见，集合全国之资力、物力与人才，以友邦建设之精神，为我国唯一途径；则吾国纵云穷乏，正属大有可为，苟有自助之决心，则遍天下之物力财力，皆足为我用”之语，其抱负之大与自信之坚，当为国人所同欣感。惟中国经济病态，已入膏肓，以如此庞大之国体，欲起死回生于一朝，良非易事；况经济现象，内外错综，一时杂然纷陈；各种建设，千绪万端，似是并感需要，浅识者流，乃朝一计划，暮一条陈，不问财力物质，人少时艰，徒贻画饼充饥、纸上谈兵之议。因此吾人以为处今日而言经济建设，第一应有确定政策，着眼全国，周虑将来，庶无朝三暮四、本末倒置之弊。经济建设计划，应聘任专家，就翔实调查结果，通盘筹仪，俾能周详绵密，确定不易，如今日某部立一五年计划，某部创一建设鸿猷者，徒自暴其短，而令人气短耳。建设应视需要缓急，而定轻重先后，凡足以扰民害民而得不偿失之举，无关多数民众，徒为少数便利之事，不应与办。利用国外财力，为今后建设必由之径，然应视方式如何、条件如何，得其道而行之，可以兴邦利国，反其道而行之，适足为民众增负担。统制国家经济为今日世界之主潮，良由举世受不景气之影响，产业衰落，失业增多，各国惶惶，力谋自保，经济之竞争，逐视军备之竞争而益烈，关税对垒，倾销入微，于是有国营贸业、国营工业之议，各求经济上之自足，甚至有返回国家经济时代之趋势。宋氏亲预伦敦经济会议，目击各国钩心斗角之状，复道过意德，耳闻统制经济高唱入云，归国之后，发表谈话，有我国应行统制经济之议，乃属当然。宋氏二日晋京，发表谈话有云“我国经济疲敝，农村破产，惟厉行统制经济，方可收合作之效”，并举招商局收归国营后营业日有起色为例。然吾人以为我国实行统制经济应有限制，欲统制全部经济活动，一如苏俄者然，则以经济组织之不同，实为不可强能之事，否则，亦必将今日之经济制度推翻而后可。故统制之方式似不过如意德英美之实行局部统制，如公用事业、交通事业之统制等。然究竟何者应行统制何者则否，及应用何种方式统制，自应从长计议，详慎筹划；尤须先于国内工农商业，有确切之认识，懋迁进出，为长期之统计，富源民力，尽实在之测查。如于国情民况，一无实际知识，贸贸然而言统制全国经济，藉曰可能，亦必至画虎不成反类犬者也。于草拟计划之先，凡此问题，皆应确立方针，庶可不致朝暮反复。计划之立，不求速成，十年树木，终身树人，况国策民本，更应审慎周详，不能草率从事。迨计划既定，尊之应如国策，崇之应如国宪，虽当轴易人，行之不宜遽断。

既有全国统一之建设计划，次论实行之步筹。吾人以为今后而言建设，计划应全国统一，实行则不妨划成时期，分为区域。今日中国政治虽名为统一，实则割据之局，未尝一日变易，中央政府号令所及，不出苏浙赣皖鄂豫甘陕数省，即此数省之中，或困于匪患，或急于赈济，真正能实行建设事业者，不过一二省。而欲待全国政局之巩固与统一，当非朝夕可致。此皆事实，无容为讳。将谓俟统一之后而行建设，殆无人以为可也。故吾人主张实行建设，除重要干路、水利等事业，有关全国，应尽先筹设外，其余农事公用事业之建设，宜于统一计划之下，局部施行，择一二省作为模范，倾全力以事此一二省之建设，依照计划，就事业之轻重缓急，逐步推行。实事求是，不事宣传；少设机关，少置冗员。应行聘任之客卿专家，须担任就地指导，使与地方政府发生直接关系，而得熟悉地方情形，同时任用本国人员，与之合作，寓训练于建设之中。三五年后，事业成绩既足为他省式范，造就人材亦可供他省聘用，以此一二省为基础，更进而谋全国之经济发展，一若导电流于发电厂者然。如此逐渐推广，全国郅治，期年可达。如否然者，一如往日之聘任外国专家，未能长期驻任，但由政府招待考察，沪杭平津，绕行一匝，撰一报告计划，送交聘任机关，于专家认为任务已尽，于我则以为已尽利用外国人才之能事。如此走马看花，彼专家所认识者，不过为皮相之处，鲜有能真知利弊，灼见症结者报告所论，亦仅为原则原理，老生常谈，未能因地制宜；彼专家虽有所长，亦属无用武之地。大凡外国专家于学术能力较为深邃精到，而本国人才，于国情事实，定较熟悉明了，如能合作，收效可宏。经济建设，非可速成，聘用客卿，不过暂时，欲期永远，势须自行培植人材，吾人有先设模范省之议，私意窃在于此，而望计划建设者，能三致其意。

以上所论，理至浅显，顾每为人所忽略，因敢乘宋氏归国，倡行经济建设之际，略抒所怀，以尽刍荛之献也。

（《大公报·经济周刊》，1933 年 9 月 6 日）

计划经济

今天兄弟很荣幸，能够得一个机会和诸位谈谈计划经济这个题目。计划经济，英文是 Planned Economy，在日本叫作统制经济。但是据兄弟看来，计划经济这个名词，好像比统制经济要妥当些，因为“计划”两字，就含有统制的意思在里面，而“统制”二字，并没含有计划的意思。况且“统制经济”还很容易使人联想到“专制经济”。所以今天兄弟和诸位讨论 Planned Economy 这个题目，不称统制经济，而称计划经济。

（一）计划经济的定义

究竟什么叫计划经济呢？简单地说，计划经济就是一种特殊的经济组织，在这种经济组织之中，凡个人和农工商及其他各种企业都成为一个整个有关的系统，利用这个系统，使所有各种富源都得到最当的利用，所有人民的欲望都得到最大的满足。这个系统的最重要的特点，就是把所有各种生产机关都变成这个系统的相关单位，听主持这个系统的人的指挥和支配，由这个系统设法使生产和消费平衡；同时必定要设立一个中心机关，做种种经济设计的工作，并联络各种分散的单位，使它们在整个系统之下，得到最合适的利用。

从此看来，计划经济和个人主义的或放任主义的经济组织固然不同，就是和现代的工业计划或合理化等也是不相同的。所谓工业计划不过是科学管理的另一名字，就是在各个工厂或企业中根据科学的基础，采取各种专门技术，提高生产效率，所以充其量也只是计划某一个工厂，范围是比较狭小的，不像计划经济那样，把整个的经济组织都可以顾到。合理化也和计划经济不同。它和工业计划相仿，想把工业组织科学化，生产程序和产品标准化，以求减少浪费增加生产，所以充其量不过是联合同业，以避免竞争，节制产品市场和价格等。它的范围也是很狭的，不像计划经济一样是顾到整个经济组织的。从这样看来，计划经济，实在是使生产与消费协调和平衡的一种新方法。它不采放任主义，听凭价格和利润的涨落高下去自动地或局部统制地促成生产和消费的协调和平衡，而用合理的和一致的指导，去使得社会的生产能力和人民的实际需要相协调。

不但如此，计划经济并不是只要注意到经济方面就能成功的，还要注意到背景，注意到整个社会的政治的现状和需要。没有一个合适的整个的社会的政治的计划，计划经济是谈不到的。这是我们研究计划经济的人应当注意的一点。

（二）计划经济的种类

我们既然明白了计划经济的意义，就可以进一步问计划经济的方式如何。计划经济到底只有一种呢，还是有多种呢？我们检阅过去的历史，纵览今日的世界，发现计划经济有四种方式，有的是非常激烈的，有的是很缓和的。

第一种是绝对社会主义式的计划经济。这种是计划经济最激烈的方式。实行这种方式的计划经济的时候，人民的经济生活和社会生活都有一个集中的制度。在这个制度之下，生产、消费、生活程度和其他一切经济的活动都受一个中央机关节制，并且直接由他决定。在这个计划经济的制度之下，人民的生活方式要绝对的平等，各种生产工具都归社会所有，受政府的严密监督。但是我们都知道，这种方式的计划经济离开现实太远了。当代无论哪一国都难得实施。所以有些人说这种计划经济不过是一种思想罢了。

第二种是一部分的国家社会主义式的计划经济，就是苏俄今日所采行的。这种计划经济并不像绝对的社会主义式的计划经济一样，直接决定人民的欲望或消费的习惯，而只决定生产的方法和种类。可是因为决定了生产的方法和种类，人民的消费的习惯就间接受其影响了。不过苏俄政府对于生产的决定也并不如外人设想的那么严格。在苏俄，有许多工业是私人所经营的。他们虽然不像在英美等国那样自由，可是仍旧能够独自生产、独自运销。这种私人经营的工业固然不居大多数，但是势力实在是不小的。对于农业，苏俄计划经济的影响，亦不甚重要。除了政府经营的农田以外，苏俄政府还只能用种种方法如教育宣传、奖金、劝告等方法去间接实行它的计划。现在集产运动虽然喧腾全球，可是苏俄政府对于农业的计划究竟连比对于工业的计划还尚不如呢。

然而苏俄现行的一部分的国家社会主义式的计划经济的本质，毕竟不失为一个生产计划、一个生产预算。它把全国的生产设备作整个单位看待，用来完成政府决定的发展全国的目的。这个计划真是伟大。数千家各种不同的工厂都受最高经济委员会的一个预算所指挥。它的各地地方办事处和其他机关如国家设计委员会、国家银行、各种生产组织、消费合作社等都协助它实行这个预算。最高经济委员会有权，并且能够利用这些机关去指导各工厂作合理的计划和实现它们的计划，运转金融，规定物价，限制托辣斯的利润，以及想法调剂劳力的供给。

苏俄的计划经济所以能够这样运用自如，是因为各级机关组织完密，都有特殊训练。这种计划经济的特点是把私产制度减至最小限度，生产工具多归社会所有，私人利润的免除，政权集中于一党专政的政府之手。这些特点都使各级机关实现这个计划较有效率。否则最高经济委员会的计划和统制生产的权能决不能如此之大。但是当我们谈起苏俄的计划经济的时候，不要忘记了它的历史背景。苏俄是一个经济落后的国家，人民的一般生活程度很是低下，需要工业化非常迫切。政府能够认准目标，大刀阔斧地干，尽量利用富源，增加生产，人民是欢迎的。在其他各国，历史的背景不同，这种局部的国家社会主义的计划经济方式能否采行，能否如苏俄之有效，是另一问题了。

第三种是自动企业式的计划经济。这种计划经济，美国人谈得最多。他们以为计划经济不能太动摇了现在的经济社会的基础，同时主张经济的领导权应该继续执在企业界手里。具体说来，他们都同意三点：第一，他们同意求得利润的动机已经不够作为企业的指导，企业家一定要有较广的社会的企图和目标，例如劳动阶级的工作，要使它稳定，群众的购买力要增加，人民闲暇时间要增长，使他们享受较高的生活标准，不论是文化的，或经济的。第二，他们同意必须要想出些方法来预先决定生产，以防免生产过剩和失业，因此他们主张在保持私产制度和人民的经济自由权，如消费自由、迁徙自由、职业自由、契约自由等的立场，把个人企业家的决断稍加限制，例如把托辣斯法律和关于工商业的联合的法律加以修正，以便达此目的。

第三，他们都同意社会上其他各阶级，都不如企业阶级善于为社会谋福利，所以经济领导权还是要在企业阶级手里，政府的经济职权不宜扩展太大。总之，这种计划是以保持现在的经济制度为原则，想法以解除其困难、改正其缺点为目的。

第四种是社会进步式的计划经济。主张这种计划经济的人既不赞成苏俄的一部分的国家社会主义式的计划经济，又不同意美国的自动企业式的计划经济。这派人也以美国人为多。他们觉得苏俄式的计划经济破坏社会太甚，需要革命的程序，于个人社会牺牲都太大。至于自由企业式的计划呢，他们又觉得太缓和了，难得完成预期的目的。如果让他们做经济计划，握经济领导之权，于全体社会和国家不见得都有益处。现在世界经济恐慌，群众购买力的低落，生产和消费的失去平衡，不都是企业阶级握了经济领导权的结果吗？所以他们对自动企业式的计划经济颇多訾议，而提出下面的主张。

他们主张采用某种方法，把收入重新分配，否则他们以为群众的购买力不会增加，人民较高的生活程度也得不到。现在社会上贫富太悬殊了，财富的分配极不平均。少数人享受了社会的大部分收入，如地租、利润等，结果富者愈富，贫者愈贫，生产以群众消费力低下而不得出路，以致发生恐慌，群众因生产为少数企业家把持，只能忍受压迫，在极低的生活程度上生活着，这实在是现社会中最不合理的现象。所以他们觉得社会的收入需要重新分配。至于怎样重新分配呢？那完全看一国的实际状况和制度而定。至美国，也许可用每周五日工作制、每日六小时工作制等来达到目的。在欧洲也许可以用各种社会保险来达到目的，尤其是健康保险和失业保险等。这样一来，他们以为可以提高群众的生活程度，发展他们的实际需要，然后再设法增进工业效能，广用富源，以满足这种需要。他们同意保存私产制，但是他们主张企业家不要太顾私利，应当放大眼界，采取国家的观点，为全国人民谋利益，同时应该要有一个中央领导机关，领导他们向这个方向走，如用指导资本的出路，监督企业通融金融的方法等，使一切工业生产以满足国民的真正需要为目标。他们认为这种经济领导权决不能让企业阶级独专，应该让企业管理和劳工——包括专家和科学家等，双方合作，决定计划，并有权实行其计划。换言之，这种计划机关应当是国家的，具有政府权力。因此他们主张由政府设立各种局和委员会来从事设计，节制生产，指导投资，以得适应需要的最大量的生产。从此可见这种计划经济，是不激不随，实行起来，可能性是最大的。

（三）计划经济应有之立场

上面已经把计划经济的意义和方式说了好些，现在请谈一谈计划经济应有之立场。兄弟以为无论在理论上或是在实际上，计划经济是必须以全世界为立场的。如不以全世界为立场，结果必发生许多重大的困难。为什么呢？这里面有两个原因。第一，现在世界上的国家大小林立，共有六十几国，这六十几个国家，无论在富源上，在劳工的供给上，以及其他各种经济条件上，几乎没有一个能够自足自给、真正独立。你依靠我，我依靠你，彼此都互相依靠着。如果计划经济是以一国为立场，结果大家必采用经济国家主义，如从事关税保护、汇兑管理、进口限制、出口津贴、移民限制等，来保障本国经济的繁荣。你限制我，我也限制你，你保障你自己的利益，我也保障我自己的利益，最后必闹到世界各国钩心斗角、互相排斥，祸害所及，恐将发生比现在更甚的经济恐慌。

第二，世界大小各国经济上既然不能绝对自足自给，结果经济关系较为密切的国家势必联合起来，成为一个经济区域，避免局部冲突，抵抗其他区域。大势所趋，必成为区域经济。19世纪政治均衡的局面，必一变而为将来经济均衡的局面。依兄弟个人看来，现在如不以全世界为立场而实行计划经济，将来全世界大约会成为五个经济区域。第一个是大英帝国，第二个是美国和南美诸邦，第三个是苏俄，第四个是欧洲大陆，第五个是东亚细亚。这五个区域，除苏俄以外，从各区域的本身说是一种暂时的经济调和，从全世界的立场说是经济对立势力的集团化，是剧烈斗争开场的准备。政治均衡的最后结果，是世界大战；区域经济竞争的结果，也许更不堪设想了！所以今日如不谈计划经济则已，如谈计划经济，是必须以世界为立场的，最好全世界设立一个经济设计委员会，把各国经济生活，无论是生产、消费、交换或分配方面，做一个整个的计划，放大眼光，切实做去，才是彻底的办法。自然从现在看来，还完全是一种近于乌托邦的说法，与现今趋向经济区域化的趋势相差得很远。但是人类是进化的，将来文明程度提高，以全世界为立场的计划经济也许有实现的一天。

（四）计划经济与中国

最后请再谈谈计划经济和我们中国。现在世界各国正忙着计划经济，我国政府当局社会领袖也奔走呼号，鼓吹计划经济，最近政府已经设立了经济委员会等机关，报章和杂志上也常可读到讨论计划经济的文字。我想，在这计划经济声浪高入云霄的时机，我们心中免不了产生这样一个问题：计划经济对中国有利呢，还是有害呢？这个问题，据兄弟个人看来，如果世界各国计划经济不以全世界为立场，而以一国为单位，则中国纵然实行了计划经济也是要吃亏的。原因就是中国事事落后，人家走十步，我们只能走五步。在区域经济的斗争的漩涡里，我们只有被人家排挤剥削，决不会得到什么便宜。反过来说，如果各国的计划经济是以全世界为单位的，则多少对中国是有利益的。各国如能放弃虚伪浅见，平心静气来真诚合作，计划经济，这自然是我们所求而不得的。

但是无论各国计划经济以一国为单位也罢，以世界为单位也罢，到底对于我们的影响只是间接的，不是直接的。我们现在所应当特别注意的，还是中国经济应该怎样计划的问题。这自然是一个很大的题目，绝非短时间能说得清楚。但是，兄弟个人以为我们无论怎样计划，都有三个先决条件。须具备了这三个先决条件之后，才能谈计划经济。哪三个条件呢？请略述于下以作结：

第一，应该先决定我们经济所应走的路线。我们现在是一个彷徨歧途的国家，到底我们是应该趋向大工业化呢？还是由政府统制工业呢？哪些基本工业应该归政府计划呢？在经济路线未认定以前，而贸贸然作计划，当然不会得到好结果。

第二，应该先搜集各种经济资料和统计以为计划的基础。我们如果连中国的人口、耕地、农产、矿藏等都没有比较正确的统计而来计划经济，那不是空中架楼阁吗？如最近国联专家来我国后，说我国佃租制度重要，到底我国佃租制度是否重要，重要到什么程度，我们便没有正确的系统的材料可供参考。所以我国如不从速有计划地搜集各种经济材料，还是暂缓谈计划经济的好。兄弟说这句话，当然不是反对计划经济，实在计划经济本身是没有什么可以反对的，不过应该注意先决条件的从速准备罢了。

第三，我们决定了我们走的途径，和搜集了各种材料，还需要一个强有力的政府及一个统一的机关来计划或执行这个经济计划。否则政局不定，事权不一，纵有计划，亦将无法实施了。

（《大公报·经济周刊》，1933 年 12 月 27 日）

中国今日之经济根本问题

一　绪论

经济上之大问题，以生产与分配为最要。所谓生产者，即用人力或机力以增进自然物质之经济效用。其增进之方法，或改变其原形，或移易其地点，或收而贮之以待时需，三者虽各不同，其为增进效用一也。至于分配二字，则有两种不同之意义：一为社会之财务或进入，对于社会中各个人之分配；二为各种生产要素，对于出产品所应得之分配。故分配云者，其要义完全为所有权问题也。

欧洲 18 世纪中叶以前，各国经济均趋重生产方面，以为国家之富强，民生之饶裕，端赖国富之增加，故相率注意于生产之改进。即亚丹斯密氏，其学说思想亦多注重于是。原富一书，虽间谈及分配，谓一国之富，在于大多数人民之康庶，然其主要讨论之问题，如劳工生产力之改良、资本之积聚及其运用等，则多属生产也。迨至 18 世纪末叶，经济趋势，始由生产而移于分配。寻绎其变迁之因，工业革命，实其著者。英国工业革命，始于 18 世纪中叶以后。当其时，各种发明，相继而出，曩日之恃人力者，至是多以机器代之。纺织各业，尤为显著。迨至 19

世纪初叶，工厂制度，逐渐兴起，资本主义愈形发达。就当时学者对于资本主义之批评，即可窥见一斑。以故生产增加，远轶前代。即以英之国富论，1688年，据金氏（Gregory King）统计为 43500000 金镑。1770 年据 Arthur Young 统计为 119500000 金镑，迨至 1812 年，按诸 Colguhonn 之统计，则为 430000000 金镑。加以交通日便，富源日辟，自由竞争之说又助之波而扬其焰，故工业之发展，殆如雨后春笋。于是昔时生产不足之忧，似成过去之事实；目前贫富不均之象，则日呈显露。欲救斯弊，厥惟分配，此当时之所以趋重分配也。至于分配在经济原理上占重要之位置则自理家多（Ricardo）始。理氏之经济原理，出于 1817 年。其注重分配之思想，约受两种外力之影响：（A）理氏生当工业革命之时，目击当日之情形，其思想之结晶，实为时代与环境之产物。（B）拿破仑战败后，英与大陆各国之商业，逐渐恢复。当时英之地主，惧大陆食粮之输入，足以促粮价之低落，故主张提高关税限制进口；而各工业发达之城市，遂群起而反对之，盖以为粮价贵则工资高。工资高则红利薄。为顾全发展工业之计，自不容"谷类法"之存在，运动取消，不遗余力。当时议会之地主与工业家，迭经剧烈之争辩。因此争辩之故，遂使分配为其时英国经济政策之主要问题。理氏身为议员，曾预其事，洪波震荡，潜移而不自觉。故分配问题，亦为其经济思想之中心，此理氏趋重分配之又一因也。自理氏侧重分配之后，其思想之影响，深入人心。加以工业愈进步，贫富之鸿沟愈深，不平之象触目皆是。故各种社会主义之学说，相继而起，率以平均分配废除资产及私有权为救济社会之不二法门。如英之奥文主义（Owenism）、普选主义（Chartism）、基督教社会主义派（Christian Socialists）、社会民主协会派（Social Democratic Party）、斐炳主义（Fabianism），德之罗贝尔图（Rodbertus）、马克思与英格尔士（Marx and Engels）、法之布朗（Blanc）、格德（Guesde）、若雷（Jaures），其最著者也。

欧战以来，各国均相率重视国富。盖因大战发生时，作战准备，动需巨万，于是始知国富之重要。因此经济上讨论之重心，渐移于生产之提倡。方欧战开始时，英之每人平均国富约318金镑，美之每人平均国富约2100金元，以富饶著称之英美，其每人平均之国富额，尚难以维持其极满意之生活。他国更无论矣。各国政府及经济学者既悉国富之不足，故迩年来力求促进生产之方。其荦荦大端可得而言者，如管理方法之改良是也。企业管理，为生产之要素，非用科学管理之法，不足以增进能率，应用科学之研究也。应用科学之研究，所以谋生产技术与方法之改良，故科学之发明愈进，则生产之能率可以愈增。原料过耗之免除也。制造之技术不精，管理之方法不善，则原料之过耗必多，免除过耗，即所以增加生产之量。美国现任总统，主此尤力。工商业障碍之除去也。欧西各国，对于产业，不但无摧残苛税，且多方予以便利，使之能角胜于国外之商场。即如商业循环，有碍生产，近世经济学者，亦已群起而研究制驭之方，凡此诸端，皆趋重生产之印证也。

中国年来之经济政策。尚多偏重分配。就政府之各种设施，及国民党鼓励劳工之组织，可以见之。关于经济思想之趋势，亦多类是，试一阅出版界之经济书籍，8/10为社会主义及劳工运动各学说，一若舍分配外，无足以苏中国之民困者。推其致此之因，不外两端：中国连年内乱，战争不息，盗匪横行，扰乱乡曲，统计粤湘豫赣冀苏鲁皖浙闽川各省，匪之数目，达十万以上。加以水旱相继，频岁无收，流离转徙，不能安居，是以富贵之家，争徙至城市避难。流动资本，即集城市，故城市生活，奢靡繁华，同时工厂之工人，生机甚苦，两两相形，贫富益彰。于是浅见之士，遂以为欲改良社会不均之象，惟有注意分配之一途，实则产业衰落，国富有限，即平均分配，蹄涔之水亦不足以济车薪也。自上述原因观之，吾国今日之偏重分配，与欧洲19世纪之偏重分配者不同，盖欧洲之偏重分配，由于生产之增加，而吾国之偏重，纯误于外表之观察，譬如扪烛为日，与实际相去甚远也。

据日人高侨秀臣所著之书，现在中国之国富额为10613000余万元，而每人平均之富力仅267元5角零7厘，较之其他各国之国富额及每人之平均富力，为数最低（见第一表及第二表），即以中国之生产力言，亦为世界最小之国家。据美国哥伦比亚大学教授孙桐理特博士之研究。美国1亿人口，能作世界人口16亿所作生产51%。以世界人口1/16，而生产力能力竟占世界之半数有奇。博士又发表世界 15 个主要产业国生产力之比较表，以中国为最贫弱，较之美之生产力，不过1与30之比（见第三表），以国富最少生产力最弱之中国，不急谋促进生产之法，而惟侈言平均分配，无论其能与不能，即强使能之，又将何以为生？此分配之说，所以非今日中国之根本经济问题也。

第一表　中国之国富（以元为单位）

各类	金额
1.土地	87037031250
2.房屋仓库及其他建筑物	5555444000
3.家产及美术品	1734646800
4.家畜及其他动物	1661084148
5.矿产	501267880
6.水产	250633940
7.盐产	1423849870

续表

各类	金额
8.电气煤气自来水及马车铁道	6450000
9.船舰车辆	91981500
10.金银货币及金银块	1467975000
11.各种公司银行事业	71750000
12.诸货物商品	4224295719
13.铁路电车电报电话	89950000
14.图书文籍	11335600
15.港湾河川	2005558250
总计	106133253957

第二表　最近中国及世界主要国国富表（以元为单位）

国别	国富总额	每人平均国富额
一、美国	776993235200	6734
二、英国	239848336000	5348
三、俄国	106100758400	771
四、法国	105507584000	2598
五、日本	104307985600	1764
六、德国	73061352000	1163
七、意大利	45596969600	1138
八、中国	106133253957	267

第三表　中国与世界各国生产力之比较

国别	生产力值	国别	生产力值
一、中国	1.00	二、英领印度	1.25
三、俄国	1.75	四、意大利	2.80
五、日本	3.52	六、波兰	6.00
七、荷兰	7.00	八、法国	8.25
九、澳洲	8.50	十、捷克	9.50

续表

国别	生产力值	国别	生产力值
十一、德国	12.00	十二、比利时	16.00
十三、英国	18.00	十四、加拿大	20.00
十五、美国	30.00		

二　中国生产要素之现状

今日中国之根本经济问题，就上文所述，可见不在分配而在生产。按之经济学原则，生产之要素，为土地、资本、劳工、管理四者。其为意义，固尽人所皆知也，姑不具论。兹将中国生产要素之现状，根据事实，遂一略述于下。

（一）土地。中国土地面积约 4278000 方英里。据美国农部贝克君（Baker）之估计，我国土地中，具有充分之雨量可以供耕植之用者，约 1300 兆英亩。其中 90%至 95%皆在内地与东三省。此 1300 兆英亩之中，气候过寒不适耕种者，约 5%，所余者 1235 兆英亩。其中山岳池沼之地及因其他地形关系不能耕种者，仿美国之例，作为 40%，所余者仅 740 兆英亩。其中土地过瘠不能耕作者，作为 5%，所余可耕之净数，仅 700 兆英亩耳。其中已经开垦者，据贝氏之估计，约为 180 兆英亩，占可耕地 26%，所余者 74%，尚未开垦。此贝氏估计之大概也。据刘大钧君之研究，吾国已耕之田圃面积总数约 1826 兆亩。其中田之面积，约居 92.4%。圃之面积，约居 7.6%。6 亩半折合英亩，约为 281 兆英亩，较贝克君已耕地估计之数约高 100 兆英亩。假使可耕之地，以贝克君之数为准，已耕之地，以刘君之数为准，我国可耕未耕之地，尚有 6/10，是我国之农业，固大有扩充之余地也。然此等农田之垦发，或待铁路之修筑，或俟水利之兴治，需资甚巨，亦非可望之于最近期间矣。中国之人口密度为数已高。据邮政局统计，全国人口总数已约 48500 万人。平均计之每方英里约 113 人。虽此种统计，不无过浮之处，然无论如何，每方英里之平均人数较之美国之 31 人半、俄之 17 人、巴西之 9.3 人、加拿大之 2.4 人者，其密度已远过之矣。

吾国可耕未耕之地，储量既如是之富，渐次开垦，以尽地利，实为今日生产之急务。且人口密度，已达高点，尤非垦荒劝耕，不足以增产额而维民生。而考之国内年来之情形，实得其反，不第荒地未辟，即已殖之地，亦多就芜。盖因战争频仍，兵匪横行，掳掠杀戮，乡无净土；官方防范不力，地方益见糜烂。逼近匪区之农民，流离转徙，遂致田园荒废，产量大杀。即距战地之远者，亦苦征累之繁重，车马之征发；虽有可耕之田，亦多不遑耘植。此产地之所以日减也。兹举棉花及食粮两端，以资印证。棉为我国人民服用必需之品也。欧战之初，棉业勃兴，植棉之地，获利甚厚。因之产区日就广袤，纱厂相继而起。嗣因兵匪扰乱，苛税繁重，交通梗阻。输送艰难，遂致种棉之田日少，产棉之量锐减。即就河北一省而论，在民国七年至十一年之间，计有棉地 420 余万亩，产棉 165 万担。十二年至十七年，则逐渐递减，棉田仅 200 余万亩，产棉仅 60 余万担。情形如此，虽欲营纱业者，不仰给于外棉，又安可得耶？至于粮地亦渐减少。自民国十三年至民国十七年，五年之间，中国米麦进口，约关银 8700 万两，占进口货总值 8%，而出口米麦仅值关银 230 余万两，占出口货总值 1%以下。是米麦输入较输出约超关银 8400 万两以上。世界地大之国，类皆以食粮为重要输出，而我国反输入甚巨！举肥沃膏腴之地，不知所以开发之方，致使粮地减少，农产日落，主要食粮，尚赖舶来者，以资挹注，此自困之道也。推寻其故，不外农民转徙，田荒不治，水利不兴，旱灾荐臻而已。欧洲各国，因土地之偏狭，均竭力改良农业之技术，以求生产之增加。盖国于地球，民食贵能自足。古语云，国以民为本，民以食为天。故解决民食，即所以奠固国本之要箸也。

（二）资本。中国今日之工商业，资本缺乏，固为显著之事实，虽可靠统计之证明不易得，然从旁观察，固足以得其梗概也。尝观吾国人与外人同时经营一商业，其货之价值，常受外人之操纵。推原其故，盖因外人资本较厚，如吾国商人不与合作，自定价格，则彼即压价相难，华商资本太弱，不能待价而沽，只得追随彼后，急求脱手。于是外商又从暗中收买，使市上之货，归其所有，然后从而垄断之。此则欲取先与之术也。故获利常赢。吾国之工厂，初办时往往顺利，日久则每况愈下，有始无终。最大原因即为资本不足。方其开设工厂之时，资本为数有限。购买地皮，建筑房宇，设置机器，多已耗去总额全数。故每值原料价廉之时，因受资本之束缚，不敢多量积贮。即欲向银行借款，苟信用不足，付息必高；又须有抵押之品，是皆不利于公司者；结果惟有趋于减少生产一途。生产减少，而人工费用常不能为比例之节减。故积而久之，亏累日深，至于歇业。譬如吾国内之纱厂工业，就锭数论，为国人所有者，占全数 57%；日人经营者，占 37%；英人所有者，为 6%。就资本论则日人所有占 70%，国人仅占 28%耳！再就每锭之资本比例而言，中国纱厂每锭之资本，平均约有关银 39 两；日厂之比例，则三倍于此，每锭计有关银 137 两。其所以相差如是之远，因吾国纱厂之资本，多用于固定方面，而所谓流动资本者，为数甚微。处竞争角逐之场，一事业之经营，实以流通资本为必要。吾国纱厂流资缺乏，故一遇紧逼之时，即有不能支持之势。日人及英人之厂，拥资甚厚，故棉价落时，则屯购者，辄足支半年之需。是棉价虽涨，曾不足以影响其生产原价也。纱价落时，则留其纱而不售，以待善价而沽焉。是纱价虽落，曾不足影响其利益也。多钱善贾，故可常操胜算矣。

第四表　民十七中国纱厂统计

国别	华厂		日厂		英厂		总值	
摘要	数额	百分数	数额	百分数	数额	百分数	数额	百分数
厂数	73	60	44	37	3	3	120	100
资本（两）	84000000	28	208000000	70	5400000	2	297400000	100
锭子	2181880	57	1514816	39	153320	4	3850016	100
工人	156298	65	72261	30	13000	5	241559	100
消棉量（担）	4946495	60	2927527	36	300000	4	8174022	100
产纱量（包）	1377788	63	695656	32	129522	5	2202966	100
织机	16787	57	10896	37	1900	6	29583	100
产布量（疋）	6900038	64	3758750	36	—	—	10658788	100

更就天津主要工业言之，天津针织业之厂房，本所曾经调查者，共 150 家。其中资本在 50 元至 300 元之间者共 64 家；在 400 元至 500 元之间者计 33 家；其在 2000 元以上者，仅 14 家而已（见第五表）！资本微薄，可谓已达极点。天津提花业之厂房，本所曾经调查者，共 280 家。资本在 500 元以下者，约占其半；自 400 元至 500 元者约 56 家，为数最多；次之则为自 900 至 1000 元之 44 家；超过 2000 元之厂，只 39 家（见第六表）。天津地毯业，本所曾经调查者，共有厂房 303 家。计其中

293 家资本之总数，为 2053688 元。其余十家之资本，无从查知。然此总数，尚不能代表大部分工厂之实在情形，因外人所办之乾昌、倪克、海京三厂，共有资本 180 万元。故国人所办之 290 家，其资本仅为 253688 元耳。

第五　民国十八年天津 150 家针织工厂之资本统计（以元为单位）

每厂资本额	厂数	百分数	资本总额	百分数
50 以下	2	1.3	90	0.05
51—100	20	13.3	1940	1.10
101—200	21	14.0	4060	2.05
201—300	21	14.0	6250	3.40
301—400	6	4.0	2400	1.30
401—500	33	22.0	16500	9.20
501—600	2	1.3	1200	0.70
601—700	0	0	0	0
701—800	0	0	0	0
801—900	0	0	0	0
901—1000	18	12.0	18000	10.00
1001—1500	4	2.7	5700	3.20
1501—2000	9	6.0	18000	10.00
2000 以上	14	9.4	106000	58.80
总数	150	100.0	180140	100.00

第六表　民国十八年天津 280 家提花工厂之资本统计（以元为单位）

每厂资本额	厂数	百分数	资本总额	百分数
50 以下	5	1.8	230	0.05
51—100	13	4.7	1300	0.30
101—200	25	8.9	4800	1.10
201—300	27	9.6	7900	1.70
301—400	11	3.9	4400	1.00
401—500	56	20.0	27950	6.10
501—600	3	1.1	1800	0.40
601—700	0	0	0	0

续表

每厂资本额	厂数	百分数	资本总额	百分数
701—800	6	2.1	4800	1.00
801—900	1	0.4	900	0.20
901—1000	44	15.7	44000	9.60
1001—1500	23	8.2	34500	7.55
1501—2000	27	9.7	54000	11.80
2000 以上	39	13.9	20000	59.10
总数	280	100.0	456580	100.00

下表之统计，足使吾人注意者，即为 293 家中之 251 家，其每家之资本，均在 500 元以下，总数只 58408 元，仅占资本总额 2%。此等厂房，资本之微，以之为支付房租与工资之用，犹嫌不足，尚安望其能起色乎？

第七表　天津地毯工厂投资额之分配

每厂之资本	厂数	投资总数
1—100	77	6136
101—200	73	13068
201—300	43	12604
301—400	19	7200
401—500	39	19400
501—600	4	2380
601—700	2	1400
701—800	1	800
801—900	2	1800
901—1000	10	10000
1001—2000	10	17400
2001—15000	10	161500
15000 以上	3	1800000
总计	293	2053688

以上所述之各工商业，均为实地之调查。虽制造家，惧苛税之横加，不无隐漏之处，然80%，固可据为事实也。天津为华北工商业之中心，针织工厂地毯工厂提花工厂各业，又为津市之重要工业，其资本之微薄，多如其类，吾国实业界之缺乏资本，即此可以推想矣。

吾国资本缺乏之情形，上节业经略述，其所以致此缺乏之故，约有两端，即不能充分利用国内与国外之资本是也。为详明计，分别略述如下。

国内资本之不能利用，实因年来工商业之衰落，而工商业衰落要因，质言之，不外苛税奇重、运费过高及内乱频仍三者。兹先就苛税方面言之，棉花为普通衣服之原料，贫富所必需也，而捐税之重几为世界各国所无。按天津纱厂6家，计纱锭21万有余，每年所用之花，约65万余担，此种花之来源，向以山西为大宗。计自产地至天津市，捐税共缴四次，在山西本省有统税，每担一元三角，有特税，每担八角，此外有保大捐，每担四角，至河北又有干果税，每担二元六角，共计五元一角，按之去年产地每担之开价（约35元），约占15%。西北羊毛，为我国出口之大宗，查其现在税捐，自包头至津市所纳者，每百斤共六元八角二分，较之民国十五年时，每百斤仅纳税九角九分者，增加已七倍有奇，驼毛在民国十五年时，每百斤纳税二元三角一分，今则增至十四元三角五分，较前增高近七倍矣。再从平绥北宁两线之税征观之，其在平绥线者，自津运日用杂货20万吨至包头，所纳捐税，计达8000元之多。其征收之名目，除运费加价25%外，有货价35%之军事捐，有5%之站务费，有粮食统捐，有常关税等。税务机关，俨如架屋。网罗之密，检查之繁，扰商病民，直无伦比。至于北宁路方面，就唐山言，据最近之统计，以民国十五年为标准，作为百分比例，则在九种货物中，此三年间，捐税有增至八倍者如红枣。六倍七倍者如铁器、栗子、芦席、棉花各项，最少者亦二倍一倍如毡鞋、麦粉，等是。时仅三载，而税率增加如是之速，殊足骇人听闻。以上为华北之情形。至长江以南各省，其税捐之重，亦大率类是。譬如由四川荣昌至重庆为程仅300余里，其麻布每件所纳之杂税，除正税外，竟达15次之多。合计一元九角有余。一入宜昌，又加堤工捐二角八分，合之前数，共为二元一角有余。每件麻布之本值，不过37元之谱耳，如加以应纳之正税计之，其税率约达9%。又如由江西景德镇贩运瓷器至南京，一担约值30元。除在景德镇完纳正税一元外，近又附加二角。此外直达南京沿途所经如湖口、华阳、芜湖、大胜关及三叉河各处，均须加纳税捐。总计由湖口至京，所加之捐，约达一元二十三角有奇。若合正税及附加税计之，共为二元四角以上。依成本计其税率，亦约达 9%。厘税苛重，举国如是。商人惧捐税之加，即有积贮之资本，亦多不欲充分利用，盖恐负厚资之名，受诛求之苦也。人民挟有余资者，睹商业之衰落，观望而不敢投资，因之资本缺乏者，杳无救济之法，一遇紧逼，惟束手以待倒闭耳。

此关于工商业之税捐也。至运费之高，亦有足令人惊诧者。兹以平绥线煤运而论，自口泉运至绥远省城，计路约五百里，除纳税捐不计外，每吨应纳铁路运费五元零六分五，脚力七分五，站费二角五分五，及三五附加七角七分五，共计洋六元一角七分。每吨原值不过四元，运费实超过原价一倍半矣。又由公积板运至绥远，约二百余里，每吨应纳铁路运费二元六角三分，脚力七分五，站务一角三分五，又三五附加九角二分五，共计三元七角六分五，亦几与原价相等。天津纱厂之花，大都来自山西，上已述及，按每担（一百斤）由出产地运津之运费，计绛榆间六元八角，榆津间九元，合计十五元八角。原价每百斤仅约三十五元，每担运费已抵原花价45%矣。此运费繁重之情形也。

除苛税运费外，尚有兵匪之患，足以使国内之资本，不能供商人之利用，年来兵匪披猖，农民不安其所，富者移居城市，贫者转徙逃生，以致种地日少，产额低落，夫农民种地日少，则生产之量减，富者移居城市，则用度之费增。凡此皆减少资本之因也。要而言之，吾国税捐之苛滥，费用之繁重，兵匪之骚扰，三者实为工商业发达之致命伤，亦即阻止充分利用国内资本之障碍也。

以上言国内资本耳。至于国外之资本亦不能利用，盖因信用丧失，外人不愿投资。我国财政部经管之无确实担保外债，据财政整理会之调查，约合国币486000000元，类皆到期不能还付本息，以致外人啧有烦言。譬如美国之烟酒借款，为数殊不甚巨，然搁置数年，不能履行契约，且绝不谋所以善后之道，遂使同情于我之美国，亦复变其故态，不肯以其财力之余，济我产业资本之穷，此关于美国方面也。至如日本之西原借款，投资于政府者也。如汉冶萍铁厂，如南满铁路，投资于民间者也。即以上海之纱厂而论，年来所借日资，亦不下二千余万元，倘能表示信用之诚意，则日本资本，亦可为我国利用，而国人方以西原借款之祸相戒，一闻利用日资，则变色却走，殊不知西原借款之为外交财政累者，乃运用非法之罪，非借款之罪也。汉冶萍南浔路营业之不振，乃经营失当之咎，亦非借款之咎也。故在今日产业不振之中国，非利用外资，无以资启发。欲利用外资，非恢复信用，无以资号召。最善之方，在能利用外资，而慎重其用途，使其涓滴皆用于生产方面，则利息偿还，不致愆期，信用渐复，来源庶可日增也。

（三）劳工。中国劳工之效率，自各方面之报告观之，其远低于欧西各国，杳无疑异。至低下之程度，则随工业而异。少者数倍，多者相隔至数十倍。以欧西一人之工所得而论，较之中国数人之工所得，有过之无不及。故工资虽低，就效率论，中国之劳工，殊不得谓之廉也。兹举矿工及纱厂工人两例以明之。

1. 矿工。中国矿工效率之低，据俄人脱克实夫氏之研究，殊甚详尽。兹特摘而用之。脱克实夫根据可靠之材料，就效率之大小，分中国煤矿为三类：

（1）设备完善管理得法之煤矿。关于此类，即为日人所有之抚顺、英人所办之开滦二处而已。按民国十七年统计，两矿共出煤 11196100 米吨，约共用工人十万。

（2）其他中国之大煤矿。关于此类，一切设备，虽渐趋于近代化，然管理尚多不良，每年约共出煤 7000000 至 9000000 米吨，共用工人 93000 至 120000 名。

（3）本地所开之煤厂。关于此类，多乏机器设备，率恃人力以为采掘之方，且缺少专门人材，为之指导，每年约共出煤 7000000 米吨，雇工 230000 人。

据民国十七年之统计，抚顺煤矿共出 6781000 米吨，雇工 45000 人。一年以三百日计，每人每日出煤 502 启罗格兰姆。开滦煤矿共出 4414592 米吨，雇工 40000 人。每人每日约出煤 368 启罗格兰姆。据民国十七年美国矿局之报告，美国工人每人每日可出煤 4086 启罗格兰姆。由此可见抚顺矿工之效率，较之美国工人少八倍。开滦则少十一倍。此两所煤矿，为中国最大者，且由外人主持，设备管理亦极完善，其效率相差之远，尚且如是。关于第二类中国之各大煤矿，其报告多不可靠。因有些只关于地下之矿工，有些仅关于地面拾煤之矿工。然就不同之报告，可得一平均之效率。即此类之矿工，每人每日所出之数在 230 启罗格兰姆以下。即提高言之，以此数计算，其效率较美国工人低 18 倍。至第三类本地所开之矿，效率尤低。兹就安徽之宣城煤矿为例，中有三数大者，由省政府主办。据前北京经济讨论处民国十七年之调查，每日可出 50 至 56 米吨，雇工 700 人。每人每日所出之煤为 71 至 86 启罗格兰姆。其效率较之美国工人平均之数，低 45 至 56 倍者，其相差可谓巨矣。

矿工效率之低，铁矿较煤矿尤甚。鞍山本溪湖之铁矿，为日人所经营，其设备之完善，为中国铁矿之冠。据满铁地质调查所民国十四年之报告，该处铁矿共出 203334 米吨，雇工 2350 人。每年以 300 日计，每人每日可出 228 启罗格兰姆。又据民国十五年美国矿局报告，美国共出铁 66879147 米吨，雇工 33158 人。每年以 300 日计，每人每日可出 6723 启罗格兰姆。较之鞍山本溪湖之铁矿工人，其效率高 23 倍。

中国制造生铁之铁厂，亦以鞍山为最佳。据满铁地质调查所民国十四年之报告，此厂制出生铁 136685 米吨，共用工人 6891。每年以 300 日计，每人每日计出 66 启罗格兰姆。其次则推汉阳大冶铁厂，在民国十五年共出 50000 米吨，雇工 10000 人。每年以 300 日计，每人每日出产 16.6 启罗格兰姆。较之鞍山效率低小 4 倍。至于本地所办之铁矿，每人每年所出之货，鲜能超过 2 米吨者。每年以 300 日计，每人每日仅出 6.7 启罗格兰姆，较之鞍山效率，则低小 10 倍矣。

以上所述仅为煤铁两矿，其他各种矿工之效率大抵类是。

2. 纱厂工人。中国纱厂工人之工资，较之欧西各国纱厂之工人，固甚低下，其生活之效率，亦远逊焉。兹摘奎暄君（见《华商纱厂联合会季刊》第 7 卷第 1 期）工资与效率比较之统计以证之。

第八表　中德英美各国纱厂工资比较表

国名	一星期工资（银元）	一星期生产额（码）	每码之生产费（分）
中国	2.40	210	1.143
德国	3.40	466	0.736
英国	5.95	706	0.843
美国	5.95	1200	0.496

第九表　中德英美各国纱厂劳动时间比较表

国名	一日之劳动时间	一星期之劳动时间	一星期之生产额（码）
中国	15	90	210
德国	12	72	466
英国	9	54	706
美国	10	60	1200

由上表观之，中国工人一星期之工资为二元四角，美国工人一星期之工资为五元九角五，较大一倍有余。而美工一星期之生产额为一千二百码，中国工人则仅出二百一十码。生产额，几大六倍。故中国工人，非独工资廉，实能力远弱也。再就每码之生产费观之，则中国大一倍余。可见中国产主在一定之时间内，所付之工资虽少于各国，然就其完成之工作而言，其所付之费实远高于他国矣，又中国工人之劳动时间最长，每日为十五时。较之英国每日九时、美国每日十时者、其所得结果，反逊数倍，此皆效率低下之证明也。中国工人效率低下之事实，业已略述，兹考其因，撮述概要如下。

第一，机械之不完备。机器之用，远胜人工，中国工业界因资本不足之故，所用之机器，不如西洋各国之精良。且有资力微薄，专恃人力以为用者。彼以机器，我以人工。彼之器精且备，我之器粗而不完。故其效率相去远甚。

第二，包工制度之不善。中国工业界雇工之时，多有采用包工制度者，而尤以矿业为最甚。此制之坏处，在使厂方与劳工隔阂而情不通。工头得从中克扣工人，坐渔其利。且厂方对于工人，不能予以相当之训练，故工人多蹈恶习，敷衍了事。此效率所以低也。

第三，工人生活程度太低。工资之多寡，应以生活之要求为标准。随生活必需品价格之上涨，而次第增加其工资。此自然之理也。中国工人之工资较之欧西各国低下甚远，生活维持甚苦。所食之物，常不能有相当滋养料，结果体力不足，又加以工作之时间甚长，以体力不足之工人任极长时间之工作。是效率之减低，亦固其宜。据世界专门家之考察，中国工人平均之膂力，较之欧西各国之平均，不过 50%。此即食料不良之所致也。

第四，工人习惯之不良。近世文明各国，对于工人之娱乐设备，不厌周到，使其工作之暇，能得相当之休养，不致沉溺于下贱之征逐。中国对于工人方面，鲜有特设之游艺场所，故工人下工之后，或聚赌博，或嗜酒食，或溺娼妓。以辛苦所获之工资，虚掷于无用之地。对于精神方面，徒滋痛苦。故结果作工之效率减低。

第五，工潮发生之影响。据上海特别市社会局十七年之统计，一年之内，罢工案件，凡 120 起。劳工参与人数凡 213966 人。受影响之工商厂号，凡 5438 家。其罢工之原因，有因岁暮之时，乘营业紧急之际，提出条件，以期易于达到目的者；有因反对开除工人者；有关团体协约之罢工者。此不过其要者耳。其他原因，为数尚多。罢工之案件，既如是之多，工人一方面受罢工之影响，气质愈趋恶化，遇事即生罢工怠工之倾向，因之效率愈形低下。根据天津某厂细纺部工人之效率表，平时工人之效率，高时至 90%，即低落时亦有 85%左右。嗣因工潮发生，效率遂降至 76%。即此可见工潮对于效率之影响。另一方面，工人与厂方相持不下，俱蒙巨大之损失。此亦减少效率之一因也。

以上各点，皆中国劳工效率低减之要因，故特揭而出之。欲谋补救之方，非根本予以改良，不足望效率之增加也。

（四）管理。管理之一名词，含义甚广，即指经营一种事业在进行时所具有之无形动力也。工商业之经营，以获利为目的。管理为指导之动力，司全局之枢纽。故工商业之能否获利，纯视管理为转移。管理范围约分三点：（1）建立主要之政策，规定进行之计划。（2）政策与计划规定之后。成立一完善之组织，以谋进行。（3）由此组织以进行其所希望之事业，工商业之组织，非一成不衰者也。工商之情形一易，其事业之组织与政策，亦当随时改变，权而行之，皆管理者所有事也。

就上述之意，即可推见管理在工商业上之重要，第吾人观察工商业时，往往仅注意其巍大之厂宇、新奇之机器，而忽略此种支配之潜力。要知一公司之机器虽备，资本虽厚，工人虽照常上工，使无一有力之管理，以指导其进行之方针，以分配其工作之结果，以监督其工作之进行，则久而久之，其所经营者，必呈倒闭之象。盖经营工商业如行路然，方针不定，必无达到目的之一日也。且各种大规模工商业，非旦夕所能立就，必赖长期经营，逐渐发达，始能实现。换言之，即管理得宜之结果也。就世界之经济史观之，工商业发达之国家，多因其经营之人民，富有创造与管理之能力，非仅恃天然富源，所能幸几也。

中国工商业之衰落，管理不良，实为一要因。就组织言，中国之工商业多为合伙之营业，股份公司之组织仅为其中最小部分。此无他，概因商人缺乏合作能力，不能和衷共济，互相信任。欧西工商之经营，早已超于大规模之组织，而吾人墨守旧规，忝不知改。即合伙之营业，亦多组织不完，以言商战，乌得不败。就用人言，经营企业，尤须用人得当。吾国工商界之用人，多近于官僚化，只图位置私人，而不问其是否称职。添设冗员，而一任其尸位素餐。结果经济效率，两受其损。就政策言，主持工商业之人，虽不乏明达之士，然多数尚无专门之学识，蹈常习故，因陋就简，对于工商业之趋势，茫然不知，即其营业之政策，亦多漫无定见，加以眼光太狭，急于近利，年有所获，即罄分无余，不肯储之以谋将来之发展，故一遇紧急之时，毫无周转之方，往往亏累不堪，倒闭时有。譬如欧战之时，上海纱厂，有利可图，趋之者几如夜蛾之赴火。嗣后欧战告终，各国之纱厂营业，渐就恢复，而上海之纱业，遂相继停顿。彼此间胜不相谋，趋之若鹜。败不相救，弃之如遗。此种投机式之营业，完全动于一时之发财热耳。且预算制度为管理工商业之要着，吾国工商界除极少数之大公司外，鲜有采用之者。资本既微，又无预算，暗中摸索，漫无计划，其失败也固宜。就会计言，工商界现用之制度，仍多为中国旧式记账之法，已经采用新式之会计制度者，为数甚少。旧式记账之法，陈陈相因，杂而不明，对于营业之盈亏，不易清查，往往积年稍多，即管理之者，亦不自知其状况何似。新式会计之制，关于营业之概况，一睹即知，不待查察也。除此数者之外，尚有一端，尤足令吾人注意者，即责任心是也。吾国工商业中，集股之事甚多，主持之者，率以多数资本，集自他人，即有失败，于己亦无大损。故有利用之以图侥幸尝试者，亦有从中舞弊渔利者。此种举动，不但减少投资者之信心，使之相戒不前，亦且对于吾国工商业之前途，予以重大之打击也。请以招商局为例。据清查整理招商局委员会之报告，可见其种种舞弊之情形。例如租船合同，并无佣金之规定，而账上所付之经纪人佣金，为数乃至 5%。虚添账项，弊一。该局有轮 28 艘。每年用煤在 18 万吨以上，每吨平均之价，90 两以上。故每年用煤总价，在百万两以上。不第使用浮滥，且对于煤价虐造浮报。弊二。由局采办存栈之煤，每吨均付扛力七钱，合银将一元，征之别家船公司，则每吨扛力，不过一角左右。是该局所付，增多十倍，弊三。该局规定分局佣金办法，尤为世界所未有。沪局办事经费，由总局每月津贴 1300 两，当然不足，因实支实销每月约 13000 两，该局为掩人耳目之计，采佣金办法，以文其弊。就沪局而言，每年水脚营业总数，定为 80 万两，不足者罚，超过者奖，为制似极公平，实则沪局每年所收水脚，总在 200 万以上。故奖金年有。其法系以 80 万两定额水脚之五厘回佣，即 4 万两，充沪局用费。如营业超过 80 万两时，在超过定额之数中，可得九五局用。故该局年亏。而办事者，则常席丰，弊四。以上所述，不过略举一二，其他如会计制度之紊乱，私人冗员之滥用，包办客脚之舞弊，总局与分局之狼狈为奸，虽累篇不能备及。招商局为吾国最大之集股航业机关，徒因管理组织之不良，亏累至是。言之殊堪叹惜。尝思同一事业，外人营之则获利，国人主之则失败，其故安在。推而求之，不外乎人才缺乏，与习惯不良而已。盖人才缺乏，则管理失当；习惯不良，则弊窦丛生也。研究招商局失败之原因，即可以知管理之重要矣。

三 结论

综括以上所论，吾人可知今日中国之穷困，其患不在财富之不均，而在财富之不足。换言之，即今日之根本经济问题，不在分配而在生产。中国年来生产之衰落，已岌岌不可终日矣。然沃野未辟，实藏未启，地有弃利也。内外资本不能利用，国有遗财也。劳工效率，远低他国，宜图增进也。管理不良，实业衰落，可以改善也。中国之生产要素，尚多未能利用，苟能促而进之，其所产不难立增倍蓰。故欲救今日之民生凋敝，谋实业之振兴，当前急务，即增加生产，舍是无他道也。促进之方，须先从下列各点着手。

（一）摒除生产之障碍。所谓生产之障碍者，上文中已言之详矣。譬如内战不息，军费甚重，一也。交通梗阻，消费无力，二也。萑苻不靖，产地日减，三也。苛征繁重，负担逾量，四也。国信不立，外资不能利用，五也。商业不振，投资者寡，金融紧急，接济无方，六也。其他种种不能备及。此项生产之障碍，一日不能消弭，则工商业一日无发展之望。由是言之，无论国家之经济政策如何，生产事业，不能发达，则民生痛苦，难以解除。无论政治之势力如何，苟生产事业，不能发达，则民生痛苦，难以解除，是可断言也。

（二）提倡劳资合作。中国年来工潮之澎湃，几乎无月无之。其影响于工作之效率，文中多已论及。此后希望政府，竭力提倡劳资合作，庶生产效率，可以渐增。同时劳资双方，亦宜互相觉悟，自身容纳，避免轧轹。盖生产不增，工业衰落，不独资方亏累，即劳工亦有失业之虞。工资低下，更无论矣。为顾全双方利益之计，实非合作不为功也。

（三）训练工商业之人才。中国之人才缺乏，无可讳言。居今日万国竞争之世，主持工商业者，非有专门之智识与技术，不足以尽指导之能事。此后训练人才，尤宜注意于中国化。所谓中国化者，不仅在知经济学上之原则与理论，并须稔悉中国之经济情形、工商实况，始能措施得宜。夫国情不同，工商业之状况自异。若仅承舶来之学，而昧于实地之事实，特胶柱鼓瑟耳，又何足以言改善。

上述三点，不过略举以见一斑耳。其他急需改善之处，不能一一缕举。惟以中国今日根本经济问题，在于生产，故特揭而出之。证以实例，倘国人急起而谋所以促进之道，俾民生国计，日渐臻于富裕，是则吾人之所望也。

（《大公报·经济研究周刊》，1930 年 3 月 3 日、10 日、17 日）

今日中国的几个重要经济问题

南大经济学会要在《南大半月刊》出一期中国经济专号，几次向我征文。但我近来因事务繁剧，实无暇执笔深思。再说现在中国的经济情况，千疮百孔，头绪万端，也不知从何说起，与其枝枝节节的讨论，不如让我来整理一下，做一个概括的述说。这篇短文，只能算替这个经济的中国病人，在药方之前，开了一个脉案，把现在中国几个重要的经济问题，描了一个轮廓，其中内容，只好让后来的执笔者去研究讨论了。

归纳起来，中国现在的经济问题，可以分做两方面来说：第一是财政金融，第二是经济建设和复兴。论到财政金融这方面，我们当前最迫切的问题有：银价问题，游资集中都市农工商资本缺乏的问题，军费庞大中央预算不能平衡滥发公债财政濒于破产的问题。先说银价问题，自从英美日等重要国家相继放弃金本位而引起货币战争和银价不稳定之后，用银国家（以银元为货币本位）的中国，因外货和银元比价跌落和涨落不测的关系，在国际输出贸易上受了莫大的打击，同时国内因外货的倾销和人民购买力的减退，物价和贸易，也有显著的低落。这种现象，用不着我用数字来表证，大家都切身知道，要继续下去，真是中国莫大之患，所以如何安定银价以恢复本国的物价和贸易，这方面中国的关心和利益，应该比任何国家为大。其次讲到游资集中都市农工商资本缺乏的问题，其现象可以从三方面来讲：最近上海存银的增加，在市面上流通的银行兑换券，中国生银的出口。现在就把近四年来上海存银钞票流通额和生银输出入额列一简表如下（单位为100万元）：

年份	上海存银	钞票流通额	生银之净输入(＋)或净输出(－)
1930	275	250	(＋)140①
1931	250	275	(＋)68
1932	356	287	(－)11
1933	503	353	(－)14

我们从上面的表可以看出近二三年来上海存银数有急剧的增加，而钞票流通额并没有比例的增加，足见大部分存银并没有以钞票的形式而流通于市面，来活动社会的金融。农村因资金集中都市而更见枯涸，工商业也都有活动资金缺乏的苦痛。至于生银的出口，尤其是近年来特有的现象。从前中国终是输入生银的，自1901到1931年净输入达十万万元以上，但是自1932到1933两年，反输出生银计共二千五百万元，同时期内，还有大量金子的输出，只1932和1933两年，金子输出终在三万万元以上。②这象征着中国历来的入超和所负国际的债务，有不得不用金银来偿付债主的趋势。至少也表示中国内地的藏金，快告涸竭，所以不得不用银子来补足它！自然我们考究游资的所以集中都市，最大的原因是物价低落、工商业衰败，需

① 1928—1930三年之平均数。

② 查中国原来每年终有少量的金子出口，自1921—1930年平均每年净输出金子不过750万元，但自1930年五月起国府禁金出口令下，只有中央银行可以输出外国，因此偷漏输出的非常之多，就无法得到准确的记录了。但只据有记载的数目，1931年净输出达4800万元，1932年达18800万元，1933年达7100万元之多。至于偷运输出的以香港为最多，但并非全部。只香港一埠，1932年输出金条和元宝达6400万元，1933年达8900万元，故1932和1933两年合计有记录及偷运出口的金子，总数超过30000万元之巨。

要的款子也就减少了。再就是内地和农村治安的不定，富户地主，不敢再把金钱在乡间存放，情愿迁居都市把钱存在银行里，农村金融因此更见枯涸了。其次就是近年来国府公债数目巨大，其实际利率常超过一分，于是银行游资，想做公债生意，趋之若鹜，因而时期长利息低的工商业放款，就没有肯投资的了。这种一方面害膨胀病、他方面患贫血症的现象，不谋急切消除，中国前途是永久没有办法的。最后要讲军费庞大滥发公债财政濒于破产的问题，中国因连年内战，武人割地自雄，常备兵额之多，全世界各国莫与伦比，每年支出的军费，占全国财政总支出的一半以上，这种现象也是全世界各国所没有的。他们军费的实际数额，尽管比我们的多，但没有超过财政支出一半以上的。中国的政府用钱是向来没有预算的，不够就发行公债或借外债弥补，历年来几无法清算。只就内债一部分说，北京政府时代财政部发行的内债，总数在六万万元以上，国民政府自十六年至二十二年所发行的内债共十一万万元，两者合计共达十七万万元之巨，再加上有担保的外债，总数在二十万万元以上。以如此巨额的债款，中央收入的一大部分只够还债，而借得的这些债务，大部分不是作生产用的，都化作军火或装入武人政客的钱袋中而消耗了，至今政府每年巨额的亏空，还只靠借债来弥补，财政安得而不破产？所以中国再不停止内战，痛裁兵额，休养生息，到不了五年十年，大家会一齐饿死的！

我们现在从财政金融方面再转到中国经济建设或经济复兴的问题，我以为首要的是赶快设法增进农产，复兴农村。单是发展工业不能救急，因为出品一时不能和外国竞争，还要靠在本国的市场求销路。移民垦荒，也不能一蹴即就，而且为将来人口发展着想，本国土地仍要有人满之患。我所谓增进农产，是要农民所生产的超过其合理的消费而有余，然后方才能使农安于耕，利用厚生。中国人民的74%是农民，农民而没有饭吃，不能安于耕，其他工商业一切都没有办法。但如何增进农产以增多农民的良酬，还应当政府和智识阶级出来倡导，积极讲来水利、改良种籽及生产、防除病虫害、活动农村金融、提倡生产运报销作、改良土地划分及田赋、提倡手工业等，而安定农村的秩序治安，不受兵匪的骚扰，尤为当务之急。

关于交通，铁路是干线中最经济而生产的。中国的铁路，合国有省有中外合办或外人承办以及专用等一起计算，也不过15000余公里，但自从东四省失陷以后，全国铁路里数，又去了1/3以上。中国有许多地方急切需要铁道的运输，但至今还没有去计划它，此后实应竭全力赴之，以为开发富源沟通民生发达工商的基础，至少也应赶快有计划地完成若干纵横的铁路干线，而以公路运河及兽车大道等为其培养线。我们看见现在修筑的许多公路，往往和铁路取同一业途径而互争营业，实失提倡公路的原旨，妨害铁路的发展，不胜痛心之至，而希望及早料正过来。

讲到工业的问题，我们应该赶快厘定我们工业发展的政策，处理劳资关系的方针，这是值得政府学者和工业家去竭力讨论的。有人说，中国的工业化应该采取渐进的政策，而以供给国内市场为主要；发展的基础，第一要建筑在农业的生产上（例如中国盛产小麦棉花，那么可以提倡面粉和纺纱工业），其次当视中国工业的需要程度的大小而设立之（例如为发展铁路事业，那么可以设立制造铁轨和修理工厂）；工业的性质，最好能提倡多利用中国丰富的劳力而不需很大的资本和设备的轻工业，切不要急急于提倡需要很雄厚的资本、高深的技术的大规模制造业，但可以举择现代切要并为国防上必需的一二种重要工业而试办之，而以能适合于本国市场的需要为标的。以上这些话，是不是值得我们加以深切研究而决定取舍呢？他如劳资的纠纷，一天甚一天，为防微杜渐，我们应该如何去防患于未然，消弭于既生，方不至蹈欧美工业先进的覆辙呢？

由工业而再说到商业的问题。中国现在有一种很明显的矛盾，一方面内地货品无法运出，任其狼藉，而商埠又进口大批洋货，这正好像一个人肚子里积食的土货没法消化，口中不得不吃进了大批的洋货来滋补一样，上下不通气，不设法沟通，迟早要衰弱而亡。所以讲商业，首先要发展国内贸易，使货畅其流，人民需要的货品，能尽取之于本国，不足时再从外国输入。就是如此，中国国际贸易的政策，也应该力求食粮和棉花煤铁等原料的自足，并且因为人口一天多一天，土地便不够分配，势必奖励输贸易以换取本国所缺乏的必需品。但是现在各国都高筑着关税的壁垒，并且它们对于工业上已经有很完密的组织、精美的机器，一切货物的成本，已减到最低的限度，中国仅仅靠劳力低贱这一点来取胜，几乎是不可能了。所以在出口贸易中,我们应当竭力改良我们有天然利益的特产如丝茶等，特殊而丰富的矿产如锑矿，再补之以若干种专门而精巧的轻工业，那么未始不足以角逐于国际市场之中。

最后，我有一点感想：中国只要不再内战招侮，各方面谋求最低限度的统一和社会秩序的安定，那么经济还有向上发展的希望。这时候我们需要整个完密的设计，这计划决不能俯拾别国皮毛的什么五年计划或十年计划而类似琐屑的时序表，因为这些大抵是不实在或不适于本国情形的。我们需要的计划是先认识了中国整个的经济结构和特殊的情形，再从此出发，得各方面的合作，大家不断地观察和研究，日积月累，逐渐求得一具体而可行的方案，再由专家编成进行的步骤，视机会和财力原料等的所许可而施之实行，这又哪里是几位空言家或衙门的闲员关着门就能拟造的呢？

（《大公报·经济周刊》，1934 年 6 月 20 日；另载于《南大半月刊》第 13、14 期）

我国今日之经济地位

我国今日之经济地位，危机百出，险象毕呈，斯固人人知之、人人言之，然已危至若何程度？险至若何程度？以及危险之症结果在何处？斯则各人之观察不同，故其论断亦殊不一致也。兹就全国之经济状况作一鸟瞰，为读者分别言之。

一

我国今日之经济组织为何？一新陈代谢、畸形发展之组织也。有渔猎之经济焉，有牧畜之经济焉，有农业之经济焉，有手工业之经济焉，而在少数通商大埠，则墨烟缭绕，厂肆林立，固又俨然为欧美最进步之工厂经济矣。此种畸形发展之状况，盖已形成二大壁垒，即旧式生产组织与新式生产组织是也。旧式生产组织以人工为生产动力，可名为筋肉生产；新式生产组织以机械为生产动力，可名为机器生产。筋肉生产以农业为主，家庭工业为辅，其大本营多在内地十八行省之农村，其经营制度系以家长式的地方经济为原则。此种制度，吾人无以名之，名之曰农本手工业制度。机器生产，以工厂工业为主，商业为辅，其大本营在国内各通商大埠，其经营制度以公司式的国家经济为原则。此种制度，可名之曰新产业制度。此两种制度，一新一旧，一优一劣，各树一帜，各立一垒，开始搏斗，自19世纪末叶以来，已数十载于兹矣。

历史车轮，不断前进，生产技术，日事改良，新旧相争，优劣立见，吾人为促进国民生产力计，自愿新产业制度，旗开得胜，马到成功。然有一点，为吾人应加注意者，即我国经济史之车轮，非国人推之，乃外人推之。因自海禁开后，外国经济侵略，如疾风暴雨，相逼而来，外力相袭，日甚一日，致使我国农本旧组织日趋崩溃，浸至国家沦为次殖民地矣。言念及此，能不痛心！

二

我国数千年来，以农立国，即目前中国人口80%左右，仍恃农业以为生。惟我国旧组织的农村人口，大都以农为主要职业，而非以农为唯一职业，所谓农人之生计。除农以外，有一部分恃手工业以为生。此种农村副业中之最要者，厥为纺织，次则桑麻，再次则为其他副业。男耕女织，非徒历古名训，抑亦社会事实。纺纱织布，为农村妇女暨一部分男子之重要职业或副业矣。推原其故，约有二因。第一，农夫力田，为季节所限，不能365日日日躬耕南亩。据吾人调查结果，一年之中，农人仅有53日至117日之10小时劳动日。第二，我国农人耕田面积极小，每岁收获，大都不足以维持其一年之生计，其必努力于他种副业，要亦事势所必然也。举凡樵采也，运输也，负贩也，木工也，泥水也，石工也，陶作也，篾作也，以及制鞋、缝衣、铸镬、打铁等工作也，固无一而非农人之副业也。农村农人与各行手工艺者，实一而二，二而一，几无鸿沟之可分也。此我国农村人口之所以特多欤？此我国农人之所以少剩余农产物以换取现代之制造品欤？丹麦、瑞典，号称世界最能以农立国者也，其农人亦不过占全国人口 1/3 左右，而我国则占 4/5，何也？农不专业，职工未分化故也。职工不分化，生产力弱矣。

我国农村人口既多，工资亦极低廉，但因不用机械与新式方法，故生产效率甚低。据吾人估计，美国农工种小麦与玉蜀黍之效率，高于我国农工约 40 倍，即种米亦高出 8 倍有奇。我国农田，说者谓已达集约耕种，其所谓集约者，只能自每亩所用之人力言之耳，农器之设备及耕种之科学方法，则尚未足以言集约。约言之，吾国农地资本不足，人力过用，故每亩产量，远不可与他国比拟。兹将 1918 至 1931 年各国农地平均每公亩的产量列表于下，藉以见我国农业生产力之一斑焉。

每公亩平均产量表（1918—1931）（单位＝100 公斤）

国别	小麦	米	玉米	棉花
德国	21.0	—	—	—
丹麦	29.2	—	—	—
法国	14.2	—	—	—
匈国	13.8	—	—	—
意大利	13.3	46.4	15.2	
波兰	12.8	—	—	—
苏联	7.6	—	—	—
加拿大	10.9	—	—	—
美国	9.9	23.2	15.5	1.8
日本	16.0	34.2	—	—
印度	7.1	14.9	—	—
埃及	17.7	30.1	22.6	4.5
中国	7.3	18.6	9.7	1.9

夫生财有大道，“生之者众，食之者寡”，则农有余粟，工有余器，商可能通有无，国民经济自然繁荣矣。若农村人口过密，工业制造不专，产力薄弱，食指众多，农无余粟，工无余器，商无可通，而欲求国民经济之不枯竭，得乎？据吾人估计，我国每英里已耕地之人口密度，为 1024 强，每人仅有已耕地 0.62 英亩。按英美诸国现时之生活程度言之，每人须有耕地 2.5 英亩，方足以维其生计。以此为衡，我国每人平均之已耕地尚欠三倍，若与美国现时平均每人已耕地 3.6 英亩衡之，则少五倍。再以农家耕地计之，每家平均有自 5 英亩至 1 英亩以下者，与美国农家耕地比较（约 62 英亩）相差 11 倍至 60 倍，与丹麦比较（约 33 英亩）亦相差 5 倍至 30 倍。我国农家耕地如此其少！农村人口如此其密！而农业生产力又如如彼其小！是生之者寡而食之者众矣。固已反乎生财之道也。

在昔外国经济势力未袭入我国以前，我国农本旧组织下之农人生计，除农以外，尚可恃努力他种副业，以资维系。今也不然，农人几已无副业可恃矣。例如农家衣衾，昔恃纤纤女手自纺自织之物也，今除若干手织机外，即穷乡僻壤，亦少有自纺其棉纱者矣。何也？筋肉与机械相角，血汗与蒸汽争雄，如卵击石，无不立破者也。彼纤纤女手，奚能与偌大纱厂相敌乎？笨厚之土纱土布，奚能与细软之洋纱洋布相角逐乎？厂纱洋布，实价廉而物美也。姑以农村 40000 万人口计之，以 1/4 人口从事棉麻纺织，藉以供衣食而补不足。今假定全部纺织事业为新式机器所夺，则 10000 万人口失业矣；半为所夺，则 5000 万人口失业。由此类推，则是有若干洋纱洋布以及洋织物之进口，即有若干农村人口之生计为其所剥夺也。查历年海关册，棉织物毛织物之进口，每年平均辄在 20000 万海关两左右，连棉花棉纱计之，殆达 40000 万两或 50000 万元。去年 1 月至 10 月，仅纺织品一项已达16900余万元矣。较之前数年固已略减，但此略减之缘由，除东北不计外，非表示我国农村购买力之薄弱，即表示外人在我国设厂之扩大，而断非农村人民能自纺自织以抵御之也。

农村副业，固不仅纺织业被其所夺，举凡手工副业，尚有不被新式机器生产所夺者乎？如洋蔗糖之于土糖业，洋卷烟之于皮丝业，洋珐琅之于陶瓷业，洋煤油之于植油业，洋火柴之于旧火石，洋肥皂之于皂荚碱，洋火轮之于划子船，洋汽车之于手推车，任何旧式的手工业，盖无一不被新式的机器产品所夺矣。

血汗与蒸汽之争雄，筋肉与机械之相角，本经济势力之逼榨，已足以促农本旧组织之崩溃。若再加以土地分配之不均，农业资本微弱，苛捐杂税之繁重，刀兵人祸之扰攘，水旱天灾之频仍，内外夹攻，左右围击，是更足以速农本旧组织之崩溃也。

农本旧组织之崩溃，与生产力之逐渐减退，互为因果。此可于农作物每年产量之递减见之。据中央农业试验所之估计，民国二十一年，全国主要农作物之产量总值，尚有188000余万元，二十二年仅154000万元，约当二十年产量82%。去年则更低减，估计不及100000万元，较诸二十一年几减一半。统观全国各省除东北四省外，其余各省所产粮食，均不足以自给，就全国言之，粮食生产不足之数，当消费量10%。撇开东北，则缺少17%。此尚就常态收获言之，若遇荒歉，则缺额之大，更不止此也。以农立国者，固如斯耶？

粮食生产，既不足以自给，于是粮食因而输入焉。小麦本我国之出口物也，民国十一年以前，每年出口自数百万至数千万两不等。自民国十二年以来，其势逆转矣，每年输入在1000万两左右，至民国二十年几达9000万两，同时面粉输入亦达

2800余万两。米之输入，民国十九年竟达12100余万两之巨。最近一二年输入数量虽稍减，亦不过五十步笑百步耳。统计近数年来米麦面粉等粮食一项每年输入，平均在30000万元左右，占同时内进口总值1/5以上，计与上述棉花及棉纺织物等，争处进口货第一与第二位置。男耕女织之国家，衣食二事，胥仰给于外人，以农立国者，固如是耶？

至于我国输出，向以生丝为出口大宗，然年来外受日丝之压迫，内由蚕桑之不改良，每况愈下。自民国十四年至十八年，每年输出额尚约14000万关平两，此后一落千丈，至民国二十一年仅3000余万两，曾不及曩时之余数矣。此外出口之足述者，厥为大豆及豆类产品。年来以此类物品占出口货之第一位置，价值达20000万两。然而此项出品，几完全产自东北，今东北沦陷，此项输出已非我所有矣。其次，茶之输出，往日曾独霸世界市场，近则除推销俄国外，其他地位已为锡兰、印度及日本等国所夺。民国以来，茶之输出以4年之5500余万两为最高额，占全国输出值13%。自此以后，亦如生丝逐渐衰退，至民国二十一年仅2000余万元，惟去年略增，达三千余万元，亦式微矣。其他输出，则所谓自郐以下也。

我国农户输入额大于输出额，已如上述，在国际贸易为入超，在收支关系自属负债，为金银输出。计自民国元年以来，无一年非入超之年，而近数年来，变本加厉，其数尤为骇人。民国十九年入超已达41000余万关平两，二十一年则增至52000万，二十一年更增至55000余万两，二十二年二十三年仅上半期已各达40000万余元。总计民国以来，入超数额不下700000万元。我国非产金银之国也，农村金银流至海口，再由海口流出外洋，长流不返，有出无入，农村资金，又安得不枯且竭耶！农本旧组织，又安得维持而不崩且溃耶！

三

考近代各国产业之发展，系由轻工业而重工业。我国当欧战时，国人纺织业颇形发达，至民国十四年后又日形衰退。如厚生纱厂有资产1600万元，原系我国第一等纱厂，在民国二十年春，竟以400万元之代价售与日商公大纱厂。三新纱厂，资本450万两，为我国纱厂中资本之大者，亦已出售于中美商人（编者按非事实，厚生现为申新第六厂，三新现为申新九厂）。此外如号称实业大王之荣氏纱厂与面粉厂等，去年亦曾以不稳喧腾于时。综计国人所经营之纱厂，在上海有31厂，江苏22厂，河北九厂，湖北七厂，其他各省二十三厂，资本总额仅有125570300元又银2000万两。至日人在我国经营之纱厂，在欧战时突形发展后，有加无已，总计设在上海者30厂，在外埠者11厂，共41厂，规模宏大，生产集中，其资本总额达34028万日金又银3000万两，约大于国人经营者之资本3倍。此外，英商在我国亦有怡和纺织公司3厂，资本与公积总额，不下1400万元。以上系就国内制造方面言之。至于销售方面，则去年四月间，棉纱交易在汉口外商占4/5，国人仅占1/5，棉布销售则90%为日商所占。外商资力雄厚，或自本国舶来，或在我国制造，努力倾销，我国商人，被其袭击，日难支持，计自去年四月底起，全国平均减工23%。至六月底停工纱厂已达十一，纺锭34万枚；停夜三厂，纺锭10万枚。我国棉纺织业之前途，洵为可虑！

缫丝厂亦中国之新工业也，丝业之衰退，可于生丝出口之锐减中见其一斑。据民国二十年调查，上海丝厂总数107家，至民国二十二年春夏两季，开车丝厂尚有60，及至去年一月开车者只有五家，二月七家，四月八家，直至六月开车者尚不达民国二十年之半数。盖丝价暴跌，非倒则停矣。上海为丝业中心，险象尚且如此，其余更不堪问也。

卷烟业亦我国新式工业之一，查我国每年卷烟销数，达150万箱（每箱5万支），平均每人每年约消费200支。此150万箱中，国人经营之烟厂所供给者仅占3%。外商在我国经营之烟厂所供给者占50%，其余为舶来品。外商之资本总额，计英商英美烟公司，美商大美、花旗、美迪等公司，希商锦华、杜阿、健身等公司，意商宝大等公司，仅上海部分，已达42166000元。若以全部资产额计之，则在40000万元以上矣。我国人所经营之烟厂，在上海号称规模较大之60家，资本总额尚只15461000元，全部资产亦仅7730万元。外商资本雄厚，烟叶买卖市场被其操纵矣。而我国卷烟统税，从前采七级税法征收，上等烟税最高，其余渐次递减。外商卷烟属于上等者多，人家所经营者几无上等。故七级税时代，国人经营者，达百五六国十，迨二级税行，则纷纷倒闭，今仅存四五十家耳。年来销数锐减，并多亏累，卷烟业前途，亦岌岌可危矣！

火柴为我国有希望之新工业也，兴于民国十四五年，中衰于十六七年，至十九二十年又略振，二十一年新商标增92种，厂增11家，全国先后开设者共202家，其余每省递降至三五家不等，然自二十一年以后，纷纷倒闭，最近所存者仅百余家，山东已减至19家，江苏已减至9家矣。盖自二十年一月实行新关税后，课进口火柴以40%税率，外商以进口无利可图，遂相率在我国设厂制造。彼挟其数额巨大，利率低微之资金，复加以优良之技术，在我国就地制造，其产品每箱平均成本低于国人所经营者4元至6元，而每箱售价不过40元，国人又安能与之敌耶。

以上系就轻工业之状况，略举数例以言之，至于基本工业，则应包括机器重工业及矿采工业等而言。我国制造机器车辆等重工业，尚极幼稚。兹就煤铁矿业言之，煤为现代工业所必需，我国蕴藏甚富，而自民国元年以来，平均每年入口在150万吨以上，价值1000万两以上，至民国十四年以后增至250万吨以上，价值2500万两左右，矿藏不采，货弃于地，诚为可惜，即已采之矿，亦太阿倒持，权非我有。据第四次中国矿业纪要所载，民国十九年全国煤矿产量26036563吨，内国资各大矿共产额4753347吨，占全国产额18.02%，小矿共产额6565472吨，占全国产额25.22%，两共33.34%，其余66.67%计14717744吨，概属外资，或有外资关系者，内以日资最多占30%，英资次之占11%。尤堪注意者，全国煤产量36%，在东北四省，而东北煤矿又几全落日人之手，仅抚顺一处年产700万吨。今东北非我主权所能及，复何言哉！复何言哉！我国目前每年煤产量，仅占世界1.6%。煤消费量亦仅在3000万吨左右，平均每人消0.07吨，少于英人六十余倍，美人五十余倍，如何可言新工业耶？我国铁矿开采之权，又几近落日人之手。计自民国十九年以来，每年新法合计产额200余万吨，不及世界产量5‰，而日人经营之鞍山及本溪湖铁矿则已占37%。我国唯一之大铁产机关汉冶萍公司及其他皖鄂各矿所产，亦几完全输往日本。

我国新式交通事业，现有铁路9000英里，除东北数百英里外，几全为民国以前遗物。迨至去年始有陇海路展至西安，及杭江轻路之完成，至于沿海与内河航权，则尽授之外人，自民国十五年以来，沿海、内河及与外洋航运吨数，每年平均约在15000万吨左右，内中以英国占4/10，日本占3/10，而我国仅占2/10。总计我国所有轮船吨数，尚不及40万，此我国新式交通事业之大概也。

中国新式银行实业，自民国十四年 141 家，至去年已增至 170 家，资本总计达 355954833 元，表面观之，中国新式之金融事业，可谓发达矣。惟夷考其实，中国银行业之发达，中国之产业，受益尚少。盖我国银行业务与新产业之关系甚浅，而银行之存款，多非来自工商企业。放款投资，又甚少向工商界进取，适足以形成国民经济之偏枯。总计去年上海一埠银行存款在 200000 万元上，全国精华 1/3 在此矣。此偌大资金，用于生产事业者十不及二（据穆藕初君估计仅 15%），其余除少数用于房地产外，几完全用于公债投机方面，银行以其利润优厚或胁于环境，趋之若鹜，视为唯一之事业。放款利率因公债之投机而增高，使工商业资金无从贷借，即借亦以利率太高，终无法与外商抗衡也。

再就银行与公债关系而涉及政府财政者，亦可为读者约略言之。政府历年财政，因军费与政费浩繁，入不敷出。自国民政府成立以来每年不敷者，自万万余元左右，其弥补方法：第一，则为发行内债，总计历年所发内债不下 100000 万元矣。第二，则为加税，如卷烟统税以及火柴、水泥、棉纱、食盐等税之增加。或亦不无补焉。尤以去年七月海关进口新税则之实施，最足令人注意，盖我国关税自二十年“自主”后，第一次所公布之十二级税率，虽无保护关税之事实，而尚负保护关税之美名。去年新税则之实施，似反足以助外货之倾销。按新税则能享减税之优惠者，为鱼介、海产、印花布及杂类棉布、纸及毛制等物，大抵输自日本，皆为我产业竞敌之出品也，而新税增加者，为棉花、机器、金属制品、染料、木料等物，大半来自美国，为我国工业所必需者也。于政府收入固能增加（因鱼类、印花布等消费品减税可促其大量进口而税收增多，机器等资本物必须进口者，虽加税而其量不减），为国民工业计，则未尽善也。

四

综而言之，我国之新式重工业，尚无可述，而轻工业甫经萌芽，即被摧折，且新工业之发展又偏于通商口岸数大埠，在内地，则尚存中古式的经济之状态也，通商口岸，又为外人新工业吸脂吮膏之总汇，恐通商口岸愈繁华，则农本旧组织愈崩溃，迨至农本旧组织崩溃后，通商口岸之繁华亦不可保矣，我国整个的国民经济，将至是而完全破产矣。

五

吾人认为今日我国经济之唯一出路为自动的整个产业现代化。产业现代化，就广义言之，举凡农业工业等，无不包括其中，而使之现代化，吾国以农立国，而衣食所需，尚须仰给于外洋。改进之道，消极方面亟宜恢复农村治安，减轻农民负担；积极方面亟宜改革土地制度，促进合作组织，引用农业机器以达到耕种现代化为目的。如是农业之生产效率得以增加，农业生产增加，衣食可自给，则洋米洋麦洋布等之输入绝而漏卮止，入超得因之而减少，国内资金亦得因之而免枯竭之危险也。

我国工业之现代化，其途径亦须熟加斟酌，欲求工业大规模之现代化，其条件有四：一曰原料，二曰资本，三曰市场，四曰劳工。煤铁为重工业之基本原料，然中国之铁藏不富，仅十余万万吨，约当美国 1/90，而 80%又在辽宁一省。煤矿储量约 2500 万万吨，当美国 1/6，蕴量虽占世界第三位，然散漫各处，开采之量有限。中国农村破产，国民经济凋敝，兴办企业之大量资本，实难筹措。工业出品需有市场为之销售，而世界重要市场，久已为工业先进国所霸占无遗，若中国起而与之争夺，大非易事。中国所有者仅廉价之劳工耳，是则中国工业之现代化，除与国防有关，由政府创办之重工业外，应侧重轻工业，发展轻工业。须以国内市场为基础，以制造品自给为宗旨，至于出口贸易，只能在原料上或技术上，就我国固有特长者（如丝，茶及其他之商品、农产品等）发展之。

世界产业现代化之国家，以方式论，约可分为二种：得风气之先，际时代之会，发人所未发，行人所未行，无须政府之统驭，无待社会之督促，从容就道，以发展现代之产业者，英美等国是也。自由企业之高潮已过，资本独占之局势已成，强邻环迫，虎视眈眈，广大民众，伏处爪中，一不如意，噬脐无及，而乃举国一心，众志成城，破釜沉舟，坚忍前进，竟以四年之期间，完成五年之计划，一跃而为工业强国者苏联是也。依我国今日之状况，所宜采取之方式，果以何者为宜乎，就吾人考察所及，当仿照苏俄之决心与毅力，以谋中国之产业现代化，惟所采者非苏俄之计划，乃苏俄之精神耳。要之，我国之经济，为一整个问题，而挽救经济崩溃之唯一出路，在谋整个的产业现代化，欲求整个的产业现代化，则非厘定计划，认定目标，全国上下，一德一心，忍苦耐劳，以坚忍不拔之决心，破釜沉舟之精神，竭力以赴之不可。“事在人为”，著者不敏，愿与国人共勉之。

（《大公报 · 经济周刊》，1935 年 1 月 16 日；另载于《纺织周刊》第 5 卷第 4、5 期）

我国经济之矛盾与出路

我国政教文物以及其他一切制度，不论中外古今，无不兼收并蓄，其长处固可谓为集各种制度之大成，其短处则可谓为矛盾现象的总汇，举凡政治经济社会各方面，无不充分地表示矛盾的现象。今单就经济方面，为读者约略言之。

我国通商巨埠，轮轨纵横，积货如山，烟突冲天，吐气如云，俨然为产业现代化之都市矣。然大轮船之旁，有脚划船；摩托车之旁，有手推车；机织厂之旁，有手织场；起重机之旁，有扛挑夫。一为新式的机器生产，一为旧式的人工生产，畸形发展，不可言喻。至于企业组织，各都市内无不有新式股份有限公司之市招，映入吾人眼帘。若考其组织与管理，大都薄法治而尚人治，薄理治而重情感；股份集合，恒由亲谊；人员进退，多本私交；营业端赖应酬，借贷每凭情面。公司商店化，银行钱庄化，盖无不现代其名，中古其实也。

交换方面如货币交易，固盛行于城市。而物之交易，则每见诸郊外。一隅丰收，谷贱伤农，而另一隅则肌民遍野、饿殍载途。西北皮毛之价格，与津沪相差悬殊。四川江津之柑橘，满坑满谷，甚至代食橘肉，而剥橘皮与橘络者可得工资。产销限于一隅，货品交易，多具地方化之征，此固中古经济之普通现象。然而亚细亚之洋油、卜内门之肥田粉、俄国之花标、日本之人丹与化妆品等，即穷乡僻壤之负贩，亦无不为之推销，商品国际化，又俨然为世界经济矣。此外，沿海商埠，有信用交易，而鲜贴现市场。内地乡村，有货币交易，而无货币系统，用铜元，用制钱，用现洋，用支票者，要皆各自成一社会。

再就分配而言，内地农村产业混同，分工不著，自产自消。此种生产者，合地主、工人、资本家、企业家等机能为一人，无地租、工资、利息、利润等分配之可言，然而地主出佃、工人受资、资本家放贷、企业家营利等亦属事实。其矛盾在地主工人资本家企业家之间，既可用货币分配，又可用现物分配。用现物分配，则机能分而实质混矣。在大都市中机能分配的混同，亦为普遍的现象；而分配之不平均，尤为显著之事实。最可注目者，都市内甲第连云，而近郊贫民窟之污秽狭陋，直不足以蔽风雨；马路上汽车飞驰，而两旁之囚首垢面的乞丐苦力，却又肩踵相接，欲求一饱而不可得。就消费言，一方面有西装革履，洋房汽车等现代的享乐。另一方面则有红顶补服，执事花轿等中世纪的古董，徜徉市上。而穿西装住洋房坐汽车者，又每膜拜齐天大圣，手捻弥陀珠，口念弥陀佛，似乎非倚靠时轮金刚法会等提倡，不足以建设新中国，而得着现代物质文明的享乐。此种怪象，其矛盾孰有甚于此乎？

更就政府经济言之，耳闻目见，亦无往而不呈矛盾的现象。年来财政统一，甚嚣尘上，而统收统支，等诸具文。不仅中央之铁道交通会计独立，即在同一省府之下，各厅处亦各自为政，不相统属。竟有建设与保安经费各成专款，提存催解，动用分配，不令财厅过问者，铁路概归国有，而各路之财物管理，各自经营。津浦有津浦之管理局，平汉有平汉之管理局，一如中古时代之封建经济。此外中央地方赋税，类多间接；关税盐税统税三项，占中央税收什九之多。盐为民食必需之品，税捐奇重，致使农民 2/10 无力购买，有淡食之虞，甚至有仅赖硝盐以苟活者。而都市寓公，家有百万之富，无直接纳税之义务者不知凡几。迩来厘金虽撤，然貌去神存，中古时代之通过税，依旧存在。由绥远到新疆之汽车，运输一次，而纳税至14次之多。以20世纪之新式运输，而行动尚不自由，一如欧洲中古时代城市经济之环境，讵非咄咄怪事？

我国经济上之矛盾，已略如上述。骤视之似其离奇，实则在中国目前经济组织之下，此种现象之发生，亦意中事。盖中国目前之经济组织，为一种局部的现代化之经济组织，即此局部的现代化，亦仅虚有其表，而实际上未能脱离中古经济之特点。我国目前产业现代化之区域，大都集中于江苏、辽宁、河北、广东、山东、湖北六省。此六省虽仅全国面积1/10，而矿产则占全国55%，棉纺锤则占全国93%，缫丝业占全国92%，运用电力占全国88%，对外直接贸易占全国93%，内地通过贸易占全国91%。国家有健全之经济组织，则国内各区域之产业，始有均衡之发展，庶无偏枯之景象。我国产业发展，集中沿海各埠，不啻如人身血液，集中一处，不使周流全体，酿成脑充血的险症。此为局部的产业现代化之必有结果。于是社会环境一如欧洲中古时代，城市与乡村之互不相容，生活智慧各成一体。

我国产业现代化，始于1860年，已70余年于兹矣。德国在1900年，已执世界工业之牛耳，其健全经济地位之构成，仅有五六十年之努力。日本自1870年维新以来，其产业现代化，显著成效，亦不过数十年之时间而已。我国产业现代化之历史，已有70余年，而其结果，仅为局部的、表面的成功，形成目前举世所无的矛盾现象。探其根本症结，即我国之产业现代化为被动的，而非因内心所好出于自动的；为模仿式的，而非以国情之真相为基础，有全盘计划的。惟其如是，故其现代化之设施，限于外人接触的各局部，而其成功，亦徒虚有其表。迄今整个经济环境，依然中古时代之城市经济环境也。

我国产业现代化之被动，可从外人在华投资势力中见之。简言之，至今 1/4 以上中国铁路，3/4 以上之中国铁苗，1/2 以上之中国矿产，2/3 之中国棉纺织业，尚在外人的掌握中。其他烟业、面粉业、银行商行等外人经济势力亦复不薄。综计外人在华投资总额约计 100 余万万元，而其中 80%为直接投资各商埠之工商业者。从经济的观点看来，孙中山先生谓中国为一次殖民地，洵非虚语。次殖民地之产业现代化，自系被动的，而非因内心所好以自动的。外人之现代式营业方法与国人之中古式营业方法格之不入，故必假手于买办，因而推动买办阶级之半现代化。同时在政府及绅商方面感到经济被侵，或羡有利可图，虽内心不欢迎现代化之产业组织，而事实上又不得不以夷狄之道对抗夷狄，于是筹集官僚资本、买办资本，举办新式实业。前清末叶招商局及钢铁厂等之设立。欧战期内棉纺织业与榨油业等之骤兴，大都为模仿式，而非本诸实际国情为具体计划之维新事业，根本即难望其生长，又安能改革整个的中古社会环境及人民心理耶。古人云："橘逾淮而为枳。"我国产业现代化，则尚未能如橘之为枳也。

吾人对于我国目前经济上之矛盾，果将任其自生自灭，坐以待毙，抑将设法改良，力谋出路耶？其出路又如何而后可以达到耶？窃以为处此现代世界经济，产业现代化为必须踏入之途径。任何复古的计划与行为，皆远反历史的演进原则。故欲解决目前经济矛盾之第一步，乃在改革整个的中古式之环境。吾人应由内心所发，自动地追求产业现代化之实质。不仅在外表上组织与工具之改良，尤须有内心及精神上之革新。根据实际情形，历史背景，切实厘定全国整个产业现代化之具体计划。

然后举国一心，众志成城，以坚忍不拔之决心，破釜沉舟之精神，群策群力以赴之。其二，产业现代化计划，非仅在使其进程有最大的效率，尤须在使其结果能为最多数人民造最大的福利。我国产业现代化，应以增进全国人口 80%的农民经济能力为主体，须从建设全国面积 90%的内地农村社会去努力。抑又有进焉者，即政府应先从消极方面恢复农村治安，减轻农民负担，使其生机稍苏，得有接受现代文化之能力。积极方面，改善交通。盖交通为农业进步之条件，工业发展之要素。交通限度，不仅农产品可得到新而有利的市场，且能增进乡村治安，使资本流入内地。内地工业滋长，即可促进农业繁荣，更可扩充工业产品之需要。此外民众教育之推广，实人民思想革新之要道。金融制度之统一，为国家经济构成之命脉，亦皆刻不容缓之举。

总而言之，经济问题，关系于国计民生，至为深切。矛盾之现象愈多，则社会之危机愈迫，若不早图改良，共谋出路，后君噬齐,其及图之乎？深望国人对于我国经济上之矛盾现象，勿再淡视而恝置之也！

（《大公报·星期论文》，1935 年 3 月 3 日；另载于《前途》第 3 卷第 3 期）

中国经济现象之解剖

一

客岁双十节蒋院长曾撰文曰“国民经济建设运动之意义及其实施”。迨12月16日发表施政方针时，复有政府于经济建设当特别努力之语。今岁元旦蒋氏演讲，于国民经济建设运动之工作，重复申论。可见政府对国民经济建设运动已有置于必行之决心，而由蒋氏所谓“凡所建设，务求于人民生活有实际利益，避免非必要之浪费，求得最切实之结果”等语观之，今后之国民经济建设，行将脱离以往虚矫之弊而导入于实干的途径。虽然，处今民穷财尽之会，经济建设，势难百端俱举，务须权衡轻重，择要先行。惟欲知问题之本末，首宜明了实际状况，而后设计策划，方能有所凭依。爰本斯旨，略将我国今日经济现状，一为剖解，或可供当局施政之一助欤。

二

我国土地面积甚广，惟为地势及气候所限制，益以水利未兴、交通闭塞，故人口多聚居于中原之冀鲁豫皖、扬子江下游、鲁苏赣等丘陵地，及东南滨海与四川诸省，计全国人口83%所占土地不过17%，平均每方哩在500人以上。每人平均所得土地只5亩至11亩不等，其中尚有山林水泽在内，不尽可耕，实际耕地当远低于此数。至土地分配之情形，更为恶劣，全国自耕农不及农民总数1/2，半自耕农为1/4，佃农几及1/3。而农场面积之狭小，平均仅及21亩。且地形畸零，斜整错杂，每一农场，平均分为八块有奇。在此种情形下，不特机器耕种无法实行，即一家劳力亦难尽量利用。土地之分配及利用状况如此，则农业生产之短绌自在意中。民生所关之最大者，莫如粮食与衣料。我国粮食作物之面积约占农作物总面积8/10。粮食之中，小麦最称重要，稻米次之，复次为大豆、高粱、小米等。稻米以长江区所产最多，约占全国米产之半；其次沿海区，约占全国四成以上。小麦及小米之生产最多者，均为沿海区；产额前者占全国总产额四成有奇，后者在五成以上。次为黄河区，复次则为长江区。余如玉米高粱等生产亦均以沿海区为多，其生产额均占全国总产额之半数左右。可见主要粮食之生产莫不以沿海长江二区为主，而尤以沿海区为重要。以言衣料，则自以棉花为最重要。年来因国内棉纺织业之日兴，与国外市场之需要，棉花之种植面积日增。近四年棉田面积平均约占全国作物总面积4%，年产棉花1500余万担。沿海区所产约占全国产额一半以上，长江区及黄河区所产，均在1/5以上，此我国粮食与衣料生产之概况也。按自清末以来，我国进口食粮，长期趋势有增无减，最近数年更见激增。据内政部之人口统计，及各类粮食按所发生熟力折入稻米之数量，估计结果，全国粮食共短缺219315690市担，约当全国粮食生产额14%。年来棉花生产固有增加，而全国纱厂300余万绽之原棉，尚须仰给于外国。

其原棉与棉制品之进口，年达46700万元以上。此粮食与衣料生产不足自给之明证也。

衣食而外，工业产品亦属重要，第欲发展工业，首须有充足之原料与动力，而矿产更为重要。我国煤矿储量颇丰，而以黄河中游省区蕴藏最富，约占全国煤储八成有奇。惟产量则以沿海省区为多，约占全国煤产四成左右。煤矿中之最大者，当属抚顺与开滦，二矿产额占总产额四成以上。惜前者为日人所经营，后者为中英合办。近年外煤输入日多，同时我国复有巨量煤斤之输出，足征外煤之来并非由于我国煤产不足，实系我生产成本过高，不敌外煤倾销所致。其他重要矿产原料如铁及石油，均患不足，石油生产极微，无论煤油汽油机器油燃料油等消费量，几乎全部仰给外国输入。铁矿储量，我国亦极贫乏，而3/4集中辽热二省。余则分布于察鄂冀皖等地，其中以察哈尔所占较多。每年铁矿砂之产量，总计不过200万吨左右，其在本国消费者仅3/4，其余1/4运往外国，尤多销于日本。即此在国内消费之100余万吨，日商铁矿鞍山本溪湖用作原料者已占去其大半。其余五六十万吨，大概作为土法炼铁之用。故中国工业所消费者，大部为钢铁制成品，此项钢铁制成品之来源，十之六系由外国输入，十之四为辽宁日商铁矿所供给。年来消费日有增加，因之输入量亦随之增大。此外盐亦为工业之重要原料，前五年平均产量4100余万担，沿海区所产最多，占65%；其次长江区，产15%强；复次则为东北、黄河中游、西北西南各区。由上所述，我国重要工业原料，除煤盐二项外，储藏既啬，产量尤微。以言工业，则以外厂之倾轧，洋货之倾销，捐税之繁重，管理之不周，殊难望有向荣之机。棉纺织业为我国较有可称之工业，近年亦有不可终日之慨。纱厂之地域分配，则以沿海省区为多，约占全国75%，织布工业亦复集中于沿海区，几达全国 4/5。惟规模类多狭小，资本不充，生产能力贫弱。全国面粉厂共 600 余家，而每年产粉额尚不及全国面粉消费量 1/4，可见其重要尚远不及土法制粉也。其地域分布亦以沿海区为多，约占 3/4 之资本，及 4/5 之产量。化学工业中重要者为酸、碱、水泥、火柴、皮革及造纸等业。制碱工厂，现有二家，一在上海，二在塘沽。此种新式产碱仅得消费量 1/4，余皆仰给于天然碱及舶来之洋碱。水泥工厂有国人自营者六家，产品供不敷求，致每年进口仍达自产量之半。火柴工业年来颇见发达，所产差足自给；然因外货之倾销，反致生产过剩。皮革工业发展颇速，除少数高等皮料外，勉能自给。至于造纸工业，手工制造以历史悠久，分配甚为普遍。机器造纸厂 40 余家，景况殊不见佳，二者供给均远低于需要。此外如机器制造工业，类多资微本薄，规模狭小，仅能制造简单机件，较复杂之机械，均须仰给舶来，其地域之分布，则资本较巨者多在江浙两省，及其他沿海省区也。

交通为改进产业之必备条件，我国今日之交通工具，当以铁路公路及航运三者为中心，而铁路尤为重要。我国铁路，国有者约占总长度 2/3 以上。其余民营及外人承办之铁路，俱不甚重要。国有铁道里程分布，以沿海区为最多，约占四成有余。次为东北四省，内地省区所占不过三成。而西北之蒙新宁甘青藏及西南之川滇黔桂等省，则几无铁路之踪迹。公路之建筑，年来颇为努力。里程亦以沿海省区为最多，约得三成。长江区占二成以上，此外内地省区所占不及四成，而以滇黔西康等省为尤少。至于航运，以地理上之关系，几于全在沿海省区。据统计我国航船总吨数仅得世界 6‰，巨型船舶现付缺如，即小汽船亦多集中于上海一地。外海航路全在外人掌握之中，近海航路则以上海为中心，而以广州及天津为其南北二端集中之点。

金融为经济发展之脉络，我国金融组织，现有银行 149 家，钱庄 1269 家，信托公司 13 家，典当 716 家，而以银行为最重要。其区域之分配，全国银行 149 家中，在沿海六省者共得 127 家，上海一埠即有 60 家。其余各行，亦分布于沿海及长江流域各大都市中，可见中国银行事业实仅及于沿海都市也。银行为重要之金融组织，而其业务则多未能尽调节农工商业金融之责任，年来银行多以购买公债为主要业务，二十二年各行所购有价证券共达 261325180 元，与其实收资本总额相埒，数额之庞大，盖可想见。全国银行放款总额共为 2365693000 元，其性质如何，吾人以各行报告不全，难以尽知，然就一二重要银行之情况观之，亦可觇见其大概也。以中国银行为例，该行二十三年度商业放款占总额 30%，工业放款占 13%，农业及农产放款占 5%，三者合计不过全额之半，可见银行与农工商生产，殊未能打通一气也。至于货币问题，更为复杂，币制混乱，达于极点。尤以纸币发行之不统一，辅币铸造之漫无限制，影响经济甚大。币制改革以来，省钞杂钞依然充斥各地，辅币问题仍未解决。以言财政，则中央收入以税收占其 3/4 至 4/5，税收之中，以关税盐税二种为主干，此项税收其性质为间接的消费税，本身弹性甚小，不能随时伸缩，且负担亦极不公平。以区域分配论，则沿海六省占其 80%强，长江中游五省占 15%，黄河中游五省占 3%，西南四省只及 2%。以支出论，则军务费所占恒在 5/10 左右。债务费占 3/10 上下，他如交通教育外交等费，合计不过占十分之二三。地方税收本不应相差过甚，而我国现状，则沿海六省所收约占 55%，长江中游五省占 20%，黄河中游五省占 35%，西南四省占 6%，而西北四省则仅占 4%。此项税收，以田赋为基础，为吾国唯一最普及之直接税，然田赋之外，如货物杂税等仍为间接消费税。至于地方支出，则最大部分为薪工费，薪工支出每在总支出 3/4 以上。此足以证明我国地方支出之大部分只用在维持组织本身之存在也。

三

综上所述，我国经济问题之症结，其最显而易见者有二：（一）发展之畸形，我国经济重心，殆莫一而非偏于沿海数省。言农产则主要粮食衣料如小麦稻米棉花，沿海区得全国总产额之半数左右或半数以上；言矿产则占四成左右；以言工业，则棉纺织面粉等重要工业什九均在沿海区；以言交通，则沿海区得铁路里程 4/10 强，得公路里程 3/10，水道之交通，更非内地所能几及。新式金融机关如银行，沿海六省得其 80%；以国家财政论，则中央税收之征于沿海省区者为 80%强，即地方税收，沿海省区亦占 55%。此种畸形发展之现象，正如人身血液集中一处，其危险殆莫甚于此。此后欲谋经济发展之均衡，自当从占全国面积 90%之内地着手。（二）我国现有工业，既甚式微，而工业主要基本原料如石油与铁等，储量又极贫乏，将来发展亦甚有限。是以我国之工业，除与国防有关之重工业应由政府创办外，民营工业自以侧重轻工业为宜。应以国内市场需要为基础，制造品自给为目标，而不能作大规模工业化之奢望。除上述二点外，余如金融组织之不健全，财政收入支出之不合理，姑不具论。在此种经济现状之下，经济建设，自应从占全国总面积 9/10 之内地农村着手，集中力量，振兴农业，以谋经济之均衡合理的发展。

农业振兴，自以农业现代化为其目的。所谓农业现代化者，即利用机器，以新式之技术，作大规模农业之经营，使农业工业化是也。惟欲图农业现代化，首须解决当前土地问题。我国农场面积狭小，利用不足，分配不均，已如上述，故土地问题不解决，则农业现代化绝无可能，而农民之生计亦终无昭苏之望。中国国民党本有其土地政策，土地法与土地法施行法亦已先后公布，惟于施行之日期，则至今犹未见有明文之规定，吾人以为政府应从速确定土地法施行之日期，以示解决土地问题之决心。在土地法未能施行以前，积极方面应倡导耕种合作，改良种子技术肥料，推广科学教育，消极方面急应减轻租额与赋税，以为土地法施行后实行耕者有其田之准备。土地问题而外，如兴修水利，开发交通，健全农民自身之组织等，亦宜兼筹并顾。我国江河湖泊，多失修浚，以致连年水旱，损失极巨。且西北高原雨量稀少，尤非多凿河渠，则土地不能利用。今后尤宜统一水利机关，一扫已往权责不清遇事推诿之弊，厘清职权，严明赏罚，庶兴修水利之成绩，得胜于今日。交通为农业进步之要件，不仅具有货畅其流之机能，使农产品因之得到新而有利的市场，且能增进农村安宁，使资金流入内地以促进农业之繁荣。农民组织之健全与其自身福利相关最切，惟我国农民知识低下，向无健全群体之组织，以应付或消减其恶劣之环境，如高利贷与中间商之剥削，虽明知其饮鸩止渴，横被吮吸，亦未能设法避免。夫农业为长期之工业，自播种至收获，为期达数月之久，当青黄不接之际，农家之能不持借款以接济者，绝无仅有。我国农村现金借款，以月息三分左右为最多，粮食借款，以月利六七分为最普通，利率酷重实足惊人。此外农产运销因机构缺陷之多，中间商人剥削之繁，更予农民以莫大之损失。例如河北西河棉花之运销总费用，几占每担棉花售价 1/4，而农民自行合作运销者，即可节省原需运销费用 3/4。由此可见推广信用运销等合作，以健全农民自身之组织，实为刻不容缓之举。

以上诸端，均为农业现代化之先决条件，而以土地问题为更重要，农业现代化为中国目前最需要最切实之经济建设，幸当局注意及之。

（《大公报·星期论文》，1936年1月12日；另载于《知行月刊》创刊号、《县乡自治》第6卷第2期；并以《中国经济之现象及其复兴之途径》另载于《京沪沪杭甬铁路日刊》第1489、1490号）

中古式之中国经济

今日之世界经济制度与现象，息息相关，变幻莫测；中美虽遥隔重洋，而牵彼一发，可动此一身，如近来美国提高银价之声浪兴起，而中国之一般物价遂受其影响，此即所谓世界经济时代之象征也。虽然，世界经济关系之如此，实非一朝一夕之故，而为有史以来所逐渐演进而成。人类经济生活之演化，约历四阶段，第一为家庭经济时代，次之为城市经济时代，次之为国家经济时代，又次为世界经济时代。家庭经济时代为上古，城市经济时代为中古，国家经济时代进及世界经济时代为现世。惟此种划分，殊非绝对，盖在一时代之中，其他时代之经济生活，常纷然杂陈。即如吾人谓今日为世界经济时代，证之世界经济关系之密切，亦诚不讹，然同时经济国家主义之高潮，方有席卷一切之趋势，而在经济发展较为落后之国家，城市经济甚至家庭经济之生活，尚多存在。即此可知各时代之区别，只能视某一时代之特征而定，凡一时代之经济现象，呈某种特征者，吾人即名其为某某经济时代。如家庭经济之特征为自给，主要谋一身一家之自足。城市经济之特色为地方化，举凡农工业之生产，商贾之懋迁，资本劳工货币信用之供给，工商业之制度，莫不限于地域随俗而异。就农业言，则规模狭小，资本微薄，技术拙劣，生产短少；而农奴制度之盛行，条田制、敞田制之耕作，尤为特征。就工业言，则资本技术生产，亦与农业相若，而手艺制度之普遍，行会势力之雄厚，商业范围之不广，为其特征。至国家经济，则以谋一国之自足为前提，对本国产业，率予保护，而资本劳工信用之供给较广，货币之应用，贸易之范围亦加大。世界经济之特色，在世界经济关系之密切，息息相通，无间彼此，至生产范围之扩大，交通便利之扩充，资本劳工信用供给之膨胀，贸易范围之世界化等，尤为显著之现象。按诸上述，以衡今日中国之经济生活，自多属中古式，本文目的，即在就此点论之。

先就中国经济之地方化总括言之。吾国生产消费，多具地方化之征，一隅丰收，谷贱伤农，而另一隅则饥民遍野；西北皮毛之价格，与津沪相差悬殊；“江津之柑橘，满坑满谷，入望皆是，至代食橘肉而剥橘皮与橘络者，反可得工资”（胡先骕《蜀游杂感》，见《独立评论》七十一期）。此外如浙江绍兴之花雕、金华之火腿、江西景德镇之瓷器、闽粤之果物，其产销亦多限于一地。尤可注意者，为各地度量衡之参差不一。夫度量衡制度，贵能划一，方能昭公平信实，吾国初无统一之制度，各地习用器具花样之多、差异之巨，骇人听闻。济南一市，所用衡器，除磅秤外，尚有三斤四两、三斤五两、三斤六两、三斤八两四种秤量。其量度单位，一官亩原等于 6000 方尺（营造尺），但在济南及他处，一亩亦可等于 8000 方尺至 17500 方尺，几三倍官亩之面积。又如南京之布尺等于 1.28 英尺，在济南则等于 1.16 英尺。南京之木尺等于 1.09，济南则等于 1.04。汉口一埠，尺有六种，自 11 英寸至 15 英寸不等。斗有五种，大小亦各不同。北平一地所用之尺，长短不同者共有 70 余种之多，最长者较标准尺长 30%，最短者较标准尺短 16%。尤有趣之例，如上海一担重百五十斤，而云南一担重千二百斤，黑龙江米一担重三百斤，麦一担则重六百斤。其他类似情形，不可胜举。一国之经济，非地方化至于极度，曷克致此？

再就中国之农业状况言之，中国为农业国家，其农业经济状况，宜足以代表全国之经济程度。中国今日农民占全人口之75%，与英国1792年前、德国1871年前之情形相类。较之美国今日之农民仅占全人口之26%，法国42%，德国31%，英国7%，俱高出数倍，即较日本之55%、印度之72%，亦有过之。而已耕之农地，据刘季陶先生最高之估计，不过为28100万英亩，平均每一农人之耕植面积，不过为0.83英亩。又据金陵大学皖直豫陕浙闽苏七省之调查，平均每家之耕种面积为5.01英亩，若以每家五口计之，每人所耕，亦不过一英亩左右。而据作者在山东所调查之结果，农家之耕种面积，少至一英亩或一英亩以下者，至占调查家数（3000余家）55%。即以金陵大学之调查为准，我国农家之耕种面积，小于美国者，约十二倍有余；小于丹麦者，亦六倍以上。故中国之农业，以人工言，为极端集约（Intensive）之农作。惟就资本额言之，则据金陵大学之调查平均每农家之资本计1769元，其中92%为不动产，如土地房屋树林之类，4%为牲口，2%为农具，2%为种子及粮食，实际上之情形，自耕农与佃农之资本，犹相差极巨。据作者调查山东佃农之资本在50元以下者，约占调查佃农全数（500余家）2/5。资本如是之微，而牲畜农具所占部分又如是其小，故中国农田耕种之动力，大都为人力，即畜力亦不多用。据中央研究院1932年在徐州之调查，至有三户共用一牲畜，租用牲畜耕田一亩，须一人工作三日以偿之情形，牲畜之少，可以想见。结果所至，每六英亩耕地，需动力一马力，而每一农家所有之动力，尚不足此数也。尤足痛者为耕地之散碎，东南丘陵之区，固然如斯，即大河南北之沃野千里者，亦沟塍密布。据中央研究院之调查，无锡34家，每家所有耕地咸在15亩以上，然此15亩之地，平均分为12块，每块面积平均为1.2亩，最小者至于仅有0.35亩。据李景汉先生河北定县一村内200家1552块田之调查，平均每田面积为4.2亩，69%在5亩以下。是直肖欧洲中古食邑时代之条田制矣。至中国佃农之佃田完租方法，亦各地异制，田租高低，迥不相同。据江苏农民协会之调查，崇明吴江县有所谓“永佃权”，佃户每亩纳租金若干元，即有永远承佃之权，田主不另换佃户，佃户亦不得退田，此种制度颇与欧洲之农奴制度相类似。

再就工业言之。中国工业，自通商巨埠观之，似已达相当现代化之程度，盖因日常所用，耳目所接，大都为工厂工业之产物。殊不知手艺工业之生产，实占全国工业生产之9/10，手艺工业工人之数目，亦远过工厂工人。即就棉纺织业之情形而论，民国十九年全国共销棉纱961兆磅，其中力织机之消费量仅207兆磅，而手织机之消费量竟达754兆磅，为一与四之比，即此可见手艺工业在今日中国之重要。欧洲之行会，滥觞于14世纪，其在中国则12世纪即已发生，降至今日，依然为工商界之支配势力，1927年上海一隅即有工业行会58个，商帮117个，同乡会馆151所；广州一处，由行会与商帮改组成之职工会有430个。此种行会，不特能规定价格，控制市场，且能订定度量衡制度，与调节一般之经济生活。即此又可见行会势力之依然仍大。即现代之新式工业，其组织亦多为合伙组织，恒由亲谊关系互相结合，非按公司法设立，故1931年之全国注册公司不过305个，1932年不过204个。且股东极少，资本有限，普通一新式工厂之资本额，平均不过为三五十万元，营业行事多衡诸情谊，而不讲求法效。其雇用之劳工，多季节性，例如上海各工厂每当秋获之后，雇用工人人数特多，因农隙之时，乡民赴城觅工，雇用甚易。他如包头张家口之茶砖厂、毛织厂之工人雇佣情形亦类此。劳工与地域之关系，尚甚密切，亦足征未脱中古时代之习惯。此类工人，毫无经验训练，不能遵守工厂规则；益以目不识丁，知识浅陋，故工作效率极为低落，殊未能语于西洋之劳工标准也。

再就国际贸易言之。中国国际贸易额，每人平均不过金洋2.91元，较诸美国之74.72元，日本之30.49元，固属望尘莫及，即较朝鲜之18.19元，安南之11.73元，苏俄之5.19元，亦不可等量齐观。而即此少量之国际贸易，犹大部分操诸外国洋行与贸易公司之手，国人鲜有自行经营进出口贸易者。国外贸易额如是其小之原因，固为国民生活程度之低落，生产能力之薄弱，然亦由于国内地方贸易额之膨大，此盖因国民经济尚停滞于地方自足之局故也。

此外交通之不发达，与此中古式之经济，殆互为因果。中国面积大于美国者1/3，而所有铁路不过美国之1/40，以全国人口485兆之众，仅有铁路15300公里，平均每百万人仅318公里，而美国则1920年每百万人平均5861公里，相差186倍。况所有铁路分配极不均匀，全国有铁路者不过十九省，其中占路五千公里以上者，又不过五省，而以辽宁吉林两省为最多。其他近代航业，多在外人掌握，本国船只吨数，不过美国2%，公路建筑，近虽有进展，然亦多供军用官用耳。内地运输交通工具，在北方多利用畜力人力，南方则尚有赖于帆舟与肩舆，极肖欧洲工业革命前之状况，而道路之不修，水利之不兴亦似之。

至若金融事业与财政状况，亦初无二致。新式银行之兴起，虽已有30年之历史，顾实际势力，仍甚微弱，至于最近，始稍振作。实际上各重要商埠中执金融事业之牛耳，非为银行而为旧式之钱庄，国内工商界固多与钱庄往来，即外国洋行与银行，对钱庄之信用，亦恒在银行之上。而中国钱庄承山西票号之绪余，究为旧式金融组织，实未足以应现代经济之需要，钱庄势力之存在，正足以表现金融市场之中古色彩耳。币制紊乱，亦如度量衡制。废两改元以前，两元通用，各银行在各埠所发纸币，别埠不能流通；各种银元重量成色，每有互差。而各地辅币之杂乱，纸币之滥浮，更毋庸论。又如政府财政，除直隶中央各省外，余则多各自为政，不相统属，税收既无定额，征收复多积弊。军事供应，一任诛求，每有急需，随意摊派。中央地方，无适应时代之租税制度，各级政府，无名实相符之预算。金库制度，未能厉行，行政官吏，因缘中饱。前者厘金未废，直等欧洲中古时代之通过税，今虽裁撤，而各省之由厘金改头换目者，尚多貌去神存也。

吾国之经济情形，已拉杂举例言之。综上所述，中国今日之一般经济，实未能脱离中古时代之特点，即通商各埠之新式事业，亦仅虚有其表。探其根本症结，即在对此中古式之环境，未能加以改变，徒羡他人之现代化制度而强用之，不仅“逾淮为枳”，且根本上即难生长。试举例言之，近年政府颁布之立法，大率本诸西洋最新之原则，然而国情不同，多成具文。譬如营业税法，自中央颁布之后，各省即遵照制定营业税征收章程，试一展阅，似甚完善，而实际各省所征，其旧有者仍一沿数年前之成例，结果税法与事实，截然成为两事，名易而实不变，于事何补？再就私人事业言，工厂公司之经营，固为现代之新式组织，当其组织之初，即多未能厉行其必须之条件，集股非由公开招收股东，多限于少数人，而身任经理者，又复综揽一切，公私不分，结果资本数额甚少，而少数人之责任过重，以致企业不易扩充；一遇风波，即往往发生根本动摇。商业银行，宜从事于正当之投资，以扶助工商业之发展，始为正办。而吾国各商业银行，因环境上之困难，不易放款，转而致力于公债之买卖，及地产之经营等投机事业，以期幸获过度之赢利。诸如此类，足证整个之环境，未能更变，现代化之制度，决不能推行顺利。即偶支节用之，亦只名异而实同。然则改变环境之计将安出？近年政府修电台，修马路，筑公路，办电气事业，种种建设，似亦改变环境之方，实则非根本之要图。处今日而言改革整个环境，不仅在外表之组织与工具，尚须有内心及精神方面之转变。自政府方面言，宜力求各种制度之现代化与统一，庶能促进国家经济之实现；宜推广民众教育事业，庶能使其思想革新；宜急修各主要之干路，以为运输现代文化之工具。而尤宜减轻农民之过重负担，使其生机渐苏，得有接收现代文化之可能。不此之务，则中国经济之现代化，永难实现。不急之建设，虚浮之改革，无补于事，徒足以滋病民耳。

（《独立评论》第 93 号，1934 年）

中国的经济力量在哪里

今天我们要讨论的题目，是“中国的经济力量在哪里”。换句话说，中国的经济程度，到底到了什么程度？从社会立场上来看，经济是社会组成的主要因素，它能支配一个国家的政治、文化。中国有句老话：“先衣食，而后礼义。”这不是经济支配文化的证据吗？至于一国政治的良窳，以其经济基础的稳固与否而定，也是很显明的事实，经济既然可以支配一切，那么中国的经济力量在哪里呢？在天津上海等都市里，住的人，往往对于这个问题看错了，同时当政诸公，也都来往在大都市里，因此对于中国的经济力量也往往看错，一般人对于这个问题，全抱着如下的见解，因为我们的衣食住行全靠着经济来解决，而所着之衣、所用之食、所居之屋，又无一不是来自大工厂，因此中国的经济力量在大工业。我个人研究的结果，适得其反，为明白中国的经济力量为什么不在大工业，对大工业的历史应该先明白。中国的大工业有 80 年的历史，在太平天国以后，曾国藩在江南设立兵工厂，那是中国的大工业的开端，以下我们讨论中国工业化的可能，究竟到什么地步？工业化的基本原动力就是大的煤、铁的出产。我们中国这两项的出产如何？中国人口占全世界 1/4，而煤的出产仅占 11%，煤的地位如何，由此可见一斑。再看铁的产量，中国每年产铁量（连东四省在内）不到 1%，约合 5‰。煤铁的产量，如此之微，重工业前途如何？

不难预料，重工业既然如此，那么轻工业呢？轻工业中，最重要的是纱厂。全中国纱厂锭子，占全世界的23%；其次是交通，中国的铁路，占世界不到 1%。凡工业先进国家，人民的购买力一定很高，对外贸易，出口入口的总数，也一定很大，中国出入口贸易的总数不过占世界 2%。而中国人口占全世界的25%，用这两个数目字一比较，就知道中国工业的地位了。由以上的观察，得出以下的结论：中国的经济力量从大工业来的，是微乎其微，但是这还不算大问题，最严重的问题是中国的大工业还有两个很大的毛病：

（一）中国有限的大工业全是畸形发展；

（二）中国的大工业，是殖民地的工业。

为什么说是畸形发展呢？因为中国的大工业，差不多全集中在东南六省，如江苏、广东、河北、辽宁、山东、湖北上述六省，不是沿海即是沿江，这六省的面积等于全国面积的 10%，六省的人口等于全国的 1/3，所有的国外贸易占全国的 92%，纱厂占全国 93%，煤铁占全国 60%以上，不但工厂全集中在这六省，就是经济的媒介物——金融机关（银行）也全集中在这六省。现在分析中国的银行，上海、天津、青岛、广州、南京、汉口六大都会，所有银行占全国 70%以上，而这六大都会的人占全国 2%。以江浙两省而论，人口占全国 15%，而银行占全国 20%。这是多么畸形的发展，工业与经济对于国家正如同血脉对于人的身体一样，应该是流通的，“而现在聚在一处了”，这是多么危险的病症呢。假是问题到此为止，还不难解决，最难解决的是第二问题，中国有限的大工业，大半操诸外人之手，煤产 60%以上的资本操诸外人，铁 90%在日本的手里，铁路纱厂全是 60%操在外人的手里。现在呢，更是每况愈下，我几天前到青岛考察，在青岛有 42 万锭子之中，有 38 万锭子是外人的。在这样的情形之下，中国的大工业，能给我们多少力量呢？

中国能否趋向大工业，这是现在最要紧的问题。这个问题，依我个人的观察，得以下的结论：

（一）中国的经济力量，要完全依靠大工业来供给，恐怕事实上不可能。

（二）即使可能，从政策观点，或者不必。

一个大工业国，如德、美、英，先决的问题是看基本原料充足与否，假如基本原料不充足，工业的前途一定是有限的。什么是工业的基本原料？不外煤铁石油水力等项，现在我们分着来看。先说煤，煤的储藏量每人100余吨，如增加现在煤的出产到五倍，中国的煤还够400年用的，所以在煤这一项不用发愁。铁呢？中国铁的储藏量（连东三省在内）每人合2吨，而美国合每人 38 吨，这样中国工业如果发达到英国那样的程度，五年后中国的铁就用尽了。石油因为没有确切调查的根据，现在不谈，至于水力，在华北大概是不能利用的，在四川或者还行，不过也很有限。就上四项来推论中国的工业，要想发展到与英美一样，是不可能的。即使事实允许，也不必一定要这样作大工业化。在生产的量上看是好，但是在另一方面，未必全好。近年来的世界经济大恐慌，岂不是大工业发达所造成的结果吗！既然如此，中国的经济力量在哪里呢？依我看绝不在沿海六省，而是在乡村，中国的经济力量应该在农人身上去找，中国的人口8/10以上是农民，并且全国可耕地尚有2/3还未耕种，所以农业的前途很有发展的余地，而且现在中国的经济力量大部分还是来自农民之手，以进出贸易来说，进口6/10是日用必需品，这些日用必需品的顾主不是我，也不是在座的诸位，乃是辛勤劳苦的农民，出口70%以上是农产品。从这两个数字来看，中国的出产与购买大半是农人，我们再看政府的经济力量在哪里？中央税收有 8/10 是来自农民（中央税收计有米税、盐税、统税、卷烟税等）。地方税收，最要者为田赋，占各省税收的 50%以上，其他营业税、杂捐又多数出自农民，至于各县税收，全出自农民。因此，从现在看或者从将来看，中国的经济力量绝不在大都市大工业，而在农民、在乡村，但是一般当政诸公，似乎还没有看清这一点，所以对于经济的设施，还是趋向大工业那一方面。对于破产的乡村，还没有予以最大的注意，现在农村已经破产了，政府应当施以救济，但是在救济之先，不能不先研究下列问题：

（一）土地问题。在这个问题里又可分为两个。

（甲）土地利用不平均。中国可耕地，有 700 兆英亩，其中有 30%已经利用，尚有 70%未利用，结果 83%人口集中在 17%的可耕地面积内，所用土地的利用是很不平均的。有的地方每亩约合 2000 人，山东每亩可耕地平均有 800 人，密度（Density）比印度还大。全国平均每人有 3 亩，加以农场大小（约合 20 亩）生产效率小，不能用大规模的生产方法，只能用中古时期的耕种方法。

（乙）土地是分散的。这种情形与欧洲中古时代相同，影响生产效率很大，在中国是由于遗产制度所留下的。依调查中国每 20 亩地，分散在 8 处，所以耕种很不便利。

（二）水利及交通问题。全国平均有 20 吋的雨量，所以常闹旱灾，交通对于农业也非常重要，几年前华洋义赈会，运八百吨粮食，到山西，运费每吨八毛，如果用铁路，不过二分，因为交通这样不便，所以有时粮食糜烂，尚不能卖出，四川出橘子这是大家都知道的，但是橘子在四川是花钱雇人吃，这恐怕诸位还不知道，原因就是橘子不易往外运，而橘子皮不受时间的限制，容易运出，所以交通也是农村问题中一个很要紧的问题。

（三）农村组织问题。因为农村组织不好，所以高利贷者能活跃。在黑龙江的当铺，一天一分息，一年三元六角。河北省静海县（今天津静海区，编者注）没有当铺，而有代当局，利息有若干种，代当有手续费，利息月率在四分以上，所以农民一年辛辛苦苦所得的代价，有时还不够纳税之用，所以不能不向面孔狰狞的高利贷者俯首。

要想使农人生活提高，非得使农民自供自给外，尚有盈余不可。去年我到西河调查，棉花由一家农人的账本分析，得到以下的数字：每袋棉花，在津售洋三十元，运费即用去八元五角，净得售价 70%，运费占 24%。去年我与金融界组织了一个华北农民改进研究会，研究农民合作问题，用合作的方式来运售棉花，只运费一项每百斤可省六元，所以农民净得售价 94%。由这件事实的证明，解决农村问题，已经有了端倪，但完全解决尚有待于全国一致努力，尤其近几年来高倡“到农村去”的青年学生，对于这个问题更有充分注意的必要。

（《工商学志》第 7 卷第 2 期，1935 年）

中国经济危机及其救策①

诸位同学，今日承贵院敦请，原拟讲白银问题，只因该问题拙见已披露于报章刊物，谅诸位早已参见。故今日仅就仓促准备之中国经济危机一题，以贡刍见。

今日吾人置身华北似感国际与政治之威胁为大，几忽视国家经济之危急，以个人研究经济立场而言，今日中国经济危机已至登峰造极，山穷水尽之境！请以中国经济基础言之：

当前中国经济基础，实建于农业，工业寥寥无几，无非为国家局部生活而已。何以言之，因中国人口 2/3 系属农民，1/3 则为其他职业（工业亦在内），仅就此点而论，无疑其经济基础乃建于农业，实无置喙之余地！不幸此基础未期安于磐石，至今飘摇不定，一切农业产品除消费外，尚有何剩余之可言：一国经济基础之强弱，犹之乎个人经济基础之裕窘，倘个人生产力，足供其个人之一切生活费，则不至百病发生！推之国家亦复如是。质而言之，国家之农业与工业，系于个人生产之高低，国家欲提高其人民购买与生活程度，亦非使其人民生产力增高不可！

依个人所知中国农产的现状，中国二十余行省，除东四省有剩余生产品外，就华北言无，华中亦无，以为至于华南均无

① 何廉博士讲，曹元笔记。

剩余之可言。就其常态而言，今以过去三年来农作业产量比较，民国二十年为148100万，二十一年为14005100万，迄至去年则不及11万万。估计2/3的农作业为大米与小麦，占总额65%，其余则属杂粮棉花等类。

故米与麦每年进口额达三万万元之巨，占进口总额2/3，其输入与年俱增，实属惊人！以农立国之中国，其食物常如此窘迫，须仰给巨量于外来，其危急当可想见！

就工业而论，依个人的调查，中国现代工业的面积不外江苏、河北、辽宁、湖北、广东五省而已，仅占全面积1/10，以人口言，尚不及1/3！中国最大工业，一为矿业（即煤与铁），一为纺织业（即纱与丝），纵使包括东三省而言，煤产亦仅占全世界2.6%，铁更寥寥可数，仅占全世界6‰，工业为现代国家生死存亡的命脉，其产量如此微弱，实无须赘述，即可了然！

至于纺织业，棉业之纱锭仅占全世界3%，其机器亦仅占全世界9‰，其幼稚可想而知。中国之丝业，就两年前之情形而论，均占全世界贸易总额不及1/3，尚差可自慰！

不幸中国骄横一世的丝业，其市场年来已为日本所篡夺，几陷于奄奄一息之概！煤铁工业品既须仰赖他国供给，棉织品亦须仰恃外人补充，差堪自慰之丝业复濒于岌岌不可终日之境，能勿令人望洋兴叹，萌听天由命之心理！

依上所述，可知中国既无剩余生产品之可言，不仅工业品须仰赖他国供给，即农业生产品亦须巨量仰给于外来。中国每年人超几达六万万元之巨，国家病症遂入膏肓，倘能锐意刻苦奋斗，未始不能起死回生！

依鄙见推论一国经济安定与否，一方固应注意政府之经济政策，另一方则当观察社会之经济政策，倘政府与社会之经济政策，各以国家之利害为利害，自无问题。惟今日中国之政府及社会之经济政策则大谬不然。

先就政府之预算而论，去年中央收入为六万万元，亏短一万万元之巨，其中用于补救工业农业者，几寥若晨星，实非过言，多数用于军事方面。至于所亏短之一万万元，不恃发行公债，何以弥补？于是益使社会金融摇动，银粮吃紧，公债利息表面不过六厘，其实则在一分五厘之谱，其盈利之厚，能勿使人趋之若鹜！政府之收入，大部出自关税及盐税，倘禁止外货巨量之倾销，则仰赖关税为大宗收入之政府，将何以自处？实不应漠然视之。

再就社会之经济政策而言，货币为交易之媒介，金融流通，原为调协国民经济与国际贸易，中国金融则不然，大概目前中国银行存款总额为三十万万元，此数即等于流通货币之总额。此估量究否正确，尚有待于异日证实之，调剂于工商业者，不过百分之二三十而已，大部则用于公债与抵押，试言其原因：

第一，公债维系力太大，其利息亦太高。

第二，工商业无保障（包括金融紊乱、政治不定、社会不安等）。

第三，银行当局缺乏远大之眼光。

第四，金融多流滞于海口都市，都市金融既不能调剂工商业，反使农业命脉之内地金融吸入都市，借作畸形之投资。中国现银总额不过六万万元，而囤积于上海一市者已占五万万之谱。

在此时形状之下，显然中国经济，在内地已濒于奄奄待毙之第三期肺痨病，至于都市亦熏染一触即危之脑充血病，一旦遭逢狂风暴雨，须陷于万劫不复、措手无及之苦！

回忆世界经济恐慌自 1929 年即开始，但此浪涛仅于 1931 年方袭来中国，其故安在？自 1929—1931 年世界经济恐慌，不仅中国不蒙其害，反受其利。即因各国当时尚系金本位，而中国则为银本位，货币原为交易之媒介，而现代国际贸易及金融，其最后之价值，皆以黄金计算，黄金为国际唯一货币，其他任何货币及物价，均须以黄金为最后计算。故各国经济政策之更替，势必影响白银之变动，直接可影响中国货币及物价之价值。

自 1931 年来中国浸及恐慌之汛滥，银价一落千丈，银价既低落，则物价亦随之而低落，当时银进口，据估计，1931 年进口约 7000 余万，其出口 1932 年为 1300 万，1933 年为 1700 万。总之自 1931—1932 年中国之银价，并不受世界恐慌波涛之影响，反而受其利，物价日增。

但迄 1932 年春间各国实行货币膨胀政策后，陆续放弃金本位，听天由命之中国，即开始颠沛流离，银价高涨，物价低落，中国货币突然失去保障。迨至美国白银国有政策实施后，以金计算银价，致使银价呈飞涨之局面，以达其货币膨胀，提高物价之自私目的。害及以银为本位之中国，现银巨量流出，据估量自今年七月起至今日止，已流入外国者总数达 25000 万元之巨，几占全国银行总存款 1/3 有奇，实属骇人听闻！

反观过去中国本身之经济精力，既麇集于都市脑部之一隅，在此金融偏枯，一发千钧之时，脑部之精力复源源流出，于是货币紧缩之结果，货价既降落，势必影响内地农产品价值降低，农产品既降低，即等于农民购买力缩小。

至于中国之工业，几无一工业不负债累累，成本原价一百元，其出售后远不及成本原价。更加政府每年约亏短一万万元，发行公债尚久不敷，何力周济农工商业之危机？

总之，今日中国经济危机，已到山穷水尽、万劫不复之境，政府既无根本之救策，社会亦未顾念及此，人民痛苦既如此，国家危急复如此！

然痛苦固痛苦，危急固危急，徒劳伤心懊丧究无补于事，当今之计，惟德人足范，战后德国几一蹶不振，不旋踵而一跃崛起，与列强争霸，此民族之精神也。反顾吾族，则不逮远甚！倘诸君问吾有何政策补救之，吾固不能膛然无以对，纵然有见于斯，恐以国家之环境难期实现耳！政府之征收白银出口税及平衡税政策，固有相当成效，惟其流弊亦属不少，此政策言救一时之急则可，倘言一劳永逸犹不足！

在此危机之下，个人主张：第一，即减衣缩食，禁止米麦进口，此种主张外人绝不能断然阻止，尚能行之，则国家危机之见复苏，其所以不易见行者，即因政府之大部收入皆仰赖关税之供给。

第二，今日中国虽有中央银行，然究其实不过粗具规模而已，若能与其他资本雄厚之银行通力合作，组成强有力之中央银行，庶几能统制国家金融（金融统制约而言之，不外有二，汇兑统制与贸易统制。——记者注）俾免受国内物价及国际汇兑暴涨暴落之不利影响。就目前环境而论，是否可行，尚难断言！①

（《现代社会》第4卷第4期，1935年）

① 本文系1934年12月20日经济专家何廉博士在河北法商学院之演讲笔记，内容对于目前中国经济危机的透视，颇有独到之新见地，爰特记录以献读者。惟倘有挂一漏万之处，记者自负全责。

中国目前的经济危机

我们在华北观察中国当前的危机，大半认为它是国际上的，对于中国自身的经济危机，很少有人注意。其实目前中国本身的经济危机，与中国目前国际上的危机其严重正相等。

在没有谈到中国的经济危机以前，我们先看看中国的经济基础是什么？中国经济基础大部分是建筑在农业上面，只有很小一部分是建筑在制造工业上面。根据比较可靠的估计，中国四万万人口中有 2/3 或三万万人口是从事农业的。我们要说中国的经济基础大部分建筑在农业上面，是很正确的。农业在中国既然这样的重要，所以我们先看看中国的农业经济基础，到底如何？凡是在一个农业国家，要知道她经济基础的稳定或不稳定、健全或不健全，我们只要看看她的农业生产除却自己消费外，是否尚有剩余；因为剩余越多，农民即可多换些钱回来，农民用他的剩余产品换回的钱愈多，他的购买力也必大，于是他在物质上的享受也愈能多些。这就是说，他的生活程度比较的也会高些。反过来说，若是剩余很少，或是不但没有胜余，反倒有亏空的时候，农民购买力必小，其物质的享受，除了生存必需品以外，将等于零。这就是说，他的生活程度比较的必低。一国人民生活程度的高或低，就是她的经济基础健全或薄弱的另一个测试。

全中国人口 2/3 的农民从耕种土地所得到的农作物，大部分是市场上的衣食等必需品，如稻米、小麦、小米、棉花、杂粮等。根据可靠的估计，就是在一个常态收获的年份里，在中国各省当中，只有东北四省——辽宁、吉林、黑龙江、热河——所产的粮食，除却自己消费外有一点胜余，其余华北、华南、华中各省所产的粮食，不但没的胜余，根本就不够自己的消费。若就全国而论，粮食的生产，当然也是不够消费的，计不够的数量当消费量的总额10%，若是除开东北四省不计外，则其余省份所产的粮食不够消费的数量更大，据我们的估计，约当消费总额17%。但这还是在常态收获的年份，不够的程度，比较说起来，还不致十分的严重。近些年来，天灾人祸闹得都很厉害，主要农作物的产量越发不够了，在民国二十一年全国主要农作物的产量总值还有1880余亿元，至去年——民国二十二年——仅有1540余亿元，约当二十一年产量总值82%，今年则更少了，据吾人的估计恐怕还不到1000亿元。较之二十一年约减一半。本国的生产虽不够本国人的消费，但是他们不能就因此减少了日常的消费，怎样办呢？我们只要翻翻中国海关贸易册，立刻就可得到一个答复，原来有很多的外国农作物运到中国，来弥补中国产品的不够。从民国二十年到二十二年平均每年我国从外洋进口的粮食——如米、麦、面粉——共值达三万万余元，占同期平均进口总值1/5以上，那就是说中国进口货物当中，至少有1/5以上是国人生存必需的食料。这种形势是怎样的可怕啊！

但是我们要问：中国农业生产为什么没有剩余，反有亏空？亏空的原因很多，简单说来：第一，中国农业生产效率太低了，耕地每亩的收获量，常较他国为少；第二，因为农民缺乏资本，不得不受高利的剥削。而至于负担加重，我们知道在各种产业中，要以农业需要借贷的便利为最多。因为农民自下耕直到收获止，中间要经过很长的时间，不像工商业那样资金能够周转，在这很长的时期内，自然需要多量资金的供给，但是中国的农民，最缺乏这些信用供给的便利，农民要得到必需的资金，不得不乞怜于高利贷者，负担利息之高，当出乎我们意料之外，月利二分是很普遍的事实，就此利息一项，已够农民的负担了，何况还有别项负担呢？第三，农民租税的负担太重了，除了田赋以外，有所谓差徭、田赋附加、契税，以及其他苛捐杂税，真是不胜枚举，以上还是正当的课税，要是遇到内战的时候，摊款派车等军事支应，大部分要由农民来负担。在江苏省江南各县，每田一亩的收入一半以上是用在偿付赋税，农民常常因为税课过重，偷偷地弃地逃跑，这是我们时常可以在报纸上看见的！最后，天灾人祸也是影响农产收获的一个主要原因。翻开历史来看，称中国为一个灾祸国家一点也不为过分，尤其是近几十年。关乎人祸，当然是战事，我国连年的战事可叫作连台戏，接连不断，毋庸多讲。至为天灾方面，稍加回顾，使人不寒而栗：十八年的西北大旱、二十年的全国水灾、二十二年的蝗灾、本年的旱灾和水灾，都是非常的灾患，接连不断地发生。即以本年旱灾一种而言，据中央农业实验所的调查报告，本年旱灾所被灾的省份有十一省，被灾的农产面积达三万万市亩，农产的损失达十三万万元之巨！

因为这些原因和近年来变本加厉的趋势，农业生产遂致每况愈下，结果，粮食的生产不足以供国内的消费，于是米麦进口年有增加，同时农产品的出口——如丝茶等——亦形急剧地减少，拿世界恐慌的前一年民国十七年与二十二年的进出口数量来说明，更为显然：在进口方面，小麦由民国十七年的 90 万担，增到二十二年的 1770 余万担，增达 1867%；米由 1260 余万担增至 2000 余万担，增达 59%。在出口方面，丝与茧由

44 万余担减至 20 余万担，核计减 48%；茶由 92 万余担减至 69 万余担，减少也有 1/4 之多。此中的原因虽然很多，但是中国农业生产的不振，不能不说是其中的一个最大原因。

现在我们再看看制造工业的基础如何。实际中国经济的基础，建筑在制造工业上面只有一小部分。全国土地面积只有 1/10 受到大工业的影响，全国人口只有 1/3 居住在受到工业化影响的面积里面。中国的大工业中，当以煤、铁、纺织等业为较重要，论到煤每年的产量，只占全世界产量 1.6%，可以说微乎其微，说到铁每年的产量更少了，只不过占全世界产量 5‰。纺织业中最重要者为棉织业和丝织业，中国所有的纱锭数不及全世界所有 2.6%，织布机不及世界 9‰，至于丝织业，在世界的市场上，本来占很重要的地位，现在则每况愈下，远不如日本丝业的发达，统计在世界生丝市场中，日本供给了 2/3，中国的供给则不到 1/3，说起来何能不生今昔之感呢？

我们就制造工业的基础看来，大宗工业制品中能够供给本国消费外尚有剩余的，恐怕就只生丝一种，其他则大都感到缺乏：去年棉纱进口有 27000 余担，金属及矿物进口总计共值国币 9700 余万元！

中国的工业基础这样的脆弱。根究造成这种脆弱的原因，我们可纳为政治的、经济的和社会的三种：在政治的原因里面，最显著的是中国工业处处受到不平等条约的缚束，外国人可以利用各种优越权利，使用中国廉价的劳工与原料，在中国设厂制造商品，在迫华厂；其他内战的直接间接对于工业的损害，苛捐杂税的种种恶劣影响，都能阻碍中国幼稚工业的发展。经济方面的原因如交通的不便、币制的混乱、资本的缺乏、原料不能自给，以及竞争的剧烈等，使令垂危的中国工业更少活动的余地了！最后社会方面的原因，如劳动者缺乏教育与常识，资本家漠视技术与管理方法等，这些社会上的习惯与势力，无形中在阻止中国工业的发展。

总而言之，中国的经济基础，无论是就农业来说或是就制造工业来说，都发现出不健全的状态来，并且这种不健全的程度，有日趋深刻的现象。我们现在回过头来看看政府与社会有无积极的经济政策，来救济这种不健全的经济基础？要是有的话，虽然不健全的程度，日趋深刻，我们还可有一个补救的希望，或者不致走到破产的地步，现在我们考查考查政府与社会的政策，是否在努力改善这种不健全的环境。

先看政府有没有一个经济政策，政府有无经济政策，可从其预算上看出，中央政府的预算，民国二十二年度全年收入68000余万元，支出却有82000余万元，在支出方面2/3以上用在不生产的清理债务与军费上面，用在建设、教育、文化等事业上，不及支出的1/3。那就是说，用在发展国民经济上，比较起来，实在是微乎其微了，而且收入方面，大部分又是妨害国民经济的关盐各税，按照租税的原则，这种间接税过重的征课，皆是不应当的。再就收支的关系说，政府去年度预算出入不敷的亏空约有14000余万元以上，当局弥补的办法，只有用很高的利息发行国内公债，每年发行公债的数目，除二十一年份外，票面额常在一二万万元，把应当用在发展国民经济的资金，转报到公债上面去了！资本是发展国民经济的一个先决条件，资金缺乏，如何能叫国民经济的基础健全呢？以上是从政府财政收支上看出来，政府是没有一个经济政策去稳定我国正在崩溃中的经济基础。

我们再看看社会是不是有一个经济政策来救济呢？社会有无经济政策，可以从银行界的业务性质看出。银行的业务，就是指它的存款和放款。从银行的存款放款方面，我们得到的结果，仍是大失所望。去年上海各银行存款总额达二十余万万以上，这偌大的资金中应用在农工方面，最多不过二成，其余大部分都是用在投机的事业方面，如公债和地产交易。至于银行界为何舍其正当的营业而从事于投机的营业，也是有其苦衷的。银行所收进的存款，利息很高，年利一分是很普通。担负这样高的利息，所得着的存款，放出去必须得够本。因此他们只得经营高利的公债和地产的投机营业，也是不得已而为之。银行的存款不投资到农工方面，除却利息低微外，还有安全的问题。所以银行界资金不但没有应用到农工方面去，反而因为内地治安问题，与和都市银行存款利息高厚，致内地的资金一步一步地都被吸收到都市来，近年来由内地运存上海各银行的现银总额约达二万万元以上，等于作为全国产业资金用的现银总额1/3。其结果内地资金缺乏患着一种肺痨症，都市资金过多患一种脑冲血症。因之社会经济政策，从银行的业务方面考察，对于我国经济的危机，也同政府一样的没有救济的方针和动向。

总括说起来，中国的国民经济基础，无论在农业方面，或是在制造工业方面，都已经到了极端不稳的地步，如没有外力的帮助，很难叫它们起死回生。使我们更悲观的，不本这种外力只是一些摧残剂，而不是一些救命药，如同从预算上所表现的政府经济政策，收入多是不公平的间接税，支出竟是些摧残民生的浪费。再如从银行业务上表现的社会经济政策，同样的，对于中国垂危的经济，不但没有什么帮忙的地方，反要加重我国垂危的经济不稳程度呢！

中国的经济情况在这样交相煎迫之下，本来是走投无路，只要有小小的破绽，就可以牵动全局。在五年前世界经济恐慌正深刻化的时候，中国本有被波及的危险，侥幸得很，因为世界的国家大半用金，而中国用银，银在世界的市场上，也是货物的一种，以金计算的银价同样地趋于跌落，而其下跌的程度，远超于金本位一般物价的降落，中国为银本位国，市场物价均拿银为量度的标准，世界银价的跌落，既然远甚于金值的上涨，是银币对一般物品的购买力超于低落，而以银币量度的物价趋于上涨，自为当然的结果，又因为国外多为银供给的地方，中国则为银需要的地方，中国银价的下跌，往往后于国外，结果自民国十年银价日趋跌落以来，中国银货进口年有增加，民国十年到二十年 10 年当中，银货进口约有五万万元以上。银货大量的进口，很能促进通货的膨胀与物价的上升，物价上升，工资、地租等生产的成本，因为惰性的缘故，每不能有比例地上涨，结果产业的盈余，拿货币计算是多了，盈余多产业界自然可欣欣向荣，所以五年前世界经济恐慌正深刻化的时候，中国的产业情形，并未曾受到任何严重影响，实在是用银为货币之赐。

可是从民国二十一年以来，银价下跌日趋和缓，它的下跌率又较一般物价下跌之率为低，拿银计算的中国物价，遂形下落。此外正在这个时期，英日两国先后于民国二十年放弃金本位，实行货币贬值政策，中国外汇跌落，它的跌落率又远超物价跌落率以上，所以民国二十一年与二十二年中国全国银货净出口共达 3000 万元之巨，银货外流，银根紧缩，物价更趋下跌！产业界也渐渐感着不景气的现象。从本年起，美国提高银价已经从宣传进到实行期间，国外银价较国内银价为高，结果银子大批外流，本年由中国流到国外的银子，到现在已经有 25000 万元。中国可用在产业上的资金，据估计也不过只有六万万余元，已经流掉了少一半，情势是如何地严重！上海的库存随着也见减少，都市的银货外流，使货币越发显著地收缩，物价也随着猛烈地下跌，物价虽然跌了，可是工资等生产成本不能有比例地减削，结果产业界因为产品价格，较生产成本尚低，免不了有亏空，亏空不止，只有出于倒闭一途，最近在报纸上时常碰到产业破产倒闭的新闻，也就是这种原因。乐观的人以为现在上海的库存，仍然保持着五年前的数目，银货外流，何必大惊小怪呢？但是试问一个每月仅有十元进款的工人，后来渐渐增至每月二十元钱，现在一旦剧然间每月少掉十元，虽然与前些期进款相同，但是因为他已经习惯过二十元钱一个月的生活，现在他将如何地过活呢？中国的情形也是如此，先些时过着穷苦的日子，中间经过一度虚伪的经济繁荣，银货进口甚多，到现在银货大批外流，怎能说还不是她的致命伤呢？

本来不稳定的中国经济基础，骤然间遭受此种严重的外感，遂发生了根本的动摇，同时政府或是社会的经济政策，不但不能向救济的方面迈进，还在那里摧残不止。中国整个的经济宣布破产，恐怕要在不远的将来呢！

（《南大半月刊》第 19、20 期，1935 年）

中国经济病症之解剖与诊断

一

近两月来，国民党相继召开六中全会及五全大会，政府改组，阵容一新。现新任各院部长已于16日正式就职视事，行政院蒋院长发表施政方针，有政府对于经济建设，当特别努力之语，而尤注意于开发富源，振兴生产，可见对于经济建设之注意。惟年来中央政府之于经济建设，并非不加注意，而在未能实行。以是计划虽多，徒贻画饼之讥，机关林立，殊鲜政绩可言。反致政府愈行倡言建设，国民生计益困，国家财源益竭，益以外患煎迫，国势阽危，人民穷极无路，至于蠢蠢思动，形势危急，莫逾于此。是以政府今后倡言建设，非另辟蹊径，从实际努力不可。蒋院长所谓"凡所建设，务求于人民生活有实际利益，避免非必要之浪费，求得最切实之结果"者，殆亦此意。而新任院部会长，或已服务国家，久著劳绩，或于个人事业，卓具信誉。想亦定能以实际政绩，与国民共见也。惟处今日民穷财尽之会，经济建设，势难百端俱举，务须权衡轻重，择要先行。然欲知问题之本末，首须明了实际状况，而后设计策划，方能有所凭依。兹将我国今日经济现状，一为剖解，从而寻究其重要问题之所在，以为当局施政之一助。惟因限于篇幅，仅能粗具大概，详细状况，不备及焉。

二

经济科学为讲求人类生计福利之学，故一切经济问题，质言之即系与人口有关之问题，而一切经济建设，目的端在养育人民，绵延国脉，俾得光而大之。中国人口为数众而密度稠，故人口问题最为严重，而经济建设之需要亦愈急切。我国人口总数一般估计为 45000 万。土地总面积则为 4278000 方哩（平方英里的旧称，1 平方英里约为 2.6 平方千米，编者注），平均每方哩人口密度为 105 人。骤视之，此项密度并不过高，然吾人应知在此总面积中，包含高逾 3000 呎（英尺的旧称，英尺约为 0.3 米，编者注）之蒙古高原，及高逾 10000 呎之西藏高原在内。专家估计，全国高度在 3000 呎以下者，仅得总面积 35%，益以雨量缺乏，每年不及 20 吋（英寸的旧称，1 英寸约为 2.5 厘米，编者注）者，约占全面积之半。全国人口多聚居于少数区域，中原冀鲁豫皖四省平均每方哩 650 人，扬子江下游 850 人，鲁苏赣湘等丘陵地及东南滨海诸省如闽湘百粤 350 人，上述四区面积，不过全面积 15%，然合计人口则达全国 70%，其密度最高之处，与英国比利时相埒。而四川盆地，每方哩平均亦至 600 人。全国 36000 万之人口乃密集于 70 万方哩面积之上，换言之，全国人口 83%所占土地不过总面积 17%。平均每方哩在 500 人以上。约计每人平均所有土地，在中原为每人 6 亩，扬子江流域每人四五亩，各省丘陵地带暨东南沿海各省每人 11 亩，四川盆地每人 7 亩，而其中尚包括山林水泽在内。耕地既如此其少，农民所获自不足以维持温饱，一遇水旱，立成灾祲，社会骚乱，地方不靖，莫不因之而起。此犹仅就天然状况而言，而实际土地分配状况，更为恶劣。土地分配本为我国历史上之严重问题，大抵每经战乱，人口伤亡之后，土地分配较为平均。第昇平日久，人口滋殖，土地又成问题，重以豪强兼并，乃致富者阡陌相望，贫者曾无立锥，今日情形，亦复如是。据调查所得，全国自耕农占 46%，而佃农则为 29%，半自耕农为 25%，可见无田耕作者为数达 1/3，而耕地不足者，居 1/4 也。此外农场面积，亦极狭小零碎。据主计处统计局统计，各省农场面积，平均不过 21 亩。据专家调查，平均每一农场尚须分至八九块。在此种情形之下，不特机器耕种，无法实行，即一家劳力，亦不能尽量利用；更因田亩分划，荒废经界土地，农田分散，耕作往返需时，其为有碍耕作，可想而知也。此种情形固与人口过密及土地分配有关，然实际即各大地主一已地产，亦莫不分裂散碎，极为零星。由上所述，可知我国土地问题，无论就利用与分配言，咸极严重。我国农民既居 3/4 以上，一切经济建设，自应以农民福利为依归，农民之所恃以为生者为土地，故土地问题之解决，应较一切为先也。

土地利用之根本问题，即为耕地之不足，治本之计，应从移民屯垦，与发展工业入手。治标之方，则为谋农场的合理化，集合农场合作经营，以补救土地之分碎，并谋机械的应用。移民区域，东北本为理想地带，专家估计，尚可实殖 4000 万人，今东隅既失，则桑榆之选，只有西北诸省，山西及察哈尔南部黄土高原、西北渭河、绥远、宁夏、甘肃及新疆等处平原，尚可移殖 1000 万人，各省黄土高原，亦可移殖 1000 万人。此等区域，虽因气候土宜关系，殊属不易经营，苟能发展水利，亦能化为膏腴。至于详细计划，则须先对各地土壤气候水利交通等状况有详确之探测，方能计议也。其次发展工业问题，容俟下文论之。至于解决农场狭小问题，固须先对土地分配问题，有适当之解决。从利用方面着眼，如能设法并合农场，实行利用合作，亦可谋暂时的救济也。

至于分配问题，为如何使耕者有其田，对此问题，世多忽视，以为耕地只有此数，即完全均分于人民，所得亦属有限，殊无益于生计。而不知分配问题，未得解决，不特关系政治社会，且亦与利用问题有关。今日各省土地多为大地主所霸占，边远荒地，多被冒领，而弃置不耕，对于生产之妨碍极大。设能按照农民耕作能力，授田耕种，则以土地主权欲望之激刺，劳力之利用必更充分，生产效率，自能增加。

解决之途径，中山先生有平均地权之原则，久著中外，最近阎锡山氏提议土地村有，时人亦多所讨论，可毋庸申述。惟欲计议推行，亦应先有详确调查。如利用状况，既农民经济情形等，先有精确研究，方能行施无弊也。

三

土地利用与分配状况对于农业生产之影响，上文已约略述及。农产中之最重要者为衣食原料，民以衣食为天，温饱之维持，乃人类最低限度之生活要求也。我国今后经济建设之最低限度，应能确保全国人民粮食与衣料之自给。兹特一考察我国粮食衣料之生产状况与所以改进之道。

我国向为农产自给之国。粮食既为生活所必需，生产自极重要。全国粮食作物面积估计共为 1300000 万亩，占农作物总面积 82%。至各项粮食之中，以栽植面积言，推小麦最称主要，占作物总面积22%，稻米次之，占20%，其他大豆为12%，高粱小米均占10%。至生产数量，则近四年来，平均稻米生产年达8952000000市担，小麦达4467000000市担，甘薯3415000000市担，其余高粱小米玉米等同在1230000万担以上。然全国各区，生产粮食种类与数量各不相类。试分冀鲁江浙闽粤六省为沿海区，皖赣湘鄂川五省为长江区，豫陕晋察绥五省为黄河区，桂黔滇三省为西南区，新宁甘青四省为西北区，而比较其农产数量之重要性，则稻米以长江区所产最多，平均年产442750000市担，几占全国米产总额之半，其次为沿海区，占43%。其余7%，则多为西南区所产，其他二区产量甚微。小麦出产最多者为沿海区，占全国总产额44%，其次为黄河区，占全国麦产27%。而黄河区农产中，则以此为最重要。长江区占24%，与黄河区相差无几。其余二区所产，则微不足道矣。小米之产量亦以沿海区为冠，得全国总产量54%，过于半数，其次为黄河区，得38%。其余玉米高粱生产亦均以沿海区为主要，高粱之产于沿海区者，占全国51%也。

综观上述，各种粮食生产数量，莫不以沿海长江二区为主，而尤以沿海区为然，小麦、小米、高粱、玉米等项，均为各区之冠，即稻米产量，亦仅亚于长江区。而主要粮食米麦两项，以沿海长江两区合计，则前者得全国总产量92%，后者得68%矣。

以言衣料，则主要者莫如棉花，棉在汉代即已传入中土，南宋已普遍服用，明代以降，即为我国民众主要衣料之资。近年以来以棉纺织业日渐发达，及国外需要日益增加，棉花种植，益臻重要。自民国二十年以来，四年间每年平均棉田面积达54440000市亩，约占全国作物总面积4%，年产棉花15540000市担，其中以沿海各省最占重要，近四年来每年平均产8610000

市担，占全国总产量 55%，长江区皖赣两湖四川每年共产 3580000 市担，占全国总产量 23%，此外黄河区豫陕晋察绥五省，亦颇重要，每年共产 3170000 市担，当全国生产总额 1/5 以上。至于西北西南两区，每年所产，合计尚不及 20 万担也。

衣料之中，除棉花以外，尚有茧丝与皮毛，前者以江南较为普遍，后者则限于塞北数省，且多为上中阶级所服用，不若棉布之普遍，故全国衣料生产，仍当以棉花为主要。

由上所述，可知我国粮食与衣料生产状况之大概。近数年来，我国输入外粮为额甚巨，尤以二十一年输入最多，计米谷 26983967 市担，小麦 18101667 市担，面粉 7963990 市担。二十二年稍减，去年更形减少，三年平均，进口米谷 32663597 市担，小麦 16196460 市担，面粉 4342818 市担。而米粮出口，向干禁例，其量极微。一般遂多以为中国粮食不足甚巨。我国进口外粮，自清季光绪以来，虽多寡不一，特其长期趋势，则有增无减，且中间绝无出超或毫无进口之年，是以进口粮食虽多因岁收丰歉而有增减，实非我国粮食通常不足之确额，特为我国粮食短绌之兆，当无问题也。吾人据最近内政部人口统计数字，及各类粮食按所发生热力折入稻米之数量，估计结果，全国粮食尚不足 219315690 市担，当全国粮食生产 14%。而上述三年平均每年输入粮食，以热量折算，不过合米 48343937 市担，仅相当于不足粮食 22%。是以我国粮食不足之额，尚过于输入之额远甚，而历来竟能如是维持者，殆因国民消费不足，多数人民未能得到相当之营养也。

全国粮食不足，已如上述，然各区生产数量不同，人口分配悬殊，其粮食盈亏之程度，复各异致。根据吾人估计，前年全国粮食之最感不足者为长江区皖赣两湖及四川五省，其缺短数额，折合稻米 212167720 市担，占全国不足粮食数量 90%以上。其余沿海区缺37263390市担，西北区短1444640市担，西南区短缺甚少。惟黄河流域尚有盈余。其中除长江流域因去年水灾较重，生产短少，情形略为特殊以外，大致状况，约略可见。由此可见一般所谓我国粮食进口，仅系供沿海省区及少数大城市需要，并谓全国粮食如能流通接济，足敷自给而有余者，其说盖未可轻信也。

我国粮食不足既属为量极巨，增加生产，事不容缓。而欲谋生产之增加，首须解决土地问题，盖土地问题不求解决，一切进步农业技术，无法应用，农业改良，亦将无从着手。

其次我国粮食生产偏于主谷式，种植面积大而生产数量微。且种植不易，生产成本较高，欲图增加生产，至为不易。是以今后应行奖励杂粮种植，不特土壤瘠薄，水利不佳之地，应行拓植杂粮，即土质肥沃，可种稻麦一熟者，以之种植杂粮，则可三四熟，以是生产可增，不特平时勉可自给，即遇荒歉或非常事变，亦可有备而无患。

此外，欲谋粮食生产之增加，亦须同时注意于农业金融状况之改善，诸如运销问题、金融问题等，皆须同时有适当之解决方可。

惟在计议实行之前，应对我国之粮食产销状况，有确实之调查，如每人消费粮食之数量种类，农业之经营状况等，均有详实调查，方能有所依据。吾人上述估计，不过示其大概已耳。

至于棉花生产，亦属不敷消费，最近平均每年贸易入超，约达200万担，为量已巨。况我国所产棉花，多属纤维甚短，质地较劣，不能供制造精细布匹之用，凡军用医药之需，皆须仰给舶来。故棉花产量固须继求增加，尤应从事改良品质。增进生产，一方须增加棉田，一方应改良技术。棉田面积因粮食缺乏，恐亦无法增加，然则唯有多垦荒地，择其不能植食粮者种植之。至于棉种之改良，应由专家择地试验优良品种，然后劝民试种。此外棉花为商品作物，农民自供消费者，为量有限，多数须运销外埠，是以运销组织与方法之改进，亦所以间接促进生产之道也。现今关于棉花产销工作之研究与改良，已有多人从事，无须再事赘言。目前政府所应注意者，但为统一事权，集中管理，使实效更彰而已。

四

人民生计所需，粮食衣料而外，工业产品亦甚重要。第欲发展工业，首须有充足之原料与动力，而矿产更为重要。矿产之为主要工业原料者有铁，为动力原料者有煤及石油等。铁煤石油不特有关工业，且为交通军事所利赖，钢铁更为建筑与工业之基础，其为重要，毋庸申言。

我国煤矿储量，据地质调查所报告，全国约有 24828700 万公吨。除美国与加拿大外，世界以我为最富，计相当于英德两国之两倍，或日本之 30 余倍。其中以黄河区豫陕晋绥察等省为最富，计得 20662200 万吨，占全国煤储 4/5 有余；其余长江西北沿海西南等区，合计约得 3700000 万吨，占 14%左右。惟储量虽称富饶，产量则颇低微，较之日本，犹不若也。现在每年生产约 2800 万吨，其中新式煤矿所产者居 7/10，其余则为土矿所产。新式煤矿，始于清光绪中叶，以开滦中兴井陉等为首，现则大小几及百数，其中以抚顺开滦最大，占总产额 4/10 以上，抚顺为南满铁路所经营，开滦则系中英合办，此外英日资本开办各矿尚多，计日资生产，共占总额 33%以上，英资则为 15%。其余俄德两国资本亦属不少。纯粹华资各矿以中兴公司为最大，近年贸易且趋进展，年产130余万吨，然与开滦之年产800万吨者，相去甚远。至于土矿产煤，因成本低廉，在当地销路颇广，又因各地交通不便，新式矿产，难与竞争，是以三四十年来，仍能占相当地位也。

由上所述，我国新式煤矿，反以外资势力较为雄厚，华资势力，颇为式微。然除外资在华采矿外，又有外煤之倾销，最近两年平均由外洋运入关内各省之外煤约130万吨，益以抚顺煤100万吨，共达230万吨。此项煤斤，多系运往长江流域各省，然同时关内输出海外之煤又达450万吨，足征上项外煤之入销，非由于本国煤之不敷需要，而由于本国煤不敌外煤倾销也。其所以不敌之由，盖由于产销成本之高昂。生产成本之高，由于设备欠佳，生产寡效，管理不善，行政腐败。销售成本之高，则一由于运费之高昂，二由于捐税之苛重。煤矿开采成本，开滦每吨仅及2元2角，然中兴则每吨3元5角，长兴竟至5元，益以运费之高昂，矿税之苛重，更不能与外煤相抗衡矣。

是以我国煤矿问题，主要者在外资垄断，其次则为成本之过高。前者以条约束缚，一时无法挽回；然本国煤斤产销成本之减低，则属可能。销售成本为额较少，减低亦较容易，可由政府与铁路酌办；生产成本之减低，则须煤矿自身进行合理化，谋积极之整顿，方有办法也。使能自行减低成本，然后再由政府相机征收煤斤倾销税加增进口税，以防止外煤之入口，则国煤之复兴，庶几有豸矣。至于石油储量，尚未完全探测，据美国地质调查所于民国九年发表之估计，中国石油储量，约有1375兆桶，分布于陕西、四川、甘肃及新疆一带。益之以页岩油储量（辽宁抚顺之页岩油储量约1899兆桶），中国全国石油储量，合计约为3274兆桶。至于石油生产，更为贫弱。现在生产者，计天然油有陕西延长石油官矿，四川自流井一带盐场，以及甘肃新疆等数处，制炼油除抚顺等处之蒸馏油不计外，关内仅河北井陉煤矿之石家庄炼焦厂。延长官矿现有两井产油，然每日仅产 500 斤，近年生产且每况愈下；十九年尚产 1094 桶，至二十二年则减为 294 桶。四川石油，附于盐产，日只 120 斤，二十二年生产估计为 100 桶。至甘肃新疆仅系零星淘取。是以每年天然油生产，总计不过四五百桶。井陉所产，近年亦渐趋减少，十九年产 2814 桶，廿二年则降为 1800 桶。是以近年关内油产，每年平均不过 3000 桶，或 126000 加仑，而每年进口油料，则达 240000000 加仑，是本国生产，仅得输入量之 1/2000 也。夫石油关系于一国之交通工业与国防，世界各国咸相攘夺，今我国不自设法，徒然仰给舶来，实属危险莫甚。救济之道，一方在节省消费，使石油消费，臻于合理，凡能以他种燃料代替者即不用石油，其次为增加生产。除已测油区，应行设法大规模提炼外，更应赶即继续探测，以确知地下蕴藏。以现知储量论，按现在之消耗率计算，尚足供三百年之用，然今日各项交通工业，俱不发达，使将来消费增加，开采事业发达，更易罄尽。是以以他项物产提供石油，亦应积极策划者也。

中国铁矿储量极为贫乏，仅当世界铁矿总储量 6‰，每人平均仅得 2 吨，较之美国之每人能得 758 吨者，相去不可以道里计。据地质调查所之估计，全国总储量约计 100019 万余吨，然 3/4 系在辽热二省。其余 1/4 则分布于察鄂冀皖等省，就中察哈尔占 9%，湖北占 5%，河北 3%，安徽 2%，其他各省合占余下之 6%，贫乏可知。至于铁砂生产，近年以来全国合计每年平均约有二百二三十万吨，土法开采者占 15%，新式矿产占 85%。而新式铁矿之中，以二十年之情形论，日人经营之鞍山本溪湖两矿已占全国铁矿产量 37%。其余以湖北汉冶萍象鼻山安徽裕繁宝兴福利民最占重要，合占全国矿产 44%，然此项矿产，全系输往日本，合上述鞍山本溪湖两矿生产计之，中国铁矿生产 80%以上，系输往日本者。

至于全国生铁产量，民国二十二年共为 56 万余吨，其中土法生产者 13 万吨，占总产量 1/5 有奇。其余则系新式铁厂所产，现有新式铁厂计有湖北谌家矶之扬子铁厂、山西泉之保晋铁厂、辽宁海城之鞍山、本溪之本溪湖、湖北之汉冶萍、河北之龙烟公司及河南之宏豫公司。然龙烟公司未尝开炉出铁，汉冶萍及宏豫等皆已停工多年，尚未复工，现尚开采者仅本溪湖鞍山扬子及保晋四厂，鞍山本溪湖每年出铁约 40 万吨，占全国铁产 70%，然前者为南满铁路经营，后者为中日所合办，今已并非我有。其国人独营者唯扬子与保晋二厂，扬子为六河沟煤矿公司所经营，保晋则为保晋公司所创办，惟出产量俱极有限，二十二年合计仅 37347 吨，尚不若土法开采者为量之多也。

至于新式钢厂，先后设立者，计有七处，其规模最大者为汉冶萍公司之汉阳钢厂，计有 30 吨炼钢炉两座，每年可出钢 9 万吨，其次有上海之和兴炼钢厂、上海炼钢厂，以及山西之育才钢厂、沈阳兵工厂等，然或未开炼，或非我有，或已停工，是以国产之钢，除土法炼制及各机器厂零星炼制者外，其大规模炼制者，可谓绝无。

我国钢铁之生产如是其少，然钢铁之消费则日益增加，计民国十五年消费钢铁尚不及 70 万吨，二十年则增至 80 万吨余，5 年之内增加 10 万余吨，二十二年消费量亦约略相同。其超过之数，自须以输入钢铁补充，计十五年入口钢铁为 43 万余吨，二十年则为 55 万余吨，二十二年 52 万余吨，可知所用钢铁，十之六七须仰给于人。

由上所述，可知我国铁矿储量本属有限，东北一失，已去泰半。即将东北包括在内，以现在速率开采，仅能维持五百年，然现在每年生产矿砂，8/10系供他人消费，本国所需钢铁，十之六七反须仰给舶来，事之不智，无有过于是者。今后之计，自应严禁矿砂之输出，并不得续订出售之约。同时调查旧有各厂，计划整顿，已停者设法开采，未停者减低成本。现在鞍山铁厂制铁成本每吨仅为20余元，扬子铁厂则为50余元，如此情形，实无法与人竞争者也。然后再行择煤铁供给便利之处，开办新厂。实业部前有借德款建筑钢铁厂之议，设厂址于马鞍山，用江宁当涂繁昌之铁砂，萍乡之焦炭，但似未踵行也。

以上将我国煤石油及铁三种矿产之储藏与生产状况，约略叙述，可知自储量言，仅煤一项，尚称丰富，石油及铁，咸极贫乏，自产量言，煤产虽足以自给，而重要各矿多由外资开采，国煤事业极为不振。其余石油产量殊不足述，铁矿生产多由日人经营，或输往日本，其归本国消费者，几全为土制。总而言之，我国重要矿产事业，除为外人所经营或为外人而经营外，直无足述，而煤铁石油三者，乃现代工业之母，现状如此，则工业之发展状况，亦思过半矣。

五

中国新式工业肇端以来，虽已半世纪余，顾以受原料与动力之限制，政局状况之无定，管理经营之不善，以及各国成品之倾销，殊未能继长增荣。欧战期内，以千载一时之机会，予本国工业以发展之刺激，各地工厂，有风起云涌之概，迨战事告终，各国生产复兴，我国工业又趋衰落。近两年来，内因国民购买力之衰落，外因倾销竞争之激烈，不景愈甚，以致国民日用物品，非为舶来，即系土制，其为本国新式工厂制造者，实微乎其微也。今日新工业之较重要者，以投资数额论，为棉纺织缫丝面粉卷烟化学机器电气等业，兹特就其经济关系最切者数项，一述其近况，藉示一斑。

新式棉纺事业，输入中国已垂40余年，迹其发展，以欧战后为最速，纱厂兴起，一如雨后春笋。民国二年全国纱锭仅有65万，至民国十三年则增至220万余锭，十年之内增加将及四倍，发展之速，可以想见。嗣后欧洲各国经济渐趋恢复，日本工业发展，尤一日千里，我国纱厂命运，即见逆转，可见纱厂发展，纯因外来机缘，殊少稳固基础，最近数年，几日处于惊涛骇浪之中，存纱堆积，纱价暴落，各厂相继停工减工，犹无法维持，危机之深，大有汲汲不可终日之势。二十三年全国纱厂92家，纱锭274万余，虽较往年略增，第产量反见减少，著名纱厂如申新等且有难以维持之势，天津各纱厂亦入垂毙状态，其困难可见一斑。推源其因，则为外商纱厂之竞销，国民购买力之日削，及纱厂管理欠佳成本高昂所由致也。至此项纱厂所在地，多以沿海一带为根据，92厂中，在沿海江浙冀鲁四省者即达69厂，而在上海一埠者31厂。其余在湖北山西两省各6厂，河南4厂，纱锭数目之分布，状况相若，畸重畸轻之状况，昭然若揭矣。

织布工业发展之历史亦颇久远，据最近统计，全国机器织布厂资本额千元以上者共401家，惟规模类多狭小，每厂平均资本不过2万余元，是以产布能力，亦殊贫弱，每年布匹输入尚属大宗，与棉纱输入之已减至极少量者，不可同日而语。至于厂址分布，与纱厂情形相同，上海一隅，即达213厂，江浙两省合计，居3/5有奇，沿海数省合计，几达全国4/5，资本亦占全国9/10。其余长江区各省共为23厂，黄河区各省12厂，多规模狭小者也。

我国机制面粉业亦始于清末，而盛于欧战时期，现在全国面粉厂共 56 家，资本 24552000 元，每年产粉约 64963000 袋，估计尚不足全国所需面粉 1/4，足见机制面粉之重要尚远不若土制者。其地域分布，亦偏在沿海数省，情形与棉纺织业无二，计河北山东江苏三省面粉厂共 45 厂，其余 11 厂则分布于鄂晋豫皖绥等省。以资本额论，沿海三省占 3/4，以生产量论，则占 87%以上。

至于化学工业之重要者为酸、碱、水泥、火柴、皮革，以及造纸。酸碱为化学工业之基础，国防化学之原料，故关系极为重要。我国制酸工厂，现共有 6 家，在上海者 3 家，天津 2 家，广西 1 家，一为英商，余则悉系华资。华资 5 厂，每年可产盐酸 59750 担，硫酸 110210 担，硝酸尚无所产。此外各地兵工厂，尚有少量酸类生产，惟仅供自己应用。年来我国酸类消费，日趋增加，上述生产，远不敷用，如二十一年进口硫酸达 49759 担，盐酸达 20703 担，硝酸 25197 担，可见大概也。我国制碱工厂，现共 5 家，一在上海，一在汉沽，二在四川，一在塘沽，每年产量共达 757100 担，其中永利一厂占 633000 担，此外天然碱之生产每年约计 610000 担，复自海外输入外碱约百余万担，可见消费量之大，新式制碱工业之生产，仅得 1/3 而已。国人自营之水泥工厂，全国共计 6 家，资本 2000 万元，每年生产约计 740 万担，为量已属不少，然每年进口仍达 370 万担，可见生产数量仍不敷应用也。

此外火柴皮革两项工业，亦属重要。国产火柴工业，年来发展颇速，照需供情形而论，本可自给，然以日货倾销之故，反现生产过剩，而进口有增无减。皮革工业以产品价格低廉，年来发展颇速，且除少数高等皮料外，国产皮革，颇能自给，实属难得者也。

至于造纸工业，土法制造者由来甚久，且各省皆有，机器造纸业，则肇自清末，现在全国机制纸厂，大小共40余家，资本550万元，生产总值将近千万元。至于土法造纸，全国约有纸槽56000户，生产价值盛时每年约达5486万余元，最近则减至1700万元，合计本国生产纸值为2700万元。然我国每年消费纸张价值，共达6600万元以上，是以尚不敷3900万元，咸须仰给舶来者也。

中国机器制造工业，肇端于兹，亦已垂数十年，迅速发展则在欧战发生以后，现中国本部所有机器工厂，计资本在十万元以上者12家，万元以上者80家，三千元以上者144家，资本总额4296000元，产品总值10152000元。可见多属资本缺乏，规模狭小。以与资本千百万或数千万之外国工厂相竞争，实如大巫小巫。至于分配状况，资本在十万元以上者，不出江浙两省，多数集于上海；在一万元以上者，亦局于沿海数省；其分布于黄河长江中游诸省者，皆仅具资本数千元者也。至于所制机件，多属简单，精确庞大机器，仍须仰给舶来，是以每年输入机械总值，咸大于本国所生产者。

由上所述，当可略知我国工业幼稚落后状况，根本未尝发达者有之，甫在萌芽者有之，中途衰落者有之，而除火柴皮革两项以外，殆无一业足以言自足，就最切要之衣食工业而言，纱业已濒困境，织布业则生产有限，人民消费，仍多依赖手织，或藉海外输入。面粉生产有限，与布业情形类似。酸碱工业方见萌芽，距于自给之境尚远。至于造纸事业，更属幼稚，每年输入洋纸，漏卮极巨，即日本新闻纸一种，已达日金2000万元以上，其余自欧美输入者，可想见矣。至于工业区域，除汉口河南及山西等处略有发展外，余则均集于沿海各省，尤以上海为中心。是以我国工业发展，问题极多。概括言之，为应如何施救济与如何谋发展是也。应救济者，如棉纱业，如火柴业，如丝绸业，现在生产过剩，国内市场为人侵占，大有太阿倒持之势。前者实业部尝谋实施统制，窃以为以今日之财政能力与政府机能，与其统制，不若扶持，应详细调查各厂详情，监督其实施整顿，同时以倾销税率或关税政策施以保护，如是双管齐下，或不难复兴也。至于发展计划，端在求必需工业品之自给，使今之仰给于国外者，转可自谋供给，此实最低限度之发展，至于如何发展海外贸易，此时恐不遑论及也。至于原料之供给，以我国之幅员与气候当可勉力自给，即如铁储不丰，短时期内亦不致蹶蹶。且我国煤储颇丰，一时不愁缺乏，将来如能利用水力，发生电力，则更可用之不竭。至于劳工供给，益可无虑缺乏。惟于建设之前，亦应有详尽调查，且既以自给为前提，以供给本国市场为目的，应先对国内人民之购买能力，消费数量，翔确调查，以为预计产量之具，而免生产过剩之危险也。

六

欲发展农工商业，开采矿藏，须兼顾交通发展，前文已屡经言及。实则一国经济，欲有平衡发展，非有纵横交通工具，为之贯穿不可。我国内地之所以依然逗留于中古经济之域者，交通不便故也。至于交通发展对政治军事上之重要，更不待言，是以中外论者论及中国问题，每多注意于交通之开发。我国今日之交通工具，当以铁路公路及航运三者为中心，而铁路尤属重要。原我国之有铁道，始于清光绪元年（1875 年）之淞沪线，迄今已 60 年，然已成之铁道，据民国廿三年之统计，尚不过

18000 公里。其中国有铁道，约长 12000 余公里，占全国铁道长度 2/3 以上；民业铁道，约为 2400 公里，外人承办之铁道，约长 3300 余公里，合占全国铁道长度 30%。外人承办之铁道，权属外人，姑置不论，民业铁道，距离亦多甚短，且大半专为矿区或其他特有之用途。故实际就交通上之关系言，当以国有各路为最重要。但我国国有铁路之分布，乃以沿海区之河北、山东、江苏、浙江、福建及广东诸省为最多，计占国有铁路 44%；东北区之辽宁、吉林、黑龙江及热河四省次之，合占 25%；黄河中游之陕西、山西、河南、绥远及察哈尔诸省又次之，占 21%，而长江中游之安徽、江西、湖南、湖北四省，合计仅占 10%。至于西北之蒙、新、宁、甘、青、藏，及西南之川、滇、黔、桂等广大面积，则几无铁道之可言（云南之滇越铁道乃法人所筑）。

至于公路建筑，年来上下俱极努力。计民国二十年，全国通车公路不过 66000 里，二十三年则通车里数增为 85000 里，计三年之间增加 11%，可见发展甚速。至于各省状况，以全国各省通车公路之长度言，广东省为第一，计有 11200 余公里，山东、江西、安徽各省次之，各在 4000 公里以上，广西、江苏、湖北、浙江诸省又次之，而以青海及西康为最少，各仅数百公里。

水道航运，在近世交通运输上，地位极为重要。良以陆上交通，无论铁道或公路，需费至巨，成本太高，而水道则利用天然河流或海洋，无修筑路线之费，故需费极省，各国水道运费，普通只及铁道运费 1/4 至 1/3。即以中国目前各种运输工具之运价言，情形亦属相同。计铁路运费，为自每公吨每公里洋九厘至六分，帆船运费为自每公吨每公里二分至一角二分，汽船或轮船自二分至一角五分，牲畜自一角至二角五分，挑夫一角四分至五角，汽车二角四分至五角六分，故除铁道对于一部分货物，运费较廉外，大致亦以水运为最低廉，尤以我国之铁道分布，集中于少数地带，大部分货物之运输，仍赖于水运为多。

据交通部之统计，全国商船总吨数，共有40余万吨，仅得日本1/10，占世界6‰，其中能涉重洋之船舶，绝无仅有。其分布之区域，以上海一地为最多，约占总数之半，余则零星分布于沿海及长江下游之各埠。

我国航路，亦可分为远洋、近海及内河三种，但实际上我国并无远洋航业，可不置论；而近海航路，则以上海为中心，而以广州及天津为南北两端之集中点，全线南自广东，北迄辽宁，长约2000海里。至于内河航运，则南自珠江北达松黑诸河，无不均有相当航运之便利，不过因各地雨水多寡之不同，冬季结冰时期长短之各异，通航情形，亦不相同。大致华北及东北各河，或因全年雨水较少，河身较浅，或以冬季冰封太久，航运之利，远不能与长江及西江相比。其中尤以长江及其支流，航运最为发达。

由上可知我国交通工具，实感不足应用，水道虽多，殊少新式轮船。至于铁路，不特里程过短，不足以应经济政治以及国防需要，且亦过于偏颇，重要干线多未修筑，边远省区，尚未履及，即就已建各路言，管理亦未能统一，且有轨间宽窄不一，钢轨轻重各异之弊。如同在山西省境，同蒲路与平绥路之轨道宽窄，不能一致，而同蒲路与正太路之轨重又不相同。又如同为浙赣路，杭玉段与玉南段之轨重，亦不相同。似此情形，平常时期，对于联运之业务，极为困难，如遇非常时期，军事上之运输，更多困阻。殊失兴建铁路，发展交通之本旨。公路航路虽无此项弊端，而管理亦未能统一。是以就已有之交通工具言，今后应积极整顿，统一管理行政，俾能联络合作，调整运输速率能率，使收控制之效。至于建筑新路，发展航运，应有整个计划，组织完密交通网，以铁路航线为主干，公路辅之。然后就缓急轻重，先后建筑。时人颇有过于重视公路建设者，实则公路行车成本昂贵，高于一切，上文已有说明。且我国汽油汽车之供给两感缺乏，全恃输入供给，每年漏卮极巨。设有意外，来源断绝，全国交通立受危险，今日全国汽车多集中于沿海数大都市，且以私用者为多，载重运输之公共汽车不及总数 1/3，以致内地各省公路多有等于虚设者。是以今日上下积极建设公路之政策，其当否实颇有怀疑余地也。

交通为经济发展之枢纽，而为一国经济发展之脉络者，则为金融。故欲发展经济，首须有健全之金融组织。我国之金融组织，现有银行 149 家，钱庄 1269 家，信托公司 13 家，储蓄会 3 家，银公司 2 家，典当 716 家。银行为重要都市金融机关，计全国 149 家银行中，在沿海六省者共 127 家，占 80%，而沿海各省中，上海一埠即有 60 行，占全国 38%，其余各行，亦分布于沿海及长江流域各大都市中，可见中国银行事业，实仅及于都市也。

银行虽为都市之重要金融组织，然我国银行之业务亦未及于都市工商各界，而呈畸形之发展，年来银行多以购买公债为主要业务，二十二年各行所购有价证券共达 261325180 元，与其实收资本总额相埒，其中几完全为政府公债，为额庞大，盖可想见。全国银行放款总额共为 2365693000 元，其性质如何，吾人以各行报告不全，难以尽知，然就一二银行之情形观之，亦可以觇其大概也。兹以中国银行为例，该行为特许银行，业务最称发达，故可藉知大概。中国银行二十三年商业放款占总额 30%，工业放款占 13%，农业及农产放款 5%。三者合计不过全额之半，可见银行与农工商业，殊未能打通一气。是以银行发展，不仅限于沿海都市，且未能趋于健全，今后应如何发展及于内地都市，同时以农工商界为业务之中心，乃要著也。

银行放款事业之所以未能发达，且未臻健全之故，固由于政府公债利息优厚，利之所在，人各争趋，亦由于银行本身组织之未能健全，资力薄弱，故不能负发展并救济工商业之责任，无怪其对年来工商界之凋敝，熟视而无睹矣。是以欲银行业务之趋于健全，首须谋本身组织之巩固。我国银行制度迄未确立，各行咸各自为政，漠不相关。而中国交通二行负特许银行之名，亦与商业银行无异，其与中央银行间之关系亦欠清楚，至于商业银行，更无一中央准备银行，以为缓急之助，其未能负发展工商业之重责，固其宜也。二十四年11月4日财部改革币制，宣布拟以中央银行改组为中央准备银行，可谓已能注意及此，第于中国交通二行之地位与业务，仍未明白规定也。

至于内地金融组织，主要者为钱庄，我国钱庄界有悠久历史，在银行发达以前，曾执金融业之牛耳，目下在都市中之地位虽已中衰，在内地仍为唯一主要之金融组织，工商各业，多赖周济融通。统计资本70553549元，约当银行实收资本1/3，势力固未可厚侮也。然钱庄营业习惯，仍多墨守成法，未能加以现代化，实其缺点。今后如能效法银行，加以改革，则内地金融之发展，实深利赖。

金融组织既如上述，最后愿就交易媒介之货币再进一言。自币制改革以后，白银收归国有，以三行钞票为法币，他行钞票，逐渐收回，货币问题已简单多多，然此外尚有数项问题，应加注意，第一为省钞杂钞之整理问题，我国各省市地方银行咸有钞票发行，几乎无省无之，种类有银元券、辅币券、毫洋券等，估计约值一亿五千万元。此外各地复有私票发行，如江西某县，发行“花票”者达 80 余处，陕西一县，发行私票凡

80 余种，扰乱金融，为害工商至巨，故此项钞券之整理，实为一大问题。此外如辅币之如何整理、内地法币之如何流通等，亦急待解决之重要问题也。

七

上述农工交通金融诸项，为全国经济之环，欲事经济发展，缺一不可，然连接诸环，使成一个体者，其责固在政府。而政府发展经济之主要工具，则财政也。太古之世，人各自给，日出而作，日入而息，帝力与生民，毫无关系，今则政府举措，在牵及个人，而政府财政政策之健全，直接间接均有以影响于国民经济之发展者也。使政府岁出岁入有当，则农工商业各得助益，人民财力自趋平均，故经济学家多目政府为最大之生产者消费者与分配者。固然健全之财政，亦有赖于健全之经济发展，此则视政府与人民间合作与调节如何矣。故吾人于论述农工矿产交通金融各项之后，一述中央财政之状况及其问题，冀读者于我国经济现状，得有整个见解，并晓然其本末关系也。

我国历年中央财政，就收入观察，历年中央收入约在九万万元左右，其中税收所占比例最大，约相当全额 3/4 至 4/5，次多收入，当推国家公债，约占全额 1/6 至 1/5。税收之中，以关税盐税二种为主干，约占 80%以上。其次即为统税烟酒税，约占 15%强。此项税收，就性质言，均属间接的消费税，几共占中央税收 95%以上。如更就税收之地域分配观察，则沿海区六省所收国税，竟占国税全额 8/10 强，长江区五省约占 1.5/10，黄河区五省只占 0.3/10，西南四省占 0.2/10。此种现象，实为我国经济重心偏于沿海区域之反映。加以消费税本身弹性甚小，不能随时伸缩，一旦发生骤变，沿海区域如遭受重大破坏，则现行中央税制，在平时既感捉襟见肘之虞，临时恐未必足以应付大变。至于消费税之具有“累减”性，不能依纳税负担能力而为公平的差别，致对于国民经济发生不利影响，犹其次焉！以言支出，军务费所占最大，历年中央支出，军务费比例恒在 4/10 左右，债务费比例在 3/10 上下，他如交通教育外交实业等费，合计不过占十之二三，足征吾国现在之岁出，所用以达到国家文化或国民福利目的者，为数甚微，尚有待于扩充也。

吾国地方政府之收入，合省县及特别市计之，每年约在 65000 万元左右，其中税收所占比例，相当于全额 7/10 弱，次多收入，则为地方公债及中央补助款，相当全额 1.5/10。地方税收中，以田赋为基础，约占税收全额 5.5/10，此乃吾国唯一最普及的直接税，只以久经演变，制度脱轨，使一般农民，深感繁重之苦。其次，货物杂税约占地方税收 3/10 弱，其性质亦多属间接的消费税。再次，营业税约占地方税收 1.4/10，究其性质，多数仍不免为货物税之变相。就地方税收之地域分配言，沿海区六省所收约占全额 5.5/10，长江区五省占 2/10，黄河区五省占 1.5/10，西南四省占 0.6/10，西北四省占 0.4/10。此亦足证明地方税收所受经济发达程度之影响者甚大，为国家前途计，应从速绸缪于未雨也。至于地方支出，每年当亦在 65000 万元左右，其中省支出约计 35000 万元，县支出在 20000 万元上下，特别市支出约在 5000 万元左右。如就其分配观察，省支出方面，以公安费、行政费、债务费、教育文化费及建设费五项为最要，平均各在 15%左右，合计相当于总支出 3/4 强；县支出方面，以公安费与教育费为最大宗，平均各在 35%左右，即此两项支出合计，已及总支出 3/4，其余建设自治等费，为数甚微；特别市支出，以建设费最多，相当于总支出 4/10，其次公安费，约占 1.6/10，教育费 1.2/10，行政费占 1/10，合计占 8/10，其余各费只占 2/10。由此可见地方政府之支出，除特别市外，省县均以教育及公安两类支出为主，对国民经济之发展，犹未遑顾及。再进而探究其支出之性质，则大部分多费在维持组织之薪工，事业之发展费未备也。

综上所述，吾国财政困难之排除，一方面固须求支出之节省及其适当的分配，而根本治疗，尚有待于开源。中央政府应设法推行所得税及遗产税，逐渐树立以现代直接税为基础的税制，要以税制富于弹性为原则，盖非此不足以适应将来财政之困难。至地方税制，当以整理田赋为先，此在江、浙、皖、鄂诸省已验而有征者，主要原则，只在使地藉有据，税率有凭，粮与地相符，以求负担之公平及税源之可靠而已。田赋收入既有增加，则恶劣杂税不难予以严格取缔，其他地方财政问题，自易解决。此吾人论财政之所以特别注重于健全税制的树立也。

八

我国经济现状，已于上文略加剖析，意在求其症结所在，以之抉择发展之途径，为当局贡一得之愚，并献诸本学报读者之前。综其要旨，深以为今日主要经济问题，约有下述数端：首要者为土地问题，而尤以分配问题为重要。土地分配问题之严重，早经识者指出。自阎锡山氏提出“土地村公有办法大纲”呈请中央试行以来，更极为各方注目，而学者专家讨论辨析，往复不已，盖此事关系今后国家前途人民祸福至巨，自须细加研讨，逐渐试行。其次年来粮食入超，年逾巨额，而实际不足之额，恐尚远逾于此，应急调查供需状况，善谋自给之道 。至于重要矿产，如铁矿矿砂，泰半输出，本国需要反仰于外来，石油生产完全不足，煤矿事业亦多不振。矿业如此，工业状况亦复无殊，重工业根本未尝发展，国防建设无从着手，轻工业则因洋货之竞争，已陷于日暮途穷之境，人民日常用品，非仍由土产供给，即须仰仗舶来，凡此情形，均可焦虑。欲发展农工业，势须首先发展交通，健全金融，故客岁五全大会宣言，列此为经济建设首要项目。年来政府于此，似已知所注意，第一察实际，须待当局积极解决之问题尚多。客岁 11 月 4 日财部命令集中白银，统一钞票发行，实为历来金融界一大改革，各方赞许，收效甚巨。然此仅为金融改革之第一步，欲事完善金融制度之建设，以应付缓急需要，尚有待于努力。金融健全，国家财政亦能臻于巩固，客岁 11 月币制新令，对于财政不无良好影响，然中央地方财政本身，亦有待于改革，方足以根本消除财政之困难也。

以上土地粮食矿产工业交通金融财政诸端，现状与症结所在，已略加论列，至于兴革办法，本文不再具述。惟有原则可得而言，即此项问题既所关甚巨，兴革发展，非咄叱可辨，皆应先行考查实际状况，然后再作计议，斟酌施行。尤以土地问题，使不对人口数目，利用状况实际分配情形，详加调查，而贸然施行改革，不特毫无成效，恐更将激起民变，而蹈新莽之覆辙。其他粮食工业等情形，莫不皆然，使不以实际需要状况及生产环境为依据，而实行建设，不特劳而无功，且将徒伤国脉。此则吾人于文中已屡言之矣。

（《政治经济学报》第 4 卷第 2 期，1936 年）

中国经济的出路及合作运动应有之趋向

今天兄弟能到这里与各位乡运同志谈话，机会很是难得，然而未曾预备，只就个人对中国经济组织的感想，同各位谈谈。

一、中国经济的出路是什么

中国的经济组织，到现在还是中古式的，到现在还是表现中古式的现象，各种产品之地方化，各地有各地之市场，自为经营，至今还无全国之市场，难与欧美各都市代表的市场相比，据我们的观察，这中古式的经济组织非改变不可，然而如何改变？是走取法欧美日本式的经济之路？或是走另外一条路？

现在国内研究经济的人，无论是理论的经济，或是实际的经济，大半主张取法欧美，即是大规模的工业化之路，所谓大规模的工业化，农业也包括在内，也可说为大规模的生产化之路，一般研究经济的人，多如此主张，我个人的感想，是不敢与他们同意的。

二、欧美日本式的工业化之路不能走

我个人感觉中国经济的改造，不能随着欧美日本走，为什么不能走欧美日本式的工业化之路？我们且看工业化的条件够不够。我们从工业上看，一个国家的经济组织能否依欧美日本式而现代化，至少有两个条件：一是看它现代化生产的条件够不够；二是看这现代化生产的方式，所需的历史环境之背景如何。就前一个条件看，是要有天然的动力原料——即煤铁是。就煤一项来说，我们中国的煤产量本来就多，在世界上居第四位，不过以中国地面之大，产量还不算特别地多，煤的出产大半在华北，华南较少，前些时兄弟到四川走了一趟，大多数人均认为四川为复兴中华民族之地，在我看它实在不够条件，这便因为四川缺少煤的缘故。中国的煤就大体上说，虽然不少，然与大工业国比较同时的出产量还比不上，现代化还成问题。其次再谈到铁，也有问题。若照美国每年铁之消费量计算，中国的铁不到50年就用完了，若就现在说，东北四省铁的产量，占全产量3/4，已在国际上发生了问题，这便更困难了。

再就第二个条件说，从历史环境的背景上看，中国的历史环境还是中古的情况，若待它变迁演进也非等数十百年不能变过来，这如何能承受现代化的工业方式！

由以上两个条件看来，中国经济，走现代化的工业方式之路是不可能的。

三、欧美日本式的工业化之路不必走

现代化工业方式之路，不但不能走，而且我们也不必走！试看欧美日本各国，已将其弊端充分表现出来，贫富悬殊，分配不均，企业家之相兼并，种种不合理的现象，已达极点。大规模工业化生产的组织，固然对生产效率增加，然对一般一的福利却没有了，不但无利而且有害，如近年来失业者之多，已成最严重之问题，因此实在用不着去取法它们，这是就工业方面的观察如此，试再就农业方面看，中国经济之出路，也谈不到工业化，工业化实在牺牲太大，代价太高，非有一次土地革命不行。

四、中国的经济究竟应走哪一条路

我们看中国的经济，究竟应走哪一条路，我个人主张，无论工业无论农业，可采用欧美大规模生产方式的好处，舍去其不好处，“欧美式”的生产，其好处是“生产集中”“购买集中”“运销集中”，一切一切均为集中地组织起来，因为它有组织，好多的耗费都可免去，而生产的效率也提高了，这是它的好处。

至于它的坏处，便是大权集中在少数的企业家资本家之手，一般的生产者消费者，都在少数人垄断之下操纵之下，一切一切的弊端，便由此而来。

五、合作之路是中国经济的出路

照以上所说，欧美式的生产，我们应采取其好处舍弃其坏处，这是走的哪一条路？这是什么方式？这便是在座诸位的责任所关，即是合作之路。中国的经济，应走合作之路，这不仅乡村的经济如是，即各方面的生产，各种的经济活动，均应如是走去。

最近这几年来，中国的合作事业颇见发展，这是很好的现象。不过个人一年来的观察所及和所得之感想，愿意供献给诸位：我在十年前回国的时候，看到有调查社统计社之设立，因其未能见益于社会，故有“调查病”“统计病”之讥。

六、合作之危机及应有之趋向

中国的合作运动，是由上而下的，是一种合作政策，由上面的政府提倡推行。不是自下而上，非由民众运动培养成的，故每易表现病象。在三四个月以前，我应江西省政府之约，到江西去了一趟，我也是特地要考察江西省由上而下的合作组织，观察所及不免感觉其潮高病重，例如江西的合作社不少，每年由合作社放出的款项有250万元之多，统计其经营此项放款之费用数即有30万元之巨，以30万比250万，其成数为一分有余，若以商业的眼光论之，营业上未见其利即先有此一分之亏损，实大不利。如是则合作社实难站得住。这种情形我知道了之后，于是又到乡村合作社里去看，走到一社，见有二人在社中，服装颇讲究，宛然时髦之书生，我于是就问他：“你们是这社的职员吗？”答：“是！”我又问：“过去的一年社中放了多少款？”答：“800 元。”据我看这两位职员的模样，恐怕非每月每人有四五十元的薪水维持不了其生活，一个合作社若经常有两人住在社里，由社负担其生活费用，照这样看，恐怕年须一千元。我想这样的人，还怕不能深入农村去，不免对之尚有疑虑。于是我便又去找乡里人之与合作社未生关系者，与之接谈，始知真情。该处之合作社，放款利率为七厘，借款者多非农民，而为另一特殊阶级之人，是在合作社借了去，再加上利息转贷出去以图利的。这种情形，我看了后，回到省府，熊主席问我如何？我只好说：“江西的合作社，可谓合借社。”

江西的合作情况如此，其他省份的做法，也多是由上而下之推广，其趋势各处皆然，恐均难做好，这个缘故便是：

第一，推广太快；

第二，下层基础未作好。

我认为合作社要想做好，合作之组织，不可片面地经营，应为整个的乡民组织之一部分，不可单独进行。单独进行若太快，希望又多，没有不糟的，没有不发生弊端的。

贵区拟办合作的计划，昨日在路上与仲华先生谈话很多，觉得这边所走的路与别处不同，这边并非为片面之组织，实乃整个组织之一部分，这是很好的。

我今天将中国经济应走的路，合作之弊端及应有之趋向，很简略地提了出来。我们研究经济的人，多有未与实际问题打成了一片，我之到此地来，即是想将学理的研究与实地的问题打通，这是要与实地工作的诸位，以后能多多地见面谈谈才好。

（《山东省第一区行政督察专员公署公报》第 92—106 期，1936 年）

天津国货研究所之性质、工作及责任

振兴实业，提倡国货，迩年来各界人士莫不津津道之矣。然竞言振兴，而实业衰落如故；屡事提倡，而外货输入日增。推原其故，盖由徒托空言而未见诸实际也。夫国家之富源，一系乎生产，生产方面，大别为二：一曰生货即原料品；一曰熟货即工艺品。两种出品虽富有供给之能力，苟不得消费者赓续不已之需求，则工商业仍将立濒于困境。故欲振兴实业，必须推广销场。欲广销场，必须改良货品，使之质良价廉。第谋改良之法，非精确之研究不为功。

一、本所之宗旨与性质

本所设立之宗旨，即在谋改良华北已有之工商业，及就华北之天然物产以提倡各种新工业。就此宗旨，可知本所非制造之机关，纯属研究与提倡之性质也。夫欲改良已有之工业，必先从事实地之调查，求其弱点之所在，从而改之。其美者则发展之，使能臻于完善。譬如医病之人，苟不明病者症结之所在，虽哓言诊治，亦不过影响之谈耳。吾国目前工商业之病征，可得而言者，姑略举之。以经济言，如生产效率之缺乏也，原料采取之困难也，工厂组织之弗善也，销售设备之不周也。以环境言，则政府不加保护，外商故意推陷，苛征繁重，无异竭泽也，劳工问题相继产生也。币制紊乱，兑转不灵。息率高昂，挹注维艰也。运输艰难，常多阻滞。航权路权，相率旁落也。以制造言，则科学不发达，机械不精良，蹈常习故，墨守旧法。物品之样式与时背驰，品质之窳败，恬不措意。凡此种种，皆足陷工商业于衰落之途。有一于此，即足阻碍发展，而况兼备乎。故此项阻碍发达之原素，均须逐一调查，彻底了解，始可对症施方，进行改良。孙总理谓知难行易，实具至理。苟能详稔底细，改革是不难实现也。

此就改良已有之工业言之耳，至于提倡新者，则尤赖调查与研究。按之经济学原理，发达工业，须具四要素：一资本二原料三销路四人才。四者具备，始易成功。故欲提倡新工业，首须考察四者之情形，非绝无研究所可空倡也。迩年来国人鉴于工业之不振，群起而提倡。一若凡属国货，无一不在急应提倡之列，此实为谬误之见。盖各地富源不同，气候亦异，人有所长，我有所短，分工易事，由个人而区域而国家，各展其所长，始可以同量之成本，获较大之利益。倘一概提倡，不第与经济原则大相径庭，即令为之，亦徒自累。盖货品之成本既高，则价格自贵，结果销售困难，工商日困，且趋贱弃贵，人之常情。外货价廉，势必相率而销之。虽有严法，亦不能止。此就分工方面言之，必须研究者一也。工业之命脉在原料，原料之足否，工业之盛衰系焉。苟国内原料充富，无须仰给于人，则出产之货，成本必轻，成本轻则销售自易，获利亦巨。第原料丰富，尚不能遽言发达，必须察其转输之利病，运费之多寡。倘因窎远之故，困难丛生，非急加改良，亦难期工业之旺盛。此就原料产区方面言之，必须研究者二也。工欲善其事，必先利其器。制造方面，欲求精良，宜用机器。第目前吾国之机器，尚多购自外人，而精密者动需巨资，不易购置。故为目前之计，制造物品自宜相机提倡。何者为吾国之特长，宜以全力发展之；何者必赖精良之机器制之，始能与外货争衡；何者即用手工为之，尚足为外货之替代，均须得其要领，始可从事提倡。此就制造方面之言，必须研究者三也。以上三者，特其最著者耳。由此可见新工业之提倡，非能如盲人瞎马，第向前驱，即可济事也。

夫改良与提倡，不能仅恃专门人才之研究，必期工商界之实行。盖知而不用，与不知同；用而不效，与不用同。故本所于研究结果既得之后，即事刊布。刊布之后，即以相当方法，协助工商界之施行，务求广开方便之门，徐期普及之效，此本所性质之大概也。

性质方面已略言之，以下请述工作之大概。

二、本所之工作

（一）调查工商业发达之障碍。关于此点，上已略及，兹特引而申之。吾国实业之失败，原因甚多，其中要者约有数端。（甲）税捐方面，土货之税重于洋货，杂征苛捐，剥肤及骨，且官员多方挑剔，关卡节节留难，停阻商货之运行，失却需供之机会。企业民生，俱受其害。（乙）销售方面最大困难，厥维运输，或因车辆不敷，或因河道多虞，或因捐征甚多，手续麻烦，致使往来货物，延阁时日。倘能整理路政，减轻吨位运价，疏浚河道，收回航行之权。保护工商业，蠲除通过之税则，其难既去，畅旺自至矣。（丙）原料方面，吾国原料虽富，但其质素不讲求，质既不佳，出品自劣。棉质不改良，纱布竞争，难以制胜。麦子不改良，面粉出量，必不丰富。蚕桑不改良，丝茧产量，焉能增加。略举一二，足概其余。故原料品质之良窳，亦工业盛衰之枢纽。（丁）制造及管理方面，此中缺陷之处，上已枚举，尤为工业切身之问题，非速事厘革，不足以言进步。盖物质以比较而优劣见，制费以减轻而推行易。闭门造车，锢于旧习，市场竞争，未有不失败者。凡此种种障碍，譬如荆棘塞途，觅路之法，端在锄荆棘辟草莱，舍是无他道也。

（二）调查工商业种类组织制造及销售。天津为华北工商业之中心，故本所调查首始于此。目前调查范围，只限天津市各重要工商业，如纺织、织布、染织、针织、地毯、带子、火柴、造胰、铁工、皮货、凉席、砖瓦、面粉等。本所现正进行者，为面粉、火柴、造胰、砖瓦等，其他如纺织、织布、针织、地毯等，已由南开大学社会经济研究委员会进行研究，无须重复。其将来所得结果，本所可即采用也。至无商业方面，大率以出口原料为多，现正进行调查者，为羊毛、生猪鬃、草帽缏、皮货等。将来津市调查完毕后，拟与南大社会经济研究委员会合作调查，其他华北工业城市，如唐山、辽宁、大连、哈尔滨，务使华北之工商业情形，能得一全盘之研究，庶改良之效，可期普及也。

（三）工商业与政府之关系。一国工商业之隆替，系乎其人民之经济能力及技术美恶，然政府对之之态度，亦其兴衰原因之一，吾国政府向以奖励为务，而不能实行保护之方。夫奖励为虚荣，保护乃有实益。处工业幼稚之国，衣食用品，尚多仰给于人。非设法保护国货，殊不足以止财源之外溢。吾国政府不此之图，且多苛征，而外商受条约之保护，反得逍遥于杂捐之外，为渊驱鱼，一至于此。本所除调查工商业本身外，将研究我国各种工商业对政府之负担及所获之利益，同时并研究国外二者之关系，以资参证，比较利病，刊而布之。庶使理财者鉴于既往之非计，厘定税则，不致竭泽而渔，重困实业也。

（四）人民投资之情形。工业之发达，第一要素，即为资本。西洋各国之工商界，其资本之雄厚，率由人民之投资，其引导投资之法不一而足，或由政府设立机关，发行刊物；或由私立学术机关，作为导师。故各种工商业之情形及获利之厚薄，人民莫不知之详稔，稍有所余，即愿投之。夫人民积储之资，其投时率求稳健可靠，倘一遇失败，即裹足不前矣。吾国人民之投资，是否任意为之，怀孤注一掷之心，抑另有相当之指导，为亟待研究之问题，将来本所对于各工业之情形，既已调查确实，自当随时披露，不第可为人民投资之导者，亦辅助工商业发达之计也。

（五）介绍工商业组织及管理之方法。吾国工商业之弊病，组织及管理弗善其一也。盖管理弗善，耗费必多；组织不良，则效率自低。补救之法，唯在涤除积习。故此后对于工商业之组织及管理，根据学理之原则，参以各国之成法，撮要说明，以供工商界之采行。

（六）介绍外国工商业之状况。欧美各国工商业之进步，远轶吾国。营业之组织、运输之便利、市场之设备、金融之调剂，均足供吾国之借镜，嗣后当随时介绍，以资参考。

以上各种为本所进行之工作，至工作发表之方法，约分两种。凡属整批之调查工作，将于研究完毕时刊本发行。其他零星者及介绍文字，则出一国货周刊。刊中另辟一国货介绍栏，关于各种国货之品质价格原料销售各方面，逐一详及，庶国货售路，可藉推广，此本所工作之大概也。

本所之性质与工作已作简单之叙述，兹将本所今后之责任略言之。

三、本所之责任

（一）对于工商界，改良与提倡为本所设立之目的，故所负责任，以向工商界为最大。经营工商之道，首须明乎供求之比例，始能尽操奇计赢之能事。倘事业之盈亏，一付诸天命，其所营鲜有不失败者。盖暗中摸索，必无幸中也。本所调查之报告，即所以将此盈绌之数，贡诸工商界，俾明乎彼此，预事调剂，所谓知己知彼百战百胜也。经营工商业者，对于其所事之缺点，往往积弊相沿，久而不察，蔽耳塞目，习非成是。本所研究结果，即所以促其自觉之心，徐图改良之法也。一国之大，经营工商业者多矣，欲事改革，须有系统，首要次要之分，缓急先后之别。倘非统筹全局，成竹在胸，不易辨别，且枝枝节节，罕收改革之效，各不相谋，尤多隔阂之虞。欲成完功，贵有计划，本所对各工商业将有全盘研究，进行改良，庶可收轻轻重重进行一致之功。至于工商界遇有困难之处，倘荷垂询，本所当不惮烦劳，随时代为研究探讨，并思解决之方。故本所对工商界之责任，一言以蔽之曰，研究与咨商耳。

（二）对于政府及人民，工商业之振兴，半恃政府之提倡与保护，然政府或未能洞悉实业界之情形。本所物以研究之所得，按期公布，俾政府得洞烛民瘼，从事更改，利也与之，害也除之，不致如秦越相处，熟视无睹。故对政府之责任，殆若晨钟暮鼓耳。至对于人民，一面揭露各工商业之情形，导以投资之门；一面示国货之品质及价格，推广销售之途。约言之，即引导之责也。

一国之经济情形，本极复杂，改良提倡，尤不易言。本篇所述，挂一漏万，不过粗及其凡，至于详节，非区区短文，所能罄尽。容俟续有所得，随时刊布。惟本所同人学识谫薄，值兹试办之期，尚恳各界学识经验宏富之士，对于研究方针，时惠指教，庶本所前途收效较宏也。

（《商业月报》第9卷第8期，1929年）

提倡国货之意义与方法

国货之待提倡，必先有不能畅销之情形。不然，安用揭橥“提倡”之名词哓哓为也。今之提倡国货者，大都不详究国货所以不能畅销之原因，而为澄本清源之计。徒欲藉广告与宣传以为推销之助，故结果所至，成效鲜著。夫物之质良价廉者，人乐趋之，自如水之就下，丸之走坂。利用人民之爱国心，提倡国货，在国难方殷之际，固未尝不可收效于一时，要使以此为长久提倡之计，则难期于有效。盖人民之情感，虽足以支配其行为于一时，然不能维持于永久，惟诉之人民之利益心者，乃始能经久而有功。故提倡国货之法，应有治标本之别。治标之法为广宣传以利销售，治本之法则为改良本国已有之工商业，以期国货之质良价廉。

改良本国已有之工商业，固为提倡国货之根本要图，第改良云者非空言所能奏效，其先决条件，即在洞悉我国工商业目前所处之情形及其所有之障碍与弊端。譬之治病，必先切脉观色，知其病之所在，为寒为热，或为寒热之相搏，始可投之以药而期其效。改良工商业亦然，必先知其有弊端，始能为之设法改革；必先知其有障碍，始能为之设法剔除。故约言之，提倡国货，应以改良工商业为目的，而达此目的之方法，应先自调查与研究入手。夫然而后工商业之积弊可革，工商之障碍可除，国货之品质可以改良，生产之事业可以发达。

吾国工商业之不振，其致成之因，由于环境之障碍及本身之弊病，已为显著事实。兹分别约略述之，以为佐证。

（一）环境之障碍。关于此点，可分为政治、经济及社会三方面言之。请先言政治环境。吾国自民初以来，除民三民四外，战祸频仍，几无宁岁，不第战争未息，且战区范围，亦日就扩大。计自民五至民十三之中，每年战祸所波及者，平均约有七省，而自民十四至民十九之六年间，战区范围愈大，平均年有十四省左右。战祸甚剧，因之乡民所负之兵差额数亦甚巨。据中央研究院王寅生君之研究，民十八十九两年，全国各省除宁夏新疆不详外，其负担兵差之县份约占所有县份 44%；而北方较南方尤为普遍。北方各省负担兵差之县份，占其所有县份 77%。黄河流域各省之县份负兵差者，竟占其所有县份 87%。此项兵差，普通系按地丁正税额摊派。其额数之巨大，实足令人惊骇。民十八年河南之商丘邦县杯城三县所负担之兵差，平均约 40 倍于三县地丁正税。民十六年十一月至翌年五月雁北各县所负担之兵差，比地丁正税竟大 223 倍以上。此不过举例以示一斑。实则类此者不可胜数。至所谓之合法的征税起捐，及任意的抢劫掠夺，其剥削有更甚于兵差者。战祸之害已足寒心，而又重之以匪患。长江以南之匪祸剧烈赤地千里者无论矣。即就河南言之，河南项城，在民十五年被匪破城，焚烧房屋 20000 间，损失财物 10000000 元；十六年又受蹂躏，焚烧房屋 40000 间，损失财物在 20000000 元左右。而新蔡一县，近数年所受匪祸之损失，据估计亦约值银 13368928 元。匪患披倡，乡曲不宁，人民之生产事业，备受摧残。逼近匪区之民，因地方益见糜烂，遂相率流离转徙，弃地不耕。即距匪区较远者，亦苦兵差之繁重，车马之征发，虽有可耕之地，亦多不遑耘植，以致产地就荒，产额大减。又试举河北一省之棉产以为例。民七至民十一年间，计有棉田420余万亩，产棉165万担，十二至十七年，则逐渐递减，棉地仅200余万亩，产棉仅60余万担耳。产棉之情形如是，其他工业之原料，亦何莫不然。此战祸匪患影响工商业之原料也。经营工商业，必赖有便利之交通，运输货物，以应供求之机会，始可期其获赢。战事发生之时，军人不顾商民之困苦，往往因军运之忙繁，辄停阻商货之运行，以致所产货品，不能以时出售。即能运送，亦往往因沿途之延滞而衍期。匪患所及之区，其交通梗阻，较战祸尤甚。且人民因战祸及匪患之故，生产衰落，因之消费之能力，亦遂以锐减。此战祸匪患影响工商业之经营也。尤有甚者即为苛税，吾国税捐之繁重，几为世界所仅有，试举例以明之。天津纱厂所用之棉花，向以山西所产为来源之大宗，而自产地至天津之花，每担须纳统税特税保夫捐及干果税等四次，共计为五元零。棉花在产地之价，每担不过三十余元，所负之税，几占百分之十五六。再就长江以南言之，四川荣昌至重庆，为程仅三百余里，其麻布每件所纳之杂税，除正税外，竟达十五次之多。一入宜昌，又加堤工捐。共计为二元零，而每件麻布之本值，亦不过三十余元之谱耳。如再举应纳之正税加之，其税率亦均近百分之十。棉花麻布为普通衣服之必需品，按之担税原则，自宜免税，即课税亦宜从轻，而吾国乃重课如是，其他已可概见。厘金之征，虽自二十年一月明令废除，然统税特税，相继举办，立法者固标一税之后不得重征，实则架屋叠床之税，仍不能免。加以迩来各省所举办之营业税，多失之税类过繁，税率过重。工商业困于重税，甚难发达，盖因商人惧税捐之加，即有积贮之资本，亦多不欲充分利用；人民扶有余资者，睹工商业之衰落，则观望而不敢投资。因之，资本缺乏者，杳无救济之策，一遇紧逼，辄致束手以待倒闭。此税捐繁重影响工商业之发展也。

再自经济环境观之，其阻碍工商业之发展尤甚。试略举数端详言之。第一，运输之困难。吾国共有铁路约 9500 英里，3/4 系前清光绪二十一年至民国四年之间所造。除东三省外，近十余年来，杳无建筑之可言。其管理之不善，更多可议，大率为军人所把持，一遇战事发生，即多不能应用于商运。机车败坏，无力整理，即路线亦多缺乏修补。因此种种，故运费之高，有足令人惊诧者。兹就平绥线煤运而论，自口泉运至绥远省城，计路约 500 里，除纳税捐不计外，每吨纳铁路运价五元零，合脚力站价及三五附加计之，共六元零，而每吨原价，不过四元，运费实超过原价一倍又半。天津自山西运来之棉花，每担（一百斤）由出产地运津之运费，计绛榆间六元八角，榆津间九元，合计十五元八角，原价每担只三十五元，运费之数，已达原价 45%。此就铁路运输之状况而言，其他如因交通之不便，以致运输困难者，尤比比皆是。例如最近在陕西办理救济者，用牛马车载运 1400 吨麦，于 233 英里内，每吨每里需银七角五分。使用小车而以人力曳之，则约需一角三分。如有铁路，则只需银二分而已。运输之困难如是，欲求工商业之发展，宁非梦呓？且出产之品，苟无便利之交通，以广销路，则大宗之出产必不可能，此尤事理之易见者也。第二，借贷之困难与利率之过重。银行接受各方面之储备，握金融之枢纽，对于工商界，负有调剂盈虚之责。当一种工商业紧逼之时，银行应斟酌缓急，为之设法接济，俾不致因困于资力之故，阻滞其进展。吾国银行界，因政局之无定及生产事业之衰落，多畏缩而不敢放款，就中以射利为鹄的者，则购买公债，以致工商界往往有不能借贷之困难。至普通借贷之利率，各地高低悬殊。大率最低之率为每月一分，至其高者则殊无一定。规模较小之工商业，其月利有超过二分者。负金利之高如是，自不易有获赢之望。以此较之英美各国之工商业借款，仅月利六厘左右者，相去何啻倍蓰。此犹就城市之工商业而言，至于乡村农民之借款，其利率之高，更足惊人！概括定之，大率在百分二十以上，高者自百分之四十至八十，亦为常见，甚至有百分之百者。乡村农民之情况如是，其影响工商业之原料，可想而见也。第三，国内及国外资本之不能利用。盖因战祸频起及兵匪骚扰之故，农民不安其所，贫者转徙逃生，则生产之额，日就减少；富民移居城市，则用度之费，日趋增加，此皆减少资本之因也。且富翁军阀官僚之款，因政局之频变，工商企业之衰落，多相率存之外藉银行，以谋安稳之储蓄。前数年一日人曾云，中国富翁，在汇丰银行定期存款逾二千万元者五人，逾一千五百万元者二十人，逾一千万元者一百三十人，其余如合百万及数十万各户计之，为数之巨，至可惊人。汇丰如是，其他外籍之银行，亦必有相当之数。此项统计，虽不必一一准确，要亦足窥一斑也。至国外资本，亦有不能利用之原因，盖因国信丧失，外人不愿投资，我国财政部经管之无确实担保外债，据财政整理会之调查，约合国币486000000元。类皆不能如期偿付本息，以致外人啧有烦言。故在今日产业不振之中国，固非利用外资，无以资启发，然欲利用外资，则非恢复信用，将无以资号召也。本诸上述各因，国内外资本，不能充分利用，以故吾国工商业之资本，多极微薄。试以吾国之纱厂工业证之。吾国之纱厂工业，不尽操诸国人之手。就锭数论，国人所有者占全数百分之五十七，日人经营者占百分之三十九；英人所有者占百分之六。就资本论，则日人所有者占百分之七十，国人仅占百分之二十八耳。再就每锭之资本比例而言，中国纱厂每锭之资本，平均有银三十九两，日厂之比例，则三倍于此，每锭计有银一百三十七两。因此吾国纱厂之资本，多用于固定方面，而所谓流动资本者，为数甚微。甚至有固定投资额远超其实收资本额者。处竞争角逐之场，一事业之经营，实以流通资本为必要，吾国纱厂流资缺乏，故一遇紧急之时，即有不能支持之势。日人及英人之厂，拥资甚厚，故棉价落时，则屯购者，辄足资半年之需，是棉价虽涨，曾不足以影响其生产原价也。纱价落时，则留其纱而不售，以待善价而沽，是纱价虽落，曾不足以影响其利益也。资力饶裕，故可常获择奇计赢之利矣。

复次，就社会环境言之，吾国今日因战祸匪患大灾之交加，乡民多已穷困不堪，甚者竟日不搏一饱。而通商大埠，富豪云集，则崇尚奢靡唯恐不空。士女服饰，竞用外货，价值愈贵者愈故用之以相矜炫，而一遇国货，则掉不头顾，曰是故不若外货之精美也，少数倡之，多数尤而效之，辗转相仿，遂成习尚。于是由通商大埠，推及内地都市，浸渐以及于乡里。国货不能畅销，此亦为一要因。且闾巷乡民，生机甚艰，即用国货，消费之购买力亦微；通都大市，多为财力稍厚者之所处，消费之能力较大，而乃相率趋用外货，以为习尚，此国货之销售所以多阻滞也。

以上所述为工商业所处环境方面之障碍，此种障碍，足以桎梏工商业之发达，甚为易见。然此尚仅就环境言之耳，至工商业本身不健全之处，其影响发展亦甚巨，尤非言改良者所宜忽视也。

（二）工商业本身之弊病。管理之良否，工商业之兴衰系之，此经营工商业者所共知也。所谓管理，即指经营一事业其进行时所具有之无形动力。此种指导之动力，首即建立主要之政策，规定进行之计划；次则本此政策与计划，以成立一种组织；再次则由此组织，以进行其所希望之事业。故工商业之经营，端赖此种支配之动力。向使无此动力，以指导进行之方针分配工作之结果，监督工作之进行，则虽资本雄厚，机器精良，久而久之，亦未有不趋于衰落者也。

中国工商业之管理方面，其缺点甚多，兹举其荦荦大者言之：1. 营业政策之无定。经营工商业，如行路然，必先有其方针，然后始可循途前进，以达其所欲至之目的地，非可见异思迁，以求一蹴而几也。吾国工商事业主持之人，虽不乏明达之士，然多数尚鲜专门之学识，蹈常习故，因陋就简，对于世界工商之趋势，茫然杳无所知。即其当业政策，亦多漫无一定，急于近利，所见不远，年有所获，率罄分无余，不肯储之以谋将来之发展。例如某埠纱厂在大战后之数年，所获赢利，提存作为公积金者，为数甚微。其赢利之高者，有年在百分之三九以上，有年在百分之三三以上，而提充公积金者，从未逾百分之四。尤有异者，每当一种工商业兴盛之时，趋之者遂若夜蛾之赴火，一遇外人挟巨资与之竞，于是乃相率停顿。彼此间胜不相谋，败不相救。此种投机式之营业，实足充分表现其营业政策之无定。且预算制度，为管理工商业之要着，吾国工商界除极少数之大公司外，尚鲜采用之者。资本既微，又无周密之预算，暗中摸索，漫无计划。其不能操胜算，又无足怪。2. 组织不良。吾国工商业之组织，多为合伙营业，股份公司，为数极少。欧西各国，工商业之经营，早已趋于大规模之组织，集无数之小数储蓄，以供资本家之支配，此资力之所以甚厚也。而吾国工商界，因缺乏合作能力及不能互相信任之故，尚多墨守旧规。且即合伙营业，亦多组织不完。推其所以致此之因，实由于主持者责任心之不著。盖集股之事，吾国工商业中，昔时已多有之。主持之者率以多数资本，集自他人，即有失败，于已亦无大损，故有利用之以为侥幸之尝试者；有从中舞弊，以图渔利者；亦有以公司之款私自经营，胜则归诸已，败则归诸公司者。此种举动，不第减少投资者之信心，使之相戒不前，亦且对于吾国工商业之前途，予以重大之打击也。3. 用人未能以才。用人当否，为工商管理上之重要问题，盖用人尽其才，而又有考绩升迁之法，人自乐为之尽。使以庸下者掺杂其间，则有才者将望而生沮。结果其勤劳任事之精神，必大为之减抑。吾国工商界之用人，多未能运用欧西工商界最新用人之方法，只图位置私人，而不问其是否称职，徇情添设冗员，而一任其尸位素餐。此其弊，经济效率，两受其损。4. 会计制度之仍旧。新式会计之制，简而甚明，关于营业之状况，一阅即知，不待查察，管理者可随时自审其营业盈亏，即他人与之往来者，亦易洞悉其经济之情况。吾国旧式记账之法，叠叠相因，杂而不明。对于营业之状况，不易清查，外人无论矣，即管理之者，积时稍多，亦不自知其经济状况如何。此种记账方法，持之与新式会计较，优劣悬殊，而吾国今日之工商业，除少数大公司外，所用者仍多为旧法，此其急需改革者也。

管理方面之弊端，上已略及，兹再就技术方面言之，欧西各国工商事业之进展甚速，初非无因而至。考其大规模之企业，率设有技术专员，随时研究，以谋改进制造之方法，故能精益求精，日趋新巧。吾国工商界能顾此者甚鲜，惟此固需款较巨，非资本微薄者所能及也。且工商业之技术人才，又非仅有专门之智识，即能济事，尚须兼稔本国之经济情形，工商实况，始能措施得宜。盖国情不同，工商业之状况常异，技术之适用于甲国者，不必其能一一适用于乙国也。近年来吾国工商界，往往不此之察，致有轻于采用之弊，此由于仅承舶来之学，而忽于实地之事实故也。

总结言之，吾国工商业所有环境之障碍及自身之缺点，均已粗述大凡。观乎此，则目前提倡国货之根本方法，在于排除障碍及改良工商二者，已殆如铁案之不可易。工商业之障碍及缺点，一日不除，则工商业一日无发达之望，亦即国货一日不能期其质良与价廉。举荆棘塞途组织不完之工商业，以与外商大规模之企业相竞争，是驱八旗绿营之兵，以与欧西新式陆军相角逐也。胜负之数，无待再计。且即广宣传以诉诸人民之爱国心，抑何能久？

工商业之障碍及缺点，至繁且杂，不易尽知。国货研究所之使命，即在翔实调查，以研究改良之方法，并就天然物产之所宜，提倡新工业。其调查研究之所得，则在本刊发表，以供工商界之采择与考镜。故一言以蔽之曰，国货研究所之工作及国货月刊之梓行，其目的纯在从根本上提倡国货。

（《国货研究月刊》第 1 卷第 1 期，1932 年）

东三省之内地移民研究

近年来直鲁豫各省人民移赴关外者甚多，极为世界所注意，故有以东三省为现代最要移民地带之一者。此种移民运动，就民食人满内乱及国防各方面而言，关系至为重要。盖我国内地，已呈人满之患，人口既满，民食自乏。民食不足，谋生无术，于是流为匪盗，扰乱乡曲，寄身行伍，滋长内乱，故欲谋根本解决之方，厥惟另觅发泄之尾闾。东北地广人稀，谋生较易，且我不自谋，人将越俎，为国防计，尤非促进殖民，不足以资抵制。著者就实地调查之所得，缀成斯篇，以供国人之考览，且以促关心东北问题者之研讨焉。

一、移民赴东概况

（一）人数统计

我国内地人民之移居东北，在清初已然，第因其移徙之情形，官署及私人机关，均未有系统之记载，故无可稽考也。即最近十余年间，亦无精确统计，可供研究。惟日本南满铁道株式会社庶务部调查课，对于中国移往东北之人数，自 1923 年起，每年均有详细统计。按 1923 年至 1930 年之 8 年间，内地人民之移赴东北者，约 500 余万人。计 1923 年为 342000 人，1924 年为 377000 人，1925 年为 492000 人，1926 年为 573000 人，具有逐年渐增之势。迨至1927年，其势突变，是年移赴东省者，竟超出百万之数。较之1926年，增加75%；较之1923年，增加197%。1928年及1929年移赴东三省者，平均每年亦均约数百万，惟1930年移入之数锐减。据著者之估计，是年国内移民之达大连营口安东及沈阳者，仅653000人，较之1929年，几少40%。其减少之原因有三：1. 移民原籍之治安渐复，故离乡井而就食东北者骤减；2. 1929年冬季，因中俄战争之影响，内地人民，相率戒惧，不欲冒险前往；3. 银价暴跌，影响及于东三省之大豆市场，致成东北经济之萧条。因之遂使内地人民之移赴东北者，较前减少。

第一表 内地人民移入东三省之估计（1923—1930）

年份	人数	比数（1923=100）
1923	42,038	100
1924	376,613	110
1925	491,925	144
1926	71,628	167
1927	1,016,723	197
1928	938,472	274
1929	1,046,291	305
1930	653,000	191

吾人如将东三省内地移民之统计，细加分析，即可见其人数之多寡，有随季节而变异之趋势。第二表、第三表所载，为1923年至1929年内地人民移往东北及由东北返原籍经过大连之统计。观此表可知内地人民之移至东三省者，多在三四月之间，估全年移入数1/3强。而移民之返原籍者，则多在11月、12月及1月至3月中。此中原因，一部分系因移民在东三省工作之性质关系，而其主因，则系其时为旧历年关也。

第二表　每月在大连登陆之移民人数（1923—1929）

月份	1923	1924	1925	1926	1927	1928	1929
1月	6,840	7,823	5,050	14,609	15,339	13,612	20,242
2月	5,845	12,024	26,169	10,368	38,515	93,120	20,878
3月	45,475	42,117	40,990	60,705	154,803	129,760	139,501
4月	26,380	18,674	22,398	42,195	69,731	49,358	62,946
5月	13,494	13,821	18,499	23,870	40,371	25,867	45,309
6月	9,618	8,891	9,490	14,168	16,873	22,055	32,376
7月	11,077	7,162	10,768	14,549	20,747	21,573	35,750
8月	9,770	10,504	10,679	14,183	32,107	26,984	30,930
9月	9,894	8,825	11,867	11,571	36,006	29,526	29,433
10月	12,751	14,313	13,170	20,243	69,130	31,661	34,616
11月	10,631	12,316	16,253	19,685	60,141	33,259	38,487
12月	10,259	10,936	12,149	16,927	37,689	27,774	22,470
合计	172,034	167,406	197,482	263,073	601,452	504,549	512,947

第三表　每月由大连返籍之移民人数（1923—1929）

月份	1923	1924	1925	1926	1927	1928	1929
1月	18,573	14,700	10,454	28,658	15,414	13,180	24,325
2月	8,446	5,998	6,986	13,266	7,181	869	8,545
3月	8,868	10,504	17,452	14,170	11,400	13,020	19,104
4月	10,405	7,167	7,088	10,407	12,126	8,846	15,157
5月	8,869	6,280	6,979	7,614	10,038	10,476	16,933
6月	7,752	5,244	4,681	5,767	8,971	10,737	17,885
7月	7,760	5,267	5,514	5,911	6,979	12,304	14,170
8月	8,743	5,966	5,260	5,061	7,685	11,839	14,061
9月	8,046	6,534	4,236	4,806	9,720	9,541	15,143
10月	10,079	15,060	6,637	6,018	13,228	15,127	19,819
11月	12,006	14,057	11,166	14,961	16,809	22,722	27,916
12月	12,729	16,724	20,506	12,887	22,308	30,863	26,335
合计	122,276	113,501	105,959	129,526	141,859	159,524	219,393

（二）运送情形

吾国内地人民之移至东三省者，其取道有陆路水路之别。

居于山东省之东北部如胶济路区域者，多数系搭火车至青岛，间亦有步行跋涉或乘帆船沿小运河驶赴龙口或烟台者。居于省之南部者，普通均系步行至海州或石臼所，复由是处乘船至青岛或直接迳赴大连。居于省之西北部者，则多搭津浦路至天津，复由津搭北宁路以达沈阳，或由津乘轮至大连。居于河北省者，多由北宁路出关，但间亦有自天津直接搭轮前往者。至于籍属河南者，多先聚集于郑州，复搭平汉车至丰台，再转北宁路出关，经打洮及洮昂二路，分散各地。总括言之，青岛烟台龙口及天津为其主要起程处；营口大连及安东，则为其主要入口处也。第四及第五表，载有 1923 年至 1929 年移民人数按其起程处及入口处而分配之统计，其足使吾人注意者，即自青岛烟台龙口天津及其他各埠起程移入东省之人数，竟占全数 73%；由其北宁路前往，经打洮及洮昂二路分散各地者，或直达沈阳再转他处者，或即止于沈阳者，仅及全数 23%而已。移民之起自青岛烟台龙口及天津等地前往者，则必以安东营口及大连为入口处，而大连一处，尤占最重要之地位。据第五表所载，八年中由大连登陆之移民，约占全数 52%。1927 年，移民人数超出百万时，其中由大连登陆者，几及 60%。

第四表　移民人数按起程要埠之分配（1923—1929）

起程处	人数	百分比
青岛	1,233,074	25.8
烟台	764,996	16.0
龙口	662,955	13.9
天津	720,496	15.1
北宁路	1,247,497	26.1
其他	155,717	3.3
总计	4,784,735	100.0

第五表　移民人数按入口要埠之分配（1923—1929）

入口	人数	百分比
大连	2,480,441	51.8
营口	777,788	16.3
安东	279,008	5.8
奉天	1,247,497	26.1
总计	4,784,734	100.0

关于移民之输送，各路局方面，多有减低旅费或完全免费之规定。例如 1928 年，北宁四洮洮昂及齐克四路，订立联运合同，减费运送，内地人民出关，男子票价照普通三等票价之三成核收，女子票价照普通三等票价之一成五核收。至十二岁未满之小孩，及六十岁以上之老人，均给免费优待票。他如津浦胶济南满及中东诸路，对于内地移民，亦多特许减价，较普通三等票价，减低自 30%至 50%不等。简言之，各路已减之价目，由北宁路自天津至沈阳洋 4 元；由胶济路自济南至青岛洋 2.2 元；由津浦路自济南至天津洋 3.9 元；由南满路自大连至长春日金 7.1 元；由南满自营口至长春日金 4.9 元；由中东路自长春至哈尔滨洋 1.92 元。除此减费规定之下，路局为移民所备之车辆，多系货车，内无座位之设置。且北宁津浦胶济诸路，每因军事关系，车辆缺乏，往往拥挤异常，甚至有攀登车顶希图搭载者。因此沿途疫病传染，非常迅速，尤以妇女及幼童得病者为多。其他在途中遇骗窃劫掠及孩提走失之事，亦数数见。①

① 1928 年 2 月山东慈悲社检选难民送往东北。经过津浦北宁打通郑辽四洮洮昂中东呼海等铁路。过沈阳时，遇着时疫。公立医院不肯收容。前后病二十余日。每日都有死亡，甚至一日有死四十余人之多。难民之携眷赴东三省者，其所带旅费，有于途中被市侩骗去迫而出卖儿女。1928 年青岛卖儿女者甚多，卖后又常有因悲哀懊悔愤懑而自杀者。1928 年有赴东北之难民徐文年夫妇，在北宁路丰台站候车，失去女孩。据查系被该地王荣骗卖于哈尔滨刘丁氏之手。

至于轮船公司输送移民时之船价低减，则系各公司间自由竞争之所致，而以大连汽船、政记、田中商事及阿波共同四大公司之竞争为最甚。普通移民一人自青岛至大连，须船价洋 2 元，自天津至大连 3.5 元，自龙口至大连 1.6 元，自烟台至营口 2.6 元，自龙口至营口 2.7 元。[①]然事实上因各公司竞争之结果，致使自青岛至大连之船票价格，有时低至国币五角者。因此青岛之客栈，多利用各轮船公司之竞争，经售船票以图厚利。此等客栈，每于海州石臼所及其他胶济路沿线各大站，均遣有侍者，向移民招揽生意。移民如决定寓青岛某客栈之后，即将自其原处赴青岛及自青岛赴大连之所需旅费，悉数交该客栈之侍者。该侍者即给以该栈之徽帜移民佩之随侍者前往落栈。客栈方面，即为移民购买船票，其价格恒为最低者，盖便从中渔利也。而移民既经购定船票之后，不论船之好坏，只得受之，无从选择或拒绝。同时轮船公司方面，售票漫无限制，率致船上搭客拥挤异常，因此不幸事件之发生，尤为习见。例如 1927 年 9 月乘日本天德丸之移民，坠海而溺死者，至 300 人之多。虽大连当局，严厉禁止轮船载量之过重，但各公司因多载搭客所获之利，远逾其因过重而付之罚金，故大利所在，趋之若鹜，仍不因有禁章而稍戢也。

（三）移民类别

移民之类别有二：一为谋季节之工作，一为谋永久之移殖。前者大率春去冬回，不挈室眷；后者则多徙家而行，不复返居原籍。吾国内地人民移赴东北者，多系一种临时劳工之移动。1927 年以前，移民至东北后安家永居者，仅占全数 20%；而其从事临时性质之苦工者，则占 80%。东省今日正值经济发达之

① 1927 年胶济路与大连汽船公司订立联运合同，规定自青岛至大连之移民船价为一元八角。

时，不第各种工业需要工人，即农业亦然。盖东省为大地主制度，须雇工人耕植，而此等劳工之供给，则多为自人口稠密之山东河北二省。第六表所示，即为 1929 年在关东及南满铁道区域内中国劳工之原籍。其中“苦力”97%，制造工人 52%，矿工 78%，原籍均为山东与河北两省。此等工人之移赴东北，多未携带眷属，其留居东三省之久暂，各人不同，悉视个人之职业汇款回家之便利及原籍之安全程度而异。如第七表所示，留居东三省至三年者，占全数 40%；次即为居留两年者，占全数 20%；再次则为居留四年者，占全数 15%。至所谓“春来冬去”之工人及居留在七年以上者，则为数甚少也。

第六表　1929 年在关东及南满铁路区内中国劳工之原籍

原籍省份	造制工业		矿业		“苦力”	
	人数	百分比	人数	百分比	人数	百分比
东三省	19,976	47.4	10,845	20.4	128	1.6
山东	17,441	41.4	28,769	54.2	7,311	90.4
河北	4,512	10.7	12,783	24.1	525	6.5
其他	247	0.5	690	1.3	123	1.5
总计	42,176	100.0	53,087	100.0	8,087	100.0

第七表　1927 年以前内地移民留居东三省久暂之估计

居留时间	百分比
一年者	10%
二年者	20%
三年者	40%
四年者	15%
五年者	10%
七年者	3%
十年者	1%
十年以上	1%
总计	100%

1927年以来，内地人民之移赴东省者，其类别似较前稍异，有由暂时劳工移动变而为永久移殖之趋势。兹将每年自内地移入东三省之人数，减去其每年自东三省返籍者，其所得之余额，虽不能确定为移民在东省永居者之实数，要可藉为指示移民类别变异之趋势无疑也。1926年，内地人民移至东三省者，计572648人，其返原籍者，有323566人，余额为249082人，约当是年移入全数43%。1927年，移入东三省之人数，超出百万，其留居该处者，计678641人，约当是年移入全数67%。1928年之余额，为544225人，约当是年移入全数58%。1929年者为424394人，约当是年移入全数41%。如以1923之余额为基数，等于100，则1924年增加74%，1925年增加149%，1926年增加145%，1927年增加569%，1928年增加436%，1929年增加320%。

第八表　东三省内地人民之移入数返籍数及其余额（1923—1929）

年份	移入人数	返籍人数	余额	余额对移入人数之百分比	指数（1923=100）
1923	342,038	240,565	101,473	30%	100
1924	376,613	200,046	176,567	47%	174
1925	491,948	239,433	252,512	51%	249
1926	572,648	323,566	249,082	43%	245
1927	1,016,723	338,082	678,641	67%	669
1928	938,472	394,247	544,225	58%	536
1929	1,046,291	621,897	424,394	41%	420

1927年以来，东三省内地移民中之妇女及幼童，较前均形增加，亦足视为安家永居之佐证。第九表中，即为自1925年以后，在大连登陆之幼童及妇女移民人数。1925年，在大连登陆之移民总数为174733人，其中妇女与幼童为22659人；1926

年，在大连登陆移民中之妇女与幼童，增至 30448 人；1927 年，增至 118421 人。以 1927 年之数，较之 1926 年，增加 290%，较之 1925 年，增加逾 400%。嗣后两年内妇女与幼童之在大连登陆者，虽较 1927 年略减，但 1928 年，仍达 87593 人，1929 年，达 79170 人。

第九表　到大连之内地移民人数之性别分配（1925—1929）

年份	成年之男人		妇女与儿童	
	人数	百分比	人数	百分比
1925	174,733	88.5	22,659	11.5
1926	242,624	88.8	30,448	11.2
1927	481,031	80.2	118,421	19.8
1928	418,960	82.7	87,593	17.3
1929	433,777	84.6	79,170	15.4

复次，移民职业之变异，亦足揭示移民在东三省安家永居者之增加趋势。按以前内地人民之移入东三省者，多充矿工铁路工人伐林工人及码头脚夫之类。1927 年后则渐变，是年移民中之原系务农者，其移往东三省，率意在开垦，故多携眷属，且随带所有之零星杂物，如农具之类，以为久居之计。据沈阳地方救济机关报告，1927 年四五两月内所资助之移民，计 25835 人，中有 20191 人系农民，占全数 78%。复据长春地方救济机关报告，在同期间受其资助之移民，计 12253 人，中有 9384 人系农民，占全数 74%。南满铁道株式会社庶务部调查课，根据在辽吉黑三省调查之报告，估计在 1927 年 1 月至 7 月期间，中国内地人民移至东三省者，总计 630000 人，其中务农者占 71%。1928 年以来，在大连登陆之旅客，其职业状况，均有统计可考，著者根据是项统计，估计每年在大连登陆之移民。其职业之分配，计 1928 年业农者占 24%，1929 年占 21%，仅次于“其他”一项。

而该项所包括者，则多数为“苦力”及农田雇工之类。复据日人栗本丰调查，1930 年 3 月 20 日至 4 月 10 日间，在大连登之中国移民 8493 人中，其职业之分配状况大致与著者所估相同。农民之数，亦仅次于“其他”一项。凡此移入人数与移出人数间之余额，移民中妇女与幼童之增加，以及移民职业之变异等，均足表示 1927 年以来，吾国内地人民移往东三省者，多有永久屯居之趋势。

第十表　到大连之内地移民总数之职业分配

职业	1928		1929	
	人数	百分比	人数	百分比
农业	121,573	24.0	105,667	21.0
矿业	18,236	3.6	4,103	0.8
制造工业	7,598	1.5	11,285	2.2
商业	13,677	2.7	13,849	2.7
交通业	4,559	0.9	3,590	0.7
家庭工人	5,572	1.1	3,592	0.7
其他职业	330,779	65.3	367,270	71.6
职业不明者及无职业者	4,559	0.9	3,691	0.7
统计	506,553	100.0	513,047	100.0

第十一表　1930 年 3 月 10 日至 4 月 10 日在大连登陆之 8493 名内地移民之职业分配

职业	人数	百分比
农业	2,895	34.1
制造工业	1,051	12.4
运输业	142	1.7
矿业	26	0.3
商业	671	7.9
其他	3,708	43.6
总计	8,493	100.0

（四）移赴原因

内地人民之移赴东三省者，皆由于移民原籍之驱使及东三省之吸引力使然。据1927年至1929年三年中内地人民移赴东三省之原籍调查，山东人平均约占移民全数80%，河南河北二省次之。[①]处目前山东经济工业发展状况之下，自不能免于人满之患，盖该省人口密度，每方英里470人，仅次于江苏一省（每方英里有800人），而论其工业化之程度，在中国工业化最发达之江苏辽宁河北广东山东及湖北六省中，占第五位。该省之丝业，仅占全国丝业4.6%，豆业占0.3%，发电力占3.9%，总贸易占5.7%（国外贸易占4.1%，通过贸易占1.6%），全省铁路占全国6.7%，汽车路占11.2%，电报线占全国9.5%。

山东省之工业，就上述言，仍属幼稚，不足以变更其一般之经济情势。全省人民，几均赖农业为生，然每人平均所有之已耕地，面积极小。平均每方英里之已耕地居民，超过900余人，以与丹麦每方英里已耕地之77人及美国每方英里已耕地之48人比较，诚不可同日而语。山东人烟稠密，地价昂贵，如在南部之冀州，每一英亩地约值洋490元。东北之莱州，每一英亩地约值洋546元。农田雇工，每年工资，平均仅25元至37元。以日工论，则收获时每日可得工资4角，平时则仅得其半数而已。处此情形之下，一般人民之生活，困苦异常，而以无地之人民为尤甚。山东为小地主之农村经济，而其社会组织，则与中国他省情形相同，为大家庭制度。因此薄有地者其生活情形，亦不能免于拮据。家庭婚丧等事，率赖借债支应。而乡区间之唯一放款机关，即所谓“钱桌子”者，利率至高，月息

① 1927年，内地人民移赴东三省者，其中87%来自山东，12%来自河北，1%来自河南。1928年东北内地移民原籍之分配与1927年无异，计山东人占86%，河北占13%，其他占10%。1929年内地人民之移赴东北者，其原籍之分配，稍有变异，计山东人占71%，河北占16%，河南占11%，其他占1%。

自一分至四分不等。总括言之，山东人口密度之过高、土地利用之欠当、工业发展之幼稚等，皆足使一般人民之生活感受艰窘，而迫其离乡他徙也。

不仅此也，近年以来，国内战争频仍，饥荒洊臻，山东一省，尤当其冲。一般人民，虽不愿离乡井者，为天灾人祸所煎迫，亦不得不出关就食矣。1927 年以来，移民增多之主要原因，即由于此。兹再就山东近年水旱之灾，举例言之。华北各省，于 1919 年、1920 年至 1921 年、1926 年、1927 年及 1928 年发生数次饥馑，以山东省受害为最甚。1927 年之饥荒，延及该省 56 县之多，受灾人民，达 20861000 人，均占山东全省人口 60%。1928 年之饥荒，其在西部者，多集中于夏津东昌府及冠县等处，在南部者，多集中于曲阜。虽蔓延之范围，不若 1927 年之广，而其严重程度，则较前更甚。盖是年灾区之收成，不及平常 10%，其人民 60%至 70%，均陷于破产的境地。加以兵匪骚扰，军费增加，人民之负担愈重，乡闾之生活益苦。1925 年以前，山东省之预算，平均约为 12000000 元，内以 50%充军费。自 1925 年至 1928 年，张宗昌治鲁，预算平均约计 56400000 元，内军费 50000000 元，占全数 89%；行政费 5000000 元，占全数 9%；教育与实业发展费 1400000 元，仅占 2%。此项大宗支出，率皆取之租税，而其最重要者，即为田赋。且往往非法苛求，或加以各种名义之附税，或预征至十年之多，亦有每县征至三次或四次之多者。兹将后者举例如下。

县名	征税年度	次数	每亩全年征银元数
昌邑	1927	4	8.75
平度	1926	3	3.90
安邱	1926	4	3.75
莒县	1927	2	3.50
高密	1927	4	3.00

且金融紊乱，物价高涨，1928 年春，铜元票兑换银元之兑换率，较之 1913 年，增加 3 倍。同时高粱玉蜀黍麦与豆之平均价格，较之 1927 年，增高 223%。山东一省，既罹天灾饥馑之祸，复加兵匪骚扰，官吏暴敛，致使多数农村，陷于生机艰绝之境。兹据 1928 年华洋义赈会调查员报告在山东西部乡村所目睹之民生惨状，节录一段，以示一斑。

“有时壮丁外徙，如无旅费，辄鬻妻卖儿以筹之，老者则流落在后，任其所适。有时壮丁离乡，置家中妇女老幼于不顾，一任挣扎。甚至有全家迁徙者。其遗留在乡之人民，80%至 90%，端赖草根树皮以为食料……因饥致死者固多，而生者亦多奄奄待毙。殡丧之事，几无日无之。田地器具，欲求贱价脱售，亦无应者。其能售脱者，惟妇女与幼童耳。男孩每名售价 10 元，女孩值自 10 元至 30 元不等，妇女则每名可售至 100 元以上。”

河南与河北之情形，亦与山东相似，惟程度较轻而已。河南之移民运动，就性质言，稍异于山东河北。盖冀鲁二省，人民之移殖关外，或因地理接近，对于东三省情形，较为熟悉；或因其戚友有赴东三省工作者，因之得探悉东北情形，故遂相率移往。河南之移民，则完全由赈灾会负责移送，凡系被灾良民，确有耕作能力，携带眷属愿前往东北垦荒就食者，经该管区长或村长之保证，赈灾会即设法送移，沿途供给衣食，并予以相当之保护焉。

综前所述，可知内地人民之离乡他徙者，系受当地生活艰窘压迫之所致。而其所以移赴东三省者，则又因该处之吸引力使然。1929 年，东三省全部人口之平均密度，为每方英里 73 人，其中辽宁省每方英里 210 人，吉林省每方英里 88 人，黑龙江省每方英里23人，故山东之人口密度，几七倍于东三省全部，二倍于辽宁，五倍于吉林，二十倍于黑龙江。辽宁可耕地之未耕者，占可耕地30%；吉林可耕地之未耕者，占可耕地55%；黑龙江可耕地之未耕者，占可耕地70%。辽宁可耕地之尚未垦殖，面积较少，然在东三省中，其工业化之程度，则居第一位。即以全国工业化最高之各区域相较，其地位亦仅次于江苏。按辽宁人口，仅占中国全国人口3.2%，而其煤产占全国煤产33%，铁产占全国铁产32.7%，棉纺织业占全国棉纺职业3.2%，丝纺织业占全国丝纺织业6.9%，豆业占全国豆业85.5%，发电量占全国发电量21.5%，总贸易占全国总贸易17.8%，对外贸易占全国对外贸易21.5%，铁路占全国铁路21.7%。

东三省系一新关之地带，人口稀少，其于农矿工各业之发展所需劳工，不能求之本地，故移民在该处工作之机会较多，工资因是亦较内地为高。如在吉林之山东移民，充任农场帮手者，每年进款，约在哈洋130元左右，几三倍或四倍于其原籍所能获之数。复以铁道河流，遍达各处，交通运输，均极便利，于移民所种谷类之市场发展，裨益甚巨。目前东三省铁路，共3870英里，几占中国铁路总数之半，自辽东向西北展至呼海路终点之海伦两旁，广宽在100至150英里之区域，为东三省农业发达最完全之地段，而亦为东三省铁路干线所经过之区域也。至于河流，则以松花江为最重要，自哈尔滨以下及中东铁路以北之地带，全赖是河运输为要道。

上述均为经济的原因，兹复就政治方面言之。东三省政治在1931年9月18日以前，尚稍稳定，其有利于移民之垦殖匪浅。第所谓稳定，系对国内情形之比较而言，若云东三省已有完全之治安，则非实际之情况。且事实上东三省金融紊乱，捐税苛繁，杳无安全之保障，其害足与其经济上之吸引力相抵。

故冀鲁豫人民之赴关外者，其动机由于东省情形之利诱而去者少，由于原籍环境之压迫而去者多。

二、移民赴东三省之区域分布

中国移民之赴北满者据著者之估计，1927 年约 570000 人，占是年移民全数 57%；1928 年约 560000 人，占全数 60%；1929 年约 370000 人，占全数 36%。其留居南满者，据著者之估计，1927 年约 473000 人，占全数 43%；1928 年约 370000 人，占全数 40%；1929 年约 670000 人，占全数 64%。所谓北满，即中东路之运输范围，以哈尔滨为其中心；所谓南满，即南满路运输之范围，以沈阳为其中心。复据自大连及营口搭乘货车或铁篷车至南满路各站之移民人数统计，亦与前项估计相符。如第十二表所示，搭乘是项火车之移民，其赴长春者，1927 年占全数 51%；1928 年占全数 49%；1929 年占全数 46%。由此可知当 1927 年及 1928 年间，新到之移民，多系直接赴北满者。就平时之情形言，新到移民，甚少直达北部边境，大半均就南部所到之地居之。此固可促进南满经济之发展，但其所从事之工作，均少具有开关之性质。开关性质之工作，如垦殖等事，多由旧有移民任之。据著者所调查，东三省北部之移住地居民，其中多数原系居于辽宁省者，嗣因新到之移民愈多，因经济上之竞争，乃迁移至吉林北部及黑龙江。1927 年及 1928 年间，东三省之新到移民，均多直赴北部，此固由交通之便利与其他资助之引诱，要亦因南部容量有限，不复多能收纳也。

虽然，移民之在南满或赴北满者，非全数定居其地，如前第七表所示。自 1923 年至 1927 年间从东三省返原籍之移民，平均约当移民全数 40%。为便于研究计，爰将东三省全部划分为十三区：沈阳以南区，沈阳以北区，北宁铁路区，松花江上流区，四洮区，中东铁路南区，中东铁路东区，中东铁路西区，呼海铁路区，松花江下流区，乌苏里江区，黑龙江区，呼伦贝尔区。著者曾赴各区调查，兹拟考查所得，将各区之移民约数及各区移殖之储量，分述于下。

第十二表 内地移民自营口及大连两处乘南满铁道货车至各主要车站之人数分配表（1927—1929）

各区	1927		1928		1929	
	人数	百分比	人数	百分比	人数	百分比
鞍山	9,408	1.8	10,866	1.6	10,898	1.9
奉天	78,947	14.7	73,962	11.1	80,129	13.7
铁岭	10,425	1.9	31,618	4.7	29,935	5.1
开原	30,609	6.8	45,046	6.7	41,093	7.1
四平冲	20,734	3.9	33,217	5.0	40,207	6.0
公主岭	9,368	1.7	13,863	2.1	14,483	2.5
长春	269,973	50.4	327,485	49.0	268,090	45.9
抚顺	64,710	12.1	87,407	13.1	70,917	12.2
本溪湖	—	—	13,664	2.0	14,441	2.5
其他车站	35,825	6.7	31,571	4.7	12,677	2.2
总计	529,999	100.0	668,699	100.0	582,820	100.0

（一）沈阳以南区

此区占有辽宁省南部之全部，包括南满安奉二路所经之地带，及中韩交界之鸭绿江右岸各地。全面积约 27200 方英里，其中 31%为可耕地。每方英里人口有 259 人，已耕地约占可耕地 77%。故在上举十三区中，沈阳以南区之人口密度占第三位，其农业之发展则居第四位。是区谷产之最重要者为高粱大豆及玉米三类。1929 年种植高粱之地，占已耕地 31%，豆地占已耕地 21%，玉米地占已耕地 15%。是年该区谷产总额为 3746000

公吨，内高粱占 36%，大豆占 17%，玉米占 18%。烟叶棉花及野蚕茧亦系该区大宗产品，而野蚕丝业尤为重要，每年出产约值日金 11000000 元，以开平与安东为其主要之分销市场。

沈阳以南区各地之农业发展程度，以鸭绿江流域较逊。是河流域各处，可耕地之尚未垦殖者，计长白县有 54%，临江县有 53%，辑安县有 44%，宽甸县有 37%，此等农业尚未发达之区，其木材之储量甚丰，故每年自山东雇来之伐林工人，为数极多。目前鸭绿江流域，约有森林 1824000 英亩，其木材储量约有 2954000000 立方英寸。中日合营之鸭绿林业公司（创于 1908 年，资本国币共 3000000 元），有采伐鸭绿上游右岸森林之优先权，其他各采伐森林之公司，约计有 60 家之多，惟其规模极小，且多数公司，将其采得之木材售诸鸭绿公司，一若为其分公司然。1919 年以来，鸭绿流域木材之产额，平均每年约 24000000 立方英寸。

至论工商业之发展程度，则在东三省全部内，当推沈阳以南区为最发达，如鞍山及本溪湖之铁业，抚顺及烟台之煤矿，即在中国全部亦为有数之最大企业。大连不徒为东三省制造业之中心，且亦为世界著名榨油工业之重要地。是地共有油坊 59 所，每一日夜，能产豆饼 218000 枚，豆油 1090000 斤，约当东三省油业总产额 40%。其他较发达之工业，沿安奉及南满二路者，有棉麻丝等业；在大连及其邻近者，有瓷器业。大连、营口、安东及沈阳，不特以制造业著，亦且为商业中心。大连一埠，在中国主要商埠之中，仅次于上海。就东三省之贸易而论，自 1910 年以来，大连向占优越地位。1929 年内，大连总贸易值关银 389086000 两，占东三省全部总贸易值 70%，当中国全部总贸易值 17%。

第十三表　定居东三省内地移民人数之经济区域分配表（1927—1929）

各区	1927	1928	1929	合计
1.沈阳以南区	—	—	—	20,000
2.沈阳以北区	—	—	—	25,000
3.北宁铁路区	—	—	—	2,000
4.四洮区	20,000	15,000	30,000	65,000
5.松花江上流区	100,000	80,000	100,000	280,000
南部各区总计	—	—	—	392,000
6.中东铁路南区	25,000	15,000	10,000	50,000
7.中东铁路东区	150,000	80,000	50,000	280,000
8.中东铁路西区	100,000	70,000	80,000	250,000
9.松花江下流区	120,000	120,000	80,000	320,000
10.呼海铁路区	10,000	30,000	40,000	80,000
11.乌苏里江区	20,000	120,000		140,000
12.黑龙江区	2,000	—	—	2,000
北部各区总计	—	—	—	1,122,000
总计	547,000	530,000	390,000	1,514,000

据南满铁道株式会社庶务部调查课之估计，东三省内地移民之赴鸭绿江右岸各地者，1927 年有 25000 人，1928 年有 15000 人，1929 年有 25000 人。经著者调查之估计，其大多数移民之赴鸭绿江右岸者，均系临时劳工，从事鸭绿江及浑河之森林业，及安东与其附近之野蚕丝与油坊等工业，至于从事农垦者，在 1927 年至 1929 年之三年中，不过 20000 人而已。

自垦殖而论，以沈阳以南区与东省地区相较，其地位殊不重要。惟因目前是区工商业之发达，需要工人极多，以致每年关内各地前往觅工者甚众。此外尚有多数新封之移民，或以缺少路费，致不能直赴东三省内部；或以缺乏引导，不知所往之故，遂多暂居南部各地。据著者之估计，1927 年，留居大连者约 100000 人，留居营口者 27000 人，留居沈阳者 143000 人，留居抚顺者 25000 人；1928 年，留居大连者约 110000 人，留居营口者 40000 人，留居沈阳者 100000 人，留居抚顺者 12000 人；1929 年，留居大连者约 150000 人，留居营口者 30000 人，留居沈阳者 90000 人，留居抚顺者 10000 人。

（二）沈阳以北区

是区包括南满铁路经过之开原与长公及沈海铁路所经过之沈海区三区。全区人口约 6600000 人，面积约 24500 英方里，其中 46%为可耕地。每英方里人口为 271 人，其已耕地占可耕地 77%，故是区之人口密度，居东省十三区中之第二位。其农业之发展，居第三位。主要谷产，有大豆高粱粟子及玉蜀黍等。1929 年，该区已耕地之总面积为 5558000 英亩，其中种大豆者占 32%，种高粱者占 27%，种粟子者占 16%，种玉蜀黍者占 8%。同年该区谷产总额达 4253000 公吨，内高粱占 30%，大豆占 23%，粟子占 17%，玉蜀黍占 11%。

沈阳以北区所包括之开原长公沈海三地，论面积以沈海为最大，计 9000 方英里，其中 26%为可耕地；次开原，计 8300 方英里，其中 52%为可耕地；长公段为最小，计 7200 方英里，其中 62%为可耕地。论人口密度及农业之发达，则适得其反，长公段平均每英方里有 359 人，其已耕地占可耕地 86%，开原段平均每方英里有 333 人，其已耕地占耕地 81%；沈海段每方英里有 133 人，其已耕地占可耕地 54%。

至于农业，除沈海段内少数地域外，沈阳以北区几已完全发展，故其吸收内地移民之容量甚小。据著者之估计，1927 年及 1928 年内，移民之搭乘沈海及开原西丰铁路而分散于沈海段内者，平均每年计 55000 人，1929 年增至 65000 人。此等移民，多数复迁移至松花江上流区，在此上述三年之间，移民之安居沈海段内者，总计不过 25000 人耳。

第十四表　东三省各经济区域之人口及土地利用（1929）

区域	总面积（英里）	可耕地对总面积之百分比	人口总数（单位千人）	每方英里之人口密度	可耕地（单位千英亩）					
					已耕地		未耕地		总数	
					面积	百分比	面积	百分比	面积	百分比
1 沈阳以南区	27,200	31%	7,057	259	4,198	76.8%	1,265	23.2%	5,463	100%
2 沈阳以北区	24,500	46%	6,634	271	5,558	77.1%	1,652	22.9%	7,210	100%
3 北宁铁路区	6,800	45%	2,335	343	1,820	92.4%	150	7.6%	1,970	100%
4 松花江上流区	33,500	19%	1,831	55	2,239	55.1%	1,828	44.9%	4,067	100%
5 四洮区	17,500	38%	1,298	74	2,067	48.5%	2,193	51.5%	4,260	100%
6 中东路南区	10,500	58%	2,111	201	3,326	85.6%	555	14.4%	3,881	100%
7 中东路东区	23,100	37%	1,149	50	1,913	35.2%	3,529	64.8%	5,442	100%
8 中东路西区	87,300	29%	2,792	32	5,590	34.6%	10,559	65.4%	16,149	100%
9 松花江下流区	34,800	43%	1,899	55	2,955	30.5%	6,747	69.5%	9,702	100%
10 呼海区**	13,700	46%	1,389	101	2,430	60.5%	1,588	39.5%	4,018	100%
呼海区*	13,900	46%	1,764	127	2,524	61.4%	1,588	38.6%	4,112	100%
11 乌苏里江区	14,000	57%	275	20	204	4.0%	4,865	96.0%	5,069	100%
12 黑龙江区	48,700	12%	57	1t	27	0.7%	3,852	99.3%	3,879	100%
13 呼伦贝尔区	58,000	9%	84	1t	52	1.5%	3,340	98.5%	3,392	100%
总计	399,800	29%	29,286	74	32,473	43.5%	43,711	56.5%	74,596	100%

注：**为哈尔滨区除外，*为哈尔滨区在内。

（三）北宁铁路区

是区包括北宁铁路在辽宁省境内所经过（自山海关至沈阳）之区域。总计面积为 6800 方英里，其中 45%为可耕地。在东省十三区中，以人口密度及农业发展论，是区均居首位。平均每方英里人口为 343 人，其已耕地占可耕地 92%。谷产以高粱为最重要，1929 年内，此区高粱地占已耕地面积（1820000 英亩）56%，产额占谷产总额（1111000 公吨）64%。以垦殖论，则此区人烟稠密，农业发达，殊无重要之可言。故北宁路虽于 1927、1928 及 1929 之三年内，输送移民至沈阳者，总计在 600000 人以上，然其中留居此路沿线者，为数殊少，统计尚不及 2000 人。此 2000 人中，又多移居于新民及彰武两处。

（四）四洮区

是区包括辽宁省内四洮铁路沿线之地域。总计面积 17500 方英里，其中 38%为可耕地。其人口密度，每方英里为 74 人，已耕地占可耕地面积 48%，二者均居东省十三区中之第六位。沿四洮线自洮安至郑家屯地带，不第已耕地之地利未尽，且多尚未垦殖者。此区面积，较北宁区大 2/3，而 1929 年之谷产总额，为 1305000 公吨，较之北宁区产额，仅多 17%耳。谷产中最主要者为高粱，其种植面积占已耕地 32%。1929 年之产额，418210 公吨，约当是年谷产总额 32%。畜牧现为当地重要之工业，即在将来，或仍可不变也。

就垦殖言，四洮区内虽尚有 52%可耕地未经开发，但其所处地位，殊不重要。1927 年移民至此者，约 20000 人，1928 年约 15000 人，1929 年约 30000 人，以之与同期间移至东省以北各部之逾数十万者相较，则四洮区移民之数殊微，且足证其不能成为吸收内地移民之主要地域也。其所以致此之原因有二：第一，四洮区内，土质恶劣，是区内有几部分尽为沙土，其他大部分土地，亦均含碱质，尤以洮南南部铁路线附近土地，碱性最富。洮南附近河流地带，土质虽稍佳，然其他亦系沙质。第二，四洮区之现有居民，其大部系来自辽宁省，且多数均自沈阳以南各县移此，故与内地人民甚少联络。因此山东河北之移民，多往北部，而至此者较少，盖彼处有其亲友或同乡，足为向导，且可不时予以扶助也。

（五）松花江上流区

南满最重要之垦殖区，即为松花江上流区域，其大部土地，适在长春以东之吉林省境内，为东省南部之重要农业地带。全区面积约 33500 方英里，其中 19%为可耕地。人口密度，每方英里约 55 人，在东三省十三区中占第七位；已耕地占可耕地面积 55%，居东三省十三区之第六位。区内谷产，凡东三省所能产者，如高粱大豆粟子小麦等均备。1929 年内，是区已耕地总面积中，种大豆者占 36%，粟子地 17%，高粱地 11%，玉蜀黍地 8%，小麦地 8%。同年谷产总额计 1427980 公吨，内大豆占 32%，粟子占 25%，高粱占 16%，玉蜀黍占 9%，小麦占 4%。此区复富于木材储量，森林地总面积计 3853200 英亩，木材储量约 7426000000 立方英寸。区内森林地，以辽宁省之安图及抚顺，与吉林省之濛江桦甸盘石额穆吉林等县为最著。此外在图们江流域之森林地，亦复不少，总计面积约 1976000 英亩，木材储额约 3200000000 立方英寸。

松花江上流区域，对于移殖上之地位，甚为重要。在 1927、1928 及 1929 三年内，每年平均来此之移民，约有 100000 人。其中大半系搭沈海路及开西路至海龙与西丰两地，复由两地徒步分往各处，其余多由吉长与吉敦二路运送各地。移民之分，大部在长春至吉林之东，散居敦化舒兰额穆桦甸等县；西部之辉南濛江抚松安图等县所吸收者亦不少，其余有远至间岛之和龙珲春汪清及延吉等县者，此四县多为朝鲜之移民占居，彼等大部从事种稻。1929 年内，稻田面积约占松花江上流区已耕地总面积 3%。山东移民来此者，因朝鲜移民之竞争，恒迁至中东路东线之附近地带而居焉。

吉敦路延长至延吉与会宁之计划，如能完竣，则松花江上流区域，对于移垦事业之关系，必较现在更为重要。目前是区至外间市场之唯一交通，端赖吉敦吉长两路，但因其不能直达内部，故东部各地之产品，仍须纡轸至敦化，方能运出，殊为不便。使此路延长至延吉与会宁，则中韩交界处与长春及哈尔滨间之交通，益趋便利，其对于边境农地之垦殖，及森林之开发，亦必因之愈进。据日人之估计，吉会路沿线直接或间接所影响之林地，约在 3000000 英亩以上，其木材储量，共有 7000000000000 立方英寸云。

（六）中东铁路南区

是区地当长春之北部及西北部，为东三省北部各区中垦殖之最早者，包括沿中东路南线之双城子五常榆树德惠农安及长春等县，亦即东省豆产重要地带之一部也。全区面积，约 10500 方英里，其中 58%为可耕地。其农业发展之程度，居北满各区之首。计已耕地占可耕地面积 86%，人口密度，每方英里有 201 人，1929 年，已耕地总面积内，豆地占 29%，高粱地 24%，粟子地 17%，小麦地 11%，玉蜀黍地 4%。是区之人口密度及农业发展状况，已达高度，故就移殖言，无论目前或未来，其地位已不重要。此种臆断，可自其最近吸收移民之多寡证之。内地移民之赴东三省北部者，必道经中东路南线，但居留沿线之移民，为数甚少。1927 年内，仅 25000 人。其中移居于长春西北各县者约 20000 人，尤以赴农安者为多，其余则散处于沿线之两旁。1928 年移民留居中东路南线者仅 15000 人，1929 年仅 10000 人，是皆由于此区容量有限，不能多收使然也。

（七）中东铁路东区

是区起自阿城，沿中东路，止于中俄交界之绥芬河，包括阿城同宾珠河苇沙河宁安穆棱及密山等县。全区面积约 23200 方英里，其中 37%为可耕地。人口密度，每方英里 50 人，已耕地占可耕地面积 35%。农产种类颇多，有大豆粟子高粱小麦及玉蜀黍。1929 年内，是区已耕地面积为 1913000 英亩，其中豆地占 43%，粟地 16%，小麦地 13%，高粱地 12%，玉蜀黍地 6%。同年区内谷产总额达 1100000 公吨，内大豆占 41%，粟子 19%，小麦 10%，高粱 13%，玉蜀黍 6%。此外，是区富于木料，乌吉密河流域以外地带，多系山地，而以珠河苇沙河宁安及穆稜等县为最。区内林地约达 5800000 英亩，木料储量约 7000000000 立方英寸，其中以沙河一县为尤富，所有林地，约占全面积 75%。

第十五表　东三省各经济区之重要谷产地面积与已耕田总面积之比例（1929）

区域	已耕地（英亩）	大豆（百分比）	其他豆类（百分比）	高粱（百分比）	粟子（百分比）	玉蜀黍（百分比）	小麦（百分比）	大米（百分比）	其他谷产（百分比）	总计
1.沈阳以南区	4,198,000	20.8%	3.5%	31.0%	10.5%	15.1%	1.8%	1.4%	15.0%	100
2.沈阳以北区	5,558,000	32.1%	3.3%	27.3%	16.3%	7.9%	3.4%	0.8%	8.9%	100
3.北宁铁路区	1,820,000	8.7%	2.3%	56.1%	11.3%	6.2%	1.6%	0.1%	13.7%	100
4.松花江上流区	2,067,000	17.2%	4.9%	32.0%	23.5%	5.4%	2.6%	1.1%	13.3%	100
5.四洮区	2,239,000	36.2%	1.6%	11.2%	17.4%	7.9%	7.8%	2.8%	15.1%	100
6.中东铁路南区	3,326,000	28.9%	3.0%	24.4%	17.4%	4.0%	11.5%	0.1%	10.7%	100
7.中东铁路东区	1,913,000	42.7%	1.5%	11.7%	16.4%	6.0%	12.9%	0.9%	7.9%	100
8.中东铁路西区	5,590,000	37.4%	2.0%	14.7%	17.0%	3.0%	16.0%	—	9.9%	100
9.松花江下流区	2,955,000	36.8%	2.0%	13.9%	15.9%	5.0%	20.4%	0.3%	5.7%	100
10.呼海区	2,524,000	33.8%	1.7%	10.1%	18.9%	4.1%	19.9%	—	11.5%	100
11.乌苏里江区	204,000	31.0%	2.0%	9.0%	17.0%	4.0%	21.0%	—	16.0%	100
12.黑龙江区	27,000	4.0%	—	1.0%	12.0%	3.0%	49.0%	—	31.0%	100
13.呼伦贝尔区	52,000	2.0%	—	1.0%	7.0%	9.0%	39.0%	—	42.0%	100

由是以观，中东铁路东区之农垦及林业，均甚重要。且以林业发达之故，益使区内农垦之面积扩大，盖已伐之林地，即可从事种植也。其林业之发达，固由木料之质佳，而其主要原因，则以此处交通便利，可直达哈尔滨，故此区大规模之伐林事业，远在东省北部各区之上。1920 年至 1929 年，中东铁路东线之平均木料运输额，占该路全线木料运输总额 70%。

由长春运至哈尔滨之内地移民，其大部均乘火车至中东铁路东区，1927 年内，移居于沿路之苇沙河穆稜及密山等县者，约有 150000 人；1928 年内，约 80000 人；1929 年，因受中俄冲突之影响，致移民人数减至 50000。区内之土质甚肥沃，以苇沙河穆稜密山为尤佳，故移民至此，多数均从事农业。按苇沙河可耕地总面积中 85%，穆稜可耕地 92%，密山可耕地 87%，尚待垦殖。此外如珠河及苇沙河之林业，穆稜之煤矿，均能予新到移民以工作，此亦为移民赴中东铁路东区之动机也。

（八）中东铁路西区

是区包括中东路西线所经各县，及齐克路嫩江流域形成之平原地带。全区面积约 87300 方英里，其中 29%为可耕地。人口密度，每方英里仅 32 人，已耕地仅占可耕地面积 32%人，已耕地仅占可耕地面积 35%。故是区情形，尚在开关之期。1929 年内，区内已经耕地计 5590000 英亩，内豆地占 37%，粟地 17%，小麦地 16%，高粱地 15%，玉蜀黍地 3%。同年区内杀产总额约 3000000 公吨，其中大豆占 36%，粟子 20%，小麦 13%，高粱 15%，玉蜀黍 4%。是区之东部及东北部（特别在安达之附近），地质肥沃，最宜垦殖。安达居东省豆产及麦产最佳区之中部，地多黑土。其西部及西北部，土质优劣不等，较东部及东南部稍逊。齐齐哈尔附近之低平原地，多产碱与盐，更进至齐齐哈尔之北部与西北部，其沿嫩江上游之地，土质大致中平，此处人民，多以牲畜为主要职业。

据著者之估计，1927 年内，移民来中东路西区者，约 100000 人，1928 年约 70000 人，1929 年约 80000 人，多数均居于安达拜泉林甸依安克山肇东等县，其赴北部及西北部而居于嫩江上游者，为数较少。即有自洮齐路至齐齐哈尔者，亦多往克山及拜泉等县，而鲜至嫩江上游者，是皆由嫩江上游土质硗劣，及缺乏运输之便利故也。齐齐哈尔与麦尔根间，虽敷有重车马路，以利运输，但以胡匪骚扰，交通辄因梗阻。要言之，是区北部及西北部之开发，尚有待于齐克路自宁年达麦尔根铁路延长线之完成也。

（九）松花江下游区

是区包括松花江下游流域各县。全区面积约 34800 方英里，其中43%为可耕地。区内主要各县，其位于松花江右岸而在黑龙江境内者，有木兰通河汤原；其位于松花江左岸而处吉林省境内者，有宾县方正依兰勃利桦川富锦等。人口密度，每方英里55人，已耕地占可耕地面积30%。农产以大豆为最重要，小麦次之，粟子高粱及玉蜀黍又次之。1929年内，全区已耕地面积约3000000英亩，其中豆地占37%，小麦地20%，粟子地16%，高粱地14%，玉蜀黍地4%，同年全区谷产共1700000公吨，内大豆占40%，粟子19%，小麦17%，高粱15%，玉蜀黍4%。

松花江下游流域各地，特别在依兰桦川及富锦等县，土质肥沃，宜于垦殖，故能吸收多数垦殖之移民。且富有木材，足供燃料及建筑之用，富锦桦川及勃利三县，所有林地，占全面积30%以上。1927与1928二年中，每年国内移民之来松花江下流区域者约120000人，1929年，减至80000人，其大多数移居于依兰桦川及富锦三县，从事农垦。

（十）呼兰海伦区

是区包括呼兰巴彦绥化望奎庆城铁骊与海伦等县。全区面积约13900方英里，其中46%为可耕地。此区（特别顺海伦一带）在昔已有一部分业经垦殖，今因呼海铁路告成，其地位更为重要。目前全区除哈尔滨外，人口密度，每方英里为101人，已耕地占可耕地面积60%。1929年内，全区已耕地面积约2500000英亩，内豆地占34%，麦地20%，粟地19%，高粱地10%，玉蜀黍地4%。同年全区谷产达1395000公吨，内大豆占33%，小麦16%，粟子22%，高粱11%，玉蜀黍5%。

呼海区因运输之便利及可耕地之丰富，对于移民上颇为重要。1927年呼海路仅通至绥化时，自哈尔滨移来之民，约10000人，内有从事修筑铁路者，亦有赴望奎及绥化从事垦殖者。1928

年内，移民来此区者约 30000 人，1929 年约 40000 人。铁路建筑之影响于农垦，在此区表现甚著，凡旅行经此路者，类能察及也。沿路新开市场颇多，即旧有之城市如绥化及海伦，其经济地位，亦较前愈为稳固。将来呼海铁路，如复延长至海伦以北，则呼海区垦殖事业之前途，其重要度又非今日比也。

（十一）乌苏里江流域

是区包括吉林省境内之同江宾清绥远饶河虎林等县，全面积约 14000 方英里，内 57%为可耕地。人口密度，每方英里 20 人。已耕地面积仅占可耕地面积 4%。1929 年区内已耕地总面积约 204000 英亩，内豆地占 31%，小麦地 21%，粟子地 17%，高粱地 9%，玉蜀黍地 4%。土地之大部均极肥沃，尤以虎林饶河之西南部及绥远同江之东南部为佳。

就移殖言，此区之目前及将来，均占重要地位。1927 年内，内地移民来此者约 20000 人，多数均居于虎林及饶河两县。来时系搭乘火车至下城子及梨树镇，复步行经密山以至虎林。1928 年内，移民增至 120000 人，其中约有 50000 人，系搭乘中东铁路东线火车至虎林及饶河者，余 70000 人，则由松花江下流移至同江绥远及宾清。1929 年内，因中俄战事发生，几无移民来此。

（十二）黑龙江

是区包括黑龙江右岸流域之漠河呼玛瑷珲绥东乌云萝北等县，面积约 48700 方英里，内 12%为可耕地。人口密度，每方英里仅一人，已耕地仅占可耕地面积 1%。区内土质若何，虽尚无详细调查，但东南部之绥东及萝北等县，则已实行耕稼。此区中部瑷珲一带，早收谷类如小麦及荞麦之类均甚佳，即瑷珲之东，其农业情形亦善，仅西北部之漠河呼玛及呼伦贝尔之北部，则以地多高山，气候严寒，故不适宜农垦。区内主要农产为小麦及粟子两项，大豆高粱及玉蜀黍则属次要。1929年，全区已耕地约27000英亩，内麦地占49%，粟地12%，豆地4%，玉蜀黍地3%，高粱地1%。

此区目前在移民垦殖上之地位，殊不重要，将来北满全部开发时，或能占一较重要之地位也。现松花江下流一带之移民，间亦有移至黑龙江区而居于绥东萝北两县者。著者曾道经此处，据萝北县长云，1927年内，移民来此居于沿江岸者约2000人。该地土质亦极肥沃，可资垦殖。

（十三）呼伦贝尔区

是区包括奇乾室韦呼伦与胪滨四县，全面积约58000方英亩，内草地占58%，余均为山地。山地之半，多具森林。全区可耕地之面积，仅占全区9%，人口密度，每方英里一人，已耕地面积，仅占可耕地15%而已。目前区内农业较发达之处，几均限于铁路沿线。南部及西部之土质甚劣，西部之草原，多已变为沙地，故是处谷产常遭旱灾。本区之东部及北部，适当呼伦贝尔之中部，其大部土地，尚宜种植。惟气候酷寒，一年中生长之时不及百日，故所能种植者，亦仅限于数种早熟杀物如小麦荞麦及玉蜀黍之类。1929年内，全区已耕地面积约52000英亩，其中麦地占39%，玉蜀黍地9%，粟地7%，豆地2%，高粱地1%。是区在移垦上，就目前论，亦殊无重要之可言也。

三、移民垦殖概况

（一）土地所有权之取得方法

欲研究内地移民在东三省垦殖之情形，首须明了东省土地所有权取得之方法。清初东省土地，多视为皇家私产，有时虽以之赏赐王公贵族，及八旗将佐，但仍可随时收回。迨至清末，政府为辟财源殖边土起见，始屡有放荒之举，兹就东省土地所有权得之情形，分为下列四法略述之。

（甲）领荒。清末政府设立荒务局扫垦放荒，其荒时，必得人民领受之，故谓之领荒。其法由放荒委员携带荒照，实地勘放，每照收照费一元，有时并此一元亦免之。惟时至今日，领荒已成过去问题，盖因迭次放荒，余地已少，民国以来，一再清丈，夹放零荒，然已为数有限，仅在吉黑两省沿边各县，间或举行。荒价每方（540 亩）约在哈洋 300 元之谱。

（乙）抢荒。抢荒之法，系用以纠正领荒之弊而产生，盖因领荒以军政各界中人为最多，次为绅士及富商，而真正之垦民则甚鲜。此辈领得之后，无人力以自耕；招来关内之垦户，为之耕垦，亦复需用巨资，且非旦夕可办。因此荒地虽领，而其置诸荒芜也如故，于是吉黑两省政府，为矫正计，乃有抢垦章程之规定，以资督促。按民十二年二月吉林省政府及民十七七年九月黑龙江省政府所颁布之章程，凡移民所到之地，不论已放未放及有主无主之地，只要系荒芜未垦者，即可报县请求执照，从事抢垦。其以人力垦者，每人准抢垦十晌；其有牛及犁一具者，得抢垦一方。抢垦之后，须在三年内，垦成熟地，升科纳赋，以十分之四归原主，其余十分之六归诸已有，由原地主与新垦者赴县署领取凭据，每张纳费洋一元，此即所谓抢垦之方法。采用此法以获得土地所有权者，固间有之，然为数甚尠；盖因领受大段官荒而未开垦者，多数为有权势之巨室，移殖之人民，即欲抢垦亦未可能，且县知事畏巨室之逼，亦未敢依章给照予以保证也。

以上二法，均不重要，因第一法已少无主之荒地可放；第二法虽似可行，然因县知事不敢开罪巨室，以致章程等于具文，加以萑苻未靖，人有戒心，故冒险抢垦者甚少。

（丙）协商代垦分地。此项办法，即为有资力或人力者，与领有大段官地之地主协商，订立契约，代为出资力开垦，垦成熟地之后，以一部分为代垦者所有。至其分配之比例，各处殊不一致，普通多自40%至60%为度。

（丁）买荒。东省拥有大段官荒之家，多者有数十方或百方，甚至逾千万者。其初领取之时，或仅缴领照费数元，或仅出最小数之荒价，故领取惟恐不多。惟领取之后，因无人力经营或无资力招来垦户，遂致搁置未耕，坐待善价而沽。现时东北各地卖荒之价格，视土质地位及交通之状况等而异，普通内部荒地之售价，每晌（12亩）约在大洋10元至16元之间也。

上述丙丁两法，虽现前在东省甚为流行，然亦有其困难之点。盖一新到东省之移民，如欲购十垧地以自耕，则其始垦殖时，至少需资本600元至800元之谱；如欲为地主垦殖，以希图他日获得一部分之土地所有权，则所需资本，亦至少在500元至600元之间。彼内地迁徙出关之民，多系贫寒之家，迫于饥寒而为此离乡背井之计，安能筹措数百元之资本以购置土地？且即有财力，而拥地甚广之地主，每不愿零星出售；即协商代垦之契约，地主有时亦往往不甚介意。盖因彼辈所有之土地，无须支付看管纳赋之费，故居奇待价，不必急急脱售垦关也。因此，上述二项获得土地之方法，事实上亦有难于实行之弊。

内地移民之新到东省者，因取得土地所有权之不易，多沦为佃农及农工二者；间亦有从事小贩伐林业或磨手者，但为数甚少耳。按移民在东省得为佃农或农工之法有三：第一，新到之移民，在东省有身为佃农或农工之亲友同乡为之介绍，故能获得同样之工作。第二，东省各处之地主或垦业公司，于中东路东线各中心地点如哈尔滨长春及一面坡等处，均设有经纪人，专司选择移民中之壮丁，以为佃农或农工。此项经纪人，大率亦原系山东之移民。第三，各慈善机关运送移民时，先与地主作雇佣之约定，例如 1928 年旅平河南赈灾会，请求黑龙江省政府设法为其移送之灾民，图谋职业。黑省府即通令边境各县，直接与当地地主商议佣雇，各地乃即依各人之情形，允雇若干灾民。迨灾民抵龙口时，即分配于各地主处工作。此三法，为新到移民普通获得工作之法也。

（二）佃农制度

东省租地制度，大率随租期及付租之方法而异。普通流行之制度有二：第一，五免六纳制。此制当租期初五年内，完全免租，自第六年起，佃户始须纳租于地主。其租金之多寡，以地之土质，距离市场之远近，及将来佃户之供给状况而定。大概言之，每晌纳租粮二石，分黄豆高粱玉蜀黍三者均收之，亦有视其地之所产交纳谷米者。此项租纳，约等于农民收入总值1/3。在此种制度之下，地主仅供土地，其他如种子农具牲口房屋及耕植期间之粮食，均由佃农自备，故以能筹资本之佃户为宜。第事实上垦荒之佃户，多为穷人，春耕时携其食粮及粗简之家器，入荒开垦，秋收后则以粮易钱，还居城市以避匪。且有种地数年，将及纳租，即自动他徙者，盖因其垦荒他处，又可获数年之免租种耕也。此种情形，中东路哈绥线及珠河县属一带多有之。第二，按年纳租制。此制自第一年起，佃户即须纳租，大概自第一年起至第五年止，每年每垧地应纳黄豆二斗；自第六年起，即须纳租粮二石，亦分为黄豆高粱及玉蜀黍三色缴纳。东省富有资本之地主，为求速垦之计，多采用此种制度。按此制，地主不第供纳土地，且对于佃农予以津贴，其办法每垦一晌津贴哈洋 5 元，此外如搭盖住屋之用费，亦时给以津贴。

又有为佃农备办牲口及农器者。以上二制，以第一制为较普遍，第二制用者较少，亦有兼采并者。二制付租之期，多在收获后之国历十一月间，即俗所谓“下打租”是也。又有所谓“上打租”者，其付租之期，多在年前秋季。付租之法，普通以现金代谷物，此种付租制度，惟在近于城市或工业中心之农业区域内行之耳。

（三）农工类别

至于移民为农工者，因其知识技能各殊，故所应募之工役，亦不一致，兹就吉黑各处之农工言之，可分为下列各种：

1.“打头的”。其职务为率领一切农工工作于田地或场圃中，并驾驭车马等事。其全年工资，约在哈洋200元左右。在较大之农场中，其职务甚为繁重，盖因田间一切事项，地主均交之掌管也。故必须熟悉农务情形，有办事能力者，始能胜任。

2.“跟做的”。其职务为随从“打头的”工作于田地或场圃中，全年工资，约在哈洋170元左右。此种职务，虽较领工者远轻，亦罕由新到移民充任。

3.“大半拉子”。其职务亦为随从工作于田地或场圃中，对“打头的”及“跟做的”任役之比例，锄禾为七与五，刈禾为五与三。全年工资，普通在哈洋130元之谱。内地新到之移民，初多任此项工役。

4.“半拉子”。工作同“大半拉子”惟任役较轻，全年工资，在哈洋80至90元之间，内省新往之移民中，其未及壮年或身体发育未完者，多任此项工役。

5.“更官”。“更官”任农院中守夜饲畜及碾米扫院等工作，全年工资，自哈洋100元至180元不等。新往移民，仅可任小农院之“更官”，农院较大之任务重者，则非俟数年后明晓各项情形时，不能充任。

6.“大食夫”。此即膳夫之谓。平时为农院执炊，当锄禾刈禾两农忙时，并向田间饷馌。每年工资，与“更官“差同。此项工役，新往移民，亦鲜能充任，盖因不能谙悉当地之炊作方法也。

7.“马官”。其职务为一农院或数农院或全村牧放马骡等牲畜，工资视所牧牲畜之多寡而定。此项工役，因新往移民不善乘骑，故能作者亦少。

8.“猪官”。工作系为农院饲猪，及向荒野牧猪等项。全年工资，亦视牧猪之多少而异。牧猪多者，普通自60至100元不等，少者则只三四十元耳。新往移民中之孩童年十二三岁者，多作此项牧猪之役。

以上所述，均为长年工，此外尚有季工月工日工包工各种，其工价则视工作之缓急及其时工人之需要供给情形而定。此等工人之居住饮食，除包工及工人之眷属外，均由主方供给。

除上述各种农工之外，另有一种农工，与上述者迥异。即为地主系雇佣移民为其耕种之时，种子农具住屋牲畜及食料，均由地主备给；此外地主划出一部分土地给与之，由其自己种植，种子自备，凡此地上所有之产品，均归诸此工人作为是年应得之工资。是项给与土地之面积，随各处之情形而异，在中东路东区一带，大概为两晌至四晌不等，种植期限，概定一年，但经双方同意，可以续订契约。

新到东省之移民，因获得土地所有权甚难，几全从事于佃农及农工二者，上已言之。然亦有移民到后，不数年间，即成为小地主者，证之事实，殊数数见也。大抵新到移民，如本人有相当之财力，或经亲友之资助，即可行为佃农、苦力工作，积有钱财，则可自行购地变为地主。且佃农对于地主土地之出卖，每有优先承受之权，故购地甚易。至于农工，经相当之时间，稳熟地方农务之情形，如能积有财力，亦得变为佃农。

（四）移民垦殖之障碍

综上所述，吾国移民赴东省后，似颇有发展之机会，然事实上目前东省之社会及经济情形，足为妨害移民之发展者，亦正不少。第一，匪患甚炽，秩序不宁，居民安全，杳无保障，此足阻挠垦殖区域之迅速发展。东省胡匪问题，诚地方之一严重问题，大规模之垦业公司，虽多能自设乡勇，保卫地产。但其他小规模之农庄，则多为胡匪所蹂躏。而是项小农庄，面积在 30 晌以下者，就东三省北部而言，约占全农地 75%，占目前可耕地全面积 50%。其损失情形，即此可见一斑。第二，东省农村借款，利息过高，亦足阻碍其发展。凡新到东省之移民，原无钱财，故其从事农垦时之费用，多由借贷而得。据著者在东三省之调查，移民从事农垦者，其购买种子及支持耕种期间之用费，鲜有不赖借贷者。东省农村借贷机关，为当铺地主谷商及杂货铺之类，利率每一种植季（约四五月）自 40%至 100%不等。以农产或地契为抵押，有时为欲向告贷之故，预送礼物或宴请以求达到目的者，故加入此种用费，则其总利率，每一种植季恒超出 100%。至于当铺利息，较之上述尤高，海伦“东洋”当，其所定利率，每天为 1%，以 40 天为满期。而赴当铺质物者，大部分为当地之农民，其受剥削如此，维持现状已难，尚安有余力以言发展？第三，东省农民甚受现行农产交易方法之剥削。东省之农业——尤其在北部——其主要特点，即农民收获类如大豆小麦之类，均为交易之用。据著者之研究，北满农民之货币收入 50% 系从脱售大豆而得；30%，系从脱售小麦而得。东省大豆贸易业，完全操之于粮铺、粮行或粮店。此种粮商，从农民处购之，转售与出口商或工厂。一出一入之间，获利甚厚，而农民则大受其剥削。普通处于农民及出口商或工厂之中间者，不止一人。在内地各处即有小粮贩，分赴各地。自农民处收买大豆，收买后运至市场，售诸较大之粮贩，复转至各大商埠，始行输出。内地各重要市场之客栈，亦多从事于是项中间人之职务。盖农民之来自田庄者，必居客栈，因其熟悉市场情形，故多委托客栈代为售货，而以入款之一部分为其佣钱。在此种情形之下，出口商与油坊所付之豆价，其较农民售价多出部分尽归中饱，据著者之调查，农民平均收入者，仅为出口商或油坊所付价格 80%；其余 20%，则归之中间人。如在“卖青”之情形下，农民所受损失尤大。[①] 因有时农民缺乏资本，借贷无门，乃迫将未成熟之谷物——多为大豆与小麦——先期售与粮商，以期得款，作为耕耘之用。农民在此种方法之下所受之损失，一方面为售价甚低，一方面又因粮商对于未来之收成，往往予以低估，平均较实在收成约低三分之一。故处此双重剥削之下，欲求农民之发展，戛戛甚难。第四，东省币制紊乱，价值升降不定，尤为农民所苦。三省之中，每省各有其特殊之币制，而在同一币制之下，其价值复有变异，甚至一城或一市之币制，与其邻城不同。居民因货币紊乱而受之损失，至足惊人。1930 年，著者旅行东省内部之时，曾作一试验，以明人民因币制不统一而受之损失之程度。著者自天津起身，携一天津通用币 5 元，每到一地，即将其换为当地通用币，最后复将其换为天津通用币，结果原有之 5 元，仅值 2 元 7 角 5 分。兑换共计 15 次，损失 2 元 2 角 5 分，平均每兑换一次，损失原值 3%。币制不统一，固足使农民蒙极大之损失，然而因纸票滥发之政，物价低落，农民所受之损失尤大。譬如吉黑两省之官帖，系省政府发行之铜元票，为农民买卖农产品之主要货币。

---

① 1928 年，中东铁路西区以“卖青法”出售之大豆额等该区大豆销售总额 20%。

但因其价值跌落，农民甚受其害。1911 年，官帖与大洋之兑换率，在吉林大洋 1 元，换官帖三吊八；在黑龙江大洋 1 元，换官帖四吊六。但迄 1930 年，官帖与大洋之兑换率，在吉林大洋 1 元，约换官帖 211 吊；在黑龙江大洋 1 元，换官帖 532 吊。在此 20 年间，吉林官帖跌落 54.53%，黑龙江官帖跌落 11.465%。易言之，1930 年一吊吉林官帖之兑换值，等于 1911 年之吉林官帖 0.0000018 吊；一吊黑龙江官帖之兑换值，等于 1911 年之黑龙江官帖 0.00000086 吊。此仅就官帖跌价之长期趋势言耳，又官帖价格之升落，每随季节而变异，普通每届秋冬两季，农产已割，专待交易，官帖之需要增加，其价值辄因以高涨。及至春夏，需求既少，官帖价值遂随之而跌。故农民出售其农品时，所得之官帖，其值高；迨以之购买物品时，则官帖价值降低。一涨一落之间，农民所受之损失极大。第五，苛税难捐之负担繁重，亦为东省农村发展之障碍。如中东铁路东区，每晌已耕之地，应纳之各种捐税，总计约值哈洋 5 元，至少相当地价 5%。其中地主付 2 元，农民付 3 元，以之为捐助地方警察之费用。每届出售谷产之时，又有各种税捐，总计约当全额价值 10%。此外复有种种货捐及杂税，其最后之负担，均直接或间接落于农民消费者之身。又加以税收机关之敲诈，及非法之罚款等，其总数有时较正式应纳之税捐尤多。处此重重压迫之下，农民亟亟于维持生计之不暇，安有发展余力乎？

四、结论

东三省为华北数省过剩人口之唯一尾闾，已成为显著之事实，吾人前已言之。当 1923 年至 1930 年期间，国内人民之移往东三省者，总计在500万以上。而在1927年至1929年之三年中，定居东三省者，约有150万人之多。据俄人Yashnoff之估计，至少须四十年，东省人口始及75000000人。人口达此数目时，密度每方英里为187人，亦仅及现在山东河北河南三省密度1/3耳。近年吾国移民运动，其对于移民本身、垦殖区域及其原籍之影响如何，虽尚待调查，然是项运动之有利于吾国及世界，殆无疑义。但就目前之情形论，如土地获得及其分配之无定法，币制之不统一，信用及销售制度之不改善，人民生命安全之无保障等，皆足为移民运动前途之窒碍。倘一任拖延而不急谋补救，则非所以促进移垦也。东省移民运动，为今日一重要之民族的及国际的问题，但欲求此问题之正当解决，其责任固在我而不在人，是则为吾国人今后所当注意者也。

（《经济统计季刊》第1卷第2期，1932年）

论华北经济供李滋罗斯爵士北来调查之参考

英国首席经济顾问李滋罗斯爵士自本年（1935年）九月间来华后，本拟即行北上，嗣因事滞沪，迄于前日始得抵津，今日即将去平。吾人于氏留津期中，曾略陈所怀，惟意犹未尽，愿于今日更假机会，略贡刍荛，幸垂察焉。

今日之国际经济关系，已与19世纪以前不同，必须立于平等互惠地位，始能维持悠久。是以欲谋对外商务之发展，亦须注意于贸易各国之经济发展。英政府此次派遣李氏来华，调查中国经济情形，以为促进其对华经济关系之参考。远见卓识，至堪钦佩。李氏为经济名家，在英历任要职，此次滞沪经月，度于中国主要经济问题，当已胸有成竹，无待吾人再事哓舌。惟中国经济，系一完整个体，务须兼筹并顾，以全体民众之最大利益为目的，方足以言发展。而华北经济，在中国整个经济中，实居特殊重要地位，尤属不容忽视。兹就华北经济之重要，及其发展之途径，与李氏一商榷之。

华北各省为前代文物中心，经济地位，素极重要。总核冀、鲁、豫、晋、秦、陇、察、绥、宁夏九省面积，共达80万方哩，约占全国1/5。人口130兆，几及全国1/3，其平均密度为每方哩162人，较全国为高。以已耕地面积论，共达482兆亩，约居全国40%，较长江流域及西南区域之已耕地面积皆大。农作物面积达591兆亩，亦几及全国40%。察绥宁夏诸省，人口密度较低，已耕地面积甚小，未来发展，前途更大，就农产物言，华北农产最主要者首推小麦，年产220兆担，占全国麦产55%。半数供本地消耗，半数输往他省。次要者为棉花，华北棉产，年来日趋重要，客岁所产担数，约计7兆，占全国总产量60%以上，其出口量虽仅及华北棉产之十一，然实占全国出口棉花3/4有奇。此外，重要农产如羊毛一项，华北每年产量达51万余担，占全国产量92%，约有半数输出国外，占全国羊毛出口总额86%。由上述数项，华北农产之重要，已可概见。以言工业，则华北地位亦复重要，中国新式工业，以雇佣工人人数为准，当以棉纺织业最称重要，去年全国92华商纱厂中，在华北者22厂，工人人数与纱锭锭数咸在1/5以上。其次要者为面粉工业，去年全国大小粉厂共89家，而山东、河南、河北、山西、察哈尔、绥远六省合计得44家，已达半数，所占生产面粉数量，亦在1/3以上。此外如火柴、卷烟、煤矿事业等，华北亦居要津。去年全国火柴生产共为32万匣，产于山东、河南以及冀、晋、察、绥者达15万匣，占47%有奇。卷烟生产全年共为29万箱，而上述六省所产亦在1/3以上。至华北煤产之重要，煤藏之丰富，冠于全国。最近三年全国煤产平均估计共约28兆公吨，其中华北九省计占53%；晋、冀、鲁三省即占45%。全国煤矿储量，估计约248兆公吨，而华北九省占其全额88%；晋、冀、鲁三省即占53%。复就商业贸易而言，二十三年华北各口岸对外贸易共达298兆元，占全国对外贸易总额1/3强。更就交通工具而论，华北地位亦较其他各区为优，九省共有铁路里数，计达608800公里，占全国铁路总里数46%。此外交通工具之重要者为公路，截至二十三年底，全国已通车公路共计92555公里，而华北九省为36121公里，占1/3强。

是以华北九省，就农工矿产对外贸易以及交通工具而言，在国内经济地位不特绝对重要，且实握全国经济之枢纽。盖煤及石油为现代工业之主要动力。中国煤矿，几乎全数集中华北，尤以晋，冀，鲁三省为主；陕西石油储量，亦为各省之冠。今后全国工业之发展，实深利赖。此自工业动力言，华北经济地位之所以特殊重要者一。华北为重要农业区域，除小麦棉花外，其他农产如豆类等亦居重要地位。小麦产量既占全国之半，且有多数运销各地，全国民食赖以调剂者，实非浅鲜。棉花为民衣之所资，且为今日中国农民主要商品作物之一。华北棉产甚多，在出品贸易上尤占重要地位。此外羊毛一项，出口数值亦大有可观。此自主要农产言，华北经济地位之所以特殊重要者二。复次，华北为中国历史发祥之地，历代京畿，素有中原之称，即在今日，亦绾连南北，为地理交通上发展整个中国所不容忽视，而人民心理上，犹俨然中枢也。此自历史地理上言，华北经济地位之所以特殊重要者三。第至今日，因顺自然环境之推演，经济发展趋于畸形，其较为发达者，仅冀、鲁、豫、晋四省，其他五省，面积占华北全体3/4，而各方面均极落后。以农产论，小麦棉花之生产集中于冀、鲁、豫三省；以工业论，大规模工业犹未发轫于陕甘察绥宁等处。铁路交通又以滨海诸省较为发达，即人口亦多集中于数大都市。此种畸形之发展，为注意华北经济者所不容忽视者也。然自地理环境上言，此人口稀少工业不盛诸省，固亦与冀鲁各省有同样发展之可能，且就矿业储藏、羊毛产量等而言，物质之丰，有非他省所能几及者。是以今后吾人欲求华北之发展，冀鲁豫晋等省，固须注意，而其他各省，尤应重视。夫察绥宁陕甘诸省，古称沃野千里，物产殷饶，今日之所以落后者，由于水利未能讲求者半，由于交通未能开发者亦半。惟其水利不修，致使丰饶之区，形成不毛；惟其交通梗塞，坐令货弃于地，无法开采。设使灌溉有资，则棉花小麦之属，可产于冀鲁豫晋者，莫不可产于察绥陕甘。年来全国经济委员会在陕西之棉花改良工作，成效卓著，即系受水利之赐，此其明证也。而交通开辟之后，矿产必能大量开采，以西北各省矿产之富，源源供给，何虑缺乏，内地工业之发展，又舍此无由也。此自内地各省之发展而言。即就沿海各省而论，欲再事发展，水利交通二项，亦属主要问题。盖华北农业生产，最大障碍，厥为雨水不调。试以河北情形为例，农田灌溉，多恃凿井，实属成本大而收益寡，一遇天旱，即无法调剂。然雨水稍多，各地河道又易致泛滥，是以每届夏秋，冀鲁豫等处，辄多水灾，本年黄灾之巨，使各方救济不暇，即其显例。至于交通之不便，凡曾往内地旅行者咸能道之，今日华北各处，公路虽尚发达，惟仅及于通都大邑，民间交通工具，多仍习用大车牲畜，其不经济，可无待言。因交通工具如此，农产运销，既属范围甚狭，各地盈亏无以相济，复因缓慢费时，市价涨落不能取利。农产既无利可盈，自不能予农民以刺激，为改良技术，增加产量之图，农业进步，亦非易事。是以水利之改进与交通之发展，实为发展华北经济之枢纽，应首谋解决者也。

抑尤有进者，经济发展，与政局之安宁不能分离，英国之所以为工业革命之母，在十八九世纪中，能以工商业领袖各国者，其要因实为有英吉利海峡之保障，国家地位绝对安全所致。华北年来政治上迄少安谧，工商业久失保障，致经营企业者，本国人民固趑趄不前，即友邦侨商亦瞻顾却步。是以年来不景状况，虽波及全国，要以华北为尤甚。此就其间接的影响言。其甚焉者，如年来关税之偷漏，以滦榆为渊薮。自我财部开征白银出口税以来，银元走私，又以平津为特甚，其碍于正当工商业之经营，更无待论矣。是以此种政治局面如不能加以改善，则一切经济活动，皆有陷于停顿之虞，遑论更事发展！无如事态复杂，有非我国政府所尽能为力者！此当为李氏所能洞察者也。

（《大公报·星期论文》，1935年11月24日）

华北冀鲁晋察绥五省经济在整个中国经济之地位

一

华北冀鲁晋察绥诸省，为我国前代文物之中心，历代京畿，古称沃野千里，物产殷饶；即在今日，亦复绾连南北，占全国地理交通上之重要地位；而人民心理上，犹俨然中枢也。第自“九一八”事变以还，察冀等省，已由昔日之腹地一变而为边疆重镇，此后对内为捍卫国土之屏藩，对外为折冲樽俎之焦点，国家之存亡，民族之祸福，胥繫于是。其重要为何如，当不难冥想而得。且自经济的观点言，华北经济实握全国经济之枢纽，中国无华北，则整个经济之前途将不堪设想。惟迩来默察国民心理类多消极苟安，不思振作，在华北尚为中国土地之今日，即有于“不得已”时拱手让人之意识潜在，观于各方事实所表白，此种心理似已深中人心！兹请就华北冀鲁晋察绥五省之经济重要性略加论列，以促国人之注意焉。

二

冀鲁晋察绥五省，面积40万方哩，占全国面积1/10。土壤肥沃，黄河流域之冀鲁晋三省，多属黄土层。气候则沿海一带属海洋性，雨量丰足，愈趋内陆则愈近大陆性，雨量亦逐渐稀少。故华北各省，沿海一带鱼业甚盛，黄河流域为农业之中心，察绥二省，则农业之外，兼事畜牧。五省人口83兆，几及全国人口1/5，平均密度每方哩200人，较全国平均密度为高。已耕地面积共达310兆亩，约占全国已耕地30%，较长江流域及西南区域之已耕地面积皆大。农作物面积达369兆亩，亦几及全国农作物面积30%。察绥两省，人口密度较低，已耕地面积较小，未来发展，潜力甚巨。就农产物言，食料中以小麦最为重要，小米次之，高粱、玉米又次之，复次则为大麦、糜子、花生等，即长江流域特产之稻米亦有所产。民国二十四年度，华北冀鲁晋察绥五省小麦耕作面积为114601千市亩，占全国37%，产量127143千市担，占全国30%；小米耕作面积为48086千市亩，占全国61%，产量82894千市担，占全国63%；高粱耕作面积38517千市亩，占全国54%，产量67275千市担，占全国51%；玉米耕作面积30542千市亩，占全国43%，产量47722千市担，占全国37%；大麦耕作面积16548千市亩，占全国17%，产量19029千市担，占全国12%；糜子耕作面积15024千市亩，占全国60%，产量18462千市担，占全国56%；花生耕作面积7523千市担，占全国37%，产量18664千市担，占全国37%。余如稻米亦有所产，惟面积及产量均不重要耳，此指农产食料而言。至农产衣料中之重要者如棉花及羊毛，华北冀鲁晋察绥五省所产亦莫不居全国之首。计同年华北棉田面积共 9745 千亩，占全国 26%，皮棉产额为 2829 千担，占全国 34%，羊毛产量计达 50 万余担，占全国羊毛产量之 9 成以上，尤为其他省区所莫及。由上所述，可见华北冀鲁晋察绥五省农产物，无论耕作面积或产量，皆在全国占绝对重要之地位。而尤以黄河流域之河北、山东、山西等省为最重要。棉花与花生两项之生产几完全集中于此三省。兹将华北冀鲁晋察绥五省主要农作物二十四年度之耕作面积及产量列表如下（面积单位，棉花为千亩，余皆为千市亩；产量单位，棉花为千担，余皆为千市担）。

省别		河北	山东	山西	察哈尔	绥远	华北共计	其他省区	全国总计
小麦	面积	37223	54482	17996	2157	2743	114601	197506	312107
	占全国面积之%	11.9	17.4	5.8	0.7	0.9	36.7	63.3	100.0
	产量	37769	67297	17265	2259	2553	127143	298909	426052
	%	8.9	15.8	4.0	0.5	0.6	29.8	70.2	100.0
小米	面积	17958	15197	10097	3196	1638	48086	31142	79328
	占全国面积之%	22.6	19.2	12.7	4.1	2.1	60.7	39.9	100.0
	产量	28556	34912	13857	3769	1800	82894	48204	131098
	%	21.8	26.6	10.6	2.9	1.4	63.3	36.7	100.0
高粱	面积	11571	16018	6045	3811	1072	38517	32959	71476
	占全国面积之%	16.2	22.4	8.5	5.3	1.5	53.9	46.1	100.0
	产量	17721	34143	8170	5586	1655	67275	64776	132051
	%	13.4	25.9	6.2	4.2	1.2	50.9	49.1	100.0
玉米	面积	16773	9519	3835	302	113	30542	40123	70665
	占全国面积之%	23.7	13.5	5.4	0.4	0.2	43.2	56.8	100.0
	产量	25130	16190	5910	406	86	47722	82252	139974
	%	19.3	12.5	4.5	0.3	0.1	36.7	63.3	100.0
棉花	面积	6316	1801	1068	—	—	9725	25761	35486
	占全国面积之%	17.8	5.1	3.0	—	—	25.9	74.1	100.0
	产量	2166	410	253	—	—	2829	5562	8391
	%	25.8	4.9	3.0	—	—	33.7	66.3	100.0

以言工业，华北冀鲁晋察绥五省地位亦复重要。我国尚无重工业可言，轻工业中，以雇佣人数为准，当以棉纺织业最称重要。二十三年度全国92华商纱厂中，在华北冀鲁晋察绥五省者19厂，纱锭数为473270枚，约占全国华商纱厂所有纱锭数1/6，工人人数所占成数亦复相若。此19纱厂分布于冀鲁晋三省，冀省有9厂最多，山西6厂次之，复次则为山东4厂。其次要者为面粉工业，二十三年度全国面粉厂81家中，在华北冀鲁晋察绥五省者共33家，而以山东河北二省为最多。资本10125千元，约占全国面粉厂总资本额1/3。生产面粉数量在全国面粉厂产粉量内所占成数亦复相若。此外如火柴、卷烟、毛织、水泥、化学等工业，华北冀鲁晋察绥五省均居要津。二十三年度火柴业者全国（东三省不计）共130厂，华北冀鲁晋察绥五省即占43厂，而以山东及河北二省为最多。又据调查，是年全国火柴生产共为32万箱，而山东、河北、山西、察哈尔、绥远等华北省区所产者达10余万箱，约占全国产量1/3以上。卷烟工业，二十三年度全国烟厂，共57家，河北、山东、山西三省共有5厂。全国57厂资本共199100千元，冀鲁晋三省5厂占780千元。国人经营之水泥工厂，现共有七家（东北四省不计），其中有二家在华北省区，而规模最大之启新洋灰公司在焉。启新公司设于河北唐山，其余一家为致敬水泥公司，设于山东济南，两家资本共为1420万元，占全国七厂总资本2/3，两厂年产水泥可148万余桶，约占全国七厂总产量1/2。华北之化学工业，在全国中亦属首要。如制酸工厂全国只有四处，河北省即居其二；制碱工厂（人造碱），规模较大者全国亦只六家，河北省复居其半数；精盐工业，若计入东北四省在内，全国共有十三家（辽宁省居其六），河北与山东二省即各居其二，以资本言，约占全数4/5。由是可见，以工业而论，华北冀鲁晋察绥五省亦居全国之重要地位也。兹将华北冀鲁晋察绥五省棉纺织业及机制面粉业概况列表如下（产粉额系每日产量）。

省别	棉纺织业			机制面粉业				
	厂数	纱锭数	%	厂数	资本额（元）	%	产粉额（包）	%
河北	9	293478	10.4	12	3694000	12.3	34100	13.6
山东	4	99948	3.6	12	4057600	13.6	41000	16.4
山西	6	79824	2.8	6	1573700	5.2	4730	1.9
察哈尔	—	—	—	1	—	—	—	—
绥远	—	—	—	2	800000	2.7	1000	0.4
华北共计	19	473270	16.8	33	10125300	33.8	80930	32.3
其他省区	73	2341684	83.2	48	19850000	66.2	169100	67.7
全国总计	92	2814954	100.0	81	29975300	100.0	250030	100.0

以言矿业，则华北冀鲁晋察绥五省煤产之重要，煤藏之丰富，为全国冠。最近三年（民二十至二十二）全国煤产平均估计共约 28 兆公吨，华北冀鲁晋察绥五省即占 45%，几完全产于河北、山西、山东三省。若除东北四省煤产不计，则华北冀鲁晋察绥五省煤产约占全国 70%。全国煤矿储量，估计约 348 兆公吨，而华北冀鲁晋察绥五省占其全额 54%，亦几完全位于河北、山东、山西三省。华北察冀二省之铁矿在全国亦占重要地位，若除东北四省不计，我国铁矿储量估计有 38000 余万吨，而华北之河北、山东、察哈尔及山西四省即占其 46%，只河北及察哈尔二省即占全国 34%。此外盐亦为华北冀鲁晋察绥五省主要矿产之一，盐不独可充工业之原料，尤为民食之所必需。民国二十年以前五年平均，华北冀鲁晋察绥五省共产盐 1000 余万担，约占同期全国盐产 1/4。若除东北省区所产者不计，则华北冀鲁晋察绥五省各盐区年产占全国 1/3。兹将华北冀鲁晋察绥五省煤铁盐之储产量列表如下。

省别	煤储量	%	煤产量	%	铁储量	%
河北	3071	1.2	7203	26.1	39200	10.3
山东	1639	0.7	2665	9.7	14300	3.7
山西	127127	51.2	2422	8.8	30000	7.9
察哈尔	504	0.2	105	0.4	91645	24.0
绥远	417	0.2	90	0.3	—	—
华北共计	132758	53.5	12485	45.3	175145	45.9
其他省区	115529	46.5	15087	54.7	206440	54.1
全国总计	248287	100.0	27572	100.0	381585	100.0

注：1. 煤储量单位：百万公吨。

2. 煤产量单位：千公吨。

3. 铁储量单位：千吨。

4. 铁储量全国总计内除去东北四省。

省别	盐区	盐产（担）	百分比
河北	长芦	3815000	9.24
山东	山东	5030000	12.18
山西	晋北	193000	0.05
绥远	河东	1729000	4.19
察哈尔	口北	191000	0.05
华北共计		10958000	25.71
其他省区		31327000	74.29
全国总计		41285000	100.00

复就商业贸易而言，无论进口出口，天津仅次于上海而居于全国之第二位。民国二十四年华北省区各口岸（计包括秦皇岛、天津、龙口、烟台、威海卫及胶州）对外贸易，出口共值国币15900余万元，占全国出口总额28%。同期华北省区各口岸对外贸易进口共值国币15000万元，占全国进口总额16%。进出口贸易总值国币31000万元，占全国对外贸易总值21%。若与二十三年相较，其重要性皆有增加。二十三年华北省区各口岸出口总值占全国26%，进口总值占全国16%，贸易总值占

全国 19%，除进口贸易外，其重要性俱较二十四年度逊色。此外尤有一可注意之现象，即二十四年度之华北各口岸，除胶州外，其余皆系出超港口，其出超额占是年我国出超口岸出超总额 1/3 强。按华北矿藏之丰，农产之盛，及农工矿业前途发展潜力之巨，已如前述。是则华北省区各港对外贸易在全国对外贸易中之地位，必将日趋重要，可断言也。兹将华北省区各关二十四年度之进出口贸易数值列表如下。

各口岸	进口贸易		出口贸易		贸易总值	
	数值	%	数值	%	数值	%
秦皇岛	2048	0.2	5857	1.0	7905	0.5
天津	85160	9.2	91202	15.8	176362	11.7
龙口	2799	0.3	3264	0.6	6063	0.4
烟台	6678	0.7	7852	1.4	14530	1.0
威海卫	2212	0.2	2915	0.5	5127	0.3
胶州	51236	5.5	48555	8.4	99791	6.7
华北共计	150133	16.3	159645	27.7	309778	20.6
其他各港	774562	83.7	416653	72.3	1191215	79.4
全国总计	924695	100.0	576298	100.0	1500993	100.0

注：1. 单位：国币千元。
2. 东北各关除外。

更就交通工具而论，华北冀鲁晋察绥五省所占地位亦较其他各区为优，华北五省其有铁路（国有铁路）里程，计达 4269 公里，占全国国有铁路总里程 34%，若除东北四省里程不计，则占全国 46%。除津浦与平汉两路各有一部里程位于华中省区外，其余北宁铁路平榆段、胶济铁路、平绥铁路、正太铁路等，全线几皆在华北冀鲁晋察绥省区以内。华北冀鲁晋察绥五省之铁路里程，尤以河北、山东二省者为最多，计共 3458 公里，约占全国国有铁路总长 1/4。除铁路外，交通工具之重要者厥为公路。截至二十三年年底止，华北冀鲁晋察绥五省可通车之公路路线共长 12889 公里，占全国可通车公路路线总长度 15%。若合可通车路线，及已兴工未兴工之公路路线之长度而总计之，华北冀鲁晋察绥五省公路共长 16909 公里，约占全国公路统长度 11%。此外内河航运，华北冀鲁晋察绥亦相当重要。我国可通航之河流，其全部或大部在华北冀鲁晋察绥者，有沽河、黄河、运河、滦河、小清河等。此五河流可航里程（包括大汽船通航里程、浅水汽船通航里程、小汽船通航里程、电船通航里程、民船通航里程及船筏通航里程）共长 6124 公里。约占全国（东省除外）内河通航里程 1/5。由此可见，华北冀鲁晋察绥五省交通便利在全国中之重要地位亦不容忽视也。兹将华北冀鲁晋察绥五省之铁路及公路里程列表如下。

省别	铁路		公路			
	实有里程	%	可通车里程	%	总里程	%
河北	2213	16.2	1793	2.1	3242	2.2
山东	1245	9.1	5520	6.5	5520	3.7
山西	426	3.1	2056	2.4	3410	2.3
察哈尔	280	2.0	2167	2.6	2167	1.4
绥远	465	3.4	1353	1.6	2569	1.7
华北共计	4629	33.8	12889	15.2	16909	11.3
其他省区	9065	66.2	71920	84.8	133750	88.7
全国总计	13694	100.0	84809	100.0	150659	100.0

注：1. 单位：公里。

2. 皆包括东四省在内。

3. 公路总里程包括可通车里程及已兴工未兴工里程。

复次，华北冀鲁晋察绥五省之财政收入亦占全国之要津。按我国中央重要之税收，自以关税居首，盐税次之，统税居第三位。三种税收合计平均每年占全国总岁入八成以上。此三种税收莫不以华北冀鲁晋察绥省区居重要之地位。以言关税，居全国第二位之津海关即在河北省。合华北各关总计，二十四年度，华北省区之关税收入共国币7000余万元，约占全国关税总收入1/4。次之盐税，华北之长芦区盐税收入为全国之冠，若合华北之盐区共计，二十四年度，华北冀鲁晋察绥五省盐税收入共4000余万元，亦占全国盐税总收入1/4。复次统税，华北冀鲁晋察绥五省合计，二十二年度为1500余万元，占全国统税总额13%。此外印花税为200余万元，占全国总额30%，烟酒税为300余万元，占全国总额29%。矿税100余万元，占全国总额半数以上。综计各项中央税收，华北冀鲁晋察绥五省占全国1/5以上。以地方税收言，则华北冀鲁晋察绥五省合计，田赋为4900余万元，占全国田赋收入1/5以上。营业税为1700余万元，几占全国营业额总收入1/3。田房契税600余万元，约占全国总额1/4，杂税1300余万元，占全国总额1/8。此外非赋税收入为3000万元，占全国总额1/6。以地方收入合计，华北五省占全国1/5。其在我国财政收入上之重要，亦可概见。兹将华北冀鲁晋察绥五省之中央及地方收入列表如下。

种类	中央税收		种类	地方财政收入	
	实收	占全国之%		实收	占全国之%
关税	70223019	22.3	田赋	49059549	20.7
盐税	42726300	23.3	营业税	17725317	31.5
统税	15265080	13.0	田房契税	6498789	22.8
印花税	2467340	29.7	杂税	13940861	12.3
烟酒税	3490927	29.1	非赋税收入	29988758	15.1
矿税	1341624	51.0	总计	117663274	18.5
总计	135514290	20.9			

注：1. 关税及盐税为民国二十四年数字。

2. 地方财政收入为民国二十年至二十三年平均。

3. 其余均系民国二十二年数字。

4. 单位：国币元。

三

华北经济之重要，已如上述。言农产则小麦之产量占全国总产量30%，小米占63%，高粱占51%，玉米占37%，大麦占12%，糜子占56%，花生占37%。主要粮食除稻米而外，其产量多占全国总产量1/3以上，而小米高粱糜子三项，且均过半数焉。衣料之重要者，首推棉花与羊毛，而华北所产棉花占全国总产量34%，羊毛之产量，华北得全国产量之九成以上，尤非他省所能及。近年中国粮食与衣料均不足自给，外粮外棉源源输入，为额甚巨，而华北为我国唯一粮食衣料能有剩余以供他省不足之区。其棉毛两项，尤为出口商品之大宗。言矿藏则主要动力如煤铁，若除东北四省不计外，则华北之储量前者得全国总储量70%，后者亦得46%。矿储之富，甲于全国。煤铁为近代机械文明之骨干，异日全国工业之发展，实深利赖。言工业则纱厂锭数占全国1/6，面粉厂资本及产量均占1/3。新兴工业之最有希望者如水泥制碱玻璃等业，其代表厂家均在华北。而我国未来工业之发展，因矿藏密迩，华北五省实具形胜。以言贸易，则天津之对外贸易仅次于上海，民国二十四年度华北六口对外贸易占全国出口总额28%，及进口总额16%，占贸易总额21%。且各口岸除胶州外，其余以二十四年度情形论，均属出超港口。以言交通，则华北五省占全国国有铁路总里程34%，占可通车公路里程15%，及内河航运里程20%。言金融则银行总行之在华北者，占全国银行总行数1/10，分行占1/5。言财政则中央税收华北占全国总额1/5以上，地方收入亦占全国地方收入1/5。

华北冀鲁晋察绥五省经济之重要如此，实不啻为整个中国经济之生命线。中国存则不容华北冀鲁晋察绥五省独亡，华北冀鲁晋察绥若亡则中国无由立。凡我国人应共喻此義。盖中国经济为整个的，本不容任意分裂，况华北煤铁之富、农产之丰复为全国工业命脉之所寄乎？故冀鲁晋察绥五省人民，固应深凛处境之艰险，随时作积极防御之图，岂能消极苟安，存幸免退避之念？而全国同胞，尤须引为切肤之痛，幸勿若秦人视越人之肥瘠，以为无与己事者。唇亡则齿寒，华北冀鲁晋察绥五省经济与全国经济关系之密，有逾于唇齿，国人幸勿漠视而契置之也！

（《东方杂志》第 33 卷第 7 期，1936 年）

中国工业化之切要及其推进方法

社会进化由渔猎而游牧，由游牧而农业，由农业而手艺，降至最近乃入于大工业时期矣。此种生产方法之演进有其必然性与必需性，史实俱在，班班可考者也。我国自殷周之世已入于农业时期，自后二千余年，趑趄不前，无显著之进展，现今农业人口尚占全国人数 80%左右，而土地一项亦占国富总额 80%以上，世界文明国家之比数无如是之大也。我国经济基础既树立于农业之上，则一切社会机构之不脱中古封建制度也宜矣。举凡商业组织、手艺行会、市集交易、乡村制度，甚至国家财政以及其他政治组织种种，遂无不饶有中古风味。以中古之生产方法与社会机构，处 20 世纪舞台之上，与产业先进之列强相角逐，优胜劣败，不待智者而喻，然则为之奈何？曰，工业化而已矣。

我国工业化之需要迫切，据专家估计，渔猎时代，78 方英里或 50000 英亩之土地仅足以供养一户（每户平均五人）；在游牧时代，一方英里足以供养一户；在农业时代 30 英亩足以供养一户；而在工业时代，如美国罗州，78 方英里可养 35000 人，在纽约区内每方英里居住 18800 人，芝加哥 14000 人，巴黎、伦敦更无论矣。中国沿海人口稠密，著称于时，平均每人耕地不满三华亩，即使耕者尽有其田，亦不足以维持最低限度之生活。据估计国内可移民之处甚少，而东北沦陷，移民范围更狭，故谋解决民生问题，非发展工业不可。此工业化之不容缓者一。英国在18世纪以前农业时期，国富亦强，自18世纪新工业发展以来至1925年112年期间国富增加56倍强，平均每五年增加一倍。现今世界最富之国民亦即工业最发达之国民。据1922年日本内阁统计局估计中国每人财富平均不及百元，现代文明国家之国民无如是之穷者也。欲救中国之穷，端在发展工业，此工业化之不容缓者二。统观近代史籍，惟有工业国征服农业国，而从无农业国统治工业国者。农业国非独不能统治工业国，且也，处近代工业化之潮流中，倘沾沾以农业立国自喜，而不急起直追亟图发展工业，其不沦为殖民地者未之有也。今工业国之强者，已指定中国为其工业品之市场及原料供给地矣，殖民地之厄运已临，吾尚可故步自封，以农业国自满乎？此工业化之不容缓者三。

粗举三端以证我国工业化之切要。然则欲求工业化之推进，其道维何？曰，一面改革社会心理使趋尚工业，一面确定工作步骤，以实力赴之。在农业社会，重士农而贱工商。农为衣食所本，故重视之。工人则目为贱役，商人则称为贾竖贱丈夫。至于士则另成一阶级，认为劳心治人的“君子”；其时一切学者无不以“治人”为出路，所谓“学而优则仕”是也。此种习气在农业的封建社会中有不得不然之势。在现代工业社会中，既以工为立国要素，固无所谓重农；工业既需聪明睿智之士以从事发明、改进及经营，又无所谓劳心治人的特殊阶级。假令工业化之前提为不误，吾以为“工业神圣”一语，确为吾国应时之口号也。今之从事工业者，宜其念兹在兹，视工业为其毕生之神圣事业也可。往者农业时代，工商无须乎技巧，故学而优则仕；今也工业时代，一切新工业制造非科学莫办，学而优则发明、改良与经营；至于仕，有时反受实业家颐指气使而末如之何。此在大工业国家已然，吾国受农业社会之遗毒甚深，尚未达此境地，吾拥护工业化，故以此倡，且深信将来趋势舍此莫属也。

然则工业化之进展，必有其工作步骤，庶几缓急轻重得以权宜进行。吾以为中国工业化之程序莫急于基本工业之建立。所谓基本工业者，酸、碱、钢铁、机器等类而已。钢铁机器等重工业，中国因限于环境，一时不易发展。所应急起立图者为酸碱等母工业耳。此种工业立有基础，其他恃此而制造之工业不患其不发展矣。故吾以为发展中国工业应自基本工业始，有识者或不河汉斯言耶？

（《海王》第9卷第2期，1936年）

合作事业在中国经济建设上之重要①

今天兄弟有很好的机会，能到此地和大家谈话，是很高兴的。我所讲的题目，寿主任早已指定了，是“合作事业在中国经济建设上之重要”。我们要讨论这个题目，首先要明了合作事业，在整个经济制度之下，是如何发生、如何演进，然后可以决定它在现代经济建设中所占的位置。我以为经济制度演进的历史，可以分为三个阶段来说明：产业革命以前，算一个阶段；由产业革命以后，到欧洲大战以前，算一个阶段；由欧洲大战以后，到现在又算一个阶段。这种分法，并非绝对的，不过为说明的便利而已。同时，因限于时间，也不能详细说明，我所要说的，就是提出各阶段的要点，供各位的研究。

产业革命以前，生产的单位很小，一切都谈不上，此时人人都感到生产的不足，所以在这一个阶段的经济制度，完全注重于“生产”。

产业革命以后，机械一天一天地发明，工厂一天一天地增多。因之生产的部门，和生产的效率，都日新月异尽量提高，以至演到生产过剩，而发生经济恐慌。于是经济问题，无论在理论方面、事实方面或政策方面，都一步一步地走到“分配”

① 何廉先生演讲，夏仲升、周立志笔记。

的新阶段来。在此阶段中，纯系资本经济，一切都采自由竞争。竞争的结果，在英国有一句笑话，可以说明。那笑话是这样说："我们可以自由去生产，可以自由去发财！我们可以自由去饿死！"这无异于事实的写真。以中国今日的农民而言，算是痛苦极了，但在资本经济下工作的劳工，也不见得比中国农民安适。如英国纱厂中的女工，她们因要继续工作三小时，才能回家乳小孩。吃乳的小孩，当然不能空三小时不吃乳。于是她们用鸦片给小孩吃，将他痹醉三点钟，等她们回家。像这种惨状，中国的农民还少见！所以分配问题的呼声，不论社会主义者，或社会主义以外的人们，都一致地倡导，并积极地谋一种解决的有效办法。于是"合作运动"，也就应此要求而诞生了！因为合作的机能，确实能于资本经济之外，创造一条自力更生的合理化的经济制度之路！所以它在这一个阶段中，有了相当的进展。

欧战以后，各列强都得了一个教训：知道战争的胜利，不能专靠武器的精良，和将士的英勇；其最后的胜利，却以交战国的经济力为断；所以国与国之战，无异于富力与富力之战。于是各国都注意到他们的国富统计数字，和国入统计数字。但以国富论，即令各国将全国财富，重行按人口平均分配，也不够国民的生活；再以国入的平均数论，也还是不足以达到各个人的生活标准。以世界最富足的美国来说，美国人每人年之平均收入，可达六百元；但就美国的标准生活程度论，也仅能达到三分之一。我们中国，从来没有此项统计。数年以前，丁文江先生，根据各地工厂调查的数字，会做一估计，他说中国人每人每年的平均收入，不过三十元。那时我正从事农村调查，据我的估计，最多不过三十元，实在只有二十七元而已！这个数字，比任何国都低得多。所以假设以诸君每年要用三百元为准，那么已经用了十人的平均收入了；若加一倍用到六百元，便用了二十人的收入了。由诸君的生活推之，也就知道一般人的生活程度了。所以无论何国，到了欧战以后，都感觉到只注意分配，是一个极大的错误！于是又恢复到注意生产来。不过不是绝对地注重生产，而是相对地注重生产。就是说，分配问题，应寓于生产问题中，谋同时解决。换言之，须于适当的生产之中，谋合理的分配。不过要想达到这个目的，绝非资本经济，所能梦想得到。那么，最好的方法，又只有合作的方式，才可承当。所以合作事业，于现代经济建设的过程中，更该占最重要的地位。

由历史的说明，我们已经知道，合作事业在现代经济建设之重要。现在再就近五十年来，经济思想的演进，做一个扼要的比较，更可以证明它的重要性。因为节省时间，我用三个名词，来表示经济思想演进的方式。

一、科学管理：这是说，在一个工厂中，它的生产，要根据消费者的需求，精密计划，从事生产。同时也就是要将分配问题，寓于生产问题中同时谋解决的方法。然而假使不兼采合作方法解决劳动问题，工厂的科学管理是不能完成的。

二、工业合理化：科学管理，仅限于一个工厂，效力有限，若其他同业工厂，不采科学管理，效力更微。所以同一工业，也应一律采科学管理，是这一个同业的整个生产都恰能适合市场的要求。这便是工业合理化。这也是要将分配问题，寓于生产问题中同时谋解决的方法。这种目的，要是合作组织能普遍化，经就可以得到更大的成功！

三、计划经济：计划经济，普通又叫统制经济。因“统制”二字，含义是消极的制裁，我们要积极地倡导，所以我不用统制经济，而用计划经济。计划经济，是将整个工业，都一律用科学管理，一律合理化，使整个社会生产问题和分配问题，得同时解决。所以计划经济，便是现代经济建设的最高理想。而合作组织，就是实现计划经济的一个途径。所以合作事业，在现代经济建设的地位，是十分重要和伟大的。

理论上面，已经讲了。事实又如何呢？大家都知道，世界各国，无论是资本主义的国家或社会主义的国家，民主制度的国家抑或独裁制度的国家，国内的合作事业，无不突飞猛进，这更可作事实的证明。只有我们中国，还没有显著的成效。这不是合作事业，不适宜于中国，实是过去指导组社的人，要负极大的责任！我知道的，竟有若干指导员，专以低利放款为组社的宣传要点，于是合作社的业务，就仅限于借款一途。所谓合作社，直可称为“合借社”。甚至因低利放款的关系，产生了“合作贩子”。这种错误，不惟减低了合作的意义，并使社会人士，对合作发生误会和怀疑。

合作事业，在现代经济建设的过程中，既如此其重要。中国又当此抗战时期，后方建设，十分迫切。所以合作组织，也十分切要。不过，应从何处着手，各有主张。我认为，应当积极地整理内地的小工业。因为中国目前的小工业，实在比集中工业还重要得多！我主张注重未集中的工业，即小工业或家庭工业，有两个原因：第一，原料取给较便，推动较易。在此抗战时期，后方经济建设，应力求普遍。集中工业，事实上不易举办，不如将后方原有的手工艺，加以合作组织。一则，原料就地可取；一则，推行较易。并可借此调剂农村金融，免除过去都市膨胀之弊！第二，中国未集中工业的产品，远在集中工业之上。据我三年前的调查，国货棉织品，十分之八是出自手工业；十分之二，才是机械工业的出品。其他道地国货，几乎全是家庭工业出产的。所以我认为未集中工业，比集中工业还来得重要！本来未集中工业，较集中工业，有两点缺点：一是生产品不易标准化，如“七七手纺机”，他们推进很努力，但所出的纱，粗细不均，不能说不是一个缺点。二是组织单位过小，在生产过程中，及出售成品时，都容易受中间人的剥削，如有名的高阳布，曾推销到东北，但在天津的卖价，据我的调查，生产者所得尚不及百分之六十，竟有百分之四十以上被中间人剥削而去。若用合作组织，共同贩卖，我计算生产者的收获，最少可增至百分之九十二，则其损失还不到十分之一。这两种未集中工业的缺点，合作组织，可以补救第二个；同时因有了合作组织，技术的问题，也可由合作社来解决。现在再举一个例，就以日本来说。五年前，我曾到日本考察过，日本直到今天，国际贸易上主要产品，大部分还不是大工厂制造的，而是家庭工业的产品。以自行车而论，亦纯是家庭工业出产的。名古屋这个地方，便完全不是集中工业的工业区。在此区中，其产品，最初也是不标准化，但是现在都解决了。解决的方法：第一步是用“监察制度”，这就是说不合标准的不准卖；第二步，用合作方式，不惟生产标准化，且可共同贩卖到国外去。这就是说，合作组织，能完完全全解决这个问题。在今天的中国，尤其是今天的四川，大规模的造纸厂、纺纱厂等，短时期内不能解决。就是今天以后，大规模的工厂，也是一样不能普遍地设立。所以我主张由不集中工业着手。

经济建设，不全是工业。农业的改进，更为重要。因农业的生产过程的时期甚长，收入不能不为季节所限制。农民迫于生计问题，只有走入高利贷者之门，或则贱卖贵买，暂救燃眉之急。我记得，当我到东三省调查农村经济时，听着一个农民说有一个“代当店”，当价一元，满一年后，就要还三元六角的利。最初我总不相信，后来拿一件褂子，请那乡民去代当，见他的当票上写着：当价一元，日利一厘，四十日满期。照此算来，一年照三百六十日算当然要生息三元六角了。还有贩卖农产品，前面已经说过高阳布被中间人的剥削，要占卖价的百分之四十以上。大抵在天津的行情，农产品卖价的剥削成分，总在一半上下。在东三省稍好，常占十分之三。这种现象，非常普遍。所以我们要建设农业，唯有组织农民，调整农业金融，指导农业技术，再进而共同贩卖。这些办法，唯有组织农业合作社，才能办得到！

总而言之，合作事业，在现代经济建设中，无论由历史的说明、思想的演进和事实的需要，它都站在极重要的位置，而在我国尤其觉得非推行合作不可。诸君是专学合作的，所以特别提出几个要点，供大家研究研究。

（《合作月刊》第9—10期，1939年）

南开百年学术经典

冒从虎文集

（上）

南開大學出版社
天津

图书在版编目(CIP)数据

冒从虎文集 ：全 2 册 / 冒从虎著. —天津：南开大学出版社，2018.5
(南开百年学术经典)
ISBN 978-7-310-05579-1

Ⅰ. ①冒… Ⅱ. ①冒… Ⅲ. ①西方哲学—哲学史—文集 Ⅳ. ①B5—53

中国版本图书馆 CIP 数据核字(2018)第 068374 号

南开大学出版社出版发行
出版人：刘运峰
地址：天津市南开区卫津路 94 号　　邮政编码：300071
营销部电话：(022)23508339　23500755
营销部传真：(022)23508542　　邮购部电话：(022)23502200
*
三河市同力彩印有限公司印刷
全国各地新华书店经销
*
2018 年 5 月第 1 版　　2018 年 5 月第 1 次印刷
230×155 毫米　16 开本　　71印张　　7 插页　824 千字
定价：298.00 元

如遇图书印装质量问题，请与本社营销部联系调换，电话：(022)23507125

冒从虎（1933—1989），江苏如皋人，西方哲学史研究学者，南开大学哲学系教授。

1955年考入北京大学哲学系，1960年毕业后到南开大学哲学系任教，1985年至1989年任南开大学哲学系副主任，1986年加入中国共产党。曾担任中华全国外国哲学史学会常务理事兼秘书长、天津外国哲学史研究会会长等学术职务。

主要著作有《德国古典哲学——近代德国的哲学革命》《欧洲哲学明星思想录》《潜意识·直觉·信仰——当代中国学者论非理性成份》《欧洲哲学通史》等。

理论的领域中。"(《英国状况 十八世纪》,《马克思恩格斯全集》第1卷,第660页。)对于十九世纪下半叶英国流行的不可知论思潮,恩格斯评述道:"真的,不可知论如果不是羞羞答答的唯物主义,又是什么呢?不可知论者的自然观,完全是唯物主义的。整个自然界是受规律支配的,它绝对排除任何外来的干涉。可是,不可知论者补充道,我们无法肯定或否定已知世界之外的某个最高存在物的存在。"(《社会主义从空想到科学的发展》,《马克思恩格斯选集》第3卷,第386页。)恩格斯深刻地揭露了不可知论的理论上的错误即不懂得实践在认识中的作用;但同时也肯定了它在当时历史条件下的积极的实践意义。

十九世纪末和二十世纪,休谟哲学成为现代各种各样的资产阶级主观唯心主义哲学流派的重要的思想渊源之一。休谟哲学的谬误得到了充分的暴露,它的历史影响的消极方面也愈来愈明显了。但是,我们不能因此就把休谟哲学和反对马克思主义哲学唯物论的现代资产阶级

冒从虎教授手迹

“南开百年学术丛书”出版说明

巍巍学府，百年南开。

2019 年 10 月，南开大学将迎来建校 100 周年。

从筚路蓝缕、举步维艰的私立大学到闻名世界的高水平大学，南开大学走过了一条艰辛曲折而又光明辉煌的道路。在这路途中，一代又一代的南开人坚忍不拔，愈挫愈奋，用实际行动阐释了“允公允能，日新月异”的校训，谱写了中国教育史上的不朽篇章。

学术乃学者立身之本，亦大学立校之基。一百年来，南开学人以自己的勤奋、智慧、心血、汗水，取得了难以计数的学术成果，在国内外产生了广泛而深远的影响。这些成果或酝酿于民族危亡之时，或完成于战火纷飞之际，或草创于风雨如晦之间，或出版于拨乱反正之后。这些著作或开新派，或释旧说，或察幽微，或集大成，嘉惠学子，享誉士林，体现着南开人的学术贡献。

由于时间久远和社会变迁等原因，前辈学人的著作多有散佚和湮没，有的甚至成为海内孤本，搜集颇为不易；即使一些距离现在并不太久的著作，由于当时印数不多，发行不畅，搜集的难度也依然较大；加之出版时间不同，出版单位各异，故而难见系统规模，查找亦多有不便。

出于诸多方面的考虑，藉百年校庆之契机，我们决定编辑出版“南开百年学术丛书”。这部丛书根据著作呈现方式及相关内容，又分为三个系列，即为“南开百年学术经典”“南开百年学术文萃”和“南开百年学术文库”，收录一百年来南开学人具有代表性的专著、论文以及学术自传等。将众多作品汇为一编，既收相得益彰之效，又得研读考索之便，对于文化积累和学术传承亦不无裨益。

我们意在通过这部丛书，全面反映南开学人学术探索、学术创新和学术跋涉的进程，系统展示南开学人的学术品格、学术特色和学术贡献。

我们相信，这部“南开百年学术丛书”必将成为一座学术的丰碑，瞻望前贤，启迪后昆。

我们希望海内外校友和广大读者提出批评和建议，使“南开百年学术丛书”臻于完善。

南开大学出版社

2015 年 8 月

编辑说明

本套文集为西方哲学史学界知名学者冒从虎教授生前的主要著作和论文的结集，基本上反映出作者一生的学术成就。在编辑过程中，本着尊重作者、尊重历史、维护学术严肃性的精神，对文集收入的各篇著作和论文在原则上均力求保持原作的原貌，仅对错、别、异体字进行订正。不过，要把不同时期、源出自不同书刊的各篇原作按统一体例汇编成本文集，也必须做必要的、甚至是较大的修订，故此，特对如下几个方面的修订方案做专项说明。

1. 专名：欧洲哲学或西方哲学及其历史研究在我国几起几落，且研究范式多次转换，加之研究资料均为移译而来，译者处理方式不一，如此等等，造成该领域内许多专名的不同。比如人名，有的多达四五种不同译法；再如术语，也有不少其说不一。在本文集编辑过程中，本着专业优先原则，所有术语均优先以原文发表时段内的《中国大百科全书·哲学卷》为准进行了统一订正，其余极个别专名按公共辞书加以统一订正。

2. 表述：由于历史原因，学界的主流表述语言近年来也有很大的发展变化，当时的一些流行语现在已经罕用，甚至不合规范了。但流行语实际代表着一段历史，完全按今天的规范将其改掉，固然有符合今天流行语的好处，但也会粗暴地抹去了一段文化史。譬如，20世纪七八十年代曾流行一阵“复古风”，不少人建议恢复50年代流行的助词“底”的用法，本文集中也有几篇文章显露出这方面的意图。如果强行改为“的”，则会在不经意间抹杀了用词背后的一段历史。因此，在本文集的处理上尽可能保留历史用法。

3. 注释：注释是本文集编辑中改动最大的部分。按照当时的编辑出版规范，所收入的著作和论文在原文中大部分的注释都是简注或随文注，体例不一，内容不全。此次结集出版，在编辑处理上对所有注释，除极个别无法查到出处者外，均按标准统一体例，以原文发表时段内的权威出处补全，原注个别有错误者，此次也一并做了订正。

著作编

目　录

德国古典哲学——近代德国的哲学革命

西方认识论史纲（节选）

德国古典哲学

——近代德国的哲学革命

前　言

我是教西方哲学史的，对德国古典哲学并没有特别深入的研究。这本书只是反映了近几年来我在德国古典哲学的教学和研究中的一些粗浅的心得。

如果说这本书有什么特色的话，那就在于它力图把德国古典哲学客观地理解为近代德国的一场资产阶级反封建的“哲学革命”（恩格斯语），并且粗线条地勾画出了这场哲学革命发展的基本线索。我认为，这样做也许有助于人们更好地理解马克思主义哲学。

可以说，这是一个尝试。既然如此，作者就不得不在对德国古典哲学的发展过程以及各个哲学家的哲学思想的理解和评价上大胆地提出某些个人的见解，并且从自己的观点出发尽可能地汲取学术界的有关研究成果。

这个尝试究竟取得了多大程度上的成功？我没有把握。但是，书中存在着缺点和错误，则是可以肯定的。恳请专家和读者指正。

本书的“附录”有三篇文章。前两篇（《“思维和存在的同一性”本来只是一个可知论的命题》和《辩证法也有它保守的方面》）是在有关刊物上发表过的。我一向认为，哲学史的教学和研究应当有助于人们理解现实，理解现实生活中提出的重大的哲学理论问题。上述两篇文章就是这种指导思想的产物。

"附录"的最后一篇文章（《"形而上学"和"形而上学的思维方法"》）是新写的。关于西方哲学史上"形而上学"一词的历史沿革，有不少论著提到过，甚至有专文进行过论述。但我总觉得有些问题似乎还没有说得很清楚。因此，为了更好地理解德国古典哲学，草成此文。

在西方哲学史的教学和研究中，我不时向我的许多老师、老一辈专家和老同学请教，得到了他们热情的指导和帮助。对此，我是十分感激的。

在成书过程中，南开大学哲学系外国哲学教研室的青年教师刘向东同志，研究生巴发中、毛怡红、杜蒲和汪弥等同志帮助我做了不少工作，特致谢意。

冒从虎

1983 年春节于南开大学

绪 论

以康德、费希特、谢林、黑格尔和费尔巴哈为代表的德国古典哲学，是18世纪末至19世纪初德国新兴资产阶级的哲学。德国古典哲学的发展从意识形态上反映了近代德国资产阶级的成长过程。

和17—18世纪英国、法国的资产阶级哲学一样，德国古典哲学也在德国实现了一场反封建的哲学革命，为1848年德国的资产阶级革命做了思想前导。

德国古典哲学是西方自古希腊以来两千多年哲学发展的总汇，是近代欧洲各国资产阶级反封建哲学发展的高峰。

德国古典哲学是马克思主义哲学创立的直接理论前提。没有德国古典哲学，就不会有科学社会主义。

德国古典哲学对现代资产阶级哲学的发展也有很大的影响。

因此，研究德国古典哲学对于概括历史上哲学发展的规律。批判地继承优秀的历史遗产，深入学习马克思主义哲学，研究和批判现代资产阶级哲学，都具有重要的意义。

一、德国古典哲学的社会历史和自然科学背景

和17—18世纪英国哲学和法国哲学一样，德国古典哲学也是新兴资产阶级反封建的进步哲学。和英法哲学相比，德国古

典哲学在形式上较为保守，但在内容上则较为丰富和深刻。

可以说，德国古典哲学产生的土壤不良带来了它的先天不足的弱点。这主要表现在如下两个方面。

第一，德国长期处于封建割据状态，资本主义发展缓慢。

我们知道，16—17 世纪，英国和法国就先后克服了封建割据，形成了强有力的中央政权。可是，直到 19 世纪初，德国仍然处于封建割据状态，未能实现民族统一。

早在公元 962 年，德国就有了一个名为“德意志神圣罗马帝国”的中央政权，但这个中央政权只是一个空名，德国实际上一直处于四分五裂的封建割据状态。16 世纪，德国市民发动了欧洲近代史上资产阶级反封建的第一次大起义，即路德领导的反对当时欧洲最大的封建主罗马天主教会的斗争。路德的宗教改革运动唤起了全国性的农民起义。由于德国市民的动摇和叛变，以闵采尔为领袖的德国农民战争很快遭到了失败。宗教改革运动和农民战争虽然给了封建制度，特别是罗马天主教教会的封建势力以有力的打击，但同时却又加强了各地封建诸侯的力量。16 世纪后，德国陷于连年不断的战争之中，特别是 17 世纪上半叶的“三十年战争”（1618—1648），使生产力遭到了极大的破坏。“三十年战争”后，德国出现了三百多个各自为政的诸侯王国。直到 19 世纪初，德国仍然分裂为 36 个诸侯统治区。

长期的封建割据局面，严重地阻碍了德国资本主义的发展。18 世纪下半叶，英国正在进行产业革命，各个工业部门先后被机器武装起来。英国已经成为对世界各国的经济和政治发展有重大影响的资本主义国家。此时，德国仍然是一个十分落后的封建国家，封建土地制度盛行于农村，封建行会制度束缚了城市工商业的发展。工业还处于以手工劳动为基础的个体手工业和工场手工业阶段。在国际市场上，德国商人除了一点手工业品外，拿不出什么像样的东西能和英、法、荷等先进资本主义国家的商品竞争，大批外国货充斥德国市场，德国工业一蹶不振。直到 19 世纪三四十年代，德国工商业才得到了较迅速的发展。

第二，德国资产阶级形成较晚，资产阶级革命发生较迟。

恩格斯指出："在英国从 17 世纪起，在法国从 18 世纪起，富有的、强大的资产阶级就在形成，而在德国则只是从 19 世纪初才有所谓资产阶级。"[①]由于长期的封建割据，资本主义发展缓慢，德国市民经济力量薄弱，人数少，加之又不集中，在政治上就表现得十分保守、怯弱。在法国革命的推动下，特别是在拿破仑入侵德国之后，德国市民才逐渐形成一个阶级，提出了民族统一、实行资本主义改革的政治要求。19 世纪三四十年代，德国资产阶级开始强大起来，敢于同封建专制制度进行斗争了。可是当它敢于同专制制度直接对峙的时候，它又发现自己背后站着一个强大的敌人——正在觉醒的无产阶级。马克思写道，德国资产阶级"既脱离国王，又远离人民，对国王和人民双方都采取敌对态度，但是对于每一方的态度都犹豫不决，因为它总是在自己前面或后面看见这两个敌人；……它操纵革命的舵轮，并不是因为它有人民为其后盾，而是因为人民在后面推着它走……""它……对于保守派来说是革命的，对革命派来说却是保守的；不相信自己的口号，用空谈代替思想，害怕世界大风暴，同时又利用这个大风暴来谋私利。"[②]1848 年，德国资产阶级被劳动群众推上了革命的道路，但它很快便抛弃了

① 恩格斯：《德国的制宪问题》，《马克思恩格斯全集》第 4 卷，人民出版社 1958 年版，第 52 页。

② 马克思：《资产阶级和反革命》，《马克思恩格斯全集》第 6 卷，人民出版社 1961 年版，第 126—127 页。

劳动群众，和贵族妥协，造成了革命的失败。

德国古典哲学深深地打上了德国资产阶级那种既向往革命，而又不敢实行革命的两面性格的印记，具有强烈的保守性、妥协性。

然而，德国古典哲学也有17—18世纪英法哲学所没有的优越条件。

首先，德国古典哲学产生于英国革命之后和法国革命发生之际。这两次革命，特别是法国革命给予人们的思想以极大的震动：社会历史并不是僵硬不变的，一种新的社会制度代替一种已经腐朽了的旧制度是历史的必然。德国人虽然没有积极参加这种实际斗争，但他们却用抽象思想活动伴随了近代各国的发展。德国哲学家们从德国软弱的资产阶级立场出发，汲取、消化英、法革命所提供的丰富的经验材料。可以说，德国古典哲学乃是英、法革命的德国理论。

其次，18世纪末到19世纪初，欧洲社会生产力和自然科学正在向着一个新的阶段发展。这就给德国古典哲学提供了新的丰富的营养。

18世纪下半叶，英国发生的用机器生产代替手工劳动的工业革命，逐步渗透到各个工业部门，扩展到欧洲各国。即使在当时资本主义发展较为缓慢的德国，19世纪初，各个工业部门也逐渐为机器所武装。

在社会生产力发展的基础上，这个时期的自然科学也获得了很大的发展，取得了许多新的成就，开始由搜集材料的阶段过渡到整理材料的阶段，突破形而上学绝对不变的观点，揭示自然过程的联系和发展。

在这个时期，天文学方面的一个重大的进步，就是天体演化思想的产生和传播。1755年，康德发表了《宇宙发展史概论》。

在这本书中，康德力图表明，地球和太阳系都不是亘古不变的，而是在时间上逐渐生成的。1794 年，法国数学家和天文学家拉普拉斯（1749—1827）在《宇宙体系论》一书中，独立提出了和康德类似的星云假说，并做了详细的数学论证。这种天体演化的思想打开了 17—18 世纪占统治地位的绝对不变的形而上学自然观的缺口，成为后来自然科学继续进步的起点。按照这种思想，地球本身就是一个逐渐生成的东西，那么，地球上的一切，包括地质、气象、植物和动物等，就不可能是一成不变的，也一定各有其形成和发展的历史。

在这个时期，地质学开始从矿物学中分化出来，形成一门独立的科学。地质学通过对地壳岩层的顺序和生物化石的分析研究，逐步形成了关于地质的发展观点。德国地质学家维尔纳（1749—1817）和英国地质学家赫顿（1726—1797）都从不同角度用历史发展的观点来说明地壳和生物的变迁。

在生物学方面，这个时期也出现了生物进化的思想。1759 年，德国生物学家卡·弗·沃尔弗（1733—1794）提出进化论思想，批驳了物种不变论。法国生物学家布丰（1707—1788）提出了关于生物变异性的猜测。法国生物学家拉马克（1744—1829）发表了生物进化的学说，提出了外部环境引起有机体变异和获得性遗传的思想。

这个时期，自然科学家们对物质运动的非机械的形式，如物理的、化学的运动形式，进行了广泛的研究，同时还注意到这些不同运动形式之间的联系和转化。比如，卡诺（1769—1832）所奠基的热力学揭示了热现象和机械现象之间的联系。戴维（1778—1829）关于电流化学作用（电解现象）的发现，揭示了化学过程和电过程之间的联系。法国科学家拉瓦锡（1743—1794）推翻了燃素说，奠定了关于燃烧和氧化过程的理论的基础。英国科学家道尔顿（1766—1844）在化学上发现的定比定律和倍比定律，表明了化学元素的质变对它的量的构成的依赖关系。物理学和化学的进步，有力地冲击着传统的机械论、形而上学的自然观。

但是，整个说来，在这个时期，形而上学自然观在自然科学中仍然占据着主导的地位。不过，正如恩格斯所指出的，认为事物是既成的东西的形而上学，是从那种把非生物和生物当作既成事物来研究的自然科学中产生的。而当这种研究已经进到可以向前迈出决定性的一步，即可以过渡到系统地研究这些事物在自然界本身中所发生变化的时候，在哲学领域内也就响起了旧形而上学的丧钟。

显然，自然科学的这种新的进展对于德国古典哲学中的辩证法思想的形成和费尔巴哈唯物论的创立是有很大影响的。

再次，英国和法国哲学也为德国古典哲学提供了丰富的思想资料。17—18 世纪的哲学界，是十分丰富多彩的：在本体论方面，有机械唯物论、二元论、主观唯心论和客观唯心论；在认识论方面，有经验论、唯理论、独断论和怀疑论；在神学观点方面，有自然神论、道德神学论、泛神论和无神论；在社会政治、伦理观方面，有社会契约说、天赋人权论、人性论和功利主义；等等。英、法资产阶级哲学是在批判宗教神学、经院哲学的斗争中形成和发展起来的。在资产阶级哲学中也存在着错综复杂的矛盾，这里有丰富的哲学斗争经验，也有深刻的教训，还留下了许多尚待进一步研究的问题。所有这些都使德国哲学家们必须，而且也有可能把哲学推向一个新的高度。

由上述可见，尽管德国古典哲学有它的先天不足的弱点，但它后天的营养却是很充足的。因此，德国古典哲学和西方哲学史上过去的所有哲学相比较，在思想内容方面是最为丰富、最为深刻的，是近代资产阶级反封建哲学的高峰，在人类认识史上占有重要的地位。

二、德国古典哲学发展的一般线索

在德国古典哲学的发展过程中，始终交织着唯物主义和唯心主义、可知论和不可知论、辩证法和形而上学的矛盾和斗争。这里有四条线。第一条线是德国古典哲学同宗教神学的矛盾。第二条线是德国古典唯心主义（康德、费希特、谢林和黑格尔）同法国唯物论的矛盾。第三条线是德国古典唯心主义者之间的可知论和不可知论、辩证法和形而上学的矛盾。第四条线是德国古典哲学中的费尔巴哈的唯物主义同德国古典唯心主义的矛盾。在德国古典哲学的实际发展过程中，这些矛盾始终是纵横交错的。但是，如果对于这些矛盾不加分析地混为一谈，那就不可能正确地理解德国古典哲学的本质。

和近代欧洲各国的资产阶级哲学一样，德国古典哲学也主要是在反神学、争自由的斗争中形成和发展起来的。18 世纪末至 19 世纪初，德国还是一个封建国家，在意识形态领域内，宗教神学仍然占据统治地位。德国哲学家们继承英法哲学中的反对神本主义的人本主义精神，通过不断抬高“人”的地位去贬抑“神”的地位，直到最后用“人”否定了“神”，完成了近代德国资产阶级对封建神学的批判。德国古典哲学的人本主义思想的发展大致经历了两个阶段。首先是康德、费希特、谢林和黑格尔等唯心主义者高扬人类理性（“自我意识”）的旗帜，向神学进攻，表达争取自由的愿望。恩格斯指出：“1750 年左右，德国所有的伟大思想家——诗人歌德和席勒、哲学家康德和费希特都诞生了；过了不到二十年，最近的一个伟大的德国形而上学家[①]黑格尔诞生了。这个时代的每一部杰作都渗透了反抗当时整个德国社会的叛逆的精神。”[②]但是，这些德国现实的叛逆者、代表德国美好未来的“先知”，却都是一些极为复杂、十分矛盾的人物。这些资产阶级的思想代表竟被封建王朝尊奉为青年的导师（大学教授）和国家哲学家。他们一方面鼓吹唯心论，反对唯物主义和无神论，同封建神学搞妥协，为专制制度粉饰、祝福；另一方面，他们又在迂腐晦涩的言词中隐藏着反封建的革命要求，发挥辩证法思想，批判神学，争取自由。封建王朝的国家哲学家们又致力于推翻封建王朝的精神支柱——宗教神学；而在批判神学的同时又为神学留下地盘，并且丝毫不敢触犯神所恩赐的国王；如此等等。这些矛盾正是正在形成过程中的德国资产阶级的二重性在意识形态上的反映。因此，在研究德国古典唯心主义哲学的时候，人们就不应当轻信哲学家们著作中的某些表面的词句，而要善于从他们的迂腐言词中揭露其中隐藏着革命精神；既要看到这些唯心主义哲学的强烈的保守性，又要看到其中包含着的积极的批判成分。不能因为他们是唯心主义者，同神学、专制制度搞妥协，就把他们的哲学归结为是为宗教神学做论证的，是为专制制度服务的。德国古典哲学中的人本主义思想发展的第二个阶段便是费尔巴哈的“人本学”唯物主义。费尔巴哈继承了德国古典唯心主义的人本主义精神，用以自然为基础的感性物质的人代替德国古典唯心主义的“自我意识”的“人”，并在此基础上彻底否定了“神”，从而完成了近代德国资产阶级批判宗教的历史任务。

德国古典唯心主义者在批判神学的同时又公开抨击法国唯

---

①“形而上学”一词在这里是指研究经验以外的问题的哲学。

② 恩格斯：《德国状况》，《马克思恩格斯全集》第2卷，人民出版社1957年版，第634页。

物论和无神论。德国哲学家们同情和肯定法国启蒙运动，特别欣赏卢梭关于自由和平等的学说，甚至还赞扬法国唯物论者批判传统神学的革命精神，但是，他们却把唯物论哲学说成“肤浅思想、抽象思想”[①]，责难唯物论挖掉了道德和宗教的“柱石”。[②]这就突出地反映了德国资产阶级的软弱性和妥协精神。但是，那种认为德国古典唯心主义首先和主要是反对法国唯物论的，说它是对法国唯物论的反动，甚至说德国古典唯心主义是德国贵族对法国革命的反动的观点，则是不适当的。因为这种观点完全抹杀了德国古典唯心主义的反封建的本质。

德国古典唯心主义的发展过程，就是费希特批判康德、谢林批判费希特、黑格尔批判谢林的过程。康德摧毁了莱布尼茨-伏尔夫“形而上学”，开始了哲学革命。但是，康德在批判“形而上学”独断论时候又走向了另一个极端，陷入了不可知论，导致思维和存在的分裂。费希特、谢林和黑格尔相继发挥辩证法思想，在唯心主义的基础上论证了思维和存在的同一性。德国古典唯心主义者之间的这种批判和斗争，乃是德国资产阶级的自我批判，反映了正在形成过程中的德国资产阶级日益成熟和反封建情绪的逐步增长。

费尔巴哈对德国唯心主义的批判，同样也是德国资产阶级的自我批判。它反映了19世纪三四十年代正在进行革命准备的德国资产阶级的反封建情绪的急剧高涨。费尔巴哈突破了黑格尔的唯心论体系，在唯物论的基础上论证了思维和存在的同一性，并且从以自然为基础的“人”出发，同基督教神学公开决裂。不过，费尔巴哈的唯物主义是形而上学的。在社会历史领域内，费尔巴哈还是一个唯心主义者。

---

① 参见黑格尔：《哲学史讲演录》第4卷，商务印书馆1978年版，第225页。
② 参见康德：《纯粹理性批判》，三联书店1957年版，第354页。

总的说来，德国古典哲学是在反神学、争自由的斗争中形成和发展起来的，经历了德国古典唯心主义和费尔巴哈的唯物主义两大阶段。从思维和存在有没有同一性这个方面说，德国古典哲学又可分为康德的不可知论阶段，费希特、谢林和黑格尔的辩证唯心主义的思维和存在同一论阶段，以及费尔巴哈的形而上学唯物主义思维和存在同一论阶段。这就是德国古典哲学发展的基本线索。

第一章　德国古典哲学的先驱

德国古典哲学是 17—18 世纪欧洲各国先进哲学思想的汇合，同时也是德国 16 世纪以来反封建的进步思想的继续和发展。为了更好地理解德国古典哲学，我们首先对路德、闵采尔和莱布尼茨的神学、哲学思想做简要的评述。

第一节　路德的宗教个人主义

16 世纪，马丁·路德（1483—1546）发动的宗教改革运动，是欧洲近代史上的资产阶级反封建的第一次大起义，是德国资产阶级对封建神学展开的第一次有力的冲击，它对后来德国资产阶级哲学的发展有着很大的影响。

15—16 世纪，罗马天主教会是欧洲反动封建势力的总代表。它不仅是欧洲封建势力最高的精神支柱，而且是欧洲政治上最野蛮的压迫者，经济上最残酷的剥削者。罗马教会握有欧洲三分之一的土地，不仅对农民进行敲骨吸髓式的剥削，而且还通过各种封建义务、苛捐杂税（如“免罪符”等）大量搜刮民财。它不仅严密控制各国的教会，而且打着“天主教大家庭”的幌子，鼓吹“教会高于世俗政权”的反动理论，践踏欧洲各民族国家的主权，干涉各国的内政，派遣“十字军”疯狂镇压各国的人民革命运动，妄图阻碍欧洲各地统一的民族国家的形成和资本主义的发展，以维护垂死的封建制度。罗马教会和各国的教皇派，是当时最反动的封建势力。

在这个时期，反封建的阶级斗争，反映在思想战线上，集中地表现为批判天主教神学的斗争。恩格斯指出：“为要触犯当时的社会制度，就必须从制度身上剥去那一层神圣外衣。”[①]市民、农民和世俗地主都从各自不同的阶级要求出发，向着天主教神学发动进攻。但是，由于在欧洲整个中世纪，神学在知识领域内占据绝对的统治地位，流毒极深，因此，革命反对派的反对封建神学的思想，在一段时期内不得不掩盖在基督教辞令的外衣之下，以神学异端的形式出现，同正统的封建神学相对立。

1517 年 1 月 30 日，德国维腾贝格大学神学教授马丁·路德（1483—1546）在维腾贝格教堂的正门上张贴了一张大字报《九十五条论纲》，揭露罗马教会强行推销“免罪符”的欺骗行径。出乎路德的意料，他放出的这一道闪光，竟引起了燎原的烈火。整个德意志都行动起来了。市民、平民、农民、低级贵族、诸侯都抱着不同的目的投入了运动。特别是农民、平民到处暴动，驱逐僧侣，捣毁寺院，打击富豪，动摇着以罗马教会为首的整个封建制度。

路德是德国市民的代言人。他的政治目标就是摆脱罗马教会的羁绊，建立一个在世俗政权领导下的、适合市民口味的“廉价的教会”，以利于资本主义的发展。在思想上，路德对抗天主教会的神学哲学理论，是宗教或信仰的个人主义，即把个人的信仰抬高到第一位，反对教会对个人信仰的干预。天主教会认

① 恩格斯：《德国农民战争》，《马克思恩格斯全集》第 7 卷，人民出版社 1959 年版，第 401 页。

为，教皇或教会是上帝在地上的代表，神职人员高于俗人，普通的教徒只有通过教会或神职人员，遵守教会规定的规章，才能同上帝打交道，得到上帝的恩惠。比如，教徒必须购买教会出售的“免罪符”，才能免于上帝的惩罚。路德继承了中世纪神秘主义的异端思想，认为个人同上帝之间的关系无须以教会为中介，每一个教徒只要对上帝抱有虔诚的信仰，通过研读《圣经》，领会教义，自我忏悔，就可以同上帝直接打交道。在这方面，一切教徒都是平等的。路德说：

首先要记住我已说过的话：无须“事功”（按：“事功”是实行教会规定的各种事务），单有信仰就能释罪、给人自由和拯救。[①]

凡是感觉自己是真正做了忏悔的基督徒，甚至不用免罪符，他就有权利得到对于他的罪过和惩罚的完全赦免。[②]

所谓教士们，无论是传教士、神父，或是教皇和其他基督徒并无不同之处，并非自成团体，或者高于其他基督徒之上的。[③]

路德的这种否定天主教会的权威，抬高个人精神生活的地位的思想，同当时欧洲各国流行的鼓吹个性解放的资产阶级个人主义思潮的基本精神是一致的，具有反封建的进步意义。但是，路德鼓吹的这种个人主义，他所说的自由、平等，仅仅局限于个人信仰、个人精神生活领域之内。我们看到，这位在宗教信仰领域内捍卫自由平等权利的勇士，恰恰正是在现实生活中实行自由平等权利的激烈的反对派。路德声言：

---

① 路德：《论基督教徒的自由》，《西方伦理学名著选辑》上卷，商务印书馆 1964 年版，第 444 页。

② 路德：《九十五条论纲》，《中世纪晚期的西欧》，商务印书馆 1962 年版，第 143 页。

③ 路德：《致德意志贵族书》，《中世纪晚期的西欧》，商务印书馆 1962 年版，第 152 页。

> 在一个世俗的王国中是不可能人人平等的。有些人应当自由，有些人不应当自由，有些人应当统治别人，有些人应当被别人统治着。①

在路德看来，在信仰上，人人应当平等；在实际生活中，则人人应当不平等。这就是说，他在打倒罗马教会统治的不平等的同时，还要维护封建诸侯统治的不平等。这就充分暴露了路德的自由、平等的口号的怯弱性和虚伪性。

路德开始了对封建神学的批判，但是他的批判是十分不彻底的。马克思指出："路德战胜了信神的奴役制，只是因为他用信仰的奴役制代替了它。他破除了对权威的信仰，却恢复了信仰的权威。他把僧侣变成了俗人，但又把俗人变成了僧侣。他把人从外在宗教解放出来，但又把宗教变成了人的内在世界。他把肉体从锁链中解放出来，但又给人的心灵套上了锁链。"② 路德依然是一个虔诚的基督教徒。他所倡导的新教很快便成了一些地方封建诸侯手中的统治工具。正如恩格斯指出的："路德的宗教改革确实建立了新的信条，即适合君主专制的宗教。"③ 路德片面地追求个人精神生活的自由解放的思想，对后来德国资产阶级哲学的发展有很大的影响。

第二节 闵采尔的泛神论

从路德对天主教会宣战，把德国的一切反对派发动起来的

---

① 路德：《对农民十二条要求的诽谤》，《中世纪晚期的西欧》，商务印书馆 1962 年版，第 176 页。

② 马克思：《〈黑格尔法哲学批判〉导言》，《马克思恩格斯选集》第 1 卷，人民出版社 1972 年版，第 9 页。

③ 恩格斯：《社会主义从空想到科学的发展》，《马克思恩格斯选集》第 3 卷，人民出版社 1972 年版，第 391 页。

时刻起，德国各地的农民、平民暴动蜂起。到1524年，地方性的暴动汇成了全国性的大起义。泛神论者、空想共产主义者闵采尔（约1490—1525）就是这次伟大的农民战争的杰出领袖。

和路德不同，闵采尔的神学哲学理论“不仅攻击天主教的一切主要论点，而且也一般地攻击着基督教的一切主要论点”。[①]他既否认《圣经》是唯一的启示，也否认《圣经》是无误的启示。照他看来，真正的、生动活泼的启示应是理性。理性是已经存在于一切时代和一切民族之中，而且还要继续存在下去的启示。把圣经同理性对立起来，这就是以文字毁灭精神。因为《圣经》所宣扬的圣灵，并不是我们身外的东西；圣灵根本上就是理性。信仰不是别的，只不过是理性在人身中活跃的表现。因此，非基督徒同样可以信仰。通过这种信仰，通过生动活泼的理性，人人可以有神性，人人可以升天堂。因此，天堂不在彼岸、来世，必须在我们现实生活中寻找天堂。信徒的使命就是要把天堂即天国在现世上建立起来。既然无所谓来世的天堂，当然也无所谓来世的地狱，地狱就是现实世界的苦难。可见，闵采尔的神学哲学理论是同天主教神学根本对立的。他“在基督教的外形之下传布一种泛神论……个别地方甚至着了无神论的边际”。[②]

闵采尔的社会政治理论是和他的革命的神学哲学理论紧密相连的。正如他的宗教哲学接近无神论一样，他的政治纲领也接近于共产主义。和路德不同，闵采尔不仅攻击教会地主，而且也攻击世俗王公贵族，甚至攻击私有制。闵采尔写道：

直到现在，城市和乡村的贫苦的、平凡的人们，都处

① 恩格斯：《德国农民战争》，《马克思恩格斯全集》第7卷，人民出版社，1959年版，第413页。

② 恩格斯：《德国农民战争》，《马克思恩格斯全集》第7卷，人民出版社，1959年版，第413页。

> 于与上帝的意志和任何正义相违背的境地，承担着宗教贵族、世俗贵族和政府的沉重负担。①
>
> 请看！高利贷、偷窃和盗劫的主因就是我们的老爷和王公们。他们掠夺了他们所能想到的东西：水中的鱼、空中的鸟、田野中的植物——这一切被认为是该属于他们的。……他们压迫所有的老百姓，破坏、抢劫穷苦的农民、手工业者和整个世界。②

闵采尔大声疾呼，要摧毁现存的一切旧制度，恢复早期基督教的本来面目，立即在地上建立起天国。恩格斯指出："闵采尔所了解的天国不是别的，只不过是没有阶级差别，没有私有财产，没有高高在上和社会成员作对的国家政权的一种社会而已。所有当时政权，只要是不依附和不加入革命的，都应当推翻，一切工作一切财产都要共同分配，最完全的平等必须实行。"③

在16世纪宗教改革和农民战争中，德国市民充分表现了它的两面性格。在运动初期，路德毅然决然地向罗马教会宣战，大声疾呼要"运用百般武器来讨伐这些身为教皇、红衣主教、大主教而又伤风败俗不配为人师表的罗马罪恶城的蛇蝎之群"。可是，当农民、平民起来对整个旧制度进行大扫荡，超越了路德的框子的时候，他的面孔突然变了，调子也改了，说什么"我不愿意靠暴力和流血来维护福音"，甚至叫喊要像"打死疯狗一样"去剿灭农民起义。路德这个曾经显赫一时的英雄，很快便堕落为人民革命的叛徒，封建诸侯的奴才。德国市民-资产阶级

---

① 闵采尔：《书简》，《中世纪晚期的西欧》，商务印书馆1962年版，第164页。

② 闵采尔：《对财产不平等和贫困状态的看法》，《世界中世纪史原始资料选辑》，天津人民出版社1959年版，第160—161页。

③ 恩格斯：《德国农民战争》，《马克思恩格斯全集》第7卷，人民出版社，1959年版，第414页。

发动的欧洲历史上的第一次反封建的大起义，正是由于德国市民的叛变而失败了。

第三节　莱布尼茨的哲学思想

17 世纪，德国的资本主义有了进一步的发展，特别是有关宫廷、常备军物质供应的工商业部门发展较快。但较之同时代的英国、荷兰等先进国家来说，德国的经济水平还是相当落后的，发展速度也很缓慢。

正如欧洲各国资本主义发展不平衡一样，欧洲各国的市民-资产阶级的反封建的政治要求也不平衡。17 世纪，英国资产阶级已经向封建专制制度展开夺权斗争。法国资产阶级正在形成，同封建专制制度的矛盾开始激化。然而，这个时期的德国市民-资产阶级还十分分散和软弱。它在政治上崇拜所谓“开明专制”，就是说，只要有一个给予市民-资产阶级一定的地位、容许资本主义的某些发展的君主专制制度，就感到心满意足了。一句话，只求改良，不要革命。

莱布尼茨（1646—1716）就是这个市民-资产阶级的思想代表。他在政治上和宗教上都有调和倾向。在政治上，他拥护所谓“开明专制”，同时又为市民-资产阶级争地位，为资本主义发展争地盘。在他看来，资本主义私人占有制、商品等价交换原则，是人的本性所决定的永恒的“自然法”。莱布尼茨赞同神学，但又反对经院哲学，鼓吹发展自然科学。他本人是柏林科学院的创始人，在数学、物理学、生物学等方面都有突出的成就。他曾和中国清朝皇帝康熙通过信，建议在北京成立科学院。莱布尼茨同当时欧洲各国著名的资产阶级哲学家、科学家如霍布斯、斯宾诺莎、牛顿、惠更斯、列文虎克等人都有交往。他同这些人有着一致的反封建的倾向，但在哲学、政治观点方面，他则保守得多。

莱布尼茨在1714年发表的《单子论》一书，对他的单子论世界观做了系统的阐述。整个单子论是由两个相互对立的基本范畴——“单子”和“上帝”（或最高单子）构成的。莱布尼茨力图要解决的问题就是在掩盖并调和单子同上帝的对立的同时，发挥单子的能动发展的思想。

莱布尼茨把宇宙的本原归结为精神性的实体——“单子”。他给单子以种种规定：单子是组成具体事物的单纯实体；没有广延，因而不可分；每个单子都是封闭的，单子之间没有相互作用的道路；单子具有欲求、知觉，具有活动变化的能力；等等。

不难看出，莱布尼茨的单子和机械唯物论的原子完全不同，单子是纯粹的精神实体。在他看来，世界上的各种具体事物不过是这种精神实体的组合。换句话说，物质是精神的派生物。正如列宁指出的：“我的自由转达：单子＝特种的灵魂。莱布尼茨＝唯心主义者。而物质是灵魂的异在或是一种用世俗的、肉体的联系把单子粘在一起的糨糊。”[①]可见，莱布尼茨的世界观是十足的客观唯心主义。

然而，值得注意的是，莱布尼茨特别重视单子的能动原则。他说：

> 能动性是一般实体（按：指单子）的本质。[②]
>
> 一个实体不能没有行动，甚至没有一个形体没有运

① 列宁：《费尔巴哈〈对莱布尼茨哲学的叙述、分析和批判〉一书摘要》，《列宁全集》第38卷，人民出版社1959年版，第430页。

② 莱布尼茨：《〈人类理智新论〉序言》，《十六—十八世纪西欧各国哲学》，商务印书馆1975年版，第519页。

动。[①]

莱布尼茨明确指出，单子运动的原因不在外部，它本身具有运动的内在原则，这个原则就是所谓“欲求”。他说：

单子的自然变化是从一个内在原则而来，因为一个外在的原因是不可能影响到它的内部的。[②]

那种致使一个知觉变化或过渡到另一个知觉的内在原则的活动，可以称为欲求。[③]

莱布尼茨把单子的运动变化，说成是什么一个知觉向另一个知觉的过渡，并把变化的原因归之于什么欲求，这无疑是唯心主义的，具有强烈的神秘主义色彩。但是，他肯定单子自身具有活动的能力，这一点包含着辩证法的积极因素。我们知道，17 世纪的机械唯物论者把世界的本原归结为机械性的物质微粒。这种物质微粒具有广延性、不可入性和惰性等性质，它的运动变化都是外力作用的结果。这种机械论的物质观，在反对封建神学唯心论的斗争中起了积极的历史作用，但它并没有能科学地解决物质和精神的关系问题。机械唯物论肯定物质第一性，意识第二性，这是正确的。但是，如果说物质本身是惰性的，自己没有运动的能力，那么能动的精神是从何而来的呢？因此，尽管机械唯物论激烈地反对唯心论，但在一些关键问题上，它还是不可避免地要陷入二元论，甚至唯心论。莱布尼茨一方面以赤裸裸的唯心论反对机械唯物论，另一方面又企图以唯心主义辩证法去改正机械唯物论把物质和运动相割裂的缺点。他的单子的能动原则，就是他的唯心主义体系中的积极的

① 莱布尼茨：《〈人类理智新论〉序言》，《十六—十八世纪西欧各国哲学》，商务印书馆 1975 年版，第 506 页。

② 莱布尼茨：《单子论》，《十六—十八世纪西欧各国哲学》，商务印书馆 1975 年版，第 484 页。

③ 莱布尼茨：《单子论》，《十六—十八世纪西欧各国哲学》，商务印书馆 1975 年版，第 485 页。

辩证法因素。列宁在评述莱布尼茨的单子能动性的思想时指出："莱布尼茨通过神学而接近了物质和运动的不可分割的（并且是普遍的、绝对的）联系的原则。"[①]我们知道，马克思曾在写给恩格斯的信中说："我是钦佩莱布尼茨的。"[②]列宁写道："大概马克思就是因为这一点（按：指单子的能动原则）而重视莱布尼茨，虽然莱布尼茨在政治上和宗教上有'拉萨尔'特点和调和的趋向。"[③]

在莱布尼茨的体系中，单子是很活跃的，地位也不低。每个单子都有自己的活动能力。每个单子的活动是自由的，它们都各从自己的观点出发，通过知觉参与全宇宙的活动，表象着全宇宙。由于单子内在欲求的推动，知觉的变化不断由低级向高级发展，从微知觉（构成无生命的单子）到明显的知觉（如动物的感觉和记忆）以至精神（即人的理性）。每个单子都是整个宇宙的一分子，而每个单子本身也是一个小宇宙。

然而，我们也看到，在莱布尼茨的体系中，单子的活动也不是"无法无天"的。

首先，莱布尼茨认为，单子的变化只能是连续的、渐进的，决不能出现突变或飞跃。他的箴言是：

> 自然从来不飞跃。[④]

其次，更为重要的是，莱布尼茨在能动的单子上面加上了一个统辖一切单子的主管，这就是莱布尼茨千方百计从多方面加以论证其存在的所谓的全知全能的"上帝"。他认为，单子不

① 列宁：《费尔巴哈〈对莱布尼茨哲学的叙述、分析和批判〉一书摘要》，《列宁全集》第 38 卷，人民出版社 1959 年版，第 427 页。

② 马克思：《致恩格斯（1870 年 5 月 10 日）》，《马克思恩格斯通信集》第 4 卷，三联书店 1958 年版，第 372 页。

③ 列宁：《费尔巴哈〈对莱布尼茨哲学的叙述、分析和批判〉一书摘要》，《列宁全集》第 38 卷，人民出版社 1959 年版，第 428 页。

④ 莱布尼茨：《〈人类理智新论〉序言》，《十六—十八世纪西欧各国哲学》，商务印书馆 1975 年版，第 509 页。

能自生自灭，全为上帝所创造，亦可为上帝所毁灭。他还认为，尽管单子之间互不通气，各自活动，但宇宙间仍然存在着和谐的秩序，这种和谐秩序只能为一个在单子之上的全知全能的上帝事先安排好的，是“因为上帝在规范全体时注意到每一个部分，特别是注意到每一个单子”。[①]这就是莱布尼茨所谓的“预定和谐”说。在这里，莱布尼茨的哲学散发着强烈的僧侣主义的气息。

然而，我们可以看出，尽管莱布尼茨极力吹捧上帝的完善和万能，但他却不因此而贬低或否定单子的实际地位和自由活动的能力。莱布尼茨认为，单子不仅是一个小宇宙，而且高级单子——精神（即人）甚至活像一个小小的神，上帝的荣耀有赖于它的认识和崇拜。他说：

> 如果上帝的伟大和善不为精神所认识和崇拜，就根本没有上帝的荣耀可言。[②]

同时，在莱布尼茨看来，上帝只是像一个立法者一样，事先给宇宙规范出一个和谐秩序的蓝图，而实际生活中的和谐秩序的形成，则完全靠自然本身的途径去解决，而不必麻烦上帝。他说：

> 我们还可以说，作为建筑师的上帝，在一切方面都是满足作为立法者的上帝的。因此罪恶必然凭借自然的秩序，甚至凭借事物的机械结构而带来它的惩罚；同样地，善良的行为则通过形体方面的机械途径而获致它的报偿，虽然这是不能也不应当经常立刻达到的。[③]

---

① 莱布尼茨：《单子论》，《十六—十八世纪西欧各国哲学》，商务印书馆 1975 年版，第 493 页。

② 莱布尼茨：《单子论》，《十六—十八世纪西欧各国哲学》，商务印书馆 1975 年版，第 498 页。

③ 莱布尼茨：《单子论》，《十六—十八世纪西欧各国哲学》，商务印书馆 1975 年版，第 499 页。

可以看出，莱布尼茨的“预定和谐”说，在表面上似乎是抬高了上帝的地位，而实际上却是剥夺了上帝干预世界具体进程的权力。上帝的伟大和光荣，仅在于在宇宙形成之前对宇宙秩序的规范，而不在于在宇宙形成之后对宇宙实际进程的干预。因此，单子在实际生活中仍然保持它的独立地位和自由活动的能力。莱布尼茨的这个思想隐藏着对封建神学的批判成分。

不难看出，在莱布尼茨的体系中，自由活动的单子和全知全能的上帝之间是有矛盾的。然而莱布尼茨却极力掩盖并调和这个矛盾。在他看来，上帝和单子之间的关系，可以在互不损害，各得其所的原则上获得调和。

莱布尼茨对他的哲学的政治背景是毫不隐蔽的。他所说的单子和上帝的关系，实际上就是市民-资产阶级和专制君主之间的关系的升华。他说：

> 上帝对精神的关系，不仅是一个发明家对于他的机器的关系，而且是一位君主对于他的臣民的关系，甚至是一个父亲对于他的子女的关系。①

可见，莱布尼茨对上帝的颂扬，实际上就是对封建专制制度的吹捧；而对单子的地位及其自由活动原则的维护，实际上也就是对市民-资产阶级要求自由地发展资本主义的影射。调和封建专制制度和市民-资产阶级的矛盾，在封建专制制度下争取发展资本主义的自由，这就是莱布尼茨哲学的最终政治目的。

莱布尼茨世界观中的“预定和谐论”和发展的渐进性的思想，反映了德国市民-资产阶级的软弱性和妥协性，是莱布尼茨哲学中的消极方面。莱布尼茨关于单子能动性的辩证法思想，反映了德国市民-资产阶级自由发展资本主义的进步要求，是莱

① 莱布尼茨：《单子论》，《十六—十八世纪西欧各国哲学》，商务印书馆1975年版，第498页。

布尼茨哲学中的积极因素。而整个说来，莱布尼茨哲学的唯心主义、僧侣主义的性质，决定了这个哲学的妥协、保守的基本倾向。

在认识论上，莱布尼茨也是一位调和派。这突出地表现在他的两种真理的学说上。

我们知道，17世纪西欧各国资产阶级哲学在反对经院哲学的斗争中形成了两大派。以法国哲学家笛卡尔为代表的唯理论派只承认理性认识的实在性，否认感性认识的实在性，认为理性认识不依赖于感性认识，为头脑所固有。唯心论的唯理论也就是先验论，在认识路线上是完全错误的。以英国哲学家洛克为代表的唯物主义经验论反对唯心论的先验论，主张一切知识开始于经验。唯物主义经验论坚持唯物论的反映论，在认识路线上是正确的。但是，唯物主义经验论也没有正确解决感性认识和理性认识之间的关系，把理性认识简单地看成感觉经验的分解和组合，不懂得科学抽象的意义。

莱布尼茨力图调和唯理论同经验论的对立。他基本上站在笛卡尔的天赋观念说一边，反对洛克的唯物主义反映论。但是，他也接受了洛克的唯物主义经验论关于认识开始于经验的原则。在他看来，人的心灵既不像洛克所说的是一块白板，也不像笛卡尔所说的生来就具有清楚明白的观念。他认为，心灵好比一块有纹路的大理石，只有经过雕琢才能成为一座雕像。然而，大理石的固有纹路已经决定了它能雕成什么样的雕像。这就是说，知识是由两个方面的因素构成的：一是先天的理性认识，二是后天的感性认识。就像柏拉图的回忆说一样，心灵中先天地包含着某些概念、原则，但模糊不清，只有靠后天的感觉来唤醒它们，使它们逐渐清楚明白起来。莱布尼茨写道：

心灵原来就包含着一些概念和学说的原则，外界的对象只是靠机缘把这些原则唤醒了。[①]

可以看出，莱布尼茨在这里既肯定了理性认识，也肯定了感性认识，但是他根本否认理性认识来自感性认识。因此，莱布尼茨的认识论的基本倾向还是唯心论的先验论。

莱布尼茨为什么一定要把理性认识和感性认识分家呢？他认为：

> 感觉对于我们的一切现实的认识虽然是必要的，但是不足以向我们提供全部认识，因为感觉永远只能给我们提供一些例子，亦即特殊的或个别的真理。然而印证一个一般真理的全部例子，尽管数目很多，也不足以建立这个真理的普遍必然性，因为不能因此便说，过去发生过的事情，将来也会同样发生。[②]
>
> 只有理性能建立可靠的规律。[③]

在莱布尼茨看来，既然感觉经验不能提供普遍必然的知识，那么具有普遍必然性的知识的理性认识就是先天的了。

在这里，莱布尼茨通过形而上学陷入了先验论。按照唯物辩证法的观点，普遍和特殊、必然和偶然、理性和感性等，既有区别又有联系，既对立又统一。普遍性就存在于特殊性之中，必然性就隐藏在偶然性之内。因此，反映事物的普遍性、必然性的知识就包含在带有特殊性、偶然性的感觉经验材料之中。人们只有对这些带有特殊性、偶然性的感觉经验材料进行科学的抽象，才能得到具有普遍性、必然性的理性认识。可是，莱布尼茨在这里就只看到了差别、对立，否认了联系和统

---

① 莱布尼茨：《〈人类理智新论〉序言》，《十六—十八世纪西欧各国哲学》，商务印书馆1975年版，第501页。

② 莱布尼茨：《〈人类理智新论〉序言》，《十六—十八世纪西欧各国哲学》，商务印书馆1975年版，第502页。

③ 莱布尼茨：《〈人类理智新论〉序言》，《十六—十八世纪西欧各国哲学》，商务印书馆1975年版，第504页。

一。说感性认识不具有普遍性、必然性，理性认识具有普遍性、必然性，这是对的。但是，否认理性认识来自感性认识，把理性认识的普遍性、必然性看作先天的东西，就陷入了唯心论的先验论。

莱布尼茨从认识的两个源泉的折中主义观点出发，提出了两种真理的学说。他说：

> 有两种真理：推理的真理和事实的真理。推理的真理是必然的，它们的反面是不可能的；事实的真理是偶然的，它们的反面是可能的。①

莱布尼茨所谓的推理的真理，是指从一些先天的概念、原则演绎出来的知识。比如，在他看来，几何学的公理是人脑先天地固有的，从公理中演绎出来的定理就是推理的真理，具有普遍性和必然性。所谓事实的真理，就是通过归纳一类事物的性质得到的结论，如经验科学中的一些命题，不具有普遍必然性。莱布尼茨承认经验科学知识也是真理，反映了市民-资产阶级发展生产和自然科学的要求。但是，两种真理学说具有折中调和性质，反映了他反经院哲学的不彻底性。

莱布尼茨的认识论的保守性，突出地表现在他认为从认识论上可以证明上帝的存在。在他看来，上帝的存在既是推理的真理，也是事实的真理。他重复经院哲学关于上帝存在的“本体论”的证明，断言上帝的存在是可以“先天地证明”的推理真理。同时，他还认为，认识一个具体事物就是去寻求它的原因，可是，这个原因本身还会有它的原因。在他看来，在漫长的因果系列上必定有一个最后的原因，这就是上帝。这是关于上帝存在的后天证明。由此看来，莱布尼茨的哲学尽管同经院

① 莱布尼茨：《单子论》，《十六—十八世纪西欧各国哲学》，商务印书馆1975年版，第488页。

哲学不同，包含着某些批判的成分，但整个说来，它还没有摆脱神学，带有强烈的僧侣主义的色彩。

莱布尼茨的哲学为他的后继者唯心主义哲学家克利斯坦•伏尔夫（1679—1754）所继承和系统化。伏尔夫抛弃了莱布尼茨哲学中的辩证法思想，发展了莱布尼茨的唯心论和神学观点，构成了一个庞杂的、僵死的“形而上学”体系。伏尔夫的“形而上学”包括四个方面的内容。一，本体论：抽象地静止地研究一些哲学范畴，如存在、非存在，有限、无限，等等；二，理性心理学：论证灵魂不灭；三，理性宇宙论：论证世界在时间、空间上是有限的，等等；四，理性神学：论证上帝的存在。伏尔夫的“形而上学”的基本出发点就是认为，无须感觉经验，人们单凭理性就可以无矛盾地把握住宇宙的本质，一劳永逸地解决哲学、神学上的一切问题。伏尔夫“形而上学”的整个体系是彻头彻尾的唯心论的，在方法论上，则是孤立、静止和片面的。18世纪下半叶，这个极其保守的体系风行一时，为欧洲各大学所采用，严重地束缚了资产阶级思想和自然科学的发展。伴随着法国资产阶级启蒙思想家清算包括笛卡尔、马勒布朗士、莱布尼茨-伏尔夫在内的17世纪的一切“形而上学”体系的斗争，康德在德国也开始了哲学革命，推翻了莱布尼茨-伏尔夫“形而上学”体系。

第二章　康德的批判哲学

引　言

伊曼努尔·康德（1724—1804）是 18 世纪末德国市民-资产阶级的思想代表。他在近代德国哲学发展史上的功绩，主要在于他推翻了 18 世纪末流行于德国和欧洲各国的莱布尼茨-伏尔夫“形而上学”体系，发动了一场资产阶级的哲学革命，开德国古典哲学之先河。

一、康德的生平和政治倾向

康德出生于东普鲁士首府哥尼斯堡（即现在俄罗斯的加里宁格勒）一个马鞍匠家庭。1740 年，康德入哥尼斯堡大学哲学系学习，1745 年毕业。大学毕业后，康德在贵族家庭中担任家庭教师数年。1755 年，康德开始在哥尼斯堡大学任教。1770 年，在他 46 岁时被提升为教授。1797 年，康德辞去大学的教学工作，1804 年逝世。

康德毕生从事教学和研究工作，一辈子没有离开过哥尼斯堡，终生独身，成年后没有进过教堂。

在政治上，康德较之莱布尼茨前进了一步。在 17 世纪，专制君主为了巩固自己的统治，实行了某些有利于工商业发展的政策，在客观上促进了资本主义的发展。因此，弱小的德国市民-资产阶级便安于这种专制统治，只是希望这种专制统治变得开明一些。作为17世纪德国市民-资产阶级的思想代表的莱布尼茨大力鼓吹所谓“开明专制”论，认为开明专制制度是什么“最完善的君主统治之下的尽可能最完善的国家”。到了18世纪，随着资本主义的发展，德国市民-资产阶级同封建专制制度的矛盾逐渐暴露出来了。作为18世纪末德国市民-资产阶级的代言人的康德，开始对专制制度感到不满了，要求进行资本主义的改革。在法国启蒙思想家们的法学观点的影响下，康德开始鼓吹“立法权只能属于人民”“法律面前人人平等”等资产阶级的政治思想，为市民-资产阶级争权。但是，和法国资产阶级不同，软弱的德国市民-资产阶级这时并不想联合劳动群众，通过革命的方式从根本上摧毁封建统治，而只希望实行有利于资本主义发展的改良。康德认为，“一个有错误的国家，法的改革有时会是必要的，但不能由人民群众通过革命的方式来实现”。在他看来，一个理想的政治制度应当是立法权和行政权分立，即由人民立法，国王管理的政治制度。他把这种法治国家称为共和国。可是，康德又认为，这种共和国只是人们应当力求实现，但又永远不可能实现的理想。在这里，康德看到了德国的现实不合乎理想，力求在思想上树立一个同德国现实的封建专制制度相对立的资产阶级的理想国家，并且鼓动人们去努力追求。这表明德国市民-资产阶级现在快要长大成人了，开始形成自己的独立的政治见解了。但是，康德又说理想的东西不可能变为现实，这正反映了18世纪末正在形成过程中的德国资产阶级还很软弱，对自己的力量缺乏信心。

马克思在论及康德哲学时指出，要“公正地把康德的哲学看成是法国革命的德国理论”。[①]应当看到，18 世纪下半叶法国掀起的资产阶级启蒙运动，是康德哲学思想形成和发展的一个重要的政治、思想背景。尽管康德是 18 世纪法国唯物论、无神论的反对者，但总的说来，他还是法国启蒙运动的政治上的同情者和友军。康德是法国启蒙思想家的人本主义思想的忠实信徒。据说康德在个人生活方面是一个很有规律的人，邻居们常常根据他每天出门散步经过各家门口的时间来对自己的表。可是，有几天康德的时间表被打乱了，原因是他被卢梭的《爱弥儿》迷住了。卢梭的著作给了康德以深刻的影响。他说他从卢梭的著作中得到的最大教益是：“我学会了尊敬人。”在康德的时代，莱茵河彼岸的法国资产阶级正在向封建专制制度和宗教神学发动猛烈的进攻，鼓吹要把一切都放到“人类理性”（实即资产阶级的意志、要求）这个审判台前来评断一下，顺乎理性者生，逆乎理性者亡。和法国启蒙思想家一样，康德把他的时代称为“批判的时代”，呼吁用“人类理性”去批判一切。他说：

> 现代尤为批判之时代，一切事物皆须受批判。宗教由于其神圣，法律由于其尊严，似能避免批判。但宗教法律亦正以此引致疑难而不能得诚实之尊敬，盖理性唯对于能经受自由及公开之检讨者，始能与以诚实之尊敬。[②]

然而，康德是从德国软弱的市民-资产阶级立场看待法国革命风暴的。他同情、欢呼法国启蒙运动，并从中汲取反神学、争自由的资产阶级反封建的革命精神；可是，当他把法国资产阶级的反封建的革命学说移植到德国来的时候，他又多方设法

① 马克思：《法的历史学派的哲学宣言》，《马克思恩格斯全集》第 1 卷，人民出版社 1956 年版，第 100 页。

② 康德：《纯粹理性批判》，三联书店 1957 年版，第 3 页脚注。

磨去其棱角，锉钝其锋芒，实行德国式的改造，以适应德国市民-资产阶级的改良主义路线的需要。因此，康德力图在反神学的同时为神学留下地盘，在争自由的同时而不触犯现存制度。不过，应当看到，贯穿于康德哲学体系的一条主线，乃是法国启蒙思想家们所倡导的反对神本主义的人本主义精神。康德哲学的中心不是“神”，而是“人”，人的自由。在康德哲学中，一切（包括“神”在内）都得围绕着“人”这个轴心旋转。排斥、削弱“神”的权威，伸张人类理性的权威，确立“人”在自然界和人类社会生活中的主宰地位，这乃是康德哲学的基本精神，也是它的反封建的革命意义所在。因此，那种把康德哲学说成是对法国革命的反动的看法，把康德哲学的目的说成是为宗教神学做论证的观点，是不适当的。

二、康德“前批判时期”的哲学思想

康德哲学思想的发展大致可以划分为两个阶段。在 1770 年前，也就是在康德被提升为教授之前，他主要从事于自然科学的研究，此后，便转而研究哲学。人们一般以 1770 年为界限，把康德的思想的发展划分为“前批判时期”和“批判时期”两个阶段。

在“前批判时期”，康德的重大研究成果就是他提出了与当时占统治地位的宇宙不变论相对立的宇宙发展论，从而打击了17—18 世纪流行的形而上学的绝对不变的观点，为近代辩证自然观的形成开辟了道路。

康德在 1754 年发表的论文《对地球从生成的最初在自转中是否发生过某种变化的问题的研究》中，提出了地球自转速度因潮汐摩擦而延缓的假说。康德的这个假说为后来的自然科学所证实，其哲学意义就在于，它表明天体运动是一个变化发展的过程。康德的这个思想在他1755年发表的《宇宙发展史概论》一书中得到了系统的发挥。

16世纪波兰天文学家哥白尼（1473—1543）在天文学上实现了一次伟大的革命。在《天体运行论》一书中，哥白尼用“太阳中心说”取代了当时教会奉行的“地球中心说”，沉重地打击了封建神学，宣布了自然科学对神学的独立。17世纪英国物理学家牛顿（1643—1727）是一位才气横溢、富有创造性的伟大的科学家。他把16—17世纪数学、力学发展的成果概括为一个严整的科学体系。但是，牛顿的机械论思想使他自己陷入了形而上学的绝对不变的观点。在他看来，天体及其相互关系是亘古不变的。牛顿提出了著名的“万有引力”学说，可是这个学说也只能描述行星运动的现状，而不能解决天体运动的根源问题。因此，牛顿无可奈何地引出了“第一推动力”，即上帝，似乎行星及其卫星一旦被神秘的“第一推动力”推动之后，它们便按照预定的轨道一直运转下去。恩格斯写道：“哥白尼在这一时期的开端给神学写了挑战书；牛顿却以关于神的第一次推动的假设结束了这个时期。”①

和17—18世纪流行的关于自然界具有绝对不变性的见解相反，康德在《宇宙发展史概论》一书中，从自然界的历史发展的观点出发，提出了关于天体起源的“星云假说”。按照这个假说，宇宙原来是一团云雾状的、炽热的、旋转着的物质粒子——“原始星云”，由于引力和斥力的作用而产生漩涡运动，逐渐形成太阳、行星和卫星。在《宇宙发展史概论》中，康德重申笛卡尔的名言，宣称：

给我物质，我就用它造出一个宇宙来！这就是说，给

① 恩格斯：《自然辩证法》，《马克思恩格斯选集》第3卷，人民出版社1972年版，第449页。

我物质，我将给人们指出，宇宙是怎样由此形成的。[①]

恩格斯高度评价康德这个假说的巨大的哲学意义，指出，“康德关于目前所有的天体都从旋转的星云团产生的学说，是从哥白尼以来天文学取得的最大进步。认为自然界在时间上没有任何历史的那种观念，第一次动摇了。……康德在这个完全适合于形而上学思维方式的观念上打开了第一个缺口，而且用的是很科学的方法”。[②]恩格斯还指出：“在康德的发现中包含着一切继续进步的起点。如果地球是某种逐渐生成的东西，那么它现在的地质的、地理的、气候的状况，它的植物和动物，也一定是某种逐渐生成的东西，它一定不仅有在空间中互相邻近的历史，而且还有在时间上前后相继的历史。”[③]我们看到，18世纪末和19世纪，当发展的观点逐渐渗透进各门自然科学之后，自然科学就出现了许多重大的突破。

不难看出，康德的星云假说中包含了唯物论和辩证法的因素，在当时历史条件下是对宗教神学的有力冲击，具有反封建的进步意义。但是，在康德身上，始终带着德国市民-资产阶级的软弱性格。就在这部匿名发表的著作中，康德也还是给上帝留了点地盘，说什么自然规律是上帝的“意旨”，只有上帝才是宇宙的“原始原因”，声称“我的体系同宗教是一致的”。[④]

后来，法国天文学家拉普拉斯（1749—1827）独立地提出了类似康德的假说，并做出了数学结论（这个假说后来便以“康德-拉普拉斯假说”为名而载入科学史册）。和康德不同，拉普拉斯在他的天文学体系中矢口不谈上帝。据说，有一次拿破仑

① 康德：《宇宙发展史概论》，上海人民出版社1972年版，第17页。

② 恩格斯：《反杜林论》，《马克思恩格斯选集》第3卷，人民出版社1972年版，第96页。

③ 恩格斯：《自然辩证法》，《马克思恩格斯选集》第3卷，人民出版社1972年版，第450页。

④ 康德：《宇宙发展史概论》，上海人民出版社1972年版，第5页。

问拉普拉斯，为什么在他的天文学体系中不给上帝一个位置？拉普拉斯理直气壮地回答道："我感到没有必要。"

应当指出的是，在"前批判时期"，康德虽然在自然科学中提出了某些唯物论和辩证法思想，但总的说来，在这个时期，康德在哲学上仍然是莱布尼茨-伏尔夫"形而上学"的信徒。

三、康德批判哲学的基本特征

大约从 18 世纪 70 年代起，康德转而研究哲学，着手批判莱布尼茨-伏尔夫"形而上学"，先后发表了三部主要哲学著作：《纯粹理性批判》(1781 年)、《实践理性批判》(1788 年)和《判断力批判》(1790 年)。康德在这三部著作中分别阐述了他的认识论思想、伦理学说和美学观点，构成了所谓"真""善""美"的批判哲学体系。另外，康德还在《任何一种能够作为科学出现的未来形而上学导论》(1783 年，中译本通常简称为《未来形而上学导论》)和《道德形而上学探本》(1785 年)这两本书中扼要地、通俗地讲了他的认识论和道德思想。1795 年，康德发表《论永久和平》一书，阐述了他的社会政治观点。康德对后来哲学发展的影响，主要出自他在"批判时期"所阐发的哲学思想。

在"批判时期"，康德哲学的批判锋芒，主要是针对莱布尼茨-伏尔夫"形而上学"体系。在当时的历史条件下，康德对莱布尼茨-伏尔夫"形而上学"的批判，实质上就是对封建神学的批判。不过，与此同时，康德也不断地批判唯物论、无神论，调和唯物论与唯心论的对立，使二者妥协。总的说来，康德哲学具有二元论的性质。

贯穿于康德整个哲学体系的有两个基本概念："现象"和"自在之物"(亦译为"物自体"或"物自身")。康德一方面肯定在我们之外存在着刺激我们感官从而产生感觉的客体，即所谓“自在之物”；另一方面，他又断言这个客体是不可认识的，认识所能达到的只是“自在之物”刺激我们感官而产生的感觉表象，即所谓“现象”。康德说：

> 作为我们感官对象而存在于我们之外的物是已有的，只是这些物本身可能是什么样子，我们一点也不知道，我们只知道它们的现象，也就是当它们作用于我们的感官时在我们之内所产生的表象。[①]

可以看出，康德在这里力图调和唯物主义同唯心主义的对立。他肯定在我们之外存在着某种客体——“自在之物”，这使他的哲学包含着唯物论的倾向；他排斥唯物主义反映论，否认感觉是对客体的反映，这就使他的哲学具有强烈的休谟式的不可知主义的性质。正如列宁指出的：“康德哲学的基本特性是调和唯物主义和唯心主义，使二者妥协，使各种相互对立的哲学派别结合在一个体系中。当康德承认在我们之外有某种东西，某种自在之物同我们表象相符合的时候，他是唯物主义者；当康德宣称这个自在之物是不可认识的、超验的、彼岸的时候，他是唯心主义者。”[②]

在康德哲学中，“现象”和“自在之物”是两个很含混、很复杂的概念。康德所说的“现象”，并不是指我们日常所说的客观事物的表面现象，而是指一种主观的感觉表象。在康德看来，“现象”，即感觉表象，虽然是由“自在之物”作用于我们的感官而引起的，但是，由于我们感官机能的影响，它并不反映“自在之物”的任何性质，而只是一种纯粹的主观心理状态。按照康德的观点，如果人们身上产生了热的感觉，那必定是“自在

① 康德：《未来形而上学导论》，商务印书馆 1978 年版，第 50 页。
② 列宁：《唯物主义和经验批判主义》，《列宁选集》第 2 卷，人民出版社 1972 年版，第 200 页。

之物”作用于感官所引起的，但这种热的感觉只是主观的心理状态，并不反映“自在之物”的性质，“自在之物”是什么样子，我们一无所知。康德把我们日常感官所接触到的日月星辰、山川大地、树木鸟兽以及社会生活中的种种事物，统统称为“现象世界”。这意思是说，这些东西都不是离开我们感官而独立自在的东西，统统都是我们的感觉表象所构成的。康德明确指出：

> 我们是把自然界仅仅当作现象的总和，也就是当作在我们心中的表象的总和，来认识的。①

显然，这是一种主观唯心主义的自然观。不过康德却极力要把他的哲学同贝克莱的“存在即被感知”主观唯心论划清界限，说他的哲学和贝克莱不同，他肯定在我们之外存在着“自在之物”，尽管我们不能认识它。康德说：

> 事实上，既然我们有理由把感官对象仅仅看作是现象，那么我们就也由之而承认了作为这些现象的基础的自在之物，虽然我们不知自在之物是怎么一回事，而只知道它的现象，也就是只知道我们的感官被这个不知道的什么东西所感染的方式。②

可见，康德是一位反对唯物主义反映论的不可知论者。按照康德的观点，感觉不是联系主体和客体之间的桥梁，反倒是隔离主体和客体的障壁。在康德哲学中，感觉不反映对象，现象不表现本质，主体和客体之间、本质和现象之间存在着一条不可跨越的鸿沟。

康德关于“自在之物”的概念就更为含混了。一般地说，康德所说的“自在之物”，是指存在于“现象世界”之外的某种东西，也即存在于我们的感觉表象之外、作用我们的感官而产

① 康德：《未来形而上学导论》，商务印书馆 1978 年版，第 92 页。
② 康德：《未来形而上学导论》，商务印书馆 1978 年版，第 86 页。

生感觉表象但又不能被我们的感觉表象所把握的某种东西。但具体地说，那就名目繁多，花样百出了。在康德的著作中，“自在之物”这一概念有时指的是作为一个整体的自然界的根源；有时指的是“形而上学”研究的对象：“上帝”“灵魂”（“自我意识”）和“意志”；有时又指的是社会伦理生活中的理想目标（如“共和国”“至善”）；如此等等。在康德看来，所有这些都是人的感觉表象所不能把握的，或者说是不会在“现象世界”中出现的东西。

这样一来，在康德面前就存在着两个世界：一个是可以认识的此岸的“现象世界”；一个是不可认识的或者说是在“现象世界”中不会出现的彼岸的“自在之物”世界。康德借助于这个二元论，在批判神学、肯定科学的同时，又保留神学；在论证资产阶级理想的合理性的同时，又证明其实现的不可能。在康德看来，在“现象世界”中，只有科学的地位，没有神学的地位。上帝这个东西属于彼岸世界，不出现在“现象世界”中，因此是不可认识的，无法从理论上证明其存在。但是，人们在道德生活中，为了维护道德，求得道德和幸福的统一，还必须假定上帝在彼岸世界的存在。同样，在康德看来，资产阶级关于自由、平等的要求，共和国制度的要求，是完全合理的，人们应当努力追求；但是，这些东西也仅仅是一个理想目标，属于彼岸世界的事情，在“现象世界”里，也即现实生活里是不可能实现的。

“现象”和“自在之物”这两个概念，可以说是康德建筑他的整个体系的骨架。在《纯粹理性批判》中，他从认识论上力图证明，人们只能认识“现象”，不能认识“自在之物”。在《实践理性批判》中，他从伦理学上力图证明，“自在之物”不可能在“现象世界”中实现。在《判断力批判》中，他又企图把被他自己横加割裂开的东西统一起来，说什么在艺术作品中“现象”和“自在之物”两者仿佛得到了统一。

整个说来，康德哲学就是围绕着“现象”和“自在之物”的关系，也即思维和存在是否具有同一性这个基本问题展开的。他的二元论、不可知论哲学的基本点，就是否认思维和存在具有同一性。

第一节　认识论

恩格斯指出：“在法国发生政治革命的同时，德国发生了哲学革命。这个革命是由康德开始的，他推翻了前世纪末欧洲各大学所采用的陈旧的莱布尼茨的形而上学体系。”[①]康德对莱布尼茨-伏尔夫“形而上学”体系的批判，是康德继提出天体演化假说之后做出的又一个贡献。在当时的历史条件下，这个批判是对现存宗教的间接批判，具有反封建的积极意义。

我们知道，莱布尼茨哲学是17世纪德国市民的政治、经济要求在哲学上的反映。总的说来，它还没有摆脱神学，很保守，但其中也还包含着某些积极的批判成分。莱布尼茨哲学后来经过伏尔夫的整理和改造，搞成了一个庞杂的毫无生气的“形而上学”体系，为宗教神学做理论上的系统论证，简直成了新经院哲学。和笛卡尔的“形而上学”一样，莱布尼茨-伏尔夫“形而上学”排斥感觉经验，坚持从概念出发进行抽象的推论，从而对它所研究的对象（上帝、灵魂和意志）做出片面的规定，断言“上帝是存在的”，“灵魂是不灭的”，“意志是绝对自由的”，

① 恩格斯：《大陆上社会改革运动的进展》，《马克思恩格斯全集》第1卷，人民出版社1956年版，第588页。

并且认定这些片面的规定是绝对的永恒不变的真理。不难看出，这个“形而上学”体系是唯心主义的，其方法是孤立、静止和片面的。康德本人也曾经是这种教条主义也即独断论哲学的信徒。

然而，随着资本主义的发展，这个极其保守的体系已经不再适合 18 世纪德国市民-资产阶级的胃口了。正当 18 世纪法国启蒙思想家和英国的不可知论者休谟向着 17 世纪的笛卡尔、马勒伯朗士以及莱布尼茨的“形而上学”发动进攻的时候，1781 年，康德发表了《纯粹理性批判》一书，推翻了莱布尼茨-伏尔夫“形而上学”。

康德思想的转变，深受休谟哲学思想的影响。他说：

> 我坦率地承认，就是休谟的提示在多年以前首先打破了我教条主义的迷梦，并且在我对思辨哲学的研究上给我指出来一个完全不同的方向。①

康德借着休谟的相对主义的怀疑论走上了否定绝对主义的“形而上学”的道路。但是，他并不完全同意休谟的观点。在休谟看来，认识的对象就是知觉、印象，在感觉之外是否存在什么东西，这些东西是物质还是精神，都是不可知的。康德则认为，必须肯定作为感觉表象的基础的“自在之物”，尽管我们对它一无所知。因此，康德在批判“形而上学”的独断论的同时，也反对休谟的怀疑论。

康德是从认识论着手批判莱布尼茨-伏尔夫“形而上学”的。他认为，“形而上学”的基本缺陷就是武断，就是说它在没有对人类的认识能力进行仔细考察之前，便预先断定人们不需经验之助，单凭理性就能对宇宙中的一些根本问题做出理论上的绝对无误的证明。因此，康德把“形而上学”称为“独断论”。在

① 康德：《未来形而上学导论》，商务印书馆 1978 年版，第 9 页。

《纯粹理性批判》中，康德力图对人的认识能力做一番批判考察，看看人的认识能力究竟有多大。康德最后的结论是，人的认识能力是有限的，只限于经验范围，不能超出经验，只能认识“现象”，不能认识“自在之物”。在康德看来，“形而上学”所研究的对象（上帝、灵魂、自由）都不是“现象世界”中的东西，而是人的认识所不能达到的“自在之物”。因此，“形而上学”关于上帝、灵魂、自由所做的一切理论证明统统是毫无根据，站不住脚的。

在认识论方面，康德也是一位调和主义者。在17—18世纪的欧洲哲学中，认识论问题占据突出的地位，并且形成了经验论和唯理论两大认识论派别。经验论的原则是，认识开始于经验，从经验中获得的知识不具有普遍性、必然性。和经验论相反，唯理论的原则是，知识具有普遍性、必然性，这种具有普遍性、必然性的知识不是来自经验而是源于理性。经验论和唯理论对人类认识的两个环节感性和理性，分别做了较为深入的探讨，促进了人类认识的发展，但两者均陷入了片面性，不能把感性和理性结合起来，因而在认识论的全体上都是错误的。当经验论和唯理论各执一端，打得不可开交的时候，康德开始意识到争论双方均有片面性，力图将二者结合起来，容纳于一个体系之中。康德的办法是，既肯定经验论的原则——认识开始于经验，又肯定唯理论的原则——具有普遍性、必然性的知识来自理性。他说：

> 虽说我们的一切知识都从经验开始，但是并不能就说一切知识都来自经验。[①]

他还说：

① 康德：《纯粹理性批判》，《十八世纪末—十九世纪初德国哲学》，商务印书馆1975年版，第30页。

> 经验永远不会给予经验的判断以真正的或严格的普遍性……当严格的普遍性属于一个判断的本质方面时，这就指示出一种特殊的知识来源，即先天知识的能力。因此，必然性与严格普遍性是先天知识的可靠标准，彼此不可分。①

按照康德的这个观点，知识有两个来源：一个是感官提供的后天的感觉经验，它是零散的东西；一个是头脑先天地固有的具有普遍性、必然性的认识能力。一个科学知识是由这两方面的因素构成的，两者缺一不可。在康德看来，人的认识活动就是用先天的认识能力（“形式”）去整理后天的感觉经验（“质料”），形成具有普遍性和必然性的科学知识。应当肯定，康德看到唯理论和经验论各自的片面性，并且认识到要获得科学知识就必须在认识中把感性和理性结合起来，这在西方认识论发展史上是一个巨大的跃进。不过，康德本人并没有很好地完成他自己提出的这个历史任务。他并没有真正克服经验论和唯理论二者各自的片面性，而是在保留了二者各自的片面性的基础上，把二者拼合在一个体系中。可见，康德所做的结合工作，实际上不过是调和。列宁在揭露康德哲学的调和性质时，深刻地指出：“在康德承认经验、感觉是我们知识的唯一泉源时，他是在把自己的哲学引向感觉论，并且在一定的条件下通过感觉论而引向唯物主义。在康德承认空间、时间、因果性等等的先验性时，他就把自己的哲学引向唯心主义。”②

康德断言，人心具有三种先天的认识能力：“感性”“知性”（亦译为“理智”“悟性”）和“理性”。与此相应的，人们有三

① 康德：《纯粹理性批判》，《十八世纪末—十九世纪初德国哲学》，商务印书馆1975年版，第31页。

② 列宁：《唯物主义和经验批判主义》，《列宁选集》第2卷，人民出版社1972年版，第200页。

门学问：数学（算术、几何）、自然科学（物理学）和“形而上学”（关于宇宙本体的学说）。“感性”这种先天的认识能力和感觉经验相结合，形成具有普遍性和必然性的数学知识。“知性”这种先天的认识能力和感觉经验相结合，形成具有普遍性和必然性的自然科学知识。数学和自然科学这两门学问都是先天的认识能力和感觉经验的结合，都离不开感觉经验，都是关于“现象世界”的知识，作为科学知识是可以成立的。可是，“形而上学”的情况则大不一样。作为“形而上学”的根据的“理性”，和“感性”“知性”不同，它决意要抛开感觉经验，超越“现象世界”去把握“自在之物”。康德要证明，“理性”的这种努力是徒劳的。因此，作为“理性”的学问的“形而上学”完全是假学问，根本不能成立。

一、关于“感性”的学说

康德所谓的“感性”，是指主体自我借助于感觉经验而形成感性直观知识的先天认识能力，也即感性直观形式。康德认为，一个具有普遍性和必然性的感性直观知识（如“2＋3＝5”）是由两种因素构成的：一是后天的质料即感觉经验；二是先天的直观形式。在他看来，“自在之物”作用于感官而产生的感觉，只是一团混乱的心理状态，只有经过先天的直观形式的整理才能形成一定的感性对象，构成感性直观知识。康德断定，人心中存在着两种先天的感性直观形式：时间和空间。他说：

> 在这个研究过程里，我们将会发现感性直观有两个纯形式，它们是先天知识的原则，这两个纯形式就是空间和时间。[①]

① 康德：《纯粹理性批判》，《十八世纪末—十九世纪初德国哲学》，商务印书馆1975年版，第45页。

康德在这里把空间和时间叫作“纯形式”，意思就是说，空间和时间不是从经验中来的，不包含丝毫的经验成分。他力图证明，空间和时间这两个直观形式完全为人脑先天地所固有，不仅不是从经验中来的，而且是经验形成的前提条件。康德说：

> 空间不是一个从外部经验得来的经验概念。因为为着使某些感觉与在我以外的某些东西（也就是，与在不同于我所在的空间另一部位的空间里的某些东西）发生关系，以及同样地为着我能把那些感觉表象为互相在外、互相靠近，从而不只是彼此不同，并且是彼此在不同的地方，这样就一定要以空间观念作为前提。所以，空间观念不能从外部现象的关系里根据经验获得。正相反，这外部经验本身只是通过我们所设想的空间观念才有可能。①

> 时间不是从任何经验得来的经验概念。因为如果时间观念不是作为一种前提先天地成为同时或继续的基础，那么同时或继续都不会进入我们的知觉里来。只有在时间这个前提之下，我们才能表象许多东西在同一时间存在（同时地）或在不同时间里存在（继续地）。②

康德这两段话的意思是说，我们的空间和时间观念不是从经验中来的，不是事物之间的空间和时间关系的反映。这是因为，人们要想确定事物之间上、下、左、右、前、后的关系，首先在头脑里就得有一个上、下、左、右、前、后的空间观念，否则就不能确定事物之间的上、下、左、右、前、后的空间关系。同样，人们要想确定事物之间的同时、继续的关系，首先头脑里就得有一个同时、继续的时间观念，否则也不能确定事

① 康德：《纯粹理性批判》，《十八世纪末一十九世纪初德国哲学》，商务印书馆1975年版，第46页。
② 康德：《纯粹理性批判》，《十八世纪末一十九世纪初德国哲学》，商务印书馆1975年版，第50—51页。

物之间的同时、继续的时间关系。因此，结论是，空间和时间观念为人脑先天地固有，不仅不是从经验中来的，而且是经验（事物）之所以可能具有空间和时间秩序的前提条件。康德的这种观点，正如他自己所说的，乃是先验唯心主义。

康德用他的时空观来解释数学。在他看来，数学知识之所以具有普遍性和必然性，根源于人心中时间和空间观念的先天性。正因为时间观念是先天的，算术命题（如“7＋5＝12”）才具有普遍性和必然性。正因为空间观念是先天的，几何学公理（如“两点之间直线最短”）才具有普遍性和必然性。在康德看来，数学作为科学只涉及“现象世界”，不反映“自在之物”的任何规律。

不难看出，康德的时空观及其数学理论，是唯心主义先验论。辩证唯物论认为，时间和空间是物质的存在方式。人们头脑中的时间和空间观念，乃是客观事物中的时间和空间关系的反映，是人们在长期的反复的社会实践中逐渐形成和不断发展的。而一当人们头脑中形成了时间和空间观念，人们便可以运用它们去观察、分析客观事物之间的时间和空间关系。从实践经验中形成时间和空间观念，与运用时间和空间观念去观察、分析客观事物中的时间和空间关系，这是一个完整的认识过程中的不可分割的两个阶段。人们正是在这两个阶段的反复交替中，不断加深对客观事物之间的时间和空间关系的理解，不断改变着时间和空间观念。然而，康德却片面地抓住了后一个阶段，完全抹杀了前一个阶段，从而把时间和空间观念说成人脑主观自生的东西，因而陷入了唯心论。

19 世纪下半叶，杜林原封不动地搬出康德的唯心主义时空观和数学理论攻击马克思主义的唯物主义反映论。恩格斯在批判杜林的唯心主义先验论时，深刻地指出：“数和形的概念不是从其他任何地方，而是从现实世界中得来的。……为了计数，不仅要有可以计数的对象，而且还要有一种在考察对象时撇开对象的其他一切特性而仅仅顾到数目的能力，而这种能力是长期的以经验为依据的历史发展的结果。和数的概念一样，形的概念也完全是从外部世界得来的，而不是在头脑中由纯粹的思维产生出来的。必须先存在具有一定形状的物体，把这些形状加以比较，然后才能构成形的概念。……和其他一切科学一样，数学是从人的需要中产生的：是从丈量土地和测量容器，从计算时间和制造器皿产生的。”①恩格斯的这些科学分析也是对康德的先验论的深刻批判。

康德认为，尽管时间和空间是独立于感觉经验的先天的直观形式，可是它们离开了经验却办不了事，没有感觉经验提供质料，它们就是空形式，形不成任何感性直观知识。同时，他还强调，时间和空间这两种直观形式也只适用于整理经验材料，只对“现象世界”有效，同“自在之物”无关，既不反映“自在之物”的任何性质，也不能用之规定“自在之物”。康德说：

> 它们（按：指时间和空间直观形式）应用于对象时只限于对象被当作现象，它们并不呈现物自身。这就是它们有效性的唯一的范围。②

康德的这个思想对于他最后否定“形而上学”无疑是很重要的。

二、关于“知性”的学说

康德所谓的“知性”是指主体自我对感性对象进行思维，

① 恩格斯：《反杜林论》，《马克思恩格斯选集》第3卷，人民出版社1972年版，第77—78页。

② 康德：《纯粹理性批判》，《十八世纪末—十九世纪初德国哲学》，商务印书馆1975年版，第56页。

把特殊的、没有联系的感性对象加以综合，联结成为有规律的自然科学知识的一种先天的认识能力。康德认为，“感性”管直观，“知性”管思维，二者结合起来，形成具有普遍性和必然性的自然科学知识。他说：

> 我们直观永远只能是感性的；……使我们思维感性直观的对象的能力是知性。……如果没有感性，对象就不会给予我们，如没有知性，就不能思维对象。……只有当它们联合起来时才能产生知识。[①]

那么，具体说来，“知性”是什么呢？康德认为，“知性”的综合统一能力的根源是所谓“自我意识”，又叫作“纯统觉”。它的具体表现形式就是范畴这种思维形式。康德提出了十二范畴，列了一张范畴表：[②]

Ⅰ　量的范畴

统一性

多数性

全体性

Ⅱ　质的范畴

实在性

否定性

局限性

Ⅲ　关系的范畴

依附性与存在性（个性与偶性）

因果性与依存性（原因与结果）

交互性（主动与被动之的相互作用）

Ⅳ　样式的范畴

可能性——不可能性

存在性——不存在性

必然性——偶然性

① 康德：《纯粹理性批判》，《十八世纪末—十九世纪初德国哲学》，商务印书馆1975年版，第58页。

② 康德：《纯粹理性批判》，《十八世纪末—十九世纪初德国哲学》，商务印书馆1975年版，第64—65页。

为什么康德要把范畴作为一个问题提出来着重加以研究呢？范畴是一个什么东西呢？它在哲学上有什么意义呢？

范畴是一种思维形式，在认识论和逻辑学中占有重要的地位。我们知道，形式逻辑研究的概念，是反映一类事物的共同本质属性的思维形式。比如，“桌子”这个概念不是指这张桌子，那张桌子，而是对所有桌子的共同本质属性的概括。和形式逻辑概念的思维形式不同，范畴是关于一个具体事物的多方面的存在及其关系的基本形式的逻辑规定，是辩证逻辑研究的对象。辩证逻辑所讲的具体概念，实际上就是一个范畴的联系和转化的系统。人们正是通过研究范畴的联系、转化，力求全面地反映一个具体事物的各个方面的内在联系。离开了和其他范畴的联系，一个范畴便是抽象的、片面的。我们看到，每一门科学都是以客观世界中某种具体事物作为自己的研究对象的，而为了全面地把握自己的研究对象，每门科学都有自己特有的一套范畴。比如，在“政治经济学”中，就有“生产”“交换”“分配”“商品”“货币”等经济范畴。每一个范畴都反映着经济运动的一个方面。经济学家们正是通过研究各个经济范畴及其联系、转化，力求全面地反映客观经济运动的发展规律。和各门具体科学的范畴不同，哲学范畴则是自然界和人类社会的最普遍的存在形式及其关系在人们头脑中的反映，是最基本的思维形式。比如说，“今年的粮食为什么获得了好收成？”这个问题中，就隐含着“原因”和“结果”这对哲学范畴。又比如“小麦是粮食”这句话中，也隐含着“个别”与“一般”这对哲学范畴。人们总是自觉或不自觉地运用哲学范畴在思考问题，离开了哲学范畴，人们就无法进行思维。列宁说：“范畴是区分过程中的一些小阶段，即认识世界的过程中的一些小阶段，是帮助我们认识和掌握自然现象之网的网上纽结。”[①]这就是说，每一个范畴都反映着人们对客观世界的认识的一个环节、一个阶段或一个方面。而人们则通过研究范畴的联系和转化，力图全面地把握客观世界。范畴是人们在长期的社会实践中逐步形成和发展的，随着社会实践的发展，随着人们对客观世界的认识的发展，随着哲学对范畴探讨的逐步深入，范畴及其相互关系的内容会不断丰富和深化，数目也会不断增加。由上述可见，对范畴问题的研究是具有重大的哲学意义的。

欧洲哲学史上，很早就有人开始研究范畴问题了。古希腊哲学家亚里士多德（公元前384—前322）最早发现了“范畴”这一思维形式，并提出了第一个范畴系统。亚里士多德列举了十个范畴：实体、性质、数量、关系、地点、时间、状态、具有、主动和被动。亚里士多德所说的“范畴”一词，在古希腊文中和语法中的“谓词”是同一个词。在他看来，每一个命题必有主词和谓词两项，而所有命题中的谓词都可以归结到除了“实体”范畴之外的其他几个范畴之中，因此，可以说“范畴”是最普遍、最基本的谓词。在亚里士多德那里，“实体”范畴有两层意思：一是指个别事物，如“苏格拉底”，这叫作“第一实体”；一是指类概念，如“人”，这叫作“第二实体”。亚里士多德认为，在一个命题中，“实体”只能用作主词，不能用作谓词，比如可以说“苏格拉底是白的”，但不能说“白的是苏格拉底”。和“实体”不同，其他几个范畴在一个命题中就只能用作谓词，不能用作主词。而所有命题中的谓词均可以分别归入其他几个范畴之中。比如，“苏格拉底是白的”这一命题中的“白”，可以纳入“性质”范畴，

① 列宁：《黑格尔〈逻辑学〉一书摘要》，《列宁全集》第38卷，人民出版社1959年版，第90页。

“苏格拉底坐着”这一命题中的“坐着”，可以纳入“状态”范畴，如此等等。亚里士多德的范畴学说是在批判毕达哥拉斯、柏拉图的唯心主义的过程中形成的。毕达哥拉斯认为“数”是脱离个别事物而独立存在的宇宙本体。柏拉图则把所谓“理念”（实即类概念）看作独立于个别事物并且产生个别事物的本原。针对毕达哥拉斯和柏拉图的这种唯心主义观点，亚里士多德明确指出，世界上唯有“第一实体”即个别事物是独立自存的，“第二实体”（即类概念）以及其他几个范畴全部依附于“第一实体”，离开了“第一实体”就不能存在。因此，毕达哥拉斯和柏拉图把“数”和“理念”说成脱离个别事物而独立存在的东西，是错误的。此外，亚里士多德还初步地研究了范畴的发展序列问题，说“倘这整体只是各部分的串联，本体便当在序次上为第一，其次为质，继之以量”①，“关系范畴后于质与量”②。应当肯定，亚里士多德第一个发现“范畴”这一思维形式，在人类认识发展史上乃是一个重要的贡献。他所提出的十范畴学说，多少体现了本体论和认识论、逻辑和历史相一致的思想，具有自发的唯物主义倾向和辩证法的因素。但是，总的说来，亚里士多德的范畴学说，还是十分幼稚的、朴素的。

在 17—18 世纪，许多哲学家对现象和本质、必然与偶然、实体与偶性、自由和必然、原因和结果、肯定与否定等范畴，分别进行了比较深入的研究，得出了各种各样的结果。现在，康德力图综合这些研究成果，把范畴问题作为一个系统来研究。康德不满于传统的形式逻辑，提倡创立一门不仅关涉思维形式而且关涉思维内容的逻辑学。康德把这种有别于形式逻辑

① 亚里士多德：《形而上学》，商务印书馆 1962 年版，第 237 页。
② 亚里士多德：《形而上学》，商务印书馆 1962 年版，第 291 页。

的逻辑叫作“先验逻辑”，其主要内容便是由上面提出十二范畴构成的一个范畴系统。康德提出要建立一门以研究范畴为主要内容的逻辑学的问题，在认识论发展史上和逻辑发展史上是一个进步，对于黑格尔的唯心主义辩证逻辑的形成有着直接的影响。

康德的范畴学说，渊源于亚里士多德。康德认为，亚里士多德提出范畴这一思维形式，堪称为敏锐的思想家。但他认为，亚里士多德的范畴学说的缺点，就是没有按照一定的原理引出范畴，好像十个范畴是随处捡得的。同时，十范畴中，有些范畴并不是基本的思维形式，而有些基本的思维形式却反而被遗漏了。比如，在康德看来，“时间”和“地点”（即空间）并不能算“范畴”（思维形式），而只是感性直观形式。

那么，应当按照什么原理去引出范畴呢？康德认为，“知性”这种先天的综合统一的能力，在逻辑中便表现为判断能力，即把主词和谓词联结起来的能力。在他看来，任何一种判断形式中必然隐含着一个联结主词和谓词的范畴。比如，在或然判断形式（“S 可能是 P”，“S 可能不是 P”）中，就隐含着“可能性——不可能性”这对范畴。因此，有多少个判断形式也就会有多少种范畴。康德便从形式逻辑的判断分类入手，矫揉造作地从四类十二种判断形式①中引出了四类十二种范畴，以作为“知性”对感性对象进行综合联结的基本思维形式。

康德把范畴叫作“纯概念”。这就是说，范畴不是来自感性对象，不是对感性对象之间的内在联系的反映，不包含任何经验的成分。和时间、空间直观形式一样，范畴也是为人脑所先天地具有的。康德说：

① 参看康德《未来形而上学导论》（商务印书馆 1978 年版）第 69 页上的“逻辑判断表”。

范畴唯源自悟性，而与感性无关。[①]

可见，康德引出范畴的原理，就是先验唯心主义。他不是在社会实践的基础上研究范畴的形成和发展，而是从人脑中、从自我意识中先验地引出范畴。当他把范畴归结为四类十二种的时候，他也就把人的认识能力看成凝固不变的东西了。

康德把范畴看作人心固有的、凝固不变的认识能力，这种观点较之具有朴素唯物论和自发辩证法倾向的亚里士多德的范畴观来说，是大为逊色的。但是，也应该看到，康德的范畴学说，基本上摆脱了亚里士多德十范畴学说的原始性、直观性。康德自觉地把范畴规定为人类思维的基本形式。他所列举的十二范畴学说较之亚里士多德的十范畴，不仅在数量上有所增加，更重要的是在内容上更为丰富，更为深刻了。

康德觉察到了范畴之间的某些联系。他说：

每一类中所有范畴之数常同为三数之一事，实堪注意。其尤宜注意者，则每一类中之第三范畴，常由第二范畴与第一范畴联结而生。[②]

比如，“交互性”范畴就是由“依附性与存在性”（即“偶性”与“实体”）范畴和“因果性”范畴联结而生。康德提出的这个关于范畴排列的“三一式”思想，后来便为费希特、谢林，特别是黑格尔所继承和发挥。但是，总的说来，康德没有致力于研究范畴之间的联系和转化。在他那里，十二范畴之间的关系基本上是平列的、各自孤立的、静止的。

范畴在认识中起着什么样的作用呢？康德认为，尽管范畴是先天的认识能力，不是来自经验，但它却能为感性对象（“自然”）确定规律。在康德看来，通过感性直观在人心中形成的感

① 康德：《纯粹理性批判》，三联书店 1957 年版，第 107 页。
② 康德：《纯粹理性批判》，三联书店 1957 年版，第 89 页。

性对象是孤零零的，其间没有什么联系，只是由于人们运用心中先天具有的范畴去思维对象，才使感性对象之间有了联系，带上了规律性。拿"太阳晒，石头热"这个现象来说，康德认为，感性只告诉了我们两件孤立的事实：一是太阳晒在石头上；二是石头的温度升高了。感性并没有告诉我们这两件事实之间有什么联系。人们只有靠心中先天地具有的"因果性"范畴去思维对象，才能把这两件本来孤立的事实联系起来，说太阳晒是石头热的原因，石头热是太阳晒的结果。康德明确指出：

理智的（先天）法则不是理智从自然界得来的，而是理智给自然界规定的。①

他还说：

悟性……自身实为自然之立法者。②

按照康德的这种观点，人的认识过程不是在实践中反映客观事物的发展规律的过程，反倒是向客观事物强加规律的过程。显然，这是一条从主观到客观的唯心主义的认识论路线。正如列宁指出的："因果性问题上的主观主义路线，即不从外部客观世界中而从意识、理性、逻辑等等中引出自然界的秩序和必然性的主观主义路线……就是哲学唯心主义。"③康德提出的这条唯心主义认识论路线，是同法国唯物论者的反映论路线根本对立的。

不过，也应该看到，康德的这个思想确实触及了法国唯物论者的反映论的消极直观的缺点，通过唯心主义方式突出了人的主观能动性。人在科学实验中所表现的能动作用，给了康德以深刻的启发。在康德看来，自然科学的实验方法表明，人在

① 康德：《未来形而上学导论》，商务印书馆 1978 年版，第 93 页。
② 康德：《纯粹理性批判》，三联书店 1957 年版，第 136 页。
③ 列宁：《唯物主义和经验批判主义》，《列宁选集》第 2 卷，人民出版社 1972 年版，第 156 页。

自然界面前并不是一个消极的直观者，而是一个能动的主体。人们通过科学实验受教于自然界，但在科学实验中人们在自然界面前不像学生在老师面前那样：老师讲什么就听什么；相反，科学实验是理性预先依据一定的原理，经过周密的设计而进行的能动活动，在这里，人主动地提出问题，强迫自然界回答。康德说：

> 理性左执原理，右执实验，为欲受教于自然，故必接近自然。但理性之受教于自然，非如学生之受教于教师，一切唯垂听教师之所欲言者，乃如受任之法官，强迫证人答复彼自身所构成之问题。[①]

康德认为，正是科学实验这种能动的活动能够提供具有普遍性、必然性的科学知识。不难看出，康德的这个思想中包含着合理成分。正如恩格斯指出的："单凭观察所得的经验，是决不能充分证明必然性的。……必然性的证明是在人类活动中，在实验中，在劳动中。"[②]可是，康德却把科学实验活动能够提供普遍性和必然性的知识这一点，歪曲为人的理智先天地给自然立法，甚至要求在认识论上实行一次"哥白尼式的革命"，把认识必须符合于客体的反映论原则倒转为客体必须符合于认识主体的先验论原则，这就陷入了谬误的泥坑。片面地夸张主体、精神的能动性，正是康德的唯心论的人本主义的一个显著特点，它深刻地反映了 18 世纪末德国市民-资产阶级向往革命但又不敢革命的软弱性格。

在"知性"学说中，康德力图调和经验论与唯理论的对立，并企图将两者都容纳于自己的体系中。康德肯定经验论的原

① 康德：《纯粹理性批判》，三联书店 1957 年版，第 11 页。
② 恩格斯：《自然辩证法》，《马克思恩格斯选集》第 3 卷，人民出版社 1972 年版，第 549—550 页。

则，即经验事实之间没有必然性的联系；但他又补充说，知性范畴可以使经验对象带上规律性。康德也肯定唯理论的原则，即唯有理性认识才具有普遍性、必然性；但他也补充道，知性范畴如果不和经验材料相结合就只是空架子，形不成任何知识。他说：

> 此种悟性乃如是一种能力，即由其自身，绝不能认知事物，而仅联结、整理“知识之质料”。①

这就是说，范畴虽然不来自经验，但却缺少不了经验，它只是联结、整理感性对象的能力。

同时，康德还为范畴的应用划定了界限，就是说，范畴只对经验对象有效，只适用于“现象世界”，既不反映“自在之物”的性质，也不适用于规定“自在之物”。康德写道：

> 范畴之使用，绝不能推及经验之对象以外。②

他还说：

> 此等概念（按：指范畴）能用以说明感官世界中所有事物之可能性，但不能以之说明宇宙自身之可能性。③

康德认为，和数学一样，自然科学作为科学也是可以成立的。因为自然科学也是具有普遍性、必然性的先天认识能力和感觉经验结合的产物。自然科学和数学一样，也只是关于“现象世界”的学问，同“自在之物”无关。这样，康德就在唯心主义的基础上为科学争得了地位，同时也为神学留下了地盘。

可以看出，康德关于“知性”的学说同样具有调和的性质。当他肯定因果性等范畴是先天的时，他是唯心论者。当他承认形成自然科学的原理缺少不了经验的时候，又包含着在一定条

① 康德：《纯粹理性批判》，三联书店 1957 年版，第 107—108 页。
② 康德：《纯粹理性批判》，三联书店 1957 年版，第 216 页。
③ 康德：《纯粹理性批判》，三联书店 1957 年版，第 447 页。

件下导向唯物主义的成分。康德强调不能超越经验使用范畴，这就再一次为他否定“形而上学”埋下了伏笔。

三、关于“理性”的学说

康德说：

吾人一切知识始自感官进达悟性而终于理性。①

康德在这里所说的“理性”，是专指人心中具有的一种要求把握绝对的、无条件的知识，即超越“现象世界”去把握“自在之物”的先天的认识能力。在他看来，人们通过“感性”和“知性”所获得的知识，都是关于“现象世界”的知识，因而总是相对的、有条件的。比如，当“知性”运用因果性范畴于经验对象时就会看到，经验对象之间的因果关系是一个无尽的系列：甲是乙的原因，乙是丙的原因，丙又是丁的原因，如此递推下去，没有尽头；反过来，甲也有自己的原因，而甲的原因本身又有原因，如此追溯上去，同样没有尽头。这就是说，在“现象世界”里，一切都是相对的，有条件的，没有什么绝对的“第一因”（没有原因的原因），也没有什么绝对的“最终结果”（没有结果的结果）。可是，在人心中却存在着一种要把相对的、有条件的知识综合成为绝对的、无条件的知识的自然倾向，这就是所谓“理性”。理性的概念——“理念”要求一种无条件的绝对完满的东西。就如同柏拉图的“理念”那样，它是经验事物的范型，但在经验中却没有任何事物能同它完全符合。康德举例说，“容许最大可能的人类自由”应是制定国家宪法的根本原则，也就是国家宪法的“理念”，但实际上古今一切国家的宪法都没有，也不可能完全符合这个“理念”。“现象世界”的事物可以日益接近“理念”，但“理念”不可能在“现象世界”实

① 康德：《纯粹理性批判》，三联书店1957年版，第245页。

现。康德说：

> 理念乃超验的且超越一切经验的界限；无一适合于先验的理念之对象，能在经验中见及。[①]

康德认为，“理性”虽然给自己提出了追求绝对的无条件的知识的任务，可是它绝对完成不了这个任务。这是因为，“理性”所追求的绝对的、无条件的对象在“现象世界”中是没有的。“理性”要这样做，实际上意味着要离开经验，超越“现象世界”去把握“自在之物”。而“理性”要去把握“自在之物”，它本身又没有别的工具，只能请“知性”范畴来帮忙。可是，在“知性”学说中已经证明，“知性”范畴有它的局限性，就是只能应用于“现象世界”，不能应用于“自在之物”。如果“理性”硬要“知性”范畴去担负它所不能担负的任务，超越“现象世界”去规定“自在之物”，从相对的、有条件的东西出，发去追求绝对的、无条件的东西，那就必然要陷入谬误推理或自相矛盾之中，结果还是完成不了“理性”所交给的任务。

如前所述，莱布尼茨-伏尔夫“形而上学”认为，人们不用考虑经验，只要从一些抽象概念或范畴出发，遵循正确的推理规则进行推理，便能够对“灵魂”“世界”和“上帝”做出绝对无误的规定。在康德看来，莱布尼茨-伏尔夫“形而上学”，乃是人心中“理性”追求绝对的、无条件的知识的要求的理论表现。“形而上学”所研究的三个东西也正是人的“理性”所追求的三个最高的“理念”。“灵魂”是一切精神现象的最高、最完整的统一体，“世界”是一切物理现象的最高、最完整的统一体。“上帝”则是以上两者的统一，是一切可能存在的最高统一体。康德要证明，“理性”撇开经验，追求绝对的、无条件的知识的努力是徒劳的，莱布尼茨-伏尔夫“形而上学”关于“灵魂”“世

① 康德：《纯粹理性批判》，三联书店1957年版，第260—261页。

界”和“上帝”的一切表面上似乎头头是道的理论证明，都是毫无根据，自欺欺人的。

关于“灵魂”问题，“形而上学”的理性心理学的基本观点是：灵魂不灭。其基本论据是，灵魂是一个独立的“实体”。康德认为，“实体”是一个“知性”范畴，只适用于规定时间和空间中的感性对象。可是，“形而上学”所说的作为一切精神现象的主体的“灵魂”（或“纯我”）并不出现在时间和空间之中。既然如此，那么就不能用“实体”范畴去规定它，说“灵魂”是什么“实体”了。如果说，“灵魂”连“实体”都称不上，那么坚持灵魂不灭的观点在理论上就毫无根据了。康德认为，“灵魂”不是“现象世界”的东西，而是“自在之物”，因此，关于灵魂是什么，灵魂是灭还是不灭，这在理论上都是说不清楚的，是不可知的。不过，康德在否定了“灵魂”的可知性的同时，又一再表白，灵魂不灭这个论点虽然在理论上说不通，但在实践中即在道德生活中还应当作为道德假设而存在。

关于“上帝”问题，康德驳斥了“形而上学”理性神学关于上帝存在的种种理论证明：本体论证明、宇宙论证明和目的论证明。所谓本体论的证明是说，上帝是一个绝对完满的概念，绝对完满的东西必然包含存在性，否则就不是绝对完满的，所以上帝是存在的。康德批驳说，“存在”这个知性范畴也只适用于规定“现象世界”中的事物，不能用它去规定根本不出现于时间和空间中的“上帝”。一个事物的存在和一个事物的概念是不同的两回事，不能从某个事物的概念中推出某个事物的存在，正像不能从一个人头脑中有一百元钱的概念，就推断他口袋中实际存在一百元钱。他认为，关于上帝存在的其他证明都可以归结为本体论的证明，因此，本体论的证明一经被驳倒，其他证明也就不攻自破了。同“灵魂”问题一样，关于上帝是否存在的问题，康德的结论是：不可知。不过，他又认为，上帝也应当作为道德上的假设而存在。

关于“世界”问题，康德反驳“形而上学”的理性宇宙论的办法，同反驳“形而上学”的理性心理学、理性神学的办法有所不同。在这里，他抬出17—18世纪的机械唯物论同“形而上学”的理性宇宙论相对抗。他力图表明，凡是理性宇宙论用“知性”范畴对“世界”所做的看起来似乎十分有力的论证和规定，都遭到来自机械唯物论的看起来也同样十分有力的反驳。然而，这绝不是说康德肯定机械唯物论对理性宇宙论的批判。按照康德的观点，这两种决然对立的观点都能自圆其说，公说公有理，婆说婆有理，谁也驳不倒谁。在他看来，理性宇宙论同机械唯物论的对立，实际上反映了人的“理性”一旦运用“知性”范畴去规定“世界”，便会陷入不可解决的矛盾（“二律背反”）之中。这说明人的认识能力是有限的，“理性”完成不了它自己提出的任务，“世界”作为“自在之物”本身究竟怎样，在理性上同样是不可知的。

康德提出了四组“二律背反”：

（一）正题：世界在时间和空间上是有限的。

反题：世界在时间和空间上是无限的。

（二）正题：世界上的一切都是由单纯的不可分的部分构成的。

反题：世界上的一切都是由组合的可分的部分构成的。

（三）正题；世界上存在着绝对的自由。

反题：世界上的一切都受因果必然性的制约，没有自由。

（四）正题：世界上存在着一个绝对的必然存在者。

反题：世界上不存在一个绝对的必然存在者。

康德这里列举的“正题”的观点代表了“形而上学”理性宇宙论的观点，其目的还是为了论证灵魂不灭、意志自由和上帝存在。“反题”的观点大体上反映了机械唯物论的观点。康德认为，正反双方的观点针锋相对，力决雌雄，但结果是旗鼓相当，胜负不分。

试以第一组“二律背反”中关于世界在时间上是有限的还是无限的这一争执来说，双方的论点如下。

正题主张：世界在时间上是有限的，即有一个开端。理由是：世界在时间上如果没有开端，那么，在任何“所与的”时间的一点，我们必须说有一个永恒的无限的时间系列已经过去了。那就是说，在“所与的”时间的一点，已经完成了无限的时间系列。可是，这是不可能的。因为，一个无限系列是不可能完成的。所以，世界在时间上是有开端的、有限的。

反题主张：世界在时间上是无限的，即没有开端。理由是：如果世界在时间上有开端，那么，就一定有一个时间，在那时世界还不存在。但是，任何事物不能在空的时间中开始存在，空的时间是空的，一物不能无中生有。并且一件事情相对于空的时间，由此来决定它的时间，是不可能的。一件事情的时间只能相对于在它以前的别的事情的时间而被决定。所以，世界在时间上没有开端，是无限的。

在康德看来，正反双方都能自圆其说，各有各的道理，谁也驳不倒谁，致使“理性”陷入不可解决的矛盾之中。问题在哪里呢？康德认为，问题在于双方的出发点都是错误的，混淆了“现象”和“自在之物”的界限，超越经验胡乱使用了“知性”范畴。在他看来，“世界”如果作为“现象”，那么它完全以自我意识的活动的伸展程度为转移，既说不上有限，也说不上无限；“世界”如果作为“自在之物”，那么，它究竟是有限的还是无限的，则是不可知的。关于第三组“二律背反”的情况也是这样。“世界”作为“现象”，一切都受因果必然性的制约，根本不存在自由；“世界”作为“自在之物”，则可以假定自由的存在，即假定人的意志是不受因果必然性的制约的。康德认为，“理性”在关于“世界”的理念中陷入“二律背反”，说明人的认识能力是有限的，只能认识“现象”，不能超越“现象世界”去认识“自在之物”，说明“形而上学”的理性宇宙论的观点是没有根据的。康德说。

> “纯粹理性所有一切辩证尝试的结果……证明……吾人所有自以为能引吾人超出可能的经验限界之一切结论，皆欺人而无根据。①

康德的“二律背反”学说，也具有调和唯物论和唯心论的折中性质。在康德的时代，法国资产阶级思想家正高举唯物论和无神论的旗帜向着宗教神学和一切“形而上学”进攻。康德在“二律背反”中所列举的正反两方面的观点，正是法国思想战线上针锋相对的两派的基本观点的概括。在当时德国的历史条件下，康德敢于把法国唯物论拿出来同唯心主义的理性宇宙论相抗衡，论证双方斗争的必然性，并借此否定唯心主义的理性宇宙论，应该说，这是很大胆的。然而，他在否定了唯心主义的理性宇宙论的同时也否定了唯物论，并且小心翼翼地一再声称，唯物论的观点有害于道德，唯心论的观点有益于道德，以致在理论上否定了唯心主义的理性宇宙论的同时又力图在道德生活中复活它。这表明，康德身上的保守性是很强烈的。不过应当明确的是，尽管康德不时抨击唯物论，但是，他的“二律背反”学说的批判锋芒主要还是针对莱布尼茨-伏尔夫“形而上学”的。

---

① 康德：《纯粹理性批判》，三联书店 1957 年版，第 456 页。

康德的“二律背反”学说中包含了一定的辩证法成分。首先，它在客观上暴露了 17—18 世纪流行的孤立、静止和片面观点的缺陷。我们看到，莱布尼茨-伏尔夫“形而上学”的体系是唯心论的，方法是孤立、静止和片面的。机械唯物论同“形而上学”的理性宇宙论的对立，是唯物主义同唯心主义两种世界观的根本对立。从哲学的基本路线上看，机械唯物论是正确的，“形而上学”理性宇宙论是错误的。但是，机械唯物论并没有能彻底克服唯心论，一个重要的原因就在于它的发展观即方法论，也是孤立、静止、片面的，换句话说，它的方法论也是“形而上学”的。比如，在机械唯物论者看来，有限和无限、自由和必然、可分和不可分、必然与偶然等，都是彼此孤立的、绝对对立的。在“二律背反”学说中，康德把两派的观点尖锐地对立起来，让双方各执一个片面，并宣布两者皆不能成立。这一方面表明了他的调和立场，同时在客观上也集中地暴露了两派共有的一个缺陷，说明用孤立、静止和片面的观点即非辩证的形而上学发展观点看问题，就不能全面把握真理。

其次，康德的“二律背反”学说不自觉地揭露了这样一个事实，即当人们一定要透过现象去把握事物的本质的时候，思想上就必然会出现矛盾。在康德看来，“理性”中出现“二律背反”，并不是一般因违反形式逻辑的推理规则而造成的错误，也不是人们故意造作的诡辩，而是在认识过程中必然要发生的东西。康德说：

> 纯粹理性之辩证论（按：指矛盾）必须与两端可通之一切伪辩的命题相区别。其有关之问题，非因特殊目的所任意设立之问题，乃人类理性在其进展中所必然遇及之问题。①

康德的这个思想，较之那种认为思想上发生矛盾只是由于

① 康德：《纯粹理性批判》，三联书店 1957 年版，第 328 页。

违背形式逻辑推理规则才会造成的观点，是一个进步，对后来的辩证法思想的发展有很大的影响。但是，康德不懂得人们思想中的矛盾，正是客观事物中的矛盾在主观上的反映。在他看来，客观事物（“自在之物”）中似乎是不应该有矛盾的，矛盾仅仅是主观的“幻相”，思想上发生了矛盾只是说明人的认识能力有局限，无力把握“自在之物”。同时，在“二律背反”学说中，康德所看到的也仅仅是矛盾双方的对立，看不到矛盾双方的联系和转化，并且设法通过把矛盾双方分家的办法以解决矛盾。因而，他只讲“正题”与“反题”，而不讲“合题”。这都说明，康德基本上还没有摆脱形而上学片面观点的狭隘眼界。

康德在谈到《纯粹理性批判》一书的主旨的时候写道：

> 凡粗知本著之大略者，自将见其效果仅为消极的，唯在警戒吾人决不可以思辨理性越出经验之限界耳。此实为批判之主要效用。①

我们看到，贯穿康德的“感性”“知性”和“理性”学说的一条主脉就是只能认识“现象”，不能认识“自在之物”，借以证明莱布尼茨-伏尔夫“形而上学”作为科学知识不能成立。

综上所述，康德的认识论具有调和、折中的特征。在康德的认识论中包含着某些唯物论的和辩证法的因素，这表现在他承认在我们之外存在着刺激我们感官而引起感觉的客体(“自在之物”)，主张认识开始于经验并且离不开经验，以及指出人们思想中发生矛盾的必然性，等等。康德借此推翻了莱布尼茨-伏尔夫“形而上学”，打击了封建神学，开始了一场资产阶级的哲学革命。

不过，康德的认识论的总的倾向还是唯心主义先验论和不可知论。应当看到，康德通过先验论和不可知论突出了认识的

---

① 康德：《纯粹理性批判》，三联书店 1957 年版，第 16 页。

能动方面和认识的相对性方面，这对于克服旧唯物主义认识论的消极、直观的缺点，克服“形而上学”的绝对主义独断论，具有一定的积极的历史意义。但是，先验论和不可知论作为一种哲学认识论观点，在理论上则是错误的。首先，康德的唯心主义先验论和不可知论是同唯物主义反映论根本对立的。列宁指出，唯物主义认为，“感觉给我们提供物的正确摹写，我们知道这些物本身，外部世界作用于我们的感觉器官”。[①]按照唯物主义反映论的观点，感觉以及在感觉基础上形成的概念，都是对客观世界的反映，人们能够认识客观世界。康德虽然肯定感觉是“自在之物”作用于感官的产物，但是他否认感觉是对“自在之物”的反映。尽管康德肯定认识开始于经验，可是，他却否认范畴来自经验，否认范畴是对客观世界的反映。这就完全陷入了主观主义的泥坑。其次，康德孤立地静止地研究人的认识能力，把人的认识能力看成先天的凝固不变的东西，武断地给人的认识能力划定界限，这就完全违背了认识发展的辩证法。列宁指出：“在认识论上和在科学的其他一切领域中一样，我们应该辩证地思考，也就是说，不要以为我们的认识是一成不变的，而要去分析怎样从不知到知，怎样从不完全的不确切的知识到比较完全比较确切的知识。”[②]辩证唯物主义认识论认为，主观和客观的统一是具体的历史的统一。人们对客观世界的认识是随着社会实践的发展“一步又一步地由低级向高级发展，即由浅入深，由片面到更多的方面”[③]的过程，一切事物都是可知的。康德完全割裂了感性和理性、相对和绝对、

① 列宁：《唯物主义和经验批判主义》，《列宁选集》第 2 卷，人民出版社 1972 年版，第 105 页。

② 列宁：《唯物主义和经验批判主义》，《列宁选集》第 2 卷，人民出版社 1972 年版，第 100 页。

③ 毛泽东：《实践论》，《毛泽东选集》合订本，人民出版社 1969 年版，第 260 页。

现象和本质的辩证关系，不懂得理性认识能够透过现象把握事物的本质，不懂得相对真理中包含着绝对真理的颗粒、成分，从而否认人的认识是一个随着社会实践的发展从感性到理性、从现象到本质、从相对到绝对的不断深化的过程，以致最终否定了人类把握客观真理的能力。最后，康德认识论的基本缺点在于不理解科学的实践观点。他不懂得社会实践是认识的唯一泉源，不懂得认识是随着社会实践的发展而发展的，也不懂得只有社会实践才是检验认识真理性的客观标准。恩格斯指出，对康德的不可知论的"最令人信服的驳斥是实践，即实验和工业。既然我们自己能够制造出某一自然过程，使它按照它的条件产生出来，并使它为我们的目的服务，从而证明我们对这一过程的理解是正确的，那么康德的不可捉摸的'自在之物'就完结了"。①

正因为康德认识论的基本倾向是唯心论的和形而上学的，所以他对莱布尼茨-伏尔夫"形而上学"的批判，是很不彻底的。在他宣布"形而上学"是假学问，断言"上帝"不可知的同时，他又肯定"上帝"仍然可以是信仰的对象，作为道德上的假设而存在。正如列宁尖锐地指出的："康德贬损知识，是为了给信仰留下地盘。"②这就突出地表现了18世纪末德国市民-资产阶级的软弱性。

不过，又应当看到，康德对莱布尼茨-伏尔夫"形而上学"所做的让步，带有被迫的和表面的性质，正如恩格斯客观地指出的："康德由于他那个时代的德国哲学的状况，由于他和学究气十足的沃尔弗（按：即伏尔夫，下同）的莱布尼茨主义的对

① 恩格斯：《路德维希·费尔巴哈和德国古典哲学的终结》，《马克思恩格斯选集》第4卷，人民出版社1972年版，第221页。

② 列宁：《黑格尔〈逻辑学〉一书摘要》，《列宁全集》第38卷，人民出版社1959年版，第181页。

立，所以或多或少地被迫在形式方面对这种沃尔弗的玄想做一些表面的让步。”①因此，对于康德认识论的局限性必须做历史的理解和考察，如果对康德的认识论做抽象的考察，只看到它的消极方面，忽略甚至否定它的积极方面，那就不适当了。

在《纯粹理性批判》发表三十年后，黑格尔写道：

> 在这段时期以前，那种被叫作形而上学的东西，可以说已经连根拔掉，从科学的行列里消失了。什么地方还在发出，或可以听到从前的本体论、理性心理学、宇宙论或者甚至从前的自然神学的声音呢？……对于旧形而上学，有的人是对内容，有的人是对形式，有的人是对两者都失掉了兴趣；这是事实。②

由此看来，康德对莱布尼茨-伏尔夫“形而上学”的批判的历史影响是很大的。

第二节 伦理学

马克思和恩格斯指出：“18 世纪末德国的状况完全反映在康德的‘实践理性批判’中。当时，法国资产阶级经过历史上最大的一次革命跃居统治地位，并且夺得了欧洲大陆；当时，政治上已经获得解放的英国资产阶级使工业发生了革命并在政治上控制了印度，在商业上控制了世界上所有其他地方；但软弱无力的德国市民只有‘善良意志’。康德只谈‘善良意志’，哪怕这个善良意志毫无效果，他也心安理得，他把这个善良意

① 恩格斯：《致康·施米特（1895 年 3 月 12 日）》，《马克思恩格斯选集》第 4 卷，人民出版社 1972 年版，第 515 页。

② 黑格尔：《逻辑学》上卷，商务印书馆 1966 年版，第 1 页。

志的实现以及它与个人的需要和欲望之间的协调都推到彼岸世界。康德的这个善良意志完全符合于德国市民的软弱、受压迫和贫乏的情况。”[①]

按照康德的哲学体系，《纯粹理性批判》是处理理性的理论应用问题，讲的是认识论；《实践理性批判》是处理理性的实践应用问题，讲的是伦理学。在《实践理性批判》中，康德以“善良意志”为中心表达了软弱贫乏的德国市民的道德理想，为德国市民的改良主义政治路线提供了思想基础。

在道德问题上，康德也是一位调和派。正当强大的法国资产阶级力图通过政治革命来实现自己的意志的时候，软弱的德国市民利益的代表康德，却在那里温雅地追求道德上的完善。在道德问题上，法国唯物论者公开抨击封建的禁欲主义，鼓吹幸福主义即资产阶级利己主义，主张道德即幸福。在德国，占统治地位的封建神学则坚持道德和幸福的对立，认为讲道德就不能计较物质利益，鼓吹超功利主义。康德则力图调和禁欲主义和幸福主义的对立，在道德和幸福之间徘徊，一面把道德和幸福决然对立起来，断言道德排斥一切物质利益；一面又忸忸怩怩地要求道德和幸福的协调，但又把这种协调推到彼岸世界去，甚至求助于上帝来保证其实现。

一、善良意志；绝对命令

康德首先把道德和幸福绝对对立起来，认为一个好的道德动机即所谓“善良意志”，决不能掺杂着丝毫的情感上的好恶或趋利避害的因素，否则动机就是不纯的，意志就不是善良的，一句话，就是不道德的。康德写道：

---

① 马克思和恩格斯：《德意志意识形态》，《马克思恩格斯全集》第3卷，人民出版社1960年版，第211—212页。

> 把个人幸福原理作为意志的动机，那是直接违反道德原理的。[①]

他还说：

> 道德的意义就在于这种行为应该出于义务心，而不是出于爱好。[②]

显然，康德的这些话是针对法国唯物论者讲的。法国唯物主义者爱尔维修、霍尔巴赫等人提出功利主义的道德观，反对封建禁欲主义的道德观，这在当时历史条件下是有一定的积极意义的。在这里，康德不讲功利，甚至排斥功利，恰好反映了德国市民的怯弱和贫乏。不过，也应当看到，康德在这里确实暴露了法国唯物论者的功利主义道德论的利己主义的片面性，看到了道德现象的超功利的特质。和动物不同，人是有自己的精神生活的，不是物质、功利的奴隶。康德的失足在于，他把道德现象的超功利特质加以绝对化，从而陷入了超功利主义。恩格斯指出："人们自觉地或不自觉地，归根到底总是从他们阶级地位所依据的实际关系中——从他们进行生产和交换的经济关系中，吸取自己的道德观念。"[③]毛泽东同志也说："世界上没有什么超功利主义，在阶级社会里，不是这一阶级的功利主义，就是那一阶级的功利主义。"[④]18世纪末，软弱的分散的德国市民还没有形成一个统一的阶级，他们的小眼小孔的利益还没有发展成一个阶级的共同的民族利益。康德的超功利主义实际上就是这个时期德国市民的小眼小孔的狭隘私利的粉饰。

为了把道德和幸福对立起来，康德还宣扬唯心主义唯动机

---

① 康德：《实践理性批判》，商务印书馆1961年版，第35页。
② 康德：《道德形而上学探本》，商务印书馆1957年版，第13页。
③ 恩格斯：《反杜林论》，《马克思恩格斯选集》第3卷，人民出版社1972年版，第133页。
④ 毛泽东：《在延安文艺座谈会上的讲话》，《毛泽东选集》合订本，人民出版社1969年版，第821页。

论。他说：

> 好意志（按：即善良意志）所以好，并不是因为它的工作或成就……纵然本人虽则极端努力，还是毫无成就……这个好意志也还是像宝珠似的，会自己发光，还是个自身具有全部价值的东西。它的有用或者无结果，对于这个价值既不能增加分毫，也不能减少分毫。[①]

按照康德的这个观点，一个人干事只要凭好心，而无须顾及后果。一个人尽管坏事做绝了，但只要他声明他是凭“良心”办的，那也是符合道德的了。显然，这是纯粹的主观主义。辩证唯物主义认为，动机和效果是对立的统一，社会实践及其效果是检验动机好坏的唯一客观标准。常常有这样的情况，好心人办了错事，这是动机和效果的矛盾。但是，真正的好心人必定是知错必改，力求达到效果和动机的统一。毛泽东同志在批评唯动机论时指出，“社会实践及其效果是检验主观愿望或动机的标准”[②]，“一个人做事只凭动机，不问效果，等于一个医生只顾开药方，病人吃死了多少他是不管的。又如一个党，只顾发宣言，实行不实行是不管的，试问这种立场也是正确的吗？这样的心，也是好的吗？”[③]我们看到，当法国资产阶级公开反对封建制度，积极追求现实的政治经济利益的时候，康德却在侈谈什么不计功利，不问效果的“善良意志”，这就表现了德国市民的怯弱和保守的精神状态。

如果说“善良意志”同物质利益、实际效果毫无关系，那么如何才能确定一个意志是善（好的）还是恶（坏的）呢？康

① 康德：《道德形而上学探本》，商务印书馆 1957 年版，第 9 页。

② 毛泽东：《在延安文艺座谈会上的讲话》，《毛泽东选集》合订本，人民出版社 1969 年版，第 825 页。

③ 毛泽东：《在延安文艺座谈会上的讲话》，《毛泽东选集》合订本，人民出版社 1969 年版，第 830 页。

德从唯心主义先验论出发，认为人们心中先天地存在着某种永恒不变、到处适用的道德规律。所谓“善良意志”就是人的意志彻底摆脱经验、感性欲望的干扰，完全服从理性先天规定的道德规律。康德认为，理性先天规定的基本道德规律是：

> 不论做什么，总应该做到使你的意志所遵循的准则永远同时能够成为一条普遍的立法原理。①

康德这句话的意思明白地说就是所谓“以身作则”或“推己及人”。比如，当一个人借了别人的钱不想还时，那就应问一问自己，“借钱不还”这条行为准则能不能成为一条普遍规律。在康德看来，只要这么一问，就会发现“借钱不还”不应成为普遍的规律，因而“借钱不还”的这种意志就不是善良的。康德把这种所谓先天的道德规律叫作理性的“绝对命令”。所谓“绝对”，就是说是无条件的，不受任何经验、感性欲望、利害关系等条件的制约。所谓“命令”，是指“应当如此”。在康德看来，一个人如果不是从不计利害的先天道德规律出发，而是从“好借好还，再借不难”这点出发去还人家的钱，那么这种意志也算不得善良。因为，“好借好还，再借不难”的这个出发点，是建立在个人利害的基础上的，因而是有条件的。

不难看出，康德这里宣扬的这个先天道德规律，乃是超历史、超阶级的永恒不变的道德原则。其实，这样的道德原则在现实生活中是根本不存在的。就拿“借钱必还”“不偷盗”这些似乎是永恒的绝对的道德教条来说，实际上也都是历史范畴。在原始社会里，在还没有出现私有财产的时候，人们头脑里就根本没有这类道德观念。而当人类社会发展到实行“各取所需”的共产主义阶段，那时在私有制条件下形成的这些道德观念也必将消亡。恩格斯指出：“我们驳斥一切想把任何道德教条当作

① 康德：《实践理性批判》，商务印书馆1961年版，第30页。

永恒的、终极的、从此不变的道德规律强加给我们的企图，这种企图的借口是，道德的世界也有凌驾于历史和民族差别之上的不变的原则。相反地，我们断定，一切已往的道德归根到底都是当时的社会经济状况的产物。而社会直到现在还是在阶级对立中运动的，所以道德始终是阶级的道德；它或者为统治阶级的统治和利益辩护，或者当被压迫阶级变得足够强大时，代表被压迫者对这个统治的反抗和他们的未来利益。”[①]

康德认为，理性的“绝对命令”也仅仅是一个“应当”，实际上是得不到完全的执行的。这是因为，人不仅是一个有理性的存在者，而且是一个感性的存在者，因此要求彻底排除感性欲望对意志的影响，这对人来说，是不可能的。可以看出，康德所谓的“绝对命令”，实际上是软弱无力的，“因为它要求不可能的东西，因而永远达不到任何现实的东西”。[②]

在康德看来，尽管“绝对命令”仅仅是一个“应当”，但仍然是存在于人们心中的。而道德规律的存在必须以“自由”为前提。康德所谓的“自由”，是指人的意志的一种能够排除一切外来势力的干扰，摆脱自然因果必然性、感性欲望的制约而进行独立自决、独立判断的能力。只有在意志有自由的情况下，人们才能服从道德规律。康德说：

> 只有自由者才会有道德。[③]

因此，康德认为，为了维护道德，必须假设人的意志是自由的。他说：

> 我们必须假设有一个摆脱感性世界而依理性世界法则

---

① 恩格斯：《反杜林论》，《马克思恩格斯选集》第3卷，人民出版社1972年版，第133—134页。

② 恩格斯：《路德维希·费尔巴哈和德国古典哲学的终结》，《马克思恩格斯选集》第4卷，人民出版社1972年版，第227页。

③ 康德：《道德形而上学探本》，商务印书馆1957年版，第61页。

决定自己意志的能力，即所谓自由。[①]

在康德看来，人作为感性的存在者，受自然必然性的制约，没有自由可言；人作为有理性的存在者，则能摆脱自然的必然性的制约，意志是自由的。意志自由显示了作为理性的存在者的人的独立、尊严和人格的伟大。

康德关于“自由意志”的学说，乃是典型的法国革命的德国理论。康德把法国资产阶级争取现实的政治经济利益的要求，看成“不过是一般‘实践理性’的要求，而革命的法国资产阶级的意志的表现，在他们心目中就是纯粹意志、本来面目的意志、真正人的意志的规律”。[②]康德和法国启蒙思想家们一样在追求自由，可是，他却把自由看成道德上的假设，看成排斥感性物质欲望的自由意志，看成什么人类意志的要求。正如马克思和恩格斯指出的，康德“把法国资产阶级意志的有物质动机的规定变为‘自由意志’，自在和自为的意志、人类意志的纯粹自我规定，从而就把这种意志变成纯粹思想上的概念规定和道德假设”。[③]康德的这种自由观，反映了 18 世纪末德国市民的这种矛盾的精神状态：幻想自由但又不敢在实践上争取现实的自由。追求纯粹精神上的自由和解放，是康德哲学的一个显著特点。

二、“至善”：道德和幸福的统一

康德在大力宣扬道德和幸福对立的同时，又力图使二者协调起来，并把这种协调推到彼岸世界。康德的这个思想集中表

---

① 康德：《实践理性批判》，商务印书馆 1961 年版，第 135 页。

② 马克思和恩格斯：《共产党宣言》，《马克思恩格斯选集》第 1 卷，人民出版社 1972 年版，第 277 页。

③ 马克思和恩格斯：《德意志意识形态》，《马克思恩格斯全集》第 3 卷，人民出版社 1960 年版，第 214 页。

现在他的伦理学的最高范畴——“至善”上。他说：

> 纯粹实践理性的无制约的对象的全体，那就是所谓“至善”。[①]

什么是“至善”呢？康德指出：

> 把德性和幸福结合起来以后，才算达到至苦。[②]

可见，康德终究不是一个封建的道学先生。在他看来，讲道德虽然不是为了幸福，可是，有道德的人总不该老受苦，而应当“配享受幸福”。因此，道德和幸福的协调，应该是道德生活所追求的最高目标。

然而，“至善”这个概念必然地包含一个二律背反。因为要把道德和幸福在现实生活中结合起来，可能有两种情形：或是把谋求幸福的欲望作为道德行为的动机，或是认为道德行为可以带来幸福。康德认为，第一种情形是绝对不可能的，因为把谋求幸福的欲望作为意志的动机，完全是不道德的；第二种情形也是绝对不可能的。康德写道：

> 我们纵然极其严格地遵守道德法则，也不能因此就期望，幸福与德性能在尘世上必然地结合起来，合乎我们所谓至善。[③]

于是，康德便把“至善”的实现推到彼岸世界。他认为，要达到“至善”，首先就必须使人的意志同道德规律完全契合。可是，这对于具有感性欲望的人来说，只是一个“应当”，只有通过无止境的努力才能达到，光靠短短的一生的努力是不行的。怎么办？必须假定灵魂不死，今生不行，来世再努力。康德说：

> 至善只有在灵魂不朽的这个假设之下，才在实践上是

① 康德：《实践理性批判》，商务印书馆 1961 年版，第 111 页。
② 康德：《实践理性批判》，商务印书馆 1961 年版，第 113 页。
③ 康德：《实践理性批判》，商务印书馆 1961 年版，第 116—117 页。

可能的。[①]

不仅如此，康德还认为，把道德和幸福这两种根本对立的东西协调起来，光靠人力是办不到的，只有假设一个超自然的最高存在者——上帝的存在，才有可能实现。他指出：

> 这个至善只有在神的存在的条件下才能实现……假设神的存在，在道德上乃是必要的。[②]

我们看到，被康德从《纯粹理性批判》中驱逐出科学范围的三个怪物（“上帝”“灵魂”和“自由”），现在又在《实践理性批判》中被他请了回来。康德推倒了理性神学的神殿，同时又修建起道德神学的庙宇。康德聘请上帝来保证“至善”的实现，深刻地反映了18世纪末德国市民对封建专制制度的依附和屈从。

但是，不能由此就把康德的伦理学说成是“信仰主义的伦理学”，更不能由此把康德整个哲学的目的说成是为神学做论证的。应当看到，康德的道德神学同现存的基督教神学是有区别的。在康德这里，上帝的存在依靠道德规律来证明，而道德规律则是人的理性所制定的。康德的上帝在自然界中毫无地位，仅仅是道德上的一个假设。恩格斯指出：“康德把神的存在贬为实际理性的一种假定。”[③]可见，康德的道德神学包含了对封建神学的批判成分。正因为如此，康德的道德神学曾受到封建当局的责难。

贯串于康德伦理学中的一个重要思想——“应当”，为他的政治上的改良主义路线奠定了思想基础。和莱布尼茨不同，康德对德国现实的专制制度不满，竭力要从思想上树立起一个同

---

① 康德：《实践理性批判》，商务印书馆1961年版，第125页。
② 康德：《实践理性批判》，商务印书馆1961年版，第128页。
③ 恩格斯：《致康·施米特（1895年3月12日）》，《马克思恩格斯选集》第4卷，人民出版社1972年版，第515页。

现实相对立的绝对无条件的“应当”，即资产阶级的理想王国；但是，他又认为，这个十全十美的“应当”，却是可望而不可即的，是人们应当力求实现而又永远实现不了的。

康德憧憬着这样一个理想的国度：

> 每个人应该将他自己和别人总不只当作工具，始终认为也是目的——这是一切有理性者都服从的规律。这样由共同的客观规律的关系就产生由一切有理性者组成的系统。这个系统可以叫作目的国。①

> 在目的国度中，人就是目的本身，那就是说，没有人（甚至于神）可以把他单单用作手段，他自己永远总是一个目的。②

康德所向往的这个“目的国”，实际上就是法国启蒙思想家们所极力加以美化的所谓“自由、平等、博爱”的资产阶级理性王国的德国表述。法国资产阶级决心用革命的手段去实现这个理性王国，可是，德国市民的代言人康德却宣称：

> 当然，这个目的国只是一个理想。③

康德还说：

> ……完善国家……绝不能实现；……理念欲使人类之法律制度日近于最大可能的完成……盖人类所能到达之最高境域若何，理念与实现之间所有间隙之程度若何，乃无人能答——或应答——之问题。④

在康德那里，理想和现实之间，“应当如此”和“实际如此”之间，始终横隔着一条不可逾越的鸿沟。理想是美好的，人们应当努力追求；可惜的是它永远不能实现。正如马克思指出的：

---

① 康德：《道德形而上学探本》，商务印书馆 1957 年版，第 48 页。
② 康德：《实践理性批判》，商务印书馆 1961 年版，第 134 页。
③ 康德：《道德形而上学探本》，商务印书馆 1957 年版，第 48 页。
④ 康德：《纯粹理性批判》，三联书店 1957 年版，第 255 页。

“康德认为，共和国作为唯一合理的国家形式，是实际理性的基准，是一种永远不能实现但又是我们应该永远力求和企图实现的基准。”①康德的这个“应当”哲学，为 18 世纪末德国市民的改良主义的政治路线提供了思想基础，反映了这个时期的德国市民对自己阶级要求开始有了初步的意识，但对于这种要求的实现又缺乏力量和信心。

第三节　美学

康德继 1788 年发表《实践理性批判》之后，又于 1790 年发表了《判断力批判》一书，从而完成了他的批判哲学体系。

在《纯粹理性批判》和《实践理性批判》中，康德把认识和实践、知性和理性、必然和自由绝对对立起来，从而导致理想和现实、“自在之物”和“现象”的分裂。现在，康德企图在被他横加割裂开的东西之间搭起一座沟通双方的桥梁，这就是所谓判断力。《判断力批判》前半部分着重研究的是审美判断力问题，也即美学问题，后半部分着重研究有机生命界的目的论问题。

下面我们对康德的美学思想做简要的述评。

康德处于欧洲近代美学发展过程中的经验主义思潮和理性主义思潮尖锐对立的时代。当时，理性主义美学代表人物是伏尔夫的弟子鲍姆加登（1714—1762）。鲍姆加登把美学看成关于感性认识的科学，认为美就是凭感官认识到完满，美既是完满，也就是善。和理性主义美学不同，经验主义美学一般具有崇尚

① 马克思：《1848 年至 1850 年的法兰西的阶级斗争》，《马克思恩格斯选集》第 1 卷，人民出版社 1972 年版，第 465 页。

功利主义的倾向。17—18 世纪英国经验主义美学集大成者布尔克（1729—1797）认为，美的生理心理基础是“社会生活的情欲”，美是指“物体中能引起爱或类似爱的情欲的某一性质或某些性质”。康德批判而又融会各派美学的观点，形成了一个极为复杂、充满矛盾的独特的美学体系，成了德国古典美学的开山祖师。

一、纯粹美和依存美

康德的美学首先涉及美的形式和内容的关系问题，这就是所谓纯粹美（“自由美”）和依存美（亦译为“附庸美”）的分析。

康德对纯粹美从四个方面做了分析。

第一，审美判断就其特质说，它和认识、道德以及利益无关，只是对象的形式给主体带来的某种自由的愉快感。

和理性主义美学不同，康德认为，审美判断不是认识判断，既不是模糊的感性认识，也不是清晰的理性认识。它只关涉对象的形式和主体的情感，而不关涉对象的内容以及主体对它的了解。比如，对同一座建筑物，人们可能会有不同的表象，既可以判定“这座建筑物是合乎建筑学法则的”，也可以判定“这座建筑物是美的”。康德认为，这是两个在性质上决然不同的判断。前者是认识判断，它涉及对象的内容，联系到概念（“建筑学法则”），是关于对象的知识。后者则是审美判断，它只是对象的形式引起的主体的情感上的快感，对事物的内容无所认识。康德说：

> 为了判别某一对象是美或不美，我们不是把（它的）表象凭借悟性连系于客体以求得知识，而是凭借想象力（或者想象力和悟性相结合）连系于主体和快感和不快感。

鉴赏判断因此不是知识判断，从而不是逻辑的，而是审美的。①

康德在这里力求揭示知识判断和审美判断的区别，寻求审美判断的特质，包含了一定的合理成分。的确，一座建筑物尽管合乎建筑学的原理，但不一定就美，一篇理论文章即使包含了千真万确的真理，也并不一定就会给人以美的享受。但是，康德把这种区别绝对化了，断言美只涉及对象的形式，而不涉及对象的内容，甚至认为认识会破坏审美，而审美也“无助于认识”②，这就陷入了形式主义，否定了审美活动的认识意义。

康德认为，美不是认识，而是一种快感，但这种审美愉快又不同于一般感性欲望方面的快感。和经验主义美学不同，康德力求把审美快感和由于利害关系而引起的感官上的快活舒适感区别开来，认为审美判断是纯粹的，不计利害的。在康德看来，当人们判定一座建筑物是美的时，这种审美快感中丝毫不包含任何利害感在内，就是说这座建筑物的美同它是否可以居住，谁去占有等毫无关系。反之，一个判断只要掺杂着任何利害感的成分，那么，它就不是一个纯粹的审美判断了。康德说：

如果问题是某一对象是否美，我们就不欲知道这对象的存在与否对于我们或任何人是否重要，或仅仅可能是重要的，而是只要知道我们在纯粹的观照（直观或反省）里面怎样地去判断它……每个人必须承认，一个关于美的判断，只要夹杂着极少的利害感在里面，就会有偏爱而不是纯粹的欣赏判断了。③

康德主张，在审美活动中，人们必须对于对象的存在持冷

① 康德：《判断力批判》上卷，商务印书馆 1964 年版，第 39 页。
② 康德：《判断力批判》上卷，商务印书馆 1964 年版，第 40 页。
③ 康德：《判断力批判》上卷，商务印书馆 1964 年版，第 40—41 页。

漠的态度，不存偏爱，才能在审美趣味中做裁判人。在这里，康德为了勾画出美的特殊的领域，又表现出了超功利主义的倾向。

不仅如此，康德还认为，美也不等于善。在他看来，履行道德义务而带来的愉快虽然和感官上的快适有区别，但双方在一点上却是相一致的，那就是它们时时总是和一个对于它们的利害结合着。去发现某一对象的善，我必须时时知道，这个对象应当是怎样一个东西，这就是说，从它获得一个概念。去发现它的美，我就不需要这么做。比如，花、自由的素描、无意义的花边图案等，它们并不意味着什么，并不依据任何一定的概念，但却令人愉快。

康德对上述三种快感严格加以区别：

> 快适，美，善，这三者表示表象对于快感及不快感的三种不同的关系，在这些关系里我们可以看到其对象或表现都彼此不同。而且表示这三种愉快的各个适当名词也是各不相同的，快适，是使人快乐的；美，不过是使他满意；善，就是被他珍贵的，赞许的……在这三种愉快里只有对于美的欣赏的愉快是唯一无利害关系的和自由的愉快；因为既没有官能方面的利害感，也没理性方面的利害感来强迫我去赞许。①

康德把美同善、利害感加以区别，不无意义。事实上，能够满足感官享受的东西不一定就是美的，一项值得尊敬的善举也不一定就能给人带来美的快感。但是，把美和利害关系视同水火，把美和善决然割裂开来，那就陷入了超功利主义，否定了审美的思想性和教育意义。

第二，康德认为，就量的方面说，审美判断具有普遍性。

---

① 康德：《判断力批判》上卷，商务印书馆 1964 年版，第 46 页。

他说：

> 美是那不凭借概念而普遍地令人愉快的。[①]

在康德看来，审美判断都是单称判断（如“这朵玫瑰花是美的”），而不是普遍判断（如“所有的玫瑰花都是美的”）。尽管如此，审美判断却具有普遍性，就是说任何人见到这朵玫瑰花都会判定它是美的。这是因为，审美判断的单凭对象的形式，而不计主体的利害得失。康德认为，感官上的快适感是主观的，不具有普遍性，一杯葡萄酒对我来说可能很合口味，对另一个人来说，则可能感到淡而无味。可是，当我判定一个对象是美的时，这绝不是说它仅仅对我是美的，而是说它对一切人都是美的。康德写道：

> 鉴赏判断本身就带有审美的量的普遍性，那就是说，它对每个人都是有效的，而关于快适的判断却不能这样说。[②]

在这里，康德实际上提出来美学上的一个争论不休的问题——“共同美”的问题。

第三，康德还认为，审美判断是所谓没有目的的合目的性的判断。

在康德看来，目的有主观的和客观的之别。主观的目的是指主体对客观的利害上的要求，比如，我想把一块草地用作郊外舞场。客观的目的是指对象本身各方面的和谐协调一致，比如，花是为了结果实的。康德认为，审美判断的特点是“既不是客观的也无主观的目的”。[③]因为，审美判断既不是涉及利害关系的判断，也不是认识判断。

---

① 康德：《判断力批判》上卷，商务印书馆 1964 年版，第 57 页。
② 康德：《判断力批判》上卷，商务印书馆 1964 年版，第 52 页。
③ 康德：《判断力批判》上卷，商务印书馆 1964 年版，第 59 页。

然而，康德又认为，审美判断虽然没有目的但又是合目的性的，是无任何目的的合目的性，换句话说，是无所为而有所为。所谓无目的，是说主体没有意识到一个明确的目的；所谓合目的性，是指对象的形式恰恰适合于主体的审美功能，从而引起审美的愉快，似乎是合乎某种目的的。

第四，康德指出：

> 美是不依赖概念而被当作一种必然的愉快底对象。①

康德先验地假定人们之间存在着某种"共遥感"。在他看来，正是这个"共通感"决定了：只要一个人判定一个事物是美的，那么人人也必然地要判定它是美的。

康德对纯粹美所做的分析可以概括为一句话：美在形式。如果康德真是到此止步，那么，康德的美学就像一些人所说的是"形式主义的美学"。然而，尽管康德在纯粹美的分析上花了很大的力量，但是他并没有停留在纯粹美上，而是在分析纯粹美的同时又提出了依存美这个范畴。在依存美问题上，康德又大谈起审美的内容来了。

关于纯粹美和依存美的区别，康德写道：

> 有两种美，即：自由美和附庸美（按：即纯粹美和依存美）。第一种不以对象的概念为前提，说该对象应该是什么。第二种却以这样的一个概念并以按照这概念的对象底完满性为前提。②

可以看出，康德所谓的纯粹美是着眼于对象的单纯的形式，而依存美则依赖于对象的概念即对象的内容，或主体的特殊目的。康德区别纯粹美和依存美，似乎有两层意思。第一层意思是借以进行美的分类，这就是说，看看哪些对象是纯粹美，哪

① 康德：《判断力批判》上卷，商务印书馆1964年版，第79页。
② 康德：《判断力批判》上卷，商务印书馆1964年版，第67页。

些对象是依存美。康德曾列举了一些纯粹美的事物，如花、鸟、海贝、自由的素描、无意义的花边图案、缺歌词或无标题的音乐，等等。在他看来，这些东西只是以其单纯的形式给人带来美的愉快，而这种快感丝毫不掺杂认识、道德或利害关系的因素在内。康德认为，像人体美、一座教堂的美、有标题的或有歌词的音乐等，则不能算是纯粹美，而是依存美。因为，这些事物能给人以美的愉快，是以一个概念即这事物应该是什么为前提的。比如，说一个女子是美的，其中就包含了这样的意思，即大自然在她的形体上很美地体现了女子形体构造的目的。所以，人体美不是纯粹的，而是依存的。按照这种区分，康德所说的纯粹美的事物在数量上是极少的，仅仅包括极少量的自然美和艺术美，而大量的自然美和艺术美如诗歌、戏剧、小说等都属于依存美范畴。因此，如果我们仅仅从这一方面去看待康德对纯粹美的分析以及它和依存美的区别，那么，尽管康德把纯粹美抬得很高，其意义也是不大的。康德重视区别纯粹美和依存美，似乎更主要的是在第二层意思上，即对一个具体的美的现象进行分析：就它是事物的单纯的形式带来的审美愉快来说，是纯粹美；就它依赖于一个概念、目的方面说，则是依存美。依存美的特点就是依赖于一个概念，但是如果它不具有美的形式，即不具有纯粹美的方面，那它就说不上是美，也就只能是认识判断或道德判断了。从这个角度看，所谓纯粹美和依存美的区别，实际上就是一个具体的美的形式和内容的区别：就其单纯的形式而言，是纯粹美，是一个纯粹的鉴赏判断；就其涉及的内容来说，就是依存美，是一个应用的鉴赏判断。从这一层意思上看来，康德提出纯粹美和依存美的问题，就是企图解决美的形式和内容之间的关系问题。

在康德那里，有一种独特的思想方法，这就是首先通过抽象的分析把两个事物绝对地对立起来，然后再设法将两者结合起来。在他分析纯粹美时，竭力把审美和认识、形式和内容分别开来，甚至认为认识会破坏审美。可是，当他分析依存美时又认为，只要两者结合得好，认识对审美也“有所增益”。康德写道：

> 本来完满性并不由于美而有所增益，美也不由于完满性而有所增益。但是如果我把一对象所赖以表示的表象和这客体通过一概念来比较（说它应成为什么），我们就不免要把它们同时跟主体的感觉一起予以考虑，那么，如果两方心意状态协调的话，想象力的全部能力就有所获益。①

按照这种理解，一个生物学家对一朵花的审美活动和认识活动就不是绝对对立的，而应当说是相互有所增益了。

那么，在审美活动中，形式和内容哪一个更重要呢？康德在这个问题上似乎是摇摆不定的。有时他强调形式，说美在于形式；有时他又强调内容，说“美是道德的象征”②，理想美“在于表现道德”③。

在论及“壮美”（“崇高”）的时候，康德就特别强调“壮美”的道德意义。在他看来，巨大和威力无穷的事物所引起的壮美感（崇高感），其基础不在于事物本身的形式，而在于人的心境。狂风暴雨，惊涛骇浪，悬崖峭壁，飞沙走石，火山爆发等，其形象是可怖的。但是，只要我们自觉安全，它们的形象愈可怖，也就愈有吸引力。因为它们把我们的心灵提高到超越平常的境界，使我们在心里发现一种能驾驭它们的威力。这样，可怖感就转化为崇高感了，称它们为壮美。在康德看来，这种壮美感

① 康德：《判断力批判》上卷，商务印书馆 1964 年版，第 69 页。
② 康德：《判断力批判》上卷，商务印书馆 1964 年版，第 201 页。
③ 康德：《判断力批判》上卷，商务印书馆 1964 年版，第 74 页。

不是基于事物本身的形式，而是一种“无形式”的美，是人对自己的尊严的尊敬，是人类的道德精神的表现。可以看出，康德的崇高说是主观唯心主义的。但是，也可以看出，康德对壮美的分析是着眼于内容的。

当康德分析艺术作品的形式和内容的关系时，有时又认为形式高于内容。在他看来，美的形式是评定一个艺术作品作为美的艺术作品的首要的、不可缺少的条件，就是说只因为它具有美的形式，它才有资格被称为美的艺术品。和审美形式相比，内容就显得不太重要。如果形式和内容发生矛盾时，那就宁可牺牲内容而不损害形式。

康德在内容和形式关系问题上的混乱，似乎同如下这样两个问题有关：一个问题是，要求划清真、善、美的界限，寻求美的特质；另一个问题是，在一个具体艺术作品中内容和形式的关系。康德似乎常常把这两个问题混在一起，有时为了强调美的特质，便片面强调形式，而有时为了解释复杂的审美现象又不得不重视内容。总的说来，康德没有正确处理好内容和形式的统一，没有真正达到内容和形式的统一。但是，把康德美学归结为形式主义美学，则是不适当的。毋宁说，康德重视内容甚于形式。

二、自然美和艺术美

康德在分析纯粹美和依存美的同时，还探讨了自然美和艺术美的问题，探讨了艺术创作问题。

什么是自然美和艺术美呢？康德写道：

> 一自然美是一美的物品；艺术美是物品的一个美的表象。[①]

这就是说，艺术美是对于一个美的自然事物所做的形象的

① 康德：《判断力批判》上卷，商务印书馆1964年版，第157页。

描绘。一朵玫瑰花是自然美，描绘这朵玫瑰花的画，则是艺术美。

康德认为，艺术美优于自然美。艺术作品不是自然事物的形象的简单的描绘和复制，而是美丽地描写自然事物，甚至能够把自然事物中本来是丑的事物描绘得很美。他说：

> 美的艺术正在那里面标示它的优越性，即它美丽地描写着自然的事物，不论它们是美还是丑。狂暴，疾病，战祸等等作为灾害都能很美地被描写出来，甚至于在绘画里被表现出来。[①]

按照康德的看法，自然美是纯粹美，而艺术美则属于依存美。这是因为：

> 评定一个自然美作为自然美，不需预先从对象获得一概念，知道它是什么物品，这就是说：我不需知道那物质的合目的性（这目的），而是那单纯的形式——不必知晓它的目的——在评判里自身令人愉快满意。但是如果那物品作为艺术的作品而呈现给我们，并且要作为这个来说明为美，那么，就必须首先有一概念，知道那物品应该是什么。……所以评判艺术美必须同时把物品的完满性包括在内，而在自然美作为自然美的评判里根本没有这问题。[②]

不过，我们看到，康德的这个思想并不一贯。如前所述，有些自然美如人体美，在康德看来，并非纯粹美；而有些艺术作品，如无标题音乐，在康德看来，亦非依存美。然而，总的说来，康德倾向于把艺术美看作具有内容的依存美。

康德认为，艺术美的特征是独创性。在他看来，艺术创造活动不同于科学活动。科学是可以学习的，即使像牛顿的数学

① 康德：《判断力批判》上卷，商务印书馆 1964 年版，第 158 页。
② 康德：《判断力批判》上卷，商务印书馆 1964 年版，第 157 页。

力学知识，人们也是可以通过艰苦的学习而掌握的。但是，一个伟大的艺术作品，对我们来说，就只是一个典范。我们只能借鉴它，而不能模仿它。如果以为人们可以从荷马的诗中学到作诗的公式，并且按照这个公式就可以作出好的诗来，或者以为只要模仿荷马的诗便可以作出好诗来，这就大错而特错了。康德认为，艺术美的不可学习、不可模仿性就在于艺术创造的独创性。康德的这种思想完全突破了新古典主义的仿古风，反映了浪漫主义精神。

那么，艺术创作的独创性的根源在哪里呢？康德在这里陷进了唯心主义的天才论。在他看来，在科学里，人们之间在智力上只有程度上的差别，但在艺术创作上，人们之间则有种类上的不同。康德认为，只有天才才有艺术上的独创性，只有天才才能创造出具有典范性的艺术作品。什么是天才呢？康德说：

> 天才就是那天赋的才能，它给艺术制定法规。既然天赋的才能作为艺术家天生的创造机能，它本身是属于自然的，那么，人们就可以这样说：天才是天生的心灵禀赋，通过它自然给艺术制定法规。①

康德认为，天才的作用不在艺术品的形式技巧方面，其任务主要是给作品灌注灵魂，表达审美理念（亦译为“意象”“观念”）。人们常常看到，有某些艺术作品，虽然从纯粹鉴赏观点即单纯从艺术形式方面来看挑不出什么毛病，但总感到其中没有精神，没有灵魂。这精神或灵魂就是审美理念。继美在于形式、美是道德精神的表现之后，康德现在对美又重新下了一个定义：

> 人们能够一般地把美（不论它是自然美还是艺术美）

① 康德：《判断力批判》上卷，商务印书馆1964年版，第152页。

称作审美诸观念的表现。[①]

康德认为，天才的艺术作品便是审美理念的感性形象的显现。天才的艺术作品，就其感性形象来说，它是个别的、具体的、有限的；就其显现出审美理念来说，它又是普遍的、概括的、无限的。人们从这种个别的、具体的、有限的感性形象上却领受到那种只可意会而不可言传的无限富饶的精神。

在康德看来，审美理念是只可领会而不可言说的，但就它力求摸索超出经验范围之外的东西这方面说，也就是力求接近理性理念的最完满的感性形象显现，使这些理性理念获得“客观现实性的外观”[②]，仿佛变成了客观现实。

我们看到，贯穿于康德哲学的一个基本矛盾——“自在之物”和“现象世界”、理念和现实之间的对立，现在似乎通过天才，通过艺术得到了解决，思维和存在仿佛达到了同一。康德的这个思想，后来在谢林那里得到了充分的发挥。

康德开始了德国的资产阶级哲学革命，是德国古典哲学的奠基者。

在欧洲 18 世纪末的历史条件下，康德哲学对于法国的唯物论和无神论来说，它是妥协的，保守的，对于德国的封建神学和莱布尼茨-伏尔夫“形而上学”来说，则是革命的、激进的。康德哲学中包含着革命的批判的成分，是一个带有很大保守性的进步哲学。

在哲学上，康德是一位二元论者，认识论上的主导倾向是主观唯心论和不可知论。康德的思想是趋向辩证的，他力图把17—18 世纪哲学中被认为是绝对不相容的东西统一起来，这个

① 康德：《判断力批判》上卷，商务印书馆 1964 年版，第 167 页。
② 康德：《判断力批判》上卷，商务印书馆 1964 年版，第 160 页。

方向是正确的；但是，实际上他只是把对立面拼合或捏合在一起，而没有达到真正的辩证统一。因此，从方法论上看，尽管康德哲学中包含着某些深刻的、富有启发性的辩证法思想倾向，但康德思想的主导方面还是形而上学的。

第三章　费希特的“自我—非我同一”哲学和谢林的“绝对同一”哲学

就在康德发表《实践理性批判》一书的第二年即 1789 年，莱茵河彼岸一声炮响，法国爆发了资产阶级革命。这场震撼全欧的大革命，把沉睡的德国惊醒了。正如恩格斯所说的：“法国革命像霹雳一样击中了这个叫作德国的混乱世界。……整个资产阶级和贵族中的优秀人物都为法国国民议会和法国人民齐声欢呼。”[①]在莱茵省，资产阶级一度推翻了专制制度，建立了资产阶级民主制度。法国革命激动了德国资产阶级的反封建的革命情绪，促进了德国资产阶级的形成。

在法国革命的影响下，伴随着德国资产阶级的形成，德国哲学战线上出现了一场批判康德哲学的思想运动。法国革命实际上已把康德所树立的那个可望而不可即的理想王国——“目的国”变成了现实，资产阶级上了台。这样一来，康德的那个割裂思维和存在的关系的软弱无力的“应当”哲学，就被法国革命的实践所推翻了，因而它也就不再适合被法国革命激动起来的德国资产阶级的胃口了。法国革命开阔了人们的眼界，一场批判康德的二元论和不可知论、论证思维和存在同一的哲学

---

① 恩格斯：《德国状况》，《马克思恩格斯全集》第 2 卷，人民出版社 1957 年版，第 633—634 页。

运动随之在德国掀起。费希特开了个头，紧接着是谢林，黑格尔做了总结。

然而，应当看到，尽管法国革命给了德国资产阶级以很大的激励，但这并不意味着德国资产阶级现在就决心以法国资产阶级为榜样，联合劳动群众，立即投入革命，大干一场，把自己的阶级理想也在德国变为现实。正在形成的德国资产阶级依然十分怯弱，极其保守，德国市民-资产阶级在它的漫长的襁褓生活中已经养成了依赖、屈从封建专制制度的庸俗习气。它既敬畏国王，又害怕人民。它被法国革命过程中劳动群众掀起的革命风暴，以及尔后在德国许多地方发生的城乡劳动群众的革命暴动吓破了胆。软弱的德国资产阶级极端害怕革命的群众运动，妄图通过改良主义的道路实现自己的理想。正如恩格斯指出的，德国资产阶级“宁肯保持自己的那古老的安宁的神圣罗马粪堆，而不要人民那种勇敢地摆脱奴隶制锁链并向一切暴君、贵族和僧侣挑战的令人战栗的行动了”。[①]因此，当法国革命发展到雅各宾党人专政的时候，德国资产阶级对法国革命的热情就一变而为对法国革命的憎恨了。可见，德国市民-资产阶级这个新兴的社会势力，在政治上仍然是很保守的，它向往革命，但又不敢实行革命。

然而，尽管如此，德国资产阶级还是从法国革命中得到了鼓舞，并从中看到了资产阶级理想可以变为现实的希望。因此，尽管它不敢公开造反，在行动上继续保持规规矩矩，但在思想上却掀起了一阵风浪。

从费希特到黑格尔的批判康德哲学的思想运动，就鲜明地打着资产阶级的这种两面性的烙印。批判家们有一个共同的特

① 恩格斯：《德国状况》，《马克思恩格斯全集》第 2 卷，人民出版社 1957 年版，第 635 页。

点：他们一方面大力发挥辩证法思想，力图克服康德割裂思维和存在关系的形而上学，论证思维和存在的同一，另一方面，他们又竭力反对法国唯物论，抛弃康德哲学中包含的唯物论因素，走向更彻底的唯心论。这就是说，他们企图在思维里追求思维和存在的同一，在头脑里树立起理想可以变成现实的信念。正如马克思深刻地指出的，德国资产阶级“只是用抽象的思维活动伴随了现代各国的发展，而没有积极参加这种发展的实际斗争”①，“它的思维的抽象和自大总是同它的现实的片面性和低下并列”②。

第一节　费希特的“自我—非我同一”哲学

在德国古典哲学中，费希特首先开始了对康德的二元论、不可知论的批判，企图在主观唯心主义的“自我”哲学的基础上解决思维和存在的同一。

约翰·哥特利勃·费希特（1762—1814）是德国资产阶级的思想代表。他出身于一个贫穷的手工业者的家庭，先后在耶拿大学和莱比锡大学学习神学，毕业后，任家庭教师数年。而后，费希特到哥尼斯堡拜访他所敬仰的康德。在康德的帮助和影响下，从事哲学研究，并因阐述康德哲学而成名。1794年，费希特担任耶拿大学教授。不久因被指控宣传无神论而被迫离开耶拿大学。1799年，他去爱尔兰根大学任教。1809年后，费希特一直担任柏林大学教授。他在《知识学基础》（1794 年）

① 马克思：《〈黑格尔法哲学批判〉导言》，《马克思恩格斯选集》第1卷，人民出版社1972年版，第108页。

② 马克思：《〈黑格尔法哲学批判〉导言》，《马克思恩格斯选集》第1卷，人民出版社1972年版，第108页。

和《知识学导言》（1797 年）这两部著作中，系统地阐述了他的“自我”哲学的基本观点。《论学者的使命》（1794 年）和《人的使命》（1800 年），这两本书主要讲的是社会政治、伦理问题。《对德意志民族的演说》（1808 年）是费希特在拿破仑入侵时期所做的反对拿破仑侵略的演说的结集。

在法国革命的激动下，费希特最初在政治上是比较激进的。他欢呼法国革命，肯定法国革命反对封建制度的合理性。费希特反对封建的等级制度，鼓吹资产阶级自由、平等思想。他拥护卢梭的社会契约论，主张君主立宪制，实现法治。大约在 1800 年后，费希特在政治上趋向保守。他开始抛弃他早期宣扬过的资产阶级民主主义思想，主张保留等级制度，和专制制度妥协。

在哲学上，费希特是直接从康德出发的。他认为康德哲学把人的精神放到高于一切的地位，具有重要的意义。但是，受到法国革命浪潮的剧烈震荡的费希特很快就由康德的信徒变成为康德哲学的批判者。在费希特看来，康德哲学的明显的缺陷就在于理论和实践、必然和自由、存在和思维的分裂。造成这种分裂的关键，又在于康德肯定“自在之物”的存在。费希特认为，尽管康德批判了莱布尼茨-伏尔夫“形而上学”的独断论，但是康德仍然肯定一个不可知的“自在之物”的存在，这表明康德哲学仍然没有彻底摆脱“形而上学”的独断论。费希特为了论证思维和存在的同一，便把火力集中于批判康德的“自在之物”的学说。在他看来，康德肯定一个不可知的“自在之物”的存在，在理论上是根本说不通的。因为，康德既然承认“自在之物”是经验之外的东西，并且肯定人的认识又只能局限在经验之内，那么，人们凭什么去肯定“自在之物”的存在呢？因此，费希特断言：

物自身是一种纯粹的虚构，完全没有实在性。[①]

在费希特看来，“自在之物”既然是不可认识的，那么它就不存在。对于人的认识来说，“自在之物”只是一个不必要的赘物，应予彻底根除。

费希特对康德的“自在之物”学说的批判，具有二重性。我们知道，康德有时把“自在之物”了解为作用于我们感官而使我们产生感觉的外部物质世界，有时他又把“自在之物”说成是什么上帝、灵魂和自由。可见，康德的“自在之物”本来就是一个混乱的不确定的东西，既包含着唯物主义的因素，也具有唯心主义的成分。费希特是站在彻底的主观唯心主义立场否定康德的“自在之物”的。费希特似乎是回到了休谟，他把一切承认在人们感觉经验之外存在着某种东西的学说，不论是承认外部物质世界独立自存的唯物论，还是肯定一个客观的精神实体存在的客观唯心论，统统斥为独断论。他宣称：“彻底的独断论者必然也是唯物论者。”[②]同时他又认为，肯定在人们感觉之外还存在着一个上帝的贝克莱哲学也“是一个独断论的体系”。[③]费希特对康德的“自在之物”的否定也包含了这两方面的意义。当他把批判的矛头指向康德关于作为感觉经验的源泉的意义上的“自在之物”的时候，他是企图取消康德哲学中的唯物主义因素，这是从右的方面对康德哲学的批判，表现了费希特哲学的反唯物主义的基本倾向和保守性质。当费希特把批判的矛头指向康德关于作为上帝、灵魂和自由等精神实体的意义上的“自在之物”的时候，他是企图从更彻底的主观唯心主

① 费希特：《知识学引论第一篇》，《十八世纪末一十九世纪初德国哲学》，商务印书馆 1975 年版，第 188 页。

② 费希特：《知识学引论第一篇》，《十八世纪末一十九世纪初德国哲学》，商务印书馆 1975 年版，第 190 页。

③ 费希特：《知识学引论第一篇》，《十八世纪末一十九世纪初德国哲学》，商务印书馆 1975 年版，第 197 页。

义的立场上清算康德哲学中仍然存留的莱布尼茨-伏尔夫“形而上学”的余毒，表现了费希特哲学是一种近似于休谟哲学的非宗教的思想形式。

费希特对传统神学持批判的态度。他承袭了康德的道德神学的思想，认为上帝只是一种道德秩序，其他便什么也不是。他说：

> ……活生生的、作用着的道德秩序就是上帝，我们不需要任何其他上帝，也不能理解任何其他的上帝。离开那个道德秩序，并从有根有据得到论证的东西进行推论，假定还有一个特殊存在是这个有根有据得到论证的东西的原因，这在理性中是毫无根据的；原始的悟性肯定不会这样地做出这种推论，也不知道有这种特殊存在；只有那种误解了自己本身的哲学才会做出这样的推论。[①]

按照费希特的观点，存在只是一个适用于感性世界的范畴，而上帝则是超感性的，因此，上帝没有存在，它不存在。如此看来，关于上帝存在的种种理论证明都是毫无根据的。费希特的上述神学观点曾被指控为无神论，这显然是不公正的。他曾为此进行过辩护。但是，费希特的神学观点同当时占统治地位的神学观点的矛盾却是实实在在的，单单肯定上帝不存在这一点，对于传统神学来说就是大逆不道的。

费希特在批判康德的“自在之物”学说的同时，又竭力发挥康德的主观唯心主义，坚持知识不超出感觉经验。他说：

> 注意你自己，把你的目光从你的周围收回来，回到你的内心，这是哲学对它的学徒所做的第一个要求。哲学所

① 转引自海涅：《论德国宗教和哲学的历史》，商务印书馆 1974 年版，第 130—131 页。

要谈的不是在你外面的东西，而只是你自己。①

那么，经验的根据是什么呢？费希特认为，经验的根据不是“自在之物”，而是“自我”。在费希特看来，当人们说到“事物”“客体”（由感觉经验构成的“事物”“客体”）的存在的时候，首先就不言而喻地肯定了知觉它们的“意识”“理智”也即“自我”的存在。他写道：

究竟谁知觉到它是那个物呢？凡是懂得这个问题的意义的人，就不会回答说：它自己知觉到；人们还必须把一个知觉到这个物的理智设想进去；相反地，理智必然自己知觉到它自己是什么，对于理智，就不用再设想什么。②

因此，费希特认为，“事物”“客体”（感觉经验）依赖于知觉它们的“自我”，而“自我”则是独立自存的，它不依赖于“事物”“客体”。一句话，“自我”是经验的根据。

由此，费希特提出了他的哲学的第一个命题：

自我设定自身。

所谓“自我设定自身”，就是说“自我”乃是一切知识之绝对在先的、无条件的根据，是不依赖于他物而独立自存的东西。显然，费希特的这个命题是彻头彻尾的主观唯心主义的命题，是极其荒唐的。列宁指出：“我们的感觉、我们的意识只是外部世界的映象；不言而喻，没有被反映者，就不能有反映，被反映者是不依赖于反映者而存在的。”③费希特硬把自我意识这种第二性的东西说成本原的东西，说成不依赖于外部世界而独立自存的东西，这是十足的唯心主义幻想。费希特为了掩盖他的

① 费希特：《知识学引论第一篇》，《十八世纪末—十九世纪初德国哲学》，商务印书馆 1975 年版，第 183 页。

② 费希特：《知识学引论第一篇》，《十八世纪末—十九世纪初德国哲学》，商务印书馆 1975 年版，第 195 页。

③ 列宁：《唯物主义和经验批判主义》，《列宁选集》第 2 卷，人民出版社 1972 年版，第 65 页。

哲学的主观唯心主义性质，避免陷入唯我论，说什么他的“自我”并非指某个人的经验的“自我”，而是指一切人所共有的普遍的纯粹的“自我”。但是，既然他把“自我”这种精神性的东西看作最终的实在，他的哲学就是不折不扣的主观唯心论。

费希特哲学的第二个命题是：

自我设定非我。

费希特把认识主体同客观世界的对立歪曲为主观意识范围内的自我意识同感觉经验的对立。他的所谓“自我”近乎康德所说的那个进行先验统一的“自我意识”，所谓“非我”则近乎康德所谓的“现象世界”或“自然”。费希特的“自我设定非我”的命题，乃是康德的“人给自然界立法”的主观唯心主义思想的发展。按照这个命题，“自我”是世界的创造主，而世界则是“自我”活动的产物。显然，这也是一个彻头彻尾的主观唯心主义的命题。

按照费希特的观点，在“自我”创造了“非我”之后，就出现了“自我”和“非我”的对立和限制。“自我”是能动的，自由的；“非我”是被动的，受必然性制约的。两者彼此限制，相互排斥。

值得注意的是，费希特在研究“自我”和“非我”的相互关系的过程中，导出了实体和偶性、因果性和交互作用、有限和无限、实在和否定等范畴。和康德不同，费希特开始把范畴看作相互联系和转化的东西，并对范畴进行抽象的逻辑推演。比如，“自我”和“非我”是相互限制、相互作用的，这里因果性范畴就转化为交互作用的范畴。

费希特从他的哲学的第二个命题进而引出了他的哲学的第三个命题：

自我设定自身和非我。

费希特把他的哲学的第一个命题“自我设定自身”，叫作“正题”，把第二个命题“自我设定非我”，叫作“反题”，把第三个命题“自我设定自身和非我”，叫作“合题”。所谓“合题”，就是“自我”克服、扬弃自己的对立面“非我”而回复到自己，在“自我”内达到“自我”和“非我”的同一。费希特就这样地在“自我”的圈子里通过“自我”和“非我”的矛盾和斗争，实现了自由和必然、思维和存在的同一。在他看来，这就克服了康德的二元论、不可知论。可以看出，费希特是一位可知论者，但却是一位唯心主义的可知论者。

费希特哲学的一个明显的特点就是通过唯心主义的方式着重突出了人的主观能动性的问题。在他看来，“自我”不仅是一个认识主体，而且也是一个实践主体。“自我”是一个能动的创造性的主体，它的本质就是行动。费希特指出：

理智是一行动，绝对不再是什么。[①]

在费希特那里，“自我”不仅能动地创造了自己的对立面“非我”，而且用行动克服了自己的对立面“非我”对自己的限制。在他看来，就“非我”作用于“自我”，“自我”受“非我”的限制而言，这是“理论认识”活动；就“自我”以自己的行动克服“非我”的限制而言，这是“实践活动”。而“自我”则是理论活动和实践活动的统一。

综上所述，费希特哲学有几点值得注意：他开始把人的认识看作一个矛盾发展过程来加以考察；主张理论和实践、自由和必然、思维和存在的统一；突出地强调了人的主观能动性。费希特的这些思想较之康德哲学前进了一步，在一定程度上克服了18世纪法国唯物论者的消极反映论、一次反映论的缺陷，

---

① 费希特：《知识学引论第一篇》，《十八世纪末—十九世纪初德国哲学》，商务印书馆1975年版，第199页。

对后来谢林、黑格尔哲学的形成和发展有着积极的影响。但是，费希特的这些思想是以其主观唯心主义世界观为基础的。他的所谓“自我”，实际上不过是“形而上学地改装了的、脱离自然的精神”。[①]费希特所说的能动作用、行动，始终是自我意识范围内的抽象的意识活动，而不是“真正现实的、感性的活动”。[②]费希特在意识中抽象地发展人的主观能动性的思想，深刻地反映了德国资产阶级思想上向往革命而在实践上又不敢采取任何行动的软弱性格。

费希特指出：

> 什么时候还有某种对立面存在，什么时候就必须把它结合起来，一直到得出绝对的统一为止。当然，这种绝对的统一如到时候将指出的那样，只有凭借达到无限才能得到，而这种接近，本身是不可能达到的。[③]

他还说：

> 人应该无限地、永远不断地接近那个本来达不到的自由。[④]

按照费希特的观点，“自我”应当克服“自我”和“非我”的对立，达到绝对统一，获得“绝对自由”，但实际上这是永远不会有结果的，而只能是一个无限地向着“绝对自由”接近的过程，永远地朝着理想的前进运动。由此看来，尽管费希特力图超越康德，但实际上并没有彻底摆脱得了康德。

---

① 马克思和恩格斯：《神圣家族》，《马克思恩格斯全集》第2卷，人民出版社1957年版，第177页。

② 马克思：《关于费尔巴哈的提纲》，《马克思恩格斯选集》第1卷，人民出版社1972年版，第16页。

③ 费希特：《知识学基础》，《十八世纪末—十九世纪初德国哲学》，商务印书馆1975年版，第179页。

④ 费希特：《知识学基础》，《十八世纪末—十九世纪初德国哲学》，商务印书馆1975年版，第181页。

第二节 谢林的“绝对同一”哲学

继费希特之后，谢林提出绝对同一哲学，企图在客观唯心主义的基础上进一步发挥辩证法，解决思维和存在的同一问题。

弗里德里希·威廉·约瑟夫·谢林（1775—1854）是符腾堡莱昂贝格的一个新教牧师的儿子。1790 年到 1795 年，谢林在杜宾根神学院学习，和黑格尔是同窗好友。大学毕业后，干了几年家庭教师。1798 年，谢林到耶拿大学担任教授，同费希特共事。1803 年到 1806 年，他在维尔茨堡大学任教。1806 年到 1820 年期间，谢林任慕尼黑美术学院秘书长。1820 年到 1826 年，在埃尔兰根大学任教。1827 年，巴伐利亚君主路德维希任命谢林为国家科学中心总监，并担任科学院院长和慕尼黑大学教授等职务。1841 年，谢林应普鲁士国王的邀请，主持柏林大学哲学讲座，随后担任柏林科学院院士和普鲁士政府枢密顾问。1854 年，谢林死于赴瑞士的途中。

谢林的一生是由进步的青年时期和反动的晚年时期组成的。马克思曾经历史地肯定了“谢林的真诚的青春思想”，同时也深刻地揭露了谢林的晚期的哲学活动是“在哲学幌子下的普鲁士的政治”。[①]

谢林早期的激进的社会政治观点，是在法国革命的直接影响下形成的。他和同时代的许多德国进步分子如费希特、黑格尔等人一样，热情欢呼法国革命。为了激励德国人民的革命情绪，谢林曾把法国革命歌曲《马赛曲》译成了德文。传说他曾

① 马克思：《致路·费尔巴哈（1843 年 10 月 3 日）》，《马克思恩格斯全集》第 27 卷，人民出版社 1972 年版，第 445 页。

和黑格尔等人一起在杜宾根神学院的校园里种植自由树，以示对法国革命的向往。青年谢林热心于研究法国启蒙思想家们的著作，特别是卢梭的著作。他认为，人的本质就是自由，人类的历史就是自由发展的历史。他把资产阶级的法治制度描绘为人类的理性王国，认为只有实行普遍的法治，自由才可能得到保证。他写道：

> 普遍的法治状态是自由的条件，因为如果没有普遍的法治状态，自由便没有任何保证。①

青年谢林猛烈抨击封建专制制度，认为专制制度是反理性的，是和法治制度根本对立的，因而迟早会瓦解。在他看来，在专制制度下，

> ……不是法律占支配地位，而是法官的意志和专制主义占支配地位，专制主义把法律当作洞见玄机的天意，在不断干预法律的自然进程的情况下加以执行，这种制度的景象就是深信法律神圣性的感情所遇到的最可鄙的和最令人愤慨的景象。②

青年谢林无情地揭露正统教会和神学家们的虚伪和无知，指责他们带着“道德的面具”，“嘲弄历史”，“把无理性的东西说成是理性的”。他宣称：“对于我们说来，关于上帝的正统概念已不复存在了。”

青年谢林朝气蓬勃。他意识到他正处于一个哲学革命的时代，决心要为摧毁旧的思想桎梏干出一番事业来。1796 年 1 月，他在给黑格尔的一封信中写道：“我认为，只要那些天不怕地不怕的青年人团结一致，在各个方面协同动作，从不同角度为同一事业奋斗，沿着不同道路奔向同一目标，那就一定会取得胜

① 谢林：《先验唯心论体系》，商务印书馆 1977 年版，第 244 页。
② 谢林：《先验唯心论体系》，商务印书馆 1977 年版，第 236 页。

利。”他还说：“如我一旦能自由地呼吸，我该多么高兴哪！”①

从哲学方面看，谢林的早期哲学活动是德国古典唯心主义发展过程中的一个重要阶段。谢林开始把康德和费希特的主观唯心主义转变为客观唯心主义，把康德和费希特的主观辩证法推广于自然界和人类历史，力图以此进一步解决思维和存在的同一问题，从而为黑格尔创立思维和存在同一的唯心辩证法的体系创造了条件。

谢林最初积极追随费希特，批判康德哲学。他肯定康德哲学的革命意义，但对康德肯定自在之物，割裂理论和实践、必然和自由、思维和存在的关系，则表示不满。当时，有一批康德主义者竭力制造出某种康德体系的肤浅杂拌用以喂养神学，一切可能的神学教条，都被贴上了实践理性公认的标签，把本来已经开始消瘦下去的神学又弄得强健起来。谢林对此感到十分愤慨。他站在费希特的“自我”哲学的立场上宣称：“上帝只不过是个绝对自我。”②

然而，正像康德哲学的信徒费希特很快就离开了康德哲学一样，费希特哲学的信徒谢林不久也离开了费希特，形成了自己的独立的体系。在谢林看来，费希特的“自我”既然是一个和“非我”相互对立、相互限制的东西，那么它就不可能是绝对的、无条件的，因而，“自我”和“非我”的同一仍然是无法保证的。谢林认为，要设想“自我”和“非我”即主体和客体、自由和必然、思维和存在的同一，就必定要有一个凌驾于二者之上、既非主体又非客体的东西，这就是所谓“绝对”或“绝对同一性”。他说：

① 谢林：《致黑格尔（1796年1月）》，《黑格尔通信百封》，上海人民出版社1981年版，第54页。

② 谢林：《致黑格尔（1795年2月4日）》，《黑格尔通信百封》，上海人民出版社1981年版，第41页。

> 客观事物（合乎规律的东西）和起决定作用的东西（自由的东西）的这样一种预定和谐唯有通过某种更高的东西才可以思议，而这种更高的东西凌驾于客观事物和起决定作用的东西之上……那么，这种更高的东西本身就既不能是主体，也不能是客体，更不能同时是这两者，而只能是绝对的同一性。①

谢林认为，“绝对同一性”是产生一切有限事物（物质的和精神的）的本原，并且是主体和客体、自由和必然同一的根据。他说：

> ……这种绝对是个人和整个类族自由行动中的客观事物和主观事物和谐一致的真正根据。②

谢林把“绝对同一性”神秘化。他认为，这种“绝对同一性”乃是一种无意识的、不可称谓的东西，因而不是知识的对象，而只能是行动中永远假定的、即信仰的对象。一句话，“绝对同一性”就是上帝。在谢林看来，正是这个无意识的、不可称谓的上帝主宰着自然和历史的进程，主宰着主体和客体、自由和必然、思维和存在的同一。

可以看出，谢林似乎是想把自己的哲学凌驾于唯物主义和唯心主义之上，妄想包罗和超越一切已往的哲学派别，但实际上是不可能的。尽管他把“绝对同一性”说成是什么无意识的、不自觉的东西，但仍然是一种精神实体。因此，谢林实际上并没有超脱唯物主义和唯心主义这两个哲学基本派别，他只是从费希特的主观唯心论转向到了客观唯心主义。

在这里，我们似乎见到了斯宾诺莎哲学的影子。的确，谢林也常把自己称作斯宾诺莎主义者。17 世纪尼德兰的资产阶级

---

① 谢林：《先验唯心论体系》，商务印书馆 1977 年版，第 250 页。
② 谢林：《先验唯心论体系》，商务印书馆 1977 年版，第 250 页。

哲学家斯宾诺莎（1632—1677）认为，实体即自然，是唯一的、无限的。实体具有思维和广延两种属性，这两种属性彼此独立，永远平行。在斯宾诺莎看来，没有超自然的上帝，上帝就是实体，也即自然。可以看出，斯宾诺莎的这种泛神论具有唯物论和无神论的性质。我们看到，谢林的“绝对同一性”貌似斯宾诺莎的“实体”，但从哲学路线上看，两者则是根本对立的。斯宾诺莎的泛神论是唯物主义的，谢林的泛神论则是唯心主义的。然而，应该看到，尽管谢林的泛神论是唯心主义的，他本人也不是一位无神论者，但在当时德国的历史条件下，这种唯心论的泛神论同正统神学显然是相抵触的，包含了积极的批判成分。

此外，谢林的“绝对同一性”和斯宾诺莎的“实体”还有一点不同，斯宾诺莎把“实体”看作静止、呆板的东西，谢林的“绝对同一性”则是一个能动的发展的过程。谢林认为，“绝对同一性”是主体和客体、精神和自然、思维和存在的来源和归宿，并且贯穿于双方的矛盾发展过程之中。在谢林那里，最初是无差别的“绝对同一性”，后来不知怎么搞的，这个无差别的东西竟然发生了差别，出现了自然和精神这两个对立面，从而开始了自然和精神的矛盾发展史。在他看来，在这两个对立面的矛盾发展过程中，“绝对同一性”隐藏在背后，主宰着自然和精神的同一，自然是可见的精神，精神是不可见的自然。而自然和精神的矛盾发展最后又归结于无差别的“绝对同一性”。谢林认为，“绝对同一性”的发展过程，就是“绝对同一性”从不自觉到自觉、从无意识到自我意识的发展过程。

谢林的以“绝对同一性”为核心的哲学体系是由所谓自然哲学和先验哲学两个部分所组成的。他的《世界灵魂》（1798年）、《自然哲学体系初稿》（1799 年）、《自然哲学体系初稿导言》（1799 年）等著作，讲的是自然哲学。《先验唯心论体系》

（1800 年）是一部讲先验哲学的著作。按照谢林的体系，自然哲学以自然界为对象，其宗旨是要把一切自然现象归结为精神，或者说是从自然追溯到精神；先验哲学则以人类精神生活为对象，其宗旨是要表明精神一定要把自己展示在自然之中，或者说是从精神引出自然。在谢林看来，不论是自然哲学还是先验哲学，都是为了解决自然和精神的同一，都是以“绝对同一性”为基础的。

谢林的自然哲学是和当时德国文学艺术中流行的泛神论思潮相呼应的，它赋予自然界的事物以精神和生命。他认为，自然界是“绝对同一性”的客观化，是“绝对同一性”的不自觉或无意识的发展阶段。自然哲学的任务就是从自然中引出精神。“完善的自然理论应是整个自然借以把自己溶化为一种理智的理论。”[①]物质完全消失，剩下的只是规律，如光学成了几何学。自然界和精神相对立，但其中又蕴含着精神。谢林所倡导的自然哲学不是从客观自然界的各种实际事物出发，不是借助于科学实验方法去揭示自然界的发展规律，而是企图从所谓“绝对同一性”中先验地演绎出自然界及其发展规律。这样，在谢林的自然哲学中就不可避免地充塞着许多荒唐的东西。比如，他把光说成是什么“绝对”的自我直观，说什么任何化学变化的最后结果都是水，等等。不过，还应当看到，谢林的自然哲学也在一定程度上反映了当时自然科学的发展状况，包含了某些合理的辩证法猜测。比如，他力图运用矛盾的观点去观察自然界的各种现象，如引力和斥力、正电和负电、刺激和反应，等等。在他看来，自然界是两种对立的自然力量的矛盾的不断解决又不断产生的发展过程。这个过程经历了质料、物质（磁、电和化学过程）和有机体（植物、动物和理性生物）三个阶段。

① 谢林：《先验唯心论体系》，商务印书馆 1977 年版，第 7 页。

低级阶段过渡到高级阶段，高级阶段包含着低级阶段，但又不等于低级阶段。可以看出，谢林借助于思辨方法描绘的这幅自然界的生成发展的画面，实际上是以当时的自然科学知识为基础的，在一定程度上概括了 18 世纪末到 19 世纪初自然科学中正在形成的发展观点。恩格斯在论及谢林这一类的自然哲学的时候写道：“旧的自然哲学有许多谬见和幻想，可是并不比当时经验主义的自然科学家的非哲学理论包含得多，至于它还包含许多有见识的和合理的东西，那么这点自从进化论传布以来，已开始为人们所了解了。”①

谢林认为，当自然界发展到有机生命阶段的时候，就明显地表现了自然界是机械性和合目的性、必然和自由的统一。他写道：

> 自然界在其机械过程中虽然本身无非是盲目机械过程，却是合乎目的的。②

他还说：

> 唯独有机自然界向我们提供了自由和必然的统一在外部世界的完整表现。③

在谢林看来，他的自然哲学就这样从自然中引出了精神，解决了自由和必然、思维和存在的同一。谢林硬把自然界精神化这种做法，显然是彻头彻尾的唯心主义的。

谢林的先验哲学以研究精神生活的发展过程为对象。谢林认为，和无意识的必然的自然界不同，人类社会历史乃是一个有意识的自由的创造过程。但是，他又认为，正如无意识的必然的自然界中存在着有意识的自由一样，在有意识的自由的社

---

① 恩格斯：《反杜林论》，《马克思恩格斯选集》第 3 卷，人民出版社 1972 年版，第 52 页脚注。

② 谢林：《先验唯心论体系》，商务印书馆 1977 年版，第 257 页。

③ 谢林：《先验唯心论体系》，商务印书馆 1977 年版，第 258 页。

会历史的创造活动中也存在着无意识的、必然的东西，尽管它和自然界的必然性不同。谢林写道：

> 这种自然界（按：指人类历史）也受一种自然规律的支配，但这种规律完全不同于可见的自然界中的规律，就是说，是一种以自由为目的的自然规律。[①]

我们看到，谢林是一位历史唯心论者，但是，谢林的唯心史观同先前那些把历史现象看成人们的任性的产物或偶然事件的堆积的唯心史观不同，他力图从人们有意识地创造历史的过程中，寻求不以人们意志为转移的客观的历史发展规律，力图解决人类历史活动中的个人自由和历史发展的必然性之间的矛盾。

那么，如何解决历史活动中的自由和必然之间的矛盾呢？谢林的基本态度是：

> 历史的主要特点在于它表现了自由和必然的统一，并且只有这种统一才使历史成为可能。[②]

在谢林看来，人们总是有意识地、自由地进行历史行动的，可是，人们却往往在自己的行动中无意识地产生了人们从未料想过的结果。这种常见的事与愿违的情况说明，人们虽然自由地行动，但结局却取决于一种不依个人意志为转移的必然性，而这种必然性又恰恰是通过各个人的自由的无规律的行动来实现的。谢林写道：

> 在一切行动中的客观的东西都是某种共同的东西，它把人们的一切行动都引导到唯一的共同目标上。因此，人们不管怎样做作，不管怎样任意放肆，都会不顾他们的意志，甚至于违背着他们的意志，而为他们看不到的必然性

---

① 谢林：《先验唯心论体系》，商务印书馆 1977 年版，第 235 页。
② 谢林：《先验唯心论体系》，商务印书馆 1977 年版，第 243 页。

所控制，这种必然性预先决定了人们必然会恰好通过无规律的行动，引起他们预想不到的表演过程，达到他们不打算达到的境地，而且这种行动越无规律，便越确实会有这样的结果。①

谢林认为，自由和必然的统一，根源于“绝对同一性”。在他看来，正是这个不可言说的、无法捉摸的“绝对同一性”主宰着自由和必然的统一。他说：

一切行动只有通过自由和必然的原始统一才能理解。②

因此，谢林神秘地认为：

整个历史都是绝对不断启示、逐渐表露的过程。③

我们看到，唯心论者谢林根本不懂得从社会物质生活中去寻找社会历史发展的客观规律，也不可能正确解决人的主观能动性和客观规律性的辩证关系，而是把历史中必然和自由的关系歪曲为无意识的东西和有意识的东西之间的关系，把自由和必然的统一归之于所谓“绝对同一性”。这显然是唯心主义的。但是，谢林在这里肯定历史发展有其不依个人意志为转移的规律性，肯定了人的自由，并且主张自由和必然的统一，从人类认识发展史上看，这种观点较之那种根本否认历史发展规律的唯意志论和根本否认个人自由的宿命论的历史观，是一个进步。谢林的这种唯心主义的辩证历史观后来在黑格尔的历史哲学中得到了系统的发挥。

艺术哲学在谢林的先验哲学中占有突出的地位。和康德相似，谢林把人的精神活动分为“理论活动”“实践活动”和“艺

① 谢林：《先验唯心论体系》，商务印书馆 1977 年版，第 248 页。
② 谢林：《先验唯心论体系》，商务印书馆 1977 年版，第 254 页。
③ 谢林：《先验唯心论体系》，商务印书馆 1977 年版，第 252 页。

术活动”三个方面。他认为，“绝对同一性”是不能言传和理解的，而只能加以直观。在他看来，在艺术作品中，精神和自然、主体和客体、思维和存在互相融为一体，而艺术的美感直观则是引导人们消除一切矛盾，达到“绝对同一性”的唯一途径。谢林写道：

> 艺术好像给哲学家打开了至圣所，在这里，在永恒的、原始的统一中，已经在自然和历史里分离的东西和必须永远在生命、行动和思维里躲避的东西仿佛都燃烧成了一道火焰。①

谢林的艺术理论完全是唯心论的，并带有神秘主义的性质。它为当时文学艺术中流行的浪漫主义思潮提供了哲学根据。谢林把艺术看作理想世界和现实世界的统一，看作最好、最高的救世药方，这深刻地反映了德国资产阶级的软弱性。

我们从谢林哲学中可以看到，德国古典哲学中的辩证法思想又得到了进一步的发展。首先，和康德、费希特的哲学不同，贯穿于谢林哲学的一条思想线索就是发展的观点。他通过思辨的方法把自然界和人类历史描绘为一个由低级到高级的不断发展的过程。谢林的这种发展观较之17—18世纪流行的形而上学的绝对静止的观点，是一个很大的进步。

其次，谢林开始把矛盾理解为事物运动发展的源泉。和康德、费希特不同，谢林认为矛盾不仅是主观意识所固有的现象，而且是自然界和人类历史发展的动力。他说：

> 对立在每一时刻都重新产生，又在每一时刻被消除。对立在每一时刻这样一再产生又一再消除，必定是一切运动的根据。②

① 谢林：《先验唯心论体系》，商务印书馆1977年版，第276页。
② 谢林：《先验唯心论体系》，商务印书馆1977年版，第148页。

谢林猜测到，事物发展总是向着自己的反面转化过去。他写道：

在任何变化中都会发生从一种状态向矛盾对立的状态的转化，比如，一个物体从A方向的运动转化为向-A方向的运动。①

谢林还试图运用矛盾观点来说明事物的更替代谢。他指出：

人们要想更确切地规定创造的机制，我们就只能用下述方式来设想这种机制。一方面消除绝对对立的不可能，另一方面消除它又有必要，这就将出现一个产物，不过对立在这一产物内不能绝对被消除，而只能局部地被消除；在这一产物所消除的对立之外，还会有一种尚未消除的对立，在第二个产物里才能再次加以消除。因此，出现的每一产物都会由于只是局部地消除无限的对立而成为后一产物的条件，后一产物则又会由于只是局部地消除对立而成为第三个产物的条件。……每一在先的产物都留有对立，作为后来的产物的条件。②

谢林还从矛盾观点出发发展了康德的范畴学说，继费希特之后，进一步研究了范畴的推演问题。他发现了康德的范畴的排列方法包含着合理成分。他指出：

如果我们考虑一下康德的范畴表，我们就会发现，每类范畴的前两个范畴总是彼此对立的，而第三个范畴是这两个范畴的结合或统一。譬如，实体和偶性的关系只规定一个对象，因果关系规定许多对象，交互作用则又把这些对象结合成一个对象。在第一种关系里把某种东西设定为统一的，在第二种关系里又把它取消，在第

① 谢林：《先验唯心论体系》，商务印书馆1977年版，第174页。
② 谢林：《先验唯心论体系》，商务印书馆1977年版，第140页。

三种关系里才又通过综合把它结合起来。此外，前两个范畴只是观念的因素，只有从两者产生的第三个范畴才是现实的东西。①

谢林在他的著作中正是依据这一原则对康德的四类十二范畴进行了推演。谢林所揭示的这个范畴推演原则后来为黑格尔所接受和发挥。

不过，谢林的发展观点和矛盾学说终究被他的“绝对同一性”的唯心主义体系所窒息了，因而是很不彻底的。按照谢林的哲学体系，无差别的“绝对同一性”先于一切差别和矛盾而存在，并且主宰着差别和矛盾的发展，而差别和矛盾又最终归之于无差别的“绝对同一性”。因此，“绝对同一性”乃是绝对的、无条件的；差别和矛盾则是相对的、有条件的。人们要问：那个无差别的“绝对同一性”是怎样过渡到差别和矛盾的呢？在这里，谢林除了用一些“原始对立”之类的含糊不清的晦涩语言加以搪塞之外，什么也说不出来。可见，谢林的所谓“绝对同一性”的体系不仅是唯心主义的，而且也是一个封闭的形而上学的体系。这个唯心主义形而上学的体系和他的辩证发展观点及矛盾学说的基本精神是相矛盾的。正是在“绝对同一性”这个问题上，谢林最终同他的好友黑格尔分道扬镳了。

随着法国革命的发展和失败，随着 19 世纪初欧洲各国封建复辟逆流的泛起，谢林在政治上便开始衰退了，并最后走向反动。这位当年的封建专制制度的激进的反对派、封建神学的批判家，晚年竟变成了专制制度的辩护士、基督教神学的吹鼓手。谢林晚年完全成了一个宗教神秘主义者，大肆宣扬所谓“天启哲学”。谢林的蒙昧主义遭到了当时许多先进分子的猛烈的抨击。1834 年，海涅写道：“现在这人（按：指谢林）背叛了自

① 谢林：《先验唯心论体系》，商务印书馆 1977 年版，第 138 页。

己的学说，离弃了他亲自奉献的祭坛，蹓回过去信仰的厩舍，现在他成了一个虔诚的天主教徒，并且宣传一个世外的、人格的上帝。”[①]1842年，青年恩格斯在柏林听了谢林的讲演之后，也尖锐地揭露了谢林的说教的反动性，指出，谢林是一个“经院哲学家”，他用神学“满足普鲁士国王的需要”。

① 海涅：《论德国宗教和哲学的历史》，商务印书馆1974年版，第144页。

第四章　黑格尔的唯心主义辩证法

引　言

继费希特、谢林之后，黑格尔进一步批判康德的二元论、不可知论，在客观唯心主义的基础上系统地发挥辩证法思想，更加高扬人的主观能动性，论证思维和存在的同一性。

黑格尔是欧洲哲学史上的最伟大的辩证法家。他“第一个全面地有意识地叙述了辩证法的一般运动形式”。[①]黑格尔的辩证法思想是欧洲两千多年来辩证法思想发展的总汇，是德国古典唯心主义哲学的最积极的成果，为马克思主义唯物辩证法的创立提供了直接的理论前提。

一、黑格尔的生平

乔治·威廉·弗里德里希·黑格尔（1770—1831）生活在德国和欧洲大陆社会急剧动荡的年代。1789 年，法国爆发了资产阶级革命，推翻了波旁王朝的统治。法国革命遭到英国和欧洲大陆上的各国封建势力的围剿。拿破仑为了保卫法国革命的成果，实现法国大资产阶级的利益，进行了近 20 年的对外战争。

---

① 马克思：《〈资本论〉第一卷第二版跋》，《马克思恩格斯选集》第 2 卷，人民出版社 1972 年版，第 218 页。

英国和沙皇俄国勾结包括德国在内的欧洲封建势力击败了拿破仑，绞杀了法国革命。随之，法国和其他一些国家的封建势力相继复辟。在欧洲封建霸主俄国沙皇的策动下，各国封建势力结成所谓“神圣同盟”，疯狂镇压各国的革命运动。

法国资产阶级革命激动了德国资产阶级的反封建的情绪，加速了德国资产阶级的形成。恩格斯曾经指出：“突然，法国革命象霹雳一样击中了这个叫作德国的混乱世界。……整个资产阶级和贵族中的优秀人物都为法国国民议会和法国人民齐声欢呼。”[①]恩格斯还指出，拿破仑的军队进入德国后，“到处宣传自由平等。他们赶走了成群的贵族、主教和修道院长，也赶走了在这样漫长的时期中在历史上只起了傀儡作用的小王公”。[②]在法国革命，特别是拿破仑的推动下，德国资产阶级的反封建的情绪高涨起来，在邻近法国的一些城市曾一度建立起资产阶级共和国。大约在19世纪20年代左右，经过三百多年缓慢成长的弱小的、分散的德国市民等级，终于形成了一个统一的阶级——资产阶级。然而，这个时期的德国资产阶级仍然是十分怯弱的，它向往革命，但又不敢实行革命。黑格尔就是这个刚刚形成的德国资产阶级的思想代表。

黑格尔是在法国革命的直接影响下成长起来的。他出生于在德国南部符腾堡公国斯图加特城的一个税务局书记官的家庭，1788年进入杜宾根大学学习。就在他入学的第二年，法国革命爆发了。和当时许多德国进步青年一样，大学生黑格尔为法国革命所激动，为卢梭的革命思想所吸引。他和他的同窗好友谢林等人一起积极参加各种政治活动，在政治俱乐部里发表

① 恩格斯：《德国状况》，《马克思恩格斯全集》第2卷，人民出版社1957年版，第635页。

② 恩格斯：《德国状况》，《马克思恩格斯全集》第2卷，人民出版社1957年版，第635页。

演说，欢呼法国革命。1793年，黑格尔大学毕业后，便去瑞士的伯尔尼给住在那里的一个贵族家庭当家庭教师。1797年，他返回祖国，在法兰克福一个商人家庭里当家庭教师。在此期间，黑格尔继续关注法国革命的进展，钻研康德哲学和费希特哲学、斯图亚特的政治经济学以及政治和宗教问题。受到法国革命风暴激烈震荡的青年黑格尔，在政治上是一个专制制度的反对派，在宗教问题上，是现存基督教的批判家。和近代许多进步的资产阶级思想家相似，他把现存的封建专制制度同古代的民主制对立起来，颂古非今，鞭笞专制制度。与此相应，在宗教问题上，他把现存的基督教同所谓古代的"人民宗教"对立起来，认为古代希腊、罗马的宗教是自由人民的宗教，而基督教则是专制政治的产物。在他看来，基督教否定人的理性，是一个不把人当人的体系。黑格尔尖锐地指出：

> 宗教和政治是一丘之貉，宗教所教导的就是专制主义所向往的。这就是，蔑视人类，不让人类改善自己的处境，不让它凭自己的力量完成其自身。[①]

与此同时，黑格尔敏锐地觉察到了康德哲学、费希特哲学中所渗透的反传统神学的人本主义精神，即把人类的尊严和自由抬高到了无上的地位。关于康德和费希特的哲学，黑格尔这样写道：

> 很多先生将对这样从自身必然产生的结论大吃一惊。人们仰望着把人抬举得这样高的、全部哲学的顶峰感到头晕目眩。为什么，到这样晚的时候，人的尊严才受到尊重？为什么，到这样晚的时候，人的自由禀赋才得到承认？这种禀赋把他和一切大人物置于同一行列之

① 黑格尔：《致谢林（1795年4月16日）》，《黑格尔通信百封》，上海人民出版社1981年版，第43页。

> 中。我认为，人类自身像这样地被尊重就是时代的最好标志，它证明压迫者和人间上帝们头上的灵光消失了。哲学家们论证了这种尊严，人们学会感到这种尊严，并且把他们被践踏的权利夺回来，不是去祈求，而是把它牢牢地夺到自己手里。①

黑格尔热切地期待着康德哲学在德意志大地上引出一场革命。由此可见，青年黑格尔是朝气蓬勃的，非常激进的。

1801年，黑格尔迁居耶拿。这时，黑格尔的老同学、耶拿大学的青年讲师谢林在哲学界开始显露头角，离开康德和费希特的哲学形成了自己的独立体系，并且很快成了新思潮的领袖。当年的康德哲学、费希特哲学的崇拜者黑格尔，现在成为谢林哲学的积极追随者。他和谢林一起创办哲学杂志，阐发谢林的“同一哲学”。然而，不久，黑格尔和谢林在哲学上也发生了原则分歧，逐渐形成自己的独立的哲学见解。

在耶拿期间，黑格尔开始与著名德国诗人歌德交往。由于歌德的帮助，黑格尔由一个编外讲师晋升为耶拿大学的教授。在后来的二十多年里，这两位文化巨匠交往不断，除了书信往来，黑格尔还曾多次拜望过歌德。1825年，黑格尔在给歌德的信中写道：

> 在我纵观自己精神发展的整个进程的时候，无处不看到您的踪迹，我可以把自己称作是您的一个儿子。我的内在精神从您那里获得了恢复力量，获得了抵制抽象的营养品，并把您的形象看作是照耀自己道路的灯塔。②

黑格尔深受歌德的思想的影响。在黑格尔的著作中，不时

---

① 黑格尔：《致谢林（1795年4月16日）》，《黑格尔通信百封》，上海人民出版社1981年版，第43页。

② 黑格尔：《致歌德（1825年4月24日）》，《黑格尔通信百封》，上海人民出版社1981年版，第130页。

出现歌德的富有辩证哲理的诗句。

在耶拿期间，黑格尔亲眼看到德国在对法战争中不断败北的情景。1801年缔结的留尼维尔和约使德国莱茵河左岸的一大片土地划入法国的版图。1803年，拿破仑废除了一百多个德意志小邦，把它们并入几个较大的邦。1806年，受法国保护的“莱茵同盟”成立。这样，所谓日耳曼民族的神圣罗马帝国便寿终正寝了。面对着这些关系到欧洲和德国的命运的重大历史事变，作为德国资产阶级的思想家，黑格尔的心情是很复杂的。

一方面，他深深地意识到，法国革命好似一次壮丽的日出，标志着“一个新时期的降生”。[①]和歌德一样，黑格尔也认为，拿破仑是法国革命的继承者、伟大的改革家，他将摧毁欧洲的旧秩序，促进德国封建割据局面的瓦解，为德国的发展开辟新的道路。正因为如此，当拿破仑于1806年10月30日占领耶拿的时候，黑格尔不顾个人的得失，不抱民族偏见，而是以十分敬慕的心情描绘这位征服者。就在这一天的晚上，黑格尔在给他的一位朋友的信中写道：

> 我见到皇帝——这位世界精神——骑着马出来在全城巡察。看到这样一个个体，他掌握着世界，主宰着世界，却在眼前集中于一点，踞于马上，令人有一种奇异的感觉。[②]

黑格尔把拿破仑神秘地称为“世界精神”的代理人，实际上不过是说拿破仑是欧洲资本主义新潮流的象征。

另一方面，作为一个德国人，黑格尔又为祖国的命运而忧心忡忡，苦心探索着复兴祖国的道路。他敢于面对现实，宣称

---

① 黑格尔：《精神现象学》上卷，商务印书馆1979年版，第7页。
② 黑格尔：《致尼塔默（1806年10月30日）》，《黑格尔通信百封》，上海人民出版社1981年版，第204页。

“德国已不再是个国家”[①]，认定德国的沉沦衰败，山河破碎，完全归罪于德国的政治腐败。按照黑格尔的意见，如果德国不想灭亡，那就必须沿着近代代议制的原则重新组成一个能够保证公民自由的强有力的中央政权，完成国家的统一。他主张德国人应拜法国人为师，并深信学生将来定会胜过先生。

在居住耶拿的六年里，黑格尔主要从事哲学教学和研究。此外，他还讲授过数学，研究过天文学、光学和力学等自然科学。他在耶拿大学所取得的最重要的研究成果就是《精神现象学》。这是黑格尔的一本哲学独立宣言书，也是未来的黑格尔哲学体系的导言。在这部著作中，黑格尔不仅批判了康德的二元论、费希特的主观唯心论，而且和谢林的客观唯心主义的“绝对同一”说划清了界限。他把谢林的“绝对同一”比作“黑夜”，在黑夜里一切色彩的差别皆消失了，一切都是黑的。在黑格尔看来没有差别和矛盾的“绝对同一”，只能是一个自身没有运动能力的“静止的点”[②]。他认为，谢林的理智直观说有如手枪发射那样突如其来的兴奋之情，一开始就直接和绝对打交道，不懂得认识绝对的道路是一个漫长而曲折的过程。黑格尔明确地指出：

> 照我看来，一切问题的关键在于：不仅把真实的东西或真理理解和表述为实体，而且同样理解和表述为主体。[③]

这就是说，“绝对理念”不仅是构成事物的本质的实体，而且是自身包含矛盾的、能动的、富有创造力的主体。整个世界无非就是“绝对理念”的产物，是“绝对理念”自我创造、自

① 黑格尔：《德国法制》，《黑格尔政治著作选》，商务印书馆 1981 年版，第 19 页。
② 黑格尔：《精神现象学》上卷，商务印书馆 1979 年版，第 14 页。
③ 黑格尔：《精神现象学》上卷，商务印书馆 1979 年版，第 10 页。

我运动、自我认识、自我实现的过程。从这个根本论断出发，黑格尔在《精神现象学》中力图把个人意识、社会意识诸形态描述为一个不断由低级阶段向高级阶段过渡的矛盾发展过程。显然，黑格尔的这个观点是客观唯心主义的，但其中包含着“作为推动原则和创造原则的否定的辩证法”[①]的合理成分。在《精神现象学》中，黑格尔从唯心主义辩证法角度概括地反映了法国革命所体现的新的时代精神。

由于法军占领耶拿，大学停课了。黑格尔离开耶拿，到班堡干了两年报纸编辑工作后，又去纽伦堡担任中学校长职务，直到1816年。在此期间，黑格尔写了一部重要著作：《逻辑学》（后称“大逻辑”）。在这部著作中，黑格尔第一次系统地阐述了他的唯心主义辩证法思想。

在黑格尔生活在纽伦堡的时期，国内外形势有了新的变化。军事上的失败、劳动群众的反抗以及资产阶级的不满，迫使普鲁士政府不得不进行某些社会改革。普鲁士首相施太因和哈登堡先后于1807年和1811年采取了各种改革措施，比如，废除农民对地主的人身依附，允许农民赎买封建义务，在城市中实行有限的自治，等等。尽管这些改革很不彻底，但总的说来还是有利于资本主义的发展的。1814年，发生了一件在黑格尔看来是“天下最悲惨的事件”——拿破仑退位了。随着拿破仑帝国的崩溃和欧洲“神圣同盟”的建立，一股封建复辟浪潮席卷欧洲。在这种形势下，黑格尔的政治态度发生了明显的变化，日趋保守、妥协，把资产阶级理想的实现完全寄托于自上而下的改良主义道路。

1816年，黑格尔到海德堡大学任教。在就职演说中，黑格

① 马克思：《对黑格尔辩证法和一般哲学的批判》，《1844年经济学哲学手稿》，人民出版社1979年版，第116页。

尔公然声称，“普鲁士国家就是建立在理性基础上的”。当年的专制政治的反对派黑格尔，现在开始为专制制度公开涂脂抹粉了。然而，黑格尔并不是封建复辟派，相反，他对当时的复辟思潮是极为反感的。1815—1816年，符腾堡等级议会开展了宪法讨论，议员们要求恢复符腾堡的“美好的旧法制”。这就意味着要否定法国革命以及拿破仑战争这25年来符腾堡所取得的一切进步，重新倒退到中世纪的国家制度。1817年，针对符腾堡议会的议员们的这些复辟行为，黑格尔在一篇评论中尖锐地指出：

> 他们什么也不曾忘记，什么也不曾学到。最近这25年是世界史上确实内容丰富的25年，对我们来说是最有教益的25年，因为我们的世界和我们的观念就是属于这25年的，而符腾堡邦等级议员们却好像是在沉睡中度过这25年似的。[①]

黑格尔的这段话不仅鲜明地表现了他的反对复辟的政治倾向；而且表明，他十分自觉地意识到他自己的思想是和法国革命以来这25年的历史事变血肉相连的。这一点对于我们理解黑格尔哲学思想的形成和发展，是很重要的。

黑格尔在海德堡时期的主要著作，是1817年出版的《哲学全书》。这部著作由“逻辑学”（亦称“小逻辑”）、“自然哲学”和“精神哲学”三部分组成，是黑格尔的哲学体系的第一次系统的表述。如果说黑格尔在此以前的著作都是为这个体系的建立所做的准备，那么黑格尔自此以后的所有著述都不过是对这个体系的进一步的发挥。

黑格尔声名大噪。1818年，普鲁士文教大臣邀请黑格尔到

---

① 黑格尔：《评1815年和1816年符腾堡王国邦等级议会的讨论（1817年）》，《黑格尔政治著作选》，商务印书馆1981年版，第156—157页。

柏林大学任教。到柏林后，黑格尔公开美化普鲁士专制制度，粉饰现实，号召人们同现实妥协，表明自己的哲学和基督教的协调。因此，黑格尔得到普鲁士政府的赞助和支持。他在柏林形成了自己的学派，1830 年升任柏林大学校长。1831 年，黑格尔因患霍乱逝世。

不过，应当看到，尽管黑格尔在柏林被推崇为普鲁士的国家哲学家，但是他和普鲁士政府的关系实际上并不是很协调的。普鲁士政府聘请黑格尔到柏林大学任教，原本是想利用黑格尔来抑制知识分子和青年学生中的激进倾向。可是，黑格尔对他周围的思想上比较激进的青年大学生却深表同情和支持，甚至不惜承担风险为营救被当局逮捕的青年而四处奔走。因此，黑格尔本人也成了官方怀疑的对象。普鲁士的王太子甚至当面指责黑格尔，说黑格尔的学生甘斯在课堂上宣扬共和主义。

在柏林时期，黑格尔仍然忠于自己的哲学的根本原则，并竭力借助于迂腐晦涩的言词隐藏和发挥他的哲学的根本原则。黑格尔终生肯定法国革命及其世界历史意义，并力图从哲学上论证由法国革命所掀起的历史新潮流的势不可当。1821 年出版的《法哲学原理》，可以说是黑格尔哲学著作中最为保守的一部。可是，恰恰就是在这部最为保守的著作中，黑格尔论证了资产阶级君主立宪制的合理性及其实现的必然性，从而“宣布了德国资产阶级取得政权的时刻即将到来”。①

黑格尔在柏林大学先后讲授过逻辑学、自然哲学、法哲学、历史哲学、心理学、美学、宗教哲学以及哲学史等课程。他的《哲学史讲演录》《美学》《历史哲学》《宗教哲学》等著作，都是在他逝世后由他的学生们整理出版的。

---

① 恩格斯：《德国的革命和反革命》，《马克思恩格斯全集》第 8 卷，人民出版社 1961 年版，第 16 页。

二、黑格尔哲学的特点

黑格尔继承并进一步发挥了德国古典唯心主义哲学中的人本主义精神。和康德、费希特、谢林一样，黑格尔也把人看作一个纯粹的精神性的实体即所谓“自我意识”，认为人的本质就是自由，并且竭力通过片面膨胀人的精神的能动性来抬高人的地位。黑格尔的唯心论的人本主义的特色在于，他把自我意识客观化为宇宙万物的实体，也即所谓“绝对理念”，并且把“绝对理念”理解为能动地创造万物的主体。如果说，在康德那里，“至善”（人的幸福和道德的统一）还需要借助于一个超人的上帝才能实现的话，那么，在黑格尔这里，“绝对理念”本身就是一个能够自己实现自己的万能的上帝。康德把上帝贬为道德上的假设，黑格尔则把宗教、信仰贬为“绝对理念”发展过程中的一个环节。和传统神学相对立，黑格尔坚持哲学高于宗教，法律高于教条，国家高于教会的原则。他不是从宗教的立场来理解人，而是从“绝对理念”出发，实即从人的立场去解释宗教。黑格尔的这种思路就为后来青年黑格尔派和费尔巴哈进一步批判神学提示了一个方向。然而，黑格尔的人本主义是唯心论的。这就决定了他对神学的批判是不可能彻底的。他在批判神学的同时又为神学留下地盘，反复声称他的哲学和基督教（新教）精神的一致。他的那个脱离了人脑的“绝对理念”在理论上也为上帝留下了避难场所。

黑格尔从他的唯心论的人本主义出发，坚信人类理性的力量，主张思维和存在的同一性。他在谈到自己的哲学的特点时写道：

> 哲学要我们养成这种识见：就是知道所谓“现实世界须如它应该的那样”，还有，所谓“真正的善”——“普遍

神圣的理性”，不是一个单纯的抽象观念，而是一个强有力的、能够实现它自己的原则。[①]

黑格尔这段话的意思是说，他的哲学不像康德哲学那样，仅仅告诉人们这个世界“应当如何”，而且要使人们知道“应当如何”即合理的东西必定能够实现，换句话说，思维和存在具有同一性。思维和存在的同一性是黑格尔哲学的基本观点，反映了刚刚形成的德国资产阶级对实现自己阶级的要求的信心的增强。黑格尔的整个哲学体系都是围绕着这一基本命题展开的，或者说黑格尔的所有哲学著作都是对这个基本命题的论证和发挥。

黑格尔是一位唯心主义的辩证的可知论者。他的思维和存在同一性学说的基础，是客观唯心主义的“绝对理念”论，其方法则是辩证法。他从唯心主义出发，深入发挥辩证思维方法，同时又运用辩证思维方式加强他的唯心主义，以论证思维和存在的同一性即世界的可知性。黑格尔的辩证法是唯心主义的，他的唯心主义又是辩证的。然而，在黑格尔哲学中，唯心主义和辩证法之间也存在着矛盾，本质上革命的辩证思维方法往往为他的唯心主义体系所窒息。正如恩格斯所指出的，在黑格尔那里，“方法为了要迎合体系就不得不背叛自己”。[②]深入揭示黑格尔哲学中的唯心主义体系和辩证法之间的既统一、又对立的关系，对于正确理解黑格尔哲学，批判地继承黑格尔的辩证法，是十分重要的。

黑格尔哲学包含着深刻的革命精神和丰富的科学内容。但是，在这位哲学巨人的脑后始终拖着一根庸人的辫子。他往往

① 黑格尔：《历史哲学》，三联书店 1956 年版，第 76 页。
② 恩格斯：《路德维希·费尔巴哈和德国古典哲学的终结》，《马克思恩格斯选集》第 4 卷，人民出版社 1972 年版，第 225 页。

借助于迂腐晦涩的言词来隐藏革命。他的哲学的科学内容也往往为他的唯心主义的强制结构所遮掩。恩格斯指出，黑格尔“不仅是一个富于创造性的天才，而且是一个学识渊博的人物，所以他在每一个领域中都起了划时代的作用。当然，由于‘体系’的需要，他在这里常常不得不求救于强制性的结构，这些结构直到现在还引起他的渺小的敌人如此可怕的喊叫。但是这些结构仅仅是他的建筑物的骨架和脚手架；人们只要不是无谓地停留在它们面前，而是深入到大厦里面去，那就会发现无数的珍宝，这些珍宝就是在今天也还具有充分的价值”。[①]可见，研究黑格尔哲学就必须善于从他的迂腐晦涩的言词中揭示其中隐藏着的革命成分，撇开他的哲学的唯心主义糟粕，拯救其中包含的科学内容。

第一节　“绝对理念”能够实现自己：思维和存在的同一性

黑格尔哲学的基本观点可以概括为一句话：“绝对理念”能够实现自己，或思维和存在具有同一性。以“绝对理念”为基础的思维和存在的辩证同一，是黑格尔整个哲学体系的核心、出发点和归宿，集中地表现了德国古典唯心论哲学的人本主义精神。

① 恩格斯：《路德维希·费尔巴哈和德国古典哲学的终结》，《马克思恩格斯选集》第4卷，人民出版社1972年版，第215页。

一、法国革命经验的德国式的概括：思想能够建筑现实

黑格尔关于思维和存在同一的学说，从理论上说，是从康德的“理念”学说出发的；从实践上看，是黑格尔站在德国资产阶级立场上对法国革命所做的新的哲学概括。

我们知道，在康德哲学中，“理念”所要求的东西（如“至善”“自由”“共和国”等）仅仅是一个“应当”，就是说“理念”是绝对合理的东西，人们应当力求实现它，但在现象世界即现实生活中则是人们永远达不到、永远实现不了的目标。现在，黑格尔同康德唱起了反调。他认为，法国革命的经验有力地证明了“理念”绝不是一个不能实现的“应当”，“应当”也即合理的东西必定能够转化为现实。

黑格尔兴高采烈地谈论着法国革命。他写道：

> 当时法兰西的局面是乱七八糟的一大堆特殊权利，完全违反了“思想”和“理性”——这是一种完全不合理的局面，道德的腐败、“精神”的堕落已经达于极点——这一个“没有公理”的帝国，当它的实在情形被人认识了，它更变为无耻的“没有公理”。……“公理”这个概念、这个思想突然伸张它的权威，旧的不公平的制度无力抗拒它的进攻。所以就有一个同“公理”概念相调和的宪法成立了，一切未来的法律都要根据着这个基础。自从太阳站在天空，星辰围绕着它，大家从来没有看见，人类把自己放在他的头脑、放在他的“思想”上面，而且依照思想，建筑现实。①

黑格尔还说：

① 黑格尔：《历史哲学》，三联书店 1956 年版，第 492—493 页。

> 精神的东西本身应该起决定性的作用，并且迄今的事物的进程就是如此。例如我们看到法国革命中占统治地位的应当是抽象思想，国家的宪法和法律应当根据这种抽象思想制定，人与人之间的联系应当由这种抽象思想来建立，并且人们应该意识到：他们认为具有决定意义的东西，就是抽象思想、自由和平等，等等。①

黑格尔这里所说的“思想”“精神”“理性”或“公理”等，也就是他所谓的“绝对理念”。他从法国革命中得出的基本结论就是：“依照思想，建筑现实。”换句话说，“绝对理念”是万能的，它有能力实现自己。

不难看出，黑格尔的这个结论是唯心主义的。我们知道，法国启蒙思想家们所鼓吹的“自由、平等、博爱”的口号，是为行将到来的法国资产阶级革命制造舆论的。确实，这种革命舆论对于革命的发生和发展曾经发生了巨大的能动作用，并且在一定的条件下转化成了现实，资产阶级上了台。但是，应当看到，资产阶级的“自由、平等、博爱”的口号并不是从天上掉下来的，也不是人们头脑里凭空想象出来的，而是当时法国的资本主义生产关系的发展在意识形态上的反映。同时，革命舆论也只有通过革命实践，特别是广大劳动群众的革命实践才能变成为巨大的物质力量，转化为现实。可是，黑格尔却在这里掐头去尾，既不谈这种革命舆论形成的政治经济根源，也不谈革命实践在革命舆论转化为现实的过程中的决定作用，而是把思想看成好像是凭空出现的东西，硬说单凭思想就可以建筑现实，说什么“法国革命是哲学的产物”。显然，这是彻头彻尾的历史唯心主义。

① 转引自马克思和恩格斯：《德意志意识形态》，《马克思恩格斯全集》第3卷，人民出版社1960年版，第818页。

但是，也应当看到，黑格尔在这里力图克服康德的二元论和形而上学唯物主义的直观反映论，论证思维和存在能够转化，从这个方面看，黑格尔的这个唯心主义观点中又包含了辩证法的合理成分。正如列宁指出的："观念的东西转化为实在的东西，这个思想是深刻的：对于历史是很重要的。并且从个人生活中也可看到，那里有许多真理。反对庸俗唯物主义。"①黑格尔借助于辩证法更加突出了人的主观能动的方面，但是，在黑格尔这里，主观能动性却"只是抽象地发展了"。②

从黑格尔关于法国革命的论述中可以看出，黑格尔所谓的"绝对理念"的具体内容就是所谓"自由""平等"。他在很多地方反复说明"绝对理念"的本质就是"自由"，并把"绝对理念"叫作所谓"自由意识"。③可见，黑格尔所谓的"绝对理念"实质上不过是资产阶级意志的哲学升华。

我们看到，历史上的资产阶级思想家们一般总是竭力膨胀资产阶级的意志，把它说成是某种超历史、超阶级的，并且是能够决定一切的东西。18世纪法国启蒙思想家们把资产阶级的自由和平等的要求，普遍化为所谓永恒的人类理性的要求，鼓吹要用这个万能的人类理性去批判一切。黑格尔则更进了一步。他把资产阶级的意志客观化，把它说成是存在于人脑之外的某种客观理性即"绝对理念"，并且断言，正是这个"绝对理念"主宰着人类历史的发展。在黑格尔的眼里，世界历史无非就是"自由意识"不断实现自己的过程，法国大革命是"自由意识"发展链条上的一次大飞跃，拿破仑则是"自由意识"（"世界精

① 列宁：《黑格尔〈逻辑学〉一书摘要》，《列宁全集》第38卷，人民出版社1959年版，第117页。

② 马克思：《关于费尔巴哈的提纲》，《马克思恩格斯选集》第1卷，人民出版社1972年版，第16页。

③ 黑格尔：《历史哲学》，三联书店1956年版，第55页。

神”）在当代的象征。黑格尔哲学要证明，“自由意识”也必将在德国得到实现。

不仅如此，黑格尔还要把资产阶级的意志加以神化。在他看来，“绝对理念”不仅是人类社会发展的主体和动力，而且是什么“宇宙精神”，创造宇宙万物的本原，一句话，“绝对理念”就是上帝。黑格尔责难康德关于上帝的不可知论，反复声明他的哲学就是关于上帝的知识。他甚至一再表白，他的哲学是同基督教的教义“相和谐的”。从这方面看，黑格尔关于“绝对理念”的学说，可以说是莱布尼茨-伏尔夫“形而上学”的“复辟”。

然而，应当看到，黑格尔所讲的“上帝”同基督教所讲的上帝，毕竟不是一回事。首先，和基督教的那个高高在上的人格化的上帝不同，黑格尔的这个渗透于万物之中的“上帝”，具有基督教所厌恶的泛神论的色彩。其次，黑格尔明确指出，他的这个用概念来表达“上帝”的“绝对理念”哲学，较之用形象表达上帝的包括基督教在内的任何宗教都要高出一筹，宗教里所讲的上帝不过是“绝对理念”发展链条上的一个环节。更重要的是，从内容上看，跟基督教崇拜的那个俨然是一个专制君主的上帝不同，黑格尔的“上帝”实际上是资产阶级的意志——“自由”的代名词。关于这一点，黑格尔写道：

> 上帝是最完善的“存在”……假如我们把宗教的概念在思想中来了解，它便是我们所谓的“自由”的概念。①

由此看来，黑格尔对“绝对理念”的崇拜，实质上乃是资产阶级对自己的阶级意志的崇拜。如果说，康德粉碎了一切关于上帝存在的理论证明之后又假设一个上帝来保证“自由”的实现的话，那么，现在黑格尔则干脆否定了在“自由”之外假设一个上帝的必要，宣布“自由”本身就是能够自己实现自己

① 黑格尔：《历史哲学》，三联书店 1956 年版，第 58 页。

的万能的上帝。黑格尔嘲笑康德要在道德上假定上帝的存在，他写道：

> 这正如儿童任意制成一个稻草人并且彼此相约他们要装作对这个稻草人表示恐惧。①

黑格尔声称：

> 除了理性外更没有什么现实的东西，理性是绝对的力量。②

康德用人类理性去排挤上帝，把上帝贬为道德上的假设；黑格尔则用人类理性取代上帝，宣称人类理性本身便是万能的上帝。这表明德国资产阶级对封建神学的批判又前进了一步，为费尔巴哈用感性的、物质的人取代上帝开辟了道路。

不过，黑格尔对宗教的批判也是极不彻底的。正如马克思所指出的，黑格尔批判基督教的论点是被“留置在神秘的朦胧状态中的”。③实际上，黑格尔并不想同基督教公开决裂，而是常常用自己的哲学去附会基督教教义。他把资产阶级的意志对象化，说成是存在于人脑之外并能主宰一切的精神实体，甚至给这个精神实体（“绝对理念”）贴上“上帝”这个标签，这就为基督教神学留下了避难场所。

但是，决不能因为黑格尔为神学留下了避难场所，就完全否定黑格尔哲学中所包含的批判封建神学的积极成分。应当看到，黑格尔哲学乃是近代德国资产阶级批判封建神学发展史上的一个重要阶段，后来青年黑格尔派的反神学的斗争和费尔巴哈的无神论都是对黑格尔留置在神秘的朦胧状态中的反神学的论点的发挥。因此，那种认为黑格尔哲学的目的就是为宗教做

① 黑格尔：《哲学史讲演录》第4卷，商务印书馆1978年版，第293页。
② 黑格尔：《哲学史讲演录》第4卷，商务印书馆1978年版，第294页。
③ 马克思：《论蒲鲁东》，《马克思恩格斯选集》第2卷，人民出版社1972年版，第141页。

论证的观点，是不恰当的。

黑格尔深信“绝对理念”的力量，他指出：

> 理念并不会软弱无力到永远只是应当如此，而不是真实如此的程度。[①]

> “普遍的神圣的理性”，不是一个单纯的抽象观念，而是一个强有力的、能够实现自己的原则。[②]

由此看来，和康德的“应当”哲学不同，黑格尔坚信“绝对理念”能够自己实现自己，确信资产阶级的理想一定能够实现，资产阶级世界观能够改造世界。黑格尔的这个思想，深刻地反映了 19 世纪初刚刚形成的德国资产阶级对实现自己阶级要求的信心显著增强。

二、在“绝对理念”基础上的思维和存在的辩证同一

如果说法国革命证明了思想能够建筑现实，那么其道理何在呢？黑格尔认为，思想之所以能够建筑现实，就在于思维和存在具有同一性。

应当注意的是，黑格尔所说的“思维”和“存在”，和我们日常所说的“思维”和“存在”的意思很不相同。他所说的“思维”，不仅指的是人们头脑中的思想，而且主要指的是存在于人们头脑之外的某种“客观思想”，也即“绝对理念”。在黑格尔看来，人们头脑中的思想不过是“客观思想”发展的最高产物。至于黑格尔所说的“存在”，乍一看似乎也是指的我们日常所接触到的自然界和人类社会生活中的各种具体事物。但是，黑格尔明确否认这些事物的物质性、客观实在性，根本否认物质的

① 黑格尔：《小逻辑》，商务印书馆 1980 年版，第 45 页。
② 黑格尔：《历史哲学》，三联书店 1956 年版，第 76 页。

存在。他说：

> 唯物论认为物质的本身是真实的客观的东西。但物质本身已经是一个抽象的东西,物质之为物质是无法知觉的。所以我们可以说，没有物质这个东西。①

在这里，黑格尔对唯物论的批判，不过是重复着主观唯心主义者贝克莱攻击唯物论的论点，没有什么新的东西。按照黑格尔的看法，一切事物（“存在”）都不过是“客观思想”（“思维”）的异化物，是“客观思想”的外壳或皮囊，而“客观思想”则是万物的内在根据和核心。

为什么说在人们的头脑之外还存在着一个所谓“客观思想”呢？关于这一点，黑格尔有他的一套道理。他说：

> 个体生灭无常，而类则是其中持续存在的东西，而且重现在每一个体中，类的存在只有反思才能认识。②

> 类作为类是不能被知觉的，星球运动的规律并不是写在天上的。所以普遍是人所不见不闻，而只是对精神而存在的。③

> 举凡一切事物，其自身的真相，必然是思维所思的那样，所以思维即在于揭示出对象的真理。④

> 思想的真正客观性应该是：思想不仅是我们的思想，同时又是事物的自身，或对象性的东西的本质。⑤

> 当我们把思维认为是一切自然和精神事物的真实共性时，思维便统摄这一切而成为这一切的基础了。⑥

可以看出，这里黑格尔是在“个别”和“一般”（“类”“共

① 黑格尔：《小逻辑》，商务印书馆1980年版，第115页。
② 黑格尔：《小逻辑》，商务印书馆1980年版，第75页。
③ 黑格尔：《小逻辑》，商务印书馆1980年版，第76页。
④ 黑格尔：《小逻辑》，商务印书馆1980年版，第78页。
⑤ 黑格尔：《小逻辑》，商务印书馆1980年版，第120页。
⑥ 黑格尔：《小逻辑》，商务印书馆1980年版，第81页。

性”“普遍”）的关系上做文章。在他看来，个别事物是易变的，事物的“一般”是稳定的，人们的感官只能接触个别事物，事物的“一般”、规律或本质，只能靠思维去把握。黑格尔认为，既然事物的“一般”、本质或规律只能靠思维去把握，那么它就是思维所思的那个样子，或者说它本身就是思维了。这样，黑格尔就引出了一个脱离人脑而内蕴于事物之中的“思维”，也即所谓“客观思想”或“绝对理念”。

黑格尔的唯心主义的诡辩就在于，他把客观事物中的“一般”和人们反映这个“一般”的概念混为一谈，从而把人脑中的概念客观化，使客观事物中的“一般”变成和个别事物相对立的，但又决定个别事物的实在性的精神实体。马克思在揭露黑格尔的唯心主义的诡辩时深刻地指出：“如果我从现实的苹果、梨、草莓、扁桃中得出‘果实’这个一般的观念，如果再进一步想象我从现实的果实中得到的‘果实’这个抽象观念就是存在于我身外的一种本质，而且是梨、苹果等等的真正的本质，那么我就宣布（用思辨的话说），‘果实’是梨、苹果、扁桃等等的‘实体’。”[①]这样一来，黑格尔便把客观事物中的一般、共性、类、本质和规律等加以精神化，看作存在于人脑之外、内蕴于事物之中的“概念”“思维”“理性”“理念”。

由此看来，黑格尔所谓的“客观思想”或“绝对理念”，就其思想渊源来说，是康德的“理念”的客观化；就其阶级根源来说，是资产阶级意志的客观化；而从认识论根源上看，则是人脑中的概念的客观化。黑格尔之所以这样绞尽脑汁地制造这样一个存在于人脑之外的“思维”“概念”，无非就是要为他把资产阶级的意志客观化寻找一个认识论上的根据，无非是要证

① 马克思和恩格斯：《神圣家族》，《马克思恩格斯全集》第2卷，人民出版社1957年版，第71页。

明资产阶级的自由、平等等的要求并不是某个人或某一些人的主观愿望，而是客观事物的本质和规律。就像封建地主阶级把他们的阶级统治说成是“天命”一样，资产阶级思想家黑格尔也力图把资产阶级的政治、经济要求，说成是客观事物发展的必然要求，是绝对合理的。

那么，黑格尔所说的思维和存在具有同一性是什么意思呢？概括起来说就是：思维是存在的本质，一个事物的存在只有符合思维才具有实在性；思维不断地在存在中实现自己，使存在同自己相符合。由于黑格尔的“思维”这个概念包含了前述的两重含义，因此，黑格尔的这个极其抽象晦涩的思维和存在的同一性学说，也包含着两层意思。黑格尔写道：

> 如果说真理在主观意义上是观念和对象的一致，那么在客观意义上真实的东西则意味着客体、事物同其自身的一致，意味着客体和事物的实在性符合于它们的概念。①

黑格尔的这句话的意思是说，真理在于观念（“思维”）和对象（“存在”）的一致、符合（“同一”），但这种一致、符合具有主观和客观两层意义。所谓“在主观意义上”，就是说从认识论意义上，即从人的认识发展过程方面说，思维和存在的同一性是指我们头脑中的思维能够把握事物的本质，并且凡是我们头脑中认为是合理的（即符合“客观思想”）思想，都必定能够实现，使存在和我们的思想相一致、符合。所谓“在客观意义上”，就是说从本体论的意义上，也即从事物本身的发展过程上说，思维和存在的同一性是指“客观思想”决定着事物的本质，一个事物只有符合其中蕴含着的“客观思想”即事物的“概念”，才具有实在性；而“客观思想”（“概念”）则在事物中不断实现自己，使事物同自己相一致、符合。在黑格尔看来，我们头脑

① 黑格尔：《自然哲学》，商务印书馆 1980 年版，第 19 页。

中的思想乃是“客观思想”即“绝对理念”发展的最高产物，人认识世界不过是“绝对理念”自己认识自己的发展过程上的一个环节，因此，认识论和本体论两者实质上是一致的。这样，黑格尔在论述他的思维和存在的同一性学说的时候，就往往把人的认识的发展过程和事物本身的发展过程搅在一起，叫人摸不着头脑。

黑格尔的思维和存在同一性学说的基本出发点就是坚持思维是存在的本质、灵魂；存在是思维的外化、躯壳。我们知道，在康德那里，思维和存在是各不相干的，“理念”为人的理性所固有，事物以“理念”为范型，但又永远不能和“理念”相符合。和康德不同，黑格尔认为“理念”不仅存在于人的理性之中，而且蕴藏在一切事物之中，构成万物的本质。他说：

> 客观思想是世界的内在本质。①
>
> 概念乃是内蕴于事物本身之中的东西；事物之所以是事物，即由于其中包含概念。②
>
> 理性是世界的灵魂，理性居住在世界中，理性构成世界的内在的、固有的、深邃的本性，或者说，理性是世界的共性。③

按照黑格尔的观点，正因为思维是存在的本质，所以，事物绝不能离开思维而独立自存，而且事物只有符合蕴藏于其中的思维才具有实在性。黑格尔写道：

> 一切现实的东西，唯有在它具有理念并表现理念的情况下才有（按：“有”即“存在”）。④

他还说：

① 黑格尔：《小逻辑》，商务印书馆 1980 年版，第 79 页。
② 黑格尔：《小逻辑》，商务印书馆 1980 年版，第 339 页。
③ 黑格尔：《小逻辑》，商务印书馆 1980 年版，第 80 页。
④ 黑格尔：《逻辑学》下卷，商务印书馆 1976 年版，第 449 页。

只有符合概念的实在才是真正的实在，因为在这种实在里，理念使它自己达到了存在。①

比如，在黑格尔看来，一个朋友只有符合“友谊”这个概念，才算得上是真朋友；一张画只有符合“艺术品”这个概念，才称得上是真正的艺术品。总之，黑格尔认为，实在事物乃是事物同它自身的概念的符合，也即思维和存在的同一。

可以看出，在思维和存在的关系问题上，黑格尔是一位坚持思维第一性，存在第二性，思维决定存在的客观唯心主义者。

黑格尔正是从思维是存在的本质这个客观唯心主义的观点出发，批判康德的不可知论的。他认为，康德所谓的“自在之物”“只是一个极端抽象，完全空虚的东西”。②隐藏在事物背后的本质绝不是康德所说的什么有别于思维、因而不能为思维所把握的“自在之物”，实际上，它本身就是思维、概念。因此，黑格尔认为：

把握一个对象，即是意识着这对象的概念。③

这就是说，所谓认识一个事物，把握一个对象，实际上不过是用我们的思想去把握蕴藏于事物中的思想、概念，而思想能够认识思想，这是不言而喻的。

恩格斯肯定了黑格尔对康德的不可知论的批判，指出黑格尔的思维和存在的同一性命题是和康德的不可知论相对立的可知论的观点；同时也深刻地揭露了黑格尔的这个命题的唯心主义实质。恩格斯指出，在黑格尔看来，“我们在现实世界中所认识的，正是这个世界的思想内容，也就是那种使世界成为绝对观念的逐渐实现的东西，这个绝对观念是从来就存在的，是

① 黑格尔：《美学》第1卷，商务印书馆1979年版，第142页。
② 黑格尔：《小逻辑》，商务印书馆1980年版，第125页。
③ 黑格尔：《小逻辑》，商务印书馆1980年版，第339页。

不依赖于世界并且先于世界而在某处存在的；但是思维能够认识那一开始就已经是思想内容的内容，这是十分明显的。同样明显的是，在这里，要证明的东西已经默默地包含在前提里面了”。①可见，黑格尔的思维和存在同一性的学说的基础是客观唯心主义，黑格尔是一位唯心主义的可知论者。

值得注意的是，黑格尔认为思维和存在的同一并不像谢林所说的是什么“绝对同一”，而是一个矛盾发展、相互转化的过程，是思维在存在中不断实现自己，使存在不断符合自己的过程。黑格尔写道：

> 它（按：指世界）的是如此与它的应如此是相符合的。但这种存在与应当的符合，却并不是死板的、没有发展过程的。②

按照黑格尔的观点，既然思维是存在的本质，那么一个事物只有符合蕴藏在其中的思维才具有实在性。然而，由“绝对理念”派生出来的各个具体事物，都是受一定的条件限制的“有限事物”，它们只是“绝对理念”发展过程中的各个环节或阶段。因此，对于任何一个具体事物来说，它们都不可能完全同它的概念相符合，就是说其中必定存在着既符合但又不完全符合的矛盾。拿一张画来说，肯定它是艺术品，这是说它同“艺术品”概念有符合的方面，可是，这张画同“艺术品”的概念并不是完全的符合，因为它不可能完美无缺。这样，任何一个具体事物都由于其内在的思维和存在的矛盾而运动、变化和发展，并最后归于灭亡，为另一个更符合于概念、理念发展要求的具体事物所代替。黑格尔写道：

---

① 恩格斯：《路德维希·费尔巴哈和德国古典哲学的终结》，《马克思恩格斯选集》第4卷，人民出版社1972年版，第221页。

② 黑格尔：《小逻辑》，商务印书馆1980年版，第420—421页。

> 一切有限事物，自在地都具有一种不真实性，因为凡物莫不有其概念，有其存在，而其存在总不能与概念相符合。因此，所有有限事物皆必不免于毁灭，而其概念与存在间的不符合，都由此表现出来。[①]

因此，在黑格尔看来，任何一个具体事物的存在总是暂时的、相对的；而“绝对理念”则在思维和存在的这种矛盾进展中，在事物的新陈代谢的发展中不断实现自己，使事物逐步同它的概念相符合，使思维和存在同一。

在黑格尔看来，人的认识同样也是在思维和存在的矛盾转化过程中向前发展的。只要人们能排除主观性，使自己的思想符合于事物的本质，成为合理的也即符合“绝对理念”的思想，那么这种思想就必定能够在存在中实现，使存在符合于人们的思想，达到思维和存在的同一。黑格尔强调指出，在人的认识过程中，思维和存在的同一不是呆板的、僵死的同一，而是一个矛盾发展的过程，是一个由相对走向绝对的过程。

不难看出，黑格尔上述的这番道理，实际上是把客观物质世界的发展，人的认识的发展统统归结为无人身的主体“绝对理念”的自行发展、自我实现，显然是彻头彻尾的唯心论，带有强烈的神秘主义色彩。然而，黑格尔在这里把思维和存在的同一看作一个矛盾发展的过程这一点，较之康德的二元论、谢林的“绝对同一”说以及形而上学的一次反映论，无疑是一个进步，包含了辩证法的合理成分。按照黑格尔的这个辩证法思想，历史上依次更替的一切社会制度，都只是人类社会由低级到高级的无穷发展中的一些暂时阶段。每一个阶段都是必然的，因此，对它所由发生的时代和条件说来，都有它存在的理由；但是对它自己内部逐渐发展起来的新的、更高的条件来说，它

① 黑格尔：《小逻辑》，商务印书馆 1980 年版，第 86 页。

就变成过时的和没有存在的理由了；它不得不让位于更高的阶段，而这个更高的阶段也同样是要走向衰落和灭亡的。正如恩格斯指出的，黑格尔辩证法的革命性质就在于，它宣布“在它面前，不存在任何最终的、绝对的、神圣的东西；它指出所有一切事物的暂时性；在它面前，除了发生和消灭、无止境地由低级上升到高级的不断的过程，什么都不存在”。[①]恩格斯还指出，按照黑格尔的辩证法，“一个事物的概念和它的现实，就像两条渐近线一样，一齐向前延伸，彼此不断接近，但是永远不会相交。两者的这种差别正好是这样一种差别，这种差别使得概念并不无条件地直接就是现实，而现实也不直接就是它自己的概念”[②]，因此，“概念和现象的统一是一个本质上无止境的过程”。[③]然而，黑格尔这位辩证法家同时又是一位唯心主义者，为了体系的需要，他还得把自己的哲学宣布为“绝对真理”，而所谓“绝对真理”就是指思维和存在的绝对同一。显然，这是同他的辩证方法背道而驰的。

黑格尔从这种唯心主义辩证法观点出发批判了康德的“应当”哲学。他责难康德不懂得思维可以转化为存在的道理，说在康德那里：

> 绝对的善只是停留在“应该”里，没有客观性，那么它就只得老是停留在那里。[④]

黑格尔断言：

> 思维、概念必然地不会停留在主观性里，而是要扬弃

---

① 恩格斯：《路德维希·费尔巴哈和德国古典哲学的终结》，《马克思恩格斯选集》第4卷，人民出版社1972年版，第213页。

② 恩格斯：《致康·施米特（1895年3月12日）》，《马克思恩格斯选集》第4卷，人民出版社1972年版，第515页。

③ 恩格斯：《致康·施米特（1895年3月12日）》，《马克思恩格斯选集》第4卷，人民出版社1972年版，第517页。

④ 黑格尔：《哲学史讲演录》第4卷，商务印书馆1978年版，第294页。

它的主观性并表示自身为客观的东西。[①]

黑格尔充满信心地说。

理念深信它能实现这个客观世界和它自身之间的同一性，——理性出现在世界上，具有绝对信心去建立主观性和客观世界的同一，并能够提高这种确信使成为真理。[②]

在论及黑格尔哲学时，恩格斯指出："没有一个人比恰恰是十足的唯心主义者黑格尔更尖锐地批评了康德的软弱无力的'绝对命令'（它之所以软弱无力，是因为它要求不可能的东西，因而永远达不到任何现实的东西），没有一个人比他更辛辣地嘲笑了席勒所传播的那种沉湎于不能实现的理想的庸人倾向。"[③]恩格斯还指出，在黑格尔看来，"凡在人们头脑中是合理的，都注定要成为现实的，不管它和现存的、表面的现实多么矛盾"。[④]由此看来，在法国革命浪潮中形成的黑格尔哲学较之康德哲学是大大前进了一步，表明德国市民-资产阶级发展到了一个新的阶段，资产阶级作为一个阶级最终形成了。

然而，黑格尔的唯心主义的思维和存在同一性学说也还是一种软弱无力的哲学。尽管黑格尔高喊思维可以转化为存在，理想能够变成现实，但他始终在"绝对理念"里，即在思想范围内兜圈子，从不超出思想一步。关于这一点，黑格尔本人说得很坦率。

他写道：

法国人具有现实感、实践的意志、把事情办成的决心，——在他们那里观念立刻就能转变成行动。……在德

---

① 黑格尔：《哲学史讲演录》第4卷，商务印书馆1978年版，第285页。

② 黑格尔：《小逻辑》，商务印书馆1980年版，第410页。

③ 恩格斯：《路德维希·费尔巴哈和德国古典哲学的终结》，《马克思恩格斯选集》第4卷，人民出版社1972年版，第227—228页。

④ 恩格斯：《路德维希·费尔巴哈和德国古典哲学的终结》，《马克思恩格斯选集》第4卷，人民出版社1972年版，第212页。

国，同一个自由原则占据了意识的兴趣；但只是在理论方面得到了发挥。我们在头脑里面和在头脑上面发生了各式各样的骚动；但是德国人的头脑，却仍然可以很安静地戴着睡帽；坐在那里，让思维自由地在内部进行活动。①

这确是一幅既向往革命但又不敢实行革命的德国资产阶级的活灵活现的画像，同时也是政治庸人黑格尔教授的一帧惟妙惟肖的自我写照。法国革命引起了黑格尔的头脑的骚动，感到康德老是停留在“应当”上未免太软弱了，于是，他在他的头脑里发现了君主立宪制是最合乎理性的东西，并且坚信它必定能够实现。而当这位教授发现了这个绝对真理之后，他便安静地带上他的睡帽躺到沙发上去了，让“绝对理念”去自行实现吧！正如恩格斯所说的，在黑格尔看来，“人类既然通过黑格尔想出了绝对观念，那么在实践中也一定达到了能够把这个绝对观念变成现实的地步。因此，绝对观念就不必向自己的同时代人提出太高的实践的政治要求”。②恩格斯还指出，黑格尔“企图以思维和存在的同一性去证明任何思维产物的现实性”，这不过是“最荒唐的热昏的胡话”。③这表明，刚刚形成的德国资产阶级仍然是很软弱的、很保守的。

思维和存在的同一性是整个黑格尔哲学的最基本的命题。黑格尔的三重品格（客观唯心主义者、辩证论者和可知论者）全部建立在这个命题之上。不过，应当明确的是，黑格尔的这个命题是针对康德的不可知论提出来的，本意在于论证思维和存在能够达到一致、符合，因而首先是一个可知论的命题。客

---

① 黑格尔：《哲学史讲演录》第4卷，商务印书馆1978年版，第256—257页。

② 恩格斯：《路德维希·费尔巴哈和德国古典哲学的终结》，《马克思恩格斯选集》第4卷，人民出版社1972年版，第214页。

③ 恩格斯：《反杜林论》，《马克思恩格斯选集》第3卷，人民出版社1972年版，第82页。

观唯心论和辩证法则是黑格尔解决思维和存在能够达到一致、符合，论证可知论的基础和方法。因此，我们可以把黑格尔的思维和存在的同一性这个命题叫作客观唯心主义的辩证的可知论命题。由此看来，只看到黑格尔的这个命题的唯心主义基础（思维和存在的等同），从而把这个命题仅仅归结为唯心主义，或者只看到黑格尔的这个命题所包含的辩证方法（思维和存在的矛盾转化），便认为这个命题的实质就是坚持辩证法，都是欠全面的，不适当的。

三、在一个极端保守的命题中隐藏着革命

黑格尔关于思维和存在的同一性学说的两面性，突出地表现在黑格尔自己十分欣赏的下面这个命题上：

> 凡是合乎理性的东西都是现实的；凡是现实的东西都是合乎理性的。[1]

乍一看，黑格尔的这个命题，特别是其中“凡是现实的东西都是合乎理性的”这句话，显然是为现存秩序做辩护的，在当时，就是为普鲁士专制制度祝福的，因而是极端保守的。因此，黑格尔的这个命题在《法哲学原理》中一提出，便带来了一场风波。普鲁士政府对此表示无比的感激，文教大臣阿尔腾施太因写信给黑格尔，赞扬黑格尔“使哲学具备了对待现实的唯一正确的态度”，使人们不致染上对待现存事物特别是国家事务方面的“有害的狂妄心理”。反之，资产阶级自由派则对此表示无比的愤怒，攻击黑格尔哲学“不是长在科学花园里，而是长在阿谀奉承的粪堆上”的“哲学毒菌”。可是，这些人都是近视眼。他们谁也没有觉察到就在这样一个表面上看来是极端保守的命题中竟还隐藏着革命的成分。

① 黑格尔：《法哲学原理》，商务印书馆 1961 年版，第 11 页。

黑格尔对此极为反感，不得不起来为自己申辩。他说：

在我的《法哲学》的序言里，我曾经说过这样一句话：凡是合乎理性的东西都是现实的，凡是现实的东西都是合乎理性的。这两句简单的话，曾经引起许多人的诧异和反对，甚至有些认为没有哲学，特别是没有宗教的修养为耻辱的人，也对此说持异议。①

黑格尔指出，说现实的东西是合理的，并不意味着现存的一切事物都是现实的，因而都是合理的。事实上，在现存的一切有限事物中，一部分是现象，仅有一部分是现实的。黑格尔写道：

在日常生活中，任何幻想、错误、罪恶以及一切坏东西、一切腐败幻灭的存在，尽管人们都随便把它们叫作现实，但是，甚至在平常的感觉里，也会觉得一个偶然的存在不配享受现实的美名。因为所谓偶然的存在，只是一个没有什么价值的、可能的存在，亦即可有可无的东西。②

那么，什么的东西才配得上享受“现实”的美名呢，黑格尔指出：

真实的现实性就是必然性，凡是现实的东西，在其自身中是必然的。③

现实性在它的开展中表明它自己是必然性。④

因此，把黑格尔的这个思想应用于当时的普鲁士政府时，黑格尔的意思并不是要肯定政府的任何一个措施，肯定现存的一切，而只是说，这个国家在它的必然的这个限度内是合理的。

其次，按照黑格尔的观点，说现实的东西是合理的，并不

① 黑格尔：《小逻辑》，商务印书馆 1980 年版，第 43 页。
② 黑格尔：《小逻辑》，商务印书馆 1980 年版，第 44 页
③ 黑格尔：《法哲学原理》，商务印书馆 1961 年版，第 280 页。
④ 黑格尔：《小逻辑》，商务印书馆 1980 年版，第 300 页。

意味着现实的东西就绝对地符合理性，都是好东西。黑格尔认为，实际上有些坏东西也多少符合理性，否则它们就不能存在。他说：

> 完全没有概念和实在性的同一的东西，就不可能有任何存在。甚至坏的和不真的东西之所以存在也还是因为它们的某些方面多少符合于它们的概念。那彻底的坏东西或与概念相矛盾的东西，因此即是自己走向毁灭东西。[1]

黑格尔甚至说：

> 即使最坏的国家，其实在与概念相应最少，只要它还存在，它就还是理念；个人还要服从一个有权力的概念。[2]

照此说来，即使肯定普鲁士的专制主义是现实的，因而是合理的，也并不意味着肯定它绝对符合理性，是一个好政府；相反的，它也很可能是一个和政府概念相应最少的最坏的政府。如果说，在我们看来，普鲁士政府是恶劣的，可是，尽管恶劣，它却仍然继续存在着，可见其中也有它之所以能够存在的道理，换句话说，它的某些方面还多少符合于它的概念。恩格斯等借黑格尔的这个思想，深刻地指出："政府的恶劣，就可以用臣民的相应的恶劣来辩护和说明。当时的普鲁士人有他们所应该有的政府。"[3]恩格斯的这段话机智而又深刻地揭露了德国资产阶级的软弱无能。我们看到，黑格尔要求人们去服从一个最坏的政府的权力，恰恰就表现了德国资产阶级的这种软弱无能。

还有，按照黑格尔辩证法，说现实的东西是合理的，也不是意味着现实的东西就是僵死不变的。在黑格尔看来，世界上的各种具体事物都不过是"绝对理念"的"外壳"或"皮囊"，

① 黑格尔：《小逻辑》，商务印书馆 1980 年版，第 399 页。
② 黑格尔：《逻辑学》下卷，商务印书馆 1976 年版，第 451 页。
③ 恩格斯：《路德维希·费尔巴哈和德国古典哲学的终结》，《马克思恩格斯选集》第 4 卷，人民出版社 1972 年版，第 211 页。

是“绝对理念”发展过程中的各个环节或阶段。当一个具体事物符合“绝对理念”发展的要求的时候，它具有必然性，因而是现实的。但是，随着时间的推移和条件的变化，它就要同“绝对理念”向前进一步发展的要求相矛盾，从而丧失其必然性，变成不现实的、趋于灭亡的东西。这样，“绝对理念”便会甩掉这个旧的“外壳”，投入到一个新的更符合“绝对理念”进一步发展的要求的“皮囊”中去继续向前发展。这就是说，一切曾经是现实的东西，都必定要转化为不现实的东西；而一切符合“绝对理念”发展要求的东西，不管它同现存的一切怎样抵触，也必将变成为现实的。唯有“绝对理念”是永恒的生命，一切有限事物则皆不免于毁灭。正如恩格斯指出的：“按照黑格尔的思维方法的一切规则，凡是现实的都是合理的这个命题，就变为另一个命题：凡是现存的，都是应当灭亡的。”[①]用这个观点去观察普鲁士国家，诚然也有它的保守方面，即肯定这个国家在它的必然的限度内还是现实的，这就为已经腐朽了的东西做了辩护，但是，当这个国家一旦超出了必然的限度，它就要走向自己的反面，变成不现实的、归于灭亡的东西。当然，黑格尔本人是不会公开引出这个革命结论的。

黑格尔的这个命题所包含的两句话，本来是一个不可分割的整体。可是，人们则往往看重“凡是现实的东西都是合乎理性的”这一句，而忽略另一句：“凡是合乎理性的东西都是现实的。”至于黑格尔本人，他似乎倒是更重视后者。据海涅说，有一次当他对他的老师黑格尔表示对“凡是现实的都是合理的”这句话感到不高兴时，黑格尔怪笑了笑，然后对海涅说，“也可以这么说：凡是合理的必然都是现实的”。黑格尔说了这

① 恩格斯：《路德维希·费尔巴哈和德国古典哲学的终结》，《马克思恩格斯选集》第4卷，人民出版社1972年版，第212页。

句话之后惊惶地环顾左右，当他相信只有海涅和黑格尔的一个朋友听到了他的话，才又平静下来。不难看出，黑格尔之所以显得如此紧张，就是因为他一语道破了他的这个命题中隐藏着革命。说凡是合理的必然都是现实的，这不仅宣判了现存的一切不合理的东西的死刑，而且表现了对理想、未来的坚强的乐观信念。

从理论上说，黑格尔的上述命题深刻地揭示了辩证法所包含的革命的和保守的两个方面。辩证法的革命性质就在于它认为，一切现实的东西随着时间的推移和条件的变化都会变成不现实的、归于灭亡的东西，而凡是合理的东西，即符合事物发展规律要求的东西，都注定要成为现实的，用黑格尔的话来说，就是“一切合乎理性的东西都是现实的”。同时，辩证法也有它的保守方面，即肯定任何一个具体事物相对于它所处的时间和条件来说，又都有其存在和发展的理由，具有必然性，因而是现实的，用黑格尔的话来说，就是“一切现实的东西都是合理的”。但是，正如恩格斯所指出的：“这种看法的保守性是相对的，它的革命性质是绝对的——这就是辩证哲学所承认的唯一绝对的东西。”①辩证法就是绝对的革命性和相对的保守方面的对立统一，忽视或抹杀某一个方面，都是片面的，不是陷入刹那生灭的相对主义，就是陷入僵死不变的绝对主义。然而，我们看到，尽管黑格尔揭示了辩证法的这两个方面，但是，这位哲学上的唯心主义者、政治上的庸人却竭力隐藏或回避辩证法的革命方面的绝对性。因此，在黑格尔手中，辩证法“似乎使现存事物显得光彩”②，从这个“彻底革命的思维方法竟产生

---

① 恩格斯：《路德维希·费尔巴哈和德国古典哲学的终结》，《马克思恩格斯选集》第4卷，人民出版社1972年版，第213页。

② 马克思：《〈资本论〉第一卷第二版跋》，《马克思恩格斯选集》第2卷，人民出版社1972年版，第218页。

了极其温和的政治结论”[①]，表现出强烈的保守性。

第二节　“绝对理念”是一个不断实现自己的过程

黑格尔在论证思维和存在的同一性这个基本观点的过程中，构造了一个“绝对理念”自己认识自己、自己实现自己、不断走向思维和存在同一的哲学体系。这个体系由“逻辑学”“自然哲学”和“精神哲学”三个部分组成。按照黑格尔的观点，“逻辑学”描述的是“绝对理念”自我发展过程，在这个阶段上，“绝对理念”表现为它的各个环节——范畴的推演；“自然哲学”描述的是“绝对理念”外化（或异化）为自然界后在自然界中的发展过程；“精神哲学”描述的是“绝对理念”摆脱了自然界进入人的意识并在人的意识中回复到了自己，认识了自己，达到了思维和存在的同一的过程。

不难看出，黑格尔的这个哲学体系是一个客观唯心主义的体系，自然界、人类社会以及人的认识的发展完全被归结为“绝对理念”神秘地自行实现、自己认识自己的过程。但是，黑格尔的哲学体系所体现的辩证发展观点，即把自然界、人类社会和人类认识看作一个合理的发展的过程的历史观点，在当时的历史条件下还是别开生面的。我们知道，欧洲17—18世纪，形而上学的绝对静止的观点在人们的思想上占据统治地位。在那时的人们看来，自然界的一切都是从来如此的、永恒不变的。天上的日月星辰的运转，地上的大陆海

① 恩格斯：《路德维希·费尔巴哈和德国古典哲学的终结》，《马克思恩格斯选集》第4卷，人民出版社1972年版，第214页。

洋的分布，以及动物、植物的种类等，过去是这样，现在是这样，将来也还是这样。在当时的一些资产阶级思想家看来，过去的历史完全是一笔糊涂账，不过是错误和荒唐的陈列馆，只是从他们突然发现了所谓永恒的“人性”“理性”之日起，人类才开始了真正的历史。关于人类的认识活动，那时不论是唯物主义者，还是唯心主义者，几乎都是认识的一次完成论者。唯心主义唯理论认为，知识是天赋的。机械唯物主义者认为，认识通过一次反映即可完成。18世纪中叶，康德提出的星云假说，给这种形而上学的绝对静止的观点打开了一个缺口。可是，康德本人在他的哲学中却没有发挥这种发展观点。继谢林之后，黑格尔通过他唯心主义辩证法体系系统地阐发了普遍发展观点，从根本上动摇了17—18世纪的形而上学宇宙观。恩格斯指出：“黑格尔第一次——这是他的巨大功绩——把整个自然的、历史的和精神的世界描写为一个过程，即把它描写为处在不断的运动、变化、转变和发展中，并企图揭示这种运动和发展的内在联系。”[①]列宁也指出：“‘在一切自然界的、科学的和精神的发展中’——这就是黑格尔主义的神秘外壳中所包含的深刻真理的内核。”[②]按照黑格尔的观点，世界不是现存事物的总和，而是一个发展过程。过程论是渗透于黑格尔唯心主义哲学体系中的一个基本的辩证法思想，是黑格尔对人类认识发展史所做的重大贡献之一。

必须看到，尽管黑格尔的哲学体系是矫揉造作的，到处充斥着唯心主义的思辨的东西，但他“常常在思辨的叙述中做出

① 恩格斯：《反杜林论》，《马克思恩格斯选集》第3卷，人民出版社1972年版，第63页。

② 列宁：《黑格尔〈逻辑学〉一书摘要》，《列宁全集》第38卷，人民出版社1959年版，第163页。

把握住事物本身、真实的叙述”。[①]在《逻辑学》《自然哲学》和《精神哲学》中，黑格尔都程度不同地在唯心主义的晦涩词句里面把握住了人类认识、自然界和人类社会辩证发展的某些真实的联系。

一、逻辑学

“逻辑学”是黑格尔哲学体系的第一部分。

《逻辑学》是黑格尔的最重要的哲学著作。恩格斯曾经指出：“不读黑格尔的著作，当然不行，而且还需要时间来消化。先读《哲学全书》的《小逻辑》，是很好的办法。”[②]列宁曾仔细地研读过黑格尔的《逻辑学》和《小逻辑》，并做了详细的摘要，批判地分析了黑格尔的辩证法思想。列宁说：“在黑格尔的这部最唯心的著作中，唯心主义最少，唯物主义最多，‘矛盾’，然而是事实！”[③]当然，在黑格尔的这部唯心主义的著作中，存在着许多荒唐的牵强附会的东西。但是，正如恩格斯所指出的，在黑格尔的著作中寻找作为他建立体系的杠杆的那些谬误和牵强附会之处，“这纯粹是小学生做作业。更为重要的是：从不正确的形式和人为的联系中找出正确的和天才的东西”。[④]

翻开黑格尔的“逻辑学”部分，就会明显地感到它和自亚里士多德以来的传统的形式逻辑的不同。黑格尔的“逻辑学”是一个哲学范畴推演的系统，其大致轮廓如下：

---

① 马克思和恩格斯：《神圣家族》，《马克思恩格斯全集》第2卷，人民出版社1957年版，第76页。

② 恩格斯：《致康·施米特（1891年11月1日）》，《马克思恩格斯选集》第4卷，人民出版社1972年版，第492页。

③ 列宁：《黑格尔〈逻辑学〉一书摘要》，《列宁全集》第38卷，人民出版社1959年版，第253页。

④ 恩格斯：《致康·施米特（1891年11月1日）》，《马克思恩格斯选集》第4卷，人民出版社1972年版，第493页。

逻辑学
- 一、存在论
  - 1. 质（纯存在、定在、自为存在）
  - 2. 量（纯量、定量、程度）
  - 3. 度
- 二、本质论
  - 1. 本质（同一、差别、根据）
  - 2. 现象（内容和形式、全体与部分等）
  - 3. 现实（实体关系、因果关系、相互作用）
- 三、概念论
  - 1. 主观性（概念、判断、推理）
  - 2. 客观性（机械性、化学性、目的性）
  - 3. 理念（生命、认识、绝对理念）

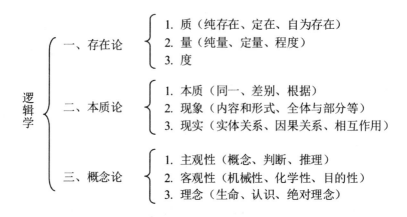

黑格尔把这些逻辑范畴叫作“纯概念”，意即不沾染任何感性的、物质的成分的纯粹的思维形式。在他看来，这些纯粹的思维形式并不是远在彼岸的不可捉摸的东西，相反，它们倒是人们所最为熟知的。比如，在“这片树叶是绿的”这个命题里就包含“存在”和“个体性”的范畴于其中。然而，熟知并非真知，而且人们往往对自己熟知的东西最无所知。这是因为，人们总是惯于把这些纯粹的思维形式同感性材料混杂在一起。逻辑学的任务就在于撇开一切感性的成分对逻辑范畴做纯粹的考察。黑格尔在这里提出要把范畴及其相互关系当作一个对象加以专门的考察，建立一门以研究范畴及其相互关系为主要内容的逻辑科学，这是深刻的，正确的。但是，他认为研究范畴必须撇开一切感性经验成分的主张，则是不可取的，实际上也是不可能的。事实上，尽管黑格尔把逻辑范畴及其相互关系说得纯之又纯，但在“逻辑学”中，他还是不时地从自然界和人类历史中寻找最恰当的例子来验证他所做的逻辑范畴的推演的。

黑格尔认为，逻辑学是一切科学的灵魂。他说：

逻辑学是自然哲学和精神哲学中富有生气的灵魂。其余部门的哲学兴趣，都只在于认识在自然和精神形态中的逻辑形式，而自然或精神的形态只是纯粹思维形式的特殊的表现。①

黑格尔的意思是说，逻辑学所研究的范畴及其相互关系是最普遍的原则，自然哲学和精神哲学都不过是逻辑学的普遍原则在自然界和人类精神领域中的推广或具体应用。因此，黑格尔把自然哲学和精神哲学看作“应用的逻辑学”。②显然，黑格尔的这个思想具有先验主义的性质。正如恩格斯所指出的，黑格尔不是从自然界和人类历史中抽象出普遍的逻辑原则，而是企图先验地制定某种原则，把“从思想中、从世界形成之前就永恒地存在于某个地方的模式、方案或范畴中，来构造现实世界”，这就“把事情完全头足倒置了”③。不过，也应当看到，黑格尔关于逻辑学是一切科学的灵魂的思想中包含了一个合理的猜测：辩证法是支配自然界、人类社会和人类思维运动的普遍规律。

可以看出，黑格尔的“逻辑学”和康德的“先验逻辑”有某些相似之处，即两者均以范畴、理念作为逻辑学的主要内容。不过，黑格尔的范畴论和康德的范畴论却有很大的差别。

首先，黑格尔认为，范畴、理念是存在的本质。我们知道，在康德那里，范畴、理念只是主观的思维形式，和客体“自在之物”毫不相干。和康德不同，黑格尔则认为，范畴、理念不仅仅是存在于人们头脑中的主观的思维形式，而且是内蕴于客观事物之中决定事物的本质的“客观思想”。他说：

① 黑格尔：《小逻辑》，商务印书馆 1980 年版，第 83—84 页。
② 黑格尔：《小逻辑》，商务印书馆 1980 年版，第 83 页。
③ 恩格斯：《反杜林论》，《马克思恩格斯选集》第 3 卷，人民出版社 1972 年版，第 74 页。

这些思维规定（按：指范畴）就是事物内在的核心。[①]

恩格斯深刻地揭露了黑格尔范畴学说的客观唯心主义的本质，他指出："范畴在他（按：指黑格尔）看来是先存在的东西，而现实世界的辩证法是它的单纯的反光。实际上刚刚相反：头脑的辩证法只是现实世界（自然界和历史）的运动形式的反映。"[②]

其次，黑格尔认为，范畴是"绝对理念"的各个规定，是"绝对理念"发展过程中的各个环节或阶段。按照康德的观点，范畴只适用于"现象世界"，是有条件的、相对的，而理念则要求超越现象世界去把握"自在之物"，是无条件的、绝对的，两者之间存在着不可逾越的鸿沟。和康德不同，黑格尔则力图把有条件的、相对的范畴和无条件的、绝对的理念统一起来。在黑格尔看来，"绝对理念"不是别的，它本身只是一个由各种范畴构成的有机的系统，离开了各种范畴，"绝对理念"就是一个孤零零的、没有意义的"空名"，同样的，各种范畴也只是"绝对理念"的一个方面的规定，是"绝对理念"发展过程中的一个环节或阶段，一个范畴离开了和其他范畴的联系，离开了"绝对理念"，则是片面的、抽象的，因而是没有意义的。

和康德不同，黑格尔的范畴论是"带有流动范畴的辩证法派"。[③]康德曾经觉察到了范畴之间的某些联系，比如，他看到了范畴排列上的"三一式"的现象，认为如果人们超越现象世界，用范畴去规定"自在之物"，范畴本身就会发生矛盾——"二律背反"。但是，总的说来，康德没有致力于研究范畴之间的联

---

① 黑格尔：《小逻辑》，商务印书馆 1980 年版，第 84 页。

② 恩格斯：《自然辩证法》，《马克思恩格斯选集》第 3 卷，人民出版社 1972 年版，第 531 页。

③ 恩格斯：《自然辩证法》，《马克思恩格斯选集》第 3 卷，人民出版社 1972 年版，第 531 页。

系和转化。在康德那里，十二范畴之间的关系基本上是平列的、孤立的和静止的。继费希特、谢林之后，黑格尔进一步发挥了康德的“二律背反”“三一式”的思想，把各种范畴结合在一起，构成了一个不断向前推演的生动活泼的有机统一的体系。黑格尔写道：

> 伟大的［辩证法］概念的本能使得康德说：第一个范畴是肯定的，第二个范畴是第一个范畴的否定，第三个范畴是前两者的综合。①

我们看到，黑格尔“逻辑学”的范畴基本上是按照这个“三一式”的架势排列起来的。比如，存在论—本质论—概念论、质—量—度、本质—现象—现实、主观性—客观性—理念，等等。黑格尔继承和发挥了康德的“二律背反”学说，认为范畴的推演不是靠什么外在的力量，而是根源于范畴的内在否定性。黑格尔说：

> 引导概念自己向前的，就是前述的否定的东西，它是概念自身所具有的，这个否定的东西构成了真正辩证的东西。②

按照黑格尔的观点，范畴的内在的否定性是范畴自身运动的灵魂。比如，“存在”中包含着自己的否定方面——“非存在”，“同一”中包含着自己的否定方面——“差异”，如此等等。正因为肯定的东西中包含着自身的否定方面，才引起了自身的变化，超越自身，向他物转化。这样，在康德那里被看作彼此不相干的范畴，到了黑格尔的手里便成了彼此联系、相互转化的东西。比如，黑格尔“逻辑学”中的第一个范畴叫作“纯存在”（“纯有”）。所谓“纯存在”，按照黑格尔的看法，就是撇开事物

---

① 黑格尔：《哲学史讲演录》第4卷，商务印书馆1978年版，第269页。
② 黑格尔：《逻辑学》上卷，商务印书馆1966年版，第38页。

其他的一切特性而仅仅指它“存在”，或者说仅仅指出“某物是……”，至于是什么则无可奉告。换句话说，“纯存在”就是没有任何特性、没有任何规定性的东西。黑格尔认为，这样的“纯存在”既然没有任何规定性，那么就可以说是“非存在”（“无”）。换句话说，如果人们对一个事物的认识仅仅停留在“纯存在”这样抽象、贫乏的水平，那就等于说对它毫无认识。这样，“纯存在”（“有”）便转化为自己的对立面——“非存在”（“无”）了。在黑格尔看来，只有经过认识的进一步的发展，人们才可能把一个事物同其他事物区别开来，从而对一个事物做出一定的规定，而当人们对一个事物做出了一定的规定，能说出事物是什么或不是什么的时候，认识就达到了“质”的范畴。从认识的发展来说，把握了一个事物的“质”较之仅仅知道一个事物“存在着”的认识，显然是具体得多，丰富得多了。在“逻辑学”中，黑格尔在进行范畴推演的时候常常是生拉硬扯、东拼西凑，实在不行就用一些晦涩的言词来支吾搪塞。但是，黑格尔把范畴看成是彼此联系、相互转化的这一点，却包含着辩证法的合理成分。列宁指出：“对通常看起来似乎是僵死的概念，黑格尔做了分析并指出：它们之中有着运动。……一般存在……就是说，是这样的非规定性，以致存在＝非存在。概念的全面性、普遍的灵活性，达到了对立面同一的灵活性，——这就是问题的实质所在。”①

黑格尔“逻辑学”中的范畴推演过程，是“绝对理念”自身的辩证发展过程，同时也是人类认识真理的辩证发展过程。关于黑格尔在“逻辑学”中阐发的以矛盾为核心的辩证法思想，我们将在本章第三节中专门加以评述。这里我们着重评介黑格

① 列宁：《黑格尔〈逻辑学〉一书摘要》，《列宁全集》第 38 卷，人民出版社 1959 年版，第 112 页。

尔关于认识发展的学说。

【真理是具体的】

大凡看过黑格尔的著作的人，都会感到黑格尔的思想很抽象。殊不知，黑格尔恰恰是一位最厌恶抽象、最喜爱具体的哲学家。黑格尔声言：

> 哲学是最敌视抽象的，它引导我们回复到具体。[①]

在日常生活中，人们所说的“具体”主要是指感官能够直接感触的东西，“抽象”则是指感官不能直接感触而靠思维把握的东西。与此不同，黑格尔这里所说的“抽象”和“具体”都是感官不能直接感触的、属于思维领域中的东西。简要地说，黑格尔所谓的“抽象”是指思想上的片面性，“具体”是指思想上的全面性。为了说清楚“具体”这个概念的含义，黑格尔举感性事物“花”为例，他说：

> 花虽说具有多样的性质，如香、味、形状、颜色等，但它都是一个整体。在这一朵花里，这些性质中的任何一种都不可缺少，这朵花的每一个别部分，都具有整个花所有的特性。[②]

可以看出，黑格尔所谓的“具体”的观点，也就是整体的观点、全面的观点、系统的观点。

黑格尔最反对抽象思维。在他看来，抽象思维就是把一个事物的某一方面或规定从事物的整体中抽象出来，孤立起来，并将这个片面地认作事物的全体。黑格尔举例说，要具体地认识一个凶手，那就不仅要研究这个凶手的罪行，而且要研究这个凶手的生活经历、家庭和社会环境，等等。反之，如果在凶手身上，除了看到他是个凶手这个抽象概念之外，再也看不到

---

① 黑格尔：《哲学史讲演录》第1卷，三联书店1956年版，第29页。
② 黑格尔：《哲学史讲演录》第1卷，三联书店1956年版，第30页。

其他任何别的东西，那就是抽象思维，就不能正确认识和处理一个凶手。在黑格尔看来，抽象思维就是形而上学的片面的思维方法。

按照黑格尔的观点，任何一个具体事物都是由许多不同的规定性有机地组成的统一体，所谓具体地把握一个事物就是要求把握这些不同的规定性的统一。因此，黑格尔认为，没有抽象的真理，真理总是具体的，是多种规定性的统一。

在黑格尔的"逻辑学"中，真理就是"逻辑学"的最后一个范畴——"绝对理念"。"绝对理念"作为真理并不是一个抽象的概念，而是一个具体的共相。这就是说，"绝对理念"是"逻辑学"中的所有范畴组成的一个有机的系统，而每一个范畴则是"绝对理念"的一个规定、一个环节。在康德看来，范畴只能把握有条件的相对的知识，不能把握绝对真理。和康德不同，黑格尔则认为，范畴完全有能力把握绝对真理（"绝对理念"），否则它就不是真的。但是，一个范畴只有同其他范畴有机地联系在一起，才能表达真理。如果孤立地考察一个范畴，撇开它和其他范畴的联系，把它看成独立自在的东西，那它就是抽象的，不能表达真理。黑格尔写道：

> 真正哲学的识见即在于见到：任何事物，一孤立起来看，便显得狭隘而有局限，其所取得的意义与价值即由于它是从属于全体的，并且是理念的一个有机的环节。[①]

黑格尔明确指出：

> 理念自身本质上是具体的，是不同的规定之统一。[②]
>
> 作为自身具体，自身发展的理念，乃是一个有机的系

① 黑格尔：《小逻辑》，商务印书馆 1980 年版，第 423 页。
② 黑格尔：《哲学史讲演录》第 1 卷，三联书店 1956 年版，第 29 页。

统，一个全体，包含很多的阶段和环节在它自身内。[①]

撇开黑格尔关于“绝对理念”的种种唯心主义的虚构，黑格尔关于真理的具体性的思想，本质上是一个深刻而正确的见解。马克思肯定了黑格尔的这个思想，他指出：“具体之所以具体，因为它是许多规定的综合，因而是多样性的统一。”[②]列宁也指出，“抽象的真理是没有的，真理总是具体的”[③]，“真理就是现象、现实的一切方面的总和以及它们的（相互）关系构成的”[④]。

黑格尔的具体真理论是现代“系统论”科学的先驱。

【真理是过程】

黑格尔指出：

理念本质上是一个过程。[⑤]

在黑格尔看来，具体真理不是一蹴而就的，而是一个由抽象到具体的发展过程。

黑格尔并不完全否认抽象在认识真理过程中的作用。在知觉中，我们得到的是一个对象完整的具体的感性表象，只有借助于思维的抽象作用对这个具体的感性表象进行分析，才能得到关于对象的种种规定。这就是说，抽象是认识过程中的一个必经的重要阶段。但是，不能像经验主义者那样把认识仅仅停留在抽象阶段上，而必须从抽象进到具体，把握不同的规定的统一。黑格尔写道：

在知觉里，我们具有一个多样性的具体的内容，对于

① 黑格尔：《哲学史讲演录》第1卷，三联书店1956年版，第32页。
② 马克思：《〈政治经济学批判〉导言》，《马克思恩格斯选集》第2卷，人民出版社1972年版，第103页。
③ 列宁：《立宪民主党人的胜利和工人政党的任务》，《列宁全集》第10卷，人民出版社1958年版，第201页。
④ 列宁：《黑格尔〈逻辑学〉一书摘要》，《列宁全集》第38卷，人民出版社1959年版，第210页。
⑤ 黑格尔：《小逻辑》，商务印书馆1980年版，第403页。

它的种种规定，我们必须一层一层地加以分析，有如剥葱一般。这种分解过程的主旨，即在于分解并拆散那些集在一起的规定……不用说，要想把握对象，分别作用总是不可少的，而且精神自身本来就是一种分别作用。但分别仅是认识过程的一个方面，主要事情在于使分解开了的各分子复归于联合。①

关于黑格尔的这个思想，马克思概括道："在第一条道路上，完整的表象蒸发为抽象的规定；在第二条道路上，抽象的规定在思维行程中导致具体的再现。"②

黑格尔的"逻辑学"中范畴顺序的排列，就体现了"绝对理念"从抽象上升到具体的过程。"逻辑学"的第一个范畴"纯存在"是一个最贫乏、最抽象的"理念"。如前所述，"纯存在"这个范畴只是标示"某物是"，没有任何规定性。显然，这种认识是极其贫乏、极其抽象的。从"纯存在"出发，随着范畴的向前推演，"理念"的内容便愈来愈丰富，愈来愈具体。比如，"质"的范畴标示事物有了一定的规定性，使一个事物和其他的事物区别了开来，较之"纯存在"来说，就丰富、具体了些。然后，由"质"进到"量"，又由"量"推演到"度"。"度"这个范畴较之"质"来说就更丰富、更具体了。因为，"度"已经不是一般的"质"，而是有"限量"的"质"了。比如，当人们认识到水保持液态这个"质"的"度"是摄氏 0℃～100℃的时候，较之仅仅知道水和蒸汽、冰之间有区别（"质"）这一点就丰富得多、具体得多了。"逻辑学"的最后一个范畴"绝对理念"和"纯存在"比较，已是大不相同了，它包含了自"纯存在"

① 黑格尔《小逻辑》，商务印书馆 1980 年版，第 113—114 页。
② 马克思：《〈政治经济学批判〉导言》，《马克思恩格斯选集》第 2 卷，人民出版社 1972 年版，第 103 页。

以来的一切范畴及其相互关系的内容，因此是最丰富、最具体的理念。“绝对理念”可以比作一个老年人讲的一句格言，虽然这样的格言小孩子也会讲，但它的内容必定是很抽象的、很贫乏的，而对于老年人来说，这句格言则概括了他数十年的生活历程，其内容当然是丰富而具体的。

黑格尔写道：

> 认识是从内容到内容向前转动的。首先，这种前进是这样规定自身的，即：它从单纯的规定性开始，而后继的总是愈加丰富和愈加具体。因为结果包含它的开端，而开端的过程以新的规定性丰富了结果。……普遍的东西在以后规定的每一阶段，都提高了它以前的全部内容，它不仅没有因它的辩证的前进而丧失什么，丢下什么，而且还带着一切收获和自己一起，使自身更丰富、更密实。①

列宁指出，黑格尔的这段话“对于什么是辩证法这个问题，非常不坏地做了某种总结”。②黑格尔所谓的贫乏和抽象，意即浅显和片面，所谓丰富和具体，意指深刻和全面。黑格尔关于由抽象上升到具体的思想，实际上是猜测到了人类认识是一个由浅入深、由片面到更多方面的辩证发展过程。把辩证法应用于对人类认识的研究，是黑格尔的认识论的一个显著特点。

应当注意的是，黑格尔在“逻辑学”中讲的是“绝对理念”自己实现自己、自己认识自己的过程。因此，在这位唯心主义者看来，范畴从抽象上升到具体的过程，不仅标示着人类认识发展的过程，而且也标示着事物的发展过程。比如，黑格尔认为，不仅在人们的认识中存在着从概念向判断的发展情况，而

① 黑格尔：《逻辑学》下卷，商务印书馆1976年版，第549页。

② 列宁：《黑格尔〈逻辑学〉一书摘要》，《列宁全集》第38卷，人民出版社1959年版，第250页。

且自然界的也经历着从概念向判断的发展过程。他说：

> 植物的种子诚然业已包含有根、枝、叶等等特殊部分，但这些特殊的成分最初只是潜在的，直至种子展开其自身时，才得到实现。这种自身的展开也可以看成是植物的判断。[①]

在这里，黑格尔把种子发育成长为植物的过程说成是从概念到判断的发展，从抽象到具体的推演，显然是牵强的。黑格尔在“逻辑学”中对事物发展所做的思辨的描述，在不少地方确实把握住了事物发展的某些真实的联系，但是，他常常把事物的发展过程和人的认识发展过程搅混在一起，认为具体事物的发展为“绝对理念”所主宰，因而也是什么从抽象到具体的过程，这是完全错误的。马克思深刻地指出：“黑格尔陷入幻觉，把实在理解为自我综合、自我深化和自我运动的思维的结果，其实，从抽象上升到具体的方法，只是思维用来掌握具体并把它当作一个精神上的具体再现出来的方式。但绝不是具体本身的产生过程。”[②]

【真理是理论的和实践的理念的统一】

黑格尔的认识论的另一个显著特点就是把实践引入认识论，把真理看作理论和实践的统一。

在黑格尔看来，一个完整的认识过程包括理论和实践两个方面。关于这一点，黑格尔在《小逻辑》第225节有一段精辟的论述：

> 认识过程的本身……分裂成理性冲力的两重运动，被设定为两个不同的运动。认识的过程一方面由于接受了存

① 黑格尔：《小逻辑》，商务印书馆1980年版，第339页。
② 马克思：《〈政治经济学批判〉导言》，《马克思恩格斯选集》第2卷，人民出版社1972年版，第103页。

在着的世界，使进入自身内，进入主观的表象和思想内，从而扬弃了理念的片面的主观性，并把这种真实有效的客观性当作它的内容，借以充实它自身的抽象确定性。另一方面，认识过程扬弃了客观世界的片面性，反过来，它又将客观世界仅当作一假象，仅当作一堆偶然的事实、虚幻的形态的聚集。它并且凭借主观的内在本性，(这本性现在被当作真实存在着的客观性）以规定并改造这聚集体，前者就是认知真理的冲力，亦即认识活动本身——理念的理论活动。后者就是实现善的冲力，亦即意志或理念的实践活动。①

对于黑格尔的这段话，列宁赞许道："《哲学全书》第 225 节非常好，在那里'认识'（'理论的'）和'意志'，'实践活动'被描述为既消灭主观性的'片面性'，又消灭'客观性'的'片面性'的两个方面、两个方法、两个手段。"②理论活动的特点是从客体到主体，接受客观世界的内容于主体之内，以消除主体的片面性、抽象性，认知这世界"是如何"。和理论活动不同，实践活动的特点是从主体到客体，把客观世界当作不符合"应当"的一堆偶然的、虚幻的事实的聚集，当作有待改造的东西，凭借主体的内在本性以改造客体，把世界做成"应如何"。黑格尔指出：

理智的工作仅在于认识这世界是如此，反之，意志的努力即在于使得这世界成为应如此。③

和康德不同，黑格尔强调理论和实践的统一。在黑格尔看来，不论是理论活动，还是实践活动，"两者每一个就其自身说，

① 黑格尔：《小逻辑》，商务印书馆 1980 年版，第 410—411 页。
② 列宁：《黑格尔〈逻辑学〉一书摘要》，《列宁全集》第 38 卷，人民出版社 1959 年版，第 224 页。
③ 黑格尔：《小逻辑》，商务印书馆 1980 年版，第 420 页。

都还是片面的”。[①]理智停留在世界“是如此”上，意志停留在世界“应如此”上。事实上，世界为“绝对理念”所主宰，“它的是如此与它的应如此是相符合的”。[②]因此，必须把认识和实践结合起来，真理乃是“理论的和实践的理念的统一”。[③]

黑格尔把实践引入认识论，突出了主体的能动方面，克服了消极反映论。18 世纪法国唯物论者有一个著名的命题，人是环境的产物。这个命题坚持了唯物主义反映论的路线。但是，这种反映论具有消极的直观的性质，它不懂得人不仅是环境的产物，而且也是环境的改造者。与此不同，黑格尔则认为，认识活动不只是接受客观世界于自身的过程，而且也是能动地改造客观世界的过程。人在环境面前不是一个消极的直观者，而是要通过实践活动使环境“人化”，即在环境中实现自己，使环境满足人的需要。黑格尔说：

> 人把他的环境人化了，他显出那环境可以使他得到满足，对他不能保持任何独立自在的力量。[④]

黑格尔关于“人把他的环境人化了”的思想是深刻的。一方面，人通过实践把自己的能力、理想，意志实现于外在世界，在外在世界上刻下他自己内心生活的烙印，而且发现他自己的性格在外在世界中复现了。这就是说，人在自己的实践活动中实现着自己，认识着自己，创造着自己，人就是自己的实践活动的产物。同时，人又通过实践活动改变外在世界，使其满足于人的需要。列宁指出，按照黑格尔的这种思想，“这就是说，世界不会满足人，人决心以自己的行动来改变世界”。[⑤]列宁还

---

① 黑格尔：《逻辑学》下卷，商务印书馆 1976 年版，第 529 页。
② 黑格尔：《小逻辑》，商务印书馆 1980 年版，第 420—421 页。
③ 黑格尔：《小逻辑》，商务印书馆 1980 年版，第 421 页。
④ 黑格尔：《美学》第 1 卷，商务印书馆 1979 年版，第 326 页。
⑤ 列宁：《黑格尔〈逻辑学〉一书摘要》，《列宁全集》第 38 卷，人民出版社 1959 年版，第 229 页。

说："人的意识不仅反映客观世界，而且创造客观世界。"[①]

黑格尔把实践引入认识论，克服了康德的不可实现论，论证了思维和存在的同一性。在黑格尔看来，康德哲学老是停留在"应当"上，未免太软弱了，理念必然不会停留在主观性里面，而是要扬弃它的主观性并表现自身为客观的东西。那么，理念怎样才能够在客观世界中实现自己呢，或者说，理念怎样才能使客观世界同自己相符合、相一致呢？这里需要一个中介。这个中介不是别的，就是实践。黑格尔指出：

"活动和劳动，这是主观性和客观性的中介"。[②]

在黑格尔看来，实践是沟通主体和客体的桥梁，是使思维转化为存在，使存在符合于思维，实现思维和存在同一的一个环节。

康德在批判莱布尼茨-伏尔夫"形而上学"关于上帝存在的本体论的证明的时候说过，我们不能从关于上帝的概念中推断出上帝的存在，正像不能从愿望有一百元钱的观念中推断出口袋里实际上就有一百元钱一样。黑格尔认为，说想象或愿望一百元可能的钱不同于一百元真实的钱，这是对的。但是，一个老是在这种想象和愿望中兜圈子的人，必定是一个无用的人。同时，他的这种想象和愿望也必定是不真的。如果一个人真想获得一百元钱，那么他就不会停留在想象或愿望上，而必须超出想象或愿望，采取行动，动手去工作，以便把想象或愿望变成客观实在，真正挣得一百元钱。没有一个人会愚蠢到像康德哲学那样，当他饥饿时，只是想象食物，而不使自己吃饱。针对康德的"应当"哲学，黑格尔写道：

① 列宁：《黑格尔〈逻辑学〉一书摘要》，《列宁全集》第 38 卷，人民出版社 1959 年版，第 228 页。

② 黑格尔：《法哲学原理》，商务印书馆 1961 年版，第 204 页。

> 每一个行为都要扬弃一个观念（主观的东西）而把它转变成为客观的东西。[①]

在黑格尔看来，思维和存在是能够相互转化的，实践、行动则是这种转化的必要环节。

黑格尔把实践引入认识论，也就为检验认识的真理性提供了一个客观的标准。人给自己构成世界的客观图画；人的活动改变外部现实，去掉它的假象和虚幻性特点，使它成为客观真实的现实，即符合理念的客观存在。关于实践的结果，黑格尔写道：

> 自在自为地被规定的概念的理念建立起来了，它不再仅仅在活动的主体中，而且也同样作为直接的现实，并且反过来，这种现实，正如它在认识中那样，作为真有的客观性。[②]

对于黑格尔的这个思想，列宁写道："行动的结果是对主观认识的检验和真实存在着的客观性的标准。"[③]

黑格尔从他的这种实践观点出发，批判了唯动机论，论证动机和效果的统一。黑格尔看到了日常生活中常常出现的动机和效果不一致的情况，比如良好的动机可能得不到好的效果，而恶劣的动机也可能被外表上好的行为伪装起来。但是，他认为动机和效果本质上是统一的。黑格尔写道：

> 生活里的确常有个别情形，由于恶劣的外在环境使得良好的动机成为泡影，使得有良好目的的计划在实行的时候受了阻碍。但一般讲来，即在这里内与外本质上的统一性仍然是有效准的。因此我们必须说；人的行为（外）形

---

① 黑格尔：《哲学史讲演录》第 4 卷，商务印书馆 1978 年版，第 284 页。
② 黑格尔：《逻辑学》下卷，商务印书馆 1976 年版，第 528 页。
③ 列宁：《黑格尔〈逻辑学〉一书摘要》，《列宁全集》第 38 卷，人民出版社 1959 年版，第 235 页。

成他的人格（内）。[①]

他还说：

> 人诚然在个别事情上可以伪装，许多东西可以隐藏，但却无法遮掩他全部的内心活动。在整个生活进程里任何人的内心也不可避免地必然要流露出来。所以即在这里，我们仍然必须说，人不外是他的一系列行为所构成的。[②]

可以看出，在黑格尔这里，行为、实践是动机和效果统一的基础，是检验动机的唯一标准。黑格尔的这个思想无疑是深刻的、正确的。

黑格尔还进一步发挥了康德关于实践理性高于理论理性的思想。关于实践理念，黑格尔写道：

> 这个理念比以前考察过的认识的理念更高，因为它不仅具有普遍的资格，而且具有绝对现实的资格。[③]

按照黑格尔的观点，理论理念提供关于外部世界的具有普遍性、必然性的知识，实践理念提供主体对外部世界的具有普遍性的要求——"应当"。然而，实践理念不仅是具有普遍性的"应当"，而且是直接外部世界的行动。黑格尔指出：

> 实践的理念，即行动。[④]
>
> 善趋向于决定当前的世界，使其符合于自己的目的。[⑤]

显然，行动、实践是要引出结果的，这结果完全不是行动着主体中的东西，而是外部的现实性。这就是说，实践具有直接的现实性，比理论的理念更高。黑格尔的这个思想，实际上是猜测到了改造世界较之认识世界的意义更加伟大。列宁充分

① 黑格尔：《小逻辑》，商务印书馆 1980 年版，第 292 页。
② 黑格尔：《小逻辑》，商务印书馆 1980 年版，第 293 页。
③ 黑格尔：《逻辑学》下卷，商务印书馆 1976 年版，第 523 页。
④ 黑格尔：《逻辑学》下卷，商务印书馆 1976 年版，第 522 页。
⑤ 黑格尔：《小逻辑》，商务印书馆 1980 年版，第 419 页。

肯定了黑格尔这个思想中所包含的合理成分，他指出："实践高于（理论的）认识，因为实践不仅有普遍性的优点，而且有直接的现实性的优点。"①

由此看来，黑格尔克服康德分裂理论和实践的缺点，把实践引入认识论，把真理看作理论和实践的统一，包含着合理成分，是西方认识论发展史上的一次重大的飞跃。但是，应当记住，黑格尔所谓的实践理念，仍然不过是他的那个"绝对理念"发展过程中的一个环节，是一种精神性的劳作，而不是真正的感性物质活动。

黑格尔的"逻辑学"以"绝对理念"告终，完成了纯粹理念的自我漫游。下一步便是"绝对理念"外化为自然界，以"逻辑学"为模式考察自然界，或者说考察理念在自然界中的发展。这就是"自然哲学"的任务。

二、自然哲学

"自然哲学"是黑格尔哲学体系的第二部分，是研究绝对理念的异化的学问。

黑格尔"自然哲学"的基本命题是：

> 自然界是自我异化的精神。②

这就是西方哲学史上著名的黑格尔的"异化"学说。在黑格尔哲学中，"异化""外化"和"对象化"三个词的含意是相近的。黑格尔所谓的"异化"，大致包含了三层意思：自然是理念的派生物；自然为隐藏于其中的理念所主宰，自然是不符合于理念的本性的异己力量。

---

① 列宁：《黑格尔〈逻辑学〉一书摘要》，《列宁全集》第38卷，人民出版社1959年版，第230页。

② 黑格尔：《自然哲学》，商务印书馆1980年版，第21页。

首先，黑格尔认为，理念是自然界的本原，自然界是理念的产物。他说：

> 自然是作为他在形式中的理念产生出来的。[①]

在黑格尔看来，理念在逻辑阶段是纯粹的、抽象的，而抽象的理念是不实在的。因此，理念为了实现自己就必定要扬弃自身的抽象性而异化为自己的对立面——自然界。黑格尔把理念比喻为上帝，他说：

> 上帝作为一种抽象物，并不是真正的上帝，相反地，只有作为设定自己的他方、设定世界的活生生的过程，他才是真正的上帝。[②]

那么，理念是怎样创造出自然界来的呢？在这个关键问题上，黑格尔除了提出"异化""外化""设定"等晦涩言词加以搪塞外，没有、实际上也不可能做出任何具体的合理的解答。

黑格尔把主张自然界第一性、意识第二性的唯物主义观点贬抑为所谓"感性的意识"，旗帜鲜明地坚持理念先于自然界的唯心主义立场。值得注意的是，黑格尔对"先于"一词做了独特的解释。他把"先于"分为所谓"时间上在先"和"绝对在先"。在他看来，"时间"范畴是理念发展过程中的一个环节，只适用于有限事物，而理念本身则是超时间的"永恒性"，无所谓时间上的先后。和理念不同，自然界的事物都是有限的，因而都处于时间之中，存在着时间上的先后。关于理念和自然界两者的先后问题，黑格尔写道：

> 自然在时间上是最先的东西，但绝对在先的东西却是理念；这种绝对在先的东西是终极的东西，真正的开端。[③]

---

① 黑格尔：《自然哲学》，商务印书馆 1980 年版，第 19 页。
② 黑格尔：《自然哲学》，商务印书馆 1980 年版，第 18 页。
③ 黑格尔：《自然哲学》，商务印书馆 1980 年版，第 28 页。

黑格尔的所谓“绝对在先”也就是所谓“逻辑上在先”。在他看来，理念是自然的逻辑前提，事物之所以为事物决定于它的概念。黑格尔论证唯心主义的这种“逻辑在先论”，对后来西方资产阶级唯心主义哲学的发展有很大的影响。

其次，黑格尔认为，理念异化为自然，同时又潜蕴于自然之中，主宰着自然界的事物的发展。他说：

> 在自然界里隐藏着概念的统一性。①

比如，有机体的各个器官并不是各自独立的，它们之间具有内在的统一性，这个统一性便是理念。在黑格尔看来，“自然哲学”的任务就在于从自然界引出精神，揭示蕴藏在自然界中的理念的发展。

黑格尔还认为：

> 自然仅仅自在地是理念。②

在黑格尔看来，自然界的事物均是理念的表现，但是，理念在自然界阶段还是自在的，与理念的自在自为的本性不相符合。这种不符合特别表现在自然界的事物都依赖于一个他物，因而受必然性和偶然性的支配；而理念则是自己决定自己，本质是自由。黑格尔说：

> 自然在其定在中没有表现出任何自由，而是表现出必然性和偶然性。③

因此，黑格尔认为，对于理念来说，自然界还是一个和自己的本性不相符合的异己势力。这样，理念就不会停留在自然界的发展阶段上，它必定要摆脱、克服自己的异化物——自然的牵制、束缚而复归到自己，由自在进到自为。关于理念的异

① 黑格尔：《自然哲学》，商务印书馆1980年版，第21页。
② 黑格尔：《自然哲学》，商务印书馆1980年版，第21页。
③ 黑格尔：《自然哲学》，商务印书馆1980年版，第24页。

化和复归，黑格尔写道：

> 神圣的理念恰恰在于自己决然将这种他物从自身置于自身之外，又使之回到自身之内，以便自己作为主观性和精神而存在。①

这就是说，自然界只是理念发展过程中的一个阶段，理念自己树立自己的对立面（自然），进而又扬弃这个对立面（自然）而复归于自己。因此，在黑格尔看来，研究“自然哲学”就不仅要看到理念的异化，而且要看到理念必定要从“异化”导向“复归”，从自然引出精神，从“自然哲学”过渡到“精神哲学”。

由此可见，黑格尔关于理念的异化和复归的学说本质上是客观唯心主义的，但其中也包含着辩证处理主体和客体的关系的合理成分。黑格尔的异化学说是费尔巴哈的“宗教异化论”和马克思早期的“劳动异化论”的直接的理论来源，对现代“存在主义”哲学也有很大的影响。

黑格尔在“自然哲学”中把自然界划分为“力学”“物理学”和“有机物理学”三个领域，以作为理念在自然界中发展的三个阶段。

【力学】

按照黑格尔的观点，力学领域是理念在自然界发展的最初阶段。在力学领域中，对象是彼此外在的、漠不相干的，相互之间仅仅具有量的区别，一切为机械性所统治。在这里，黑格尔讨论了空间、时间、运动、物质以及天体运动等问题。

黑格尔把空间和时间看作理念异化为自然的两种最初的、直接的形式。他从客观唯心论出发，反对把空间和时间看作主观的直观形式的康德的时空观，也反对把空间和时间看作可以

① 黑格尔：《自然哲学》，商务印书馆 1980 年版，第 20 页。

同事物分离的独立实体的牛顿的绝对时空观，而主张空间和时间的客观性，空间、时间和事物的统一。关于空间，黑格尔写道：

> 人们决不能指出任何空间是独立不依地存在的空间，相反地，空间总是充实的空间，决不能和充实于其中的东西分离开。……自然事物存在于空间中，自然界必须服从外在性的束缚，因此空间就总是自然事物的基础。①

黑格尔认为，和空间一样，时间也是不能同事物分离的，正是现实事物本身的历程构成时间。他说：

> 据说一切事物都在时间中产生和消逝；如果人们抽去一切事物，就是说，抽去充实空间和时间的内容，那么剩下的就是空洞的空间和时间，就是说，外在性的这些抽象被设定和被想象为似乎是独立存在的。但是，一切事物并不是在时间中产生和消逝的，反之，时间本身就是这种变易，即产生和消逝……实在的东西虽然与时间有区别，但同样在本质是与时间同一的。②

可以看出，黑格尔对康德、牛顿时空观的批评，坚持时空和事物统一的思想，包含着合理的成分。然而，应当看到，黑格尔的时空观本质上是唯心主义的。在他看来，空间和时间只是理念异化物即自然界的各种事物的存在形式，自然事物和空间、时间的统一恰恰表现出它们的有限性；而具有无限性的理念则是凌驾于时空之上的超时空的东西。

黑格尔从时间和空间进一步推演出运动范畴，认为时间和空间统一于运动，从属于运动，并且只有在运动中才得到现实性。他说：

---

① 黑格尔：《自然哲学》，商务印书馆 1980 年版，第 42 页。
② 黑格尔：《自然哲学》，商务印书馆 1980 年版，第 48 页。

运动的本质是成为空间与时间的直接统一；运动是通过空间而现实存在的时间，或者说，是通过时间才被真正区分的空间。因此，我们认识到空间与时间从属于运动。……空间与时间在运动中才得到现实性。[①]

从这个观点出发，黑格尔第一次辩证地解答了古希腊哲学家芝诺提出的否认运动的悖论。按照芝诺的观点，运动中的事物在每一刹那均处于每一位置上，因此，所谓运动实际上不过是静止的总和。黑格尔指出：

芝诺的悖论否定了运动，如果把地点弄成孤立的空间点，把瞬刻弄成孤立的时间点，这个悖论就不可能解决；这个悖论的解决，即运动，只能理解为这样：空间和时间在自身都是连续的，自己运动着的物体同时在同一个地点又不在同一个地点，即同时在另一个地点，同样，同一个时间点同时存在又不存在，即同时是另一个时间点。[②]

按照黑格尔的观点，把运动理解为事物在一个时间在一个地点，在另一个时间在另一个地点，这只是描述了运动的结果，而没有说明运动本身。时间、空间既是间断的，又是连续的，运动的本质就是时间、空间的连续性和间断性的统一。可以看出，黑格尔的运动观是辩证的。恩格斯指出："运动本身就是矛盾；甚至简单的机械的位移之所以能够实现，也只是因为物体在同一瞬间既在一个地方又在另一个地方，既在同一个地方又不在同一个地方。这种矛盾的连续产生和同时解决正好就是运动。"[③]列宁也指出："运动是（时间和空间的）不间断性与（时

① 黑格尔：《自然哲学》，商务印书馆 1980 年版，第 58 页。
② 黑格尔：《自然哲学》，商务印书馆 1980 年版，第 183 页。
③ 恩格斯：《反杜林论》，《马克思恩格斯选集》第 3 卷，人民出版社 1972 年版，第 160 页。

间和空间）间断性的统一。运动是矛盾，是矛盾的统一。”①

黑格尔还认为，运动和物质是不可分割的。在他看来，没有无物质的运动，既然有运动，那就是某物在运动；同样的，物质是运动的，没有不运动的物质。在他看来，那种把力仅仅看作从物质外部“移植到物质中”的观点，是一种形而上学的观点。黑格尔深刻地指出：

就像没有无物质的运动一样，也没有无运动的物质。②

然而，黑格尔的这个深刻的辩证法思想是建立在客观唯心主义基础之上的。在他看来，物质和运动的真正关系是：运动是主语，物质是谓语。因为，在唯心主义者黑格尔看来，物质不过是理念的异化物，而运动则是“真正的世界灵魂的概念”。③显然，这又把物质和运动割裂了。恩格斯在批判机械论时，批判地继承了黑格尔关于物质与运动统一的辩证法思想，他指出：“运动是物质的存在方式。无论何时何地，都没有也不可能有没有运动的物质。……没有运动的物质和没有物质的运动是同样不可想象的。”④列宁在批判唯能论时写道：“想象没有物质的运动的这种意图偷运着和物质分离的思想，而这就是哲学唯心主义。”⑤

黑格尔进一步从物质和运动推演出“重力”概念。在他看来，彼此分散的物质都趋向于追求一个在它们之外的重力中心，这表现了理念的统一力量，但是，重力的外在性也表明在力学领域内理念还是内在的、抽象的。

---

① 列宁：《黑格尔〈哲学史讲演录〉一书摘要》，《列宁全集》第 38 卷，人民出版社 1959 年版，第 283 页。

② 黑格尔：《自然哲学》，商务印书馆 1980 年版，第 60 页。

③ 黑格尔：《自然哲学》，商务印书馆 1980 年版，第 69 页。

④ 恩格斯：《反杜林论》，《马克思恩格斯选集》第 3 卷，人民出版社 1972 年版，第 98—99 页。

⑤ 列宁：《唯物主义和经验批判主义》，《列宁选集》第 2 卷，人民出版社 1972 年版，第 274 页。

【物理学】

黑格尔认为，在物理学领域，自然界的各种物体表现出质，服从于个体性的力量，具有物理的或化学的特性。在这里，黑格尔考察了光、热、声、电、磁等物理现象以及化学过程。黑格尔自然哲学的矫揉造作的弱点在“物理学”中表现得更为突出。比如，他为了强调物质的质的特征便顽固地坚持已经被当时自然科学否定了的四元素说，认为万物都是由火、气、水、土四种元素构成的。为了把客观的物理现象纳入他的理念异化原则，黑格尔臆造了许多荒唐可笑的谬论，说什么光是“普遍的自我”①，声音是“个体性的自我”②，电是“物体的愤怒的自我”③，等等。但是，在黑格尔的思辨叙述中也包含了不少深刻的具有启发性的辩证法思想。

黑格尔把连续性和间断性的辩证统一思想运用于光学的研究，认为光的传播是连续性和间断性的统一。17—18 世纪，在光学中存在着微粒说（牛顿）和波动说（惠更斯）的对立。在黑格尔看来，强调光的间断性的微粒说和强调光的连续性的波动说都是片面的，“它们对于认识光毫无裨益”④。他认为：

> 光是作为物质、作为发光的物体，而与另一个物体发生关系的，因此就存在着一种分离，这种分离在任何情况下都是光的连续性的一种间断。⑤

黑格尔对光的传播的这种辩证猜测，类似于后来物理学提出的光的波粒二象性概念。

黑格尔顺应当时物理学发展的潮流，反对热质说，主张热

① 黑格尔：《自然哲学》，商务印书馆 1980 年版，第 116 页。
② 黑格尔：《自然哲学》，商务印书馆 1980 年版，第 188 页。
③ 黑格尔：《自然哲学》，商务印书馆 1980 年版，第 311 页。
④ 黑格尔：《自然哲学》，商务印书馆 1980 年版，第 126 页。
⑤ 黑格尔：《自然哲学》，商务印书馆 1980 年版，第 127 页。

的唯动说。他反复强调：

> 热并不是物质。[①]
>
> 热并不像有重物质那样，是独立存在的。[②]

在黑格尔看来，热受着物质存在的制约，“起源于内聚性的变化”[③]，但不存在独立自存的热质。

在考察磁的时候，黑格尔的辩证思维更为活跃了。他指出，在磁中：

> 两极是两个生动的终端，每一端都是这样设定的：只有与它的另一端相关联，它才存在；如果没有另一端，它就没有任何意义。……例如，我们就不能割掉北极。把磁体砍成两截，每一截都又是一个完整的磁体；北极又会在被砍断的一截上直接产生出来。每一极都是设定另一极，并从自身排斥另一极的东西；推论的各项不能单独存在，而只存在于结合中。[④]

黑格尔利用磁所具有的明显的对立统一倾向驳斥坚持同一和差别绝对对立的形而上学观点。他说：

> 知性认为，同一的东西就是同一的，有差别的东西就是有差别的……但在磁里却有这样的事情：同一的东西恰恰就其为同一的而言，把自己设定为有差别的；有差别的东西恰恰就其为有差别而言，把自己设定为同一的。[⑤]

然而，唯心主义者黑格尔却由此推断说，这表明在磁里就有“思想”[⑥]，蕴含着“清晰的，能动的概念”[⑦]。

---

① 黑格尔：《自然哲学》，商务印书馆 1980 年版，第 206 页。
② 黑格尔：《自然哲学》，商务印书馆 1980 年版，第 208 页。
③ 黑格尔：《自然哲学》，商务印书馆 1980 年版，第 207 页。
④ 黑格尔：《自然哲学》，商务印书馆 1980 年版，第 225 页。
⑤ 黑格尔；《自然哲学》，商务印书馆 1980 年版，第 238 页。
⑥ 黑格尔；《自然哲学》，商务印书馆 1980 年版，第 225 页。
⑦ 黑格尔；《自然哲学》，商务印书馆 1980 年版，第 238 页。

黑格尔认为,化学过程是物理过程到生命过程的过渡阶段。在他看来，化学过程高于磁和电，包含磁和电，是磁和电的统一。同时，化学过程又是生命过程的直接起源。他说：

> 化学过程假如能自动地继续进行下去，那就会成为生命；因此，显然应该从化学方面理解生命。[①]

应当说，黑格尔的这个猜测，包含着合理的成分。

【有机物理学】

按照黑格尔的观点，在有机性领域，对象作为有生命的个体出现。

有机性的第一个环节是地质有机体。所谓地质有机体主要是指地球的地质构造和变化。地质有机体本身还不是生命，而是生命产生和存在的基地。他引证当时地质学提供的大量材料说明“地球曾经有一段历史，即它的性状是连续变化的结果”。[②]黑格尔力图从地质有机体引出生命，认为海洋和陆地均有孕育生命的能力。黑格尔关于生命起源的具体描述是十分幼稚的，但是他肯定无机物和有机物的联系和过渡则是积极的。

黑格尔认为，真正的有机生命开始于植物。植物作为主体能够自己形成自己，创造新的个体，并能在与他物的关系中保持自己，即具有营养过程。但植物作为主体还没有自我感觉，缺乏“主观性原则”。

在黑格尔看来，动物是趋于完善的生命，是理念异在的最高阶段。动物把自己展现为各个部分，同时这些部分又与整体相对立，构成一个真正的有机系统。主宰这个有机系统的就是动物的主观性——“灵魂”。黑格尔说：

> 动物中存在着真正主观的统一，存在着一种单纯的灵

① 黑格尔:《自然哲学》，商务印书馆1980年版，第325—326页。
② 黑格尔:《自然哲学》，商务印书馆1980年版，第385页。

> 魂，即自身无限的形式，这种形式展现在躯体的外表，而躯体的外表又与无机自然界、与外部世界联系起来。[①]

黑格尔认为，灵魂不是一个物质的点，它渗透于躯体的各个部分，但又不是躯体的一个部分。灵魂不是别的，就是概念、理念。在他看来，尽管动物有机体是理念在自然界中的最高实存方式，但在这里，理念也还是潜在的，这表现在：

> 它不思考自己，只是感觉自己，直观自己。[②]

因此，黑格尔认为，理念必须突破动物有机体范围。扬弃了动物有机体便是不仅能感觉自己，而且能思考自己，即具有自我意识的“人”。“人”的出现标志理念突破自然界的范围进入了自己发展的第三阶段——“精神哲学”阶段。

由上述可见，黑格尔力图把发展观点运用于自然哲学的研究。然而，在自然哲学中，黑格尔的发展观有一个特点：牺牲自然事物之间的联系和发展，以维护理念的变化、发展。在黑格尔看来，自然界的三个领域（“力学”“物理学”和“有机物理学”）都是各各独立自存的自然领域。三个领域只是自然界在空间上展开的多样性，它们之间并没有时间上的自然发展的联系。然而，从本质上看，由各个互不相干的领域组成的自然又是一个有着内在联系的体系，构成自然界的这种内在统一性的东西便是蕴含于自然界中的理念。如同躯体的各器官为灵魂所主宰那样，自然界的一切事物均统一于理念。从这方面说，自然界的各个互不相干的领域又都是理念发展过程中的不同阶段，表现着理念由抽象到具体发展的进程。在黑格尔那里，自然界的各个领域好似一条公路上的各个路程碑，这些路程碑之间虽然没有自然的联系，但它们却各自标示着旅行者的行程。

---

① 黑格尔：《自然哲学》，商务印书馆 1980 年版，第 489 页。
② 黑格尔：《自然哲学》，商务印书馆 1980 年版，第 490 页。

因此，尽管自然界的各个领域没有自然的联系、发展，但是，还必须把它们看成一个阶段必然地向另一个阶段的过渡的系统。黑格尔写道：

> 自然必须看作是一种由各个阶段组成的体系，其中一个阶段是从另一阶段必然产生的，是得出它的另一阶段的最切近的真理，但并非这一阶段好像会从另一阶段自然地产生出来，相反地，它是在内在的、构成自然根据的理念里产生出来的。形态的变化只属于概念本身，因为唯有概念的变化才是发展。①

因此，黑格尔认为，必须放弃那种认为动植物产生于水、较发达的动物组织产生于较低级的动物组织的进化论观念，真正引导各阶段向前发展的只是潜蕴于各个阶段中的理念。

由此可见，黑格尔通过唯心主义方式力图把自然界看作一个合乎规律的发展过程，这对于17—18世纪流行的绝对静止的自然观显然是一个巨大的进步。但是，黑格尔为了维护自己的唯心主义理念论，竟然把当时自然科学中刚刚萌芽的进化论思想当作经验主义一笔抹杀，否定自然界在时间上的发展，这显然是反科学的，表现出黑格尔哲学中的体系和方法的矛盾。正如恩格斯指出的："黑格尔把发展是在空间以内、但在时间（这是一切发展的基本条件）以外发生的这种谬论强加予自然界，恰恰是在地质学、胚胎学、植物和动物生理学以及有机化学都已经建立起来，并且在这些新科学的基础上到处都产生了预示后来的进化论的天才猜测（例如歌德和拉马克）的时候。但是，体系要求这样，因此，方法为了要迎合体系就不得不背叛自己。"②

---

① 黑格尔：《自然哲学》，商务印书馆1980年版，第28页。

② 恩格斯：《路德维希·费尔巴哈和德国古典哲学的终结》，《马克思恩格斯选集》第4卷，人民出版社1972年版，第225页。

三、精神哲学

“精神哲学”是黑格尔哲学体系的最后的一个部分，也是黑格尔本人最为关注的部分，因为“精神哲学”讨论的是“人”。

如果说，“自然哲学”的对象是自然界，那么，活跃于“精神哲学”舞台的主角便是人。在唯心主义者黑格尔看来，人高于自然界、动物之处就在于，人在本质上是一个能够“思考自己”即具有自我意识的精神实体，是一个能够摆脱物质、必然性的束缚而实行独立自决的自由的精神实体。人即精神，精神即人。“精神哲学”的任务就是描述“绝对理念”通过自己的最高产物——人回复到自己、自己认识自己，实现思维和存在同一的过程。

在黑格尔看来，人这个精神实体本身也有一个发展过程。按照正、反、合的架势，“精神哲学”被划分为三个阶段：“主观精神”“客观精神”和“绝对精神”。“主观精神”着重讨论的是个人意识的成长。黑格尔在他的早期著作《精神现象学》中较为系统地论述了这个方面的问题。“客观精神”讲的是法、道德、国家以及世界历史的发展。黑格尔的《法哲学原理》和《历史哲学》这两本著作，就是对他这一方面的思想的具体发挥。“绝对精神”研究的是艺术、宗教和哲学的发展。关于“绝对精神”的这三个环节，黑格尔都分别写了专著：《美学》《宗教哲学》和《哲学史讲演录》。由此看来，尽管黑格尔把人看作一个纯粹的精神实体，但它的内容还是比较丰富的，现实的。黑格尔所讲的人不是生活在天国里的天使，也不是超社会、超历史的生物，而是生活在社会——历史运动中的人。恩格斯在比较黑格尔和费尔巴哈关于人的学说的时候写道：“在这里，形式是唯心的，内容是现实的。法律、经济、政治的全部领域连同道德都包括在这里。在费尔巴哈那里情况恰恰相反。就形式讲，他是现实的，他把人作为出发点，但是，关于这个人生活其中的世界却根本没有讲到，因而这个人始终是宗教哲学中所说的那种抽象的人。"[1]可见，尽管黑格尔对人，对人的社会、历史生活做了唯心主义的分析，但是他通过唯心主义方式却也表露了这样一个深刻的思想：人的本质是它生活于其中的社会的一切关系（法律的、经济的、政治的和思想的）的总和。

【主观精神】

黑格尔在"主观精神"中描述了个人意识从"意识"到"自我意识"，再到"理性"的成长过程。

黑格尔对精神现象成长的描述渗透了"否定的辩证法"[2]的精神。比如，他在分析"意识"时，就把意识看作由"感性确定性"到"知觉"、到"知性"的矛盾发展过程，而一切矛盾又都来源于意识的最初的和直接的形式——"感性确定性"。所谓"感性确定性"就是对于当前的个别对象（"这一个"）的知识，比如，我亲身感受到，"这时是白天""这里是一棵树"，等等。乍一看，这种关于"这一个"的知识是最具体、最丰富、最真实的知识，因为这种知识似乎是让对象完整地呈现在面前，没有省略掉对象的任何东西。然而，稍加分析就可以看出，"感性确定性"的具体内容只能"意谓"，而不可言达。如果一旦用语言表达出来，那么它便成了普遍的东西。比如，我说"这时是白天，"可是过了一段时间之后，我又说"这时不是白天，而是夜晚。"同样的，我说"这里是一棵树"，可是，一转身，我又说"这里不是一棵树，而是一所房屋。"可见，关于"这一个"

① 恩格斯：《路德维希·费尔巴哈和德国古典哲学的终结》，《马克思恩格斯选集》第4卷，人民出版社1972年版，第232页。

② 马克思：《对黑格尔辩证法和一般哲学的批判》，《1844年经济学哲学手稿》，人民出版社1979年版，第116页。

（“这时”或“这里”）并不是绝对个别的、具体的东西，反倒是普遍、抽象的东西，是适用于任何地点、任何时候的“这里”或“这时”。黑格尔说。

> 凡是被称为不可言说的东西，不是别的，只不过是不真实的、无理性的、仅仅意谓着的东西。——如果对于某种东西我们除了说它是一个现实的东西、一个外界的对象外，什么也说不出来，那么我们只不过说出它是一个最一般的东西，因而也就只说出它和一切东西的相同性，而没有说出相异性。①

因此，在黑格尔看来，“感性确定性”好像是最真实的知识，而实际上倒可以说是最抽象、最贫乏的知识。这样，“感性确定性”所包含的具体和抽象、个别和一般的矛盾必然导致它扬弃自身而过渡到“知觉”，而“知觉”中所包含的单一（事物）和杂多（特质）的矛盾也会促使“知觉”扬弃自身而过渡到“知性”，如此等等。在黑格尔看来，正是意识中所包含的否定性推动着意识自身的成长。

值得注意的是，黑格尔把个人意识的成长同人类精神的发展统一起来加以考察。他说：

> 各个个体，如就内容而言，也都必须走过普遍精神所走过的那些发展阶段，但这些阶段是作为精神所已蜕掉的外壳，是作为一条已经开辟和铺平了的道路上的段落而被个体走过的。②

这就是说，个人意识发展的各个阶段是人类精神发展的各个阶段的缩影。比如，古代人所努力追求的知识现在已经成为儿童的知识，由浅入深的教育过程大致反映了世界文化发展史

---

① 黑格尔：《精神现象学》上卷，商务印书馆1979年版，第72—73页。
② 黑格尔：《精神现象学》上卷，商务印书馆1979年版，第18页。

的粗略轮廓。关于黑格尔的“精神现象学”，恩格斯写道，它“也可以叫作同精神胚胎学和精神古生物学类似的学问，是对个人意识各个发展阶段的阐述，这些阶段可以看作人的意识在历史上所经过的各个阶段的缩影”。[①]黑格尔提供的这个方法对于研究人类认识史具有重要的意义。

【客观精神】

按照黑格尔的体系，在“主观精神”阶段，作为个人意识发展的顶点的“自由精神”仍然是主观的、抽象的，因此，“主观精神”就必定要异化为“客观精神”，以便在人类社会-历史生活中得到实现。

在唯心主义者黑格尔看来，“客观精神”主宰着人类社会-历史的发展，而人类社会-历史的运动不过是“客观精神”的表现。在“客观精神”中，黑格尔系统地发挥了他的辩证唯心主义的社会-历史观点。

黑格尔所谓的“客观精神”便是“法”。他把“法”看作“自由意志的定在”。[②]这意思是说，“法”是自由的实现。为所欲为的任性的自由，是主观的、偶然的、抽象的。真正的自由是受客观的、具有普遍性的东西即“法”的限制的自由。所以，自由只有在“法”中才是现实的。黑格尔把“法”的发展分为“抽象法”“道德法”和“伦理法”三个阶段。把“道德”和“伦理”加以区别是黑格尔哲学的一个特点，前者着重于讲人的内心生活，后者着重于研究人的社会关系，如家庭、市民社会和国家。

---

① 恩格斯：《路德维希·费尔巴哈和德国古典哲学的终结》，《马克思恩格斯选集》第4卷，人民出版社1972年版，第215页。

② 黑格尔：《法哲学原理》，商务印书馆1961年版，第36页。

抽象法

黑格尔的“抽象法”学说的核心是论证私有制的合理性。

黑格尔论证私有制的合理性的方法是独特的。在他看来，私有制不是社会历史发展的产物，人们占有财产也不是为了满足个人主观的需要，而是客观精神规定的权利，是“自由意志”的最初的实现。黑格尔说：

> 所有权所以合乎理性不在于满足需要，而在于扬弃人格的纯粹主观性。人唯有在所有权中才是作为理性而存在的。[①]

他还说：

> 如果把需要当作首要的东西，那么从需要方面看来，拥有财产就好像是满足需要的一种手段。但真正的观点在于，从自由的角度看，财产是自由最初的定在，它本身是本质的目的。[②]

在这里，黑格尔把自由、理性同财产权联系起来，认为只有占有财产的人才是自由的、有理性的人。在他看来，否定私有制就是“侵犯人格的权利”，不懂得“精神自由的本性和法的本性”。[③]这就充分地表现了黑格尔这个思想的资产阶级本质。资产阶级的阶级局限性使得黑格尔在这里忘记了自己的辩证法，不懂得私有制也是一个有限物，它是在一定的历史阶段上产生的，也必定要在一定的历史阶段上扬弃自身，转化到自己的反面。

黑格尔认为，所有权还仅仅是有关单个人的自由。它的进一步的发展便是具有所有权的双方在保持双方各自权利的条件

① 黑格尔：《法哲学原理》，商务印书馆 1961 年版，第 50 页。
② 黑格尔：《法哲学原理》，商务印书馆 1961 年版，第 54 页。
③ 黑格尔：《法哲学原理》，商务印书馆 1961 年版，第 55 页。

下实现所有权的转让，这就是所谓“契约”。在黑格尔看来，不仅物品可以转让，而且个人的“身体和精神的特殊技能以及活动能力”[①]也可以转让。他把资本主义的雇佣劳动制度和商品交换关系神秘化，说成是什么“一种客观精神的关系”。[②]

黑格尔又从“契约”推演出“不法和犯罪”。所谓“不法和犯罪”，就是对所有权的侵犯或违背“契约”。因此，“不法和犯罪”就必定导致自己的否定方面——“刑罚”。“刑罚”扬弃了“不法和犯罪”，便是“法和正义”的恢复，从而过渡到了“道德”。

道德法

黑格尔把“道德法”叫作“主观意志的法”，就是说道德是自由意志在内心中的实现。

在“道德法”中，黑格尔先后批判了康德的唯动机论和超功利主义，力图论证动机和效果、道德和幸福的辩证统一。最后，黑格尔还批判了康德的主观主义的“善良意志”学说。在黑格尔看来，康德提出善和良心固然突出了人的尊严和伟大，但是康德却把善看作“应当”，把个人内心的良心看作绝对真实的东西。问题在于，良心所确认为善的东西是否就是客观的善？这个问题实际上是不可能在人的内心生活中得到解决的。良心要成为真实的，那就必定要突破主观性，进到客观性，在伦理生活中即在现实的社会关系中实现。

伦理法

黑格尔认为，“伦理法”包含“家庭”“市民社会”和“国家”三个环节。

按照黑格尔的观点，“家庭”是直接的伦理精神。家庭的基

① 黑格尔：《法哲学原理》，商务印书馆 1961 年版，第 75 页
② 黑格尔：《法哲学原理》，商务印书馆 1961 年版，第 80 页

础是婚姻。婚姻既不仅仅是两性的自然属性方面的关系，也不是相互利用的契约关系，更不应当是以一时冲动的爱的感觉为基础的关系，而是一种“具有法的意义的伦理性的爱”。[①]这就是说，婚姻的出发点是当事人双方自愿同意组成为一个人即家庭，使双方的人格同一化，这种同一化便是伦理精神。黑格尔认为，一夫一妻制是伦理生活的绝对原则之一。

黑格尔所谓的“市民社会”是指“在现代世界中形成的”社会，实即资本主义社会。在这里，黑格尔汲取了英国政治经济学的研究成果，对资本主义的经济关系进行了辩证唯心主义的分析。

黑格尔十分重视劳动在社会发展中的作用。在他看来，和动物不同，人主要地不是靠自然界直接提供的东西，而主要地是靠自己的劳动去加工自然的物品来满足自己的需要，就是说，“人通过流汗和劳动而获得满足需要的手段”。[②]

黑格尔揭示了资本主义劳动分工的二重性。他说：

> 个人的劳动通过分工而变得更加简单，结果他在其抽象的劳动中的技能提高了，他的生产量也增加了。同时，技能和手段的这种抽象化使人们之间在满足其他需要上的依赖性和相互关系得以完成，并使之成为一种完全必然性。此外，生产的抽象化使劳动越来越机械化，到了最后人就可以走开，而让机器来代替他。[③]

这就是说，分工一方面能促进技术和生产的进步；另一方面，它又使劳动成为呆板的、乏味的。在黑格尔看来，资本主义条件下的劳动压抑了人的独创精神。

---

① 黑格尔：《法哲学原理》，商务印书馆 1961 年版，第 197 页。
② 黑格尔：《法哲学原理》，商务印书馆 1961 年版，第 209 页。
③ 黑格尔：《法哲学原理》，商务印书馆 1961 年版，第 210 页。

黑格尔从劳动、分工、财富分配方式等方面论证等级存在的必然性。他把从事农业活动的人划入所谓“实体性的等级”，把从事工商业活动的人叫作“产业等级”，此外，官吏、军队等则是所谓维护“普遍利益”的普遍等级。黑格尔认为社会划分为等级是永恒的。

黑格尔一方面沿用封建社会的等级划分来掩盖资本主义社会的阶级对立；另一方面，他也敢于揭示资本主义社会的矛盾。在他看来，资本主义社会有一个奇特的现象：财富与贫困并行增长。他说：

> 一方面财富的积累增长了……另一方面，特殊劳动的细分和局限性，从而束缚于这种劳动阶级的依赖性和匮乏，也愈益增长。与此相联系的是：这一阶级就没有能力感受和享受更广泛的自由，特别是市民社会的精神利益。①

在黑格尔看来，贫困必然产生反抗富人、政府的“贱民”。黑格尔敏锐地觉察到，资本主义社会无力解决这个矛盾。他这样写道：

> 怎样解决贫困，是推动现代社会并使它感到苦恼的一个重要问题。②

资产阶级思想家黑格尔并不想通过否定资本主义制度来解决这个矛盾，而是想把“市民社会的这种辩证法”③推出去，企图通过建立和扩展殖民地来输出矛盾。他说：

> 市民社会被驱使建立殖民地。④

实践证明，黑格尔提供的这个药方仅仅是一个治标的药方，资本主义的不断对外扩展不过表明它朝着自己的死亡的前夜——

① 黑格尔：《法哲学原理》，商务印书馆1961年版，第244页。
② 黑格尔：《法哲学原理》，商务印书馆1961年版，第245页。
③ 黑格尔：《法哲学原理》，商务印书馆1961年版，第246页。
④ 黑格尔：《法哲学原理》，商务印书馆1961年版，第247页。

帝国主义走去。

在殖民地问题上，黑格尔的观点是独特的，一方面他是殖民主义的鼓吹者，另一方面，他又是殖民地人民解放运动的同情者和支持者。在他看来，宗主国对殖民地的压迫，必然会带来殖民地人民的反抗，而结局便是殖民地人民的解放。黑格尔还指出：

> 殖民地的解放本身经证明对本国有莫大的利益，这正同奴隶的解放对主人有莫大的利益一样。[①]

按照黑格尔的观点，在市民社会中，抽象法被制定成法律，财产所有权和人格得到了法律的确认，具有法律的效力。这样，犯罪就不再是对某个个人利益的侵犯，而是破坏了社会的共有原则，触犯了法律，因而具有社会的危险性。在市民社会中，出现了警察，其任务是保障个人及其财产的安全。人们还按照自己的特殊技能组成各种同业公会以维护自身的利益，而监督同业公会的任务便由"国家"来负担。这样，黑格尔便矫揉造作地从市民社会推演出了"国家"。

黑格尔把"国家"看作家庭和市民社会的统一，是伦理法的实现。在他看来，国家既不是社会发展到一定阶段上的产物，也不是人们相互契约的产物，而是理念在人类社会生活中的实现。黑格尔说：

> 神自身在地上的行进，这就是国家。[②]

从这种客观唯心主义的国家观出发，黑格尔不分青红皂白地为一切国家的合理性做辩护。在他看来，人们可以随便找出一个国家的这样或那样的缺陷，因为"找岔子要比理解肯定的

① 黑格尔：《法哲学原理》，商务印书馆 1961 年版，第 247—248 页。
② 黑格尔：《法哲学原理》，商务印书馆 1961 年版，第 259 页。

东西容易”。[①]即使一个最丑恶的人，如罪犯、病人、残废人，也毕竟是一个活人。同样的，一个国家不管它如何恶劣，终究还有它的肯定的方面。这就充分地表现出黑格尔国家学说的强烈的保守性。

在这位唯心主义者看来，国家不是一个阶级压迫另一个阶级的工具，而是一种什么“客观普遍性”“普遍目的”。国家高于个人，它的使命不在于保护所有权和个人自由，相反，个人从属于国家，只有成为国家的成员，一个人才是真正自由的。黑格尔说：

> 个人本身只有成为国家成员才具有客观性、真理性和伦理性。结合本身是真实的内容和目的，而人是被规定着过普遍生活的；他们进一步的特殊满足、活动和行动方式，都是以这个实体性的和普遍有效的东西为其出发点和结果。[②]

黑格尔鼓吹这种抽象的国家至上主义，一方面表现了苦于长期封建割据状态的德国资产阶级对一个统一的中央权力的向往，另一方面也反映了软弱的德国资产阶级对现实的专制制度的依附和屈从态度。

不过，黑格尔也并不否定对个人利益的追求，并且强调国家必须关心个人的福利。他说：

> 个人目的与普遍目的这双方面的同一则构成国家的稳定性。人们常说，国家的目的在谋公民的幸福。这当然是真确的。如果一切对他们说来不妙，他们的主观目的得不到满足，又如果他们看不到国家本身是这种满足的中介，

---

① 黑格尔：《法哲学原理》，商务印书馆 1961 年版，第 259 页。
② 黑格尔：《法哲学原理》，商务印书馆 1961 年版，第 254 页。

那么国家就会站不住脚的。[①]

黑格尔把国家理念的发展又分为“国家制度”“国际法”和“世界历史”三个环节。

显然，“国家制度”是一个极为敏感的问题。在欧洲封建复辟势力横行、德国专制主义统治加强的形势下，黑格尔只得借助于思辨手法，通过最保守的言词来表达资产阶级的要求，在为现存的专制制度涂脂抹粉的同时，又为未来的资产阶级国家设计蓝图。在他看来，国家制度是随着时代精神也即绝对理念的发展而不断变更的。他指出：

国家成长为君主立宪制乃是现代的成就。[②]

针对黑格尔的这个思想，恩格斯写道：“当黑格尔在他的‘法哲学’一书中宣称君主立宪是最高的、最完善的政体时，德国哲学这个表明德国思想发展的最复杂但也最准确的指标，也站到资产阶级方面去了。换句话说，黑格尔宣布了德国资产阶级取得政权的时刻即将到来。”[③]

在讨论了“国家制度”之后，黑格尔便接着考察“国际法”。在他看来，每个国家都是一个独立自主的个体，这就发生了国与国之间的关系，从而产生了国际法。国际法的基本原则在于，“条约作为国家彼此间义务的根据，应予遵守”。[④]不过，国家之间没有裁判官，因此，国际法只停留在“应然”上。实际上，遵守条约和背弃条约的情况往往相互更替。如果订约双方的争议不能达成协议，“国际争端只有通过战争来解决”。[⑤]康德曾经提出要成立一种国际联盟，调停每一争端，以维持永久和平。

---

① 黑格尔：《法哲学原理》，商务印书馆 1961 年版，第 266 页。
② 黑格尔：《法哲学原理》，商务印书馆 1961 年版，第 287 页。
③ 恩格斯：《德国的革命和反革命》，《马克思恩格斯全集》第 8 卷，人民出版社 1961 年版，第 16 页。
④ 黑格尔：《法哲学原理》，商务印书馆 1961 年版，第 348 页。
⑤ 黑格尔：《法哲学原理》，商务印书馆 1961 年版，第 348 页。

康德的这种想法是以道德理由为依据的。在黑格尔看来；支配各国处理国际关系的原则并不是“一种博爱的思想”，而是“实际受到侵害或威胁的福利”。他说：

福利是国家在对别国关系中的最高法律。①

因此，当一个国家的福利受到侵害而又和对方达不成协议的时候，战争就必然会发生。黑格尔的这个思想孕育着军事家克劳塞维茨后来所提出的一个著名的论断：战争无非是政治通过另一种手段的继续。当人们鼓吹“神圣同盟”会带来永久和平的时候，黑格尔则认为这只不过“饶舌空谈”，他指出：

当事物的本性要求时，战争还是会发生的。②

在当时的历史条件下，黑格尔的战争不可避免论深刻地反映了当时封建国家以及资本主义国家之间的尔虞我诈、争霸夺利的关系，较之康德的永久和平论是更现实、更有远见的。不过，黑格尔把战争说成是什么“伦理精神”，看作人的社会生活中的一个永恒的范畴，则是错误的。

按照黑格尔的看法，在国际法阶段，国与国之间没有最高裁判官，因此相互之间的关系是摇摆不定的。这样，国际法就必定要过渡到“世界历史”。世界历史是世界法庭，是最高裁判官——“世界精神”的活动舞台。

黑格尔“历史哲学”的基本命题是：

“理性”是世界的主宰，世界历史因此是一种合理的过程。③

在黑格尔看来，在世界历史中，国家、民族和个人只不过是“理性”即世界精神的外壳或皮囊，只不过是世界精神自己

① 黑格尔：《法哲学原理》，商务印书馆1961年版，第349页。
② 黑格尔：《法哲学原理》，商务印书馆1961年版，第342页。
③ 黑格尔：《历史哲学》，三联书店1956年版，第47页。

实现自己的工具。他们的兴衰成败均取决于世界精神这个最高裁判官的裁决，即决定于他们是否符合世界精神发展的要求。这就是说，世界历史是一个合理的，也即合乎世界精神发展的过程。不难看出，黑格尔的历史观是十足的客观唯心主义的历史观。

然而，黑格尔关于理性主宰历史的唯心史观中，却包含了这样一种合理的猜测：人所创造的社会历史遵循着不依人的意志为转移的客观规律。我们知道，旧唯物主义在历史领域里总是自己背叛自己。它按照行为的动机来判断一切，把历史人物分为君子和小人，并且照例认为君子受骗，小人得胜，因此，人们不会从历史研究中得到教益。在黑格尔的时代，还流行着一种所谓心理历史学派。这一派人热衷于研究历史人物的个人性格，企图从中寻找到重大历史事变的动因。比如，在这一派人看来，拿破仑毕生的事业都可以归之于他个人的性格——“功名心”“征服欲”，等等。按照这种观点，历史发展没有什么规律，完全是偶然的。与此相反，黑格尔坚持认为，历史是按照一定的规律向前发展的。不过，他不是从客观历史发展中引出历史本身的发展规律性，而是从他的唯心主义体系出发，给历史灌输某种规律，也即所谓“世界精神”“自由意识”。

黑格尔并不否认历史中的偶然性的存在及其对历史发展的影响，但是，在他看来，历史绝不是偶然事件的堆积，而是一个合乎规律的发展过程。关于历史活动中的偶然性和必然性的关系，黑格尔写道：

“精神”在本性上不是给偶然事故任意摆布的，它却是万物的绝对的决定者；它全然不被偶然事故所动摇，而且它还利用它们、支配它们。[①]

从这个观点出发，黑格尔认为，法国革命绝不是一次偶然的历史事变，而是历史发展的必然产物，是“自由意识”也即“世界精神”发展过程中的一次新飞跃。

在黑格尔看来，人们总是带着特定的个人主观目的去从事历史活动的，但是，人们的行动除掉产生他们所企图得到的结果外，通常又产生一种“附加的结果”。黑格尔写道：

> 他们满足了他们自己的利益；但是还有潜伏在这些行动中的某种东西，虽然它们没有呈现在他们的意识中，而且也并不包括在他们的企图中，却也一起完成了。[②]

这就是说，人们的活动虽然直接地为主观目的所引发，但归根到底人们是在实现着他们所没有意识到的“世界精神”的要求，换句话说，人们的行动归根到底是为“世界精神”所支配的。对此，恩格斯指出：“历史哲学，特别是黑格尔所代表的历史哲学，认为历史人物的表面动机和真实动机都绝不是历史事变的最终原因，认为这些动机后面还有应当加以探究的别的动力；但是它不在历史本身中寻找这种动力，反而从外面，从哲学的意识形态把这种动力输入历史。”[③]黑格尔从他的唯心主义的历史发展规律性的观点出发，认为世界历史就是“自由意识”的进展。按照这个框子，他把世界历史分为三大阶段：古代东方阶段，只意识到一个人（专制君主）的自由；古希腊罗马阶段，意识到了一部分人（奴隶主）的自由；近代阶段，意识到所有的人都是自由的。黑格尔对世界历史的分期所做的这种规定，以及他对许多历史事件、细节的分析，是主观的、牵

① 黑格尔：《历史哲学》，三联书店 1956 年版，第 95 页。
② 黑格尔：《历史哲学》，三联书店 1956 年版，第 66 页。
③ 恩格斯：《路德维希·费尔巴哈和德国古典哲学的终结》，《马克思恩格斯选集》第 4 卷，人民出版社 1972 年版，第 244 页。

强附会的，不足为训。但是，在形而上学历史观盛行的时代，黑格尔力图把历史看作一个有规律的发展过程，还是别开生面的。

黑格尔在肯定历史发展的规律性的同时，又强调人的能动作用。在他看来，人类的活动为“世界精神”所主宰；但“世界精神”恰恰又是借助于人类的活动而实现自己的。个人的主观目的、需要、兴趣、私利等，也即所谓“热情”，往往被人们看作不道德的东西，似乎人们不应该有“热情”。与此相反，黑格尔则认为，“热情”乃是人类活动的“原动力”，正是“热情”和“世界精神”的结合构成了世界历史。他说：

> 我们简直可以断然声称，假如没有热情，世界上一切伟大的事业都不会成功。因此有两个因素就成为我们考察的对象：第一是那个“观念”，第二是人类的热情，这两者交织成为世界历史的经纬线。①

然而，黑格尔实际上无力正确解决人的能动性和客观规律的关系，只得把两者的统一归之为所谓“理性的狡计”。就是说，“世界精神”采取“坐山观虎斗”的策略，在人们之间为各自的私利而进行的相互倾轧中实现自己。

黑格尔是一位英雄史观的鼓吹者。他极端蔑视人民群众，认为在群众身上理性是内在的、不自觉的，而英雄人物则是一个时代的“眼光犀利的人物”，正是他们把群众从不自觉“带到自觉”。然而，在黑格尔看来，英雄人物之所以为英雄人物，他们的行动之所以能带来巨大的历史事变，其根据主要不在于他们个人的性格、兴趣，而在于他们的意志与“世界精神”相关联。他说：

① 黑格尔：《历史哲学》，三联书店 1956 年版，第 62 页。

> 他们之所以为伟大的人物，正因为他们主持了和完成了某种伟大的东西；不仅仅是一个单纯的幻想、一种单纯的意向，而是对症下药地适应了时代需要的东西。[①]

按照黑格尔的观点，英雄人物也不过是“世界精神”的工具，当他完成了“世界精神”赋予他的历史使命之后，便会被抛出历史舞台，“凋谢零落”。由此看来，黑格尔的客观唯心主义的英雄史观，有别于那种鼓吹个人意志决定一切的主观唯心主义的英雄史观。

黑格尔力图把他的否定性的辩证法运用于历史的研究。在他看来，世界历史本质上是“世界精神”实现自己的过程。历史发展的每一个阶段，当其符合“世界精神”的发展要求的时候，是现实的。但是，每一个阶段又都包含着“它自己否定的东西”,正是这种否定的东西引导着历史从一个阶段到另一个阶段的过渡。世界历史的变迁本质上不是简单的循环，而是一个表现“世界精神”实现自己的过程，是一个新陈代谢、由低级到高级的发展过程。

关于黑格尔的历史观，恩格斯写道:“黑格尔把历史观从形而上学中解放了出来，使它成为辩证的，可是他的历史观本质上是唯心主义的。”[②]

【绝对精神】

按照黑格尔的思辨推演方法,“绝对精神”是主观精神和客观精神的统一。在这里，黑格尔着重研究了艺术、宗教和哲学三种意识形态。他认为，艺术、宗教和哲学均以“绝对理念”为对象，艺术以感性形象把握理念，宗教以表象把握理念，哲

① 黑格尔：《历史哲学》，三联书店 1956 年版，第 70 页。

② 恩格斯：《社会主义从空想到科学的发展》，《马克思恩格斯选集》第 3 卷，人民出版社 1972 年版，第 423 页。

学则以概念把握理念。“绝对理念”在哲学中最终认识了自己，达到了主观和客观、思维和存在的绝对统一。

黑格尔对艺术、宗教和哲学的论述同样渗透着辩证发展的观点。

在艺术哲学即美学中，黑格尔提出了一个著名的命题：

美就是理念的感性显现。①

从这个基本观点出发，黑格尔从理论上论证了艺术中的形式和内容、感性和理性的矛盾统一。然而，在他看来，艺术中的形式和内容、感性和理性的统一并不是一蹴而就的，而是在长期的艺术发展的历史中逐步实现的。按照这个想法，黑格尔把艺术发展史分为象征型、古典型和浪漫型三个阶段。在象征型阶段，人类心灵力求把它所朦胧意识到的理念通过某种符号表现出来。比如，基督教以三角形符号来象征神的三位一体概念。显然，符号只是一种图解，并不是适合于理念的感性形象。古典艺术型则体现了理念和感性形象的统一。比如，古希腊雕刻所表现的神，不像埃及、印度的神那样抽象，而是非常具体的，神总是作为一个具体的人表现出来的。但是，古典艺术也只是达到了自在的统一，它所描绘的人体形状毕竟是有限的，还不足以表达无限的理念。在浪漫型的艺术里，无限的精神便从有限的外在世界回到它自身，退回到内心世界。这样，它又把理念和感性形象的统一破坏了，在较高的阶段上回到象征型艺术所没有克服的理念与现实的差异、对立。黑格尔认为，浪漫型艺术所不能解决的矛盾将由哲学来解决。黑格尔对艺术发展史的描述完全是从他的唯心主义体系的框子出发的，但是，他把艺术的发展看作一种合理的过程，则是很有见地的。

黑格尔认为，宗教高于艺术，是“绝对理念”认识自己的

① 黑格尔：《美学》第1卷，商务印书馆1979年版，第142页。

更高的形式。他说：

> 如果艺术作品以感性方式使其真实，即心灵，成为对象，把绝对的这种形式作为适合它的形式，那么，宗教就在这上面加上虔诚态度，即内心生活所特有的对绝对对象的态度。①

这就是说，宗教的特点在于以信仰、虔诚的态度，用表象的形式去显现“绝对理念”比如，宗教里所讲的那个具有人格的“上帝”，就是“绝对理念”的表象式的显现。

黑格尔也把宗教理解为一个合理的发展过程，认为宗教经历了“自然宗教”（如佛教）、“自由宗教”（希腊宗教）和“绝对宗教”（基督教）三个阶段。在黑格尔看来，基督教是宗教发展的高峰，表现出人性和神性的统一。

黑格尔又认为，哲学高于艺术和宗教。不论是艺术的感性形象，还是宗教的表象形式，均不是表现“绝对理念”的最完善的形式。这是因为，“绝对理念”本身是超感性的、普遍的、无限的精神。哲学的特点就是用唯一适合于“绝对理念”的方式，即概念形式把握“绝对理念”。

在黑格尔看来，哲学也是一个合乎规律的发展过程。在黑格尔的时代，人们通常把哲学史看作各个哲学家的个人见解的罗列，看作历史上各种分歧意见的偶然堆积，甚至把哲学史认定为荒唐、谬误观点的陈列馆。与此相反，黑格尔则认为：

> 全部哲学史是一有必然性的、有次序的进程。②

按照黑格尔的观点，哲学史乃是“思想自己发现自己的历史”。③这意思是说，哲学史是“绝对理念”通过人的理性、概

① 黑格尔：《美学》第1卷，商务印书馆1979年版，第132页。
② 黑格尔：《哲学史讲演录》第1卷，三联书店1956年版，第40页。
③ 黑格尔：《哲学史讲演录》第1卷，三联书店1956年版，第10页。

念而认识自己的过程，换句话说，也就是人类认识真理（“绝对理念”）的过程。黑格尔完全撇开社会物质生活的发展去探讨哲学自身的发展，把哲学史看作纯粹精神的发展过程，显然，这是唯心主义的哲学史观。但是，在黑格尔的这个思想中也包含着一种合理的猜测：哲学史就是“整个认识的历史”。[①]

和他的真理观一样，黑格尔也把哲学史看作一个由抽象到具体、由贫乏到丰富的过程。在他看来，在哲学史上最初出现的哲学系统，其内容总是比较抽象、比较贫乏的。后起的哲学系统一方面是对它以前的哲学系统的否定，同时也是对以往哲学思想的继承和提高，包括了以前一切哲学系统的根本原则。因此，在内容上必定是更为具体、更为丰富的。黑格尔指出：

> 那在时间上最晚出现的哲学体系，乃是前此一切体系的成果，因而必定包括前此各体系的原则在内；所以一个真正名副其实的哲学体系，必定是最渊博、最丰富和最具体的哲学体系。[②]

在哲学史的研究中，黑格尔还提出了历史的东西和逻辑的东西统一的原则。他说：

> 我认为：历史上的那些哲学系统的次序，与理念里的那些概念规定的逻辑推演的次序是相同的。[③]

在黑格尔看来，这是因为哲学发展的过程和逻辑理念的推演过程都是同一个“绝对理念”的自身发展过程，因此，两者必然是同一的。历史上最初的哲学系统巴曼尼德的存在论相应于逻辑学的开端范畴“存在”，赫拉克利特的哲学原则相应于逻辑学中的“变易”范畴，斯宾诺莎的哲学相应予逻辑学中的“实

---

① 列宁：《拉萨尔〈爱非斯的晦涩哲人赫拉克利特的哲学〉一书摘要》，《列宁全集》第38卷，人民出版社1959年版，第399页。

② 黑格尔：《小逻辑》，商务印书馆1980年版，第55页。

③ 黑格尔：《哲学史讲演录》第1卷，三联书店1956年版，第34页。

体”范畴，如此等等。不过，黑格尔也指出历史的东西和逻辑的东西仍然是有区别的，不可能在次序上完全一致。撇开它的唯心主义形式，黑格尔提出的逻辑的东西和历史的东西统一的原则，实质上是一种科学的研究方法。

在黑格尔看来，“绝对理念”从逻辑学出发，经过自然哲学，达到精神哲学，并最后在哲学中回到了老家，自己认识了自己，认识到自己的对方原来不过是自己，实现了思维和存在的绝对同一。问题在于哲学是一个发展过程。“绝对理念”究竟在哪一个哲学体系中认识了自己的呢？那个最渊博、最丰富、最具体的哲学系统，究竟是谁的哲学系统呢？黑格尔本人没有提出，更没有明确回答这个问题。不过，这是不言而喻的。这个哲学系统不是别的，就是黑格尔的哲学体系。这样，辩证法家黑格尔为了维护自己的体系就不得不背离他的辩证法，陷入了形而上学的顶峰论。

关于黑格尔的哲学体系，恩格斯写道：“精神现象学、逻辑学、自然哲学、精神哲学，而精神哲学又分成各个历史部门来研究，如历史哲学、法哲学、宗教哲学、哲学史、美学等等，——在所有这些不同的历史领域中，黑格尔都力求找出并指出贯穿这些领域的发展线索；同时，因为他不仅是一个富于创造性的天才，而且是一个学识渊博的人物，所以他在每一个领域中都起了划时代的作用。”[①]恩格斯还指出：“黑格尔的思维方式不同于所有其他哲学家的地方，就是他的思维方式有巨大的历史感作基础。……在《现象学》《美学》《哲学史》中，到处贯穿着这种宏伟的历史观，到处是历史地、在同历史的一

① 恩格斯：《路德维希·费尔巴哈和德国古典哲学的终结》，《马克思恩格斯选集》第4卷，人民出版社1972年版，第215页。

定的（虽然是抽象地歪曲了的）联系中来处理材料的。”[①]由此看来，研究黑格尔的哲学体系，应当着重理解其中所渗透的辩证发展观点。

然而，黑格尔的辩证发展观点又不是彻底的。这是因为黑格尔哲学体系包含着不可救药的内在矛盾：“一方面，它以历史的观点作为基本前提，即把人类的历史看作一个发展过程，这个过程按其本性来说是不能通过发现所谓绝对真理来达到其智慧的顶峰的；但是另一方面，它又硬说自己是这个绝对真理的全部内容。”[②]显然，包罗万象的、最终完成的关于自然和历史的认识的体系，是和辩证思维的基本规律相矛盾的。因此，可以说黑格尔的体系作为体系来说，是一次巨大的流产。

在哲学史的研究中，人们对黑格尔哲学中的唯心主义体系和辩证法的关系有不同的理解，一种观点强调两者的对立，另一种观点则坚持认为两者是一致的。我们则认为，在黑格尔哲学中唯心主义体系和辩证方法是既对立，又统一的。应当承认，黑格尔的“绝对理念”的唯心主义体系是借助于辩证法建立起来的，而他的辩证法也是在论证“绝对理念”的发展过程中得到发挥的。这就是说，黑格尔的唯心主义是辩证的，而他的辩证法又是唯心主义的。因此，把黑格尔的唯心主义和辩证法看成水火不相容的两个东西是不适当的。但是，也应当看到，在黑格尔那里，辩证法和唯心主义又是矛盾的。事实上，辩证法在黑格尔手中神秘化了，它的革命精神往往被黑格尔的唯心主义所窒息。因此，把黑格尔哲学中唯心主义和辩证法看作完全一致的观点，同样是不适当的。

---

① 恩格斯：《卡尔·马克思〈政治经济学批判〉》，《马克思恩格斯选集》第2卷，人民出版社1972年版，第121页。

② 恩格斯：《社会主义从空想到科学的发展》，《马克思恩格斯选集》第3卷，人民出版社1972年版，第421页。

第三节　“绝对理念”发展的动因是自身内部的矛盾运动

马克思指出，在黑格尔看来，“自然界的基本奥秘之一，就是他所说的对立统一规律。在他看来，‘两极相逢’这个习熟用语是伟大而不可移易的适用于生活一切方面的真理，是哲学家不能漠视的定理，就像天文学家不能漠视开普勒的定律或牛顿的伟大发现一样”。[①]

矛盾（对立统一）学说，是黑格尔的辩证发展观点的基础，是他批判莱布尼茨-伏尔夫“形而上学”、康德的二元论以及机械唯物论，论证思维和存在的同一性的重要论据，也是黑格尔辩证法思想的精华所在。

黑格尔在继承和发展康德的“二律背反”学说的过程中，进一步清算了莱布尼茨-伏尔夫“形而上学”的片面观点，系统地阐发了他的矛盾学说，从而为他论证思维和存在的辩证同一奠定了方法论基础。

一、具体的同一性包含着差别和对立于其自身之内

恩格斯曾经指出，莱布尼茨-伏尔夫“形而上学”的方法“曾被康德特别是黑格尔在理论上摧毁”。[②]

黑格尔高度评价康德的“二律背反”学说对“形而上学”的片面观点的揭露和关于理性发生矛盾的必然性的思想。他

① 马克思：《中国革命和欧洲革命》，《马克思恩格斯全集》第9卷，人民出版社1961年版，第109页。

② 恩格斯：《卡尔·马克思的〈政治经济学批判〉》，《马克思恩格斯选集》第2卷，人民出版社1972年版，第120页。

写道：

旧形而上学，我们已经看到，在考察对象以求得形而上学知识时，总是抽象地去应用一些片面的知性范畴，而排斥其反面。康德却与此相反，他尽力去证明，用这种抽象的方法所得来的结论，总是可以另外提出一些和它正相反对但具有同样的必然性的说法，去加以否定。[①]

黑格尔还指出：

康德这种思想认为知性的范畴所引起的理性世界的矛盾，乃是本质的，并且是必然的，这必须认为是近代哲学界一个最重要的和最深刻的一种进步”。[②]

然而，黑格尔认为，康德从“二律背反”中做出不可知论的结论，表明他并没有真正理解理性矛盾的积极意义，说明康德虽然暴露了“形而上学”片面观点的弊病，但并没有从根本上克服“形而上学”的片面观点。

继康德之后，黑格尔进一步批判了莱布尼茨-伏尔夫“形而上学”的片面观点。黑格尔的特点在于紧紧抓住莱布尼茨-伏尔夫“形而上学”方法的要害——“抽象的同一性”，用“具体的同一性”同“抽象的同一性”相对立，从根本上摧毁了莱布尼茨-伏尔夫“形而上学”的方法。

黑格尔认为，“形而上学”的思想方法集中地表现为坚持所谓同一律：“甲是甲”，或“甲不能同时为甲和非甲”。这种思想方法往往是凭借思想的抽象作用，把一个具体事物的某一方面抽取出来，孤立起来，而丢掉具体事物的其他方面。黑格尔写道：

抽象作用就是建立这种形式的同一性并将一个本身具

① 黑格尔：《小逻辑》，商务印书馆1980年版，第133页。
② 黑格尔：《小逻辑》，商务印书馆1980年版，第131页。

体的事物转变成这种简单性形式的作用。有两种方式足以导致这种情形：或是通过所谓分析作用丢掉具体事物所具有的一部分多样性而只举出其一种；或是抹杀多样性之间的差异性，把多种的规定性混合为一种。①

因之，黑格尔把这种同一性叫作“抽象的同一性”。

黑格尔认为，从认识的发展过程来看，形成“抽象的同一性”是认识发展过程中的一个必要阶段，即所谓“知性”阶段。其任务是区分事物的各种特性，使思想具有坚定性和确定性。比如，直线就是直线，它和曲线有区别。对此，黑格尔写道：

无论如何，我们必须首先承认理智（按：即知性）思维的权利和优点，大概讲来，无论在理论的或实践的范围内，没有理智，便不会有坚定性和规定性。②

但是，黑格尔认为，人的认识不能老是停留在“知性”阶段上，不能认为具体事物就是这种“抽象的同一性”。如果把“知性”，“抽象的同一性”绝对化，那便是形而上学。

在黑格尔看来，为了全面把握一个具体事物的本质，就必须把认识从“知性”阶段提高到“理性”阶段上来。黑格尔又把“理性”阶段区分为“否定的理性”和“肯定的理性”两个环节。康德的“二律背反”学说就是“否定的理性”这种思维方式的理论表现。在“否定的理性”阶段，“知性”的有限规定扬弃自身而过渡到它的反面，“甲”过渡到了“非甲”，但正面（“甲”）和反面（“非甲”）处于绝对对立之中。和“否定的理性”不同，“肯定的理性”的特点在于“在对立的规定中认识到它们的统一”。③这就是说，“知性”讲同一，“否定的理性”讲对立，

① 黑格尔：《小逻辑》，商务印书馆 1980 年版，第 247 页。
② 黑格尔：《小逻辑》，商务印书馆 1980 年版，第 173 页。
③ 黑格尔：《小逻辑》，商务印书馆 1980 年版，第 181 页。

而“肯定的理性”则坚持对立物的同一。黑格尔把这种包含了差别和对立在内的同一，叫作“具体的同一”。

黑格尔认为，只有把认识提高到“肯定的理性”阶段，抓住包含着差异和对立的“具体的同一”，才能全面把握一个具体事物。这是因为，事物的本质就包含着差异。黑格尔说：

> 本质主要地包含有差别的规定。①

在黑格尔看来，即使一个简单的命题，其中主词和谓词也是既同一又有差别。拿“月亮是星球”这句话来说，“月亮”是个别，“星球”是一般，两者既同一，又有差别。如果只讲同一，不讲差别，绝对地按照“抽象的同一性”行事，那么人们就只能说“月亮是月亮”“星球是星球”之类同语反复的话了。显然，这是笨拙可笑的。

黑格尔进一步区别了两种差异：一种是外在的差异，比如一枝笔同一头骆驼的差异；另一种是内在的本质的差异即对立，如上和下、生和死、直和曲等等之间的差异。具有外在的差异的两个事物，一方可以离开另一方而存在，比如一枝笔的存在和一头骆驼的存在与否不相干；而具有内在的本质的差异则表现为对立的双方之间一方离开了另一方便不能存在，比如没有上，也就无所谓下，反之亦然。真正的“具体的同一性”所包含的差异，乃是这种内在的本质的差异。关于本质的差异，黑格尔写道：

> 本质的差别即是“对立”。在对立中，有差别之物并不是一般的他物，而是与它正相反对的他物；这就是说，每一方只有在它与另一方的联系中才能获得它自己的（本质）规定，此一方只有反映另一方，才能反映自己。另一方也

① 黑格尔：《小逻辑》，商务印书馆1980年版，第250页。

是如此；所以，每一方都是它自己的对方的对方。[①]

因此，黑格尔指出：

> 无论什么可以说得上存在的东西，必定是具体的东西，因而包含有差别和对立于自己本身内的东西。[②]

他还说：

> 真理只有在同一与差异的统一中，才是完全的，所以真理唯在于这种统一。[③]

这样一来，那些在形而上学者看来是绝不相容的东西，如直线和曲线、磁石的南极和北极、生命和死亡等，黑格尔都理解为对立的同一。他说：

> 在几何学里，我们必须假定一个圆周的圈线，是由无限多和无限小的直线形成的。在这里，知性认为绝对不相同的概念，直线与曲线，要假设为相同［这便是超越知性的看法了］。[④]

> 肯定的东西与否定的东西本质上是彼此互为条件的，并且只是存在于它们的相互联系中。北极的磁石没有南极便不存在，反之亦然。[⑤]

> 生命本身即具有死亡的种子。[⑥]

在黑格尔看来，康德的“二律背反”学说则是停留在“否定的理性”阶段，只看到矛盾双方的对立，看不到矛盾双方的统一。因此，康德消极地对待理性的矛盾，认为理性中发生矛盾是理性的缺陷，表明理性缺乏把握真理的能力。相反，黑格尔认为：

---

① 黑格尔：《小逻辑》，商务印书馆 1980 年版，第 254—255 页。
② 黑格尔：《小逻辑》，商务印书馆 1980 年版，第 258 页。
③ 黑格尔：《逻辑学》下卷，商务印书馆 1976 年版，第 33 页。
④ 黑格尔：《小逻辑》，商务印书馆 1980 年版，第 123 页。
⑤ 黑格尔：《小逻辑》，商务印书馆 1980 年版，第 257 页。
⑥ 黑格尔：《小逻辑》，商务印书馆 1980 年版，第 177 页。

理性矛盾的真正积极的意义，在于认识一切现实之物都包含有相反的规定于自身。因此认识甚或把握一个对象，正在于意识到这个对象作为相反的规定之具体的统一。①

黑格尔明确指出，区分“抽象的同一性”和“具体的同一性”，是识别形而上学和辩证法的关键。他说：

对于同一的真正意义加以正确的了解。乃是异常重要之事。为达到这一目的，我们首先必须特别注意，不要把同一单纯认作抽象的同一，认作排斥一切差别的同一。这是使得一切坏的哲学有别于那唯一值得称为哲学的哲学的关键。②

恩格斯十分重视黑格尔关于“具体的同一性”的思想，他指出：“旧形而上学意义下的同一律是旧世界观的基本原则；a＝a。每一个事物和它自身同一。……但是最近自然科学从细节上证明了这样一件事实：真实的具体的同一性包含着差异和变化。”③

二、矛盾是客观的，是对象的本质

黑格尔认为，康德的“二律背反”学说的另一个重大缺陷就是把矛盾看作主观的、仅仅存在于理性之中的东西，似乎事物本身是不应该有矛盾的。他说：

这种先验唯心主义让矛盾保持着，只是认为事物本身并不是那样矛盾着的，而认为矛盾仅仅出现在我们心灵内。……康德未免对于事物太姑息了，认为事物有了矛盾

① 黑格尔：《小逻辑》，商务印书馆 1980 年版，第 133 页。
② 黑格尔：《小逻辑》，商务印书馆 1980 年版，第 249 页。
③ 恩格斯：《自然辩证法》，《马克思恩格斯选集》第 3 卷，人民出版社 1972 年版，第 538 页。

是不幸之事。①

黑格尔把康德这种回避客观矛盾的态度讥讽为对待世界的温情主义。他写道：

康德的见解是如此的深远，而他的解答又是如此的琐碎；它只出于对世界事物的一种温情主义。他似乎认为世界的本质是不应具有矛盾的污点的，只好把矛盾归于思维着的理性，或心灵的本质。②

黑格尔认为，康德的这种温情主义实际上是解决不了问题的。他说：

通常对事物的温情只担心事物不要自己矛盾……忘记了矛盾并不以此而解决，只是被推到别处……③

对于黑格尔对康德的温情主义的批判，列宁写道："这种讽刺真妙！（庸俗之辈）对自然界和历史'抱温情态度'，就是企图从自然界和历史中清除矛盾和斗争。"④

和康德不同，黑格尔主张矛盾不仅仅存在于我们的思想中，而且存在于对象本身之内，构成对象的本质。因此，认识的任务就在于把握事物的内在矛盾。黑格尔指出：

认识矛盾并且认识对象的这种矛盾特性就是哲学思考的本质。⑤

黑格尔坚持矛盾的客观性，坚持对象中有矛盾的思想，反映了新兴资产阶级的反封建情绪的增长。我们看到，在 17 世纪，弱小的德国市民安于在封建专制制度下发展资本主义，因此力图掩盖并调和同封建专制制度的矛盾，这在哲学上便表现

① 黑格尔：《哲学史讲演录》第 4 卷，商务印书馆 1978 年版，第 282 页。
② 黑格尔：《小逻辑》，商务印书馆 1980 年版，第 131 页。
③ 黑格尔：《逻辑学》下卷，商务印书馆 1976 年版，第 45 页。
④ 列宁：《黑格尔〈逻辑学〉一书摘要》，《列宁全集》第 38 卷，人民出版社 1959 年版，第 141 页。
⑤ 黑格尔：《小逻辑》，商务印书馆 1980 年版，第 132 页。

为莱布尼茨的“预定和谐说”。到了18世纪，有了初步发展的德国市民在法国启蒙运动的影响下开始感到在封建专制制度的统治下生活不甚舒服了，实际生活和德国市民的理想差了一大截子。这就引起了康德的头脑的骚动，在思想上发生了不可解决的矛盾——“二律背反”。然而，康德却把矛盾看作纯粹主观的东西。黑格尔对康德的温情主义的批判，反映了19世纪初德国资本主义同封建制度的矛盾的新发展，反映了在法国革命影响下刚刚形成的德国资产阶级敢于正视客观现实矛盾的革命精神。

然而，黑格尔是一个唯心主义者，因而不可能把这种矛盾的客观性的思想贯彻到底。尽管他大力反对康德的主观主义，坚持对象本身中有矛盾，但他本人从来就没有跳出过主观主义的圈子。他所说的对象，不过是他的那个“绝对理念”的派生物。他所说的对象中有矛盾，实际中也只是指理念发展过程中的矛盾。同时，我们还看到，黑格尔尽管在理论上大谈矛盾的客观性，讥讽康德的温情主义，可是，一旦真正接触到德国的现实的社会矛盾时，他这位理论上的温情主义的反对者转眼就成了一个实践上的十足的温情主义者了。在黑格尔的笔下，德国现实中的矛盾似乎已经调和了，到处充满着“安静”与“和谐”。唯心主义辩证法家黑格尔的头上始终摇晃着一条庸人的辫子。

三、一切事物都是“二律背反”，均包含矛盾

在黑格尔看来，康德的“二律背反”学说还有一个缺点：只列举了四种“二律背反”。黑格尔在把康德的“理念”客观化并提升为世界的本原的同时，也把康德的“理念”中所包含的“二律背反”客观化并提升为宇宙的根本法则，认为一切事物都

是“二律背反”，皆为矛盾法则所支配。黑格尔写道：

> 还须注意，康德对于理性的矛盾缺乏更深刻的研究，所以他只列举了四种矛盾……主要之点，此处可以指出的，就是不仅可以在那四个特别从宇宙论中提出来的对象里发现矛盾，而且可以在一切种类的对象中，在一切的表象、概念和理念中发现矛盾。认识矛盾并且认识对象的这种矛盾特性就是哲学思考的本质。①

可以看出，黑格尔突破康德的四组“二律背反”，把矛盾看作一切事物的本质和规律的思想，是对康德的“二律背反”学说的一个重大发展。

黑格尔从一切事物都有矛盾的观点出发，对包括莱布尼茨-伏尔夫“形而上学”、康德哲学以及机械论等在内的17—18世纪流行的形而上学观点进行了广泛的深入的批判，系统地阐发了他的矛盾学说。凡是被形而上学看作绝对对立、互不相干的东西，如质和量、肯定和否定、有限和无限、一般和个别、现象和本质、相对和绝对、原因和结果、必然和偶然、可能和现实、动机和效果、分析和综合、自由和必然、理论和实践等，黑格尔都力图理解为对立统一。

【质和量】

我们知道，欧洲17—18世纪流行的形而上学观点，往往是从机械论的观点出发，从量的方面考察事物，用事物的量的方面的差异说明事物之间的质的区别。他们在描述事物的变化时，也往往只看到事物的量的变化（增加或减少），而看不到事物的性质的变化、一物向他物的转化。比如，17世纪德国哲学家莱布尼茨就曾提出过一个著名的命题：“自然界里没有飞跃”。这意思就是说，自然界里只有量变，没有质变。按照这种观点，

---

① 黑格尔：《小逻辑》，商务印书馆1980年版，第132页。

世界上的各种事物，古今毕同，因为一种事物只能产生同样的事物，而不能变化为另一种事物。可见，形而上学把质和量绝对地对立起来，不懂得两者之间的联系和转化。

黑格尔批判了这种形而上学观点。他写道：

为了寻求严密彻底的科学知识计，我们必须指出，像经常出现的那种仅在量的规定里去寻求事物的一切区别和一切性质的办法，乃是一个最有害的成见。无疑地，关于量的规定性，精神较多于自然，动物较多于植物，但是如果我们以求得这类较多或较少的量的知识为满足，不进而去掌握它们特有的规定性，这里首先是质的规定性，那么我们对于这些对象和其区别所在的了解，也就异常之少。①

黑格尔还指出：

据说自然界中是没有飞跃的；普遍的观念，如果要想理解发生和消逝……以为只要把它们设想为逐渐出现或消失，那就是理解它们了。但在上面已经说过："有的变化从来都不仅是从一个大小到另一个大小的过渡，而且是从质到量和从量到质的过渡，是变为他物，即渐进过程之中断以及与先前实有物有质的不同的他物。"②

可以看出，黑格尔对只看到事物之间的量的区别，看不到事物之间的质的区别的机械论和只看到事物的量的变化，看不到事物的质的变化的庸俗进化论的批评，是正确的。

黑格尔在他的《逻辑学》的第一部分"存在论"中系统地论述了量和质的辩证关系。

按照黑格尔的观点，质是某物区别于其他事物并与某物的

---

① 黑格尔：《小逻辑》，商务印书馆 1980 年版，第 221 页。
② 黑格尔：《逻辑学》上卷，商务印书馆 1966 年版，第 404 页。

存在相同一的规定性。他说：

> 某物之所以是某物，乃由于其质，如失掉其质，便会停止其为某物。①

这就是说，事物的质和事物的存在是直接同一的。与质不同，量对于事物的存在则是一种外在的关系，就是说一个事物虽然在量的方面发生了变化，但该物仍能保持其存在。比如，一所房子不论大一点，还是小一点，仍然是一所房子，红色不论是深一点，还是浅一点，都还是红色。这就是说，在一定的条件下，事物的量的变化并不影响事物的存在和质。黑格尔写道：

> 我们观察事物首先从质的观点去看，而质就是我们认为与事物的存在相同一的规定性。如果我们进一步去观察量，我们立刻就会得到一个中立的外在的规定性的观念。按照这个观念，一物虽然在量的方面有了变化，变成更大或更小，但此物却仍然保持其原有的存在。②

黑格尔在阐述质和量的辩证关系的时候，引出了“度”(“限度”) 这个范畴，认为度是质和量的统一，是质的限量。一个事物在它的度的范围内，量的变化不致影响到它的质；但当量的变化一旦超过了它的度的时候，事物的质就会发生变化，由一种事物转化成为另一种事物。黑格尔说：

> 一方面定在的量的规定可以改变，而不致影响它的质，但同时另一方面这种不影响质的量之增减也有其限度，一超出其限度，就会引起质的改变。例如：水的温度最初是不影响水的液体性的。但液体性的水的温度之增加或减少，就会达到这样的一个点，在这一点上，这水的聚合状态就

① 黑格尔：《小逻辑》，商务印书馆1980年版，第202页。
② 黑格尔：《小逻辑》，商务印书馆1980年版，第217页。

会发生质的变化，这水一方面会变成蒸汽，另一方面会变成冰。当量的变化发生时，最初好像是完全无足重轻似的，但后面却潜藏着别的东西，这表面上无足重轻的量的变化，好像是一种机巧，凭借这种机巧去抓住质［引起质的变化］。①

黑格尔讲了一个寓言：有一位农人，当他看见他的毛驴拖着东西愉快地行走时，便继续不断地一两一两地给毛驴增加负担，而当他再增加某一两时，这毛驴便因担负不起这重量而倒下了。黑格尔认为，不能把这个寓言看作一个玩笑，而应当看到其中包含的深刻的哲理：量的变化一旦突破度就必定引起质的变化。黑格尔引用自然界和社会生活中大量经验、事实来验证他所创立的这个原理。比如，就拿花钱来说，在某种范围内，多花少花，并不重要。但是，花钱也有一个度，一经超出这个度，花得太多或花得太少，都会引来质变，或变成奢侈或变成吝啬。

黑格尔认为，质变和量变在形式上是不同的，量变是渐进性，质变则是渐进过程的中断，是飞跃。他说：

当水改变其温度时，不仅热因而少了，而且经历了固体，液体和气体的状态，这些不同的状态不是逐渐出现的；而正是在交错点上，温度改变的单纯渐进过程突然中断了，遏止了，另一状态的出现就是一个飞跃。一切生和死，不都是连续的渐进，倒是渐进的中断，是从量变到质变的飞跃。②

马克思主义经典作家十分重视黑格尔所阐述的质和量的辩证法思想。马克思指出，黑格尔所发现的量的变化转化为质的

① 黑格尔：《小逻辑》，商务印书馆 1980 年版，第 236 页。
② 黑格尔：《逻辑学》上卷，商务印书馆 1966 年版，第 403—404 页。

变化的规律，“在历史上和自然科学上都是同样有效的规律”。[①]恩格斯把黑格尔所提出的质量互变规律列为辩证法的三条基本规律之一。列宁特别注意黑格尔关于质变是渐进过程的中断，是飞跃的思想。

我们看到，从莱布尼茨的“自然界里没有飞跃”的观点发展到黑格尔的量变必然引起质变的辩证法，这是近代德国哲学发展史上的一个重大的进步。黑格尔这一思想的形成，除了受到了当时自然科学的新成就的影响外，更主要的是法国革命的冲击。在这位资产阶级历史唯心论者看来，他所处的时代正是推动历史前进的“自由意识”从量变进入质变的时代，而法国革命便是“自由意识”新飞跃的象征。早在1807年黑格尔哲学思想刚刚形成的时候，他就对法国革命做了如下的哲学概括：

> “我们这个时代是一个新时期的降生和过渡的时代。……事实上，精神从来没有停止不动，它永远是在前进运动着。但是，犹如在母亲长期怀胎之后，第一次呼吸才把过去仅仅是逐渐增长的那种渐变性打断——一个质的飞跃——从而生出一个小孩来那样，成长着的精神也是慢慢地静悄悄地向着它新的形态发展，一块一块地拆除了它旧有的世界结构。……可是这种逐渐的、并未改变整个面貌的颓毁败坏，突然为日出所中断，升起的太阳就如闪电般一下子建立起了新世界的形相”。[②]

黑格尔的这段富有革命气息的话，反映了德国资产阶级对法国革命的热情向往，表现了他的量变引起质变这一辩证法思想形成的社会背景及其革命实质。

---

① 马克思：《1867年6月22日致恩格斯的信》，《马克思恩格斯书信选集》，人民出版社1962年版，第202页。

② 黑格尔：《精神现象学》上卷，商务印书馆1979年版，第6—7页。

然而，黑格尔发出的这团革命怒火，时隔十多年之后，便被他本人亲手扑灭了。在1821年出版的《法哲学原理》中，黑格尔背叛了这一辩证法思想，公然鼓吹庸俗进化论。他说：

一种状态的不断发展从外表看来是一种平静的觉察不到的运动。久而久之国家制度就变得面目全非了。[①]

在这里，黑格尔过去经常挂在口边的“渐进过程的中断”“飞跃”等词句，统统不见了，剩下的只是“平静的觉察不到的运动”。这深刻地反映了在法国革命失败后，欧洲各国封建势力猖狂复辟的形势下，德国资产阶级的保守性的增强，同时它也表明，政治上的改良主义者黑格尔是不可能把量变必然引起质变的辩证法思想贯彻到底的。针对黑格尔的这种庸俗进化论，马克思尖锐地指出：“诚然，在许许多多国家里，制度改变的方式总是新的要求逐渐产生，旧的东西瓦解等等，但是要建立新的国家制度，总是要经过真正的革命。”[②]马克思对黑格尔的这个批判反映了无产阶级的革命路线对资产阶级改良主义路线的批判，表现了无产阶级的彻底的革命精神，表明只有无产阶级才能把辩证法贯彻到底。

【肯定和否定】

形而上学从抽象的同一性出发，认为“是”就是“是”，“否”就是“否”，换句话说，要么是肯定，要么是否定，肯定和否定是绝对对立，毫不相干的。和形而上学相反，黑格尔认为，肯定和否定两者既对立，又同一，肯定中包含着否定，否定中也包含着肯定。

在黑格尔看来，否定不是存在于肯定的东西之外的什么东

① 黑格尔：《法哲学原理》，商务印书馆1961年版，第316页。
② 马克思：《黑格尔法哲学批判》，《马克思恩格斯全集》第1卷，人民出版社1956年版，第315页。

西，它就内在于肯定之中。说一个东西有矛盾，就是说它不仅有它的正面（肯定），而且也包含着它的反面（否定）。比如，一个生物就不仅具有它的肯定的一面——生命，而且也包含着它的否定的一面——死亡。黑格尔十分重视事物的否定方面。在他看来，正因为事物自身包含着自己的否定方面，才引起了自身的运动，向着否定方面转化。黑格尔写道：

> 因为自在的肯定物本身就是否定性，所以它超出自身并引起自身的变化。①

黑格尔又认为，否定的东西中也包含着肯定的东西。在他看来，把否定看作对肯定的东西（被否定的东西）的单纯的否定、全盘抛弃，那是形而上学的空洞的否定。按照黑格尔的观点，否定乃是“绝对理念”自身发展的环节，一方面，否定是质变，否定的东西和被否定的东西即肯定的东西在性质上是不同的；另一方面，否定的东西并不是对被否定的东西即肯定的东西的简单的抛弃，而是在舍弃肯定的东西的同时，又保留肯定的东西中的某些因素于自身之内。黑格尔把辩证法的这种否定叫作“扬弃”。他说：

> 扬弃一词有时含有取消或舍弃之意……又含有保持或保存之意。②

把否定理解为扬弃，那就是说，否定的东西也包含着肯定的东西。黑格尔还说：

> 这个他物（按：指否定的东西）本质上不是空虚的否定的东西，不是无……而是第一个（按：指肯定的东西）的他物、直接的东西的否定的东西……一般说来，包含第一个的规定于自身之中。于是第一个本质上也就在他物中

① 黑格尔：《逻辑学》下卷，商务印书馆1976年版，第67页。
② 黑格尔：《小逻辑》，商务印书馆1980年版，第213页。

留藏并保持下来了。——把肯定的东西在它的否定的东西中……坚持下来，这是理性认识中最重要之点。[①]

列宁十分重视黑格尔的这个思想，他指出："辩证法的特征的和本质的东西并不是单纯的否定，并不是任意的否定，并不是怀疑的否定，动摇、疑惑……而是作为联系的环节、作为发展的环节的否定，是保持肯定的东西的，即没有任何动摇、没有任何折中的否定。"[②]

黑格尔还认为，辩证的否定即"扬弃"是一个过程，是一个从肯定到否定，再到否定之否定的过程。黑格尔继承了康德关于范畴排列的"三一式"思想和费希特关于正、反、合的范畴推演方法，认为辩证的否定经历正、反、合二个阶段。"正"是单纯的肯定，"反"是单纯的否定，这表示肯定和否定的分化、对立；"合"则是对"反"即单纯的否定的再否定，或者说是否定之否定，这是肯定和否定的统一，即包含着肯定的东西的否定。在黑格尔看来，"合"既然包含了"正"（肯定的东西），因此它也就好似是对"正"的复归。但是，这个好似返回到"正"，的"合"，并不是对"正"的简单的复归，而是在提高了一步（经过了"反"）的情况下的复归。因此，较之"正"来说，"合"的内容更为丰富、更为具体了。拿质、量、度这三个范畴说，质是肯定，量是否定，度则是否定之否定。度是有限量的质，因而是对质的复归。但是，度已经不是一般的质，而是有限量的质了，因而，度的内容较之质来说就更为具体、更为丰富了。

可以看出，黑格尔关于否定之否定的思想也在一定程度上

① 黑格尔：《逻辑学》下卷，商务印书馆1976年版，第541页

② 列宁：《黑格尔〈逻辑学〉一书摘要》，《列宁全集》第38卷，人民出版社1959年版，第214页。

把握住了事物的某些真实的联系，多少猜测到了事物和认识的发展是一个螺旋式的上升、波浪式前进的过程。列宁在唯物主义的基础上改造了黑格尔的否定之否定的思想，指出事物的发展是“在高级阶段上重复低级阶段的某些特征、特性等，并且仿佛是向旧东西的回复（否定的否定）”。①

不过，在黑格尔那里，否定之否定的思想具有强烈的形式主义的色彩。在他看来，“绝对理念”就是按照正、反、合的公式由抽象到具体向前发展的。因此，黑格尔的整个哲学体系就是由许多大大小小的正、反、合构造起来的。他不是从客观事物中引出辩证法，而是尽力把客观事物硬塞进他的正、反、合的先验构架。因而，在很多地方，他就不得不牵强附会、生拉硬扯，借助于晦涩的词句敷衍搪塞。

【有限与无限】

有限和无限的关系问题从来是哲学史上争论不休的问题。康德曾在世界的时间和空间问题上提出了有限和无限的“二律背反”，把两者截然对立起来，导致了不可知论。康德和费希特把这种有限和无限绝对对立的观点应用于伦理学，便造成了理想（“应当”）与实在的分裂，导致了不可实现论。和康德不同，黑格尔力图把有限和无限理解为辩证的统一。

在黑格尔看来，人们之所以不能正确处理有限和无限的关系，把有限和无限绝对对立起来，关键在于对无限性这个范畴缺乏正确的了解。通常人们所了解的无限性主要是指一种无穷的进展，如时间上的无限延续，空间上的无穷扩展。黑格尔认为，进行这种无穷地向前进展的思考实在是太单调无聊了，因为它不过是同一事物的单调的无穷的重演。因此，他把这种无

① 列宁：《黑格尔〈逻辑学〉一书摘要》，《列宁全集》第38卷，人民出版社1959年版，第239页。

穷进展意义下的无限性，叫作“单调的无限”（亦译为“坏的无限”或“恶的无限”）。在黑格尔看来，把无限理解为无穷进展势必造成有限和无限的分裂，有限在这边，无限在那边，两者并列，各各独立，相互限制。“无限”一词本有不受限制之义，可是，无穷进展意义下的无限恰恰是一种与有限并列、为有限所限制了的无限，因而算不上是真正的无限。关于这种“单调的无限”，黑格尔写道：

> 像这样的无限，只是一特殊之物，与有限并立，而且以有限为其限制或限度，并不是应有的无限，并不是真正的无限，而只是有限。——在这样的关系中，有限在这边，无限在那边，前者属于现界，后者属于他界，于是有限就与无限一样都被赋予同等的永久性和独立性的尊严了……二元论决不使无限有接触有限的机会，而认为两者之间有一深渊，有一无法渡越的鸿沟，无限坚持在那边，有限坚持在这边。①

黑格尔认为，有限和无限乃是“绝对理念”发展过程中的两个既对立又同一的环节。真正的无限应当理解为有限和无限的对立统一，有限中包含无限，无限也包含了有限。他说：

> 有限性只是对自身的超越；所以有限性中也包含无限性，包含自身的他物。同样，无限性也只是对有限性的超越；所以它本质上也包含它的他物。②

黑格尔还说：

> 并没有一个无限物，原先是无限，尔后又必须变成有限，超越到有限性；它乃是本身既有限，又无限。③

① 黑格尔：《小逻辑》，商务印书馆 1980 年版，第 209 页。
② 黑格尔：《逻辑学》上卷，商务印书馆 1966 年版，第 145 页。
③ 黑格尔：《逻辑学》上卷，商务印书馆 1966 年版，第 154 页。

黑格尔从无限和有限相统一的观点出发，论证了理想和实在的统一。在他看来，具有无限性的理想并不是脱离有限的实在事物的空洞幻想，前者就蕴藏于后者之中，是后者的潜在性能的发挥。黑格尔写道：

> 实在性与理想性常被看成一对有同等独立性，彼此对立的范畴。因此常有人说，在实在性之外，还另有理想性，但真正讲来，理想性并不是在实在性之外或实在性之旁的某种东西，反之理想性的本质即显然在于作为实在性的真理。这就是说，若将实在性的潜在性加以显明发挥，便可证明实在性本身即是理想性。①

在黑格尔看来，康德和费希特所推崇的那个永远不能实现的"应当"，就是一种无穷进展的"单调的无限性"，就是一种在有限的实在事物之外的理想性。他认为，当人们仅仅承认实在性尚不能令人满足，于实在性之外尚须承认理想性时，我们切不可因此便相信这样就足以表示对于理想性有了适当尊崇。像这样的理想性，在实在性之旁，或在实在性之外，事实上就只能是一个空名。唯有当理想性和实在性相结合，这种理想性才有内容和意义。针对康德和费希特的"应当"哲学，黑格尔指出：

> 在这种"应该"里，总是包含有一种软弱性，即某种事情，虽然已被承认为正当的，但自己却又不能使它实现出来。②

由此看来，如果说康德和费希特是沉湎于不能实现的理想之中的理想主义者；那么，可以说黑格尔是一位立足于现实的理想和现实的统一论者。

---

① 黑格尔：《小逻辑》，商务印书馆1980年版，第212页。
② 黑格尔：《小逻辑》，商务印书馆1980年版，第208页。

黑格尔通过对有限和无限、理想和实在统一的阐发，进一步论证了思维和存在的同一性。

【现象和本质】

黑格尔还从现象和本质的关系方面批判了康德的二元论、不可知论。在他看来，康德哲学的一个功绩就是把通常人们认为是独立自存的东西看作仅仅是现象，就是说，我们日常所接触到的仅仅是事物的现象，而事物除了现象尚有其本质。然而，康德走到半路便停住了，他只理解到现象的主观意义，于现象之外坚执着一个抽象的本质，即认识所不能达到的“自在之物”。这样，在康德那里，现象和本质成了两个各不相关的独立王国，人们只能认识现象，不能认识本质。

和康德不同，黑格尔认为，现象和本质是对立的同一，现象是易变的，本质则具有内在的稳定性，但现象就是本质的表现，本质就存在于现象之中。黑格尔说：

> 当我们认识了现象时，我们因而同时即认识了本质，因为本质并不存留在现象之后或现象之外，而正由于把世界降低到仅仅的现象的地位，从而表现其为本质。①

因此，黑格尔认为，思维和存在是同一的，人的认识能够把握事物的本质。在这里，黑格尔猜测到了人的认识是一个从现象到本质的逐步深化的过程。

【必然和偶然】

17—18 世纪形而上学陷入的另一种对立就是必然性和偶然性的对立。一派认为，凡是能归入普遍规律中的东西都是必然的东西，此外都是偶然的东西；另一派则认为，一切都是必然的，偶然性只是无知的代名词，在客观上是不存在的。恩格斯指出：“和这两种观点相对立，黑格尔提出了前所未闻的命

① 黑格尔：《小逻辑》，商务印书馆 1980 年版，第 276 页。

题：偶然的东西正因为是偶然的，所以有某种根据，而且正因为是偶然的，所以也就没有根据；偶然的东西是必然的，必然性自己规定自己为偶然性，而另一方面，这种偶然性又宁可说是绝对的必然性。”①

在黑格尔看来，必然性和偶然性同样是“绝对理念”发展过程中的既有区别、又有联系的两个环节，两者都是客观的。首先，必然性和偶然性是有区别的，两者的根据不同，表现形式也不一样。关于偶然性，黑格尔写道：

> 偶然性，一般讲来，是指一个事物存在的根据不在自己本身而在他物而言。……我们认为偶然的事物系指这一事物能存在或不能存在，能这样存在或能那样存在，并指这一事物存在或不存在，这样存在或那样存在，均不取决于自己。而以他物为根据。②

这就是说，偶然性是没有根据的，即其根据不在事物自身；偶然性又是有根据的，即以他物为根据。正因为偶然性以他物为根据，因此，偶然性就是既可能这样又可能那样的单纯的可能性。

和偶然性不同，必然性根据于一事物自身的矛盾。黑格尔写道：

> 我们所要达到的必然性，即一物之所以是一物乃是通过它自己本身。③

正因为如此，具有必然性的内容，如果一切条件齐备，就必定会实现。

黑格尔指出：

---

① 恩格斯：《自然辩证法》，《马克思恩格斯选集》第3卷，人民出版社1972年版，第543页。
② 黑格尔：《小逻辑》，商务印书馆1980年版，第301页。
③ 黑格尔：《小逻辑》，商务印书馆1980年版，第306页。

必然的规定在于：它在自身中具有其否定，即偶然。[①]

他又说：

偶然的东西就是必然的东西。[②]

这就是说，必然性和偶然性这两个有区别的东西又不是决然对立的，而是相互关联的。必然性潜蕴于偶然性之中，通过偶然性表现自己；偶然性又为潜蕴于其中的必然性所支配。因此科学的任务不是排斥、撇开偶然性去寻求纯粹的必然性，而在于透过偶然性去认识必然性。黑格尔写道：

科学、特别哲学的任务，……在于从偶然性的假象里去认识潜蕴着的必然性。[③]

【可能性和现实性】

黑格尔在《逻辑学》中是把必然性和偶然性这对范畴同可能性和现实性这对范畴放在一起进行研究的。

黑格尔认为，现实性首先只是可能性。可能性是现实性的内在、潜在的状态，现实性则是可能性的展开。

按照黑格尔的观点，可能性最初只是一种"抽象的"或"单纯的"可能性。通常人们总以为所谓可能的东西就是可以设想的东西。按照这种理解，任何事物，即使是最荒唐的东西，只要随便找个理由，就都可以看作可能的。比如，可以说，月亮今晚落到地球上来是可能的，土耳其的皇帝成为天主教的教皇也是可能的。稍加考察就可以看出，这种抽象的可能性实际上就等于不可能性。因为每一个具体事物都包含着不同的、相反的规定，从事物的这一规定出发，可以说它是可能的，而从事物的另一规定出发，又可以说它是不可能的。在黑格尔看来，

① 黑格尔：《逻辑学》下卷，商务印书馆 1976 年版，第 204 页。
② 黑格尔：《逻辑学》下卷，商务印书馆 1976 年版，第 198 页。
③ 黑格尔：《小逻辑》，商务印书馆 1980 年版，第 303 页。

这种单纯的可能性也就是所谓偶然性。一个人愈是缺乏教育，对于客观事物的特定联系愈是缺乏认识，则在他观察事物时，便愈会驰骛于各式各样的空洞的、抽象的、可能性之中。

黑格尔认为，除了上述的抽象的、形式的可能性，还有一种“实在的可能性”。所谓实在的可能性实际上也就是具有必然性的东西。他说：

实在的可能性，因为它在自身中具有另一环节，即现实，它本身便已经是必然。因此，什么是实在可能的，它便不再能够是任何别的东西；在这些条件下和环境之下，某物不能有其他结果。因此，实在可能性和必然性相区别，只是貌似的。[①]

黑格尔还指出：

一个事物是可能的还是不可能的，取决于内容，这就是说，取决于现实性的各个环节的全部总和，而现实性在它的开展中表明它自己是必然性。[②]

按照黑格尔的观点，实在的可能性构成了条件的整体，假如一件事情的一切条件完全具备了，那么，这件事情就进到现实了。

【自由和必然】

关于自由和必然的关系，在欧洲17—18世纪的资产阶级哲学家中有两种根本对立的看法：一派以笛卡尔为代表的唯心主义的自由意志论，认为人的意志是不受任何必然性制约的，是绝对自由的；另一派是18世纪法国唯物主义的机械决定论，认为人的意志完全为机械因果必然性所决定，根本不存在什么自由。这两种形而上学的片面观点在康德哲学中便集中地表现为

① 黑格尔：《逻辑学》下卷，商务印书馆1976年版，第203页。
② 黑格尔：《小逻辑》，商务印书馆1980年版，第300页。

自由和必然的“二律背反”。康德解决这个“二律背反”的办法是：在现象世界中，一切都是必然的，无自由可言；在“自在之物”领域内，在道德生活中，应当假定人的意志是绝对自由的。可以看出，在康德这里，自由和必然依然是互不相干的两个东西。

和康德不同，黑格尔则力图把自由和必然统一起来。首先，他反对自由意志论，坚持自由必须以必然性为基础，认为一个对必然性毫无所知因而盲目地受必然性支配的人是不自由的。他写道：

> 无疑地，必然作为必然还不是自由；但是自由以必然为前提，包含必然性在自身内，作为扬弃了的东西。①

黑格尔还说：

> 无知者是不自由的，因为和他对立的是一个陌生的世界，是他所要依靠的在上在外的东西，他还没有把这个陌生的世界变成为他自己使用的，他住在这个世界里不是像居住在他自己家里那样。②

这就是说，自由不是主观的幻想，而是以必然性为基础的，是对必然性的把握。

黑格尔看到，人们常常把任性、随心所欲等叫作自由。但是他认为，任性不是以必然性为基础的，而是依赖于某种偶然性的东西。因此，黑格尔把任性称为“形式的自由”“主观假想的自由”，而不是真正的自由。在他看来，一个人干事，如果不依照必然性去办，而是靠某种主观的和客观的偶然因素任意决断行事，那么势必最终陷于被动，失去自由。

其次，黑格尔也反对机械决定论、宿命论，认为在承认必

---

① 黑格尔：《小逻辑》，商务印书馆 1980 年版，第 323 页。
② 黑格尔：《美学》第 1 卷，商务印书馆 1979 年版，第 125 页。

然性的同时仍然可以肯定自由。在他看来，在必然性未被认识之前，人的意志受必然性的盲目支配，确实没有自由。他说：

必然性只有在它尚未被理解时才是盲目的。[①]

但是，人们一旦认识了必然性，必然性便转化成为自由了。总之，黑格尔认为，自由和必然是对立物的统一，真正的自由在于对必然性的认识。

黑格尔关于自由和必然的学说，具有两面性。一方面，黑格尔把被康德推到彼岸世界的自由，拉回到现实生活中来，认为自由并不是不可捉摸的空洞的抽象的东西，而是对于现实世界的必然性的认识。显然，这是具有积极意义的，其中包含了辩证法的合理成分。恩格斯指出："黑格尔第一个正确地叙述了自由和必然之间的关系。在他看来，自由是对必然的认识。"[②]另一方面，黑格尔的这个学说是唯心主义的，对于自由和必然的关系的理解也还有片面性。毛泽东同志指出："自由是对必然的认识和对客观世界的改造。"[③]马克思主义认为，自由不仅仅表现在对客观规律性的认识，而且更为重要的是表现在通过实践利用客观规律改造客观世界，获得现实的物质的自由。我们看到，黑格尔所讲的自由则只是停留在认识范围内的自由，只是一种纯粹的精神上的解放。这种自由观的最大缺点就是不引导人们积极地通过实践去改造客观世界。弄得不好，这种自由观就变成了"精神胜利法"，使人安于现状，诱导人们去同不合理的现实妥协。请看黑格尔的下面一段话：

假如一个人承认他所遭遇的横逆，只是由他自身演变

---

① 黑格尔：《小逻辑》，商务印书馆1980年版，第307页。
② 恩格斯：《反杜林论》，《马克思恩格斯选集》第3卷，人民出版社1972年版，第153页。
③ 毛泽东：《在七千人大会上的讲话（1962年1月30日）》，转引自1966年4月2日《人民日报》。

出来的结果，只由他自己担负他自己的罪责，那么他便挺身作一自由的人，他并会相信，他所遭遇的一切并没有冤枉。……只要一个人能意识到他的自由性，则他所遭遇的不幸将不会扰乱他灵魂的谐和与心情的平安。①

黑格尔甚至用他的自由观号召人们不分青红皂白地服从国家法律，而在当时的条件下，实际上就是号召人们去服从普鲁士的国家法律。他说：

因为“法律”是“精神”的客观性，乃是“精神”真正的意志……当人类主观的意志服从法律的时候，——“自由”和“必然”间的矛盾便消失了。②

黑格尔的这些话充分表现了他的自由观的强烈的保守性。

由上述可见，黑格尔关于矛盾是一切事物的本质的思想是深刻的、合理的。然而，应当看到，黑格尔的唯心主义体系却使他的矛盾普遍性这个极其深刻的思想半途而废了。必须注意，黑格尔所说的“一切事物”仅仅指的是“绝对理念”发展过程中的“有限事物”，包括各种范畴以及自然界、人类社会生活中的各种具体事物，而不是指作为发展过程的终结的那个具有无限性的“绝对理念”。在他看来，任何一个“有限事物”都依赖于另一个“有限事物”，包含着另一个“有限事物”，因而具有矛盾性，而这种矛盾的运动必然导致自身的毁灭，过渡到另一个“有限事物”。所以，一切“有限事物”都自身具有矛盾，因而都是相对的、暂时的。黑格尔说：

举凡环绕着我们的一切事物，都可以认作是辩证法的例证，我们知道，一切有限之物并不是坚定不移，究竟至极的，而毋宁是变化、消逝的。而有限事物的变化消逝不

① 黑格尔：《小逻辑》，商务印书馆 1980 年版，第 310 页。
② 黑格尔：《历史哲学》，三联书店 1956 年版，第 79 页。

外是有限事物的辩证法。有限事物，本来以他物为其自身，由于内在的矛盾而被迫超出当下的存在，因而转化到它的反面。①

和“有限事物”不同，“绝对理念”则是无限的、永恒的、绝对的。它自己决定自己，以本身为对象，因而不包含矛盾，并且是一切矛盾的调解。关于“绝对理念”，黑格尔写道：

> 理念作为主观和客观的理念的统一，就是理念的概念。——这概念是以理念本身作为对象……是绝对和全部的真理。②

由此看来，黑格尔关于矛盾的普遍性的思想并不是彻底的。

四、矛盾是推动整个世界的原则

黑格尔的矛盾学说中的最重要的思想，乃是矛盾是事物自己运动的泉源的思想。

我们知道，形而上学坚持抽象同一性，否认矛盾，从而把事物看成缺乏运动能力的、僵死的东西，如果有运动，那也是外力作用的结果。因此，在运动泉源问题上，形而上学势必陷入外因论。反之，黑格尔则坚持事物自己运动的原则，认为事物的内在矛盾是事物自己运动的泉源。

在黑格尔看来，矛盾绝不是像形而上学者所说的那样，是什么不可想象、不正常的现象，矛盾乃是一切事物自己运动的根据。他说：

> 矛盾不单纯被认为仅仅是在这里、那里出现的不正常现象，而且是在其本质规定中的否定物，是一切自己运动

---

① 黑格尔：《小逻辑》，商务印书馆 1980 年版，第 179 页。
② 黑格尔：《小逻辑》，商务印书馆 1980 年版，第 421 页。

的根本，而自己运动不过就是矛盾的表现。[①]

黑格尔认为，抽象的同一性不能提供运动的根据，唯有矛盾的观点才能说明事物自己的运动。他说：

抽象的自身同一，还不是生命力。[②]

黑格尔还说：

同一和矛盾相比，不过是单纯直接物、僵死之有的规定，而矛盾则是一切运动和生命力的根源；事物只因为自身具有矛盾，它才会运动，才具有动力和活动。[③]

黑格尔明确指出：

当我们说，"一切事物（亦即指一切有限事物）都注定了免不掉矛盾"这话时，我们确见到了矛盾是一普遍而无法抵抗的力量，在这个大力之前，无论表面上如何稳定坚固的事物，没有一个能够持久不摇。[④]

黑格尔声称：

矛盾是推动整个世界的原则，说矛盾不可设想，那是可笑的。[⑤]

列宁十分重视黑格尔关于矛盾是事物自己运动的泉源的思想，他指出："要认识世界上一切过程的'自己运动'，自生的发展和蓬勃的生活，就要把这些过程当作对立面的统一来认识。"[⑥]

黑格尔在客观唯心主义的基础上，发挥辩证法，批判了康德的二元论、不可知论，论证了思维和存在的同一性。黑格尔

① 黑格尔：《逻辑学》下卷，商务印书馆1976年版，第66页。
② 黑格尔：《逻辑学》下卷，商务印书馆1976年版，第67页。
③ 黑格尔：《逻辑学》下卷，商务印书馆1976年版，第66页。
④ 黑格尔：《小逻辑》，商务印书馆1980年版，第179页。
⑤ 黑格尔：《小逻辑》，商务印书馆1980年版，第258页。
⑥ 列宁：《谈谈辩证法问题》，《列宁全集》第38卷，人民出版社1959年版，第409页。

是一位辩证的唯心主义的可知论者。

黑格尔哲学在迂腐晦涩的言词下隐藏着革命，反映了 19 世纪初刚刚形成的德国资产阶级的革命要求，但总的倾向是趋于保守的。

黑格尔的伟大历史功绩，在于他在近代西方哲学史上第一个全面地有意识地阐发了辩证法思想。但是，他的辩证法是唯心主义的、不彻底的。

第五章　费尔巴哈的“人本学”唯物主义

引　言

路德维希·费尔巴哈是德国19世纪上半叶的伟大的唯物主义哲学家。在德国近代哲学发展史上，他的最大功绩在于恢复了唯物主义的权威，并在此基础上完成了德国资产阶级对封建神学的批判，从而为1848年的资产阶级革命做了思想准备。1841年，费尔巴哈发表的《基督教的本质》一书，对当时的反封建斗争起了积极作用，并对马克思、恩格斯实现由唯心论者到唯物论者的转变，创立辩证唯物论和历史唯物论哲学有过积极的影响。

一、黑格尔学派的解体

19世纪三四十年代，德国资本主义得到了迅速的发展。从19世纪30年代起，各个工业部门争先恐后地用机器武装起来，蒸汽机被广泛使用，修筑了铁路，工业产值迅速增长，国内外贸易空前活跃，出现了许多工商业中心。随着资本主义的发展和资产阶级力量的增强，资产阶级反封建的情绪更加高涨。1832年，在汉巴哈召开的“全德人民大会”上，资产阶级激进派公开提出了建立民主共和国的政治要求。在新的经济、政治形势下，德国资产阶级哲学得到了进一步的发展，这主要表现在黑格尔学派的解体和向唯物主义的转变。

从19世纪30年代起，在哲学上一度独占统治地位的黑格尔学派开始解体。一部分人抓住黑格尔哲学的保守方面，为宗教和专制制度做辩护，这一派人被称为“老年黑格尔派”，其主要代表人物是辛里克斯（1794—1861）；另一派人则继承黑格尔哲学的革命方面，站在资产阶级自由派的立场上，批判封建制度特别是它的精神支柱——基督教，要求实行资本主义改革。但是，他们把实行资产阶级改革的希望寄托在现存的专制国家身上，他们的思想体系也仍然局限在黑格尔唯心主义的框框之内。这一派人被称为“青年黑格尔派”，其主要代表人物有布鲁诺·鲍威尔（1809—1882）、大卫·施特劳斯（1808—1874）和麦·施蒂纳（1806—1856）。

青年黑格尔派的主要工作是从事批判基督教的斗争。当时，封建统治者十分专横，拒绝做任何改革，禁止言论出版自由，疯狂镇压革命反对派。青年黑格尔派对基督教的批判首先从基督教的《圣经》特别是从其中的“福音书”开刀，力图从中引出无神论的结论。

施特劳斯打了头一炮。他在1835年发表的《耶稣传》中明确指出，福音书中记载的许多故事，如耶稣能使瞎子复明、聋子能听、口吃者畅所欲言等，并非像教会人士所说的是什么真正的历史事实，而是神话故事。施特劳斯从客观唯心主义出发，认为这些神话表达了当时人们的普遍信念，但“不是由某一个人有意识的产物”[①]，换句话说，福音故事是一种无意识的精神性的“实体”发展的结果。布鲁诺·鲍威尔也否认福音故事的历史真实性。但是，和施特劳斯不同，鲍威尔认为，福音故

① 施特劳斯：《耶稣传》第1卷，商务印书馆1981年版，第215页。

事是历史上某些人为了某种宗教目的而有意地编造出来的，换句话说，是“自我意识”的产物。

青年黑格尔派对圣经的批判，打击了基督教的权威，在当时的历史条件下具有反封建的积极意义。但是，他们批判基督教的理论基础，仍然是黑格尔的唯心论。施特劳斯同鲍威尔关于福音故事是无意识地形成的，还是有意识地编造出来的争论，继而关于历史发展的动力是“实体”，还是“自我意识”的争论，都不过是各自抓住了黑格尔唯心论体系的一个方面，去反对黑格尔唯心论体系的另一个方面。正因为如此，尽管他们都以“批判”或“批判的批判”的英雄自居，满口讲的是“震撼世界”的词句，但始终不能从根本上否定基督教，也不敢触动封建专制制度的一根毫毛，实际上依旧是一群保守分子。他们鄙视革命实践，鼓吹纯粹的精神解放。施特劳斯认为，批判宗教是“解决政治问题的最安全、最有效的办法”。他还说：

> 我们德国人在政治上的自由，只能随着我们在精神上、道德上和宗教上的自我解放而增长。①

和施特劳斯一样，鲍威尔也鼓吹黑格尔式的“精神胜利法”，说什么：

> 犹太人现在在理论领域内有什么程度的进展，他们就真正获得了什么程度的解放；他们有什么程度的自由愿望，他们就获得了什么程度的自由。②

按照这种观点，一个奴隶只要思想上有了自由的愿望就不再是奴隶了，尽管他脖子上照旧套着沉重的枷锁。马克思尖锐地批判了这种唯心主义观点，他指出：“世俗的社会主义的第一

① 施特劳斯：《耶稣传》（第 1 卷），商务印书馆 1981 年版，第 14 页。
② 转引自马克思和恩格斯：《神圣家族》，《马克思恩格斯全集》第 2 卷，人民出版社 1957 年版，第 120 页。

个原理就是否认纯理论领域内的解放，认为这是幻想，为了真正的自由，它除了要求唯心的‘意志’外，还要求完全能感触得到的物质的条件。‘群众’认为，甚至为了争得一些只是用来从事‘理论’研究的时间和经费，也必须进行物质的、实际的变革；这样的‘群众’在神圣的批判面前显得多么低下呵！”[①]同时，鲍威尔等人还极力宣扬黑格尔式的英雄史观，污蔑群众和群众行动。他们把英雄人物说成是什么有理智的“能批判地思维的个人”或“精神”，把群众污蔑为没有理智的、只知道利欲的“物质”。在他们看来，英雄人物乃是历史发展的动力，而群众一旦起来为自己的切身利益而战斗便会把历史引入歧路。鲍威尔写道：

> 到现在为止，历史上的一切伟大的活动之所以一开始就是不成功的和没有实际成效的，正是因为它们引起了群众的关怀和唤起了群众的热情。[②]

他还说：

> 现在精神已经知道它应该到哪里去寻找自己唯一的对头，——这就是要到群众的自我欺骗和萎靡不振中去寻找。[③]

马克思指出：“德国资产阶级发展得如此萎靡：畏缩、缓慢，以致当它同封建制度和专制制度对峙的时候，它本身已经是同无产阶级以及城市居民中所有那些在利益和思想上跟无产阶级相近的阶层相对峙的了。……它降到了一种等级的水平，既脱离国王又远离人民，对国王和人民双方都采取敌对态度，但是

① 马克思和恩格斯：《神圣家族》，《马克思恩格斯全集》第2卷，人民出版社1957年版，第121页。

② 转引自马克思和恩格斯：《神圣家族》，《马克思恩格斯全集》第2卷，人民出版社1957年版，第102页。

③ 转引自马克思和恩格斯：《神圣家族》，《马克思恩格斯全集》第2卷，人民出版社1957年版，第105页。

对于每一方的态度都犹豫不决，因为它总是在自己前面或后面看见这两个敌人。”[①]鲍威尔的上述言论典型地反映了德国资产阶级不相信人民、敌视人民的一面。针对鲍威尔的英雄史观，马克思深刻地指出：“历史活动是群众的事业，随着历史活动的深入，必将是群众队伍的扩大。”[②]

青年黑格尔派的另一个代表人物施蒂纳是一个极端的主观唯心主义者。在他看来，在社会历史发展中起决定作用的，既不是施特劳斯的“实体”，也不是鲍威尔的“自我意识”，而是所谓“唯一者”，“唯一的我”，也即个人。施蒂纳鼓吹唯我主义，认为“唯一的我”高于一切，主宰一切。因此为了个人自由，必须反对一切约束，包括国家和法律的约束。他宣称，为了个人自由，要向“任何国家、甚至最民主的国家宣战”。施蒂纳是无政府主义的创始人之一，后来的俄国无政府主义者巴枯宁从他那里抄袭了很多东西。

马克思和恩格斯在他们合著的《神圣家族》《德意志意识形态》两部巨著中，对青年黑格尔派的唯心主义哲学和政治上的保守倾向进行了全面的系统的揭露和批判。

由于对现存宗教进行斗争的实际需要，到 19 世纪 40 年代初，大批最坚决的青年黑格尔分子开始突破黑格尔的唯心论，返回到英国和法国的唯物论。而最先站在唯物论的立场上批判黑格尔的唯心论和基督教的，便是费尔巴哈。恩格斯说：“这时，费尔巴哈的《基督教的本质》出版了。它一下子就消除了这个矛盾，它直截了当地使唯物主义重新登上王座。”[③]费尔巴哈唯

---

① 马克思：《资产阶级和反革命》，《马克思恩格斯全集》第 6 卷，人民出版社 1961 年版，第 126 页。

② 马克思和恩格斯：《神圣家族》，《马克思恩格斯全集》第 2 卷，人民出版社 1957 年版，第 104 页。

③ 恩格斯：《路德维希·费尔巴哈和德国古典哲学的终结》，《马克思恩格斯选集》第 4 卷，人民出版社 1972 年版，第 218 页。

物论的出现，标志着近代德国资产阶级哲学发展史上的一个根本性的转变，即从唯心论到唯物论的转变。

二、费尔巴哈的生平和政治倾向

费尔巴哈出生于巴伐利亚的兰得休特城，其父是一位刑法学家。1823 年，费尔巴哈进入海德堡大学学习神学。这是费尔巴哈思想发展的第一个阶段，即信仰上帝的阶段。

然而，大学的神学课程使费尔巴哈感到“令人难以忍受”。次年，即 1824 年，他便决意放弃神学，转到柏林大学去听当时享有盛名的黑格尔哲学讲座。费尔巴哈很快就被黑格尔哲学吸引住了。这时，他写道：

> 本来在我身上仅仅像火绒一般微微燃烧着的东西，现在却觉得很快就要燃起熊熊的火焰。[①]

在黑格尔的影响下，费尔巴哈在思想上发生了急剧的转变，从一个上帝的崇拜者变成为一个理性的崇拜者。这就开始了费尔巴哈思想发展的第二阶段，即崇尚理性的阶段。

不过，费尔巴哈并不是黑格尔哲学的坚定信徒。1828 年，费尔巴哈到爱尔兰根大学任讲师。在这前后，他便开始对黑格尔哲学的根本原则发生了怀疑：

> 思维对存在的关系怎么样？是不是如同逻辑对自然的关系呢？凭什么理由可以从逻辑的范围转到自然的范围呢？这相互转化的不可避免性和原理又何在呢？[②]

在一个相当长的时期内，费尔巴哈对于黑格尔哲学一直处于既怀疑但又无法摆脱的境地。他力图在黑格尔哲学体系范围

① 费尔巴哈：《说明我的哲学思想发展过程的片断》，《费尔巴哈哲学著作选集》上卷，三联书店 1959 年版，第 222 页。

② 费尔巴哈：《说明我的哲学思想发展过程的片断》，《费尔巴哈哲学著作选集》上卷，三联书店 1959 年版，第 224 页。

内寻求新的道路，展开对基督教的批判。1830年，费尔巴哈匿名发表《论死与不死》一书。在这部著作中，他从黑格尔的理性不朽的唯心主义原则出发，论证只有“类”意识（理性）是不朽的，而个人的灵魂必死。关于这部著作的主题，费尔巴哈写道：

> 现在的主要问题是如何消除人类由来已久的关于彼岸和此岸的矛盾心理，以使人类能全心全意地把注意力集中于自己、现世和现在；因为只有这样专心致志于现实世界才能产生新生活，伟人，产生伟大的思想和事业。“新宗教”应该规定，它所要求的不是不灭的个性，而是能干的身心健康的人。对新宗教说来健康比永生更有价值。①

显然，费尔巴哈的这个否定来世生活、肯定现世生活的思想，是和基督教教义相对立的。当局明令查禁这部著作，作者的名字很快被揭露，随后费尔巴哈被逐出大学讲坛。1836年，费尔巴哈离开城市，移居到布鲁克堡乡村，依靠他的妻子开设的一所工场维持生活，从事著述活动。

1839年，费尔巴哈发表了哲学独立宣言书——《黑格尔哲学批判》。经过十多年的怀疑、思考和探索，费尔巴哈终于宣告同黑格尔哲学决裂，走上了唯物主义的道路。他尖锐地指出，黑格尔哲学过时了，它已经成了新时代的“一种压力、一种负担”。黑格尔从根本上颠倒了思维和存在的关系，把思维、理念当作哲学的起点和终点，一辈子在思维、理念中兜圈子。黑格尔所讲的思维和存在的同一，实际上不过是思维和自身的同一。黑格尔哲学是“理性神秘论”，和基督教的精神是一致的。在《黑格尔哲学批判》的结尾部分，费尔巴哈明确宣布了他的新哲学

---

① 费尔巴哈：《说明我的哲学思想发展过程的片断》，《费尔巴哈哲学著作选集》上卷，三联书店1959年版，第227—228页。

的纲领：

哲学是关于真实的、整个的现实世界的科学；而现实的总和就是自然（普遍意义的自然）。[①]

哲学上最高的东西是人的本质。[②]

一切要想超出自然和人类的思辨都是浮夸。[③]

这样，费尔巴哈就进到了他的思想发展的第三个，也是最后的一个阶段：崇拜以自然为基础的人的阶段。《黑格尔哲学批判》奠定了费尔巴哈关于以自然和人为核心的人本学唯物主义的基础。

1841 年，费尔巴哈发表了他的主要代表作《基督教的本质》。在这部对近代德国思想史上具有划时代意义的名著中，费尔巴哈在唯物主义的基础上系统地阐发了他的无神论思想，提出了“神是人的本质的异化”的著名命题，从而完成了近代德国资产阶级批判宗教的历史任务。马克思和恩格斯指出：“费尔巴哈把形而上学的绝对精神归结为‘以自然为基础的现实的人’，从而完成了对宗教的批判。”[④]《基督教的本质》的出版，震动了整个德国的思想界。恩格斯写道：“这部书的解放作用只有亲身体验过的人才能想象得到。那时大家都很兴奋：我们一时都成为费尔巴哈派了。”[⑤]

在这之后，费尔巴哈相继发表了《关于哲学改造的临时纲要》（1841 年）、《未来哲学原理》（1843 年）、《宗教的本质》（1845

① 费尔巴哈：《黑格尔哲学批判》，《费尔巴哈哲学著作选集》上卷，三联书店 1959 年版，第 84 页。

② 费尔巴哈：《黑格尔哲学批判》，《费尔巴哈哲学著作选集》上卷，三联书店 1959 年版，第 83 页。

③ 费尔巴哈：《黑格尔哲学批判》，《费尔巴哈哲学著作选集》上卷，三联书店 1959 年版，第 83 页。

④ 马克思和恩格斯：《神圣家族》，《马克思恩格斯全集》第 2 卷，人民出版社 1957 年版，第 177 页。

⑤ 恩格斯：《路德维希·费尔巴哈和德国古典哲学的终结》，《马克思恩格斯选集》第 4 卷，人民出版社 1972 年版，第 218 页。

年）和《宗教本质讲演录》（1851 年）等著作，对他的唯物主义和无神论思想进行了更系统的论证和发挥。

应当说，费尔巴哈的唯物论和无神论思想为1848年的资产阶级革命做了直接的舆论准备。但是，当革命风暴实际到来的时候，他却强调革命时机不成熟而拒绝参加。正如列宁指出的："费尔巴哈不懂得1848年的革命。"[①]费尔巴哈的一个致命弱点就是"他过多地强调自然而过少地强调政治"。[②]

此后，费尔巴哈侧重于伦理学的研究，主要著作有：《论唯灵主义和唯物主义，特别是从意志自由方面着眼》（1863—1866年）和《幸福论》（1867—1869 年）等。不过，这些著作的影响已经不很大了。

晚年，费尔巴哈对社会主义文献发生兴趣。他读了德国工人魏特林的空想社会主义著作《自由与和谐的保证》感到欣慰。他还研读过马克思的《资本论》。1870 年，费尔巴哈参加了德国社会民主党。不过，费尔巴哈在哲学上依然是踏步不前，在他看来，共产主义不过是他的人本主义思想的必然结果。

1872年，费尔巴哈在贫困中结束了晚年生活。德国社会民主党的代表，以马克思、倍倍尔和李卜克内西等人的名义在费尔巴哈墓前敬献花圈，数以千计的德国工人聚集在墓地上向伟大的哲学家告别。

费尔巴哈在概括自己的思想发展过程时写道：

> 我的第一个思想是上帝，第二个是理性，第三个也是最后一个是人。神的主体是理性，而理性的主体是人。[③]

① 列宁：《费尔巴哈〈宗教本质讲演录〉一书摘要》，《列宁全集》第 38 卷，人民出版社 1959 年版，第 53 页。

② 马克思：《致阿·卢格（1843 年 3 月 13 日）》，《马克思恩格斯全集》第 13 卷，人民出版社 1962 年版，第 443 页。

③ 费尔巴哈：《说明我的哲学思想发展过程的片断》，《费尔巴哈哲学著作选集》上卷，三联书店 1959 年版，第 247 页。

应当说，费尔巴哈的思想的发展过程，乃是近代德国资产阶级世界观发展的缩影；费尔巴哈的人本主义，乃是近代德国哲学中的人本主义精神发展的产物和总结。在近代，资产阶级和封建贵族的矛盾在意识形态上便表现为“人”和“神”的对立。随着资本主义的发展和资产阶级力量的增强，资产阶级在哲学上就不断抬高“人”的地位，贬低“神”的地位，以致最后将神人化，用“人”代替“神”。如前所述，路德摧毁了天主教教会的权威，搞宗教个人主义，强调个人信仰的权威，就是说在神学的圈子里抬高人的地位。莱布尼茨用“预定和谐说”架空上帝，排斥上帝对人世现实生活的干预，强调个人自由活动发展的地位。康德呼吁用人类理性批判一切，摧毁了所有关于上帝存在的理论证明，把上帝贬为道德上的假设。黑格尔则把人的理性推到君临一切的地位，并以此代替神学中的上帝。费尔巴哈的以“人”为中心的无神论思想，正是路德以来近代德国哲学中的人本主义思想发展的完成。不过，应当看到，不论是路德、莱布尼茨，还是康德和黑格尔，他们的人本主义思想都是唯心主义的，在他们看来，人只是一个“信仰”“自我意识”等精神性的实体，因此，他们在批判神学的同时，也总是要为神学留下地盘。唯有费尔巴哈第一次站在唯物主义的立场上，把上帝、绝对理念归结为以自然为基础的人，达到了无神论。

费尔巴哈之所以能够实现近代德国哲学史上的这个根本转变，关键在于他处在德国历史发展的一个新时代，处在已经强大起来的德国资产阶级正在准备革命的时代。作为站在这个时代前列的激进民主派思想家的费尔巴哈，在政治观点上，较之黑格尔是大大前进了。如果说黑格尔只是在公开粉饰专制制度的同时隐藏着对专制制度的批判的话，费尔巴哈则是专制制度的公开的反对派。他写道：

> 在一个一切以专制君主的慈悲和专横为转移的国家中，每一个规章制度都会变为朝令夕改的，关于“永恒的道德律条”的观念、关于德行的必要性的信念会从灵魂里连根拔掉；关于对任何人都一视同仁的严格公正的必要性的信念将连根拔掉；自主感、勇气和对于德行的憧憬将连根拔掉。无限制的君主国乃是无道德的国家。①

我们还记得，黑格尔曾把君主立宪制认定为合理的国家形式。对此，费尔巴哈则不以为然。在他看来，君主立宪制的合理性是有条件的、相对的，唯一合乎人性的国家制度应当是民主共和国。费尔巴哈说：

> 如果有人撇开了空间和时间……而来向我证明君主制（按：指君主立宪制）是唯一合理的或绝对合理的国家形式，那我就要加以反对，并且还主张，倒不如说共和制——当然是指民主共和制——是直接被理性了解为与人性本质相适应的、从而真正的国家形式。②

然而，费尔巴哈终究还是一位理论家。在他看来，只要打倒了天上王国——基督教，那么，地上的王国——专制制度便会自行倒塌。他说：

> “在思维领域内把神学转变为人类学——这等于在实践和生活领域内把君主政体转变为共和国。”③

从这方面看，费尔巴哈并没有超脱青年黑格尔派施特劳斯、鲍威尔等人的观点。

---

① 费尔巴哈：《法和国家》，《费尔巴哈哲学著作选集》上卷，三联书店 1959 年版，第 596 页。

② 费尔巴哈：《宗教本质讲演录》“附录和注释”，《费尔巴哈哲学著作选集》下卷，三联书店 1962 年版，第 846 页。

③ 费尔巴哈：《法和国家》，《费尔巴哈哲学著作选集》上卷，三联书店 1959 年版，第 598 页。

三、费尔巴哈哲学的基本特点

在哲学上，费尔巴哈是一位唯物论者和无神论者。费尔巴哈哲学的基本范畴是以自然为基础的“人”。他说：

> 新哲学将人连同作为人的基础的自然当作哲学唯一的、普遍的、最高的对象。①

费尔巴哈用以自然为基础的“人”否定黑格尔的绝对理念，坚持唯物主义；用以自然为基础的“人”否定基督教的上帝，坚持无神论；从以自然为基础的“人”出发去阐发他的社会伦理思想，最后陷入了唯心主义。因此费尔巴哈把他的哲学体系叫作“人本学”或“人类学”。可以说，费尔巴哈哲学的积极意义和消极方面，都集中地表现在“人”的问题上。那种把费尔巴哈的自然观和他的“人”的学说分开，肯定前者，完全否定后者的观点，是不适当的。

和17—18世纪英国和法国唯物主义相比较，费尔巴哈的唯物主义有自己的特色。第一，17—18世纪唯物主义哲学的自然科学基础主要是数学、力学，因而，英国和法国唯物主义哲学大都具有明显的机械论的倾向。与此不同，费尔巴哈的唯物主义哲学的自然科学基础则主要是18世纪末和19世纪初发展起来的地质学、生物学、生理学、医学，等等。如果说，英法唯物主义者惯于从机械论角度去理解人，把人看着一部自动机器的话，那么，费尔巴哈则力图从生物学角度去解释人，把人归结为一种高级生物。这样，费尔巴哈对唯物主义根本原则的论证就比英法唯物主义者深入了一步。第二，和英法唯物主义一样，费尔巴哈的唯物主义体系总的来说也是形而上学的。不过，

① 费尔巴哈：《未来哲学原理》，《费尔巴哈哲学著作选集》上卷，三联书店1959年版，第184页。

应当看到，费尔巴哈是在黑格尔唯心主义辩证法的熏陶下成长起来的。尽管他未能自觉地汲取黑格尔的辩证法思想，但是，我们从他唯物论哲学中仍然可以看到黑格尔辩证法的深刻影响。在费尔巴哈的眼里，自然界、社会以及人类认识不再是绝对不变的了，而是一个发展过程。他在批判宗教的时候，也应用了黑格尔的异化理论。这就是说，和英法唯物主义者不同，在费尔巴哈的形而上学唯物主义体系中包含着一定的辩证法思想。第三，费尔巴哈提出的以人本主义为基础的无神论思想，也把 17—18 世纪唯物主义者的无神论学说向前推进了一步。因此，可以说费尔巴哈的人本学唯物主义是对 17—18 世纪英法唯物主义的发展，是西方旧唯物主义发展的高峰。

第一节 人是思维和存在统一的基础和主体

如前所述，和其他青年黑格尔主义者一样，费尔巴哈曾在一个相当长的时期内，在黑格尔体系范围内展开对基督教的批判。他的高明之处在于，随着反宗教斗争的深入，他首先觉察到了宗教和唯心主义之间存在着内在的联系，觉察到批判唯心主义乃是彻底否定宗教的前提。按照费尔巴哈说法就是：

> 假如你们否定唯心主义，那么你们也就同时否定上帝！……唯心主义不是别的，就是理性的或理性化了的有神论。[①]

因此，为了彻底否定神学，费尔巴哈便着手清算康德以来的德国唯心主义，特别是黑格尔的唯心主义，创立人本学唯物

① 费尔巴哈：《未来哲学原理》，《费尔巴哈哲学著作选集》上卷，三联书店 1959 年版，第 144 页。

主义哲学。

但是，切不可把费尔巴哈对黑格尔唯心主义的批判和他对宗教的批判混为一谈。费尔巴哈对基督教的批判，反映了德国资产阶级和封建专制制度的矛盾，而费尔巴哈对黑格尔哲学的批判则是德国资产阶级的自我批判。应当说，这两种批判在性质上是有区别的。

和康德批判莱布尼茨、黑格尔批判康德一样，费尔巴哈对黑格尔的批判也是德国资产阶级随着自己的成长、壮大而不断割除自己身上的过长的保守尾巴的努力。不过，这两种批判在性质上也是不同的。前一种批判主要是在唯心主义哲学圈子内部进行的，反映了从莱布尼茨到黑格尔这段历史时期中，德国资产阶级的革命要求虽然在逐渐增强，但是，保守、妥协的倾向仍然是主要的。费尔巴哈对黑格尔的批判则不同，这是一场唯物主义哲学路线反对唯心主义哲学路线的斗争，它反映了19世纪30年代和40年代迅速强大起来的德国资产阶级的革命情绪的急剧增长，反映了德国资产阶级内部的激进民主派同保守集团的矛盾。有的人看到费尔巴哈把黑格尔哲学同神学联系起来，对黑格尔哲学采取势不两立的激烈的否定态度，便自觉或不自觉地把黑格尔哲学看作封建贵族的哲学，似乎费尔巴哈批判黑格尔就是资产阶级哲学批判封建贵族哲学的斗争。应当说，这是一种错觉或误解。

事实上，费尔巴哈本人也没有把德国古典唯心主义和神学完全等同起来。尽管他竭力揭露唯心主义和神学的联系，指出唯心主义必然导致神学，但他并不否认德国古典唯心主义中包含着批判神学的成分。在费尔巴哈看来，德国古典唯心主义对待神学的态度是矛盾的。这就是说，它们在批判神学的同时为神学留下地盘。他指出：

> 康德在道德学中实现了而且又否定了神学，在意志中实现了而且又否定了上帝的本质。[①]
>
> 黑格尔辩证法的秘密，最后只归结到一点，就是：他用哲学否定了神学，然后又用神学否定了哲学。[②]

费尔巴哈认为，唯心主义必定要给上帝留下地盘，而只要给上帝留下地盘，那势必就会倒退到神学。在他看来，黑格尔哲学是德国唯心主义的完成，是“神学的最后的避难所和最后的理性支柱”。因此，费尔巴哈尖锐地指出：

> 谁不扬弃黑格尔哲学，谁就不扬弃神学。[③]

在费尔巴哈看来，作为黑格尔哲学的基本命题的思维和存在的同一性，从两个方面来说，都是不彻底的。从和神学的关系方面说，黑格尔的思维和存在同一学说的基础是绝对理念。尽管黑格尔强调哲学高于宗教，但是他的绝对理念恰恰就是给神学留下的一个避难所。从另一方面看，黑格尔力图通过他的思维和存在同一说论证所谓“具体的现实的自由”，鼓吹理想必定能够变成现实。可是，他所谓的“现实”仍然不过是停留在理念、思维范围内的东西，不懂得真正的现实并不是单纯的思想、愿望，而是超出思想的感性事物，真正具体现实的自由绝不是纯粹精神上的自由，而是我们实际感觉到的自由，追求幸福的自由。费尔巴哈写道：

> 我们要问：什么东西是现实的呢？只有思想中的东西是现实的么？只有思维，理智的对象是现实的么？可是这样我们就并没有超出抽象的理念范围一步。……思想实在

① 费尔巴哈：《未来哲学原理》，《费尔巴哈哲学著作选集》上卷，三联书店1959年版，第145页。

② 费尔巴哈：《未来哲学原理》，《费尔巴哈哲学著作选集》上卷，三联书店1959年版，第149页。

③ 费尔巴哈：《关于哲学改造的临时纲要》，《费尔巴哈哲学著作选集》上卷，三联书店1959年版，第114页。

化，正是思想否定自身，不再是单纯的思想；那么这个非思维，这个有别于思维的东西到底是什么？就是感性事物。由此可见，思想实在化，就是使自身成为感觉的对象。[①]

费尔巴哈还说：

> 黑格尔说：“没有自由的意志，乃是无内容的空谈”。但是，没有幸福的自由……这是德国人思辨式的自由……像这样的自由完全是毫无意义的空谈。[②]

因此，在费尔巴哈看来，尽管黑格尔哲学“从严格的科学性、普遍性、无可争辩的思想丰富性来说，要超过以前的一切哲学”。[③]但对于批判宗教，对于争取现实自由来说，它已经远远不适应新时代的需要了。

针对黑格尔的以绝对理念为主体和基础的思维和存在同一性学说，费尔巴哈指出：

> 思维与存在的统一，只有在将人理解为这个统一的基础和主体的时候，才有意义，才有真理。[④]

有一种观点认为，黑格尔主张思维和存在的同一，费尔巴哈主张思维和存在的统一，并由此得出结论说：“唯物主义承认主体和客体的统一，而不承认两者的同一。”其实，费尔巴哈从来也没有把他自己同黑格尔的原则分歧归结为“思维和存在的统一”与“思维和存在的同一”的对立。相反，在费尔巴哈的著作中，“对立的统一”和“对立的同一”往往是同义语。[⑤]他

---

① 费尔巴哈：《未来哲学原理》，《费尔巴哈哲学著作选集》上卷，三联书店 1959 年版，第 164—165 页。

② 费尔巴哈：《幸福论》，《费尔巴哈哲学著作选集》上卷，三联书店 1959 年版，第 537 页。

③ 费尔巴哈：《黑格尔哲学批判》，《费尔巴哈哲学著作选集》上卷，三联书店 1959 年版，第 50 页。

④ 费尔巴哈：《未来哲学原理》，《费尔巴哈哲学著作选集》上卷，三联书店 1959 年版，第 181 页。

⑤ 费尔巴哈：《未来哲学原理》，《费尔巴哈哲学著作选集》上卷，三联书店 1959 年版，第 177 页。

有时也把黑格尔的“思维和存在的同一”称作“思维和存在的统一”，说在黑格尔那里，“思维和存在的统一仅仅意味着思维……与其自身、即思维的统一”[①]。在德国古典哲学中，“同一”（Identitat）和“统一”（Einheit）这两个概念往往是相互通用的。在黑格尔的著作中是这样，在费尔巴哈的著作中也是这样。马克思主义经典作家在论及黑格尔的思维和存在的同一性学说的时候，也有时称之为“思维和存在的同一”[②]，有时称之为“思维和存在的统一”[③]。因此，我们把黑格尔的思维和存在的同一学说称为思维和存在的统一学说并无不可，把费尔巴哈的思维和存在统一学说称为思维和存在的同一学说也无可指责：应当明确的是，费尔巴哈的唯物主义同黑格尔的唯心主义的根本分歧既不在于“思维和存在的统一”与“思维和存在的同一”的对立，也不在于思维和存在能否统一或同一，而在于思维和存在的同一或者统一，也即思维和存在之间的一致、符合的基础和主体是什么？是“人”，还是思维（“绝对理念”）？换句话说，费尔巴哈和黑格尔之间的分歧是可知论者之间的分歧，是唯物主义可知论者和唯心主义可知论者之间的分歧。

人是思维和存在统一的基础和主体，是费尔巴哈人本学唯物主义的基本命题。

费尔巴哈所讲的人是以自然界为基础的。关于人和自然的关系，费尔巴哈写道：

> 从我的观点看来，自然界这个无意识的实体，是非发生的永恒的实体，是第一性的实体……有意识的、属人的

① 费尔巴哈：《论唯灵主义和唯物主义，特别是从意志自由方面着眼》，《费尔巴哈哲学著作选集》上卷，三联书店 1959 年版，第 499 页。

② 恩格斯：《致康·施米特（1895 年 3 月 12 日）》，《马克思恩格斯选集》第 4 卷，人民出版社 1972 年版，第 515 页。

③ 恩格斯：《自然辩证法》，《马克思恩格斯选集》第 3 卷，人民出版社 1972 年版，第 564 页。

实体，则在其发生的时间上是第二性的，但在地位上说来则是第一性的。[①]

由此看来，费尔巴哈哲学的核心是人，而它的基础和出发点则是自然界。

一、自然界：第一性的永恒的实体

费尔巴哈继承17—18世纪英国和法国唯物论的传统，在批判形形色色的唯心主义自然观的斗争中，形成了自己的唯物主义自然观。

费尔巴哈认为，自然界是不依赖于任何精神实体而独立自存的客观物质世界。我们记得，在康德那里，自然界就是我们感觉表象的总和。费希特更进一步，认为自然界是“自我”活动的产物。在费尔巴哈看来，康德、费希特的主观唯心主义的错误就在于只是从理论角度提出世界的现实性或非现实性的问题。事实上，实际生活已经向我们确证了物质世界的客观性，怀疑这一点，人们就不能满足自己的欲望，不能维持自己的生存。就拿猫来说，如果它看见的老鼠只在它的眼睛里存在，只是它的神经感受，那么为什么猫不去抓自己的眼睛，而去抓在它之外的老鼠呢？费尔巴哈嘲讽唯心主义者说:“因为猫不想因为爱戴这些唯心主义者而死于饥饿。”[②]和主观唯心主义者不同，黑格尔认为，自然界是理念的异化物。针对黑格尔的客观唯心主义自然观，费尔巴哈尖锐地指出：

黑格尔关于自然、实在为理念所建立的学说，只是用理性的说法表达自然为上帝所创造、物质实体为非物质的、

---

① 费尔巴哈:《宗教本质讲演录》,《费尔巴哈哲学著作选集》下卷，三联书店1962年版，第523页。

② 费尔巴哈:《论唯灵主义和唯物主义，特别是从意志自由方面着眼》,《费尔巴哈哲学著作选集》上卷，三联书店1959年版，第526页。

亦即抽象的实体所创造的神学学说。①

和唯心主义相反，费尔巴哈认为自然界是第一性的实体，是非发生的永恒的实体。他继承了斯宾诺莎关于实体是自因的思想，论证自然界的原因不在他物，而在自然界本身。——费尔巴哈写道：

> 自然界绝不是一个与它不同的实体的一种效果，而是像哲学家所说的以自己为原因；自然界绝不是什么被造物，绝不是被制作的或简直无中创有的事物，而是一个独立的、只由自己可以说明的、只从自己派生出来的东西。②

他还说：

> 自然界从何而来呢？它是来自自身，它没有始端和终端。③

费尔巴哈坚持从自然界本身说明自然界，反对对自然现象作超自然的解释，这对唯心主义和宗教神学无疑是一个致命的打击。

费尔巴哈在坚持自然界的客观性的同时肯定自然规律的客观性。他说：

> 在自然界里也没有什么神来统治，有的只是自然的力量，自然的法则。④

费尔巴哈既反对康德关于人给自然界立法的主观唯心主义，也反对黑格尔把“逻辑的必然性”强加于自然界的客观唯心主义。在他看来，自然界的规律是客观的，不依人们的意志

① 费尔巴哈：《关于哲学改造的临时纲要》，《费尔巴哈哲学著作选集》上卷，三联书店1959年版，第114页。

② 费尔巴哈：《宗教本质讲演录》，《费尔巴哈哲学著作选集》下卷，三联书店1962年版，第677页。

③ 费尔巴哈：《从人本学观点论不死问题》，《费尔巴哈哲学著作选集》上卷，三联书店1959年版，第355页。

④ 费尔巴哈：《宗教本质讲演录》，《费尔巴哈哲学著作选集》下卷，三联书店1962年版，第641页。

为转移的。理性的任务不是主观地、独断地去编造自然事物的联系，去给自然界灌输什么规律；相反，理性只能按照事物实际上所表现的那样去思考事物，反映自然界本身的规律性。他写道：

> 我们只区分自然所区分的东西，联系自然所联系的东西，使自然的现象和事物在理由和结果、原因和作用的关系上互相隶属，因为事物在事实上、实际上、现实上彼此正处在这样的关系中。①

费尔巴哈还坚决反对对自然现象做“目的论”的解释。他用畸形胎这个实例反驳“目的论”。畸形胎的存在表明，自然的化育物并不是有意识、有目的产物。他指出，目的论的前提就是否认自然界规律的客观性，把自然界的原动力归诸于某种超自然的精神力量。列宁指出：“费尔巴哈承认自然界的客观规律性，同他承认我们意识所反映的外部世界、对象、物体、物的客观实在性是分不开的。费尔巴哈的观点是彻底的唯物主义观点。”②

费尔巴哈唯物主义自然观的另一个重要内容，就是认为时间和空间是物质存在的形式，任何事物都处于一定的时间和空间之中。他说；

> 空间和时间是一切实体的存在形式。只有在空间和时间内的存在才是存在。③

按照费尔巴哈的观点，空间和时间绝不是像康德所说的那样是什么先天的直观形式，空间乃是现实实体的第一个标志，

① 费尔巴哈：《对〈哲学原理〉的批评意见》，《费尔巴哈哲学著作选集》上卷，三联书店 1959 年版，第 253 页。

② 列宁：《唯物主义和经验批判主义》，《列宁选集》第 2 卷，人民出版社 1972 年版，第 156 页。

③ 费尔巴哈：《关于哲学改造的临时纲要》，《费尔巴哈哲学著作选集》上卷，三联书店 1959 年版，第 109 页。

就是说任何一个现实的事物总是处于一定位置的有形的东西，而时间则意味着现实事物的变化、发展。我们记得，黑格尔为了把绝对理念神秘化，说什么绝对理念的发展不是在时间中进行的。针对黑格尔的这种神秘主义观点，费尔巴哈写道：

> 没有时间的发展，也就等于不发展的发展。“绝对实体自行发展”这个命题，只有颠倒过来，才是真实的、合理的命题。所以应当说：只有一种发展的、在时间中展开的实体，才是一种绝对的、亦即真正的、实际的实体。①

值得注意的是，费尔巴哈概括了当时地质学、生物学发展的成果，把自然界看作一个发展过程，论证了人是自然界长期发展的产物。他说：

> 地球并不是一直就像现在这个样子，它只是经过一系列的发展和变革以后，才达到现在这个状况。地质学已经考察出来，在这些不同的发展阶段里，还曾经存在过许多现在或早已不复存在的动植物。②

可以看出，费尔巴哈的这个思想已经完全突破了 17—18 世纪机械唯物论的绝对不变的自然观了。费尔巴哈力图从这个发展观点出发去解决生命的起源问题。他明确指出，关于生命起源这个大问题的直接证明还有待自然科学的发展，但是，我们已有的进展足以使我们相信生命起源于自然界。关于生命起源问题的证明，费尔巴哈写道：

> 说到直接的自然科学的证明，我们虽然离达到目标还很远，不过比起过去的各个时代来，特别是通过最近所证明的无机现象与有机现象的同一，我们已经有了充分的进

---

① 费尔巴哈：《关于哲学改造的临时纲要》，《费尔巴哈哲学著作选集》上卷，三联书店 1959 年版，第 110 页。

② 费尔巴哈：《宗教的本质》，《费尔巴哈哲学著作选集》下卷，三联书店 1962 年版，第 449—450 页。

展，至少已经进展到足以使我们信服生命起源于自然了，虽说这种起源的方式我们还是不知道，甚至还会继续不知道。[①]

显然，费尔巴哈所做的这个唯物主义的哲学预测，无疑给生命科学提供了一个正确方向。

费尔巴哈从他的唯物主义自然观中得出的一个重要结论就是：人是自然界的产物。在他看来，只有在自然界提供了一个生命产生的条件的时候，一个生命才会产生，而如果自然界在某个时候提供了人产生的条件，那么自然界就会创造出人来。他说：

> 如果地球凭着自身的本性，在时间的历程中逐渐发展，逐渐发育，因而取得一种与人的存在相容的、与人的本质相适合的、可以说就是人的品性，那么它也就能由它自身的力量而产生出人来了。[②]

把人看作自然界的产物，是费尔巴哈“人本学”的基础和出发点。

总的说来，费尔巴哈关于生命起源、生物进化和人类起源的观点还是很抽象的，但是，在当时生命科学、生物学和人类学还很不成熟的条件下，费尔巴哈能够突破神学的樊篱，顶住教会势力的压力，提出这样旗帜鲜明的唯物主义观点，应当说是非常杰出的。

二、人：思维和存在同一的基础和主体

费尔巴哈从他的唯物主义自然观出发，力图用以自然为基

---

① 费尔巴哈：《宗教的本质》，《费尔巴哈哲学著作选集》下卷，三联书店 1962 年版，第 451 页。

② 费尔巴哈：《宗教的本质》，《费尔巴哈哲学著作选集》下卷，三联书店 1962 年版，第 450 页。

础的人去解决近代德国哲学中长期争论不休的思维和存在的关系问题。

如果说，黑格尔同康德在思维和存在的关系问题上的争执，主要集中在思维和存在有没有同一性，即认识世界的可能性方面，那么，费尔巴哈同黑格尔在思维和存在关系问题上的争论，则主要集中在思维和存在何者为第一性上。换句话说，康德是一位不可知论者，黑格尔是一位唯心主义的可知论者，费尔巴哈则力图把可知论放置到唯物主义的基础上来。

在费尔巴哈看来，正确处理思维和存在何者为第一性的问题，乃是真正解决思维和存在同一性的前提。因此，费尔巴哈全力揭露黑格尔的思维和存在同一性学说的唯心主义基础。他认为，黑格尔的思维和存在同一性学说，是对康德的不可知论的“扬弃”，可是，黑格尔所讲的思维和存在的同一，实际上不过是形式的、虚假的同一。在黑格尔那里，存在是思维的异化，思维进而扬弃自己的异化物而回复到自身，从而实现了思维和存在的同一。这表明，黑格尔始终在思维里面兜圈子，不论是思维和存在的对立，还是思维和存在的统一，实质上都还是思维同自己的对立和统一。关于黑格尔的思维和同一学说，费尔巴哈写道：

> 思维与存在同一，只是表示思维与自身同一。……思维与存在相对立，但是这种对立是在思维本身之内，因此思维直接毫无困难地将思维与存在的对立扬弃了；因为在思维之中作为存在的对立物的存在，并不是别的东西，就是思维自身。[①]

在费尔巴哈看来，黑格尔所讲的这种思维和存在的同一，

① 费尔巴哈：《未来哲学原理》，《费尔巴哈哲学著作选集》上卷，三联书店 1959 年版，第 154 页。

实际上不过是上帝概念的发挥，因为按照神学、经院神学，上帝就是在它的概念中包含着存在的实体。正因为黑格尔在思维自身之内讲思维和存在的对立与同一，因此，现实的客观物质世界、真正的感性存在，对于黑格尔说来，就仍然“永远是一个彼岸的东西”。[①]可见，黑格尔并没有真正解决康德所造成思维和存在的分裂问题，其要害就在于黑格尔把绝对理念当作思维和存在同一的基础和主体。

费尔巴哈是黑格尔的思维和存在同一性学说的最坚决、最激烈的批判者，同时他又是黑格尔这个学说的继承者和改造者。和黑格尔一样，费尔巴哈也是康德的不可知论的反对派，坚持思维和存在是能够同一的。他和黑格尔的分歧不在于思维和存在有没有同一性，而在于在什么基础上才能够真正实现思维和存在的同一。在费尔巴哈看来，要真正实现思维和存在的同一，就必须抛弃黑格尔的唯心论，站到人本主义的立场上来，不是把绝对理念，而是把人作为思维和存在同一的基础和主体。

那么，费尔巴哈是怎样理解人的呢，为什么说以“人”为基础和主体才能真正解决思维和存在的同一呢？

首先，费尔巴哈认为，人是自然的产物，因此，人能够认识自然。

在他看来，人绝不是基督教的创世说或某种哲学上构思的产物，不是什么超自然的奇物，而是自然界发展的产物，是“自然界的最高级的生物”。[②]不仅如此，作为自然界的产物的人，仍然是自然界的一部分，和自然界处于不可分离的联系之中，离开了自然界提供的东西（如空气、水、动植物等），人就无法

① 费尔巴哈：《未来哲学原理》，《费尔巴哈哲学著作选集》上卷，三联书店 1959 年版，第 154 页。

② 费尔巴哈：《说明我的哲学思想发展过程的片断》，《费尔巴哈哲学著作选集》上卷，三联书店 1959 年版，第 248 页。

生存。针对极端鄙视自然界的宗教和唯心主义观点，费尔巴哈写道：

> 我憎恶那种把人同自然界分割开来的唯心主义；我并不以我依赖于自然界为可耻。①

费尔巴哈认为，不仅人的肉体是自然界的产物，而且人的认识器官和认识能力也是自然界的产物。他说：

> 自然不仅建立了平凡的肠胃工场，也建立了头脑的庙堂。②

在费尔巴哈看来，既然我们的认识器官是自然界给予的，那么，它就一定能够认识自然界。换句话说，作为自然界的产物的人去认识自然界，实际上不过是自然界自己认识自己，因而是完全可能的。费尔巴哈机敏地写道：

> 有机物和无机物成立一种必然的联系。所以我们也没有理由可以设想，倘若人有更多的感官，人就认识自然界的更多的属性或事物。……人的感官不多不少，恰合在世界的全体中认识世界之用。③

费尔巴哈认为，自然界的事物或属性，就算有些现在尚未被我们知觉到的，将来也要通过相应的感官为我们知觉的。列宁认为费尔巴哈的这个思想“对于反对不可知论是重要的”。④

其次，费尔巴哈认为，人是一个以肉体为基础的肉体和精神统一的实体。只有以这样一个统一的实体为基础和主体，才谈得上思维和存在的同一。

---

① 费尔巴哈：《宗教本质讲演录》，《费尔巴哈哲学著作选集》下卷，三联书店1962年版，第537页。

② 费尔巴哈：《黑格尔哲学批判》，《费尔巴哈哲学著作选集》上卷，三联书店1959年版，第84页。

③ 费尔巴哈：《宗教本质讲演录》，《费尔巴哈哲学著作选集》下卷，三联书店1962年版，第630页。

④ 列宁：《费尔巴哈〈宗教本质讲演录〉一书摘要》，《列宁全集》第38卷，人民出版社1959年版，第64页。

我们知道，康德、黑格尔也讲“人”，但在他们看来，人本质上是一个独立于肉体、人脑的纯粹的精神性的实体（“自我意识”）。与此相反，费尔巴哈则认为，人首先是一个处于一定时间和空间中的现实的、活生生的物质实体。他说：

> 旧哲学的出发点是这样一个命题：“我是一个抽象的实体，一个仅仅思维的实体，肉体是不属于我的本质的”；新哲学则以另一个命题为出发点。“我是一个实在的感觉的本质，肉体总体就是我的自我，我的实体本身。”[①]

那么，精神、思维是什么东西呢？费尔巴哈认为，精神、思维依存于肉体，是人脑的属性。他质问唯心主义者道：

> 你没有头脑可以思维吗？[②]

费尔巴哈明确指出：

> 没有脑的活动，我便不能思维，不能分辨……脑的活动是我们自我的基础或制约我们的自我的最高活动。[③]

按照费尔巴哈看法，黑格尔所讲的绝对理念恰恰就是这样一个独立于人脑的思维，“在人以外的人的思维”。[④]然而，黑格尔却硬要把这种莫须有的“在人以外的人的思维”看作一个主体，看作世界万物、存在的创造主。这样，在黑格尔那里，思维是第一性的，是主词，存在倒成了第二性的，成了宾词。针对黑格尔颠倒思维和存在的关系的观点，费尔巴哈旗帜鲜明地指出：

> 思维与存在的真正关系只是这样的：存在是主体，思

---

① 费尔巴哈：《未来哲学原理》，《费尔巴哈哲学著作选集》上卷，三联书店 1959 年版，第 169 页。

② 费尔巴哈：《反对身体和灵魂、肉体和精神的二元论》，《费尔巴哈哲学著作选集》上卷，三联书店 1959 年版，第 197 页。

③ 费尔巴哈：《反对身体和灵魂、肉体和精神的二元论》，《费尔巴哈哲学著作选集》上卷，三联书店 1959 年版，第 195 页。

④ 费尔巴哈：《关于哲学改造的临时纲要》，《费尔巴哈哲学著作选集》上卷，三联书店 1959 年版，第 115 页。

维是宾词。思维是从存在而来的，然而存在并不来自思维。[①]

恩格斯指出，费尔巴哈主张“物质不是精神的产物，而精神却只是物质的最高产物，这自然是纯粹的唯物主义”。[②]

在费尔巴哈看来，把思维不看作独立于肉体的实体，而看作人脑的属性，换句话说，正确处理思维和存在何者为第一性的问题，乃是正确解决思维和存在同一的前提。费尔巴哈解释道：这是因为，

> 只有实在的实体才能认识实在事物，只有当思维不是自为的主体，而是一个现实实体的属性的时候，思想才不脱离存在。[③]

费尔巴哈还说：

> 作为一个现实实体的活动的思维，怎样能不去掌握现实的实体和事物？只有将思维与人分离开来，固定为其自身，才会产生出这个困难的，无结果的，为这个观点所不能解决的问题：思维是怎样达到客体，达到存在的？因为思维既然固定为其自身，亦即置身于人以外，那就脱离与世界的一切结合和联系了。[④]

在费尔巴哈看来，康德之所以陷入不可知论，黑格尔之所以不能正确解决思维和存在的同一，关键就在于他们把人看作独立于肉体的“自我意识”，并把自己始终封闭在“自我意识”的圈子里，不懂得思维只有与肉体相结合，只有通过肉体同客

---

① 费尔巴哈：《关于哲学改造的临时纲要》，《费尔巴哈哲学著作选集》上卷，三联书店1959年版，第115页。

② 恩格斯：《路德维希·费尔巴哈和德国古典哲学的终结》，《马克思恩格斯选集》第4卷，人民出版社1972年版，第223页。

③ 费尔巴哈：《未来哲学原理》，《费尔巴哈哲学著作选集》上卷，三联书店1959年版，第181页。

④ 费尔巴哈：《未来哲学原理》，《费尔巴哈哲学著作选集》上卷，三联书店1959年版，第181页。

体打交道，才能认识、掌握客体。

再次，费尔巴哈还认为，人是以感性为基础的感性和理性的统一体，只有以这个统一体为基础和主体，理性才能找到通向客体的道路，思维的真理性才能得到证实。

我们知道，康德、黑格尔一贯抬高理性，贬低感性，认为人的本质是什么超感性的理性、思维。费尔巴哈恢复了长期被唯心主义所压抑的感性权威，公然宣称自己的哲学是“光明正大的感性哲学”。他指出：

> 人的本质是感性，而不是虚幻的抽象、“精神”。[①]

费尔巴哈这里所说的感性，既是指感觉、直观、经验等感性认识，也是指情感、欲望，等等。他把自己的哲学称作感性哲学，意味着他要在伦理学中突出感性欲望的地位，在认识论中强调感性认识的作用。

费尔巴哈认为，感性是认识的起点，是理性的基础，是沟通主体和客体的桥梁。在他看来，认识开始于感觉经验，“感性先于理性”[②]，理性以感性为基础。费尔巴哈说：

> 思维从现象中分解、寻找、抽出统一的、同一的、一般的规律；但为了找到它，思维必须首先感知感性的现象。[③]

在费尔巴哈看来，既然理性以感性为前提，那么，理性、思维就不能封闭于自身之内，它只有通过感官才能找到通向客体的道路。针对唯心主义者贬低、否定感性的观点，费尔巴哈指出：

---

① 费尔巴哈：《反对身体和灵魂、肉体和精神的二元论》，《费尔巴哈哲学著作选集》上卷，三联书店 1959 年版，第 213 页。

② 费尔巴哈：《说明我的哲学思想发展过程的片断》，《费尔巴哈哲学著作选集》上卷，三联书店 1959 年版，第 248 页。

③ 费尔巴哈：《对〈哲学原理〉的批评意见》，《费尔巴哈哲学著作选集》上卷，三联书店 1959 年版，第 253 页。

世界只对于开放的头脑才是开放的，而头脑的门户只是感官。但是那个孤立的、封闭在自身之内的思维，那个没有感觉，没有人的，在人以外的思维……它无论怎样努力也永远不能找到一条走向客体，走向存在的道路。①

那么，感性为什么能够成为沟通主体和客体的桥梁呢？这是因为，感觉是对客观事物的特性的反映，包含了客观的内容。主观唯心主义者和不可知论者往往是通过夸大感觉的主观性，把感觉看作纯粹的主观心理状态，以此否认外物的客观实在性或认识世界的可能性。在费尔巴哈看来，感觉确有其主观性的方面，但它是由客观对象引起的，因此就包含了客观的内容，是对外物的反映。比如，渴的感觉是主观的，但是，渴的感觉正是体内水分不足的反映。盐所引起咸味感觉是主观的，它并不直接就是“盐的自在的特性”，但是，咸味感觉却正是盐的自在特性的“主观表现”。费尔巴哈断言：

我的感觉是主观的，但它的基础或原因是客观的。②

他还说：

感觉是客观救世主的福音、通告，否认这一点，是多庸俗！③

列宁指出，费尔巴哈把感觉说成是客观救世主的福音和通告，这是稀奇古怪的术语，“然而却是一条十分鲜明的哲学路线：感觉给人们揭示客观真理”。④

按照费尔巴哈的看法，感性不仅是理性的基础，不仅是理

① 费尔巴哈：《未来哲学原理》，《费尔巴哈哲学著作选集》上卷，三联书店 1959 年版，第 182 页。

② 费尔巴哈：《论唯灵主义和唯物主义，特别是从意志自由方面着眼》，《费尔巴哈哲学著作选集》上卷，三联书店 1959 年版，第 530 页。

③ 费尔巴哈：《论唯灵主义和唯物主义，特别是从意志自由方面着眼》，《费尔巴哈哲学著作选集》上卷，三联书店 1959 年版，第 530 页。

④ 列宁：《唯物主义和经验批判主义》，《列宁选集》第 2 卷，人民出版社 1972 年版，第 129 页。

性通向客体的可靠的门户，而且是检验理性的真理性的标准。他认为，黑格尔在自我意识的圈子里寻找真理的标准是错误的。这种标准只能是形式的、主观的，不能决定思维的真理性，而能够决定这一点的唯一标准，乃是直观。费尔巴哈写道：

> 只有那通过感性直观而确定自身，而修正自身的思维，才是真实的，反映客观的思维——具有客观真理性的思维。①

为什么说感性直观能够成为检验真理的标准呢？这是因为，感性直观具有直接性和绝对的明确性。费尔巴哈说：

> 只有那种不需要任何证明的东西，只有那种直接通过自身而确证的，直接为自己做辩护的，直接根据自身而肯定自己，绝对无可怀疑，绝对明确的东西，才是真实的和神圣的。但是只有感性的事物才是绝对明确的；只有在感性开始的地方，一切怀疑和争论才停止。②

按照费尔巴哈的观点，作为真理标准的感性直观并非指个别人的感性直观，而是指人类共同的感性直观。个别人的感性直观具有主观性，只有人人一致的感性直观才是具有客观性的，才是真理的尺度。他说：

> 我一个人所见到的东西，我是怀疑的，别人也见到的东西，才是确实的。③

费尔巴哈还说：

> 只有别人跟我相一致的地方，才是真的；一致是真理

---

① 费尔巴哈：《未来哲学原理》，《费尔巴哈哲学著作选集》上卷，三联书店 1959 年版，第 178 页。

② 费尔巴哈：《未来哲学原理》，《费尔巴哈哲学著作选集》上卷，三联书店 1959 年版，第 170 页。

③ 费尔巴哈：《未来哲学原理》，《费尔巴哈哲学著作选集》上卷，三联书店 1959 年版，第 173 页。

之第一象征，而这却只是因为类是真理之最终尺度。①

显然，费尔巴哈提出把感性直观作为检验真理的尺度，目的是为了克服康德、黑格尔从理性自身中寻找真理标准的主观主义。应该说，这在当时的历史条件下还是有一定积极意义的。可是，费尔巴哈不懂得，不论是感性直观，还是理性思维，不论是个人的感性直观，还是人类共同一致的感性直观，都同属于主体认识范围内的东西。因此，用感性直观，即使是人类共同一致的感性直观去检验理性、思维，实际上还不过是用一种主观的东西去检验另一种主观的东西，仍然不可能达到客观性。可见，费尔巴哈把感性直观看作真理的标准，并没有真正摆脱主观主义，而只是表明他不懂得只有社会实践才是检验真理的客观标准。

费尔巴哈在强调感性作用的同时，也十分重视理性在认识中的作用，主张感性和理性的统一。在他看来，理性没有感性等于零，同样的，感性没有理性也等于零，因为即使是纯粹的视觉也需要思想。我们用感觉读“自然之书”，但理解“自然之书”则需要理性、思维。费尔巴哈力图克服18世纪唯物主义者的感觉主义的片面性，认为认识虽然开始于感觉经验，但不能停留在感觉经验上。他说：

> 如果一切都被归结为客体印象，像冷酷的唯物主义和经验主义所假定的那样，那么畜类也可以成为物理学家，甚至必须成为物理学家了。②

在费尔巴哈看来，科学知识是关于事物的规律性的知识，而单凭感性是不能把握事物的规律性的。感性所提供的只是个

① 费尔巴哈：《基督教的本质》，《费尔巴哈哲学著作选集》下卷，三联书店1962年版，第194页。

② 费尔巴哈：《论“哲学的开端”》，《费尔巴哈哲学著作选集》上卷，三联书店1959年版，第89页。

别的、分散的材料，而对这些材料进行整理即分别和联结，则是理性的任务。只有靠理性思维的活动才能“从现象中分解、寻找、抽出统一的、同一的、一般的规律”。[①]这就是说，要把握科学知识就必须由感性进到理性。费尔巴哈指出，和感性一样，理性也有自己的局限性，这就是：

> 实际事物并不能全部反映在思维中，而只能片断地部分地反映在思维中。[②]

因此，费尔巴哈认为，理性思维不仅必须从感性材料出发，而且在它的进行中还必须借助感性直观不断确定自身、修正自身。这表明费尔巴哈力图把感性和理性、直观和思维结合起来，以克服 18 世纪唯物主义感觉论者夸大感性认识作用的片面性和康德、黑格尔夸大抽象思维作用的片面性。

然而，费尔巴哈并没有真正完成这个任务。实际上，费尔巴哈并不懂得感性和理性之间的质的区别，不懂得理性思维的特殊本质。和当年的培根一样，为了防止理性离开感性而任意飞翔，费尔巴哈也时时刻刻要在理性的翅膀上挂上感性这个重物，并且竭力把理性圈在感性的围墙之内。在他看来，理性虽然不是感性活动，但也不是超感性的，而只是感性的总和。

费尔巴哈说：

> 精神是感觉的综合、统一，一切实在的总和……是诸感官之作用的总和……精神之所以不是某种感性的东西，即不是特定的感性的东西，只是为了能包括一切感性的东西。[③]

---

① 费尔巴哈：《对〈哲学原理〉的批评意见》，《费尔巴哈哲学著作选集》上卷，三联书店 1959 年版，第 253 页。

② 费尔巴哈：《未来哲学原理》，《费尔巴哈哲学著作选集》上卷，三联书店 1959 年版，第 178 页。

③ 费尔巴哈：《反对身体和灵魂、肉体和精神的二元论》，《费尔巴哈哲学著作选集》上卷，三联书店 1959 年版，第 216 页。

他还说：

思维、精神、理性，按其内容，除了说明感觉所说明的东西以外，并未说明什么其他东西。①

这样一来，费尔巴哈实际上是把理性降低为或归结为感性的东西了。可见，费尔巴哈并不懂得感性和理性是认识过程中的两个既相联系又相区别的阶段，不懂得认识由感性到理性是一个能动的飞跃。

费尔巴哈指出：

理论所不能解决的那些疑难，实践会给你解决。②

费尔巴哈处处强调生活、实践的观点，经常列举科学上的，特别是人们日常生活中的大量经验事实驳斥唯心主义和不可知论，表现了他的哲学的鲜明的唯物主义倾向。费尔巴哈所讲的实践，有时是指感性直观，有时是指经验事实，而更多的是指人们满足个人生理需要而进行的活动，即所谓“利己主义”活动。比如，他说：

直到今天，犹太人还不变其特性。他们的原则、他们的上帝，乃是最实践的处世原则，是利己主义。③

针对费尔巴哈的这种实践观，马克思指出，费尔巴哈“仅仅把理论的活动看作是真正人的活动，而对于实践则只是从它的卑污的犹太人活动的表现形式去理解和确定。所以，他不了解‘革命的’‘实践批判的’活动的意义”。④

正因为如此，费尔巴哈不仅不能正确解决检验真理的标准

---

① 费尔巴哈：《对〈哲学原理〉的批评意见》，《费尔巴哈哲学著作选集》上卷，三联书店1959年版，第252页。

② 费尔巴哈：《说明我的哲学思想发展过程的片断》，《费尔巴哈哲学著作选集》上卷，三联书店1959年版，第248页。

③ 费尔巴哈：《基督教的本质》，《费尔巴哈哲学著作选集》下卷，三联书店1962年版，第146页。

④ 马克思：《关于费尔巴哈的提纲》，《马克思恩格斯选集》第1卷，人民出版社1972年版，第16页。

问题（如前所述），也不能正确解决认识过程中主体的能动性问题。在认识论上，费尔巴哈是一位唯物主义反映论者，认为“人的知识是事物反映”。[①]因此，他特别强调认识的客观性，强调按照事物的本来面目去认识事物。他说：

> 事物和本质是怎样的，就必须怎样来思想、来认识它们。这是哲学的最高规律，最高任务。[②]

然而，费尔巴哈的反映论具有消极的、直观的性质。在他看来，人的认识活动就如同照相那样，客体作用主体，主体对客体的反映。在这里，客体是能动的，主体则是静止的、被动的。他说：

> 自我的受动的状态是客体的能动方面。正是因为客体是能动的，我们的自我才是受动的，——不过，自我不必耻于这种受动性，因为客体本身也构成我们的自我的内在本质的属性。[③]

由此看来，费尔巴哈在批判唯心主义的主观能动性学说的时候又跳向了另一个极端，否定人的主观能动性。他只讲存在转化为思维，而不讲思维转化为存在。在他看来，所谓思维转化为存在，无非就是黑格尔的唯心主义，就是宗教创世说。费尔巴哈不懂得，人在客体面前不仅是一个认识主体，而且首先是一个实践的主体。人们正是在自己的实践活动中，即在改造客观世界的活动中认识客观世界的，而认识世界的目的又是为了改造客观世界。应当说，思维和存在的同一，并不是静止的、僵死的同一，而是两者相互转化的过程。而推动思维和存在两

① 费尔巴哈：《未来哲学原理》，《费尔巴哈哲学著作选集》上卷，三联书店 1959 年版，第 132 页。

② 费尔巴哈：《关于哲学改造的临时纲要》，《费尔巴哈哲学著作选集》上卷，三联书店 1959 年版，第 108 页。

③ 费尔巴哈：《论“哲学的开端”》，《费尔巴哈哲学著作选集》上卷，三联书店 1959 年版，第 91 页。

者相互转化的，便是实践。在实践中，一方面，存在不断地转化为思维（认识世界），另一方面，思维也不断地转化为存在（改造世界），从而，思维和存在两者不断地趋向同一。如果说，黑格尔的思维和存在同一性学说是唯心主义的，同时又是辩证的话，那么，费尔巴哈的思维和存在同一性学说是唯物主义的，同时又是形而上学的。针对费尔巴哈唯物主义反映论的直观性，马克思指出，费尔巴哈哲学的主要缺点在于，“对事物、现实、感性，只是从客体的或直观的形式去理解，而不是把它们当作人的感性活动，当作实践去理解，不是从主观方面去理解。所以，结果竟是这样，和唯物主义相反，唯心主义却发展了能动的方面，但只是抽象地发展了，因为唯心主义当然是不知道真正现实的、感性的活动本身的”。[①]康德、黑格尔颠倒思维和存在的关系，不懂得现实的、感性的实践活动，抽象地发展了人的主观能动方面，最终导致了主体和客体、思维和存在的分裂；费尔巴哈始终坚持唯物主义反映论的立场，但是由于他不是从社会实践的观点考察人的认识问题，忽视了人的主观能动方面，所以，他也没有能正确解决思维和存在的同一问题。

最后，费尔巴哈还认为，人不是一个孤独的“自我”或“主体”，任何一个人只有作为人类的一分子才能存在，只有依靠人类才能认识世界。

费尔巴哈常常把人说成是“你”和“我”的统一。所谓“你”就是在“我”之外的、能为“我”所感知的感性对象，也即他人或人类。所谓“我”也同样是能为“你”所感知的感性对象。真实的“自我”并非像康德、黑格尔所说的什么孤独的精神实体，而是以他人、人类的存在为前提的实在的感性事物。费尔

① 马克思：《关于费尔巴哈的提纲》，《马克思恩格斯选集》第 1 卷，人民出版社 1972 年版，第 16 页。

巴哈写道：

> 孤立的、个别的人，不管是作为道德实体或作为思维实体，都未具备人的本质。人的本质只是包含在团体之中，包含在人与人的统一之中，但是这个统一只是建立在“自我”和“你”的区别的实在性上面的。①

这就是说，人是一种“社会动物”，每一个人只有作为人类的一分子才能存在。

费尔巴哈认为，人的认识活动也不是孤立的“自我”的活动，人的感觉、思维实际上都是在与他人的实际交往中产生的，一个人的认识的真理性，也需要借助于他人才能得到证明。他写道：

> 观念只是通过传达，通过人与人的谈话而产生的。人们获得概念和一般理性并不是单独做到的，而只是靠你我相互做到的。……人与人的交往，乃是真理性和普遍性最基本的原则和标准。②

可以看出，费尔巴哈不仅是从人是自然界的产物这个角度，而且力图从人和人之间的感性关系中去探讨人的本质、人的认识的形成和发展。这种观点，不仅是同康德、黑格尔的“自我意识”学说根本对立的，而且也在一定程度上克服了17—18世纪唯物主义者关于人的本质和人的认识形成问题上的机械论的缺点。

不过，费尔巴哈对人与人之间的感性关系的理解，却是十分抽象的。他所看到的人与人之间的感性关系或社会联系也仅仅是“你”和“我”、男人和女子之间的差别和联系。费尔巴哈

---

① 费尔巴哈：《未来哲学原理》，《费尔巴哈哲学著作选集》上卷，三联书店1959年版，第185页　。

② 费尔巴哈：《未来哲学原理》，《费尔巴哈哲学著作选集》上卷，三联书店1959年版，第173页。

有句名言：

> 皇宫中的人所想的，与茅屋中的人所想的不同。①

乍一听这句话，似乎费尔巴哈的思想是很深刻的。可是，为什么会有这种不同的呢？费尔巴哈解释道：

> 茅屋的低矮的天棚好像在压迫着我们的脑，我们在户外和在室内判若两人；狭窄的地方压迫着心和头，宽阔的地方舒展它们。②

可见，费尔巴哈一旦真正接触到现实社会关系中的具体的人的时候，他的思想是多么的贫乏。在费尔巴哈看来，只有正确处理个人和人类之间的关系，才能解决思维和存在有没有同一性、世界是否可知的问题。不可知论的一个重要缺陷，就是孤立地、静止地考察个人的认识能力，从个人知识和才能的有限性出发，否定认识世界的可能性。费尔巴哈则对人的认识能力充满信心。在他看来，自然界就好似一本不隐藏自己的大书，只要我们去读它，我们就可以认识它。然而，这并不是说任何一个个别的人就能穷尽对世界的认识。在费尔巴哈看来，任何一个个别的人总是要受他所处的时间和空间条件的限制，因此他的知识和才能总是有限的。但是，个别的人的知识和才能的界限，并不是人类的知识和才能的界限。从历史观点来看，人类的知识和才能是绝对的、无限的，我没有认识到的东西，别人会认识到，我们这一代人还没有认识到的东西，将为我们的后人所认识。费尔巴哈写道：

> 我的知识、我的意志是有限的；但是，我的界限却并不就是别人的界限，更不是人类的界限；我感到困难的事，

---

① 费尔巴哈：《反对身体和灵魂、肉体和精神的二元论》，《费尔巴哈哲学著作选集》上卷，三联书店1959年版，第205页。

② 费尔巴哈：《反对身体和灵魂、肉体和精神的二元论》，《费尔巴哈哲学著作选集》上卷，三联书店1959年版，第205页。

却有别人感到轻而易举；对某一个时代来说不可能的、不可思议的事，对下一个时代来说，却就是可以思议的和可能的事了。我的生活被束缚于一个有限的时代，人类的生活则不然。人类之历史，正不外在于继续不断地克服在某一个特定时代里被认为是人类之界限、从而被认为是绝对而不可逾越的界限的那些界限。①

费尔巴哈的这一段精辟的文字从历史发展的观点正确地概括了人类认识的发展规律，解决了人类认识能力的无限性和它在个体中实现的有限性的矛盾，体现了唯物论和辩证法的精神，从而有力地批判了不可知论，论证了思维和存在的同一性，丰富和发展了唯物主义可知论。

费尔巴哈不仅运用这种发展观点批判了相对主义、不可知论，而且也批判了黑格尔的绝对主义、独断论。我们知道，黑格尔哲学本身包含着发展的无限性和体系的封闭性的矛盾。黑格尔的正统门徒们完全抛弃了黑格尔的辩证发展观点，竟把黑格尔哲学奉为到了顶的“绝对哲学”。针对这种绝对主义，费尔巴哈指出，尽管黑格尔哲学从科学性和思想丰富来说，超过已往的任何哲学，但它绝不是穷尽了一切真理的“绝对哲学”。这是因为，处于一定时间和空间条件下的个体的认识能力总是有限的，人类的无限的认识能力绝不可能在有限的个别的人身上得到完满的实现。费尔巴哈深刻地指出：

类在一个个体中得到完满无遗的体现，乃是一件绝对的奇迹，乃是现实界一切规律和原则的勉强取消——实际上也就是世界的毁灭。②

① 费尔巴哈：《基督教的本质》，《费尔巴哈哲学著作选集》下卷，三联书店 1962 年版，第 187 页。

② 费尔巴哈：《黑格尔哲学批判》，《费尔巴哈哲学著作选集》上卷，三联书店 1959 年版，第 48 页。

因此，费尔巴哈认为，黑格尔哲学也只是一定时代的哲学，对于我们所处的时代来说，它已是与我们疏远了的哲学，它已经成为我们新时代的一种精神负担，用新哲学代替黑格尔哲学乃是新时代提出的必然要求。

恩格斯指出，人的认识能力“按它的本性、使命、可能和历史的终极目的来说，是至上的和无限的；按它的个别实现和每次的现实来说，又是不至上的和有限的”，而“这个矛盾只有在无限的前进过程中，在至少对我们来说实际上是无止境的人类世代更迭中才能得到解决”。[①]恩格斯的这个思想和费尔巴哈的上述观点是十分接近的。这表明，在费尔巴哈的形而上学唯物主义体系中也包含着某些深刻的辩证法思想。

综上所述，费尔巴哈的思维和存在同一性学说是围绕着“人”这个中心展开的。他从“人”出发，否定了康德的不可知论，批驳了黑格尔的可知论的唯心主义基础，在唯物论的基础上论证了思维和存在的同一性，从而丰富和发展了唯物主义可知论。费尔巴哈关于人是思维和存在同一的基础和主体的命题，可以说是对近代德国哲学中关于思维和存在关系问题的争论所做的形而上学唯物主义的总结。

不过，费尔巴哈的人本主义的思维和存在同一性学说，也有它的历史局限性。首先，费尔巴哈离开了人的社会性、历史性观察人，观察人的认识活动。从表面上，费尔巴哈对“人”的理解很丰富、很具体：人是人和自然的统一、肉体和精神的统一、感性和理性的统一，以及个体与“类”的统一，等等。但进一步看，费尔巴哈关于“人”的观念则是相当贫乏和抽象的。他所说的“人”，实际上是撇开了一切社会关系、历史联系

① 恩格斯：《反杜林论》，《马克思恩格斯选集》第3卷，人民出版社1972年版，第126页。

的生物学意义上的人。其次，按照费尔巴哈这种方式所理解的人，在客体面前就只能够是一个消极的直观的主体，而不可能是一个能动的实践的主体。而离开了社会实践，也就不可能真正实现思维和存在的同一。最后，从总体上看，费尔巴哈唯物主义体系仍然是形而上学的，就是说他没有能正确地对待黑格尔的辩证法，不善于运用辩证法去观察自然和社会，不懂得把辩证法运用于认识论。

三、辩证法：寂寞思想家的思辨独白

费尔巴哈的巨大历史功绩就在于他坚决地摒弃了黑格尔的唯心主义，恢复了唯物主义的权威，但是，他在批判黑格尔哲学时却未能正确对待黑格尔的辩证法。费尔巴哈只看到黑格尔用辩证法论证唯心主义、即辩证法和唯心主义统一的一面，而没有看到黑格尔的概念辩证法把握了事物的某些真实的联系，因而和唯心主义相矛盾的一面。因此，在费尔巴哈的心目中，黑格尔的辩证法不过是“寂寞思想家的独白”，是黑格尔为了论证唯心主义而玩弄的思辨把戏。这样，在费尔巴哈同黑格尔的唯心主义决裂的时候，他也一并抛弃了黑格尔的辩证法。

费尔巴哈始终不理解黑格尔关于矛盾的客观性的思想。在他看来，客观事物本身是没有矛盾的，无所谓对立统一。所谓矛盾、对立统一，只是思维抽象的产物。比如，他认为对立物是通过一个中间概念而联系起来的，这个中间概念就是对象，就是对立物的主体。如果我们将对立属性所依存的对象或主体抽象掉，对立属性之间的界限便消灭了，达到了统一。又比如，我如果将存在只看成存在本身，将它的一切特性都抽出去，那么我所得到的自然就只有那等于一无所有的存在，存在便与非存在（无有）统一了。因此，费尔巴哈说：

对立范畴的直接统一，只有在抽象之中才是可能的和有效用的。[①]

费尔巴哈也不能理解黑格尔关于矛盾双方相互反映的思想，即肯定中包含着否定、否定中包含着肯定的思想。费尔巴哈写道：

将对立的或矛盾的特性以一种适合实际的方式统一于同一实体中的中介，只是时间。[②]

按照费尔巴哈的理解，一个事物可能有不同的，甚至是相反的属性，但是这些不同的或相反的属性之间并没有内在的联系，而是在各不相同的时间里出现的。比如，一个人是一个音乐家，又是一个著作家，并且还是一个医生，这是可能的。但是，这个人绝不可能在同一时间内既演奏，又写书，又治病。因此，费尔巴哈说：

在同一个本质中统一对立面、矛盾的手段，不是黑格尔的辩证法，而是时间。[③]

按照费尔巴哈的这种矛盾观，矛盾双方的关系不是内在的相互包含的关系，而只是时间上先后出现的外在关系。可见，费尔巴哈对事物的矛盾性的理解是形而上学的，很肤浅的。因此，尽管他不自觉地接受了黑格尔辩证法思想的某些影响，但他对黑格尔的辩证法采取的则是自觉的绝对否定的态度。

恩格斯指出：“费尔巴哈突破了黑格尔的体系，并且干脆把它抛在一旁。但是仅仅宣布一种哲学是错误的，还制服不了这种哲学。像对民族的精神发展有过如此巨大影响的黑格尔哲学

① 费尔巴哈：《未来哲学原理》，《费尔巴哈哲学著作选集》上卷，三联书店1959年版，第177页。

② 费尔巴哈：《未来哲学原理》，《费尔巴哈哲学著作选集》上卷，三联书店1959年版，第177页。

③ 费尔巴哈：《基督教的本质》，《费尔巴哈哲学著作选集》下卷，三联书店1962年版，第49页。

这样的伟大创作，是不能用干脆置之不理的办法加以消除的。必须从它的本来的意义上‘扬弃’它，就是说，要批判地消灭它的形式，但是要救出通过这个形式获得的新内容。”[①]正因为费尔巴哈不能正确对待黑格尔的辩证法，不能自觉地把唯物论和辩证法结合起来，所以他的人本学唯物主义就具有明显的形而上学性质。如上所述，费尔巴哈力图通过唯物地解决自然和人、物质和精神、感性和理性等关系以实现思维和存在的同一，但是由于他不能辩证地处理这些矛盾，因而未能真正解决思维和存在的同一问题。费尔巴哈对“人”所做的超社会、超历史的形而上学规定，虽然使他否定了黑格尔的绝对理念，并在此基础上做出了无神论的结论，但这也同时使他不能把唯物主义贯彻到底，在社会历史问题上陷入唯心主义。

第二节　人是上帝的创造者

批判宗教始终是费尔巴哈哲学的主题。他说：

> 我在我的一切著作里面从来没有放过宗教问题和神学问题；它们一直是我的思想和我的生命的主要对象。[②]

费尔巴哈批判黑格尔的唯心论始终是围绕着这个主题进行的。他把黑格尔的绝对理念归结为以自然为基础的人，也就为他的无神论的思想奠定了巩固的唯物主义基础。

费尔巴哈是近代德国哲学史上的第一个自觉地公开地同基督教决裂的思想家。他认为，很久以来，基督教在人们的精神

---

① 恩格斯：《路德维希·费尔巴哈和德国古典哲学的终结》，《马克思恩格斯选集》第4卷，人民出版社1972年版，第219页。

② 费尔巴哈：《宗教本质讲演录》，《费尔巴哈哲学著作选集》下卷，三联书店1962年版，第508页。

上和实际生活中已经遭到了批判，但以往对基督教的否定是不自觉的、隐蔽的。他意识到，基督教现在已经同资本主义的进一步发展发生了尖锐的矛盾，已经成了资产阶级争取政治自由的障碍，因此，同基督教实行公开彻底决裂的时代已经到来。费尔巴哈写道：

> 基督教……这种固定观念，是跟我们的火灾和人寿保险机构、我们的铁路、我们的蒸汽机车、我们的绘画陈列馆和雕刻陈列馆、我们的军官学校和实业学校、我们的剧场和博物标本室处于最尖锐的矛盾之中的。[①]

他还说：

> 至此以前，否定是不自觉的，只是到现在，这种否定才被理解，才开始希望这种否定，开始力求这种否定，特别是，基督教开始成为政治自由这种现代人的迫切需要的障碍。对基督教的自觉的否定打开了新的时代，引起了产生新的、坦率的哲学，非基督教的而是激烈地反基督教的哲学的必要性。[②]

可以看出，费尔巴哈的反基督教的斗争，是紧密地为他的发展资本主义、实现资产阶级的政治解放的政治路线服务的。他的这种要同基督教实行彻底决裂的要求，深刻地反映了 19 世纪 40 年代初德国资产阶级和专制制度的矛盾的激化，预示着一场反封建的革命风暴行将到来。

和青年黑格尔派不同，费尔巴哈对宗教的批判不拘泥于基督教圣经的历史起源问题上，而是以唯物主义为基础，从理论上向神学发动正面的进攻。针对基督教关于“神创造了人”这

① 费尔巴哈：《基督教的本质》，《费尔巴哈哲学著作选集》下卷，三联书店 1962 年版，第 23 页。

② 费尔巴哈：《改革哲学的必要性》，《费尔巴哈哲学著作选集》上卷，三联书店 1959 年版，第 96 页。

一基本信条，费尔巴哈鲜明地指出：

> 并非神按照他的形象造人……而是人按照他的形象造神。①

“人创造了神”这个思想的提出，在近代德国思想史上是破天荒的。费尔巴哈的整个无神论都是对这个基本命题的发挥。

一、上帝：人的本质的异化

费尔巴哈的无神论思想的一个显著特色是，他从唯物主义出发，运用黑格尔的异化学说去揭示宗教的本质，认为上帝乃是人的本质的异化。他说：

> 上帝的人格性，本身不外乎就是人之被异化了的，被对象化了的人格性。②

和黑格尔的异化学说相似，费尔巴哈关于神是人的本质的异化思想也大致包含了两层意思：一是指人把自己的本质客观化为一个在人之外的、成了人的对象的精神性实体，换句话说，人创造了神；二是指人的异化物成了人的异己的力量，换句话说，人被自己的创造物上帝所束缚、所宰治。

费尔巴哈明确断言：

> 从我的学说推出这样一种结论，认为没有什么神亦即没有同自然界和人有别的、能随意决定世界和人类命运的抽象的非感性本质。③

那么，宗教里所讲的神是一个什么东西呢？神是人们幻想的产物，是人对自身的本质的虚幻的反映。自然宗教中的神，

---

① 费尔巴哈：《宗教本质讲演录》，《费尔巴哈哲学著作选集》下卷，三联书店 1962 年版，第 691 页。

② 费尔巴哈：《基督教的本质》，《费尔巴哈哲学著作选集》下卷，三联书店 1962 年版，第 267 页。

③ 费尔巴哈：《宗教本质讲演录》，《费尔巴哈哲学著作选集》下卷，三联书店 1962 年版，第 525 页。

如太阳神、雷神等，并非自然物本身，而是一种人格化了的、具有和人一样的情感、了解人类事务的某种超自然的精神实体。这种超自然的精神实体的本质，不是别的，正是人的本质的对象化。和自然宗教一样，基督教中的上帝也是人的本质的对象化，所不同的是，自然宗教是把自然物神化，基督教则把人本身神化。费尔巴哈全力证明，凡是基督教赋予上帝的一切品格均是人的本质的对象化，上帝存在，因为人生存着，上帝是智慧的，因为人有智慧，上帝有爱的品德，因为人也在爱，如此等等。费尔巴哈写道：

> 属神的本质之一切规定，都是属人的本质之规定。①

因此，人对上帝的崇拜，实际上是人对自己的本质的崇拜。

费尔巴哈认为，宗教把人的本质对象化，也就是把人同自己的本质分裂。这种被分裂出去的独立的精神本质完全和人相对立，并且成为压抑人、宰治人的异己力量。这便表现为人和上帝的对立。人肯定上帝，便是否定自己，人把上帝抬得越高，便把自己贬得愈低。费尔巴哈写道：

> 宗教是人跟自己的分裂：他放一个上帝在自己的对面，当作与自己相对立的存在者。……上帝是无限的存在者，而人是有限的存在者；上帝是完善的，而人是非完善的；上帝是永恒的，而人是暂时的；上帝是全能的，而人是无能的；上帝是神圣的，而人是罪恶的。上帝与人是两个极端：上帝是完全的积极者，是一切实在性之总和，而人是完全的消极者，是一切虚无性之总和。②

费尔巴哈的这段话深刻揭露了宗教鄙视人、践踏人的罪恶。

---

① 费尔巴哈：《基督教的本质》，《费尔巴哈哲学著作选集》下卷，三联书店1962年版，第39页。

② 费尔巴哈：《基督教的本质》，《费尔巴哈哲学著作选集》下卷，三联书店1962年版，第60页。

在宗教中，人成了自己的异化物的奴隶，成了一文不值的东西，人把自己的一切，幸福、命运甚至生命全都交给自己的异化物，俯伏在自己的异化物面前，向它祈祷、忏悔，听任自己的异化物的摆布。可见，宗教就是为了维护一个纯粹幻想的东西而牺牲人类，而为了恢复人的权威就必须揭露宗教异化。费尔巴哈把宗教和无神论做了鲜明的对比：

> 有神论是为了一个纯粹思想上和幻想上的东西而牺牲了人和事物的实在生命和本质的。反之，无神论则为了实在生命和本质而牺牲了思想上和幻想上的东西。所以无神论是积极的、肯定的，它将有神论所夺去的那种重要性和尊贵性交还给自然界和人类，它使得自然界和人类苏生过来。①

这就是费尔巴哈批判宗教、揭露宗教异化的目的。

二、上帝："类"概念的客观化

在无神论发展史上，费尔巴哈的一个重要贡献就是较为深刻地揭露了宗教的认识论根源。

费尔巴哈认为，把观念、思想看作不是从对象抽象而来的，反而看作独立于对象、创造对象的原因，这是康德、黑格尔唯心主义哲学的核心，也是基督教神学的核心。人以抽象力从感性事物中抽取寻求类似的、相同的、共通的东西，形成“类”概念。然而，神学却将人们从个别感性事物中抽出的“类”概念说成是脱离感性事物的独立的精神本质。比如，个别的人的知识和才能总是有限的，而人类的知识和才能则是无限的。基督教便把人类的无限的知识和才能归之于一个脱离了一切个别

① 费尔巴哈：《宗教本质讲演录》，《费尔巴哈哲学著作选集》下卷，三联书店 1962 年版，第 784 页。

的人而独立存在的“人”，即所谓全知全能的上帝，从而造成了人和上帝的虚幻的对立。上帝的本质，就是人的本质，但是这个本质不是某个个别人的本质，而是突破了现实的个别人的局限的人的“类”本质，是被对象化为不同于任何个别的人并独立于任何个别人的绝对本质，并作为这样的本质而受到人的仰望和敬拜。因此，宗教的认识论根源就在于“类”概念的客观化。费尔巴哈指出：

> 上帝一般地就是类概念，并且，乃是作为类概念而被个体化或人格化的；上帝是被思想成为跟个体区别开来而生存着类的类。①

费尔巴哈还认为，从哲学上解决“一般”和“个别”的关系问题乃是解决有神和无神的前提。他说：

> 神是否创造世界，即神对世界的关系如何，这个问题其实就是精神对感性、一般或抽象对实在、类对个体的关系如何的问题；没有解决后一问题，前一问题也是不能解决的；因为神不是别的，正是类概念的总和。②

我们看到，费尔巴哈对康德、黑格尔唯心主义所做的批判，其目的就在于要唯物地解决“个别”和“一般”的关系问题，为他否定宗教扫清道路。

费尔巴哈特别强调想象力在宗教异化过程中的作用。多神教将人的感性的、实在的和个别的本质作为模型借助于想象力来人化和神化自然事物。一神教则借助于想象力直接地将人的精神和幻想神化。费尔巴哈说：

> 想象力乃是宗教的主要工具；神乃是幻想的、寓意的

---

① 费尔巴哈：《基督教的本质》，《费尔巴哈哲学著作选集》下卷，三联书店 1962 年版，第 330 页。

② 费尔巴哈：《宗教本质讲演录》，《费尔巴哈哲学著作选集》下卷，三联书店 1962 年版，第 621 页。

> 东西，而且是人的一种影像；自然对象，倘若宗教地看起来，也是类人的东西，因而也是人的影像；甚至基督徒的精神的神，也只是一个人性影像，为人的想象力所造成又被移置于人以外而成为一个独立的实在的东西的。①

费尔巴哈强调想象力为宗教的工具，无非是要揭露神的虚幻性。

三、上帝：依赖感的产物

那么，人为什么要借助于想象力把“类”概念、把自己的本质客观化、对象化呢？对于这个问题，费尔巴哈不是从社会实践中，从现实的经济、政治关系中去寻找答案，而是进行抽象的心理分析。在他看来，宗教的心理根源是依赖感。他说：

> 宗教的想象力是根植于依赖感之中。②

按照费尔巴哈的观点，人的依赖感是宗教的基础。人有这样一种感觉或意识：认为要是没有另外一个与自己不同的东西，自己就不能生存。这就是一种依赖感。它包括对于对象热爱、敬畏、感激等感情。这样，人们就往往把他们所依赖的对象作为崇拜的对象。人是依赖于自然而生活的，因此，自然界的种种事物和现象便成为人们最初崇拜的对象，这就是所谓自然宗教。有的农业民族崇拜牛，就是因为人依赖牛来耕地；有的游牧民族崇拜狗，就是因为人依赖狗来保护羊群。在基督教一神教统治的民族，人们敬拜上帝，则因为人对人的依赖。费尔巴哈写道：

> 人知道或相信他的生活依赖于什么，他就把这个东西

---

① 费尔巴哈：《宗教本质讲演录》，《费尔巴哈哲学著作选集》下卷，三联书店 1962 年版，第 697 页。

② 费尔巴哈：《宗教本质讲演录》，《费尔巴哈哲学著作选集》下卷，三联书店 1962 年版，第 699 页。

尊奉为神。[①]

费尔巴哈进一步指出，依赖感的根源，或者说是宗教的“最终极的主观根源”[②]，乃是人的利己主义本性。他说：

> 没有利己主义，也就没有依赖感。[③]

人们为什么要敬畏、依赖雷电之神呢？只是因为它操有一般人的生死之权。人们只是从维护、珍惜自己的生命出发才敬畏、依赖、崇拜它。费尔巴哈认为，从依赖感方面说，我觉得我所依赖的对象是强大的，而我自己则是渺小的，因为我的生存依赖着它；而从利己主义方面说，我觉得自己是重要的、了不起的，因为一个对象能否构成我依赖、崇拜的对象，完全取决于它能否给我带来福利，是否符合我的需要。这就是说，一个对象只有在它对人有用，为人所需要时，适合于人时，即给人以福利时，它才被人当作神。为什么自然宗教里会出现各色各样的神呢？为什么希腊人嘲笑埃及人的神灵呢？为什么基督教排斥异教的神灵呢？费尔巴哈回答道：

> 人崇拜的神灵所以有种种不同，只因为他们给予人的福利有种种不同。[④]

在这里，费尔巴哈把宗教和人们的物质利益联系起来，这无疑是对宗教的神圣性的极大亵渎。在他看来，人们只是为了自身的利益才崇拜神的，可是，宗教却极力抬高神的地位，贬低人的地位，鼓吹禁欲主义，排斥人对物质利益的追求，这就完全违背了人的本性。

---

① 费尔巴哈：《宗教本质讲演录》，《费尔巴哈哲学著作选集》下卷，三联书店 1962 年版，第 550 页。

② 费尔巴哈：《宗教本质讲演录》，《费尔巴哈哲学著作选集》下卷，三联书店 1962 年版，第 556 页。

③ 费尔巴哈：《宗教本质讲演录》，《费尔巴哈哲学著作选集》下卷，三联书店 1962 年版，第 580 页。

④ 费尔巴哈：《宗教本质讲演录》，《费尔巴哈哲学著作选集》下卷，三联书店 1962 年版，第 553 页。

但是，应当看到，费尔巴哈的这个观点是极其肤浅的。如前所述，费尔巴哈心目中的“人”，只是超社会、超历史的人类。因此，当他去寻找宗教的根源的时候，也就只是对这种抽象的人进行抽象的心理分析，在人的生理本能需要上大做文章，以致把宗教感情即所谓利己主义、依赖感等，说成是人心固有的东西。正如马克思指出的：“费尔巴哈没有看到，‘宗教感情’本身是社会的产物，而他所分析的抽象的个人，实际上是属于一定的社会形式的。”[①]如果说，人真正具有某种所谓超历史，超社会的利己主义本性、依赖感、宗教感情，那么，宗教也就是不可消灭的永恒的东西。费尔巴哈确实是这么想的，也是这么干的。这位宗教批判家并没有给自己提出消灭宗教的任务，而是企图在摧毁现存的非人的宗教之后建立一个符合“人性”的新宗教，即所谓“爱”的宗教。

四、变对上帝的爱为对人的爱

怎样才能克服宗教的异化现象呢？费尔巴哈认为，克服宗教的异化现象的主要途径就是，宣传无神论，揭露宗教的虚伪性，抬高人的权威，使人们在思想上来一个根本的转变：变对神的爱为对人的爱。费尔巴哈宣称：

> 我的著作以及我的演讲的目的，都在于使人从神学家变为人学家，从爱神者变为爱人者，从彼世的候补者变为现世的研究者，从天上和地上的君主和贵族的宗教的和政治的奴仆，变为地上的自由和自觉的公民。[②]

费尔巴哈还说：

① 马克思：《关于费尔巴哈的提纲》，《马克思恩格斯选集》第 1 卷，人民出版社 1972 年版，第 18 页。

② 费尔巴哈：《宗教本质讲演录》，《费尔巴哈哲学著作选集》下卷，三联书店 1962 年版，第 525 页。

> 谁只要爱上了上帝，谁就不再能够爱人；他对人间一切失去了兴趣。可是，反之亦然。谁只要爱上了人，真正从心里爱上了人，那他就不再能够爱上帝。[①]

费尔巴哈提出的这个克服宗教异化的道路，突出地暴露了他的无神论思想的非政治倾向的缺点。

马克思曾经指出，在当时德国的历史条件下，“对宗教的批判是其他一切批判的前提”。[②]要把专制制度送上断头台，就必须首先剥去笼罩在它的头上的灵光。费尔巴哈完成了这一伟大的历史任务。他对宗教的批判在客观上为对政治的批判开辟了道路，但是，费尔巴哈批判宗教的一个重大缺陷，就是他本人并没有把对宗教的批判引向对政治的批判。费尔巴哈之所以不能做到这一点，关键在于他对宗教的根源缺乏正确的了解。在谈到费尔巴哈批判宗教的局限性时，马克思深刻地指出：“他致力于把宗教世界归结于它的世俗基础。他没有注意到，在做完这一工作后，主要的事情还没有做哪。因为，世俗的基础使自己和自己本身分离，并使自己转入云霄，成为一个独立王国，这一事实，只能用这个世俗基础的自我分裂和自我矛盾来说明。因此，对于世俗基础本身首先应当从它的矛盾中去理解，然后用排除这种矛盾的方法在实践中使之革命化。”[③]在这里，马克思运用历史唯物主义观点深刻地揭示了宗教异化的社会阶级根源，指出了宗教批判必须同政治批判、革命实践相结合的正确方向。

费尔巴哈结束了德国资产阶级对宗教的批判。但是，“彼岸

---

① 费尔巴哈：《宗教本质讲演录》，《费尔巴哈哲学著作选集》下卷，三联书店 1962 年版，第 800 页。

② 马克思：《〈黑格尔法哲学批判〉导言》，《马克思恩格斯选集》第 1 卷，人民出版社 1972 年版，第 1 页。

③ 马克思：《关于费尔巴哈的提纲》，《马克思恩格斯选集》第 1 卷，人民出版社 1972 年版，第 17 页。

世界的真理消逝以后，历史的任务就是确立此岸世界的真理。人的自我异化的神圣形象被揭穿以后，揭露非神圣形象中的自我异化，就成了为历史服务的哲学的迫切任务。于是对天国的批判就变成对尘世的批判，对宗教的批判就变成对法的批判，对神学的批判就变成对政治的批判”。[①]把对神学的批判变成对政治的批判的历史任务，将由无产阶级来完成。

第三节 人是道德的主体

费尔巴哈的伦理学说是他的人本主义哲学体系的一个重要组成部份。大约从 19 世纪 50 年代起，费尔巴哈便转而研究社会问题。然而，现实的社会经济政治问题始终落在他的视野之外，他所关注的主要是道德问题，似乎单凭他的伦理学说以及从他的伦理学说中引出的“爱”的宗教，便足以拯救世界。

在伦理学中，费尔巴哈从人本主义出发，继承了 18 世纪法国唯物主义者的功利主义传统，激烈批判神学和唯心主义的道德学说，系统地阐述了他的幸福主义伦理思想。

马克思和恩格斯指出:“当费尔巴哈是一个唯物主义者的时候，历史在他的视野之外；当他去探讨历史的时候，他绝不是一个唯物主义者。”[②]费尔巴哈力图把他的唯物主义自然观运用于伦理学的研究，但是，恰恰就在伦理学上突出地暴露了他的人本学唯物主义体系的不彻底性，在社会历史观上陷入了唯心主义。

① 马克思：《〈黑格尔法哲学批判〉导言》，《马克思恩格斯选集》第 1 卷，人民出版社 1972 年版，第 2 页。

② 马克思和恩格斯：《德意志意识形态》，《马克思恩格斯选集》第 1 卷，人民出版社 1972 年版，第 50 页。

一、道德的主体：人

在伦理学上，费尔巴哈把批判的锋芒直接指向宗教和唯心主义的道德学说，坚持认为道德的主体既不是神，也不是什么“纯粹理性”，而是感性的物质的人。

按照宗教伦理学，神是道德的主体，道德基于宗教，伦理学从属于神学，道德律令就是神的诫命。神就是善的象征，是衡量善与恶的标准，一切行为是否合乎道德，完全取决于它是否符合神的意志或诫命。费尔巴哈认为，宗教道德正是道德的没落，因为它为了神而牺牲了人。有的宗教便把杀死活人作为祭神的牺牲品，看作最高的善。基督教虽然不再向它的上帝奉献流血的祭品，但它却要求人放弃自己的幸福，把灵魂奉献给上帝。费尔巴哈指出，一切宗教道德的共同点是：

> 人在宗教里面为了一种宗教上的义务而牺牲对人的义务，为了对上帝的关系而牺牲对人的关系。①

在费尔巴哈看来，道德的主体是人，道德就是按照人的本性去处理人和人之间的关系，合乎道德的生活也就是合乎人的本性的生活。

我们记得，康德也曾在反对神学道德学说的过程中把人看作道德的主体。但是，他把人机械地分为理性的存在者和感性的存在者两个方面。在康德看来，作为道德主体的人只能是作为理性存在者的人，而作为感性存在者的人总是为感性欲望所支配，因而是不可能按照道德律令行动的。对于康德的这种唯心论的人本主义道德观，费尔巴哈讥讽道：

> 康德著述自己的道德学不是为人们，而是为一切有理

① 费尔巴哈：《基督教的本质》，《费尔巴哈哲学著作选集》下卷，三联书店 1962 年版，第 317 页。

性的生物。最好他不是为哲学教授们而写自己的道德学，因为正是他们是人之外的有理性的生物，最好他为零工和樵夫、为农民和手工艺者而写！这样，他将在怎样完全不同的原则上来论证他的道德学！要把生命灌输给这些人是如何地困难呀！因为他们的全部活动只在于如何养活自己，如果他们和他们的亲人们能够有穿有吃，他们是怎样的幸福呀！①

在费尔巴哈看来，康德所讲的那个超感性的“绝对命令”，看起来好像很庄严、严肃，但实际上是虚幻的，是违背人的本性的。人作为人首先是一个有血有肉、要吃要喝的感性存在者，人的本性就是追求幸福的利己主义。离开利己主义的所谓道德，必定是虚伪的，而真正的道德必定基于利己主义。

二、道德的基础：利己主义和爱

费尔巴哈的伦理学是从他的人的本质学说出发的。费尔巴哈有时也强调人和自然界的生物之间的区别，说人是具有社会性的，是文化、历史的产物。可是，实际上他总是撇开人的历史性、社会性去观察人，力图从他的自然观中直接推演出人的本质。在他看来，人是自然界里的最高级的生物，同自然界的其他动物一样具有饮食、性爱、趋利避害的本能，人的行为的出发点就是努力满足这种生理本能的需要，追求幸福。费尔巴哈把这种力图满足生理需要、追求幸福的欲望叫作利己主义，并把它看作人固有的永恒不变的本性。他说：

同其他一切有感觉的生物一样，人的任何一种追求也

① 费尔巴哈：《幸福论》，《费尔巴哈哲学著作选集》上卷，三联书店1959年版，第592页。

都是对于幸福的追求。[①]

费尔巴哈还说：

> 人类一切意向、努力和行为的根本意义，正是人性本质的满足，正是人类利己主义的满足。[②]

乍一看，人和动物差不多，需要呼吸吃喝，需要传宗接代等，好像这是最明白不过的。可是，如果这样来看待人的本质，那是很抽象的。正像不能因为动物也遵循一般力学规律，就把动物归结为一部机器一样，也不能因为人也受动物生理一般规律的支配，就把人归结为动物。如果是那样的话，一部完善的动物生理学便可以代替全部社会科学了。的确，人是要吃要喝的，可是为什么古代人和现代人在吃、喝的需要以及满足这类需要的方式上很不一样呢？为什么在同一个社会中有的人吃得饱、穿得暖，有的人却饥寒交迫呢？显然，这是用某种永恒不变的人的本质所解释不了的。费尔巴哈不懂得，任何一个具体的人总是处在一定历史发展阶段上，生活于一定的经济、政治、思想的社会关系之中的。人不仅受一般生物学规律的支配，更主要的是受社会发展的客观规律所支配。因此，人的本质乃是“一切社会关系的总和”。[③]正由于费尔巴哈离开人的历史性、社会性考察人的本质，“所以，他只能把人的本质理解为‘类’，理解为一种内在的、无声的、把许多个人纯粹自然地联系起来的共同性”。[④]如前所述，费尔巴哈从生物学意义上考察人的本质，是同当时的宗教神学、唯心主义者关于人的学说根本对立

---

① 费尔巴哈：《幸福论》，《费尔巴哈哲学著作选集》上卷，三联书店 1959 年版，第 536 页。

② 费尔巴哈：《幸福论》，《费尔巴哈哲学著作选集》上卷，三联书店 1959 年版，第 579 页。

③ 马克思：《关于费尔巴哈的提纲》，《马克思恩格斯选集》第 1 卷，人民出版社 1972 年版，第 18 页。

④ 马克思：《关于费尔巴哈的提纲》，《马克思恩格斯选集》第 1 卷，人民出版社 1972 年版，第 18 页。

的，较之17—18世纪唯物主义者把人看作一部机器的机械论观点也大大前进了一步。但是，当费尔巴哈用这种观点去解释人的现实的社会历史行动的时候，他势必要陷入唯心主义，即把某种精神的东西看作历史发展的动力。这一点集中地表现在他的所谓“爱”的学说上。

费尔巴哈认为，利己主义是道德的基础，没有幸福就无所谓道德。他引用了马克思《资本论》中所提供的关于英国工人生活极端贫困的“使人战栗的不可争辩的”材料，揭露那种把道德和幸福割裂开来的虚伪的道德说教。费尔巴哈指出：

> 如果没有条件取得幸福，那就缺乏条件维持德行。德行和身体一样，需要饮食、衣服、阳光、空气和住居。……如果缺乏生活上的必需品，那么也就缺乏道德上的必要性。生活的基础也就是道德的基础。如果由于饥饿由于贫穷你腹内空空，那么不问在你的头脑中、在你的心中或你的感觉中就不会有道德的基础和资料。①

在这里，费尔巴哈力图把道德和功利结合起来，强调道德依存于功利，应当说，包含了一定的合理成分，尽管他的这个观点是从抽象的人的本质学说出发的。

在费尔巴哈看来，利己主义只是道德的基础，还不是道德本身。道德涉及人与人之间的关系。一个人如果只想到实现自己的利己主义，那势必会遭到别人的利己主义的反抗，以致妨碍自己的利己主义的实现。因此，一个人要想真正实现自己的利己主义，那就必须尊重别人的利己主义。费尔巴哈说：

> 对于幸福的追求就其本身来说是不能得到满足的，如

---

① 费尔巴哈：《幸福论》，《费尔巴哈哲学著作选集》上卷，三联书店1959年版，第569页。

果不同时地甚至非本意地满足其他个人对于幸福的追求。①

在费尔巴哈看来，不应当把利己主义仅仅理解为个人的利己主义，真正的积极的利己主义乃是我的利己主义和你的利己主义的统一，换句话说，乃是普遍的“类”的利己主义。费尔巴哈把这种在我得到幸福的同时也让别人得到幸福的利己主义叫作“爱”。他说：

> 爱便是希望别人幸福，使别人幸福，从而也就是承认别人的利己主义是合法的东西。②

因此，费尔巴哈认为，“爱”是人们一切感情中最根本的感情，是维持人的整个族类的脉络，是人类的本性。只有“爱”才能使人上升到“类”，使人意识到自己是人类的一分子。道德的作用就在于引导人们去认清人类的这种“爱”的本性，按照“爱”的本性去生活。

费尔巴哈便从这种所谓人类的本性中引出了他的道德学说的基本原则：合理地节制自己和对人以爱。他引用中国道德学家孔丘的话说：

> 己所不欲，勿施于人。③

他还说：

> 道德也只在于我毫不犹豫地认为对于我自己可以允许的事，我也承认和允许适用于其他的人。④

费尔巴哈从他的这个原则出发，反对损人利己，反对阶级压迫和剥削。他说：

---

① 费尔巴哈：《幸福论》，《费尔巴哈哲学著作选集》上卷，三联书店 1959 年版，第 573 页。

② 费尔巴哈：《说明我的哲学思想发展过程的片断》，《费尔巴哈哲学著作选集》上卷，三联书店 1959 年版，第 249 页。

③ 费尔巴哈：《幸福论》，《费尔巴哈哲学著作选集》上卷，三联书店 1959 年版，第 578 页。

④ 费尔巴哈：《幸福论》，《费尔巴哈哲学著作选集》上卷，三联书店 1959 年版，第 577 页。

> 善不外乎就是与一切人的利己主义相适应的东西，恶不外乎就是只适应和只适合于仅仅某一阶级的人的利己主义，从而需要以损害别个阶级的人的利己主义为代价的东西。①

费尔巴哈的这一段话无疑是对现实的统治阶级的阶级压迫、阶级剥削的抗议。但是，他却站在所谓“类”的立场上，一概反对讲阶级的利益，似乎任何阶级的阶级利益都是和人类的普遍利益相对立的。这表明，费尔巴哈哲学并不是要给被压迫、被剥削阶级提高自己的阶级意识，而是要给一切人认清人类的“类”意识。

由此看来，费尔巴哈的伦理思想是十分肤浅的。我们知道，道德作为一种意识形态是社会的上层建筑，是随着社会经济基础的变化而变化的。在阶级社会中，不同的阶级有不同的道德标准。哪有什么超历史、超阶级的永恒不变的统一的道德原则。正如恩格斯指出的，费尔巴哈的那个道德原则“适用于一切时代、一切民族、一切情况；正因为如此，它在任何时候和任何地方都是不适用的，而在现实世界面前，是和康德的绝对命令一样软弱无力的”。②

三、道德神学：“爱”的宗教

我们看到，当一场激烈的阶级斗争的风暴即将到来的时候。费尔巴哈却坐在书房里谱写着一曲曲关于“爱”的颂歌。费尔巴哈写道：

---

① 费尔巴哈：《宗教本质讲演录》“附录和注释”，《费尔巴哈哲学著作选集》下卷，三联书店 1962 年版，第 810 页。

② 恩格斯：《路德维希·费尔巴哈和德国古典哲学的终结》，《马克思恩格斯选集》第 4 卷，人民出版社 1972 年版，第 236 页。

生命之生命便是爱。[①]

只有爱，才是人的心。[②]

只有爱给你解开不死之谜。[③]

你的信念应该是：人类也要真正的爱，人的心也能无限地、饶恕一切地爱着，而且相信人类的爱也可以赋有神爱的性质。[④]

爱同样也是什么奇迹也干得出来的！……爱还非常幽默地把我们的高贵的贵族同布衣小民同一起来。[⑤]

爱吧！但是要真正地爱。[⑥]

显然，这是一套彻头彻尾的阶级调和论。它深刻地反映了德国资产阶级对封建贵族的妥协精神。在阶级社会中，哪有什么联合一切人的爱！毛泽东同志指出："至于所谓'人类之爱'，自从人类分化为阶级以后，就没有过这种统一的爱。"[⑦]我们看到，费尔巴哈声讨专制制度以及它的精神支柱——基督教的一篇篇战斗檄文，最后却竟以浪漫主义的爱的颂歌收尾了。正如恩格斯指出的："可是爱呵！——真的，在费尔巴哈那里，爱随时随地都是一个创造奇迹的神，可以帮助他克服实际生活中的一切困难——而且这是在一个分成利益直接对立的阶级社会里。这样一来，他的哲学中的最后一点革命性也消失了，留下

① 费尔巴哈：《说明我的哲学思想发展过程的片断》，《费尔巴哈哲学著作选集》上卷，三联书店1959年版，第232页。

② 费尔巴哈：《基督教的本质》，《费尔巴哈哲学著作选集》下卷，三联书店1962年版，第86页。

③ 费尔巴哈：《说明我的哲学思想发展过程的片断》，《费尔巴哈哲学著作选集》上卷，三联书店1959年版，第233页。

④ 费尔巴哈：《说明我的哲学思想发展过程的片断》，《费尔巴哈哲学著作选集》上卷，三联书店1959年版，第233页。

⑤ 费尔巴哈：《基督教的本质》，《费尔巴哈哲学著作选集》下卷，三联书店1962年版，第76页。

⑥ 费尔巴哈：《说明我的哲学思想发展过程的片断》，《费尔巴哈哲学著作选集》上卷，三联书店1959年版，第233页。

⑦ 毛泽东：《在延安文艺座谈会上的讲话》，《毛泽东选集》合订本，人民出版社1969年版，第827页。

的只是一个老调子：彼此相爱吧！不分性别、不分等级地互相拥抱吧，——大家一团和气地痛饮吧！”[①]

不仅如此，费尔巴哈还要把“爱”加以神化，说什么“爱”是联系人们相互之间各种关系的永恒的宗教感情。基督教的上帝就是人心中的“爱”这种宗教感情的异化。因此，费尔巴哈认为，人们在打倒了基督教之后，还必须重建起“爱”的宗教。他写道；

> 孩子对父母的关系，夫妻之间的关系，兄弟之间的关系，朋友之间的关系，一般地，人与人之间的关系，总之道德上的各种关系，本来就是的的确确的宗教上的关系。一般说来，生活，在它的各种本质重要的关系中，乃具有完全属神的性质。[②]

费尔巴哈宣称：

> 我们就必须拿对人的爱当作唯一的真正的宗教，来代替对神的爱。[③]

如果说，基督教把上帝看作绝对，黑格尔把理念看作绝对的话，那么，费尔巴哈看作绝对的便是“爱”。在费尔巴哈的心目中，作为他的伦理学说的核心的“爱”就是拯救世界的万能的上帝。

我们看到，费尔巴哈特别对男女之间的性爱加以神化，说什么——

> 性爱是爱的最玄妙、最完善的形式；但是在这里，不

---

① 恩格斯：《路德维希·费尔巴哈和德国古典哲学的终结》，《马克思恩格斯选集》第4卷，人民出版社1972年版，第236页。

② 费尔巴哈：《基督教的本质》，《费尔巴哈哲学著作选集》下卷，三联书店1962年版，第316页。

③ 费尔巴哈：《宗教本质讲演录》，《费尔巴哈哲学著作选集》下卷，三联书店1962年版，第786页。

同时使另一个人幸福，就决不能使自己幸福。[①]

正如恩格斯指出的："归根到底，在费尔巴哈那里，性爱即使不是他的新宗教借以实现的最高形式，也是最高形式之一。"[②]可见，费尔巴哈虽然大力批判宗教，但他并不想消灭宗教。他所反对的只是那种同资产阶级利益相对立的封建神学，但作为新兴的剥削阶级的思想代表，他还要求保留蒙蔽劳动群众的宗教。因此，他是不可能把无神论贯彻到底的。

费尔巴哈这位唯物主义者和宗教批判家竟然要把所谓人心固有者的永恒的宗教感情，说成是人类社会历史发展的动力。他写道：

> 人类的各个时期的彼此不同，仅仅是由于宗教上的变迁。某一历史运动，仅在它深入人心的时候，才会达到自己的深远。心不是宗教的某种形式，因而说宗教也应当在心中；心乃是宗教的本质。[③]

费尔巴哈的这个论断，正如恩格斯所指出的那样，"是绝对错误的"。[④]马克思主义认为，"社会的变化，主要地是由于社会内部矛盾的发展，即生产力和生产关系的矛盾，阶级之间的矛盾，新旧之间的矛盾，由于这些矛盾的发展，推动了社会的前进，推动了新旧社会的代谢"。[⑤]宗教作为一种社会意识形态，作为社会的上层建筑，尽管它对历史的发展有影响，有时甚至起着巨大的作用，但归根到底，它是为社会的经济基础所决定

① 费尔巴哈：《论唯灵主义和唯物主义，特别是从意志自由方面着眼》，《费尔巴哈哲学著作选集》上卷，三联书店1959年版，第434页。

② 恩格斯：《路德维希·费尔巴哈和德国古典哲学的终结》，《马克思恩格斯选集》第4卷，人民出版社1972年版，第229页。

③ 费尔巴哈：《改革哲学的必要性》，《费尔巴哈哲学著作选集》上卷，三联书店1959年版，第95页。

④ 恩格斯：《路德维希·费尔巴哈和德国古典哲学的终结》，《马克思恩格斯选集》第4卷，人民出版社1972年版，第231页。

⑤ 毛泽东：《矛盾论》，《毛泽东选集》合订本，人民出版社1969年版，第277页。

的。不是宗教的变迁决定社会经济、政治的发展，而是社会经济、政治的发展决定着宗教的变迁。事实上，历史上许多重大的历史事变也并不是在宗教的旗帜下发生的。宗教作为一种社会意识形态，是在历史发展的一定阶段上产生的，也必将在历史发展的一定阶段上消灭。费尔巴哈把所谓宗教感情看作历史发展的动力，用宗教的变迁说明历史的发展，这正是头足倒置的历史唯心主义。

总的说来，费尔巴哈是一位伟大的唯物主义者和无神论者。正是他冲破了黑格尔唯心主义体系，恢复了唯物主义的权威，并在此基础上完成了德国资产阶级批判宗教的历史任务，为1848年的资产阶级革命做了思想准备。

但是，费尔巴哈终究是一位资产阶级思想家，他的唯物主义和无神论都是很不彻底的。恩格斯指出，费尔巴哈“作为一个哲学家，也停留在半路上，他下半截是唯物主义者，上半截是唯心主义者；他没有批判地克服黑格尔，而是简单地把黑格尔当作无用的东西抛在一边，同时，他本人除了矫揉造作的爱的宗教和贫乏无力的道德，拿不出什么积极的东西来和黑格尔体系的百科全书式的丰富内容相抗衡”。①

19世纪40年代，德国的阶级斗争形势迅速向前发展。可是，费尔巴哈却脱离实践，在哲学上踏步不前。1848年的革命风暴把一切旧哲学包括费尔巴哈哲学撇在一旁，“这样一来，费尔巴哈本人也被挤到后台去了”。②当时德国有一个反动的社会主义流派叫作所谓“真正的社会主义”。这一派人利用费尔巴哈的“爱”的说教腐蚀无产阶级的革命意识，鼓吹“用爱把一切

① 恩格斯:《路德维希·费尔巴哈和德国古典哲学的终结》,《马克思恩格斯选集》第4卷，人民出版社1972年版，第237页。

② 恩格斯:《路德维希·费尔巴哈和德国古典哲学的终结》,《马克思恩格斯选集》第4卷，人民出版社1972年版，第219页。

人团结起来”。马克思和恩格斯对“真正的社会主义”的反动的阶级调和论进行了无情的揭露和批判。

费尔巴哈唯物主义哲学宣告了德国古典哲学的终结。无产阶级是德国古典哲学优秀遗产的真正继承者。

结束语

恩格斯在《路德维希·费尔巴哈和德国古典哲学的终结》一书的“结束语”中写道，“德国的工人运动是德国古典哲学的继承者”。①

无产阶级革命导师马克思和恩格斯依据工人运动的实际经验，概括了19世纪上半叶自然科学的最新成果，批判地继承了德国古典哲学的优秀遗产，创立了无产阶级的革命的、科学的宇宙观——辩证唯物主义和历史唯物主义。

马克思主义哲学产生于“资产阶级和现存国家同工人阶级处于公开敌对地位的时代”②，它是近代无产阶级反对资产阶级的斗争的必然产物，是成熟和觉醒了的无产阶级要求的理论表现。随着西欧各国的资本主义生产方式的逐渐成熟，19世纪三四十年代，资本主义生产方式的基本矛盾——生产社会化同生产资料私人占有之间的矛盾便开始明显地暴露出来。它的突出表现就是周期性的经济危机的频繁发生。1825年，英国爆发了资本主义社会的第一次经济危机。1836年和1847年，又先后发生了两次波及整个资本主义世界的经济危机。危机期间，商品“过剩”、银行和企业倒闭，生产下降，失业增加，工人实

---

① 恩格斯：《路德维希·费尔巴哈和德国古典哲学的终结》，《马克思恩格斯选集》第4卷，人民出版社1972年版，第254页。

② 恩格斯：《路德维希·费尔巴哈和德国古典哲学的终结》，《马克思恩格斯选集》第4卷，人民出版社1972年版，第254页。

际收入下降，社会生产力遭到巨大破坏。它表明，资本主义生产关系实质上容纳不了社会化的生产力发展的要求。恩格斯指出，“社会化生产和资本主义占有之间的矛盾表现为无产阶级和资产阶级的对立”。[①]随着资本主义制度的确立和它的基本矛盾的暴露，无产阶级同资产阶级的矛盾上升为社会的主要阶级矛盾，无产阶级反对资产阶级的斗争进入了一个新的阶段。1831年11月和1834年4月，法国里昂工人为了反对资产阶级的压迫和剥削，两次举行武装起义，提出了争取建立民主共和国的口号。在英国，从1836年起，开展了争取普选权的群众运动——“宪章运动”，先后掀起三次高潮，参加的工人达三百多万。在德国，1844年6月，西里西亚的纺织工人发动了武装起义，同政府军进行英勇格斗。尽管这些斗争都先后失败了，但它们表明，无产阶级已经作为一支独立的政治力量登上了历史舞台。历史提出了这样的任务：无产阶级的斗争经验需要概括，无产阶级的革命斗争需要理论指导。这样，作为无产阶级革命理论的哲学基础的马克思主义哲学也就应运而生了。

与此同时，19世纪上半叶自然科学的迅速发展，也为马克思主义哲学的创立提供了条件。这个时期自然科学的重要成果主要表现在三大发现上。一是细胞学说的创立。德国植物学家施莱登（1804—1881）和动物学家施旺（1810—1882）分别于1838年和1839年发现了植物和动物机体都是由最小的单位——细胞的繁殖和分化发育起来的。这个发现表明，动物和植物有机体都是按着一个共同规律发育和生长的。二是能量转化和守恒定律的发现。1842年，德国科学家迈尔、英国科学家焦尔和丹麦的物理学家柯尔丁几乎同时发现自然界中各种物质运动形

① 恩格斯：《社会主义从空想到科学的发展》，《马克思恩格斯选集》第3卷，人民出版社1972年版，第429页。

态，如机械运动、物理运动（包括热、光、磁等）以及化学运动等，均可以相互转化，并且在转化过程中，其能量是守恒的。这表明，自然界中根本不存在什么孤立的力，没有什么东西能够从虚无中产生出来，自然界中的一切运动都可归结为一种形式转化为另一种形式的不断过程。三是生物进化论的创立。1859年，英国生物学家达尔文（1809—1882）发表了《物种起源》一书，推翻了物种不变的形而上学观点，证明现有的物种是在长期的发展过程中不断演变的产物。自然科学的最新成果所体现的自然界的普遍联系、普遍发展的观点，是对17—18世纪占统治地位的孤立、静止和片面的形而上学观点的有力冲击，为马克思主义唯物辩证法的创立提供了科学依据。

马克思主义哲学是人类几千年来哲学思想发展的优秀遗产的继承和发展，而德国古典哲学则是它的直接的理论前提。列宁说，“马克思和恩格斯的学说是从费尔巴哈那里产生出来的”。[①]费尔巴哈的“人本学”唯物主义结束了德国资产阶级对宗教的批判，对马克思和恩格斯曾经有过积极的影响。但是，费尔巴哈是一个半截子的唯物主义者，在社会历史领域内，他是一个历史唯心主义者。恩格斯指出，“但是费尔巴哈所没有走的一步，终究是有人要走的。对抽象的人的崇拜，即费尔巴哈的新宗教的核心，必须由关于现实的人及其历史发展的科学来代替”。[②]这就是马克思和恩格斯的所担负的历史任务。马克思批判地继承了费尔巴哈哲学的人本主义精神，把费尔巴哈关于以自然为基础的人的思想批判地改造成为这样一个崭新的命题：人的本质乃是一切社会关系的总和。马克思对人所做的这

① 列宁：《唯物主义和经验批判主义》，《列宁选集》第 2 卷，人民出版社 1972 年版，第 336 页。

② 恩格斯：《路德维希·费尔巴哈和德国古典哲学的终结》，《马克思恩格斯选集》第 4 卷，人民出版社 1972 年版，第 237 页。

种全新的理解，为历史唯物主义科学奠定了基础，从而使“唯心主义从它的最后的避难所中，从历史观中被驱逐出来了”。[①]

马克思和恩格斯以费尔巴哈为中介，在唯物主义的基础上批判地改造黑格尔的辩证法，把辩证法和唯物论结合了起来。恩格斯指出：“马克思和我，可以说是从德国唯心主义哲学中拯救了自觉的辩证法并且把它转为唯物主义自然观和历史观的唯一的人。”[②]尽管黑格尔的辩证法是一个极其深刻的关于发展的学说，但它是唯心主义的，因而在原有的形式上是无用的，必须进行彻底的唯物主义改造。在黑格尔那里，辩证法是“绝对理念”发展的原则，是概念的自我发展，客观自然界和人类历史的辩证发展不过是概念自己运动的表现。与此相反，马克思主义唯物辩证法则认为，辩证法是关于自然界、人类社会和思维运动发展的普遍规律的科学，思维的辩证法不过是自然界和人类社会的辩证发展规律在人脑中的反映。马克思明确指出：“我的辩证方法，从根本上来说，不仅和黑格尔的辩证方法不同，而且和它截然相反。在黑格尔看来，思维过程，即他称为观念而甚至把它变成独立主体的思维过程，是现实事物的创造主，而现实事物只是思维过程的外部表现。我的看法则相反，观念的东西不外是移入人的头脑并在人的头脑中改造过的物质的东西而已。”[③]此外，尽管黑格尔的辩证法表现了新兴资产阶级的反封建的革命要求，但是在黑格尔那里，辩证法的革命锋芒往往被唯心主义体系所磨灭，使其得出极其温和的结论，有时甚至竟成了粉饰腐朽的现实的工具，因而总的倾向是保守的。马

① 恩格斯：《社会主义从空想到科学的发展》，《马克思恩格斯选集》第 3 卷，人民出版社 1972 年版，第 423 页。

② 恩格斯：《反杜林论》，《马克思恩格斯选集》第 3 卷，人民出版社 1972 年版，第 61 页。

③ 马克思：《〈资本论〉第一卷第二版跋》，《马克思恩格斯选集》第 2 卷，人民出版社 1972 年版，第 217 页。

克思主义唯物辩证法认为，黑格尔的辩证法包含了革命的和保守的两个方面，但是，辩证法的保守方面是相对的，革命的方面是绝对的，因而辩证法在本质上是革命的。马克思深刻地指出，黑格尔的“辩证法，在其神秘形式上，成了德国的时髦东西，因为它似乎使现存事物显得光彩。辩证法，在其合理的形态上，引起资产阶级及其夸夸其谈的代言人的恼怒和恐怖，因为辩证法在对现存事物的肯定的理解中同时包含对现存事物的否定的理解，即对现存事物的必然灭亡的理解；辩证法对每一种既成的形式都是从不断的运动中，因而也是从它的暂时性方面去理解；辩证法不崇拜任何东西，按其本质来说，它是批判的和革命的”。①

马克思主义辩证唯物论和历史唯物论的创立，实现了人类认识史上的一场空前深刻的革命。

① 马克思：《〈资本论〉第一卷第二版跋》，《马克思恩格斯选集》第2卷，人民出版社1972年版，第218页。

附　录

“思维和存在的同一性”本来只是一个可知论命题

思维和存在的同一性是哲学认识论中的一个重要命题。对于这个命题，长期以来众说纷纭。概括地说，主要有如下两种根本对立的观点。

一种观点认为，思维和存在的同一性这个命题的实质讲的是思维和存在的等同，因而是一个唯心论的命题，其中心点是反对唯物论。按照这种观点，这个命题是同辩证唯物论的认识论根本对立的，承认它势必陷入唯心论。

另一种观点认为，思维和存在的同一性命题的实质讲的是思维和存在的相互转化，因而是一个辩证法的命题，其中心点是反对形而上学、机械论。按照这种观点，只要把这个命题放在唯物主义的基础上，它就可以成为辩证唯物论的认识论的一个基本原理，甚至可以用这个命题来概括整个辩证唯物论的认识论。相反，如果否认这个命题，那就势必陷入机械论。

我认为，上述两种根本对立的观点确实都涉及了思维和存在的同一性这个命题历史发展过程中的某些方面，但双方都还是在这个命题的外围打转转，没有触及这个命题的本质。在我看来，从这个命题的历史发展过程来考察，虽然它涉及唯物论和唯心论、辩证法和形而上学的矛盾问题，但就其本来的意义说，"思维和存在的同一性"讲的只是思维和存在之间的一致或符合，是一个可知论的命题，其中心点是反对不可知论。承认不承认思维和存在的同一性，只是划分可知论和不可知论的界限，而不是区分唯物论和唯心论、辩证法和形而上学的标准。至于这个命题同辩证唯物论的认识论的关系，我认为也只应当从这个意义上去理解。

能否说"思维和存在的同一性"这个命题的实质就是坚持思维和存在的等同呢？持这种观点的同志往往援引黑格尔，说黑格尔的思维和存在的同一性学说就是讲的思维和存在的等同，其目的就是反对唯物论。这种看法是欠全面的，并没有真正把握住黑格尔这个思想的精神实质。我们知道，在德国古典哲学的发展过程中，一个中心的问题就是思维和存在有没有同一性。康德认为，在我们之外存在着刺激我们的感官而产生感觉的客体，即所谓"自在之物"；同时他又认为这个客体是不可知的，认识所能达到的只是"自在之物"刺激我们的感官而产生的感觉，即所谓"现象"。这表明康德是一位不可知论者，他根本否认思维和存在能够达到一致或符合，根本否认思维和存在的同一性。黑格尔的思维和存在的同一性学说正是针对康德的不可知论提出来的。和康德不同，黑格尔是一位可知论者。在他看来，思维和存在之间没有一条不可跨越的鸿沟，两者之间能够达到一致或符合，具有同一性。黑格尔指出，在康德哲学中，"这样一个不能够建立自身与其对象——自在之物——的一致的理性，不与理性概念一致的自在之物，不与实在一致的概念，不与概念一致的实在，都是不真的观念”。[①]而真理则应当是“概念与实在的符合”[②]。可以看出，在康德、黑格尔这里，思维和存在有没有同一性的问题，本来就是指思维和存在两者能否一致或符合，人们的思想能否把握客观实在的问题，换句话说，是一个不可知论和可知论的问题。当然，康德和黑格尔对这个问题的不同回答，是同他们在本体论上的不同立场密切相关的。如果说，康德的不可知论是以他的二元论为基础的话，那么，黑格尔的可知论则是建立在他的客观唯心主义之上的。按照黑格尔的客观唯心主义，“绝对理念”即所谓“客观思维”是宇宙的本原，存在的本质。人的思维是“客观思维”发展的最高阶段。因此，人的思维能够把握存在的本质，达到思维和存在的一致和符合，世界是可知的。可以看出，黑格尔的思维和存在的同一性思想确实具有为某些同志所说的思维和存在等同的意义，是唯心论的。但是，我们不应当把黑格尔解决问题的基础和出发点（唯心主义），同他所要解决的问题（可知论）混为一谈，从而否认这个命题本来的可知论的意义。对于具体问题应当进行具体的分析。黑格尔是一位唯心主义的可知论者。他批判康德的不可知论，坚持思维和存在同一的可知论，这不仅反映了19世纪初刚刚形成的德国资产阶级实现自己的阶级理想的信心的显著增强，同时在人类认识史上也有很大的积极意义。但是，他站在客观唯心主义立场上用思维和存在的等同去解决思维和存在的一致或命令问题，这就表现了他的可知论的消极的保守的性质。恩格斯在《路德维希·费尔巴哈和德国古典哲学的终结》一书的第二章中，在论述了哲学的基本问题的第一个方面即思维和存在何者为第一性的问题之后接

① 黑格尔：《逻辑学》下卷，商务印书馆1976年版，第259页。
② 黑格尔：《逻辑学》下卷，商务印书馆1976年版，第449页。

着说，“但是，思维和存在的关系问题还有另一个方面：我们关于我们周围世界的思想对这个世界本身的关系是怎样的？我们的思维能不能认识现实世界？我们能不能在我们关于现实世界的表象和概念中正确地反映现实？用哲学的语言来说，这个问题叫作思维和存在的同一性问题，绝大多数哲学家对这个问题都做了肯定的回答。例如在黑格尔那里，对这个问题的肯定回答是不言而喻的：我们在现实世界中所认识的，正是这个世界的思想内容，也就是那种使世界成为绝对观念的逐渐实现的东西，这个绝对观念是从来就存在的，是不依赖于世界并且先于世界而在某处存在的；但是思维能够认识那一开始就已经是思想内容的内容，这是十分明显的。同样明显的是，在这里，要证明的东西已经默默地包含在前提里面了。”[①]从这段话里可以清楚地看出，恩格斯对黑格尔的思维和存在的同一性学说是采取分析态度的，首先把这个命题作为同不可知论相对立的可知论的命题提出来，肯定黑格尔是和康德不同的可知论者；同时又深刻地揭露了黑格尔的这个命题的唯心主义的性质，表明黑格尔是一位唯心主义可知论者。

把黑格尔的思维和存在的同一性思想不加分析地简单地仅仅归结为唯心主义，就可能使人产生一种错觉：似乎讲思维和存在的同一性就是唯心主义，而唯物主义者是绝不讲思维和存在的同一性的。有的同志就是这样看问题的。这些同志常常援引费尔巴哈，说唯物主义者费尔巴哈完全否定黑格尔的思维和存在的同一性学说。我认为，这种看法和历史事实有出入。的确，费尔巴哈是黑格尔的思维和在的同一性学说的最坚决、最激烈的批判者。但是，又应当看到，费尔巴哈不仅是黑格尔的

① 恩格斯：《路德维希·费尔巴哈和德国古典哲学的终结》，《马克思恩格斯选集》第4卷，人民出版社1972年版，第221页。

这个学说的批判者，而且也是黑格尔的这个学说的继承者。和黑格尔一样，费尔巴哈也是康德不可知论的反对者，他从来没有否定过黑格尔对康德的不可知论的批判。但是，在费尔巴哈看来黑格尔站在唯心主义立场上是不可能真正克服康德的不可知论的。因此，费尔巴哈在批判黑格尔的思维和存在的同一性学说的唯心主义基础的同时，又力图对黑格尔的这个命题给予唯物主义的改造。针对黑格尔的思维和存在的同一性的学说，费尔巴哈写道:“思维与存在的统一，只有在将人理解为这个统一的基础和主体的时候，才有意义，才是真理。只有实在的实体才能认识实在事物，只有当思维不是自为的主体，而是一个现实实体的属性的时候，思想才不脱离存在。因此思维与存在的统一并不是那种形式的统一，即以存在作为自在自为的思维的一个特性，这个统一是以对象，以思想的内容为依据的。”①从费尔巴哈的这段话中可以看出，他所攻击的是黑格尔的思维和存在同一性学说的唯心主义基础，而不是思维和存在的同一性这个可知论命题本身。在唯物主义可知论者费尔巴哈看来，只有把思维和存在的同一性这个命题置于“人本主义”的基础之上，把“人”而不是把“绝对理念”看作思维和存在同一的基础和主体，这个命题才是真理，才能真正克服康德的不可知论。费尔巴哈的这个思想可以说是对德国古典哲学中关于思维和存在有没有同一性问题的长期争论所做的“人本学”唯物主义的总结。由此看来，思维和存在的同一性这个命题就其本来的意义说就是讲的思维和存在的一致或符合，是一个同不可知论相对立的可知论命题。至于解决思维和存在两者之间的一致或符合的基础或出发点，则既可能是唯心主义（如黑格尔），也

① 费尔巴哈:《未来哲学原理》,《费尔巴哈哲学著作选集》上卷，三联书店 1959 年版，第 181 页。

可能是唯物主义（如费尔巴哈）。因此，那种把肯定思维和存在的同一性命题的哲学家统统斥为唯心主义者的观点，是不恰当的。

能否说思维和存在的同一性命题就是讲的思维和存在的相互转化呢？持这种观点的同志也往往援引黑格尔，说黑格尔的思维和存在的同一性学说虽然是唯心主义的，但它的中心思想就是讲思维和存在的相互转化，反对机械论、形而上学。看来，这种看法也是欠全面的。的确，黑格尔的思维和存在的同一性学说是同法国唯物论的直观反映论相对立的。这种对立不仅表现在先验论和反映论的对立上，而且也表现在辩证法和形而上学思维方法的对立上。法国唯物论者一般是形而上学的可知论者。在他们看来，人们通过消极的感性直观便可达到思维和存在的一致或符合。黑格尔则是一位辩证的可知论者，在他看来，思维和存在的一致或符合是一个思维和存在相互转化的过程。毫无疑问，黑格尔的思维和存在的同一性学说中包含了思维和存在相互转化的可贵的辩证法成分。但是，应当明确的是，黑格尔的思维和存在的同一性学说，首先和主要是针对康德的不可知论提出来的，焦点是思维和存在两者能否达到一致或符合。可知论者黑格尔和法国唯物论的分歧则根本不是什么思维和存在两者能否一致或符合，不是什么思维和存在有没有同一性，而在于如何实现这种一致或符合即同一。因此，切不可把黑格尔解决问题的方法（辩证法）和他所要解决的问题（可知论）混为一谈，不能因为黑格尔的思维和存在的同一性命题中包含着辩证法的成分就忽略或否定这个命题的本来的可知论的意义。应当看到，把思维和存在的同一性这个可知论的命题同辩证法相结合，是黑格尔哲学的特色。这一点并不是每一个肯定思维和存在同一性的哲学家都能做到的。比如，费尔巴哈这位唯物主义者的思维和存在的同一性学说，就有一个显著的缺陷：缺少辩证法。费尔巴哈虽然看到了从存在到思维的转化，但却不懂得思维向存在的转化。显然，我们不能因为费尔巴哈不懂得思维和存在的相互转化就说他根本否定思维和存在的同一性，也不能因为他肯定思维和存在的同一性就说他主张思维和存在的相互转化。由此看来，那种把承认或不承认思维和存在的同一性看成划分认识论中的辩证法和形而上学的标准的看法也是不适当的。

看来，困难主要源自黑格尔。思维和存在的同一性乃是整个黑格尔哲学的最基本的命题。黑格尔的三重品格（客观唯心主义者、辩证论者和可知论者）全都建立在这个命题之上，真可谓本体论、辩证法、认识论的三位一体。这就给后人对这个命题做不同的解释留下了余地。现在的问题是，究竟是哪一方面是这个命题的本来的或基本的含义。我觉得，这个问题光靠孤立地分析黑格尔哲学本身是不太好解决的，而应当着眼于德国古典哲学的发展过程。从德国古典哲学关于思维和存在有没有同一性的争论的发展过程来看，从黑格尔批判康德的不可知论提出思维和存在的同一性命题，而后这个命题又为费尔巴哈批判地继承这个过程来看，黑格尔的这个命题的本来的或基本的含义只是可知论，而客观唯心主义和辩证法则是他个人解决可知论的基础、出发点和方法。

如果说困难来自黑格尔，那么可以说解决问题的钥匙则是费尔巴哈。既然，形而上学唯物主义者费尔巴哈公开声明自己也是思维和存在同一性论者，那么轻易断言。“凡是主张思维和存在的同一性就是唯心论”，或者轻易断言“凡是坚持思维和存在的同一性就是坚持辩证法”，都是不适当的。在哲学史上，任何一个哲学命题本来都有自己的确定的含义，任意扩大或改变命题的含义就必然造成歧义，带来混乱。

综上所述，我认为，思维和存在有没有同一性的问题仅仅是哲学基本问题的第二个方面的问题，即世界是否可知的问题。这个问题只是划分可知论和不可知论的界限，而不是区分唯物论和唯心论、辩证法和形而上学的标准。应当看到，在肯定思维和存在的同一性的哲学家中间，既有唯心主义的思维和存在的同一性论者，也有唯物主义的思维和存在同一性论者，既有辩证的思维和存在同一性论者，也有形而上学的思维和存在同一性论者，也即在可知论者之间，在怎样解决世界可知性的问题上，往往交织着唯物论和唯心论、辩证法和形而上学的斗争。但是决不应当把可知论者之间的这种斗争说成是什么承认或不承认思维和存在的同一性的斗争。

那么，思维和存在的同一性命题和辩证唯物论的认识论的关系又应当如何理解呢？我认为，辩证唯物论的认识论是历史上的可知论哲学的继承和发展，因此，它理所当然地应把哲学史上的可知论命题——思维和存在的同一性加以改造和吸收，成为辩证唯物论的可知论的原理。那种认为思维和存在的同一性命题同辩证唯物论的认识论势不两立的观点是不恰当的。同样，那种力图扩大思维和存在的同一性命题的意义，甚至要用这个命题概括整个辩证唯物论的认识论的倾向，也是不恰当的。

——原载《南开学报》，1981 年第 3 期；
转载《新华文摘》，1981 年第 9 期。

辩证法也有它保守的方面

一、“辩证法不崇拜任何东西，按其本质来说，它是批判的和革命的。”[①]——人们对马克思关于唯物辩证法的这个正确而重要的论断，一般是比较熟悉的。那么，唯物辩证法是否也还有它的保守方面呢？这个问题似乎往往被人们所忽略、回避，甚至为一些人所否定。现在看来，全面地准确地理解马克思主义唯物辩证法，把本质上是革命的辩证法完整地理解为绝对的革命性和相对的保守性的对立统一，无论在理论上还是在实践上，都具有重要的意义。

二、恩格斯在《路德维希·费尔巴哈和德国古典哲学的终结》一书中曾经明确指出，辩证法“也有保守的方面：它承认认识和社会的每一个阶段对自己的时间和条件来说都有存在的理由，但也不过如此而已。这种看法的保守性是相对的，它的革命性质是绝对的——这就是辩证哲学所承认的唯一绝对的东西”。[②]在这里，恩格斯针对黑格尔的唯心主义辩证法所具有的强烈的保守性，着重强调了辩证法的革命方面，这是完全必要的、正确的。但是，不难看出，恩格斯在着重强调辩证法的革命方面的绝对性的同时也明确肯定了辩证法具有保守的方面。在恩格斯看来，辩证法乃是革命方面和保守方面的统一，它的保守性是相对的，而革命性则是绝对的。

三、恩格斯的这个论断是在评述黑格尔的“凡是现实的都是合理的，凡是合理的都是现实的”这个著名命题的过程中引

① 马克思：《〈资本论〉第一卷第二版跋》，《马克思恩格斯选集》第 2 卷，人民出版社 1972 年版，第 218 页。

② 恩格斯：《路德维希·费尔巴哈和德国古典哲学的终结》，《马克思恩格斯选集》第 4 卷，人民出版社 1972 年版，第 213 页。

出的。从理论上看，黑格尔的这个命题实际上揭示了辩证法所包含的革命和保守这两个方面。黑格尔的辩证法的革命性质就在于它认为，凡是现实的东西随着时间的推移和条件的变化都会变成不合理的即不符合“绝对理念”发展要求的东西，变成不现实的归于灭亡的东西；而凡是合理的即符合“绝对理念”发展要求的东西，不管它和现存的、表面的现实多么矛盾，都注定要成为现实的，用黑格尔的话来说就是“凡是合理的都是现实的”。另一方面，辩证法又有它的保守方面，即肯定任何一个具体事物相对于它所处的时间和条件来说，又都有其存在的理由，具有必然性，因而是现实的，用黑格尔的话来说就是“凡是现实的都是合理的”。可是，我们看到，尽管黑格尔看到了辩证法所包含的这两个方面，但是，这位软弱的资产阶级思想家却极力回避辩证法的革命性质的绝对性，相反，他的唯心主义体系使得他的辩证法的“革命的方面就被过分茂密的保守的方面所闷死”，以至在黑格尔那里，“彻底革命的思维方法竟产生了极其温和的政治结论”。[①]恩格斯敏锐地揭示了黑格尔哲学中所隐藏着的革命性，同时也深刻地揭露了黑格尔哲学的保守的主导倾向。针对黑格尔的唯心主义辩证法的这种强烈的保守性，恩格斯明确指出，辩证法虽然也有它的保守方面，但这种保守性是相对的，其革命性质则是绝对的。

四、把辩证法理解为似乎只讲革命，不讲保守，只讲否定，不讲肯定，看来，这是不全面的。马克思和恩格斯曾经指出，“《共产党宣言》的任务，是宣告现代资产阶级所有制必然灭亡。”[②]但是，和空想社会主义者把资本主义看作不符合人类理性的历史谬误，对资本主义采取绝对否定的态度不同，在马克思和恩格

① 恩格斯：《路德维希·费尔巴哈和德国古典哲学的终结》，《马克思恩格斯选集》第4卷，人民出版社1972年版，第214页。

② 马克思和恩格斯：《〈共产党宣言〉1882年俄文版序言》，《马克思恩格斯选集》第1卷，人民出版社1972年版，第231页。

斯看来，资本主义在人类历史发展的一定阶段上产生和发展具有它的历史必然性，资本主义代替封建主义是人类历史发展过程中一个巨大的进步，“资产阶级在历史上曾经起过非常革命的作用”。[①]同时，我们也看到，马克思和恩格斯在对资本主义的肯定的理解中同时又包含了对资本主义的否定的理解，明确指出，随着资本主义生产方式的内部矛盾的发展，资本主义又必然要走向自己的反面，最终归于灭亡。从表面上看，马克思和恩格斯对资本主义的批判不像空想社会主义者的否定一切的态度那样“激进”，但从实质上看，马克思和恩格斯的批判才是科学的，真正体现了辩证法的革命的批判的本质。可见，本质上具有革命性、否定性的辩证法仍然肯定社会的每一阶段对自己的时间和条件都有其存在的理由。把辩证法看成根本不讲肯定，不讲保守，那是不正确的。

五、辩证法的发展观点和那种根本否定事物的相对稳定性的相对主义，有着本质的区别。但是只有坚持绝对的革命方面和相对的保守方面的统一，辩证法才能和相对主义划清界限。如果离开相对的保守方面侈谈绝对的革命性，把革命方面的绝对性加以绝对化，那就势必陷入那种主张“刹那灭生”、否定一切的相对主义。恩格斯在强调运动的绝对性的同时指出，“物体相对静止的可能性，暂时的平衡状态的可能性，是物质分化的根本条件，因而也是生命的根本条件”。[②]否认相对的保守性，否认相对静止、相对稳定性，那绝不是什么辩证法，而是反辩证法的相对主义。

六、林彪、“四人帮”歪曲篡改马克思主义辩证法的一个重要手法就是把辩证法的绝对的革命性加以绝对化，根本否认辩

① 马克思和恩格斯：《共产党宣言》，《马克思恩格斯选集》第 1 卷，人民出版社 1972 年版，第 253 页。

② 恩格斯：《自然辩证法》，《马克思恩格斯选集》第 3 卷，人民出版社 1972 年版，第 563 页。

证法所具有的相对的保守方面。他们打着“革命”“批判”的幌子，只讲矛盾的斗争性，不讲矛盾的同一性，只讲绝对运动，不讲相对静止，只讲不断革命，不讲革命发展阶段论，大肆鼓吹怀疑一切，批判一切，打倒一切，砸烂一切。他们喊着最响亮的“革命”词句，整日价地叫嚷要斗斗斗、变变变、乱乱乱。在他们的眼里，讲团结等于“折中调和”，求安定等于“死水一潭”，保持相对稳定等于“墨守成规”，巩固社会主义制度等于“复辟”“倒退”。在他们看来，凡是现存的事物都是不合理的，都应当立即砸烂。其反革命目的正是要瓦解社会主义，颠覆无产阶级专政。林彪、“四人帮”的形而上学猖獗，从反面告诉我们，全面地准确地把握唯物辩证法是何等重要！

七、马克思主义辩证法包括了相对的保守方面，但并不归结为保守主义。保守主义把现存事物看成是僵硬不变的，实质上是维护旧事物的哲学。马克思主义唯物辩证法则是一种科学的发展学说，它是在肯定革命方面的绝对性的基础上承认相对的保守方面，是维护、发展新生事物的哲学。

八、有的同志觉得，似乎只有革命、否定才是积极的，讲起来也理直气壮；而保守、肯定等则似乎是消极的东西，讲起来就感到被动。这种看法也是片面的。应当知道，和绝对的革命性相结合的相对的保守方面，其本身就是革命性发展链条上的必要环节，因而也具有革命的积极意义。在一定的条件下，保持事物的相对稳定性即相对的保守方面正是实现绝对的革命性的条件。

九、保持相对的保守方面，对于新生事物的巩固和发展具有积极的意义。一般说来，新生事物总是在一场急剧的变动中诞生的。但是，新生事物的巩固和发展则需要相对稳定的条件。新生事物在经过激烈的搏斗基本战胜旧事物之后就必须争取一个相对稳定的条件以休养生息，使自己能站稳脚跟，巩固和发展胜利成果，否则新生事物也可能中途夭折。历史上常常有这样的现象，为运动开路的是所谓激进派，但能够巩固运动成果的则往往是所谓保守的稳健派。看来，这绝不是一种历史的偶然现象。

十、承认相对的保守性，对于事物的发展也有积极的意义。马克思主义者是不断革命论和革命发展阶段论的统一论者。坚持革命发展的阶段性正是实现不断革命的必要环节。在一定的历史条件下，只有坚持革命发展的阶段性才有可能实现不断革命。比如，从人类历史发展的长河看，社会主义社会只是一个暂时的阶段，它必然要转化到共产主义社会。但是，为了实现这种转化，在历史发展的现阶段，人们却必须全心全意地搞社会主义，巩固和发展社会主义制度。人们不积极从事社会主义事业，而去空谈共产主义，这种“共产主义”就只能是空想的共产主义、假共产主义，是真正的共产主义者所不取的。

十一、综上所述，必须把本质上革命的批判的辩证法完整地理解为绝对的革命方面和相对的保守方面的统一。这对正确解决辩证法中的一系列理论原则问题（如运动和静止、矛盾的同一性和斗争性的关系问题等）具有重要意义。

全面地准确地理解和宣传马克思主义的辩证法，对于继续澄清被林彪、“四人帮”搅乱了的理论、路线和政策上的是非，坚持党在社会主义历史时期的路线和政策，巩固、发展社会主义制度和安定团结的政治形势，加速四化建设，具有重要的现实意义。

——原载《天津师范学院学报》，1980年第2期；
转载《新华月报》(文摘版)，1980年第8期。

“形而上学”和“形而上学的思维方法”

“形而上学”作为一个哲学范畴，是近代的舶来品，从西方哲学引进的，是西文“Metaphysics”（拉丁文）一词的中文译名。

“形而上学”是欧洲哲学史上的一个重要哲学范畴。随着欧洲哲学的发展，它的含义也不断演变。“形而上学”一词最初只是一本哲学著作的名字，后来便转意指所有专门研究超感性对象的思辨学说，而后又由此引申出一个新的范畴——“形而上学的思维方法”，意指孤立、静止和片面的观点。

了解“形而上学”这个范畴的历史演变过程，有助于更好地理解德国古典哲学和马克思主义哲学。

一、亚里士多德的《形而上学》

在西方哲学史上，“形而上学”一词最初是作为古希腊哲学家亚里士多德（公元前384—前322）的一本著作的名字出现的。此书并非亚里士多德本人编辑，书名亦非他本人所定。大约在亚里士多德死后三百多年，有一位名叫安得洛尼柯的人（鼎盛于公元前40年）从事编辑《亚里士多德全集》的工作。在编辑过程中，他把亚里士多德有关“第一哲学”的论文汇编成册，并将其排列在亚里士多德的另一部著作《物理学》的后边，并因此而取名为 *Metaphysics*，意即“在物理学之后”。这就是西方哲学史上“形而上学”一词的最初来源和最初的含义。

亚里士多德《形而上学》一书讲的主要是所谓“第一哲学”。在古希腊，“哲学”（“爱智”）一词的含义极为广泛，它几乎包括了所有一切知识部门。亚里士多德所谓的“第一哲学”，是指有别于“生物学”“物理学”“语言学”“政治学”“伦理学”等具体科学知识的一个独立的知识部门，它的主要内容就是关于宇宙本体的学说，即所谓“作为存在的存在”①的学说，相近于近代人所讲的“哲学”。由于“第一哲学”研究的是比较抽象的东西，不像各门科学知识那样具体，因此，“形而上学”一词后来便由一本著作的名字逐渐转意成为所有关于本体的抽象思辨学说的通称。

二、欧洲17世纪的“形而上学”

到了17世纪，“形而上学”成了一门独立的哲学学科，出现了各种不同的“形而上学”体系。笛卡尔、马勒伯朗士、莱布尼茨等，都是当时著名的“形而上学”家，各自创立了自己独特的“形而上学”体系。笛卡尔的一本名著就叫作《形而上学沉思》。

和英国经验主义哲学不同，欧洲大陆上的各派“形而上学”有一个共同的特点，就是贬低感觉经验在认识中的作用，力图通过抽象的理性推论达到对超感性的对象（如“上帝”“灵魂”“意志”等）做出片面的绝对的规定。比如，在“形而上学”家看来，“上帝是存在的”“灵魂是不灭的”“意志是绝对自由的”等命题，都是永恒的绝对真理。

17世纪是欧洲哲学史上“形而上学”的繁荣时代。“形而上学”等于思辨哲学体系，便作为欧洲哲学中“Metaphysics”一词的传统含义确定了下来。

我国早期翻译家正是根据“Metaphysics”这个词的上述传统含义进行翻译的，有人把它译为“玄学”，有人借用我国古代

① 参看亚里士多德：《形而上学》，吴寿彭译，商务印书馆1962年版，第56页。

文献《周易·系辞》中“形而下者谓之器，形而上者谓之道”（意即：有形体的东西是物质性的事物，超于有形体的东西之上的东西是抽象的道）的话，把它译作“形而上学”。这种译法是符合这个词的传统含义的。

三、康德、黑格尔对“形而上学”的思维方法的批评

兴盛于17世纪的“形而上学”，到了18世纪便走向衰落了，受到了广泛的猛烈的批判。17世纪“形而上学”的最激烈的批评者要算18世纪的法国启蒙思想家，特别是法国唯物主义者。马克思写道：“18世纪法国启蒙运动，特别是法国唯物主义，不仅是反对现存政治制度的斗争，同时是反对现存宗教和神学的斗争，而且还是反对17世纪的形而上学和反对一切形而上学，特别是反对笛卡尔、马勒伯朗士、斯宾诺莎和莱布尼茨的形而上学的公开而鲜明的斗争。”[①]法国思想家们对17世纪“形而上学”的唯心主义、独断主义和思辨性的尖锐的抨击，使“形而上学”顿时信誉扫地。

和法国启蒙运动相呼应，康德在德国也吹响了批判“形而上学”的号角。他借助于对纯粹理性的深入分析，从认识论上推倒了莱布尼茨-伏尔夫“形而上学”体系。

特别值得我们注意的是，康德批判“形而上学”的时候，开辟了一个新的角度，即着眼于对“形而上学”的思维方法的批判。我们看到，“形而上学”的独断论是以否定矛盾的片面性的思维方法为基础的。比如，在“形而上学”家看来，意志是自由的，就不是必然的。和“形而上学”相反，在康德看来，人的认识一旦要透过现象去把握事物的本质的时候，理性自身

① 马克思和恩格斯：《神圣家族》，《马克思恩格斯全集》第2卷，人民出版社1957年版，第162页。

就必然会发生矛盾，即“二律背反”。他把这种理性矛盾（“二律背反”）叫作“纯粹理性之自然的不可避免的辩证法”或“与人类理性不可分离之辩证法”。[①]可以看出，康德在这里已经开始把坚持矛盾观点的辩证法同否认矛盾观点的“形而上学”的思维方法对立了起来。这就为后来黑格尔彻底清算“形而上学”的思维方法开辟了道路。

然而，和法国唯物主义者不同，康德尽管推翻了莱布尼茨-伏尔夫“形而上学”，但他并不想完全抛弃“形而上学”，而是力图创立一个新的“形而上学”体系。康德有一本标题很长的书：《任何一种能够作为科学出现的未来的形而上学导论》（《纯粹理性批判》一书的缩写本，通常简称为《未来形而上学导论》）。不过，康德对新“形而上学”的探索似乎一直停留在这部“导论”上。

继康德之后，黑格尔进一步批判莱布尼茨-伏尔夫“形而上学”。黑格尔批判的特色就在于，他十分自觉地紧紧抓住“形而上学”的思维方法。针对康德以前的“形而上学”，黑格尔写道：

> 这种形而上学便成为独断论……这种形而上学的思想必须于两个相反的论断之中……肯定其一必真，而另一必错。……譬如说，世界不是有限的，则必是无限的，两者之中，只有一种说法是真的。殊不知，具体的玄思的真理恰好不是这样，恰好没有这种片面的坚执，因此也非片面的规定所能穷尽。玄思的真理包含有这些片面的规定自身联合起来的全体，而独断论则坚持各分离的规定，当作固定的真理。[②]

① 康德：《纯粹理性批判》，三联书店1957年版，第244—245页。
② 黑格尔：《小逻辑》，商务印书馆1980年版，第101页。

黑格尔还指出：

对于旧形而上学的方法加以概观，则我们便可见到，其主要特点，在于以抽象的有限的知性规定去把握理性的对象，并将抽象的同一性认作最高原则。……这种形而上学未能达到具体的同一性，而只是固执着抽象的同一性。[①]

可以看出，在康德之后，黑格尔更自觉地从思维方法入手批判康德以前的“形而上学”，并把这种“形而上学”的片面性的思维方法同辩证法对立起来。事实上，黑格尔也正是在彻底清算莱布尼茨-伏尔夫“形而上学”的思维方法的过程中，系统地阐发了自己的辩证法思想。

值得注意的是，黑格尔看到，片面性的思维方法并不仅仅为康德以前的“形而上学”所特有，而是统治一个时代的普遍的思维方法。在黑格尔看来，17—18 世纪的经验主义哲学和唯物主义哲学同“形而上学”虽然在内容上极不相同，但是，“它们所用的方法可以说是一样的”。[②]这样，在黑格尔的著作中，“‘形而上学’的思维方法”便成了同辩证思维方法（更严格地说应是所谓“玄思”的思维方法）相对立的片面观点的代名词。

黑格尔把康德以前的“形而上学”叫作“旧形而上学。”[③]和康德相似，黑格尔在全力批判“旧形而上学”的同时又力图创立一个新的“形而上学”体系。他十分重视“形而上学”在民族文化中的地位，为在康德之后德国“形而上学”的衰落而感到惋惜。黑格尔写道：

一个有文化的民族竟没有形而上学，就像一座庙，其

① 黑格尔：《小逻辑》，商务印书馆 1980 年版，第 109 页。
② 黑格尔：《小逻辑》，商务印书馆 1980 年版，第 115 页。
③ 黑格尔：《小逻辑》，商务印书馆 1980 年版，第 97 页。

他各方面都装饰得富丽堂皇，却没有至圣的神那样。①

因此，黑格尔努力构造新的“形而上学”体系。事实上，黑格尔哲学体系就是一个新的富有内容的“形而上学”体系。正如马克思指出的：“被法国启蒙运动特别是法国唯物主义所击败的17世纪的形而上学，在德国哲学中，特别是19世纪德国思辨哲学中，曾有过胜利的和富有内容的复辟。”②正是在这个意义上，恩格斯也曾把黑格尔称为“一个伟大的德国形而上学家”。③

由此看来，在黑格尔的著作中，“形而上学”一词仍然是在传统的含义上被使用的，但有了新旧之分。在黑格尔看来，旧“形而上学”之所以旧，就在于它的思维方法是片面的，而他本人所创立的新“形而上学”之所以新，就在于其思维方法是辩证的。

四、恩格斯论“形而上学的思维方法”

马克思主义经典作家们站在辩证唯物主义的立场上彻底批判了一切“形而上学”体系，深刻揭露了所有新、旧“形而上学”的唯心主义本质。同时，经典作家们又十分重视黑格尔对旧“形而上学”思维方式的批判，精心地批判汲取其中所包含的合理成分。在黑格尔之后，恩格斯从辩证唯物主义出发，从人类认识发展史的高度，对“形而上学的思维方法”做了科学的分析和规定。

恩格斯指出：“旧的研究方法和思维方法，黑格尔称之为

① 黑格尔：《逻辑学》上卷，商务印书馆1966年版，第2页。
② 马克思和恩格斯：《神圣家族》，《马克思恩格斯全集》第2卷，人民出版社1957年版，第159页。
③ 恩格斯：《德国状况》，《马克思恩格斯全集》第2卷，人民出版社1957年版，第633页。

‘形而上学的’方法，主要是把事物当作一成不变的东西去研究。”[①]又说：“在形而上学者看来，事物及其在思想上的反映，即概念，是孤立的、应当逐个地和分别地加以考察的、固定的、僵硬的、一成不变的研究对象。他们在绝对不相容的对立中思维；他们的说法是：‘是就是，不是就不是；除此以外，都是鬼话。’在他们看来，一个事物要么存在，要么就不存在；同样，一个事物不能同时是自己又是别的东西。正和负是绝对互相排斥的；原因和结果也同样是处于固定的相互对立中。”[②]可见，所谓“形而上学的思维方法”就是一种孤立、静止和片面的观点，也“即反辩证法的哲学思维方法”。[③]

为什么把这种孤立、静止和片面的反辩证法的思维方法叫作“形而上学的思维方法”呢？这是因为，旧“形而上学”，即康德以前的“形而上学”乃是这种反辩证法的思维方法的典型的理论表现。恩格斯写道：“旧形而上学意义下的同一律是旧世界观的基本原则：a＝a。每一个事物和它自身同一。”[④]我们知道，同辩证法的具体同一性观点相对立的抽象同一性观点，正是孤立、静止和片面的思维方法的基础。

如前所述，18 世纪法国唯物主义者是旧“形而上学”体系的激烈的批判者。但是，从思维方法上看，法国唯物论并没超出旧“形而上学”的樊篱。恩格斯在论及 18 世纪的机械唯物主义的时候写道：“这种唯物主义的第二个特有的局限性在于：它不能把世界理解为一种过程，理解为一种处在不断的历史发展

① 恩格斯：《路德维希·费尔巴哈和德国古典哲学的终结》，《马克思恩格斯选集》第 4 卷，人民出版社 1972 年版，第 240 页。
② 恩格斯：《反杜林论》，《马克思恩格斯选集》第 3 卷，人民出版社 1972 年版，第 61 页。
③ 恩格斯：《路德维希·费尔巴哈和德国古典哲学的终结》，《马克思恩格斯选集》第 4 卷，人民出版社 1972 年版，第 224 页。
④ 恩格斯：《自然辩证法》，《马克思恩格斯选集》第 3 卷，人民出版社 1972 年版，第 538 页。

中的物质。这是同当时的自然科学状况以及与此相联系的形而上学的即反辩证法的哲学思维方法相适应的。”①这就是说，18世纪法国唯物论的思维方法也是“形而上学”的。

因此，恩格斯认为：“形而上学的思维方法”是欧洲 17—18 世纪在人们思想中占统治地位的普遍的思维方法。他说：“把自然界的事物和过程孤立起来，撇开广泛的总的联系去进行考察，因此就不是把它们看作运动的东西，而是看作静止的东西；不是看作本质上变化着的东西，而是看作永恒不变的东西；不是看作活的东西，而是看作死的东西。这种考察事物的方法被培根和洛克从自然科学中移到哲学中以后，就造成了最近几个世纪所特有的局限性，即形而上学的思维方式。”②

恩格斯还科学地分析了“形而上学思维方法”在人类认识发展史上的地位。从西方哲学史看，人类的思维方法是在不断变化和发展的，大致经历了自发辩证法、形而上学和自觉辩证法三大阶段。古代哲学家们把世界直观地看作一幅由种种联系和相互作用无穷无尽地交织起来的画面，其中一切事物都处于不断的运动和变化之中。这种自发辩证法观点正确地把握了现象的总画面的一般性质，但不足以说明构成这幅总画面的各个细节。而我们如果不知道这些细节，就看不清总画面。为了认识这些细节，人们就不得不把它们从自然和历史的总的联系中抽取出来逐个地加以研究。这种做法就给人们造成了一种习惯，即孤立地、静止地和片面地考察事物，从而也就由此形成了一种新的思维方法，即“形而上学的思维方法。”恩格斯指出：“形而上学的思维方式，虽然在相当广泛的、各依对象的性质而大

---

① 恩格斯：《路德维希·费尔巴哈和德国古典哲学的终结》，《马克思恩格斯选集》第 4 卷，人民出版社 1972 年版，第 224 页。

② 恩格斯：《反杜林论》，《马克思恩格斯选集》第 3 卷，人民出版社 1972 年版，第 60—61 页。

小不同的领域中是正当的，甚至必要的，可是它每一次都迟早要达到一个界限，一超过这个界限，它就要变成片面的、狭隘的、抽象的，并且陷入不可解决的矛盾，因为它看到一个一个的事物，忘记了它们相互间的联系；看到它们的存在，忘了它们的产生和消失；看到它们的静止，忘了它们的运动；因为它只见树木，不见森林。”[①]17—18世纪流行的“形而上学思维方式”，是和当时的自然科学还处于搜集材料，对自然界的各个过程分门别类地加以逐个研究的状况相适应的。随着18世纪末至19世纪初自然科学的发展和欧洲社会生活的巨大变动，人们的思维方法便由形而上学阶段过渡到了自觉辩证法阶段。这表明，“形而上学思维方法”曾经是人类思维方式发展过程中一个重要阶段。

恩格斯还指出，“形而上学思维方式”作为一个时代的思维方式已成为过去，但是，“它的残余还牢牢地盘踞在人们的头脑中”。[②]因此，批判“形而上学思维方法”，阐发辩证的思维方法，仍然是马克思主义哲学的重要任务。

由上述可见，“形而上学”和“形而上学的思维方法”是两个既有联系、又有区别的哲学范畴。前者泛指一切抽象的思辨哲学体系，历史上的哲学家、马克思主义经典作家以及现代的非马克思主义哲学家都是在这个含义上使用这个概念的。后者则是指反辩证法的孤立、静止和片面的观点，是马克思主义唯物辩证法科学的一个重要范畴。

正因为如此，我们可以说黑格尔是一位伟大的“形而上学”家，同时又是一位形而上学思维方式的深刻的批判者，伟大的

① 恩格斯：《反杜林论》，《马克思恩格斯选集》第3卷，人民出版社1972年版，第60—61页。

② 恩格斯：《路德维希·费尔巴哈和德国古典哲学的终结》，《马克思恩格斯选集》第4卷，人民出版社1972年版，第240页。

辩证法家。

人们常常把辩证法同“形而上学”对立起来，这只是为了表述上的简便。严格地说，和辩证法相对应的范畴应是“形而上学的思维方法”，而不是“形而上学”。

西方认识论史纲（节选）

第三章　唯名论和实在论

欧洲的封建时代（俗称中世纪）在意识形态上的一个显著特点就是基督教占据绝对统治地位，甚至在全部上层建筑的各个领域都渗透了宗教精神。恩格斯曾经指出，欧洲的中世纪只知道一种意识形态，即神学。其他的一切意识形态，都是为神学做论证、做补充，都是为神学服务的，都是神学的侍女，哲学也不例外。这样，丰富多彩的古代哲学就被唯一的一种哲学形式——经院哲学所取代了。经院哲学是在教会学院中讲授的基督教哲学。它不以自然界和人类社会作为研究对象，而是从教会的信条出发，诡辩推演，做出结论，并规定为人们行为的准则。它养成了一种只凭一般的概念和推理而不顾事实和实践的“经院习气”。

经院哲学虽说是唯一的一种哲学形式，但并不意味着它内部就没有斗争。没有斗争是不可能的，只不过当时这种斗争只能在神学的范围内进行。在所有的争论中，具有重要理论意义的争论，是实在论和唯名论的争论。它为近代唯物主义反映论的形成准备了必要的思想资料。

从思想渊源上看，中世纪唯名论和实在论的争论，乃是古代哲学关于“一般”与“个别”的讨论的继续和发展。如前所述，古希腊早期的哲学家们虽然也在不同程度上探讨过关于一般的本质、关于一般和个别在认识过程中的地位和作用问题，但是直观的思维方式使他们不可能理解高度抽象的东西，他们总以为“一般”也是某种实体。如果“一般”也是实体，这就等于说有两种实体：一种表现为个别，一种表现为一般（亚里士多德曾经把前者称为第一实体，后者称为第二实体）。如此，人们还可以进一步追问：这两种实体的关系如何呢？……因此探讨“一般”的本质或本性便成了认识论中的一个十分重要的问题。再加上当时宗教在意识形态领域中的支配地位，关于“一般”的本质或本性的问题，就与上帝的存在发生了血缘关系。于是“一般”与“个别”的关系问题的争论，便演变成了唯名论和实在论的争论。

公元三世纪，腓尼基学者波尔费留在为亚里士多德的著作《范畴篇》所写的引论中，把古代哲学家们关于“一般”与“个别”关系问题的讨论，归纳为如下三点：(1)“‘种’和‘属’……是否独立存在，是否仅仅寓于单纯的理智之中”；(2)“如果存在，它们究竟是有形体的还是无形体的”；(3)“它们究竟是与感性事物分离，还是寓于感性事物之中，与感性事物一致”。[①] 对于上述问题，大体上有两种回答：一种认为“一般”仅是一个名词，“个别”才是实在的，这称之为唯名论；另一种则认为“一般”是独立实在的，它是先于“个别”而存在的东西，这名之为实在论。在唯名论和实在论关于“一般”和“个别”何者为实在讨论中，势必涉及认识论上一些基本问题。从认识论方面看，实在论者是先验论者，唯名论则带有经验论的倾向。不论是唯名论还是实在论，总的来说都是唯心论的体系，不过，唯名论中还是多少包含了某些唯物主义的成分。正如列宁指出的：“中世纪唯名论者同实在论者的斗争和唯物主义者同唯心

---

① 参见波爱修：《著作选录》，《西方哲学原著选读》上卷，商务印书馆 1981 年版，第 227 页。

主义者的斗争具有相似之处。”[①]可以说，唯名论和实在论的斗争是唯物主义和唯心主义两条哲学路线在中世纪条件下的特殊表现。

唯名论和实在论的斗争在中世纪也有它的现实的社会意义。唯名论者和实在论者往往利用他们的理论对基督教教义和教会的地位做出不同的、有时甚至是根本对立的解释。比如，实在论者认为教会是“一般”“普遍”，所以是最高、最实在的。唯名论则认为，正因为教会是“一般”“普遍”，所以就只有象征（如名词）的意义，只有个别的“王权”才是实在的。一般说来，实在论者往往是教权派的代言人，唯名论则往往反映着世俗国王及其同盟者市民等级的要求。因此，在中世纪，实在论者被认为是正统派，而唯名论者则往往被斥为异端，不断受到打击和迫害。

第一节　唯名论和实在论的先声

经院哲学形成于 11 世纪。在此之前，哲学家们就早已开始探讨“一般”和“个别”、理性和感性的关系问题了。如上所述，这个问题最早是由波尔费留明确提出来的。他实际上是按柏拉图的观点来理解一般和个别的关系的，因而他是一位实在论者。

中世纪最早接触“一般”和“个别”问题的是意大利哲学家波爱修（480—524）。他出身于罗马的一个贵族家庭，当过执政官，是一个博学多才的人物。他的主要哲学著作有《哲学的安慰》和《波尔费留〈引论〉注释》等。和基督教神学不同，

① 列宁：《又一次消灭社会主义》，《列宁全集》第 20 卷，人民出版社 1958 年版，第 185 页。

波爱修认为，上帝不能从无中创造世界，“宇宙在时间中没有起点，也没有终点”。他在《波尔费留〈引论〉注释》中，摘引了波尔费留在《亚里士多德〈范畴篇〉引论》中提出的有关一般和个别的三个问题，并就这些问题阐述了自己的见解。波爱修自觉地站在亚里士多德的立场上，反对柏拉图关于“一般”（即“种”和“属”）是脱离个别事物而独立自存的观点。波爱修认为，个别事物是有形体的、独立自存的东西。“一般”是个别事物间的相似性，存在于个别事物之中，没有形体，但可以被感知。同时，当“一般”被我们理解时，它又作为共相存在于理智中。比如，线条是在物体之中的东西，它的存在是依靠于那个物体，离开了物体它便不能存在。事实上，谁也没有感知过一条与物体相分离的线。感觉给予我们的除了物体本身，还有存在于物体中的这种无形体的东西，这两者在感觉中是混杂在一起的。心灵则有力量将这些混杂在一起的东西区分开来，摆脱它们具体存在于其中的物体而想到这些无形体的性质本身。波爱修写道：“‘种’和‘属’是在个体之中，但它们都被思考为共相，并且，‘属’必须被看作不外是把个体中的众多的实质上相似性集合起来的思想，而‘种’则是集合‘属’的相似性的思想。但是这种相似性，当它是在个别事物中时，它是可感觉的，当它是在共相中时，它是可以认知的；同样地，当它被感知时，它是留在个体中，当它被理解时，它就成为共相。因此，它们是潜存于感性事物中，但它们不依赖形体就可被理解。”①

波爱修的上述观点具有明显的唯物主义倾向，对后来唯名论的形成有很大的影响。从认识论方面看，波爱修看到了感觉和思维的区别，感觉是具体的，思维则是一种抽象、分别的能力，

① 波爱修：《波尔费留〈引论〉注释》，《西方哲学原著选读》上卷，商务印书馆1981年版，第232—233页。

它能把所谓无形体的东西从有形体的东西中抽出来单独地加以思考。但是，他把“一般”归结为个别事物之间的可感知的相似性，把理智中的共相理解为可感知的相似性的集合，表明他并没有真正解决“一般”和“个别”、感性和理性的关系问题。

总的说来，波爱修的哲学还是唯心主义的。比如，他把所谓无形体的东西分为两类：一类是不能和个别事物分离的，如线、面、数目，等等；另一类则是独立于个别事物而存在的，如灵魂、上帝，等等。显然，这种观点是唯心主义的，并具有神秘主义的性质。

对后来经院哲学的形成有影响的哲学家还有爱尔兰学者爱留根纳。约翰·司各脱·爱留根纳（约 810—877）是一位泛神论者，认为“上帝自身实质上就是万物”。他崇尚理性，认为理性高于权威和信仰，指出“权威来自真正的理性，但是相反地，理性并不来自权威”。显然，爱留根纳的这些思想是和基督教神学相抵触的，因此，他被教会斥为异端。

实际上，爱留根纳的哲学体系总的来说也还是唯心主义的。他从新柏拉图主义出发，认为上帝是唯一的存在，世界万物都是从上帝流溢出来的，最后又回到上帝。在《关于自然的区分》一书中，爱留根纳把自然的形式做了四层区分：第一种形式就是上帝，它是万物的始因和源泉；第二种形式就是柏拉图所说的理念，它们是为上帝所创造并作为万物的原型而存在于上帝之中；第三种形式是为理念所创造的现实世界的个别事物；第四种形式是作为世界万物的最终目的的上帝。在爱留根纳看来，真正的实在是“一般”（即理念），个别事物只不过是“一般”的派生物。爱留根纳的这种“一般”高于“个别”的观点，便成为后来经院哲学中实在论的先声。

第二节 极端实在论和极端唯名论的认识论

公元11世纪，随着经院哲学的形成，唯名论和实在论的争论也就明朗化起来。

在这一时期，正统派的经院哲学家、实在论的最大代表是英国坎特伯雷的大主教安瑟伦（1033—1109）。安瑟伦是一位教权至上主义者，鼓吹教权高于王权。他还竭力鼓吹信仰高于理性，声言“除非我信仰了，我决不会理解”。

在哲学上，安瑟伦是一位柏拉图主义者。在西方哲学史上，他的名字是和他第一个提出的所谓“关于上帝存在的本体论证明”联系在一起的。在《宣讲》中，他写道：“如果说那种不可设想的无与伦比的伟大的东西，只在心中存在，那么，凡不可设想的无与伦比的伟大的东西，和可设想的无与伦比的伟大的东西，就是相同了。但是，这明明是不可能的。所以，毫无疑问，某一个不可设想的无与伦比的伟大的东西，是既存在于心中，也存在于现实中。”[①]安瑟伦的这个证明无非是说，我们心中有一个关于上帝的观念，即最完满、最伟大的实体的观念；而最完满、最伟大的东西必然地包含着存在性，否则它就不是最完满的、最伟大的东西了；既然上帝是最完满的、最伟大的，那么它就不仅存在于我们心中，而且也存在于现实中。

不难看出，安瑟伦的这个证明是从“一般”高于“个别”的实在论立场出发的。在他看来，愈普遍的东西愈实在，上帝是一个最普遍、最一般的观念，因此，上帝最实在。安瑟伦因

① 安瑟伦：《宣讲》Ⅱ，《西方哲学原著选读》上卷，商务印书馆1981年版，第241—242页。

此被称为极端的实在论者。从认识论上看，安瑟伦坚持的是一条从主观到客观、从思想推出存在的唯心主义认识论路线。

安瑟伦这个荒唐的证明，在当时就受到了一些经院哲学家的反对。安瑟伦把不同意他的论证的人斥为愚人。都兰的僧侣高尼罗为此专门写了《为愚人辩》一文，驳斥安瑟伦《宣讲》的观点。他明确指出，思维中的存在和事实上的存在不是一回事。如果因为你的心中存在一个上帝观念，便能证明事实上就有一个上帝存在着，那么我设想没有一个上帝，岂不也就证明没有上帝了吗？所以，我们不能认为存在于思想中的必定存在于现实中。当然，高尼罗本人也是一位从事于论证上帝存在的经院哲学家，他和安瑟伦的分歧仅在于论证方法的不同。但是，无论如何，高尼罗反对安瑟伦从思想推出存在这一点，还是切中了安瑟伦论证的要害，包含了合理的成分。

早期著名的唯名论的代表人物有贝伦伽里（约 1000—1088）和洛色林（约 1050—1112），他们从唯名论的立场出发对基督教的教义做出了异端的解释。

贝伦伽里认为，只有感性的个别事物才是实在的，“一般”“共相”只具有象征意义。他坚决反对把共相看作真正的本质。他在《论圣餐》（1049 年）一文中明确指出，人们在圣餐仪式中吃的就是普通的面包，喝的就是普通的酒，而不是像教会所说的是什么“主的身体和血”。圣餐仪式只具有精神的、象征的意义，基督早已升到天国里去了，人们怎能吃、喝到天国中的东西呢？贝伦伽里曾因此而遭到残酷的迫害。从这里也可以看出，唯名论的思想与传统的基督教教义是有矛盾的。

继贝伦伽里之后，洛色林又对“三位一体”的教条进行修正。正统派认为圣父、圣子、圣灵是“三位一体”，实即为一个神。与此相反，洛色林认为，上帝这个实体不可能既是圣父，又是圣子、圣灵。“三位一体”的三位仅按其威力、意志和品格来说是统一的，而按本性来说则是三个实体或三个神。1092 年，在苏瓦桑宗教会议上，洛色林的“三神论”被指责为异端邪说。

洛色林的“三神论”是以否认“一般”的实在性的唯名论为基础的。在他看来，只有“个别”才是实在的，而“一般”不过是一类个别事物的“记号”“词”“名称”。比如，除了在语言中，没有“人类”这个东西，而只有个别的人；没有“黑色”这个东西，而只有带有黑色的个别事物。由此看来，洛色林的唯名论具有极端的性质。

安瑟伦曾经指责洛色林“完全沉浸在感性里边”，“不能理解理性所理解的、不依赖于表象的东西”。在这里，安瑟伦明确地揭示了唯名论和实在论在认识论方面的根本分歧，前者具有感觉主义的倾向，后者则热衷于所谓“纯粹精神的认识”的先验论。

第三节　温和唯名论和温和实在论的认识论

如上所述，极端实在论者绝对地肯定“一般”以及理性的实在性，根本否定“个别”以及感性的实在性；极端唯名论者则绝对地肯定“个别”以及感性的实在性，根本否定“一般”以及理性的实在性。双方都表现了极其明显的片面性。随着讨论的深入，出现了所谓温和的唯名论和温和的实在论。这两派更着重于从认识论上探讨“一般”和“个别”的关系，从而使问题大大深入了一步。

洛色林的学生、法国经院哲学家彼埃尔 · 阿伯拉尔（1079—1142）是 12 世纪著名的唯名论者。他针对安瑟伦的先信仰而后理解的观点，提出了“先理解而后信仰”的口号。他甚至怀疑“原罪说”，指出“不可设想，上帝会因为一个人的父母犯罪而惩罚他”。他的许多著作被斥为异端邪说而被烧毁。他为经院哲学的逻辑学即所谓“辩证法”奠定了基础。这种烦琐的、形式主义的辩论方法，后来便成了经院哲学家们思考和解决一切问题的基本的思想方法。

阿伯拉尔哲学的基本命题就是“共相是语言、词”。他坚决反对实在论，坚持个别事物的实在性。当时巴黎教会的首脑桑堡的格尔欧姆坚持极端实在论的立场，认为共相是个别事物的实在本质，只是由于偶然特征，个别事物相互间才有了区别。比如，“人”这个共相是实在的，只是由偶然特性才形成了苏格拉底和柏拉图之间的区别。阿伯拉尔同这位巴黎教会的首脑进行了激烈的争论。他认为，唯有苏格拉底、柏拉图这样个别的人才是实在的，根本不存在脱离个别的人而独立存在的“人”的本质。不过，阿伯拉尔也不同意洛色林把“共相”说成是一类事物的“记号”的极端唯名论的观点。在他看来，共相是名词，但它有一定的意义，包含着一定的内容，即个别事物之间的相似点。阿伯拉尔的这种带有温和色彩的唯名论，通常被称为“概念论”。

阿伯拉尔还讨论了共相形成的过程。他认为，人们首先是通过对个别事物的直观而获得感性知觉，而后形成想象，继之，理智便把个别事物之中的相似点抽象出来形成共相、概念。不过，个别事物之间的这种相似点，不是居于个别事物之中或之外的某种独立的实体，而是和个别事物不可分地结合在一块的。因此，客观上没有“一般”，只有“个别”，“一般”即“共相”仅仅存在于理智之中。可以看出，阿伯拉尔的概念论克服了极端唯名论根本否认“一般”的缺点，但也还远远没有解决问题。

到了13世纪，西欧封建社会进入繁荣时代，罗马天主教会的统治也达到了极盛时期。托马斯•阿奎那（1225—1274）是这个时期经院哲学的最大代表。和主要以新柏拉图主义为基础的早期经院哲学不同，托马斯主要是通过歪曲亚里士多德的哲学而把经院哲学系统化的。亚里士多德被神化了，成了经院哲学的权威。托马斯竭力鼓吹教权至上、君权神授的唯神史观。在安瑟伦之后，他对上帝的存在提出了更系统的“证明”。托马斯坚持信仰高于理性，确认哲学是神学的侍女。他的《神学大全》一书被奉为基督教神学的经典。

在哲学上，托马斯是唯名论的激烈批判者。他坚持一种有别于安瑟伦的极端实在论的所谓温和实在论的立场。在托马斯看来，“一般”有三种存在方式：第一，作为创造世界的原型（理念）存在于上帝的理性之中；第二，作为通过对个别事物的抽象而形成的概念存在于人的理性之中；第三，作为个别事物的形式和本质存在于个别事物之中。在第一和第二种情况下，“一般”都是在个别事物之外独立存在着的。在第三种情况下，“一般”存在于个别事物之中，但仍然是作为同个别事物不同的“形式”“本质”而寄居于个别事物之中的。他说：“永远只是包含在一个‘种’里的东西，在存在上是与这个‘种’里的其他一切分子分开的；要不是这样，‘种’就不会被用来述说多数的分子了。”“因此必须把实体概念理解为：具有一种不应在他物之中的本质性的东西。”[①]由此看来，托马斯的基本立场还是坚持“一般”是和个别事物不同的实体的实在论。不过，这种观点和极端实在论已经有所不同，其中吸收了唯名论、特别是温和唯名论思想的某些成分。

---

① 托马斯•阿奎那：《神学大全》Ⅰ，《西方哲学原著选读》上卷，商务印书馆1981年版，第268页。

同这种实在论观点相联系，托马斯提出了所谓“隐秘的质”的学说。在他看来，个别事物中存在着和个别事物不同、但又决定个别事物的各种属性的某种固定不变的“实体形式”或“隐秘的质”。比如，一个热的物体之所以热，是因为其中隐藏着热质，腐蚀剂之所以能起腐蚀作用，是因为其中隐藏着腐蚀性质，等等。按照这种学说，人们只要同语反复地说，一个事物之所以有某种属性就是因为其中有和某种属性相同的“隐秘的质”，就可以解决一切问题，而无须通过观察和实验去研究事物的内部联系。显然，这种学说对于科学的发展只能起阻碍作用。

托马斯的认识论是他温和实在论观点的具体表现和展开。在这方面，他也充分利用了亚里士多德的混乱，特别是割裂形式和质料的混乱。当然，他的认识论也对前人的认识论做出了一定的总结。

托马斯认为，有三种认识对象和三种认识能力。第一种认识能力是感觉（它是一个物质机体的活动），它的对象是存在于有形物质中的一种形式。第二种是理智（它不是机体的活动而是灵魂的能力），它的对象是从表现为种种影像的个别事物中抽象出的形式。第三种是天使的理智。就人的认识来说，它开始于感觉，但是感觉所获得的仅仅是个别事物的知识。人的认识的目的还要把握共相和一般，用托马斯的话说，是要靠抽象的方法，通过物质事物来获得非物质事物的知识，这就要靠理智。所以他说：“理智的知识在某一阶段上是来源于感性的知识。”[①]但是，托马斯又认为，感觉能力是和肉体结合在一起的，感觉是可感的有形的事物对感官施加影响的结果，因而具有被动的性质。反之，理智则和肉体无关，它的对象是不可感

① 托马斯·阿奎那：《神学大全》Ⅰ，《西方哲学原著选读》上卷，商务印书馆1981年版，第271页。

的无形体的东西——“形式”，具有主动的性质。没有一种有形体的东西，能在无形体的东西上造出印象，所以，要使理智活动，单靠可感觉的物体造成的印象是不够的。我们是以“能动的理智”采用抽象的方法，把从各种感觉所接受的幻象，变成在现实上是可理解的。因此，理性认识虽然由感觉所引起，但并非全都来自感性认知。托马斯说：“在幻象这一部分上，理智的知识是由感觉引起的，但幻象不能凭自己使可能的理智有变化，它还必须依靠主动的理智来使自己变为在现实上可理解的。所以，决不能说感性认识是理智知识的总原因或全部原因，它只是在一个方面可作为原因看待。”[①]由此看来，托马斯关于认识开始于经验的思想是很不彻底的，他的认识论总的倾向还是先验主义。

托马斯还认为，就感性和理性的关系而言，人的认识是从特殊到普遍，从个别到一般。但就感性或理性本身而言，较一般的认识则先于较不一般的认识。从感性方面说，一个小孩总是先区别“人”和“非人”，然后再区别这个人和那个人。从理性方面说，人们总是先模糊地认识“动物”，然后再认识“理性动物”和“非理性动物”，从较一般的认识（如“人”）向较不一般的认识（如“苏格拉底”或“柏拉图”）的过渡，也就是从模糊的、不完全的认识向清楚的、完全的认识的过渡。人们只有弄清楚较不一般的东西，才能对较一般的东西有清楚确定的认识。可见，托马斯实际上猜测到了人类认识有一个从抽象到具体的过程。

托马斯不遗余力地对上帝的存在做了种种理论“证明”。但是，在他看来，理性终究代替不了信仰。比如，人的理性只能

① 托马斯·阿奎那：《神学大全》Ⅰ，《西方哲学原著选读》上卷，商务印书馆1981年版，第271页。

通过受造物去推出创造主上帝的存在，但却不能证明“三位一体”这个教条。这是因为，信仰的对象是超出人类理性的不可认识的东西。“所以，我们要证明信仰的真理，只能用权威的力量来讲给愿接受权威的人。”①

这里我们看到，盲目崇拜权威是经院哲学的一个显著的特点，是维护信仰主义的一个基本手段。

第四节 13—14世纪英国唯名论者的认识论

随着社会生产力的发展、自然科学的兴起和市民-资产阶级反封建斗争的加强，13世纪后，唯名论获得了进一步的发展。恩格斯指出：“唯名论，唯物主义的最初形式，主要是存在于英国经院哲学家中间。”②13—14世纪英国唯名论的主要代表人物有罗·培根、司各脱和奥康等人。这个时期唯名论的主要特点是同自然科学的结合以及经验论倾向的明显加强。

罗吉尔·培根（约生于1210—1215年间，死于1294年）出身于一个贵族家庭。先后在牛津和巴黎的大学任教。他不仅研究哲学和神学，而且长期从事自然科学实验活动。他一生不断受到迫害，晚年在监狱中度过了14年，直到78岁才出狱。

在哲学上，培根坚持唯名论的立场，认为只有个别事物才是实在的。上帝创造的是个别的具体的人，而不是为具体的人而赎罪的“一般的人”。共相就是一类个别事物的共同性，它使

① 托马斯·阿奎那：《神学大全》Ⅰ，《西方哲学原著选读》上卷，商务印书馆1981年版，第275页。

② 恩格斯：《社会主义从空想到科学的发展》，《马克思恩格斯选集》第3卷，人民出版社1972年版，第382页。

一类事物成为一类事物并使这一类事物和另一类事物区别开来。但是，共相不是独立于个别事物的东西，而是和个别事物融合在一起的。

培根把矛头首先指向经院哲学中流行的主观主义的思想方法，指出人们在掌握真理方面有四种主要障碍。这就是盲目屈从谬误甚多、毫无价值的权威；旧习惯的影响；流行的偏见以及由于人们对自己的认识的骄妄虚夸而带来的潜在的无知。在这些主观主义思想方法的支配下，人们便把真理看作谬误，宣扬虚假的东西，赞美最坏的东西，颂扬卑鄙的东西。在这里，自然的命令失效了，事物的面貌改变了，真理被嘘下了舞台。培根尖锐地指出："因此首先必须认清这四个原因的暴行和毒害的一切罪恶，谴责它们，并将它们远远地排斥在科学的考察之外。"[①]罗吉尔·培根的这个思想，为后来弗兰西斯·培根创立"四假相说"开辟了道路。

在培根看来，任何科学知识都是以个别事物为对象、以感觉经验为基础的。他说："我现在想来说明实验科学的基本原则；没有经验，任何东西都不可能充分被认识。"[②]

培根这里所说的经验不仅指的感官上的感觉、知觉，而且指的是科学实验。在他看来，认识的道路是从感官到理性，没有经验就没有理性认识。不仅如此，理性知识是否可靠还得靠实验来验证。培根认为，获得知识有两种方法：一是通过推理，二是通过实验。但是，通过推理得出的结论并不使人感到可靠，还必须借助于实验来验证。

培根还常常用许多科学实验的事例论证经验在认识中的重

---

① 罗吉尔·培根：《大著作》第一部分，《西方哲学原著选读》上卷，商务印书馆1981年版，第286页。

② 罗吉尔·培根：《大著作》第一部分，《西方哲学原著选读》上卷，商务印书馆1981年版，第287页。

要地位。比如，经院哲学家们普遍相信，除非用山羊血，否则就不能割破钻石。但是实验表明，这种观点是荒谬的，只有钻石的碎片才能切开钻石。又比如，一般人相信在容器中热水比冷水冻结得更快，说这是从“矛盾是由相反的东西所激起”这个原则推出来的，可是，实验证明，情况正好相反。所以，“一切事物必须通过经验来证实”。[①]

培根还不是一位唯物主义者和无神论者。在他的认识论思想中也还包含不少唯心主义和神秘主义的东西。比如，他把经验分为所谓从外部获得的感觉经验和内在的启示经验。他看不到数学知识的经验基础，于是就认为数学真理似乎是天赋的。这表明，培根对经验的理解不可避免地带有时代的局限。

邓斯·司各脱（1263 或 1266—1308）是 13 世纪末唯名论的一个重要代表人物。他出生于苏格兰，在牛津受教育，先后在牛津和巴黎任教。

司各脱是一位强调所谓“形式区别”的唯名论者。他认为，“一般”只存在于理智中，在理智之外，“一般”不能存在。个别事物既有“个性”又有“一般性”，两者在个别事物之中是有区别的，但不是两个实物之间的区别，而只是“形式上的区别”。正是由于这种“形式上的区别”，人们才能做出一般性的命题。

司各脱从唯名论出发，认为认识必须从个别到一般。理性认识归根到底来源于关于个别事物的感性知觉。他的认识论同样倾向于经验论。

唯名论在 14 世纪得到了更加广泛的传播。威廉·奥康（约 1300—1349）是当时唯名论的主要代表人物。奥康反对教权至上，认为教权和王权是平行的，各自独立的，教会只管宗教事

① 罗吉尔·培根：《大著作》第六部分，《西方哲学原著选读》上卷，商务印书馆 1981 年版，第 289 页。

务，不应干涉世俗政权的事务。

奥康因所谓“奥康的剃刀”而驰名于世。他坚持肯定个别事物的实在性，否定“一般”的客观实在性，认为实在论所谓“隐秘的质”，“实体的形式”之类的东西都是无用的赘物，为了节约时间和精力，必须用“经济原则”把它们统统剃掉。这就是著名的“奥康剃刀”。

奥康唯名论的另一个特点体现于“自然符号”说。在他看来，心外的一切事物都是个别的，认识开始于对个别事物的感觉，感觉的重复和记忆就在理性中形成关于一类个别的“记号”，也即“一般”。比如，人们在多次看到个别的石头之后，理性就根据反复产生的相同的感受形成“石头”这个词、“记号”。语词、“记号”即概念并不是个别事物中共同本质的反映，只是代表许多个别事物的符号。这样，奥康在反对实在论的同时又走向了根本否定“一般”的客观实在性、否认概念的客观内容的另一个极端。

奥康的哲学发生了很大的影响，在 14 世纪就出现了强大的奥康学派。奥康哲学的唯物主义经验论的倾向为自然科学和社会科学的发展开辟了道路。

但是，随着资本主义关系的形成和封建主义关系的瓦解，经院哲学就失去了它的存在、发展的根据。到了 15 世纪，经院哲学的历史实际上结束了，即使唯名论也很快失去了革新的性质。从此，经院哲学只是作为历史遗留的赘物、新思潮的批判对象而苟延残喘了。

此外，讲到中世纪的认识论，还必须注意到贯串于整个中世纪时期的一股神秘主义思潮。中世纪的神秘主义大致可以分为两种形式和两个阶段。一种是作为早期经院哲学组成部分的神秘主义。这种神秘主义来自新柏拉图主义，它宣扬神秘的直觉，表现为对教会正统观点的狂热信仰。大约从 12 世纪后，另一种神秘主义思潮得到了广泛传播。它蔑视教会权威，厌恶烦琐的宗教仪式，反对经院哲学，认为任何人只要通过“内在的启示”，在入神的状态下就可以直接听到“圣灵之音”，认识上帝，与上帝合一。彻底的神秘主义者完全否定理性认识，认为人只有用破坏全部逻辑规律的直觉方法，灵魂才能超凡入圣，进入天国。这种神秘主义异端往往和中世纪的反封建的社会运动联系在一起，并对后来的宗教改革运动发生了很大影响。这正如恩格斯指出的，“反封建的革命反对派活跃于整个中世纪。革命反对派随时代条件之不同，或者是以神秘主义的形式出现，或者是以公开的异教的形式出现，或者是以武装起义的形式出现。说到神秘主义，那么大家知道，16 世纪的宗教改革和它就有多么密切的关系”。[①]用综合法把零散的材料加以集中，进行综合研究，才能阐明现象的因果关系、内在的必然性。这样的认识才是“知识的最高阶段”，才是真正的科学知识。

文艺复兴时期的科学家们，在自己的科学研究工作中不仅逐渐创立了新的科学方法，而且探索着科学的认识论，他们的认识论思想紧紧地与他们的科学方法联系在一起，认识论给科学方法论提供了哲学根据和指导原则，方法论则给认识论提供养料，提出问题，促进它的发展。当然，在这样一个思想转向的时代，认识论还不可能形成非常系统而完备的理论体系。但是，随着新的科学方法之代替以宗教神学为权威的演绎法，认识论也显露出了崭新的面貌，它为近代认识论的发展准备了良好的思想条件。

---

① 恩格斯：《德国农民战争》，《马克思恩格斯全集》第 7 卷，人民出版社 1959 年版，第 401 页。

第五章　对认识的能力、道路和方法的探讨（一）——英国经验论

17 世纪，欧洲认识论的发展进入了一个新的阶段，即着重从主体入手去解决认识问题的阶段。从个人的认识发展过程看，他的孩提时代往往专注于周围的外在世界，天真地相信外部世界就像他所看到的、听到的。待年事渐长，随着活动范围的扩展，眼界的开阔，特别是受到了种种挫折之后，他就不得不总结以往的经验教训，反问自己到底怎样才能获得正确的认识。如果说，以前他满足于回答认识到了“什么”，那么，现在他就要进一步追问，怎样才能保证我认识到的这个“什么”是确实的？个人的认识发展过程如此，人类认识发展史也大致是这样。古代哲学家们关于本体论的研究，中世纪实在论和唯名论的争论，使 17 世纪的哲学家们认识到，问题不在于“一般”和“个别”何者是实在的，而在于怎样才能把握到实在。所以，主观上的认识方法问题突出了出来，因而认识论就由过去的从客体入手转为从主体入手去探索主体和客体的关系。认识论问题是 17 世纪哲学研究的中心课题，是这个时期哲学家们的自然观、宗教观以及社会政治学说的基础。这个时期的认识论对认识过程中两个基本环节——感性认识和理性认识的作用以及它们的相互关系，进行了较之古代、中古哲学更为深入的探索，形成

了所谓经验论和唯理论两大认识论派别。

17 世纪认识论的发展是以这个时期资本主义关系和自然科学的迅速发展为基础的。如前所述，资产阶级为了发展它的生产，没有科学是不行的。要科学就要反叛宗教，所以，资产阶级和科学一起参加了这一反叛。自从哥白尼创立太阳中心说宣布自然科学对神学的独立之后，自然科学有了迅速的发展。自然科学逐渐克服了以前自然哲学的朴素性、直观性，制定了研究自然界的更为精确的方法——数学方法、实验方法和归纳方法。此时关心自然科学发展的哲学家们则力图从中概括出一般的认识方法，以指导自然科学的发展。其中一些人崇尚数学上的推论法和证明法，力图把数学方法概括为一般的认识方法；另一些人则力图把实验方法、归纳方法提升为一般的认识方法。这样一来，过去在古代哲学和中世纪哲学中一直争论不休的“一般”和“个别”的关系问题，在新的历史条件下，就以思维和感觉在认识中的作用以及它们的相互关系问题所取代。到底是靠什么——感觉经验还是理性思维——才能正确反映客观呢？对这个问题的不同回答，在哲学家之间形成了认识论中的两种对立的倾向。这两种倾向从思维方式上说，都是形而上学的。它们是从自然科学移植到哲学中去的，深刻地反映了 17 世纪自然科学发展的状况和特点。经验论派和唯理论派分别对认识的感性阶段和理性阶段所做的探索，大大推进了人类认识的发展，是西方认识论发展史上的一个重要阶段，对后来欧洲认识论的发展有很大的影响。

17 世纪的认识论又是在批判经院哲学的过程中形成和发展起来的。在这个时期，不论是经验论者还是唯理论者，都是经院哲学的坚决的、激烈的批判者。这是因为，当时占统治地位的经院哲学的一整套思维方式——一切以神为中心、盲目地崇拜权威、蔑视自然和人生、极端的主观主义以及极端的形式主义等，严重地束缚着人们的思想，堵塞了人们认识自然和社会的道路，阻碍了资本主义的发展。17世纪的先进哲学家继承了“文艺复兴”时期人文主义者和自然哲学家的传统，致力于认识论的研究，把批判的矛头集中指向经院哲学，鼓吹面向自然，重视人生，大树人的理性（包括感觉和思维）的权威，改变了整个时代的思维方式，从而为社会变革和自然科学的发展开拓了道路。

当然，在批判经院哲学的同时，17世纪的认识论也吸收了其中的某些东西。从理论渊源上来看，经验论和唯理论正是中世纪经院哲学中的唯名论和实在论在新的历史条件下的继续和发展。

哲学史上，人们往往把17世纪的认识论学说分为大陆唯理派和英国经验派。法国哲学家笛卡尔、荷兰哲学家斯宾诺莎和德国哲学家莱布尼茨是欧洲大陆唯理派的主要代表人物。英国经验论的主要代表人物则有培根、霍布斯和洛克。本章将着重评述英国唯物主义经验论的形成和发展。

第一节　培根的唯物主义经验论和归纳法

在欧洲哲学史上，培根是一位划时代的人物。马克思和恩格斯称他为“英国唯物主义和整个现代实验科学的真正始祖”。[①]培根虽然在自然科学上没有什么重大的创造发明，但他所创立的唯物主义经验论打破了经院哲学的桎梏，破除了

① 马克思和恩格斯：《神圣家族》，《马克思恩格斯全集》第2卷，人民出版社1957年版，第163页。

对古代权威的迷信，为后来唯物主义和自然科学的发展廓清了道路。

弗兰西斯·培根（1561—1626）是英皇掌玺大臣的儿子，毕业于剑桥大学。他曾三次晋爵，六次升官，担任过掌玺大臣，最后升任英国国家大法官。后因被控受贿，禁止参加一切政治活动。他的主要著作有《论学术的进步》（1605 年）和《新工具》（1620 年）等。

培根生活于英国资产阶级革命的准备时期。这位政治上的改良主义者热衷于发展科学技术，发展生产。在培根看来，科学技术的发明创造是推动历史前进的动力。他说，印刷术、指南针和火药的发明与应用改变了整个世界的面貌，它们给人类社会生活的影响不是任何帝国或任何教派的力量所能比拟的。他提出的“知识就是力量”的著名口号，反映了当时英国新贵族、资产阶级渴望利用科学技术发展资本主义的需要。

培根十分自觉地意识到他所处的时代急需一场思维方式上的彻底革命。他说：“的确，如果物质世界的各个领域，也就是说地球、海洋与星体的领域，已经在我们的时代大大地打开和表露在我们的面前，而理智的世界仍然关闭在旧时发现的狭隘范围之内，那就是很可耻的事情了。”[①]然而，当时在思想上还占据统治地位的经院哲学完全堵死了人们认识自然的道路，是科学技术发展的最大障碍。培根哲学活动的目标，就是要给人类理智开辟一条和经院哲学完全不同的道路，为科学技术的发展寻找正确的途径和方法。

① 弗兰西斯·培根：《新工具》第 1 卷，《十六—十八世纪西欧各国哲学》，商务印书馆 1975 年版，第 32 页。

一、知识是存在的影像：对经院哲学认识论的批判

当经院哲学的乌云还笼罩着大地的时候，培根就发出了新时代的呐喊："人的知识和人的力量结合为一，因为原因如果没有知道，结果也就不能产生。要命令自然就必须服从自然。"①培根指责经院哲学"只能够谈说，而不会生产"，"只富于争辩，而没有实际效果"，好似不会生育的修女。在他看来，哲学的出发点和目的就是面向自然，认识自然，驾驭自然。知识就是力量。只有掌握了自然知识才能主宰自然。培根对人类认识自然和支配自然的力量充满信心，表现了上升时期资产阶级的进取精神。

在认识论上，培根从客观自然界出发，坚持一条鲜明的唯物主义反映论的路线。什么是知识呢？培根说："知识就是存在底影像"②。"知识的主要形式不是别的，只是真理的表象……存在的真实同知识的真实是一致的。"③在他看来，真正的科学知识不是头脑里固有的，也不是从某个权威的结论中演绎出来的，而是对客观自然界的正确反映。培根认为，自然界的各种事物都是由物质的最小单位——"分子"结合而成的。"分子"具有光、重、冷、热、密度、颜色、体积、运动等简单性质。而事物的性质又是为其内在的"形式"即规律所决定的。科学的任务就是研究、发现"形式"，如果"形式"被发现，人们"就可以在思想上得到真理而在行动上得到自由"。为了真正把握自然界的规律性就必须像德谟克利特学派那样，"深入到自然界里面去"，"在事物本身上来研究事物的性质"。

① 弗兰西斯·培根：《新工具》第1卷，《十六—十八世纪西欧各国哲学》，商务印书馆1975年版，第9页。

② 弗兰西斯·培根：《新工具》，商务印书馆1934年版，第106页。

③ 弗兰西斯·培根：《崇学论》，商务印书馆1938年版，第26页。

培根对经院哲学的批判不是停留在一般的谴责上，而是从唯物主义反映论出发比较系统和深入地揭露了经院哲学的认识论根源。他认为，人心中存在着种种根深蒂固的幻想和偏见即所谓“假相”，使人们不能正确地反映自然的本来面目，无法认识真理。培根指出：“扰乱人心的假相有四种。为了分别起见，我给这些假相取了名字，称第一种为‘种族假相’，第二种为‘洞穴假相’，第三种为‘市场假相’，第四种为‘剧场假相’。”[①]这就是欧洲哲学史上著名的培根的“四假相”说。培根认为，“种族假相”根源于人的天性和人类种族之中。这种假相“不是以宇宙的尺度为根据”，即不按自然界的本来面目来认识自然，而“以个人的尺度为根据”，即把人所特有的本性附加于客观自然界身上。比如，由于人的活动是有目的的，人们便以为宇宙秩序也是有目的地被安排的，从而把只是和人的本性有关而和宇宙无关的东西强加给宇宙。这就陷入了主观主义。

关于“洞穴假相”，培根指出，人们在观察事物时，一定会受个人的性格、爱好、所受教育、所处环境等的影响，这些条件会给人们造成各不相同的片面性，使每个人犹如处于各自特殊的“洞穴”之中，坐井观天，“自然之光”便因之“发生曲折和改变颜色”，看不清事物的真实面目。因此，人们在认识过程中就必须清醒地估计到这些个人主观因素的干扰，自觉地坚持从客观事物本身出发去认识事物。

所谓“市场假相”，是指人们在日常交往中使用虚构的或含混不清的语词概念造成的谬误，如同市场上的叫卖者以假冒真所造成的混乱。这是经院哲学家们散布谬误的惯用手法。他们或者虚构某些事实上并不存在的事物的名称，如“第一推动者”

① 弗兰西斯·培根：《新工具》第1卷，《十六—十八世纪西欧各国哲学》，商务印书馆1975年版，第13页。

等进行推论，或者使用诸如“实体”“形式”等含混不清的语词进行争辩，使人陷入空洞无聊的诡辩和烦琐的论证。

第四种假相是“剧场假相”。这是指由于盲目崇拜权威而造成的错误。培根认为，一切流行的哲学体系都犹如舞台上演出的戏剧，根据一种不真实的布景方式来表现它们自己所创造的世界。可是，人们却往往把它们当作某种神圣不可侵犯的权威、教条加以信奉，这样势必造成谬误，遗患无穷。培根认为：“只要我们的时代认识它自己的力量，并且愿意试一试这种力量，实施这种力量，那么我们完全可以希望从这个时代得到比古代更多的东西，因为它是世界上更进步的时代，并且储藏着无限丰富的实验和观察。”①但是，培根在批判盲目崇拜权威时并不是要否定一切权威。正如马克思和恩格斯指出的，在培根的著作中，“阿那克萨哥拉连同他那无限数量的原始物质和德谟克利特连同他的原子，都常常被他当作权威来引证”。②培根的目的，仅仅在于强调：“真理是时间的女儿，不是权威的女儿。”③显然，培根的这个思想是极为深刻的。

在培根看来，“假相”固然是人心固有的弱点，但不是不可克服的，揭露“假相”正是为了克服“假相”。这里的关键在于正确地使用我们的理智。只要我们把犯错误的原因弄清楚了，就能找到补救的办法，获得可靠的知识。培根明确地指出，医治和补救理智使其免于陷入“假相”的适当方法就是以经验主义为基础的归纳法。他说：“用真正的归纳来形成观念和公理，

① 弗兰西斯·培根：《新工具》第 1 卷，《十六—十八世纪西欧各国哲学》，商务印书馆 1975 年版，第 32 页。

② 马克思和恩格斯：《神圣家族》，《马克思恩格斯全集》第 2 卷，人民出版社 1957 年版，第 163 页。

③ 弗兰西斯·培根：《新工具》第 1 卷，《十六—十八世纪西欧各国哲学》，商务印书馆 1975 年版，第 32 页。

无疑是避免和清除假相的适当补救办法。”①

培根的“假相说”主要是针对经院哲学的。他对经院哲学的谬误所做的认识论根源的分析，具有相当普遍的意义。他看到了人类认识过程的复杂性、曲折性，指出了主观性、片面性是产生谬误的根源，并且仔细地分析了主观性和片面性的各种具体表现形式及其形成的各种条件。他的这些思想从一个方面大大地丰富了唯物主义反映论，对于人们防止和克服错误认识具有启发意义。不过，培根并不了解经院哲学的社会基础是封建制度，因此他对经院哲学的产生和流行的社会阶级根源和历史根源缺乏分析。

二、认识起源于经验

培根的唯物主义反映论具有经验主义的倾向。

人的认识应当从哪里开始呢？培根明确指出，全部路程应当从感官原始知觉开始。他说：“人们若非发狂，一切自然底知识都应当求之于感官。”②马克思和恩格斯在评述培根的认识论时写道：“按照他的学说，感觉是完全可靠的，是一切知识的泉源。”③

培根把亚里士多德哲学称为“理性派”哲学，指责他不以事物、经验为根据，而是用“各种范畴来形成世界”，“用他的逻辑毁了自然哲学”。亚里士多德有时也提及经验，但在他那里，结论先于经验而存在，经验只不过是结论的例证而已。培根形象地指出，亚里士多德“使经验屈从于他的意见，把经验带着

① 弗兰西斯·培根：《新工具》第1卷，《十六—十八世纪西欧各国哲学》，商务印书馆1975年版，第13页。

② 弗兰西斯·培根：《新工具》，商务印书馆1934年版，第22页。

③ 马克思和恩格斯：《神圣家族》，《马克思恩格斯全集》第2卷，人民出版社1957年版，第163页。

到处走，就像一个游行示众的俘虏一样”[①]。

培根对经院哲学的亚里士多德主义的批判，实际上提出了认识论上一个极其尖锐、极其深刻的问题：经验是原则、公理或结论的基础呢，还是相反？换句话说，人的认识是应当从经验出发呢，还是从原则、公理或结论出发？这正是认识论中唯物论和唯心论斗争的一个焦点。培根的立场是鲜明的，坚持唯物论，反对唯心论。

培根对“经验”这个概念所做的分析是很有价值的。在培根看来，作为科学知识的经验应当具有“确实性”，如果人的认识不是以确实的经验为基础，而是把“某些谣传”的东西、“粗疏模糊的观察”或“似是而非的经验”作为根据，那就好像一个国家不是根据可靠的使者的书信和报告，而是根据街谈巷议来决策办事。培根还认为，作为科学知识基础的经验必须是丰富的，数量上足够的。“感官的表象愈丰富愈精确，则一切事情进行起来，都较为容易。”与此相反，经院哲学家和炼金术士们虽然也讲经验，但他们往往满足于少数狭隘的和暧昧的经验，并且急迫地想从这些个别的经验一下子跳到事物的普遍原则上去，强使一切别的事实适合于他们的体系。培根还指出，作为科学知识基础的经验还必须是全面的，即既要有正面的例证，也要有反面的例证。可是有的人一旦接受了一种意见，就竭力把别的一切东西都拉进来支持这种意见。尽管他们看到了另一些更多的或更有力量的反面例证，但也装着视而不见，听而不闻，甚至千方百计地加以拒绝和否认。这种思维方式是哲学和科学发展的“祸患”。

培根在认识论上另一个重要的贡献是把“实验”这个范畴

① 弗兰西斯•培根：《新工具》第1卷，《十六—十八世纪西欧各国哲学》，商务印书馆1975年版，第25页。

纳入了认识论。这是古代和中古哲学家们所不能做到的。如果说，古代自然哲学只是限于从总体上笼统地把握自然界，那么，近代自然科学则借助于实验方法对这个整体的各个部分进行更深入更精确的认识。培根力图对这种自然科学方法论加以考察，对它做出哲学概括。

培根认识到，科学实验较之感性直观更为优越，能够弥补感性直观之不足。在他看来，感官表象是“自然发生”的，消极被动的；实验则是一种人们“有意寻求”的能动的认识活动。感觉只能接触事物的表面现象，不能把握事物内部的本质；而借助于一定技术手段的实验则能更深入地揭露“自然的奥秘”。因此，“感觉所决定的只接触到实验，而实验所决定的则接触到自然和事物本身”。①培根自觉地把人类社会实践的基本形式之一——科学实验作为认识的一个重要环节，作为自然科学知识的基础而纳入认识论，这在认识论发展史上是一次飞跃。

但是自从实验方法被提升为认识方法论以后，这就在人们的思想中逐渐形成了一种特有的思维方式——形而上学思维方式。这种思维方式告诉人们应当像搞科学实验那样，撇开事物的普遍联系和发展，孤立地、静止地去考察一切事物。这种由培根引出、最后为洛克所系统化的形而上学思维方式，对于尚处在搜集材料阶段的自然科学，对于正在对自然界的各个部分进行的分门别类的研究，都曾起过巨大的推进作用。后来，随着社会实践的发展，这种思维方式所固有的局限性也随之暴露出来，而最终为更高级的思维方式——自觉辩证法所代替。

培根在肯定感觉经验是认识的泉源的同时，也看到了理性认识在认识中的作用。他认为感性提供材料，理性进行“整理

---

① 弗兰西斯·培根：《新工具》第1卷，《十六—十八世纪西欧各国哲学》，商务印书馆1975年版，第17—18页。

和消化”。只有把感性和理性结合起来才能得到科学的知识。这方面，培根有一段名言说：“历来研究科学的人或者是经验主义者，或者是独断主义者，经验主义者好像蚂蚁，他们只是收集起来使用。理性主义者好像蜘蛛，他们从他们自己把网子造出来。但是蜜蜂则采取一种中间的道路。他从花园和田野里面的花采集材料，但是用他自己的一种力量来改变和消化这种材料。真正的哲学工作也正像这样。”①

但是，总的说，培根本人还是一位重经验轻理性的经验主义者。由于他极端厌恶经院哲学玩弄思辨的把戏，因此他时刻警惕理性离开经验去任意驰骋。他说：“决不能给理智加上翅膀，而毋宁给它挂上重的东西，使它不会跳跃和飞翔。”②

可以看出，培根对理性的本质和作用是不理解的。诚然，理性认识必须以感性经验为基础，但两者在性质上又是不同的。因此，从感性认识过渡到理性认识势必就要经历“跳跃”。如果不把理性“整理和消化”经验的过程理解为由现象到本质的飞跃，那么实际上这种认识还囿于感性范围，还是在感觉经验范围内打转转。培根由于对经院哲学家玩弄演绎推理的厌恶，几乎完全否定了理性推理在认识过程中的作用。其实，在肯定理性认识离不开感性认识这个原则的时候，并不能否认人们可以依据一定的经验材料进行推理，做出预断，提出各种假说。假说是自然科学发展的一种思维形式，是人类认识发展过程中的不可缺少的环节。它可以帮助人们超越现有经验的局限，开阔思路，扩大眼界，为获得新的科学知识开辟道路。因此把理性认识不能离开感性认识这个原则理解为理性认识只能局限在现

① 弗兰西斯·培根：《新工具》第1卷，《十六—十八世纪西欧各国哲学》，商务印书馆1975年版，第40—41页。

② 弗兰西斯·培根：《新工具》第1卷，《十六—十八世纪西欧各国哲学》，商务印书馆1975年版，第44页。

有感觉经验的范围之内，看不到由感性到理性是一次飞跃，那就势必会否定理论思维在认识过程中的能动作用。

三、人类理智的新工具——归纳法

培根哲学的中心问题是要为促进科学的发展制定新的科学方法，给人类理智提供新的工具。这个新的科学方法、新工具就是他在唯物主义经验论基础上创立的归纳法。

针对亚里士多德的逻辑著作《工具论》，培根把自己系统阐述归纳法的著作定名为《新工具》。显然，这种做法本身就具有强烈的挑战性质。我们知道，亚里士多德是西方形式逻辑科学的奠基者。在和古代诡辩派的斗争中，他系统地阐述了演绎法即三段论。亚里士多德是重演绎、轻归纳的。到了中世纪，经院哲学歪曲利用亚里士多德的逻辑（主要是三段论）为神学做论证。在亚里士多德那里，三段论本来是帮助人们正确思维的科学规则。可是，到了经院哲学家手里，它却成了论证谬误、传播谬误的工具。因此，亚里士多德的逻辑也就很自然地成了经院哲学批判者的靶子。在当时的历史条件下，这场归纳法反对演绎法的斗争具有唯物论反对唯心论的性质。

和三段论相对立，培根提出了归纳逻辑。培根明确指出："我的逻辑学和普通逻辑学，特别有三种差异之点。第一则是企图的目的不同，第二则是解证的次序不同，第三则是研究的起点不同。"[①]他认为，经院哲学三段论的目的是"教人争辩"，以便强迫人同意自己的命题；归纳法的目的则是帮助人们探索真理，认识和支配事物。在解证程序上，三段论把某些一般原理看成"固定和不变"的真理，然后从这些原理出发推出有关特殊事物的结论，也即从一般到个别；反之，归纳法则是从经

① 弗兰西斯·培根：《新工具》，商务印书馆1934年版，第19页。

验和特殊事物出发，按照一定的规则，逐步地从特殊事物中引出公理，也即从个别到一般。三段论往往把未经证明的公理或由一些含混不清的语词组成的命题作为研究的起点，很不可靠；归纳法则是以科学实验、经验事实为基础的。在培根看来，归纳法是避免和清除假相的适当的补救办法，是唯一正确的科学方法。

培根指出，真正的归纳法应当在实验的基础上采取三个步骤，即所谓“三表法”。第一种表：“本质和具有表”。其任务是专门搜集和登记有关研究对象的正面的例证，即当给定的性质出现时，另一种现象也随之出现的例证。比如，如果我们要想研究“热”，那就必须首先掌握发“热”的各种例证，如火焰、摩擦，等等。

第二种表：“差异表”。其任务是搜集和登记有关研究对象的反面例证，即遇到上述类似的现象出现时，我们想要研究的性质却不出现的例证。例如上表举出摩擦生热，但是我们发现空气流动也发生摩擦而成为风，它不是给人热的感觉，而是冷的感觉。这就要追问一下为什么，是上表事例不正确呢，还是本表事例另有原因？

第三种表：“程度表”。其任务是搜集和登记给定的对象以不同程度出现，另一现象也相应地以不同程度出现的例证，如有不同程度的热便有不同程度的运动出现的例证。

培根认为，有了以上三表的例证便可进行归纳。比如，在他看来，按照第一种表的例证，热的本质可能是光，也可能是运动，但是按照第二种表的否定例证看，月光虽有光却没有热，而被摩擦的金属虽然没有光却有热的性质。通过归纳，培根断定热的“形式”是运动。在培根看来，人们不应当轻信正面的例证，在归纳过程中，最重要的是要从否定的东西出发，最后在穷尽了排斥之后，达到肯定的东西。他认为，通过“三表法”进行归纳就可以使人们深入到事物的内部去寻找事物间的因果联系，发现事物的规律性。正如马克思和恩格斯指出的，在培根那里，“科学是实验的科学，科学就在于用理性方法去整理感性材料。归纳、分析、比较、观察和实验是理性方法的主要条件”。①

不难看出，以科学实验为基础的、既注重正面例证又注重反面例证的归纳法，较之简单枚举的归纳方法要丰富得多、深刻得多了。培根的归纳法是西方归纳逻辑发展的一个重要阶段。后来，19世纪英国哲学家穆勒便把培根的“三表法”推广为契合法、差异法和共变法，并另加一条剩余法，进一步解决了归纳推论方面的一些逻辑问题。

培根认为，虽然由归纳法确立的原则、公理具有可靠性，但这种以普遍性命题形式表现出来的原则、公理的可靠性，仍然是有疑问的，还必须通过新的实验或例证进行检验，考察这些原则、公理“是否只是按照那些由之把它引申出来的特殊事例的尺度形成的，抑或它比这些事例的范围还要更大和更广一些”。②培根已经觉察到从经验中归纳得来的原则、公理带有两面性，既是确定的又是不确定的。在它由之引申出来的特殊事例的范围内，也即在已知事物的范围内，它是确定的；超过了这一范围就是不确定的。原则、公理的普遍性形式能够帮助人们避免囿于已知事物的范围，但也可能使人陷入不着实际的幻想。因此，他主张用新的实验和例证给予验证。培根的这个思想在后来的经验主义者那里得到了进一步的发挥。

① 马克思和恩格斯：《神圣家族》，《马克思恩格斯全集》第2卷，人民出版社1957年版，163页。

② 弗兰西斯·培根：《新工具》第2卷，《十六—十八世纪西欧各国哲学》，商务印书馆1975年版，第45页。

培根的归纳法从一个方面概括了当时自然科学中的研究方法。但是，培根把他的归纳方法看成唯一正确的科学方法则是片面的。事实上，当时发展很快的一个重要科学部门——数学的研究方法却主要是演绎法。培根几乎完全忽略了这个方面。但是，为培根所忽略的东西却被大陆上的哲学家们突出地加以强调了。和培根重归纳、轻演绎相反，大陆唯理论者则是重演绎、轻归纳。关于归纳和演绎的关系，恩格斯指出："我们用世界上的一切归纳法都永远不能把归纳过程弄清楚。只有对这个过程的分析才能做到这一点。——归纳和演绎，正如分析和综合一样，是必然相互联系着的。不应当牺牲一个而把另一个捧到天上去，应当把每一个都用到该用的地方，而要做到这一点，就只有注意它们的相互联系、它们的相互补充。"①不论是经验论者还是唯理论者，都没有看到这一点。不过，应当看到，人类认识发展的过程，是很复杂、很曲折的。17 世纪的归纳万能论者和演绎万能论者的对立，乃是人类认识过程中的一个必经的和重要的阶段。正是这种对立加深了对归纳法和演绎法的分别研究，同时也充分暴露了各自的片面性，这就为后来两者的结合创造了条件。

培根的归纳法是他的唯物主义经验论的具体发挥。它不仅充分显示了这条认识论路线的巨大的生命力，同时也充分暴露了这条认识论路线固有的缺点：片面夸大感性认识的地位和作用，贬低甚至否定理性认识的能动作用。

四、二重真理论

培根在肯定自然科学真理的同时还承认所谓启示真理。这

① 恩格斯：《自然辩证法》，《马克思恩格斯选集》第 3 卷，人民出版社 1972 年版，第 548 页。

就是他的所谓二重真理论。

经院哲学和宗教神学的批判者培根并不是一位无神论者。他明确肯定上帝存在，承认所谓信仰的真理。他说："人的知识就如同水似的，有的是从上边降落的，有的是从下边涌起的。一种是由自然的光亮所呈示的，一种是由神圣的启示所鼓舞的。"①

培根认为，科学和宗教应当是互不干涉的。世俗的事情不要干涉神圣的事情，宗教也不要干涉科学。他既反对"从哲学家的原理中把基督教的真理推演出来"，也反对根据《圣经》的"创世记"等"来建立一个自然哲学的体系"。

在当时神学占据统治地位的历史条件下，培根力求划清科学和宗教、知识和信仰的界线，主张两者互不干涉，这实际上是站在科学的一边向神学争地盘，维护科学的独立地位。因此，培根在当时主张二重真理论应该说是有一定的积极意义的。不过，肯定信仰真理这一点，还是表现了培根的唯物主义认识论的不彻底性，反映了当时资产阶级和新贵族反封建的软弱和妥协的品格。

第二节　霍布斯对经验主义的发展

霍布斯继承和发展了培根唯物主义经验论的认识论路线。

托马斯·霍布斯（1588—1679）出身于牧师家庭，受教于牛津大学。英国革命初期，他移居法国，和保王党人保持联系，并当过当时逃亡在法国的英国国王查理二世的数学教师。在克伦威尔执政期间，霍布斯回到了英国。在斯图亚特王朝复辟时

① 弗兰西斯·培根：《崇学论》，商务印书馆1938年版，第121页。

期，他受到王党和教权派的迫害。他的主要著作有：《利维坦》（1651 年）、《论物体》（1655 年）等。

霍布斯哲学思想的形成和发展是和当时几位著名人物的影响分不开的。他曾当过培根的秘书，受过培根哲学思想的熏陶。在旅行欧洲大陆期间，他结识了著名的意大利科学家伽利略。伽利略在数学、力学方面的巨大建树乃是霍布斯创立机械唯物主义体系的主要科学依据。霍布斯曾和法国哲学家笛卡尔进行过辩论。他从经验论立场批评了笛卡尔的二元论、天赋观念论，同时也接受了笛卡尔唯理论的影响。英国资产阶级革命的旗手克伦威尔则对于霍布斯社会政治思想的形成和发展有很大的影响。在克伦威尔执政期间，他在伦敦发表了他的名著《利维坦》。在他从法国回到英国的时候，受到了克伦威尔的礼遇。可以看出，霍布斯所处的时代和培根所处的时代大不相同了，英国资产阶级革命的爆发，欧洲自然科学和哲学的新发展，决定了霍布斯的哲学思想具有新的特色。

霍布斯把培根的唯物主义系统化了，他在伽利略物理学的影响下创立了欧洲近代哲学史上第一个机械唯物主义体系。这一体系认为，世界上只有一个实体，即不依赖我们的思想而独立存在的物体。物体的根本属性是广延性。机械运动是物体运动的唯一形式。世界上的一切物体，包括人和国家在内，都不过是一架机器。可以看出，霍布斯的唯物主义世界观抛弃了培根的某些自发辩证法的思想，更具有明显的形而上学性质。但是，霍布斯的机械唯物主义是以当代自然科学的新发展，特别是数学、力学的新成果为依据的，它克服了培根唯物主义的朴素性，是唯物论发展史上的新进展。

和醉心于发展科学技术的培根不同，霍布斯热衷于社会政治理论的研究。他力图把他的机械唯物主义世界观运用于观察社会生活。他认为，人的本性是“自我保存”。人类最初生活在“自然状态”中，每个人只顾自己的利益，不惜侵犯他人的利益，“人对人像狼一样”。这样，人们实际上达不到自我保存的目的。于是，人们相互订立契约，把人们企图占有一切的“自然权利”转让给一个人或一个统治集团。人类便由此进入了社会状态，产生了国家。他把这样的国家比作《圣经》上所说的那个巨大的海兽“利维坦”。在这个国家里，统治者具有绝对的统治权，人民对统治者只有绝对服从的义务，没有任何反抗的权利。不难看出，霍布斯所鼓吹的这种专制理论是和当时克伦威尔统治的需要相适应的。

有一种观点认为，霍布斯的唯物主义是反动的，因为它鼓吹专制主义。应当看到，霍布斯是“用人的眼光来观察国家”[①]的，这和所谓“君权神授”的封建专制理论是根本对立的。也就是说，他所鼓吹的不是封建的专制主义，而是资产阶级的专制主义。因此，总的说来，在当时的历史条件下，他的专制理论具有反封建的进步意义。当然，霍布斯的这个学说所具有的反人民、反民主的性质也是很明显的。

认识论问题在霍布斯的哲学中也占有重要地位。在他看来，认识论、方法论是人们自然研究和社会研究的基础。霍布斯的主要阐述社会国家学说的著作《利维坦》，就是从研究认识论开始的。

一、一切知识都是从感觉获得的

霍布斯继承了培根唯物主义经验论的认识论路线，认为感觉是知识的泉源，是外物作用于感官的结果。他说：“一切观念

① 马克思：《第179号〈科伦日报〉社论》，《马克思恩格斯全集》第1卷，人民出版社1956年版，第128页。

最初都来自事物本身的作用，观念就是事物的观念。当作用出现时，它所产生的观念也叫感觉，一个事物的作用产生了感觉，这个事物就叫作感觉对象。”①

在知识的源泉问题上，霍布斯同法国哲学家、唯理论者笛卡尔展开了一场争论。笛卡尔根本否认感觉的可靠性，认为某些基本观念如上帝、道德原则和几何学公理等，都不是从感觉经验获得的，而是与生俱来的“天赋观念”。显然，这是唯心论的先验论。霍布斯反驳说，如果人心中有什么“天赋观念”，那么它们就应当在任何时候都会呈现在人们心中，可是人们在熟睡无梦时就没有任何观念。如果观念是“天赋的”，那么它就应当是清楚明白的，无可争辩的，可是，像笛卡尔所说的“上帝”这个“天赋观念”却是人们争论最多的。因此，霍布斯宣称：“我们所有的一切知识都是从感觉获得的。”②

霍布斯把培根关于认识开始于经验的原则贯彻到底，克服了培根的二重真理论的缺点。在他看来，以感觉经验为基础的哲学是唯一的科学知识。神学不是通过理性，而是靠教会的权威才得以维持的。因此，“哲学排除神学”。霍布斯从认识论上分析了宗教产生的根源。他认为“上帝”这种观念，乃是人们由于无知和恐惧而产生的幻想。古代多神教主要是由于恐惧所产生的，一神教的产生则主要由于无知。人性爱好追求事物的原因，但又不能了解自己无法避免的祸福的原因，因而就对未来充满了恐惧，把为祸为福的功罪统统归之于一个不可见的权力，即所谓神。人们推究事物的原因，得到一个原因，进而再推其前因，如此递推不已，就恍然认为有一主动者为一切事物

---

① 霍布斯：《论人性》，《十六—十八世纪西欧各国哲学》，商务印书馆 1975 年版，第 92 页。

② 霍布斯：《论物体》，《十六—十八世纪西欧各国哲学》，商务印书馆 1975 年版，第 90 页。

的原因，也即上帝。人们幻想全知全能的上帝的存在，但又不能想象其为何物，因此就说上帝无体无形。可见，上帝不是别的，就是某种超出一切可见物体之外的不可知的力量。宗教的基本原则就是对于一种不可见的力量的信仰。马克思和恩格斯指出，“霍布斯消灭了培根唯物主义中的有神论的偏见”。[①]霍布斯在理论上的确是一位无神论者。但他又认为，既然宗教根源于人性，那就无法加以铲除，一种宗教衰败，另一种宗教便代之兴起。为了维护社会秩序，保留宗教又是必要的。可见，霍布斯的无神论思想是不彻底的。

在培根之后，霍布斯进一步研究了感觉和感觉对象之间的关系问题。我们知道，培根在强调认识开始于感觉经验的同时，也看到了感觉的局限性：感觉不能把握事物的内部过程。但是，感觉是外物的反映，和外物一致，这似乎是不成问题的。可是，现在伽利略提出了一个新的问题：按照他的力学观点，客观物体只具有大小、形状、数量、运动的快慢等机械属性，并不具有我们在感官上所感觉到的色、声、香、味等感觉的属性。这就是说，我们的感觉这种认识形式和客观事物的属性之间存在着差别。霍布斯完全同意伽利略的这个看法。

霍布斯一方面肯定感觉是外物的影像，肯定感觉向我们报道了感觉对象的种种性质，使我们能够得到关于对象的本性的知识。另一方面，霍布斯又指出，当我们通过感觉获得了关于物体种种性质的知识时，不要以为这些性质就是如感觉告诉我们的那样存在在物体里，而应当把感觉如色、声、香、味等了解为认识物体性质的形式。霍布斯把它称为“偶性”。他说“偶性”并不存在于物体中。一个物体的种种偶性结合到一起，即

① 马克思和恩格斯：《神圣家族》，《马克思恩格斯全集》第 2 卷，人民出版社 1957 年版，第 165 页。

构成该事物的本性，但不构成该事物本身。在自然科学家们关于物体的两种性质学说的影响下，他认为偶性有两种：一种是为一切物体所共有的，只有物体消灭了，它们才完全消灭，如形状、大小等，没有它们我们便无法设想物体；另一种则不是一切物体所共有的，只是某些物体所特有的，如运动静止、颜色、硬软等，它们可以随时消灭，为别的“偶性”所代替，而物体却是永不消灭的。由此，他得出结论说：“‘感觉’是一种影像，由感觉器官向外的反应及努力所造成，为继续存在或多或少一段时间的对象的一种向内的努力所引起。”[①]

总之，按照霍布斯的意见，感觉是客观事物的影像，人们通过感觉能够得到关于对象本性的知识；但是，感觉所提供的种种性质是物体的不同运动在我们的感官中造成的结果，并不直接存在于物体之中。霍布斯的这个思想后来为洛克所系统发挥。

从认识论发展史角度看，霍布斯的这个观点是一个进步呢，还是一个退步？有的研究者认为，这个观点离开了反映论，从而为主观唯心论、不可知论开了方便之门。这是值得研究的。问题的关键在于怎样理解“反映”这个范畴。人的认识活动无疑是对客观事物的反映。但是，不应当把人的认识活动简单地看成像照镜子一样，把认识主体对客体的反映理解为两者在原型上完全一样。如果从这种朴素的或直观的反映论出发，那么不仅说明不了感觉这种认识形式是怎样反映客观事物的，更说明不了概念、判断、推理等思维形式是怎样反映客观事物的。实际上，认识主体和客体之间总是有差别的。主体既然是主体，它就必然具有主观性的一面，通过自己的主观形式（感觉和思

① 霍布斯：《论物体》，《十六—十八世纪西欧各国哲学》，商务印书馆 1975 年版，第 91 页。

维）去反映客观世界，使主体和客体逐步趋向一致。霍布斯的上述观点虽然是以机械论为基础的，但就它觉察到了感觉这种主观认识形式同客观事物本身存在着差别这一点来说，并没有离开反映论，而应当说是企图克服朴素反映论局限性的一种努力，因此在认识史上是一个进步。

不过，也应当看到，机械论也往往使霍布斯背离反映论的立场。比如，他认为外物和感官之间的关系，犹如机械运动中的作用和反作用的关系。外物的运动给感官以“压力”，感官随之产生“抗力”，这就产生了感觉。以压力打击眼睛便产生光的感觉，以同一压力施于耳朵便产生声音的感觉，等等。这种观点虽然坚持了从物到感觉的唯物论路线，却也同时暴露了机械论的缺陷，包含了滑向不可知论的倾向。如果感觉只是感官对外物的“压力”所产生的“抗力”而引起的主观心理状态，而不是对外物性质的反映，那么人们怎样能够把握事物的本性呢？显然，这种观点是同他主张“我们通过种种感官，对于对象的种种性质得到种种观念”的观点相矛盾的。

二、概念是名称　推理即计算

和培根不同，霍布斯更重视理性在认识中的作用。不过，他对理性的理解则具有明显的唯名论和机械论的性质。因此，霍布斯的认识论并未超脱经验主义。

霍布斯在坚持认识开始于感觉的原则的同时，也看到了感觉的局限性，认为只有把感觉提升到理性上来才能把握事物的本性，才能形成科学知识。他指出，感觉只能告诉我们一个事物“是什么”，唯有理性才能告诉我们关于事物的“为什么”，即事物的原因。他说：“知识的开端乃是感觉和想象中的影像；这种影像的存在，我们凭本能就知道得很清楚。但是认识它们为什么存在，或者根据什么原因而产生，却是推理的工作。”[①] 霍布斯还认为，感觉只是记录了过去的事实，只有理性或科学知识才能帮助我们推断将来。他又进而认为，人的认识首先是通过感觉获得关于一个事物的整体现象的知识，进而借助理性对一个事物的各部分或各方面的原因进行分析（即所谓“分析法”）；最后再借助于理性把事物的各个方面的原因组合起来，形成关于对象的整体原因的知识（即所谓“综合法”）。由此看来，霍布斯关于感性和理性关系的见解较之培根更为具体、深入了。

可是，我们看到，霍布斯对理性认识过程本身的理解，实际上还是经验主义的。他认为，理性认识有三步：“第一步为恰当地命名，第二步为以正确的方法联结两个名称为一判断，第三步则联结两个判断以构成三段论，直到我们最终得到关于一件事物的各个名称的结论的知识。这就是人们所谓的科学。”[②] 霍布斯这里说的三步，实际就是概念、判断和推理三个理性思维的环节。

霍布斯的所谓“命名”，不光是指给一个事物定一个名称，而且要求揭示名称的含义，给予精确的定义。因此，从认识论上看，霍布斯的“命名”实际上是在感觉经验的基础上制定概念的问题。可是，霍布斯只承认个别事物的实在性，不承认“一般”的客观实在性，因而，他就把概念看成关于一类事物的名称。他说：“世界上并没有共性，只有名称，因为名称所指的事物，每一个都是个别的和单个的。”[③]在霍布斯看来，人们对同类事物所给的名称只是帮助记忆的记号，而不反映寓于个别事

① 霍布斯：《论物体》，《十六—十八世纪西欧各国哲学》，商务印书馆 1975 年版，第 66 页。
② 霍布斯：《利维坦》，牛津 1929 年英文版，第 36 页
③ 霍布斯：《利维坦》，牛津 1929 年英文版，第 26 页。

物中的“一般”。但是，他说人们对事物有没有这样的记号，是大不相同的。比如，一个人考察他面前的一个三角形，发现了它的三个角加在一起等于二直角。可是如果这个人没有由此形成一个“三角形的内角之和等于二直角”的记号，那么当他遇到另一个不同的三角形就又不得不再重新开始思考。反之，如果这个人从对一个三角形的考察中得到了一个明确的记号，那就不需要再从头计算一次了。这是因为每一个普遍名词都指示着我们对于无限个别事物的了解。照理说，霍布斯从这个例子里应当看到概念这种思维形式不仅是一种记号，而且反映了事物的共同本质。可是，由于他根本否认“一般”的客观实在性，所以他从这里就只能看到名称、记号，其功用只在于帮助人们回忆先前的感觉经验。显然，这是对培根经验主义的片面发展。这正如马克思和恩格斯指出的：“霍布斯根据培根的观点论断说，如果我们的感觉是我们的一切知识的泉源，那么观念、思想、意念等等，就不外乎是多少摆脱了感性形式的实体世界的幻影。科学只能给这些幻想冠以名称。同一个名称可以适用于许多幻影。甚至还可以有名称的名称。”①可见，十分强调理性作用的霍布斯并不懂得概念这种理性思维形式的本质，不懂得概念是事物的“一般”、本质的反映，这就使他不能把反映论贯彻到底。

霍布斯虽然激烈反对笛卡尔的天赋观念论，但也深受笛卡尔唯理论的影响。这样，和培根强调归纳法不同，霍布斯更重视三段论演绎法。这位酷爱几何学的哲学家把几何学的方法奉为唯一的科学方法。他认为，认识方法有两部分。一部分是“从对事物的感觉进到普遍原则的方法”。我们知道，培根在这方面

① 马克思和恩格斯：《神圣家族》，《马克思恩格斯全集》第2卷，人民出版社1957年版，第164页。

做过较深入的研究，提出了归纳法。霍布斯对此没有做详细的论述，只是提出了一些如何正确地给名称下定义的方法，以为推理提供清楚、明白的原则或基本命题。认识方法的第二部分是“从自明的基本命题或最普遍的命题开始”，“通过不断地把命题组合成三段论式而向前推进，一直到最后学习者理解了所要寻找的结论的真理性为止”[①]。

霍布斯关于推理学说的一个显著特点就是把推理看作计算，认为推理活动的本质就是名称的加减。比如，一个人模糊地看到远处有某种东西，就形成一个“物体”观念。等走近一些，看到那个东西会活动，就形成一个“活的物体”的观念。当站得更近时，听到这个东西能说话，那就形成了“有理性的物体”的观念。“人”的观念就是由“物体”“活的”“理性”三个观念相加组合而成的。又比如，几何学上的“正方形”观念乃是由“四边”“等边”“直角”三个观念组合而成的。

显然，这是一种机械论的观点。它是霍布斯机械唯物主义世界观在认识论中的具体发挥。这种观点在反对经院哲学家把人的理性活动神秘化方面起过积极的作用。同时，这种观点也表明霍布斯看到了人类理性活动中确实存在着大量的机械性活动。现代电子计算机学的发展表明，占据人类思维活动的相当数量的机械性的推理活动，完全可以为机器所代替，而能大大减轻人类的脑力劳动。霍布斯的错误是把人类理性活动统统归结成机械性的活动，这就否定了人类理性活动能动的创造性的本质。

① 霍布斯：《论物体》，《十六—十八世纪西欧各国哲学》，商务印书馆1975年版，第76页。

第三节　洛克对唯物主义经验论的系统论证

马克思和恩格斯指出："霍布斯把培根的学说系统化了，但他没有更详尽地论证培根关于知识和观念起源于感性世界的基本原则。""洛克在他论人类理性的起源的著作中，论证了培根和霍布斯的原则。"[①]继霍布斯之后，洛克在他的巨著《人类理解论》中，系统地、深入地发挥了培根和霍布斯的唯物主义经验论原则。

约翰·洛克（1632—1704）出身于一个乡村律师家庭，曾就学于牛津大学，研究哲学、物理、化学和医学。当时的著名科学家波义耳、牛顿等人都是他的好朋友，他们的科学思想对洛克哲学观点的形成有很大的影响。在斯图亚特王朝复辟期间，洛克曾因参与反对王朝的活动而逃亡国外，去荷兰避难。1688年政变后他返回英国，担任过贸易和殖民大臣。在政治上，洛克反对封建专制，主张君主立宪。他批判"君权神授论"，鼓吹社会契约论。在他看来，维护个人的生命、自由和财产，是人们生而具有的自然权利。为了保障这种天赋人权，人们就通过相互协议，结成契约，建立了社会，也即国家。可是，君主专制制度却违背了原始的社会契约，肆意侵犯人们的自然权利。因此，人民举行起义推翻专制制度是正义的。洛克是近代分权学说的首倡者，主张立法权归于国会，君主掌握行政权和联盟权。可见，洛克的政治学说是直接为英国资产阶级革命和1688年政变所建立的君主立宪制做论证的，反映了资产阶级和贵族

① 马克思和恩格斯：《神圣家族》，《马克思恩格斯全集》第2卷，人民出版社1957年版，第164页。

妥协的精神。

洛克的自然观是在笛卡尔、霍布斯的机械唯物主义和牛顿力学的影响下形成的。他认为，物质是“一种广延的凝固的实体”，物质的任何部分都既不能使自己运动也不能使自己静止。这种机械论观点使洛克不能完全跳出“神学的藩篱”。尽管他反对迷信和宗教狂热，但是，和牛顿承认上帝是宇宙的“第一推动者”一样，他也承认上帝是宇宙的“始因”“创造者”。他的这种思想对17—18世纪的自然神论有很大的影响。同时，这种机械论也使洛克的世界观带有二元论的倾向。和笛卡尔相似，洛克认为存在着两种实体：有形体的不能思想的物质实体和无形体的能感觉、思想的精神实体。洛克认为，“物质就其本性而论是没有感觉和思想的”。[①]但他有时又想借上帝之助来解决这个问题，说什么可以设想上帝“可以任意在物质本身赋予一种思想能力”。[②]由此看来，洛克虽然是笛卡尔唯理论的激烈反对者，但是，笛卡尔的二元论对他还是有深刻影响的。

不过，洛克否认物质有运动能力和思想能力，从而使他的哲学带有神学偏见和二元论的倾向，这并不是什么孤立的现象，它几乎是所有17世纪哲学家们所共有的缺陷。

洛克哲学思想的中心问题是认识论问题。他为什么这么重视认识论的研究呢？在他谈到《人类理解论》这部书的由来时，说过如下一段话：

> 有一次，五六位朋友，在我屋里聚会起来……谈论不久，我们就看到各方面都有问题，因此我们就都停顿起来。在迷惑许久之后，既然没有把打搅我们的困难解决了，因此，我就想到，我们已经走错了路，而且在我们开始考察

① 洛克：《人类理解论》，商务印书馆1959年版，第531页。
② 洛克：《人类理解论》，商务印书馆1959年版，第531页。

那类问题之前，我们应该先考察自己的能力，并且看看什么物象是我们的理解所能解决的，什么物象是它所不能解决的。我向同人提出此议以后，大家都立刻同意；都愿意以此为我们的研究起点。[①]

从这段话可以看出，洛克明确地意识到主体对客体的正确认识，往往有赖于正确认识主体本身。换句话说，正确解决认识论、方法论是正确认识客体的必要条件。洛克把人的理智比作眼睛，说它往往只注意知觉外在事物，却不注意自己。可是，如果理智能够把自己作为一个研究对象，探索理智本身的活动规律，那么理智这个眼睛就能更好地知觉事物。洛克的这个思想深刻地反映了当时认识论发展的状况。

一、一切知识都建立在经验上：对天赋观念论的批判

洛克认为，认识论的首要问题是知识的来源问题，即人的知识是人脑固有的呢，还是从经验中得来的？17世纪欧洲流行着一股“天赋观念论”的思潮。笛卡尔主义者、英国剑桥学派的一批柏拉图主义者都是这种认识论学说的积极鼓吹者。他们认为，人心中的某些基本原则，如逻辑规律、数学公理、道德原则以及上帝观念等，都不是从后天经验中获得的，而是人们与生俱来的、天赋的。天赋观念论是一种唯心论的先验论，也是唯理论认识论的一个基本观点。继霍布斯之后，洛克对天赋观念论进行了再批判，进一步论证了培根关于认识起源于经验的原则。

天赋观念论者的主要论据是把“普遍同意”作为天赋原则的标志。换句话说，上述的基本原则都是人类普遍同意的，因而是天赋的。洛克从事实上和理论上集中批驳了天赋观念论者

① 洛克：《人类理解论》，商务印书馆1959年版，第10页。

的这个论据。

洛克认为，“普遍的同意并不能证明有什么天赋的东西”。[①] 有许多知识，如“一加二等于三”“方非圆”“白非黑”等，都是人人同意的真理。这些知识是否也是天赋的呢？天赋观念论者却公开否定它们的天赋性质。既然如此，那么他们又有什么理由肯定他们所说的那些基本原则就是天赋的呢？

洛克进而指出，天赋观念者所说的那些所谓天赋原则实际上并不是人们普遍同意的。在幼儿和白痴的心灵里就分明没有逻辑法则、数学公理、道德原则和上帝等的观念。如果硬说它们先天地存在于心灵中而又不为心灵所知觉，那就等于说幼儿知道它们同时又不知道它们，这是说不通的。洛克还援引了许多关于不同民族具有不同道德风尚的具体生动材料，证明世界上根本不存在什么人人普遍同意的道德原则。而且即使存在某些所谓公认的道德原则，如“应当遵守契约”，但人们对这些原则的理解也各不相同。基督教徒认为，“不食言”是上帝的意旨，否则来世会受到上帝的惩罚。霍布斯的信徒则认为，遵守“契约”乃是公众的需要，否则“利维坦”就要治你。如果再问一个异教哲学家，他则会说，“食言”就是不诚实，不合于人的尊严。洛克还指出，天赋观念论者所坚持的最基本的天赋观念即关于上帝的观念，却是人类引起纷争最大的观念。幼儿没有上帝观念；许多无神论者根本否认上帝的存在；不少民族不知上帝为何物；即使在相信上帝存在的人们中间，他们关于上帝的观念也是五花八门的。可见，天赋观念者所谓的“普遍同意”论，是毫无根据的。

为了回答上述的驳难，天赋观念论者又说，人类之所以对一些天赋原则未能达到普遍同意，那是因为他们没有运用理性，

① 洛克：《人类理解论》，商务印书馆 1959 年版，第 7 页。

如果所有人普遍运用了理性那就必定会发现和同意这些命题，这也就足以说明它们是天赋的。洛克认为，这个论点的实质无非是说，凡理性所发现和承认的一切真理都是自然印入人心中的、天赋的。他反驳说，按照这种观点那就不仅是那些基本原则是天赋的，而且由这些基本原则推演出来的一切知识都成了天赋的了。然而，天赋观念论者却认为唯有那些基本原则、公理才是天赋的。这就显然是自相矛盾的了。

天赋观念论者还认为，有的人虽然在口头上和行为上否认和违反某些道德原则，可是他们在思想上还是承认这些原则的，因此还应当说道德原则是普遍同意的，因而是天赋的。洛克反驳说：第一，人们的行为和自白既然怀疑和否认这些原则，我们就不能断言这些原则是天赋的；第二，道德的实践原则是为行动用的，人们既然否认和违反这些原则，所谓天赋的实践原则就被归结为空洞的思维。这是不合理的。洛克这种用行为解释思想、强调思想和行为统一的观点，是唯物主义的观点。

天赋观念论者最后求助于上帝来论证天赋观念论，说什么按照上帝的善意，一切人们应该有一个上帝的观念，因此这个观念是天赋的。洛克则以其人之道还治其人之身，反驳道："上帝既然供给人以那些认知的本领，因此，他便不必再把那些天赋的观念印在他心中，正如他给了人以理性、手臂、物材以后，不必再为人建造桥梁和房屋似的。"①

在洛克看来，天赋观念论是知识发展的绊脚石。一些人假装为教师，向门徒们灌输天赋观念论，把他们教授的东西奉为不可怀疑、不可追问、不可反驳的教条，使门徒们放弃自己的理性和判断，懒惰者省了探求之劳，怀疑者停止了搜索之苦，而人类的知识则踏步不前了。

---

① 洛克：《人类理解论》，商务印书馆 1959 年版，第 54 页。

那么，人心中的观念是从哪里来的呢？洛克明确指出："我们可以假定人心如白纸似的，没有一切标记，没有一切观念，那么它如何会又有了那些观念呢？……我可以一句话答复说，它们都是从'经验'来的，我们的一切知识都是建立在经验上的，而且最后是导源于经验的。"①这就是欧洲哲学史上著名的洛克"白板说"（心灵如白纸）。一切知识都导源于经验，这个命题是洛克的整个认识论学说的基石、出发点和归宿。

在洛克看来，天赋观念论者所说的那些天赋原则，实际上都是从后天经验中获得的。关于道德上和宗教上的基本原则的来源问题，洛克认为，它们来自"乳母的迷信和老妇的权威"，只是因为天长日久、乡党同意的缘故，才被人们奉为基本原则，儿童们又从周围人们那里接受了这些原则，它们就似乎变成了不可怀疑的、自明的天赋真理。

洛克还认为，道德原则的基础，是人们的实际利益。人们对某些道德原则发生分歧，决定于他们实际利益的不同。他要求以功利主义的原则解释道德，这对 18 世纪法国唯物主义者有很大的影响。

洛克认为，经验是由两种简单观念组成的。一是由外物作用于感官而产生的，如色、声、香、味、冷热、硬软以及一切所谓可感的观念；这是来自感觉的观念。二是在运用理智以考察感觉观念时我们所知觉到的各种心理活动，如知觉、思想、怀疑、信仰、推论、认识、意志以及人心的一切作用；这是反省而得的观念。他说："简单观念之来，亦只有两途：一则是由外物，经过感官而来的；一则是由反省人心观察这些观念时的心理作用而来的。"②

---

① 洛克：《人类理解论》，商务印书馆 1959 年版，第 68 页。
② 洛克：《人类理解论》，商务印书馆 1959 年版，第 85 页。

我们看到，洛克对经验的理解是有缺陷的。他把本来属于理性认识范围的东西，如思想、推论等，都说成是经验或简单观念。这表明他对人类认识活动的理解是经验主义的。同时，他把反省即心理活动看作和感觉平列的、独立的知识的来源，这就陷入了“二重经验论”。

二、关于两种性质的观念的学说

洛克在肯定认识开始于经验这个唯物主义的基本原则之后，便研究简单观念的形成过程及其和外物的关系。他在这里继霍布斯之后进一步发挥了著名的物体的两种性质与关于物体两种性质的观念相互关系的学说。

洛克认为，观念是外物的性质作用于感官的产物。他首先明确划清了性质和观念的界限：性质是外物具有的、客观的；观念则是主观的。他按照机械论的观点把物体的性质分为第一性质和第二性质。与此相应的，他也把观念分为第一性质的观念和第二性质的观念。关于物体的两种性质，洛克写道，“所谓凝性、广袤、形相、运动、静止、数目等等性质，我叫它们做物体的原始性质或第一性质”。[①]“第二（按：指第二性质）就是任何物体中一种特殊的能力，它可以借不可觉察的第一性质，在某种特殊形式下，在我们的感官上生起作用来，并且由此使我们生起不同的各种颜色、声音、气味、滋味等等观念。”[②]

在洛克看来，物体两种性质的区别在于：第一性质是物体的原始性质，物体不论经受什么变化都仍然保持着形相、广袤、动静等性质；第二性质则附着于第一性质，是由感官不能觉察的物质微粒的不同形状、不同大小、不同数目、不同运动以及

① 洛克：《人类理解论》，商务印书馆 1959 年版，第 101 页。
② 洛克：《人类理解论》，商务印书馆 1959 年版，第 106 页。

不同结合而形成的一种能力，这种能力作用于感官便产生色、声、香、味等观念。可以看出，洛克在这里是力图用数学、力学的观点解释世界，认为物质的基本性质是数学、力学的性质，而把物质之间的质的区别归结为量上的差异。显然，这是机械论的观点。

应当指出的是，洛克对于性质和观念之间的界限尽管划得很清楚，但他在行文中有时也把色、声、香、味之类的观念说成是什么“第二性质”,这就使人们对洛克的观点往往发生误解，以为洛克主张“第二性质”是主观的东西。洛克似乎早已预感到他的这种说法可能引起的混乱，因此他声明，他有时把色、声、香、味称为“第二性质”，乃是为了“适应通俗的意念”而为他人所了解。它们指的是外物中产生感觉和观念的一些能力。很显然，洛克的立场是鲜明的：色、声、香、味等是主观的感觉观念；产生这些感觉观念的第二性质，和第一性质一样，是外物的能力即性质，尽管它不像第一性质那样是物体的原始性质。

洛克认为，由物体的两种性质产生的两种观念也有所区别。关于第一性质的观念（如体积、形相、动静等观念）是物体的第一性质的肖像，和物体的第一性质的原型相似。关于第二性质的观念（如色、声、香、味等观念）是物体的第二性质在人心中的主观表现，不是物体的第二性质的肖像，与物体的第二性质的原型不相似。洛克的这个思想实际上不过是德谟克利特、伊壁鸠鲁、卢克莱修、霍布斯等唯物主义哲学家，以及伽利略、牛顿、波义耳等自然科学家所一直坚持的观点的系统表述。

洛克说第二性质的观念和物体的第二性质在形态上不相似，并不意味着第二性质的观念就是虚幻的观念或任意的符号。他认为，色、声、香、味等第二性质的观念是一种实在的观念，它们不仅是由物体的第二性质所产生，而且是同第二性质相契合、相应合的。

洛克反对把感官比作一面镜子，似乎我们的观念都是事物原型的肖像，但同时他又反复论证我们的感觉观念和物体的性质之间存在着一致、符合、契合和对应。这表明洛克明确意识到了感觉的主观性的一面，看到了主体和客体之间形式上的差异和内容上的一致。这种观点较之把感官当作一面镜子的素朴的反映论的确要高明些。

不过，洛克把物体的性质分为这两种，本身就具有机械论的性质。他在这个基础上对观念所做的区分也是不完善的。如果说关于物体的第二性质的观念具有主观性的一面，那么关于物体的第一性质的观念是不是就完全没有主观性的一面呢？在洛克之后，贝克莱着重探索了这个问题。

三、复杂观念是简单观念的组合、并列和分离在实体方面不能建立确实的普遍命题

洛克以简单观念为基础阐发了他的复杂观念的学说。他的所谓复杂观念相当于理性认识阶段中概念这一思维形式。不过，他的概念学说具有明显的经验论、机械论和唯名论的性质。

我们知道，在霍布斯那里，除了感觉之外，就是名称。名称是一组感觉的标记、符号。洛克则认为，人们在简单观念的基础上还要形成复杂观念，名称是复杂观念的标记、符号。什么叫复杂观念呢？他说："由几个简单观念所合成的观念，我叫它们为复杂的观念；就如美、感激、人、军队、宇宙，等等。"①

洛克指出，人心在接受简单观念时是被动的，不论愿意与否，感官的各种对象一定会把它们的各种特性强印在人心上。

① 洛克：《人类理解论》，商务印书馆1959年版，第130页。

但是人心又具有一种能动的力量，利用简单观念这种材料构成各种复杂观念，使其“无限地超过感觉或反省所供给的那些观念”。洛克在这里多少意识到了理性认识在改造感性材料方面的能动作用。

然而，洛克反复强调，尽管人心具有形成复杂观念的能动作用，它却总是以简单观念为基础的。简单观念是一切知识的材料。人的能动作用不在于制造或毁灭简单观念，而在于把简单观念“加以连合，或加以并列，或完全分开”①。把几个简单观念合成一个，就代表独立自存的特殊事物的“实体”复杂观念，如一个人、一头羊等；把两个简单观念或复杂观念并列起来，同时观察，但并不把它们结合为一，这样就形成所谓“关系”复杂观念，如因和果、同一和差异等；把连带的其他观念排斥于主要观念的存在之外，便形成抽象或概括的复杂观念，如空间、时间、数目，等等。

我们看到，在洛克那里，简单观念和复杂观念之间仅仅是数量上或排列组合方面的差异，没有性质上的不同。他看到了在概念形成过程中包含了理性对感性材料进行组合、比较和分离等机械的分析综合的成分，但他把概念的形成却仅仅归结为这一点。洛克在复杂观念问题上所采取的这一经验论和机械论立场，使他不能正确理解概念这一思维形式把握事物本质的功能。比如，他认为，“实体”复杂观念就只能指示事物的名义本质，而不能反映事物的实在本质。

洛克所谓的名义本质，就是一个名称所表示的复杂观念。比如“黄金”的名义本质，就是“黄金”一词所表示的一个黄色、重量、可熔、固定物体的复杂观念。所谓实在本质，是指物体内部不可觉察的各个部分的组织和运动，比如黄金内部的

① 洛克：《人类理解论》，商务印书馆 1959 年版，第 130 页。

分子结构。洛克认为，实在本质是名义本质的基础，名义本质所指示的事物的特性都是为实在本质所决定的。他说："所谓实在的本质，就是任何物体的实在组织；包括在名义本质中而与之共存的一切特性都以这种组织为基础。"①

但是，洛克明确指出，我们只能把握名义本质。至于实在本质，我们就只能假定它的存在，但不知其为何物。这是为什么呢？洛克说，原因有二：首先是由于感官不能把握物体内部的细微部分的组织和运动。如果我们借感官知道大黄、毒草、鸦片与人体的分子之间的关系，就像钟表匠知道钟表内部的各个部件之间的关系一样，那么我们预先就可以知道大黄可以泻肚、毒草可以致命、鸦片可以催眠。其次，人们无法把握事物之间广泛的联系和影响。人们在考察事物时往往把它们看作是各各自存的，它们的一切性质都在自身之内存在，和别的事物毫不相干。其实，世界上的每一件事物都是处于和其他事物的普遍联系和影响之中的。

比如，如果把一块黄金孤立起来，使其脱离一切物体的影响，那它就会立刻失去颜色、重量，很可能变成了很脆弱的东西；如果使水独立自存，那恐怕它也会失去流动性。无生物尚且如此，植物和动物就更不用说了。如果地球和太阳的距离稍加变动，地球上的生命便可能全部立即毁灭。洛克写道："据我看来，在宇宙的这个大结构中，各种大的部分和机轮的影响和作用可能是互相联系，互相依属的……我们确乎知道，各种事物本身虽似乎是绝对的、完整的，可是它们所以有我们所见的各种明显的性质，只是因为它们是自然中别的部分的扈从。"②洛克提出的这个看法，包含着深刻的辩证的猜测，这在形而上

① 洛克：《人类理解论》，商务印书馆 1959 年版，第 426 页。
② 洛克：《人类理解论》，商务印书馆 1959 年版，第 581 页。

学思维方法流行的时代，是十分可贵的独到之见。然而，洛克终究不是一位辩证法家，他得出的是事物的实在本质不可知的结论。

使洛克离开反映论、陷入不可知论的原因是多方面的。首先是唯名论观点的影响。这使他不善于处理一般和个别的辩证关系，因此在他否定经院哲学和唯理论的实体学说的同时，也否定了人们把握事物的实在本质的能力。其次，17 世纪自然科学发展水平也限制了洛克的眼界。那时以牛顿为代表的自然科学，其研究对象还限于宏观世界，物体内部的所谓细微部分的组织和运动规律还是一个不可捉摸的领域。再次，他的经验主义的片面性。狭隘的经验主义使他理解不了理性的科学抽象作用，不懂得“物质的抽象，自然规律的抽象，价值的抽象等等，一句话，那一切科学的（正确的、郑重的、不是荒唐的）抽象，都更深刻、更正确、更完全地反映着自然”。[①]最后，洛克离开人的社会性、历史性，离开人的社会实践，孤立地、静止地去考察人的认识能力。这就必然会把人类的认识能力看成一成不变的东西，也必然会给人类的认识划定一个不可突破的范围。

洛克从实在本质不可知的观点出发，研究了因果性范畴。他认为，既然我们不能把握事物的实在本质，那么人们的认识就只能停留在名义本质上。由于不知道事物的实在本质，因此我们也就看不到这种简单观念相互之间有什么必然的联系。首先，我们看不到这些观念之间必然的共存联系。比如，我们经常看到黄色、重量、可展性、可熔性、固定性等观念共同联系在一块黄金之中，但是，我们却看不到它们之间有什么必然的

① 列宁：《黑格尔〈逻辑学〉一书摘要》，《列宁全集》第 38 卷，人民出版社 1959 年版，第 181 页。

依属关系，我们并不能确知，这些观念中有四个存在时，第五个也必然存在。即使我们推想出第五个也必然存在，但这种推想并不具有确定性，而只具有或然性。洛克写道："形成复杂的实体观念的那些简单观念，依其本性说，大部分并和别的简单观念没有明显的必然的联合或矛盾，因此，我们虽欲考察两种观念的共存亦不可能。"①

其次，尽管人们在经验中经常看到一种结果总是有规则地跟着一种原因而来，但是由于人们不知道事物的实在本质，因此，也就不能发现原因和结果之间究竟有什么必然的联系。在洛克看来，在因果性方面，我们只能凭着比附来猜想相似物体在别的实验中会有什么样的结果，而不可能得到普遍的确定知识，说一定的原因会普遍地、必然地产生一定的结果。

洛克认为，由于我们不能把握事物的实在本质，不能发现观念之间的必然联系，因此在实体方面我们就不可建立确实的普遍命题。比如，我们如果不能确实知道"人"这个实体观念的实在本质，那么我们便不能断言"一切人都要隔着相当的时间睡觉"，不能断言"一切人都可以为毒草所毙命"。因为我们在经验中只是看到一些人隔了相当时间就要睡觉，一些人吃了毒草因此而丧命，但是经验没有告诉我们"人"这个物种和睡觉、毒草之间有什么必然的联系或矛盾，所以我们就不能由此引出确实的普遍命题。

洛克由此出发攻击经院哲学家的独断论。经院哲学家竭力散播种种虚拟的原则、公理、假设，并把这些东西奉为绝对真理，似乎一切知识都是从它们之中推演出来的。洛克指出，这种从原则、假设出发的研究方法从根本上堵塞了人们认识真理的道路。但是，洛克并不完全否认假设在科学发展中的积极作

① 洛克：《人类理解论》，商务印书馆1959年版，第535页。

用。在他看来，任何假设都带有或然性，真正建立在科学实验基础上的假设，对科学发现就具有指导作用。在揭露了经院哲学滥用假设的谬误之后，洛克写道："我的意思并不是说，我们不当用任何或然的假设来解释自然中任何现象。各种假设如果拟定得好，至少可以给我们的记忆以很大的帮助，而且往常指导我们获得新的发现。"[①]在洛克看来，我们不应当仓促采取某一个假设，应先考察想要说明的那个事物是否与我们的假设相契合；还应研究研究我们的原则是否行得通，它们虽然似乎彼此符合，但要看看实际上与我们所要研究的对象是不是适合。切不可把假设看作毫无问题的真理，留神不要让"原则"一词欺骗了我们。

我们知道，培根在肯定通过归纳法形成的普遍命题的可靠性时，也指出了普遍命题范围的不确定性，他主张不断用新的实验和例证对它进行验证。在培根之后，洛克又进一步系统地阐述了关于实体方面的普遍命题的或然性思想。应当说，人们从经验中形成的普遍命题不可能是绝对确实的，总是带有或多或少的必然性。正如列宁指出的："科学发展的每一阶段，都在给这个绝对真理的总和增添新的一粟，可是每一科学原理的真理的界限都是相对的，它随着知识的增加时而扩张、时而缩小。"[②]从这方面看，洛克关于普遍命题的或然性的思想包含了合理的成分。可是，形而上学者洛克不善于处理特殊与普遍、或然与必然、相对与绝对的辩证关系，他在看到了普遍命题的或然性的同时，却忘掉了科学的普遍命题所具有的普遍性和必然性。

① 洛克：《人类理解论》，商务印书馆1959年版，第645页。

② 列宁：《唯物主义和经验批判主义》，《列宁选集》第2卷，人民出版社1972年版，第134页。

四、解证的知识是确实的　三段论法不是理性的唯一工具

我们知道，培根关心的是通过归纳法建立的知识。和培根不同，唯理论者笛卡尔则强调另外两种知识：一是宗教、道德、逻辑和数学的基本命题、原则、公理，这类知识是天赋的；二是由这类基本命题、原则和公理演绎出来的推理知识。这两类知识都是自明的、绝对可靠的。洛克一方面继续发挥培根的知识论，另一方面又在经验主义的基础上批判地改造笛卡尔的知识论。

和笛卡尔相反，洛克坚持一切知识开始于经验。所谓知识，就是人心对两个观念的契合或矛盾所产生的一种知觉。如“白不是黑”，这是指两个观念之间的矛盾；“三角形内角之和等于二直角”，这是指两个观念的契合。按照知识确定性的程度，洛克把知识分为三类：直觉的、解证的和对于特殊事物的感性的知识。洛克的知识分类同唯理论者斯宾诺莎对知识的分类是十分相近的。

洛克所谓直觉的知识，是指人心不借助任何别的观念为媒介就能直接看到两个观念间的契合或相违的一种知识。比如“白非黑”“圆形非三角形”“三大于二”等，都是直觉知识。它是最明白，最确定的知识。洛克说：“我们一切知识的确定性，明白性，就依靠于这种直觉。”①

洛克所谓解证的知识是指人心借助于一个中介观念来考察两个观念的契合或矛盾的一种知识。此种知识为什么被称为“解证”呢？他说，这是因为“此种知识依据于证明——凡指示两个观念间的契合关系的那些中介观念，就叫作证明；我们如果

① 洛克：《人类理解论》，商务印书馆1959年版，第521页。

能用这个方法使人明白地、显然地，看到契合或相违，这就叫作解证”。[①]比如，人们不能直觉到“三角形内角之和”与“二直角”这两个观念之间是否相契合，于是借助于同这两个观念有关的一个中介观念来推论出两个观念是相契合还是相矛盾。这类解证的知识不如直觉的知识（如“白不是黑”）那样明白、确定。为了保证解证知识的确定性，人们在推理的每一步都必须伴有直觉知识以考察一个观念与中介观念是否契合。

洛克认为，关于特殊事物存在的感性知识即关于实体方面的知识，与解证知识很不一样。前者涉及观念和外物的关系，这种知识只具有或然性，没有普遍的确定性；后者则是关于抽象观念（如“圆形”“三角形”“正义”“非正义”等）之间的契合或矛盾的知识，只要我们运用思想考察那些抽象观念，我们就能得到它们之间契合或相违的确定的知识。他说：“关于任何抽象观念的命题，只要有一次是真的，则它们必然会成了永恒的真理。”[②]

洛克断言，解证的知识不仅是确定的，而且是实在的。所谓确定的知识是指我们观念间的契合或相违。所谓实在的知识是指我们能确知那些观念和事物的真相相符合。洛克虽反复强调解证的知识只涉及抽象观念之间的关系，而不涉及事物本身。不过，他又认为，解证的知识并非主观的幻想，而是和事物相符合的，因而也是实在的知识。在他看来，数学家考察的三角形只是他们心中抽象的三角形观念，而事物当中只存在各种特殊的三角形，如“等腰的”“等边的”“直角的”等，并没有一种一般的、抽象的三角形。然而，“三角形内角之和等于二直角”这个普遍命题则在任何实际存在的特殊的三角形中都是真实

① 洛克：《人类理解论》，商务印书馆 1959 年版，第 522 页。
② 洛克：《人类理解论》，商务印书馆 1959 年版，第 636 页。

的。又比如，纵然没有人能完全按照西塞罗所确立的道德原则去生活，但是西塞罗所规定的道德原则仍然是人们评价道德行为的规范，仍然是确实的。这是因为，抽象观念虽然不是事物原型的摹本，但却是对事物本质的把握，它本身就是原型，因而事物不能不与它相符合。洛克写道："在这方面，观念本身都是原型，而且各种事物不能不与它们相合，因此，我们能够确实无误地断言，我们在这些观念方面所得到的知识，都是实在的，都可以达于事物本身。"[①]洛克也想在抽象观念问题上坚持反映论，但是当他把抽象观念和感性的知识割裂之后，他也就只能用"断言"二字搪塞了。

由此看来，和霍布斯一样，洛克也明显地接受了他的批判对象笛卡尔的影响，强调推理知识的确实性。不过，应当看到，洛克对解证、推理的理解是和经院哲学家、唯理论者的推理学说很不一样的。经院哲学有一条规则："一切推理都是由预知和预觉来的。"这意思是说，人心最先认识了一些最普遍的原则、公理、命题，这些最普遍的原则、公理、命题是一切其他知识的基础，推理就是从这些最普遍的原则、公理、命题出发演绎出一切其他知识。洛克认为，经院哲学推理学说的这条基本规则是根本错误的。

首先，人们最初认识到的不是这类最概括的观念，而是特殊的观念，并且只是在认识到各种特殊观念的基础上，人们才逐渐形成这类最概括的观念。一个儿童总是先知道一个生人不是他的母亲，奶瓶不是盒子，然后才慢慢知道"一件事物不能同时是此物而又不是此物"这个逻辑学的同一律。人们总是在先掌握了"四大于二""四大于三"这类数目方面的特殊知识，然后才能逐渐理解"全体大于部分"这个数学公理。

① 洛克：《人类理解论》，商务印书馆 1959 年版，第 556 页。

其次，这类最普遍的原则、公理、命题也不是科学知识的泉源和基础。事实上，没有一个科学系统是建立在这类公理之上的，离开了这些公理，科学系统照样可以巩固地确立。科学发现乃是由于找寻了中介观念，然后把所要解证的命题中所表示的观念的契合或相违指示出来。这也就是说，推理不在于从普遍的公理中推出特殊的知识，而在于发现不同的特殊观念之间的相契或相违。

和培根一样，洛克谴责经院哲学神化三段论。他认为，在经院哲学中，三段论根本不是人们探求真理的方法，而是经院哲学家们捉弄人心，进行诡辩，以求在争辩中压服对方的工具。洛克高度评价亚里士多德创立三段论的历史功绩，但是他认为三段论绝不是像经院哲学家所说的那样是什么避免错误、求得真理的唯一方法，也并不提供人心联系两个观念的中间观念。它只是整理、排列、证明已有知识的方法。这就是说，人们不是从三段论推理获得知识，而是必须先有知识然后才能进行三段论推理。

洛克还认为，人们进行推理往往是按照观念的自然秩序进行的，几乎没有一个人按照三段论进行推理。事实上，大多数人没有学过三段论方法，也仍能进行正确的推论，这种推论甚至比运用三段论还更为妥当，更为迅速，更为明白。比如，一个患病初愈的人，当他听说外面刮起了西南风，天气阴暗，天要下雨，那么他就知道要加穿一点衣服，不要外出。如果认为推理必得遵循三段论，那么是不是说在亚里士多德创立三段论之前，人们就没有进行过正确的推论呢？

不过，洛克在三段论问题上也有自相矛盾的地方。他说过：“我很愿意承认，一切正确的推论都可以化为三段论法的形式。”[①]既然人们不用三段论法就可以进行正确的推论，那么为什么一切正确的推论又都可以化为三段论法的形式呢？关键在于洛克把“不用三段论”和“不自觉地运用三段论”混为一谈了。我们既然承认一切正确的推论都可以化为三段论的形式，那么也就应当肯定，一切正确的推论不论人们是否自觉运用三段论，实际上都是受三段论所制约的。可见，洛克的这个批评并没有打中三段论的要害，反而倒是暴露了他自己经验主义的片面性。

总的说来，洛克从经验主义立场出发对经院哲学的推理学说的批评，不仅揭露了经院哲学神化三段论的谬误，同时也暴露了三段论本身固有的局限性。但是，洛克力图在经验主义的基础上重建推理学说，把感性和理性、归纳和演绎统一起来，也没有取得明显的成功。

五、理性是最后的判官和指导

洛克这里讲的理性是相对于信仰而言的，是指人的全部认识能力。

在《人类理解论》的最后部分，洛克着重讨论了理性和信仰的关系问题。我们知道，理性和信仰的关系一直是欧洲认识论史上的一个重大问题。古罗马教父德尔图良曾经提出一个著名的命题：“正因为背理，所以我才相信。”中世纪的经院哲学基本上沿袭了德尔图良的这种信仰高于理性的精神。到了近代，培根主张“二重真理论”，认为理性和信仰并行不悖，为哲学和科学争取地盘。霍布斯干脆否定信仰，主张哲学排斥神学。作为 1688 年妥协产儿的洛克，在这一问题上却提出了一个较培根激进、较霍布斯保守的观点，即在大树理性权威的同

① 洛克：《人类理解论》，商务印书馆 1959 年版，第 669 页。

时肯定信仰。

洛克也热衷于上帝存在的证明。他认为，我们关于上帝的观念不是天赋的，而是从经验中来的，并且通过理性可以确证上帝的存在。他的论证程序是这样的：人都明白地意识到自己是存在的，他还知道存在物不能来自虚无这个原则，因此，人就可以从自己的存在推断出必有一个悠久的全能的创造主的存在。同时，人还可以从自己有知觉和有知识这一点推断出一个全知者的存在。这个全知全能的东西就是上帝。洛克的这个证明并不是什么新的创造，从远处说，它是托马斯证明的翻版，从近处说就是笛卡尔的那一套。有趣的是，洛克始终把上帝当作护身法宝，每当碰到不好解决的问题时，他便抬出上帝来支吾搪塞。

洛克认为，必须划清理性和信仰的界限。理性的作用在于发现人心中由各种观念演绎出的各种真理。信仰则是根据说教者的信用而对任何命题所给予的同意。这种命题并非通过理性演绎出来的，而是通过上帝的启示途径获得的。洛克又认为，理性和信仰不是相互反对的。人们总是按照理性的指导决定对一件事情信仰或不信仰。如果没有信仰的理由就去信仰，那只是一种幻想。有的人借启示的名义硬要人们信仰某种反理性的命题，那只是宗教狂热。所谓狂热就是排弃理性，在本来没有启示的地方建立所谓启示。信仰并不能使我们承认与知识相反的东西，凡是与理性相反的东西，理性是不能允许我们相信的。他说，“在任何事情方面，我们都必须以理性为最后的判官和指导”。[①]

可是，洛克在大树理性权威的同时又肯定所谓超理性的东西。在他看来，有些事情是超越人的认识能力的，比如《圣经》

① 洛克：《人类理解论》，商务印书馆 1959 年版，第 705 页。

上所记载的死者复活的奇迹等，都不是理性所能发现的，它们纯粹是和理性无关的信仰的事情。因此，洛克抬高圣经的地位，说什么一个命题如果符合于《圣经》中所说的启示，则我们也应当认为它是真实的、合理的。他说，“任何行动或意见如果契合于理性或圣经，则我们可以看它是有神圣的权威的”。[①]洛克在这里又回到了“二重真理论”，这深刻地反映了洛克的妥协性。

综上所述，洛克的认识论是17世纪英国唯物主义经验论的系统总结。洛克对认识过程所做的形而上学的、经验主义的分析，更深入地批判了唯理论，打击了经院哲学，大大丰富和发展了培根和霍布斯关于认识起源于经验的原则。同时，洛克的认识论也进一步暴露了唯物主义经验论本身不可克服的弱点，表明用形而上学方法观察人的认识过程，坚持狭隘的经验论，那就不可能真正克服唯理论，并且势必会导致唯心论、不可知论。

洛克的认识论是欧洲认识论史上的一个重要的里程碑，对欧洲后来认识论的发展发生了很大的影响。德国哲学家莱布尼茨批评了洛克的经验论，同时也从中吸取了不少东西，把唯理论向前推进了一步。在英国，贝克莱从洛克出发走向了唯心主义经验论，而后休谟又提出了一个不可知论体系。18世纪的法国启蒙思想家们则继承和发展了洛克的唯物主义经验论的路线。

① 洛克：《人类理解论》，商务印书馆1959年版，第706页。

第八章　对认识的客观性和可靠性的怀疑

从认识论方面看，总的说来，欧洲18世纪是唯理论衰败和经验论兴盛的时代。特别是在英国和法国，17世纪流行的笛卡尔、斯宾诺莎以及莱布尼茨等人的唯理论遭到了猛烈的攻击，经验论则在批判唯理论的过程中得到了进一步的发展和广泛深入的传播。

18世纪的经验论都是从洛克出发的，但却出现了两种根本不同的发展方向。法国启蒙思想家们特别是“百科全书派”的唯物论者沿着洛克的唯物主义经验论的路线继续前进，英国经验论者贝克莱、休谟则从洛克出发转向主观唯心论和不可知论。经验论发展方向的分野是同当时英法两国的社会发展状况密切相关的。英国在17世纪末已经完成了资产阶级革命，并于18世纪下半叶开始了一场产业革命。从经济、政治和思想上巩固和发展资产阶级革命的成果，是18世纪英国资产阶级的首要任务。在法国，18世纪是资本主义与封建主义决战的时代，法国资产阶级同专制制度进行了反复较量，并于这个世纪末联合广大群众推翻了专制制度，实现了资产阶级革命。

18世纪的经验论从认识论上概括了当时自然科学和社会科学的成果，同时也给自然科学和社会科学特别是物理学、生理学、医学、伦理学、政治经济学以及社会政治学说的发展以很大的推动。不过，18世纪经验论的深入发展也更突出地暴露出经验论固有的局限性。因为它的一个明显的特点就是感觉主义。这是经验论深入发展的必然结果。而感觉主义又势必会导致感性和理性、思维和存在、主体和客体的分裂，导致不可知主义。和唯理论一样，经验论深入发展本身表明，它也只是人类认识发展史上的一个环节，而不是什么绝对的思维方式。

洛克之后的英国经验论由唯物论转向了唯心论。英国唯心主义经验论是在批判唯物论、唯理论和经院哲学的过程中形成和发展的。唯心主义经验论者力图在唯心主义经验论的基础上改造旧神学，建立新神学，希望在唯心主义经验论的框子里承认和发展科学。显然，这是符合 18 世纪英国资产阶级巩固和发展资产阶级革命成果的要求的。

18 世纪英国唯心主义经验论的主要代表人物有贝克莱和休谟。贝克莱哲学具有神秘主义的倾向，休谟哲学则是一种非宗教的哲学思想的形式。

第一节　贝克莱的主观唯心主义经验论

17 世纪末至 18 世纪初，在英国的一批激进思想家中间流行着一股所谓“自然神论”的思潮。自然神论者继承洛克关于理性是最高的裁判官的思想，鼓吹理性是确证一切的准绳，宗教也必须放到理性面前加以裁决。自然神论者往往利用牛顿关于“第一推动力”的思想以论证上帝的存在。他们否认人格化的上帝，否认上帝每时每刻任意地主宰一切，而认为上帝在给了世界以最初推动之后就不再过问世事，自然界便按照自身的规律运转了。可以看出，自然神论者所谓的上帝不再是一个干预一切的专制国王，活像一个有名无权的立宪君主、一个“虚君”。因此，马克思和恩格斯指出：“自然神论——至少对唯物主义者来说——不过是摆脱宗教的一种简便易行的方法罢了。”①

在自然神论思潮日益威胁着宗教神学的情况下，主教贝克莱以宗教神学的坚决捍卫者的姿态登上了英国哲学舞台。

乔治·贝克莱（1685—1753）生于爱尔兰，1700—1704 年在都柏林三一学院学习，1724 年，任北爱尔兰的伦敦德里的副主教，1736 年又升任爱尔兰南部克罗因的主教。他曾在法国、意大利、西班牙等国旅行，并去北美进行过传教活动。他的主要著作有：《视觉新论》（1709 年）、《人类知识原理》（1710 年）、《西拉和菲伦诺的三篇对话》（1713 年）、《阿尔西弗朗》（1732 年）等。

贝克莱给自己的哲学研究规定了明确的目标，这就是反对无神论，维护宗教神学。他说：“在我们的研究中应占首要位置的，乃是对于上帝和我们的天职的研究；我这些辛劳的主要旨趣和目的就是要提倡这一点，所以，假如我不能借我所说的话来激动我的读者对于上帝的存在有一种虔诚的意识，那我认为我这些辛劳是完全无用的和无结果的。”②

贝克莱十分明确地意识到，唯物论哲学乃是无神论的理论基础。因此，他在批判无神论的时候总是把矛头集中对准唯物论。贝克莱尖锐地指出：“物质的实体从来就是‘无神论者’的至友，这一点是无须多说的。他们的一切古怪系统，都明显地、必然地依靠它；所以一旦把这块基石去掉，整个建筑物就不能不垮台。因此，我们也用不着特别去考察每一个可鄙的无神论

① 马克思和恩格斯：《神圣家族》，《马克思恩格斯全集》第 2 卷，人民出版社 1957 年版，第 165 页。

② 贝克莱：《人类知识原理》，《十六—十八世纪西欧各国哲学》，商务印书馆 1975 年版，第 576 页。

派别的荒谬之点。”[①]

针对唯物论者肯定外物客观实在性的基本观点，贝克莱提出了一个著名的主观唯心主义命题：“存在就是被感知。”[②]按照这个命题，根本不存在任何独立于感觉观念的事物，所谓事物无非是被心灵所感知的一组观念。例如，一个苹果不是别的，只是红的颜色、甜的滋味、香的气味、圆的形状等观念的集合；离开了这些观念，苹果就无所谓存在。显然，这是一个典型的主观唯心主义命题。贝克莱的整个认识论学说都是围绕着这个主观唯心主义命题展开的。

一、一切观念都是特殊的，没有抽象的观念

贝克莱认为，唯物论哲学的认识论根源主要在于坚持抽象观念的学说。因此，要推倒唯物论就必须从破除抽象观念学说入手。

贝克莱是从洛克的经验论出发的，认为观念即感觉经验是认识的泉源。但是，他不同意洛克关于抽象观念的学说。我们知道，洛克把观念分为简单观念和复杂观念，认为复杂观念（实体、样式和关系）是在简单观念的基础上形成的，具有抽象或概括的性质；语词或名称是抽象或概括的观念的标志，它具有普遍的概括性。贝克莱却认为，一切观念都是特殊的，根本不存在什么抽象观念。比如，人心中只有各种特殊的三角形的观念，根本不能形成既非等腰又非直角、既非等边又非不等边的抽象的三角形的观念。贝克莱从极端唯名论出发，认为语词或名称不是什么抽象观念的标志，而是一类特殊观念的符号。他

① 贝克莱：《人类知识原理》，《十六—十八世纪西欧各国哲学》，商务印书馆 1975 年版，第 567 页。

② 贝克莱：《人类知识原理》，《十六—十八世纪西欧各国哲学》，商务印书馆 1975 年版，第 540 页。

说："一个语词之成为概括的，并非由于它被作为一个抽象的概括观念的标志，而是由于它被作为许多特殊观念的标志，而这些特殊观念中的任何一个，都可以同样地被这个标志提示给心灵。"①

如果说，人心中根本不能形成抽象的三角形的观念，那么，又如何能知道"三角形的内角之和等于二直角"这个命题对于所有特殊的三角形都有效呢？贝克莱回答道，我在用一个特殊的三角形证明这个命题的时候，并没有考虑这个特殊的三角形的特殊方面，就是说我并没有认为"三角形内角之和等于二直角"是因为其中两个角相等，或者是因为其中一个角是直角等，所以我才断言，我们就一个特殊的三角形所做的证明，对于所有特殊的三角形来说，都是真的。贝克莱认为，所谓普遍性，不是指事物的概念，而是指概念与概念所代表的特殊事物之间的关系。从这种关系来看，名称、概念既是特殊的，又是普遍的。

贝克莱否认抽象观念，但并不否认认识过程中的抽象作用。他指出，必须承认一个人是可以略去一个特殊三角形诸角的特殊性质和诸边的特殊关系，而仅就三角形的形状来考察一个形状。不过，这决不能证明，他能构成一个抽象的、概括的三角形观念。

由此看来，和洛克的经验论不同，贝克莱的经验论具有明显的感觉主义倾向。作为经验主义者，洛克也不懂得理性认识的本质，但是，他提出了复杂观念这一范畴。这表明他还是力图在经验主义的范围内来解决感性认识和理性认识的关系问题。当然他实际上并没有解决这一问题。贝克莱则更进一步混

① 贝克莱：《人类知识原理》，《十六—十八世纪西欧各国哲学》，商务印书馆 1975 年版，第 527—528 页。

淆了两者的界限，他把人的认识全部限制在感觉观念范围内。在贝克莱看来，如果抽象观念也是一种观念的话，那么，它也应当是能被感知的。可是，尽管我们具有抽象的能力，却根本无法感知到什么抽象观念。总之，人们想要超出感觉经验的范围是不可能的。十分明显，他之所以要否定抽象，就是为了论证他的主观唯心主义。

贝克莱从认识开始于感觉经验出发，认为一个事物的存在就在于被心灵所感知。我说我写字用的桌子存在，这就是说，我见到它，摸到它。假如我走出书房以后还说它存在，这个意思是说，假如我在书房中，我就可以感知它，或者是说，有某个别的精神实际上在感知它。总之，万物皆备于我。贝克莱写道："我认为下面就是这样一个重要的真理，那就是，天上的一切星宿，地上的一切陈设，总之，构成大宇宙的一切物体，在心灵以外都没有任何存在；它们的存在就是被感知或被知道。"①列宁指出："认识论的第一个前提无疑地就是：感觉是我们知识的唯一泉源。……从感觉出发，可以遵循着主观主义的路线走向唯我论（'物体是感觉的复合或组合'），也可以遵循着客观主义的路线走向唯物主义（感觉是物体、外部世界的映象）。"②我们看到，贝克莱就是从感觉出发遵循主观主义的路线走向唯我论的。

贝克莱说什么唯物论坚持外部世界的客观实在性是一种"奇特的"意见，责难唯物论者运用抽象方法硬把事物和观念分开，从而认为事物可以独立于观念而存在。他认为人们可以在思想中对观念之间的关系进行抽象，比如可以不想到玫瑰花本

① 贝克莱：《人类知识原理》，《十六—十八世纪西欧各国哲学》，商务印书馆 1975 年版，第 541 页。

② 列宁：《唯物主义和经验批判主义》，《列宁选集》第 2 卷，人民出版社 1972 年版，第 125 页。

身而单单设想玫瑰花的香气，但是，切不可以把事物从观念中抽象出来。这是因为："真正讲来，物象和感觉是同一个东西，因此，两者是不能彼此分离的。……说事物的任何一部分有一种独立于精神之外的存在，那是完全不可理解的，并且包含着抽象作用的全部荒谬。"[1]其实，真正陷入荒谬的倒正是把事物和感觉混为一谈的贝克莱自己。毫无疑问，人们的认识总是从感觉开始的，但是，感觉这种主观认识形式势必包含着客观的内容，有它的客观根据，这就是外部物质世界。把事物和感觉分开，划清客体和主体的界限，这正是科学的认识论的根本前提。不过应当看到，对于贝克莱在这里提出的主观唯心主义的总原则——凡是我感觉到的都仅仅是我感觉中的东西，仅仅用从理论到理论的办法是难以驳倒它的，只能靠实践才能解决这个难题。对于这一困难，法国唯物主义者狄德罗已有所觉察。

二、一切观念都是纯粹主观的东西

我们知道，洛克曾提出过关于物体的两种性质和两种观念的学说。在洛克看来，第一性质的观念和物体的第一性质（凝性、广袤、形相、动静、数目等）的原型相似，第二性质的观念（色、声、香、味等）和物体的第二性质（物体在感官上引起色、声、香、味等观念的能力）的原型不相似。但是，这两种观念都是物体的性质作用于感官的结果，都是同物体的性质相契合、相应合的。和洛克的这种反映论观点相反，贝克莱认为一切观念都是纯粹主观的东西。

针对洛克的反映论观点，贝克莱写道："观念只能与观念相似，而不能与别的东西相似；一种颜色或形相只能与别的颜色

① 贝克莱：《人类知识原理》，《十六—十八世纪西欧各国哲学》，商务印书馆 1975 年版，第 541 页。

或形相相似，而不能与别的东西相似。”[1]贝克莱的这个说法是似是而非的。当然，颜色只能与颜色相似，不可能与声音相似，因为，颜色与声音不是同一类的东西，没法比较。但是，当我们说：观念是外物的反映、摹本时，并不是说，它们两者是同一个类中的东西；而是指观念的内容，是对非观念的东西（作为对象的外物）的一种抽象。这一区别应该是十分明显的，因为洛克所研究的“相似”性，不是物理学或化学的问题，而是认识论的问题。如果混淆两者，那就是诡辩，因为，这里说的是内容上的一致性，而不是形式上的类同。贝克莱的诡辩是：如果外物是可以被感知的，那它就是观念；如果外物是不可感知的，那就无法设想观念与它相似与否。这是一种循环论证，它的前提就是观念只能与观念相似。

其次，贝克莱认为洛克把观念分为两种是抽象学说在作祟。在他看来，两种观念是不可分离的，都存在于心中。贝克莱说：“总之，广袤、形相和运动，离开了所有别的性质，都是不可想象的。因此，这些其他感性性质在什么地方存在，第一性的质也必定在什么地方存在，也就是说，它们只存在于心中，而不能存在于别的地方。”[2]

可以看出，贝克莱的这一推论实际上是把两个不同的问题混在一起了。一是第一性质的观念和第二性质的观念能否分离？二是如果两种观念不能分离，那么能否由此推断物体的两种性质都存在于心中？应当说在第一个问题上，贝克莱确实看到了洛克把观念机械地分为两种的缺陷，他对观念的统一性的论述包含了合理的成分。但是，他用观念的统一性去论证物体

① 贝克莱：《人类知识原理》，《十六—十八世纪西欧各国哲学》，商务印书馆 1975 年版，第 542 页。

② 贝克莱：《人类知识原理》，《十六—十八世纪西欧各国哲学》，商务印书馆 1975 年版，第 543 页。

的性质统统存在于人心之中的推论，则是不合逻辑的。洛克交代得很清楚：物体所有的性质包括第二性质，都是客观的，所有观念包括第一性质的观念，都是主观的。即使在第二性质问题上，洛克也一再明确交代，产生色、声、香、味等第二性质的观念的能力即物体的第二性质，是客观的。因此，除非把性质和观念混为一谈，除非从“观念即事物”的原则出发，人们就不可能从观念的统一性或主观性推论出物体的两种性质都存在于人心之中。

再者，贝克莱还通过夸大感觉的相对性，来论证观念的纯主观性。我们知道，洛克曾经通过揭示感觉的相对性来论证色、声、香、味等第二性质的观念的主观性，说明第二性质的观念同物体的第二性质的原型不相似。那么，第一性质的观念是否也具有相对性、主观性呢？洛克的回答是，第一性质的观念是物体的第一性质原型的肖像。和洛克不同，贝克莱则认为，第一性质的观念和第二性质的观念一样，也具有相对性、主观性，因而也不是物体的第一性质原型的肖像。例如，关于广袤或形相，贝克莱写道：“同一物体，在一眼看来，是小的，光的，圆的，同时在另一眼看来，又是大的，不平整的，带棱角的”[①]。

应当承认，贝克莱否定洛克关于第一性质的观念是物体的第一性质原型的肖像的思想，包含着合理的因素。因为，“摹写绝不会和原型完全相同”[②]，任何感觉观念都不可能和外物的原型绝对符合，总是带有一定的相对性、主观性。但是，贝克莱却把感觉的相对性、主观性绝对化，根本否认感觉所包含的客观内容，根本否认感觉是对外物的反映，从而把感觉观念看

① 贝克莱：《柏［贝］克莱哲学对话三篇》，商务印书馆 1957 年版，第 24 页。

② 列宁：《唯物主义和经验批判主义》，《列宁选集》第 2 卷，人民出版社 1972 年版，第 241 页。

作纯粹主观的东西，并由此进一步否定外物的客观实在性。贝克莱从夸大感觉的相对性陷入相对主义，从相对主义走向了主观主义。

贝克莱在把物体的各种性质歪曲为感觉观念之后，便进而攻击机械论的物质实体学说。我们知道，在洛克那里，物质是一种迟钝的、没有感觉、不能思想的实体，物质实体作为支撑物或基质而存在于物体之中，但这个物质实体究竟是什么样子，他毫无所知。贝克莱反驳说，既然物质是迟钝的，那么，它就不能成为一个作用因，即不能成为产生观念的原因；没有知觉的东西不可能成为知觉的原因。其次，物质实体不过是一个抽象观念，假设一个没有任何性质的实体存在是荒谬的；既然我们对它毫无所知，我们又凭什么去肯定它的存在呢？因此，他自以为得计地讥讽唯物主义者说："假如你愿意的话，你可以把物质一词用成和别人所用的无物一词的意义一样，而这样一来，在你的文体中，这两个名词就可以互用了。"[①]

可以看出，贝克莱的战术是利用洛克物质概念上的机械论、不可知论的缺点，攻击洛克唯物论的根本原则——肯定外物的客观实在性。不过，从这里也可以看出，机械唯物论的物质观是不足以抵御唯心论的进攻的。

三、"自然法则"是观念之间的稳定的秩序，没有必然性

贝克莱认为，用物质实体、物理规律不能很好地解释一切现象。比如，自然哲学能用机械论说清楚动植物的起源吗？能用物理法则解释宇宙中微细部分的能力和结构吗？在他看来，

---

① 贝克莱：《人类知识原理》，《十六—十八世纪西欧各国哲学》，商务印书馆 1975 年版，第 563 页。

只有抛弃物质实体，从事物即观念的原则出发，才能正确理解“自然法则”，并用以解释一切。

贝克莱所谓的“自然法则”并非指客观事物的运动规律，而是指观念之间存在的不依个人意志为转移的稳定的秩序。贝克莱认为，我们确实可以随意引起一些观念，但是，借感官获得的观念却不依我们的意志为转移。比如，只要我们张开眼睛，意志就不能决定我们看还是不看。只要我们看到红色，意志就不能决定它不是红色。同样的，我们从经验中还可以看到，感官的观念具有稳定的秩序，如此如此的观念总是恒常地伴随如此如此的另外一些观念而出现。这就是所谓“自然法则”。很清楚，它终究还是一个主观主义的东西。

贝克莱认为，“自然法则”对于规范我们的行为是极有用处的，它可以帮助我们预见未来。按照“自然法则”，我们就知道，食物可以充饥，火可以取暖，播种后便会有收获……但是，在贝克莱看来，说观念之间存在着稳定的秩序，丝毫不意味着它们之间有什么因果必然的联系。因此，所谓“自然法则”实际上不过是标志观念之间的关系的符号、记号。比如，火是会带来温暖的记号，食物是会带来充饥的记号，播种是会带来收获的记号，等等。

那么，“自然法则”的根据是什么呢？贝克莱明确指出，“自然法则”和所谓外部物质世界无关，它乃是造物主在我们感官上设定的一种联系，使人类能够从过去已经发生的事情中做出或然性的概括，以预料未来，而我们也正可以从这种“自然法则”推知到上帝的慈祥与睿智。贝克莱说：“我们所看到、听到、触到或无论以何种方式由感官感知到的每件东西，都是上帝的权力的一个记号或结果。”[①]在这里，他完全陷入了神秘主义。正如马克思指出的，“贝克莱主教是英国哲学中神秘唯心主义的代表”。[②]

不过，和扼杀科学的经院哲学神秘主义不同，贝克莱在他的唯心主义范围内仍然承认科学，提倡研究自然，鼓励进行观察和实验。针对贝克莱的这种思想，列宁写道：“让我们把外部世界、自然界看作是神在我们心中所唤起的‘感觉的组合’吧！承认这一点吧！不要在意识之外，在人之外去探求这些感觉的‘基础’吧！这样我将在我的唯心主义认识论的范围内承认全部自然科学，承认它的结论的全部意义和可靠性。为了我的结论有利于‘和平和宗教’，我需要的正是这个范围，而且只是这个范围。这就是贝克莱的思想。”[③]这深刻反映了英国资产阶级力图调和科学和宗教的愿望。

四、真理的标准在于人们的意见一致

按照唯物论的观点，否定了外部物质世界的实在性，人的认识就成了纯粹主观的东西，也就无所谓真假对错了。然而，贝克莱却要在主观唯心主义体系内部，在感觉观念中寻求一个辨别认识真伪的标准。

在贝克莱看来，和想象的观念不同，来自感官的观念是清楚、强烈、活泼、耐久的，因而是真实的，而错误乃在于对当下的知觉所做的不正确的判断和推论。他说：“他的错误并不在于他现实所知觉的观念；乃是在于他根据当下知觉而行的推论。

① 贝克莱：《人类知识原理》，《十六—十八世纪西欧各国哲学》，商务印书馆 1975 年版，第 572 页。

② 马克思：《政治经济学批判》，《马克思恩格斯全集》第 13 卷，人民出版社 1962 年版，第 69 页。

③ 列宁：《唯物主义和经验批判主义》，《列宁选集》第 2 卷，人民出版社 1972 年版，第 24 页。

就以桨来说，他的视觉直接所知觉的分明是曲折的；他在这方面，也并没有错误。但是如果他因此便推论说，把桨从水里拿出来的时候，他仍然可以看到屈曲的样子；或是说他的触觉感觉此物时，亦如感觉屈曲的物体一样，那他就大错了。”①按照这种观点，感觉是绝对真实的，即使幻觉、错觉也是如此。理性只要顺从感觉就行了，无须对感觉材料进行去粗取精、去伪存真的加工改造。真理不是对事物的本质和规律的正确把握，而仅在于对现象的描述。显然，这是一种主观唯心主义感觉论的真理观。

如果把这种观点贯彻到底，那势必陷入唯我论：我的感觉就是真理。贝克莱为了避免唯我论，又补充说，这里说的感觉不是哪一个人的感觉，而是大家的感觉。这就是说，我一个人感觉到的，我不认为是真的，如果大家都感觉到了的，那就是真的。其实，要想在主观唯心论的体系内摆脱主观主义，是根本办不到的。人们对一个事物的认识表现出意见一致，可能加强人们对这一认识的真实性的信念，但却不能用以判别这一认识的真实性本身。这是因为，不论是个人的感觉还是人类共同的感觉，都是主观意识范围内的东西，而意识的真理性是不能用意识本身加以证明的。

为什么想象的观念是那样暗淡、软弱、不稳固，而感官的观念倒是那样清晰、强烈、有秩序、具有更大的实在性呢？贝克莱认为，这是因为两者的根据不同，前者来自“自我”这个“有限心灵”，后者来自一个“无限心灵”即上帝。在这里，贝克莱又陷入了神秘主义。

---

① 贝克莱：《柏［贝］克莱哲学对话三篇》，商务印书馆 1957 年版，第 82—83 页。

五、对于精神实体只能理会而无观念

贝克莱提出“存在就是被感知”这个命题，其矛头是针对机械论的物质实体学说的，目的是否定物质实体的存在。然而，这一命题却是以精神实体的存在为前提的。“存在”被什么东西所“感知”呢？被心灵即精神实体所感知。贝克莱把精神实体分为所谓“有限心灵”和“无限心灵”两种，前者指人心，后者指上帝。肯定一个客观的精神实体即上帝的存在，乃是贝克莱哲学的出发点和终极目的。因此，我们可以说，贝克莱哲学在认识论上是主观唯心主义，在本体论方面则是客观唯心主义，后者是前者的基础。

我们知道，笛卡尔曾经提出了三种实体：上帝、心灵和物体，并且认为人们对这三种实体均有清楚、明晰的观念。和笛卡尔相似，洛克也肯定这三种实体的存在，但他认为，人们对它们并没有清楚、明晰的观念。和笛卡尔、洛克不同，贝克莱只承认上帝和心灵两种精神实体的存在，根本否定物质实体的存在。

贝克莱断言，我们确知上帝和心灵两种精神实体的存在，并且确知它们是我们一切观念的泉源，但是，我们对它们却没有观念，而只能有一种意会或理会。他说：“我们借内部的感觉或反省而理解我们自己的存在，借推理而理解其他精神的存在。我们可以说对我们自己的心灵、对精神和能动体有某种知识或理会；但在严格的意义下，我们对它们却没有观念。”[①]

不难看出，贝克莱的这种“理会说”具有明显的神秘主义性质。但是，不论贝克莱怎样搞神秘主义，也掩盖不住他理论

① 贝克莱：《人类知识原理》，《十六—十八世纪西欧各国哲学》，商务印书馆 1975 年版，第 565—566 页。

上一个不可解决的矛盾：一方面，他否认物质实体的存在，因为据说人们对于物质实体没有观念；另一方面，他又认为精神实体是存在的，但人们对它同样也没有观念。这正是后来休谟所以要对他进行修正的重要原因之一。

第二节　休谟的不可知论

休谟沿着贝克莱主观唯心主义经验论的路线继续发展经验论，在批判经院哲学、唯物论、笛卡尔主义和贝克莱哲学的过程中创立了西欧近代哲学史上的第一个不可知论体系。

大卫·休谟（1711—1776）出身于苏格兰的一个贵族家庭，学过法律，曾任爱丁堡法学院的图书馆馆长和国务副大臣。他在第一次旅居法国期间（1734—1737 年）写成了他主要的哲学著作《人性论》。但是，这部著作在社会上没有产生多大的反响。休谟还是一位历史学家，《英国史》的出版，使他一举成名。他生活在英国开始产业革命的时代，对经济问题很感兴趣，在政治经济学方面提出过著名的“货币数量论”。休谟和当时著名的经济学家亚当·斯密交往甚密，他的遗著《我的一生》就是斯密整理出版的。1763 年，休谟又以英国大使馆成员的身分到法国，结识了卢梭、狄德罗、霍尔巴赫、杜尔哥和达朗贝等著名的法国启蒙思想家。休谟的主要哲学著作有：《人性论》（1739—1740 年）、《人类理解研究》（1748 年）、《自然宗教对话录》（1779 年）等。

休谟提出要建立一门关于人性的科学。在他看来，一切科学对于人性总是或多或少有些关系，即使数学、自然哲学和宗教，也都是在某种程度上依靠于人性的科学。因为，这些科学都是要根据人的认识能力加以判断。如果人们彻底地把握了人类认识的能力和范围，那么就可以在这些科学中取得更大的进展。休谟所谓的人性科学包括知性、情感和道德三个部分，而知性即认识论则又是人性科学的基础。

在认识论方面，休谟从贝克莱的主观经验论出发，在主观唯心主义的基础上进一步论证了认识开始于经验的基本原则，深入发挥了经验主义的因果学说，得出了不可知论的结论。

一、认识起源于感觉印象

休谟反对天赋观念论，坚持认识开始于经验的基本原则。他认为，人心中的一切知觉可分为印象和观念两种。进入人心时最强、最猛的知觉是印象，包括感觉、情感和情绪。观念则是印象在思维和推理中的微弱的意象。两者的差别仅在于强烈和生动的程度各不相同。印象又可以分为感觉和反省印象（情感、欲望和情绪）两种，而感觉是观念和反省印象的基础，观念则是感觉印象的精确的表象。休谟说："简单印象总是先于它的相应观念出现，而从来不曾以相反的次序出现。……我们的印象是我们的观念的原因，而我们的观念不是我们的印象的原因。"[①]休谟认为，和感觉印象不同，反省印象则是直接从观念得来的。一个印象最先刺激感官，使我们知觉种种冷、热、饥、渴、苦、乐。这种感觉印象在心中留下一个复本即观念。当苦、乐等观念回复到心中时，就产生欲望、希望和恐惧等反省印象。这些反省印象又被记忆和想象所复现成为观念，这些观念或许又会产生其他的印象。因此，尽管反省印象直接得自观念，但归根到底还是以感觉印象为基础的。

由此看来，休谟关于观念起源的学说，不同于贝克莱，而

① 休谟：《人性论》，商务印书馆 1980 年版，第 16—17 页。

近似于洛克。不过，休谟更强调感觉印象是知识的唯一泉源。他把感觉印象看作观念的原因，这就从根本上解决了有无天赋观念的问题，克服了天赋观念论。

和洛克相似，休谟也把观念分为简单的和复合的，认为复合观念是简单观念结合的产物。复合观念又可分为样态、关系和实体三类。可是，尽管休谟承袭了洛克的复合观念的学说，但他还是赞同贝克莱对洛克的抽象观念学说的批判，认为“这一点是近年来学术界中最伟大、最有价值的发现之一”。[①]在休谟看来，所谓复合观念就是一个特殊观念附在一个一般名词上，只是由于习惯的联想它才成为一般的和概括的。和贝克莱一样，休谟也是一位根本不懂得理性、思维的极端的经验主义者。

在复合的实体观念方面，休谟既反对洛克的物质实体学说，也反对贝克莱的精神实体学说。他认为所谓复合的实体观念实际上不过是各种特殊观念的集合体，没有必要假设一个支撑这些特殊观念的所谓实体，不论这种实体是物质的，还是精神的。休谟说：“除了对知觉而外，我们对任何事物都没有一个完善的观念。一个实体是和一个知觉完全差异的。因此，我们并没有一个实体观念。……当人们问：知觉还是寓存于一个物质的实体中、还是寓存于一个非物质的（精神的）实体中时，我们甚至不懂得这个问题的含义，那么如何还可能加以答复呢？”[②]

对于休谟说来，天空中的日月星辰，地球上的山川原野，总之宇宙中的万事万物，都不过是一束知觉之流，而其中的每一个知觉又都是各各特殊的、互不相关的。记住这一点，对于理解休谟哲学是十分重要的。

① 休谟：《人性论》，商务印书馆 1980 年版，第 29 页。
② 休谟：《人性论》，商务印书馆 1980 年版，第 262 页。

二、因果联系是习惯性的联想

休谟哲学的一个明显特色，就是他对主观唯心主义经验论的因果学说的发挥。

我们知道，17世纪经验论和唯理论在知识起源问题上始终存在着根本的分歧，但在知识分类方面则逐渐接近。唯理论者斯宾诺莎和经验论者洛克都把知识分为直观的、解证的和感觉的三类。尔后，德国唯理论者莱布尼茨提出了两种真理的学说：推理的真理，遵循矛盾律，具有普遍性和必然性；事实的真理，遵循充足理由律，具有概然性。和莱布尼茨相似，休谟也把知识分为两大类。他说："一切推论都可以分为两类，一种推论是解证的，是涉及于各观念的关系的，另一种推论是或然的，是涉及于实际的事实或存在的。"[①]解证的知识具有确定性和明白性。比如，"直角三角形弦的平方等于两直角边平方之和"这个命题，我们只凭思想作用，就可以把它们发现出来，而并不依据事实上是否存在这个东西，纵然自然中没有直角三角形，这一命题也仍然是真的。关于实际事情方面的知识则不然。因为各种反面的事实总是可能的。比如，"太阳明天要出来"和"太阳明天不出来"这两个命题，我们都不能借任何解证的推论或抽象的推论，先验地肯定这一个否定那一个。因而它没有解证知识那样的普遍性和必然性，而只具有概然性。

休谟着重探讨了关于实际事情方面的普遍命题的概然性问题。他认为，所有关于实际事情方面的推论都是建立在因果联系的基础之上的，或者是从原因推出结果，或者是从结果推出原因。比如，一个人如果在一个荒岛上拾到一只表，他就会由这只表（结果）推断说曾经有人来过这个荒岛（原因）；一个人

① 休谟：《人类理解研究》，商务印书馆1957年版，第26页。

看到下雪，他就会由下雪（原因）推论天气会变冷（结果）。这就表明，关于实际事情的推论是否具有确实性问题，实际上就是因果联系是否具有必然性的问题。

原因和结果之间究竟存在着什么样的联系呢？休谟指出，哲学上常常说，无不能生有，凡事必有一个原因；因果之间存在着必然的联系；原因中存在着必然产生结果的能力；相似的原因必然地产生相似的结果，等等。可是，人们在推理中对上述这些原则从不做任何证明，也不要求任何证明，通常都认为这些原则是理所当然的事情。休谟认为，这实际上是把因果性看作理性先验地固有的东西了。可是，“因果之被人发现不是凭借于理性，乃是凭借于经验”[①]。在这里，休谟把“理性”和“先验”混为一谈。在他否定因果观念的先验性的同时，也否定因果性范畴是一个理性认识的范畴。因此，他总是在感性经验的范围内探究因果性问题。

休谟进一步分析说，在经验中，我们关于因果关系的观念是从对象间的某种关系得来的。首先人们看到两个对象之间的接近关系，因为只有在时间上和空间上接近的东西才能相互作用。其次就是看到两个对象在时间上的先后关系，因先于果，果接续因。接近关系和接续关系是我们形成两个对象之间因果关系的必要条件，但还不能由此提供一个完善的因果性观念，即两个对象之间必须存在着必然的联系。可是，观念即对象总是特殊的、个别的，我们从经验中最多只能看到两个对象之间的接近或接续关系，而看不到两者之间有什么必然的联系，看不到原因之中存在着某种必然要产生一定的结果的能力。比如，我吃了这块面包之后，我的身体得到了滋养。但是，经验没有

① 休谟：《人类理解研究》，商务印书馆1957年版，第20页。

告诉我，这块面包中是什么力量必然地使我的身体得到滋养的；即使吃了这块面包，使我获得了上述经验，但也没有告诉我，吃了别的面包，也必然同样地会得到滋养。因此休谟说："凡不曾呈现于我们的外的感官或内的感觉的任何东西，我们对它既不能有任何观念，所以必然的结论似乎就是说：我们完全没有'联系'的观念或'能力'，的观念，而且这些名词不论用于哲学推论中或用于日常推论中，都是绝对没有任何意义的。"[①]

休谟的这种观点既是针对经院哲学的潜能论的，也是针对唯物论关于客观必然性的思想的。休谟根本否定客观物质世界的存在，也不承认理性的抽象概括具有把握事物本质和规律的作用。他把人的认识限制在感觉观念的圈子内，把感觉观念看作只有时间上先后、空间上排列的关系，它们是没有任何内在联系的孤立的精神原子。因此，客观物质的规律性是根本不存在的。

如果说因果之间根本不存在什么必然联系，那么人们为什么总觉得因果之间一定存在着所谓必然的联系呢？休谟认为，这种观念是从对象的恒常会合中引出来的。一般说来，人们不会在第一次碰到两个对象相互接近和前后相随的例证中引出因果必然联系的观念来，而总是在看到一种现象经常伴随着另一现象出现之后才会引出这种观念。但是，休谟认为，从对象的恒常会合引出必然联系的观念实际上是不合法的。因为人们既然从一次例证中看不到必然的联系，那么，这种例证无论重复多少次，人们也永远不能发现对象之间的必然联系。在休谟看来，人们在看到对象的恒常会合之后形成的所谓"必然联系"，实质上就是对象的恒常会合在人心中形成的一种习惯。"因此，习惯就是人生的最大指导。只有这条原则可以使我们的经验有益

① 休谟：《人类理解研究》，商务印书馆1957年版，第60页。

于我们，并且使我们期待将来有类似过去的一串事情发生。”[①]这样，休谟就把必然性转化成主观的习惯和信念了。

休谟确认，和日常的经验不同，在科学实验中，人们无须对象的恒常会合，有时只要根据一次实验就可以确定对象之间的因果关系。他承认的这一事实与他的唯心主义习惯论是明显矛盾的。对此，他又辩解说，如果人们已经从经验中形成了恒常会合这个总的习惯、总的原则，那么在确定任何具体对象的因果关系时，虽然只需一次试验，“恒常会合”也就自然而然地赋予对象自身了。这个辩解显然是无力的。

休谟认为，建立在主观习惯和信念之上的一切因果推论都是或然推论，由这种推论建立的一般命题也只具有或然性，而没有解证知识的那种普遍性、必然性。这是因为，因果推论不是以客观的因果必然性为基础的。此外，他认为因果关系方面的许多复杂情况也会带来因果推论的或然性。比如，在我们不曾观察到足以产生强烈习惯的众多例子的情况下，便依据这种习惯进行推论，或者在类似关系不精确的情况下进行推论，这就不可能是确定的。

休谟关于因果推论的或然性思想，是对洛克关于实体方面的普遍命题或然性思想的发挥。它进一步揭示了人类认识的主观性和相对性，对于克服经院哲学和笛卡尔主义的独断论具有积极的意义。但是，休谟根本否认客观必然性，根本否认科学上的普遍命题是对客观必然性的反映，把科学知识看作纯粹主观的、或然性的知识，这是完全错误的。这种主观主义的因果论充分暴露了经验主义的片面性。因果性范畴本质上是一个理性认识的范畴，它不是对事物外部现象的描述，解决事物的外部“是怎样”，而是对事物内部的本质和规律的把握，解决“为

① 休谟：《人类理解研究》，商务印书馆1957年版，第35页。

什么”的问题。人们可以从太阳总是在早晨升起这一恒常现象推断说，它明天早晨还会再升起，但是，这不是什么因果推论，不具有必然性。事实上，我们今天已经知道，总会有太阳在早晨不再升起的一天。如果人们真正把握了过去太阳每天早晨升起的内部联系和条件，那么，人们就可以确定地推断说，只要这些内部联系和条件不变，太阳在明天早晨必将再次升起。这才是真正的因果推论，其结果才具有必然性。当然，人们对因果必然性的认识不是一蹴而就的，而是一个逐渐深化的过程，是一个从相对逐步接近绝对的过程。因此，一切科学上的普遍命题都是既有它确定的方面，也有它不确定的方面。随着认识的深化，它们的适用范围会时而扩大，时而缩小。独断论者不懂得这个道理，片面夸大认识的绝对性，否定认识的相对性。休谟则跳到另一个极端，片面夸大认识的相对性，否认相对性的认识中包含着绝对的成分。他不懂得，客观必然性问题并不是一个纯粹的理论问题，“必然性的证明是在人类活动中，在实验中，在劳动中”①。人们如果在实践中达到了它所预期的结果，那么，这就证明了客观必然性的存在以及认识是对客观必然性的正确反映。离开实践去考察人的认识能力，也是休谟认识论的一个基本缺陷。

三、知觉外的一切都是不可知的

不可知论是休谟认识论的另一个显著特点。和历史上各种怀疑论不同，休谟的不可知论主要在于论证除了知觉之外，其他一切（包括外在物质世界、自我和神）都是不可知的。休谟论证不可知论的主要武器就是他的唯心主义的因果学说。

① 恩格斯：《自然辩证法》，《马克思恩格斯选集》第 3 卷，人民出版社 1972 年版，第 550 页。

休谟是唯物论的批判者。他认为，唯物论肯定外物的独立存在，是人类的一种自然本能，在认识论上是一种先验的假设。但如果我们从经验出发，那么便不能证明外物的客观实在性，不能证明我们的知觉是由外物引起的。因为，我们从经验中只知道印象和观念，只看到各种知觉之间的关系，而看不到知觉和异于知觉的东西即外物之间的关系。因此，休谟认为，人类知识的范围仅仅是心中的知觉，所谓外物，实际上不过是知觉的组合。他说："心中除了知觉以外既然再也没有其他东西存在，而且一切观念又都是由心中先前存在的某种东西得来的；因此，我们根本就不可能想象或形成与观念和印象有种类差别的任何事物的观念。我们纵然尽可能把注意转移到我们的身外，把我们的想象推移到天际，或是一直到宇宙的尽处，我们实际上一步也超越不出自我之外，而且我们除了出现在那个狭窄范围以内的那些知觉以外，也不能想象任何一种的存在。"①

可以看出，休谟讲的这一套不过是贝克莱"存在即被知觉"的翻版，并无新鲜货色。正如列宁指出的，"唯心主义哲学的诡辩就在于：它把感觉不是看作意识和外部世界的联系，而是看作隔离意识和外部世界的屏障、墙壁；不是看作同感觉相符合的外部现象的映象，而是看作'唯一的存在'。"②

唯物论认为，外物是产生我们的感觉的原因，我们的感觉是外物作用于感官的结果。休谟则反驳说，所谓因果关系的观念都是从过去的经验中获得的，借助过去的经验，我们发现两种存在物恒常地结合在一起，从而确认两者存在着因果联系。但是，在我们心中除了知觉以外从来没有任何其他存在物的观

① 休谟：《人性论》，商务印书馆 1980 年版，第 83—84 页。
② 列宁：《唯物主义和经验批判主义》，《列宁选集》第 2 卷，人民出版社 1972 年版，第 46 页。

念。因此，我们只能在不同的知觉之间观察到因果关系，而永远不能在知觉和外物之间观察到这种因果关系。休谟的结论是："因果关系永不能使我们由我们知觉的存在或其性质、正确地推断出外界的继续不断的对象的存在。"①

休谟在批判唯物论的同时，也批判了经院哲学、马勒伯朗士以及贝克莱关于精神实体的学说。首先，休谟根本否定所谓"自我"或"灵魂"这种精神实体的存在。他说："任何时候，我总不能抓住一个没有知觉的我自己"②；"关于灵魂实体的问题是绝对不可理解的"③。

经院哲学家、笛卡尔主义者断言，"自我"或"灵魂"是独立于肉体的精神实体，精神和肉体互不相干。休谟则认为，人的思想、情绪是由他的身体的不同位置决定的，"物质和运动往往可以看作思想的原因"。④

我们知道，13 世纪英国经院哲学家司各脱曾大胆地提出过这样一个问题：物质能不能思维？洛克曾试图对这个问题做出肯定的回答，但表现得十分犹豫。现在休谟明确指出，思想依赖于肉体的运动。休谟的这个观点是和同时代的法国唯物论的观点十分相近的。

休谟还批驳了所谓自由意志论，阐发了自由和必然相互关系的思想。经院哲学家、笛卡尔主义者断言，人的意志不受必然性的制约，是绝对自由的。休谟则认为，如果把必然性理解为对象的恒常会合或齐一性，那就应当肯定人的意志不是绝对自由，而是受必然性制约的。人们普遍承认，不同国家和不同时代的人，在行动上有很大的齐一性、规则性。这就是说，相

① 休谟：《人性论》，商务印书馆 1980 年版，第 244 页。
② 休谟：《人性论》，商务印书馆 1980 年版，第 282 页。
③ 休谟：《人性论》，商务印书馆 1980 年版，第 280 页。
④ 休谟：《人性论》，商务印书馆 1980 年版，第 280 页。

似的环境和条件必然引起相似的动机和行动。当然，这不是说人们在同一环境、同一条件下必定会按同样的方式行事，这是因为人们之间还存在着性格、偏见等的差异。但是，性格和行为之间也有齐一性，即相似的性格产生相似的动机和行为。因此，我们虽然想象自己的意志是自由的，但是，在一个旁观者看来，我们的意志还是为必然所制约的。他如果完全熟悉了我的环境和性情的一切情节，以及我的心向的最秘密的机簧，那他就会推断出我要采取什么行动。这正是"必然"的本质所在。

我们看到，尽管休谟关于自由和必然的学说是以他的唯心主义因果论为基础的，但是他在这个问题所做出的基本结论却是和法国唯物论者关于自由和必然、人和环境的关系的学说的精神相近的。

经院哲学家、笛卡尔主义者以及贝克莱坚持自我、心灵或灵魂是一独立的精神实体，目的就是为了论证灵魂不朽。他们说灵魂具有什么单纯性和同一性，因此，它是不灭的。休谟指出，心灵好似一个舞台，各种知觉在这个舞台上接连不断地出现，来回穿过，悠然逝去。恰当地说，在同一时间内，灵魂没有单纯性；在不同的时间内，灵魂没有同一性。因此，"证明灵魂的永生性的形而上学的论证……是没有决定性的"[①]。

休谟不仅攻击一切肯定"自我"这种精神实体存在的观点，而且还全力反驳关于上帝存在的种种理论证明。如前所述，贝克莱在竭力否定外部物质世界是我们感觉的原因的同时，又千方百计地论证一个作为我们感觉的泉源的客观精神实体即上帝的存在。休谟则坚持彻底的经验主义立场，认为贝克莱否定物质实体的论据同样可以用以来否定上帝的存在。

我们知道，笛卡尔主义者和贝克莱都把世界万物看作是惰

① 休谟：《人性论》，商务印书馆1980年版，第280页。

性的、被动的，唯有上帝才是推动万物的精神实体。休谟按照他的因果论则认为，人们既不能看到物体有什么能力，更看不到上帝有什么无限能力。

在休谟活动的时代，英国流行着一种关于上帝存在的所谓设计论证明。设计论者根据人工作品进行类比推论，认为我们既然能从房屋的存在推断出一个房屋建造者的存在，那么，我们也就能从宇宙的存在合理地推断出它的设计者、创造者即上帝的存在。休谟认为，这种类比是不恰当的，违背了因果律。因果推断的基础是对象之间的恒常会合，我们见到一座房屋就推断出其建造者的存在，这个推论是建立在我们在经验中常常看到房屋和建造者这两个对象的恒常会合这一点上的。可是，从宇宙存在推及上帝的存在，这是从单一的结果推出单一的原因。因此，作为因果推断，这是不能成立的。休谟的结论是："由于人类理解力的缺陷，神的性质对于我们完全是不可了解，不可知的。"①

不过，应当看到，尽管休谟大力攻击关于上帝存在的种种理论证明，并且在不少地方竭力揭露宗教的迷信和虚妄，但休谟本人并不是一位无神论者。在他看来，宇宙的秩序使人确信一位造物主的存在，信仰上帝是人的本性，否认关于上帝存在的理论证明正是为了使人"以极大的热心趋向天启的真理"②。

由上述可见，笛卡尔提出的三种实体（心灵、物体和上帝），统统被休谟在理论上否定了。正如列宁指出的："休谟所谓的怀疑论，是指不用物、精神等等的作用来说明感觉，即一方面不用外部世界的作用来说明知觉，另一方面不用神或未知的精神

① 休谟：《自然宗教对话录》，商务印书馆1962年版，第14页。
② 休谟：《自然宗教对话录》，商务印书馆1962年版，第97页。

的作用来说明知觉。”[①]休谟在认识论方面是一位主观唯心主义者，在本体论方面则可以说是一位折中主义者、不可知论者。

我们还可以看到，和贝克莱哲学神秘主义的倾向不同，休谟的不可知论在当时英国的历史条件下实际上是一种非宗教的哲学思想形式。正如恩格斯指出的，休谟的不可知论是“英国一切非宗教的哲学思想的形式。这种世界观的代表者说，我们无法知道究竟有没有什么神存在；即使有的话，他也根本不可能和我们发生任何联系，因此，我们在安排自己的实践活动时就应该假定什么神也没有。我们无法知道，究竟灵魂和肉体有没有区别，究竟灵魂是不是不死的；因此，我们在生活中就假定此生是我们仅有的一生，用不着为那些我们所不能理解的事物忧虑。简单地说，这种怀疑论的实践完全重复着法国的唯物主义；但是它由于不能彻底解决问题，因而仍停留在形而上学理论的领域中”。[②]休谟的不可知论深刻地反映了 18 世纪正在忙于产业革命的英国资产阶级的务实精神。

休谟的不可知论是自培根以来的英国经验论发展的必然归宿。它更加集中地暴露了那种撇开客体单纯考察主体的认识论研究方法的缺陷，表明经验论和唯理论一样，也只是一种有限的思维方式。

---

① 列宁：《唯物主义和经验批判主义》，《列宁选集》第 2 卷，人民出版社 1972 年版，第 29 页。

② 恩格斯：《英国状况 十八世纪》，《马克思恩格斯全集》第 1 卷，人民出版社 1956 年版，第 660 页。

第九章　认识论中的新转向
——康德的认识论

西方认识论理论发展到 18 世纪末、19 世纪初的德国古典哲学阶段，出现了一个新的转向，即力图把主客体结合起来去考察认识活动的各个方面。这种新转向是从康德开始的。但是，由于历史的局限性，康德没有能实现这一任务。

要了解康德在欧洲认识论史上的地位，就要了解德国古典哲学在欧洲哲学史上的地位。德国古典哲学，是在经验论和唯理论经历了相当长时期的较量之后，才登上欧洲哲学斗争的舞台的。在这场斗争中，人们逐渐明确了一种认识：根据唯理论的原则建立的知识，总是表现为分析判断。这种判断在抽象的思维领域中虽然具有普遍性和必然性，但是却无法据此断定事实上也是如此。相反，根据经验论的原则建立起来的知识，总是表现为综合判断。这种判断虽然对事实有所断定（肯定或否定），但无法保证它是必然的普遍有效的，而科学之所以叫科学，恰恰就要求提供普遍和必然的知识。这也就是说，无论是经验论还是唯理论，都无法解决思维怎么才能把握住存在的问题。这一点，最鲜明地反映在休谟的怀疑论中。休谟说，如果一切知识都来源于经验，那么，在经验以外还有没有什么不依赖于经验的东西，就是不可回答的问题；如果说理性的原则是自明的，那么我们又有什么根据来保证这些自明的原则在实际中的应用将是正确无误的呢？18 世纪的法国唯物主义者们，曾经想在经验论的基础上来解决上述矛盾，他们的办法是把主体了解成为客体的一部分，而这部分又与其他部分处于必然的联系中，所以感觉的能力和感觉的内容都来之于自然。他们以为这样就可以回答休谟的难题了。其实这是驳不倒休谟的。因为他们仍然说明不了科学知识的必然性的根据何在。这样就使康德想到了要解决科学知识的普遍性和必然性的根据，就必须改变回答问题的方向。如果说法国人是以客体作为轴心来研究主客体关系问题的，那么康德则想以主体为轴心来研究主客体的关系。康德的这个改变，固然是唯心的，但是他却把思维与存在的统一性问题突出了出来，提出了近代哲学的核心问题。这就把哲学和认识论的研究提高到了一个新的阶段。

德国古典哲学的鼻祖伊曼努尔·康德（1724—1804）出生于东普鲁士首府哥尼斯堡的一个马鞍匠家庭。他 1745 年毕业于哥尼斯堡大学，1755 年开始在该大学任教，后升任教授、校长。康德早年深受莱布尼茨-伏尔夫“形而上学”的影响。法国启蒙思想家和英国哲学家休谟对宗教和 17 世纪“形而上学”的批判，从根本上动摇了康德的信仰，使他转而成为莱布尼茨-伏尔夫“形而上学”的批判者，创立了所谓“批判哲学”体系。康德的哲学体系是由关于认识论的《纯粹理性批判》（1781 年）、关于伦理学的《实践理性批判》（1788 年）和关于美学及有机界合目的性学说的《判断力批判》（1790 年）三部主要著作构成的。在《纯粹理性批判》及其通俗本《未来形而上学导论》中，康德系统地阐述了他的认识论学说。

在近代认识论发展史上，康德占有一个特殊的地位。他第一个系统地概括了 17—18 世纪唯理论和经验论斗争的经验，力图把唯理论和经验论的原则容纳于一个体系之中，从而为在认识论中把主体和客体、感性和理性统一起来开辟了道路。

第一节　“现象”与“自在之物”

为了叙述的方便，我们就从康德认识论中的两个基本概念“现象”和“自在之物”说起。

17 世纪以来唯理论者和经验论者的基本分歧就是知识的来源及其可靠性问题。两者长期争论不得解决，并由此导致了休谟的怀疑论，这对康德有很大启发。康德认为，上述两派的观点均有片面性。唯理论者在没有对人的认识能力进行批判考察之前就断定理性具有把握客体的绝对能力，陷入了独断论。休谟把认识仅仅看作主体范围内的活动，根本否认客体的实在性，陷入了怀疑论。在康德看来，为了避免独断论和怀疑论，就必须把主体和客体结合起来加以考察。

和休谟相似，康德也认为我们所能认识的只是感觉表象，也即所谓“现象”。但和休谟不同，康德断言，在我们之外存在着某种不依赖我们而独立自存的客体即所谓“自在之物”。“现象”不是主观自生的东西，它只是“自在之物”作用于我们感官的产物。不过，康德又说，尽管“现象”是“自在之物”作用于我们的感官而产生的，但“现象”并不反映“自在之物”的本来面目。因此，“自在之物”是不能认识的。康德说：“作为我们的感官对象而存在于我们之外的物是已有的，只是这些物本身可能是什么样子，我们一点也不知道，我们只知道它们的现象，也就是当它们作用于我们的感官时在我们之内所产生的表象。”①

可以看出，康德在这里明显地流露出要把主体和客体联结

① 康德：《未来形而上学导论》，商务印书馆 1978 年版，第 50 页。

起来考察认识的倾向，但是，他由此出发却走向了二元论、不可知论。

需要指出的是，康德这里所说的“现象”，并不是指我们日常生活中所说的客观事物的表面现象，而是指我们的感觉表象。在他看来，“现象”即感觉表象，虽然是由“自在之物”作用于我们的感官所引起的，但是由于受我们固有的认识能力的影响，它并不反映“自在之物”的任何性质，而只是一种纯粹的主观心理状态。比如，按照康德的观点，如果人们身上产生了痛或热的感觉，那必定是有某种“自在之物”作用于我们的感官所引起的。但是，这些感觉只是主观的心理状态，丝毫不反映“自在之物”的性质。康德把我们日常感官所接触到的日月星辰、山川大地、树木鸟兽以及社会生活中的种种事物，统统称为“现象世界”。这就是说，这些东西既然都是我们感觉到的，那么它们就都不是离开我们的感觉而独立自存的东西，统统是我们的感觉表象。至于究竟是一种什么东西作用于我们的感官而产生了日月星辰等感觉表象的呢？康德认为，那是不可知的，只能将它称为“自在之物”。由此看来，尽管康德肯定感觉有它的客观根据，但感觉的内容并不完全是客观的。

康德关于“自在之物”的概念是很含糊的。一般说来，康德所说的“自在之物”，是指存在于“现象世界”之外的某种东西。但是，具体说来，花样又多了。在康德的著作中，“自在之物”有时是指作为感觉泉源的客观自然界。从这个意义上说，康德关于“现象”和“自在之物”的学说就具有调和唯物主义和唯心主义的性质。正如列宁所说：“当康德承认在我们之外有某种东西、某种自在之物同我们表象相符合的时候，他是唯物主义者，当康德宣称这个自在之物是不可认识的、超验的、彼岸的时候，他是唯心主义者。”[①]康德有时又把“自在之物”看作理性不能把握的超感性的对象，即传统的“形而上学”的对象，如上帝、灵魂、意志等。在这个方面，当康德宣布上帝是不可知的东西的时候，表现了康德“批判哲学”的革命精神；但当他肯定上帝作为道德上的假设而存在的时候，他又为神学留下了地盘。康德还有时把“自在之物”理解为实践上（道德、政治生活中）应当力求实现而永远不能实现的理想目标，如“至善”“共和国”等。在康德看来，资产阶级关于自由、平等的要求、共和国制度的要求，是完全合理的，应当力求实现，但是，这些东西仅仅是一个理想，属于彼岸世界的事情，在“现象世界”即人们的现实生活中是不可能实现的。

第二节　“先天综合判断”是怎样可能的

为了确定人类认识能力的效力、范围，划清“现象”和“自在之物”的界限，康德提出了他的认识论的总问题：先天综合判断是怎样可能的？

前面讲过，莱布尼茨曾把知识分为两大类：推理的真理和事实的真理。前者是先天的，具有普遍性、必然性；后者是经验的，不具有普遍性、必然性。休谟对知识也曾做过类似的分类。沿着这条线索，康德把知识的逻辑形式——判断分为两种：分析判断和综合判断。分析判断的特点是，宾词包含在主词之中。这种判断遵循的是矛盾律，是先天的、必然的、解释性的判断。比如，“物体是有广延的”，这是一个分析判断。因为，

① 列宁：《唯物主义和经验批判主义》，《列宁选集》第2卷，人民出版社1972年版，第200页。

“物体”这个主词中已经包含了“广延”这个宾词的内容，人们无须凭借经验，就可以从“物体”这个概念中分析出“广延”这个宾词来。这类判断的优点是具有普遍性和必然性，缺点是不能增加新知识。和分析判断不同，综合判断的特点是宾词不包含在主词之中，它有赖于对经验事实的归纳，所以它不具有普遍性和必然性。比如，“一切物体皆有重量”，康德认为，“物体”这个主词中不包含宾词“重量”，而把这两种不同的东西综合在一起的是后天的经验，所以它不具有普遍性、必然性。但是，它具有扩展性，能够增加知识。

现在，康德提出一个问题：是否存在一种既具有上述两种判断的优点，又没有上述两种判断缺点的新判断呢？换句话说，是否存在着一种既是先天的又是综合的“先天综合判断”？康德的回答是肯定的。在康德看来，没有这种判断，科学知识便不可能。例如，数学和自然科学以及“形而上学”中的许多命题实际上都是先天综合判断。比如，“7＋5＝12”“在物质世界的所有变化中，物质的量保持不变”等，就是既具有普遍性、必然性，又具有扩展性的先天综合判断。“形而上学”的许多命题如“上帝是存在的”，从形式上看来，也是一种先天综合判断。因为在“形而上学”看来，它们也是具有普遍性和必然性的。因此，问题不在于有没有先天综合判断，而在于考察先天综合判断是怎样可能的。

康德提出先天综合判断的问题，实际上是想克服唯理论者和经验论者割裂感性和理性的共有的缺点，把科学知识看作理性和感性的统一。康德的办法是，既肯定经验论的原则——认识开始于经验；又肯定唯理论的原则——知识的普遍性、必然性不是来自经验，而是“自我”提供的。康德说：“虽说我们的一切知识都从经验开始，但是并不能就说一切知识都来自经验。”[①]“经验永远不会给予经验的判断以真正的或严格的普遍性，只能通过归纳给予它们以假定的和比较的普遍性。……当严格的普遍性属于一个判断的本质方面时，这就指示出一种特殊的知识来源，即先天知识的能力。因此必然性与严格普遍性是先天知识的可靠标准，是彼此不可分的。”[②]

按照康德的这个观点，知识有两个来源：一个是外物作用于我们的感官所引起的感觉经验；另一个是理性先天地固有的认识能力。一切科学知识都是由这两个方面的因素构成的，缺一不可。人的认识活动，就是用先天的认识能力（“形式”）去整理后天的感觉经验（“质料”），形成先天综合判断，使零散的或然的感觉经验变成具有普遍性和必然性的科学知识。

在这里，康德固然是力图将感性和理性结合起来，这在认识论史上是一个进步。但是，康德只是做到了拼合，而没有做到真正的结合，因而具有调和唯物主义和唯心主义、经验论和唯理论的性质。正如列宁指出的：“在康德承认经验、感觉是我们知识的唯一泉源时，他是在把自己的哲学引向感觉论，并且在一定的条件下通过感觉论而引向唯物主义。在康德承认空间、时间、因果性等等的先验性时，他就把自己的哲学引向唯心主义。”[③]

康德断言，人心具有三种先天的认识能力：感性、知性和理性。与此相应的，人们有三门学问：数学（算术、几何学）、自然科学（物理学）和“形而上学”（关于宇宙本体的学说）。“感性”这种先天认识能力和经验相结合，形成关于数学的先天

① 康德：《纯粹理性批判》，《十八世纪末—十九世纪初德国哲学》，商务印书馆1975年版，第30页。

② 康德：《纯粹理性批判》，《十八世纪末—十九世纪初德国哲学》，商务印书馆1975年版，第31页。

③ 列宁：《唯物主义和经验批判主义》，《列宁选集》第2卷，人民出版社1972年版，第200页。

综合判断，使数学知识具有普遍性和必然性。“知性”这种先天认识能力和经验相结合，形成关于自然科学的先天综合判断，使自然科学知识具有普遍性和必然性。数学和自然科学这两门学问都是先天的认识能力和经验的结合，离不开经验，都是关于现象世界的知识。它们作为科学知识是能够成立的。可是，关于“理性”这种先天认识能力的情况与前两种不一样，它想抛开经验，超越“现象世界”去认识“自在之物”。因此，在这方面便不可能形成任何先天综合判断，作为科学的“形而上学”，实际上也就不可能成立。从这方面说，康德哲学是近代反形而上学传统的一个发展，带有鲜明的反神学性质。

第三节 “感性”：时间和空间两种直观形

“感性”是康德认识论的第一个环节。

康德所谓的“感性”，是一种借助于经验而形成感性直观知识的先天认识能力或感性直观形式。康德认为，一个具有普遍性和必然性的感性直观知识（如“2＋2＝4”），是由两种因素构成的：一是后天的质料即感觉，二是先天的直观形式。“自在之物”作用于感官而产生的感觉，只是一团混乱的心理状态，只有经过先天的直观形式的整理才能形成一定的感性对象，构成具有普遍性、必然性的感性直观知识。康德武断地认为，人心中存在着两种先天的感性直观形式：时间和空间。他说：“在这个研究过程里，我们将会发现感性直观有两个纯形式，它们是先天知识的原则，这两个纯形式就是空间和时间。”[①]

① 康德：《纯粹理性批判》，《十八世纪末—十九世纪初德国哲学》，商务印书馆1975年版，第45页。

康德把时间和空间叫作“纯形式”。所谓“纯”，就是说不包含任何经验成分。他力图证明，时间和空间这两个直观形式完全为人脑所先天地固有，不仅不是来自经验，而且是经验之所以可能的前提条件。

在他看来，人们要想确定事物（即感觉经验）之间的上、下、左、右、前、后的关系，首先头脑里就得有个上、下、左、右、前、后的空间观念，否则就不能分别事物之间的这些关系。同样的，人们要想确定事物之间的同时或接续关系，首先头脑里就得有个同时或接续的时间观念，否则也不能分别事物之间的这类关系。康德的这种观点，正如他自己所说的，乃是先验唯心主义。

不过，康德强调，尽管时间和空间是独立于经验的先天的直观形式，可是它们离开了经验都办不了事，没有感觉经验提供质料，它们就只是空形式，形成不了感性直观知识。

不仅如此，康德还认为，时间和空间这两种直观形式也只适用于整理经验材料，只在“现象世界”有效，和“自在之物”无关，既不反映“自在之物”的任何性质，也不能用以规定“自在之物”。康德说：“它们（按：指时间和空间直观形式）应用于对象时只限于对象被当作是现象，它们并不呈现物自身。这就是它们有效性的唯一的范围。”①

康德用他的先验主义时空观来解释数学。在他看来，纯数学命题既非综合判断，亦非分析判断，而是先天综合判断。数学知识依赖于经验，但它之所以具有普遍性和必然性，乃在于时间和空间直观形式的先天性。正因为时间直观形式是先天的，算术的先天综合判断（如“7＋5＝12”）才得以成立，算术知识

① 康德：《纯粹理性批判》，《十八世纪末—十九世纪初德国哲学》，商务印书馆1975年版，第56页。

才有了普遍性和必然性。正因为空间直观形式是先天的，几何学的先天综合判断（如“两点之间直线最短”）才得以成立，几何学知识才具有普遍性和必然性。而数学作为科学又只涉及“现象”，只是关于“现象世界”的学问，不反映“自在之物”的任何规律。

不难看出，康德的时空观及其数学理论，是唯心论的先验论。按照辩证唯物主义的观点，时间和空间是物质的存在形式，是客观的。人们头脑中的时间和空间观念乃是客观事物中的时间和空间关系的反映，是在人们长期的反复的社会实践中逐渐形成的。一旦人们在头脑中形成了时间和空间观念，人们便可以运用它们去观察、分析客观事物之间的时间空间关系。不可否认，在现实的认识活动中，如果人们头脑中没有上下、左右、前后的空间观念，人们就不能确定事物之间的上下、左右、前后的空间关系，正如一个没有数的观念的婴孩不会数数一样。但是，应当看到，人们的时间和空间观念正是在人们观察分析客观事物的时间和空间关系的过程中逐渐形成和不断发展的。没有数的概念的婴孩确实不会数数，但是，他又是在数数的过程中逐渐形成数的观念，学会数数的。可见，从实践中形成时间和空间观念与运用它去观察、分析事物中的时间和空间关系，这是一个完整的认识过程中不可分割的两个阶段。然而，康德却孤立地静止地考察人的认识能力，片面地抓住一个方面，完全抹杀了另一个方面，从而把时间和空间说成是人脑主观自生的东西。19 世纪下半叶，当杜林原封不动地搬出康德的先验主义时空观和数学理论来攻击唯物主义反映论时，恩格斯曾深刻地指出：“数和形的概念不是从其他任何地方，而是从现实世界中得来的。……为了计数，不仅要有可以计数的对象，而且还要有一种在考察对象时撇开对象的其他一切特性而仅仅顾到数目的能力，而这种能力是长期的以经验为依据的历史发展的结果。和数的概念一样，形的概念也完全是从外部世界得来的，而不是在头脑中由纯粹的思维产生出来的。必须先存在具有一定形状的物体，把这些形状加以比较，然后才能构成形的概念。……和其他一切科学一样，数学是从人的需要中产生的：是从丈量土地和测量容积，从计算时间和制造器皿产生的。”① 恩格斯的这些科学分析，也是对康德的深刻批判。

还应当指出的是，康德关于时间和空间的学说实际上是对牛顿的绝对时空观所做的先验主义解释。当他把时间和空间视作先天的东西时，他也就把人们的时间和空间观念看成是凝固不变的了，把牛顿的时空观看成绝对的永恒真理了。和康德的观点相反，物理学和数学发展史表明，人们关于时间和空间的观念总是随着科学实践的发展而不断变化、发展的。

不过，从认识发展史上看，康德的感性学说还是有它的积极意义的。这个学说承认，在我们之外存在着刺激我们感官的“自在之物”；它肯定认识开始于经验，并且离不开经验。从这个方面说，它包含着在一定条件下导向唯物主义的成分。事实上，康德的这个思想对于他最后否定“形而上学”是很重要的。

第四节　“知性”：先天的思维形式——范畴

康德认识论的第二个环节是“知性”。

康德所谓的“知性”，是一种对感性对象进行思维，把特殊的没有联系的感性对象加以综合，使之成为有规律的自然科学

① 恩格斯：《反杜林论》，《马克思恩格斯选集》第 3 卷，人民出版社 1972 年版，第 77—78 页。

知识的先天认识能力。康德认为，“感性”管直观，“知性”管思维，二者结合起来形成有规律性的自然科学知识。他说：“我们直观永远只能是感性的；……使我们有思维感性直观的对象的能力是知性。……如果没有感性，对象就不会被给予我们，如没有知性，就不能思维对象。……只有当它们联合起来时才能产生知识。”①

那么，具体地说，“知性”是一个什么东西呢？康德认为，“知性”的综合统一能力的根源是所谓“自我意识”，又叫作“纯统觉”。它的表现形式就是范畴这种思维形式。

康德提出了十二个范畴，列了一张范畴表：

一、量	二、质	三、关系	四、样式
单一性	实在性	实体性	可能性
复多性	否定性	因果性	存在性
总体性	限定性	共存性	必然性②

康德的范畴学说渊源于亚里士多德的十范畴学说。康德赞许亚里士多德提出范畴这一思维形式而堪称为敏锐的思想家。但他认为，亚里士多德的缺陷是他没有按照一定的原理引出范畴，好像十个范畴是随手捡来的。同时，在康德看来，亚里士多德列举的十范畴中有些并不是基本的思维形式，而有些基本思维形式却反而被遗漏了。

那么应当按照什么原则引出范畴呢？康德认为，“知性”这种先天的综合统一能力在逻辑中便表现为判断的能力，即把主词和宾词连接起来的能力。在他看来，任何一种判断形式中必然隐藏着一个联结主词和宾词的范畴。比如，假言判断“如果

① 康德：《纯粹理性批判》，《十八世纪末—十九世纪初德国哲学》，商务印书馆 1975 年版，第 58 页。

② 康德：《未来形而上学导论》，商务印书馆 1978 年版，第 70 页。

s是P，则c是D”，就是以因果性范畴为基础的。因此，有多少种判断形式也就会有多少种范畴。这样，康德便从形式逻辑的判断分类入手，矫揉造作地从四类十二种判断形式中引出了四类十二种范畴，以作为“知性”对感性对象进行综合联结的基本思维形式。

康德把范畴叫作“纯概念”。这就是说，范畴不是来自感性对象，不包含任何经验成分，和时间、空间直观形式一样，也是为人脑所先天地具有的。康德说：“范畴唯源自知性，而与感性无关。”①

不难看出，康德的范畴学说和他的时空学说一样，也是唯心论的先验论。他不是在社会实践的基础上研究范畴的形成和发展，而是把自我意识看作范畴的根源。当他把范畴看作是先天的并且只有十二种的时候，他也就把人的认识能力凝固化了。康德对十二范畴也只做了机械的排列组合，没有深入研究范畴之间的联系和转化。他的范畴学说总的倾向是唯心主义的，形而上学的。

不过，康德还是想把先天性的范畴和经验联结起来。范畴虽然是纯概念，不是来自感性对象，但它要起作用却缺少不了经验。没有范畴的直观是盲目的，没有直观的范畴是空洞的。范畴仅仅是一种思维形式，只是联结、整理感性对象的能力，离开了感性对象就只是空架子，形不成任何知识。康德写道：“范畴之能与吾人以事物之知识，仅在其能应用于经验的直观。”②

不难看出，康德的这个思想包含了一定的唯物主义成分。按照康德的这个思想，那些无视实际经验，整天在概念中兜圈子，靠玩弄概念游戏过日子的人，是决不能得到真知识的。而

---

① 康德：《纯粹理性批判》，三联书店1957年版，第107页。
② 康德：《纯粹理性批判》，三联书店1957年版，第109页。

这一点正是莱布尼茨-伏尔夫“形而上学”的基本思维方式。

还应当指出的是，康德也曾觉察到范畴之间存在着的某种必然的联系。他说：“每一类中所有范畴之数常同为三数之一事，实堪注意。其尤宜注意者，则每一类中之第三范畴，常由第二范畴与第一范畴联结而生。”[①]比如，在“关系”一类中的第三个范畴“共存性”是由“实体性”和“因果性”这两个范畴联结而生的。康德的这个思想后来为费希特、谢林特别是黑格尔所继承和发挥。

康德不仅把范畴看作思维形式，而且看作“自然”的规律。因为尽管范畴是“知性”先天地固有的，不是来自经验，但范畴却能为感性对象（“自然”）确定规律。康德认为，通过感性在人心中形成的感性对象是孤零零的，它们之间本来没有什么联系，只是由于人们运用心中先天地具有的范畴去思维它们，给予综合联结，才使感性对象之间有了联系，带上了规律性。拿“太阳晒石头，石头热了”这个现象来说，感性只告诉了我们两件孤立的经验事实：一是太阳晒在石头上，一是石头温度升高了。尽管我和别人曾经多次知觉过这个现象，但是感性丝毫没有提示我们这两件通常这样结合在一起的事实间有什么必然的联系。这里康德所做的这种分析和休谟的观点完全一致。但休谟曾由此得出结论说，根本不存在什么普遍必然的知识，所谓因果必然联系不过是现象的恒常会合所引起的习惯性的联想。康德则根本不同意休谟的结论。他认为，在感性的经验事实中，确实找不到普遍必然的联系，但“知性”中却先天地存在着具有普遍性、必然性的范畴——因果性。人们运用这个先天的因果性范畴去思维对象，就能够把两件经验事实联结起来，得出“太阳晒热了石头”这类先天综合判断，使知识具有普遍

① 康德：《纯粹理性批判》，三联书店1957年版，第89页。

性和必然性。这就是说，“知性”范畴能为自然立法，构成自然科学。康德说：“范畴乃‘对于现象以及对于一切现象总和之自然规定先天的法则’之概念。”①“知性……其自身实为自然之立法者。”②

按照康德的这个观点，人的认识过程不是在实践中总结、概括实际经验，反映客观事物的发展规律的过程，反倒是向客观事物颁布、强加规律的过程。显然，这是一条主观主义的认识论路线。

不过，康德这个思想在一定程度上克服了经验主义忽略理性认识能动作用的缺陷。经验主义者休谟把人类认识仅仅局限在感性认识范围之内，根本不懂得理性认识为何物。因此，休谟就把本来属于理性认识范围的因果性范畴放到感性认识的范围内来讨论，从而否定了知识的普遍性和必然性。康德看到，不应当把认识仅仅局限在感性范围内，感性认识不能提供的普遍性、必然性，却能由理性认识即所谓“知性”来提供。可是，当康德刚刚流露出一点要把感性认识和理性认识统一起来的苗头的时候，他又把两者断然割裂开来，说理性所提供的知识的普遍性、必然性，不是来自对感性认识的概括，而是来自理性本身，从而导向了先验主义。

应当明确的是，康德所谓“知性”为自然立法的那个自然并非指“自在之物”或独立于人们的感觉经验而存在的客观物质世界，而是指由人们感觉经验构成的所谓“现象世界”。关于这一点，康德说得很清楚：“我们是把自然界仅仅当作现象的总和，也就是当作在我们心中的表象的总和，来认识的。”③因此，

① 康德：《纯粹理性批判》，三联书店1957年版，第117页。
② 康德：《纯粹理性批判》，三联书店1957年版，第136页。
③ 康德：《未来形而上学导论》，商务印书馆1978年版，第92页。

康德反复强调要为范畴的应用范围划定界限。范畴只对经验对象有效，只适用于“现象世界”；它不反映“自在之物”的任何性质，也不能用以规定“自在之物”。换句话说，范畴只能经验地使用，而不能超验地使用。这就为他最后推翻莱布尼茨-伏尔夫“形而上学”埋下了伏笔。

康德认为，他的“知性”学说证明了自然科学的先天综合判断的可能性。正像在“感性”学说里康德把数学知识的普遍性和必然性归之于时间和空间直观形式的先天性一样，在“知性”学说中，他把自然科学原理的普遍性和必然性则归之于范畴的先天性。自然科学和数学一样，也只是关于“现象世界”的知识，而和“自在之物”无关。显然，康德关于自然科学的理论同样是唯心论的先验论。

第五节　“理性”：“形而上学”的先天综合判断不能成立

康德在他的“感性”和“知性”学说中分别论证了数学和自然科学的先天综合判断所以能够成立的根据。现在，康德要解决“形而上学”的先天综合判断能否成立的问题了。

康德说：“吾人一切知识始自感官进达知性而终于理性。”[①]“理性”是康德认识论的最后一个环节。康德这里所说的“理性”，既非人们通常所讲的和信仰相对立的理性（包括人的感觉和思维），亦非一般认识论中和感性认识相对的理性认识，而是指人先天具有的一种要求把握绝对的无条件的知识的能力，即

① 康德：《纯粹理性批判》，三联书店1957年版，第245页。

要求超越“现象世界”去把握“自在之物”的能力。在康德看来，人们通过“感性”和“知性”所获得的知识虽然具有普遍性、必然性，但总是相对的、有条件的。比如，当“知性”运用因果性范畴于经验对象时就会发现，经验对象之间的因果关系是一个无尽的系列。甲是乙的原因，乙是丙的原因，丙又是丁的原因，如此类推下去，没有尽头。反过来，甲有自己的原因，而它的原因又有原因，如此追溯上去，同样没有尽头。这就是说，在“现象世界”里，一切都是相对的、有条件的，没有什么绝对的“第一因”（没有原因的原因），也没有什么绝对的“最终结果”（没有结果的结果）。可是，人心中却存在着一种要求把相对的、有条件的知识综合成为绝对的、无条件的知识的自然倾向，这就是所谓“理性”。“理性”的概念——“理念”要求一种无条件的绝对完满的东西，它是经验事物的范型，但经验中却没有任何事物能同它完全符合。康德举例说，“容许最大可能的人类自由”应是制定国家宪法的根本原则，亦即国家宪法的“理念”，但实际上古今一切国家的宪法都没有也不可能完全符合这个“理念”。“现象世界”中的事物可以趋近“理念”，但“理念”绝不可能在“现象世界”中完全实现。关于“理念”，康德写道：“理性之先验的概念实不过——对于任何所与之受条件制限者之——条件全体之概念。”[①]“理念乃超验的且超越一切经验之限界；无一适合于先验的理念之对象，能在经验中见及。”[②]

康德认为，“理性”虽然给自己提出了追求绝对的无条件的知识的任务，可是它并不能完成这个雄伟的任务。这是因为，“理性”所追求的绝对无条件的对象在“现象世界”中是根本没

① 康德：《纯粹理性批判》，三联书店 1957 年版，第 258 页。
② 康德：《纯粹理性批判》，三联书店 1957 年版，第 260—261 页。

有的。“理性”要这样做实际上意味着是要撇开经验、超越“现象世界”去把握“自在之物”。而“理性”要去把握“自在之物”，它本身并没有别的工具，只能请“知性”的范畴来帮忙。可是，正如在“知性”学说中已经证明过的那样，“知性”范畴有它的局限性，它只在“现象世界”有效，不能用之规定“自在之物”。如果“理性”硬要“知性”范畴去担负它所不能担负的任务，超越“现象世界”去规定“自在之物”，那就势必要陷入谬误推理或自相矛盾之中。

在康德看来，莱布尼茨-伏尔夫的“形而上学”，就是“理性”追求绝对无条件的知识这种要求的理论表现。“形而上学”的对象——“上帝”“灵魂”和“世界”，恰恰正是人的“理性”所追求的三个最高“理念”。“灵魂”是一切精神现象的最高、最完整的统一体，“世界”是一切物理现象的最高、最完整的统一体，“上帝”则是以上两者的统一，是一切可能存在物的最高、最完整的统一体。按照旧“形而上学”，人们不需要经验，只要从一些抽象概念、范畴出发，遵循正确的推理规则进行推理，便能够对以上三者做出绝对无误的规定。和旧“形而上学”相反，康德证明，“理性”借助“知性”范畴去追求绝对无条件的知识的努力是徒劳的，莱布尼茨-伏尔夫“形而上学”关于“上帝”“世界”“灵魂”的一切先天综合判断是不能成立的，旧“形而上学”为此所做的一切似乎是头头是道的理论证明，都是毫无根据的，自欺欺人的。

关于“灵魂”问题，“形而上学”理性心理学的基本观点是灵魂不朽，其基本论据是：“灵魂”是一个独立的实体。康德指出，“实体”本是一个“知性”范畴，只适用于出现在时空中的感性现象。可是，旧“形而上学”所说的那个作为一切精神现象的主体“灵魂”（“自我”）并不出现于时空之中。既然如此，那就不能用“实体”范畴去规定它。如果说，“灵魂”连“实体”都称不上，那么坚持灵魂不朽的观点在理论上就毫无根据了。康德说：“……实体常住性的法则只有用在经验中才能站得住脚，因此对于事物来说，只有当事物在经验中被认识和被联结到别的事物上时才有效；它们一旦独立于一切可能经验，就决不能有效。死后的灵魂就是这样。”[①]康德的结论是，关于灵魂是什么，是朽还是不朽的问题，都是超验的问题，这在理论上是说不清楚的，不可知的。不过，康德一再表白，灵魂不朽这个论点虽然在理论上说不通，但在实践中即在道德生活中却应当作为道德假设而加以肯定。

关于“上帝”问题，康德驳斥了旧“形而上学”理性神学关于上帝存在的种种证明：本体论证明、宇宙论证明以及目的论证明。所谓本体论的证明是说，上帝是一个绝对完满的概念，绝对完满的东西就必定包含着存在性，所以上帝是存在的。在康德看来，“存在性”同样是一个“知性”范畴，根本不能用它去规定从来不出现于时间和空间的上帝。一个事物的存在和一个事物的概念是两码事，不能从某个事物的概念中就推出某个事物的存在，正像不能从一个人的头脑中有一百元钱的概念就推断出他的口袋里存在一百元钱一样。康德认为，关于上帝存在的其他证明都可以归结为本体论的证明，本体论的证明一经被驳倒，其他证明也就不攻自破了。同“灵魂”问题一样，关于上帝是否存在的问题，康德的回答是：理论上是不可知的；但在道德生活中仍应假设上帝是存在的。

关于“世界”问题，康德反驳旧“形而上学”理性宇宙论的办法，和反驳理性心理学、理性神学的办法有所不同。在这里，他抬出17—18世纪的机械唯物论同理性宇宙论相抗衡。他

① 康德：《未来形而上学导论》，商务印书馆1978年版，第116页。

力图表明，凡是理性宇宙论用“知性”范畴对“世界”所做的看起来似乎是十分有力的论证，都遭到来自机械唯物论的看起来似乎也同样十分有力的反驳。这两种根本对立的观点在逻辑上都能自圆其说，公说公有理，婆说婆有理，谁也驳不倒谁。在康德看来，理性宇宙论同机械唯物论的对立，实际上反映了人的“理性”一旦运用“知性”范畴去规定“世界”理念，便会陷入不可解决的矛盾（他称之为“二律背反”）之中。这表明，人的认识能力是有限的，只能认识“现象”，不能认识“自在之物”，“理性”完成不了它自己所提出的任务，“世界”本身究竟怎样，在理论上也是不可知的。

康德提出了四组“二律背反”①：

一、正题：世界在时间上和空间上有限。

　　反题：世界在时间上和空间上无限。

二、正题：世界上的一切都是由单一的东西构成的。

　　反题：没有单一的东西；一切都是复合的。

三、正题：世界上有出于自由的原因。

　　反题：没有自由；一切都按自然律发生。

四、正题：在世界因的系列里有某种必然的存在体。

　　反题：里边没有必然的东西；一切都是偶然的。

康德这里列举的正题的观点代表了莱布尼茨-伏尔夫“形而上学”理性宇宙论的观点，其中心思想还是为了论证上帝存在，灵魂不朽和意志自由。反题的观点大体上反映了机械唯物主义的观点，带有明显的反神学的倾向。拿第一组“二律背反”关于时间是有限还是无限的争论来说，双方的论点如下：

正题主张：世界在时间上是有限的。理由是，世界在时间上如果没有开端，那么，在任何一个所与的时间点，我们必须

① 康德：《未来形而上学导论》，商务印书馆 1978 年版，第 120—121 页。

说有一个永恒的无限的时间系列已经过去了，或者说，到这个所与的时间点为止，已经完成了无限的时间系列。可是，这是不可能的。因为，一个无限系列是不可能完成的。所以，世界在时间上是有开端的，有限的。

反题主张：世界在时间上是无限的，即没有开端。理由是，如果世界在时间上有开端，那么就一定有一个时间，在那时世界还不存在。但是，在一个绝对空的时间中，没有任何东西可以用来说明某物开始存在，即相对于空的时间，无法来断定它何时存在。一件事情的开始时间只能相对于在它以前的别的事情而定。所以，不可能有一个绝空的时间，世界在时间上没有开端，是无限的。

在康德看来，正反双方的论证在逻辑上皆能自圆其说，各有各的道理，这说明“理性”陷入了不可解决的矛盾之中。康德说：“……无论正题或反题都能够通过同样明显、清楚和不可抗拒的论证而得到证明——我保证所有这些论证都是正确的。因此理性本身一分为二了”①。

那么，问题在哪里呢？康德认为，问题就在于双方的出发点都是错误的，因为它们混淆了“现象”和“自在之物”的界限，超越经验去胡乱使用“知性”范畴。“世界”作为“现象”，完全以自我意识活动的伸展程度为转移，既说不上有限，也说不上无限；“世界”作为“自在之物”，它究竟是有限的还是无限的，则是不可知的。又如第三组“二律背反”中关于有没有自由的问题，也是这样。“世界”作为“现象”，一切都受因果必然性的制约，根本不存在什么自由；“世界”作为“自在之物”则可以假定自由的存在，即假定人的意志是不受因果必然性制约的。康德说：“自由并不妨碍现象的自然界法则，同时自然界

① 康德：《未来形而上学导论》，商务印书馆1978年版，第123页。

法则也并不妨碍理性在实践使用上的自由，而这种使用是与作为规定之根据的自在之物相关联的。”[①]

因此，康德认为，理性陷入“二律背反”这一事实表明，人的认识能力是有限的，只能认识“现象”，不能认识“自在之物”，一切超越经验的“形而上学”先天综合判断都是不能成立的。康德指出：“纯粹理性所有一切辩证的尝试之结果……证实……吾人所有自以为能引吾人越出可能的经验限界之一切结论，皆欺人而无根据。”[②]

按照康德的认识论，数学和自然科学作为科学知识是能够成立的；相反的，“形而上学”是同人类理性格格不入的，因此，它不能成为科学知识。这既是对神学的否定，也是对旧“形而上学”的否定。科学不应该去追求什么超验的绝对完满的实体，也不存在这种实体，这本是十七、18 世纪唯物主义认识论中的一个重要成果，康德在理论上发展了这一成果。当康德宣布“理性”想要追求绝对完满的实体就会陷入二律背反的矛盾时，他不自觉地揭露了这样一个事实，即当人们一旦要透过现象去把握事物的本质的时候，思想上就必然会出现矛盾。而且康德看到，“理性”中出现的“二律背反”并不是违反逻辑推理规则而出现的错误，也不是人们故意造作的诡辩，而是认识过程中必然要发生的东西。康德说：“纯粹理性之辩证论（按：指“二律背反”）必须与两端可通之一切伪辩的命题相区别。其有关之问题，非因特殊目的所任意设立之问题，乃人类理性在其进展中所必然遇及之问题。”[③]康德的这个思想，对后来辩证法思想的发展有很大的影响。但是，康德并没有懂得自己所发现的这个

① 康德：《未来形而上学导论》，商务印书馆 1978 年版，第 132 页。
② 康德：《纯粹理性批判》，三联书店 1957 年版，第 456 页。
③ 康德：《纯粹理性批判》，三联书店 1957 年版，第 328 页。

问题的真实意义，即不懂得人们思想中的矛盾正是客观事物的矛盾的主观反映。在他看来，似乎客观事物是不应该有矛盾的，矛盾仅仅是主观的幻相；思想上发生了矛盾，只是说明人的认识能力有限。所以，他也理解不了矛盾双方的联系和转化，仍然陷入了形而上学的困境。这都说明，康德的“二律背反”学说，虽然为辩证法的发展开辟了道路，但他本人基本上还没有摆脱形而上学片面观点的狭隘眼界。康德看到了相对真理和绝对真理的原则区别，反对自命为把握了绝对真理的“形而上学”独断论；可是在他反对绝对主义的同时又走向了另一个极端——相对主义。他不懂得相对真理中包含着绝对真理，绝对真理就存在于相对真理之中，从而把相对真理和绝对真理之间的区别看成相互不能超越的限界，相对的就只是相对的，绝对的就只是绝对的。这样，他在否定旧“形而上学”独断论的同时，也否定人的无限认识能力。

总之，康德的认识论理论不自觉地提出了认识中的一个矛盾：在人的认识以外，应该有某种不依赖于认识的“自在之物”，否则认识就是主观自生的了；但是现实的认识对象，却又不是“自在之物”，而是认识主体所建立起来的“现象”，否则，对象对于认识来说，便是彼岸的东西。应该说，康德的这个发现，是一个巨大的功劳，它为科学地解决思维与存在的同一性问题，提供了最初的重要启示。

马克思和恩格斯在论及思维与存在的关系时指出：“凡是有某种关系存在的地方，这种关系都是为我而存在的；动物不对什么东西发生‘关系’，而且根本没有‘关系’；对于动物说来，它对他物的关系不是作为关系存在的。”[①]这就是说，存在对于

① 马克思和恩格斯：《费尔巴哈》，《马克思恩格斯选集》第1卷，人民出版社1972年版，第35页。

思维来说是在先的（也可以说是“自在之物”），但它之所以成为思维的对象，却又是被建立起来的（即为我的）。当然康德没有这种理解，他把现象和自在之物对立了起来，结果前者成了主观的，后者成了不可知的。不过他所揭示的矛盾启发了后来黑格尔等人，使他们发现了辩证法的光明大道。

第六节 理论理性和实践理性

按照康德的哲学体系，《纯粹理性批判》是处理理性的理论应用问题，讲的是认识论；《实践理性批判》是处理理性的实践应用问题，讲的是伦理学。康德所谓的理论理性是要解决“我能知道什么？”实践理性是要回答“我应当做什么？”康德哲学的特点就是把“知”和“行”分开。如前所述，康德抛开实践去考察理论理性，得出了不可知论。不过，他又认为，理论上不能解决的问题可以在实践中即在道德生活中得到解决。

在道德问题上，康德也是一位调和派。他力图调和道德理论中的禁欲主义和幸福主义的对立，在道德和幸福之间徘徊，一方面把道德和幸福对立起来，断言道德排斥一切利益，一方面又忸忸怩怩地要求道德和幸福的协调。

康德认为，道德和幸福是对立的，一个好的道德动机即所谓“善良意志”，绝不能掺杂着丝毫的感情上的好恶或趋利避害的因素，否则动机就是不纯的，意志就不是善良的，一句话，就是不道德的。同时，他还认为，道德动机是否善良和行为效果无关。行为效果不论如何，丝毫不影响道德动机的价值。显然，这是一种唯心主义的超功利论和唯动机论。

康德从唯心论的先验论出发，认为人们心中先天地存在着某种永恒不变的道德规律。所谓“善良意志”就是人的意志彻底摆脱经验、感性欲望的干扰，完全服从理性规定的道德规律。康德认为，理性先天规定的基本的道德规律是：“不论做什么，总应该做到使你的意志所遵循的准则永远同时能够成为一条普遍的立法原理。”[①]康德的这句话明白地说就是所谓“以身作则”或“推己及人”。他把这个所谓先天的道德规律称为“绝对命令”。所谓“绝对”，就是指无条件的，不受任何经验、感性欲望、利害关系即自然必然性的制约。所谓“命令”，是指“应当如此”。但是，康德认为，理性的“绝对命令”是得不到完全执行的。这是因为，人不仅是一个理性存在者，而且是一个感性存在者，要人彻底摆脱感性欲望是不可能的。因此，“绝对命令”只是一个永远不能实现的“应当”。

康德在大力宣扬道德和幸福相对立的同时，又力图使二者协调起来。在他看来，讲道德绝不是为了幸福；可是，有道德的人总不该老受苦，而应该配享幸福。因此，把道德和幸福结合起来，应该是道德生活所追求的最高目标，即“至善”。

不过，康德又把“至善”的实现推到彼岸。他认为，要达到“至善”，首先必须使人的意志同道德规律完全契合，这就要求假定人的意志是绝对自由的，即彻底排除感性欲望的必然性的制约。可是，这对于具有感性欲望的人来说，短短一生的努力是办不到的，只有在无止境的努力中才能达到。因此，这又要求假定人的灵魂不死，今生不行，来世再努力。不仅如此，康德还认为，要把道德和幸福这两种决然对立的东西协调起来，光靠凡人的力量是办不到的，只有在假定神的存在的条件下，“至善”才能实现。

康德就是这样把他在理论上宣布为不可知的东西，又在实

① 康德：《实践理性批判》，商务印书馆 1961 年版，第 30 页。

践中作为道德上的假定重新抬了出来。他推倒了理性神学的圣殿，同时又修建起道德神学的庙堂。康德聘请上帝来保证“至善”的实现，深刻地反映了18世纪末德国市民对封建王朝的依附和屈从。不过，也应当看到，康德的道德神学同现存的基督教神学还是有所不同的。恩格斯说，“康德把神的存在贬为实际理性的一种假定”[①]，指明了康德的这个思想包含着对基督教神学的批判成分。

贯串于康德伦理学的一个重要思想——“应当如此”，为他政治上的改良主义奠定了思想基础。和莱布尼茨不同，康德对德国现实的封建专制制度不满，竭力要从思想上树立起一个和现实不同的“应当”，即资产阶级的理想。但是，他又认为，这个无条件的、十全十美的“应当”，却是可望而不可即的，是人们力求实现而又永远实现不了的。

康德憧憬着一个理想的“目的国”：“在目的国度中，人（连同每一种有理性的存在者）就是目的本身，那就是说，没有人（甚至于神）可以把他单单用作手段，他自己总永远是一个目的。”[②]

这个“目的国”，实际上就是法国启蒙思想家们所谓“自由、平等、博爱”的理性王国的德国表述。法国资产阶级决心用革命手段去实现这个理性王国，可是德国市民的代言人康德却宣称：“当然，这个目的国只是一个理想。”[③]在康德那里，理想和现实之间，“应当如此”和“实际如此”之间，始终横隔着一道不可逾越的鸿沟。理想是美好的，人们应当努力追求，可惜它是永远不能实现的。正如马克思指出的：“康德认为，共和国

① 恩格斯：《致康·施米特（1895年3月12日）》，《马克思恩格斯选集》第4卷，人民出版社1972年版，第515页。
② 康德：《实践理性批判》，商务印书馆1961年版，第134页。
③ 康德：《道德形而上学探本》，商务印书馆1957年版，第48页。

作为唯一合理的国家形式，是实际理性的基准，是一种永远不能实现但又是我们应该永远力求和企图实现的基准。”[①]如果说，康德哲学在理论方面陷入了不可知论，那么在实践方面又陷入了不可实现论。

关于理论理性和实践理性的关系，康德指出：“当纯粹思辨理性和纯粹实践理性结合在一个认识中时……后者就占了优先地位。因为如果没有这种隶属关系，理性会陷于自相矛盾地步，因为它们如果彼此平排并列，那么前者就会严锁关疆，凡属后者之事一概拒不纳入自己领域，但是后者则会冲决樊篱，肆行扩张，而且只要符合自己需要，还要企图把前者并入自己版图。”[②]可以看出，康德的这个思想具有明显的调和科学与宗教、抬高信仰的倾向。但是，从认识论上说，康德强调实践高于理论这一点还是有积极意义的。他的实践观后来为费希特、谢林和黑格尔所批判、继承和发展。

① 马克思：《1848年至1850年的法兰西的阶级斗争》，《马克思恩格斯选集》第1卷，人民出版社1972年版，第465页。

② 康德：《实践理性批判》，商务印书馆1961年版，第124页。

第十章　费希特的“自我—非我同一”说和谢林的“绝对同一”说

康德在认识论上遗留下的难题：思维和存在、理想和现实之间的对立，很快就有人提出了答案。这与欧洲及德国的革命形势是密切相关的。就在康德发表《实践理性批判》一书的第二年即1789年，法国爆发了资产阶级革命。这场震撼全欧的大革命，把沉睡的德国惊醒了。正如恩格斯所说的：“法国革命像霹雳一样击中了这个叫作德国的混乱世界。……整个资产阶级和贵族中的优秀人物都为法国国民议会和法国人民齐声欢呼。”[①]在莱茵省，资产阶级曾一度推翻了专制制度，建立了资产阶级民主制度。法国革命激动了德国市民反封建的革命情绪，促进了德国资产阶级的形成。法国革命实际上已经把康德所树立的那个可望而不可即的理想王国——“目的国”变成了现实。这样一来，康德割裂思维和存在、理想和现实的软弱无力的“应当”哲学，就被法国革命的实践所推翻，因而它也就不再适合被法国革命激动起来的德国资产阶级的胃口了。法国革命开阔了人们的眼界，一场批判康德的二元论、不可知论，论证主体和客体、思维和存在同一的哲学运动随之在德国兴起。费希特开了个头，紧接着的是谢林，黑格尔则做了总结。

然而，尽管法国革命给了德国资产阶级以很大的激励，但

① 恩格斯：《德国状况》，《马克思恩格斯全集》第2卷，人民出版社1957年版，第635页。

这是否意味着德国资产阶级现在就决心以法国资产阶级为榜样，联合劳动群众，立即投入革命，大干一场，把自己的阶级理想在德国也变为现实呢？不是这样。正在形成中的德国资产阶级依然是十分怯弱的，极其保守的。德国市民-资产阶级在它漫长的襁褓生活中已经养成了依赖、屈从封建专制制度的庸俗习气。它既敬畏国王，又害怕人民。它一方面从法国革命受到激励和鼓舞，同时也被法国革命过程中劳动群众掀起的革命风暴，以及而后在德国许多地方发生的城乡劳动群众的革命暴动吓破了胆。软弱的德国资产阶级企图通过改良主义道路实现自己的阶级理想。正如恩格斯指出的，德国资产阶级“宁肯保持自己那古老的安宁的神圣罗马粪堆，而不要人民那种勇敢地摆脱奴隶制的锁链并向一切暴君、贵族和僧侣挑战的令人战栗的行动”。[①]因此，当法国革命发展到雅各宾党人专政的时候，德国资产阶级对法国革命的热情就一变而为对法国革命的憎恨了。可见，德国资产阶级这个新兴的社会势力，只是在思想中看到了理想可以变为现实的希望，在行动上则仍然规规矩矩，不敢公开造反。

从费希特到黑格尔的批判康德哲学的思想运动，鲜明地打着德国资产阶级的这种两面性的烙印。批判家们有一个共同的特点：他们一方面大力发挥辩证法思想，力图克服康德割裂主体和客体、思维和存在关系上的形而上学，论证主体和客体、思维和存在的同一；另一方面，他们又竭力反对法国唯物论，抛弃康德哲学中的唯物主义因素，走向更彻底的唯心论。这就是说，他们企图在思维里追求思维和存在的同一，在头脑里树立起理想可以变成现实的信念。正如马克思深刻地指出的，德

① 恩格斯：《德国状况》，《马克思恩格斯全集》第 2 卷，人民出版社 1957 年版，第 635 页。

国资产阶级“只是用抽象的思维活动伴随了现代各国的发展，而没有积极参加这种发展的实际斗争”[①]，“它的思维的抽象和自大总是同它的现实的片面性和低下并列”[②]。

第一节 费希特的“自我—非我同一”说

费希特企图在主观唯心主义“自我”哲学的基础上，解决主体和客体、思维和存在的同一问题。

约翰·哥特利勃·费希特（1762—1814）出身于一个贫苦的手工业者家庭，先后在耶拿大学和莱比锡大学学习神学。毕业后，任家庭教师数年。而后，他到哥尼斯堡拜访他所敬仰的康德，在康德的帮助和影响下，从事哲学研究，并因阐述康德哲学而成名。1794 年，费希特担任耶拿大学教授，不久因被指控宣传无神论而被迫离开耶拿。1799 年，他去爱尔兰根大学任教。1809 年后，一直担任柏林大学教授。在《知识学基础》（1794 年）和《知识学导言》（1797 年）这两部著作中，费希特系统地阐发了自己的哲学观点。在政治上，费希特最初是比较激进的。他欢呼法国革命，鼓吹资产阶级自由、平等思想，反对封建等级制度。大约在 1800 年后，费希特在政治上趋向保守，主张保留等级制度，企图和专制制度妥协。

在哲学上，费希特是直接从康德出发的。在费希特看来，康德哲学的重要意义就在于把“自我”放到了高于一切的地位。不过，他很快就由康德哲学的阐发者变成为康德哲学的

① 马克思：《〈黑格尔法哲学批判〉导言》，《马克思恩格斯选集》第 1 卷，人民出版社 1972 年版，第 10 页。

② 马克思：《〈黑格尔法哲学批判〉导言》，《马克思恩格斯选集》第 1 卷，人民出版社 1972 年版，第 8 页。

批判者。他认为康德哲学的明显缺陷就在于理论和实践、必然和自由、存在和思维的分裂。造成这种分裂的关键，在于康德肯定“自在之物”的存在。费希特认为，尽管康德批判了莱布尼茨-伏尔夫“形而上学”的独断论，但是，康德还是肯定了一个不可知的“自在之物”。这表明康德仍然没有彻底摆脱独断论。既然康德肯定了人的认识只能局限在经验之内，那么，人们又凭什么去确认在经验之外的“自在之物”存在呢？可见，对于人们的认识来说，“自在之物”只是一个不必要的赘物，应予根除。费希特断言：“物自身是一种纯粹的虚构，完全没有实在性。”①

费希特比较清楚地看到了哲学上存在着唯物论和唯心论的对立，康德的混乱就在于他把这两种不可调和的原则糅合在一个体系里。这就不可能不出现矛盾。他说：“关于自我的独立性的表象，与关于物的独立性的表象是可以并存的，但二者的独立性本身是不可以并存的。只能有一个是第一性的原始的、独立的。”②那么第一性的东西到底是什么呢？费希特认为就是自我。为什么自我是第一性的呢？他提出了两个方面的证明：一是历史的，二是理论的。

所谓历史的证明就是：唯物论仅仅是人类低级阶段上的信仰。费希特认为，在我们种族的进展中，曾经历过两个阶段。在前一个阶段，人们还没有充分意识到自己的自由和绝对的独立性，还只是在对物的表象中见到自己。所以他们相信表象是由物产生的，物是第一性的。也就是说，只是在低级阶段上，人们才相信唯物论。而到了高级阶段，人们自觉到自己的独立

---

① 费希特：《知识学引论第一篇》，《十八世纪末一十九世纪初德国哲学》，商务印书馆 1975 年版，第 188 页。

② 费希特：《知识学引论第一篇》，《十八世纪末一十九世纪初德国哲学》，商务印书馆 1975 年版，第 192 页。

性和对一切外物的不依赖性，便不再相信唯物论，而转向了唯心论。

所谓理论的证明就是：唯物论在理论上没能说明它要说明的东西，因而是无用的。费希特认为，由物到感觉表象之间是没有桥梁可通的。因为物的作用是机械作用，表象是不能通过机械作用产生的。相反的，要理解这些机械作用，必须有独立的精神。所以理智、自我是第一性的东西。而且，“当理智的存在作为理智被肯定的时候，知觉理智的那个东西也就已经一起被肯定了。因此在理智里面……有着双重的系列，存在的系列和注视的系列，即实在的系列和观念的系列”[①]。

费希特的理论论证，其实很简单，类似于笛卡尔的“我思故我在”。不过他对“我在”的了解是与笛卡尔完全不一样的。在这方面，他进一步发挥了康德关于主体的能动性的思想（当然仍然是在唯心主义的基础上）。他说：“理智不是被动的，因为按照它的设定，它是第一性的东西和最高的东西，没有什么先行于它的、可以说明它的被动的东西。由于这个同样的理由，理智也不具有真正的存在，不具有实存，因为后者是一个相互作用的结果，而这里是没有、也不能假设有什么东西和理智进入相互作用之中的。在唯心论看来，理智是一行动，绝对不再是什么。”[②]实存的一切，即不仅关于世界的表象，而且也包括关于我们自身的表象，都是从理智的行动中引申出来的。

因此，费希特认为，“事物”“客体”依赖于知觉它们的“自我”，而“自我”则是独立自存的，它不依赖于“事物”“客体”。一句话，“自我”是一切经验的根据。由此，费希特提出了他哲

① 费希特：《知识学引论第一篇》，《十八世纪末—十九世纪初德国哲学》，商务印书馆 1975 年版，第 195 页。

② 费希特：《知识学引论第一篇》，《十八世纪末—十九世纪初德国哲学》，商务印书馆 1975 年版，第 199 页。

学的第一个命题：“自我设定自身”。所谓“自我设定自身”，就是说“自我”是不依赖于他物而独立自存的东西，是一切知识的绝对在先的、无条件的根据。在这里，费希特硬把自我意识这种第二性的东西说成是本原的东西，说成是不依赖于外部世界而独立自存的东西，这显然是十足的主观唯心主义幻想。费希特为了掩盖他的主观唯心主义，避免陷入唯我论，说什么他的“自我”并非指个人的经验的“自我”，而是指人人共有的普遍的纯粹的“自我”。但是，既然他把“自我”这种精神性的实体看作最终的实在，那么不论这个“自我”是个人的还是人人共有的，不论是经验的还是纯粹的，他的哲学就只能是主观唯心主义哲学。

费希特在第一个命题的基础上，提出了他的第二个命题：“自我设定非我”。他说：“除非在自己的经验规定性中，自我既永远不会自己意识到自己，也不会被意识到，而这些经验规定性又必然以自我之外的某种东西为前提。”[①]例如，没有“你”，我便永远不会意识到“我”。因此，有“自我”，便必定有“非我”；甚至可以说，没有“非我”，便不可能设想“自我”。用费希特自己的话说：“他之所以为他所是的东西，首先不是因为他存在，而是因为在他之外有某种东西。”[②]

在这里可以清楚地看到：在唯心主义基础上，费希特朝着辩证地解决思维与存在、主体与客体的关系问题，大大前进了一步。他在取消了康德的“自在之物”之后，力图在主观意识的范围内重建主体与客体，即“自我”与“非我”的区别、对立。他的所谓“自我”近乎康德所说的那个进行先验统一的“自我意识”，所谓“非我”则近乎康德所谓的“现象世界”或“自

① 费希特：《论学者的使命》，商务印书馆1980年版，第6页。
② 费希特：《论学者的使命》，商务印书馆1980年版，第7页。

然”。但是，在他那里，没有康德那种主体和客体的绝对对立。费希特的自我与非我的对立是相对的，它们相互排斥，又相互制约。“自我”是能动的、自由的，“非我”是被动的、受必然性制约的。两者彼此限制，相互排斥。

同时，费希特在研究“自我”和“非我”的相互关系过程中，导出了实体和偶性、因果性和交互作用、有限和无限、实在和否定等范畴。和康德不同，费希特开始把范畴看作相互联系和相互转化的东西，并把范畴排列成一定的系列。比如，在他看来，从“自我”和“非我”之相互限制、相互作用，可以引导出因果性范畴，因为在这种相互作用中，“自我”是能动的，“非我”是被动的；能动者即为原因，被动者即为结果。但是，这种能动与被动的区别带有一定的相对性。没有“自我”固然没有“非我”，相应的，没有“非我”也不可能有“自我”。所以从因果范畴又过渡到了交互作用的范畴。

费希特还从他的第二个命题引出了第三个命题：“自我设定自身和非我”。

费希特把他哲学的第一个命题“自我设定自身”，叫作正题；把第二个命题“自我设定非我”，叫作反题；把第三个命题“自我设定自身与非我”，叫作合题。所谓合题，就是“自我”克服、扬弃了自己的对立面“非我”而回复到自己，在“自我”之内达到“自我”和“非我”的同一。这是因为，“自我”与“非我”的区别，犹如光明与黑暗一样，不是绝对对立的，只是在程度上有所区别而已。“自我”中有“非我”，“非我”中又有“自我”。费希特就这样在“自我”的圈子里设置了“自我”和“非我”的对立，并通过“自我”和“非我”的矛盾和斗争，实现了“自我”和“非我”，即主体和客体、自由和必然、思维和存在的同一。在他看来，康德的二元论、不可知论便由此而得到克服。

可以看出，费希特是一位唯心主义的可知论者。

费希特哲学的一个明显的特点就是通过唯心主义的方式着重突出了人的主观能动性问题。在他看来，“自我”不仅是一个认识主体，而且也是一个实践主体。“自我”作为一个能动的创造性主体，它的本质就是行动；“自我”不仅能动地创造了自己的对立面“非我”，而且用行动克服了自己的对立面“非我”对自己的限制。他认为，就“非我”作用于“自我”，“自我”受“非我”的限制而言，这是“理论认识”活动；就“自我”以自己的行动克服“非我”对自己的限制而言，这是“实践活动”。而“自我”则是理论活动和实践活动的统一。

综上所述，费希特开始把人的认识当作一个主体和客体的矛盾统一来加以考察，突出地强调了人的主观能动性，主张理论和实践、必然和自由、思维和存在的统一。这说明他较之康德前进了一步，并在一定程度上克服了 18 世纪法国唯物论者消极反映论的缺陷，对后来谢林、黑格尔哲学的形成和发展有着积极的影响。不过，这些思想是以其主观唯心主义世界观为基础的。费希特的“自我”，实际上不过是“形而上学地改了装的、脱离自然的精神”[①]。他所说的能动作用、行动，始终是自我意识范围内抽象的意识活动，而不是“真正现实的、感性的活动”[②]。费希特在意识中抽象地发展人的主观能动性思想，深刻地反映了德国资产阶级思想上向往革命而在实践上又不敢采取任何行动的软弱性格。

费希特力图超越康德，但实际上他并没有能彻底摆脱康德。在费希特看来，“自我”克服“非我”获得绝对自由，实际上是

① 马克思和恩格斯：《神圣家族》，《马克思恩格斯全集》第 2 卷，人民出版社 1957 年版，第 177 页。

② 马克思：《关于费尔巴哈的提纲》，《马克思恩格斯选集》第 1 卷，人民出版社 1972 年版，第 16 页。

永远不会有结果的，它只是一个无限地向着“绝对自由”接近的过程、永远地朝着理想前进的运动。

第二节　谢林的“绝对同一”说

继费希特之后，谢林提出“绝对同一”哲学，企图在客观唯心主义的基础上进一步发挥辩证法，解决主体和客体、思维和存在的同一。

弗里德里希·威廉·约瑟夫·谢林（1775—1854）是符腾堡莱昂贝格的一个新教牧师的儿子。1790—1795 年，谢林在杜宾根神学院学习，和黑格尔是同窗好友。大学毕业后，他干了几年家庭教师。1798 年，谢林到耶拿大学任教，和费希特共事。1803—1806 年，谢林在维尔茨堡大学任教。1806—1820 年期间，他担任慕尼黑美术学院秘书长。1820—1826 年，在爱尔兰根大学任教。1827 年，巴伐利亚君主路德维希任命谢林为国家科学中心总监，并担任科学院院长和慕尼黑大学教授等职务。1841 年，谢林应普鲁士国王的邀请，主持柏林大学哲学讲座，随后担任柏林科学院院士和普鲁士政府枢密顾问。1854 年，谢林死于赴瑞士的途中。

谢林的一生是由进步的青年时期和反动的晚年时期构成的。青年谢林和同时代的许多德国进步分子一样，热情欢呼法国革命。为了激励德国人民的革命情绪，他曾把法国革命歌曲《马赛曲》译成德文。他当时热心于研究法国启蒙思想家们的著作，特别是卢梭的著作。他认为，人的本质就是自由，人类历史就是自由的发展史。谢林激烈抨击神学，崇尚理性，批判专制制度，鼓吹法治。谢林早期的哲学活动，是德国古典哲学发展过程中的一个重要阶段。后来随着19世纪初欧洲各国封建复辟逆流的泛起，谢林在政治上便开始衰退，最后变成了专制制度的辩护士，宗教神学的吹鼓手。

谢林最初积极追随费希特，批判康德哲学。他肯定康德哲学的革命意义，但对康德肯定“自在之物”，割裂理论和实践、必然和自由、思维和存在的关系表示不满。当时，有一批康德主义者竭力制造出某种康德体系的肤浅杂拌用以喂养神学，一切可能的神学教条都被贴上了实践理性公设的标签，把本来已经开始消瘦下去的神学又弄得强健起来。谢林对此感到十分愤慨。他站在费希特“自我哲学”的立场上宣称，“上帝就是绝对自我，此外它是无”，又说，“自我应该是全部哲学的最高原则，在这里理论理性和实践理性达到了统一”。

然而，正像康德哲学的信徒费希特很快就离开了康德一样，费希特哲学的信徒谢林不久也离开了费希特，形成了自己独立的体系。在谢林看来，费希特的“自我”既然是一个和“非我”相互对立、相互限制的东西，那么它就不可能是绝对的、无条件的，因而，“自我”和“非我”的同一仍然是无法保证的。谢林认为，要设想“自我”和“非我”即主体和客体的同一，就必定要有一个凌驾于二者之上、既非主体亦非客体的东西，这就是所谓“绝对”或“绝对同一性”。谢林写道：“客观事物（合乎规律的东西）和起决定作用的东西（自由的东西）的这样一种预定和谐唯有通过某种更高的东西才可以思议，而这种更高的东西凌驾于客观事物和起决定作用的东西之上……那么，这种更高的东西本身就既不能是主体，也不能是客体，更不能同时是这两者，而只能是绝对的同一性。”①

和费希特局限于主观意识范围内的相对自我不同，谢林的

① 谢林：《先验唯心论体系》，商务印书馆1977年版，第250页。

“绝对同一性”是凌驾于主体和客体之上的客观的、绝对的自我，自然和主观的自我不过是绝对自我的客观化，是绝对自我的变化形态。而绝对自我不仅是万物的本原，而且是主体和客体和谐一致的真正根据。

谢林把“绝对同一性”神秘化，认为“绝对同一性”是一种无意识的、不可称谓的东西。因而，它不是知识的对象，而只能是行动中永远假定的对象，即信仰的对象。一句话，“绝对同一性”就是上帝。正是这个上帝主宰着自然界和人类历史的进程，主宰着主体和客体、自由和必然、思维和存在的同一。

在这里，我们似乎见到了斯宾诺莎泛神论的影子。的确，谢林也常把自己称为斯宾诺莎主义者。不过，从哲学路线上看，两者是根本不同的。斯宾诺莎认为实体即自然，因此，他的泛神论具有唯物主义的性质。与此相反，谢林则把“绝对同一性”理解为一种无意识的、不自觉的宇宙精神，这样，他的泛神论就具有客观唯心论的性质。然而，尽管如此，在当时德国的历史条件下，谢林的唯心主义泛神论显然是同正统神学相抵触的，因而包含了积极的批判成分。

此外，谢林的“绝对同一性”和斯宾诺莎的“实体”还有一点不同。斯宾诺莎把“实体”看作静止的、呆板的东西，谢林的“绝对同一性”则是一个能动的发展过程。谢林认为，“绝对同一性”是主体和客体、精神和自然的来源和归宿，并贯串于双方的矛盾发展过程之中。在谢林那里，最初是无差别的“绝对同一性”，后来不知怎么搞的，这个无差别的东西竟然发生了差别，出现了自然和精神这两个对立面，从而开始了自然和精神的矛盾发展史。在这过程中，“绝对同一性”隐藏在背后，主宰着两者的同一，自然是可见的精神，精神是不可见的自然。而自然和精神的矛盾发展最后又归之于无差别的“绝对同一性”。谢林认为，“绝对同一性”的发展过程，就是它自己认识自己的过程，即从无意识到自我意识、最后又达到“绝对同一性”的发展过程。在这里，谢林哲学已经明显地表现出本体论和认识论合流的趋向，它通过唯心主义方式，歪曲地反映了人类认识是一个主体和客体矛盾发展的过程。

谢林以“绝对同一性”为核心的哲学体系是由所谓自然哲学和先验哲学两个部分组成的。他的《世界灵魂》（1798 年）、《自然哲学体系初稿》（1799 年）、《自然哲学体系初稿导言》（1799 年）等著作，讲的是自然哲学。他的《先验唯心论体系》（1800 年）是一部讲先验哲学的著作。自然哲学以自然界为对象，其宗旨是要把一切自然现象归结为精神，或者说是从自然追溯到精神；先验哲学则以人类精神生活（即社会历史）为对象，其宗旨是要表明精神一定要把自己展示在自然之中，或者说是从精神引出自然。在谢林看来，不论是自然哲学还是先验哲学，都是以“绝对同一性”为基础的，都是为了解决自然和精神的同一。

谢林的自然哲学是和当时德国文学艺术中流行的泛神论思潮相呼应的，它赋予自然界以精神和生命。在他看来，自然界是“绝对同一性”的客观化和不自觉的、无意识的发展阶段。自然是和精神相对立的，但其中也隐藏着精神。他把人们认识自然界规律的过程说成是从自然中引出精神的过程。谢林指出：“完整的自然理论，应当是那种可以将全部自然溶化为一种智性的理论。”①

谢林的先验哲学以研究精神生活的发展过程为对象。在他看来，和无意识地受必然支配的自然界不同，人类社会历史乃

---

① 谢林：《先验唯心论体系》，《十八世纪末—十九世纪初德国哲学》，商务印书馆 1975 年版，第 210 页。

是一个有意识的自由的创造过程。但是，他又认为，正如自然中存在着精神一样，精神中也存在着自然，就是说，人类创造活动中也存在着无意识的必然的东西，尽管它和自然界的必然性有所不同。谢林写道："这种自然界（按：指人类社会历史）也受一种自然规律的支配，但这种自然规律完全不同于可见的自然界中的规律，就是说，是一种以自由为目的的自然规律。"①

不难看出，谢林的这种唯心史观同过去那些把历史看作任性的产物或偶然事件的堆积不同，他力图从人们有意识地自由地创造历史的过程中，寻求不以人们意志为转移的必然性，力图解决人类历史活动中的个人自由和历史规律之间的矛盾。这个问题　正是康德无法解决、费希特也没有解决好的问题。

关于人类历史中自由和必然的关系，谢林的基本观点是："历史的主要特点在于它表现了自由与必然的统一，并且只有这种统一才使历史成为可能。"②

在谢林看来，人们总是有意识地自由地进行历史行动的，可是，人们常在行动中产生了人们从未料想过的结果。这种常见的事与愿违的情况说明，人们虽然自由地行动，但结局却取决于一种不依个人意志为转移的必然性，而这种必然性又恰恰是通过各个人的自由的无规律的行动来实现的。他说："在一切行动中的客观东西都是某种共同的东西，它把人们的一切行动都引导到唯一的共同目标上。……这种必然性预先决定了人们必然会恰好通过无规律的行动，引起他们预想不到的表演过程，达到他们不打算达到的境地，而且这种行动越无规律，便越确实会有这样的结果。"③

① 谢林：《先验唯心论体系》，商务印书馆 1977 年版，第 235 页。
② 谢林：《先验唯心论体系》，商务印书馆 1977 年版，第 243 页。
③ 谢林：《先验唯心论体系》，商务印书馆 1977 年版，第 248 页。

那么，自由和必然统一的根据何在呢？谢林认为，正是那个“绝对同一性”主宰着自由和必然的统一。他说：“一切行动只有通过自由与必然的原始统一才能理解。”[①]“整个历史都是绝对不断启示、逐渐表露的过程。”[②]

谢林根本不懂得从社会物质生活中去寻找历史发展的客观规律，也不可能正确解决主观能动性和客观规律的辩证关系。但是，从人类认识发展史上看，谢林较之那种根本否认客观规律的自由意志论和根本否认个人自由的宿命论，还是前进了一大步。

和康德相似，谢林把人的精神生活分为“理论活动”“实践活动”和“艺术活动”三个方面。谢林哲学的特点就是特别推崇艺术活动，把艺术的认识功能绝对化、神秘化。在谢林看来，“绝对同一性”是不能被理解和言传的，而只能借助于美感直观才能把握。他说：“一个绝对单纯、绝对同一的东西是不能用描述的方法来理解或言传的，是绝不能用概念来理解或言传的。这个东西只能加以直观。这样一种直观就是一切哲学的官能。但是，这种直观不是感性的，而是理智的；它不是以客观事物或主观事物为对象，而是以绝对同一体，以本身既不主观也不客观的东西为对象。这种直观本身纯粹是内在的直观，它自己不能又变为客观的：它只有通过第二种直观才能变为客观的。而这第二种直观就是美感直观。”[③]

谢林认为，艺术作品的根本特点是无意识的无限性。艺术家在作品中除了表现自己的有明显意图的东西外，仿佛还合乎本能地表现出一种无限性，而要完全展现这种无限性，是任何

① 谢林：《先验唯心论体系》，商务印书馆 1977 年版，第 254 页。
② 谢林：《先验唯心论体系》，商务印书馆 1977 年版，第 252 页。
③ 谢林：《先验唯心论体系》，商务印书馆 1977 年版，第 274 页。

有限的知性无能为力的。因此，美感直观是引导人们消除一切差别、矛盾，达到“绝对同一性”的唯一途径。谢林的这种美学思想多少反映了当时德国的思想文化状况。当时人们确实只能从以歌德、席勒为代表的进步文艺运动中看出一点美好的未来。但是，谢林把艺术看作最好、最高的救世药方，企图从中寻求现实世界和理想世界的统一，也深刻地反映了德国资产阶级的软弱性。

在解决思维和存在同一的过程中，谢林不仅把认识论和本体论结合起来，而且力图把辩证法和认识论结合起来。他把康德和费希特的主观辩证法推广于自然界和人类历史，从而进一步揭露了认识的辩证发展过程。他认为，人类的认识和自然、历史一样，也是一个由低级到高级的发展过程。而推动事物和认识发展的就是矛盾。谢林写道:“对立在每一时刻都重新产生，又在每一时刻被消除。对立在每一时刻这样一再产生又一再消除，必定是一切运动的最终根据。”①

谢林从矛盾观点出发发展了康德的范畴学说，继费希特之后，进一步研究了范畴的推演问题。在谢林看来，康德的范畴排列方法包含了合理成分。因为在康德的范畴表中，“每类范畴的前两个范畴总是彼此对立的，而第三个范畴是这两个范畴的结合或统一”②。谢林在他的著作中正是依据这一原则对范畴进行抽象的逻辑推演，揭示了概念的灵活性。

不过，谢林的发展观点和矛盾学说终究被他的体系窒息了，因而是很不彻底的。按照谢林的体系，无差别的“绝对同一性”先于一切差别和矛盾而存在，是差别和矛盾的根源，并且主宰着差别和矛盾的发展，而差别和矛盾又最终归之于无差别的“绝

① 谢林:《先验唯心论体系》，商务印书馆 1977 年版，第 148 页。
② 谢林:《先验唯心论体系》，商务印书馆 1977 年版，第 138 页。

对同一性”。因此，“绝对同一性”是无条件的、绝对的；差别、矛盾则是有条件的、相对的。那么，无差别的“绝对同一性”是怎样过渡到差别和矛盾的呢？在这里，谢林除了用“原始对立”之类含糊不清的语言加以搪塞外，什么也说不出来。可见，谢林的“绝对同一性”体系是一个封闭的体系，是和他的发展观点和矛盾观点相抵触的。后来，尽管黑格尔从谢林哲学中汲取了很多东西，但是，正是在“绝对同一性”这一点上，两位好友最终分道扬镳了。

第十一章　黑格尔的思维与存在同一的认识论

继费希特、谢林之后，黑格尔在进一步批判康德的二元论、不可知论的过程中，创立了以“绝对理念”为核心的客观唯心主义体系，并在此基础上把辩证法应用于认识论，把实践引入认识论，更系统深入地论证了思维和存在的同一。

乔治·威廉·弗里德里希·黑格尔（1770—1831）生于斯图加特的一个官僚家庭。他在杜宾根神学院学习时，和谢林是同窗好友，后又在耶拿大学和谢林一同任教。在哲学上，黑格尔最初追随谢林，曾和谢林一起编辑出版哲学杂志，宣传谢林的“绝对同一”哲学。1807 年，黑格尔发表《精神现象学》一书，批判谢林的“绝对同一”思想，从此和谢林决裂。除《精神现象学》外，黑格尔的主要哲学著作还有:《逻辑学》(即大逻辑，1812—1816 年)、《哲学全书》(包括“逻辑学”“自然哲学”和“精神哲学”三个部分，1817 年)、《法哲学原理》(1821 年)，以及他死后出版的《哲学史讲演录》《历史哲学》《美学》，等等。

黑格尔是 19 世纪初德国刚刚形成的新兴资产阶级的思想代表。他把法国革命称为“一次光辉的日出”，始终肯定法国革命的历史必然性及其世界历史意义。他把拿破仑列为欧洲历史上少有的英雄人物之一，称拿破仑为“自由精神”的代表，赞赏他把“开明的政制散播到四处八方”。黑格尔不满意当时德国的专制制度，认为君主立宪制才是最高的、最完善的政体。黑格尔的这个思想，“宣布了德国资产阶级取得政权的时刻即将到来”[①]。和康德不同，黑格尔不仅要用他的哲学论证君主立宪制的合理性，而且还要证明它实现的必然性。

然而，黑格尔在他的言论中，虽然不时爆发出革命的怒火，但总的倾向是保守的，特别是在涉及德国的现实政治问题的时候，黑格尔则是一位十足的庸人。他兴高采烈地谈论法国革命，但又公开地为德国专制制度祝福，否认德国有革命的必要。他鼓吹君主立宪制度，同时又为君主的任性专横和贵族的存在做辩护。他赞扬法国人反对封建教会的斗争，可是又为德国的现行宗教进行粉饰。黑格尔大力鼓吹要为争取自由而斗争，但他又公开反对劳动群众享受自由，说什么“自由落在人民群众手里所表现出来的疯狂情形实在可怕”，诬蔑劳动群众是一群“无定形的东西”。

这就不难理解，为什么黑格尔能够在普鲁士封建专制制度下步步高升，飞黄腾达。他在大学毕业后，干了几年家庭教师，而后便到大学当讲师、教授。1818 年，普鲁士政府聘请黑格尔担任柏林大学教授，主持柏林大学哲学讲座。在黑格尔病死的前一年即 1830 年，他被任命为柏林大学校长。在柏林期间，黑格尔形成了自己的学派，他的哲学被推崇为普鲁士王国的国家哲学。

当然，应当看到，黑格尔终究是一位资产阶级思想家。他跪着造反，在唯心主义体系中发挥辩证法，在迂腐的词句里隐藏革命。从根本上说来，黑格尔哲学是为资产阶级即将取得政权制造舆论的。

① 恩格斯：《德国的革命和反革命》，《马克思恩格斯选集》第 1 卷，人民出版社 1972 年版，第 510 页。

黑格尔哲学的基本命题就是所谓思维和存在具有同一性。这个命题是针对康德的不可知论提出来的，它坚持思维和存在能够达到一致或符合，是一个可知论的命题。不过，黑格尔的可知论是建立在客观唯心主义基础之上的，就是说黑格尔是从思维是存在的本质或思维和存在等同的原则出发，去解决思维和存在的一致、符合问题的。同时，黑格尔论证可知论的方法又是辩证的。在他看来，思维和存在的一致、符合，是一个思维和存在相互矛盾、相互转化的过程。这样，这个命题又是一个极为深刻的辩证法命题。总之，黑格尔关于思维和存在同一性这个命题，集中地体现了黑格尔哲学的显著特色：本体论、认识论和辩证法的三位一体。黑格尔是一位唯心的辩证的可知论者。

第一节　真理是思维和存在的同一

思维和存在同一是黑格尔整个哲学的基本命题，也是黑格尔认识论的基本命题。在黑格尔看来，世界是可知的，真理是思维和存在的同一。

黑格尔认为，解决思维和存在的关系问题，关键在于坚持主体和客体的统一，而康德陷入不可知论的要害就是主体和客体的分裂，在“现象世界”和“自在之物”之间掘下了一条不可逾越的鸿沟。和费希特、谢林一样，黑格尔全力攻击康德的“自在之物”学说。他认为，康德的“自在之物”既然是摆脱了一切规定的不可知的东西，那么它无非是一个“不真实的、空洞的抽象”，是个“无”，因而应当予以摒弃。但在取消了“自在之物”之后就必然会出现这样一个新问题：“现象世界”的根据是什么？黑格尔把康德的那个仅仅存在于人的理性中所谓绝对的“理念”客观化，提升为“现象世界”即世界万物的本原，并称为“绝对理念”“世界理性”“宇宙精神”“客观思想”，等等。同时，黑格尔还把康德所说的人脑中先天具有的知性的思维形式（“范畴”）客观化，并把它们作为“绝对理念”的内在环节而使它们有机地联系起来。和康德的“自在之物”不同，黑格尔的“绝对理念”不仅是实体，同时也是主体。黑格尔指出：“照我看来，一切问题的关键在于：不仅把真实的东西或真理理解和表述为实体，而且同样理解和表述为主体。”①“实体在本质上即是主体，这乃是绝对即精神这句话所要表达的观念。”②

在黑格尔看来，作为宇宙万物实体的“绝对理念”，乃是一个富有生命力的能动的创造性的认识主体。“绝对理念”在自己的发展过程中必定要分化自己，树立对立面，把自己异化为自然界和社会生活中的各种事物，然后它又要消融自己的对立面，调解自己和自然界、社会生活中的种种对立面，走向统一，最后在人的理性中认识了自己，回复到自身。黑格尔写道：“理念自身就是辩证法，在这种辩证过程里，理念永远在那里区别并分离开同一与差别、主体与客体、有限与无限、灵魂与肉体，只有这样，理念才是永恒的创造，永恒的生命和永恒的精神。但当理念过渡其自身或转化其自身为抽象的理智时，它同样也是永恒的理性。理念是辩证法，这辩证法重新理解到这些理智的东西、差异的东西，它自己的有限的本性，并理解到它的种种产物的独立性只是虚假的假相，而且使得这些理智的、差异

① 黑格尔：《精神现象学》上卷，商务印书馆 1979 年版，第 10 页。
② 黑格尔：《精神现象学》上卷，商务印书馆 1979 年版，第 15 页。

的东西回归到统一。”[①]

黑格尔的哲学体系——“逻辑学”“自然哲学”和“精神哲学”，就是按照上述思想建立起来的。“逻辑学”描述的是“绝对理念”在纯概念形式中的自我发展阶段。在这个阶段上，“绝对理念”表现为它的各个环节即范畴的推演。“自然哲学”描述的是“绝对理念”异化为自然界后在自然界中的发展过程。在“精神哲学”中，“绝对理念”摆脱了自然界进入了人的意识并在人的意识中最终回复到了自己，认识了自己。在黑格尔看来，异化必然导致复归，“绝对理念”必定会认识到它自己的异化物的独立性只是虚假的。

从实体即主体这个根本原则出发，黑格尔论述了思维和存在的同一性。应当注意的是，黑格尔所说的“思维”和“存在”的含义，和我们日常所了解的意思是很不相同的。他所讲的“思维”不仅指的是人们头脑中的思想，而且主要是指存在于人脑之外的“客观思想”，也就是那个既是实体又是主体的“绝对理念”。为什么说在人们头脑之外还存在着一个所谓“客观思想”呢？黑格尔认为，个别事物是生灭无常的，事物的共性、一般、类、本质或规律则是常住不变的。人们靠感官只能感知个别事物，事物的共相、一般就只能靠思维去把握。比如，星球的运动规律并不是写在天上的，靠眼睛看不见，只有借助于思维才能把握。黑格尔由此得出了如下的结论：既然只有靠思维才能把握事物的本质和规律，那么，事物的本质和规律就必定是思维所思的那样，或者说，它本身就是思维。因此，黑格尔指出，“思想不仅是我们的思想，同时又是事物的自身，或对象性的东西的本质。”[②]这样黑格尔便引出了一个存在于人们头脑之外的

① 黑格尔：《小逻辑》，商务印书馆 1980 年版，第 401—402 页。
② 黑格尔：《小逻辑》，商务印书馆 1980 年版，第 120 页。

所谓“客观思想”。

可以看出，黑格尔正确地看到了：所谓认识，就是要从个别中把握一般、本质，而一般、本质不是感官所能把握的，只能靠思维才能认识。但是，他却把客观事物中的一般同人们反映这个一般的概念混为一谈，从而把客观事物中的一般精神化，变成决定个别事物的实在性的精神实体。马克思和恩格斯在揭露黑格尔的这种唯心主义诡辩时，深刻地指出：“如果我从现实的苹果、梨、草莓、扁桃中得出‘果实’这个一般的观念，如果再进一步想象我从现实的果实中得到的‘果实’这个抽象观念就是存在于我身外的一种本质，而且是梨、苹果等等的真正的本质，那么我就宣布（用思辨的话说），‘果实’是梨、苹果、扁桃等等的‘实体’……苹果、梨、扁桃等等是‘果实’的简单的存在形式，是它的样态。……思辨的理性在苹果和梨中看出了共同的东西……这就是‘果实’。具有不同特点的现实的果实从此就只是虚幻的果实，而它们的真正的本质则是‘果实’这个‘实体’。”①马克思的这段话深刻地揭露了黑格尔唯心主义的认识论根源。我们看到，当黑格尔把客观事物的一般、共性、本质或规律看作所谓“客观思想”“客观概念”的时候，他先是把客观事物中的一般和个别的关系简单地等同为思维和存在的关系，然后又对它做了形而上学的割裂。

至于黑格尔这里所说的“存在”，从表面上看，似乎也是指我们日常所接触到的自然界和人类社会生活中的各种具体事物。但是，黑格尔根本否认这些事物的客观实在性、物质性。在他看来，自然界和人类社会生活中的各种具体事物本身并不是独立不倚的，它们都是“客观思想”的异化物，是“客观思

① 马克思和恩格斯：《神圣家族》，《马克思恩格斯全集》第2卷，人民出版社1957年版，第71—72页。

想”的外壳或皮囊，而“客观思想”则是世界万物的内在根据和核心。黑格尔说：“当我们把思维认为是一切自然和精神事物的真实共性时，思维便统摄这一切而成为这一切的基础了。”①可见，黑格尔哲学本质上是客观唯心论。

黑格尔的思维与存在同一论概括起来说就是：思维是存在的本质，一个事物只有符合思维才具有实在性；思维不断地在存在中实现自己，使存在同自己相符合。由于黑格尔的“思维”这个概念具有上述的双重意义，因此，黑格尔的思维和存在同一这个命题也包含了两重意思。一是从本体论的意义上看，即从事物的发展过程方面说，思维和存在具有同一性是指“客观思想”决定事物的本质，事物只有符合蕴藏于其中的“客观思想”才具有实在性；而“客观思想”则在事物中不断实现自己，使事物同自己相符合。黑格尔说：“只有在实在符合概念时，客观存在才有现实性和真实性。”②二是从认识论意义上看，即从人的认识过程方面说，思维和存在具有同一性是指我们的思维能够把握事物的本质，而且凡是合理的思想（即符合“客观思想”的思想），都必定会实现，转化为存在。但是，在黑格尔那里，思维和存在同一说这两种含义，常常是混在一起的，令人费解。

值得注意的是，黑格尔所谓思维和存在的同一并非如谢林所说的“绝对同一”，而是指思维和存在矛盾发展、相互转化的过程。因为由“绝对理念”派生出来的各个具体事物，只是“绝对理念”发展中的各个环节，都是受一定条件限制的“有限事物”。因此，它们都不可能同它们的概念完全地绝对地符合，其中必然存在着既符合又不符合的矛盾。拿一张画来说，它是艺

① 黑格尔：《小逻辑》，商务印书馆 1980 年版，第 81 页。
② 黑格尔：《美学》第 1 卷，商务印书馆 1979 年版，第 142 页。

术作品，这是说它同“艺术品”概念有符合的方面，可是它同“艺术品”概念又不可能完全符合，因为它不可能完美无缺。这样，任何一个具体事物都由于其内在的思维和存在的矛盾而运动、变化、发展，并最后归于灭亡，而为另一个更符合于“绝对理念”发展要求的具体事物所代替。因此，在黑格尔看来，任何一个具体事物的存在总是暂时的、相对的；而“绝对理念”则在思维和存在的矛盾进展中，在事物新陈代谢的发展中不断实现自己，使事物逐步同它的概念相符合，使思维和存在同一。

按照黑格尔哲学，人的认识过程也是这样。人的思想完全能够把握对象的本质。隐藏在事物、现象之中的本质并非像康德所说的是什么有别于思想、和思想格格不入的“自在之物”，而是思想本身。所谓认识事物的本质，无非就是我们的思想把握对象中的思想。黑格尔说：“概念乃是内蕴于事物本身之中的东西；事物之所以是事物，即由于其中包含概念，因此把握一个对象，即是意识着这对象的概念。”[①]因此，在黑格尔看来，作为“绝对理念”发展过程中的一个环节的人的认识活动，不过是“绝对理念”自己认识自己的活动，思想能够把握思想，这是不言而喻的。正如恩格斯指出的，在黑格尔看来，“我们在现实世界中所认识的，正是这个世界的思想内容，也就是那种使世界成为绝对观念的逐渐实现的东西，这个绝对观念是从来就存在的，是不依赖于世界并且先于世界而在某处存在的；但是思维能够认识那一开始就已经是思想内容的内容，这是十分明显的。同样明显的是，在这里，要证明的东西已经默默地包含在前提里面了”。[②]

① 黑格尔：《小逻辑》，商务印书馆 1980 年版，第 339 页。

② 恩格斯：《路德维希·费尔巴哈和德国古典哲学的终结》，《马克思恩格斯选集》第 4 卷，人民出版社 1972 年版，第 221 页。

黑格尔认为，人们的思维不仅能够把握存在，而且需在存在中不断实现自己，使存在同思维相符合。在他看来，只要人们的思想能够排除主观性，使自己把握住事物的本质，即符合“绝对理念”，那么，这种思想不管它同现存的事物怎样抵触都必定能够在存在中得到实现，使存在符合于自己。黑格尔尖锐地抨击了康德的“应当”哲学，责难康德不懂得思维可以转化为存在的道理，说在康德那里，“绝对的善只是停留在‘应该’里，没有客观性，那么它就只得老是停留在那里”。[①]黑格尔断言：“哲学所研究的对象是理念，而理念并不会软弱无力到永远只是应当如此，而不是真实如此的程度。”[②]“思维、概念必然地不会停留在主观性里，而是要扬弃它的主观性并表示自身为客观的东西。”[③]

黑格尔充满信心地说：“理念深信它能实现这个客观世界和它自身之间的同一性。——理性出现在世界上，具有绝对信心去建立主观性和客观世界的同一，并能够提高这种确信使成为真理。”[④]

透过黑格尔这些晦涩的词句，人们可以看到，新生的软弱的德国资产阶级，对于实现自己阶级理想的信心显著地增强了。它已经不满足于对彼岸世界的幻想，而是想在此岸世界来实现自己的理想了。

在论及黑格尔的哲学时，恩格斯指出：“没有一个人比恰恰是十足的唯心主义者黑格尔更尖锐地批评了康德的软弱无力的‘绝对命令’（它之所以软弱无力，是因为它要求不可能的东西，因而永远达不到任何现实的东西），没有一个人比他更辛辣地嘲

① 黑格尔：《哲学史讲演录》第 4 卷，商务印书馆 1978 年版，第 294 页。
② 黑格尔：《小逻辑》，商务印书馆 1980 年版，第 45 页。
③ 黑格尔：《哲学史讲演录》第 4 卷，商务印书馆 1978 年版，第 285 页。
④ 黑格尔：《小逻辑》，商务印书馆 1980 年版，第 410 页。

笑了席勒所传播的那种沉湎于不能实现的理想的庸人倾向。”[①]恩格斯又指出，在黑格尔看来，“凡在人们头脑中是合理的，都注定要成为现实的，不管它和现存的、表面的现实多么矛盾”。[②]这就告诉我们，在黑格尔的上述唯心主义思想中包含着深刻的辩证法思想，即思维与存在相互转化的思想。

黑格尔曾把这一思想概括为下面的一个著名的命题：“凡是合乎理性的东西都是现实的；凡是现实的东西都是合乎理性的。”[③]黑格尔的这个命题，从认识论上看是很有意义的。它强调了认识在存在（现实）面前并不是完全消极的被动的，而是积极的能动的。同时，它还表明了，不论是一个人的认识，还是一个时代的认识，不可能有无条件的真理性，真理是一个过程。这些都是黑格尔的思想中极有价值的东西。恩格斯在分析黑格尔的上述命题时指出：他“永远结束了以为人的思维和行动的一切结果具有最终性质的看法。”[④]当然，黑格尔本人并没有能把这些思想贯彻到底。他虽然说过思维是能动的，但是他又说哲学在事后才能登场，即只是说明世界，不是改造世界。他虽然说过真理是个过程，但他又认为他已经把握了最终的绝对真理。这些都是他的保守性的表现。

不过，黑格尔虽然比康德前进了一大步，不满足于把资产阶级的理想放在彼岸世界，而是想在此岸世界中来建立资产阶级的王国，但是他也没有勇气把它当作实践中的行动纲领，仍然是在思辨的领域中来论证这种现实性。黑格尔常常把他的“绝

① 恩格斯：《路德维希·费尔巴哈和德国古典哲学的终结》，《马克思恩格斯选集》第4卷，人民出版社1972年版，第227—228页。

② 恩格斯：《路德维希·费尔巴哈和德国古典哲学的终结》，《马克思恩格斯选集》第4卷，人民出版社1972年版，第212页。

③ 黑格尔：《法哲学原理》，商务印书馆1961年版，第11页。

④ 恩格斯：《路德维希·费尔巴哈和德国古典哲学的终结》，《马克思恩格斯选集》第4卷，人民出版社1972年版，第4卷第212页。

对理念”叫作“上帝”。他责难康德说“上帝”不可知，反复声明他的哲学就是关于“上帝”的知识。从形式上看，黑格尔关于上帝的可知论似乎是莱布尼茨-伏尔夫“形而上学”的“复辟”。其实，黑格尔所讲的上帝和传统基督教的上帝并不是一回事。黑格尔的这个渗透于万物之中的上帝——“客观思想”，具有基督教所厌恶的泛神论色彩。同时，黑格尔还明确指出，哲学较之于宗教要更高一筹。更重要的是，从内容上看，黑格尔的上帝实际上是资产阶级的意志——“自由”的代名词。黑格尔写道：“上帝是最完善的‘存在’……假如我们把宗教的概念在思想中来了解，它便是我们所谓‘自由’的‘概念’。”①

第二节　真理是客观的

黑格尔从客观唯心主义出发，批判了主观真理论，坚持了真理的客观性。

黑格尔反对把个人主观感觉作为真理的准绳。古希腊智者派的代表人物普罗泰戈拉曾经提出一个著名的命题：“人是万物的尺度。”黑格尔认为，智者的这种真理论，在当时历史条件下对于摧毁宗教、道德上的传统和权威起了积极作用。但是，这种真理论的缺点就在于它否认了真理的客观性，不是从客观事物本身出发，而是把个人的感觉、欲望、兴趣、偏好、任性、特殊目的等主观的东西看作真理的尺度。黑格尔写道：“他们（按：指智者）不是从事情的自在自为地存在着的概念来了解义务、了解应做的事，而是提出一些外在的理由，来分别是和非、

① 黑格尔：《历史哲学》，三联书店 1956 年版，第 58 页。

利和害。”[1]在黑格尔看来，这种主观真理论，势必导致诡辩论。他说：“诡辩的本质在于孤立起来看事物，把本身片面的、抽象的规定，认为是可靠的，只要这样的规定能够带来个人当时特殊情形下的利益。”[2]

黑格尔认为，真理是客观的，是不依个人的感觉、兴趣、爱好为转移的，认识真理切忌主观性。和诡辩论不同，辩证法的出发点“是就事物本身的存在和过程加以客观的考察”[3]。认识真理的道路应当是：“当我思维时，我放弃我的主观的特殊性，我深入于事情之中，让思维自为地做主，倘若我掺杂一些主观意思于其中，那我就思维得很坏。”[4]

在黑格尔看来，康德的真理论也是一种主观真理论。因为当康德说具有普遍性和必然性的知识具有客观性时，这种客观性的根据既非“自在之物”，也非经验，而是人脑先天固有的认识形式。所以康德说的思想只是我们的思想，而与物自体之间有一个无法逾越的鸿沟隔开着。黑格尔说：“思想的真正客观性应该是：思想不仅是我们的思想，同时又是事物的自身，或对象性的东西的本质……客观性是指思想所把握的事物自身。”[5]

黑格尔认为，康德关于理性“理念”学说更具有主观主义的性质。因为康德断定，人们只能认识“现象”，求得相对真理，不能认识“自在之物”，获得绝对真理；理性概念——“理念”（如共和国的理念）虽然是至高无上的，是绝对真理的范型，但却只是人们力求实现而又永远不能实现的目标。在黑格尔看来，这样一个既不能把握客体又不能实现自己的东西只是一个

① 黑格尔：《哲学史讲演录》第2卷，三联书店1957年版，第20页。
② 黑格尔：《小逻辑》，商务印书馆1980年版，第177页。
③ 黑格尔：《小逻辑》，商务印书馆1980年版，第178页。
④ 黑格尔：《小逻辑》，商务印书馆1980年版，第83页。
⑤ 黑格尔：《小逻辑》，商务印书馆1980年版，第120页。

想象的东西，而不是真理。真理不是一种主观的东西，而是主体和客体的统一。因此，人们为求得真理就必须排除主观性，深入事物，把握和遵循事物本身的发展规律。他说："真理就在于客观性和概念的同一。"[①]"正确行动在于顺从客观规律；客观规律没有主观根源，不能容许随意专断和违反其必然性的处理。"[②]

乍一听这些话，黑格尔似乎很像一位十足的唯物主义者。其实，黑格尔恰恰是唯物主义的坚决批判者。他对于唯物主义的反映论是极为轻蔑的，他根本不同意有一种不依赖于思维而独立存在的对象。他认为，这种对象不过是一种无法证明的假定而已。

黑格尔对客观性有他自己的了解。他认为，对客观性一词有三种了解："第一为外在事物的意义，以示有别于只是主观的、意谓的、或梦想的东西。第二为康德所确认的意义，指普遍性与必然性，以示有别于属于我们感觉的偶然、特殊和主观的东西。第三……客观性是指思想所把握的事物自身，以示有别于只是我们的思想，与事物的实质或事物的自身有区别的主观思想。"[③]黑格尔当然反对第一种了解，因为这种了解就是承认物质第一性。他也反对康德对客观性的了解，因为这种了解就会割裂思维与存在。他认为对客观性应按第三种来了解。实际上，黑格尔的了解与康德的了解，有很大的类似，即他们所说的客观性都是指类或一般。不过这种类或一般在康德那里，只是一些抽象的主观形式；在黑格尔这里，类或一般则成了把一切特殊性都潜在地包容在自身之中的绝对理念。虽然黑格尔把绝对

① 黑格尔：《小逻辑》，商务印书馆 1980 年版，第 399 页。
② 黑格尔：《逻辑学》下卷，商务印书馆 1976 年版，第 393 页。
③ 黑格尔：《小逻辑》，商务印书馆 1980 年版，第 120 页。

理念客观化、对象化了，但是这并没有改变绝对理念的本质。它仍然是一种观念。可见，黑格尔所谓的“客观真理”，实际上就是这种“客观概念”“客观思想”“客观精神”，即“绝对理念”。

基于对客观性的这种唯心主义了解，黑格尔把真理区分为两种。他说：“人们最初把真理了解为：我知道某物是如何存在的。不过这只是与意识相联系的真理，或者只是形式的真理，只是‘不错’罢了。按照较深的意义来说，真理就在于客观性和概念的同一。”[①]在黑格尔看来，所谓“形式的真理”是指对事实、现象的正确描述。他认为，这种“形式的真理”仅仅可以说是一个“不错”的观念、表象，其内容则可能是不真的。例如，人们可能对一个假朋友有一个正确的表象，但这个表象的内容则是不真的，因为假朋友不符合“友道”这个概念。所谓“较深的意义”的真理则不满足于对事实、现象的正确描述，而是要求深入到事实、现象里面去把握事物的本质和规律，达到客观性和概念的同一。黑格尔把“真理”和“不错的观念”加以区别的思想，纠正了17—18世纪经验主义真理观的缺点，包含了合理的成分。

由上述可见，黑格尔虽然批判了各种主观真理论，但他所坚持的客观真理，实质上仍然是主观真理。不过，在他的分析和论证中也有合理的方面。例如黑格尔曾说过：“必须考察自在自为的事物本身，一方面从事物的普遍性去考察，另一方面对事物也不要迷失方向，去抓环境、例子和比较，而是要心目中唯有这些事物，并且把它们的内在的东西引入意识。”[②]列宁十分重视黑格尔的这个思想，他指出：“观察的客观性（不是实例，

① 黑格尔：《小逻辑》，商务印书馆1980年版，第399页。
② 黑格尔：《逻辑学》下卷，商务印书馆1976年版，第537页。

不是枝节之论，而是自在之物本身）。”[①]列宁并把这一点列为辩证法的第一个要素。

第三节　真理是具体的

人们一般都感到哲学是一门很抽象的学问，与此相反，黑格尔则宣称：“哲学是最敌视抽象的，它引导我们回复到具体。”[②]关于真理，黑格尔也指出：“如果真理是抽象的，则它就是不真的。”[③]

黑格尔这里所说的“具体”和“抽象”都是感官不能直接感触的东西，“抽象”是指思想上的片面性，“具体”是指思想上的全面性。黑格尔关于真理具体性的思想包含两层意思：真理是对立物的统一；真理是一个全面的有机的系统。

黑格尔反对“形而上学”的抽象同一性，坚持具体的同一性。莱布尼茨-伏尔夫“形而上学”的基本思想定律叫作同一律：A＝A，或者说，A 不能同时既是 A 又是非 A。按照这种非此即彼的观点去观察事物，就必然导致对一个具体事物做出片面的规定。例如，世界不是有限的就是无限的，不是必然的就是偶然的，如此等等。黑格尔把这种同一律称为形式的同一性或抽象的同一性，指出这种形而上学“独断论坚执着严格的非此必彼的方式……殊不知，具体的玄思的真理恰好不是这样，恰好没有这种片面的坚执，因此也非片面的规定所能穷尽。玄思的真理包含有这些片面的规定自身联合起来的全体，而独断论

① 列宁：《黑格尔〈逻辑学〉一书摘要》，《列宁全集》第 38 卷，人民出版社 1959 年版，第 238 页。

② 黑格尔：《哲学史讲演录》第 1 卷，三联书店 1956 年版，第 29 页。

③ 黑格尔：《哲学史讲演录》第 1 卷，三联书店 1956 年版，第 29 页。

则坚持各分离的规定，当作固定的真理。”①

黑格尔高度评价康德的“二律背反”学说，认为它暴露了抽象同一性的缺陷，论证了理性发生矛盾的必然性。不过黑格尔又认为康德不懂得矛盾的真正积极意义，以致陷入不可知主义。他说，依据形而上学的抽象同一性和康德的“二律背反”说均不能达到具体同一，不能把握具体真理，但是，它们却都是人们把握具体真理的历程中的必要环节、阶段。

和康德相似，黑格尔也把认识分为感性和思维（逻辑）两个基本过程，然后再把思维分为“知性”和“理性”两个环节。不同的是，黑格尔又把“理性”分为“否定的理性”和“肯定的理性”两个阶段。他认为，当下的感性直观纯系涉及感性的具体对象。“知性”的任务就在于对感性对象进行分析，对它的各个方面分别做出抽象的规定，借以区分其各种不同的特性。支配“知性”的定律是同一律。作为认识过程中的一个必要阶段的“知性”，其优点就在于它能使思想具有坚定性和规定性。但是，人的认识不能老是停留在“知性”阶段上。如果把“知性”的抽象同一性绝对化，那是和事物的本性以及认识的本性相违背的。要真正全面把握一个具体事物的本质，就必须把认识从“知性”阶段过渡到“理性”阶段上来，把抽象的同一性提升为具体的同一性。“理性”的第一步是所谓“否定的理性”阶段。在这个阶段上，“知性”抽象、有限的规定扬弃它们自己，并过渡到它们的反面，出现了对立、矛盾，也即康德所说的“二律背反”。黑格尔认为，康德看到了“知性”抽象同一性的缺陷，要求把认识提高到“理性”阶段上来，但是，他只是把认识停留在“否定理性”阶段上，把矛盾双方绝对地对立起来，从而

① 黑格尔：《小逻辑》，商务印书馆 1980 年版，第 101 页。

导致了怀疑主义。这就说明，认识还必须从“否定的理性”过渡到“肯定的理性”阶段，其任务是要在对立的规定中认识到它们的统一，或在对立双方的分解和过渡中，认识到它们所包含的肯定。这种对立的统一即具体的同一。他说：“本质主要地包含有差别的规定”①；“无论什么可以说得上存在的东西，必定是具体的东西，因而包含有差别和对立于自己本身内的东西。”②他的结论是：“真理只有在同一与差异的统一中，才是完全的，所以真理唯在于这种统一。”③

恩格斯十分重视黑格尔关于具体同一性的思想，指出：“旧形而上学意义下的同一律是旧世界观的基本原则：A＝A。每一个事物和它自身同一……但是最近自然科学从细节上证明了这样一件事实：真实的具体的同一性包含着差异和变化”④。

与此相关，黑格尔还认为，真理不是一个片面的规定，而是许多不同规定的有机的统一。例如，“肉体上各个器官肢体之所以是它们那样，只是由于它们的统一性，并由于它们和统一性有联系。譬如一只手，如果从身体上割下来，按照名称虽仍然可叫作手，但按照实质来说，已不是手了。”⑤

黑格尔这些话，无疑是针对17—18世纪哲学和自然科学中流行的孤立的、片面的观点而发的。机械论者把一切事物包括动物、植物和人在内，都看成由各种毫无内在联系的零件组成的一架机器。经验主义者认为，认识的任务只在于对客体的种种特性加以一部分一部分地分析和规定。但是，这样一来，那有生命的内容便成为僵死的了，“因为只有具体的、整个的才是

① 黑格尔：《小逻辑》，商务印书馆1980年版，第250页。
② 黑格尔：《小逻辑》，商务印书馆1980年版，第258页。
③ 黑格尔：《逻辑学》下卷，商务印书馆1976年版，第33页。
④ 恩格斯：《自然辩证法》，《马克思恩格斯选集》第3卷，人民出版社1972年版，第538页。
⑤ 黑格尔：《小逻辑》，商务印书馆1980年版，第405页。

有生命的”[1]。黑格尔认为，要想把握一个具体的对象，分析作用总是不可缺少的，但须知分析仅是认识历程的一个方面，主要之点在于使分析开了的各分子复归于综合。因为，真理不仅不是一个抽象的、片面的规定，也不是各个规定的外在组合。真理乃是不同规定的内在有机的统一体；“换言之，真理就是全体”[2]。

在黑格尔看来，作为哲学对象的“绝对理念”不是一个抽象的共相，而是一个具体概念，即具体真理。康德曾经认为，范畴只能把握有条件的相对的知识，不能规定无条件的绝对的“理念”。和康德相反，黑格尔则认为，范畴完全有能力把握绝对真理（“绝对理念”），否则它就是不真的。然而，任何一个孤立的范畴，都是抽象的、有限的、片面的，确实不能把握真理，一个范畴只有作为真理的一环并同其他范畴有机地联系在一起，才能表达真理。和康德的“先验逻辑”不同，黑格尔的“逻辑学”是各种范畴的有机联系的系统。“逻辑学”的最高范畴“绝对理念”，就是“绝对和全部的真理”[3]。但是，“绝对理念”不是一个孤零零的抽象概念，而是一个包含了“逻辑学”所有范畴及其联系的具体概念。任何一个范畴都只是“绝对理念”的一个环节、一个规定，而“绝对理念”则是所有范畴构成的一个有机的系统。黑格尔写道：“真正哲学的识见即在于见到：任何事物，一孤立起来看，便显得狭隘而有局限，其所取得的意义与价值即由于它是从属于全体的，并且是理念的一个有机的环节。”[4]

马克思主义经典作家充分肯定黑格尔关于真理具体性的合

① 黑格尔：《小逻辑》，商务印书馆 1980 年版，第 113 页。
② 黑格尔：《小逻辑》，商务印书馆 1980 年版，第 56 页。
③ 黑格尔：《小逻辑》，商务印书馆 1980 年版，第 421 页。
④ 黑格尔：《小逻辑》，商务印书馆 1980 年版，第 423 页。

理成分。马克思说过："具体之所以具体，因为它是许多规定的综合，因而是多样性的统一。"[①]列宁也曾指出："真理就是由现象、现实的一切方面的总和以及它们的（相互）关系构成的。"[②]"真理是全面的"[③]。

第四节　真理是过程

我们知道，在欧洲17—18世纪，形而上学的观点在人们的思想中占据着统治地位。与此相应的，在认识论上，一些人认为真理能够一次完成、一蹴而就，导致独断主义；另一些人则否定人有把握客体的能力，陷入不可知论。有鉴于此，康德提出要在求知之前先考察认识的能力。黑格尔在评述康德这一观点时说，它要求把思维形式也当作知识对象加以考察，这是合理的。但是，它又要求在认识之前来考察认识能力，这无疑是说"在没有学会游泳之前勿先下水游泳"。在谢林之后，黑格尔更自觉地把发展观点贯彻于认识论，在认识的发展过程中研究人的认识能力，认为真理是一个不断由相对到绝对、由抽象到具体的过程。

在黑格尔看来，真理本来是有条件的相对真理和无条件的绝对真理的统一，可是人们却往往将二者割裂，坚执一个片面。他说："只有无条件者与有条件者的结合才是理性的具体概

① 马克思：《〈政治经济学批判〉导言》，《马克思恩格斯选集》第2卷，人民出版社1972年版，第103页。

② 列宁：《黑格尔〈逻辑学〉一书摘要》，《列宁全集》第38卷，人民出版社1959年版，第210页。

③ 列宁：《黑格尔〈逻辑学〉一书摘要》，《列宁全集》第38卷，人民出版社1959年版，第212页。

念。”[①]黑格尔着重批判了康德的相对主义，指出康德认为“理性”要求把握绝对真理，可是人们只能认识相对真理，这就使他陷入了所谓无穷进展的坏的无限性。它不使有限有接触无限的机会，有限坚持在这边，无限永远在那边，此岸和彼岸之间有一无法渡越的深沟。康德不懂得，这种被有限限制了的无限，并不是真正的无限。黑格尔认为，真正的无限物不是一个虚无缥缈的东西，它就存在于有限之中：“无限物事实上是当前现有的。”[②]“有限性中也包含无限性，包含自身的他物。”[③]

如果说，康德是一位理想主义者，整日沉溺于不可能实现的理想；那么，黑格尔则可以说是一位现实主义者。在黑格尔看来，理想不是脱离现实的可望而不可即的东西，真正的理想就渗透在现实的有限事物之中。他谈及这样一个寓言：一个患病的学究想吃水果，可是当人把樱桃、葡萄放在他面前的时候，他却不伸手去拿，因为他认为摆在他面前的只是一个一个的樱桃和葡萄，而不是“水果”。黑格尔指出，这位学究的毛病就在于，“不知道特殊性也包含普遍性在内”。[④]

总之，在黑格尔看来，任何一个具体真理都是特殊和普遍、有限和无限、有条件和无条件、相对和绝对的统一。绝对真理并非一个空名，它就存在于现实的、具体的、特殊的、有条件的相对真理之中。真理既不是一蹴而就的，也不是可望而不可即的，而是一个从相对走向绝对的过程。

怎样看待谬误在真理发展过程中的地位和作用呢？形而上学坚持真理和谬误的抽象对立：真理就是真理，谬误就是谬误。每当一种新的学说出现了，它便宣布自己为绝对真理，断言所

① 黑格尔：《哲学史讲演录》第 4 卷，商务印书馆 1978 年版，第 276 页。
② 黑格尔：《逻辑学》上卷，商务印书馆 1966 年版，第 148 页。
③ 黑格尔：《逻辑学》上卷，商务印书馆 1966 年版，第 145 页。
④ 黑格尔：《哲学史讲演录》第 1 卷，三联书店 1956 年版，第 23 页。

有别的学说全是谬误。按照这种观点，历史不过是谬误的陈列馆、谎言的展览会，研究历史是毫无教益的。在黑格尔看来，这种观点实际上是把真理看成“静止不动的、僵死的肯定的东西”[①]，否认真理是一个发展过程。他指出，人们也许不愿意和谬误打交道而要求直截了当地走向真理；殊不知，谬误恰恰倒是真理的一个本质环节。真理往往是从谬误转化而来的，谬误中包含着真理，真理中也包含着谬误。黑格尔写道：“我们很可能做出错误的认识。某种东西被认识错了，意思就是说，知识与它的实体不同一。但这种不相等正是一般的区别，是本质的环节。从这种区别里很可能发展出它们的同一性，而且发展出来的这种同一性就是真理。但这种真理：不是仿佛其不等同性被抛弃了……而毋宁是，不同一性作为否定性，作为自身还直接呈现于真理本身之中。”[②]这就是说，当谬误转化为真理之后，谬误就只是作为真理发展的一个环节面包含在扬弃了它的真理之中，但它不再是作为谬误的东西而成为真理的一个组成部分了。

对于黑格尔来说，真理从相对到绝对的发展过程，同时也是一个从抽象到具体的发展过程，即从片面到全面、从贫乏到丰富的发展过程。这是因为，“绝对理念”本身就是一个具体概念。黑格尔的“逻辑学”概括地描述了真理（“绝对理念”）由抽象到具体的发展过程。“逻辑学”的第一个范畴“纯有”是一个最抽象、最贫乏的规定。从“纯有”出发，随着范畴的推演，真理（“理念”）便愈来愈丰富，愈来愈具体。所谓“纯有”（即“纯存在”），意味着仅仅知道对象存在，此外不再有任何具体内容。当范畴从“纯有”推演到“质”的时候，情况就有所不同

① 黑格尔：《精神现象学》上卷，商务印书馆 1979 年版，第 30 页。
② 黑格尔：《精神现象学》上卷，商务印书馆 1979 年版，第 25 页。

了。这意味着我们把握了事物特有的性格以及它和其他事物的区别。继之,“质”转化为“量”,“质”和“量”的统一便是“度”。“度”是有限量的质,是一定的“质”和一定的“量”的统一,因此,“度”较之“质”范畴更丰富、更具体。例如,我们知道水只有在摄氏零度到一百度之间才能保持液态,较之我们仅仅知道水和冰、蒸气不同这种认识,显然是深入得多了。“逻辑学”的最后一个范畴“绝对理念”乃是对“纯有”的复归,但和“纯有”已是大不相同的了。“绝对理念”包含了从“纯有”以来的所有范畴及其相互关系,因而,它的内容是最丰富、最具体的。对此,黑格尔写道:“认识是从内容到内容向前转动的。首先,这种前进是这样规定自身的,即:它从单纯的规定性开始,而后继的总是愈加丰富和愈加具体。因为结果包含它的开端,而开端的过程以新的规定性丰富了结果。……普遍的东西在以后规定的每一阶段,都提高了它以前的全部内容,它不仅没有因它的辩证的前进而丧失什么,丢下什么,而且还带着一切收获和自己一起,使自身更丰富、更密实。”①列宁指出,黑格尔的“这一段话对于什么是辩证法这个问题,非常不坏地做了某种总结”。②在这里,黑格尔的确猜测到了人类认识是一个“由浅入深、由片面到更多方面”的辩证发展过程。

应当注意的是,黑格尔上面所说的那个不断丰富、不断具体的“普遍的东西”就是“绝对理念”,他所说的“认识”活动本质上是“绝对理念”自己认识自己的活动。因此,他这里讲的就不仅仅是认识的发展问题,而且还说的是事物的发展问题。黑格尔在“逻辑学”中对于事物发展所做的思辨描述,在不少

① 黑格尔:《逻辑学》下卷,商务印书馆1976年版,第549页。
② 列宁:《黑格尔〈逻辑学〉一书摘要》,《列宁全集》第38卷,人民出版社1959年版,第250页。

地方确实把握住了事物发展的某些真实的辩证联系。例如，在他进行“质”“量”“度”的范畴推演过程中，就深刻地揭示了质量互变的事物发展规律。但是，黑格尔常常把事物的发展和认识的发展搅混在一起，认为具体事物的发展为“绝对理念”所主宰，因而也是经历什么从抽象到具体的过程。显然，这是错误的。马克思肯定了黑格尔关于从抽象上升到具体作为一种认识方法的合理性，同时也深刻地揭露了黑格尔的这个思想的唯心主义实质。马克思指出：“黑格尔陷入幻觉，把实在理解为自我综合、自我深化和自我运动的思维的结果，其实，从抽象上升到具体的方法，只是思维用来掌握具体并把它当作一个精神上的具体再现出来的方式。但绝不是具体本身的产生过程。”①

有一种观点认为，黑格尔关于“具体概念”的学说完全否认了从感性具体到抽象这一认识阶段的必要性。看来，这种观点还有待商榷。这里不妨摘录黑格尔的一段话：“分析乃是从知觉的直接性进展到思想的过程”，“但经验主义在分析对象时……却将对象具体的内容转变成为抽象的了。这样一来，那有生命的内容便成为僵死的了，因为只有具体的、整个的才是有生命的。不用说，要想把握对象，分别作用总是不可少的，而且精神自身本来就是一种分别作用。但分别仅是认识过程的一个方面，主要事情在于使分解开了的各分子复归于联合”。②在这里，黑格尔通过批判经验主义阐述了他的认识论观点：一个完整的认识过程应当是从感性具体到抽象，然后又从抽象上升到思维上的具体，使被分解开了的各个抽象规定复归于联合。

① 马克思：《〈政治经济学批判〉导言》，《马克思恩格斯选集》第 2 卷，人民出版社 1972 年版，第 103 页。

② 黑格尔：《小逻辑》，商务印书馆 1980 年版，第 113—114 页。

从感性具体到抽象，这是认识历程的最初阶段，并且是必不可少的阶段。经验主义者的错误就在于把分析方法绝对化，把认识仅仅停留在抽象阶段上，不懂得还必须把认识从抽象提高到思维的具体，以便把握事物的整体和内部联系。由此看来，说黑格尔完全否认了从感性具体到抽象这一认识阶段的必要性，是不恰当的。

那么，黑格尔在“逻辑学”中为什么不从感性具体出发，而是从抽象的规定出发，并且大谈从抽象到具体呢？这里应当看到，认识论和逻辑学是有区别的。作为研究人类认识发展规律的认识论，应当阐述一个完整的认识过程，它撇开从感性具体到抽象这个阶段是错误的。逻辑学则是以思维形式和规律为对象，因此它撇开从感性具体到抽象这一认识阶段，着重研究思维从抽象到具体的发展规律，这是合理的。马克思在谈到政治经济学的方法时指出，“在第一条道路上，完整的表象蒸发为抽象的规定；在第二条道路上，抽象的规定在思维行程中导致具体的再现。”①在形式上，作为研究方法，必须首先走第一条道路，充分地占有感性具体材料，分析它的各种发展形式，探寻这些形式的内在联系。和研究方法相反，叙述的方法则是逻辑的方法，必须走第二条道路，从抽象上升到具体。马克思对政治经济学的研究，无疑是从大量的现实和历史材料出发的，但《资本论》的叙述方法则是从商品这个抽象规定开始的。范畴由抽象上升到具体，呈现在我们面前的“就好像是一个先验的结构了”②，但实际上这恰恰正是“科学上正确的方法”③。

① 马克思：《〈政治经济学批判〉导言》，《马克思恩格斯选集》第2卷，人民出版社1972年版，第103页。

② 马克思：《〈资本论〉第一卷第二版跋》，《马克思恩格斯选集》第2卷，人民出版社1972年版，第217页。

③ 马克思：《〈政治经济学批判〉导言》，《马克思恩格斯选集》第2卷，人民出版社1972年版，第103页。

由此看来，黑格尔“逻辑学”的内容虽讲的是“纯思想”的发展，但从方法论上看，则是无可非议的。

总的说来，黑格尔是一位真理发展论者。按照他的原则，真理应是一个无限的发展过程，孤零零的或者到了顶的绝对真理是不存在的。然而，黑格尔终究是一位唯心主义者，“体系”似乎总是需要以某种绝对真理作为结束的。而这个绝对真理不是别的，似乎就是他的“绝对哲学”。在这里，辩证法家黑格尔竟然背叛了自己的辩证法。

第五节 真理是理论理念和实践理念的统一

在费希特、谢林之后，黑格尔进一步论述了理论和实践的统一，把实践作为认识的一个环节而引入认识论，以克服康德的不可知论，论证思维和存在的同一。

在黑格尔看来，一个完整的认识过程包括理论和实践两个方面。他说：“认识的过程一方面由于接受了存在着的世界，使进入自身内，进入主观的表象和思想内，从而扬弃了理念的片面的主观性，并把这种真实有效的客观性当作它的内容，借以充实它自身的抽象确定性。另一方面，认识过程扬弃了客观世界的片面性，反过来，它又将客观世界仅当作一假象，仅当作一堆偶然的事实、虚幻的形态的聚集。它并且凭借主观的内在本性，（这本性现在被当作真实存在着的客观性）以规定并改造这聚集体。前者就是认知真理的冲力，亦即认识活动本身——理念的理论活动。后者就是实现善的冲力，亦即意志或理念的实践活动。”[1]这就是说，理论活动以主观性和客观性的对立为前提，把客观世界认作业已先在的、不以主观想象为转移的真正存在着的东西，把认识主体认作一张白纸，其任务是从客观世界汲取材料以充实主观性，克服主观性的片面性。与此相反，实践活动则是人有目的地改造客观世界的活动，以克服客观世界的片面性，使之符合于自己的目的。这就叫作：“理智的工作仅在于认识这世界是如此，反之，意志的努力即在于使得这世界成为应如此。”[2]黑格尔认为，不论是理论活动还是实践活动都具有有限性，只有理论和实践的统一才能达到真理即“绝对理念”。

黑格尔把实践引入认识论，突出了人的认识的能动方面，克服了消极反映论。18世纪法国唯物论者有一个著名的命题：“人是环境的产物”。这个命题坚持了唯物主义反映论路线，但具有消极直观的性质。与此不同，黑格尔认为，人的认识不只是消极地接受客观世界的内容于自身，而且要能动地改造客观世界。人在环境面前不是一个消极的直观者，而是要通过实践活动使环境“人化”，即改变环境使其满足人的需要。黑格尔写道：“人把他的环境人化了，他显出那环境可以使他得到满足，对他不能保持任何独立自在的力量。只有通过这种实现了的活动，人在他的环境里才成为对自己是现实的，才觉得那环境是他可以安居的家。”[3]这就是说，人不仅是一个认识主体，而且是一个能动地改造世界的实践主体。正如列宁指出的，“人的意识不仅反映客观世界，并且创造客观世界。”[4]“世界不会满足

---

① 黑格尔：《小逻辑》，商务印书馆1980年版，第410—411页。
② 黑格尔：《小逻辑》，商务印书馆1980年版，第420页。
③ 黑格尔：《美学》第1卷，商务印书馆1979年版，第326页。
④ 列宁：《黑格尔〈逻辑学〉一书摘要》，《列宁全集》第38卷，人民出版社1959年版，第228页。

人，人决心以自己的行动来改变世界。”[①]

黑格尔把实践引入认识论，克服了康德的不可知论，论证了思维和存在的同一。在康德看来，理论上不能解决的问题可以到实践中去解决。可是，在他那里，实践理念——“善”仍然是一个永不能实现的“应当”。黑格尔认为，康德哲学未免太软弱了，理念完全有力量实现它与客观世界的同一。那么如何实现这种同一呢？曰：行动。而“实践的理念，即行动”[②]。这就是说，实践、行动是思维转化为存在也即使存在符合于思维，从而实现思维和存在同一的一个环节。

康德说过，我们不能从关于上帝的概念中推断出上帝的存在，正像不能从我们愿望有一百元钱的观念中推断出实际上我们就有一百元钱一样。黑格尔认为，说想象或愿望一百元钱不同于一百元真实的钱，这是对的。但是，一个老是在这种想象或愿望中兜圈子的人，必定是一个无用的人。他的想象和愿望也不是真的。如果一个人真想获得一百元钱，那么他就必定要超出想象或愿望，采取行动，动手去工作，以便把想象和愿望变成客观存在，真正拿到一百元钱。这就是说：“每一个行为都要扬弃一个观念（主观的东西）而把它转变成为客观的东西。”[③]

当黑格尔把实践引入认识论的时候，实际上他也就为检验真理提供了一个客观标准。因为实践的结果“不再仅仅在活动的主体中，而且也同样作为直接的现实，并且反过来，这种现实，正如它在认识中那样，作为真有的客观性”。[④]所以，列宁指出，在黑格尔那里，“行动的结果是对主观认识的检验和真实

① 列宁：《黑格尔〈逻辑学〉一书摘要》，《列宁全集》第 38 卷，人民出版社 1959 年版，第 229 页。

② 黑格尔：《逻辑学》下卷，商务印书馆 1976 年版，第 522 页。

③ 黑格尔：《哲学史讲演录》第 4 卷，商务印书馆 1978 年版，第 284 页。

④ 黑格尔：《逻辑学》下卷，商务印书馆 1976 年版，第 528 页。

存在着的客观性的标准”。[①]

黑格尔从他的实践观点出发，批判唯动机论，论证了动机和效果的统一，实践是检验动机的标准。他承认生活中常常出现动机和效果不一致的情况，例如良好的动机有时得不到好的效果，恶劣的动机也可能被好的行为伪装起来。但是，他认为，动机和效果本质上是统一的。他说：“人诚然在个别事情上可以伪装，对许多东西可以隐藏，但却无法遮掩他全部的内心活动。在整个生活进程里任何人的内心也不可避免地必然要流露出来。所以即在这里，我们仍然必须说，人不外是他的一系列行为所构成的。”[②]

黑格尔还进一步发挥了康德关于实践理性高于理论理性的思想，指出：“这个理念（按：指实践理念）比以前考察过的认识的理念更高，因为它不仅具有普遍的资格，而且具有绝对现实的资格。”[③]这就是说，实践理念不仅是一个具有普遍性的“应当”，而且是直接改造当前现实外部世界的行动；只有实践才能沟通主体和客体，实现和证实理论认识。列宁充分肯定了黑格尔这个思想中所包含的合理成分。

黑格尔把实践引入认识论，把认识和实践结合起来，是西方认识论发展的重要成果，同时也为马克思主义实践观的创立提供了直接的理论前提。列宁指出：“当马克思把实践的标准列入认识论时，他的观点是直接和黑格尔接近的：见《费尔巴哈论纲》。”[④]

但是，应当看到，黑格尔所谓的“实践理念”，仍然不过是

① 列宁：《黑格尔〈逻辑学〉一书摘要》，《列宁全集》第38卷，人民出版社1959年版，第235页。

② 黑格尔：《小逻辑》，商务印书馆1980年版，第293页。

③ 黑格尔：《逻辑学》下卷，商务印书馆1976年版，第523页。

④ 列宁：《黑格尔〈逻辑学〉一书摘要》，《列宁全集》第38卷，人民出版社1959年版，第228页。

他的那个“绝对理念”发展过程中的一个环节，是一种精神性的劳作，而不是感性的物质活动。他从不想跳出思想（“绝对理念”）的圈子一步，极端害怕革命实践。关于这一点，黑格尔说得很坦率：“法国人具有现实感、实践的意志、把事情办成的决心……在德国，同一个自由原则占据了意识的兴趣；但只是在理论方面得到了发挥。我们在头脑里面和头脑上面发生了各式各样的骚动；但是德国人的头脑，却仍然可以很安静地戴着睡帽，坐在那里，让思维自由地在内部进行活动。”①

这确是一幅既向往革命而又不敢实行革命的德国资产阶级的画像，同时也是伟大的辩证法家兼政治庸人黑格尔教授的自我写照。法国革命引起了黑格尔的头脑骚动，感到康德老是停留在“应当”上未免太软弱了。于是，他在头脑里发现了君主立宪制不仅是最合乎理性的，而且是必定会实现的。当他发现了这个绝对真理之后，便安静地带上睡帽躺到沙发上而让“绝对理念”自行实现去了！正如恩格斯所说的，在黑格尔看来，“人类既然通过黑格尔想出了绝对观念，那么在实践中也一定达到了能够把这个绝对观念变成现实的地步。因此，绝对观念就不必向自己的同时代人提出太高的实践的政治要求。”②黑格尔关于思维和存在同一的认识论尽管充分地表现了德国资产阶级的革命精神，包含了很丰富、很深刻的辩证法思想。但是，这个学说的唯心主义本质决定了它在政治上是保守的，在理论上也不可能科学地解决思维和存在的关系。

---

① 黑格尔：《哲学史讲演录》第4卷，商务印书馆1978年版，第256—257页。

② 恩格斯：《路德维希·费尔巴哈和德国古典哲学的终结》，《马克思恩格斯选集》第4卷，人民出版社1972年版，第214页。

第十二章　费尔巴哈人本主义的认识论

费尔巴哈在对基督教神学的批判中，发现了黑格尔的思维与存在同一的唯心主义实质，并在人本主义基础上提出了与黑格尔相反的思维与存在同一说，坚持了唯物主义的反映论，批判了不可知论。

费尔巴哈为什么能实现这一历史性的变化呢？这有它的社会和思想条件。从19世纪30年代起，随着德国资本主义的迅速发展，德国资产阶级的力量大大增强，反封建的情绪更加高涨。这种反封建的斗争，首先从反宗教的斗争中表现出来。因为，政治在当时是一个荆棘丛生的领域，而宗教斗争间接地也就是政治斗争。对宗教的批判必然要影响到当时在思想界享有独占统治地位的黑格尔学派。黑格尔对宗教是有一定批判的，他在青年时期对基督教持否定态度，认为对基督教的信仰是以丧失理性自由、丧失理性独立性为前提的。后来，随着唯心主义体系的形成，他的批判锋芒就没有这么鲜明了。一方面，他对传统的天主教仍持否定态度，称自己是路德教徒；另一方面，他又认为“宗教和哲学从整体上看是一致的”，即哲学与宗教的差别，不是在内容上，而是在形式上：就内容来说，两者都是以神或真理作为自己的对象；就形式来说，宗教以表象的形式来表达这一内容，而哲学却通过思辨的概念来把握这一内容。所以哲学与宗教并不是对立的，它们的关系只是哲学高于宗教而已。黑格尔的这些看法，形成了一个不可调和的矛盾：他既否定了宗教信仰的神圣性，又否定了宗教与科学之间的对立。这就为他的后人们在这个问题上的分歧埋下了种子。后来宗教批判一开始，就促成了黑格尔学派的解体。其中一部分人抓住黑格尔哲学的保守方面，把黑格尔哲学奉为“绝对哲学”，为专制制度和宗教做辩护。这一派人被称为“老年黑格尔派”。另一部分人则继承黑格尔哲学的革命方面，批判封建制度、特别是它的精神支柱——基督教。这派人被称为“青年黑格尔派”。青年黑格尔派对宗教的批判开始是以思辨哲学的语言讨论神学上的问题，书报检查官也就没有能懂得这一争论的严重性，因而使这一批判享有了从来没有过的自由。青年黑格尔派的批判是从基督教的《圣经》特别是从其中的福音书开刀的。这一派的主要代表人物之一施特劳斯（1808—1874）首先发难。他在1835年发表的《耶稣传》一书，认为基督教产生和发展的历史，也就是“基督”这个“观念”在早期基督徒社团中反复流传、逐步展开的历史。他认为，当初耶稣的门徒们，深信耶稣就是《旧约》中所预言的创造过许多奇迹的“基督”，后来经过在早期基督徒社团中的反复流传，才逐渐形成了一套越来越神奇的“耶稣”生平的神话故事，并赋予这些神话以一定的寓意。这些在流传中无意识地形成的神话故事，后经汇编就成了各卷福音书。所以《圣经》上所说的并不是事实，而是一些有“深刻寓意”的神话故事。青年黑格尔派的另一个主要代表人物布鲁诺·鲍威尔（1809—1882）和施特劳斯一样，也否认“福音”故事的历史真实性。不过，他不同意施特劳斯的“神话说”。他认为关于耶稣的整套故事不可能由一群人无计划、无意识地口口相传而自动形成。在他看来，“观念”固然是历史发展的根本，但它只有以个人的“自我意识”作为中介，才能实现。所以，福音故事是历史上某些人为了宗教目的而有意识地编造出来的。施特劳斯和鲍威尔的争论后来就发展成“实体”和“自我意识”的争论。

青年黑格尔派对圣经的批判促进了无神论和唯物主义在德国的发展。这在当时起了一定的反封建的积极作用。但是他们批判宗教的理论基础仍然是黑格尔的唯心论，他们之间的争论，不过是以黑格尔唯心主义体系的一个方面反对这个体系的另一个方面的争论。正因为如此，他们不可能从根本上克服基督教，达到无神论。但是，在这场批判运动中却产生了伟大的唯物主义者费尔巴哈。费尔巴哈曾经是青年黑格尔派的一个成员。随着反宗教斗争的深入发展，他意识到黑格尔哲学中虽然包含了批判的成分，但很不彻底，不突破黑格尔的唯心论体系就不可能彻底克服基督教。正是在这个意义上，费尔巴哈尖锐地指出：“黑格尔哲学是神学最后的避难所和最后的理性支柱。”①“谁不扬弃黑格尔哲学，谁就不扬弃神学。”②

从认识论方面看，黑格尔唯心论的思维与存在同一说也不适应新时代的需要了。黑格尔口口声声要求“具体的现实的自由”，鼓吹合理的就必定要成为现实的。可是，他所谓的“现实”不过是停留在“绝对理念”圈子里的单纯的思想。对此，费尔巴哈指出，说只有思想是现实的，我们就不能超出抽象的理念范围一步，“思想实在化，正是思想否定自身，不再是单纯的思想；那么这个非思维，这个有别于思维的东西到底是什么？就是感性事物。由此可见，思想实在化，就是使自身成为感觉的

---

① 费尔巴哈：《关于哲学改造的临时纲要》，《费尔巴哈哲学著作选集》上卷，三联书店 1959 年版，第 115 页。

② 费尔巴哈：《关于哲学改造的临时纲要》，《费尔巴哈哲学著作选集》上卷，三联书店 1959 年版，第 114 页。

对象”。[①]在费尔巴哈看来，现在该是从思辨的天国回到现实的人间的时候了。“具体的现实的自由”不应当是纯粹的精神自由，而应当是超出思想的、我们能够实际感受到幸福的自由。他明确地说，打倒天上的专制是为了实现地上的共和。

路德维希·费尔巴哈（1804—1872）出身于一个律师家庭。1823 年他进入海德堡大学学习神学。不久，费尔巴哈对神学失去了兴趣，转到柏林大学听黑格尔的课。1828 年，他到爱尔兰根大学任讲师。后因批判宗教被赶下了大学讲坛，隐居于布鲁克堡的乡村，专门从事哲学著述活动。1839 年，费尔巴哈写了《黑格尔哲学批判》，表明他同黑格尔哲学决裂，转向唯物主义。1841 年，费尔巴哈在《基督教的本质》一书中把上帝归结为人，从而完成了对宗教的批判。后来，他又在《关于哲学改造的临时纲要》《未来哲学原理》等著作中，扼要地阐述了他的人本主义唯物论的基本观点。费尔巴哈在总结自己一生的思想发展过程时写道：“我的第一个思想是上帝，第二个是理性，第三个也是最后一个是人。神的主体是理性，而理性的主体是人。”[②]可以说，费尔巴哈一生的思想发展过程，就是近代德国的思想发展进程（从路德到康德、黑格尔，最后到费尔巴哈）的缩影。

在德国哲学发展史上，费尔巴哈的最大功绩在于他恢复了唯物主义的权威，并在此基础上完成了德国资产阶级对宗教的批判，结束了自康德以来的哲学革命，从而为 1848 年的资产阶级革命做了思想准备。

费尔巴哈哲学的基本范畴，是以自然为基础的“人”。费尔

① 费尔巴哈：《未来哲学原理》，《费尔巴哈哲学著作选集》上卷，三联书店 1959 年版，第 165 页。

② 费尔巴哈：《说明我的哲学思想发展过程的片断》，《费尔巴哈哲学著作选集》上卷，三联书店 1959 年版，第 247 页。

巴哈写道:“新哲学将人连同作为人的基础的自然当作哲学唯一的，普遍的，最高的对象”[①]。费尔巴哈用“人”否定和取代了黑格尔的“绝对理念”和基督教的“上帝”，并以“人”为中心阐发了他的社会伦理思想，为他的民主主义的政治路线提供思想基础。因此，费尔巴哈把他的唯物主义和无神论体系称为“人本学”或“人类学”。

在人本学唯物主义的基础上，费尔巴哈坚持了反映论，发展了17—18世纪的唯物主义认识论。他批判地改造了黑格尔的思维和存在同一学说，提出了自己的认识论的基本命题：人是思维和存在统一的基础和主体。他说:“思维和存在的统一，只有在将人理解为这个统一的基础和主体的时候，才有意义，才有真理。”[②]费尔巴哈正是从这个基本命题出发提出了他的唯物主义认识论思想。

第一节　人脑是思维的基础
不是由思想产生对象
而是由对象产生思想

费尔巴哈认为，黑格尔关于思维和存在同一的学说是根本错误的。首先，这是因为黑格尔所说的思维是没有实在性的。如果要使思维实在化，就必须使思维非思维化，使它成为可感觉的对象，即要把它看成人脑的属性；同时，必须有某种实在的对象，思维方能具有实在性，而不是幻想中的思维；并且，

① 费尔巴哈:《未来哲学原理》,《费尔巴哈哲学著作选集》上卷，三联书店1959年版，第184页。

② 费尔巴哈:《未来哲学原理》,《费尔巴哈哲学著作选集》上卷，三联书店1959年版，第181页。

思维及其对象必须是一致的，方能保证思维是实在的。其次，黑格尔所说的存在也是不实在的，因为，存在只有在它表现为一种有限的个体，即只有在它表现为感性直观的对象时才是真正实在的。费尔巴哈指出，黑格尔所讲的思维与存在的对立和统一，实际上不过是思维和自己的对立，思维和自己的统一。他说：在黑格尔那里，“绝对的思维并不能脱离自身，并不能离开自身而成为存在。存在永远是一个彼岸的东西。绝对哲学曾经替我们将神学的彼岸的东西转变为我们这一方面的东西，但是为此它也就替我们将现实世界这一方面的东西转变为彼岸的东西了”。[①]

所以，费尔巴哈认为，黑格尔哲学中虽然包含着批判神学的成分，即他“用哲学否定了神学”。可是，黑格尔同时又“用神学否定了哲学”。黑格尔的“绝对理念”如同神学中的上帝一样，是一个创造一切、驾驭一切的精神实体，这就为宗教留下了地盘。因此，要批判宗教便不可不批判黑格尔的唯心主义。

费尔巴哈第一个打破了黑格尔哲学的独占统治地位，提出了与之针锋相对的观点。而且他牢牢地抓住了思维和存在的关系问题，认为正是在这里产生了他与黑格尔的根本分歧。他给自己规定的任务是：和黑格尔相对立，把哲学由天上拉到地上来。这也就是要使哲学的出发点和归宿由唯心主义的轨道移到唯物主义的轨道上来。费尔巴哈认为，不可能有一个脱离人脑而独立存在的思维实体，黑格尔的唯心主义的荒谬性恰恰就在于肯定这点。他说：“黑格尔逻辑学的本质是超越的思维，是被看成在人以外的人的思维。”[②]费尔巴哈明确断言，思维乃是人

① 费尔巴哈：《未来哲学原理》，《费尔巴哈哲学著作选集》上卷，三联书店 1959 年版，第 154 页。

② 费尔巴哈：《关于哲学改造的临时纲要》，《费尔巴哈哲学著作选集》上卷，三联书店 1959 年版，第 103 页。

脑的属性。在这方面他继承和发展了18世纪法国唯物主义者的思想，认为自然界只能来自它自身，人是自然界最高级的生物，思维是人脑的机能，它也是自然的产物。因此，费尔巴哈说："思维和存在的真正关系只是这样的：存在是主体，思维是宾词。思维是从存在而来的，然而存在并不来自思维。"[①]

不难看出，费尔巴哈的这些思想反映了19世纪初期生物学、生理学的成就。更为难能可贵的是：费尔巴哈开始看到了人及其思维不能仅仅归结为自然的产物，更主要的是历史的产物。他曾经说过：直接从自然界中产生的人，还不是人，人是人的作品，是文化和历史的产物。在批判唯心主义时，他又明确指出，孤立的个人不可能获得思维，思维是在人与人的交往中获得的，正如肉体的人是两个人生的，精神的人也是如此。

因此，费尔巴哈对唯心论和宗教神学产生的认识论根源揭露得比以往更为深刻。在费尔巴哈看来，黑格尔的那个脱离了人脑的思维实体（"绝对理念"）实际上不过是人的思维的客观化，同样的，基督教的上帝也不过是人类本质的对象化。

费尔巴哈认为，基督教的秘密在于把"一般"（"类"）弄成脱离个别事物而独立自存的东西。基督教的上帝实际上不过是从一个一个的人中抽象出来的人的"类"概念。个别的人的知识和才能总是有限的，但人类的知识和才能则是无限的。基督教便把人类的无限的知识和才能归之于一个脱离一切个别的人而独立自存的东西，即所谓全知全能的上帝，从而造成了人和上帝的虚幻的对立。费尔巴哈指出："神对世界的关系仅仅归结为类概念对个体的关系；是否有个神存在这个问题，不是别的问题，也正是'一般'这个东西是否有个自为的存在的问

① 费尔巴哈：《关于哲学改造的临时纲要》，《费尔巴哈哲学著作选集》上卷，三联书店1959年版，第115页。

题。”[①]他对宗教产生的认识论根源的分析，较之 18 世纪法国无神论者把宗教归结为无知和欺骗的产物的观点前进了一步。

正是在这种批判斗争中，费尔巴哈认识到了思维与存在的关系问题是唯物主义和唯心主义对立之根本所在。唯物主义者认为物质是主词（第一性的），思维是派生的。唯心主义者则相反。因此，他十分自觉地坚持了由对象产生思想的反映论路线。他说：“我跟那些闭目静思的哲学家是天差地别的；为了进行思维，我需要感官，首先就是眼睛，我把我的思想建筑在只有借感官活动才能经常不断地获得的材料上面，我并不是由思想产生出对象，正相反，是由对象产生出思想；只是，在这里的对象，专指在人脑以外存在着的东西。”[②]

费尔巴哈揭露了黑格尔思维和存在同一说的唯心主义本质，这是他的功劳。但是，他却抛弃了黑格尔这个命题中所包含的辩证法成分。在费尔巴哈看来，辩证法不过是黑格尔玩弄的思辨把戏。他把黑格尔关于思维转化为存在、从理想到实在过渡的辩证法思想，统统斥为思维就是存在的唯心主义。这就表现了费尔巴哈唯物主义认识论的消极直观的性质。

第二节　人类的认识能力是无限的

费尔巴哈认为，黑格尔在他的思维与存在同一说中，批判了康德的不可知论，这是对的；他的错误在于把“绝对理念”看作思维与存在同一的基础和主体；反之，如果把以自然为基

---

① 费尔巴哈：《宗教本质讲演录》，《费尔巴哈哲学著作选集》下卷，三联书店 1962 年版，第 622 页。

② 费尔巴哈：《基督教的本质》，《费尔巴哈哲学著作选集》下卷，三联书店 1962 年版，第 12 页。

础的“人”作为思维和存在同一的基础和主体，那么，思维和存在同一这一命题就是真理。他说：“实在的自我只是‘你’与之对立的、它本身是另一个自我的对象的自我，它对另一个自我来说是‘你’”。因此，我“是作为‘主体-客体’而存在和思维”的，“在这一意义中，我（思维着的）和对象（被思维的）是同一的东西”[①]。同时，客体则是主体本质的表现，“所以，在同一程度上所谓客体就是客体-主体，正如所谓主体实质上是不可分割的主体-客体一样，也就是说，我是你＝我，人是世界或自然界的人”[②]。费尔巴哈认为，人对自然界的认识本质上是自然界认识本身；人是自然界长期发展的产物，人的认识器官和思维能力并不是什么超自然的东西，同样是自然界长期发展的产物。人和自然界二者具有共同的属性、相同的本质。因此，人能够认识自然界，这是不言而喻的。

费尔巴哈指出，不可知论者的一个主要错误就是把人的认识能力同自然和人分离开来，把它看成超自然的东西。这样认识当然就找不到一条由主体通向客体、由思维通向存在的道路了。反之，如果人们不把认识主体看作一个孤立的、封闭的精神实体，而是看作自然界的一分子、人类的一分子，看作肉体与精神相统一的活生生的实体，那么，主体和客体就必定能达到同一。在他看来，人与整个自然界、整个外部世界处于必然的联系中，人们的感觉器官就是这种联系的通道。“所以，我们也没有理由可以设想，倘若人有更多的感官，人就会认识自然界的更多的属性或事物。……人的感官不多不少，恰合在世界

---

① 费尔巴哈：《论唯灵主义和唯物主义，特别是从意志自由方面着眼》，《费尔巴哈哲学著作选集》上卷，三联书店1959年版，第523—524页。

② 费尔巴哈：《论唯灵主义和唯物主义，特别是从意志自由方面着眼》，《费尔巴哈哲学著作选集》上卷，三联书店1959年版，第527页。

的全体中认识世界之用。”[①]费尔巴哈又说：“自然界的事物或属性，即算有些尚未为我们现在的感官所知觉罢，将来也是要通过相应的感官使我们知觉的，倘使果真有这类事物或属性的话。”[②]列宁认为，费尔巴哈的这个思想“对于反对不可知论是重要的”。[③]

我们知道，主观唯心主义者和不可知论者总是片面地强调感觉的主观性，把感觉看成纯粹的主观心理状态，以此否定外物的客观实在性或否认人们认识世界的可能性。与此相反，费尔巴哈则通过肯定感觉内容的客观性以论证外物的客观实在性和认识世界的可能性。他认为感觉是沟通主体和客体的桥梁，而不是隔离主体和客体的障壁。感觉是以它的对象的存在为前提的，虽然有主观性，但它的内容是客观的，反映了外物的特性。因此，费尔巴哈说：“感觉是客观救世主的福音、通告，否认这一点，是多么庸俗。认为感觉不证明和不包含任何客观的东西，这是多么庸俗！”[④]列宁指出，费尔巴哈把感觉说成客观救世主的福音和通告，“这是稀奇古怪的术语，然而却是一条十分鲜明的哲学路线：感觉给人们揭示客观真理”。[⑤]

费尔巴哈指出，不可知论者的另一个缺陷就是孤立地、静止地考察人的认识能力，从而给人的认识能力划定界限。他认为，任何个人总是受着时间和空间的限制，知识和才能是有限的。但是从历史观点看，人类的知识和才能则是无限的。他说：

---

① 费尔巴哈：《宗教本质讲演录》，《费尔巴哈哲学著作选集》下卷，三联书店1962年版，第630页。

② 费尔巴哈：《宗教本质讲演录》，《费尔巴哈哲学著作选集》下卷，三联书店1962年版，第630页。

③ 列宁：《费尔巴哈〈宗教本质讲演录〉一书摘要》，《列宁全集》第38卷，人民出版社1959年版，第64页。

④ 费尔巴哈：《论唯灵主义和唯物主义，特别是从意志自由方面着眼》，《费尔巴哈哲学著作选集》上卷，三联书店1959年版，第530页。

⑤ 列宁：《唯物主义和经验批判主义》，《列宁选集》第2卷，人民出版社1972年版，第129页。

“我的知识、我的意志是有限的；但是，我的界限却并不就是别人的界限，更不是人类的界限……人类之历史，正不外在于继续不断地克服在某一个特定时代里被认为是人类之界限、从而被认为是绝对而不可逾越的界限的那些界限。”[1]费尔巴哈充满信心地说：“我们没有认识的东西，将为我们的后人所认识。”[2]费尔巴哈在这里从发展的观点正确地概括了人类认识的发展规律，解决了人类认识能力的无限性和它在个体中实现的有限性的矛盾，体现了唯物主义和辩证法的精神，从而有力地批判了不可知论，论证了唯物主义的可知论。

费尔巴哈不仅运用这种发展观点批判了不可知论，而且还运用这种发展观点批判绝对主义。我们知道，虽然黑格尔提出认识有一个由低级到高级的发展过程，绝对真理表现为一个过程，等等。但是，他仍然认为，绝对真理已经在他的哲学中实现了。黑格尔的某些自称正统的不屑之徒，完全抛弃了黑格尔的辩证发展观点，竟把黑格尔哲学奉为“绝对哲学”。费尔巴哈认为，尽管黑格尔哲学从科学性和思想丰富性来说超过了以往的任何哲学，但决不能认为它是什么穷尽了一切真理的“绝对哲学”。他说：“类在一个个体中得到完满无遗的体现，乃是一件绝对的奇迹，乃是现实界一切规律和原则的勉强取消——实际上也就是世界的毁灭。”[3]从认识的相对性出发，他明确宣告：黑格尔哲学已经过时了，用新哲学代替黑格尔哲学乃是新时代提出的必然要求。

恩格斯指出：“一方面，人的思维的性质必然被看作是绝对

① 费尔巴哈：《基督教的本质》，《费尔巴哈哲学著作选集》下卷，三联书店 1962 年版，第 187 页。

② 费尔巴哈：《宗教本质讲演录》，《费尔巴哈哲学著作选集》下卷，三联书店 1962 年版，第 635 页。

③ 费尔巴哈：《黑格尔哲学批判》，《费尔巴哈哲学著作选集》上卷，三联书店 1959 年版，第 48 页。

的，另一方面，人的思维又是在完全有限地思维着的个人中实现的。这个矛盾只有在无限的前进过程中，在至少对我们来说实际上是无止境的人类世代更迭中才能得到解决。”①不难看出，恩格斯的这个观点和费尔巴哈上述思想是十分吻合的。

第三节　人的本质是感性　感性是理性的基础

费尔巴哈认识论的一个显著特点，是大树感性的权威。在他看来，尽管黑格尔片面抬高理性，贬低或排斥感性，竭力防止感性玷污理性，但在黑格尔的哲学中仍然存在着感性和理性的矛盾。一方面，黑格尔把“理念”看作主体，是不包含任何感性内容的“纯思想”；另一方面，他又强调“理念”只有转化为实在才是真理。费尔巴哈指出，这个有别于“理念”、有别于理性的实在，难道不正是感性的实在吗？黑格尔在这里实际上是无可奈何地、隐晦地、不自觉地承认了感性的真理性。和黑格尔哲学不同，新哲学则是愉快地、自觉地承认感性的真理性：“新哲学是光明正大的感性哲学。”②

费尔巴哈认为，经验论关于我们的观念起源于感觉经验的观点是完全正确的。唯心主义者把人看作仅仅是抽象的思维实体，其实，人首先是一个感性的存在者。在人身上，感性和理性是统一的。人们只有通过感官才能同客观世界打交道，也只有在感性的基础上才能形成思维。“没有感性的东西或在感性的东西以外，精神的东西便什么也不是；精神不过是感官的英华、

① 恩格斯：《反杜林论》，《马克思恩格斯选集》第 3 卷，人民出版社 1972 年版，第 126 页。

② 费尔巴哈：《未来哲学原理》，《费尔巴哈哲学著作选集》上卷，三联书店 1959 年版，第 169 页。

感官的精粹罢了。……理性是以感官为前提的，感官却不以理性为前提。”①

费尔巴哈从感性先于理性的唯物主义原则出发，批判了康德关于理性为自然立法的先验论。按照康德哲学，自然这本书中的文字好像本来是杂乱无章的，只是由于理性运用自己固有的先天认识能力才给这些混乱的文字带来秩序，使其结合成为明白的句子。费尔巴哈指出，不错，理性的任务确实在于把分散的感觉经验联系成有秩序的东西，但是，它只能依靠感觉所提供的材料，按事物本身之间的相互关系而加以联系，否则就是主观的、独断的。他说：“我们用理性分别和联系事物，但是在感觉给我们的分别和联系的标志的基础上；我们只区分自然所区分的东西，联系自然所联系的东西，使自然的现象和事物在理由和结果、原因和作用的关系上互相隶属，因为事物在事实上、感觉上、实际上、现实上彼此正处在这样的关系中。”②

费尔巴哈在强调感性先于理性的同时，也十分重视理性在认识中的作用。感觉虽然是认识的起点和基础，但它只提供个别的、分散的感觉材料。理性则具有普遍性，其任务是把个别的、分散的感觉材料联系起来，从中抽象出一般的规律。因此，费尔巴哈常说：“我们用感觉读自然之书，但理解它却不能用感觉。”③这就是说，人们必须从感性提高到理性上来才能理解、把握事物的本质和规律。

费尔巴哈认为，感性和理性虽有区别，但在实际生活中两者是紧密联系着的，不存在没有感觉的思想，也不存在没有思

① 费尔巴哈：《宗教本质讲演录》，《费尔巴哈哲学著作选集》下卷，三联书店1962年版，第587页。

② 费尔巴哈：《对〈哲学原理〉的批评意见》，《费尔巴哈哲学著作选集》上卷，三联书店1959年版，第253页。

③ 费尔巴哈：《对〈哲学原理〉的批评意见》，《费尔巴哈哲学著作选集》上卷，三联书店1959年版，第253页。

想的感觉。若无感觉，理性等于零；若无理性，感性也等于零。他还认为，当认识由感性提高到理性阶段时，并不是说人们就进入了一个神秘的超感性的精神王国。实际上，它仍然是站在现实的感性世界的基地上。这是因为，思维本身也有其局限性：实际事物不能全部而只能片断地部分地反映在思维中。为了使思维正确反映事物，思维还必须依靠感性不断地检验和修正自身。费尔巴哈说："只有那通过感性直观而确定自身，而修正自身的思维，才是真实的，反映客观的思维——具有客观真理性的思维。"①

费尔巴哈还进一步研究了直接经验和间接经验的关系问题。他认识到，经验是知识的泉源，但人们不可能事事直接经验。随着人类精神文化的发展，人们越来越依赖过去的文献，更多地从间接经验中获得知识，通过直接经验获得知识的重要性便相对地降低了。这就使人们往往把间接的、传统的、传授的知识置于依赖直接经验获得的知识之上，以致使人完全忽视感觉在认识中的地位和价值。殊不知，任何间接知识都是来源于直接经验，一切知识都是从感觉而来的。

从以上论述可以看出，费尔巴哈关于感性和理性之间的区别和联系的观点，原则上是正确的，较之 18 世纪法国唯物主义经验论前进了一大步。但是，费尔巴哈对理性的理解仍然是有严重缺点的。尽管费尔巴哈认为理性可以超越感觉的局限性，能把握事物的本质、规律，但在他看来，理性无非是诸感觉的总和。按照这种观点，感性和理性并无质的差别。费尔巴哈说："思维、精神、理性，按其内容，除了说明感觉所说明的东西而

① 费尔巴哈：《未来哲学原理》，《费尔巴哈哲学著作选集》上卷，三联书店 1959 年版，第 178 页。

外，并未说明什么其他的东西。”[①]这样一来，费尔巴哈实际上还是把理性降低或还原为感性了。他以为这样做可以防止理性脱离感性而独自飞翔，堵塞住通向唯心主义之路。可是，他哪里知道，这样处理感性和理性的关系，反倒给唯心主义留下了后路，把认识的能动方面交给了唯心主义。

费尔巴哈处处把感性放在首位。在他看来，感性不仅是认识的基础，而且首先是人的本质，是道德生活的准则。费尔巴哈所说的感性，除了作为知识基础的感觉、印象等，还包括人们追求幸福的感性欲望。康德、黑格尔都把感性欲望和道德意志对立起来，认为只有排除或抑制感性欲望才有所谓自由意志。费尔巴哈则认为，意志以感性为基础。真正的自由意志乃是追求幸福的意志，离开对现实幸福生活的追求去空谈道德和自由是毫无意义的。他说，假如人的本质是感性，而不是虚幻的抽象、精神，那么和这个原理矛盾的一切哲学、一切宗教、一切制度不仅是完全错误的，而且是有害的。他还说，假如你们想使人们幸福，那么请到一切幸福、一切欢乐的源泉——感官那里去吧！由此看来，费尔巴哈的感性学说不仅是他批判神学和唯心主义的武器，而且是论证他的幸福主义伦理学的理论基础。

第四节　感性是认识的真理性的标准

费尔巴哈认为，感性不仅是认识的起点和基础，而且是决定认识的真理性的标准，而黑格尔始终在思维里找思维的真理性的标准，这种标准就只能是“形式的”“主观的”的标准，不

① 费尔巴哈：《对〈哲学原理〉的批评意见》，《费尔巴哈哲学著作选集》上卷，三联书店 1959 年版，第 252 页。

能真正决定思维的真理性。“能决定这一点的唯一标准，乃是直观。”[①]因为，只有感性直观才具有直接性和绝对的明确性。费尔巴哈写道：“只有那种不需要任何证明的东西，只有那种直接通过自身而确证的，直接为自己做辩护的，直接根据自身而肯定自己，绝对无可怀疑，绝对明确的东西，才是真实的和神圣的。但是只有感性的事物才是绝对明确的；只有在感性开始的地方，一切怀疑和争论才停止。”[②]

对于费尔巴哈来说，作为真理的准绳的感性直观并不是指个别人的感性直观，而是指人类共同的感性直观。因为个别人的感性直观具有主观性，只有人人一致的意见才具有客观性，才是真理的尺度。他说：“我一个人所见到的东西，我是怀疑的，别人也见到的东西，才是确实的。”[③]“跟类之本质相一致的，就是真的，跟类之本质相矛盾的，就是假的。真理就只有这样一条法则，除此以外便没有了。”[④]

显然，费尔巴哈提出感性直观是真理尺度的思想，其目的是为了克服康德、黑格尔从理性中寻找真理标准的主观主义。应该说，这在当时的历史条件下还是有它的积极意义的。不过，费尔巴哈不懂得，不论是感性直观还是理性思维，不论是个人的感性直观还是人类集体的感性直观，都属于主体的认识范围内的东西。因此，用感性直观即使是人类集体的感性直观去验证理性，实际上还不过是用一种主观的东西去验证另一种主观的东西，根本不可能达到客观性。费尔巴哈把感性直观看作真

① 费尔巴哈：《未来哲学原理》，《费尔巴哈哲学著作选集》上卷，三联书店 1959 年版，第 179 页。

② 费尔巴哈：《未来哲学原理》，《费尔巴哈哲学著作选集》上卷，三联书店 1959 年版，第 170 页。

③ 费尔巴哈：《未来哲学原理》，《费尔巴哈哲学著作选集》上卷，三联书店 1959 年版，第 173 页。

④ 费尔巴哈：《基督教的本质》，《费尔巴哈哲学著作选集》下卷，三联书店 1962 年版，第 194 页。

理的标准，并没有摆脱主观主义。

应当看到，费尔巴哈不仅把感性直观作为真理的尺度，有时还把感性事物、经验事实，即我们感官所直接接触的东西作为真理的尺度。他经常列举科学上的、特别是日常生活中的大量经验事实驳斥唯心论、不可知论。唯心主义者片面地夸大意志的作用，说坚强的意志不仅可以把疾病的感觉压下去，还能把疾病本身除去。在费尔巴哈看来，意志的活动确实可以把未受彻底破坏的机体中的力量从潜在状态中释放出来，有助于疾病的治疗，但是以为意志的坚强就可以代替物质的药物治疗那是荒谬的。事实证明，当一个人的机体遭到彻底的破坏，根本没有潜力、没有任何物质储备的时候，那么他的意志无论如何坚强也是不中用的。因此，事实是最有说服力的证据。他说："我一贯地只把明显的、历史的、经验的事实和例证作为依据。"[①]

正是在这种意义上，费尔巴哈也常常把感性理解为生活实践，并在一定程度上看到了它在认识中的作用。他相信"理论所不能解决的那些疑难，实践会给你解决"。[②]和康德、黑格尔把实践理解为精神性的活动不同，费尔巴哈把实践理解为日常生活中的感性活动。在费尔巴哈看来，唯心主义者从自我出发，从理论上永远解决不了客体的存在问题；但生活却证明客体是实际存在着的。例如，我呼吸，证明空气是客观存在的；我喝，证明水是客观存在的；我吃，证明食物是客观存在的。总之，生活告诉我们，客体不仅是感觉的对象，而且是感觉的基础、条件和前提，没有客体就没有感觉，没有主体。费尔巴哈还把人们满足自己感性欲望需要的活动，即他所谓的利己主义活动

① 费尔巴哈：《说明我的哲学思想发展过程的片断》，《费尔巴哈哲学著作选集》上卷，三联书店 1959 年版，第 249 页。

② 费尔巴哈：《说明我的哲学思想发展过程的片断》，《费尔巴哈哲学著作选集》上卷，三联书店 1959 年版，第 248 页。

叫作“实践”。他说：“功用主义、效用，乃是犹太教之至高原则。……他们的原则、他们的上帝，乃是最实践的处世原则，是利己主义。”①

由此看来，和黑格尔的实践观相比较，费尔巴哈的实践观有进步也有倒退。黑格尔把实践看作“绝对理念”发展过程中的一个环节，这是唯心论，费尔巴哈摒弃了黑格尔的这个抽象思辨的实践观点，把实践理解为直观的感性活动，这一点在认识史上是一个进步。但是，黑格尔在唯心主义的基础上把实践理解为有目的地改造世界的活动，费尔巴哈还停留在感性的直观。从这方面看，费尔巴哈的实践观较之黑格尔的实践观又明显地后退了。在费尔巴哈那里，所谓实践仍然仅仅是消极的直观活动。正如马克思指出的，费尔巴哈“对于实践则只是从它的卑污的犹太人活动的表现形式去理解和确定。所以，他不了解‘革命的’‘实践批判的’活动的意义”。②

综上所述，费尔巴哈把黑格尔的“绝对理念”归结为以自然为基础的人，从而把基督教的本质归结为人的本质，完成了近代德国资产阶级对宗教的批判。费尔巴哈的人本主义，是近代德国哲学革命的最后成果。

费尔巴哈把认识论从黑格尔的“绝对理念”自我推演的迷雾中解放了出来，把认识看作现实的人的认识，并力求在人身上达到主体和客体、思维和存在的同一，从而在认识论中恢复了唯物主义的权威。这是他在欧洲近代认识论发展史上的巨大功绩。以人本主义为特征的费尔巴哈的认识论，在许多方面发展了17—18世纪机械唯物主义的认识论，应该说是西方旧唯物

① 费尔巴哈：《基督教的本质》，《费尔巴哈哲学著作选集》下卷，三联书店1962年版，第145—146页。

② 马克思：《关于费尔巴哈的提纲》，《马克思恩格斯选集》第1卷，人民出版社1972年版，第16页。

主义认识论发展的高峰。

但是，费尔巴哈的人本主义认识论也有它的历史局限性。首先，费尔巴哈不懂得从人的社会性、历史性去观察人的认识。在费尔巴哈看来，作为认识主体的人不是自我意识，也不是一架机器，而是感性的物质的东西，是肉体和精神的统一。但是，他所谓的感性的物质的人，不过是一个纯粹的自然的人，只是要吃、要喝的生物学意义上的人。费尔巴哈很强调“类”，就是说，一个人离开了其他人、离开了“类”就不成其为人。可是，他所理解的“类”仍然不过是许多孤立的个人的外在的纽带；他所理解的“类”本质，也不过是许多个人纯粹的自然属性的共同性。这样，他所能看到的人与人之间的关系也就仅仅是你和我、两性关系和友谊交往，等等。费尔巴哈人本主义的主要缺陷就在于它把人仅仅看作自然界的一部分，而不懂得人的本质乃是“一切社会关系的总和”①。这样一来，费尔巴哈所讲的现实的人，从更高的观点看来，就仍然是很抽象的人。正因为如此，尽管费尔巴哈否定了基督教，比较深刻地揭露了宗教产生的认识论根源，但他始终不了解宗教产生、发展的社会历史根源，以致最后还是把宗教归结为所谓人类固有的“宗教感情”，重新陷入了唯心论。

脱离人的社会性、历史性去考察人，考察人的认识，势必只把人看作自然界的消极直观者，而不是把人看作改造自然的实践主体。但是，“社会生活在本质上是实践的”②。人们总是处于一定的社会关系中，并通过这种社会关系去解决人和自然、人和人之间的矛盾。费尔巴哈不懂得，人不仅是一个认识主体，

① 马克思：《关于费尔巴哈的提纲》，《马克思恩格斯选集》第1卷，人民出版社1972年版，第18页。

② 马克思：《关于费尔巴哈的提纲》，《马克思恩格斯选集》第1卷，人民出版社1972年版，第18页。

而且首先是一个实践主体。人正是在改造世界的实践中认识世界，并通过改造世界的实践检验自己的认识，实现主体和客体、思维和存在的同一。不仅如此，费尔巴哈对客体的理解也同样具有消极直观的性质。在费尔巴哈心目中，所谓客体或自然界，似乎就是一种自在的东西，未经人手和思想接触过的东西。针对费尔巴哈的这种观点，马克思和恩格斯指出："他没有看到，他周围的感性世界绝不是某种开天辟地以来就已存在的、始终如一的东西，而是工业和社会状况的产物，是历史的产物，是世世代代活动的结果……甚至连最简单的'可靠的感性'的对象也只是由于社会发展、由于工业和商业往来才提供给他的。大家知道，樱桃树和几乎所有的果树一样，只是在数世纪以前依靠商业的结果才在我们这个地区出现。由此可见，樱桃树只是依靠一定的社会在一定时期的这种活动才为费尔巴哈的'可靠的感性'所感知。"[①]可见，离开了社会实践，人们就不可能正确理解主体，也不可能正确理解客体，更不能正确理解主体和客体之间的关系。

不在社会实践过程中考察认识，当然也就不可能理解认识的辩证发展规律。费尔巴哈认识论中虽然包含了某些深刻的辩证法思想，但总的来说，他并没有自觉地把辩证法应用于认识论。因此，费尔巴哈在处理主体和客体、感性和理性的关系上，总的倾向还是形而上学的。

费尔巴哈的人本主义认识论是德国古典哲学过渡到马克思主义的桥梁，为马克思主义辩证唯物主义认识论的创立提供了理论前提。马克思和恩格斯在概括无产阶级革命斗争经验的过程中，继承了费尔巴哈的人本主义精神，把"人的解放"作为

① 马克思和恩格斯：《费尔巴哈》，《马克思恩格斯选集》第 1 卷，人民出版社 1972 年版，第 48—49 页。

哲学的中心问题加以研究，把人放到社会关系特别是生产关系中去进行考察，即从人的社会性、历史性考察人、考察人的认识，并在唯物主义的基础上批判地继承了黑格尔的辩证法思想和实践观点，把辩证法应用于反映论，把实践纳入认识论，从而创立了辩证唯物论的认识论，进一步解决了主体和客体、思维和存在的同一，开辟了认识论发展的新阶段。

结语　主客体的具体的历史的统一
——马克思主义认识论的基本特点

西方认识论理论发展到19世纪的德国古典哲学阶段，正在酝酿着一次根本性的突破。如前所述，康德在建立自己的哲学体系时，已经意识到要提出一套完备的认识论理论，不仅要研究主体和客体，而且更重要的是要研究主客体的关系，即后来所谓主客体的同一性问题。他没有能解决这个任务，但是，他却启发了后人。黑格尔在唯心主义的基础上，提出了他的实体就是主体的思想。这种主体和实体就是绝对理念。这就是说，黑格尔用唯心主义的办法解决了主体和客体的同一性。费尔巴哈清楚地看到了黑格尔的所谓解决是虚假的。因为，黑格尔所说的主体和客体（对象）的同一是在自我意识中的同一，即思想与自身的同一，并不是现实中的主体和客体、思维与存在的同一。因此，费尔巴哈要求用“人”来取代黑格尔的“绝对理念”。他说，只有在人对人的直观中，主体和客体、思维和存在、认识和对象的同一性才是实在的，才具有真理性。费尔巴哈的要求固然体现了由唯心主义到唯物主义的转变，但是，他却抛弃了黑格尔关于主体的能动性的思想。这样，人在外部世界面前仍然处在说明者的地位，仍然处在被动者的地位。所以，这种人本主义观点虽然在它提出之初产生了强烈的影响，可是，却很快就暴露出它在新的社会实践面前软弱无力的弱点。恩格斯说，正如费尔巴哈毫不客气地把黑格尔哲学撇在一旁，1848

年的革命也把费尔巴哈本人挤到后台去了。必须用新的理论来代替费尔巴哈的人本主义了。这种新的理论就是马克思主义。马克思和恩格斯在无产阶级革命实践的基础上创立的革命的能动的反映论，把认识论的理论提高到了一个全新的阶段。

马克思和恩格斯在创立新的认识论时，充分注意到了德国古典哲学家们关于主体和客体统一性的思想。他们认为，新的认识论理论应该从这种统一性出发。不过，他们不同意黑格尔对统一性的唯心主义了解。他们同意费尔巴哈所说的，认识的主体应该是“人”，而不是某种精神性的实体。但是，人的现实性并不是像费尔巴哈所说的那样，在于他的“感性存在”，而在于他的“感性活动”。也就是说，人是在改造外部世界的实践活动中才成为人的，才成为认识的主体的。反过来说，外部世界也正是在这种实践活动中才成为认识的对象的。所以，只有对于实践的人来说，才有所谓主体和客体、思维和存在的关系问题，对于动物来说，它与他物的关系不是作为“关系”而存在的。这样，主体和客体就在实践的基础上统一了起来，主客体的统一性学说便得到了科学的唯物主义的改造。

概括说来，马克思主义认识论有如下几方面的特点。

1. 从人的社会性、人的历史发展观察人类认识的发展

马克思和恩格斯指出：“意识一开始就是社会的产物，而且只要人们还存在着，它就仍然是这种产物。”①坚持从人的社会性、历史性观察人的认识活动，是马克思主义认识论的一个重要特点。

西方认识论发展史上的各种认识论派别有一个共同的缺陷，就是离开人的社会性、离开人的历史发展考察人类的认识

① 马克思和恩格斯：《费尔巴哈》，《马克思恩格斯选集》第1卷，人民出版社1972年版，第35页。

活动，因而不能科学地揭示人类认识的发展规律。唯心主义者因为把精神看作某种独立的实体，所以根本谈不到人类的认识能力和认识活动的社会性和历史性的问题。例如，古代的柏拉图认为，认识就是回忆。这就把人的认识看作是先验的。近代的唯心主义唯理论者则有所谓天赋观念说，他们把认识能力、认识活动与人的历史活动完全割裂了开来。19 世纪德国哲学家康德力图从理论上说明人们的认识能力问题，但是他仍脱离了人的认识活动的历史发展来考察这种能力，从而陷入了不可知论。黑格尔力图用发展的观点去考察人的活动，正确地看到了人的认识能力是在认识的活动中形成和发展的，脱离了人的认识活动，便无从讨论认识能力。但是，在他那里，人类现实的认识活动却被歪曲为所谓“绝对理念”自己认识自己过程中的一个环节，被歪曲为所谓“自我意识”自行成长的过程。

以往的唯物主义者虽然都坚持了思维对存在、意识对物质的依赖关系，但是，他们对思维或意识本性的了解始终是不清楚的。例如，古代朴素唯物主义者认为，精神也是由某种物质组成的。德谟克利特便说过，灵魂是由光滑的、圆的原子组成的，灵魂就是理性。这样，结果便与他们的愿望相反：他们本认为精神不是独立的实体，可是经他们一解释却真的独立起来了。到了近代，因为有了实验科学的基础，唯物主义哲学家们不再把精神归结为某种物质了，认为精神只是物质的一种属性。18 世纪法国唯物论者明确指出，意识是物质发展到高级阶段上的产物，是人脑的属性。但是，他们把这个发展过程仅仅了解为自然的发展过程。19 世纪的德国哲学家费尔巴哈在一定程度上看到了这个缺点，要求从人与人的交往中来探讨观念的起源。他说：“观念只是通过传达，通过人与人的谈话而产生的。人们获得概念和一般理性并不是单独做到的，而只是靠你我相互做到的。”[①]他认为，人是自然界的一部分，但是，直接从自然界产生出来的还不是人，人是人的作品，是文化和历史的产物。费尔巴哈之所以要强调孤立的个人还不具备人的本质，这是因为在他看来，人的本质是理性，而理性则是无限的，它不可能实现在个体中（个别性就是有限性），只可能实现在“类”中，所以，人的本质只能包含在团体中，只能实现在“我”和“你”的统一中。但是，这种统一是建立在承认“我”和“你”的差别的基础上的，如果否定了这种差别，统一的本质就是独立化的上帝。他说，真正的人必须是感性的存在，复数的存在，人与人之间是相互依赖、相互依存的。这也就是他的“爱”的宗教的理论根据。可见，费尔巴哈虽然十分强调人的现实性、具体性，但他所了解的人实际上却是很抽象的。正如马克思和恩格斯所说:“费尔巴哈在关于人与人之间的关系问题上的全部推论无非是要证明：人们是互相需要的，并且过去一直是互相需要的。”[②]除了爱和友情之外，费尔巴哈实在不知道人与人之间还有什么其他的关系。因此，尽管费尔巴哈大大丰富了旧唯物主义的认识论，但是，由于他根本不了解人的社会性、历史性，也就不可能克服消极反映论的种种缺陷。

马克思主义认识论固然也认为意识是人脑的机能、属性，人的认识活动离不开人脑的生理活动和心理活动，但是，应当看到，人的认识活动本质上是社会性、历史性的活动，单凭大脑神经生理学或心理学是不足以解释极为复杂的人类认识活动的。无论是人类的认识能力，认识方式，还是认识的内容，只有从人的社会性，人的历史发展去加以考察，才能得到科学的

① 费尔巴哈:《未来哲学原理》,《费尔巴哈哲学著作选集》上卷，三联书店 1959 年版，第 173 页。

② 马克思和恩格斯:《费尔巴哈》,《马克思恩格斯选集》第 1 卷，人民出版社 1972 年版，第 47 页。

说明，才能揭示其发生和发展的规律性。

“劳动创造了人”。人是在他的社会历史活动中才成为人的，才成为认识的主体的。人的认识能力既不是天赋的，也不是单纯自然发展的结果。我们知道，人类是从类人猿演化来的。人脑和猿脑在生理结构方面有着本质的差异，其根本区别就在于人脑具有意识这种特殊的机能。那么，猿脑是怎样变成了人脑的呢？正是在劳动中实现的。劳动使人与人之间发生了紧密的社会联系，相互之间有了多种多样交往的迫切需要，于是语言产生了。劳动又在日益广泛深入地揭示着自然现象的奥秘。劳动和语言又进一步推动着感觉器官的日趋完善，抽象思维能力逐渐形成，从而产生出人类特有的自觉意识的能力，完成了从猿脑到人脑的转变。可见，人类的认识能力是社会实践的产物，是随着社会实践的发展而发展的。正如恩格斯指出的：“人的智力是按照人如何学会改变自然界而发展的。”①

不仅认识能力是历史的产物，思维方式也是历史的产物。不同时代的不同思维方式，主要是由不同性质的社会历史条件所决定的。古代人改造客观世界的广度和深度局限性很大，在这种历史条件下，人们对客观世界的认识就只能从总体上加以把握，限于素朴的感性直观的范围。随着社会实践的扩大和加深，劳动的分工越来越专门，这一方面促使人们认识的深化，另一方面又使人们产生了某种见树不见林的片面性，于是便产生了形而上学的思维方式。社会实践的进一步发展，大机器工业的出现，把原来各自独立的生产部门紧密地结合了起来。人工的产品不仅在数量上远远胜过了自然的产品，而且在质量上也远远胜过了自然的产品，人们为自己提供了越来越多的自然

---

① 恩格斯：《自然辩证法》，《马克思恩格斯选集》第 3 卷，人民出版社 1972 年版，第 551 页。

界所不可能提供的东西，原来在感性直观中似乎是完全没有关系的东西，社会实践把它们统一了起来。这样，就由形而上学的思维方式过渡到了辩证的思维方式。当然，现实的认识过程要比我们在这里说的复杂得多，还有很多别的因素也在影响着思维方式的演变。但是所有这些因素也都是在人们的社会历史活动中综合发酵而反映到认识中来的。

至于说到认识的内容，即人们要研究些什么问题、可能解决些什么问题、解决到什么地步，更是有赖于人们的社会历史活动了。显然，古代的科学家们是不会想到要去研究原子能问题的，当然更不可能去解决原子能的实际运用技术。研究的课题是由社会实践提出的，研究的手段也是由社会实践提供的，问题解决到什么程度也受社会实践的制约。所以，恩格斯说："科学的发生和发展一开始就是由生产决定的。"[①]同样，推动哲学家们前进的主要动力，决不只是纯粹思想的力量，主要是社会实践的深化。

要坚持从人的社会性、历史性观察人的认识活动，在阶级社会中还必须重视阶级、阶级斗争对人的认识的深刻影响。不过，在分析阶级和阶级斗争对人们认识的影响时，一定要注意思想形式和思想内容的矛盾。一般说来，反映不同阶级利益和要求的思想，总是以普遍性的形式表现出来的，从历史发展的现象上看，越到近现代越是如此。这种情况，大体上是由于两方面的原因引起的：第一是因为在阶级社会中，每一个阶级都想按照自己的面貌来改造世界，所以，都想把自己的利益描绘成全社会的利益。马克思和恩格斯在分析到这一问题时说："每一个企图代替旧统治阶级的地位的新阶级，为了达到自己的目

① 恩格斯：《自然辩证法》，《马克思恩格斯选集》第 3 卷，人民出版社 1972 年版，第 523 页。

的就不得不把自己的利益说成是社会全体成员的共同利益，抽象地讲，就是赋予自己的思想以普遍性的形式，把它们描绘成唯一合理的、有普遍意义的思想。”[①]社会的阶级分化和阶级结构越简单化，思想就必然越要采取这种形式。近代的资产阶级思想在形式上要比古代奴隶主的思想更一般化，道理就在于此。第二个原因是思想本身的继承性。任何一种思想观点或理论观点的形成，都要利用先行的思想材料，于是就造成了一种假象，似乎新思想、新理论就是从旧思想、旧理论中推演出来的。至于说这些思想、理论与经济事实的联系，在这里就不见了。而且，只要理论发展越深入，理论的抽象程度越高，这种现象就越显著。所以，我们对阶级分析方法既不能否定，也不能简单从事。

总之，离开了人的社会性，离开了人的历史活动，就不可能了解人，当然也就不可能了解现实的人的认识活动。正如马克思和恩格斯所说：“人们是自己的观念、思想等等的生产者，但这里所说的人们是现实的，从事活动的人们，他们受着自己的生产力的一定发展以及与这种发展相适应的交往（直到它的最遥远的形式）的制约。意识在任何时候都只能是被意识到了的存在，而人们的存在就是他们的实际生活过程。”[②]

2. 把实践纳入认识论

把实践纳入认识论，是马克思主义认识论的另一个特点。社会生活本质上是实践的。从人的社会性、人的历史发展观察人的认识活动，从根本上说就是要把人类认识放在社会实践的基础上加以考察。马克思主义认识论批判地改造了黑格尔的实

① 马克思和恩格斯：《费尔巴哈》，《马克思恩格斯选集》第 1 卷，人民出版社 1972 年版，第 53 页。

② 马克思和恩格斯：《费尔巴哈》，《马克思恩格斯选集》第 1 卷，人民出版社 1972 年版，第 30 页。

践观，把实践置于认识论的首要地位，坚持认识和实践的统一，从而科学地解决了西方认识论发展史上长期讨论的一个基本问题——主体和客体的统一。

关于理论（认识）和实践这两个概念，在西方认识论史上有一个传统观念。在古代希腊，哲学家们就开始用这两个概念进行科学分类。研究自然界的学问即所谓自然哲学，往往叫作理论哲学。研究社会现象的学问如伦理学、政治学等，则叫作实践哲学。直到康德，所谓理论哲学和实践哲学的界限还是十分鲜明的。康德的《纯粹理性批判》研究的是认识论，即探讨自然科学知识得以成立的原则，《实践理性批判》讲的是伦理学，即人们行为的根本准则。两者泾渭分明。在康德看来，理论（认识）哲学的任务在于解决世界“是如何”，实践哲学的任务是要解决世界“应如何”。这样的对立乃是把自然和社会对立起来的结果，似乎在自然界中起作用的是必然性，在社会生活中起作用的是人的自由意志。所以，对前者的研究是科学知识问题，对后者的研究是价值问题。黑格尔比较自觉地意识到了上述对立是错误的。在他看来，自然和社会不过是“绝对理念”发展过程中的不同阶段而已。因此，不能认为只有自然界才有规律性，才能成为科学认识的对象，而人们的社会生活便没有规律性，只是个价值问题了。黑格尔认为因果关系和目的关系是客观过程的两种形式，而且后者是以前者来规定自己的。他说：“人以他的工具而具有支配外在自然界的威力，尽管就他的目的说来，他倒是要服从自然界的。”[①]所以，实践活动并不是与认识对立的活动，而是绝对理念自我认识过程中的一个环节。黑格尔说，“绝对理念，本来就是理论理念和实践理念的同一，两

① 黑格尔：《逻辑学》下卷，商务印书馆 1976 年版，第 438 页。

者每一个就其自身说，都还是片面的”[①]。列宁在分析黑格尔的实践观时指出：“在黑格尔那里，在分析认识过程中，实践是一个环节，并且也就是向客观的（在黑格尔看来是‘绝对的’）真理的过渡。因此，当马克思把实践的标准列入认识论时，他的观点是直接和黑格尔接近的。”[②]

当然，黑格尔所说的实践是精神性的活动，他并不懂得现实的人的活动。他的观点是唯心主义的。但是，他关于实践理念高于理论理念以及两者统一的思想，为认识论的发展打开了一条新路。马克思主义的创始人批判地吸收了黑格尔的思想，对实践范畴做出了科学的唯物主义的解释，把唯物主义的反映论推进到了一个新的阶段，创立了革命的能动的反映论。

马克思和恩格斯认为，实践乃是指社会的人所从事的有目的地变革自然界和人类社会的活动，主要包括处理人与自然界矛盾的生产劳动活动、处理人与人之间矛盾的社会斗争活动（在阶级社会中主要表现为阶级斗争）以及科学实验活动。历史上某些唯物主义哲学家也看到了人的某些活动对认识的影响。例如，17 世纪英国唯物主义者培根和 18 世纪法国唯物主义者狄德罗都十分重视科学实验在认识中的作用。不过，这种实践观还是很狭隘的、片面的，都还是从直观意义上来理解的。费尔巴哈十分强调生活实践在认识中的作用，甚至把它看作认识的基础。但是，他所讲的生活实践主要指的是感性存在，并没有真正理解实践在认识中的作用。实践之所以在认识过程中有重要作用，恰恰就在于它体现了人的主观能动性。不过，这种能动性并不是黑格尔所说的纯精神性的活动，而是人类有目的地

---

① 黑格尔：《逻辑学》下卷，商务印书馆 1976 年版，第 529 页。

② 列宁：《黑格尔〈逻辑学〉一书摘要》，《列宁全集》第 38 卷，人民出版社 1959 年版，第 228 页。

改造客观世界的物质活动，其中，“人类的生产活动是最基本的实践活动，是决定其他一切活动的东西”[①]。正是在人类的这种能动的活动中，认识才成为可能，才获得了现实的根据。

把实践纳入认识论，这就在主体和客体之间架设了一座联结两者的桥梁，揭示出认识活动是人们通过自己的实践活动能动地反映客观世界的过程。旧唯物主义者在反对唯心主义认识论的斗争过程中，曾经正确地坚持了认识是主体对客体的反映。但是，在他们看来，认识似乎就是客体作用于主体、主体消极地反映客体的结果。正如马克思所指出的：“从前的一切唯物主义——包括费尔巴哈的唯物主义——的主要缺点是：对事物、现实、感性，只是从客体的或者直观的形式去理解，而不是把它们当作人的感性活动，当作实践去理解，不是从主观方面去理解。”[②]其结果是，旧唯物主义者在强调认识的客观性的同时却丢掉了认识的主观能动方面，从而不可能真正克服唯心论。和旧唯物主义相反，唯心主义认识论却发展了认识的主观能动方面。但是，唯心主义者根本否定反映论的原则，不知道真正的现实的实践活动，因此，在他们那里，认识的能动方面只是抽象地被发展了。应当看到，人在客体面前不是一个消极的静观者，而是一个能动的改造者。不仅认识的能力是在实践中获得的，认识的内容也是在实践中获得的。恩格斯说：“鹰比人看得远得多，但是人的眼睛识别东西却远胜于鹰。狗比人具有更锐敏得多的嗅觉，但是它不能辨别在人看来是各种东西的特定标志的气味的百分之一。”[③]这就是因为劳动能为人提供更多的

① 毛泽东：《实践论》，《毛泽东选集》合订本，人民出版社 1969 年版，第 259 页。

② 马克思：《关于费尔巴哈的提纲》，《马克思恩格斯选集》第 1 卷，人民出版社 1972 年版，第 16 页。

③ 恩格斯：《自然辩证法》，《马克思恩格斯选集》第 3 卷，人民出版社 1972 年版，第 512 页。

为静观所把握不到的东西。实践是认识的泉源，是认识发展的动力。正是由于实践的发展，推动着认识的前进。这不仅是说，实践为人的认识提供着越来越丰富的感性材料，而且，实践的深入还不断地揭示出现象背后的东西，为人们透过现象去把握本质提供了现实的可能性。

把实践纳入认识论，科学地规定了认识的双重任务。按照马克思主义认识论，认识的任务不仅在于正确地反映客观世界，更重要的还在于通过实践能动地改造客观世界。旧唯物主义的消极反映论“只是希望达到对现存事实的正确理解”[①]，而不懂得认识的主要任务乃在于“使现存世界革命化，实际地反对和改变事物的现状”[②]。18 世纪法国唯物论者从唯物主义反映论出发提出了“人是环境的产物”这一著名命题，深刻地揭露了封建专制制度（特别是法律和教育制度）的反动性。但是，他们不懂得人不仅是环境的产物，而且还是环境的创造者、改变者。封建制度是腐朽的，但这个制度并不是某个人或某几个人强加于历史的，而是历史活动的必然结果。现在要改变这种制度也不可能靠某几个天才人物提供的理想社会的方案来实现，改造现存社会的出路，仍然要到人们的历史活动中去寻找。马克思指出:“新思潮的优点就恰恰在于我们不想教条式地预料未来，而只是希望在批判旧世界中发现新世界。”[③]

把实践纳入认识论，也就为检验认识的真理性提供了一个客观标准。关于真理标准问题是西方认识论史上长期争论不休的问题。中世纪的经院哲学家们坚持以《圣经》或权威作为衡

---

① 马克思和恩格斯:《费尔巴哈》,《马克思恩格斯选集》第 1 卷，人民出版社 1972 年版，第 47 页。

② 马克思和恩格斯:《费尔巴哈》,《马克思恩格斯选集》第 1 卷，人民出版社 1972 年版，第 48 页。

③ 马克思:《摘自〈德法年鉴〉的书信》《马克思恩格斯全集》第 1 卷，人民出版社 1956 年版，第 416 页。

量是非的准绳，认为凡是《圣经》上有的或权威说了的，就是永恒不变的真理。有的哲学家（如笛卡尔、斯宾诺莎等）主张以观念的清楚、明白作为检验认识真理性的标准。有的哲学家（如贝克莱等）则把“人人同意”看作真理标准。所有这些都是企图从主观认识范围内去寻找真理标准。另外一些哲学家（如休谟、康德）则否认人们把握客观真理的能力，坚持不可知主义，否认思维和存在具有同一性。黑格尔则在客观唯心主义的基础上，论证了思维和存在的同一性，坚持了可知论，并试图把实践理念当作通向客观真理的环节。马克思主义者批判继承了黑格尔的这一思想，科学地解决了认识的真理性的客观标准问题。

马克思主义认为，真理是客观的，是符合客观事物发展规律的认识。但是，怎么来证明这种符合呢？这个问题显然是不能在认识主体范围内，即不能在理论范围内得到解决的。因为，用一种思想检验另一种思想，并没有解决一种思想是否符合客观事物发展规律的问题。马克思深刻地指出：“人的思维是否具有客观的真理性，这并不是一个理论的问题，而是一个实践的问题。人应该在实践中证明自己思维的真理性，即自己思维的现实性和力量，亦即自己思维的此岸性。关于离开实践的思维是否具有现实性的争论，是一个纯粹经院哲学的问题。”①

实践作为检验真理的标准也是历史性的。一般说来，凡是被实践及其结果所证实了的思想是正确的，就是真理，反之，便是谬误。不过，实践本身也是发展的，也有它的历史局限性，被今天的实践所验证了的东西，也可能被明天的实践所修正。因此，应当把实践检验真理看作一个过程，看作一个从相对到

① 马克思：《关于费尔巴哈的提纲》，《马克思恩格斯选集》第1卷，人民出版社1972年版，第16页。

绝对的过程。列宁指出："实践标准实质上决不能完全地证实或驳倒人类的任何表象。这个标准也是这样的'不确定'，以便不至于使人的知识变成'绝对'，同时它又是这样的确定，以便同唯心主义和不可知论的一切变种进行无情的斗争。"[①]否认实践标准的绝对性，势必导致相对主义、不可知主义。但是，如果把实践标准绝对化，以为通过一次实践就可以肯定或否定一切，那就是形而上学的一次完成论。

马克思主义认识论关于实践标准原理的创立，是人类认识史上的一个重大变革，但它并没有结束关于真理标准问题的争论。实用主义哲学把"有用""效果"或"成功"看作检验真理的标准，宣称"有用即真理"。列宁深刻地指出："认识只有在它反映不以人为转移的客观真理时，才能成为对人类有机体有用的认识，成为对人的实践、生命的保存、种的保存有用的认识。在唯物主义者看来，人类实践的'成功'证明着我们的表象和我们所感知的事物的客观本性的符合。在唯我论者看来，'成功'是我在实践中所需要的一切。"[②]真正反映客观事物发展规律的真理，对于人来说，无疑是有用的，但认识的真理性不在于个人觉得有用与否，而在于是否符合客观事物的发展规律。这一点只能靠实践加以验证。如果把能否满足主体的需要当作检验真理的标准，那势必陷入主观真理论，陷入"公说公有理，婆说婆有理"的诡辩论。

当代英国分析哲学家波普尔（1902—　）提出了一个所谓"证伪"（或"否证"）原则，反对实践检验真理的原理。一般地说，实践检验认识的真理性有两方面的意义：一是通过实践证

① 列宁：《唯物主义和经验批判主义》，《列宁选集》第 2 卷，人民出版社 1972 年版，第 142 页。

② 列宁：《唯物主义和经验批判主义》，《列宁选集》第 2 卷，人民出版社 1972 年版，第 139 页。

实认识的正确性方面，一是通过实践否证也即排除认识中的错误方面。波普尔则认为，实验的证实作用和否证作用是不对称的，否证优于证实；任何观察和实验都不能证实一种理论（全称命题）是真理。这是因为，表现为全称命题的理论所断言的事例是无限的，而观察和实验所证实的事例总是有限的，有限不能证实无限，任何观察和实验所证实的理论对于没有检验过的事例没有约束力。因此，一切理论都只是假设，只能说一种理论比另一种理论包含更多的真理内容，能说明更多的事实，而不能说一种理论就是真理。不难看出，波普尔在这里确是看到了实验科学中的证实方法的局限性，看到实践证实认识真理性的相对性，但他却由此走向了另一个极端，完全否定了实践证实认识真理性的绝对性方面。波普尔的这个思想对于那些企图一次把握绝对真理的形而上学思想家和近视的自然科学家可能是有意义的，但从理论上说，则是片面的。波普尔认为，观察、实验在认识中虽然不能起证实作用，但却具有否证（证伪）作用。科学之所以叫科学，就在于它是能够被证伪的。科学之所以能够不断前进，就在于人们通过观察、实验而逐步揭露它先前的错误。波普尔虽然肯定了观察、实验在证伪方面的绝对性，但同时他又忽视了这种证伪作用的相对性。在马克思主义看来，实践检验认识的真理性是一个过程，是一个肯定和否定、绝对和相对的矛盾发展过程。

3. 把辩证法应用于反映论

列宁指出："形而上学的唯物主义的根本缺陷就是不能把辩证法应用于反映论，应用于认识的过程和发展。"[①]马克思主义批判地继承了黑格尔的辩证法，把它应用于反映论，深刻地揭

① 列宁：《谈谈辩证法问题》，《列宁全集》第38卷，人民出版社1959年版，第411页。

示了人类认识辩证发展的规律。把辩证法应用于反映论，是马克思主义认识论的又一个特点。

把辩证法应用于反映论，首先是说精神与物质、思维与存在、主体与客体在实践基础上是可以相互转化的。如前所述，精神、思维并不是某种独立存在的实体，它在人们改造客观世界的过程中才与物质存在构成了辩证矛盾。所以，脱离了实践，超出了认识论的范围来谈思维与存在的对立就会导致唯心主义、形而上学或不可知论。列宁指出："当然，就是物质和意识的对立，也只是在非常有限的范围内才有绝对的意义，在这里，仅仅在承认什么是第一性的和什么是第二性的这个认识论的基本问题的范围内才有绝对的意义。超出这个范围，物质和意识的对立无疑是相对的。"[①]辩证地观察物质与意识的关系，这是马克思主义认识论的出发点。费尔巴哈由于不了解这种辩证关系，在他批判黑格尔的唯心主义思维和存在同一说时，把黑格尔的辩证法也抛弃了。黑格尔合理地猜测到，思维在存在面前，并不是消极的，它有极大的创造性。他的错误在于把这种创造性归结为纯精神性的活动。精神是不能独立存在的，它依赖于物质，依赖于在社会生活中的人，而人在自己的物质活动（实践）中又能使精神变物质。正如列宁所说："人的意识不仅反映客观世界，并且创造客观世界。"[②]由此，就引出了认识论发展史上的一个重大变化，它使以往似乎是完全不同的本体论和认识论统一了起来。古代的思想家们想要探求人类历史活动以外的世界本原，最后走向了神创论。近代思想家们又想脱离人的历史活动来考察人的认识，最后陷入了休谟、康德的不可知论。

① 列宁：《唯物主义和经验批判主义》，《列宁选集》第 2 卷，人民出版社 1972 年版，第 147—148 页。

② 列宁：《黑格尔〈逻辑学〉一书摘要》，《列宁全集》第 38 卷，人民出版社 1959 年版，第 228 页。

人所研究的就是人生活于其中的世界；脱离了人的历史活动，就既不可能了解存在，也不可能了解思维，更不可能了解两者的关系。本体论和认识论必须在实践的基础上统一起来，必须辩证地处理思维和存在的关系。

把辩证法应用于反映论，又要看到感性认识和理性认识的关系并不是绝对对立的，而是认识由低级到高级的发展过程，由现象到本质的深入过程。关于感性认识和理性认识在认识中的地位及其相互关系，一直是西方认识论史上长期争论不休的问题，并由此引出了17世纪唯理论和经验论的对立。唯理论者抬高理性认识，贬低甚至否定感性认识在认识中的地位，认为感性认识只能提供个别和偶然的知识，并且常常是不可靠的，唯有理性认识才能提供具有普遍性必然性的可靠知识。在他们看来，理性认识不是来自感性认识，而是理性自身所固有的、天赋的。和唯理论相反，经验论者坚持认识开始于经验，认为凡是在理性中的必首先在感觉中。但经验主义者不懂得理性认识的本质，不懂得科学的抽象。他们所理解的理性认识实际上不过是感觉经验的机械的组合或分解。因此，经验论者（如在洛克、休谟那里）最终导致了否定人们把握普遍性必然性知识的能力。唯理论和经验论虽然对认识过程中的两个阶段分别做了较为深入的考察，但就认识论的总体上看，两者都不善于正确处理感性认识和理性认识的关系，因而都是片面的。

马克思主义认识论认为，感性认识和理性认识乃是人类认识辩证发展过程中的两个必要的环节。从认识形成的过程看，认识开始于感觉经验，感性认识是理性认识的基础。但是，感性认识只是对事物外部现象的反映。理性认识的任务就在于通过对感性材料的科学抽象，透过事物的外部现象，达到对事物内部的本质和规律的把握。这就是说，理性认识依赖于感性认识，感性认识又有待于发展到理性认识。同时，感性认识和理性认识不仅作为认识的两个阶段是相互连接的，而且是相互渗透、相互补充的。只有感觉到了的东西，人们才能真正理解，反之亦然，只有理解了的东西，人们才能更深刻地去感觉它。从实际的认识活动来看，并不存在什么纯粹的感性认识，也不存在什么纯粹的理性认识。人们往往是带着一定的目的、计划、知识等去感知事物的，感性认识中多少渗透有理性认识的成分。同样的，理性认识也不是纯粹的抽象思维活动，比如，在推理过程中，感性的表象、材料的印证往往是不可缺少的。

把辩证法应用于反映论，还要看到客观真理是通过相对真理和绝对真理的矛盾发展获得的。历史上的绝对主义者（如经院哲学家、唯理论者）往往把人类的认识凝固化，夸大真理的绝对性方面，鼓吹什么永恒的绝对的真理。另一些哲学家（如休谟、康德等）在反对绝对主义的过程中深入地探索了人类认识的相对性，但他们同时又否定了认识的绝对性方面，从而陷入了相对主义、不可知主义。马克思主义认为，真理是对客观规律的正确反映，既有绝对性，又有相对性。所谓真理的绝对性是指任何一个真理中都包含着客观的内容，是对客观事物的发展规律的正确反映。所谓真理的相对性，就是指这种反映总是在一定条件下的反映，不可能是最终的认识。客观事物在发展，实践在发展，认识也要随之发展。因此，不能抱着绝对主义或相对主义的观点来考察真理问题。相对真理和绝对真理是一个具体真理的两个方面。就是说，任何一个具体真理既是绝对的，同时又是相对的，绝对真理就包含在相对真理之中。毛泽东同志指出：“马克思主义者承认，在绝对的总的宇宙发展过程中，各个具体过程的发展都是相对的，因而在绝对真理的长河中，人们对于在各个一定发展阶段上的具体过程的认识只具有相对的真理性。无数相对的真理之总和，就是绝对的真理。”[①]人类认识正是通过相对真理逐步走向绝对真理的。

把辩证法应用于认识论，还涉及正确处理归纳和演绎，分析和综合、抽象和具体，历史的和逻辑的等关系问题。

在西方认识论史上，有的哲学家（如亚里士多德、笛卡尔等）重演绎、轻归纳，有的哲学家（如培根、休谟等）则重归纳、轻演绎。在现代西方哲学中也存在着相似的两种倾向。按照马克思主义认识论，人类认识是一个由特殊到一般，又由一般到特殊的无限往复、逐步深化的过程。从特殊到一般，主要就是一个归纳的过程，即从许多个别和特殊的事例中抽取共同的东西，获得一般性的知识。反之，从一般到个别的过程，主要就是一个演绎的过程，即从一般性的原理、知识推演出有关特殊事例的结论。这表明，归纳和演绎是人类认识不可缺少的两个环节。但是，不论是归纳还是演绎，就它们本身而言都各有自己的局限性。一般说来，单单通过归纳法得来的一般性知识，在逻辑上虽然表现为全称判断，但实际上只是在对被归纳的有限范围内才确实有效；超出这个范围，它的有效性则是不确定的。这就是说，单凭归纳法不能保证其一般性结论的普遍性必然性。恩格斯说：“按照归纳派的意见，归纳法是不会出错误的方法。但事实上它是很不中用的，甚至它的似乎是最可靠的结果，每天都被新的发现所推翻。”[②]列宁也指出：“以最简单的归纳方法所得到的最简单的真理，总是不完全的，因为经验总是未完成的。”[③]可见，通过归纳法所获得的知识虽然包含

① 毛泽东：《实践论》，《毛泽东选集》合订本，人民出版社 1969 年版，第 272 页。

② 恩格斯：《自然辩证法》，《马克思恩格斯选集》第 3 卷，人民出版社 1972 年版，第 548 页。

③ 列宁：《黑格尔〈逻辑学〉一书摘要》，《列宁全集》第 38 卷，人民出版社 1959 年版，第 191 页。

着绝对真理的内容，但只是相对的。至于演绎法，它的局限性也是很明显的。演绎推理的前提和结论之间的联系虽然是必然的，如果前提是真的，那么只要推理形式不错，结论也必然是真的。但是，演绎推理前提的正确性却不是演绎法本身能够保证的。笛卡尔曾借助于天赋观念论来保证演绎推理前提的可靠性，这表明演绎主义在理论上也是无力的。恩格斯指出："归纳和演绎，正如分析和综合一样，是必然相互联系着的。不应当牺牲一个而把另一个捧到天上去，应当把每一个都用到该用的地方，而要做到这一点，就只有注意它们的相互联系、它们的相互补充。"[①]可见，只有在社会实践的基础上把归纳和演绎辩证地结合起来，才能不断加深我们对客观事物的本质和规律的认识。

在人类认识的发展过程中，还交织着分析和综合的矛盾。所谓分析的方法就是通过孤立化或抽象的方法，把一个具体事物的各个方面分别地进行考察，分别地加以规定。所谓综合的方法就是对被分开的各个方面进行由此及彼的思索，求得它们之间的内在联系和统一。从思维的发展过程来看，首先是分析作用。感性认识提供给我们的是事物的混沌表象，只是对事物的外部现象的反映。要透过现象深入到事物的内部去把握对象的内在本质，首先就必须对具体对象的各个方面分别进行深入的剖析。这就是说，分析是综合的基础，"没有分析就没有综合"[②]。经验主义者十分重视分析方法在认识中的作用，但他们又往往把分析方法绝对化，似乎认识的任务只在于对事物的各个方面进行区别和剖析。其实，对具体事物进行分析固然表

① 恩格斯：《自然辩证法》，《马克思恩格斯选集》第 3 卷，人民出版社 1972 年版，第 548 页。

② 恩格斯：《反杜林论》，《马克思恩格斯选集》第 3 卷，人民出版社 1972 年版，第 81 页。

现了认识的深化，但如果认识仅仅停留在分析阶段，把分析方法绝对化，势必导致孤立、片面的观点，陷入形而上学。因此，分析还又有待于发展到综合。分析和综合既是相互区别，又是相互补充的。

由分析到综合的过程也就是思维从抽象上升到具体的过程。人们常说，事物是具体的。这里所谓具体，实际上有两层意义：一是指事物外部现象的丰富性、整体性；二是指事物内在本质是多方面的统一。人们在感性认识阶段所把握的具体就是事物的完整的表象，也即所谓感性的具体。事物的各方面的内在联系只有靠思维去把握。要在思维中展现事物的具体也即多方面的统一，就必须经过思维的抽象阶段。思维由抽象不断上升到具体的过程，表现了人类认识不断由片面到更多方面、由贫乏到丰富的发展。

从抽象上升到具体的方法，是辩证的思维方法，是思维用来把握具体的方法。它不是黑格尔所说的具体事物产生的过程。但是，从抽象上升到具体这种思维方法、逻辑方法，也大体上反映了事物发展的历史进程，并且是以事物发展的历史进程为基础的。一般说来，事物的发展是一个由简单到复杂、由低级到高级的过程。与此相应的，思维在反映这一历史进程时便表现为由抽象到具体的逻辑过程。不过，历史常常是跳跃式地和曲折地前进的。因此，逻辑的进程和历史的进程不可能是绝对吻合的，只能反映历史发展的一般规律或总的趋向。但是，逻辑的东西和历史的东西本质上是统一的。恩格斯指出：“历史从哪里开始，思想进程也应当从哪里开始，而思想进程的进一步发展不过是历史过程在抽象的、理论上前后一贯的形式上的反映；这种反映是经过修正的，然而是按照现实的历史过程本身的规律修正的，这时，每一个要素可以在它完全成熟而具有典范形式的发展点上加以考察。”①

综上所述，马克思主义从人的社会性、人的历史发展观察人的认识发展，把实践纳入认识论，把辩证法应用于反映论，从而科学地阐明了主体和客体的具体的历史的统一，实现了人类认识史上的革命性的变革。

然而，马克思主义认识论并没有结束真理，而是为人类认识真理开辟了更为广阔的道路。马克思主义认识论也将随着我国四化建设和世界历史的发展而发展。

① 恩格斯:《卡尔·马克思〈政治经济学批判〉》,《马克思恩格斯选集》第2卷，人民出版社1972年版，第122页。

南开百年学术经典

何廉文集（下册）

何　廉　著
关永强　编

南開大學出版社
天　津

目　录

财政与金融

银价问题与中国

自去年（1933年）12月21日，美总统罗斯福氏批准伦敦白银协定，宣布白银计划，收买银块，鼓铸银币，于是美国一般代表银利益之国会议员及政客，竞亟亟于高唱提高银价，甚至有主张建立一对十二之金银比率自由鼓铸银币者。我国对此甚嚣尘上之美银政策，群相惊骇。数月以来，临渴掘井之计，呼救告苦之声，时有所闻。日前报载实业部特延专家组织银价问题研究委员会，探讨利弊。而上海银行公会复于2月25日，致电罗氏，谓我国为银本位国家，生产落后，对外贸易入超，提高银价，必使中国现银自动流出，将发生源涸流竭之恐慌，请其注意中国现情，加以考虑。同时又电致政府做有力之陈述，请其从缓批准伦敦白银协定，一若白银协定必致银价上腾也。

普通所谓之“银价”有二：一为白银对重要金本位国家货币之市价；二为白银对黄金之比价。自英日美等国先后采用货币膨胀政策以来，白银对货币之市价，确已随一般物价而飞腾。至白银对黄金之比价，则其趋势依旧跌落，不过其跌落率较二年前稍形和绥耳。中国为世界唯一重要银本位币制国家，银价（指金银比价）下跌和缓之初，即世界经济不景气侵入中国之开始，二年来国内工商衰落之情形日甚一日，现已至经济恐慌最深刻化之地步。其主要原因，当然不在世界银价之变动失常，而在我国币制之不健全，盖自身无健全之币制，则易受国际间经济政策之支配，一涨一落，均急惶而不知所措。年来国人对此，从讬空言，未见有实际之补救方法，今病已深，忽又重遭外感，尚不知自定根本办法，徒呼救告苦，果于事何补也。兹从银价变动对中国之影响及吾人今后应有之对付方法一略论之。

一、过去银价变动及今后之趋势

1871 年以前，世界金银比价，至为平稳，常在 1:15 以下。自 1872 以后起始下降，迨至 1890 年下降之速率更加。自此以后，金银比价，涨落无定。欧战以前，银价最低之年为 1909 年，金银比价为 1:39.74。欧战期内银价逐步腾涨，至 1920 年金银比价竟回至 1 与 15.31 之比，尚不及 1871 年金银比价之高（是年为 1:15.57）。但此种情形，仅为极短时期之现象。自 1921 年起银价即趋下跌，至 1929 年金银比价跌至 1 与 38 之比。1929 年至翌年，银价复由 1:38 跌至 1:54，1931 年更跌至 1:71。此时之银价，已仅及 1928 年之一半，尚不及 1871 年以前或 1920 年市价四分之一，实为银价有史以来未有之惨跌。

1931 年英国停止金本位后，以英镑计算之伦敦白银市价暂趋上升。1932 年之平均为 1:52.86，1933 年为 1:51.96。此种升涨，实为英国货币膨胀、英镑购买力下跌之幻影，盖因伦敦金银比价之平均，1932 年为 1:73.33，1933 年为 1:77.18，较之 1931 年之平均实则尚高也。美国自 1933 年 3 月实行货币膨胀政策以来，银价亦随一般物价而上涨，美元对白银之纽约市价，自 1:74.53（去年三月之平均，）一变而为 1:47.13（十二月之平均。）同时美国提高银价之议，日高一日，于是一般人皆认白银对黄金之实价，确已猛涨，实则纽约金银比价，去年十一月之平均为 1:77.02，十二月之平均为 1:77.58。较之三月之平均亦尚高也。

1872 年以后各国相继采用金本位，白银需要减少而银产逐步增加，此为银价跌落之重要原因。欧战期内，银价之涨为一暂时的现象，自 1921 年起，即复下降。1929 年后，则更呈暴跌之象，此半由于金价之上升，半由于银价之下降。金价之升，系由于各国经济衰落，金本位国物价下降所致；银价之跌，则仍为银产增加与其需要减少之共同原因所造成。1923 年以来世界银产额极为固定，但与 1914 至 1922 年之时期相较，则增加甚多。而就需要方面言，印度向为需银最多之国，1920 年以后，停止铸银币，1925 年复决定采用金本位制，出售政府存银。1930 年 3 月，更征收银货之进口税。世界银产增加，而银货原有之最重要销场，既出售大量存银，又复施以封锁。此 1929 年至 1931 年内，银价暴落之原因也。银之价格既跌，银矿无利可图，因而停业或减少产量者日多。1930 年以后，每年银产均有减少。同时因银价之降落过甚，印度售银无利，亦暂停止其出售之计划。又加以世界主要国家，次第实行货币膨胀政策，近复高唱提高银价，间接上影响金银比价，此 1932 年后，白银对黄金市价之下跌所以日趋缓和也。

此后白银对黄金市价之趋势，仍不外视需要与供给为转移。倘美国政府实行收买大量白银作为通货准备，或竟采行金银并用之币制，甚至他国尤而效之，同时假定银产不变，则白银对黄金之市价，必将逐步上升无疑。不过白银需要增加，产银者或因有利可图，而扩充产量，市场白银供给将随而增加，则银价前途，殊不易预测也。

二、1929年以来银价变动与中国之重要经济影响

先就1929至1931之银价猛跌时期言之，1929年以来，世界经济衰落，物价下跌，工商萧条，贸易减少，至今尚未能恢复其固有之繁荣。在1929至1931年时期内，工商情形比较良好而不受世界经济衰落之重大影响者，仅苏俄中国两国。苏俄有计划经济之保护，采用国营贸易之政策，低价出售商品于国外，从全国收入观点，虽有其相当之损失，然人民得因此而免去经济衰落之痛苦，中国则因民办银价之猛跌，遂得暂时免受世界经济不景气之波及。此盖因世界银价下跌之程度远超于金本位国一般物价之降落（1929年纽约银价较1928年下跌10%弱，美国一般物价则下跌2%强；1930年银价较1929年下跌28%，一般物价则下跌10%；1931年银价较1930年下跌24%，一般物价则下跌16%）。中国为银本位国，市场物价均以银为量度之标准。世界银价之跌既远甚于金值之升，则银币对一般物品之购买力趋于低落，而以银币为量度之物价趋于上涨，自为当然之结果。加以世界银价之下跌，吾国往往后于国外（因国外多为银供给之地方，中国则为银需要之地方），国外银价先跌，因之国外银购买力恒较中国之银购买力为低，故自1921年银价日趋下跌以来，中国白银进口年有增加。世界银价跌落之最烈时期，中国银货进口亦达最高点（1928至1930年，中国银货进口平均每年约值14300万元，较1928年以前十年之每年平均银货进口，计多80%以上）。此项大量之进口银货，在采用银本位之吾国，多半作为通货之准备。故1929年起上海各中国银行之库存银年有增加，而其增加之数殊甚巨，计1929

年至 1933 年之平均每年库存银计有 3200 万元之多，较 1928 年之数，约高一倍有余，若与 1919 至 1928 年之十年平均数相较，则高 2/3 以上。因此银根愈松，而货币之膨胀愈烈矣。

银价下跌，吾国货币膨胀。物价遂因之昂贵。上海批发物价指数，自 1929 至 1931 年每年平均较上年上涨 10%，华北批发物价指数在同一时期内，亦显呈上涨之趋势。夫物价低足以引起工商之衰落，及一般经济之萧条；物价涨则每能鼓励工商之畸形发展，造成一种虚伪的经济繁荣。1929 至 1931 年世界金本位国（除苏俄外）均有经济恐慌。中国虽内政不安，外祸频加，而一般经济均显呈一种非常的蓬勃气象，如小工业之兴起（按 1930 年小工业之营业总值计有 14400 万元，较 1929 年增加 20%；1931 年之小工业营业总值更增至 18400 万元，较 1930 年增加 28%），市面资金之丰裕（1929 年拆银之平均率最高为二钱五分六厘，最低为五分六厘；1930 年则最高为一钱七分九厘，最低为一分七厘；1931 年 9 月以前最高为二钱，最低则为无利拆借；至银行存款利率，1930 及 1931 年以上海天津香港各大银行均相率减低一厘至二厘之谱），债市交易之繁盛（1930 年政府发行新公债四种，额面共达 17400 万元，从中扣除旧债到期本息偿还部分约计增发 5600 万元，各银行及个人团体购储中国政府所发行之金公债者共 3000 万元之谱；公司债及股票等之发行数额合计亦约在 3000 万银两左右；1931 年政府公债增发 38000 万元，全年公债成交总额共 375700 万元，与其现交易之比例为 8:1），地产营业之热狂（1930 年上海地产价值总额之增加，共有十万万两之巨，其每月之成交数目，多则千万，少亦数百万两；1931 年地价继涨增高，全年成交数目共达 13000 万两），而最足表示工商活动之发达，一般交易之增多者，则为工商界之清算数值。此项数值，可于上海钱业公单收解数观之。在中国物价上涨之时期内，上海钱业公单收解数额自1929年至1930年增加27%，自1930年至1931年增加25%。以上种种，足证在1929至1931年世界群受经济恐慌之痛苦时期，而中国因银价猛跌之屏障，遂致工商得臻于虚伪之繁荣。

从国外贸易上言，似与经济理论不符，盖货币膨胀，外汇随物价而上升，其上升之率恒较物价上升之率为多（1929年至1931年中国一般物价上升之率平均每年为10%；至外汇上升之率，1929至1930年为45%，1930年至1931年为32%）。在此情形之下，中国市场买货优于卖货。就常态言，出口贸易量应有增加，入口贸易量应行减少。但按之中国进口贸易量指数，1929年为107.2（1926年等于100），1930仅较上年减少6%，1931年仅较上年减少1%。出口贸易量指数，1929年为105.5（1926年等于100），1930年则反较上年低12%。1931年虽较上年高4%，然较1929年尚低8%。推其缘由：一则因世界经济衰落，中国出口货物大半为生熟农产原料品，其在国外之需要，俱有减少之趋势，而年来国内因水旱兵祸，生产实亦衰减，故其输出量自难因外汇之上升而增加。同时中国在货币膨胀幻影之中，工商发展，消费扩充，舶来货物2/3为棉米糖面粉煤油等之日用必需品及烟叶纸类木材钢铁等之生熟原料。其输入量亦自难因外汇上升而减少也。

再就1933年至现在之银价跌落缓和时期言之，1933年以来，金银比价之下跌日趋缓和，其下跌率恒较一般物价下跌之率为低（1931至1932年金银比价下跌2%，而美国一般物价，则跌10%）。中国为银本位国，故以银计算之物价因而跌落。1931至1932年之上海批发物价指数下跌12%，1932至1933年再跌7%。华北一般物价，在此时期中亦趋下降。且自英日美金本位国实行货币膨胀政策，中国外汇跌落，而其跌落率远超物价跌落率以上（1931 至 1933 年上海外汇指数平均，每年均下跌 22%左右）。因此中国市场卖货缓于买货。同时因提高银价之声浪兴起，投机者从中作祟，致国外（特别是美国）以金计算的银价，乃在中国国内以上，遂造成一国外金贱银贵、中国金贵银贱的现象，结果以金偿付中国的入超尚不如以银偿付之有利。故 1932 及 1933 年中国全国银货出超（净出口）共达 3000 万元之巨。1932 年起，世界银价下跌不及一般物价下跌之甚，遂致吾国物价随国外物价而俱落。加以银货外流，市面银根更形紧缩，物价遂趋下落矣。

货币紧缩，物价下跌，工商业之不景气沿之而起，例如历年三月份上海之棉纱交易每日达三四千包之卖出，而去年三月则每日仅一百包至三百包之数。此外如上海钱业公单收解额，自 1931 至 1932 年减少 32%，自 1932 至 1933 年减少 24%。进口贸易量指数，自 1931 年至 1932 年减少 21%，自 1932 年至 1933 年更减少 13%。出口贸易量自 1931 至 1932 减少 27%，1933 年较 1932 年虽略有增加（18%），然较 1931 年则尚低 14%。萧条之情，于此可见。又查中国纱厂至去年年底完全停工者其锭数约在 60 万枚以上，计占华厂总锭数 1/3 左右。江浙两省丝厂共 278 家，去年年底尚勉强开者仅仅 14 家。上海丝厂 65 家，去年年底勉强开工者仅两家。其他如面粉业茶业等，莫不具同一衰落之象。倘此后银价因美国白银计划之实现，而果使之高于一般物价，则吾国之货币收缩将益加厉，其结果必致物价下跌，生产停顿，金融呆滞，失业递加，入超增多，银货外流，更远甚于今日。且目前“白银计划”尚未实现，已因提高银价之运动，促使美国银货投机者积极买进。例如纽约五金交易所每日银市成交总额少则五六百万盎斯，多则一千七八百万盎斯。仅凭此投机作用，银价即有提高之可能，固不必待“白银计划”

实现，需要增加，而后于趋上涨也。

三、银价问题之对付方法

银价变动，影响吾国经济之剧烈，实由于吾国币制之不健全所致，此吾人所应特别注意者。明乎此，则应付方法之采取，自易知所遵循。盖我国为银本位国，银价变动，足以影响我国货币对一般货物之购买力。故问题中心，即在如何使中国银本位货币对一般货物之购买力求其稳定，而不致易受银价变动之影响。夫银为世界产物，有世界为市场，价之高低，非任何一国所能操纵，亦非国际协定所能维持而永久不变，其理至明而易见。苟货币主权，操之在我，具有完善自立之币制，则外波之来，自有以御之。否则社会经济，国际汇兑，皆受他国经济政策之支配。弊害之起，自无已时。今日银价变动之易影响于吾国经济者，其故在此。

自银价问题发生以来，国人所建议之应付方法，不外乎征收生银出口税，或禁银出口两途。此种治标方法，其目的在保存中国现在必需之白银数量。在目前政治经济情形之下，此种方法，亦允宜采而行之，以为补牢之计，但其困难则有不能不虑及者：（一）自美提高银价政策实行后，中美银价已见差额，现相差 5%。倘禁银出口，其差额必更大。因我国贸易入超甚巨，平时华商购买美汇，如美汇汇价甚贵，可运现银出口以资抵偿，则美汇不至甚贵。若禁银出口，则美汇汇价必趋于涨。美银汇价涨，即我银币汇价跌，亦即我银价更跌。结果中美银价之差额愈大，而私运现银出口者之利亦愈大，利之所在，将恐禁不胜禁。（二）即不直接禁银出口而仅征收相当之生银出口税以示限制，亦有困难。盖征收之额，当与中外银价之差额相当。在平时固可收限制出口之效，而现在银价有继涨之趋势，显然可见。如今日差额为 5%，下月或可涨至 15%。当我征税之初，假定中美银价差额为 5%，征收 5%之出口税。外商银行纵须遵章缴纳，彼等亦可尽量运出，暂时储存香港等处，以俟涨至 15%时，始再运美。结果除去所付之出口税，仍可逐 10%之余利矣。（三）外商银行，即不自中国运出生银，但可将库存现银卖与美政府，封存库中，视之为美政府之封存金，俟将来有相当机会，再行运出。即不运出，美政府之目的亦可达到。因其目的不在使用，而在封存，以期使银价提高。至我政府则因治外法权尚未收回，无权可以利用此项存银。故名义上现银虽尚在中国，而实际作用上则与运出无异。

治本之法，当然须从币制着手。我国谈改革币制者，多主张统一银本位或采行金本位。以中国现在经济力之薄弱，如即欲采行金本位制，无论不可能。即日能之，亦不敢担保其对一般货物购买力之永久稳定。英美前例，可资证印。至统一银本位，则对当前问题不能大有裨益。为今之计，唯有采行管理银币制之一法。管理货币制之目的，在藉货币之管理，以维持物价之平衡。查中国之银本位，当二年前未为世界投机者所注意之时，对发展中国产业，亦会著有相当之功效。因银价随世界物价以起落，其调剂我国物价之作用，颇有类于管理货币制。所可惜者，银之本身价值，逐渐下落，数十年来趋势未变。用以为货币，既不能为“价值之标准”，亦不能为“价值之保存者”。近二年来，各国货币跌落，益以投机者在国际行大规模之抬银运动，银值渐高，我国物价随之下降。凡此种种，皆足以证明银本身价值之不定，甚有害于我国之经济。国内有识之士遂叠倡用金之议。然金之本身价值，若不加以管理，则其害较银尤烈。与其以暴易暴，何若仍银本位之旧贯，而加以管理。采用此法，使国币本身自有其价值，对外既不受世界经济者之操纵，对内复得物价相当之安定，于计殊得。第管理银币制之采行，亦不能无困难。第一，管理币制，为整个政治经济问题，政治组织不健全，经济政策不树立，则管理亦不易言。第二，政府财政困难濒于极点，预算不敷，月有短亏，使得操管理币制之权，则无法支应之时，行将出于发钞票，流弊亦不可胜言。虽然，两害相权取其轻，管理银币制，固为可行之法，取其长而去其弊，是所望于当局者。至厘定管理货币制之方案，须有专家翔实研究始能为之，非短文中所能讨论也，故不及。

（《大公报·经济周刊》，1934年3月14日；另载于《独立评论》第92号、《银行周报》第18卷第10期、《商业月报》第14卷第3期）

国际币战与中国工商业之关系[①]

今天有这个机会，来到这里讲话，是很荣幸的。今天的题目是“国际币战与中国工商业之关系”。在未讲本题之前，我先要用一点时间，把中国的经济基础说一说。世界各国的经济基础，多是建筑在工商业上，而中国却是建筑在农业上。要看一个国家的经济是否坚定，应当从他的生产量是否有剩余上着眼。生产（不论其为工业的或农业的）若是除了本国所用的之外，还有剩余，国民的购力买便要增大，生活程度也便要提高。反过来说，若是生产量没有剩余，国民的购买力便自然要缩小，生活程度也便要降低，国家的经济基础便要逐渐崩溃了。

中国农民的生产，除东北四省外，都有亏空，都没有剩余。在平常状态下，若没天灾人祸，要缺少17%。民国二十一年以后，粮食生产，更是每况愈下。民国二十年，生产总量值1880亿元，民国二十一年，减成1540亿元，今年（按指民国二十三年）又减少8%，尚不到1000亿元。同时，粮食进口却年年增加，高到35000万两，占进口货总额的1/5以上。我们都知道中国是一个地大物博的国家，又有2/3的人口从事农业，为什么生产还会不够呢？据我看来，这里面有两个大原因。

第一个原因，是农业生产效率太低。中国每一亩地，产麦

① 何廉博士讲演，萧让之记录。

子的量只有日本的 1/2，只有丹麦的 1/3。若是种稻米，比其他各国还高一点，比起日本来，便只及他的 2/5 了。这完全是因为耕种的方法太笨拙，太不现代化。

第二个原因，是农业资本太缺乏。农民自下种至收获，经过的时间很长，在这个时间，都是需要本钱的。中国的农民大都缺乏资本，又无正当的机关可以去借债，结果便只有受高利贷的剥削。我曾亲自到山东河南等省去调查过，二分以上的利息，是很平常的。

农民一方面因为耕种的方法不科学化，生产效率不能提高；一方面又因资本不充足，要受高利贷的剥削。此外更还要受苛捐杂税的摧残，根据山东某县的调查，农民的收入，一半以上是交给政府的，其余之 1/3 强，要充作成本，纯净的收入，不过只有 5%的样子。至于历年来不断的天灾，那更给他们以莫大的阻碍了。

中国的农民因为受了这四种的压迫。所以生产绝没有剩余。我们试拿民国十七年农产品的进口情形，和去年（二十二年）的比较一下：民国十七年——并不是一个非常的年——麦地人口量是 90 万担，去年增加到 1700 万担；民国十七年稻米年人口量是 1720 万担，去年增加到 2000 万担以上。出口的农产品怎样呢？这两年比较起来，却减少了 80%。在此种情形之下，中国的经济基础便自然一年一年地崩溃了。

农业的情形既这样消沉，如果工业能够抬头，把经济基础改建到工业上去，也未始不是一个好现象。但是中国工业是怎样的情形呢？实际并没有一点好的迹兆，一切制造工业，仍是非常幼稚，只有 1/10 的土地面积，有了一点工业化的意思，包括的人口还不到全人口的 1/3。

重工业的煤和铁，前者的每年产量只占全世界的 16‰，后者的每年产量只占全世界的 5‰。轻工业可举棉纱和丝来说，棉纱工业的纱锭子数目，占全世界的 26‰，织机数目占全世界的 9‰。中国的丝向来在国际贸易中，占重要地位。但是两年前，中国丝在世界丝的市场上，已不到 1/3，差不多 90%以上都是日本丝。去年（二十二年）工业品进口情形，棉纱占三万万元，五金占二万万元。

以上所讲的农工业情形，是今日这个题目的必要的基础。从这里我们可以看出中国经济的情况来了。在这种情形下，假设国家或社会，能定出一种经济政策，努力施行，也可以挽救危局。但是我们的国家有政策吗？我们要知道这点，最好去看政府的预算案。

我们政府的预算，支出共在六万万元以上，大部分的用途，都是军费和政费，用到教育、建设方面的简直是微乎其微。收入完全靠各种税收，本来就是摧残经济的政策，何况收入还不敷支出。他们唯一的抵补方法，便是发行内债。从这两方面来看，都实在看不出政策来的。

社会方面呢，这可从银行的业务上看出。银行的存款，在两亿元以上，这都是农业商业的血液。我个人曾拿三四个银行，做过一个估计，资本用在农工方面的，大概不到十分之二，十分之六是用在公债方面。银行的利息太高，对它本身是很不合算的，但是现在各银行的利息都很高，普通都是八厘，并且还用许多方法，来奖励人们存款，他们为什么要这样吸收资金呢？第一，因为他们有一个公债市场。第二，因为他们大部分吸收来的资本，已放在公债方面，所以非维持这个公债市场不可。

这样看来，中国的农工业既不发达，同时，国家和社会又没有一个经济政策，其危急情况实在可怕得很。而尤其不幸的，在这个时期，又洽遇着国际的币战。就好像一个病人，肺病已到了第三期，又忽然遇着风寒，其危险程度，是不言而喻的。这个风寒，便是国际币战，民国十八、十九年已经就侵入中国，本来那时就可以破产，但是中国应了“穷人靠天”的一句俗话，居然维持到了今日。

中国的货币是银的，世界各国的却大都是金的，那时各国所采的战术，是竞跌货价。我们知道任何企业，都是为谋利的。经济学上有一个最简单的公式，是货价减成本等于赢利。货价跌，成本不很减少，结果必至减小赢利，或没有赢利，其至赔本，那时各国的货价都向下跌，同时中国银输入过多，银价猛跌，并且银价之跌落过错过于一般货价之跌。1930 年比 1929 年，银价跌落 28%，各用金国之货价则只跌落 10%。1931 年比 1930 年，银价跌落超过货价跌落 50%。这正表示，一般货价之跌落，远不如银价之跌落。换句话说，即金购买力之增高，远不如银购买力之减少。

同时，因为各国多是产银的国家，银价跌落较之中国总比较早些。中国银之入口量，平均为 14300 万元。这样多的银子运入中国，结果使货币膨胀，货价提高。这两年来，每年货价高涨 10%，还有汇兑也因之剧涨，且超过货价之高涨。结果各国来中国买东西，非常合算。所以，世界各国出口货减少额远过于中国，1930 至 1931 年，世界各国出口货减少 43%，中国却只少去 12%。1929 年至 1931 年的上半年，国际经济情况非常衰颓，中国不但不破产，反有一种虚空的繁荣。上海钱庄的交易额，比 1929 年以前的十年，多出 60%。国内小工业也很见抬头，1930 至 1932 年，小工业产量总额，有 16400 万元之多，比以前五年，平均多 1/3。

但穷人靠天是不能长靠的，终会有倒霉的一天。因为在经济恐慌中最受影响的是工业国。他们决不能不设法挽救，办法当然很多，而货币膨胀却是各办法的中心。他们有两个办法：第一是减少国内货币购买力，使工商业得到较多的利息；第二是减少国外货币购买，使汇兑跌价。国内货物可渐渐运出。各国恢复繁荣计划的中心，都在这里。此即所谓币战。

英、日、美现在都走这条路，1931 年至 1933 年，一般货价都膨胀起来。所幸银的来源，2/3 是他种工业的副产品，不能限制产量。所以各国货价涨，银价仍可跌落，但跌落甚微，中国已感恐慌，将来银子渐渐运出，货币便有缩小的趋势。

去年（二十二年）十二月，美国实行购银政策，中国银出口更多。自本年（二十三年）八月十四日，美国宣布白银国有以来，美国购入 12500 万两，等于去年全年产银量的 2/3。据他估计，世界银的市场，共有 25000 万两。现在他差不多收了一半。这种敏捷举动，正表示他的国家有组织。中国政府于十月十五日实行征收银出口税，在十月十五日以前，银出口额在二万万元以上，十月十五日以后，据我估计，约有二千万元。美国是金本位的国家，为什么他要收买这许多现银呢？这完全是政治问题，在经济学上，毫没有科学的根据。

中国全国所存的银子（不仅限于货币），据一个有权威的犹太人估计，共约二十万万两。用作货币的，约有六万万元。现在已出口的，有二万五千两，其必然的结果，便是货币紧缩，货价跌减，工商倒闭，银根奇紧，造成一个大的经济恐慌。

（《海王》第 7 卷第 16 期，1935 年）

白银征税与棉纱增税政策上之矛盾

一国政治经济政策之确定，须以整个国家为前提，且政策既确定之后，施行之方法上虽可因时因地而制宜，冀可殊途同归而收事半功倍之效，然原则上则须始终一贯，头痛医头，脚痛治脚，固非久远之策，而剜肉补疮，自相矛盾，予国计民生以恶劣之影响，更非完善之道。我国政府，年来锐意建设，凡国家应兴应革诸大端，靡不孜孜，良足欣慰，然政策之实施，往往有自相矛盾之点在，愿就最近白银征税与拟增棉纱统税二端申述之，以罄刍荛之怀。

我国年来，入超日增，农村破产，全国经济日趋凋敝，举国惶惶，咸起谋挽救之策，是以“统制经济”曾一时甚嚣尘上，然卒以环境多障，实施维艰。最近复有白银问题之发生，溯自美国颁布白银法令、收买白银以来，世界银价，逐步上涨，国内白银，乃大量流出，计自本年一月起至十月初止，白银出口总数已达两万万元之巨。白银外流，不独影响国内之金融，即我国垂危之产业，亦将因通货紧缩，物价下跌，而益趋没落，举国惶恐，宜其然也。财部鉴于经济恐慌形势之严重，乃于上月十五日颁布法令，开征白银出口税。白银出口税开征后，几无白银出口，盖国内外银价之差额，完全为出口税（基本税及平衡税）所吸收，运银出口，无利可图，白银流出，暂告中止。国内银价，以征税关系而压低，外币价值因而上涨，银汇因而暴跌。为调节汇价，使其无过剧之涨落计，财部复令中央中国交通三行组设国外汇兑平市委员会，此等自主之经济政策，较诸昔日被动式之俯仰依人，有足多者。

然征银出口税与设立外汇平市会，究属阻止银货外流与控制外汇之治标办法，而非正本清源之根本大计。盖中国为入超国家，商品入超总值年达七八万万元，本年一月起至八月止，八个月间之入超总值，已有三万六千余万元之巨，本年白银外流，虽由于美国提高银价原因居多，但至少有四分之一出口白银，为抵偿入超之用，自去岁以业，海外华侨汇款，益见减少，国内入超数额，虽以人民购买力锐减而有退缩，然国际贸易收支之平衡，除输出生金支付外，设尚有不足，则须济之以生银。本年实物之输出，与无形之收入，仍不足以抵国际之支出，故势必出以积储仅有之银货抵补差额一途，限银出口与统制汇兑，其如国际贸易之不平衡何？根本办法，唯有奖励输出与限制输入，以期减少入超。入超减少，直接可保障银货不外流，间接可施行汇兑之统制。若施行限银出口与统制汇兑，而不能改善国际贸易之逆势，国际收支将永不能平衡，亦即不能避免银货之外流，而外汇亦终难有完全之控制。此三者唇齿相依，不可或缺者也。

阻银出口之根本有办法为奖励出口、减少入超，既如上述，故谋民族产业之发展，为挽救国内经济日趋衰微，急不容缓之要图。欲民族产业之发展，国人宜购用国货；商人宜整顿生产，减低成本，以与外货相抗衡，政府更宜施保护之策。当此举国惶惶、谋产业发展之际，政府竟以拟增加棉纱统税闻，此诚令人大惑不解者也。

考我国之纱厂业，肇始于 1890 年李鸿章奏设之机器织布局于上海。日俄战后，政府施保护与奖励工业之策，纱厂业由是渐兴，迨欧战期间，欧美之棉纺织品之输入断绝，国内之华资及日资纱厂，因而勃兴。欧战止后，舶来品复行涌来，附加内战频仍、民力困穷、工潮勃兴，华资纱厂业因而日就衰微，每况愈下，以至陷于今日危机四伏之恶境。其所以致此之由甚多，在华外资纱厂之竞争、舶来棉货之倾销、国内购买力之衰退、关税乏保护政策、花纱市价涨落之殊途、东北市场之丧失、出口之成本过高等皆其荦荦大者。国内纱厂，多已至求生不能、求死不得之境，试举一事以明之。津市纱厂，在花贵纱贱之市况下，十六支纱每包可售一百六十元，而用花即需占去一百四十九元，其他必需之生产成本约计二十八元，出入相抵，每纺纱一包，须亏本三十七元，纱厂业实已陷入严重之境地。且资金不足，按目下税率应缴之统税，已无缴付之余力（月前财部允申新纱厂将应纳统税暂行记账，可为明证）。若统税再增，将必使纱业之衰落更严重化，无怪纱厂同业，一闻增税之议，群情惶骇，纷起反对。

据吾人之推测，政府拟增加棉纱统税之唯一目的，在增加国库之收入。据政府最近公布修正之二十三年度国家总概算观之，中央财政，未可乐观，各项支出，虽大为缩减，但照原概算收支不敷之数，相差仍大。据大公报南京通讯，谓虽已力事撙节，尚不敷五千万元之巨，中央财政状况，可想而知。充裕国库，不外开源与节流二道，节流宜选可节者节之，开源亦宜择可开者开之，否则饮鸩止渴，徒称一时之快，而遗无穷之患，是善谋国者所不取也。棉纱统税负担，为数已颇可观，仅就征收统税区域之八省计之，去年度收入达二千万元。若纱厂营业发达，产销日增，国家税收，自必随之而递增。故政府为保护国本计，对已垂毙之纱业，非但不宜增税，实宜减税并筹施保护之方策。否则竭泽而渔，逼成全业之没落，亦非计之得者，愿财政当局，注意及之。

综上所述，吾人认为税银出口，在求银货之不外流，而增税棉纱，适足促成纱业之破产。故欲银货之不外流，必求本国产业之振兴，增进出口，抵制入超，以得国际上之收支平衡。发展产业，政府宜施保护政策，纱业为我国较大之产业，关系国计民生，又极重大，保护犹患不周，安可既减低棉货进口税于前，而又增加棉纱统税于后乎。经济政策贵于统一，异途同归，方可相辅而行，收事半功倍之效。中国政治，本已支离破碎，经济政策，原难施行尽力，而今政府更施行背道相驰之策，即征收银税，虽可保持银货暂时之不外流，然若本国产业没落，入超不止，税银出口与统制汇兑，徒见其增高进口货价，加重人民消费之负担而已。以此例他，吾人诚愿一闻中央经济政策，在发展国民经济乎？抑欲奖励入超乎？

（《大公报·经济周刊》，1934 年 11 月 7 日；另载于《纺织周刊》第 4 卷第 46 期）

最近天津铜元跌价之原因及其影响

一、铜元跌价之经过

中国铸造铜元，始于前清光绪二十六年（1902 年）。铜元初铸时，因供给甚少，每元仅易铜元八十八枚，市价在法价之上，铸造利益优厚，故三数年内即因铸造之过滥而市价遂跌至法价之下。此后铜元铸造有增无已，各省皆以铸造铜元为财政之重要收入，故三十年来铜元市价亦无日不在下跌之中。各种铜元之中，当二十文之铜元其铸造利益又较当十文之铜元为厚，故流通当二十文铜元之区域，其市价之下跌又较其他各地为甚。最近七年天津铜元市价之下跌见本文附图。图中可知自十五年至十七年铜元行市已由每元三百一十枚跌至四百二十枚，但十八年至二十年又略回涨，且较稳定。二十年一月每元仅易三百八十余枚，是月以后铜元市价又复下降，七月以后每元已易铜元四百二十余枚。及本年一月因在年关，铜元市价略涨，一月初每元仅易四百枚，但二三两月又复继跌，二月平均每元可易四百二十四枚，三月平均每元可易四百三十六枚，截至本文发稿时止，最近四月二日之最低价则已降至每元四百四十六枚，为历来最低之点。

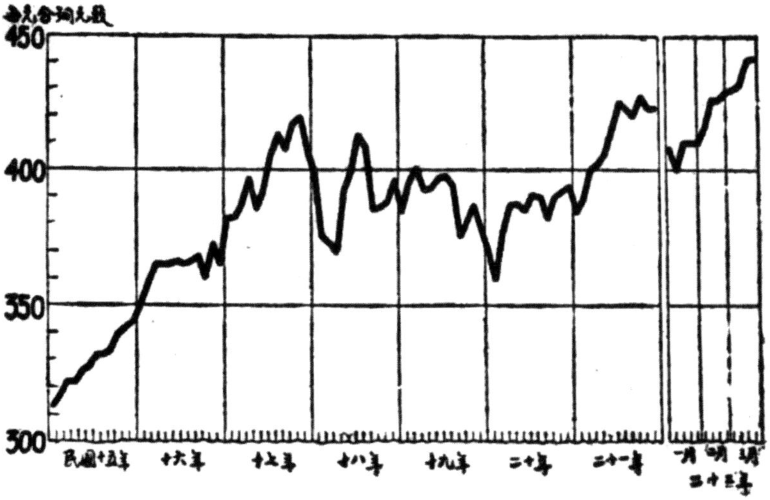

近七年来天津铜元市价之涨落

二、铜元跌价之原因

铜元乃为一种辅币，名价较实值为高，造币有利可图，故铸造若无限制，则为牟利起见，即易有滥铸之弊。防止滥发最简易之方法即为国库之无限制兑换。人民随时可以任何数额之辅币请求按照法定价格兑换同类之主币，政府不得拒绝，并不得收取手续费。采用此法则滥发之弊即可免除，盖若因滥发而价跌，则人民即可以辅币退回政府，虽欲滥发亦不可得也。前清之银币则例与民国国币条例皆有此无限兑现之规定，但卒未实行，此为我国辅币法价不能维持之根本原因。无限兑换不能实行，而铜元铸造之利益又极大，故各省造弊厂皆大量鼓铸。按中国铜元之来源，除政府之铸造外尚有私人之铸造，重量成色皆较政府所铸为低，政府无力禁止，此亦铜元供给之另一途径，铜元之跌价固为必然之事实也。绳此以往，苟无法律之限制，则将来市价必将低落至与铜元实值相等而后已。盖现时之铜币已失去辅币之条件而与一般货物无异，其市价之高下，完全取决于供需之状况矣。

至于铜元市价之短期升降则纯为各地供求与居奇操纵之结果。天津造币厂久已停铸，现时平津通用，当二十文铜元多由开封、蚌埠、徐州等地输至，盖此等区域之铜元市价每元可易五百枚，较天津为贱，运津出售，有利可图，故政府严令禁止，而私运仍多也。除长江流域铜元运销外，闻本津与国外尚有私铸者。

天津收付铜元最多之机关即为电车公司与钱铺。电车公司每日收入铜元不下三四千元，普通皆于次晨售出，但遇铜元价格过低时，间亦囤积待价而售。常人多因电车公司收纳之铜元最多，故每遇市价涨落，皆谴责于该公司。但电车公司之铜元每日皆为售出，市价利涨不利跌，现时铜元之跌价不能归罪于彼也。钱铺在铜元跌价时，收买屯积，待时而售，自可获利，但此种举动谓其扰乱市价，尚不若谓其可以平抑市价之为愈。盖钱铺资金并非极巨，各个钱铺又无坚固之组织，共同行动并非易举，非遇银行风潮或有其他事故，不易收操纵之效。故此次平津铜元市价之更落，似为三十年来铜元跌价之继续趋势，未必为少数私人操纵之结果。

三、铜元跌价之影响

批发物价与大数量之交易皆不用铜元，食品等日用物品之零售物价则以铜元为准。铜元跌价则物价必须上涨，但物价常有惰性，如以银计算之物价不动，以银计算之铜元市价下跌，则当铜元市价之跌落并非过甚时，零售商店亦不愿骤将物价提高，而自愿略将其收入减少。但当铜元跌价过甚，则有时又可借口将物价提高而超过于铜元跌价之程度。如梨之批发价每百个售洋两元五角，加上费用及利益约20%，则当铜元行市为每元易四百枚时，每梨应售铜元十二枚，今每元可易四百一十枚，则每梨应售铜元十二枚零三文，但此价在售卖时极不便利，故零售商店宁减少其利益而仍售十二枚。苟铜元价格变动较甚，每元可易四百二十五枚，则每梨应售铜元十二枚零七文半，为便利起见，每梨当售铜元十三枚或十四枚。故铜元市价变动对于零售商人之影响，有时增加其利益，有时减少其利益。苟售卖之物品种类甚多，则可互相抵补而影响甚少。但铜元市价若常有变动，则成本常须重新估计，至不便利，此为零售商店所受之影响。普通为稳当起见，多将物价提高，故对于消费者至为不利。

中上阶级及工人收入之以大洋计算者，在铜元跌价时，每元可易较多之铜元。苟铜元之跌价未能影响于物价之变动，则于消费者反有利益；苟物价的提高超过于铜元市价之下跌，消费者自有损失。但普通吾人购物之种类甚多，互相抵补，损失似不能超过于利益。且此等人之收入较丰，即微有损失，亦能负担，并非重要也。

下级工人之收入尚有以铜元计算者，此等收入常不能因铜元跌价而作同样之提高。铜元价跌，零售物价升涨，而工资收入不能作比例的增加，则唯一方法只能降低其日常之生活程度。且下级工人购用之物品，除房租衣料等少数物品外皆以铜元计算，故受铜元跌价之影响最甚者，实为此等最下级之工人也。

此外如上海与平津之电车公司收入皆以铜元计算，电车乘价不能随时改变，故铜元价格之下跌全部皆为公司收入之减少。但此等公司赢利甚厚，尚不至因此而蒙亏累。

四、补救之方法

铜元跌价既由于无限兑现之未能实行，与私铸之不能制止，故补救之方，只能由此两方面着手。无限兑换之实行必先集中铸造权于中央政府，盖各省若自为政，则滥发自不可免，谁愿代他人作无限之兑换而受此损失！吾人所谓铸造权之集中，并非必由一厂独铸，但各省之造币厂应直接受中央之管辖，与现时之中央银行办法相同。如此则损失或盈余各厂共之，铸造数额亦有稽考，无限兑换之制始可成立而滥发之弊始可免除。现时之铜币市价已过于低下，自无施行无限兑换制度而使其恢复法价之理由。吾人以为我国铜币私铸之多，其原因之一即由于币面花纹之过劣。且现在各种铜币之重量成色并不一致，今日应采之方法宜先禁止各地之私铸私运，同时对于现时通行之辅币，按照当地市价并斟酌其他情形确立一法定之比价，逐渐收回，为铸花纹精巧之十进新辅币。各地法定比价现经确立，则以后更行低跌之现象自可免除；统一造币权而施行无限兑换，则新币之法价可以维持；花纹精巧，成色重量划一，则私铸可减，此为免除辅币跌价之根本办法。昔日常有禁止奸商操纵行市之命令而未尝有效，盖政府之滥发无已，供过于求，不怪发行之过多，而独禁商人之贬价行使，是犹作伪而强人承受耳，必不能维持久远者也。

（《大公报·经济周刊》，1933 年 4 月 5 日）

为币制研究委员会进一言

本月十四日大公报载，财政部公布币制研究委员会章程及全体委员名单。委员会规定每年开会两次，均在首都举行。并在上海中央银行附近增设驻沪办事处，可以充分参考世界经济书报，随时研究世界币制问题及金银问题等项，以供委员会开会时提出讨论，然后再据会章第七条将议决案送请财政部采择施行（以上均摘录大公报国闻社原文）。

从表面上看来，政府在废两改元后，对于币制之改革，有了进一步的举动。但一就其实，则不免令人有疑问发生。中国的币制，不是好不好的问题，乃是有没有的问题。中国币制的问题，不是“研究”，乃是“实行”。所以我们以为政府设立币制委员会的重要任务是要采取一种币制而去实行之。如果要“参考世界经济书报”，作学术的研究与茶余的讨论，我们实在不知道：其“何所为而来，何所见而去”了。

中国目前是“无币制”，不是“有币制而不好”。货币制度，换句话说，就是货币的系统。有币制的国家，其国内所有的一切货币，必有一定的比率，自相连属，成一系统，整个地作为货物价值的标准。举凡本位币、辅币、纸币，及其他一切的代表币或信用币等，无不包括在整个币制之内，有一定的统属，然后可作价值的尺度。中国目前的货币，亦如目前的度量衡，不相统属。银元、铜元、官钱、民钱、官票、私票等，纷陈杂出，同地各币，或同币各地，自成其价值标准，各不相谋。海口用银元交易，内地则用铜元或铜钱计数。同在海口，缴纳关税用金单位，向洋行买货却用银两，向大商店付价，称大洋几元几角几分，对黄包车算账，则又说铜元若干枚。一元银币，在甲省可换十二角辅币，而在乙省说不定，可换十三角。每角银辅币，忽而换铜元二三十枚，忽而换五六十枚。每枚铜元，在甲地当制钱十文，在乙地又可当制钱三文四文了。至于纸币之滥发与跌价，更不可究诘。

中国币制的方案，也不是没有。溯自逊清末叶以来，改革币制的计划，最重要的不下八种：(一) 为前清光绪二十九年海那、科南及精琦三氏的提案，主张用金汇兑本位制。(二) 为光绪三十一二等年，德宗草诏计划，主张以银两为本位。(三) 为光绪三十三年驻俄公使汪大燮、胡维德等奏议，主张用虚金本位制。(四) 为光绪三十四年盛宣怀氏的计划，主张逐渐采用金本位。(五) 为民国元年，前荷兰顾问卫斯林草案，主张采用金汇兑本位。(六) 为民国七年财政总长曹汝霖的金本位案。(七) 为民国十七年经济会议的计划，主张先统一银元，再采行金本位。(八) 是民国十八年，美国币制专家甘末尔设计委员会所草拟的逐渐推行金本位计划。综合这八大计划，无不本当时的实况，持之有故，言之成理。尤其是甘末尔设计委员会，乃是政府大斥国币，专诚聘请，以建立中国币制的。他所拟的计划，颇称详备。所以中国的币制，不是没有方案，乃有方案而不实行耳。

有币制，无论如何，胜于无币制。中国货币问题的先决问题是：要不要有一个币制？其次，也不是方案问题，乃是政府肯不肯去实行？废两改元这个问题，倡议了很久，无奈以前的政府，都没有敢实行的，国民政府决心实行，一纸命令，全国已经实行了。“前事不忘，后事之师”，政府牛刀，已经在废两改元上，试其锋芒了，为何不进而统一币制呢？或说政治不会统一，各地方当局未肯就范，统一币制势有所不能，非政府不为。然而是问政府曾否令行，或召集各地方当局去试行过？假设政府命令不达的地方不肯实行无话可说，然而是问政府在能力所及的地方，亦曾否实行过？政府没有实行的毅力，则方案俱在，前例俱在，正不必“俟河之清”，待全国统一，而后实行哩。

要知清淡不必老庄，寂灭不必释迦，坚白同异，亦无须公孙邹鄧。何王放达，五胡固足乱晋，程朱拘谨，金兵也渡河了。中国经济的不振，货币混乱，实在是重要原因之一。所以改革货币，是一急不容缓的举动。今日之事，不是清静无为之论，更不是坚白同异之辩，倘假货币之凡尘，而矜老庄之高雅，则又何必多此一举？所以此次会议之开，吾意其志在必行。行的什么，要看会议者与政府的智慧了。无论什么，总须做点出来，给人家看看，才有意义。不然，从前不是有过无数次的货币会议吗？政府不曾耗费过数百万元国币吗？西洋好几国的专家不是都到中国来设计过吗？以前的计划都送到历史馆里去了。如果“每年开会两次，参考世界经济书报，随时研究，提出讨论”便算了事，那又何必多此一举呢？果真如此，诚恐怕讨论未决，而“金兵已渡河矣”。

揣测起来，政府至今之所以未能建立一货币制度者，实在是因为实力不足，有所顾虑。我们看看币制研究委员名单，所有委员数十人，不是全国金融界巨子，就是政府财政界名硕，这不都是握有全国金融的实力者吗？政府之所借重者亦非在此吗？此次会议的结果迥非前比了。此次会议诸公有计划，有实力，我意其“议决案送请政府”，势必“采择施行”，至少，我盼望其如是。所以才有这段刍荛之言。

（《大公报·经济周刊》，1935 年 1 月 23 日）

论吾国县地方财政

县政改革之议，年来甚嚣尘上，问题重心，大都侧重于组织与人事。夫组织与人事，固为行政主要问题，改革县政，固当从此着手，惟行政而缺乏健全之财政基础，则行政动力无充分供给之来源，根本即谈不到改善组织与人事。我国县政，向只注重于折狱与榷科各消极的职务，组织人事，均极简单，所需经费，向归国库，由所征地粮坐支，原无县财政可言。自清季举办新政以来，县政始渐示积极姿态，举凡地方教育、警务、保卫、实业、建设，以及其他自治事项，县政府均须过问，县财政制度于是启其端焉。顾三十年来县财政基础犹未得稳固确立，此殆县政之所以不能逐步进展者也。兹就县地方财政概况分支出、收入与财务行政三端，略加剖析，藉供改革县政者之参考。

一　县地方支出

吾国县地方支出，堪为吾人注意者，有三种普通现象：第一，各县支出总额均患过少，不能使县政充实地进展。据南开大学经济研究所之县政研究所得，就最近二十二年度状况言：河北省静海县每一人口每年之县支出额仅三角九分，定县每人每年之县支出额仅二角八分。就河北全省 130 县平均，每人每年之县支出额，仅三角九分。其他各省之县支出，最多者如察哈尔，每人每年县支出亦不过五角二分，最少者如甘肃，则不过一角九分。而同年省库支出额，试以每人每年平均支出额相比，河北省支出两倍于县支出，其他各省如陕西，省支出竟八倍于县支出，即最低者如安徽湖北，省支出比县支出亦多半倍。若更进而与中央支出相较，则强弱益形悬殊。同年中央支出，平均每一人口为 1.71 元。相当河北县支出之四倍，察哈尔县支出之三倍，以与甘肃县支出较，则相差至九倍之巨，此种财政上首足失衡现象，即各级政府行政畸形发展造因之一。第二，年来县支出，固已有增加趋势，但非为原有职务之充实。如定县二十二年度之县地方支出，较光绪三十四年之县支出，多两倍有半；又如静海县，二十二年之县支出较十七年多一倍。夷考其支出膨胀之原因，大都由于每年新职务之加增，而非为原有职务之充实，可从三点证明之：（一）县支出项目逐年加增，如定县在宣统三年县支出共有十五项，二十二年度增至二十九项；静海县在十七年只有六项支出，二十二年度增至十一项。（二）各项支出所占总支出之百分数，随总支出增加而递降。如定县警务费，宣统三年占总支出 56%，至二十二年度，仅占 29%；静海县教育费，十七年占总支出 47%，至二十二年度仅占 24%。其他各项情形亦多类此。（三）各项支出之增减，每与总支出相反。其中即有增加者，亦远不如总支出增加之速。即以静海县为例，自十七年至二十二年，县支出总额增加一倍半，但各项支出如警务费自十七年至二十年反形减少，至二十二年所增亦不过 14%，诸如此类，不胜枚举。各项职务本身之支出，不随县支出之增加而增加，故各项职务不能随县支出之增加而言进展也。第三，县支出之分配失当，县财力既如此微弱，而其分配又未适当，致有直接或间接之浪费。如静海县自民十七以来，全县总支出，而以薪工占绝大部分，相当全额80%，事业发展费，最多时仅占6%，其余14%，则用在消耗杂费。定县民国二十二年度支出总额中，薪工费占十分之六，事业费只十分之一·五，杂费占十分之二·五，此足以证明县支出之大部分只用在维持各种组织的存在，又奚足以语各种事业本身之进展耶。

二 县收入

我国县收入制度，在清季举办新政时，尚有相当独立性。如举办学校，创设警察，办理实业，所需经费，大抵筹自地亩捐。民国初年，新政渐多，县支出日形膨胀，收入除亩捐外，遂筹及各种杂捐，县税收之伸缩，一视需要为定，受省干涉之处亦尚少。迨至民国五年以后，省权渐趋扩大，地方税权悉操之于省，县地方收入，则唯附加税是赖。省为巩固省税计，乃极端限制县附加之增多，结果，县本身既无可自由伸缩之财源，县财政出路，遂不得不趋向于征收苛捐杂税，而县政府得自主征收之税捐，为数复极有限。此种现象，至今仍为我国县收入制度上的特征。就现在各省由县经征税款之收入言，省税与县税比例，最大者如安徽省为六比一，最小者为山东省为二比一。县岁收中，取自省税附加者，如定县二十年度、二十一年度及二十二年度每年省税附加约当岁收五分之四；再就河北130县之县岁收言，二十二年度各县省税附加相当县岁收三分之二。同年其他各省，最多者如山东108县，省税附加占县税收五分之四；最少者如广东95县，省税附加占县税收二分之一。此种附加税制度，最大缺点，即在受省限制过严，致县财政本身缺乏弹性，不克适应巨额支出。此即县政不能按进展之症结所在也。

三 县财务行政

县财务行政不统一，亦为县政发展之最大障碍。就河北省现状论，地方财务行政截分为省款与县款两种，省款为省财务行政所辖，直接受省政府财政厅指挥，县政府无置喙之余地；县款行政，表面虽由县独立操编制表决预算决算之权，实则因省税附加在县岁收中占势特优，而省税附加属于省款行政，故无形中县财务行政受省限制甚严。又全县财权亦多未能集中，专款会计，殆成为县预算之普遍现象。如定县地方财政中，教育款视同例外，静海县财政中公安与教育经费，有特殊管理之组织，其他如湖北河南等省之县地方财政，亦多均有专款之制。各守固定范围，形同割据，而不能统筹支配，以致各部分经费丰啬悬殊，不能谋平衡的发展。其次，各县会计制度始终未能确立。金钱出纳，无健全监督统辖之组织，使各部分互为制衡。经征机关，同时兼司收款，支付机关，复司存款，彼此出纳，又乏严密之簿记组织以为记载。各部来往，殆皆属直线单轨的关系，其间既无相互制衡要素，弊端自属难免。凡此种种，要以改善会计组织，权责划清，为先决问题者也。

总之，县政改革，就县地方支出言，最低限度应设法裁撤或紧缩不急需的组织，许多事业，无须单独设立个别机关。将以往用于维持各种组织之行政费，集中分配于事业费。易言之，裁缩组织，以在现有财力状况下，极力减少行政费之支出，尽量扩张事业费，使事业得以充实发展。就县地方收入言，当从调整省县财政关系，重新划分省县税收为先，使县具有富于弹性之收入制度，然后始可多谈积极建设。最后，统一县财务行政，确立健全的县会计制度，使公款出纳，务求在各方面均能相互制衡，盖非如此，殊不足澄清弊端而减少浪费也。前述三端，均属老生常谈，除重新厘定县收入制度一端，问题较复杂外，余如紧缩组织以求县支出之合理分配，改善财务行政制度，藉杜中饱而免浪费，要皆轻而易举，政府当局企图发展县政，苟并此最低限度之改革，尚不能使之实现，则吾人对于县政前途，殊不敢期之过高也。

（《大公报·星期论文》，1935 年 6 月 16 日）

中国通货管理几个重要问题之商榷

一

本月三日财长孔祥熙氏发表宣言，同时财部颁发布告：自十一月四日起定中央中国交通三行钞票为法币，集中发行。是项法币，以后即为各项债务清债标准。法币准备金之保管及其发行收换事宜，设发行准备委员会办理。持有本位币及其他金类者，应自四日起以之兑换法币。并由中中交三行无限制购售外汇，以谋稳定对外汇价。中央银行将改组为中央准备银行，二年后享有发行专权。孔氏并郑重声明，政府决意避免通货膨胀，其发行准备管理委员会亦于同日成立，任宋子文等为委员。自此讯传出，沪港等处人心一时略现惊惶，数日来虽物价微趋上涨，而外汇异常平定，经过情形，堪称良好；国内舆论既明示拥护，金融各业亦显能合作。外侨方面，津沪外国银行多已遵行，足征皆能了解我政府之用意，尤以英国朝野，同情弥深，日本经我方解释后，似已释然。实则我国币制之改革，足使币值趋于稳定，国民经济能力因之加增，不特国人蒙益，而对外购买力之增强，尤与友邦各国有利。日本与我国经济关系更为密切，其有利程度，自当更甚，故亦必乐于助成之也。

今后我国币制，事实上已入通货管理之领域（见五日各报孔财长谈话）。通货管理者，即统制货币之流通额，庶对内能有平定之物价，对外可得稳固之汇价。夫国家经济之所忌，不在物价之过高过低，而在物价之时高时低，变幻莫测。物价不定，则营工商业者，无从定其营业政策，盈亏不能预卜；若有稳定之物价，则成本与售价皆可预计，故通货管理能直接免除工商业不可预测之危险，即间接助长经济之繁荣。

惟通货管理制度采用于长期紧缩之后，则其始必为通货膨胀，反是则必以紧缩开始。我国自1931年起，迄今已有4年余之通货紧缩，送致物价惨落，贸易衰退，工商不景。上海趸售物价指数由民二十年之128跌至本年7月之91，华北批发物价指数由民二十年之123跌至本年9月之90。同时国际贸易亦大形缩减，进口量指数由民二十年之130跌至二十三年之84，出口量指数亦由民二十年之136落至二十三之124。工商各业，停工歇业者踵相接，紧缩程度之深，至斯已极，经济衰落之象，莫此为甚。财部于此时实行通货管理，而为有限制的通货膨胀，实足以刺激工商之向荣，自属弊少利多。按我国受政府直辖之银行所发钞票额估计约为60000万元，现金准备以六成计，可得36000万元。近日伦敦大条现货为29.3125便士，折成对英汇兑理论平价为23.93便士。同期海关金单位之英币卖价约在33便士左右。以我国所有36000万元之现银准备按每盎司29.3125便士之价格售诸国外，再按关金之英币卖价折合，可得26100万关金单位，准备十足。设此次新令将规定现金准备为四成者，即可有65250万关金单位；五成准备，则将有52200万关金单位；设仍为六成准备，则将有43500万关金单位。关金每单位合国币2.25元，就现有现银在不同成数之现金准备下，可发行钞票数量如下：

四成现金准备	1468125000 元
五成现金准备	1174500000 元
六成现金准备	978750000 元

故最低限度,可就原有现银准备额发行法币 97800 余万元,即在现有之 60000 万元外,可增发法币 37875 万元,如不为过此限度之膨胀,即以增发之法币为繁荣工商业之用,则为绝对地有利,可断言也。

二

通货管理既为稳定币值繁荣工商之要策,所关极巨。政府举措,自应出以审慎。财部三日布告办法六点,规划颇见周详,惟实施时有应注意者,如各省地方银行所办之钞票,应如何收回,内地法币之流通,应如何使其普遍,以及一时物价投机之取缔等,已先后经人指出。然尚有关系整个通货管理成败之重要问题数项,财长宣言与财部布告既未言及,社会各方亦未加讨论,特为指出,以促政府社会之注意:第一,通货管理之组织,应如何使之健全;第二,外汇管理,应采用何种方式;第三,通货管理之标准,应如何加以规定。凡此数项,如有一不得妥善之处置,则通货管理即难期有良好之效果。

谚有之,工欲善其事,必先利其器,金融组织之于通货管理,犹器之于工也。英国之英兰银行,美国之联邦准备银行,日本之日本银行,皆为各该国通货管理组织之中心,组织均极健全,故实施能收良好之效能。我国银行业本属新兴,基础未固,欲于此时实行通货管理,尤应首谋工具之健全。据财部布告,中央银行将改为中央准备银行,立意甚善。惟于改组之方式及日期均未有明白宣布，中国交通二银行将来之地位与业务亦未具体规定，不无缺憾！吾人之意：中央银行改组为中央准备银行，刻不容缓，俾早居真正国家中央银行之地位。中国银行依其原有条例之规定，仍使经营国际汇兑，促进对外贸易。交通银行亦依其原有条例之规定为全国实业银行，致力于国内企业之发展。如是则政府三银行，一司发行钞票，管理通货，一司国际汇兑，一司发展实业。各有专司，条理井然。至其他商业银行，则使专营商业银行业务而以调剂工商短期金融为职责。如是分业合作，厘清职责，系统确立，组织方能臻于健全。中央银行既改组为中央准备银行，其资本应使由现有额扩充一倍，新增之股全由各商业银行认购，庶使官股商股之势力得以抗衡，而如财部所云：成为超然机关，不为政治势力所左右。将来中央准备银行之业务，对政府则代理税收，经营国库，并收存一切公共基金，使成为“政府之银行”；对银行则保管各银行之准备金，使之保有全国之现金准备。同时并应经营再贴现业务，而使成为“银行之银行”。中央准备银行享有发行钞票之绝对特权，此在财部布告中已有所提及。惟欲求法币政策之成功，须使中央准备银行执行市场证券买卖业务，及再贴现业务，庶可藉以伸缩法币之数额而应市场之需要。除此以外不宜经营其他银行业务，藉免引起与其他银行间之竞争。为使法币推行尽利，及中央准备银行为银行之银行得名实相符计，应分全国为五区以上之准备区，每区择一适宜地点设立中央准备银行分行，如东南之上海、华北之天津、华中之汉口、西南之广州、西北之西安。各区内其他银行之交存准备、票据再贴现、领用法币等，皆可向各该区之中央准备银行分行就近接洽。此关于管理组织者一。

其次，管理通货之目的有二：对外为汇价之稳定，对内为物价之稳定。故国外汇兑之如何控制，亦为通货管理中之重要问题。财部布告中谓：中央中国交通三银行“无限制”买卖外汇以维持现定外汇价格。惟三银行是否有此资力，殊属疑问。即使有此资力，以我国连年国际清偿逆差之情形，此项有限之资力亦于极短期内即将罄尽，彼时设无准备，汇价即难维持。故终非持久之计。以是政府应于外汇加以管理及控制，而将此项管理责任交由中国银行专司之。按管理汇兑之步骤有三，初步为集中对外债权，其法以防止资本逃避、禁止亟兑投机为主，我国目今对外汇价之变动已失现金输送点之规律，故变动起伏，极易受投机者之操纵，因投机之盛行，而汇价之变动亦益烈。故禁止投机实为集中汇兑之要图，禁止之法首应由取缔远期买卖入手。因投机者常籍远期外汇之买卖以操纵图利也。惟远期买卖有时为正当国际贸易商避免汇兑风险之一法，是以根据实际国外贸易上需要所生之远期外汇买卖亦须酌予通融，以不妨正当商业之发展尺度。第二步为公定汇价，汇价公定后，其他买卖行情一律禁止，此亦禁止投机之一法也。汇兑买卖之自由市场仍可存在，唯一切买卖均须以公定汇价为准。为维持公定汇价在一自由买卖市场之稳定计，政府银行之亲自加入买卖实属必要。按此次规定之中央银行买卖外汇官价即为公定汇价，若汇兑买卖集中中国银行，则我国管理外汇似已达此第二阶段。惟于外汇之投机尚未闻有何种取缔办法耳。第三步为汇兑之分配，中国银行既为专营国外汇兑之银行，则凡汇兑上发生之对外债权，即应集中于中国银行之手，中国银行依公定官价买进外汇之后，再应入口商及对外支付者为清偿对外债务购买外汇之请求，按公定官债售与之，此即所谓汇兑分配也。惟外汇分配之问题主要在于收买集中之数额是否足以应付入口商及对外支付者购买之请求额。二者设有不符，则只能由贸易上设法，是故外汇管理其结果必然发达到对外贸易之管理，二者相辅而行，不可或缺，此关于外汇管理者二。

通货管理之要点在增减通货之流通额以维持稳定之物价。故必须定有标准以为通货数量增减之准绳。惟此次财部布告及财长宣言皆未及此。须知管理标准之于通货管理犹如南针之于航海者。标准不定，则茫然不知所从，不至触礁崩溃不止也。按通货管理之标准甚多，如批发物价指数，一般经济状况指数，生活费指数，定量的货币供给，定量的货币与其流通速率之乘积，定量的货币与其流通速率乘积除以贸易数量，全人口平均每人所需货币量，全人口平均每人所需货币数量及其流通速率，固定平均工资水准，以一元为全国收入或平均每人收入之一固定分数等不胜枚举，实行时亦各有利弊，唯我国以统计资料缺乏，于上述数种标准，除物价指数外，咸不能采用。即已有之物价指数，亦多限于区域，尚无广及全国者，殊不适于据为标准。吾人以为财部应即聘请全国专家组织管理通货标准研究委员会，共同研讨。务期得一适合国情而少弊端之管理标准，藉得收通货管理之实效。此关于规定标准者三。

三

上述三端，皆为专门之问题，辄抒管见所及，藉为政府实施此项政策之参考。抑尤有进者，政府此项通货管理之紧急法令，实为救亡图存之济时良药，促成之责，应由政府社会共同负之。在政府固不应藉管理通货之名，行补救财政之实；在社会尤须顾念时艰，竭诚拥护。报载广东省政府定广东省银行之银毫券、太洋券，及广州市立银行之凭票为法币，似与中央为对峙之势，殆未深究利害，而为此不顾大体之举。际兹非常之时，若犹怀偏安之心，此全国民众，所以引为痛心而疾首者也。至政府最高财政当轴，已再三声明决不利用通货管理为补救财政之工具，此言当为全国人民所共鉴。惟是政府财政困难，远于极点，诚恐计无所出，即滥发纸币，以为限制之通货膨胀，则法币价值，必致沦为德国马克之续，而国脂民命，亦必陷于万劫不复之境，我贤明而具远见卓识之政府，决不至出此下计，而人民亦大可不必犹豫怀疑，作种种无稽之揣测也。要之，政府当处处以人民疾苦为念，思所以体恤之道，则人民自能与政府休戚相关，竭由衷爱戴之诚。今此项通货管理之法令，系国家兴亡于一举，谅我政府人民，必能和衷共济，协力推行。尤望当局诸公，能贯彻始终，有以副民众之厚望也。

（《大公报·经济周刊》，1935 年 11 月 11 日）

中国开办所得税之商榷

近顷改革税制之议，甚嚣尘上。财政当局，已将遗产所得两税拟具草案，先后呈经行政院转送中政会付法制财政两专委会审查。社会方面如全国经济专家，亦多主张即行开办遗产所得两税，良以此举，不仅在改革整个税制，亦所以为非常时期之财政有所准备也。所得税在理论上与实际上均较遗产税更为重要。刻闻中政会法制财政两专委会将于下周召开联席会议，提出讨论，爰抒个人所见，以资参考。

一国税制之健全，必须以直接税为主，而以间接税为辅。我国中央税收，向以关税监税为骨干，其次即为统税烟酒税印花税，是数种均间接税，其税额合占中央税收总额 95%以上。即谓我国现行税制全由间接税所构成，亦不为过，此种税制，负担不均无论矣，益以本身弹性甚小，不能随时伸缩，于国库收支极属不利，在承平之世，或尚可勉力支持，设一遇变故，税收必将短绌，而支出无法应付。此我国税制所以急需改革，而有逐渐以直接税为中坚之必要也。

所得税之最大优点厥有四端。所得税为现代最重要之直接税，处民治国家之中。欲促进人民关心国家之财政，应以直接税为主要。此就整个税制言，其优点一。国民纳税之能力，贫富不同，所得税根据能力原则，采用累进税率，使富有者之义务，稍予加重，以补比例税之缺陷。此就税负平均言，其优点二。普通各税，大率仅及一部分之国民，所得税则一般国民在纳税标准以上者，随其所得数之大小，皆有纳税之义务。此就普及原则言，其优点三。赋税贵有伸缩力，所得税之课征，纳税较多者均为中流社会以上之人，平时宽其税率，足以增进富力，紧急之际，税率稍增，即足以应需要。且能随人民富力之增加而加多，弹性最大。此就伸缩原则言，其优点四。有此四大优点，故浸成为世界多数国家税率之中坚。其收入多占各国岁入之重要地位。英国在 1931 年 3 月至 1932 年 4 月之会计年度中，所得税收入为 36400 万镑，占国家收入之半数。美国在 1932 年 6 月至 1933 年 7 月之会计年度，所得税收入为 74600 余万美元，占国家收入 2/5 以上。英美为现代经济先进国家，税制固宜较为完善。然经济落后之印度，其所得税法亦早于 1922 年公布，在 1931 年 3 月至 1932 年 4 月之会计年度中，收数且达 17400 余万罗比，当总收入 1/4 弱。南非联邦亦在 1925 年公布所得税法，而 1932 年 3 月至 1933 年 4 月之收数，亦达 580 余万镑，占其总收入 1/3。

我国所得税之倡议，由来已久。有清末年，曾拟定所得税法，提交资政院，乃院议未决，而国体已更，终成泡影。民国三年，公布所得税法草案二十八条。迨民四之初，复以此项条例，实施匪易，故分为数期，逐步推行。至民国十年一月，复公布实行细则，同时实行征税，但因困难过多，实效殊鲜。国民政府奠都南京以来，财政部曾于十八年一月间，将民三之所得税条例重新修正公布，同时复将所得税施行细则，分别改订，二十四年复草成所得税暂行条例三十一条。惟法令之修定虽勤，而始终未能实施。中央党部虽曾于十六年夏倡行服务人员所得捐，而一般所得税则迄未开征。此次迫于时机，朝野共倡，想不久定能见诸实行也。惟所得税为赋税中最繁杂者，而其开征在我国尚为初创，自宜慎重将事，以期成功。下列诸端，愿当局特加意焉。

（一）税法务宜求简。按所得有总所得与纯所得之别，所得税自应就纯所得而课征。纯所得者，即由总所得内减除各种经营费用，如营业费用、生财折旧、损失、修理、房地租、利息、坏账等所余之纯额也。故纯所得如何计算，为所得税立法之问题一，纯所得虽有相同，而纳税人之生活费用、家庭负担等又未必相同。故纯所得之内必须减除纳税人最低限度之生活费用及其仰事俯畜之所资，其余之净所得，始可征税。至净所得之过少者，则率予完全免税，故在确定起征之净所得时，减额与免税如何规定，为所得税立法之问题二。净所得既已决定，则按数额之高低而定累进之税率，使富有者负担较重，常人负担较轻，以期取得其平，故税率如何累进，为所得税立法之问题三。又所得之性质不同，如财产所得与勤劳所得，前者得之较易，后者获之维艰。故税率之高低与累进之缓速，因所得之性质不同而互异。财产所得税率较高，累进较速，勤劳所得税率较低，累进较缓，以示差别，诸如所得性质之如何划分，差别如何规定，为所得税立法之问题四。以上不过举其荦荦大者，已可见所得税内容之繁杂。唯我国事属初创，国内既乏此项行政之熟练人才，人民亦无缴纳所得税之经验。若所得税法规定过繁，转有扞格难行之弊。故初行之际，立法务求简易，待实行具相当基础后，再逐渐引申扩充，俾成完法。现代实行所得税制各国成绩之最佳者，首推英国。英国之开征所得税，始于1798年。此时之所得税不过为战时救急之用，原为非常之办法，故无永久之性质。然后来之所得税，实滥觞于此。1816年废止以后，至1824年而复兴，其时立法亦甚草率，至1878年，始得机器生财之折旧，于所得数中除去，1894年定免税之条，1898

年修改以前减额之制，至 1907 年始为财产所得及勤劳所得之差别，1910 年增设超过税，以实行累进之原理，1918 年始订定现行所得税法案。计前后历时凡 70 余年，增订补充凡 6 次。良以立法必以行便为前提，逐渐增益，则行之者可以驾轻就熟而无扞格之虞。如初创之时，即细大毕举，诚恐徒付具文，于事无补。英国所得税法之经过，正可以资借镜也。

（二）税率不应过高，所得税之成功，要在纳税人之诚实，而纳税人之诚实程度，一以税率之高低为依归。一般意见，战时或特别紧急之时为例外，平时税率如高过纳税人所得 1/3 时，其诚实即成问题。换言之，即税率愈高，则逃税者愈多，而税额未必因税率之提高而有增加也。试以美国之经验为例：1916 年美国 30 万美元收入之纳税人阶级，其所得税率为 13%，其税收计共 8100 万美元。1922 年，同阶级之所得税率增至 58%，其税收仅 8400 万美元。税率增加 5 倍，而收数所增尚不及 4%。其故安在？盖纳税人不胜重负而逃税者众也。我国所得税制推行伊始，正宜轻其税率，以启人民之信心而鼓励其诚实。更不应妄高税率而自树实行之窒碍，更就税率内容之分配言，亦不宜差异过甚。试以英美两国之经验为例：英美两国之所得税，皆分税率为通常及超过两种。在某一定额以下之所得应用通常税率，超过此限额之所得则始征超常税率。1922 年美国之通常税率最高为 8%，超过税率最高为 50%，合为 58%。同期英国之通常税率最高为 25%，超过税率最高为 30%，合有 55%。两国总税率相差无几。但美国通常税率低而超过税率高，其间差异甚大；英国则通常税率高而超过税率较低，两者较为接近。自原则言之，美国轻课贫者，重课富者，以求理想中之绝对公平，似为合理，然结果适得其反，因富者相率逃税，纳税人负担转不平均。而另一方面，政府所得税之总税收增加甚属有限。

以1922年与1916年相较，总税率增加约4倍，但统收入之增加仅及20%，而税率每1%之政府税收则剧减2/3以上。英国不求理想中绝对公平而似转得近于公平，因富者不感过分之负担则逃税者少也。故其结果，推行极为顺利，政府税收为之增加。我国拟定所得税率，不仅不宜过高，而纳税者各阶级之税率分配，亦应以英国之兼顾事实，而不拘泥于理想上绝对公平之原则为楷模。

（三）所得税之管理，暂时毋须另设机关，惟组织与人事两方，务须求现代化专门化。租税之征收，以能维持最小征收行政费为原则。所得税当初办之时，收入无多，似无须别立机关，徒耗公帑。可在财政部税务署设一所得税组，专司其事。职务应分二部：一司执行征收之任务；一司受理税民之控诉。前者专司征收查核等行政事宜,后者专司处理税民控诉等司法事宜。二者应完全划分，各自独立。设使二者彼此兼理，关于诉讼判断之公平无私，殊难保持，即使能之，亦难以尽塞纳税者之疑窦也。至于人事问题较组织为尤要。司其事者，应具专门智识，其任用须绝对避免政治背景，一以才能学识为诠选之标准，而优其薪给，久其任期，严其考绩，公允其升迁，俾能安于其位，而具独立任事之精神。此皆人事方面应切实注意之问题也。

抑尤有进者，征收所得税之进行步骤，因时因地而有变更，不能在所得税法中一一规定。至异时异地而起之琐碎问题，皆须取决于行政官吏，唯以不失立法者之原意为归宿而已。至行政方面之职务，就其性质，可分为行政与执行二者，前者司规划详细原则及宣布行政方针，而以命令出之，后者则奉行此项命令，而负实行之责。其重要问题，在如何使其执行趋于一致。为达此目的，各国所采用之方法可分为四大类：1. 举行政上之进行，委之于各级执行人员，而不集权于在上者之手，但执行者时时受巡行检查员之监督；2. 执行员吏任用富有学识与经验之人，赋权得随时自由决断应迅速解决之税负问题；3. 关于行政进行之步骤与方法，均在税法中规定，各级执行人员，当按成法而行，不容自由抉择；4. 采用集权制度，无论何事，均须取决于中央机关。四法相较，自以一二两类为佳，不但有转圜之余地，且可求其迅速与公平。我国所得税行政，似宜以此为依归。然司事者不得其人，则舞弊枉法，贻害无底，由此益见人事问题之如何重要矣。

综上所述，所得税为良税制，虽行之匪易，亦应积极促其实现。果能简其税法，轻其税率，再力求人事与组织之合理，则成功可以望乎？

（《大公报·星期论文》，1936 年 4 月 26 日）

政治安定与经济建设

一国之政治安定与经济建设，如影随形。理论如此，事实亦如此。国由家积，国之兴替，家可喻之，父子兄弟，和衷共济，其不能兴家立业者无之。兄弟阋于墙，而不至倾家荡产。亦未之有也。欧洲当19世纪初叶，大陆纷扰，英国赖英吉利海峡之隔，未被波及，政治安定，独能专心致力于经济之发展。故他人焦头烂额之日，正英国经济建设突飞猛进之时。德国在1870年以前不过一地理上之名词，其时境内分裂为若干小邦，此攻彼伐，岁无宁日，经济建设未遑顾及。1850年时，德国全国铁路不足400英里，普鲁士每年煤产仅500万吨，工业上所需之大小机器，亦仅2000余具，其经济落后情形，殊与今日我国相类似。然自1871年政权统一以后，政治日趋安定，经济随而发展。迨至1900年时，竟一跃而执世界重工业之牛耳，其经济发展之速，至足惊人。

国外之史实为此，证之国内情形，亦莫不然。有清末造，国势虽凌弱，然政权尚统一，政治尚属安定，故其时经济建设，得循次第进行。路邮电航，规模组具。今日全国所有之铁路，2/3均为民元以前所筑。辛亥鼎革而后，内讧不已，举其著者，如民五讨袁之战、民七护法之役、民八直皖之战、十一年直奉之战、十三年讨曹之役、十四年国奉之战、十五年以后即国民革命军之北伐战争。兵祸连年，海内鼎沸，生民涂炭，国家元气斫丧殆尽，当时应有经济组织多被摧毁，更何暇谈经济建设，言念往事，至可痛心。至民国十七年，国民革命军北伐完成，国民政府奠都南京，气象一新。惟终以党内领袖意见分歧，纠纷屡起，而国共分裂以后，中枢穷于应付，无力他顾，故在此时，政府之于经济事业，仍属破坏多于建设。

民国二十年“九一八”事变爆发，国人痛国亡之无日，凛处境之艰危，幡然憬悟，群喻非团结一致，不足以救亡图存，而人心厌乱，更为团结御侮之舆论表而出之。中央察民情之所归，通盘筹划，从容布置，五年以来，政治得以徐上轨道，而经济建设因亦渐有端倪。以交通言，铁路干线有陇海之展修与粤汉之接轨。陇海路起自江苏海州以抵甘肃兰州，为贯通中部之东西干线，民国二十年以前，尚未展至潼关，二十三年潼关西安段通车，今已展至宝鸡，正向兰州推进中，全线通车当不在远。粤汉路为贯通南北之干线与平汉线连接，则可由广州直达北平。其汉口株洲段及广州韶州段久经通车，而衔接两段之株韶段，终因政治关系未克兴修，刻已全线接轨，目前即可直达通车。他如各省新路之兴修，则有同蒲、浙赣、淮南与江南等路，计划中之成渝路，不久亦将兴工。而首都轮渡之完成，津浦与沪甯得以连接，钱江大桥之建筑，不特沪杭甬全线赖以完成，且可与浙赣路相衔接，公路之建筑，进展尤速，民国十八年，全国共有公路 34444 公里，今则已增至 90000 余公里矣；而其正在建筑或计划中者，里程尚多。此外，航业如招商局之整顿，电政如无线电事业之推广，亦有足述。此交通发展之大概情形也。

我国以农立国，年来政府关于农业之建设，具见决心。育种方面如中央农业实验所之稻麦改良、棉业统制委员会之原棉促进，尤足称道。水利之兴修，如扬子江等江堤岸之培修，淮河干支流之疏导，陕西泾惠渠、洛惠渠和绥远民生渠之开凿，甘甯两省水渠灌溉工程之进行，各江河测勘工作之实施，均有足多。农民组织方面，则为合作社之推进。年来我国合作事业之迅速发展，为有目共见之事实。截至二十四年底止，已有合作社 26224 社，社员 1004402 人。以与二十二年相较，二年之间，社数及社员数皆增加 5 倍。农业金融方面，各重要商业银行之合组中华农业合作贷款银团，以及最近农本局之筹备，皆其大者。至工业之建设，重工业如上海之机器厂及酒精工厂，已经开工，浦口之硫酸铔厂亦将完成。其在实业部计划中者，尚有钢铁与造纸二厂。至轻工业之改进，共工作大部属于全国经济委员会。该会于二十二年设立棉业委员会，二十三年设蚕丝委员会。棉业委员会与中央研究院合作，设立纺织研究部，改革棉纺织业之制作程序。蚕丝委员会亦正从事于丝织业之改进工作。

财政与金融之发展，尤甚明显。中央税制之改革，其著者为十九年底关税自主后之税率修正。民国二十年裁撤厘金，举办统税，将过卡征收之通过税为一次征收之出厂税。二十一年七月中政会通过整理盐税案，先后实行。自此中央重要税收所寄之关税盐税统税等，系统井然。新税为所得税及遗产税，亦将于短期内开征。二者皆系直接税。负担既甚公平，度支尤多裨益。地方税向以田赋为骨干，而田赋之紊乱及其积弊之深刻，久为理财家所诟病，然实际见诸整理，亦系近数年来之事。消极方面如附加之减轻及限止，积极方面如地价税及土地增价税之征收，土地法之明令实施、土地陈报之普遍举办，均得次第进行。此税制之重要改革也。财务行政方面之改革，为预算制度之确立与税务区之划分。我国之有预算，始于清末，其时因系试办性质，无何成绩。民元以后，政局不甯，预算亦因而废弛，直至民国二十年，国民政府成立主计处，采超然主计联综组织，预算制度始得确立。最近财政部为统一组织以办理统税、烟酒税。矿产税，及抽查印花税事务，将划分全国为若干税务区，每区设一区税务局，期省靡费而裕税收。至于金融，则货币之重要改革有年前之废两改元及最近之法币统制。民国二十二年三月，财政部颁布银本位币铸造条例，确定以银元为法币，归中央造币厂统一铸造，继即实行废两改元，禁止通用银两，于是主币得以统一。二十三年因美国实行白银法案，大量购买白银，世界银价暴涨，我国以银为本位，首当其冲，银货滔滔外流，政府乃于十月开征白银出口平衡税以为救济。惟此后海外银价继涨不已，银货私运仍炽。至二十四年十一月，政府盱衡情势，乃毅然放弃银本位，收白银为国有，实行法币统制。政策实行以后，进行颇为顺利，法币通行，并无若何困难，对外汇率，尚能维持固定。此盖政府规定之汇率，一方面足以促进出口，同时因农产价格之增高，农民购买力见进步。国际贸易之不利差额减低，国际收支渐见平衡，其巩固货币之基本需要，已渐完备。

综上以观，近数年以来我国因国内政治较为安定，经济建设确已逐渐步上坦途。虽仍不免有未能尽如人意之处，例如交通建设之未能协和调整，农业合作事业之未能质量并进，财政则租税制度之尚待彻底革新，预算之不能切实履行，金融则法币之尚未统一发行，中央银行之急待改组充实。此外如建设机关之繁复重叠，尤为时人所诟病。然此等现象，为经济建设初期所难免，全国上下皆深知之，且当轴亦正在努力矫正之时。诚使政治能从此日臻安定，必能有更完美之成绩可见也。窃以我国阽危积弱之余，强邻伺隙以逞之际，急要之务，厥为充实国力，培养本元，方足以资应付。最近蒋委员长倡导国民经济建设运动，殆即此意。惟经济建设之先决条件，必须政治安定，而政治之安定，首须树立政治重心。我国经多年之战乱，耗不可数计之代价，始易得今日中央之政治重心，可望日趋安定，举凡国人宜如何爱惜将护，以促成巩固健全之境！庶经济建设，得以循序迈进，国家力量方能充实。忠谋国是者，应以国家大局为重，苟有裨于政治安定，当如何含辛茹苦以赴之。各徒尚意气，自乱步伐。及今悬崖勒马，时尚未晚，设竟不权利害，甘冒不韪，则天下后世，决不能为之轻恕也。

（《大公报·星期论文》，1936 年 7 月 5 日；转载于《农报》第 3 卷第 21 期、《新运月刊》第 35 期）

政治的财政基础

兄弟这次由天津到贵省来考察，承各方面多多的指导，个人是非常感激。今天又更得有这个良好的机会，在很短的时间中，来同各位谈话，兄弟觉得非常荣幸，今天要同各位讨论的题目，就是“政治的财政基础”。

我们知道财为庶政之母，一切的政治基础，都是建立在财政上。财政的基础稳固与否，也会直接影响到政治。我们普通讨论财政，大概都是从三方面去研究，第一是收入，第二是支出，第三是财务行政。任何国家如果上述三大部门都很健全，那么他的政治基础也一定很稳固。

我们先从收入方面来看，应当有一个怎样的收入才是健全的收入？这里又可分三方面来视察：第一从一般民众的立场来看，第二从政府的立场来看，第三从社会的立场来看。从一般民众的立场来看，国家的税收，最重要的，是应当根据一般人民负担的能力，来做标准而决定。因此，一种税收的好坏，也是看那种税收是不是以人民负担能力而定。我们普通讨论税收，总觉得直接税比间接税要好。直接税就是这种税的征收，完全由负税的人直接负担，如像遗产税、所得税、地价税等都是。这种税也就是根据一般人民纳税的能力的大小，来定税额的高低。间接税就是一种可以转嫁的租税，就是各种的消费税，如烟酒税、盐税等。这种税不一定以人民负担能力为标准。因此我们要想建立一个良好的健全的税收,应当侧重直接税的征收。因为直接税才是以人民负担能力的大小，来拟定税额的高低。现在世界上凡是近代化的国家，他的重要税收，都是靠直接税。例如英国全国的税收，50%是靠所得税，30%遗靠产税，消费税只占20%。其他凡是现代化的国家，大半如此。我们看看我国是怎样呢？中央的税收，每年约共60000万，而消费税占99%，就是大半为盐税、矿税、印花税、烟酒税等间接税。这就是财政基础，从收入方面的观察所得。

我们现在再从支出方面来研究，普通讨论支出，大概可分作三种；第一是保护的支出，就是国家这种支出，是拿来保护民众、维持治安的，如保安费、国防费等。第二是开发的支出，这种支出是用来开发资源，也就是生产的支出，如各种经济建设、交通、水利等。第三是商业的支出，这种商业化的支出，是同普通一般商人的投资一样，如政府每年对于邮政、电报等的支出。这种支出是能够收回来的。一个健全的支出，就视这三种支出分配得适不适当。这三类中最重要的，还是生产的支出，其次是保护的支出，商业化的支出不过是附带的。拿现代化的国家来看，保护的支出是逐渐减少，虽然近年来国际风云紧急，军备竞争日烈，国防经费因此增高，但仍趋于减少方面。所以拿整个的支出来看，生产的支出还是站着重要的位置。我国近年以来，因为环境的关系，强邻的压迫，所以保护的支出，在现今站着重大的地位。至于真正用到建设生产方面的，还不到整个收入的1/10，这是值得注意的事！

第三点，我们从财务行政方面来讨论，一个健全的财务行政，必须要有一个可靠的会计制度。这个会计制度里面，又必须有一个正确的预算。这个预算，一定要根据实际的需要来编制。除了有正确的预算的编制之外，还须有一个彻底的精密的审计制度。现今许多近代化的国家，都有很正确可靠的会计制度，有根据实际需要的预算编制同彻底精密的审计制度，所以他们的财务行政，都很健全。我国的会计制度，最近几年也有相当的进步，今后的财务行政是可望从健全良好的方面改进了。

今天还要提出一点同诸位讨论的，就是中央与地方的财政关系。这一点最值得我们注意的，就是到底哪些税收应归中央，哪些应归地方。特别是从支出方面来看，普通我们知道凡是与地方人民有切实关系的，这种支出应归地方。不过地方的财政来源有限，因为重要的税收都在中央，那么地方上又哪里有钱来办地方事业呢？关于这个问题，各国都有相当解决的办法，简单地说，就是世界各国对于中央与地方的财政关系，都有一个调剂的办法。这种调剂办法，大概可分为三种：第一是“中央集权制”，第二是“地方分权制”，第三是两种制度的调和。中央集权制最可代表的就是法国。法国所有的一切税收都归中央，地方政府需用经费，统由中央发给，但所办任何种事业，亦由中央负监督的责任。这种制度的好处，是财务行政统一；坏处是因中央离地方过远，有许多切实需用的地方，中央每每不甚清楚，结果用非所用。第二种“地方分权制”，这种制度现今的美国最可作为代表。美国全国各地政府，只要是中央以下的政治组织，都有健全的独立的财源，他的一切税收同支出，都是独立的，而不受中央的干涉同监督。这种制度，好处是各地有独立的财源，举办地方事业不感困难；坏处是因为没有一个最高权力机关来负监督指导的责任，所以总不免有许多浪费的地方。因此，美国地方政府的浪费数目，比任何国家都大，就是这个缘故。其次说到“调和制”，这种制度就是前两种制度的调和，我们可以拿英国作为代表。英国不是中央集权，也不是地方分权。在英国，一方面各地政府有独立的财源，但因为重要税收都归中央，所以各地政府财源有限，因此举办地方事业，每年都要受中央政府的津贴和补助，同时中央负有监督考核的责任，在英国又叫作“按年津贴制”。这种制度有三点是特别的：第一，这种津贴是事业的津贴，是以一件事业为单位，如像对于某地切实需要的建设水利等事业，其他如行政费事务费是没有津贴的。第二，是按年津贴，完全看每年的成绩来决定，如成绩好可以继续津贴，否则立即停止。第三，中央对于这种津贴的考核组织，有一个健全的委员会来考核监督。各地举办事业会中委员是社会名流担任，而不是由中央官吏组成，各地津贴数目的多寡，完全以所办事业成绩为标准。这就是英国所采调和制度来解决他们中央与地方间的财政关系。

为什么今天兄弟要提出这个问题同各位讨论？因为中国现在的财政问题，关于收入、支出、财务行政，都有相当的解决办法，都在相继改善中。独中央与地方的财政关系，这个重要问题，还未得到解决办法。据兄弟个人的研究所得，我们可以把整个国家的财政分成三个阶段；第一是中央，第二是省府，第三是县府。中央有独立的财源，国家的税收如盐税、印花税、烟酒税等，每年收入总数约60000万以上。省府也有独立的财源，如田赋、契税、营养税等。至于县府，就没有独立的税收，一切的经费，都是全靠省府税收上附加一点，如田赋附加等。因此，县府虽是直接亲民的机关，而财政基础非常薄弱，困窘达于极点。据个人的调查，每年县府的财政支出，为平均对所属人民每人约二角四分之数，省府为平均每人约一元二角，中央为平均每人约二元。照以上这样情形看来，个人觉得是不应当的，应当愈下级的政府，经费应当愈多。而现今世界各国大都相反，都是最低的政治组织，平均每个人的支用经费，比最高的机关要少，就是因为各地没有独立的财源。

再则各地县府都犯有一种普通毛病，就是他们的全部财源，差不多 3/4 是用在薪俸之资上，真正用到举办事业的，只不过 1/4。换句话说，就是县府的所有经费，差不多全用在维持组织的存在，而没有机会替人民办事业。据个人过去在河北调查，某县建设局，每月经费约有 1000 余元，而用在薪饷方面即占去 95%，这样一来，哪里还能有钱去办建设呢？

因此，据个人的意见，要想解除这些困难，最好采用英国的按年津贴制度。不然，没有旁的良好办法来充实县政治的财政基础，解除这些困难。过去我同河北某主席谈话，也曾谈过这些问题，今天限于时间，不能多讲，这只不过一些个人的观察感想，还希望大家不吝指教！

（《四川县训》第 3 卷第 8 期，1936 年）

吾国地方财务行政之检讨

（一）

近数年来，朝野人士，谈政制改革者，对于地方政治，颇多论列，因之地方政制上之新设施，亦时有之，大有由“无为”而转到“有为”，由消极政治而趋向于积极政治之势，至改革之方式，就过去数年所有者而言，殊不一致，有着重于调整组织者，如合署办公、改局为科、设置专员公署等；有着重于训练民众者，如举办保甲、推行义务教育、设立乡农学校等；有着重于培养人民经济者，如办理各种合作社、设置积谷仓储等；有着重于改善吏治者，如地方行政人员之训练、慎重人选、提高待遇等。各方面兼程并进，多能表现相当之成绩。第虽有进步，然尚未能尽如所期。此中原因，凡有实际参加地方政治之经验者，类能道之，即地方财力贫乏，不足以适应此许多新政之庞大支出也。上期本刊所载吴景超先生之《地方财政与地方新政》及张锐先生之《新政之透视与展望》两文，于地方新政与财政之关系，阐发殊详，将来地方新政之成败，虽未必完全系于财政之丰啬，而财政为一个重要之决定因素，无可置疑。

三数年来，地方推行新政时所表现于财政上者，即为支出膨胀，收入不敷分配，结果形成预算之不平衡状态，地方支出增加，固为推行新政之必然现象，而地方政府缺少健全的财务行政制度，对于收支无实际控制监督之能力，要为地方预算不平衡之重要造因。故本文即拟就吾国现行地方财务行政制度，略论其症结所在，并从原则上说明其今后应行改良之各点。

（二）

财务行政为整个政府行政之一部，一切设施，悉受政治制度之限制。就横的方面言，总统制下的财务行政与内阁制下的不同，而独裁政体下之财务制度，又有其特殊处；就纵的方面言，中央政府的财务行政与地方政府的不同，同是地方财务行政，而因地方自治程度之强弱，又复有别。但其间亦有共同原则，足资遵守者，兹分述于后：

第一，权力宜集中。财务行政，不论在中央或地方，均以预算制度为重心。预算制度之最重要效用，得以贯彻，预算编制权宜求集中，使主要行政机关对其附属机关之财政，得有统筹之计划。同时在平等各机关间，亦应将预算编制权，集中于一个机关。预算之执行，固为一个行政机关本身范围以内之事，但执行权力之发动，宜导源于一个机关。此种财政权集中机关，在中央政府为财政部，在各省为财政厅，在各市为财政局，在各县为财政科。

第二，责任宜分明。在执行预算时，关于收支命令之签发，税款征收，现金收纳，簿籍登记，务使各守专责，不相混淆。如此，在消极方面，固足以杜绝弊端，而其积极作用，尤能使财务行政秩序得以维持，不致漫无纲纪，滋生弊窦，陷收支于失衡。

第三，监督宜简密。财务监督亦为重要财务行政工作之一，其目的在防止政府支出上之靡费及在收入上之苛敛，使一切财务行为，悉依法律执行，此不特可以明示行政机关之责任，亦且为促进行政效率之工具。但监督方式，宜求简单，使不感繁复之苦，监督手续，则须细密，俾不致有漏网之虞。

（三）

上述三项原则，无论在何种财务制度下，均可适用。兹复就此三点，进而剖析吾国地方财务行政制度之一般弊端。先就权力不集中言之。细察吾国省市县三种地方政府之财务行政一般状况，由于权力不集中而发生之弊病，约有四端：

第一，预算不能按时编就公布。按现行预算法规所定，地方政府编制预算，从编制概算至预算议定，其间呈转手续太繁。就省市言，各机关编造各该机关次年度岁入岁出概算书（第一级概算），送达各该省财政厅或市财政局。各省财政厅或市财政局审核第一级概算，分别加具审核意见，汇编各该省市岁入岁出概算案，送达各该省市政府。各该省市政府依据全年行政计划及收支适合原则，议定各该省市概算案，发还财政厅或财政局。各省财政厅或市财政局依据省市政府前项议定案，编成各该省市岁入岁出总概算书（即第二级概算）送行政院，送财政部，送国民政府主计处。行政院接到各省市第二级概算书及全年行政计划后，即召集各主管部会开会议，作成审查意见书，提经行政院会议通过，转送国府主计处。国府主计处审核各省市岁入岁出总概算书，签注意见，呈由国民政府送达中央政治会议。中央政治会议核定各该省市总概算，送由国民政府发交主计处。国民政府主计处依据前项核定各该省市总概算书，编成各该省市总预算案，呈请国民政府交行政院提出立法院核议。立法院将各该省市总预算书议决，呈请国民政府公布。同时国民政府主计处应将前项公布之各省市总预算，汇编全国地方总预算书，呈报国民政府。就县言，县政府编制概算，须经省政府审核，转呈中央，复经前述手续始能编定预算。在此种严格规定之下，例行手续，遏于麻烦，中央政府有时干涉亦遏于苛杂，势必留出相当时期以为呈转之用，而地方政府编制概算之时间，不免因以缩短。结果，地方政府编成之概算，非因距新年度开始遏远，不合实情，即因时间不充足，编制时易有不准确或延迟编制概财之期限。概算之编制衍期，预算之议定公布期限，遂亦随之延缓。结果，一方面使地方政府虽有预算而无实行可能，一方面又使地方政府在新年度开始时，根本无正式预算可资遵循。此吾国地方预算所以只具形式而无实效之一个重要原因。

第二，专款制度。专款制度几为吾国地方财政上之普遍现象，如各省之教育专款、建设专款、保卫专款等。专款之设，初意原在维持各种主要地方事业，使其稳定，可以循序发展，不受财政困难之影响。但积习相沿，此项专款，类多与普通预算脱离，由各主管机关自行筹措支配，其间不容有相互调剂盈虚之余地。财源较为丰裕可靠者，事业发展，尚能逐时而进，其不稳者，则事业时在风雨飘摇之中，维持现状，犹感捉襟见肘，安有余力以谈发展。结果，地方新政发展，多趋于畸形，一若事前毫无计划者。各级地方政府财政当局，对此类专款，既无权参与经营，自亦不易于以支配。平时既无账册报告可稽，编造预算时，即不易得可靠之资料。更以行政组织不健全，缺乏财政权控制之中心，遂易使财政陷于割裂分离状态，专款制度，不过为事实之一种表现而已。

第三，收支估计不可靠。地方政府各主管机关既然权力不能集中，彼此各自为政，故概算编制，无中心控驭之势力，在支出机关编制概算时，总设法增加本机关之支出，除有等级标准规定之数额，如司法经费、县行政经费、其他征收机关经费外，其民财教建各厅，通常编列一总数，送由财政厅汇编，提出省政府会议通过，故何项支出应缩减，何项支出应增加，无客观标准可资遵循，结果支出趋于膨胀。而收入估计，往往相反，大抵预算收入估计，多根据最近二三年实收状况统算，即或过去遇有水旱灾荒，亦仅加以笼统的修正，其后实际收入，遂不免发生有不能如所预估之弊。此种现象，在县财务行政上尤为显著。收入方面，如田赋县税，理应依照实收数支配用途，然常有照秋勘数或额征数支配支出者，在实收成数较高之处，其弊不显，而在实收成数较低之处，则虚估额殊大。支出方面，通常应照预算内科目，发放经费，然每有未列预算之各种支出，则其时支数遂辄有超出应支数之现象。一方面虚估，一方面实支，入不敷出之失衡状态，因以造成，结果地方亏积日增，财政愈形困难，权力不集中，影响于收支估计之不实类如此。

第四，漏列收支。专款制度下，各项专款之收支，虽不受财政当局统驭，但在总预算内，尚将其出入总数列入，犹有窥其大略之可能。若漏列收支则不然，县政府许多寺亩摊款，因未经省方核准，其收支大多不列预算。各县公安分局及乡村小学得任意征收杂捐，亦多不在预算之列。地方民众最感苛扰者，要为此种不在预算范围以内之摊派杂捐。

前列四种弊端，其种因即在于地方财政权力分散，财政当局，对于全盘计划，不能统筹统支，并予以严格控制。惟急谋救弊之方，庶可使预算得与实际相近，而免收支失衡之继续。

（四）

其次，地方财政权既未集中，各部责任，遂亦不易分明，吾国地方财务行政由于责任不清而发生之弊病，约有三端：

第一，命令机关与执行机关责任不明。命令机关为签发征收命令与支付命令之机关，执行机关为实行收纳及支付之机关，就原则论，此两种机关应截然划分，命令机关不得收受现金，执行机关无命令机关之收支命令，亦不得收纳或支付任何款项。吾国地方政府，于此两方面，能截然划分者，殊不多见。按各省县财政论，地方官吏中饱税款之弊，多由于命令机关与征收机关之合一。同时命令机关与支付机关亦不彼此分开，于是经常临时各费之挪移，暂付款项之繁多，积而久之，不易清理。种种弊端，遂以发生。

第二，收支手续紊乱。命令机关与执行机关责任既未分明，在运用上，于收支手续即不免紊乱。收支手续，就程序言，得分为三个阶段：一是征收税款，二是保管与发放款项，三是支用款项。前两个阶段，均由财务预算机关处理，即征收税款，由征收机关任之，保管与发放款项，由金库任之，而支用款项，系属一般行政机关之会务。三者手续即使能截然分清，其间尚须有严密之监督制度，始得无弊。但就吾国地方财务行政言，能于收支手续按上述三个阶段划分者，亦不多见。各省所行收支手续多不相同，即一省之内，亦复分歧不一，其紊乱状态，概可分为三类：征收兼保管与发放，收起税款，由该机关自行保管，按期发放经费，例如各县县政府征起税款以一部自行保管，以便随时发放，其保管既无其他人员监督，终不免有处理失当之虞；征收保管兼领用，征起税款后由该机关自行保管，随时作为自身经费，例如以往各县公安分局征起杂捐后，由该局自行保管与支用，无第三者之参加；保管兼领用，征起税款后，由征收机关将该款划归该机关保管，即作为该机关及其附属事业之经费，如各县县教育税款征起后，划归教育局经管及发放。上述三种状态，均有流弊，握有征收权者，欲从中中饱极易，领用款项，亦可冒开虚账，然均未有如保管之易于发生弊窦者，故无论其为三种中之任何一种，倘既握有保管之权，而又无监督之制，则易有侵占挪移款项之可能，故其弊，县长及其他县地方机关主管人员之交代不清者，殊为数极众也。

第三，簿籍制度不完备。查地方政府簿籍制度之缺点，主要者约有四端：一是账册私人化。县政府一切账册，向均视为私有，一遇交代，只需编送交代清册，核销后即无问题，故账册异常简陋，又复未能统一，平日可随意记账，即有错误，以为将来可以纠正，故漫不经心。试随时抽阅各县府账册，所有现金结存，常不能与账上库存相符合。至县地方各机关之账册，除教育局外，尤为简单，交代之时，既无账册移交，又无清册编送，其所移交者，除各项财产外，仅为若干现金之转移，或为一纸之结欠，以前究收若干，究付若干，用于发放薪给者若干，均无从稽考。二是账册及科目之繁乱。县府及县地方机关之账册，向无统一规定，主要账册与补助账册，并不划分，故常有同样性质之收支，分登于两种账册者，账册多寡无定，视主管长官及经办人员之意旨而定，以为须增加则增加之，须减除则合并之。一遇上级机关派员稽查，或以全部账册送核，故使迷乱，或以一部分账册送核，使无从全窥，甚至有故意送交二套或三套账册，以拖延稽核时日，庶可从容更改，至科目方面，划分既极繁乱，登记尤为随意，务使内容混杂，以便任意挪用或侵蚀。三是会计年度之未分。县政府及县地方机关对于会计时期之划分，通常以主管长官进退时期为起讫，任期长者三四年，短者数月，一遇移交，时期短者固可于短期内交代办理完毕，时期长者或须经五六月之久，拖延不结者亦常有之。地方财政状况，因无从稽考，而逐年入不敷出之各县，亦于不知不觉中增加积亏不少。四是报表之不统一。报表约可分为两种，一为解除长官责任之报表，如计算书、决算书等；一为统计会计方面之报表，如日报表、旬报表、田赋逐年分类统计表等。前者除县政府行政经费、司法经费计算书外，地方款向无计算决算各书之呈送，会计统计报表在法规上并未正式规定，此项报表之编造，须视主管机关之需要，财政厅有规定之报表，教育厅有规定之报表，甚至省府改组，主管机关人员目光转移，因之县府报表，亦须更改。报表又须视县长及科长之需要而定，故一部分报表，各县亦复不同，此类报表，既由各个机关分别规定，其所编送之表，重复者有之，不全者有之，实无整个规划之可言。

（五）

财政监督，贵能不过于细密而具有效率，失之遏疏与繁亦为吾国现行地方财务行政制度上的一大缺点，兹举其要者两端言之：

第一，就实质论，省市财务行政，除受广泛之中央法定限制外，几无监督可言，地方征税与举债，中央无法予以实际的监督，省市各机关运用款项，征收税款，只受主管机关支配，而司财政之责者如财政厅或财政局则不能直接过问。至普通市县财政，其无组织状况，尤甚于省市。惟近年来各均有相当改革，故其所受监督颇严，预算编制，逐项均须经省审核，始得成立，预算外支出或预算以内之预备费支出，必须呈请上级机关核准，方能动支。此种严格监督，似又失之烦琐，使县财政无适应环境自由伸缩之余地。复就形式论，地方政府之概算，须呈报中央主计处及财政部，预算实行以后之收支，每月复须有报表呈上级政府审核。此种形式，事实上亦只等于具文，盖预算编制之可靠性既小，而地方实际收支，事前又无审核，事后之一纸报表，其最大效用亦不过资备案耳，财政监督实无可言。

第二，财务监督方面，欲求真有效率，端赖在一整个机关之内，其内部司财政之责者有监督权。吾国地方财政监督，类多偏重于纵式，即上下机关间之监督太多，而忽视各机关本身内部监督之重要，此种现象，在县政府最为显著。县财政之监督，大多着重在省政府和县政府间之关系，至于县政府内各部彼此间应求如何互相牵制，使收支命令机关与现金出纳机关分离，除江浙诸省有所改良外，一般情形，大致仍沿旧习。近年山东省于县财务行政制度之改革，致力颇勤，各县均设有金库地方款产委员会、地方财政监察委员会等，表面上似趋健全，但一察实际，所谓金库，其作用与旧日账房无异，各种监察委员会之委员，由县长科长及各机关长官担任，结果，无异自己监督自己。此种制度能否达到财政监督目的，当可不言而喻。形式上，尽管监督方式增多，如税率限制，各种表册之限期呈报，以及地方财政监察委员会之设立等，苟实际上不能力求实效，则形具虽增，终无补于积弊之澄清。

总之，财政之运用，应有先决条件：第一，政府组织必须健全，财政权力必须集中；第二，各部责任分明，在财政上尤应树立健全会计制度。非如此，不足实现财政监督而涤弊源。

（六）

吾国地方财务行政之重要及其现行制度之缺点，大致略如前述。兹就管见所及，认为应行改良之处，撮述以作结论。

第一，财务行政为政府整个行政之一部，因此欲求地方财务行政制度之改善，须先从改良地方政制下手。如前述权力不集中，责任不分明，起因多在整个行政组织未臻健全。近年政府对于地方财政改革，殊多措施，而成效稍著之处，如江苏浙江两省，大都因其地方政制改革之基础，先已奠定，故财务制度之革新，如新式会计制度之施行、审计制度之推进等，始易见效。至于财政监督，尤须在健全行政组织下，始有充分运用之可能。

第二，真正有效率之财务行政制度，应注重在组织本身之内部监督（Internal Check System）。以往吾国地方财务行政，其着重点在上级政府之监督，结果，就收入言，只需税收足额，不必讲求征收方法，如杂税之包商征收、田赋之由胥吏包封、营业税之由商会包摊等。就支出言，各机关只需遵照预算案领支款项，以后用途是否实在，亦可不必过问。凡此现象，多由忽视组织本身内部监督所致。今后欲注重一般人民负担之轻重，地方支出之有无效率，非本级政府之内部财务监督制度，为之改善，殊无法加以控驭。至上级政府之监督，亦甚重要，尤其在今日下级组织不健全之时期，其价值殊不可轻视。超然主计与联综组织制度，在中央政府，因整个组织与各部间权力分配之关系，施行容有困难，唯此种制度，如能推广于地方政府，实有大助于各级政府内部监督制度之树立。两年来江苏之省县财政整理与改革，大致均循此途径，如设立省县金库，任用会计主任，采用新式会计及审计制度等，成效渐已显著，足资他省效法。

第三，吾人既知制度之调整，固甚重要，同时用人问题，亦实足影响一种制度之死生。英国财务行政之有效率，非仅由于制度，严格言之，人事方面之功效，似尚较制度方面为多，制度运用，端赖人为，则今后地方财务行政上的人事问题，亦宜特别注重，新式制度之推行，必须借重具有新式训练之人才，故国内各大学之政治系经济系，今后宜移其一部分经费，充训练实际地方行政人才之需，而政府方面，尤应设法对于地方行政人员，厚其待遇，安定其位置，以诱致此辈具有新式训练之青年，使之肯服务地方政府。而自此后发展地方政府之职务上言，此种趋势，尤有急速促进之必要。

第四，吾国地方预算之不能平衡，一部分原因为财务行政制度之不健全，结果，收入多流于中饱，支出多趋于浪费，但近年来地方新政，日趋扩充，现有地方收入不敷适应此继续膨胀之支出，亦为其重要造因。故如何弥补此项地方收支间差额，实为当前地方财政上之严重问题。救治之法，可概分为三端：一是改革财务行政制度；二是整理地方税制，特别着重田赋清理；三是采用中央补助金制度。财务行政之改革，在使政府缩减财务行政费，求其纯收入达到最高限度，而在支出，则使其得分配于最大效率用途。此种作用，是消极的。清理地方税计，终受各地贫富状况限制，盖清理之后，对于富区，其收入因清理当可激增，而于瘠区，则收入甚难异有大补。故今后欲使各省地方政府，得均有发展之机会，其收支均有平衡之可能，事实上自不得不乞灵于补助金制。采行补助金制，是有其先决问题：各省县之职务，从现代政治观点及民生福利上言，有不可少者，中央应于斟酌地方财力之外，加以补助，使之得有进展之机会；中央给予补助金时，应有监督用途及审核结果之权，以期涓滴归公而效率合于所期之标准；分配补助金，应有一适当之方式，而此方式，自应以人口、地方面积及税收多寡为依据，现代各国对于中央与地方之财政关系，大都趋重此制，从效率上言，职务适宜于地方政府执行，即任地方为之，而中央予以补助，兼收监督之效，中国今后，亦应着重于此，庶全国各地方事业，得均有平发达之机会。

（《行政研究》第1卷第2期，1936年）

中国关税之沿革及其现状

一、税关制度之沿革

我国税关，向分为二：一曰海关，一曰常关。海关系国境税关之性质，常关系内地税关之性质。兹将其沿革分别略述之。

（一）海关之沿革。海关之设，所以课出入海口之货物或船舶也。考自唐时，南方海路通商各国，来航不绝，其通商港以扬州交州合浦为主，于是始有市舶使之设。凡外舶至唐者，必报知市舶使分市舶（系通商许可之国，派遣贡使为朝贡而来者）、商舶搭载之物而课税。宋因唐制，明州泉州广州各置市舶使。元代因之，亦有市舶使提举之官。降及有明，外国通商之范围，较为扩张，正德以后，更直接与西洋各国交通。广州泉州宁波三处，各设市舶使，后又新增澳门，以为葡萄牙及西班牙通商之地。迨至清康熙二十二年，荷兰以助攻郑氏平台湾有功，首请互市，嗣后疆臣亦请开海禁，建议逐从其请，设澳门漳州宁波及江南之灵台山四榷关。二十八年，旋议定江浙闽广四省海关征税之例。每关各差一员，管理税务，海关之名，讫始于此。道光二十二年，承鸦片战争之后，缔结中英江宁条约，开设广州厦门福州宁波上海五口为商埠。西洋各国，相继设置领事，外商货物之输出入税，先由领事征收，再交纳于我国官厅。旋政府以各国领事庇护自国之商民，遂废止旧制，设关自行征税。后洪杨之乱，英法美三国代征关税，是为外人管理海关之始。嗣三国各派税务司一人，在上海海关办事，然当时沿海贸易，大半系英人所占，自李国泰任职税司，收入有加，于是英人逐迭膺总税司之职。北京设总税司署，统辖各地海关之事务，下设员司，分掌关务。全国海关，初归总理衙门管辖，各关概由所在地之海关道兵备道等充任。光绪三十二年，始设税务处，管理全国海关。总税务司以下职员，均归税务大臣节制。民国以来，财政部税务处，统辖各地海关。各关监督，均系中央简放。然海关事务，则由各关税务司经办，监督一职，虽有与税务司协同管理税务之规定，而实际上仅专理沿款之收入耳。此海关制度沿革之大概也。

（二）常关之沿革。常关之设，所以讥查出入、课征商税也。周礼司关之官，职掌政令之历禁而非以征课取财为目的。汉武太初间，始设榷关。东晋至陈，关津林立，淮水以北，大小以百数十计。京畿附近，设有石头方山等津，稽察荻炭薪鱼之属，十分税一以入官。时代愈进，国用日增，于是关市市门之税，代有设置。自唐逮宋，州县与镇，皆置务关。至于元初，乃有燕京等十路征收课税使之设，旋复设立征收课税所。明初关市之征尚简，宣德间方有钞关。其后增置渐多，桥梁道路，所在皆关，商民甚以为苦。清初门关之税，有户工两关，分隶户工二部，即令所谓常关是也。常关之制，约分三种：一曰五十里内常关，以辛丑和约之故，属于税务司兼管。一曰五十里外常关，向由监督管理，现仍循旧制，无稍变更。三曰内地常关，现亦简放监督，专理其事，此常关制度沿革之大略也。

二、海关税之沿革与现情

海关税为对于出入海关之货物或商船所课之各种税。其中要者，为进出口税子口税及复进口税等。兹分别就其沿革及现情抒述之。

甲　进口税

（一）沿革。海禁未开以前，外国贸易，仅行于广东一省，进口货物，大率讬词贡物，而关税仅有内地关税之一种。沿革贸易，亦适用同一之沿则，然其税率并不公示于商民，故经征人员，得以意为轻重。自道光二十二年，缔结中英江宁条约，辟五口为商埠，条约第十款内载：第二条内，言明辟广州等五处，俾英国商民居住通商，应纳进口出口货税饷费，均宜秉公议定则例，由部颁发晓示，以便英商案例纳税后，即准由中国商人，遍运天下，路经税关，不得加重税例，只可照估价则例若干，每两加税不过某分等语。此种议定实启协议关税之兆也。前项税率议定进出口货物，均照从价百分之五；唯主要货物，则按从量百分之五纳税。施行以来，货价低落，从量税率，渐见过重。咸丰八年，缔结中英天津条约，约定修正税率，是年十一月，续订中英通商章程。新税则以从价百分之五为准，而为从量税之规定。其税则所未载而非免税之货物，课从价百分之五。至免税品及禁制品，为数颇多，亦为章程所明定。此第一次税率修正之情形也，实行以后，因免税物品范围广泛，漏税之弊滋生。有税物品，价值昂贵，前定从量税率，平均计算，仅百分之四左右。光绪二十七年，议定辛丑条约，关税为赔款担保之品，进口税率，改为切实值百抽五。从前免税物品，除少数外，悉照百分之五课税。前定从价税，亦改为从量税。二十八年，英德日本西班牙意大利荷兰等国委员，会于上海，协商续修进口税则，后俄法意三国，另生意见，未能定议。此第二次改正税率之情形也。民国元年，依照条约十年修改之期届满，我政府曾向各国公使声明，欲再行修正之意。各国初以民国未经承认，不允交涉。嗣民国业经承认，而日法俄三国又提出种种条件，不允遽行修改，迁延至民国七年。因我国参战需款，各国始允修改关税，此次修改，系以民元至民五之五年间平均物价，为新税则货值之标准。仅得值百抽三·五，仍未能切实征收也。税则内进口货分十五种，税目共五百九十八种，此为第三次之修改。民国十一年，又有第四次修改。此次修改，虽为实行值百抽五，然距上次修改，仅逾三年，而得再议修改者，其因有二：1. 七年修改税则时，曾经声名欧战停止后二年，再加修订。2. 华府会议，关于我国关税协议三步办法，第一步切实值百抽五，第二步抽七.五，第三步裁厘加税抽一二.五。是届修改税则，即系第一步办法，以最近六个月之平均市价，为税则货价之基础。税则内进口货分十五种，税目共五百八十二种。此进口税率为值百抽五之均一税制之沿革也。

民十五年，国民军移师北伐，南北始有内地税及二·五附税之制。所谓内地税制者，即进口货物于纳进口税之后，属普通品者，须纳百分之二.五，合成百分之五，与征税税率同。是项内地税制度，导源于广州。当五卅惨案发生沪上，广东复又有沙基惨杀，举国排斥英货甚力，英国为缓和民气起见，暗示承认此项内地税制办法。以后北方亦接踵举办二·五附税。考二者名称虽异，征收办法实属相类。不过内地税系出于自动之方式，而二·五附税，则仍沿袭华府关税条约而成耳。

十六年春，国民政府移都南京，首采自动宣布关税自主之方针，不经与各国协商废约之手续。当时设立关税自主委员会，以司筹备之责，七月颁布国定进口关税暂行税则，定于九月一日实施，内定：

普通品	值百抽十二.五
甲种奢侈品	值百抽二十
乙种奢侈品	值百抽三十
丙种奢侈品	值百抽六二.五

上项税则公布后，适因军事骤起，交通梗阻，致此关税自主之案，未能按期实行。十七年夏，国府以统一告成，对于国际交涉，改采协商各国废止旧约之方针。一年之内，所订中美中德中挪中比中意中荷中葡中英中瑞中法中西各约，均适用关税自主之原则。十七年十二月，国府颁布海关进口税则，定于十八年二月一日施行，内分七级：

第一级	7.5
第二级	10.0
第三级	12.5
第四级	15.0
第五级	17.5
第六级	22.5
第七级	27.5

此项税则，系合并旧时正税税率（指向来值百抽五之正税而言）及关税特别会议英美日委员所提七级附税税率（最高附税为二二.五，最低为二.五，分为七级）而成。在例外者，仅卷烟及煤油二项。盖因卷烟煤油，早行特种消费税，故于正附税值百抽七.五外，再加特税税率为新税则之税率。概括言之，此种进口税则，系综合旧时正税税率及七级附税税率与夫卷烟煤油新增之二、五附税及特税而成之税率，以自动之方式公布

之，故不曰国定税则，亦不曰附加税率，而浑称之曰海关进口税税则。就其性质言之，多属根据成案，实非完全自主之国定税则也。

（二）现情。吾国关税自主，自民十七年后，各国新约，除日本外，均已承认。嗣经政府与日本几度磋商，始得于十九年五月正式缔约，自是关税自主，始正式为各国所承认。唯日本承认我国关税自主之时，订有所谓互惠条约，凡特种货物为日本输华大宗，名为互惠，实偏惠日本也。十九年冬，颁布现行税则，定于二十年一月实施。内定米麦书籍等免税，最低税率为百分之五，最高税率为百分之五十，计分十二级：

第一级 5%	第七级 25%
第二级 7.5%	第八级 30%
第三极 10%	第九级 35%
第四级 12.5%	第十级 40%
第五级 15%	第十一级 45%
第六级 20%	第十二级 50%

现行税则，为完全关税自主后第一次之则。就税率言，系按物品之性质而定税率之高下，与昔日值百抽五一均一税制不同。就主权言，此税率系本自主之原则而订定，又与从前受各国条约之束缚者绝异。就政策言，吾国现行进口税则，收数既较前增加数倍，而货品税率之分级，亦略含有保护之意。即此三点，现行税则之优于旧税则，诚不易以譬喻拟也。

乙　出口税

吾国出口税率，亦为值百抽五，导源于道光二十二年之中英商约。咸丰八年，天津条约第一款内载此次新定税则，凡有货物，仅载进口税则，未载出口税则者，遇有出口，皆应照进口税则纳税；或有仅载出口税则，未载进口税则者，遇有进口，亦皆照进口税则纳税。倘有货物名目，进出口税则，均未赅载，而又不在免税之列者，应该估时价，照值百抽五例征税等语。此乃明定出口之税率也，七十余年来，继续沿用，未经修改，其间物价已变化多端，故各货税率，征值百抽五之从价税者，随时估价，尚属名副其实，至从量税，则以七十年前估价为根据，实际上仅值百抽一或值百抽二之谱而已。近年所增加者，为出口内地税。凡出口货品于纳出口税外，一律另征百分之二.五内地税，其起源之历史与进口内地税同时并行。现进口内地税已因实施新税则而废除，而出口内地税，则迄今仍照常征收也。

我国在江宁条约以前，虽于外国贸易，未有海关税之设定，而沿岸贸易，凡通过之货物，均课出口之税。迨江宁条约实施后，输入外国之货品，固已课一定之关税。然商船内所载之货物，将输运于国内沿岸，抑将运于外邦，一时无从查明，遂课以同一之税额，以免生避重就轻之弊。是项沿岸贸易出口税，即土货在国内由此口运至彼口所征之税。换言之，即国内通过税之一种也。近年来，亦带征沿岸内地税，其发端与出洋土货之出口税所带征之内地税相同。税率亦为值百抽二.五。

欧洲中古以前，列邦出口税，亦与进口税同一盛行。自十七世纪以还，重商主义勃兴，深信输出贸易之发达，为吸收现金之主因，于是相率废止出口关税，以资奖励。近世文明各邦之政策，国内货品，十之八九，已行无税输出之制。其尚有出口税者仅二：1. 本国独占货品，或处于生产最优越之地位者；2. 本国工业原料以及种类稀少之物品。前者依租税转嫁之原则而设，后者为保护需要而设也。吾国出口税一项，实约占海关总税收三分之一，处此财政困难之时，自不能悉予废除。且吾国产业尚属幼稚，亟待设法保护，而出口货品，十之八九为工业原料，设不征税，外人得以廉价收买，则将使本国资源，日就枯竭。故现行之出口税，既不能废除于一旦，则唯有徐予革新。最近财政部对于出口税则，提出修正草案，其主旨以为从价者仍为值百抽七.五，从量税依照近年物价，将完税价格，分别改订，拟定为值百抽五，盖因恐其影响商业，故不欲骤增至七.五也。此项提案及税则，已于二十年五月七日公布，六月一日实行矣。至沿革贸易出口税，既已阻碍交通又复重累土货，固应早事废除。十六年国府所颁裁撤国内通过税条例，此税即在废除之列，将来实行裁撤时，其带征之内地税，亦必将同时废除也。

丙　边境进出口税

就沿革言，陆路边境贸易，远在海路贸易之先。清初虽申海禁而各边以有藩属为之屏蔽，迄未明立禁条也。边境进出口税，各因特别之理由而定，较诸普通进出口税为轻。内分下列四种：1. 中俄陆路进出口税。中俄陆路贸易，滥觞于康熙二十八年尼布楚约。雍正五年又缔结恰克图条约，乾隆时缔约以恰克图为商场，咸丰年间，始定伊犁塔尔巴哈台两地之通商。继因中俄条约，开黑龙江松花江乌苏里河水路之贸易。后依中俄续约，并开库伦张家口喀叶噶尔三地之通商，只能照条约所限定之路线耳。同治元年改订陆路通商章程，两国边界贸易，在百里内均不纳税。惟俄商运货至天津，应纳进口正税，按照各国税则，减三分之一，在津交纳。其酌留张家口之货，仍在张交一正税。如从天津运货由水路赴南北各口，则应补足三分之一税银。按中俄通商，虽溯自康雍，而陆路课税，则自同治元年之通商章程始。在光绪七年条约中，虽有改约明文，然迄未加以修正。其后光绪末年，我国于吉黑两省之要地，设立税关，哈尔滨三姓拉哈苏苏爱浑等关，均照海关税率。此外如满州里及绥芬河两关及东清铁路运输进出口物品，均照正税三分减一。至于蒙古及新疆天山南北路，其陆路贸易，尚未征税，则仍如故也。2. 中日陆路进出口税。民国二年，日本援引最惠条约要求，规定铁路运载通过满州朝鲜之货物，照海关税率三分减一。第此种减税，仅适用于铁路运输通过国境之物耳。其间岛以北之贸易，则不得减税。3. 中法陆路进出口税。我国滇桂等省，与法属越南毗连，光绪十二年，中法缔结通商章程，凡进口之货，经云南广西边关时，按照通商税则减五分之一，收纳进口正税。其税率未载之物，概照值百抽五征收。翌年续订商务专条十款改定进口货物，照通商税则减十分之三。出口货物，照通商税则减十分之四，旋二十一年改订商务专条，稍有改正，然税率仍系照从前所订也。4. 中英陆地进出口税。英属印度缅甸，与我国云南西藏接壤。光绪十九年，中英会议藏印续约，辟亚东为商埠，设关课税，以五年为免税期，期满再定。三十四年，中英修订藏印通商章程，又辟江孜葛大克为商埠。以上数处，免税期满后，税率尚阁延未议。至云南与英属缅甸之陆路贸易，始于光绪二十年之滇缅条约。二十二年，略有修正，其税率与安南边境之进口税同。

中俄中日中法中英各边境之进出口税，均订有特惠税率，上已言之。此种减税办法，初因运输艰阻而设，近因边地日益发达，交通日益便利，减税原因已不存在。华会关税条约第六条，早已确定海陆各边界划一征收关税之原则。国府定都南京，关税方针，即采各地收税平等待遇之旨。故与英法日所订新约均取消特惠之减税，前项制度，均已先后废止矣。

丁　子口税及复进口税之沿革

（一）子口税。子口税又名子口半税，以其税率相当于进出口税之半也。设置之初，因内地通过税如常关厘金之类甚多，外商人地生疏，完纳税项，多所不便，咸丰八年，中英天津条约，始设代偿内地税关之子口税。缴纳一定之税额，以免分纳通过税之苦，实具有抵代之性质。逮光绪二年，中英烟台条约，关于子口税事项，规定尤详。嗣后各国条约，亦大都类是。惟子口税之设，系抵补内地零星税厘之用，其货物之免征，以单货相符为凭，否则仍应照纳各项税厘。子口税之课征，后亦带征子口内地税，起源与进出口税之内地税相同。其税率当子口税（值百抽二.五）之半，为值百抽一.二五。

（二）复进口税。复进口税者，即对于本国土货由此商埠运往彼商埠所课之税也。因其税率为进口正税之半，故又名复进口半税。此税税率，与子口税同。凡我国货物，经过海关，运于沿岸之商港，与输出外国课同额之出口税。而其货物在输出外国之先，运入他处商港时，应纳出口税之半额，即为此复进口税。靠此税之性质，实为内地通过税之一种，专征本国土货，与津货无涉。洋货由外国进口，仅纳进口税，即可注意转运他口，不在征税。而土货出口，既纳出口税，如运往他口，又须纳二.五复进口税，是同一货品，土货所负之税，较洋货加多一道也。复进口税，亦有复进口内地税之带征，其起源与子口税之内地税同。税率为一.二五，与子口税内地税相同。

通过各税，因妨害货物流通之自由，近代各国，多已废除。以上二税，均具有内地通过税之性质，且均足以压迫国内之工商业，而予外商以利便，尤待迅速撤除。十六年秋，国府颁布裁撤国内通过税条例，子口税及复进口税二者，均在取消之列。十九年底，财政部令饬总税务司同时废止矣。

戊　倾销货物税

倾销税之课征，系指售物于国外而其售价反低于出口国之内之销售价格者而言。盖国外廉价品之侵入，即有同类之货品，而国内外价格之差额，相隔甚微，则亦不足计较。唯其程度，足以扰乱国内之市场，危害本国同种类之产业，则非施行防止之手段不可。英属加拿大澳洲及南非各邦，均已实行课征倾销货物税。吾国工业幼稚，外物廉价倾销，非立法预防不可。国府根据上海商民之建议，颁布倾销货物税法。其内定倾销之事有三：

（一）较其相同货物在出口国主要市场之趸售价格为低者。

（二）较其相同货物运销中国以外任何国家之趸卖价格为低者。

（三）较该项货物之制造成本为低者。

凡有上项情事之一者，即征之以倾销货物税，其税率以前项货价之差额为准。此税设立之要旨，在于杜遏不正当之倾销，盖欲免国内之工商受其打击也。

以上所述，为吾国关税之沿革与现情，兹再就关税之收数及存放简括言之。（一）关税之收数。前清末叶，关税收数，自一千万渐增至三千万两。北京政府时代，自年收四千万两增至七千万两。国民政府统一后，增额甚巨，据宋部长十八年度财政报告所载，关税收入，已达二万七千五百四十四万五千二百十五元。二十年一月，进口税则复重订施行，收入尤增。据总税务司所宣布收支状况，民二十年关税收入，以整数计，共关银二万四千六百零六万四千两。用元计之，已逾三万五千万矣。（二）关税之存放。昔时关税之存放问题，各国藉口外债担保，思将税款之一部，存入其本国在华银行，以达其海外贸易发展之目的。自国府移都南京，以关税存放，系财务行政，无待与各国协商，遂将新增关税，存归中央银行。即旧有关税，如关德奥俄赔款，及内债基金者，亦已改归中央银行保管。其尚归汇丰等银行存储者，仅关税项下作抵外债及赔款之一部而已。

吾国关税，经近年之改革，已渐具现代关税制度之雏形。然尚有数端，亟待改革者：（一）海关管理之权操之外人，应速谋收回之方。（二）沿岸贸易税，防害国产货之发展，宜急为取消之计。（三）出口货物之税，除有特别目的者外，各邦均已废止，吾国为奖励海外贸易起见，亦宜有一缩减之法，亦蕲与世界现制适合。此三者皆应行改革之较迫切者，其他各端，兹不备述。

三、常关税之现情

民国成立以来，常关之制，仍沿清代之旧，虽间小有改易，然大致犹循旧制也。国府定都南京亦未骤加改革，惟十七年春，财政部因海关既有内地税之设，所有常关，亦应带征内地税，定其税率为常关税则之半。嗣后海关进口新税则实行进口内地税比即废止；而常关内地税，则迄仍旧带征。常关之税收，亦有频年递增之势。考民国二年之常关税款，五十里内常关，实收五百五十余万元。十七年之收数，五十里内常关，计五百三十余万元，五十里外常关及内里常关，计一千三百二十余万元。此适值军情未定之时，使国内无事，商务发达，则税款之增，当尚不止是。常关税为对于国内水路通行之货物所课之税，足以阻碍商业，故急应废除。民十六年，国府所须裁撤国内通过税条例，常关亦在应裁之列，自二十年一月一日裁厘后，各常关税均已先后裁撤矣（五十里外常关税及内地常关税两种，在财政部通令限期裁厘文中已包括之；五十里内常关，则自二十年六月一日起，各省奉中央命令实行裁撤）。

（《国货研究月刊》第 1 卷第 3 期，1932 年）

废两改元问题

谈中国货币问题者，常谓中国币制太乱而提出种种改革之方案。实则中国今日之货币，本无任何制度之可言。盖一国之币制，至少须有一主币，例如美国之元、英国之镑、法国之佛郎等是。中国之主币，查在何处？或曰，民国三年之币制条例，非曾规定银元为中国之主币乎？但实际上我国银元，尚无本位资格，因本位之要素有三：（一）自由铸造；（二）实值与面值等；（三）无限法偿。此三要素中之第一第二，银元均无有也。且我国银两与银元，同时存在，银元之势力，只限于日常交易而已，海关税收国际汇兑进出口贸易等，其计算均以银两为单位焉。

银元与银两之同时存在已足使中国之币制繁乱不堪，而银元与银两之本身，又复异常分歧。银元之种类，有袁世凯洋、孙中山洋、各种省名的龙洋以及各种外国银洋等，各有其不同之成色与重量。银两则种类更繁，随地而异。如江苏浙江之元丝银、陕西甘肃之元鏪银、广西之北流银、山西之水丝银、上海之规元、天津之行化、北平之公砝、汉口之洋例等，名色不一，授受烦琐，世界任何国恐无有中国如此复杂之“币制”。

银元与银两同时存在，且二者纷乱异常，已如上述，弊端丛生，无可讳言，兹就商业财政两方面分论如下：（一）商业。第一，交易计算时虽有银两，而实际收付用银元，以元易银，以银易银，以银易两，转辗折合，亏耗甚大。从事国外贸易者，受累更大，买货以金计，买金以银计，卖货又以元计，一方有金银比价之变动，一方有两元比价之变动，再加以商业市场之变动，其所负之危险，较普通多负一重。复次，若单用元，则商家只有银元准备已足；若单用银，则商家只有银两准备已足。今则银元之外，须有银两准备，故商家有所谓银元押款者，乃以需用银两时，银元不能充任，不得不以银元抵借银两，致有此现象。银元既不能代银两，银两亦不能代银元，二者缺一，均足致金融之恐慌。且同一银元，其厘价时涨时落，有时固可获意外之赢利，但有时亦可蒙意外之损失，贪得之徒，视为投机之具，正当商人，反致裹足不前，其为害于商业，自不待言。

（二）财政。可分三方面言之：就征税之官吏言，两元比价，既常变动，而各地银两，复不一致，于是胥吏有作弊之机，民众蒙折耗之损。就国家之税收言，全国货币不统一，则征收之时，有折算之烦，市价既有上落，折算遂不一定。就人民之负担言，公平为财政学上之第一根本原则，今中国各省纳税之货币不同，折合之方法互异，在此情况之下，安足以言公平？

银元与银两同时同在之弊端如此，故欲整理币制，非从废两改元入手不可。查废两改元问题之倡议，至今垂十六年矣。先是，民国六年，上海总商会苏筠尚张知笙两君发表意见书，主张于民国七年起，一律改用银元，凡与上海有银两来往者，亦一律照行。当时响应者固不乏人，但效果甚微。民国十年，银行公会联合会开会时，由天津银行公会提出呈请政府废两改元意见，同时上海华洋商人亦一致赞成，此举于废两改元一事，虽未实现，而上海造币厂之借款，得以成立，其目的即在于统一银元重量成色，以为将来废两改元之张本者也。民国十七年春，马寅初氏以“统一国币应先废两用元”之提案请浙江省政府转呈国民政府核准，嗣经国民政府正式通过。同年六月，政府有全国经济会议之召集，会中对于废两改元之提案，亦认为“亟应速为设计以期早日实现”。然此议案，与政府所召集之其他会议之大部分议决案一样已入于“决而不行”之列。

今年四五月以来，洋厘跌风甚巨，开空前未有之新纪录，上海厘价曾低至六钱八分，天津厘价低至六钱六分，均远在平价之下（上海规元与银元之平价为七钱一分余，天津行化与银元之平价为六钱七分余）。因此以银币镕成银两，可得巨利。据报载，上海炉房，迩来每日镕毁之银元有四十万至五十万之多，其镕毁之次序，以成色较佳者为先，第一为鹰洋，其次为龙洋，再其次为清代所铸各币，以至于袁币孙币。结果，市上流通之未镕者，均为次等银币，银元成色，因此大有造成统一之趋势。政府观此情形，以废两用元之时机已至，乃积极进行。本月七日，财政部长宋子文氏在上海与银钱界谈话之结果，已决定废两用元原则，并可望于三个月内实行，其决定原则之大要如下：

（一）实行废止银两计算，完全改用银元制度，以统一币制；

（二）完全采用银元制度时，旧铸银元仍照旧使用；

（三）一俟法定重量每元为七钱一分或七钱二分之标准后，即开始改铸新币，至于银两制度实行废止时，凡以前银两计算之往来，须俟政府议决后再行讨论详细办法决定之。

废两改元之声浪传出后，一般的反响，大致都甚赞成。银行界向来用银元作单位者，早感银两存在之不便，故对于此事，自极赞成。唯钱业界——上海之钱庄、北方之银号对于此事，主张“考虑”“慎重”“从缓”，其理由据七月十一日彼等在上海执行新闻记者席上之报告为：“（一）银元之法定成色及公差，能否绝对遵守，勿使劣币发现于市面，扰乱社会金融；（二）银币之铸造熔化，必依社会之供求而定，不使银币供求不合，致影响法定价格；（三）我国造币厂出产率不大，将来农村兴旺，银币流通各地，造币厂能否适量铸造供给，不使市场缺乏；（四）大量之交易及硬币不敷流通时，纸币随之发行，其银准备，是否能依法办到；（五）将来废两用元实行时，对于银两银元之法定评价，是否合理，不使社会发生浮动；（六）造币厂虽有统一之说，但恐有私铸劣币扰乱市场情事。”（七月十二日《上海时事新报》）

此等理由，吾人固不难解答之：（一）钱业界顾虑政府从中谋利，其实政府在银两存在时，视洋厘之涨落而鼓铸，获利更大；（二）钱业界谓因供求之关系而致影响银元之法定价格，其实正因为有银两之存在，致银元变成一种货物，失去货币之性质；（三）钱业界顾虑银元不敷流通，但最近津沪洋厘之跌落，乃表示银元供给之充足，暂时断不致感觉缺乏，至于将来银元感觉缺乏时，造币厂已经开工，当可接济；（四）纸币之发行，政府规定甚严，即用洋不敷而致多发，亦当不致滥发；（五）当此洋厘下跌之际，银元与银两法定平价之规定，比较容易，因平常银元之价格（对银两而言），常在其含银实值之上，若银元与银两之换算率，即照此价格，自属难行，但当兹成色较高之良币，已逐渐绝迹，市上流通之币，其成色已渐趋接近，且际此银元之实值，反略低于其含银之实值，故吾人如即按照其含银实值为法定换算率，则虽难免有一方面略受损失，但此系改制时难免之现象，且损失之程度与困难，当以现在为最小；（六）私造劣币，政府自然可以严加禁止。

或云，钱业对于废两改元所以持观望态度者，背后另有原因。盖钱业向例，存银有息而存洋无息。譬如以一万银元存入，钱庄须按当日洋厘减一毫二丝五忽折成银两，若当日洋厘为O·七三四一二五，应合银七千三百四十一两二钱五分，但钱庄将一二五抹去，只算七千三百四十两；及至提取时，则按当日之洋厘加一毫二丝五忽折合，譬如提取日之洋厘仍为O·七三四一二五，加一二五而为O·七三四二五，是则昔日存入之七千三百四十两，提取时只付九千九百九十六元五角九分（外加利息），一出一入之间各有“一二五”的好处，所谓“进出二五”。钱庄每日进出，动辄巨万，此中利益，自极可观。此外因银两之势力，深入工商两界，大宗付款，均用银两以庄票划付，又钱业公会有汇划公单之制度，非会员不得加入，而银行尚无票据交易所之组织，因此之故，银行为收解便利起见，须向钱庄存款，各银行多则千余万，少亦五六百万，钱庄即资此以为周转。废两改元之后，则此等利益，都无着落。

虽然，废两改元，有普遍之利益，钱业界应以远大目光，牺牲目前小利，如钱庄于经济界果有特殊之功能，则将来在银元本位上，仍可以图发展也。

大凡一种改革，必须具备两个条件；第一，需要客观的环境之适合；第二，需要主观的改革之决心。废两改元，倡议已十余年矣，其所以未能实现者，虽由于当局者之缺乏毅力，要亦客观的条件不足之故。现在逢此千载一时之机会，当局者再不可畏首畏尾，必以果断之决心赴之，以为改革中国币制之先声。

“胆欲大而心欲细”，心细则计划方能周详，一种改革初行时，决不能免各种枝节的骚动，亦毋庸鳃鳃过虑。是故吾人对于废两改元问题所希望于当局者：第一须下决心，毅然实行；第二须计划周详，以防流弊。据吾人之管见，废两改元之须根本计划，约有以下数端：

（一）自国民政府成立以后，所有铸造银元主币者，仅南京杭州两厂，其他均已次第结束，政府决定废两用元时，应即设中央造币厂——无论在上海、南京或杭州——将造币权完全集中，无论如何，不能任其他各地另设铸币厂，庶银元成色重量之一致，得有切实之保障。

（二）自由铸造为本位币重要要素之一，在自由铸造之下，银洋重量成色，必与标准银元重量成色相等，且可使银元富有伸缩，俾得供求相应，政府决定废两用元，应即完成中央造币厂之组织与设备，实行自由铸造。

（三）为维持所铸货币之信用计，对于货币之重量成色，除造币厂随时检验之外，政府应设中央化验局，公开化验，负责定期公布成色重量。

（《独立评论》第11号，1932年）

吾国现行财政监督制度之运用

最近卫挺生氏在立法院纪念周演讲“超然主计与联综组织”，对于二者之意义及重要，发挥尽致。处吏治不良之中国，此种制度上之防闲，实为迫切之要求，故就拙见所及，再申述之。

财政监督制度，在现代法治国家，规定极为周密，通常分为行政立法及审计三种监督。行政监督，注重收支之核实及效能与经济之增进；立法监督，注重岁出入预算之议决及财政法规之制定；审计监督，注重在事前依法定预算及现行法令审核国家之收支，事后又举其审核之结果，作为报告，以供立法机关之参考。试举英国之制以为例：英制任行政监督者为财政部；立法监督者为国会；任审计监督者为会计审计统监。此三种监督机关之职权，在英非处于对峙地位，盖因行使立法监督之国会，不仅对于预算有议决之权，即决算及账目亦须由国会审定与查核。所谓会计审计总监之职务，不过系替代国会任事前之监督及事后之审查，其监督与审查之结果，最后尚须向国会报告也。吾国现采行五权分立之制，立法与监察，独立对峙，相辅而行。立法院对于财政之监督，其职权仅限于财政立法及议决预算；关于预算实行时之监督，及决算之审核，则由监察院独立行使，不须向立法院报告。就制度言，吾国审计机关之职权，比较扩大，而其崭新立异之处亦在此。

在五权分立之制下，编制预算决算与实行行政监督之职权，应属一超然之主计机关，此为事实上之需要。盖因编制预决算及实行行政监督之机关，如为行政院内之财政部，则是行政一院有藉钱囊之控制以监督其他四院之权，此与五院各自独立之精神，显呈不符。吾国各院之组织，既甚庞杂，且时有变更，其所有之概算，有时非予以削减不可。使此种削减之权，出自行政院之财政部，则易于发生争执。故根据事实上之理由，主计机关应处于超然地位，直隶国民政府，而不宜属于任何一院。

主计机关既处于超然地位，则联综组织之制度，自可推行。稽诸现行之制，国民政府主计处，设有岁计、会计、统计三局。岁计局之职掌，主要为编造预决算，指挥监督各机关办理岁计事务人员，及关于筹划预算所需事实之调查事项。会计局及统计局之职掌，主要为关于各机关会计统计人员之任免迁调训练与考绩，及关于各机关会计统计事务之指导监督事项。自上述主计处各局之职掌观之，联综制度之运用，即可窥见一斑，而其所能产生之效果有三：（一）会计制度之统一。各机关办理会计之人员，均由主计处会计局任免与监督，如英国财政部之制定各机关会计官。此种制度，可以收就地监督之效，且可使国民政府各院部会之机关之会计制度，趋于统一。（二）统计方法之统一。国民政府各院所属机关之统计，编制时彼此不相为谋，则易致重复参差，系统分歧。采用各机关统计人员由主计处统计局任免与监督之法，则一方可杜各机关捏造统计之弊，一方又可收编制方法统一之效。（三）岁计制度之统一。按诸现行预算法之规定，各机关概算之拟编，由主计处驻在该机关主办岁计事务人员先依据其主管长官所主张之数额及理由编就，再逐项依据其自己主张修正之数额及理由签注之。此种制度，可使国民政府各院部会之岁计制度，趋于统一。同时预算法又规定主办岁计人员，对于不合法之支出收入契约或营业，应向所在机关主管长官以书面声明异议，并报告于该管主办审计事务人员，及该机关之上级机关。假使不为此项异议，则应连带负责。夫主办岁计事务人员，既处于超然地位，而又予之以责任，使苟虚伪掩饰，则将代人受过。规定如此，串通舞弊之事，似又可少戢也。自上所述，主计处对于财政监督方面之工作，实兼事前与事后二者，如能就规定者完全实行，亦不能不谓之已达于严密之境。

虽然，举预算实行时之财政监督权，尽由主计处片面负责，则虽其组织严密，其所处之地位为超然，要亦不能舞弊。盖因主计处所编制之预算，虽须由立法院审议通过，但预算执行之时，立法院则无权过问，故欲期其舞弊，实有赖于监察院之审计监督。吾国监察权独立之制，本诸昔时之御史制度，明清以来之都察院，其权力不仅限于弹劾，实际包括甚广。例如都察院有建议政事之权，凡政事得失、民生疾苦、制度利弊，皆得尽量陈奏；有监察行政之权，凡中央及地方官厅所管事务之施行与成绩，皆须向督察院各科道报告，各科道得随时检查之；有弹劾官吏之权，凡官吏违反法令及妨害公益之行为，皆得加以弹劾；有检查会计之权，凡中央或地方官厅经费之出纳，均须受都察院之监察；各官厅所有之会计报告，均须受都察院之检查。此外尚有封驳诏书、会谳重案及注销案卷等权利。都察院之职权，既若是之繁巨，其组织上自必采分科职掌之制。按诸清代都察院之组织，分六科十五道，就大概言之，六科分掌京内各部，十五道分掌各行省。在专制政治下，此种行使监察权之御史制度，亦实澄清吏治之一法也。

吾国现制，审计监督之职权，由监察院内之审计部行使。审计部对于财政监督之工作有二：一为审核，一为稽察。所谓审核，即依照预算案，审查全国之岁入岁出，核定各机关之收支命令。为实行事前监督及简省手续计，审计部派审计员常驻各支出机关，以便就地执行审核，此法系仿美会计院派遣审计员分驻各部之制。假使机关长官之支付命令，与预算不符，审计员得拒绝签字；出纳人员无审计员之签字，得拒绝支付。此种就地监督之法，不第可遏止机关长官不合法之支出，且可监视主计处派驻之岁计会计统计人员，使其不易依阿渎职，串通舞弊。至于稽察方面，则审计部有派驻各机关之稽察人员，在书据以外做事实上之调查。处此犬牙相错互相牵制之情形下，官吏贪婪之弊，足以少抑，固无待言。惟欲使此种制度，行之有效，有特别应注意之点二：第一，须力求金库统一，盖金库不统一，则审计员之拒绝签字，不易发生效力。故欲使审计员有实际控制支付之权，必须先有受其监督之统一金库。第二，宜速仿清都察院科道分掌之制，依审计部组织法之规定，先在全国各重要市镇，设立审计处，就地实行事前之监督，免致审计部有鞭长莫及之虞。

综括言之，吾国现有之财政监督制度，就行政监督及审计监督言，规定已极周密。虑各机关长官之虚造捏报也，则有直隶国民政府处于超然地位之主计处，直接控制各院部会及其所属机关主办岁计会计统计事务之人员。虑主计处直辖人员之将殉情渎职也，则有监察院审计部派驻各机关之办理审计人员及稽察事务人员，为之就地监督。聚办理事务之人及负责监督之人于同一机关，而各保持其独立性，各向其上级机关负责，此不仅在监督上可望周密，即办事手续上，亦可期其敏捷而有效。联综组织之功能，即在于此，而救治官吏贪婪之病，尤非此制不为功。

以上所论，专就制度方面而言。第财务行政之问题，不仅在组织方面，用人方面，亦须予以深切之注意。吾国固有之制度，各机关长官，得自位置私人，关于出纳报销，均由其私人秉承意旨办理。此种制度上之缺陷，实足以引诱助成官吏之贪污。盖人性多好自利，苟有罅隙可乘，自非廉洁公正者，必将藉之而谋所自肥。且国家为无形之物，不可以见，故人对于国家之关系，在意识上往往不若对于其他自然人之高。耿介自持之人，平时不肯以诈伪欺人者，一行作吏，对于钱粮出入，即不惜滥额虚报，以自渔利。欲阻抑其藉公肥私之心于未萌，制度方面之防闲，自不可忽。然仅注意于制度，而不顾及用人问题，则立一法，不久即将弊生，弊生又立一救弊之法以防之，辗转加增，日趋繁缛。结果法制愈密，防闲愈周，而舞弊之伎俩，愈将层出不穷。

用人方面，应注意之问题有二：（一）用人之标准。实行财政监督制度时，其负责行使职权之人选，宜特别注意。关于行政监督方面，如派赴各机关之主办岁计统计人员，关于审计监督方面，如派赴各机关之办理审计及稽查人员，均宜以才能功绩为标准。此项人员，必须具有专门知识，而不可以请托夤缘之人滥侧其间。盖因任用之人，苟具有政治之背景而非以其才能，则不第不能尽职，且足以损其他勤劳任事者之精神。（二）任用之条件。任用条件，包括薪金之多寡、升迁之机会、养老金之设置及任期之有无一定等。任财政监督之官吏，舞弊之机会甚多，薪金不优裕，任期无一定，则人怀五日京兆之心，孰肯破颜面以尽摘发之职？不第不能破面摘发，且将依阿见好，预为他日请托之地步。故欲期其尽职，须报酬甚优，使其不致见异思迁；须任期有定，使其知可以久于其位；尤须有升迁之机会，使有志者不致因无上进而自沮。如此，始可安其心意，而具独立任事之精神。否则制度方面虽周，运用时终不能免于弊窦丛生。孟子曰："徒法不能以自行。"吾国今后预实施财政监督有效，制度方面，固宜仿欧西之成法，求其完密；同时任人方面，亦不可不借镜于欧西各国之功绩制度也。

（《独立评论》第 58 号，1933 年）

财政部币制改革后之经过及今后急待解决之问题

一

基于十一月三日财长孔祥熙氏之宣言及财部布告之紧急法令，我国货币改制业已于其翌日见诸实施。其改革之内容有如下述：1. 自十一月四日起，以中中交三行钞票为法币，所有完粮纳税及一切公私款项之收付，概以法币为限，不得行使现银。2. 中中交三行以外曾经财部核准发行之银行钞票，准其照常行使，不得增发，且须逐渐收回，以中央银行钞票替换之。3. 设发行准备管理委员会，办理法币准备金之保管及其发行收换事宜。4. 凡银钱行号商店及其他公私机关或个人，持有金本位币或其他金币生金等金类者，应自十一月四日起，交由发行准备管理委员会或其指定银行兑换法币。5. 以金币单位订立之契约，于到期日概以法币支付。6. 为使法币对外汇价稳定计，应由中中交三行无限制买卖外汇。又中央银行改组为中央准备银行，于二年后享有发行专权。并于即日颁布发行准备管理委员会章程十条。该会以委员十八人组织之，由财部遴派一人，中中交三行代表各二人，银行公会代表二人，钱业公会代表二人，商会代表二人，及财部指定之各发行银行代表五人。集金融及商业领袖之大成，殊堪嘉尚。至以后措施，尚有足述者，则有下列诸端：

（一）收缴各行存银。新令颁施后，上海中央银行即派员分赴银钱业准备库及各行调查库存。其他各地金融业者亦莫不封存存银待换法币。工商金融各业自动兑换法币者颇见踊跃。然延不交存者亦不乏其人。故中央银行于各银行存银总数调查完竣后，其尚未兑换法币者，皆行先后分别接收。其发行钞票之农工、中南、农商、四明、农民、中国实业、垦业、通商及浙江兴业九银行之现金及保证准备，与并未发行及已注销之钞票，亦由中中交三行分别接收。此后发行准备集中，发行权复为中中交三行所有，货币数量之弹性增加，当能适应工商业之需要而使金融政策臻于合理也。

（二）重要各埠设准备保管分会。以上所述，为上海一埠之情形。上海为我国金融之中心，其一举一动，自足影响于全国各地。惟上海存银如此措置，其他各埠存银将如何处理，实为一重要之问题。若解缴上海，则恐动摇当地人民之信念，留存各埠，则须有安慎管理之组织。而自财部颁令集中现银后，重要各埠多呈请在当地设立准备保管分会，藉免现金之移动。财部亦以集中现银原为增加法币之信用，能使现银不外流，则分区集中亦能收维护法币信用之实效。遂决在天津汉口广州三市，设发行准备保管委员会分会，分司黄河、长江、珠江三流域之法币发行收换及准备金之保管事宜。三会委员皆由财部指定，前已组织就绪矣。

（三）中中交三行合组法币发行局。在各发行银行之钞票发行权取消之后，中央银行集中钞票发行之前，实际负发行钞票之责者为中中交三行，而自三行钞票定为法币之后，各地需要激增，若不整饬步调，齐一发行，则恐难得佳果。以是财部特令中央银行，会同中交两行合组发行局，专司法币发行事宜，以期敏捷而归划一。又本国银行钞票既已逐渐收回，外商银行钞票亦宜有适当之处置。外部刻已进行交涉，期收回外商银行之发行权。按外商银行钞票已为数无多，想不难如愿以偿也。

（四）划定兑换法币办法及银制品用银管理规则。人民既须依法缴银兑钞，则如何兑换必须加以规定，方能有所遵循。而银货为银楼业者所必需之原料，今后如何管理如何取得，尤有厘定之必要。以是财部分别制定兑换法币办法及银制品用银管理规则，前者共八条，规定以中中交三行及其分支行或代理处，为兑换机关，其无法币流通地方，则以三银行委托之银行、钱庄、典当、邮政、铁路、轮船、电报各局、其他公共机关与公共团体、各地国地税收机关及各县政府为兑换机关。除工业艺术或其他原料银类、古币或有关文化之银质古物、银制器具与装饰品等银类外，皆须依法兑换。用银管理规则共十二条，规定银制品所含纯银量不得超过30%。需用原料，可由中中交三行或指定之代理行号购买，但应由其同业公会或商会担保不作别用。唯该业以银制品仅含纯银30%，成分过低，不易施工，特呈财部通融，现正予以考虑中也。

二

按我国货币改制虽功成于最近，然酝酿运动之历史则可远溯至清末。光绪末叶以来，改革币制之计划条陈不下十数起，或主银本位，或主金本位，或主金汇兑本位，其中以民国十八年甘末尔设计委员会所草之“金本位币制草案及理由书”主张逐渐推行金本位制者为最完善。此次财部颁布之新货币法令，实行通货管理制度，如现银之国有、中央银行之改组为中央准备银行而享有钞票发行之专权及废用现银而代以以外币为基础之币制诸要点，实多脱胎于甘氏计划。由是可见此次货币改革为逊清末年以来整个货币改制运动中之一阶段，有一贯的线索可寻，因非突如其来也。抑自我国经济状况言，此次改革亦有其绝对之必要。盖我国自 1931 年以来，已有四年余之通货紧缩，遂致物价惨落，工商凋敝，贸易衰退，经济濒危。客岁白银大量流出，国内经济更有岌岌不可终日之势。长此因循，唯有坐待崩溃而已，此时而行通货管理，实利多而害少。盖通货管理制度行于长期紧缩之后，其始必有一度之膨胀，唯此种膨胀为有限度的，故在暂时实足抬高物价而刺激工商，将来则通货数量因受人为的管理而得随工商业之需要以变异其数量，尤有平定物价促进经济之正规的发展之可能也。且世界多数国家，皆已采行通货管理制，其结果莫不因以促使经济之向荣。是以我国此次货币之改制，不特有其客观的必要在，实亦世界大势之所趋也。

新制实施而后，全国各地兴起响应，关系各国胥表好感。外商银行之存银亦多同意缴存。金融市场风平浪静，虽商品市场略有波动，但是过渡期间所难免，近顷已就平伏。就金融及商品两市场之经过一申论之。

（一）金融市场之变动。自十月下旬以来，金融市场波动极烈，谣言蜂起，市况极难捉摸，迨货币改制令颁布之前夕，标金已突破一千一百六十元关外，较十月中旬之九百元左右者，飞涨达二百余元。外汇以英汇为例，亦由十月中旬之十八便士左右，缩至十四便士半强，一则狂升，一则激缩。金融市场极度不安。惟自三日新令颁施后，迄今已四旬有余，经过转极平稳，金融松动，安定异常。除债市涨跌较厉外，余如标金外汇过程均极良好。盖政府金融政策确定，谣言平息，投机者无所施其操纵伎俩，实为主要之原因。此外交易清淡，及政府银行之买卖维持，自亦为有力之因子，惟银钱兑换率一时极不一致，平津铜元亦暴涨不已，则系投机者借机操纵图利所致。嗣经官商双方订定标准，亦已步入稳定之途。兹将重要金融市况行市四旬来之经过表列如下（皆系本月期收盘价）。

日期	标金	外汇			公债			拆息
		英汇	美汇	日汇	裁兵	关短	编遣	
十一月								
4－9 平均	1,148.55	14.5625	29.875	103.96	81.18	35.38	37.26	0.173
最高	1,150.70	14.5625	29.875	104.00	81.50	38.50	39.50	0.20
最低	1,147.30	14.5625	29.875	103.75	76.60	34.20	34.20	0.16
11－16 平均	1,147.52	14.4375	29.6146	103.12	77.20	34.16	35.39	0.132
最高	1,156.50	14.50	29.75	103.50	80.05	34.85	37.00	0.15
最低	1,141.10	14.375	29.5625	103.00	74.75	33.50	34.40	0.12
18－23 平均	1,157.62	14.4375	29.6354	103.71	81.06	35.43	38.09	0.13
最高	1,160.50	14.4375	29.6875	104.00	84.20	36.70	40.90	0.13
最低	1,153.20	14.4375	29.625	103.25	76.00	33.80	34.70	0.13
25－30 平均	1,145.48	14.5833	29.8225	103.94	81.21	35.61	39.56	0.133
最高	1,148.90	14.9375	29.875	104.00	82.00	36.00	40.20	0.15
最低	1,140.00	14.50	29.75	103.875	80.75	35.30	38.70	0.13
十二月								
2－7 平均	1,144.97	14.6875	29.7604	103.77	81.46	35.63	39.14	0.113
最高	1,147.90	14.78125	29.8125	103.875	81.75	35.75	39.45	0.13
最低	1,143.30	14.50	29.75	103.75	81.00	35.50	38.70	0.08
9－14 平均	1,145.28	14.35	29.5833	103.00	82.27	36.17	39.32	0.103
最高	1,151.80	14.50	29.75	103.75	83.15	36.45	39.70	0.11
最低	1,141.50	14.1875	29.50	102.50	81.95	36.00	39.05	0.08

注：最高最低二价系择各周中收盘价之最高最低者。

标金市价四日开盘本为一一六O元，较二日（三日为星期无市）收盘无甚轩轾，亦可见人心之稳定矣。惟嗣以多头乘机出笼（此辈在十月下旬即连日纳进至趁高脱手），收盘遂落至一一四七元三角。此后市况即异常平定，大致隔日涨落不过数角，当日起伏无逾数元者，以视十月下旬波谲云诡风涛澎湃之情形，直判若霄壤，惟十一月十八日至二十三日之一周，标金价格略有涨风，此则现条出口之所致。二十三日以后又复回平，变动极微，常在千一百四十元至五十元之间。此不可谓非改革币制之良好收获也。对外汇率，以四日与二日相较，各汇具见猛缩，英汇由一五.〇六二五便士缩至一四.五六二五便士，美汇自三〇.八七五美元缩至二九.九七五美元，日汇由一〇七.七五日元落至一〇四日元。皆与官定汇价甚相接近。此后绝少变动。十一月四日至九日之一周除日汇外，英美各汇均呆滞不动。十一日以后又转呈平静。虽十二月十日起海外银市发生激变，我国外汇亦丝毫未受影响，此亦改革币制之效也。债市之波动，在金融市场为最甚，兔起鹘落，不易捉摸。由前列统计观察，各债一周之内收盘价高低相差至三四元者数见不鲜，唯此各现象系受谣言繁兴人心不定之影响，固非由于货币改制所造成。然货币改制后，金融活动，银行以游资经购公债者较前为多，遂致人心坚俏，市价趋长。则四旬以来公债市场之活跃，成交数量之惊人，亦非无因也。以言拆息，除十一月初旬承十底比期之后，仍甚俏利外，每周平均皆在一角三分左右，最低仅及分，最高亦不过一角五分。以与十月份平均一角四分，最高一角七分者相较，金融市场已松动多多矣。

（二）商品市场之变动。津沪物价自十月下旬以后，即以金涨汇缩及谣言之影响而一致上涨，迨十一月四日货币改制令下后，物价涨风更厉，扶摇直上，莫可遏止。其他各地物价亦莫不报长，兹将津沪两地重要商品之价格列表如下（上海标纱标花及标粉皆为本月期收盘价，天津商品，上海籼米单位百市斤，绿兵船粉单位一袋，西河花单位担）。

日期	上海			天津			华北批发物价指数 1926＝100
	标纱	标花	标粉	上海秈米	绿兵船粉	西河花	
十月份平均	177.0	33.75	2.700	5.68	2.79	35.63	94.20
十一月四至九日	193.2	38.81	2.935	7.31	3.03	41.02	99.69
十一至十六日	191.4	38.75	2.995	7.57	3.04	40.63	100.66
十八至二十三日	195.8	39.88	3.066	7.42	3.11	41.83	101.07
二十五至三十日	197.3	40.17	3.105	7.16	3.16	41.75	102.08
十二月二至七日	199.8	42.04	3.043	6.75	3.11	41.17	101.97
九至十四日	196.9	41.68	2.960	6.75	3.02	41.60	102.15

注：华北批发物价系以每周四至次周三为一周，故十一月四日至九日一周之物价指数应为十月卅一日至十一月六日之指数，以次各周递推。

上海标纱十月份平均为177元，十一月四日至九日一周平均为193.2元，相较上涨达16元2角。标花由十月份平均之33.75元升至十一月第一周之38.8一元，标粉亦自十月份平均之2元7角升至十一月第一周之2.935元。此后虽涨落不一，而趋势甚坚。迨十二月二日至七日之一周平均标纱涨至199.8元，标花42.04元，标粉亦于十一月末周涨至3.105元。最高价格标纱曾一度突破200元关，标花达42元8角，标粉达3元1角3分7厘5。惟至十二月之第二周止，各项物价已多呈平静矣。华北批发物价指数，十一月份第一周（截至六日）为99.69，较其上周升4%，较十月全月平均升5.5%。创二年来最高纪录。六日至十三日之一周指数续升至100.66，其次两周复升至101.07、102.08。十二月第一周（截至四日）稍落，为101.97，其次周又涨至102.15，较十一月初周复升2.46%。各类指数以食物、布匹及其原料、建筑材料及金属上涨较多，燃料上涨最少。零售物价亦同此趋势，天津工人生活实指数由十月末周（截至三十日）之103升至十一月初周（截至六日）之107.8，为三年半以来所未有。迨至十二月第二周（截至十一日）更升至109.7。复查华北主要批发商品之市价，则十一月份第一周平均较十月平均，上海籼米每百市斤升1元6角3分，申粉绿兵船每袋2角4分，出口货之西河花每担升5元3角9分。进口洋货之煤油，老牌虎牌每箱皆涨1元6角，而达9元5角及9元4角之高价。七日而后，煤油市价即固定于新水准，其他各物价格则涨落参差。至十一月末旬始逐渐回落，虽未能复于以往之水准，但其变动则已入常态。综观物价之变动趋势，始而上涨，继而参差，终而平定。可见纯系人心不定及商人操纵所致，而与货币之改制并无直接关系也。至今后之趋势，自当稳定于一较高之水准，毋庸置疑。

三

民国以来，我国货币，日益紊乱，经此次改革后。银币禁止行使，法币集中发行，俟辅币整理成功之日，即纷杂之象一扫而空之时，此改革币制之足以促成货币统一也。中央银行改组为中央准备银行后，独揽发行大权，实施再贴现及买卖证券政策，操纵全国金融而成名实相符之中央银行。其他银行各就范围以内经营适当之业务，系统既清，制度确立，此改革币制之足以整饬银行制度也。且通货管理施行之始，物价抬高，自足以刺激工商业之向上。今后货币数量随需要而伸缩，物价持平，故币制之改革工商业尤能得正规之发展。曩者我国国外贸易商人须负担金银比价及对外汇率本身两重变动之风险。今我国币制已与硬币脱离关系，汇率亦定有标准，风险自当减少。

进出口商人正可安心经营。且今后我国货币对外价值较前降低，故币制之改革，于对外贸易更为有利。就人民生计言，则今后物价既已稳定，人民生计必趋安适。盖物价之弊不在其过高过低，而在其时高时低也。惟欲期通货管理之成功，当求措施之审慎与策划之周密。此次政府举措，颇为妥当。惟吾人尚感有问题数事为财长宣言及财部布告所未及者，愿提出以就正于国人，并促政府及社会之注意焉。

（一）外汇管理应取何种方式。通货管理之目的在对内稳定物价，对外安定汇率，故国外汇兑之如何控制，实为通货管理中之重要问题。财部布告谓：中中交三银行“无限制”买卖外汇以维持现定外汇价格。其后财部解释各项疑点时亦谓：外汇安定问题，三行为无限制之外汇买卖，已经具备调解控制供求之功能，汇价稳定，自无问题。惟吾人于此仍不能无所疑虑：盖中中交三行是否有此资力，尚属疑问，即使有之，以我国连年国际清偿逆差之情形，此有限之资力亦必于极短期内即将告罄。与其届时无法维持而任令汇率之缩落，何如及早为有效之管理与控制，以防患于未然之为得计乎？吾人意以中国银行专司经营及控制国外汇兑之责。管理之初步，自须集中对外债权，其法以防止盗金逃避禁止汇兑投机为主，我国目今对外汇价之变动已脱现金输送点之羁绊，故限制投机尤为重要，限制投机应自取缔远期外汇买卖入手，唯因正当国外贸易所必需之远期外汇买卖则仍应予以通融，其次为公定汇价，一切外汇买卖皆以公定汇价为主，其他行情一律禁绝。政府银行亲自加入买卖，以维持公定汇价之稳固。此次新会已附带定出买卖外汇之官价，且中中交三行复为无限制的买卖外汇，唯如何有效取缔投机则尚无所闻，而亟应有所规划者也。复次，则为汇兑之分配。设以中国银行为专营外汇之银行，对外债权已集中，公定汇价亦能维持之时，则中国银行依官定汇价买进外汇之后，再应入口商及对外支付者为清偿对外债务购买外汇之请求，而按官价售与之。惟外汇分配之能否成功，端视外汇供求之能否相应，亦即紧诸国外贸易之能否平衡，故于管理汇兑之中犹含控制贸易之意，如办理得法，则收效必有可观也。

（二）省钞如何整理。钞票发行之统一，为原则上所必需，亦为近代各国货币制度之趋势。我国以中央银行成立较晚，及政府机关之放任纵容，致钞票之发行权极滥。商业银行有之，各省政府有之，地方团体亦有之。商业银行之钞票发行，事先须得财部之准许，有充分之准备。近年且盛行公开检查准备之制，数额亦有统计，故其整顿可无甚问题，财部进行亦将底于成功。惟各省政府以情形特殊，其发行每不受财部之节制。现各省银行几莫不有钞票之发行。数额既滥，准备不足，价值不能平兑，流通不出省境。历年来各省政府视钞票发行为利益，每以财政困难及军费膨胀而诱致省钞之滥发，寖假遂陷于不可收拾之境。如四川此次收销地钞之经过，若非采用快刀斩乱麻之手段，殊难觇其成功。即按八折收兑，而人民所受损失亦已不赀矣！此种省钞估计数额至少当在一亿元以上。欲加整理，困难滋多。现中央政权虽已日臻巩固，而少数省份，犹有各自为政者。于中央政会辄阳奉阴违。是中央虽有彻底整顿之决心，难免各省之不视同具文也。复以利益攸关，更难速责其就范，此其一。此项省钞之发行，向无确数之统计，且以数额过巨，收销殊非易易，此其二。省钞准备不充，成数多寡，局外人无从知悉。若果以一元兑一元之率平兑，则准备不足之象仍不可免，此其三。省钞因滥发之结果，价值跌落。将来收兑应采何种标准，尤为一重要问题。平兑则中央有损，折扣则民生受害，此其四。惟因噎废食，智者不取。欲求币制改革之成功，必须对省钞为彻底之整理。理宜先令各省核实查报省钞发行数额，准备成数，及价值高低之统计。由财部汇集研讨，择一与各该省省钞市值相当之兑价由中中交三行输送法币收兑。其数额过巨者，则可酌量紧缩。想各省政府深明大义，全国民众望治尤殷，当能忍一时之痛苦而图永久之安宁也。除省钞外，内地商店典当合作社等，多发行私票，数额既无限制，准备更属可疑。平时既能酿成金融之巨变，今后尤足阻碍货币之统一。唯以正确统计之缺乏，及其入于内地社会之深刻，整理殊多困难。理宜由地方政府负责调查其数额准备等发行详况具报，再谋禁止发行，及兑换法币等对策也。

（三）辅币如何整理。我国币制虽名为银本位制，但实际大部分人民之交易，则以生活程度之低下，多用辅币为媒介，辅币之中，以铜币为尤普及，故有谓我国实为铜本位者，信非虚语。我国之辅币有软硬二种。后者有银角及铜元，前者有银角标及铜元票。因辅币在原则上其面值应大于其实值，故民元以来各省多视铸造辅币为利薮。数目既无限制，成色尤多参差，欲求详细之统计，殊不易得。据调查目今各省通行之银辅币约有二十余种，分由各省十余铸造厂铸造，其中以广东双毫为较普遍。铜元亦不下十余种，分由各省十余造币厂铸造。其中以双铜元当二十文者为较普遍。而铜元之流通较银角尤为普及，故铜元之紊乱情形，亦较银角为尤甚也。查我国铜元成色之紊乱，不但各省所铸成色不同，即同省铸造者亦历届互异。各省军人以其利益之巨也，莫不操纵把持以为糈饷之来源，自肥之渊薮。故铸造极滥，产量既多，价值愈落，价值愈落铸造愈多，循循相因，膨胀不已，遂至陷于不可收拾之地步。而价值之高下不一，更属随时而异，随地而异。且各地兑换率不同，则难免贩运图利之举。如日来之天津铜元问题，其初每元兑价盘固于五百余枚。迨货币改制后，以奸商之偷运图利，及投机者之乘机操纵，兑价日昂，先破入五百枚，最高且曾破入四百枚关。然铜元昂贵，而物价并未下落，致商业停滞，人民叫苦。虽赖官方订定法价五百枚以维持，终以铜元之缺乏而不得不再提高至四百六十枚之兑价。至是铜元风潮始渐平息。由是可见辅币问题严重之一斑。将来若不彻底改革，则结果不有堪设想者矣。理宜鼓铸新辅币，收回旧辅币。厉行十进制度，严禁各省私铸。如是则辅币得与本位币相辅而行，裨益自非浅显也。

四

综观此次货币改革，财部规定既极周详，一切措施亦称尤当。而经过之良好，人民之赞助，尤足庆幸。实为我国币制改革一大成功。辄据见闻所及，作一综合的检讨，并以感觉目前亟待努力者数点就正社会。尤望政府能对此速谋彻底解决之方，庶足奠我国币制于健全巩固之基础也。

（《时事月报》第 14 卷第 1 期，1936 年）

国人对于所得税应有的认识

近来世界各国，因为财政支出的庞大，常常感到收入的不足，补救的方法，大家注重于直接税的课征。而直接税中，又以所得税为重要。我国政府，最近也已经制定所得税暂行条例，公布施行，所以趁这个机会，和诸位听众谈谈“国人对于所得税应有的认识”这个题目。

对于这个题目，我把它分做六点来说：一、所得税的意义和性质；二、今日中国的租税制度及其缺点；三、所得税的优点；四、各国所得税的概况及其重要；五、中国实行所得税的沿革及内容；六、所得税成功的要素。现在在下面分开来说。

一、所得税的意义和性质

“租税”就是人民对于政府经费的分担，是强制的，是人民对国家的义务，这大家都知道了，所得税是租税的一种，它所以和其他租税不同的地方，有下面几点。

（一）从租税的转嫁和归着来说，所得税是直接税的一种，纳税者就是最后负担租税的人，不能转嫁给别人，不似间接税的纳税者，可以把一部分或全部分的税转嫁给别人。

（二）以租税负担分配的标准来说，所得税是拿国民纳税的能力所得做标准的，有所得然后课税。

（三）从租税负担分配的方法来说，所得税常常是一种累进税，而不是比例税，就是税率随所得的多寡而不同。

二、今日中国的租税制度及其缺点

所得税的意义和性质已经知道了，现在再看中国现在租税制度是怎样，它有什么缺点。

（一）今日中国的租税制度

先说今日中国的租税制度，中国现在的租税制度，还是以消费税、财产税为大宗，行为税、营业税次之，消费税就是对消费物品的课税，其中又以关税、税、统税为主要，烟酒税次之。总计约占国家税收 95%。例如民国二十二年度，中央税收总计约 69000 万元，而关税盐税统税烟酒税共计约 65000 万元。行为税主要的有印花税，二十二年度约征 800 万元，财产税中的田赋是地方财政的主要收入，近年来营业税也渐渐居重要的地位，所以统观中国的租税制度，几完全是间接税，直接税只有最近开征的所得税和筹备中的遗产税等罢了。

（二）今日中国租税制度的缺点

现在中国租税制度已知道了，这种制度有什么缺点呢，举大而明显地说，可以归纳为四点。

1. 不普遍。消费税既然以货物为课税的目的物，所以凡不消费这种货品的，就不纳税，例如不吸烟就不纳烟税，不饮酒就不纳酒税。

2. 不公平。许多价廉而日常的必需品，纳税的虽比较普及，但多数又是贫民来负担的。例如盐税、火柴税，盐和火柴是贫民的必需品而税率很重，负担维艰，富人虽亦用盐和火柴，但需用量并不必与他的财富成比例的增加，就是多用，在富人也并不觉得负担的苦。

3. 少伸缩性。货物税的税率，是不能随意更改的，因为处处可以影响市场的价格和供求，所以变更税率常常是极费斟酌的。

4. 税收不稳固。因为货物税税收的多少，常常要看进出口贸易及市场交易的数量而变动的。而贸易和商情，又是最不易预定的，所以税收也因之而难于稳固确定，如果遇到水旱灾或非常的巨变，则影响税收的就更难预计了，所以消费税选择需要弹性很小的物品，就是消费数量不因价格增减而有大变的，以求税收的稳定，然而这些物品常常是贫民的日用品，因此负担又不公平了。

三、所得税的优点

以上这些缺点，所得税是都没有的，反之也就是所得税比其他税制优良之点，简言之。

（一）纳税普及。普通各税大抵只及一部分国民，所得税则除所得太低而免征外，凡属国民，皆随他所得额的多寡而负纳税的义务。

（二）负担公平。货物税只能采比例税法，税率一律，所以贫富负担不同。所得税采累进税率，所得多者增加其税率，使能力大的多纳税，能力小的少纳税，来平均社会贫富的阶级，合于负担公平的原理。

（三）富有弹性。善良的税制必须负有弹性，所得税之纳税，大都是中上阶级和超过最低限度所得标准的人，当承平的时候，国家可减轻税率，奖励储蓄，遇到紧急和需财的时候，很容易酌量增加税率来弥补急需，所以所得税是比较富有弹性的。

（四）税收稳固。善良的税制必须有稳固的收入，所得税的税源很广，凡国民经济活动的结果，皆有所得，所以国家可以获到稳固可靠的收入，并且社会经济愈发达，人民富力愈增加，所得税的收入也必定随着增多。

四、各国所得税的概况及其重要

查所得税的采用，最初原是救济战时财政的政策，不必具有永久的性质，后来屡有兴废，渐渐成为有系统而且永久性的良税，欧洲大战以后，各国财政支出庞大，需要巨大收入，以为挹注，所得税在国家税收中的地位，更见重要，到现在已成为各国税制中的中坚，而消费税财产税则退于辅助地位了。下面把各国实行所得税的大概及其重要约略说一说。

（一）沿革

世界各国采行所得税最早而最有成绩的当推英国，倡始于1798年，英法战争时，因国用匮乏而设立的，初为暂时性质，屡有兴废，1862年后渐臻完备，1907年采用勤劳所得和财产所得的方法，1910年采取累进税法和超过税，1918年将所得税立汇集于一个法案，叫作所得税法案，就是现在的英国所得税案，至于每年的所得税税率，或增或减，按年在会议的财政法案中通过，而税法本身不变。

美国于1862年南北战争时始采用所得税，1872年曾废止，1894年又复采用，后来因为和宪法冲突，不能实行，直到1913

年修正宪法，政府始得制定联邦所得税法，继续到现在，并且在租税中占据最主要的地位。

英美而后，各国鉴于所得税法意的良美，群起仿效，到现在全世界文明各国多已经创设，并且以它为主要的赋税，如果以创始的时期来说，在1800年以前的有英国，1804年有瑞士，1861—1870年间有美国和意国，1881—1890年间有塞尔维亚、南奥大利、日本诸国，1891—1900年间有新西兰、荷兰、奥国、西班牙等国，1909年有匈牙利，1914年（欧战开始）以后则有法国，捷克斯拉夫、俄国、希腊、卢森堡、比利时、德国、保加利亚、波兰、巴西、罗马尼亚诸国，大都完成于1922年以前，所以中国到今日才实行所得税，已经比别国至少迟了十年了。

（二）税法和重要

各国实行所得税的范围和方法税率，因国情而互有不同，且极其繁复，不能多述，例如英国税法分所得为五类：1. 财产所得，如田地的所得行课源法；2. 农民所得；3. 国债利息及年金所得，行课源法，于付息时扣除；4. 工商业股票及利息所得；5. 官吏薪俸所得。美国所得税分个人所得和法人所得两种，个人所得税比法人所得税重，个人所得又分为普通所得税与附加所得税两种。德国所得税只分两种：1. 一般所得税，系遍课土地、房屋、营业、资本及劳力所得的纯收入；2. 法人所得税，是一般所得税的补充税。法国所得税亦分两种：1. 分类所得税，计有土地、房屋、农工、商业所得、利息所得、薪资所得等项；2. 综合所得税，是以重课大所得为目的，以为分类所得税的补助。日本所得税分法人所得、资本所得和个人所得三种，税率等极个个不同。至于所得税收入与租税总收入的百分比，计美国约50%，英国约43%，法国30%，意国德国各约24%，日本约20%，可见所得税在租税中的重要了。

五、中国实行所得税的沿革和内容

（一）沿革

我国倡议采用所得税，到现在也已经有二十多年的历史了，最初在前清末叶，国用困乏，当时朝野均主张创办所得税，曾拟税法交资政院审议，审议未竣而国体已变。民国成立后，因财用不足，民国二年财政部曾拟定所得税法二十八条，民国三年一月公布，民国四年以此项条例课税范围太广，须分期推行，遂拟定第一期推行细则，先限于当商、银行商、盐商、与官厅特许注册的公司行栈，以及官吏薪给、议员岁费，与从事各业的薪给。前者采申报法，后者采课源法。民十复草拟施行细则公布，不久施行，但因为社会基础不坚固，财务行政不健全，终究没有能实行。

国民政府定都以来，财政部将民国三年的所得税条例重行研究，提出所得税暂行条例二十八条及意见书，也因格于事实，未能立办。同时中央党部颁布所得捐条例及征收细则，但其范围仅及于党员及公务员而已，近年因社会进步，朝野各方都起来研究这个问题，去年财政部为应时势的需要，孔部长乃有所得税暂行条例的提出，一年多以来，经过各方面的讨论研究，始就财政部的提案修正，经过立法程序，而于本年七月二十一日公布所得税暂行条例二十二条，八月二十二日行政院又公布所得税暂行条例施行细则四十九条，并定本月一日起始实行一部分。

（二）所得税的内容

1. 课税范围。依照所得税暂行条例，课税范围分为三类：

第一类为（甲）营利事业所得，凡公司、商号、行栈、工厂或个人资本，在二千元以上的营利所得;（乙）官商合办营利事业;（丙）一时营利事业的所得。第二类，勤劳所得，如公务员、自由职业及其他从事各业者薪给报酬之所得。第三类，非劳力所得，如证券存款的利息属之。第一类取其在新式组织，便于钩稽，第二第三类则取其能采课源法，便于征收，因为初办的时候，因势利导，不得不如此，就是英国在 1914 年以前，也不实行分类课源法而已。

2. 税率标准。第一类（甲）（乙）两项，系采金额累进制，纯利所得和资本实额 5%以上未满 10%者，课税 3%;所得合 10%未满 15%者，课税 4%；税率最高为所得合 25%以上者，一律课税 10%。第一类（丙）项能按资本实额比例计算者，适用上述的课税法，否则采分级累进制，所得在百元以上未满一千元者，课税 3%；所得在一千元以上未满二千五百元者，课税 4%。税率最高至 20%。

第二类所得系采超过额累进制，每月平均不满三十元者不课税，三十元以上至六十元，每十元课税五分（亦即 5‰），超过六十元至一百元者，其超过额每十元课税二角，税率递加至每十元课税二元为最高，亦即 20%。

第三类所得系采一般税率，一律照所得额课税 5%。

3. 纳税方法。第一类（甲）（乙）两项采陈报法，由纳税者自己陈报。第一类（丙）项及第二类则兼采课源法与陈报法，第三类则采课源法，由支付利息者扣缴

六、所得税成功的要素

所得税是今日世界各国公认的良税，前面已经说过，不过“徒法不能自行”，中国实行所得科名的成功与否，还要靠政府和人民两方面同时努力。在政府方面，对于实行所得税的种种规章，应力求简赅明了，使人人容易认识遵守，减少法律上的疑义和争执，对于征收所得税之手续，应力求效率化和合理化，不浪费时间，不骚扰人民，权责分明，秩序井然，不过要达到这一点，除了制定适当的条例外，对于征收所得税的官吏应该有严格的选择，然后加以相当的训练，考虑成绩，严明赏罚，优厚他们的待遇，保障他们的职位，使他们能够安心服务，廉洁奉公，扫除以前的积弊，一新人民的耳目。凡是一种新税制实行的时候，这些都应当十分注意，而最要紧的，政府对于所得税的行政经费，尤其应该竭力节省，例如加拿大所得税行政经费，不到税收3%，美国的不到1.5%，英国的则不到1%，这种成绩，虽不是短时期所能做到的，不过我们终要努力节省，因为节省行政经费，间接就可以减轻人民的负担，给人民一种良好的印象，和促进人民对政府的信仰，这是一种税则成功的要着。

以上各点，现在的政府当然是很注意的，并且正在计划进行，促其实现，例如组织中央直接税征收处，公布所得税暂行条例施行细则，考取所得税征税官吏，加以训练及保障，来担任征税的事务等等。

在人民方面，我们既然知道了所得税这种税制的良好和对于国家的切要，就应该竭力去拥护它，帮助政府去推行它，切不可抱着观望的态度，或怀疑的心理，因为一种良好的税制，如果不得大多数人民的拥护合作，逃税是很难防止的，尤其是所得税这种税制，就很难成功或顺利推行。所以今后实行所得税的成功与否，政府的努力之外，还要看人民能不能拥护合作，幸而所得税暂行条例公布之后，国民都表示欢迎赞成，这不能不说是中国近年来的一种进步。

最后，本人的看法，实行所得税本身就是一种公民的教育和训练，因为实行所得税，可以使人民知道这种税制的良好，对中国税制的改革、经济的复兴是如何的切要，尤其重要的。实行所得税可以养成人民缴纳直接税的良好习惯，更因直接纳税的关系而引起人民对于国家财政和政治的关心，大家起来督促政府、改善政治。今日欧美先进各国人民，对于国事的关心，纳税的踊跃，于国家紧迫时一致奋起，毁家纾难，使国家能安渡难关，一天强盛一天。这种情形并非一朝一夕之功，实在经许多年的教育和训练，今日中国举办所得税，其成功的程度固然要看今日中国人民的教育程序和经济情形而有相当的限度，不过就拿实行所得税的一种教育的意义来说，他的成就是一定不小的，而推行所得税的结果，也正可以测度中国人民的爱国心和教育进步到怎样地步，愿与国人共勉之。

（《中央周报》第 443 期，1936 年；另载《陕行汇刊》第 2 卷第 1 期，1937 年）

目前物价问题之症结

抗战军兴以后，因为运输困难，供求不能相应，物价的上涨，原是必然的现象。但在此抗战期内，人民的生活本来已经很苦，如果物价上涨过甚，则影响社会的安宁，极为重大，所以政府对于目前的物价问题，不能不有适当的措置。不过，我们要平准物价，而适得其当，则非明了目前后方物价问题的症结所在不可。

首先，我愿提出一个很微妙的现象，即在三个月以前，因为今年川省丰收，大家都深恐谷贱伤农，影响民生，委员长关怀民瘼，乃于八月间电令农本局等机关，切实计划，“必须做到全川各县皆能各就产量，适当收屯，维持市价，使真正农民均获叨受本年丰收之实利”。到现在，仅仅三个月，社会人士所惶惶不安者，已非粮价过贱，而是粮价过贵；不是谷贱伤农，而是消费者难于负担；甚至有人以为：目前平准物价的适当方法，应从平准粮价开始，粮价不平，一般物价，难望低落。这一微妙的现象，实在值得并需要我们注意，因为在这中间，我们可以发现目前物价问题的症结所在。

我们须知粮价的高涨，固然可以引起一般物价的上涨，但一般物价的上涨，也同样可以引起粮价的高涨。这中间，本有互为因果的作用，我们要分析这中间因果关系，最普通的方法，是在追究一般日用品与食料品。也可说是工业品与农产品，到底是哪一类物品的价格涨得最厉害。现在先拿抗战以后两年又五个月的重庆市零售物价指数来说，根据西南经济研究所调查，以民国二十六年六月为基数（100），至本年十月底止，一般物价涨近 3 倍，即为 386.22（69 种生活必需品的平均数）。试分类以观，则涨价最烈者是房租及建筑材料类，其指数为 470.60（房租及其他 9 种物品的平均数），次为衣料类之 468.20（10 种物品的平均数），再次为杂项类之 458.89（10 种物品的平均数），再次为燃料类的 401.00（8 种物品的平均数），最后始为食料类的 242.45（22 件物品的平均数）。这就是说，就各种生活必需品的零卖价格而言，不论房租建筑材料、衣料、燃料及杂项类，其涨价的程度都超过了一般物价的平均数（386.22），申而言之，即房租及建筑材料类超过 84.38，衣料类超过 81.48，杂项类超过 72.67，燃料类超过 14.78，只有食料类，其涨价的程度，尚不及一般物价的平均数计达 143.77 之巨。不独如此，我们如果进而就这 22 种食料品加以分析，则可知食粮的涨价，更微乎其微（以指数为 189），即在这 242.45 的平均指数中，涨价最烈者为沱茶的 525，次为葱、韭菜、泡海椒及醋的 300，余如鸡蛋的 267，黄豆芽的 261，菜油的 246，都在食料品的平均指数之上；再如花椒（241），蚕豆、包菜、条粉、酱油（各 200），以及鸡肉（197），虽不及食料品的平均指数，但也在粮价的指数之上。在粮价指数之下者，22 种食料品中，只有牛肉（188）与榨菜（179）两种而已。又即在 69 种生活必需品中，也只有菜油与粮价同其指数，光明牌电泡的指数在粮价之下。由上可知：抗战两年余，后方粮价的高涨，尚不及一般物价 197.22，更不及房租与建筑材料 281.60、衣料类 279.30、杂项类 269.89、燃料类 212.00，甚而至于不及一般食料类的平均指数 52.45。在这情形之下，我们还能说食粮涨价过甚，平准物价从粮价着手吗？

重庆的情形如此，后方各地的情形，亦大致相同，兹姑以贵阳为例，据贵州省政府秘书处统计室的调查，以民国二十五年为 100，则至本年九月份，零售物价的总指数为 272.81，涨价最烈者为燃料类的 376.90，次为衣着类的 362.42，次为杂项类的 276.30，最后才是食品类的 221.27。即任何一类的物品，其涨价程度，都超过了（总指数）；只有食品类，还在（总指数）之下。要而言之，这种情形，绝不是重庆或贵阳的特殊现象，因为农本局自本年七月起，开始在后方各大都市调查批发物价，虽然我们目前所收到的报告，只有九、十两个月，不敢说是十分正确，但根据我们收到的这些报告，都可以看出同样的趋势。

唯其如此，所以我们站在整个国民经济立场来说，目前都市的物价问题，固然重要，而农产品与工业品不等价的发展，影响于农村经济，更为严重。讲到这一点，在农本局同事胥君从合江寄来的通讯中，有一段对于农民的谈话，很值得我们注意，现特摘录于后（原文见《农本》半月刊第 25 期）："我日前特去访问那正在田里打谷子的农人，他用烟桿指着在田里打谷子的人说：'这样一张斗（四个人为一张斗），以去年说，只要两块钱，今年呢，这几天每天要四块钱，后来五块，现在竟涨至六块还找不到人，工钱是这么多，还要供给他们吃饭，一天三顿，顿顿需要有酒有肉，这还不算，除了三顿之外，还要有二回腰赞（即点心）。你看猪肉三角五仙钱买一斤，还是新秤，菜油五角，盐巴现已涨到一角六仙，还有烟叶、水烟等小费，合算起来，一张斗没有十块开超不走的，每张斗每天只能打十排（即三石）左右，现在新谷上市，只有十来块钱一石（约合二元七八角的一市担），过几天，谷子登齐，恐怕八九块一石，还不容易呢！回想到最初插秧的时候，工价虽比现在要相因些，但一个工每天仍需五六角，伙食在内，就得一块半，等到插秧，一个工每天又是三四角，伙食在内，一工就要块把，现在又是打谷子的工钱，自家的一切费用还没有算入。请你替我们算一算，照现在的谷价，是不是卖了去，连付工钱都不够呀！况且这块田是租的，我每年还是付租子，是四六成（即每担谷子，地主收六斗，佃农夫收四斗）收哩！'”这是一幅如何凄惨的情景？所以，在一般日用品的价格以及工价极度高涨的狂潮之下，要由粮价着手抑平物价，这不但是不可能，而且是不合理，因而我们认为目前物价问题的症结，不在粮价的高涨，而在日用品以及工价的过度腾贵，我们要平准物价，应当由这方面着手，否则，少数都市里的消费者，也许可以获得比较廉价的食粮，但多数乡村里的农民这就更苦了，我们应该认清事实的本末，我们不能倒置事实的因果，何况农民出售食粮，是照批发的物价，购买日用品，是照零售物价，目前粮价虽涨，农民到手几许，还是一个问题。

当然，话也可以回转头来说：第一，根据昂格尔（Engle）的消费法则，凡收入愈少者，其食粮的部分支出愈多，这因为一件衣服多穿一年，仍可御寒，一碗饭分作两天吃，就不能疗饥，即其他日用品的需要，比较食粮的伸缩性来得大，所以粮价高涨的程度，从不及其他日用品，但其打击一般消费者的生活，也许会比其他的日用品来得厉害，这是可能的事实。第二，目前粮价的高涨，是否尽为生产者的农民所得，如果其中有由于奸商的操纵，则抑平粮价，仍属必要。自然，这也是值得注意的事情。不过，这两件事，都无关于我们讨论的中心问题。因为第一，平准物价的目标，应该同时顾到消费者与生产者的利益，不能有所偏颇；第二，如果目前粮价的高涨，其中有由奸商的操纵居奇，这就更加证明了生产者农民的痛苦，而亟须加以援助。

总而言之，我以为被目前物价过度高涨压迫着的一般消费者的生活，确实亟须设法平准。不过这一物价问题的症结，是在一般日用品的价格涨得太厉害。适当的平准方法，应当兼顾消费者与生产者的利益，力求一般日用品与食粮价格的平衡，否则，不是徒劳无益，就是过分牺牲了大多数农民的生活。故委员长在八月间指示我们："必须做到全川各县皆能各就产量，适当收屯，维持市价，使真正农民均获叨受本年丰收之实利。"这是目前从事平准物价者的一个最高原则。

（《改进》第2卷第6期，1939年；另载于《农本》第28期）

农村经济与农本局

中国农业生产要素之概况

农业之生产要素，为土地劳工资本三者。盖务农之先决条件，必有土地；然有地而无劳力，则地荒；有劳力而无资本，则将多劳而鲜获。故必三者具备，且其分配适宜，农业始能发展，农产始可以期其丰穰。

（一）土地。吾国面积计为4300000方英里，约占全世界面积5%强，较之日本，约大29倍有余，除英俄外，世界皆莫能逮。第此项面积中所包括之土地，为类不一，有三千尺以上之蒙古高原，一万尺以上之西藏高原，此外尚有甚多大山脉和温度低下雨量缺乏之沙地，此种土地，均极端不宜于耕植。据美国农部专家贝克君之估计，我国土地中有充分雨量之可耕地，约1300000英亩，其中90%至95%，皆在本部十八省及东三省。此1300000000英亩之中，气候过寒不适耕种者，约占5%，所余可耕地为1235000000英亩。其中山岳池沼之地，及因其他地形关系不能耕种者，仿美国之比例，作为40%，则所余者约740000000英亩。再举其中土壤过瘠不能耕作者，作为5%，所余可耕地之净数，只700000000英亩，仅占全国面积总数1/4强。我国人口总数之估计不一，吾人估以450000000为准，则平均每英里可耕地之人口密度为311，较之日本每英里可耕地之人口密度（2774），约小九倍；英国每英里可耕地之人口密度（2170），约小七倍。惟吾国可耕地，虽估计之数，为70000万英亩，而实际之已耕已殖者，为数有限，且太半集中于中原区（即白河黄河淮河等平原）、扬子区（即扬子江下流平原）、丘陵区（即中原区扬子区之丘陵地如山东江苏安徽江西湖南等省之低山宽谷）与沿海区（浙闽粤三省之东南）四区。其可耕而未耕之地，除东北之天然农区外，余则或待水利之兴治，或待铁路之修筑，垦发之功，非可望于旦夕。东北三省可耕地之储量，计有 4400 万英亩，惜该处土地之取得及分配，缺乏定法，人民生命之安全，缺乏保障，以及币制之纷乱，信用制度及销售制度之不改善，均足使移民垦殖，困难丛生。年来直鲁豫之农民，虽移赴关外者甚多，然按之实际，移赴东北之动机，由于东三省土地之利动者少，由于原藉环境之压迫者多。自“九一八”以后，东北之纷乱益甚，移民返籍者，日多一日。作者最近赴山东益都昌邑等县调查，得知该地今年因东北移民返籍过多之故，农工工资，较年前此时低落至一倍以上。

我国可耕地之已耕者，为数多少，仅有估计可考。贝克估计为 180000000 英亩，刘季陶估计为 281000000 英亩，此外尚有估计为 246000000 英亩（见 Report on Crops, markets May, 1923），及 263000000 英亩（见 Report of Agricultual Commission, 1914）者。此四种估计之中，以刘君之估计为最高，若以此最高之数为准，则吾国现时之平均，每英亩已耕地之人口密度为 1024 强，每人有已耕地 0.62 英亩。按照英美诸邦现时之生活程度，每人须耕地二英亩半始足以供营养之资。若以此数衡之，则吾国平均每人之已耕地，尚少四倍。若与美国现时平均每人已耕地 3.6 英亩相比，则少六倍。因此之故，中国农家之耕植面积（crop area），至为逼仄。据金陵大学皖直豫陕浙闽苏七省之农村经济调查所得，平均每农家之耕植面积，为五英亩零一，此数似尚较高。作者在山东所调查之结果，农家之耕植面积，少至一英亩或一英亩以下者，约占调查家数（约三千余家散布于益都昌邑二县）55%。吾人估以金陵大学之调查为准，则我国农家耕植面积，小于美国者（约62英亩）约十二倍有余，即与丹麦（约33英亩）相较，亦小六倍以上。农家耕植之面积，狭小如此，其收入之微，即可想见。按诸作者在山东之调查，平均每农家之净收入，仅142元，其中17%，尚为农家之副业收入。所谓净收入者，即农家全年农务收入减去其全年农务支出之谓。倘以每家五口计算，则平均每人全年收入仅二八元四角，此与我国平均每人国入三十元之估计，相差无几。农民生活程度之低下，于此可以见矣。

（二）劳工。吾国农民占人口总数3/4（约34000万），为数可谓极巨。欧美各国农民占人口总和之百分数，计美为26%，法为42%，德为31%，英为7%，东亚为日本，农民占其人口总数55%，印度占72%。是中国农民占人口总数之百分数，较世界任何国家为高，即较以农国著称之印度亦过之。农村人口众多，工资较贱，故农场工作，几全用人力。据金陵大学之农村经济调查，平均每英亩植棉所用之人力劳工为650小时，较美国（116小时）约多五倍半，种薯所需之人力劳工为474小时，较美国（82小时）约多六倍，种麦所需之人力劳工为240小时，较美国（10小时）约多二四倍。

农民耕种时所用之人力劳工，既已如此之多，其劳工费在农务支出总额内所占之比例，自必至巨。据金陵大学之农村经济调查，平均每英亩农务支出中64%（约20元）为劳工费（包括雇工主农及其家属之任工作者），最高者为81%（约70元），最低者为29%（约4元）。按作者在山东益都昌邑等县之农村经济调查，平均每英亩农务支出中70%为劳工费（约35元）。在东三省东山里一带之农村经济调查，平均每英亩农务支出中

60%为劳工费（约 7 元 5 角）。中国农村之工资甚低，而每英亩所用之劳工费，对农务支出之比例若是之高，此足征便宜劳工非经济之劳工也。美人贝克以每小时农工所得之收获为标准，比较中美农工之效率，谓中国农工每小时种玉蜀黍之所得仅 1.1 基罗格姆，美国则为 45.5 基罗格姆；种小麦中国仅 1.6，美国则为 34.9；种米中国仅 2.3，美国则为 18.7。就此数字观之，美国农工种玉蜀黍与小麦之效率，高于中国农工者约四十倍，即种米亦高八倍有余。

农工可分为主农、家属工人及雇工三种。三者在中国农村中之重要，尚无准确之统计可考。且各地情形互异，亦不能一概而论。据金陵大学之农村经济调查，平均 19%为雇工，38%为主农，43%为家属工人。三者之分配，随农家耕植面积之大小而异，大概言之，二英亩或二英亩以下之小农，平均雇工工资占劳工费之百分数为四；三英亩至七英亩之中农，其平均雇工工资占劳工费之百分数为一四；八英亩以上之大农，其雇工工资平均占劳工费 32%。金陵大学之调查结果，与作者在山东益都昌邑调查之所得相似，山东农民之劳工费中，平均 18%为雇工之工资，其中小农平均 6%为雇工工资，中农平均 15%为雇工工资，大农平均 37%为雇工工资。东三省则迥异于是，其雇工工资在劳工费中，平均约占 45%，最高者约达 65%，是盖由于东三省之农家雇工较多，工资较高故也。由此亦可推知吾国乡村中之农民，除东三省外，其非地主非佃农而为无产之工资工人者，极为少数。此极少数之工资工人，在中国农村中之地位，一如法国丹麦及德国南部之无产农业工人，尚不能自成为一阶级。大部分之农业工人，其本身亦拥些许之土地，或为地主之佃户，仅以其农隙之余力，为人佣工。故吾国乡村之经济，目前尚无显著之无产农工阶级问题，所有者为多数耕地甚少之农民耳。

（三）资本。农民之资本缺乏，实为发展吾国农业最大问题之一。据金陵大学之农村经济调查，平均每农家之资本，计 1769 元，其中 92%为不动产，如土地房屋树林之类，4%为牲口，2%为农具，2%为种子及粮食。作者在山东益都昌邑调查所估计之结果，与金陵大学所得者大略相同。兹将其自耕农、半自耕农、佃农平均每家资本估计之分配列下。

（1）自耕农。资本 1700 元（不动产——土地房屋占 92%；牲口占 3%；种子及粮食占 2%；农具占 3%）。

（2）半自耕农。资本 1120 元（不动产——土地房屋占 86%；牲口占 5%；种子及粮食占 5%；农具占 3%）。

（3）佃农。资本 245 元（不动产——土地房屋占 43%；牲口占 26%；种子及粮食占 14%；农具占 17%）。

据上表所示，吾人所须注意者有二：第一，佃农资本较自耕农半自耕农均远少。上表所载佃农之平均每家资本，尚不足以表示吾国多数佃农窘困之情形。据作者之调查，山东佃农之资本，在 50 元以下者，约占调查范围内所有佃农全数（500 余家）2/5，大率仅有农具及牲口二种。第二，资本甚为，农具所占资本总额之比例尤小，故耕种所用之动力，大都均为人力及畜力二种。水力、风力及机力，虽现在中国各处亦有用之者，要多限于灌溉而已。贝克估计我国人力及畜力用为农场之动力者，约 44000000 马力。倘已耕地以刘季陶之估计为准，则每六英亩耕地，约有一马力。每农家所有动力（每农家之耕种面积，以金陵大学之调查平均 5.1 英亩为准）尚不足一马力。美国平均每七英亩耕地用一马力，而每农家所有可用之动力，则为八马力。是中国农民耕地一英亩所用之马力，较美国农民耕地一英亩所用之马力尚多，而美国每农家所有可用之马力则九倍于中国之农家所有。推其故，盖因中美两国农场所用动力之性质不同所致。美国农务工作，多赖机器以为之用，而所恃于人力者少；中国农民资本微薄，而劳工之工资至低，故农民之耕植，则纯赖人力与畜力，所谓资本之农具，殊甚鲜也。

（四）结论。综括上述，我国之农业生产要素，就土地言，可耕之地，现已耕者尚只十分之四，其他十分之六。除东三省为天然农区外，余则均有待于水利及交通之建设。其已耕之地，数额即不足以敷农民之耕稼，而农民之耕稼方法，又均墨守旧规，故结果所产不增，农民之生活甚低。就劳工言，乡村之人力过剩，工资甚低，农民耕稼之时，大率多赖人力，故农务费中之劳工费绝高，而各个人之生产额甚低。就资本言，农民之资本甚微，其所用之农具，为数千年来相沿用之物，无资力以置新式农器。且利农业工人之工资低贱，一切多以人力为之，故结果每亩所用之动力多而生产少。

吾国之农地，说者均谓已达集约耕种（Intensive Cultivation）之情形。就上述各点证之，足征殊未尽然。盖所谓集约者，只能自每亩所用之人力言之耳，农器之设备及耕植之科学方法，则尚未足以言集约。约言之，吾国之农业，实为资本不足人力过用。故今后吾国之农业生产问题，在如何改善土地劳工资本三者分配之比例。

（《独立评论》第 6 号，1932 年）

棉产在河北农村经济上之地位

一

我国数千年来以农立国，迄乎今日，情势未变。人口分配，农民居四分之三，输出货品，农产属十分之七。新式工业虽有相当发展，其范围实甚狭小，以地域论，仅局于少数城市，以业别论，但限于几项工业，且外商资本势力，远在国人之上，重要航运矿产，尽在控制之下。工业发展如此，商业、金融，自不易振，生产微薄，乃无货物以资转运，市场不广，金融流动即见停滞，于是商业经营不过地方卖买，金融市场只是投机处所。其于国民经济上居根本重要地位者仍为农业也。

中国全国之经济情形若是，河北省之情形亦莫不然。河北居华北平原，当黄河流域之尾闾，其气候间于大陆性与海洋性之间，冬季干旱，春夏温暖，为中国优良农区之一；且开化最早，前代居文物中心，农事习惯，积渐甚深，其自然与历史环境，实足以代表中国者也。

河北全省面积，估计数字不一，取其较近似者为53229方哩，或224491000亩，其中已耕地面积为103432000亩，当总面积46%。除江苏、山东外，实全国耕地面积所占总面积百分比之最高者。全国各省之平均耕地面积百分比为 10%，与河北悬殊，此固由于地势山脉之不同，及各地社会发展情形之各异，不能直接比较，然河北省农事之发达及耕地之广阔，亦可想见矣。

更就全省人口之职业状况而言，河北人口，汇合各方估计以观，其最近似之总数为 3000 万人，农民人数，为 2400 万人，占全省人口 80%，与全国人口之分配状况相似，较之中国本部各省，除山东、河南、山西而外，比率咸高。由此可知本省人口，其聚居于北平、天津者，为数实甚微末，其最大多数者乃为“日出而作，日入而息”之劳农，与全国之情形实无二致，如谓中国为农业国，河北实可当农业省之称而无愧。

由上述已耕地之面积及农民所占全人口之比率言，农业地位之重要已可得而知。然此大多数人民，耕作此广大之地亩，其生产价值为何如乎？使农民徒孳生息，不事生产，则有何经济能力可言？河北农民之生产能力如何？及其生产品之价值如何？农产品价值与其他工业产品之价值，得失如何？此则吾人所应研讨者也：兹以农产品包括过广，记载不全，欲事全部农产价值之估计，殊为困难，工商业之盈益，情形亦然。吾人仅能自天津海关贸易统计册中，掇拾数字，以比较输出品中农产品与工业产品之相互地位。天津出口货品，来源固不限于河北一省，然河北出口货品，泰半由天津输运，当无疑问；且天津为华北第一工业区域，其工业产品实可代表华北全部，犹上海之工商业不当视为江苏一省之工商业，故津海关之出口贸易数字，其农产品部分固较河北一省者为巨，其工业产品亦非当尽视为河北，故两者可相比较。而河北既为华北之一部，其输出品之分配情形亦约略可见。又输出货品诚不过全部生产品之什一，远不若内地贸易货品及国内自行消费者之重要，然以小喻大，观此亦可概其余矣。根据津海关二十年之出口统计，全年出口共值 134233750 海关两，农产原料食品价值为 113161748 海关两，占全部出口 84%有奇，纺织品矿产木材及杂货，仅占其余 16%。如此农产品之重要可以想见。吾人即以河北省之出口货品为此中之一小部分论，以河北农民占全体人民中之大部，亦可推知其出口货品以农产品为主要矣。

以上由人口之职业状况及农产之重要，说明农业在河北省经济地位之重要。兹更一察河北其他实业之状况，以观其经济地位较农业为何如。其他实业之主要者为工业，河北工业在全国居重要地位，其工业化之程度仅居于江苏、辽宁之后。然一考实际，则河北工业仅集中于天津、唐山、塘沽、秦皇岛、临榆及井陉数处，僻居海滨，与大多数人民无与，雇工为数虽巨，以与全省农民较，依然大巫小巫。且上述数处工业，其主要者为煤矿、棉纱、精盐、面粉等，生产为值虽颇可观，与农产品相较，亦甚微细，况煤业、棉业、面粉等咸有外资在内，不能尽视为国营事业。此外乡村工业，其生产总值每年可达一万万元之巨，如高阳、玉田、任丘、清苑之布，束鹿之皮货，南乐之草帽辫，定县之棉纱、棉线，玉田之芦苇、草席等，年产价值咸在数十万以上，然以其为农余之产品，乃由农民利用当地农产以农闲时间生产者，其销售亦仅限于本地，与其谓为工业生产，毋宁视为农业副产品之为愈也。由此亦可知河北之工业生产，无论其在国内之地位何若，于本省经济上，其地位实远不若农业之重要也。

二

以上既述农业在河北经济地位之重要。处今日民穷财竭之会，欲谋繁荣，自以谋农村经济之发达为先务，于是改进农业生产，流通农村金融，推广农产贸易尚矣。然农产种类，千百不一，其中有主从之分，其主要者关系于全省生计者大，次要者则否，河北各类农产物中，其重要程度如何，乃兹所欲说明者。据张心一氏之估计，民二十二年，河北农业作物所占之面积，以小麦为最大，计 31326000 亩，当全省作物总面积 26%；小米次之，为 24330000 亩，当全省作物面积 20%；高粱又次之，为 15502000 亩，当 13%；再次为大豆，计 9804000 亩，当 8%；再次则为棉花，计 8037000 亩，当 7%。其余谷物则所占面积还小，可不必俱述。唯张氏之棉田面积估计，似失过高，据上海纱厂联合会之棉产统计，二十一年河北省之棉田面积较比数远小，仅为 5143200 亩。然即以此数论，棉花亦为本省唯一大规模种植之商品农产，盖其余种植面积较大者，尽为自给杂粮也。棉田面积，不特较一切商品农产面积为独广，且有与年俱增之势。根据上海纱厂联合会之统计，民国十八年河北棉田面积为 2567400 亩，至十九年则增至 2950200 亩，翌年所增较缓，为 2953000 亩，然至二十一年，陡增为 5143200 亩，较之十八年增 200 余万亩，可见棉花在农产中之地位，有日益重要之势。盖棉田增加，其他杂粮面积必形减少，此固当然之理也。

更就生产价值以比较之，据张氏估计，河北各类谷物二十一年之产量，以小米最大，为 33075000 担，以最近天津之价格每担6元计算，约共值20000万元；其次产量大者为小麦，计30631000担，亦以每担6元计算，约值18000余万元；全省产高粱25494000担，每担以4元计，约值10000万元；玉米产10517000担，每担以4元计，约值8000万元；大豆产11186000担，每担以6元计，其值约在六七千万元之谱。此外河北产花生600余万担，大麦400余万担，其值亦各不过二三千万元，棉花产量据张氏估计为200余万担，以每担仅40元计算，约值8000余万元，其中西河区产者占6000万元，御河区产者占1200万元，余则东北河产。是以棉花生产以价值论，仅次于小米、小麦、高粱等粮食生产，乃唯一巨值之商品农产也。河北棉花之生产量，近年亦增进甚速，民国十七年其产量仅65万担，占全国棉产量7%；至二十二年则陡增至140余万担，占全国棉产量15%。此固由于棉田增加粮田减少，盖亦由于农民在棉花生产上所投入之劳力与资本之增加，而农民之依赖棉花以为生者，亦必有甚于昔日矣。至农民于棉花生产相依之殷，复可自棉花所占河北出口货品中之地位觇之。

天津为华北棉花之最大集散市场，据海关贸易册数字计之，民国二十一年天津出口之棉花，约占全国出口额90%以上，然运入天津之棉花，根据天津商品检验局之记载，其产自河北本省者占92%。是以一检天津海关出口统计，当可明了河北棉花在输出农产品中之地位。历年天津输出棉花约占内地输入棉花70%，二十年天津自内地输入棉花共1112034担，消费于天津本埠者243273担。输出者868761担，值29925265海关两，当该年出口全部农产物品价值26%强，其重要可想而知，且出口农产物品之来源绝不限于河北一省，出口棉花，河北则十居其九，故实际上河北输出棉花所占输出农产品之比率，当远过于是也。

三

由上所论，已可知棉花在河北省经济上之重要。抑尤须注意者，棉花为河北农产中之唯一商品作物。舍棉花而外，河北农产如小麦、小米、高粱、玉米等产量虽多，多归农家自用，农民生产目的，但在自给，每年即有剩余，亦仅敷调剂一地盈亏之需。其生产专以销售为目的，在国内外市场占重要地位者，唯棉花一项耳。因农产状况如此，故中国之农村经济，乃依然逗留于自给状态，未入于商业化时期，每年岁收之丰歉，率足影响农民之生计，农产价格之涨落，转无直接损益于收入。经济能力无以增高，水旱饥荒永为主宰，今日农村经济衰落之所以呈如此严重形势者，未始非食其赐。是以今后吾人欲谋农村经济之复兴，首在提高农民之经济能力，使农民除谋足衣足食之外，能增益每年之收入，以换取他类之货物，增益生活上之享受；或能得较多之现金，以提高其购买能力。迨购买力提高，生活之享受增加，则生活程度自高，生活程度高，则生产能力亦可以增进矣。然欲增益农民之收入，计唯在粮食生产之外，增加商品农产而已。商品农产除棉花外，尚有花生及畜产皮毛等，惟今在河北既以棉花为主，吾人自应以棉花为唯一改良对象，在维持原有食粮生产之外，利用科学方法，改良品种，试验种植，遵依经济原理，组织运销。一方求产量之增加，品质之提高；一方谋运销之迅速，剥削之铲除。双管齐下，标本兼治，俾市场得以扩大，农民收入可以增进，农村经济状况亦得因而复苏。

今之谈乡村运动农村复兴者，恒欲百端俱举，纲目咸张，以为可偕行不背，相辅而行，殊不知处今日公私人力财力两绌之际，欲求事业之速效，端在先务其急，择要而行。农民经济能力之薄弱既为今日农村问题之症结，救济之道，自应从此入手。增加商品农产既为增高农民经济能力之途径，棉花又为今日河北唯一之商品农产，则最经济有效之办法，舍求棉花产销之改良外，又奚有他？如同时欲顾及稻粱稷粟，不先集中精力于棉花，则不特为能力所不许，恐亦与事理相悖谬，世之关心农村经济者，以为然乎？

（《大公报》，1934 年 9 月 1 日；另载于《纺织周刊》第 4 卷第 36 期）

“耕者有其地”与“耕者有其赋”

土地为民众之生活资源，生产之重要工具，农民视之如第二生命，且关系国家社会之安宁，至为密切。故自私有制度盛行以来，富者阡陌相望，贫者曾无立锥，有地者不劳而食，无地者勤耕鲜得，社会不安，纠纷时起。此欧战以还，欧洲如苏俄、意大利、南斯拉夫、丹麦等国，先后采取积极的土地政策之所由来也。中国今日内忧外患，相环而至，处此非常时期，欲期建立一牢固不拔之政治经济基础，自非另辟生路，从扶植占全国人口80%之农民潜力着手不为功。夫民为邦本，必使此大多数之农民，有安居乐业之机，无冻馁流离之苦，庶乎民力以苏，国力得随而强。今日农民之所需者，为有地可耕。耕者既有其地，则终年勤劳之所获，不复为地主所剥削，去其本非应有之负担，即所以增进其资力，充裕其生活。是故欲扶植中国大多数农民之潜力，务须使“耕者有其地”。

“耕者有其地”实行以后，全国农民既有其地当负其赋。顾在“耕者有其地”未能实行以前，则不应使“耕者有其赋”。耕者既无其地，终岁勤动，南亩所获，以过半数为租，纳之地主，所余无几，已不足以赡身家；而地主无胼胝之劳，有谷粟之得，势厚者抗赋不纳，资雄者远寓大都，地方政府，官卑力微，末如之何，而度支所击，势必取盈，赋税所出，遂无一而非责之耕者，税目之繁，税款之重，不独佃农不胜其诛求，即小有田产之自耕农，亦以所获不敷所支，热不得不鬻田宅以偿，久而久之，自耕农退变而为佃农，佃农退变而为雇农，雇农与佃农之退无可退者，则流为盗匪，扰害治安。以故在“耕者有其地”未能实行以前，首应设法不使“耕者有其赋”。

夫“耕者有其地”，为中国国民党之土地政策，终以形禁势格，当局者以已淡然置之。迩来主张此议者，又复甚嚣尘上，第恐困难孔多，实行尚难期于最近。而“耕者有其赋”，则为目前举国皆然之事实，且日见增重而未有已。不独田赋及附于田赋之各项税捐，均直接或间接征之于耕者，即关税盐税统税印花税烟酒屠宰以及营业等税之属于消费者，亦无非直接间接征之于耕者。膏脂既枯，骨髓亦竭，吮吸不休，其何能堪！

我国税收，向以田赋为大宗，民国肇建，虽屡议改革赋税，而田赋沿袭古制，未稍变更，且仍为国家岁入大宗。迨民国十六年国民政府建都南京，始将田赋列为地方税，由是田赋成为地方财政之主要税源。据调查所得，各省田赋平均在省岁入40%以上。而最高者如四川且达79%，甘肃达75%。至于县地方财政，几纯恃土地税为唯一之收入。例如江苏江宁县之田赋占收入总额93%，河北静海县之田赋占收入总额87%。盖县既定为自治单位，各项政令，均赖县政府推行，而新政非财不举，乃皆以田赋附加为筹款之不二法门。是以各县田赋附加，就名称言：普通八九种，多者竟达三四十种。就数额言：普通倍于正赋，多者竟较正赋高出数十倍之巨。年来田赋及其附加增加之速，数量之大，实足惊人。查前清光绪二十八年全国最上稻田每亩纳税不过四角，而近年情形，据国府主计处统计局所统计者，民国二十一年每亩农田之捐税：青海水田最高者为四元五六角，旱田最高者二元以上；甘肃水田最高者达五元五六角，旱田最高者四元五六角；陕西水田最高者至五元五六角，旱田最高者则超过四元以上；河北水田最高者为三元五六角，旱田有超过四元以上者；山东水旱田最高者皆在五元以上；江苏、浙江、安徽三省似乎较轻，水旱田之最高额不及三元；云贵两省水旱田最高者亦超过五元以上；江西则在六元以上；广东广西水田有至七元以上者；旱田则在五、六元之间；湖南水旱田之最高者将及八元；四川、湖北、河南、山西、福建诸省，其水旱田赋税之最高者竟在八元以上；就中尤以四川为最。如以此项统计与光绪二十八年时全国最好稻田每亩纳税不过四角者相较，其增加之数率由五六倍而达一二十倍！今以地价为标准，测视我国田赋之高度，则民国二十二年时，田赋税率对低价之百分比，其最少者为河北旱田之 1.33，最高者为江西水田之 4.88，普通亦在 2%以上。而浙江崇德县陈家村之田赋税率竟达 6%弱。以之与法定限度（1%）相较，超过一倍至数倍。再以农民之收益为标准而测视之，则我国平均每亩田赋及其附加约占每亩收益 20%左右，而最高者恒占每亩收益 40%，与百年前印度每亩田赋占每亩收益之百分比相等。至在战争区域，每亩田赋总计有在 20 元以上者，所纳数额，恒超越其农产收入之总额，较印度百年前田赋之高为更甚！

我国今日田赋之苛重，已如上述，其结果即为地主逃税，而造成“耕者有其赋”之普遍现象（“耕者”二字包括自耕农、半自耕农及佃农三种）。地主逃税，其法有三：一为抗粮，即明显不缴田赋，例如浙江之杭县、永康、吴兴、丽水、泰顺等县，大地主之抗粮滞纳，久成痼疾，地方政府畏其声势，不敢过问，即有官厅向之催缴者，而一纸具文，视如弁髦，田赋征收章程虽有封产备抵之条，而亦多未能引用。政府既失之东隅，则桑榆之收，唯有将业主应完钱粮，统责佃户完纳，准将执照抵缴租谷，逾期不缴者，罚金亦由佃户负担，佃农无识，畏吏如虎，只得忍痛代缴，而地主于佃农垫缴之款，十九不予归还。迩来平湖、嘉善等县客户之欠粮者，亦均有着佃农代完之趋势。陕西之地方官吏区长及征收吏等，多为本乡地主，其对于苛税之脱逃，特为便利，如褒城等县，即印花税亦由农民直接摊派，遑论田赋；汉中贫农有尽数变卖收获，犹不足以抵捐税者。江西洪湖县之峰口镇，每有地主拥地七八千亩，远居都市，其田赋之缴付，皆由县政府向佃农催追。“耕者有其赋”，此其因一。第二，年来农村萧条，贫农急求其土地之脱售，地主购地，每有以不收粮为要挟者，而其地则仍令绝卖人承佃；其税即由耕者如旧完纳。结果在地主则有地无粮，在耕者则有粮无地。前者浙江举办编造坵地图册，即发现有承粮亩分不及其实有亩分1/10者。最近南开大学经济研究所在河北高阳调查田赋，亦发现三种现象：其一，有地愈多之农民，其呈报县府之地亩愈少；其二，报县地亩相同之农民，其实有亩数之差额甚大；其三，实有亩数甚少之农民，其报县亩数每较实有亩数为多。此即一般小农被迫脱售其土地，而仍负缴纳田赋责任之佐证也。“耕者有其赋”，此其因二。第三，田赋过重，地主每增高其租价，或需索租额以外之实物，结果形式上田赋虽由地主完纳，实际则已转嫁于耕者。例如浙江省实行二五减租之时，地主多有借口收益减少无力纳税者，地方政府为顾全税收计，委曲求全，迫令佃农照旧缴租，俾田赋亦能征收足额，广东西江团防经费，除由地主与佃农按丁分摊外，地主尚须另抽地亩捐。收益每石每年出捐一斗，结果地主加大其量谷之斗，而所增之田赋，至终仍属取之于耕者。其于小自耕农则民团可任意耕锄其土地，凡为民团所耕锄者，其收获即为民团所有。此种“耕者有其赋”之情形，实较浙江更为露骨。此其因三。

耕者不仅有其“赋”，且有其“税”。我国县地方收入虽几乎纯系田赋，而省税除田赋外，尚有契税、营业税、房捐、船捐及杂捐等项。其最后之归着，大部分莫非由占全国人口最多数之农民负担，此即“耕者有其税”之一表现。中央税收，为关税、盐税、统税、烟酒税、印花税五项，均系间接税，亦多由耕者负担，其中尤以盐税为最著。盐为日用必需品之一，无论贫富，均须购食。查民国二十二年度国家普通岁入总额为 6 亿 8 千余万元，而盐税占 1 亿 4 千余万元，其税额之大，仅次于关税。考盐之成本及运费，每石不过 2 元左右，而售价有高至 15 元以上者。平均每石盐税约 13 元，税额计占售价 16%强。“耕者”既占全国人口 80%以上，是盐税之中亦占有 80%以上为“耕者”负担。盐税如此，推而至于关、统、印花、烟酒等间接税亦莫不然，此“耕者有其税”之又一表现也。总之，我国赋税繁重，而中央与地方之税收，除田赋外，余均为间接税，故其最大部分亦皆转嫁于耕者，事实俱在，固无待吾人之喋喋者也。

在“耕者有其田”未能实行以前，而耕者所负之赋与税如此其繁且重，民不聊生，人心思动，忧时之士，重倡“耕者有其地”之说，冀挽狂澜于既倒，此种釜底抽薪之策，稍有识见，孰不谓然？惟吾人所应注意者，为中国可耕地之面积仅七万万英亩，农民人口以三万万二千万计，每人所得不过二英亩强，合十二华亩有奇，故即使“耕者有其田”能顺利进行，而耕地有限，捐税之增加无穷，恐仍非扶植农民潜力之根本办法。闻共党区域实行其土地法，分配土地，或则虽得土地而乏农具牛畜种子，如获石田，或则因农业累进税之繁重，仍多无隔宿之粮。可谓在“耕者有其赋”之问题未解决前，仅使“耕者有其地”，“耕者”未必即有出路，“耕者有其田”，为解决土地问题之理想的鹄的，而“耕者有其赋”则为当前财政制度上亟应改革之弊端。言“耕者有其地”者，实不容忽视“耕者有其赋”，务须设法减免，而后“耕者有其地”方能实惠及民也。

（《大公报·星期论文》，1935 年 10 月 20 日）

农本局业务报告

——自开办迄本任接收之日为止

甲　引言

本局成立迄今，为时至暂，经陈前总经理振先擘画经营，规模粗具，廉奉命承乏，原期萧规曹随，以继其业，极愿于农业经济建设事业，稍尽微劳，藉固后方经济基础，而负政府重托。无如视事未及匝月，适值政府西迁之会，敌氛猖狂，招招进逼，江南精华，都成灰炉，坐使本周已投资金，顿失保障，原定计划，突遭顿挫。处此非常之变，应谋权宜之方，乃即迁移局址，调拨资金，费时两月，大致就绪。兹将已往情形，与现在布置，分别缕陈如次。

乙　本局已往业务概略

本局业务进行原设农产农资两处，以负责任。农产处主管仓库与代理运销，仓库为其推动之中心，原定仓库分为甲乙丙丁四种，由甲至乙而丙而丁，以期完成全国仓库纲，俾农产运销于以利顿。农资处主管农贷与生产贷款，合作金库为其推动之中心，原欲利用已有之合作事业机关，以金库辅助其经济力量，期更充实使信用贷款可以实惠及农。惟合作金库未设以前，信用贷款进行困难，故先后举办生产及利用等贷款，藉于农贷有所尽力。兹分述于次：

一、农产处仓库推广经过。仓库之建设，系先就全国各大农产集散市场，筹设规模较大之自营甲种仓库。甲种运仓，除经营其本身业务外，负责推动其所在地之乙丙丁仓库，为其更重大之使命。下级仓库以协助地方政府或与交通机关合作为主，亦间有自营者。迄至最近止，各种自营仓库成立者，甲种有十三处，乙种有十三处。与各省地方政府筹议设置者，湖北计十八处，广西计十处，办法早已商定，正待拨款兴办，而芦变突作，遂以停顿，更与浙赣路局、筹商在浙赣境内设置九处，未及签定合同，而以事变中止。此外如鲁豫陕皖湘粤六省及淮南江南两铁路局，或则正在磋商，或则商有成议，均因大局变化，不克庚继进行，良可惜也。兹将本局自营甲乙运仓及与地方政府商定设置之仓库，列表如下。

第一表　本局自营仓库设置地点表

甲仓	乙仓	丙仓	备注
南京			
上海			
广州	石歧，陈村，江门		
汉口			
天津			七月初停止营业
芜湖	巢县，南陵，青弋江，三河，宣城	双桥属宣城	
南昌	临川，樟树		
长沙	常德		
重庆	万县，泸州，合川		

续表

甲仓	乙仓	丙仓	备注
济南			
潼关			
蚌埠	正阳关，亳县		
柳州	贵县		
全计十三处	十七处	一处	

第二表　本周与各机关协商合作设置仓库之拟设地点表

协商或合作之机关	拟设置之地点	原委
湖北省政府	（一）仙桃，皂市，长江埠，钟祥，洋梓，枣阳，厉山，沙洋，双沟，萧家港，汉川，太平店，小河口，天门，随县（共十五处）	本局与湖北省政府订立汉水流域贷款建仓合同，由该省自筹十二万五千元，本局贷予五十万元
	（二）张家湾，岳口，老河口（共三处）	本局另与湖北省政府订约合办此三仓库
广西省政府	桂林，桂平，南宁，梧州，平乐，龙州，郁林，庆远，鹿寨，马平（共十处）	本局与广西省政府订立建仓贷款合同，由该省自筹八十万元，本局贷与一百二十万元
浙赣路局	南昌，樟树，温家圳，登家埠，贵溪，弋阳，金华，兰溪，姚家坝（共九处）	本局与浙赣路局商订贷款建仓合同，内容大致相同，尚未具体协议

二、农产处代办采购军米经过。芦桥事件，变起仓促，全面抗战于以开始，军粮民食，所关甚巨，尤以军粮系百万健儿之生命，更不能不先为购办运储。本局陈前总经理奉实业部代办采购之命后，即与军政部军需署订立合同，并通饬本局接近米市之各运销仓库直接收购，随购随即验交，唯以军糈孔亟，谷米上市不甚踊跃，供不应求，不得不别谋补救。乃与合义洋

行订立采购西贡米合同，以弥其阙，而济其急。数月以还，虽疲精劳神，幸免贻误戎机，而力不应心，终嫌捉襟见肘，所幸代办事务，即将告一段落，不日可望交割清楚矣。

此外南京市政府与铁道部亦先后委托本局代购食粮，现亦分别验交，均已交割。兹将上述三处代办食粮数量及价值，汇列总表如下。

第三表　本局代办采购食粮数量及价值表（廿六年十月三十一日）

仓别	代办军需署军粮		代南京市政府采购民食		代铁道部采购粮食		合计代办采购米粉	
	数量（包）	金额（元）	数量（包）	金额（元）	数量（包）	金额（元）	数量（包）	金额（元）
上海	（米）48527	505480	—	—	—	—	（米）48527	505480
南昌	（米）25806	218060	（米）1882	20895	—	—	（米）27688	238955
广州	（国米）66000 （洋米）12000	916700	—	—	—	—	（米）78000	916700
长沙	（米）23451	222784	（米）14000	160452	—	—	（米）37451	383236
南京	（米）77000	941200	（米）13990	135000	（米）10000	130000	（米）100990	1206200
汉口	（粉）100000 （米）37604	415000 395491	—	—	—	—	（粉）100000 （米）37604	810491
燕湖	—	—	（米）4693	52100	—	—	（米）4693	52100
合计	（粉）100000 （米）290388	3614715	（米）34565	368447	（米）10000	130000	（粉）100000 （米）334953	4113162

三、农资处合作金库推进经过。合作金库之设置，系遵奉实业部廿五年十二月十八日公布之合作金库规程，从以规划，更进而推广。依据规程，合作金库原分三种：第一，中央合作金库，股本总额至少一千万元；第二，省及行政院直辖市合作金库，股本总额至少一百万元；第三，县（市）合作金库，股本至少十万元。本局遵奉明令，自应尽力推广。惟合作金库在国内尚属初创，推行之始，端宜注重于基本组织；基本苟能稳固，则扩大普遍，乃能见其实效。故先设置县（市）合作金库，

期奠其基，庶几能由县（市）而上至省及行政院直辖市，而逮中央，系统可臻健全，工作乃能一贯。故县（市）合作金库自身之能否健全，工作之能否充实发挥效能，要以所在地原有合作组织之良窳为断。是故开始设置之初，不能无审慎周详之选择；偶一不慎，即失倡导之本旨。一年以还，考查磋商，未敢稍懈，综计先后成立者十四县，筹备而即将成立者五县，已经派员筹备者七县，语其区域，首都有一处，山东二处，河北一处，安徽二处，江西二处，湖北一处，湖南五处，此其大概也。余如黔省已派员就商，滇桂二省亦在往返磋商。兹将各省推进情形，汇列总表如下。

第四表　本局合作金库推行状况表（二十六年十月三十一日）

省市区	库名	订约合作机关	已成立金库		筹备金库	拟派员筹备金库	备考
			库名	成立日期			
首都	南京市	南京市政府社会局	南京市	二十六年七月一日			
山东	寿光	山东省建设厅	寿光	二十六年四月六日			
	济南	山东第一行政督察区专员公署	济宁	二十六年五月六日			
河北	定县	定县合作社联合总会	定县	二十六年六月一日			
	吴桥	华北农村合作委员会					因华北情势混沌故未派员联系
	涿县	华北农村合作委员会					因华北情势混沌故未派员联系
	肥绵	肥绵县合作社联合社					因华北情势混沌故未派员联系

续表

省市区	库名	订约合作机关	已成立金库		筹备金库	拟派员筹备金库	备考
			库名	成立日期			
陕西	富平	陕西农村合作委员会				二十六年十一月	
	白水	陕西省农村合作委员会				二十七年一月	
安徽	宜城	实业部合作事业安徽办事处	宜城	二十六年七月十五日			
	燕湖	实业部合作事业安徽办事处	燕湖	二十六年六月十四日			
江西	进贤	实业部合作事委员会江西办事处	进贤	二十六年六月廿五日			
	九江	实业部合作事委员会江西办事处	九江	二十六年七月十八日			
湖南	攸县	湖南省建设厅	攸县	二十六年七月一日			
	茶陵	湖南省建设厅	茶陵	二十六年十月二十日			
	安仁	湖南省建设厅	安仁	二十六年十月一日			
	沅陵	湖南省建设厅			沅陵		不日即可成立
	溆浦	湖南省建设厅					
	泸溪	湖南省建设厅					
	古文	湖南省建设厅					
	辰奚谷	湖南省建设厅					
	乾城	湖南省建设厅					已派员前往筹备旋以地方不靖改在东安筹设
	凤凰	湖南省建设厅					
	永绥	湖南省建设厅					
	新化	湖南省建设厅	新化				
	岳阳	湖南省建设厅	岳阳				
	东安	湖南省建设厅			东安		

续表

省市区	库名	订约合作机关	已成立金库		筹备金库	拟派员筹备金库	备考
			库名	成立日期			
湖北	襄阳	湖北省政府	襄阳	二十六年十月十六日			
	光化	湖北省政府			光化		因治安不靖停止进行
	临县	湖北省政府					由鄂省府负责筹设
	天门	湖北省政府					由鄂省府负责筹设
四川	合川	四川省合作金库			四川		
	南充	四川省合作金库				二十六年十一月	合约正签订中
	遂宁	四川省合作金库				二十六年十二月	合约正签订中
	万县	四川省合作金库				二十六年十二月	合约正签订中
	三台	四川省合作金库				二十六年十二月	合约正签订中
	新都	新都实验县政府			新都		即将成立
福建	闽侯	福建省政府建设厅					
	仙游	福建省政府建设厅				二十六年十一月	合约正商订中
	龙溪	福建省政府建设厅					
绥远	丰镇	绥远省政府					因华北事变中止进行
	集宁	绥远省政府					因华北事变中止进行
	归绥	绥远省政府					因华北事变中止进行
	五原						因华北事变中止进行
山西	解县	山西省棉产改进所					因华北事变中止进行
合计	四十五县		十四县		五县	七县	

四、农资处生产农贷经过。生产农贷系就各地主要农产品为对象，并择其需要最切之区域着手办理。主要农产类别为六种：稻、麦、丝、棉、蔗糖和烟草。此外于农田水利，间亦酌量贷放。兹将贷款种类及区域分配，汇列总表如下。

第五表　本局主产贷款分区分类表（二十六年十月三十一日）

类别 区域	稻贷	麦贷	丝贷	棉贷	蔗贷	植物油	烟草	水利	其他	合计
京沪	75519.13	—	1516171.17	—	—	510000.00	—	3000.00	—	2104690.30
徐海	—	29400.00	—	281399.00	—	—	—	—	—	310799.00
杭嘉	—	—	441263.40	—	—	—	—	—	—	441263.40
宜城	6520.00	—	—	—	—	—	—	—	—	6520.00
山东	—	—	387258.56	—	—	—	86562.00	—	10000.00	483820.56
河南	—	240000.00	—	59562.75	—	—	—	—	—	299562.75
山西	—	—	—	24886.00	—	—	—	—	—	24886.00
陕西	—	—	—	—	—	—	—	100000.00	—	100000.00
湖北	—	—	—	20376.50	—	—	—	—	—	20376.50
四川	—	—	142500.00	34500.00	—	—	—	—	—	177000.00
广东	—	—	—	—	300000.00	—	—	—	—	300000.00
合计	82039.13	269400.00	2487193.13	420724.25	300000.00	510000.00	86562.00	103000.00	10000.00	4268918.30
百分比	1.92%	6.31%	58.26%	9.86%	7.03%	11.95%	2.03%	2.41%	0.23%100%	1.92%

丙　接事时资金分配概况

本局业务，农产处原以仓库为活动中心，经营储押、运销、建仓、押汇等事。今年自奉命代办军米以后，不特人事大部集中于此，即资金亦多半为此挪用，原有业务，反致无多进展。农资处难以合作金库为活动中心，而以事实需要，不能不以多数资金投诸各项生产事业，不幸战事发生，所投资金，十七沦于战区，收回为难，影响及于资金之运用，坐使本局受莫大打击。兹将接事之日借贷双方列如下表。

第六表　本局十月三十一日日计表

会计科目	借方差额	贷方差额
现金	3780.31	
各银行往来	7461024.51	
各地往来*	7291267.81	
活期抵押放款	310000.00	
活期信用放款	1481530.18	
分期抵押贷款	1135900.00	
分期信用放款	392518.88	
定期抵押放款	297500.00	
定期信用放款**	398383.18	
押汇放款	5333.29	
托放款项	532986.27	
合作金库投资	2070160.00	
存出保证金	1445.00	
备用金	500.00	
暂时付出款项	130264.37	
政府未缴资金	20000000.00	
银行未缴资金	24035500.00	
营业用器具	23364.57	
开办费	38308.64	
前期损益	63185.82	
各项开支	16707.53	
甲种管理费	22588.85	
乙种管理费	26079.38	
利息开支		72249.09
业务开支	5487.66	
预支旅费	3350.00	
垫付业务开支	4036.52	
杂项损益		728.15
营业用器具折旧准备		2371.15
利息收益	38666.95	
贷放款项		198900.00

续表

会计科目	借方差额	贷方差额
合作金库往来		1410458.68
暂时收入款项		4114162.71
政府固定资本		30000000.00
银行合放资本		30000000.00
合计	65789869.78	65789869.78

注：*内计包括各仓库往来 7279132.95 元（参看第七表），及合作金库开办费 12134.92 元（参看第十一表）。

**参看第十三表定期信用放款栏备注。

本局资金分配状况，再分别述之如次：

一、各地运销仓库资金分配。本局自营各运仓所需之活动资金，悉由各该运仓向本局领取，以资周转。其金额各仓不尽相同，以其需要而定；而时领时还，亦非永久不变。兹将本年十月三十一日止，各运仓所领资金实额列表如下。

第七表　本局各运仓用资金表（二十六年十月三十一日）

仓名	领用金额	仓名		领用金额
上海	737868.83	芜湖		572934.12
天津	112994.16	潼关		84002.88
蚌埠	439588.59	南京		1397305.75
广州	1978730.77	济南		200.00
重庆	3266.34	柳州		1000.00
汉口	903228.42	代垫款	邮仓地址租	236.78
长沙	754534.11		各仓印刷费	282.87
南昌	292959.33	合计		7279132.95

（一）采购资金。上述各仓所经营之业务，以代营采购食粮最为大宗，次即自营运销，总计各运仓截至本年十月三十一日止，代营采购之粉计十万袋，米计三十三万四千九百五十三包，

价值共达四百十一万三千一百六十二元。自营营业者计麦六万九千三百五十五石五斗，稻五千七百二十八石，米三千七百八十六包，价值共达六十万零二千零三十六元五角。综计资金用诸采购者共达四百七十一万五千一百九十八元，占各运仓所有之资金百分之六十四而强。兹将各运仓自营代营采购况列表如下。

第八表　本局各运仓自营代营采购食粮总额表（二十六年十月三十一日）

各地	自营采购		代营采购		采购总量	
	数量（石）	金额（元）	数量（包）	金额（元）	数量（包）	金额（元）
上海	-	-	（米）48,527.00	505,480.00	（米）48,527.00	505,480.00
南昌	-	-	（米）27,688.00	238,955.00	（米）27,688.00	238,955.00
广州	-	-	（米）78,000.00	916,700.00	（米）78,000.00	916,700.00
长沙	-	-	（米）37,451.00	383,236.00	（米）37,451.00	383,236.00
南京	（麦）10,018.66 （稻）4,128.00	56,104.50 15,270.00	（米）100,990.00	1,206,200.00	（麦）10,018.66 石 （稻）4,128.00 石 （米）100,990.00	1,277,574.00
汉口	-	-	（粉）100,000.00 袋 （米）37,604.00	810,491.00	（粉）100,000.00 袋 （米）37,604.00	810,491.00
芜湖	（麦）13,167.90 （稻）1,600.00 （米）3,786.00	106,660.00 5,440.00 35,360.00	4,693.00	52，100.00	（麦）13,167.90 石 （稻）1,600.00 石 （米）8,479.00	199,560.00
蚌埠	（麦）46,168.94 石	383,202.00	-	-	（麦）46,168.94 石	383,202.00
合计	（麦）69,355.50 （稻）5,728.00 （米）3,786.00 包	602,036.50	（粉）100,000.00 袋 （米）334,953.00	4,113,162.00	（麦）69,355.50 石 （粉）100,000.00 袋 （稻）5,728.00 （米）338,739.00	4,715,198.00

代营采购之食粮，本订有合约，凡关于资金拨付，货物验交，均定有手续，原无问题，唯以时局急转，交通阻梗，运输既生困难，交货往往愆期，品质复多参差，验收遂起争执。幸主持者体谅苦衷，纠纷随起随解。迄至本年十月底止，验交者已达三分之二，其尚未验交者，仅军需署七万六千七百八十包，

值八十万四千一百十九元；南京市政府二千八百三十八包，值二万七千六百七十元；铁道部一万包，值十三万元；共全八万九千六百十八包，值九十六万一千七百八十九元。此外自营采购之食粮，尚多留存各运仓，欲待处分，而适值新旧交替，廉就任之初，亟欲清理，又逢政府西迁之会，所谋未遂，至深疚心。兹将代营采购未曾验交，及自营采购留库未成处分之食粮种类数量及价值，列表如下。

第九表 本局自营代营采购食粮实际留库数量及价值表

（二十六年十月三十一日）

各地	采购总量		验交外结存额		自营留仓数额		留仓自营代营总额	
	数量（包）	金额（元）	数量（包）	金额（元）	数量（包）	金额（元）	数量（包）	金额（元）
上海	（米）48,527.00	505,480.00	（米）20,724.00	215,529.00	-	-	（米）20,724.00	215,529.00
南昌	（米）27,688.00	238,955.00	（米）16,141.00	136,390.00	-	-	（米）16,141.00	136,390.00
广州	（米）78,000.00	916,700.00	（米）39,915.00	452,200.00	-	-	（米）39,915.00	452,200.00
长沙	（米）37,451.00	383,236.00	-	-	-	-	-	-
南京	（麦）10,018.66 石 （稻）4,128.00 石 （米）100,990.00	1,277,547.00	（米）12,487.00	154,000.00	（麦）10,018.66 石 （稻）4,128.00 石	71,374.50	（麦）10,018.66 石 （稻）4,128.00 石 （米）12,487.00	225,374.50
汉口	（粉）100,000.00 袋 （米）37,604.00	810,491.00	-	-	-	-	-	-
芜湖	（麦）13,167.90 石 （稻）1,600.00 石 （米）8,479.00	1,99.560	（米）351.00	3,670.00	（麦）13,167.90 石 （稻）1,600.00 石 （米）3,786.00	147,460.00	（麦）13,167.90 石 （稻）1,600.00 石 （米）4,137.00	151,130.00
蚌埠	（麦）46,168.94 石	383,202.00	-	-	（麦）46,168.91 石	383,202.00	（麦）46,168.94 石	383,202.00
合计	（麦）69,355.50 石 （粉）100,000.00 袋 （稻）5,728.00 石 （米）338,739.00	4,715,198.00	（米）89,618.00	961,789.00	（麦）69,355.50 石 （稻）5,728.00 石 （米）338,739.00	602,036.50	（麦）69,355.50 石 （粉）- （稻）5,728.00 石 （米）93,404.00	1,563,825.50

注：①留仓总额内，有代铁道部采购之米 10000 包，计价 130000 元。

②代军需署采购之米，尚有 76780 包未曾验交，计价 804119 元，费用尚未计入，上表上海南昌广州三运仓所列数目即是。

③代南京市政府采购之米，尚有 2838 包未曾验交，计价 27670 元；其留在南京运仓者有 2487 包，计价 24000 元，其在芜湖运仓者有 351 包，计价 3670 元。

（二）仓库放款资金。本局各运仓仓库放款，虽列分储押运销建仓押汇及定期信用五种，而总额不巨，截至本年十月底止，统计仅放出七十六万六千一百七十五元一角六分，除已回收二十二万零三百元零九角一分外，余额共五十四万五千八百七十四元二角五分。兹将各项放款列表如下。

第十表　本局各运仓放款种类及金额表（二十六年十月三十一日）

放款类别	贷出金额	收回金额	结余额
储押	409895.96	121584.00	288311.96
建仓	6000.00	–	6000.00
运销	215717.00	69248.00	146469.00
押汇	44562.20	29468.91	15093.29
定期信用	90000.00	–	90000.00
合计	766175.16	220300.91	545874.25

二、各地合作金库资金分配。合作金库之在我国，原属创举。当其未成立之先，先垫付开办费用，及其已成立之后，更承认提倡股本，截至本年十月底止，本局承认提倡股本二百零七万零一百六十元，已经拨付者，计五十八万八千三百四十一元三角二分，垫付开办费一万二千一百三十四元九二分，另有透支额七万一千三百六十元，合计共达六十七万一千八百三十六元一角四分。兹将各地合作金库资金分配数额，列表如下。

第十一表　本局合作金库资金分配表（二十六年年十月三十一日）

省市	库名	提倡股本		垫付开办费	共付数额	备注
		认购数额	拨付数额			
南京	京市	999000	元 44975.81	–	44975.81	
山东	济宁	100000	49475.10	–	49475.10	
	寿光	98000	98000.00	–	169360.00	透支额规定80000元现计透支71360元

续表

省市	库名	提倡股本		垫付开办费	共付数额	备注
		认购数额	拨付数额			
安徽	芜湖	99000	88020.98	–	88020.98	
	宣城	995000	51480.00	–	51480.00	
河北	定县	80000	38164.42	–	38164.42	
江西	九江	98000	30500.00	–	30500.00	
	进贤	99000	40945.00	–	40945.00	
湖南	攸县	99900	70489.01	–	70489.01	
	岳阳	98200	31291.00	–	31291.00	
	安仁	99600	25000.00	780.00 元	25780.00	
	茶陵	99600	20000.00	1000.00	21000.00	
	沅陵	–	–	1066.76	1066.76	
	乾城	–	–	700.00	700.00	
	新化	–	–	400.00	400.00	
	东安	–	–	700.00	700.00	
湖北	襄阳	–	–	1300.00	1300.00	
	光化	–	–	450.00	450.00	
四川	合川	–	–	1201.00	1201.00	
	新都	–	–	900.00	900.00	
	代垫印刷费	–	–	3637.16	3637.16	
合计	–	2070160	588341.32	12134.92	671836.24	

三、各地生产放款资金分配。生产放款种类以稻、麦、丝、棉、蔗糖、烟草为主，旁及农田水利。其地域分布虽达十省区之广，而放款数量之分配，则多偏在江浙两省。总计放款户数七十三户，江浙两省即达四十三户，几占 59%，核定放款额共七百十万六千六百四十九元三角七分，江浙两省计四百二十八万三千八百十九元五角一分，江浙两省计二百八十五万六千七百五十二元七角，更占结余总额 66.9%之巨。战端既开，欲谋收缩，而形格势禁，迂回寡效。廉既视事，力图清理，而时已过迟，力不应心，滋可慨也。兹将生产放款分区分类列表如下。

第十二表 本局生产放款分区总计表（依生产性质分类）

（二十六年十月三十一日）

各地区	放款种类	放款户数	核定放款额（元）	实放结余额（元）	利率	备注
京沪区	稻	1	200000.00	75519.13	8%	
	蚕	20	2539500.00	1516171.17	8%	
	水利	1	6500.00	3000.00	8%	
	油	1	519597.00	510000.00	7%	
	小计	23	3265597.00	2104690.30	—	
徐海区	麦	3	29400.00	29400.00	9%	
	棉	3	300000.00	281399.00	9%	内有大纲盐垦公司一户利率为一分
	小计	6	329400.00	310799.00	—	
杭嘉区	蚕	20	688822.12	441263.40	8%	
	小计	20	688822.12	441263.40	—	
宣城区	稻	6	11936.00	6520.00	8%	
	小计	6	11936.00	6520.00	—	
山东区	蚕	4	560000.00	387258.56	8%	
	烟	4	87024.00	86562.00	8%	
	其他	—	—	10000.00	—	
	小计	8	647024.00	483820.56	—	
河南区	麦	1	240000.00	240000.00	7%	
	棉	1	59651.25	59562.75	8%	
	小计	2	299651.25	299562.75	—	
山西区	棉	1	24886.00	24886.00	9%	
	小计	1	24886.00	24886.00	—	
陕西区	水利	1	500000.00	100000.00	8%	
	小计	1	500000.00	100000.00	—	

续表

各地区	放款种类	放款户数	核定放款额（元）	实放结余额（元）	利率	备注
湖北区	棉	1	420000.00	20376.50	8%	
	小计	1	420000.00	20376.50	—	
四川区	蚕	2	150000.00	1425000.00	8%	
	棉	2	36000.00	345000.00	8%	
	小计	4	186000.00	177000.00	—	
广东区	蔗	4	733333.00	300000.00	8%	
	小计	4	733333.00	300000.00	—	
总计 73		73	7106649.37	4268918.51	—	参阅第十三表

第十三表　本局生产放款分类总计表（依据放款性质分类）

（二十六年十月三十一日）

款别	金额	备注
分期抵押放款	1135900.00	
分期信用放款	392518.88	
定期抵押放款	297500.00	
定期信用放款	308383.18	外加首都食粮管理处食米借款 90000 元，实为 398383.18 元，与日计表结余相符
活期抵押放款	310000.00	
活期信用放款	1481530.18	
托放款项	532986.27	
总计放款	4458818.51	
减去代放款项	189900.00	
本局实放	4268918.51	参阅第十二表

丁　结论

本局成立，廉未曾参与，视事之日复甚浅，不足以详叙原委，上述不过概略而已，然缅怀往迹，无任钦迟，瞻念前途，弥深危栗。自维愚陋，难胜重任，受命于艰难困苦之会，益增汲深绠短之虞，惟际此国家民族存亡绝续之交，敢自告逸。爰特撮述往事，公诸国人，藉留鸿爪，以为异日策励之资。至于今后计划，容再具拟求正。

农本局业务计划

本局自廉接事以来，即欲将已往业务力加整理，将来业务确定计划。曾已拟订大纲，且经分别请示。爰再参证接事以来所得之经验，体察最近接触所获之印象，略加增补，更订实施步骤。期以二年，冀有小成。

甲 本计划实施目标

农业经济建设，经纬万端，际此非常时期，尤较平时为艰巨。宜以促进后方生产，增加抗战力量为职志。基于国防亟迫之需要，而作切合需要之举措，更就农业特殊之环境，而为适应环境之设施。乃克有裨国防，而利民生。爰本斯义，条举目标，俾明实施之范围，而端其所趋之方向。

（一）地域与工作范围

抗战迄今，大河以北，广博原野，尽沦敌手。江浙之间，膏腴平原，摧毁殆尽。而寇氛方张，野心未戢；正欲席卷江淮，囊吞中原，进窥湘楚，蹂躏百粤。敌骑所至之处，固已民不安居；即或窥伺之地，乐业亦难久恃。救恤灾黎，安辑流亡，始为当务之急；治本之图，固一时未遑也。吾所赖以持久疲敌之资，博取最后之胜利者，宜别有久远之规，不仅徒以救急为得策。而治本久远之计，须有足以盘旋之适当环境。否则议方定而变计，事未行而更图；心劳日拙，无济于事。环顾国内，厥维西南西北各省乃克负荷此重大使命，而可免其杞忧，爰先特定中心区域，以为治本设施之基础，渐次推广展布。

环绕于此区域以外之各省，划为外卫区域。急其所急，先谋治标，再视情势，量为治本。俾中心区域与外卫区域，互相呼应，并谋发展。此非故为厚薄之分，实亦权宜轻重之道也。地域之配置，拟定如次：

（1）四川、广西、广东、贵州、云南、湖南、陕西等省，为本计划实施之中心区域。

（2）甘肃、河南、湖北、江西、福建、安徽、宁夏等省，为本计划实施之外卫区域。

（3）中心区域之农业经济建设，标本兼举；凡有永久性之事业，如农田水利之设施，农业金融基层组织之推广，以及其他亟须提倡实施之生产事业，固应有宏远规划。即举急之措施，如种子肥料等之利用，自给自足及商品农产品之运销调剂等事，亦需同时积极推进。

（4）外卫区域之农业经济建设，先以治标，兼及治本。凡应急之事，如农事技术之协助，种子肥料之推广，农产品之运销调剂等事，应先着祖鞭，使毋错失时机。他如农田水利之提倡，农业金融基层组织之推行，亦以情势所宜，而相机推动。

（5）其在外卫以外之各省，地处冲要，军事为先，首宜治标。以运用固有金融机构之力，调整农民生产及其产品为事；根本建设，一时势难计及。

（二）业务方针与界限

本局自廉接办未久，即奉命接收前农产调整委员会，并奉令改组为农业调整处。于是本局自业务方针，固亟宜明订；而其与农业调整处间之业务关系，亦应各有分际。筹思至再，乃定目标。拟以农本局本身为推行农业金融制度之基层组织，为其业务之中心方针，借广农业金融流通之路。农业调整处以增加农业生产，并调整其产品为其业务之中心方针，期增农业经济活动之力。唯此两大中心方针，欲图推行顺利，尤须旁求助力。第一，须与农业技术合作，俾金融借技术之基础，农事克以进展。第二，须与农业组织沟通，使经济以组织为先导，农民得其实惠。果如此，则本局不以农业调整处之添置，而使本局本身业务多所更张；农业调整处仍前农产调整委员会之旧贯，不以改组而使其固有业务有所停顿。庶能各就范围，而可推进；保持联络，而免混淆。分工合作，各得其所。曾已拟具原则，缮具节略。

迄至最近，业已谨守勿渝；即至将来，更拟遵行罔替。其原则计有六项，兹特缕列如次：

（1）本局以推行农业金融制度之基层组织为中心目标，集中力量，筹设合作金库及农业仓库。本局之资金，即运用于上述金库与仓库。

（2）本局资金以购买合作金库股票，与农业仓库建仓及储押货款，为运用之标准。

（3）本局农业调整处，以调整农业生产及调剂农产品为中心目标。举凡农业生产事业之兴办，农产品加工运销之经营，其经审查可用，而需资金之贷予者，由本局以农业调整处资金运用之。

（4）农产运销，先以食粮棉花为主，运销之经营，以市场供需与生产成本为决定之条件，但仅以普通商业之运销范围为限。

（5）农本局资金与农业调整处资金，会计独立，盈亏独立。

（6）本局农业调整处之各项农业生产货款，得委托本局所设之各地合作金库及农业仓库，经理贷款之收付，以节靡费。

乙　本计划内容纲领

农村经济枯竭，亟待通流周转，以济穷乏，固无待言。年来中央救济农村之设施，既与年俱增；即各公私银行之贷款于农村者，亦更仆难数。顾以农业金融缺乏基层机构，终嫌格不相入，费力多而农民受惠者实少。且以农村贷款，迥异商业借贷，债额少而借户多，手续频繁，监督难周。偶不经意，易为豪右所夺。凭其积威，强博信用，取得低利资金，转以高利贷出，一经转手，坐得羡余。助长蓄积之家，反为贫农之累。况“侥幸得钱，非国之福；倚法督责，非民之便”，古训昭然，于今益信。盖农村贷款，事非赈济，原欲流通金融，促进生产，顾“钱入民手，虽良民不免妄用；及其纳钱，虽富民不免逾限”。合作金库之设，以健全之合作社为其基础，所以杜侥幸，而使用得其当；更欲免督责，而使保其信用。夫农民终岁勤劳，胼手胝足，一线之望，唯在收获；苟得善价，强博润余。然而种未播而债台已筑，苗尚青而追索盈门，不待收获，物非已有。兼以租重税苛，收敛无度，正额未纳，需索先至。纵或自损其食，求粜所获，而商人牟利，止得贱价。待其负累方清，果腹已乏余资；即令勉有余资，亦必贵价而籴，仓库之设，所以权衡籴粜，期相平准；且杜蓄贾之乘急要利，而使民农之待价善沽。金库仓库，苟能各尽其事，相互为用，信用贷款得储押为之保证，储押贷款有运销为之抵价，贷者无追索之劳，借者获假贷之益。推行农业金融制度之基层组织，意在此也。

际此非常时期，不徒以均济贫乏为其能事：必也农业生产，急速求其进展，方克有济。且生产不进，均济贫乏，亦讬空言。然发展农业生产，徒借金融之力，犹难为功。若无农业技术为之基础，生产难期进于现代化之境；若无组织为之先导，技术不易深入于农民之间。前已备述，恕不再赘。顾生产要件，非只一端。并力齐举，易失准则。欲求实际，贵宜执要。农田水利为兴农事之母。历代善政莫不以此为急。求诸并世各国，无不皆然。晚近以来，国家岁费巨款，董理其事；中央视若要政，地方亦为亟务。顾尽力防除水害，偏重水利工程。初则工事过大，舍本而治标，继因仅事补苴，方修而又治。虽内地规模不大之农田水利，轻而易举，然以神不贯注，未遑兼顾。害难预防，利无骤致，两俱失之，至足惋惜。今欲振兴农田水利，以图促进农业生产，且期贷予资金，助成其事。于抗战不无裨益，于治水更亦有助。又农业生产，首宜求其自给自足，次则鼓励农产出口，平时固然，战时尤甚。值此抗战方殷之际，能自给自足，即无须外求，漏卮可杜。能使农产多出口一分，即增一分外汇力量。所关匪细，岂容忽视。农况战区新遭蹂躏，摧毁之余，当前救济，善后恢复，在在有需后方生产之余力。倘无先作绸缪之计，何足资为更生之助。生产贷款，即秉斯义推进，故凡肥料种子等，均关生产之事，悉纳入此范围之内。将来随农业技术之进展，与农业金融基层机构之广布，徐谋扩大，力求普遍，使更充实，益宏良效。他若木材之利用，商品农产品之扶助等事，均在本计划之内，且拟迅速推行。唯以基层机构一时尚未普遍，不能不先赖地方政府或地方团体合作，以期早日实施；苟再稍假时日，基层组织渐次广布，贷款经营渐能运用自如。而合作金库及农业仓库之业务，乃可相与密切联系，而成一贯。

耕牛为我国农家生产唯一工具，盖为动力所资；理宜培养，善自保育。向以农村公共卫生，不甚讲求，染疫罹病，比比皆是；驯至死亡，屡见不鲜。农民无知，既病无以为医，及死惟听天命。然而一牛之死，农家半荡其产，损失之重，可以概见。今者科学昌明，兽医事业日见进展。未病而可预防，既病而能医治。农村提倡兽医事业，实亦助长生产要图。然农民保守性成，深闭固拒；若遽晓以其理，而不实事先使征信，必致哗然诧怪，视为荒诞不经。故先须绝其怀疑之心，提倡乃克始事；积渐祛其观望之念，事业方有进展。职是之由，拟先举办耕牛保险，以为兽医事业推进之基：而保育家畜，储备畜种等事，则待基础已立，徐图实施。此不独战时生产攸赖，抑亦平时所亟须也。况自抗战以来，沦陷之区，非徒田园荒芜，庐舍为墟，即牛马骡羊，亦尽遭浩劫。耕牛之损，尤关农事；即令及时饲养，成长须历岁月。一旦故土收复，复耕将何取给？预为之备，善后所赖。是以耕牛保险，造端虽微，取效实宏。不过举办此事，血清供给，为其先务。故在推行之始，须问血清有无供给。现惟川桂两省可供血清，爰拟先行试办。同时并拟联络有关机关，予以资金援助，使血清供给，可以渐增其量，耕牛保险，随时推广地域。

农产运销，素乏完善机构。近年以来，始渐稍为各方重视。主要产品，乃有企业经营。然而资力未充，立场不同；平时可剂市场盈虚，战时未必能尽调整重责。良以私人企业，不脱商业行为，投资必求安全，经营势须计赢。稍有风波，相率观望；一遇风险，无不裹足。就商言商，理固宜然；救恤农村，则非所宜。本局农业调整处承前农产调整委员会旧贯，受命负责调整；且规定食粮与棉花，以及他项重要农产，为其范围。初以购销自无机构，不得不假助现成商业机关，或与当地地方政府合作。故棉花则委托中棉通成两棉业公司，经理其事；食粮则除自办外，分别与重庆行营，及江西省政府协议合作。进行以来，虽称顺利，然终暂局，不可久恃。亟宜设法完成机构，使便管理。且农产欲应市场需要，须先量予加工。品级方可提高而合标准，价格始易控制而利农民。运销机构倘得逐步完成，生产即易有出路。果自生产以迄运销全部过程之各项步骤，均有适当之布置，乃能凭借金融制度之基层组织，而可运用资金之周转流通。体用兼备，标本俱举，物尽其用，货畅其流。本局设施之初意，窃在于斯。

惟兹事体大，绝非旦夕可几，二年为期至暂，仅冀粗树规模。今日推进固须借助于农业技术，要亦赖于农业组织以为之辅。至若农业组织，现有机构，上层病其博杂而寡要，下层病其空虚而无力。若不亟起调整，厘成系统，流通农业金融，实有严重困难。为今之计，宜就庞杂组织，化为简捷机构，方克力杜前弊，裨益事功。尤以接近农民之组织，如农业推广，与合作指导，必须相互沟通，联成一气。始能分工则各行其是，合作则同趋一的。此原非本局之事，然与金融有关，就金融而连带及此，亟望早有适宜措施。苟能并驾齐驱，固不特农村金融利赖已也。

上述各项，不过理论，爰再条分四大纲，二十二目，以为纲领。兹特列举如次。

（一）关于推行农业金融之基层组织者

1. 广设合作金库，以每县各设一库为原则，联数县合设一库为过渡。先以举办信用放款为始，借免农村高利贷之剥削。

2. 推广农业仓库，农产储押与农产运销，兼筹并顾，其在特定区域以内，储押运销，再权轻重，而分主宾；或使储押运销，分立各办，以杜富农之乘急要利，更避商人之居奇操纵。

借使价格平准，而期货畅其流。

3. 凭借合作金库之机构，健全其组织，充实其人事，渐次试办农村汇兑，与农村储蓄；更兼办储押，并代管储押仓库业务，使渐具备农村银行一般业务。

4. 利用血清制造之基础，并量予资金之援助，试办耕牛保险，直接减少农家损失，间接增加农民生产；再进而完成家畜保育之全部任务。

5. 农业仓库得兼收并蓄，凡在规定范围以内之农产，均予收受；或在特定区域以内，因农产物品之别，各自设置。

（二）关于调整农业生产者

1. 农业生产，依技术之可能条件，以贷款方式行之，使生产有向上之期，资金得流转之利，周而复始，以维久远。

2. 农业生产以增加食粮，力求自给自足，及增进商品农产品出口数量，并改善品质，而维护市场信誉，为贷款决定之条件。

3. 振兴农田水利，为改进农业生产基础，生产贷款，以此为中心工作，随技术进展之程度，力谋有计划之推进。

4. 肥料为助长生产重要因素，尽先推广种植绿肥作物，以弥化学肥料之阙，借增农业副产，并更树立制造化学肥料基础，以期逐渐抵制外货，而杜漏卮。

5. 改良种子与防除病虫害等，以技术及推广组织之所许环境，及其进展之程度，相机推进，以期稳妥。

（三）关于调剂农产者

1. 农产之调剂，以食粮与棉花为主，其他商品农产品，其在出口以前所需之购销手续，亦得依实际需要，量力办理。

2. 食粮调剂，以市场供需实况，从而酌盈剂虚，借使平准，俾生产者与消费者两得其平，并设法品级之标准化。

3. 棉花调剂，以维持生产成本，力求销路畅通，使生产更趋发展，棉农确保利益。

4. 商品农产品调剂，以统一品极标准，减少运销浪费，维护生产者利益为主旨，并予以生产过程中所必需之助力。

5. 运销以委托方式为始，逐渐改为自办，并从以树建立运销机构。自办方法，或先从采购入手，或先以销售开端，则以农业生产区域及其市场之情境而定。

6. 运销机构须与农业仓库密切联系，而相沟通。农业仓库受押或代理运销之农产，尽先收受，或代经理；其在采购或销售地处，有农业仓库者，采购运销手续，即由其代为办理。

7. 运销机构系统之内，以农产物品之别，设置个别之加工设备。或加精制，或改包装，或分类品级，或统一标准，凡可增加农产品价值者，均须一一措办。

8. 运销机构，采用成本会计。加工设备资金，作为资本，亦采成本会计，各自盈亏独立。

（四）关于农事组织者

1. 农业金融制度之基层组织，以合作金库为中心，发挥合作社之效能，从而充实其力量。

2. 各地合作主管机关，极力与之合作沟通，俾合作社之组织益趋健全，而更普通，俾信用提高，而可鼓励农民参加。

3. 协助各地农事机关与农业团体，充实其下层组织力量；同时农业推广工作，与合作组织指导工作，力求双方协调。使与农业金融之方针与步骤完全一致，俾便共同推进。

4. 农业金融制度之基层组织，与农业推广及合作组织之协调，俟具基础，更与国内各银行协商合作，扩大农村贷款数量，及其范围；以增农业经济活动力量，而更促进农业生产迅速发展。

丙 本计划推行步骤

上述纲要，难称详尽。举凡农业金融应兴应革之事，疏漏犹多，要亦已具轮廓，不离大致。惟是救济农村，无异救火；若不迅速发展，何能复苏我民？然亦不可揠苗助长，徒骛速效虚名。爰将所标纲领，限期二年，并拟以地域为经，事业为纬，分四期实施。兹特条列概要如次。

第一期 自民国二十六年十一月至二十七年六月底止

（甲）中心区域之四川、广西、广东、贵州、云南、湖南、陕西等省：

（1）合作金库推广三十四县，连同前设者合为四十县；

（2）农产仓库筹办十六处，设计二十处；

（3）农田水利接洽磋商，确定办法，并将技术上之查勘工作使先举办，测量设计继即开始进行，并期完成一小部分；

（4）举办以食粮为主之生产贷款，并即实施，商品农产品，亦同时并筹；

（5）加工设备，择其所急而确实可靠者，如川丝、湘米，参加合作，并切实予以资金援助。

（乙）外卫区域之甘肃、河南、湖北、江西、福建、安徽、宁夏等省：

（1）金库一时不及筹设，先办生产贷款，并以食粮为主；

（2）商品农产品其可增加出口贸易，或在国内市场足资抵制外货，而经营已有成绩者，贷予其生产资金，并协助运销；

（3）农产运销尽力举办，并计划自营，拟定实施步骤。

第二期 自民国二十七年七月至同年十二月底止

（甲）中心区域：

（1）金库再推广五十县，连同前设者共九十县，并改进业务之经营方法，扩大业务之范围；

（2）农业仓库成立储押仓库二十二处至二十六处，运销仓库五至十处，合储押运销仓库而计，准备可容六十万担至一百万担；

（3）农田水利之测量设计，四川完成，桂黔完成一部，湘省正在进行，已完成地方，即待农隙开始施工；

（4）生产贷款继续推进，如滇提倡植棉，西北提倡马铃薯，并在已设金库地方，开始逐渐移转于合作金库，同时更推进植物肥料之生产与供给；

（5）协助商品农产品之生产，并协助其改进，如四川之猪鬃、湖南之茶；

（6）加工设备，如四川或贵州之锯木设备与广西之碾米设备，陕西之棉花打包设备等，相机设置。

（乙）外卫区域：

（1）生产贷款继续办理，并择要扩充；

（2）商品农产品如皖茶赣麻等，力谋生产之扶助；

（3）农产运销，棉花先以采购一部分，设法自办，食粮以先自办销售一部分。

第三期　自民国二十八年一月至同年六月底止

（甲）中心区域：

（1）合作金库推广五十县，连同前设者共一百四十县，并继续改善扩充其业务；

（2）农业仓库继续推进，添设储押仓库三十处至三十五处，运销仓库十八处，增加容量九十万担至一百二十万担，连同上期自一百五十万担至二百二十万担；

（3）农田水利川桂黔完成约三分之一，湘省开始施工；

（4）生产贷款继续推进，更逐渐推广移归合作金库办理，并推广杂粮生产；

（5）商品农产品更扩充至四川蓖麻子与贵州茶叶之生产，力予资金协助。

（乙）外卫区域：

（1）生产贷款继续办理，并扩大其种类，如河南甘肃等小麦及杂粮生产，力予资金通融；

（2）商品农产品除前期已办者续办外，更推广种类与地域；

（3）农产运销，棉花完成自办机构之基础组织，食粮先充实自办干部之机构。

第四期 自民国二十八年七月起至同年十二月底止。

（甲）中心区域：

（1）合作金库推广三十县至三十五县，继续推广改善其业务，先使一部分金库完成其扩充业务之计划；

（2）农田水利川桂黔三省完成工程三分之二以上，湘省施工以后，亦成五分之二，并计划以后推进办法；

（3）农业仓库继续推进，增加容量一百万担至一百五十万担，连同前期自二百四十万担至三百二十万担；

（4）生产贷款继续推进，除继续移归合作金库办理外，并设计农产利用使成工业原料，如蓖麻子制机器滑油，及木材造纸等，以广用途，而增价值；

（5）商品农产品扩充至品质改良，划一标准等，奖进出口贸易；

（6）加工设备除扩充需要数量外，更就原有设置扩充规模，化学肥料制造，完成初步设备。

（乙）外卫区域：

（1）合作金库推广十至十五县，连同中心区域所已设者，共一百九十县；

（2）农业仓库开始筹设，容量准备完成十万担至二十万担，连同中心区域合计，自二百四十万担至三百五十万担；

（3）农田水利开始规划，并即查勘测量；

（4）生产贷款继续推进，并在已设合作金库地方，移归金库办理；

（5）运销自办机构，棉花食粮部分，除零星采购外，全部完成，更进而筹设商品农产品之自办运销。

上所条列，不过概要，推行时期，备为准则。苟无特殊故障，冀能循序渐进，不欲多所更张，俾便按步实施。倘有事实需要，不能不稍变通，则前期列举之事，或展至后期方办：后期应办之事，或提至前期创始。时期之权宜，容或难避。如以局势转移，亦须量为更易，则中心区域之事业，或移至外卫区域之各省；外卫区域之工作，或迁至中心区域之各地。地域之变通，亦所不免。他如列举之事项，稍有损益；规定之数量，或加增减。此则计划之初，与临事之际，难无时过境迁之事，遂亦须有制宜之便。唯无论如何权宜变通，计划必欲促之实现。纵有万难，悉力赴之。

兹便实施，而资参证，再以事业为经，地域为纬，缕举事项，本计划分期工作进度如下列表。

甲　合作金库

各期	第一期 自民国二十六年十一月一日起至民国二十七年六月底止	第二期 自民国二十七年七月一日起至同年十二月底止	第三期 自民国二十八年一月起至同年六月底止	第四期 自民国二十八年七月起至同年十二月底止
（1）数量	A．完成三十四县 B．连前共四十县	A．完成五十县 B．连前共九十县	A．完成五十县 B．连前共一百四十县	A．完成五十县 B．连前共一百九十县
合作金库截至本任接事前后共设十二县有六县已沦入战区，只剩六县				

续表

各期	第一期 自民国二十六年十一月一日起至民国二十七年六月底止	第二期 自民国二十七年七月一日起至同年十二月底止	第三期 自民国二十八年一月起至同年六月底止	第四期 自民国二十八年七月起至同年十二月底止
（2）地域	A.用湘桂黔为推行中心	A.用湘桂黔为推行中心 B.滇陕粤开始进行	A.川湘桂黔推行至于完成并扩充业务 B.滇陕粤继续推行	A.川湘桂黔不增数量完成业务扩充计划 B.滇陕粤推广数量并扩充业务 C.豫鄂赣闽开始推行
（3）业务	A.以合作社为对象之信用放款	A.继续信用放款并健全其放款收付手续，扩大其放款数额 B.试办耕牛保险，川桂二省各择一县或二县实施 C.试办农村汇兑，先在贵州择县试办 D.择定合作金库，兼代仓库，办理农产储押	A.继续扩大放款数额 B.耕牛保险在川湘桂黔先推广实施县份 C.农村汇兑继续在川湘桂黔推广 D.兼代仓库办理农产储押，更使扩大，并与运销仓库联系 E.试办农村储蓄先在川湘黔桂等省各择数县试办	A.继续扩大放款数额 B.耕牛保险在中心区域之其他各省有血清供给之地方择地办理 C.农村汇兑普遍于中心区域之各省，并与各银行分支行办事处，各邮政储金汇业局，互办通汇 D.兼代仓库办理农产储押，与运销仓库进一步合作 E.农村储蓄，更推广至中心区域之其他各省
合作金库现在业务，以信用放款为主，其他业务尚未顾及，兹将分期推广，希能达到农村银行一般业务				

乙 农业仓库

各期	第一期 自民国二十六年十一月一日起至民国二十七年六月底止	第二期 自民国二十七年七月一日起至同年十二月底止	第三期 自民国二十八年一月起至同年六月底止	第四期 自民国二十八年七月起至同年十二月底止
农业仓库原分甲乙丙三种，合计共已完成三十一处，交通枢要地点之仓库，非沦于战区，即被迫而暂停。且旧有仓库运销重于储押，难于溥益农民，今改储押与运销并重，且其设置地点偏重在向无仓库之地，以期普遍而免重复				
(1)数量与地域	A.四川沿嘉陵江沱江涪江各流域，择定十六处设置仓库，即行筹办 B.湖南滨湖及沿湘江沅江资江各流域，拟选择二十处设仓，设计完成	A.四川储押仓库成立十六处，并完成大规模运销仓库三处至六处 B.湖南先在滨湖及沿沅江湘江先成立储押仓库六处至十处，并成立大规模运销仓库二处至四处 C.广西沿桂江郁江柳江各流域，选择十处设仓，设计完成	A.四川储押仓库继续扩大五处，大规模运销仓库添设四处计划完成 B.湖南储押仓库继续在滨湖及湘江设置，并沿湘江沅江外，再在资江澧江推进，成立十处至十五处，大规模运销仓库继续设置至四处 C.广西储押仓库设置十处，大规模运销仓库设置三处 D.陕西广东设仓开始调查设计	A.四川储押仓库继续扩充大规模运销仓库改进业务 B.湖南储押仓库继续扩充，大规模运销仓库计划完成 C.广西储押仓库继续推进，大规模运销仓库完成十处 D.陕西设置储押仓库六处至十处，运销仓库三处，广东设置大规模运销仓库五处，储押仓库十处 E.甘肃河南湖北江西福建开始设计设仓
(2)业务性质与步骤	A.四川设计仓库先办储押，再办运销 B.湖南设计仓库先重运销，继办储押 C.川湘仓库业务	A.四川储押仓库准备可容二十万担至三十万担；运销仓库准备可容十万担至二十万担 B.湖南运销仓	A.四川扩充储押仓库可容二十万担，运销仓库可容十万担 B.湖南扩充运销仓库可容三十万担至五十	A.四川储押运销两种仓库扩充至一百万担之计划完成 B.湖南运销与储押两种仓库扩充至一百五

续表

各期	第一期 自民国二十六年十一月一日起至民国二十七年六月底止	第二期 自民国二十七年七月一日起至同年十二月底止	第三期 自民国二十八年一月起至同年六月底止	第四期 自民国二十八年七月起至同年十二月底止
	均以食粮为主	库准备可容二十万担至三十万担；储押仓库准备可容十万担至二十万担 C. 广西设计仓库储押为主，运销为副，其业务以食粮及其他主要农产为主	万担；储押仓库可容十万担 C. 广西储押仓库可容十五万担至二十万担；运销仓库可容五万担至十万担 D. 陕西设计仓库运销为重，储押为次；其业务以棉花为主，小麦次之 E. 广东设计仓库，以运销为重，储押为次，其业务以食粮为主	十万担之计划完成 C. 广西扩充储押仓库可容四十万担，运销仓库二十万担之计划完成 D. 陕西运销仓库准备可容三十万担，储押仓库准备可容二十万担，合五十万担，先完成十万担 E. 广东运销仓库准备可容六十万担，储押仓库准备可容二十万担，合八十万担，先完成二十万担 F. 云南贵州设计先办储押仓库准备各可容二十万担 G. 甘肃河南湖北江西福建运销储押两种仓库同时设计

丙　农田水利

第一期 自民国二十六年十一月一日起至民国二十七年六月底止	第二期 自民国二十七年七月一日起至同年十二月底止	第三期 自民国二十八年一月起至同年六月底止	第四期 自民国二十八年七月起至同年十二月底止
A.川桂黔三省查勘工作初步完成 B.川省测量工作完成一部 C.桂黔测量工作开始进行 D.湘省开始查勘	A.川省测量工作继续进行使之完毕，并将已完成各地之排水与灌溉工程，开始施工 B.黔桂两省测量已竣地方之排水灌溉工程，开始施工，并再继续测量工作 C.湘省调查完毕即进行测量设计工作	A.川省继续排水灌溉工程之施工并完成全计划之二分之一 B.黔省测量完毕，并将排水灌溉工程继续施工，完成二分之一 C.桂省测量完毕，继续排水灌溉工程之施工，完成五分之二 D.湘省开始排水灌溉工程之施工 E.陕粤两省农田水利开始规划	A.川省排水灌溉工程继续完成二分之一，全部竣工 B.黔省排水灌溉工程继续完成二分之一，全部竣工 C.桂省排水灌溉工程完成五分之三，全部竣工 D.湘省排水灌溉工程完成四分之一 E.滇粤两省农田水利开始查勘测量

丁　扶助生产

各期	第一期 自民国二十六年十一月一日起至民国二十七年六月底止	第二期 自民国二十七年七月一日起至同年十二月底止	第三期 自民国二十八年一月起至同年六月底止	第四期 自民国二十八年七月起至同年十二月底止
（1）地域	A.关于自给自足之生产贷款： 湖南以食粮为主； 广东以食粮为主； 贵州以食粮为主； 广西以食粮为主； 陕西以小麦及马铃薯为主； 湖北以食粮为主 B.关于商品农产品之生产贷款： 广东蔗糖； 四川蚕丝； 陕西土布与棉花； 贵州棉花与桐油； 安徽茶叶	A.关于自给自足之生产贷款，拟酌量推广下列各种： 扶助绿肥作物之推广； 提倡西北种植杂粮； 川黔桂三省林木利用 B.关于商品农产品之生产贷款推广其他各种，如湖南茶叶、江西湖南两省之麻、四川猪鬃，并提倡推广云南植棉等	A.关于自给自足之生产贷款继续上二期工作，并将已满期贷款，分别改订，或种类不变而贷款金额扩大；或金额不变，而贷款种类更易，视当时需要而定 B.关于商品农产品之生产贷款，继续上二期工作，已满期分别改订外，并推广其他各种，如贵州茶叶、四川蓖麻子等	A.关于自给自足之生产贷款除继续上三期工作外，再研究农产之利用，并设计推行如马铃薯之制酒精，木材之造纸等 B.关于商品农产品之生产贷款除继续上三期工作外，并推广其他各种，如西北畜牧牛毛、四川牛皮及羊毛等

续表

各期	第一期 自民国二十六年十一月一日起至民国二十七年六月底止	第二期 自民国二十七年七月一日起至同年十二月底止	第三期 自民国二十八年一月起至同年六月底止	第四期 自民国二十八年七月起至同年十二月底止
（2）步骤	第一，办理生产贷款其有金库地方，而力能胜在者，由金库代理 第二，未设金库或已设金库而机构尚未健全者，委托现成农贷机关代为经理 第三，委托方式，订定契约，或由本局单独委托，或与合作机关共同委托	第一，上期贷款已订契约，均未满期，无所更动 第二，新增贷款，其在合作金库地方举办者，或由金库代理收付，或另委托地方现成机关代办	第一，新订或续订贷款契约其办理区域以内有合作金库者，以金库代理收付为原则，有必要时得委托其他机关办理 第二，无合作金库地方仍以委托方式继续办理	第一，新增或续订贷款契约，有合作金库地方，除特例外，均由金库代理收付 第二，贷款数额较巨，而经办已逾一年以上，赶设合作金库，以便代理收付贷款

戊　农产运销

第一期 自民国二十六年十一月一日起至民国二十七年六月底止	第二期 自民国二十七年七月一日起至同年十二月底止	第三期 自民国二十八年一月起至同年六月底止	第四期 自民国二十八年七月起至同年十二月底止
A.采购棉花，以委托方式办理 B.采购食粮，自办或与地方机关合作	A.棉花运销以自办为原则，或采购间用委托方式：先在产棉最盛而易集中之区域，自办采购，并完成自营采购之干部机构；次在产棉较逊而不易集中之区域，委托采购，并设计规划自办之准备 B.食粮运销先委托采购至运销及销售则自营：食粮除仓库担负一部分采购	A.棉花运销仍采上述办法，但准备下列各事项：自营采购之干部机构完成以后，再规划推进训练基层采购人才；更设计自营运销机构 B.食粮运销仍采上述办法，但准备下列各事项：准备食粮自营采购之干部人才，及其必要之机构；自营销售干部完成以后，更推	A.棉花运销各部工作，全体自办 B.食粮运销各部工作，除零星采购外多自办 C.商品农产品之运销改归自办，并设计完成其机构 D.运销机构与仓库连成一片，建立运销系统

续表

第一期 自民国二十六年十一月一日起至民国二十七年六月底止	第二期 自民国二十七年七月一日起至同年十二月底止	第三期 自民国二十八年一月起至同年六月底止	第四期 自民国二十八年七月起至同年十二月底止
	外，仍以委托方式为主，但委托以接近生产区域之市场，分别处理；自营销售，先行完成干部机构 C.商品农产品择要购销，先采委托方式，或与其他有关机关或团体合作 D.仓库接收代理食粮购销业务	进训练基层运销人才 C.商品农产品继续采购，仍以委托方式为主 D.仓库接收除代理食粮购销业务外，并代理一部分棉花采购业务	

己 农产加工设备

第一期 自民国二十六年十一月一日起至民国二十七年六月底止	第二期 自民国二十七年七月一日起至同年十二月底止	第三期 自民国二十八年一月起至同年六月底止	第四期 自民国二十八年七月起至同年十二月底止
四川蚕种制种设备，参加资金； 安徽制茶设备，贷予资金	除上述外，拟再推广下列各种： 广西碾米设备； 陕西棉花打包设备； 四川或贵州之锯木设备	除上述各项外，拟再推广下列各种： 四川或湖南肥料制造设备； 四川与贵州锯木设备扩充或推广至广西及湖南	除上述各项外，拟再推广下列各种： 协助规划大规模化学肥料制造之初步设备； 湖南江西之碾米设备； 棉花打包设备，除陕西继续扩充外，再推广至河南； 协助规划马铃薯制造酒精工业； 协助设计木材造纸工业

本局的工作和青年服务应有的精神

——在本局业务人员训练班开学日演讲词

诸位同事、诸位学员：

今天是农本局业务人员训练班开学的第一天，借此机会，愿意与诸位谈谈本局的工作和服务应有的精神。本局自从成立以来，曾在南京办过一次训练班，这是第二次。第一次在首都，这次却在重庆。因此我们所负的使命，更为重要，所负的责任，更为艰巨。盖在这个国难最严重的时期，每个国民就其本位来说，所负的使命，就比较平时重大，何况受国家委任，担任工作的人员？本局职司调整农村经济，促进农村经济事业，担负了这样大的使命，更应竭智尽能，方不负政府之重托。所以农本局的各个分子，对于农本局的意义和工作，应当有深切的认识和明了。

大家都知道我国以农立国，大约有 80%的民众，是农民；4/5 的生产，是农产物；也可说 99%的出口货，是农产物。农业在我国社会上、经济上和国民生活上，都占着绝对的重要地位。现在各方正在努力经济建设，经济建设的重要目标，除为国防需要之外，当然以最大多数的民众福利为对象。唯其因建设的利益要普及于最大多数的民众，故现阶段中，我国的农业建设，比任何事业都来得亟迫而重要。

农业建设范围很广泛，情形也错杂，但细细考察其目标和方式，约略可分三方面来说：农业技术、农业金融和农业组织。这三方面虽然各有其内容，决然不可混同。可是在建设的过程中，应使具有联系，同时并进，方克事半功倍。

（一）农业技术。现在的农业生产，已逐渐走入科学的途径，生产过程中各阶段的工作，无一不须科学的方法。例如种子的改良、病虫害的防除，以及农业的基本改进，均须靠科学研究的成果来应用。农业生产的建设，换句话说，就是积极地应用科学的方法改进生产技术，再进一步讲，不仅要使每一单位的农业生产，做到量的增加，并且还得质的改进。中国农业在世界上很有历史，我们农业耕种的方法，也从经验中得了许多改进；但一般农民知其然，而不知其所以然，只凭经验，墨守旧法，未能应用经验，研究改良，走上科学的大道。近世科学发达，农业耕种的方法进步，真是一日千里，我国倘不迎头赶上，固有的一些经验，实在不够用的。最近数十年来政府为谋农业的科学化，各省市都设有农场、棉场等，研究各种应用技术的改进，但是结果未尽能和希望相符，虽然原因甚多，但最大的原因还是在于未能与农业建设的其他两方面，做到融合一体。

（二）农业金融。农业需要金融的帮助，比任何事业都要急迫。因为工商各业所经历的生产过程很短，而农业自播种以至收获，至少有几个月之久。生产过程比较长，唯其长的缘故，需要金融协助的程度也比较高。农业生产单位不管其进步至如何程度，比之工业、矿业总比较分散不易集中。我国农业落后，生产单位较欧美各国为零散，加以农民又没有严密的组织，所以农业生产事业，极易受居间人的剥削，因此建立一个合理的、健全的农业金融机构，不特在此战时为当务之急，即在平时亦不可缓。各位有来自田间的，对于农村现况，当能明了。据我已往调查的结果，对于农村最深刻的感觉，就是农民借贷利的痛苦。记得在哈尔滨附近，有一个当铺，大部分是承当农民的物品，每天利息 1 厘，40 天满期。至于乡村间的私自借贷，月利 6 分 7 分，更是极普通的现象。这都是为了农民无组织，需要金融协助太多。故农业金融当前亟要的问题，不仅是借一些钱给农民，就算了事。因为这是治标，不能持久的，乃是要帮助农民建立一个合理的、健全的农业金融制度，使其在生产过程中，能负起金融协助的重责。农业金融制度整个工作，虽非本局所能全部担负，但本局的职责，应先从农业金融基层机构入手。这个基层机构所负的责任，不只在机构的建立，并且还要扶助农民，使逐渐成为这机关的主体。农业金融与普通金融的内容，大略相同，协助农业金融的办法，不外下列三种：

1. 短期信用贷款。短期信用贷款，是在生产过程中以人为对象的贷款，农民以信用做担保，借入资金以供生产的需要，这是极重要的一桩事，我们要想树立农业金融制度，一定要包含一个完整的机构，去办理这种短期信用贷款。农本局代表政府负责调剂农业金融，想把合作金库的机构，来负担这一种的责任，虽然合作金库的将来，不仅就此而止，但在合作金库的初期，此为主要的业务。

2. 中期抵押贷款。农业也和工业、矿业一样，需要中期抵押贷款。这种贷款以物为对象，以农产物做担保，农业需要这种抵押贷款，较矿、工商各业更为迫切。其原因有二：（1）工商业和矿业的生产品，它的单位价格高。且耐久性长，农产品却相反。（2）我国产业落后，所有工商业的出产品，多半集中于都市，金融机关也同样集中于大城市。同时工商各业的组织较健全，抵抗力强，被剥削的机会少。农产品则多在乡隅，农民知识程度低下，没有良好的组织，抵抗力薄弱，因此被剥削的机会也多。因为有这两个原因，所以我国农业社会里，有所谓“卖青买青”的习惯，就是农民的作物还没有成熟，因为需要资金，已先卖出，此不过现阶段农业社会中，农民被剥削的一种方式。又如屯集粮食，也是剥削农民最厉害的一种方式。这种种剥削，都是农民没有中期贷款制度之故。农本局为便利农民中期抵押起见，所以设立农业仓库，使其办抵押贷款，成为一个机构。

3. 长期保证贷款。在我国的现况下，农业方面还有许多基本工作要做，这些工作都须有巨额资金，绝不是农民自身的力量所能负担，且其效果，也非短期内所能表现。非有长期贷款，不能与办。长期贷款，须要担保，但农民最贵重的财产，可以供作担保的，莫过于土地。土地的抵押，目前比较难于推行。因为农民所有土地的面积，地质的优劣，均无系统的纪录，可资证信。说起来，这又是政府的责任，没有把地籍整理清楚，不过我们也不能因为农民所有的土地，不够作为担保，即停止举办长期贷款。应该在无办法中找寻出比较妥善的办法，来试行这一件重要的事业，本局站在农民的立场，向政府建议：“以政府的负责保证，办理农村长期贷款”。现在举办的农田水利贷款，就是这个具体而微的表现。希望各金融机关，都能本着这个原则，将资金尽量地流入农村，使农民受着实惠，助长农业金融制度基层机构的早日完成。

（三）农事组织。我国的农事组织，无论是从横的或纵的方面看，都是极成问题的。纵的方面，下层组织，是非常零星，上层组织，是非常的复杂与庞大。上层组织，中央原有中央农业实验所，有实业部的农业司与林垦署，又有经济委员会的蚕桑改良会，省的方面则有各种改进所及农场等，至于县的农事组织，真是非常零星，它的使命，似乎仅在维持机关的存在。

我曾参观过一个建设机关，薪工的支出，占了全部经费的 99%，岂非笑话？县政府里，仅有一科是附带管理农事的。这种上重下轻的现象，是中国政治上所仅有的特征。横的方面，农产生产，农业金融以及农民组织的各种组织，更是到处表现着重复与摩擦。照理一个县的合作社、农业推广所和农业金融机关，是应该相互合作成为三位一体的。现在各县办理农贷机关，往往感觉应付合作指导员的困难，甚至发生摩擦。这样的农事组织，当然不能担负农业建设的责任。

抗战以后，农事组织方面，已经过相当的调整，纵的方面，业经统一，行政集中在经济部的农林司，技术集中在经济部附属的中央农业实验所，金融方面则集中在本局。至合作机关，在经济部农林司有合作科，在本局有合作指导室。关于县的方面的农事组织，却因经费困难，还没有做到，希望为农事组织基础的县农事组织，不久即可以发达而趋于健全。横的方面，我们希望合作社农业推广所及农业金融机关能够三位一体化。依我的意见，想在三者之中，择一较为稳定而流动性较少的作为中心。这三者之中，流动性较少的还是农业金融机关这一部分，所以我认为要三位一体化，则必须以每县都有且为农民自办的合作金库，作为三个组织的基础。合作金库的经理，须同时受省府的聘请为合作社的视察员同时又为农业推广所的视察员。农业推广所的推广员及合作社的合作指导员，也须同时为合作金库的调查员，总要使三种组织能联系在一起才好。现在这种制度，在广西、贵州都已做到，四川亦正在进行中，如果试行结果圆满，那倒是可当作一种农事机关的联系制度。

综上所述，可知农业生产建设三种方式的作用，有联系的必要。本局所负的责任，主要固在负起调剂金融的责任，同时也须协助其他两方面的任务。责任既重，工作也繁，要担当这重而繁的任务，本局工作人员至少要有下列几种自守的信条：

第一，俭。现阶段中我国的农村工作的人员，要有传教的精神，须牺牲个人的享受，具有服务大众的耐性。如果把服务农村看作职业，把服务的业务机关当作衙门，那是够不上服务农村的资格，更担负不了建设农村的责任。前天我来看诸位的食住，觉得真是简单，但过后思之，又觉得农村服务的人，应当与农民共甘苦，就是这个简单的生活，已经比农民生活好得多，所以很希望诸位能受这种生活的训练，因为这种生活不仅是服务农村所必需，并且节俭为美德，也是个人道德之基，诸位今后都要深入农村，要和农民接触，要是生活不能力求简单，恐怕不能负起服务农村的责任。

第二，勤。服务农村工作，要带有创造性。因为农村建设没有成规可循，诸位到各地去办理金库仓库和农村贷款等工作，绝不能终日坐在办公室里，等着事来再办。因为农民是顽固守旧的，我们就是要把款项放入农民手中，恐怕他们还抱着观望心理。要使他们悦意接受金融援助，宜多和农民发生关系，并要不辞劳苦，多和农民善意接触，本人自来本局以后，便把外动人员加多，即是此意。上面说到的勤和俭，虽是老生常谈，唯其是老生常谈，最寓有真理，往往不易做到。希望诸位都能脚踏实地地做去。

第三，公。农村服务工作，更要公正公平，就是大公无私的精神。诸位和农民接触时，首先要认定自己是为国家服务，为民众服务，要凭着良心去做。从前我看过一本书，叫《我的教育》。其中心意思，是说我一生的最大仇敌，就是自己，也就是一个私字。我们要想征服仇敌，去除障碍，当先看清大我和小我的界限，每逢大我小我冲突时，总要帮大我的忙，征服小我。具体地说，以个人和服务的机关来比，我个人是小我，服务的机关是大我，我们要把团体的利益，放在个人利益之上。以服务机关和社会来比，服务机关是小我，社会是大我，要把社会的利益放在机关利益之上。本来人生就是奋斗，但最困难的奋斗，不是环境，而是小我。如何征服小我，为国家民族谋福利，乃是我们的责任。

第四，能。除能俭、能勤、能公三种美德外，尚须具有技能，我们无论做什么事情，都要有相当的技能，社会愈进步，一切事业的分工愈精细，专长的技能需要愈切，要是自己的技能不能随时代而前进，便要落伍，每一种技能，还得要熟练，才能应用。诸位切勿以为自己是大学毕业，或高中毕业，而自满或疏忽。青年往往对于浅近的工作，以为易而不愿做，遇着未习而较生的事又认为难而不能做，这都是一种错误。我记得幼年在乡村读书，未习过英文、数学，后从私塾跳入中学二年级，就要做代数、读英文，深感躐等之苦，后因勉力为之，便能赶上。在外国求学时，因经济困难，教授要我做统计工作，我本不甚喜数学，怎会愿做统计。可是继续做去，经过一番训练以后，渐渐便发生兴趣起来。所以无论何种工作，能够用心去做，久之自能发生兴趣，望而却步，以为不能，那便是自暴自弃。我在局里曾和会计处长谈过，每一位新同事进来，无论他是大学或高中毕业，总要他从最基本的工作做起，我的目的就是要辟除他不愿做和不会做的劣根性。今天费了很长的时间，说明了本局的任务，和本局工作人员应该自守的信条，愿诸位能力行，能持久地力行，更希望造成一种善良的风气。

（《农本》第 1 期，1938 年）

会计在事业经营上之重要

一、事业经营之要素

事业经营，贯有一定之途径与方法，在消极方面，须能防止藉公舞弊，杜绝偷惰积习；在积极方面，必有确定计划，循序发展，并视发展情形，时求改进。

物力人力为经营事业之要素。就物力言，金钱出入，最易启觊觎侵渔之念，物品购领，最易生假公济私之心，苟不谋所以防止之道，则积微成巨，事业必要之物力将受无益之剥蚀。就人力言，偷懒苟且，敷衍了事，对于范围内之职务，抱不负责任之态度，不肯充分利用工作之时间，竭其个人之力量，以赴事功，其弊害所及，足以影响事业之进展，且更甚于物力之侵蚀。所以欲求事业之成功，消极的一方面，必须防止物力方面之舞弊，一方面又须杜绝工作人员之偷惰积习。

然防止弊端和杜绝偷惰，充其量仅足以守成，尚谈不到进取。是以更须为积极方面之努力。所谓积极方面，即须本诸确定之方针，拟具实行之计划，循序发展。并就计划实施之时，斟酌其实施之情况与经验，针对事实，时求改进。否则无既定方针，无缜密计划，其事业之推进，不流于盲人瞎马，暗中摸索，即失之枝枝节节，难期成效。

惟欲达上述之目的，必须具有健全之机构，以实施既定之计划，故健全机构，视为事业进行之基础。所谓机构实包括组织程序及人事三者。盖组织不健全，则工作不易推动；程序不确定，则步调容易棼乱；人事不完备，则难有缜密计划，亦不易实施而有效。惟三者能兼顾并进，始可以望事业循序前进，达所预期之目标。

会计为经营事业之主要工具，因会计工作，为交易之记载，交易既有记载，则凡现金财物之进出，债权债务之增减损益之发生，资本之变动，皆有记录可凭，不第可杜弊窦之发生，而且根据详细记载，按期汇编表报，可以为检讨过去而谋所以改进之根据，可以供预示将来而为厘定计划之基础，可以完成其监督业务进行，纠正业务误向，指示业务途径，促进事业进展之任务。尝见接收清理一事业者，皆自会计下手，亦因会计清理就绪，业务现况即可明了，其他便易迎刃而解矣。

二　治法与治人

“治法”与“治人”必须相辅而行，不能偏废其一，语云：“徒法不足以自行”，盖谓徒有良法而无人，则法将无由行使，法之精意，将无由实现，且制法过周，则病繁缛，过简则病挂漏，稍一不当，狡黠者流，辄能窥隙舞弊，防不胜防。是以有“治法”而不辅以“治人”，法虽良，亦难发挥其效力。反之，徒有“治人”而无“治法”，则易有“人存政举，人亡政息”之弊。且侧重人治，则一切措施所含主观成分过深，主持者易人，虽免多所更张，易使事业政策与进行方法，失去继续性，此于事业之进行，实多不利，故治法治人，必须并重，然后能相得益彰，而期事业之发展。兹再分别论之。

“治法”为制度问题。用于会计，即为会计制度，一健全之会计制度，必须具有紧凑严密、事权集中两条件：

（一）紧凑严密。所谓紧凑，即制度之繁简程度，切合需要，程序简捷，避免迂回，无无谓之工作，无繁缛之手续。所谓严密，即组织之周密不疏，手续之确切不移，按图索骥，无隙可乘。必如此，始可增加工作效率，减少舞弊可能。

（二）事权集中。欲使会计部分，具监督事业进行之功能，必先谋会计事权之集中。在横的方面，所有账务之处理及资金之调拨，须集中于会计主管部分，而不使其支离分散。在纵的方面，不论总机关与附属机关如何联系，必须使会计主管部分对附属机关之会计能直接统制，而不使其各自为政。必如此，始能谋洞悉情况，监督进行。

但是，欲求紧凑严密事权集中之会计制度，可充分发挥其控制事业进行之效能，采用健全的预算制度，实为要着。盖实施计划，必须有详尽之预算以为准绳，预算自身即为计划之综合体。且审核预算编制及其执行权之所在，即为控制事业与监督事业权之所在。此种审核权，从原则上言，宜由一事业机关之会计主管部分负责，因可利用其所主管之记载以资参考，而不致失之空洞。

“治人”为人事问题。健全之会计人事，在任用上须采用具有此项专门智识与技能之人材，在组织上须采用会计超然制度，以期发挥牵制作用。

（一）利用专门人材。人材主义，固不仅限于会计人事，惟专门知识与技能，于会计尤为重要。盖就技术上言，会计为一专门学科，非一般常识丰富者即能办理。仅有学识而无经验，易感运用困难，徒有经验而无学识，易为成法所囿。必须学识经验并具，始克应付裕如。

（二）会计超然制度。一事业机关之会计主管部分，既畀以监督事业进行之重任，则为使其能顺利地完成其所负之使命，自宜予以适当之权力，俾能于执行其职务时，发挥最大之效能而不受牵制。此唯有使会计主管部分对会计人事，如任免、迁调、政绩等，有主动呈请核办之权。因如是则会计主管部分，对会计人事，得随时就执行职务之便利而采适宜之措置。同时会计人员，应对会计主管部分直接负责，但于处理日常工作，在行政系统上，仍应遵其所在机关长官之指导，循是为之，一方面会计主管部分对会计人事得主动呈办作适宜之措置，一方面会计人员履行职务时复具有超然之地位。事权分明，庶可达到会计监督事业进行之目标。

三　结语

总括言之，一种事业之经营，其成功半由于组织之完善，半由于人事之健全。盖组织完善，则事权分明，人事健全，则事功易著，会计工作，在经营事业上实甚重要，故其组织人事，尤不可不深切注意也。

（《农本》第 4 期，1938 年）

总经理在重庆办事处业务会议训词

今天是本局重庆办事处召集川省各农仓主任和各金库经理举行业务会议的第一天，亦即本局川省各业务单位主管人员第一次的集会，这实在是不可多得的一个机会。本局自去年向西南各省推进业务以来，各业务单位已散布西南各省，而且增加甚速，彼此间今后如何互相沟通，各机构如何运用灵活诸问题，都是要亟待解决的。去年我在汉口时，曾函蔡协理，希望在去年十二月间，能将各专员办事处的主管人员，都邀集到总局里谈一次话，并在废历年间，业务较为清淡时，召集各金库仓库主管人员举行一次业务会议，但是当此战时，交通困难，要把各地金库主管人员聚在一处开会，事实上有许多困难，因而改由各专员办事处，分别召集所管辖部分的人员，同时举行业务会议，现在我们在这里开会，同时，别的办事处也正在开会。诸位在未讨论提案之前，我先有一个要求，就是所讨论的问题，务必要切合实际，要脚踏实地。根据平日经验所得的意见，和实地所遇到的问题，提供大家讨论，避免一切好高骛远空洞原则的探讨。因为本局不是一个学术研究机关，而是一个具有创造性与实验性的事业机关。在此种事业机关服务，有许多问题需要创造能力去应付，同时尤须能从实验中，获得教训，力求改进。我们服务社会，特别是在事业机关，要有科学的精神、客观的态度，去观察一切事物。只要认为是对的，就应按部就班、循规蹈矩地去做。对于自己的主见，不宜轻易改变，但也要随时可以改变。意思就是说，我们认为是对的，就应始终如一，永矢不变，倘若发现了错误，就要有“无惮改”的精神。胸无定见固不可，固执己见尤不可。诸位在外工作，有时与其他方面意见不洽，或发生人事上的摩擦，就因为缺乏科学的精神和客观的态度，宽以待己，严以责人，我希望各位要特别注意此点。

本局既为一种创造性与实验性的事业，故可以视为一个广义的教育机关，总局各办事处和各金库仓库，合之为一大的广义教育机关，分之则各为小的广义教育机关。所谓教育，不仅教育他人，尤要教育自己，应当有“作之师”“作之君”“作之亲”的态度，何谓作之师，就是要很充分地训练自己和所属的工作人员；何谓作之亲，就是要爱护自己和所属的工作人员；何谓作之君，就是要培养自己与所属的工作人员。我们的教育范围，不仅限于各主管人员与职员之间，而要把业务区域以内的农民，都作为对象，尽教育爱护培养之能事。本局业务的成败，绝对不在乎放款的多寡，也不在于盈余的大小，是要看所属工作人员，是否能发挥效能，为农村服务，是否能使我们的工作，真正适应农民的需要。因为本局是一个广义的教育机关，是一种服务的事业，绝对不是一个纯商业化的机关。

诸位在本局服务，固应具各种美德，矢勤矢慎。在今日的业务会议，我特别要提出两点与诸位共勉。

一、“公”。我们工作时，第一务须把“公”字作为座右铭。这个“公”字看起来，似乎很简单，但是最易于忽略。凡是业务机关内服务农村的工作人员，更需要公，绝对不能假公济私，诸位如认为我有不公之处，可以随时指责，如果诸位有不公，那我也只有严加制裁，一点不能徇情的。以前我见过许多商业机关的主管人员，往往借他的地位，作他私人自己的生意。本局是个广义的教育机构，绝对不能作不公的事情，要知白圭之玷尚可磨去，人若假公舞弊，就是终身之玷。今天我特地提出来与诸位订一个“绅士协定”。

二、“能”。所谓能，并非天才，是种技能。诸位在农村中工作所接触的，到处都可说是教育，美国哈佛大学教授亚当斯在他所著自传《我的教育》一篇中，谓吾人应以全部生活为教育，而不以学校为限，并谓事业的成功，也就是教育的成功。本来社会愈进步，事业的分工愈细，需要专长的技能也愈迫切，要是自己的技能不能随时代而俱进，遇着新时代的问题，便无应付的能力。希望诸位切勿故步自封，必须虚怀若谷，学如不及，以求增进一己的专门技能，使将来能负更重要的责任。

（《农本》第 13、14 期，1939 年）

抗战两年来农本局业务的进展及其今后

一

农本局（以下简称本局）自民国二十五年九月在首都成立，到现在已经三年又两个月，在最初的一年又两个月中间，前任总经理陈振先先生擘画经营，煞费苦心，后因陈先生主持金水农场，无暇兼顾，政府乃以余承乏，自民国二十六年十一月一日接事到现在，也已两年。回忆过去环境的艰难，思及今后责任的重大，因举两年来本局业务进展的概况，以告国人，藉求指示。

本局的使命，原在“调整农业产品，流通农业资金，藉谋全国农村之发达”，所以本局的业务组织，初设农产农资两处。农产处主管调整农业产品，以农业仓库为推动的中心；农资处主管流通农业资金，以合作金库为经营的柱石。关于农业仓库方面，当时的计划，拟先在全国各大农产集散市场，筹设较大的自营甲种仓库。此种仓库，除经营储押及保管等业务以外，并负责推动其所在地的乙丙丁各种仓库。至余接办时止，共已成立甲种仓库 13 处，乙种仓库 17 处，前者尽在交通便利之处，如上海、南京、广州、汉口、天津、济南等各大都市，而后者则几多集中于芜湖附近。这些仓库的主要业务，都不外乎储押放款。各仓的储押总值，共达 70 余万元。“七七”事变展开了“八一三”全面抗战，当时仓库最重要的工作，都是代办军粮。当陈前总经理奉命承办不久，即由余接办；各地仓库当时购得军米 290388 包，另代南京市政府购得 35565 包。至于合作金库，原系根据前实业部于民国廿五年十二月十八日公布的合作金库规程办理，先由县合作金库着手，逐步推进。至余接办时止，计已先后成立者凡 14 处，分布于河北、山东、江西、安徽、湖南各省，共拨资金 67 万余元。此外其他农贷共计 527109895 元，分析其区域，集中于江浙晋豫等省，而尤以京沪一带所占成数为特高。凡此种种，都是陈故总经理艰难缔造的基础。不幸得很，当余接办后半个月，本局即奉令随政府西迁，此后沿江沿海各省，相继沦为战区，本局基础，几被全毁。因为这种环境，使余不得不重订计划，从头做起，务期促进农业生产，增加抗战力量，毋负政府重视农业建设之至意。

余于重订计划之先，曾经熟思苦虑，认为此次抗战，绝非短时期所能结束；但“我赖以持久抗战之资，博取最后之胜利者，宜别有久远之规，不仅徒以救急为得策，而治本久远之计，须有足以盘旋之适当环境，否则议方定而变计，事未行而更图，心劳日拙，无济于事；环顾国内，厥惟西南西北各省始能负荷此重大使命”（引号内语见《本局业务计划》，下同），乃特定川康桂黔滇陕等省为本局今后业务的中心区域，并以甘豫湘鄂赣粤为本局今后业务的外卫地带；在中心区域，则标本并举，“一凡有永久性之事业如农田水利之设施，农业金融基层组织之推广，以及其他亟须提倡实施之生产事业，同应有宏图规划，即举急之措施，如种子肥料等之利用，自给自足及商品农产品之运销调剂等事，亦须同时积极推进”。至于外卫地带，则先以治标，兼及治本，“凡应急之事，如农事技术之协助，种子肥料之推广，农产品之运销调剂等事，应先着祖鞭，使毋错失时机，他如农田水利之提倡，农业金融基层组织之推行，亦以情势所宜，而相继推动”，“其在外卫以外之各省，地处冲要，军事为先，首宜治标，以运用固有金融机构之力，调整农民生产及其产品为事，根本建设，一时势杂计及”。这是余在当时所拟本局业务计划的中心要点。

民国廿七年二月十二日，本局又奉命接收前农产调整委员会，并奉准改组为农业调整处。同月廿日为迁川以后开始办公之第一天，更归并农产农资两处为业务处，分设第一第二两科，主管仓库金库事宜，并决定以推行农业金融制度的基层组织为本局本身的业务方针，藉以广农业金融的流通；另以增加战时农业生产调整、战时农产运销为农业调整处的进行目标，期以增农业经济的活动。一方面务使本局不以农业调整处的添设而致本身业务多所更张，同时农业调整处亦得循前农产调整委员会的旧轨，不以改组而致其固有业务有所停顿。再明白地说，本局本身的力量则集中于合作金库及农业仓库的筹设，本局所有的资金，迄今已收2390余万元，即以合作金库提倡股本及仓库储押贷款为运用的标准；至于战时农业生产事业的举办，农产品运销的经营，凡经审查认为需要贷予资金者，则本局以农业调整处的资金运用之。本局本身资金与农业调整处资金，会计独立，盈亏各计，务使分工合作，各得其所。不过这种办法，如欲推行顺利，尤须旁求助力。即第一须与农业技术合作，“俾金融借技术之基础农事克以进展”，第二须与农业组织沟通，“使经济以组织为先导农民得其实惠”。实施计划，即本此旨，两载以还，虽不能尽如所期，但亦不无进展。请分别述之。

二

第一，就本局本身的业务来说。（甲）关于合作金库部分，截至十月底止，本局已设金库 107 所，内计四川 28 所，贵州 21 所，广西 20 所，湖南 10 所，湖北 10 所，陕西 3 所，西康 5 所，外加“战区九库”，即南京，江西之进贤、九江，安徽之芜湖、宣城，山东之济宁、寿光，河北之定县及湖南之岳阳，本局所认提倡股共 10189755.00 元。此外尚有 50 库，正在积极筹备，本年底均可成立。至其业务情形，则因金库散布各省，邮递不便，尚有一二金库的报告，止于本年六月底。姑就当时的数字来说，各库贷款累积额为 9304407.68 元，贷款结余额为 7601241.87 元，代放款累积额 1611557.24 元，代放款结余额 686278.87 元，存款结余额 830 元。（乙）关于农业仓库部分，截至十月底止，本局已设仓库 92 所，内计四川 41 所，广西 19 所，贵州 13 所，湖北 8 所，湖南 9 所，陕西 2 所。上述 92 所仓库之容量，共达 2247415 市石。此外尚有 27 所，正在积极筹备，不久即可成立。至其业务情形，截至九月底止，各仓储押放款的累计额为 1000461.58 元，内计四川 988201.94 元，贵州 248294 元，广西 776.70 元，结余额 358446.94 元，内计四川 353604.69 元，贵州 4267.40 元，广西 57020 元，而对简协农仓的放款，尚不在内（截至九月底止，对简协农仓放款的累积为 320789.70 元，结余为 212621.21 元）。此外各仓并兼营保管及购销业务，前者即保管总值近 300 万元，后者即购销总值为 60 余万元，上述仓库，今年尚未至农业季节，年底以前，业务数量，自当激增。

第二，再就农业调整处的业务来说。（甲）关于农业生产贷款部分，大别可分三种：（一）农田水利贷款；（二）一般农业生产贷款；（三）农产运销贷款。本局所办农田水利贷款，均与各省省政府合办，川康两省并与委员长成都行辕合作。至于工程的指导与监督，复与经济部所属各水利机关保持密切的联络。截至九月底止，已订约开始贷款者，计有四川、西康、广西、贵州、云南、陕西、江西七省，本局担任贷款 820 万元，各省省政府及委员长成都行辕共担任贷款 298 万元，至最近为止，川省已完工的水利工程共费工款 599349.31 元，贷款 422602 元，受益田亩 158723 亩。川、黔、桂、陕四省正在施工中的水利工程工费预算数为 4177581.07 元，核定贷款 3921298 元，估计受益田亩 515019 亩。川、康、黔、桂、陕五省即将兴工之工程工费预算为 3115648 元，已核定贷款 1657910 元，估计受益田亩 269579 亩。以上三项共计工款 7892578.38 元，贷款 6001810 元，受益田亩 943321 亩。此外尚在测量设计中者，均未计入。滇赣两省之农田水利工程，大都尚在测量设计之中，滇省弥勒、楚雄、祥云三处水利工程，估计需费 200 万元，受益田亩 25 万亩，赣省赣河上游修筑堤堰及蓄水库工程，估计需费 119 万元，现拟先以 40 万元为工程费用，此为农田水利贷款之最近情形。其次为一般农业生产贷款。按其用途又可分为：（A）食粮及一般农业生产贷款；（B）经济作物及农产加工贷款；（C）垦殖贷款。食粮生产贷款，以供给栽培食粮、购买耕牛、补种旱作、推广冬作及推广改良种子等用途为主，经济作物及农产加工贷款，如川省之棉产、川滇两省之蚕丝、粤省之蔗糖、皖西之茶产、陕西之土布，均分别予以货款。垦殖贷款已订约举办者，为陕西黄龙山垦区、河南邓县垦区与投资华西垦殖公司三处，正在商订中者有江西垦务处一处。此外尚有占地农业生产贷款，如苏北粤南等处，正在商洽中，截至九月底止，订定贷款总额 5918343.20 元，已拨付贷款 3070497.18 元，除已收回一部分外，贷款结余额为 2238315.57 元。其中湖南占 209664.22 元，广西 219037.35 元，陕西 214320.00 元，贵州 357300.00 元，河南 466745.00 元，四川 491349.00 元，云南 80000.00 元，安徽 200000.00 元。再次为农产运销贷款，如川豫两省之食量购销、贵州之桐油购销以及第九战区抢购滨湖粮食贷款，与中国植物油料厂为办理植物油远销业务而向本局借款。截至九月底止，共计订定贷款额为 8210000.00 元，已拨付贷款 6538372.35 元，除收回外，贷款业务，或已结束，或正在结束之中，其他尚在积极进行。即以第九战区一处而论，现已购谷 984700 余石。此外本局为改良农业起见，尚有“农业改良补助费”的拨给，截至九月底止，计拨四川改良柑橘储藏运销补助费 12147.43 元，推广棉籽补助费 20691.43 元，四川及贵州家畜保育补助费各 20000.00 元，合计 72838.86 元。（乙）关于农产购销部分，可分自办与合办两项，本局于去年六月，自设福生庄，主办农产运销事宜。截至本年九月底止，计一年又四个月，共购进棉花 320087 担，除销售外，现存 209755 担。棉纱 17447 件，除销售外，现存 9034 件。棉布 171734 疋，除销售外，现存 95370 疋。米 61131 市石，除销售外，现存 5087 市石。谷 454720 市石，除销售及加工外，现存 427468 市石。小麦 28396 市石，全部售出。合办部分，举其大者为与江西省工商管理处战时贸易部合作，本局出资 100 万元，购运该省剩余食粮，接济他省需要，截至六月底止，已购谷 2659000 余担，米 18 万大包、31000 小包，又 23000 余石，各种土产 20 余万元。余如与浙江及山西省政府合作购棉等，恕不备举。

以上所述，为最近本局业务的大概情形，此外须附带申述者，尚有二事：（一）为协办屯粮，以供军糈。本年四月，军事委员会后方勤务部以第二期抗战开始，部队食粮，及宜先各屯储。经拟具第二期抗战屯粮计划方案，签奉委座核准，准备作战军队约×百万人×年用粮，分存各战区××时粮，战区后方××时粮，另于后方若干省份设置总库，存储××时粮。其中战区存粮由军需署委托各战区司令长官购办，此外战区后方及后方总库屯粮则由后勤部与本局会同战区及各省粮食管理处既各地方金融机关办理。现已按照预定计划，逐步推进。惟事关军粮，详细情形，未便公开。（二）为收购新谷，以免价贱伤农。本年八月，委座发出养侍祕渝电，以川省今年大告丰收，诚恐谷贱伤农，影响民生，特令“规定价格大量收购必须做到全川各县皆能各就产量收囤维持市价使真正农民获明受本年丰收之实利”，原电有“责令农本局农民银行等，查明全川稻产总额，切实规划，拟定收购数量，酌定适当价格，统筹大量收购之办法”之训示。旋奉层峰，转饬到局，案同前因，爰本此旨，草定四川新谷可收足 870 万市石，其中包括四川购粮会屯储民食约 210 万市石，购销民食谷约 767 万元，屯储贷金 670 万元，由四行低利贷予川省府。屯储仓库修建费约 100 万元，半数由本局贷予川省府，半数由川省府自筹。此项办法，业已呈奉行政院第 443 次会议修正通过，本局正在遵令进行。

三

两年来本局业务进展的情形，约略如上所述。这一点点的成绩，离开我们的理想还很远，但两年来得有如此的结果，一方面固由于本局全体同人的共同努力，尤应感谢而不能去怀的，实在是政府当局对于本局所负使命的重视。当此抗战时期，军费浩繁，本局的股本，政府始终按时拨给。即此一端，已可见政府当局对抗战建国并进的精神，足使本局同仁倍其感奋。最后余拟就管见所及，一述农业建设的困难所在，并以示本局今后发展的途径。

对于农业建设，余个人向有一种感想，即余认为在许多的建设事业中，农业建设要算是最费力同时又最难见效的一种工作。这感想因近两年来体验的经验，可说已经获得了事实的证明。何以农业建设最费力同时最难见效？这原因多半是在农业的本身。简单地说，因为土地是农业生产最主要的元素，而土地不能集中，所以农业建设在空间上受了限制。又因天时是农业生产最主要的条件，一种作物自播种而至收获，需时相当地久，而天时又变化无常，且不易控制，所以农业建设在时间上又受了限制。我们拿农业建设与工业建设来比较，空间上的限制，农甚于工；时间上的限制，工几乎可以克服。所以工业建设只要有正确的计划，逐步推进，就可于一定期间内，收得预期效果，且可避免可能的意外变化，至于农业建设，那就情形适得其反。我们是要在一极大而不易控制的环境内，建立许多小规模的工作单位，力量既因分散而减少，成绩自然不易明显地表现。何况这许多小规模的工作单位，又须长期应付因天时而起变化的各种环境，所以收效更难。这是农业建设的特殊困难之一。其次农业建设不但在空间时间受了限制，而其关系的复杂，恐亦在其他建设事业之上。因为任何农业建设，都要牵连到三方面：一是农业技术；二是农业金融；三是农民组织。只有优良的技术而无充裕的资金，则技术固然不易推进。反之，只有充裕的资金，而无优良的技术，则资金极易流于浪费。再纵有优良的技术与充裕的资金，如果农民没有健全的组织则仍不能推行尽利，实惠及民。这在工业建设，固然也有同样的情形，但此三者决不如在农业之自成系统，缺少联系。何况吾国农民组织之散漫无力，尤为周知的事实（与其说组织散漫，不如说没有组织，或更正确）。这是农业建设的特殊困难之二。再次因为上述两种的困难，牵连到人事问题的困难。盖我国近代的农业建设，事属初创，并无成规可循，农业建设主持的人，非有相当充分的智识不易应付复杂的问题。更非富有创造性，不易在墨守陈法的农业环境中，开辟新路。然而一切创造的基础，多须建筑于智识之上，但因农业建设的工作单位规模都是很小，农村的生活又都很苦，所以服务农村的同志，纵然本人艰苦卓绝，而不易得到始终相处的朋友来共事。往往见异思迁，半途而废，使农业建设的人事基础，不易牢固。这是农业建设特殊困难之点。

农业建设，既有上述各种特殊的困难，而农本局的力量，更是十分薄弱，所以今后本局的发展途径，在协助推动农业的意义上，应该以质的改进重于量的增加。

按过去两年来本局业务进展，都以建立农业金融的基层机构为中心，这亦可说是本局两年来的基础工作。即在过去，我们固然注意于业务的发展，例如放款存款的增加，而尤着重于农业金融基层机构单位的铺设。我们想把社会的游资，通过这一机构，注入农村。本局前此筹设农业仓库或铺设合作金库，即本此原则，抱定“人取我遗，人弃我取”的态度，不独极力避免与其他金融机关重复或冲突，且愿以本局所铺设的农业金融基层机构，尽量为其他金融机关所利用。到了现在，我们所铺设的合作金库与农业仓库，都已有相当的数量，同时其他金融机关也已注意到这种工作，且相继起而推进，所以我们今后的发展途径，应该由量的增加转到质的改进。例如本局的农业仓库，现在只做到储押保管等业务，未能充分发挥农仓的功能。再如本局所铺设的合作金库，我们虽然竭力防它成为农民借贷所或乡村钱庄的变相，但其距离名实相副的合作金库尚远，即远未能达到为农民所自有自营自享的机构之程度，又如购销工作，虽已保持有相当数量的货物，但运用的方法和事业管理的效率，都须进一步改善。更如所提倡的生产事业，标示的方向或不致错误，而事业进度和技术的应用，还须彻底研究。所以我们今后不论对于农仓或金库及其他本局的业务，应多致力于质的改善，务求做到示范的地步，盖必如此，方可尽协助推进农业建设的责任。

不过我们要达到这一目的，同时至少还须注意两点：一是组织的健全；二是行动的敏捷。

我国过去的国营企业，结果往往不能符预期的希望，甚或发生极大的流弊，主要原因，就在制度。大凡一种事业，因人设事，固然要不得，因人成事，也非好办法。质言之，任何事业的成功，得人固然重要，健全的组织，更为重要。农业建设所需要的健全制度，尤较其他建设为甚。这原因就在农业建设非短时期所能成功，苟无健全的制度，则事业必受人事变动的影响。试举例就会计来说，不但预算要分明，决算要严整，对于已经决定的预算，更忌轻事更张。否则计议甫定计划又变，事业就不能按照计划推进。财务如此，人事与业务亦无不然。其次要原因就是行动迟滞，远不及纯粹的商业机关来得敏捷。机关积习，重手续而忽略事实的本质。这是事业机构最应注意而痛改的，要不然什么事都只是应付，所以应该多多发挥主动的敏捷行动，来替代被动的应付。何况农本局的工作，是一种社会服务，各种业务只有敏捷的行动还不够，更得要在不亏本的原则之下，使广大的民众，蒙其实惠，决不能在农民身上剥取利益，又与一般的纯粹商业机关根本不同。不过本局毕竟为一国营事业，所以我们当尽力矫正国营事业的弱点，并避免纯粹商业机关谋利的企图，要在“目的社会化，方式商业化”的目标之下，以求行动的敏捷。

十一月一日于重庆时适笔者接办农本局两周年

（《农本》第 30 期，1939 年；另载于《新经济》第 2 卷第 11 期）

《战后中国农业金融》序言

我国战后亟须扩展工、矿、商、运输等业，但农业改进的重要亦不容漠视。中国国民所得78%来自农业，而工矿等产的振兴，又有赖农业供应原料、劳工、资本与市场。农业改进的端绪纷繁，但是不论荒地的垦殖、农田水利的兴修、新式农具的采用、作物种子的改良等方法，农业金融都是主要的推动力量。

我国过去农业金融的最大疵病是农民借得的款项多半用于消费，极少用于生产。据卜凯的研究，我国农民所得借款用于购买粮食及婚丧寿庆的靡费的达 2/4，用于购买肥料农具牲畜种子及土地的只 1/4。近 20 年来我国新式农贷业务虽日渐扩大，但因对农业金融缺乏正确认识，大都误认合作金融就是农业金融，所以只以信用合作社为放款的对象，而不问资金的用途。这种错觉战后似须加以廓清。我们以为如果要使农业金融确对农业改进有所裨助，农贷的范围必应只限于农业生产运销业务，且特别应在重垦殖、水利、肥料、新式农具及改良种子的贷款。

农贷利率的高低是一个值得注意的问题。我国农贷利率一向远高于工商贷款。据卜凯的调查，各地农贷利率平均月息 2.7%，年息 32%。这一部分可归咎于农贷机构的未普及，但农贷风险较大究是最基本的原因。战后如果努力于农贷机构的普设，各地农贷利率当可不再高低悬殊，而平均利率亦可趋于低降。但农业贷款时间较长，风险较大，其利率稍高于工商贷款，仍为必然的趋势。如果我们同意战后其他产业与农业同需正常发展，我们实无过分抑低农贷利率的理由。而且如果强将农贷压低，使降于自然水准之下，那么农贷资金的需要，必非吸收储蓄所能供给，而需由国库继续不断地拨付，其结果势必予国家财政金融以不良的影响。

战后农业金融是关系国家经济建设的大问题。我欣幸郑林庄先生能早日将他精研多年的大著问世。我更欣幸能藉此而获得一个机会，抒发平日关于我国农业金融的一些感想。

（郑林庄，《战后中国农业金融》，重庆：西南印书局印行，1945 年）

书　评

读卫挺生氏之“超然主计与联综组织”

最近卫挺生氏在立法院纪念周演讲“超然主计与联综组织”，对于二者之意义及重要，发挥尽致。处吏治不良之中国，此种制度上之防闲，实为迫切之要求，故就拙见所及，再申述之。

财政监督制度，在现代法治国家，规定极为周密，通常分为行政立法及审计三种监督。行政监督，注重收支之核实及效能与经济之增进；立法监督，注重岁出入预算之议决及财政法规之制定；审计监督，注重在事前依法定预算及现行法令审核国家之收支，事后又举其审核之结果，作为报告，以供立法机关之参考。试举英国之制以为例：英制任行政监督者为财政部；立法监督者为国会；任审计监督者为会计审计总监。此三种监督机关之职权，在英非处于对峙地位，盖因行使立法监督之国会，不仅对于预算有议决之权，即决算及账目，亦须由国会审定与查核。所谓会计审计总监之职务，不过系替代国会任事前之监督及事后之审查，其监督与审查之结果，最后尚须向国会报告也。吾国现采行五权分立之制，立法与监察，独立对峙，相辅而行。立法院对于财政之监督，其职权仅限于财政立法及议决预算；关于预算实行时之监督，及决算之审核，则由监察院独立行使，不须向立法院报告，就制度言，吾国审计机关之职权，比较扩大，而其崭新立异之处亦在此。

在五权分立之制下，编制预决算与实行行政监督之职权，应属一超然之主计机关，此为事实上之需要。盖因编制预决算及实行行政监督之机关，如为行政院内之财政部，则是行政一院有藉钱囊之控制以监督其他四院之权，此与五院各自独立之精神，显呈不符。吾国各院之组织，既甚复杂，且时有变更，其所有之概算，有时非予以削减不可。使此种削减之权，出自行政院之财政部，则易于发生争执。故根据事实上之理由，主计机关应处于超然地位，直隶国民政府，而不宜属于任何一院。

主计机关既处于超然地位，则联综组织之制度，自可推行。稽诸现行之制，国民政府主计处，设有岁计、会计、统计三局。岁计局之职掌，主要为编造预决算，指挥监督各机关办理岁计事务人员，及关于筹划预算所需事实之调查事项。会计局及统计局之职掌，主要为关于各机关会计统计人员之任免、迁调、训练与考绩，及关于各机关会计统计事务之指导监督事项。自上述主计处各局之职掌观之，联综制度之运用，即可窥见一斑，而其所能产生之效果有三：（一）会计制度之统一。各机关办理会计之人员，约由主计处会计局任免与监督，如英国财政部之指定各机关会计官。此种制度，可以收就地监督之效，且可使国民政府各院部会之机关之会计制度，趋于统一。（二）统计方法之统一。国民政府各院所属机关之统计，编制时彼此不相为谋，则易致重复参差，系统分歧。采用各机关统计人员由主计处统计局任免与监督之法，则一方杜各机关捏造统计之弊，一方又可收编制方法统一之效。（三）岁计制度之统一。按诸现行预算法之规定，各机关概算之拟编，由主计处驻在该机关主办岁计事务人员先依据其主管长官所主张之数额及理由编就，再逐项依据其自己主张修正之数额及理由签注之。此种制度，可使国民政府各院部会之岁计制度，趋于统一。同时预算法又规定主办岁计人员，对于不合法之支出收入契约或营业，应向所在机关主管长官以书面声明异议，并报告于该管主办审计事务人员，及该机关之上级机关。假使不为此项异议，则应连带负责。主办岁计事务人员，既处于超然地位，而又予之以责任，使苟虚伪掩饰，则将代人受过。规定如此，串通舞弊之事，似又可少戢也。自上所述，主计处对于财政监督方面之工作，实兼事前与事后二者，如能就规定者完全实行。亦不能不谓之已达于严密之境。

虽然举预算实行时之财政监督权，尽由主计处片面负责，则虽其组织严密，其所处之地位为超然，要亦不能无弊。盖因主计处所编制之预算。虽须由立法院审议通过，但预算执行之时，立法院则无权过问，故欲期其无弊，实有赖于监察院之审计监督。吾国监察权独立之制，本诸昔时之御史制度，明清以来之都察院，其权力不仅限于弹劾，实际包括甚广。例如都察院有建议政事之权，凡政事得失，民生疾苦，制度利弊，皆得尽量陈奏。有监察行政之权，凡中央及地方官厅所管事务之施行与成绩，皆须向督察院各科道报告，各科道得随时检查之。有弹劾官吏之权，凡官吏违反法令及妨害公益之行为，皆得加以弹劾。有检查会计之权，凡中央或地方官厅经费之出纳，均须受都察院之监察；各官厅所有之会计报告，均须受都察院之检查。此外尚有封驳诏书、会议重案及注销案卷等权力。都察院之职权，既若是之繁巨，其组织上自必采分科职掌之制按。诸清代都察院之组织分六科十五道。就大概言之，六科分掌京内各部，十五道分掌各行省。在专制政治之下，此种行使监察权之御史制度，亦实澄清吏治之一法也。

吾国现制，审计监督之职权，由监察院内之审计部行使。审计部对于财政监督之工作有二：一为审核，一为稽查。所谓审核，即依照预算案，审查全国之岁入岁出，核定各机关之收支命令。为实行事前监督及简省手续计，审计部派审计员常驻各支出机关，以便就地执行审核，此法系仿美会计院派遣审计员分驻各部之制。假使机关长官之支付命令，与预算不符，审计员得拒绝签字；出纳人员无审计员之签字，得拒绝支付。此种就地监督之法，不第可遏止机关长官不合法之支出，且可监视主计处派驻之岁计会计统计人员，使其不易依阿渎职，串通舞弊。至于稽查方面，则审计部有派驻各机关之稽查人员，在书据以外做事实上之调查。处此犬牙相错恐怕牵制之情形下，官吏贪婪之弊，足以少抑，固无待言。惟欲使此种制度，行之有效，有特别应注意之点二：第一，须力求金库统一，盖金库不统一，则审计员之拒绝签字，不易发生效力。故欲使审计员有实际控制支付之权，必须先有受其监督之统一金库。第二，宜速仿清都察院科道分掌之制，依审计部组织法之规定，先在全国各重要市镇，设立审计处，就地实行事前之监督，免致审计部有鞭长莫及之虞。

综括言之，吾国现有之财政监督制度，就行政监督及审计监督言，规定已极周密。虑各机关长官之虚造捏报也，则有直隶国民政府处于超然地位之主计处，直接控制各院部会及其所属机关主办岁计会计统计事务之人员。虑主计处直辖人员之将徇情渎职也，则有监察院审计部派驻各机关之办理审计人员及稽查事务人员，为之就地监督。聚办理事务之人及负责监督之人于同一机关，而各保持其独立性，各向其上级机关负责，此不仅在监督上可望周密；即办事手续上，亦可期其敏捷而有效。联综组织之功能，即在于此。而救治官吏贪婪之病，尤非此制不为功。

以上所论，专就制度方面而言。第财务行政之问题，不仅在组织方面，用人方面亦须予以深切之注意。吾国固有之制度，各机关长官，得自位置私人，关于出纳报销，均由其私人秉承意旨办理。此种制度上之缺陷，实足以引诱助成官吏之贪污。盖人性多好自利，苟有虚隙可乘，自非廉洁公正者，必将藉之而谋所自肥。且国家为无形之物，不可以见，故人对于国家之关系，在意识上往往不若对于其他自然人之高。耿介自持之人，平时不肯以诈伪欺人者，一行作吏，对于钱粮出入，即不惜溢额虚报，以自渔利。欲阻抑其藉公肥私之心于未萌，制度方面之防闲，自不可忽。然仅注意于制度，而不顾及用人问题，则立一法，不久即将弊生，弊生又立一救弊之法以防之。辗转加增，日趋繁缛。结果法制愈密，防闲愈周，而舞弊之伎俩，愈将层出而不穷。

用人方面，应注意之问题有二：（一）用人之标准。实行财政监督制度时，其负责行使职权之人选，宜特别注意。关于行政监督方面，如派赴各机关之主办岁计会计统计人员，关于审计监督方面，如派赴各机关之办理审计及稽查人员，均宜以才能功绩为标准。此项人员，必具有专门知识，而不可以请托夤缘之人滥厕其间。盖因任用之人，苟具有政治之背景而非以其才能，则不第不能尽职，且足以损其他勤劳任事者之精神。（二）任用之条件。任用条件，包括薪金之多寡、升降之机会、养老金之设置，及任期之有无一定等。任财政监督之官僚，舞弊之机会甚多，薪金不优裕，任期无一定，则人怀五日京兆之心，孰肯破颜面以尽摘发之职？不第不能破面摘发，且将依阿见好，预为他日请托之地步。故欲期其尽职，须报酬甚优，使其不致见异思迁；须任期有定，使其知可以久于其位；尤须有升迁之机会，使有志者不致因无上进而自沮。如此，始可安其心意，而具独立任事之精神。否则制度方面虽周，运用时终不能免于弊窦丛生。孟子曰：徒法不能以自行，吾国今后欲实施财政监督有效，制度方面，固宜仿欧西之成法，同时任人方面，亦不可不借镜于欧西各国之功绩制度也。

（《大公报·经济周刊》，1933 年 7 月 5 日；另载《银行周报》第 17 卷第 30 期）

读华北工业协会章程

华北工业协会，为集合华北各工厂所组织而成。其目的在研究建设中国工业之方案，协定促成工业之进步，受理会员委办之事件，及办理关于会员公益之一切事项。

中国自海禁开放以来，经欧西商潮激荡之力，渐知非振兴工商业不足以谋生存竞争。然数十年来，提倡有人，创办亦有人，而终于着着失败，举凡饮食起居日用必需之品，稍合现代物质文明之现状者，率无不仰给于人，言之可慨。推其失败之故，属于环境不良之影响者固多，而工商业彼此间之缺乏联络，亦实为其要因。盖经营工商业于今日商战之世，必具有完善之联合组织，为之控纵，始可收团结进取之效。欧美工商界之联合组织，严密完整，故能挟其资力如惊飙巨浪之前进。吾国处此工业衰落之际，如欲树立振兴产业之方案，以谋根本之救济，则舍联合从事工业者协力以赴之，必难期其成功。华北工业协会组织之目的及工作，与欧西工业界所有者甚相类，其针对今日工业界之需要，读其章程者自能得之，不待赘及也。惟该会今后之工作，就浅见所及，以为应注重下列三点。特分别略言之，以供工业界之采择。

（一）宜促进各工厂生产之效率与经济。振兴工业之法，最要者有二：第一，研究改良制造之技术，使产品日进精良；第二，减少成本，使产品之价格低廉。关于改良技术，须赖有擅长工业学识之专门人材，为之主持研究，有时且宜采行实验之法，故需资颇巨，非各工厂所能独力举办也。华北工业协会，握华北工业之枢纽，自应有此项技术研究之机关，以谋生产效率之改进。关于增加生产之经济，尤有赖于联合之组织，盖大批购买之货，其价较零购者为低贱，此为交换经济上所恒见。例如购煤，使有工厂于此，相约共同购买，则其价之必可稍廉，自无疑问。购煤如是，原料亦然。且不第如此，即各工厂之生产，亦可由联合组织为之调节，力行分工合作之制，使有适量之产额，以供消费者之需求，免致各不相谋，产生过剩不足之弊。

（二）宜涤除华北工业之困难。苛征杂税，足以重困工商业，尽人皆知。各工厂资本几何，安能受此叠床架屋相续不断之剥削？华北工业协会，为华北各工厂之集团，此后宜以团体之名义诉之政府，为会员解除各种束缚进展之障碍。此就消极方面言之，至于积极方面，则该会对于国家之财政政策（如关税税则之订定）及经济政策（如各种经济建设之进行），应有协助政府形成之责任。

（三）宜注重实地调查之工作。振兴实业，须从调查入手，此为余年来所屡道。盖因必调查而后能知实况，必知实况而后能规划，能进行，兵家谓知己知彼，始可以操胜算，岂惟兵事，经营工商业亦何独不然。尝观外人在吾国经营工商业者，大率对于吾国之工商现状，莫不洞若观火，盖深有得于调查统计之力。日本南满铁道株式会社，除经营东省实业外，当兼作有各种之经济调查，对于个人或团体之记载、事实之报告、现状之调查，无不尽力搜罗，故其所得甚详。其在华经营所以能突飞猛进一日千里者，此项精密之调查，实与有力。吾国工业界，因困于资力，多未能举办调查，故对于本国工商情形之所悉，反远逊外人，宁人之越俎而扼我吭也。此后华北工业协会，宜注重实地调查，以期稔悉华北工业之实况。

（《国货研究月刊》第1卷第4期，1932年）

谈《中国社会科学的前途》

读《独立评论》二十九期所载蒋廷黻先生《中国社会科学的前途》，深觉蒋先生之言，切中时弊。其后段所举三种心理上之改革，尤有见地，惜其语焉不详，故不揣谫陋，以申其说。

蒋先生文中首言中国社会科学有如一片处女地，无论政治经济社会学等，处处均待人开辟新土。次则描写中国社会科学研究现状，语多讽而中肯。最后则揭举所谓三种心理之改革，为社会科学研究之前提。至于蒋先生对于中国社会科学之研究“办法”有谓：“我以为学术工作，不应从行政上下手。换句话说，不应从定条例、筹组织下手。学术工作只能从学者和问题下手。有了一位真正学者，而这位学者对某有研究价值的问题有最高的兴趣，我们就有了新知识的种子。这个种子是学术界的至宝。学术机关必须负培养的责任。减轻授课时间，减少行政责任，充分的设备、助理、旅行等；凡是培养这种子所必需的都应该给他……我所讲的培养，专指研究工作的便宜。”从此段及全文其他各段推蒋先生之意：社会科学之研究，重在个人研究而不在团体或有组织的集合研究。

团体或有组织的集合工作，是否适宜于研究社会科学？诚为一大问题。盖社会科学研究如普通调查及统计工作，殊难获科学上之真正贡献。今有一社会问题于此，纯为事实问题，研究有一定之途径，进行有一定之方法，而又可有一定之结论。

例如今日中国农村经济之枯竭，农民生计之困苦，此尽人皆知者。吾人所欲知者，为农民困苦之程度与情形。此时采用有组织的团体研究方法，固比较便利。盖材料之搜集与解释，可以由研究生循规进行。整理与计算之各部工作，可以由书记为之办理。犹之工厂制造，购置原料，经过工程师所固定之几种步骤，即可得其所希望之结果。但有时问题甚大，非一人之力所能顾及，必赖分工之法，始可达到完成之境。此则有组织的团体研究，较为便利，事实固甚明显。第团体研究，利少弊多。因学术研究之进行，有时绝非工厂制造之步骤可比。研究工作虽亦有属于例行者——如有系统的有组织的之材料搜集——然大部分则远超过于例行工作之上。盖社会研究工作之重要部分，在如何能使用研究结果以解答社会各种富有意义之问题。而拟定此种问题，必先本诸确定之假设。故假设与问题二者之拟定，实为主持研究者最重要之职分，亦即其研究事业成败之枢纽。且吾人从事研究工作，倘于搜集材料之时，所得者处处能与所有之假设相符，即可肯定其研究工作之进行，而获得其研究问题之适当结果。反之，则必须另觅其他假设。亦有于搜集之材料中，发现其从未预料之相互关系，可得重要推论或须作进一步之研究者。因此举凡新创之研究工作，无论其规模之大小，其全部必经主持者智力之忖度与抉择，始能明其真相。对于材料之搜集分析与解释，主持者尤须具有清晰精密之想象力与见解，以及准确敏捷之观察力与判断。至于勤奋与技术二者，为其次焉者也。故曰，社会科学中之特创贡献，鲜有为团体研究之结果者。过去如是，将来亦然。盖团体研究，指导者虽竭发纵指示之能事，然实际工作，悉委诸他人，使之一遵成规。于是上焉者萧规曹随无所发明，次焉者敷衍了事、潦草塞责，此种例行的机械式的研究，共所得者亦不过为例行的机械式的结果而已。量多而质劣，欲求科学上真正有价值之特创贡献，自不可期。

中国近年来社会科学事业已在萌芽，此固为可庆之现象。唯其趋势似专重视团体研究，以实地调查为时髦，编制统计为新颖。虽所谓调查报告统计图表，梓行者日见增多，然其品质如何？可靠之程度又如何？则每有不可思议者在。甚至历史上专题研究事业，亦间有采用团体或集合方式者。赖此以求科学上之特创贡献，即在学术先进国，得富有研究智力研究经验者为之主持，亦戛戛乎其难矣。何况在学术幼稚之中国，负指导研究之责者，虽不乏社会名流，成名学者，然大率为留学欧美，归国不久之学子，以之任个人之专题研究，其贡献或无限量；以之负指导集合研究之责，其成绩自难乐观。此不待智者而知也。

学术上之特创贡献，多赖个人研究，而个人之研究事业，则有赖于大学教授独任其责。中国大学教授研究便利之缺少，授课时间之过多，固为今日社会科学个人研究事业幼稚之主要原因（此点蒋先生文中已详论之）。而吾侪同业之求知欲浅，致无研究之毅力魄力与决心，正亦不能独辞其咎。盖巧妇不能为无米之炊，研究而缺少相当之便利，固难望其成功。然苟研究者视研究事业为第二生命，毅然决然，终身从事于兹，亦未始不能期于有成。三十年前之欧美大学教授，论其授课时间，研究设备，当不能优于我国之现时，而现时我国基础稳固经费充足之少数大学，或且过之。然而彼此研究学术之空气与夫研究成绩又何如耶？

曾阅某书，忆昔英国经济学大师马夏尔（Alfred Marshall）每趁剑桥大学暑假休息之时，必独自负一书包，赴阿尔卑斯山旅行，于优游林泉、坐卧山石之际，尚一卷在手，孜孜于思想学术，年至八十，从未间断。故其高深之学理，往往于此豁然贯通，为天下后世所宗仰。又如美国耶鲁大学之苏姆纳教授（Prof Sumner）死后其学生为之整理其手抄之笔记，凡数十大箱。欧美学者，其刻苦淬励，有如是者。吾人景仰前贤，亦尝鉴马苏二氏之行述而思有以自勉乎？

（《独立评论》第 32 号，1932 年）

《中华民国统计提要》（二十四年辑）

时代演进，近年来国人对于统计数字，渐知重视，公私各方，多有努力，统计事业，日渐发达，然而大多数只限于一地一事，而缺乏全国的与综合的提要和报告，这是一般人常引为遗憾的。在这种环境与需要的情势之下，国民政府主计处统计局出版了《中华民国统计提要》一书，综合全国各项重要统计，汇刊一册，以供给社会各方的参考借镜，工作固非常繁重，而意义也很远大。

全国是取材于民国二十二年全国统计总报告，就其中可以公布部分，编成是册。该总报告的造送程序是由主计处呈准国民政府通令全国于民国二十二年起依照处定统计格式，开始造报。在中央系由主管机关，各就所司，编具报告，送由该管最高机关转呈国民政府；在地方则由各县市造具全县报告，送经省政府汇编各全省报告，或各直隶市造具各该全市报告，逐级递呈至国民政府，然后由国府统行发交主计处转饬统计局汇编全国统计总报告。

统计局除根据各机关造送的材料汇编外，并参照其他公私方面报告，加以相当的补充。材料的范围，以包括全国为原则，但遇有若干省市或县其材料确系完全可靠者，亦为采入。材料的时期以截至民国二十二年底，或民国二十二年度（会计年度，自民国二十二年七月至民国二十三年六月；教育年度，自民国二十二年八月至民国二十三年七月）止为原则，遇有不能齐全者，则前推之，其有比较的价值者，则并列已往各年的材料，至民国元年为止。

本书编列的方法和内容也应当略为介绍。全书共分三十六类，即疆界与地势、地质、气象、政治组织与行政、法制、司法、官吏与考试、监察、外交、人口、劳工、合作事业、教育、社会病态、卫生、保卫、救济、人民团体、土地、农业、林业、渔业、畜牧、矿业、工业、商业、贸易、物价、金融、财政、邮政、电政、公路、铁路、船路、水利及公用事业。全编以统计表为主体，共列表三百三十。每类表格之前，冠以“引言”，叙述本类材料以往的记载与过去调查统计的工作，以及本编择载的标准与各表内容的简要说明，而殿以本类主要参考的书报。类之下分纲，纲以下分目，目以下分栏。目为各个统计表格的名称，栏为各统计表中的统计事项。各表数字均用阿拉伯字，表内的“总计”“共计”与“小计”均居前列。各表的“材料来源”与各项说明均列于表末，以1、2、3等号与（1）（2）（3）等号，分别注明之。正文之后，附有全部图表材料的索引，有分类索引与检字索引，以利检查。这是本书内容与编列方法的大概情形。

当把本书粗粗地翻阅一过，我们大概可以得到几点感想，很粗率地写在下面：第一，近年各地统计事业，日渐发达，然大多是限于一地一事，缺乏联络与整个性。本书各种统计，以包括全国为原则，举凡一国的天时地理人口政治社会经济，兼收兼蓄，用数字来揭出其大要，条分缕析，以提示国民，在我国确是“事属创举”（前北京农商部虽有民元至民十农商统计表的编制，但仅限于全国农矿工商的统计）。即此一点，本书是值得国民一读的，而主计处统计局同人的勇于任事，也很值得钦佩。

唯在今日的中国而欲求统计的完备与精确，似乎去理想还太远。譬如以一国最重要而基本的统计如土地和人口两项而论，中国的面积多大？至今还没有一个精确的统计，遑论各种土地湖泽及田亩的面积。中国的人口有多少？至今也没有一个精确的统计，至于人口的性别年龄职业之分配以及出生死亡等异动情形，除一地一时零碎片段的记载外，这全国大人群的组织情形如何，就没法知道了。其比较完善可靠的统计如海关《华洋贸易报告》，金融市场统计，实在也经过数十年各方的惨淡经营，历次改正而后有此成续，非一蹴可及；邮电铁道等统计，因属国营事业，例有业务记载，稽查较易；教育统计以及若干种行政统计，因近年政府统制力加强，统计事实较简，也渐渐走上了轨道。此外各种统计，只是聊备一格，都幼稚得可怜，而若干重要统计如各种物产的生产指数、消费指数，还付缺如（中央银行的棉纱水泥等数种统税货品的生产指数，至多也只能代表工业品中极少数的几种生产统计），而亟待国人的努力与完成。我们翻开一本国际的统计书籍，绝大多数的项目，中国是没有统计的，这是多么可羞耻的事。

至本书的编排方面，有些是值得注意的。本书各种统计表共分三十六类，每类表格之前，冠以引言，叙述本类材料已往的记载与调查统计工作，以及本书择载的标准与各表内容简要的说明，并殿以本类主要参考的书报，非但使读者得窥见过去的工作情形，明了本编取材的标准和内容，并且便利读者做进一步的参考和研究，这是各国统计摘要一类书籍所少有的。又每一统计表之下，分别注明“材料来源”及其他应有的说明，这种态度也很正当。而正文之后，更附以分类及检字索引，为读者谋检查便利起见，也是必需的。凡此都足以表示编辑的审慎和为读者谋便利的精神。

此外有若干点似乎是可以商榷的。在编排方面，本书共分为36类，似乎稍为琐细些，可酌量归并或删除。例如监察类合作事业类人民团体类各只一表，可以分另归并于他类，社会病态、救济、人民团体、合作事业、卫生等类，因表格不多，可以合并为社会一类。若干表格，其分类似为疏忽，如汽车撞伤、工厂机械损毁、水火灾害的列于社会病态类中，长期标花市况、长时面粉市况、杂粮油饼市况等表格不列于物价类而列于金融类中。次就内容方面来说，各类统计的分量，似乎欠匀称些，例如财政类占259页之多，金融占80页，农业占75页，教育占65页，似乎可以酌量删削，但其他如监察类、合作事业类、人民团体类各1表，各占2页或3页，工业类只2表5页，商业类3表12页，矿业类6表10页，所占分量似嫌不足，但这也许是为事实所限制。不过我们以为有几类统计为本书完全缺少的如侨务国防宗教等，似乎应该加入。国防虽有关秘密，但有些未尝不可以公开，我们看欧美日本等国的统计摘要，也多有国防一类，可以警惕国民。又在适当情形下，能附以简明的统计图，常可以帮助读者的理解。再次就印刷方面来说，本书印刷纸张均佳，布面精装，洋洋巨册，书局以成本关系，定价不得不高至18元之多，拿它当书室装点，固然很美观，但平民或小图书馆因财力所限，不能购办，于本书推行上就不免大受打击。我们以为这类书籍，为力求其普遍起见，数字的校对固应力求精审，但纸张装潢，不必过于富丽堂皇，只要内容充实，报纸平装本，并不损其价值，定价要力求其低廉，最好不要超过3元。我们看各国统计摘要或年鉴一类的书籍，纸张装潢都很朴素，定价尤力求低廉，是值得我们效法的。最后，此类普通而简要的统计资料，为增高其参考价值及时效起见，搜集材料的时期和出版的时期，不宜相隔过远，否则事过境迁，必不为人重视。本书材料，均系民国二十三年七月前事实，距出版期将及二载，许多新的统计，早已先此而出，时间性消失，影响到本书的价值，是可惜的！自然，因为计算印刷校对等需时，以及其他困难而不得不延迟时日，但在可能范围内应竭力减少延迟的日子，庶可餍读者的渴望。

综观是书，如此巨著，且属初创，读者对之当然不能希望过奢，作求全之责备。吴大钧先生在本书序文里亦说“聊以树之先声，期能就此初型，渐图改进而已”。又说：“此后应行注意事项，首在统计权限之划分，与造报程序之推行，庶能各就所司，分工合作，次则初级表格之拟定，与逐级编制审核手续之划一，以期步伐之整齐，而统计智识之训练，与统计行政之推进，俾各地方基础组织，得以健全确立，再设法举行各种普查，臻国家统计于完整，是则尚有望于各方之努力赞助，以共趋此正鹄矣。”据此以言，发端肇始，以启来兹，厥功亦甚伟了。

（《政治经济学报》第 4 卷第 4 期，1936 年；另载《商务印书馆出版周刊》第 193 号，《大公报·经济周刊》1936 年 7 月 29 日）

英文论文

LAND TAX IN CHEKIANG

The spectacular phenomenon of rural decline in China, the gravity of which has not until recently been duly realized, owes its origin, on the one hand, to the operation of negative factors in the form of exactions by government officials, landlords, money-lenders and various grades of middlemen, and, on the other, to the absentee of positive efforts for rural progress, thus giving rise to the breakdown of the system of transport and water conservancy, the fall of soil fertility, the stagnation in farming technique and organization, and the reduction in the volume and value of agricultural production. The consequence of all this is the excessive poverty and low standard of living of the peasantry. Any attempt towards rural rehabilitation, therefore, must begin with the removal of the negative factors as well as the promotion of possible efforts. Land tax, which constitutes the principal source of revenue in local finances in China affecting directly the walfare of almost three quarters of her population who are engaged in agriculture, has assumed a more serious magnitude in recent years on account of the recurrence of civil wars in the country. Despite this, however, little has been know on the subject of land tax in China. The following sketch, although touching upon conditions in the province of Chekiang alone, may serve to clarify somewhat the general situation for the country at large.

Land tax in Chekiang constitutes more than one-third of the total revenue and more than one-half of the tax revenue in the provincial budget, while in the hsien budget as much as four fifths of the total revenue comes from taxation on land. With approximately three-quarters of the entire population engaged in the cultivation of the soil and about four fifths of the total value of primary production from agriculture, the effect of land tax on the economic life of the people in Chekiang can not be over-emphasized.

For purpose of taxation, land in Chekiang is divided into four principal types, namely: TIEN (rice land), TIN (plantation land), SHAN (hill land) and TANG (marsh land). In accordance with the richness and meagerness of the soil, rice land is subdivided into 350 classes, plantation land into 192 classes, hill land into 98 classes and marsh land into 115 classes. In the province of Chekiang, all of the 75 hsien have rice land, but only 70 hsien have plantation land, 68 hsien have hill land, and 69 hsien have marsh land. Indeed, rice land constitutes more than 50% of the total taxable land in Chekiang, and the revenue derived from taxes on rice land constitutes more than 80% of the total revenue received from taxes on land in Chekiang.

The basic tax and surcharges

Land tax in Chekiang, as elsewhere in China, is of two main divisions, namely: the basic tax and surcharges. The basic tax on land consists originally of two separate levies on land, the Land

and Capitation Tax and the Commuted Grain Tax, both of which are handed down from the defunct Manchu Dynasty. The land and capitation tax is an amalgamation of the land tax proper and the poll tax, while the commuted grain tax develops from the Grain Tribute, a contribution in kind during the Manchu Dynasty. The Land Tax Collection Fee, which at present froms a part of the basic tax on land, was imposed in 1913 by an order from then Ministry of Finance, and is substantially a surcharge on land levied at ＄0.162 per one tael of land and capitation tax, and at ＄0.15 per one shih of rice of the commuted grain tax.

The nominal rate of the basic tax on land is based on that imposed by the "Law of Permanent Settlement" in 1713, and varies not only with the four principal types of land, but also with the different classes of each type of land. The land and capitation tax is payable in money in terms of tael per mow, while the commuted grain tax is payable in kind in terms of shih of rice per mow. For the payment of land and capitation tax, the tael is to be converted into cash and then into dollar, while for the payment of commuted grain tax, rice is to be converted into tael, then into cash and then into dollar. Formerly in Chekiang as elsewhere to-day, the rate of conversion of rice into tael and that of tael into dollar for the payment of the tax varied from year to year, and, in some cases, from hsien to hsien in a given year. Thus, the government can and always does make use of an alteration in the exchange rate for the purpose of increasing the tax, while the tax collecting officials invariably manipulate the exchange rate as a means for squeezing. Since 1930, however, a substantial reform in basic tax on land has been introduced in Chekiang through the abolition of tael as a unit of tax assessment, and by the adoption of a uniform and fixed rate of \$1.50 per one tael of land and Capitation tax and that of ＄3.30 per one shih of rice of the commuted grain tax – a reform which other provinces have not yet adopted.

Surcharges on land in Chekiang are practically all new levies since the establishment of the Nationalist Government in 1927. Previous to the establishment of the Nationalist Government, taxation on land in Chekiang consisted principally of the basic tax, namely: the land and capitation land, the commuted grain tax and the land tax collection fee. In 1928, the first surcharge on land tax, under the name of Military Reorganization Surcharge, was levied as a means of temporary relief to the difficulties of provincial finance arising from the Northern Expedition. However, when the Expedition was over, the surcharge was not discontinued but re-adopted under the name of Reconstruction Surcharge for a period of ten years. Since then surcharge after surcharge have been levied until 1933 when there were surcharges under different names ranging from twenty to over thirty in number in the different hsien, such as, for instance, Reconstruction Surcharge, Special Surcharge for Reconstruction. Surcharge for Water Conservancy, Hsien Surcharge, Surcharge for Self Government, Surcharge for Education, Surcharge for Hsien Education, Surcharge for Police, Anti-insect Surcharge, Surcharge for Capital of Farmers' Bank, Surcharge for Poor Relief, Surcharge for Chu Education, Surcharge for Public Fund Collection, Surcharge for the Purchase of Air Planes by the Peasants, Surcharge for Peace Preservation Army, Surcharge for Land Tax Assessment Schede, Surcharge for Road Construction, Surcharge for Welfare Work, Surcharge for Free Education, Surcharge for Land Survey, ect. Surcharges are almost entirely levied on the basis of so much per one dollar of the basic land tax. The Reconstruction Surcharge, for instance, is levied at 0.556 per one dollar of the basic land tax in Hanghsien. But, there are cases in which surcharge are levied on the basis of the quantity of land; the Surcharge for the Peace Preservation Army in Ts'ingyuan, for instance, is levied at $0.550 per one mow of land. In a faw cases, too, surcharges are levied on the basis of the number of the basic land tax assessment schedules. Thus, in Sinteng, for every basic land tax assessment schedule the government levies a tax of $0.20. It may be added that surcharges on land in Chekiang, as elsewhere in China, are, in most cases levied with the hsien as a unit. This system of assessment results, inevitably, in extreme inequality. It is usually the case that in a poor hsien the burden of surcharges is much heavier than that in a relatively rich hsien.

As shown in Table I, there are in Cheking 51.37 million mow of taxable land in 1932—1933, of which rice land claims 26.57 million mow, plantation land 6.39 million mow, marsh land 1.22 million mow, and hill land 17.19 million mow. The average rate of the basic tax for rice land, $0.276 per mow, is the highest, after which follow $0.120 per mow for plantation land, $0.072 per mow for marsh land, and $0.011 per mow for hill land. Similarly, the rate of surcharges for the rice land, $0.400 per mow, is the highest, after which follow $0.170 per mow for plantation land, $0.097 per mow for marsh land, and $0.019 per mow for hill land. The surcharge, it may be noted, is invariably higher than the basic tax for each of the four principal types of land. Indeed, the average rate of basic tax for the four types of land, $0.163, is equivalent to only 70% of the average rate of surcharges for the four types of land, $0.237.

Table I. The average rates of the basic tax and surcharges on land, area of taxable land, and taxable revenue on land in Chekiang, 1932—1933

Type of land	Taxable area (mil. mow)	Land tax rate ($ per mow)		Revenue (million dollars)		
		Basic tax	Surcharge	Basic tax	Surcharge	Total
Rice land	26.57	$ 0.276	$ 0.400	$ 7.333	$ 10.628	$ 17.961
Plantation land	6.39	0.120	0.170	0.767	1.086	1.853
Marsh land	1.22	0.072	0.097	0.088	0.118	0.206
Hill land	17.19	0.011	0.019	0.189	0.327	0.516
Total	51.37	—	—	8.377	12.159	20.536

Table II. Average rates of basic tax and surcharges on land in Chekiang, 1932—1933.

Rates in $ per mow	Number of hsien with the rate for			
	Rice land	Plantation land	Hill land	Marsh land
Below $ 0.01	—	—	8	1
0.01~0.10	—	10	52	28
0.11~0.20	—	20	3	8
0.21~0.30	3	21	—	10
0.31~0.40	10	7	3	9
0.41~0.50	19	6	1	9
0.51~0.60	12	1	1	2

Continued

Rates in $ per mow	Number of hsien with the rate for			
	Rice land	Plantation land	Hill land	Marsh land
0.61~0.70	7	2	—	1
0.71~0.80	5	—	—	—
0.81~0.90	2	1	—	—
0.91~1.00	6	—	—	—
Above 1.00	11	2	—	1
Total	75	70	68	69

Table II gives the hsien distribution of the average rates of the basic tax and aurcharges on land in 1932—1933 in Chekiang. It may be noted that in 41 of the 75 hsien the average rate of the basic tax and surcharges on rice land ranges from $0.31 to $0.60 per mow, but in 11 hsien the average rate stands above $1.00 per mow. In respect to plantation land, the average rate per mow of the basic tax and surcharges varies from $0.11 to $0.30 for 41 of the 70 hsien,while in 19 hsien it goes above $0.30 per mow. In 60 of the 68 hsien with taxable hill land, the average rate of basic tax and surcharges is below $0.11 per mow; while in 64 of the 69 hsien with taxable marsh land it stands between $0.01 and $0.50 per mow.

The rate of surcharges on land in Chekiang has been on the upward trend from year to year during the last several years. In accordance with the official statistics supplied by the Provincial Bureau of Finance, it is found that with the exception of three hsien, in none of the hisen in Chekiang have surcharges on land exceeded the basic tax in 1928—1929. The average rate of surcharges on land for the whole province in 1928—1929 was

$0.151 per mow for rice land, $0.086 per mow for plantation land, $0.009 per mow for hill land, and $0.040 per mow for marsh land; but in 1932—1933 it increased to $0.400 per mow for rice land, $0.170 per mow for plantation land, $0.019 per mow for hill land, and $0.097 per mow for marsh land. In terms of percentage, the increase of the average rate of surcharges on land in 1932—1933 over that in 1928—1929 is 165% for rice land, 105% for plantation land, 111% for hill land and 143% for marsh land. Again, as shown in Table III, in 44 of the 75 hsien in Chekiang the average rate for rice land in 1932—1933 shows an increase of from 101% to 200% over that in 1928—1929, and in 16 of the hsien it shows an increase of from 201% to 300%. Similarly, the average rate of surcharges on plantation land shows an increase of 101% to 200% in 1932—1933 over that in 1928—1929 in 39 hsien, that on hill land shows an increase of 101% to 200% in 38 hsien, and that on marsh land shows an increase of 101% to 200% in 34 hsien.

Table III. Increase of surcharges on land in 1932—1933 as compared with 1928—1929

% increase of surcharge over 1928—1929	Number of hsien with the increase for			
	Rice land	Plantation land	Hill land	Marsh land
50% and below	2	5	5	4
51%~100%	7	6	4	3
101%~150%	26	22	17	22
151%~200%	18	17	21	12
201%~250%	11	5	4	5
251%~300%	5	5	6	10
301% & above	6	10	11	13
Total	75	70	68	69

Administration of land tax

One of the most fundamental requirements for the administration of a land tax is the existence of an official tax roll based upon an accurate and complete cadastral survey of the country. Such a tax roll in China, which is known as the book of "fish scale", a term derived from the appearance of the map of the land attached to each book, was based on a survey made in the reign of Shun-chih of the Manchu Dynasty in 1713. Most of the books of "Fish Scale", especially those in Chekiang, have been destroyed during the prolonged war of the Taiping Rebellion. Indeed, only four hsien are still in possession of the books of "Fish Scale" to-day, while the remaining 71 hsien have to depend on "Chuang Tsai", or "Village Book", as basis for land assessment. The latter belongs to the "Chuang Shu", or unofficial registrar, who inherits the position from his father or grandfather as tax collector before the destruction of the book of "fish scale".

The lack of a proper official tax roll in Chekiang constitutes the most important problem of land tax administration; but had the land tax and surcharges been less unbearable and had the system of administration been better than what it is to-day, the economic and financial effects of the tax would not have been so serious. The administration of land tax in Chekiang, as elsewhere in China, is invariably in charge of the hsien magistrate. In respect to the administrative machinery, there is a wide diversity in practice and a complete lack of system. Some hsien has a separate bureau of finance, but in most cases the hsien government has a department of finance instead. The function of a hisen department of finance or hsien bureau of finance in respect to land tax administration is twofold, namely: that of registration and that of collection. The machinery for registration or collection differs, again, from hsien to hsien. In 27 of the 75 hsien in Chekiang, there is no registration office as such; in 43 hsien the registration and preparation of an annual tax roll are entrusted to the collectors who are invariably assisted by the official registrars or Chuang Shu. In 9 hsien the village police, or Tien Pao, performs the duty not only of serving tax notices to the taxpayer but also of collecting the tax directly from him for the collector's office; and, in 26 hsien the unofficial registrar, the village police or, in some cases, the official collector, takes the assessment schedules with him for collecting the tax. When the official collector takes the assessment schedules with him for tax collection in the field, he usually goes to the village police and not to the taxpayer himself. The village police then goes to collect the tax for him from the taxpayer.

The chart below illustrates the administrative machinery of land tax in Fuyang Hsien which, though representing the best there is in Chekiang in respect of tax administration, throws much light on the gravity of the problem of land tax administration in the province. The problem of administrative machinery is twofold: personnel and organization; the first relates to the method of appointment and the conditions of employment, such as, for instance, remuneration, security of tenure, dignity of position, that will attract to and retain in the service the class of employees desired; while the second relates to the structural character of the machinery. The first is the more fundamental. Unless the personnel is recruited on the basis of merit, and unless the basic conditions of employment are sound, a mere refinement in the structure of organization cannot save the administration from inefficiency, if not indeed from failure. The administrative machinery of land tax in Fuyang is primarily that of the Department of Finance in the Hsien Government which is directly under the general supervision of the Magistrate. Under the Department of Finance, there is a Registrar's Office which has an official registrar appointed by the Hsien Magistrate with a salary of thirty dollars per month. The duty of the official registrar is to take charge of the registration of deeds in transfer of property and to prepare an annual tax roll of the hsien for the Collector's Office before the time for collection. In fact, however, the function of the official registrar is performed by the Chuang Shu (unofficial registrar), and Tien Pao (Village Police), both of whom are unpaid and live on their profession as such. The personnel in the Collector's Office are recruited mostly from among the least respectable class of people. The collector-in-chief in Fuyang receives a salary of \$32 per month, while members in the Collector's Office receive an average salary of less than \$20 per month. The collection-police-in-chief receives a monthly salary of \$15 including travelling expenses, while the collection-police has a monthly salary of \$5 only. With a salary schedule for the staff which hardly suffices for eking out a living, it is not a question to ask how the administrative system works, but whether it works at all.

ORGANIZATION CHART SHOWING LAND TAX ADMINISTRATION IN FUYANG HSIEN

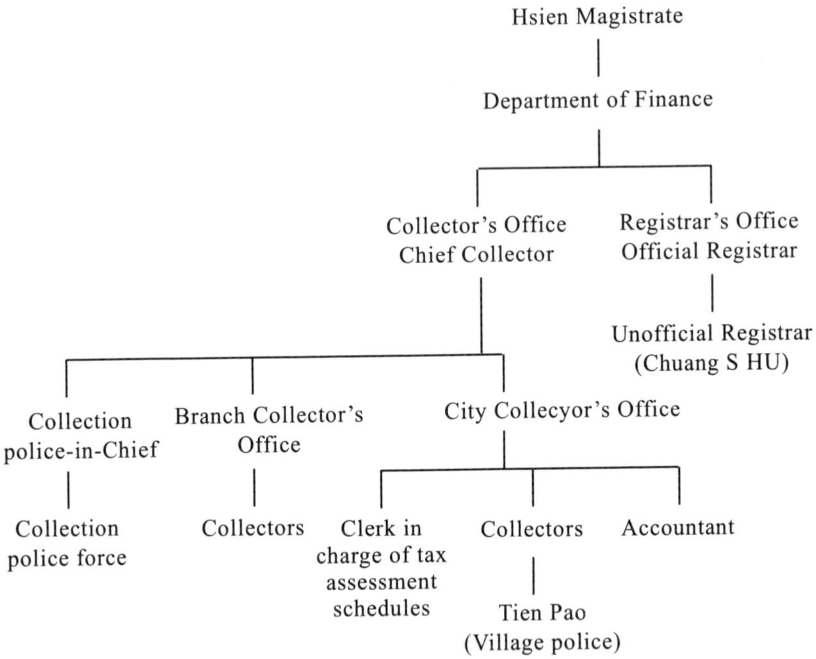

The lack of a proper official tax roll and the defects in the administrative organization of land tax in Chekiang have given rise to many notorious practices both in registration and in collection that result in serious financial and economic effects. There are six notorious practices in registration which prevail in Chekiang. The first is the falsification of name in registration in the transfer of property by sale. Even in the case of inheritance, it is often the case in Chekiang that the heir continues to use the name of his father or grandfather in registration. The second is that of dividing one whole piece of property into several parts by the buyer of land and having each of these parts registered under a different fictitious title. In most of the hsien in Chekiang it is usually the case that a large piece of property has titles under ten to twenty different names. Even property of median size is not infrequently registered under five to ten different titles. This system of minute division of property makes the collection of tax extremely difficult. Thirdly, an owner of a piece of land in village A often transfers his title on the tax roll to village B where he lives and, later, for some other reason, again transfers it to village C. This practice is called Chu Chuang, that is, going out from the village, which makes the identification of land ownership and tax liability almost impossible. Fourthly, in the transfer of property through sale, both the seller and the buyer have to go to the Chuang Shu, the unofficial registrar, for a transfer of title. The Chuang Shu often demands for fees to such an unreasonable extent as to make payment impossible, with the result that buyer often has land without tax while the seller has tax without land. After a long time, a man with land but no tax finds it difficult to administer his property without a legal title, and then bribes the Chuang Shu to transfer, secretly, the title of some others to his property. Also, a man with tax but no land finds the payment of tax unbearable, and therefore pays the Chuang Shu as much fee as he demands so as to have his tax liability taken off. Furthermore, since the Chuang Shu can do whatever he pleases in the transfer of property and in the establishing of titles, very frequently he neglects purposely the transfer for evasion of tax payment, on his own account or on that of his relatives or others who pay him a substantial bribe. In some cases, he simply gives a fictitious title to a piece of property for evasion of tax-payment. Fifthly, in the transfer of property, the seller oftentimes does not transfer his title to the buyer, because of fear for loss of respectability in the case of large landlords, or because of the excessive demand for fees by the Chuang Shu. In that case, the seller arranges with the buyer not to transfer his title to him but pays him the tax due every year. Later , the Chuang Shu, upon knowing this, forces the buyer to give him a receipt for payment of tax and then takes it to the seller in order to get the money and pocket it himself. Lastly, there is the custom of private tax under which no transfer of property is made upon sale of land. Every year the seller goes to the buyer for some payment during the spring festival and gives him a receipt. Usually, the payment to the seller in the form of private tax is less than the tax to the government, and accordingly the buyer is always willing to cooperate with the seller in the practice of the private-tax-custom.

With respect to the collection of taxes, several undesirable practices on the part of both the tax-payer and the collector obtain. First, land belonging to associations for annual sacrificial purposes is under the management for a fixed period of years – usually three years – of persons whose names and addresses are uncertain and are difficult to ascertain. Managers of the land who are poor not infrequently mortgage in advance the income of the land for the coming year. When the coming year arrives, he has not only no money for tax-payment, but no money to buy necessary articles for the annual sacrifice for which the property is primarily used. Second, retired officials or country gentry, especially the latter, often do not pay the tax at all either because they regard payment of tax as a disgrace to their position, or because their managers pocket the money for tax-payment without their knowledge. One Mr. Chih in Shaohsin who was once Governor of Kiangsi never pays any land tax, while in Chiahsin one gentry by the name of Mr. Chu pays no tax at all for the land he owns. The Chuang Shu and Tien Pao are either afraid of them because of their outstanding position in the country or because they have to keep their good will for the functions they may perform as such in the country, and would gladly work together with them for the evasion of tax-payment; while, the official tax collector or even the hsien magistrate, who has all to depend on their good will and help in the performance of their duties or for the compulsory distribution of the bonds assigned to the hsien, does not go to them for the collection of their tax. Third, landowners in one hsien may take up residence in another hsien. In that event, their titles to the land in the hsien are oftentimes not known to the tax collector. Even if these titles are known to them, the collectors always have the difficulty of collecting the tax because of the long distance to the residence of the landowners or because the tax collectors of the hsien in which the landowners live are oftentimes not willing to collect the tax not within their jurisdiction. Fourthly, some of the big landlords in most hsien in Chekiang have recently moved their residence to places of safety elsewhere such as in Shanghai, and have always left to somebody else to manage their land cultivated by the tenants. These managers frequently cooperate with the Chuang Shu and Tien Pao in order to evade the tax payment and to pocket the money themselves, while the tax collectors have no means of locating the landowners for tax collection. Finally, the tax collectors, especially under the system of collection by the Tien Pao as it is the case in 9 of the 75 hsien in Chekiang, or under the system of collection with the tax assessment schedule by the Chuang Shu, Tien Pao, or even the official collector, oftentimes cooperate with the tax-payer for evading or delaying tax-payment and, in some cases, for simply pocketing the money collected from the tax-payer.

Financial and economic effects

The multiplicity and magnitude of the land tax in Chekiang, especially the surcharge, under the existing systems of administrative organization and procedure, have produced disastrous effects both financially and economically. Financially, the revenue of the government has suffered immensely. In accordance with the official statistics compiled by the Provincial Bureau of Finance, the total taxable land in Chekiang amounts to 51,367,700 mow of which 26,570,700 mow are rice land; 6,386,500 mow are plantation land; 17,189,100 mow are hill land; and 1,221,400 mow are marsh land. Multilying these four principal types of land by their respective average rates of the basic tax and surcharges in 1931-1932, there would have been a total revenue of $20,343,000 for the fiscal year 1931-1932. The total revenue assessed for the year 1931-1932 amounts to $7,712,210, while the total revenue collected amounts to $3,923,012. In other words, the tax evaded in 1931-1932 amounts to as much as four fifths of the tax due from the total taxable land in the province, while the tax collected amounts to only one half of the total tax assessed for the year. Indeed, the evasion of land tax in Chekiang has increased every year during the last several years. The percentage of the tax collected to the tax assessed in 20 hsien, for which statistics are available, has decreased from 74 in 1928—1929 to 72 in 1929—1930, 62 in 1930—1931, and 52 in 1931—1932.

Economically, the effect of the multiplicity and magnitude of the land tax in Chekiang under the prevailing systems of administration has been equally disastrous both on the small landholder and on the tenant. In the absence of available statistics, we have no quantitative knowledge of landholding in Chekiang as a whole, but we know that through the system of inheritance that prevails in China most landholdings in Chekiang, as elsewhere in South China, are small. These small owners of land are invariably own cultivators or part tenants, and in view of their relative immobility and of their relatively low social position in the country, they have practically very little means of evading the tax like the big landowners, have no consideration from the Chuang Shu or Tien Pao who need not please them, and therefore, in most cases, have to pay very much more than the tax due in the form of implicit tax to the Chuang Shu, Tien Pao or Collection Police who visit them for tax collection. In some of the worst cases, for every visit of the tax collector, especially of the unofficial collector such as Chuang Shu or Tien Pao, the tax-payer has to pay from twenty to fifty cents per dollar of tax due. The explicit tax burden in poor hsien, as shown in the preceding section, is very much heavier than that in rich hsien; and, usually, the landowners in the poor hsien are mostly small holders. With the additional burden of the implicit tax which they have to bear, these small landholders are forced to sell their land, usually to absentee owners who purchase for speculative purposes. The difficulty to sell land at present is immense, and as an inducement to buyers the sellers of land oftentimes sell the land without selling the obligation for tax-payment. In the case of those who sell their land under such circumstances and still rent same for cultivation as tenants, they are evidently reduced to cultivators of land with tax, instead of "cultivators of land with land" as advocated in one of the economic programmes of the Nationalist Government. Futhermore, as shown in the preceding section, big landlords, retired officials and those who occupy the position of country gentry, very frequently regard tax payment as a disgrace to their position, and the hsien magistrates and tax collectors do not dare to approach them for the collection. Under the circumstances, the tax collectors, whether official or unofficial, oftentimes go to the tenants who cultivate their land for the collection of the tax due. The poor, ignorant tenant farmers who always entertain a fear for tax collectors are forced to pay the tax for their landlords from whom they are not usually refunded. Pinhu, as it was reported to us, has officially adopted a system under which the tenant farmers pay the tax for their landlords, but deduct the tax from the annual rent. This system of tax collection adopted in Pinghu has affected the tenant farmers very seriously, and is being followed by other hsien, such as Chiashaw, as an effective means for tax collection. Further, landlords sometimes refuse to pay tax on the pretext that, through the 25% rent reduction that has been in operation, their income has been seriously affected. In some hsien, the hsien government and tax collector stand for the landlord and help him to get the full amount of rent from the tenant farmers so as to be able to collect the tax.

Land tax reform

The Provincial Government of Chekiang has started word on "Land Tax Reform" in the province by the organization of a Land Bureau in 1929 which, for the sake of economy, was amalgamated in the Bureou of Civil Affairs in 1930. The programme for the reform consists of both land registration and cadastral survey. Land registration in Chekiang which commenced in May, 1929, was nominally completed for the province in the summer of 1930. It consists of land registration with reference to the type of land, use of land, ownership, location, size, annual production, original value, present value, etc. The organization for the registration is primarily that of a committee in the village, called the Village Committee for Registration, the members of which are elected by the people with the approval of the hsien magistrate. In some cases, one village has a committee, while in others several villages have a joint committee, depending principally on the area of the village at issue. The procedure is for the landowner to report to the committee for the registration of land, while for those who are illiterate the members of the Committee will do so at a special fee the amount of which varies primarily in accordance with the honesty of the member and with the position of the landowner. The Village Committee for Registration reports the registration to the Hsien Magistrate, who in turn reports it to the Provincial Bureau of Civil Affairs. The responsibility of the hsien and the province is that of supervision and direction, which is more nominal than real. The legal fee for registration is fixed at $0.12 per mow collected at the time of registration by the Village Committee, and for landholdings below one mow the fee is charged as one mow. Of this fee per mow $0.05 goes to the Village Committee, $0.03 to the Hsien Government, and $0.04 to the Provincial Bureau of Civil Affairs. The total fee collected for land registration in Chekiang amounted to over $6,000,000.

Land registration in Chekiang was, however, received with serious objections resulting oftentimes in riots in some of the hsien. In Yuyao and Yungkang, for instance, the hsien police chief was killed in a riot, while in Tinghai the Hisen Magistrate was almost killed. Upon an investigation of the causes for the objection, the primary one is stated to be that of the magnitude and inequality of the fee charged for registration. Furthermore, large landowners objected to the registration because of their interest involved. The notorious practice by the Village Committee for Registration, such as exaction of bribes, and excessive demand for illegal fees, constituted another cause for the objection.

Land registration in Chekiang has thus been a failure. Nominally registration is supposed to have been completed for the entire province in 1930, but in reality most of the hsien on the border of Fukien and Kiangsi, such as Taihun, Lunchuan, Yuenho and Tsinning, never started work on registration at all. Even for those hsien in which registration is supposedly completed, the reliability of the registration is extremely limited. Indeed the registration in Hangchow Municipality in October, 1929, and in Hanghsien is reported to be entirely a fictitious one.

Work on the cadastral survey was started in Hanghsien in July, 1930. It has been completed wholly for the Hangchow Municipality but partly for Hanghsien by the end of 1933. At present, the survey is being conducted in Hanghsin, Chiahsien, Wuhsin and Hsiaohan. The fee charged for the cadastral survey is $2.00 per mow of urban land and $0.50 per mow of rural land. The total cost of the cadastral survey in Hangchow Municipality and part of Hanghisen, for which work has been completed, is $1,033,757, averaging $1.50 per mow and $0.70 per strip. On the basis of the average cost in Hangchow Municipality and Hanghsien, the total cost for the survey of the entire province of Chekiang would amount to about $80,000,000, approximately four times the present annual budget of the provincial government.

The programme of "Land tax reform" in Chekiang, though fundamental, is not practical. To attempt at any reform of the land tax which necessitates an additional excessive levy on the land that has already been taxed beyond its capacity is not inductive to success. Land registration in Chekiang failed partly because of the magnitude and inequality of the fee charged for the registration. Besides, the success of any programme of reform depends on the efficiency of its administration and supervision. Land Registration in Chekiang would have been a smaller failure, had it been better administered and more closely supervised. Any programe of reform must not, above anything else, result merely in the creation of an organization as a pretext for an expenditure in the budget of the government. The cadastral survey, which is being conducted in Chekiang and the cost of which per mow of land would probably exceed that of land registration by more than ten times, will most likely meet with a similar fate as its predecessor. At a time when the financial distress of the government has reached its peak and the economic margin of the people has been reduced to the minimum, any programme of reform that calls for an expenditure of $80,000,000 – one almost four time as much as the entire annual provincial budget – is destitute of practical wisdom and statesmanship.

(Monthly Bulletin on Economic China, Vol. VII, No.1, 1934)

RURAL ECONOMIC RECONSTRUCTION IN CHINA[①]

I. BACKGROUND

China is fundamentally a country of peasants; and agriculture, including livestock raising and horticulture, is the chief occupation of the Chinese people. No less than three-quarters of the Chinese population is engaged in agriculture, while four-fifths of the national income is derived from the employment of farming.[②] No one can deny the importance of rural China even from a simple examination of these elementary facts, and in dealing with problems concerning China one necessarily has to begin with those of a rural order.

The most striking fact concerning rural China has been its uninterrupted decline since her open contact with the industrial powers of the West. Such contact, while bringing new stimulus to bear upon the dwindling economic order of old China, inevitably

---

① This paper will be presented at the Sixth Conference of the Institute of Pacific Relations to be held at Yosemite, California, August 15-29, 1936.

② C. C. Chang: "Rural Economy", Chinese Yearbook, 1935-36, Commercial Press, p.834.

prevents Chinese industrial development by the stronger competition which cheap foreign imports offer to native products. Rural China thus went through a process of decline after the Opium War of 1841-2, no less than rural England or France did a century ago. The main difference is that while with the decline of the countryside in England or France there arose *pari passu* an urban industrial order within the country, in China such development has failed to take place because as a late comer in the race for industrialization she is not given an opportunity for free and unhampered growth.

Recent statistics from the National Bureau of Agricultural Research confirm the picture here painted. Although there has been a 31% increase in the population during the last six decades, 1973—1933, the area of farm land has remained unchanged, showing the very small addition of one percent. The pressure of population on land has, in other words, become greatly intensified; but could have been released somewhat provided Chinese industrialization had not been hampered by economic encroachments from outside industrial powers.①

Rural decline has assumed predominant importance since 1931, the eventful year during which a series of major developments took place simultaneously which brought about a national economic crisis unparalleled in the previous history of China. During that year Japan forcibly alienated Manchuria from China, while the communists formally proclaimed the

---

① Crop reports (in Chinese), Vol. II, pp. 40, 117, National Bureau of Agricuktural Research, Ministry of Industries, Nanking, 1934.

establishment of the first Soviet Republic in central China, with its capital in Juiching of Kiangsi province. Meantime, the great Yangtze River flood was ravaging a large part of central China, and the effects of the world economic depression were beginning to be felt in China with the apprecation of silver – a direct result of suspension of the gold standard in Japan, Great Britain, and subsequently, the U.S.A. The effects of all these changes on Chinese economy and the rural population have been eloquently told in the simultaneous fall of wholesale prices all over China, as can be seen from the following table.①

Table I. Wholesale price index in China

	1926	1930	1931	1932	1933	1934	1935
ShangHai	100	115	127	112	104	97	96
Tientsin	100	116	123	113	101	92	95
Canton	100	101	113	113	103	94	85
Hankow	—	100	115	112	99	89	89
Tsingtao	—	100	108	104	95	87	89

The effects of the spectacular decline of the Chinese countryside can be measured statistically by the decrease of purchasing power, as represented by that of imports, on the one hand, and by the phenomenal fall of land values on the other. The quantity index of imports fell from 130 in 1931 to 106 in 1932, 99 in 1933, 84 in 1934 and 77 in 1935,②while the land value index fell from 100 to 95 in 1932, 89 in 1933, and 82 in 1934.③ Meantime, there has been a continuous drain of capital and talent from the rural into the urban districts. The gentry of the Chinese

① Nankai Index Numbers, 1935, Nankai Institute of Economics, Tientsin, 1936.

② Quarterly Journal of Statistics (in Chinese), Dec. 1935, p. 132.

③ Crop Reports, III:254, 1935.

countryside is beginning to flock to port cities and foreign concessions for personal security and safe deposit of wealth. Shanghai, the industrial, commercial and financial metropolis of China, is at once the place of refuge for the victims of the Manchurian affair and natural disasters such as drought and flood, etc. While all over China there is a crying need for more credit facilities to relieve the distressed, silver stock in Shanghai has shown an uninterrupted increase, from 253 million dollars in 1931 to 359 million in 1932, 457 million in 1933, and 517 million in 1934,[①] but decreased to 327 million in 1935,[②] due largely to the flight of capital after the suspension of the silver standard in November and foreign export in order to cover for exchange losses.

II. DEVELOPMENT

Rural economic reconstruction in China is a new development, which took root first in Dr. Sun Yat-sen's doctrine of "People's livelihood", but was not translated into action until the triumph of the new regime under the Kuomintang party in 1927. This does not mean that previous to the propagation of Dr. Sun's doctrine no need was felt for rural economic reconstruction in China. For one thing rural economic decline had seldom assumed the magnitude in Chinese history that it did in 1931 and afterwards. Again, until recently "it is no exaggeration to say that

① Nankai Index Numbers, 1935, p. 39

② Nankai Index Numbers, 1935, p. 39

the traditional local government in China has been a negative one. If an official is able to collect the land taxes to the satisfaction of his superiors and if he is at all conscientious about hearing litigations, with which a great part of his time is occupied, he may be said to have discharged his duties satisfactorily."①

Before the establishment of the present regime under the Kuomintang party in 1927, rural economic reconstruction was not seriously taken up as a proper function of the government, and whatever small achievements there might have been in the field represented merely private, extemporaneous attempts designed to relive as well as to prevent suffering from famines caused by flood, drought, earthquake, locust pest, epidemic, and other disasters. There was some degree of government participation in these enterprises, but such participation was supplementary in character, and compared poorly with private efforts.

Famines have been a normal rather than exceptional feature of Chinese national economy, and in an agricultural country like China the peasant farmers are always the largest class of famine victims. One authority has estimated that during the 2,017 years between 108 B.C. and 1911 A. D. there have been 1,828 famines, or about one every year. For the last 19 years (1917-1935) definite records are available showing that there have been ten famines, ranging in importance from famines which affected only a part of one province to such disasters as the Yangtze flood of 1931. when it became necessary to mobilize forces on a national scale to

① C.M.Chang: "Chinese Standards of Good Government'. Nankai Social and Economic Quarterly. Vol, VII, PP. 231-32, July, 1935.

combat the destruction. During all these famines relief measures were adopted, but the great North China drought famine of 1920-21, occuring as it did after the 1917 flood from which the province of Chihli (now Hopei) had not yet fully recovered, broke new ground in the history of famine relief, and initiated a movement in famine prevention which today has become embodied as an integral part of rural economic reconstruction in China. In that famine 317 hsien or districts with a total population of 50 million in the five provinces, namely, Shantung, Honan, Hopei, Shansi and Shensi, were rendered, of which number approximately 20 million were rendered destitute. In the past many relief agencies, both Chinese and foreign, participated in the work of distributing aid to the suffering victims. During the 1920-21 famine it became clear that many of the efforts being made were not coordinated, and that unless they could be related in some way there would have been much confusion, overlapping of efforts, and attendant loss of efficiency. Steps were therefore taken with a view of setting up an international central organization to divide the famine areas and ensure the wise use of the funds subscribed. As a result the Peking United International Famine Relief Committee was created, on which were representatives of the various leading relief societies and foreign committee. Later similar committees were formed in Tientsin, Shanghai., Tsinan, Hankow, Kaifeng, and Taiyuan. These seven organizations, following the lead taken by the American Red Cross in Shantung, adopted, in addition to the method of free distribution of cash or food, that of providing constructive projects upon which the famine sufferers could be given employment in return for payment in grain. In this way the famine districts not only benefited by permanent improvements, but the able-bodied were enabled to earn their livelihood in a self-respecting way. During a period of six months the Red Cross employed nearly a million men in a program of road building, with most satisfactory results. Similarly, several of the international committees were engaged in a variety of constructive projects, including bridge and road repair, construction of irrigation channels, dike-repair, tree-planting and well-digging. At the end of the famine. November of 1921, the seven international committees got together to set up a permanent organization, the China International Famine Relief Commission (abbreviated as C. I. F. R. C.). This Commission, realizing the greater importance of famine prevention rather than famine relief, embodied in its constitution as one of the chief functions that of "promoting ways and means for the prevention of famine in China".① The preventive measures, which have since become also the principal methods for rural economic reconstruction, are of two types. One has consisted of engineering projects, such as roads, dikes, wells, and irrigation systems, in which the Commission, following the example set by the American Red Cross in Shantung in 1921, has long played a leading part and has thus influenced various public bodies in no small degree. During the six years up to the establishment of the National Government in 1927, the

① Constitution, By-laws and Regulations, C. I. F. P. C. Series B, No. 30. 1928, p.1.

Commission has planned and built nine major projects in Shantung, Hupeh, Hopei and Kweichow related to road building, construction and repair of dikes, irrigation and river reversion works, at a total cost of about four million silver dollars.① Since 1927 its engineering operations have resulted in the establishment of the well-known canal of Sato-Minshengchu, in Suiyuan, Wei Pei Irrigation project in Shensi, Silan Motor Road in Shensi and Kansu, dikes in Kiangsi and Hupeh, and wells in Hopei.② The other kind of famine prevention, the organization of rural cooperatives, represents an even more significant development, for it aims at eliminating the very conditions of life which keep so many of China's millions on the destination line even in good times. In May, 1922 the Committee on Credit and Economic Improvement, a standing committee of the Commission, held its first meeting, and proceeded to discover, through field investigation of rural economic conditions in north and central China, the best means by which rural improvement might be effected. As a result, in 1923, a sub-committee on rural co-operation was formed which went to work immediately to perfect a plan of action after the Raiffeisen type which, with necessary revisions, was embodied in a model constitution for the projected cooperative societies. Early in 1924, with an appropriation of $5,000 to finance the experiment, the first rural cooperative societies in China were established. Up to 1927 there were in the province of Hopei 561 societies, with a membership of

---

① Insuring Food Supply in China, C. I. F. R. C. Series B, No. 29, 1928, p. 10

② Annual Reports of C. I. F. R. C., 1928-34.

13,190 and a share capital of \$20,698. During and after the Yangtze flood of 1931, the Commission extended its cooperative work in the four provinces of Kiangsi, Anhwei, Hunan and Hupeh through the organization of "mutual aid" societies for the granting of farm rehabilitation loans. The procedure adopted, which was applied in the north China war area of Hopei and Chahar in 1933 as well as in the Yellow River flood areas of Hopei, Honan and Shantung in 1934, was to make loans to the refugees at a low rate of interest (usually 4%) on the basis of collective guarantee. These societies were eventually transformed into cooperative societies after the return of the loan, and have thus given great impetus to the growth of cooperative societies in China.①

With the unification of China under the Kuomintang regime in 1927 rural economic reconstruction has been embodied as a part of the government's policy to create a new China, in conformity with the teachings of Dr. Sun Yat-sen, the founder of the party. Dr. Sun's teachings relating to rural economic reconstruction are presented in one of his three great principles, namely that of Min-sheng or "People's Livelihood", as well as in his "Industrial Programs". The People's Livelihood denotes the livelihood of the people, the existence of society, the welfare of the nation, the life of the masses. Towards the realization of this principle, Dr. Sun outlines in his "Industrial Programs" ten general principles of national reconstruction, of which many have a direct bearing upon

① Herr Raiffesion among Chinese Farmere,1922-34, C. I. F. R. C. Series B. No. 61, 1935, pp, 2-4; Fong, H. D. : "Cooperative Movement in China," Monthly Bulletin on Economic China, VII:181, 186, 1934.

rural economic reconstruction, such as development of a communication system, agricultural development, irrigation work in Mongolia and Sinkiang, reforestation in central and north China, and colonization in Manchuria. Mongolia, Sinkiang, Kokonor, and Tibet. The four problems of livelihood, namely, food, clothing, shelter and means of travel, are intimately related to and bound up with rural life, and in their solution is found Dr. Sun's philosophy of rural economic reconstruction. The raw materials for the satisfaction of all of the four needs are derived from nature, to a larger or smaller extent, and it is for this reason that agricultural production above all else should claim the foremost attention in Dr. Sun's lectures on "People's Livelihood". Here Dr. Sun not only proposes as a pre-requisite the equalization of land ownership by means of a system of progressive land value taxation, but also an improvement in the methods of agricultural production. For "in dealing with agricultural production, we should study not only this question of liberating the peasants (i. e. equalization of land ownership) but also the seven methods of increasing production. These methods are: use of machinery, use of fertilizers, rotation of crops, eradication of pests, manufacturing, transportation, and prevention of natural disasters." Many of these methods, like the equalization of land ownership, are, as we shall see in subsequent sections of this paper, being put into practice with varying degrees of success, under the government policy for rural economic reconstruction which has been carried on by the Kuomintang regime since 1927.[1]

In accordance with the teachings of Dr. Sun Yat-sen, the Kuomintang government has since its inception in 1927 pursued a policy of national economic reconstruction. The period of military operations, however, came to an end in 1929, during which year the period of political tutelage began, which will not come to its conclusion until the proposed constitution is passed in October of the present year. In the early years of the Kuomintang regime rural economic reconstruction did not, therefore, take a vigorous turn, because of military operations, and the attempts made were mostly confined to the field of rural cooperation. It was not until the occurrence of the great Yangtze flood in 1931, which affected 25 million people in 131 shien in the five provinces of Hupeh, Hunan, Anhwei, Kiangsi, and Kiangsu and resulted in a total material loss of two billion dollars.[2] That definite steps were taken to carry out rural economic reconstruction on a fairly large scale.

The agencies engaged in rural economic reconstruction since 1927 are largely governmental, although private ones are not lacking. The first agency started by the National Government is the National Construction Commission founded in 1928. Its fields of activities included at first such state enterprises as power

① For detalled references to Dr. Sun's writings see translation of his San Min Chu I: The Three Principles of the People by Frank W.Price. Commercial Press, 1929 (date of original publication is 1924): Sun's Internaltional Development of China, Commercial Press, 1920; article on "The Kuomintang" by Tsui Wei-Wu, Chinese Yearbook, 1935-36, pp. 132-149.

② Buck, John Lossing: The 1931 Flood in China, University of Nanking, 1931.

generation, coal mining, irrigation, manufacture of electric supplies, wireless, water conservancy and forest conservation, but the last three have now been turned over to the respective governmental institutions for administration and operation. The irrigation of rice fields by means of electric power in Wuching, Wusih and Wukiang of Kiangsu province was started in 1931, while in 1934 a Rural Planning Committee was added to take care of the planning work for rural rehabilitation.

The second governmental agency is the National Famine Relief Commission formed in February of 1929 under the Executive Yuan, which is composed of three departments: the Department of General Affairs, the Department of Famine Relief and the Department of Auditing. To meet the need of establishing branch committees in the provinces where famine exists and to facilitate the administration of relief the Commission has authorized the establishment of such committees in famine-afflicted provinces with sub-committees in the hsien. Its activities include the distribution of food, funds and medical supplies in famine districts especially the northern provinces of Honan. Shensi, Kansu, Shansi, Hopei, Chahar and Suiyuan; the employment of the people in the famine districts in reconstructive work such as dike building, afforestation, reclamation of waste land and the building of roads; the enactment of regulations permitting free transportation and tax exemption of relief and construction supplies, as well as free transportation of persons sent from the famine area to the less populated parts of the frontier to undertake the reclamation of waste land, and efforts in causing the passage of a law by the Legislative Yuan whereby the National Government would make an annual appropriation of five million dollars for relief and prevention purposes.

As s result of the great Yangtze flood of 1931 a third governmental agency, the National Flood Relief Commission, was created in August of the same year by a mandate from the National Government to the Executive Yuan. This agency, administering in cash and in kind a huge sum of nearly $70,000,000, performed its Herculean task through emergency relief consisting of provision of food, shelter, clothing and protection against outbreaks of disease to refugees during the flood, restoration of dikes after the recession of the flood, farm rehabilitation through the granting of loans at low interest to refugees on collective responsibility for the purpose of spring sowing, and sanitary precautions against epidemic diseases. A few figures selected at random will serve to illustrate the vast scale of the Commission's operations. Relief work extended to 269 hsien. Free relief was granted to just under 5,000,000 person, and 1,000,000 were relieved in camps. In addition, the Commission distributed more than 500,000 suits of winter clothing and more than 2,500,000 of the needy and sick refugees received medical attention. Advances for farm rehabilitation were granted to 360,000 farmers. Some 2,800,000 were employed on labor projects. Thus, including the families of these laborers, a total of 10,000,000 as receiving relief from the Commission is certainly a conservative figure.[①] In 1932 after the

① Republic of China: Report of the Nantional Flood Relief Commission, 1931-32, Shanghai, 1933, Forword, Chairman, T. V. Soong.

end of the flood, the Commission was dissolved and its unfinished work was turned over to the National Economic Council.

The fourth governmental agency, the National Economic Council, is the most important of all of the institutions engaged in rural economic reconstruction. It was first established as a Preparatory Office in October of 1931, and did not formally come into being until November of 1933. During the preparatory stage the Council's work of reconstruction was seriously handicapped by a series of calamities which befell China – the protracted clashes with Japanese aggression, the absence of political stability in China throughout this period, and the mobilization of resources to cope with the havoc wrought by the unprecedented flood disaster of 1931. The administrative machinery of the Preparatory Office consisted of five committees and three bureaux. The committees were deliberative, policy-making bodies, dealing respectively with public roads, hydraulic engineering, public health, education and rural reconstruction, to the first three of which were attached respectively the Bureau of Public Roads, the Hydraulic Engineering Bureau, and the Central Field Health Station. Since its formal inauguration in 1933 the Council has been given more definite powers and shape of organization. Its powers were defined as follows: (1) to plan, examine, and approve projects for economic reconstruction or development; (2) to examine and approve the necessary expenditure required for the execution of projects for economic reconstruction or development; (3) to supervise and direct projects for economic reconstruction or development; (4) to execute directly special projects for economic reconstruction or development. The administrative machinery was revised and enlarged, and includes at present eight executive bodies, namely, Bureau of Roads, Bureau of Hydraulic Engineering, Central Field Health Station, Bureau of Agriculture, Northwest Office, Kiangsi Office, Cotton Industry Commission, and Sericulture Commission. In addition to these executive bodies, there is a Standing Governing Committee and a Standing Advisory Committee. Other committees, created during the period of the Preparatory Office for advising on the policy in regard to roads, hydraulic engineering, public health, education, and rural reconstruction, have remained intact. The Hydraulic Engineering Committee was, however, reorganized in 1935 when the work of water conservancy in the country was centralized under the administration of the Council.① Pending detailed description of the work of the Council in subsequent sections, it is obvious that most of it has a direct bearing on rural economic reconstruction, i. e., road building, water control by means of dike building, irrigation projects, cooperation (as promoted by the Bureau of Agriculture), cotton, tea, and sericultural improvement, and animal husbandry (as promoted by the Northwest Office). It is chiefly on account of the Council's emphasis on rural economic rehabilitation that proposals were put forth at a recent National Conference on Hsien Administration to reorganize the Council

① Chin, Feag: "The National Economic Council", Chinese Yearbook, 1935-36, pp. 294-97.

into a Ministry of Agriculture.①

The fifth governmental agency is the National Bureau of Agricultural Research of the Ministry of Industries, which was organized in April of 1931. On account of adverse circumstances arising from foreign invasion, natural disasters and internal political difficulties, it did not begin its work seriously until the middle of 1933. The work of the bureau is at present divided into two parts, the administrative and the technical. For the development of the technical work, three divisions, each with separate departments, have been established under the direction of the chief technician. The Division of Crop Production has four departments: Agronomy, Forestry, Plant Pathology and Entomology, and Soils and Fertilizers. The Division of Animal Production is subdivided into a Department of Sericulture and a Department of Animal Husbandry and Veterinary Science. The Division of Agricultural Economics is composed of a Department of Crop Reporting, a Department of Farm Management, and a Department of Rural Industries. The Bureau is now the largest of its kind, and its work is spread over all parts of the country. It has in Nanking, where its head office is located, a land area of 2,300 mow or roughly 400 acres in single tract, of which 170 mow are for rice experiments, 200 mow for cotton experiments, 180 mow for a nursery, 100 mow for a mulberry field, 150 mow for wheat experiments, 120 mow for soil experiments, 50 mow for entomological experiments, and so forth. It is in possession also,

① C.M.Chang: "The Problem of Coordination in Cental Government Organization", Quarterly Journal of Economics and Political Science (in China), April, 1936, p. 624.

of a headquarters building with offices, laboratories, a foyer, a large conference room, an assembly hall, a library, social rooms, a garage, and a dormitory together with important pieces of apparatus such as balances, microscopes, incubators, silk-testing machines, sprayers, calculating machines and the like; and a rich collection of books and journals on agricultural science in its new library.①

The sixth governmental agency is the Rural Rehabilitation Committee of the Executive Yuan established in May of 1933 to make plans for the rehabilitation of the rural districts and to devise ways and means to raise money for the execution of the plans proposed. The committee is a planning and promoting organ, but not an operating machine, within the Executive Yuan. During the course of its first year's existence, it recommended the following measures, a number of which have been put into practice, namely, (1) the establishment of a central agricultural experimental station, (2) the establishment of a central agricultural bank, (3) the relief of war-devastated areas in North China, (4) the reorganization of the provincial and district agricultural organs, (5) the abolishment of superfluous excise taxes and the convention of a national financial conference, (6) the establishment of local readjustment committees on excise taxes and provincial and municipal supervisory committees on excise taxes; (7) the establishment of a bureau for marketing of food supply to regulate the national food supply, and (8) the establishment of central rural district service

① The National Bureau of Agriculiural Research of the Ministry of Industries: Histary and Scope of Work, Nanking, 1935.

institutes. In addition, in order to afford a factual and scientific basis for planning, the committee has been engaged in a series of studies on rural economics including (1) a study of the conditions of production, transportation and marketing of rice, wheat, cotton, silk, and tea in collaboration with the Institute of Social and Economic Research in Shanghai, (2) a study of rural financial economic problems, particularly from the viewpoint of the diversion of capital from the cities to the rural districts, and the establishment of agricultural banks, cooperative societies and grain storehouses, (3) a study of underground water problems, with special reference to the composition of the strata through which the water flows and the determination of its employment for drinking water supply and irrigation purpose, in the entire province of Chekiang, parts of Honan, and in the Municipality of Nanchang, and (4) a study of such rural conditions as distribution of land, proper utilization of land, tenure system of land, rural credit facilities and political organizations, etc. in the provinces of Kiangsu, Chekiang, Shensi, Honan, Kwangsi and Yunnan. The Committee was, with the reorganization of the Executive Yuan under the chairmanship of General Chiang Kai-shek, reorganized into the Citizens' Economic Planning Council, early in the present year.

In addition to the six governmental agencies listed above, the various departments and subordinate organs under the two Ministries of Industries and Interior are also closely related to the work of rural economic reconstruction. The Ministry of Industries has, besides a Forestry and Reclamation Service, seven departments, namely, Mining, Manufacture, Labor, Commerce, Agriculture, Fishery and Animal Husbandry, and Cooperation, as well as six subordinate organs including the National Agricultural Research Bureau, National Model Agricultural Warehouse, Bureau for the Inspection and Testing of Commercial Commodities,① National Model Forestry Area Administration Bureau, Fishery Protection Office, and Shanghai Fish Market. All of these departments, with the exception of the exception of the first four, and the subordinate organs are in one way or the other related to the administration of governmental activities on rural economic reconstruction. The Department of Land in the Ministry of Interior is in charge of land administration such as land survey, state purchase of land, and reclamation and colonization. Meantime, the tremendous influence exerted by the Legislative Yuan in the passage of many laws related to rural economic reconstruction must not be overlooked. Of these the most important included, in chronological order of passage, the Fishery Law of November 11, 1929 (enforced July 1, 1930), the Land Law of June 30, 1930 (enforced March 1, 1936), the Forestry Law of September 15, 1932, and the Cooperative Societies Law of February 1, 1934 (enforced September 1, 1935). Indeed, the Department of Cooperation in the Ministry of Industries was created for the sole

① Five bureaux have thus far been established at the following five port cities, namely, Shanghai, Hankow, Tientsin, Tsingtao, and Canton, with branches at Ningpo, Shasi, Wanhsien, Tsinan, Swatow, Kiangmen, Wuchow, Foochow and Amoy (the last three branches are being suspended). The commodities covered include cotton, silk, wood oil, livestock, tobacco leaf, beans, vegetable oils, fertilizers, sugar, honey, tea, cassia lingual, agricultural products, etc.

object of facilitating the enforcement of the Cooperative Societies Law; similarly, since the enforcement of the Land Law on the first of March 1936, agitation has been under way for the creation of a National Land Service, and even of a Ministry of Land if circumstances permit.

Next to the national governmental agencies are the provincial and district ones. The provincial government is usually composed of the following administrative organs, namely, the secretariat, the department of civil affairs, the department of finance, the department of education, the department of reconstruction and the peace preservation corps. Of these the department of reconstruction is responsible for rural economic reconstruction work in the province. Although no definite estimate of the amount of money devoted to such work is now available, its importance can be somewhat gauged from the fact that during the fiscal year 1931-32 a total sum of 55 million silver dollars or 16% of the total expenditure for twenty provinces in China was spent on reconstruction, communication, regulation of industries, etc. In some provinces the increase during the last decade on this item has been very rapid. This increase was from $255,000 to $3,445,000 in Shantung during 1921-31, and from $649,000 to $2,033,000 in Chekiang during the same period.[①]

The department of reconstruction is, however, not the only provincial agency engaged in the work of rural economic reconstruction. In rural finance, for instance, special institutions,

① C. M. Chang: "Local Government Expenditure in China", Monthly Bulletin on Economic China, VII:236, 239-40, 1934.

the farmers' banks, have been created in various provinces for this purpose. The Kiang Farmers' Bank, the first of its kind, was founded in 1928, and was followed by the establishment of a rural cooperative loan department at the Hangchow Branch of the China Agricultural and Industrial Bank in 1929, and the Four Provinces' Farmers' Bank in 1933 (reorganized now as the China Farmers' Bank). In Kiangsi, a Provincial Agricultural Institute was founded in 1934 to underake work similar to that carried out by the National Bureau of Agricultural Research on a nationwide scale. The Institute has five departments, namely, plant production, animal husbandry, agricultural education, rural economy, and agricultural extension, and its annual budget is \$254,440; \$150,000 being appropriated from the provincial agricultural education taxes and \$104,440 from the reconstruction tax. Of the \$330,000 required to initiate the work, \$130,000 was provided by the provincial government and the balance by the National Economic Council.①

In the majority of the some 2,000 hsien or districts in China there are four bureaux, namely, the bureau of public safety, the bureau of finance, the bureau of reconstruction, and the bureau of education. Here the bureau of reconstruction carries out the work of rural economic reconstruction for the district, just as the department of reconstruction does for the province. However, since the promulgation on Dec.1, 1934 of a set of measures for the various provinces within the communist zone relative to the

① Chinese Economic Journal, October, 1935, pp. 353-54.

reorganization of the present system of district government by the provincial headquarters of General Chiang Kai-shek at Nanchang, many of the bureaux have been reduced to sections. Just how much each hsien bureau or section of reconstruction spends on rural economic reconstruction is hard to estimate, but figures for 130 hsien in Hopei province indicate the reconstruction of all kinds receives only $543,000 or 6.5% in the total expenditure, or roughly $4,200 per hsien.① Considering the fact that each hsien in Hopei province has an average population of 240,000, the amount spent on reconstruction is pitifully small, being equivalent to a little less than two cents per capita.

The notable development in recent rural economic reconstruction by the district government is the establishment, by an order from the Ministry of Interior dated Aug.16 of 1933, of the so-called experimental self-governing hsien under the jurisdiction of the provincial governments. Up to the present 14 experimental hsien have been established in the following 10 provinces, namely, Kiangsu, Chekiang, Shantung, Hopei, Yunnan, Kweichow, Hunan, Hupeh, Shansi and Chahar.② The activities in rural economic reconstruction carried on by these experimental hsien are varied in character, ranging from crop improvement to cooperative credit and marketing, reform in land taxation through a system of

---

① Monthly Bulletin on Economic China, VII:245,1934.

② Chinese Yearbook, 1935-36, p. 156. For detailed information on these selected hsien see Djang, Y. S. and Hsu, Leonard (ed.) : Experiments in Rural Reconstruction, Vol.II, Reports No.11, 18, 19, 25, 28, Chung Hua Book Co., Shanghai, 1935 (in Chinese); Report of Work during the First Month of Linchuan Experimental Hisen, Sep. 1934 (in Chinese).

reporting land titles, rough census taking, construction of irrigation works, and promotion of rural industries. The more noted of these experimental hsien include Kiangning in Kiangsu province, Lanch'i in Chekiang province, Linchuan in Kiangsi province, Tsouping and Hotseh in Shantung province, and Tinghsien in Hopei province.

Besides the governmental agencies of a national, provincial or district grade, there have been since 1927 a considerable number of private bodies engaged in the work of rural economic reconstruction, both newly created and already in existence. Of these some are relief organizations such as the China International Famine Relief Commission, other, educational institutions such as the College of Agriculture and Forestry of the University of Nanking, commercial banks such as the Agricultural Department of the Shanghai Commercial and Savings Bank, and rural reconstruction agencies such as the Chinese Association of the Mass Education Movement and the Shantung Rural Reconstruction Institute. Taken as a whole, the private agencies, although exercising great influence in promotion and stimulation if not in execution, are in number fewer than the governmental ones. According to a recent extensive survey of the 691 agricultural institutions engaged in agricultural education, agricultural research, agricultural administration, rural finance and other aspects of agricultural activities, private individuals and associations claim only 109 or about 16% of the total. Of the other 582 institutions, all of which are public, 52 are national, 356 provincial, and 174 district.[1]

III. PRESENT STATUS

The fundamental problem of the Chinese peasants is undoubtedly the prevention of famine, which, as shown above, has been the main consideration in the past efforts in Chinese rural economic reconstruction, whether before or after the establishment of the National Government in 1927. China, indeed, has been styled by some foreign observers as the "Land of Famine." One authority has some to the conclusion that in order to prevent famine some lines of work will yield results more quickly than other, and these, arranged in order of importance., include (1) flood control, irrigation, land reclamation; (2) economic improvement, rural credits, colonization, home and village industry; (3) improved agriculture and afforestation; (4) development of transportation; and (5) education.[2] All these attempts, including even education in its broad sense, are main features of what is commonly understood to be rural economic reconstruction in present-day China. For our purpose we need not follow the above classification, but without question the first place should be given to water control which emberaces construction of dikes including levees and sea walls, dredging operations, irrigation canals and wells, and afforestation. The second in order of importance is the construction of roads which has figured

① Crop Reports (in Chinese), Dec. 1934, pp. 120-21.

② Mallory, Walter H: China: Land of Famine, New York, 1926, p.189.

prominently in recent years as an important means of rural economic reconstruction; first, because of the employment it gives, notwithstanding the common commandering of free labor, to famine victims, and second, because of the free movement of goods and persons which it promotes and thus helps to alleviate the consequences of an acute famine. Only after these two sets of measures have been put into practice, is it possible to undertake positive steps for rural economic reconstruction, such as the reform in land tenure and taxation, improvement of agricultural production, and cooperative provision of credit and marketing facilities.

Water control has as its object the prevention of famines arising from flood or drought. The familiar means employed include the construction of irrigation canals and wells in drought famine area and the building of levees and sea walls and dredging operations in flood famine area. Afforestation has been advocated as a preventive measure against both flood and drought, but according to Mallory, first executive secretary of the CIFRC, it cannot work effectively as a drought prevention measure, for "the drought area in northern China is, for the most part, a great plain almost every foot of which is under cultivation," and even "if we must have a forest cover to 'attract' rain over this vast territory, 800 miles long and three or four hundred miles wide, where are we going to plant the trees?"

The construction of canals for irrigation purpose is an ancient Chinese device. One of the oldest major projects and practically the only one maintained through the centuries at maximum efficency is the scheme that provides water to the Chengtu plain in Szechuen province. After the formation of the CIFRC, canals were built in the northwestern parts of China as the principal engineering projects for famine prevention, in Shensi and Suiyuan provinces. The first canal to be built in recent years was the Minsheng Canal in the two hsien of Saratsi (萨拉齐) and Tokoto (托克托) in Suiyuan province commonly know as the SatoMinshengchu (萨托民生渠). Its construction was started by the provincial government in the great north China drought famine of 1928-29, with the cooperation of the CIFRC. It was formally dedicated in June of 1931, completed by the end of 1932, and turned over to the Minshengchu Irrigation Association on January 1st of 1933, with an agricultural specialist in charge. The canal cost about $800,000, but since its completion it has not been in full operation and further improvement requires $3,000,000.

A second canal is the Weipei (渭北) or Kinghui (泾惠) Canal in Shensi province, which was begun in December of 1930 by the provincial government, but was completed in June of 1932 with the cooperation of the CIFRC. The whole project was estimated to coat about one million dollars, that is $550,000 for the upper part which was to consist of the construction of a dam, a tunnel and the reconstruction of the old rock canal and the earth anal leading to the plain, and $400,000 for the lower part which was to consist of the construction of the distribution system. The canal actually cost $1,400,000 of which the Commission contributed $710,000,[①] but

① Report on Weipei Irrigation Work. The Weipei Irrigation Commission, May, 1931, p. 2; Annul Report of CIFRC for 1932, p. 27. Chinese Yearbook, 1935-36, p. 309.

much improvement was still necessary. An extension, the Lohui Canal (洛惠渠), therefore was begun, through the organization of the Kinglo (泾洛) Engineering Bureau by the National Economic Council in the early part of 1934. The total construction cost will be $1,500,000, $480,000 of which is to be provided by the Shensi Provincial Government, while the remainder will be furnished by the Council. At present two thirds of the earthwork has been completed, while other engineering works are progressing rapidly.

Among other canals in the Northwest is the Yünting Canal (云亭渠) in Ninghsia province named after General Ma Yünting (马云亭) for his construction works. This canal is a branch of the Huinung Canal (惠农渠), and is expected to irrigate 200,000 mow of land. The construction cost is $200,000, to be appropriated by the Notional Economic Council. In Kansu province the topographic and hydrometric surveys of T'ao Ho (洮河) and Tahsia Ho (大夏河) have been undertaken by the Council, and the projects of T'aohui (洮惠) and Hsiahui (夏惠) Canals are now under consideration. In Shansi province the Provincial Government decided, after a flood in 1932 in the Fen Ho (汾河) valley, to develop that river by appointing O. J. Todd of the CIFRC as the chief engineer. A report was made in 1933, and a scheme recommended for developing the Fen Ho area by the construction of a system of dams and canals. The work will be done in five years and the total construction cost is estimated at $12,760,000. The area to be benefited is approximately 4,000,000 mow. Some of the engineering work is now under way.

Irrigation works in other parts of China are on a small scale, and are sometimes promoted as experimental projects rather than for famine prevention. In Wusih of Kiangsu province the Model Irrigation Administration Bureau of the National Construction Commission was established in 1931 to supply electric power from the Chishiyen(漆士堰) Power Station for farm irrigation, and in 1934 an area of over 50,000 mow was irrigated. The Panshan Hu (庞山湖) Experimental Farm, simultaneously established in 1931 by the Commission, is divided into four sections with an aggregate area of 14,000 mow, and is used for experimental purposes to improve the methods of cultivation of different kinds of crops to increase agricultural productivity. In 1933 the North China River Commission established the Ch'uisinku (崔兴沽) Model Irrigation Farm on the bank of the Kiyun River (蓟运河) with an area of 5,000 now, at a cost of $35,000. The soil here is alkaliferous, and drainage is considered important for dissolving the alkaline substance from the earth's surface. In Hopei province the Hut'o Ho (滹沱河) Irrigation Engineering Commission was jointly established by the North China River Commission and the Provincial Departments of Reconstruction, Industry, Finance and Civil Affairs, for the execution of Hut'o Ho Irrigation Project which is to water an area of 200,000 mow in the districts of Linshou (灵寿), Chengting (正定), and Hsintang (行塘) by means of dam construction, canal excavation and pumping plant installation. The project will cost about $392,500, and a greater part of the work has now been finished. In Hupeh province the Kingshui (金水) Improvement Project, as planned by the Yangtze River Commission, is to prevent the inflow of flood from the

Yangtze River and to protect an area of 900,000 now from being inundated. The cost is estimated at $918,000 and the work is now under construction.

The digging of wells for irrigation purpose is another preventive measure against famine in drought areas. That this device has been resorted to by Chinese farmers in north China, especially since the North China drought famine of 1920-21, is confirmed by the fact that in the three hsien of Tinghsien (定县), Wuchi (无极) and Hsing'ai (邢台) in Hopei province, 19,822 of the 57,999 wells were dug before 1915, 9,244 during 1916-20, 14,581 during 1921-25, and 14,352 during 1930. This is because of the severity of drought famines after 1920, as well as because of the stimulation given to the movement by relief organizations. During the 1920-21 famine the American Red Cross extended loans of $30 per well to farmers for the construction of 3,572 wells in the six hsien around Tinghsien in Hopei province, while during the 1928-29 famine the CIFRC performed a similar function by having 1,936 wells sunk in the four hsien of Taming (大名), Weihsien (威县), Kwangp'ing (广平) and Feihsiang (肥乡) of Hopei province and in the six hsien of Liaocheng (聊城), Tangyi (堂邑), Kwanhsien (冠县), Enhsien (恩县), Wucheng (武城) and Hsiachin (夏晋) of Shantung province, at an expenditure of $187,000. The procedure followed by the latter organization was to grant interest-bearing loans to needy farmers which were to be repaid within five years. The value of such wells is proved by the much higher value of land and the crop returns on irrigated than on non-irrigated land. The value per mow is $76.90 for irrigated as compared with $33.30 for non-irrigated land in Tinghsien; similar figures are $95.00 and $52.60 in Wuchih and $71.48 and $30.89 in Hsingtai. The value of annual crops per mow is $13.30 on irrigated as compared with $4.94 on non-irrigated land in Tinghsien; similar figures are $13.40 and $6.20 in Wuchih and $14.72 and $5.22 in Hsingtai. The average cost per well is $65.70 in Tinghsien, $83.70 in Wuchuh, and $91.10 in Hsingtai, the difference being due largely to the variation of the depth of underground water. The percentage of land irrigated by wells varies from 47 in Hsingtai to 55 in Tinghsien and 70 in Wuchih. Each well is estimated to irrigate from three to seven acres of land, depending upon the texture of soil and the richness of underground water.[①]

The construction of levees and sea walls as well as dredging operations are preventive measures against flood, and have since the great Yangtze Flood of 1931 these have been carried on extensively, under the National Flood Relief Commission during 1931-32, while other government organs, such as the Kiang Han Engineering Bureau, the Yellow River Flood Relief Commission and various provincial governments, have also participated in the work. The National Flood Relief Commission, besides dredging five riverlets in north Kiangsu for a length of 92.88 kilometers, repaired 3,924.5 kilometers of levees along the seven rivers of Yangtze (1,833.2 km.), Hwai (806.9 km.), Kang (赣 574.5 km.), Han (汉 339.8 km.), Ying (颍 144.5 km.), Sha (沙 125km.) and

① Report on Wells in Western Hopei, by O. J. Todd (in Chinese), CIFRC Series B, No.50, 1932; Annual Report of CIFRC for 1929, p.9.

Yilo (伊洛 100 km.) at a total cost of $70,000,000. During that time the Grand Canal in north Kiangsu also broke out at numerous places, and the National Government and the Kiangsu Provincial Government jointly undertook to repair the levees at a total cost of $4,000,000. Meantime, in 1932, the Ch'iangwei (蔷薇) and Shu (沭) Rivers were dredged at an expense of $240,000 while in 1933 the Liut'ang (六塘) River was dredged and its dike repaired by enlisted labor at a cost of $501,000. The old Yellow River was dredged in 1934 to conduct the flood water of the Hwai River into the Yellow Sea. In Hupeh province the Kiang Han Engineering Bureau was established in 1932 by the National Government to take charge of the maintenance work for the levees, so as to protect Hankow, the great industrial and commercial metropolis in central China whose safety depends on the solidity of the levees of both the Yangtze River and the Han River. In Shantung province the dredging of Wanfu (万福), Chu(洙) and Chaoniu (赵牛) rivers and the dike repair along the Nabyang(南阳), Chaoyang (昭阳) and Weishan (微山) lakes was completed by enlisted labor in 1932 at a total cost of $240,000. The Tuhai River (徒骇河) was dredged in 1933 by enlisted labor and completed in 1935.

In Kiangsu and Chekiang provinces sea walls are very useful in protecting the lives and property of the inhabitants living along the seashore. During the 1931 flood the sea walls of Kiangsu were broken at numerous places and all the broken parts have been repaired since 1932, at a cost of $2,000,000. The sea walls of Chekiang were broken at some places in 1931, and were afterwards reconstructed by the Chekiang Conservancy Bureau at an expense of $250,000.

The Yellow River flood of 1933 and after gave rise to considerable dike repair work in Shantung province. During the flood the levees of Wenhsien (温县), Lanfeng (兰封), K'aocheng (考城), Tungming (东明) and Changyuan (长垣) were broken at more than thirty places, working immense havoc upon the inhabitants of these districts. The National Government immediately gave sanction to the establishment of the Yellow River Flood Relief Commission to take charge of relief and protection work. During the spring of 1934 all dike breaks were filled up at an expense of $1,000,000, largely at Changyuan, the district where most breaks occurred. After the breaks had been filled, loans of $2,000,000 and $1,500,000 respectively were negotiated by the Honan and Hopei Provincial Governments with the leading banks of China to be secured by the salt surtax. The newly constructed levee at Changyuan is however quite long, and the materials in stock used for flood prevention were inadequate. When the overflowing water of the Yellow River meandered through the side ditches at Kuant'ai (贯台) to attack the levee of Changyuan, it immediately broke in four places. The work of blocking the enlarged ditch at Quantai by construction of a dam was undertaken by the Yellow River Affairs Bureau at an estimated cost of $200,000, equally shared between the National Government and the Hopei Provincial Government, and was supervised by the Yellow River Flood Relief Commission. In March of 1935 the dam which was made of Kaoliang stalks with earth backing was destroyed in some places, and it was voted by the National Government to begin the work again at some other locality under the Relief Department of the Yellow River Flood Relief Commission.

Water control includes, besides irrigation, dike construction and dredging operations, river improvement for communication purpose and development of water power. Space, however, forbids a detailed discussion of these two aspects of water control which have, relatively speaking, rather a remote bearing upon rural economic reconstruction. In closing the present section reference may again be made to the recent unification of hydraulic engineering establishments engaged in water control activities. This unification, which took place in 1935, resulted in the transference of control to the National Economic Council of the important conservancy organization whose funds were drawn from the National Treasury or the customs surtax: the Hwai River Commission, the Yellow River Commission, the Kwangtung Conservancy Board, the North China River Commission of the Ministry of Interior, the Yangtze River Commission, the Yungting River Board, the Tai Hu Hydraulic Engineering Commission of the Ministry of Interior, and the Hai Ho Technical Bureau. These establishments which are still subordinate to the National Government and have not yet been transferred to the Council are: the Model Irrigation Administration Commission, the Northern Great Harbor Preparatory Commission, and the Eastern Great Harbor Preparatory Commission of the Ministry of Railway, the Whangpoo Conservancy of the Ministry of Foreign Affairs, and the Haiho Improvement Commission.①

Another method for water control is afforestation, which has been advocated by W. C. Lowdermilk of the college of Agriculture and Forestry of Nanking University as an effective measure of prevention against floods, for a thick forest cover will break the force of a heavy rainstorm and the layer of leaves and the network of roots will prevent the washing away of the soil. The water will filter slowly through the humus, reaching the rivers in the plains below in smaller volume, and extending its beneficent effects over a longer time. Afforestation in China has, however, been much neglected.② According to authoritative estimates, the average percentage of forest area to the total land area in China is only 8.4%, which is certainly much too small when we think that generally a country should have about 30% of her land area maintained under forests in order to guard against "bad climatic conditions, with prolonged droughts, frosts, and alternating floods and low water." China's neglect to maintain an adequate forest area is deplorable especially in view of the fact that she has, in addition to her present forest area, another 31% of the total land area which is bare but suitable for forest growth. The work that has been done on afforestation, whether through public or private effort, has been very meagre. The Central Government has since 1929 organized what is know as the Central Forestry Bureau

① For detail references to the subject of water control not given elsewhere see the authoritative articles by Chin Feng, Y. S. Diang and Li Haien on "The National Economic Council", "Famines", and "Hydraulie Engineering Works" in Chinese Yearbook, 1935-36.

② W. C. Lowdermilk: "Erosion and floods in the Yellow River watershed", Journal of Forestry, Vol.22, 1924, pp. 11-18.

which carries out in a practical way some of the afforestation projects for the Central Government and attempts to set up for the benefit of the rest of China a model forestry area in and around Nanking, including Liuho (六河), Kiangning (江宁), Kiangpu (江浦), Chuyung (句容), Tangt'u (当涂) and Hohsien (和县), marking thus the beginning of a policy which aims at the creation of national "forest reserves" throughout the country. Thus far the Bureau has planted over 14 million seedings in the vicinity of Nanking, organized six forest nurseries with a total annual capacity of over six million seedlings, and established six forest stations in the six hsien. Besides, in nearly every provincial department of industry or reconstruction there is a department organized to look after the forestry administration of the province, with forest stations located in the mountainous areas to carry out the actual planting work. On the whole, the work being done on afforestation in a great country like China is insignificant in extent, as there are in the different provinces today only 105 technically trained men engaged in forestry work, and only 80 forest planting stations with a total budget of $1,332,000. Among the private efforts the most conspicuous is the work done by the Kiangsu Educational Forestry Enterprise located near Puchen (浦镇), Kiangsu province. The enterprise has planted as many as 35 million trees over bare hills and mountains, including pine, oak, pistacia, cedar, poplar, sophora, wutung, bamboo, and many other valuable species. Again, the temples and the fengshui ideas have contributed much towards preserving the nation's remaining forests. One authority goes so far as to suggest that "it might not be a bad idea for the authorities to mobilize all the monks, abbots, and the fengshui priests of the country and to cooperate with them in a really active and systematic way."①

A second aspect of China's rural economic reconstruction is that of a better transport development, especially the building of motor roads or highways. A better system of transportation not only facilitates famine relief, but also reduces the cost of transporting farm products. From the viewpoint of national unification a better transport system constitutes the first pre-requisite. Roads are more important than other means of land transport because their construction is cheaper and can be more easily afforded by a poverty-stricken country like China. For a road the maximum cost is about $9,000 per mile, and this is for a macadam type in mountainous districts; for a dirt road in the plains the cost falls to $3,000. The very minimum cost for a railway is put at $19,000 a mile for a two-foot gauge; for a standard gauge track the figure ranges between $50,000 and $125,00.②

Road building in China is largely a by-product of famine relief, for the first real work on a large scale was done as a result of the efforts of the American Red Cross Society, which in 1920-21 spent $2,445,000 in building 850 miles of roads in Hopei, Honan, Shansi, and Shantung as part of their famine relief programme. The society's work awakened a general desire for

① See article on "Forestry" by D. Y. Lin, Director of Department of Forestry, Ministry of Industries, Chinese Yearbook, 1935-36, pp. 769-85.

② T'ang Leang-li: Reconstruction in China, Shanghai, 1935, p. 218.

better results, and was followed up by the CIFRC, another international relief organization, in its programme of famine relief and prevention. The latter built 140 miles of roads in Shantung during 1922 and 210 miles in Kweichow during 1927. From these provinces the Commission's road building activity extended to other parts of the country such as Yunnan, Kwangsi, Kiangsi, Honan, Hopei, Shansi, and above all, Kansu and Shensi. In the last two provinces, the Commission helped to start, in 1931, the construction of the famous Silan Road from Sian to Lanchow, the two provincial capitals. The work in 1934 was transferred to the Northwest Office of the National Economic Council for completion.

In 1921 China had only 1,185kilometres of roads open to traffic, but by 1927 there were already 29,170 kilometres. Since the establishment of the National Government road building has, due to a combination of factors, made more rapid progress, rising to the high record of 84,809 kilometres in 1934. The construction of roads has become primarily an issue of military import. Another factor is the establishment of a Road Office in the National Economic Council in May of 1932, which has since served as a coordinating, advisory and financing agency in road building. This office, reorganized in December of the same year into a bureau, has adopted as its policy cooperation with the provincial governments and with private interests in order to stimulate, control, and guide their activities by the grant of loans for roads, the construction of which was considered desirable. The selection between the various system of highways lies in the hands of the

National Government, and is dictated by considerations of general policy and the interests of national defense. Consequently, a plan was drawn up in 1932 for a system of highways, first for the three provinces of Kiangsu, Chekiang and Anhwei, and later in the year for these and the bordering provinces of Hupeh, Hoan, Hunan and Kiangsi. The Road Bureau prescribes the location, quality and kind of roads to be built, and in selected cases grants loans at low rates of interests to cover about 32% - in some cases more – of the building costs, placing at the disposal of the provincial authorities its advice and expert engineers.① The Seven-Province Road project contemplated the construction of eleven trunk lines of a total length of 11,591 km. and 63 branch lines of a total length of 11,033 km., making a grand total of 22,624 km., of which 15,591 km. were open to traffic in December of 1934. Since the beginning of 1934 the Bureau has further extended its activities to include the building of over 1,139 km. of roads in Fukien province, of which 604 km. were completed in the early part of 1935. In the Northwest, owing to the poverty of the provinces, the N. E. C. has undertaken the entire responsibility for the building of two Sian-Hanchung Road of about 420 km. The construction of these two highways will render the Northwest accessible to the rest of China, and is the pre-requisite for the development of that great region so frequently subject to drought famine.② In short, the Road Bureau had contributed, at the end of 1934, to the

① League of Nations, Report to the Council Committee of Technical Collaboration with China, by Dr. Rajchman, Nanking, 1934, p. 30.

② Chinese Yearbook, 1935-36, pp. 300-302.

construction of a system of roads of more than 16,000 km., more than 8,000 of which are macadamised and accessible at all times to motor traffic, in the provinces of Kiangsu, Chekiang, Anhwei, Kiangsi, Hupeh, Hunan, Honan and Fukien, and in the Northwest. At present, it appears to be less concerned with the technical questions of road construction than with the development of road transport and research to discover the most economical fuel and the vehicles best adapted to local resources and requirements.①

A third aspect of China's rural economic reconstruction relates to agricultural improvement, embracing under its category crop improvement, revival of sericulture, promotion of animal husbandry, and agricultural education and extension. Some work in these fields has been done by educational institutions such as the College of Agriculture and Forestry of the University of Nanking, the Agricultural College of the Central University (formerly Southeastern University), the College of Agriculture of Lingnan University, and the Agricultural College of the National Sun Yat-sen University (in Canton), but since 1931 great impetus has been given to it through the organization of the National Bureau of Agricultural Research.

In crop improvement, the application of such sciences as genetics, biometry and related subjects has resulted in an increased yield and improved quality of crops in China much as similar improvement took place in America and Europe years earlier. In this field crop breeding has above all other methods

① Report of the Secretary of the Council Committee on His Mission in China, (January-May, 1935), by Robert Haas, Geneva, 1935. pp. 9-10.

achieved significant results. It is less expensive than pathological or entomological studies for reducing disease and insect damage. Improved seed resulting from breeding gives a great return per unit of land than a change in cultural methods or soil treatments, and can be extended to farmers more easily than information on spraying or fertilizing with the present general level of farmers' education. In crop breeding, the National Bureau of Agricultural Research of the Ministry of Industries, although still in its infancy, is endeavoring to establish close cooperation between the various organizations in different parts of the country. The bureau has ten cooperating stations in nine provinces for breeding and regional tests of wheat, nine stations in nine provinces for cotton tests, five stations in six provinces for rice tests, and eleven stations in nine provinces for fertilizer tests. The Cotton Commission of the National Economic Council is another government institution doing extensive crop improvement work. Among the educational institutions, the University of Nanking has three substations and six cooperating stations in eight provinces. The Agricultural College of the National Central University at Nanking also has a number of cooperating stations for regional tests of promising strains and varieties, especially for rice. In all, there are in China today 121 stations carrying on crop breeding work, distributed over 18 provinces as follows, Kiangsu (27), Hopei (12), Shantung (11), Honan (10), Kiangsi (7), Chekiang (7). 56 stations are engaged in cotton breeding, 48 in wheat, 38 in rice, 17 in kaoliang and soy bean, 16 in corn, 15 in millet, and decreasing numbers in other crops such as barley, tea, sugar cane, hemp, Irish potato, sweet potato, tobacco, etc. As a result of all these attempts, it is stated by one authority that "improved strains of the most important crops in China, such as wheat, rice, cotton, soy bean, kaoliang, and millet, have been developed through pure line selection, showing increases in yield of 30 per cent or more over varieties commonly cultivated. For example, a strain selected from Acala cotton, an imported variety which has been acclimatized at Nanking for 15 years, in addition to a high yield, gives a staple as long as 1⅝ inches. The staple of those strains of Acala which were imported from the United Station in 1931 and 1932 is shorter than this selection at Nanking. In other words, a superior strain has been isolated by individual selection."①

The rapid decline of China's silk industry, as reflected in the drastic decline of exports and price falling during the last five years or so, has inflicted untold losses upon the farmers in Chekiang, Kiangsu, Kwangtung, Shantung, and Szechuen where silk rearing constitutes a very important by-industry of agriculture. This decline, due to a number of factors such as the competition of Japanese production, substitution of silk by rayon, and decline in American consumption since the crisis, has aroused the attention of the central and provincial governments and attempts are being made to revive the industry. After an extensive inquiry into the sericultural conditions in the provinces of Chekiang, Kiangsu and Shantung by Dr. Benito Mari of the League of Nations in 1933, the National Economic Council

① See article on "The National Development of Agricultural Science in China", by K. S. Sia, in Chinese Yearbook, 1935-36, p. 727.

organized, in January 1934, a Sericulture Commission, with a comprehensive programme of improvement for all branches of the industry. For the fiscal year July, 1934 to June, 1935 the Council has allocated $400,000 for the use of the silk industry in the provinces of Kiangsu, Chekiang, Shantung, Szechuen and Kwangtung has also been drawn up by the Commission, calling for an expenditure of $1,500,000 for the realization of the first year's plan in 1935. the Commission's work consists largely of the discovery of new breeds through crossings in its Sericulture Experiment Stations an Nanking and Hangchow, the training up of a staff of technical personnel for extension work among the farmers, the planting of good quality mulberry sprouts for distribution, and the promotion of a large-scale cooperative filature among silk reelers and merchants in Kiangsu and Chekiang provinces. Besides the Sericulture Commission, there is a department in the National Bureau Agricultural Research for sericultural research. Several provincial governments, such as Kiangsu, Chekiang, Anhwei, Kwangtung and Shantung, have opened sericultural experimental stations for breeding and distribution of silkworm eggs. In Chekiang there is a Sericultural Control Committee and in Kwangtung there is a similar organization. These various activities of the national and provincial governments are the beginning of the control of distribution of disease-free silkworm eggs, and supervision of the silk industry. In the chief silkworm regions of Kiangsu and Chekiang, more than three million sheets of improved eggs were used in 1934, which meant that very little of the native variety was used.

Important work in the improvement of sericulture has also been done by private educational institutions, especially the University of Nanking and Lingnan University, both of which maintain special sericultural departments. International bodies devoted to the improvement of sericulture have been founded, first in Shanghai, but later in Chefoo and Canton, since 1917. Testing and inspection of silk for export was first undertaken by the Shanghai International Testing House in 1924, but was taken over by the various Government Bureaus for the Testing and Inspection of Commercial Commodities after their establishment after 1928, in Shanghai, Canton and Tsingtao.①

The conspicuous absence of animal husbandry in Chinese agriculture has been commented upon by many foreign observers on Chinese conditions. Such an absence, says Professor Tawney, "is a question, not of climate or soil, but of resources and population. The relation between them has for many centuries been such that land capable of growing food for human consumption cannot be spared for raising beasts." ② The alternative planting of crop for human consumption and those for animal feeding on the same land has, however, rendered possible the periodic change of plants which impoverish the soil and those

① Ieu, D. K. :The Silk Reeling Industry in Shanghai, Shanghai,1933, p. 3; T'ang, op. cit., pp. 301-6; Mari, Benito: Summary Report on an Inquiry into the Reorganization of Chinese Sericulture in the Provinces of Chekiang, Kiangsu and Shantung, oct., 1933, National Economic Council, Shanghai (mimeographed); Chinese Yearbook, 1935-36, pp. 324-26, 747-9.

② Land and Labor in China, 1932, p. 27.

which improve it. With a view to increasing the production of the soil which is, generally speaking, insufficiently fertilized, it seems necessary to place greater emphasis on animal production, especially in the utilization of new lands or wasted lands. In northern Kiangsu, for instance, there are 25 million mow of salted land, from which not only salt has to be removed, but fertilizer must also be provided by raising of animals in order to render it usable for crops. In the development of the Northwestern provinces which are eminently fit for pasture farming, animal husbandry will undoubtedly occupy an important position, and should claim the prior attention of the National Government.

In addition to the need for wider extension, the main problems of animal husbandry in China today are improvement of breeds on the one hand, and prevention of animal disease on the other. The latter is more important than the former. China is estimated to have suffered an annual loss of one hundred million dollars from animal disease, while the province of Kansu alone lost from the same cause 120,000 sheep, 80,000 cattle and 10,000 horses in 1933 – a year of normal mortality.① The problems of prevention of animal disease fall into four line, namely, veterinary education, epizootic prevention service, veterinary research, and production of sera and vaccines. The traditional veterinary physicians, estimated at more than 5,000, perform a limited service because of their meagre and unscientific veterinary knowledge. The modern class of veterinarians are graduates from

① Stampar, A.:The Northwestern Provinces and their Possibilities of Development, National Economic Council, 1934, p. 16 (mimeographed).

the Chinese veterinary schools or foreign veterinary colleges. Altogether there are no more than a few dozen of the latter but there are a few hundred of the former. Chinese graduates receive their training in three institutions, namely, the Military Veternary School in Peiping started in 1905 under the name of the School of Horse Medicine, the Department of Animal Husbandry and Veterinary Medicine of the Agricultural College of the National Central University started in 1929, and the Veterinary School at Shanghai stared in 1932.

In former days it was the army horses, not the farm animals, that were cared for, by the School of Horse Medicine; but during recent years the leading agriculturists of the country have conceived an epizootic prevention service. The Epizootic Prevention Service under the Ministry of Industries was organized in 1932, in Shanghai, with an annual budget of $40,000; it now controls two experimental districts in Shanghai and the Taihing districts of Kiangsu province, and is planning another one in Chekiang in conjunction with the Provincial Government. The Northwest Epidemic Prevention Bureau under the Health Administration was established in 1934, in order to deal with the problem of disease prevention in that region. Among the provincial governments that have maintained veterinary services, (Chekiang, Kwangtung, Kwangsi and Kiangsi,) that in Kwangsi is by far the largest and about $400,000 has been spent for the serum laboratory.

In the production of sera and vaccines five biological laboratories have been established during the last five years, two under the Ministry of Industries, one under the Health Administration, one under the Kwangtung Provincial Government and one under the Kwangsi Provincial Government. In veterinary research the stage reached is still rudimentary because veterinary education itself is still a barren field. The Epizootic Prevention Service is perhaps the only place at present carrying on veterinary research, which centers around two points, namely, methods of diagnosis and methods of sera and vaccine production.

The second step in the reconstruction of animal husbandry is the improvement of the quality and yield of animals by means of scientific breeding. Scientific breeding embraces improvement of native stocks and adaptation of foreign species to Chinese soil. The efforts made in these directions have thus far been very meagre. The National Economic Council is planning to establish a breeding station at Lanchow, in Kansu province. Besides it, there are some experimental stations and agricultural schools devoted partly to animal husbandry, of which we may mention in particular the National Horse Breeding Station at Chuyung, and the Central Breeding Station at Nanking. The Shansi Provincial Government has endeavored for 18 years to improve sheep of that province. Sheep of the Merino breed have been introduced at different times. There is a lack of coordination between the different stations in the breeding experiments. The National Government should not only encourage coordination of private projects, but also purchase selected animals for them and guard their interests by means of financial facilities.[①]

Crop improvement, revival of sericulture, and promotion of animal husbandry, — all these aspects of agricultural improvement depend for their ultimate application and success upon agricultural education and extension. With the establishment of the National Government in 1927, agricultural Education was for the first time in the history of China given a prominent place in the educational system. According to the 1931 report of the Ministry of Education there were in China 13 agricultural colleges, 4 technical schools and 86 vocational schools in agriculture. There were 184 persons on the teaching staffs of these colleges and schools, offering 13.2% of all courses of study in the schools of college grade in China, although claiming only 1,413 students or 3.2% of the student body in all schools of college grade. In the period from 1929 to 1931, 132 students went abroad for advanced study in agriculture, but with the increasing cost of foreign study there is a movement under way to offer postgraduate work in certain agricultural colleges.

In secondary education there were in China in 1931, 68 vocational schools in agriculture and 18 departments of agriculture in vocational schools throughout the country, including a total of 120 departments of agricultural subjects distributed as follows: 51 in general agriculture, 44 in sericulture, 14 in forestry, 9 in horticulture, 1 each in animal husbandry and rice improvement. The total annual expenditure for agriculture in all

① For details see artiele on "Animal husbandry" by Vougi Tsai, Chinese Yearbook, 1935-36, p. 786 et seq.

these vocational schools having about 8,000 students reached one and a quarter million dollars. Three-fifths of these schools had an annual budget of less than $15,000, and were therefore underfinanced and inadequately equipped.

In addition to the schools and colleges mentioned above, there are many other types of schools engaged in agricultural education. Among these, the most notable recent development is the growth of rural normal schools started b y Professor Tao Chih-hsing near Nanking some ten years ago. The aim of a rural normal school is to turn out graduates who will be able to teach practical and useful subjects to rural children, and also participate in reconstruction activities, thus making the rural school a centre for social upbuilding. According to the Ministry of Education there were in 1931, 310 such schools with a total student enrollment of 21,610 and an annual expenditure of $1,642,145 in 15 provinces, while the graduates from these schools up to that year had already reached a total of 10,691. Special training institutes for part-time students or for workers who can leave their positions for only a short period have been organized by agricultural colleges, such as the College of Agriculture and agricultural colleges, such as the College of Agriculture and Forestry of the University of Nanking, the Agricultural College of the National Central University, and the National Bureau of Agricultural Research, in crop improvement. In the province of Chekiang a new movement is under way to give free systematic instruction to farmers for a period of one year. Here farm work is carried on in its natural setting using improved methods and machinery. After completing the course, these farmers are expected to demonstrate what improvements can be made on ordinary farms.

Agricultural extension in China really began with the introduction of foreign crops, such as peanuts into Shantung and American varieties of cotton into North China, by the early missionaries. With the rapid growth of cotton mills during the War the great increase in the home demand for raw cotton brought a number of attempts to improve the crop through the acclimatization of imported varieties and the distribution of improved seeds. The combination of the newly aroused interest in cotton, and the work which had already been started at the former Southeastern University, the First Agricultural School of Kiangsu, the College of Agriculture of the former Kwangtung University, and the College of Agriculture and Forestry of the University of Nanking, served as the basis for extension by the provincial governments of such provinces as Kiangsu, Anhwei, Chekiang, Kiangsi, and Kwangsi. Since the establishment of the National Government in 1927, more rapid progress has been witnessed in agricultural extension. The regulations governing agricultural extension work announced by the former Ministries of Agriculture and Mining, of Interior and of Education on June 13, 1929 were revised on March 29, 1933. The first National Agricultural Extension conference was held on December 25, 1929, at which the Central Agricultural Extension Committee was established, the purpose of which includes the development of plans, programs, regulations for extension work throughout the country; the review and approval of reports of activities in extension; the establishment of experimental extension centers; the investigation of provincial extension work; and the publication of regulations, bulletins, charts, or other data dealing with extension problems. In 1930 a model agricultural extension center was established at Ninghsien, Kiangsu province, and in the same year the Committee offered to cooperate with the University of Nanking in its Wukiang Extension Centre. Provincial extension work has been carried on in a number of provinces, in Tsouping of Shantung by the Shantung Rural Reconstruction Institute, in Tinghsien of Hopei by the Chinese Association of the Mass Education Movement, in Wusih of Kiangsu by the Provincial College of Education, in Nanchang of Kiangsi by the Kiangsi Agricultural Institute. Much work has been done by these and other extension centres, of which the most important is the distribution of improved seeds for certain staple crops, such as wheat, cotton, rice, tea, and silk. In order to control wheat seed distribution, seven seed centres were established, four near Nanking, two in Anhwei and one in Honan, by the University of Nanking, distributing in 1934 87,127 catties of seed for 9,839 mow of land cultivated by 432 farmers. During the same year the National Central University distributed a total of 12,611 catties of wheat seed in the provinces of Kiangsu, Anhwei, Hunan, Chekiang, Szechuen, Shensi and Honan. The cotton seeds distributed by the Cotton Industry Commission of the National Economic Council amounted to 3,000,000 catties over a cultivated cotton area of about 570,000 mow. The rice seed distributed by the National

Central University amounted to 7,425 catties in 1934 in Kiangsu, but that distributed by the University of Nanking did not amount to very much. In Chekiang 175,326 sheets of improved disease-free eggs were distributed during the spring of 1933, yielding 4,662,500 catties of cocoons, while in the fall 177,111 sheets of eggs yielding 2,794,900 catties of cocoons were distributed.①

A fourth aspect in China's rural economic reconstruction is the rapid growth of the cooperative movement. Although legal recognition of cooperative societies in China did not take place until after the passage of the Cooperative Societies Act in February of 1934 — a date 25 years later than the passage of the Japanese Cooperative Act in 1899 and 20 years later than the Indian Cooperative Credit Societies Act — the movement itself took root during the eventful year of 1919 in which China witnessed the rise of a movement for modernization after her mistreatment at the Versailles Conference. The lead was taken by Professor Hsieh His-chou of the Futan University and others not excluding Dr. Sun Yat-sen and Tai Chi-tao of the Kuomintang party. The first urban cooperative credit society was organized by Professor Hsieh at the University in 1919, but response from the rural population did not materialize until after the China International Famine Relief Commission took steps to introduce rural credit cooperation as the fundamental preventive measure against the terrors of recurrent famine in the North China area.

---

① See note 35.

Through the work of the Commission, which consists chiefly of promotion, education and financing, rural credit cooperation in Hopei province had grown from the simple beginning of 8 societies in 1923, to 561 in 1927, with a corresponding growth of membership in 1923, to 561 in 1927, with a corresponding growth of membership from 256 to 13,190 during the same period. The experience thus acquired is a valuable one, and constitutes an important factor for the rapid extension of the movement under the National Government since 1927.

The encouragement of cooperation has all along been part and parcel of the Kuomintang policy for the material reconstruction of China. In his first lecture on "People's Livelihood" given on August 3, 1924, Dr. Sun advocated in particular the consumers' cooperation as developed in England. Since then his followers have embodied cooperation as a part of the Kuomintang programme, and have on various occasions given public approval to the policy of promoting cooperation. Definite steps, in the form of passing laws and organizing farmers' banks for the extension of loans to rural cooperatives, in Kiangsu, Chekiang and other provinces, however, were not taken until after the establishment of the Kuomintang regime. During the great Yangtze flood of 1931-32 further progress was made in Chinese cooperation through the organization of the so-called "mutual aid" or "preparatory" societies in the provinces seriously affected by the disaster, notably Kiangsi, Hunan, Hupeh of interest, usually four per cent, to flood victims for spring plowing on the basis of collective guarantee, and were after the repayment of loans with some preliminary propaganda and education transformed into cooperative movement, as worked out through the cooperative staff of the CIFRC in the Yangtze flood area, was soon applied to other parts of the country affected by similar disasters–in the recovered communist area in Kiangsi, Honan, Hupeh and Anhwei after 1932, in Hopei and Chahar after the devastation wrought by the Sino-Japanese conflict in 1933, and in the Yellow River Flood area in Hopei, Honan and Shantung in 1934. As a result of these developments, cooperative societies have shown a remarkable development since 1927. The number of societies, only 584 in number in 1927, of which 561 were to be found in the province of Hopei alone, rose to 722 in 1928, 1,612 in 1929, 2,463 in 1930, 3,618 in 1931, 3,978 in 1932, 6,632 in 1933, 14,679 in 1934 and 26,224 in 1935 — an increase of 45 times in the course of nine years.①

The 26,224 societies at the end of 1935 had a total membership of 1,004,402, giving an average membership of 38 per society, and were distributed over 16 provinces and 3 municipalities. As shown in Table IIa, 24,871 societies (or 95%) with 936,643 members (or 93%) were to be found in ten provinces, ranking in importance according to membership as follows: Kiangsu, Hopei, Kiangsi, Shantung, Honan, Anhwei, Chekiang, Shensi, Hupeh and Hunan. The societies in Hopei were the oldest in existence, those in Kiangsu and Chekiang rose immediately after 1928, those in Anhwei, Kiangsi, Hunan and

① Statistics of Cooperative Societies in China, Directorate of Statistics, 1934, Chatt 4 (in Chinese).

Hupeh developed after the 1931-32 Flood, those in Shantung and Honan were founded during the 1934 Flood, and those in Shensi were developed by the Cotton Industry Commission of the National Economic Council, in cooperation with the Shensi Bureau for Rural Cooperation, chiefly for the cooperative marketing of cotton. The copperative societies in China are, like those in Japan, India and Germany, for credit purpose. Taking the multiple-purpose societies as also belonging to the credit societies, credit societies in China account for 75.5% of the total societies and 63.6% of the total membership. Credit societies, in other Words, are the most predominant group of cooperative societies in China, and in respect to size are much smaller than other types of societies.①

Table II a. Geographical distribution of cooperative societies in China, 1935

Province or municipality	Societies	%	Members	%	Members per society
Kiangsu	4,077	15.5	138,369	13.8	34
Hopei	6,240	23.8	135,723	13.5	22
Kiangsi	2,038	7.8	131,447	13.1	64
Shantung	3,637	13.9	106,143	10.6	29
Honan	1,761	6.7	100,324	10.0	57
Anhwei	2,284	8.7	73,673	7.3	32
Chekiang	1,972	7.5	70,666	7.0	36
Shensi	671	2.5	63,690	6.3	95
Hupeh	1,228	4.7	60.122	6.0	49
Hunan	963	3.7	56,486	5.6	59
Kwangtung	307	1.2	23,315	2.3	76
Fukien	312	1.2	11,678	1.2	34
Shansi	453	1.7	6,692	0.7	15

① For latest statistics see Crop Reports, February, 1936.

Continued

Province or municipality	Societies	%	Members	%	Members per society
Kansu	33	0.1	2,906	0.3	88
Suiyuan	54	0.2	1,115	0.1	21
Kwangsi	14	0.1	592	0.1	42
Shanghai	123	0.5	17,197	1.7	140
Nanking	50	0.2	3,236	0.3	65
Peiping	7	—	1,028	0.1	147
Total	26,224	100.0	1,004,402	100.0	18

Table II b. Functional distribution of cooperative societies in China, 1935

	Societies	%	Members	%
Credit	15,429	58.8	426,004	42.4
Marketing	2,298	8.7	117,587	11.7
Purchase	738	2.8	67,243	6.7
Utilization	1,069	4.1	74,422	7.4
Production	2,321	8.9	106,510	10.6
Multiple purpose	4,374	16.7	212,636	21.2
Total	26,224	100.0	1,004,402	100.0

The numerical growth of the Chinese cooperative movement is accompanied by a more or less similar growth in cooperative legislation, cooperative administration, cooperative promotion, cooperative education and cooperative finance. In all these it is inevitable in a large country like China that duplication and lack of coordination should result, but given sufficient time and opportunity for development, the abuses will probably disappear themselves. In cooperative legislation the models were set by the various sets of regulations passed and amended by the CIFRC in the course of its cooperative work in Hopei province. Cooperative laws, although of a provincial scope, were passed in 1928 by

Kiangsu, in 1929 by Chekiang and Shantung, in 1930 by Kiangsi and Hopei, and in 1932 by Hunan. The national law was first promulgated by the Ministry of Industries in 1931 and was known as the "Provisional Regulations Governing Rural Cooperative Societies", but was replaced by the first national act, the Chinese Cooperative Societies Act, passed in February 1934 by the Legislative Yuan and edforced on the first of September 1935. In Chinese cooperative administration chaos used to prevail, and societies when promoted by private organizations such as the CIFRC did not need to be registered with the government authorities. But with the government's declaration of decision to enforce the Chinese Cooperative Societies Act September 1, 1935, the Legislative Yuan authorized on May 9 of the same year the establishment of a Cooperative Department in the Ministry of Industries, which began to function on November 16, 1935. Meantime, the Cooperative Committee of the National Economic Council, formed in October 1935, became the promoting, financing, coordinating, and advisory body of the Chinese cooperative movement.

The agencies engaged in the promotion and financing of cooperative societies are legion in China. These agencies may be public or private. Public agencies may be national, interprovincial, provincial, or even district in scope, while private agencies may be commercial, educational, philanthropic or otherwise. These may be illustrated by the following list:

Public:

National: Cooperative Committee, National ECONOMIC Council.

Inter-provincial: Bureau for Rural Financial Rehabilitation, North China Committee on Rural Cooperation.

Provincial: Cooperative Committees of Provincial Party Headquarters or of Provincial Bureaus of Reconstructions or Industry.

District: Cooperative Committees of various hsien or districts, especially of experimental self-governing hsien such as Tsouping and Hotseh of Shantung, Tinghsien of Hopei, etc.

Private:

Commercial: Agricultural Department of the Shanghai Commercial and Savings Bank; Rural Loan Department of the Chinese Banking Consortium; etc.

Educational: College of Agriculture and Forestry of the University of Nanking; Department of Sociology of the Yenching University; Shantung Rural Reconstruction Institute; Tinghsien Experiment of the Chinese Association of the Mass Education Movement; Kiangsu Provincial College of Education; etc.

Philanthropic: China International Famine Relief Commission.

Other: Hopei Cotton Improvement Association.

The promoting agencies listed above are, with the exception

of certain provincial or district cooperative committees, directly or indirectly undertaking the unusual function of financing the cooperative societies, unusual because in other countries cooperative societies are usually financed by governmental banks or secondary financial institutions organized by the primary societies themselves. Above all, the financing of cooperative societies by commercial banks is a unique development in Chinese cooperation; until the cooperative societies are able to finance themselves, such development should be encouraged but carefully regulated by national legislation.

In cooperative education significant steps have also been taken in recent years. Short training courses, lasting from a few days to a few weeks or months, have been offered first by the CIFRC, and later by the various promoting and financing agencies, especially the provincial cooperative committees. A special class for training junior staff in cooperative cotton marketing was organized by the College of Agriculture and Forestry of the University of Nanking for a period of nine months during 1934-35, in cooperation with the Cotton Industry Commission of the National Economic Council. Last year a Central Cooperative Training Institute was founded by the Central Headquarters of the Kuomintang Party for candidates of college grade, but unfortunately through governmental reorganization and reduction of budget it had to suspend operation after a short period of three months. Recently, postgraduate training in cooperation has been offered by the Nankai Institute of Economics and the

Central Political Institute.[①]

A fifth aspect in Chin's rural economic reconstruction relates to reform in land tenure and taxation. In both, fundamental reforms are contemplated in the Land Law passed by the Legislative Yuan in 1930 and in force since March of the present year. But the actual steps being taken thus far are confined primarily to the reduction of farm rent, colonization, cadastral and quasi-cadastral surveys, and land value taxation. The movement for a 25% reduction of farm rent presumes that from the maximum rent payable to the landlord, which is to be 50% of the main crop, there should be a reduction by 25%. In other words, the maximum rent payable after reduction should be 37.5%, not 50%, of the main crop. This movement was started in 1926 in Kwangtung, and spread to Hunan, Kiangsu and Chekiang in 1927, and to Hupeh in 1929. But it is in Chekiang that such a reduction has been seriously put into practice, although the results achieved are not all too satisfactory. The reduction in farm rent reduces the income from land, and thus causes a fall in land values. Such a fall in land value, which is intended to facilitate the tenants' purchase of land, reflects unfavorably upon the landlord's ability to pay land tax, and has caused anxiety to the provincial government because of shortage of revenue from land taxation. On the other hand, the tenants have not yet been able to reap the full benefit from the new legislation. Oftentimes the benefit of reduction accrues to the

① For further information see Fong, H. D.: "The Cooperative Movement in China", Monthly Bulletin on Economic China, May, 1934; and an article in Chinese on "Rural Cooperation in China" by Hua-pao Wu, Economic Weekly edited by the Nankai Institute of Economics for the Ta Kung Pao, April 22, 1936.

contractor or middleman who stands between the landlord and the cultivating tenant. In other cases where no contractor exists, tenants in the early stage of the enforcement of the legislation were evicted outright by their landlords. Finally, the law has not been enforced, no adequate governmental machinery exists to look after the disputes that necessarily arise between landlords and tenants because of the enforcement. At present, a movement for the abolition of the law is under way, and it seems that the Kuomintang party members who were responsible for the introduction of the movement are the only ones against such an abolition.①

Colonization as a means to rehabilitate the Chinese countryside because of over-population has a limited prospect of development. According to authoritative estimates, the Northwestern provinces of China can at best accommodate only another 10 million of population, which compares very poorly with the possibility of settling 20 to 40 more million people in the lost provinces in Manchuria. The recent construction of irrigation works and motor roads in the Northwest is a preliminary step towards colonization, but the attempts thus far made have been rather meager. In Suiyuan General Yen His-shan financed the organization of a Hsin-nung Experimental Farm (新农试验场) in Saratsi in 1929 with a sum of over $50,000, but progress has been slow. In Wuyuan (五原) of the same province waste land has been set aside for colonization by the homeless soldiers who have

① Hung, Suichi:The 25% Reduction of Farm Rent in Chekiang Province, Nanking, 1935 (in Chinese).

participated in the war against Japanese aggression in Manchuria since September 18, 1931. in 1934 and 1935 two groups of flood refugees from Hopei were sent respectively to Paotow and Saratsi for colonization. In Kiangsu the reclamation of the salt land near the Lianghwai (两淮) area began after the establishment of the Republic in1912, and has been under way during these twenty or more year. The colonization of the Manchurian provinces used to be the largest single instance in recent history of China, reaching a total of five million population during the eight years 1923-30, but the Japanese occupation of the region in 1931① put an end to this.

Land tax, including surcharges, is said to reach a total of four hundered million dollars for the country as a whole, thus giving a tax burden of about one dollar per capita. It used to be a source of revenue for the central government, but with the establishment of the Kuomintang regime in 1927 it has been allocated to the provincial governments. This tax, the only form of direct taxation in China today, is based neither on a proper tax-roll nor on a proper system of land valuation. The tax-roll, or cadastral survey, taken during the reign of Shun-chih (顺治) in 1713, was for the most part lost during the successive series of internal warfare, especially during the destructive Taiping Rebellion, and as a result many landowners today do not pay tax on their land while the

① Wong, W. H.: The Distribution of Population and Land Utilization in China, China Institute of Pacific Relations, 1933; Li, Chih-hsin: Reclamation of Salt Land in Kiangsu Province, 1931 (in Chinese): Ho. Franklin L.: Population Movement to the Northeastern Frontier in China, China Institute of Pacific Relations, 1931; Development of the Northwest (a monthly Chinese magazine), Dec. 1935, pp. 29-31; Ministry of Interior News, No. 5, Dec. 1934, pp.357-67 (in Chinese); Agricultural Information (in Chinese), Nos. 179-180, Dec. 1934, pp. 88-99.

landless may often have to do so. The tax is most unjust especially because it is subject to endless levy of surcharges as well as to advance payment. In some cases surcharges exceed the land tax by several folds or several tens of folds, while advance payment, as in the case of Szechuen province, may have been extended 50 or 60 years. Tax collection, again, has now become a hereditary legacy to the collectors, who can manipulate in all different ways to exploit their monopoly of information as a fat source of personal profit. It is thus clear that in the movement for rural economic reconstruction in China reform in land taxation should claim prior attention, to assure sufficient revenue to the local governments as well as to relieve the unjust tax burden of the peasant cultivators.

The fundamental measure to prevent abuses in land taxation is undoubtedly the cadastral survey, which is "a field-by-field survey, made with the object of delineating correctly the boundaries of each field and showing its area and nature."① Cadastral survey is, however, a highly costly and time-consuming process; it took 46 years in Lombardy (1714-60), 48 years in France (1802-50), and 84 years in Austria (1917-1881). Despite the progress in technique achieved since these surveys were made it would undoubtedly be a very slow process for a large country like China. According to Professor Otto Israel, a complete cadatral urvey of the 18 provinces in China Proper would take 40 years and a total expenditure of Tls. 830,000,000. Even using the latest

① Haines, A.H.: Surveying, new edition, 1929, p. 22.

method of aerial survey as tried out in Nanchang of Kiangsi province, a complete cadastral survey for the whole of China with its area of 11,000,000 squarc kilometers would take 30years and cost $2,200,000,000 provided 100 planes were at work all the time.① A quicker and less expensive process recently in vogue in China is the reporting of land titles (土地陈报) by the owners themselves. This process, first started for all the hsien or districts in Chekiang province during 1929-30 for the period of over a year and at a cost of over three million dollars, resulted in total failure because the authorities did not require the reporting of the name of the person who was to pay the tax on the lands reported. Three years later, in 1932 the experimental self-governing hsien of Kiangning in Kiangsu province resorted to this process again, with the improvement however that the name of both owner and taxpayer of the land be reported. As a result, the land tax collected was almost doubled, rising from $477,000 in 1932 to $901,000 in 1933.② Following the success achieved in Kiangning hsien, land reporting systems were rapidly introduced into other parts of Kiangsu, as well as Anhwei, Fukien, Kwangsi, Hunan, Hupeh, Honan, Shantung, and Hopei provinces. But in all these cases no further improvement was made except in Hsiao Hsien (萧县) of Kiangsu and Tangt'u (当涂) of Anhwei, in the latter of which rough land maps were also required and properly numbered by the authorities. In this way, there would be little opportunity for

① Journal of the Chinese Association of Land Economics (in Chinese), Jan. 1934, pp. 19-21.

② Economic Weekly of Ta Kung Pao, Oct. 21, 1935.

omitting to report any land owned. In addition, these rough land maps may serve as a guide to cadastral surveys in the future. One authority even claims that the inaccuracy in area under this improved system of land reporting cannot exceed 10% as compared with that possible through a complete cadastral survey, although the former is much less costly and can be carried out within a much shorter period of time.①

Cadastral survey, however, has not been completely absent in China in recent years. Before the establishment of the National Government in 1927 such surveys were carried out in Paoshan (宝山), Kunshan (昆山), and Nantung (南通) of Kiangsu province, Tunghsiang (桐乡) and Huangyen (黄岩) of Chekiang province, and Heilungkiang province, but the results were insignificant. After 1927 much work of this character has been done in the provinces of Kiangsu, Chekiang, Kwangtung, Yunnan, Kiangsi, Anhwei, Hunan, Hupeh, Honan, and Ninghsia, as well as in the municipalities of Shanghai and Nanking, but because of the diversity of the methods employed, the results obtained are incomparable with the funds spent. In Kiangsu the Three-year Cadastral Survey Plan would require a total expenditure of $26,937,000, and actually a huge sum of $21,810,000, which is almost double the annual income from the land tax of $13,000,000, has been spent. In Honan the budget for a complete cadastral survey is estimated at a minimum of $30,000,000, which is almost four times the annual income from land tax. Of all these

① T. Y. Weng: "Problems in the Land Tax Reform", Journal of the Chinese Association of Land Economics, March, 1936, p. 325.

attempts at cadastral survey the aerial survey at Nanchang of Kiangsi province seems to promise best results, and the National Government is considering of applying it to the whole of China in the near future.①

Cadastral survey is a pre-requisite to the introduction of the system of land value taxation proposed by Dr. Sun Yatsen, founder of the Kuomintang Party. This system is embodied in the Land Law promulgated in 1930 and enforced since March 1936. The rate fixed is 1%—2% for urban improved land, 1.5%—3% for urban non-improved land, 3%—10% for urban idle land, 1% for rural improved land, 1.2%—1.5% for rural non-improved land, and 1.5%—10% for rural idle land. Up to the present, the system of land value taxation has been applied in four municipalities only, namely, Taingtao, Shanghai, Hangchow and Canton. Although land in Hanghsien (杭县) of Chekiang province has been surveyed and in Nanchang of Kiangsi province surveyed and registered, land value taxation has not yet been introduced, because the tax rate as authorized by the Land Law is lower than the actual prevailing rate. According to the investigation of the National Bureau of Agricultural Research, the national average rate for land tax in 1934 was as high as 3.05% of the value of irrigated land, 3.26% of the value of non-irrigated plain land, and 3.46% of non-irrigated hill land.② It is feared that after the introduction of a system of land value taxation the revenue to be derived may not be

① On the pronlem of land taxation reform see "Special Issue on Chinese Land Taxation", Journal of Chinese Association of Land Economics, Mar. 1936 (in Chinese).

② Crop Reports, Dec. 1935, p. 256.

sufficient to replace the revenue collectable under the present system of land taxation. This is plain from a survey of the height of the land tax rate in the four municipalities where land value taxation has been in force. The rate in Tsingtao used to be 6%, but was lowered to 2% in 1932. in Canton the rate is 1% for building land, 0.5% for agricultural land, and 0.2% for idle land. In Hangchow the rate is 0.8% for all types of land, while in Shanghai it is even lower, namely, 0.6%.①

IV. PROBLEMS

The above rapid survey of the present attempts at rural economic reconstruction, in the form of water conservancy, road building, agricultural improvement, cooperative organization, and reform in land tenure and taxation, brings out several problems of major importance which must be tackled before attempts at rural reconstruction can be carried out with some reasonable degree of efficiency and success. These, in brief, relate to the three vital aspects of organization, personnel, and finance.

In respect to organization, the main shortcomings of the present attempts at rural economic reconstruction in China are lack of coordination among the agencies engaged in these attempts, both public and private. Such a lack of coordination is more obvious in some fields, such as, in land reform, cooperative organization and agricultural improvement, for instance, than in

① Journal of Chinese Association of Land Economics, Nov. 1934, p. 2240.

water conservancy and road construction. In land reform China has, since 1927, seen several dozen attempts made at cadastral and quasi-cadastral surveys by various grades of governmental agencies, — national, provincial, or district, — each pursuing its own method in complete or partial disregard of that employed by the other. In Kiangsu, cadastral survey was at one time carried out in different areas simultaneously by the Land Bureau and the Finance Department; in Chekiang two independent attempts at cadastral and quasi-cadastral surveys were carried out in different areas simultaneously by the Land Bureau and the Finance Department; in Chekiang two independent attempts at cadastral and quasi-cadastral surveys were carried out by two subordinate sections of the Department of Civil Affairs. In a way some district governments have repeated the same error of duplication and lack of coordination as the Department of Civil Affairs in Chekiang province.① In cooperative organization abundant illustrations have been given to show how diverse governmental and private agencies are engaged in the work of promotion and financing. The Kiangsu Farmers' Bank was at first supposed to undertake the function of financing the cooperative societies in Kiangsu province, but with the reorganization of the Four Provinces' Bank into the China Farmers' Bank, its field of operation is shared jointly with the China Farmers' Bank. Meantime, in all other provinces, except Chekiang and the four provinces of Anhwei, Hunan and Kiangsi, the cooperative societies are crying for

① Journal of Chinese Association of Land Economics, August, 1934, p. 1123.

governmental loans, but no farmers' bank has as yet been set up. Before the Rural Loan Consortium was organized by the Chinese banks, these banks, especially the Shanghai Commercial and Savings Bank, the Kincheng Banking Corporation, the Continental Bank, and the Bank of China, were in keen competition with one another, sometimes even in the same district, and as a result each might undercut the rate of interest against the other in order to get the members of cooperative societies to borrow – a unique phenomenon hardly found anywhere else in the world. In the province of Hopei, again, cooperative marketing of cotton was undertaken by two promoting organizations, the CIFRC and the North China Committee for the Improvement and Extension of Farm Products, oftentimes competing in the same hsien or district, whereas in other parts of the province, especially the eastern, nothing of the kind has been attempted.① Indeed, duplication of organization exists not only in many provinces, but also in many districts. In agricultural improvement much progress in coordination has been made since the organization of the National Bureau of Agricultural Research in 1931, but instances may still be found of independent and isolated attempts at crop improvement or scientific breeding by the so-called agencies engaged in rural reconstruction.② In water conservancy coordination of organization has recently been effected through the transference in subordination to the National Economic

① For details, see article by H. D. Fong on "Cooperative Marketing of Cotton in Hopei", Nankai Social and Economic Quarterly, Oct. 1935.

② Chinese Yearbook, 1935-36, pp. 303, 307

Council of the various establishments engaged in hydraulic engineering works including the Hwai River Commission. the Yellow River Commission, the Kwangtung Conservancy Board, the North China River Commission, the Yangtze River Commission, the Yungting River Board, the Tai Hu Hydraulic Engineering Commission and the Haiho Technical Bureau. but other organizations including the Model Irrigation Administration Commission, the Northern Great Harbor Preparatory Commission, the Eastern Great Harbor Preparatory Commission, the Whangpoo Conservancy, and the Haiho Improvement Commission are still independent. In road building the Road Bureau of the National Economic Council is serving as a coordinating, advisory and financing agency, but the roads constructed under its direct supervision and brought within its system are still in the minority. Of a total of 84,809 kilometres of roads open to traffic in December 1934, only 16,943 kilometres or one fourth were built with the aid and supervision of the Council, and therefore coordinated.①

Signs towards further coordination however are not lacking. In cooperative organization a beginning has been made recently in the centralization of administration under the Cooperative Department of the Ministry of Industries, and of promotion and financing under the Cooperative Committee of the National Economic Council. In land administration, a proposal has recently been made to establish a National Land Service under the National

① See Djang and Hsu, op. cit. (vide note 22).

Government – an expansion of the Land Department of the Ministry of Interior.

A second problem relates to that of personnel. Much of the work in China's rural economic reconstruction is being carried out by inadequately trained personnel. In cooperation, for instance, an experienced foreign co-operator from British India remarks, after a careful survey of the existing situation, that "the organizers who at present are working in Chinese villages are of uncertain quality and training. Some are cooperators, others are not. In certain areas they are insufficient to give more than a minimum amount of education to the societies; in other cases they have not realized the necessity of doing so, and having formed a society in one place they pass rapidly on and never re-visit the society except to examine its annual application to a bank for a loan."① Auditing, the most important factor in sound cooperative growth, "appears to be quite unfamiliar to the organizers as well as to the directors and members of the societies".② The result of all this is inevitably a multiplication of societies with probably a progressive deterioration in their quality. In other fields, notably in land administration and agricultural improvement, sad experience of the kind here described for the cooperatives is only too frequently found. Such a gross lack of trained personnel to undertake the task most urgently needed by the rural population of China is not an accident, but a cumulative result of her wrongly conceived

---

① Strickland, C. F.: Rural Finance and Cooperation, University of Nanking, Nanking, 1935 (mimeographed), p. 174.

② Ibid., p. 155.

educational system. After an extensive survey of the educational conditions in China, the League of Nations' Mission of Educational Experts came to the conclusion that "the result of all these conditions is the creation and development in China of schools and educational institutions not conducted on a strict system and not suitable to the needs and conditions of the country. The result is a favoring of schools of higher standard, generally rising far above the condition of the impoverished country whilst the primary and vocational instruction mast indispensable for the people is neglected. There is also the lack of social ideals within the schools, an abstract kind of instruction not directly connected with surrounding life and the necessities of the country's rebirth usually obtaining. This creates an enormous abyss between the masses of the Chinese people, plunged in illiteracy, and not understanding the needs of their country, and the intelligentsia educated in luxurious schools and indifferent to the wants of the masses. Such an educational system is highly injurious to the masses and dangerous, because a carefully educated social élit not closely connected with general needs may become transformed into an unproductive clique enclosed within the narrow bounds of its own interests."①

The lack of trained personnel, especially of the senior grade, has frequently been made up through the invitation of foreign experts. In this way many notable foreign visitors, from Jeremiah W. Jenks, W. W. Willoughby, E. W. Kemmerer, R. H. Tawney to

① The Reorganization of Educational, League of Nations' Institute of Intellectual Cooperation, Pairs, 1932, p. 21.

Sir Arthur Salter, have one after another visited this country to give technical advice. Recently, more organized action has been taken in securing foreign technical service under what is known as the "Technical Collaboration between China and the League of Nations". As a result of discussions in China the Chinese Government on April 25, 1932 sent a telegram to the Council of the League of Nations, indicating its decision to form a National Economic Council with the object of elaborating plans for national reconstruction and asking that the technical organizations of the League be continuously available foe advice to the Government and the National Economic Council in connection with its plans of reconstruction. After further exchange of resolutions and requests on both sides, League experts have been dispatched to China since October of the same year for technical service in various fields. According to recent estimate 26 League experts, including 6 French, 4 Italians, 3 German, 3 British, 3 Polish, 2 Yugoslavian, 2 Dutch, 1 Danish, 1 Rumanian and 1 Chinese, have served in China during the period October 1931 to February 1935, in the following fields: 7 in education, 6 in hydraulic engineering, 5 in public health, 8 in roads, 1 each in agriculture, sericulture, cooperation, transit and communication, and 2 liaison officers. Without doubt these experts have been a great aid to China in their respective fields, but they would have made greater contribution to China's reconstruction if more emphasis had been laid on the training of personnel rather than the execution and completion of specific projects. The fact that a majority of these experts do not stay in China for more than half a year militates against the possibility of placing any organization for the training of personnel on a fairly permanent basis. of the 26 experts who have made 28 visits to China in the period from October 1931 to February 1935, 22 left China at the end of periods classified according to length of stay as follows: 10 for three months, 6 for four months, 1 for five months, 2 for six months, 1 for eight months, 1 for nine months, 1 for fourteen months, 1 for fifteen months, and 1 for fifty-three months. Their emphasis on the "execution of particular projects," rather than on giving "help in the training of China's own officers who will be required for the more extended work of later years"[①], has not helped to place the work of reconstruction in China on a sound basis. indeed, like many other experts who came to China before the inauguration of technical collaboration with the League, their usefulness ends the moment recommendations are written up and sometimes published, serving no other purpose than the satisfaction of having added another paper plan to the government archives. On other occasions the experts from the League are not given sufficient time, information or facilities that are indispensable to the efficient exercise of their functions as technical advisers. Upon their arrival in China they are often required to give advice on subjects which, although falling within their chosen field of specialization, are nevertheless totally foreign to their knowledge and experience because in a country like China circumstances differ greatly from those to be found in

① These quotations are taken from a telegram sent to the Council of the League of Nations on April 25, 1931 by the Chinese Government. Cf. Chinese Yearbook, 1935-36, p. 326. These measures proposed in the telegram were adopted by the Council on May 19, 1931.

the western countries supplying these experts. The haphazard manner with which the Chekiang Inquiry Mission was organized was felt keenly by the chairman, Sir Arthur Salter, who in his report suggested that in the future inquiries "foreign experts should travel enough to understand local conditions and information should be made available to them in documents and reports real and intelligible; but that such visits should be recognized as chiefly valuable as an education for the foreigners, not as an instrument of real research."①

The third problem in China's rural economic reconstruction relates to that of finance. The meagerness of financial resources devoted to reconstruction is striking. In the national budget, reconstruction claimed only $2,197,614 or 0.2% of the total budget ($893,335,073) during 1931-32, $6,812,364 or 0.5% of the total budget ($828,711,688) during 1933-34, $35,989,036 or 3.9% of the total budget ($918,111,034) during 1934-35, and $36,374,800 or 3.7% of the total budget ($957,154,006) during 1935-36.② In total doilars there has been a great increase in recent years in the funds assigned by the National Government to reconstruction, but in relative proportion reconstruction should have figured more prominently. In local governments, both provincial and district, reconstruction claims a larger share in the total budget. The 1931-32 budget for 20 provinces assigns $54,951,804 or 16% of the total ($343,519,230) to reconstruction,

① Annexes to the Report of the Secretary of the Council Committee on His Mission in China, 1934, p. 84.

② Chinese Yearbook, 1935-36, pp. 115-26, 1254; Nankai Weekly Statistical Service, July 4, 1932.

communication, regulation of industries, etc. To what extent this item of reconstruction (including related items) has grown may be illustrated by data for the two provinces of Chekiang and Shantung. In Chekiang it has grown from $649,041 or 7.72% in 1921 to $2,032,713 or 8.07% in 1931, while in Shantung the growth has been from$225,098 or 8.39% to $3,445,318 or 14.02% during the same period. In district governments, available figures for the 130 hsien in Hopei province during 1931 show that reconstruction claims a smaller proportion than in provincial governments, namely, 6.53% (or $542,667 out of a total budget of $8,314,240).①

The funds devoted to reconstruction by provincial and district governments are, both absolutely and relatively, larger than those spent by the National Government, but the methods employed in securing these funds are to be deplored. Land tax constitutes the main source of provincial revenue, just as land surcharge has often been relied upon as the main source of district revenue. In provincial finance, land tax furnishes, on the average of four years 1931-32 to 1934-35, from 6.2% to 63% of the total revenue for 22 provinces, with the majority deriving over fourth. The funds for reconstruction are no exception in this respect. In Chinese, for instance, the first surcharge on land tax, under the name of Military Reorganization Surcharge, was levied as a means of temporary relief for the difficulties of provincial finance arising from the Northern Expedition. However, when the expedition was

① See note 19.

over the surcharge was not discontinued, but re-adopted under the name of Reconstruction Surcharge for a period of ten years. Since then surcharge after surcharge has been levied until 1932, when there were surcharges under different names ranging from 20 to over 30 in number in the different hsien or districts, of which those relating to economic reconstruction include, for instance, Reconstruction Surcharge, Anti-Insect Surcharge, Surcharge for Capital of Farmers' Bank, Surcharge for Road Construction, Surcharge for Land Survey, etc. The result of all this is that the surcharge ne on land in Chekiang has invariably exceeded the basic land-six, the excess ranging from 35% to 73% for various kinds of land. In addition, it has been on the upward trend from year to year. Taking the surcharge in 1928-29 as 100%, the average rate for rice land shows an increase of 100% to 200% in 43, and one of 200% to 300% in 21 of the 75 hsiens in the province during 1931-32, whereas in 1932-33 in 44 of the hsiens the average rate shows an increase of from 100% to 200%, and in 16 it shows an increase of from 200% to 300%.①

Land surcharge, however, is not the only source of revenue devoted to reconstruction purpose. In Chekiang, again, the construction of roads and railways has often promoted the Government authorities, by the right of eminent domain, to commandeer farm land from the peasants without compensation. Indeed, it has often happened that when the land has been taken from the peasant without compensation, he still has to pay land tax

① Annexes, pp. 95, 99.

and surcharges on land no longer in his possession.

V. CONCLUSIONS

The rapid decline of the Chinese countryside, especially during recent years, has called forth a nation-wide movement for rural reconstruction, of which the economic aspects above all others have assumed great prominence. The attempts towards rural economic reconstruction were at first made by private organizations as a by-product of famine prevention, but since the establishment of the Kuomintang regime in 1927 government enterprises in this direction have become more important both in the fields of activities and in their magnitude. The teachings of Dr. Sun Yat-sen, founder of the Kuomintang Party, have shaped considerably the government's policy in promoting rural economic reconstruction but of greater significance is the motive power supplied by the recurrence of a series of internal and external events leading to the worst agricaltaral crisis ever witnessed in Chinese economic history. These events, such as the great Yangtze flood of 1931-32, the Japanese occupation of Manchuria in 1931 and the consequent warfare with Japan in Shanghai, Hopei and Chahar during 1932-34, the coming of the world economic depression to China since 1931, have converged to work unprecedented havoc upon the Chinese countryside, and have necessitated various measares for rural economic rehabilitation, of which the more important include water conservancy and afforestation, road construction, agricultural improvement and extension, cooperative organization, and reform in land tenure and taxation. In each of these five fields, promising beginning has been made for future development, but problems are not lacking which require immediate consideration before the reconstruction work in these fields can be placed on a sound basis. These, in brief, embrace co-ordination of various agencies engaged in China's rural economic reconstruction, the provision of adequate technical training for the field staff of both junior and senior grade, and allocation of sufficient financial resources for the projects contemplated in each of these fields.

(Nankai Social and Economic Quarterly, Vol. IX, No.2, July, 1936)

INDUSTRIES

The term "industry" is used in this chapter in its broad sense, including the processes of production such as the growing of crops and extraction of materials on the one hand, and manufacturing on the other. The former, more commonly know as agriculture and mining, is called "primary industry;" the latter, "secondary industry." All of these industries create, in the terminology of the economist, "form utilities." We do not include in our treatment such activities as transportation, refrigeration and merchandising which add to commodities the further utilities of "place," "time," and "possession," nor activities that represent the creation of "service utilities."

AGRICULTURAL INDUSTRY

Agriculture is the chief industry of the China people, employing, according to a recent estimate, seventy-one percent of the entire population.① In addition it provides the raw materials of the main manufacturers in China today, such as textiles, flour milling, oil pressing, etc., and contributes a very large percentage

① D. K. Lieu, Statistics of Farm Land in China, Chinese Economic Journal, Vol. II, No.3 p.202, March, 1928.

of the Chinese exports. In 1929 fifty-three percent of the total value of exports came from the farm, consisting principally of beans and bean products (23%), silk and silk products (16%), tea (4%), cotton (4%) and miscellaneous (6%).

Cultivable and Cultivated Land in China: - The total area of China, is approximately 2,400,000,000 acres of which about twenty-nine percent is physically available for the production of crops.① Calculating on the basis of the recent Post-Office estimate of a total population of 485,000,000, the per capita cultivable land in China is, therefore, 1.44 acres, whereas in the United States it is 8.3 acres. Estimating of Agriculture and Commerce the cultivated by the Ministy of Agriculture and Commerce the cultivated land in China amounts to about 180,000,000 acres.② This represents 25.5% of the cultivable land in China and only 7.5% of her total area. The acreage of cultivated land per capita in 1918 was, therefore, about 0.4 acre in China, whereas in the United States, it was 3.6 acres. There is thus about six times as much cutivable land and exacyly nine times as much cultivated land per capita in the United States as in China.

The average acreage of cultivated land per farm in China, is

---

① O. E. Baker. Land Utilization in China, in the Problems of the Pacific, edited by J. B. Condliffe, 1929, p. 328.

② Ibid, p. 329. D. K. Lieu in his Statisitics of Farm Land in China, referred to above, adopted the figure 1,687 million mow as the total culktivated area. At 0.1627604 acre per mow, this amounts to 275 million acres, about 50% higher than figure adopted by Dr. Baker. But Dr. Baker's estimate agrees with that in the 1926 China Year Book, and is close to that of Dr. Voline (94 million hectares) as given in Agricultural Problems in their International Aspect published by the League of Nations, 1927.

2.85 acres, which is exactly twenty times less than the average acreage of cultivated land per farm in the United States (57 acres). The range of variation in the average acreage of cultivated land per farm in the different provinces in China is surprisingly great. Heilungkiang, one of the frontier provinces in the Northest, has the largest average acreage of 19.30 acres per farm, while the province of Yunnan has the smallest average acreage of 1.47 acres per – farm.① As to the size of land holdings in China, an estimate has been made by Dr. Voline upon the basis of his research into the agricultural economic structure of the countyy. According to Dr. Voline, 49.5% of the farmers have their holdings of from 0.06 to 1.2 hectares each; 23.7% of the farmers have their holdings from 1.2 to 2.5 hectares each; 15.6% of the farmers have their holdings from 2.5 to 4.6 hectares each; and only 11.2% of the farmers have their holdings about 4.6 hectares or more each.②

The Principal Crops: – Grain farming is the predominant type of agriculture in China. Rice, wheat, millet and kaoliang cover a greater area than any other crops. Estimating on the basis of the statistics published by the Ministry of Agriculture and Commerce for 1918, rice covers 57%, wheat 16%, millet and sorghums together, 7%, of the cultivated land in the Provinces of Yunnan, Kweichow, Kwangsi, Kwangtung, Fukien,Szechwan, Hunan, Hupeh, Kiangsi, Chekiang, Anhwei and Kiangsu. In the provinces

---

① O. E. Baker, Land Utilization in China, in Problems of the Pacific edited by J. B. Condliffe, 1929, Table 1, p. 320.

② Agricultural Problems in their International Aspect, published by League of Nations, 1927, p. 401.

of Kansu, Shensi, Shansi, Honan, Shantung, Chihli, and the metropolitanDistrct, however, millet and the sorghums cover 31% and wheat, 33% of the total cultivated land, while rice covers only 7%. In China proper, rice covers 33%, wheat 23%,sorghums and millet 18% of the total cultivated area.

The result of Professor Buck's sample investigation on the farm economy in China agrees quite well with the distribution of crops which we have estimated on the basis of the statistics published by the Ministry of Agriculture and Commerce for 1918. according to Professor Buck's study, 91% of the farms in North China grow wheat, as compared with 67% in East Central China; while 92% of the farms in East Central China grow rice. Barley, soybeans, and green beabs are grown by a much larger proportion of farms in the North than in East Central China. Kaoliang and millet are grown by over three-fourths of North China farms, but none of the East Central China farms.①

It is often said that farming in China has been developed on a very intensive basis. Various studies show, however, that with the exception of rice, the average crop yield for China is invariably lower than that for the United States where farming is supposed to be extensive. O. E. Baker estimates that the yield of rice per acre in China is 39% higher than in the United States; but the acre-yields of other cereals being so much lower, the average acreage yield of all of the cereals such as rice, wheat, barley, grain sorghums for which comparison can be made, is about 20% lower

① J. L. Buck, Chinese Farm Economy, p. 188.

in China than in the United States. Professor Buck's investigation on acre-yields of cereals in China agrees, on the whole, with that of Baker's. according to Professor Buck, rice shows 52% higher acreage yield for China than for the United States, but other cereals such as wheat, corn and cotton have lower acreage yield in China than in the United States.[①]

Capital and Power: – In no other respect has the Chinese farmer been so distinct from his fellows in the West as in the small amount of capital investment on his farm and the kind of power used for his farming.

In his sample investigation on farm economy in China, Professor Buck has found that the average capital per farm for all the farms studied is $1,769. The distribution of capital among different items shows that three-fourths is invested in land, and 92 percent in real estate (land, trees, and buildings). Buildings rank next in importance and constitute 14.1% of the total capital. Investment in livestock and farm equipment supplies is very small, as compared with the other items. Mortgaged land, which is the equivalent of additional land rented from others and is obtained by loaning the owner a sum of money usually equal to about onehalf the value of the land, constitutes 1.2% of the total. Trees amount to 2.2% of the total capital investment. Average investment per hectare for the different capital items is: land, $615; buildings, $128; livestock, $27; farm equipment, $23; trees, $18; seeds and supplies, $14.

① J. L. Buck, Chinese Farm Economy, p. 207.

The rentage of average values per farm as well as per hectare for the different items of capital shows in most cases the lowest values for North China and the highest for East Central China. The total average capital per farm for the North China farms is $1,538, or nearly one-fourth lower than that of $2,030 for the East Central China farms; whereas on a per hectare basis the total average capital for the East Central China farms amounts to $1,184 which is approximately two and half times higher than that of $496 for the North China farms. Differences in quality of land, of buildings and of localities in respect to market, account at least in part for the differences in the value of capital investment in the farms in North and East Central China.

The principal sources of power on farm in China are men and animals. Water, wind and mechanical powers, although found in limited areas in China, are chiefly used for irrigation. O. E. Baker estimates that the amount of horse-power derived from men and animals available for agricultural production in China is approximately 44,000,000. The average area of cultivated land per horse power is about 4 actes, but the average per farm is less than three-fourths of a horse-power. In the United States the average acreage of cultivated land per horse power is 7, while the average power per farm is 8. Accordingly, a Chinese farmer applies twice as much power to an acre of crop land as an American farmer, but an American farmer has ten times as much power at his disposal for each farm as a Chinese farmer.

Table 1. Farm Capital (Operator's and Landlor's) per Farm①
and its Distribution
2866 Farms, 17 localities, seven provinces, China (1921—1925)

	North China	East Central China	Average by 17 localities
Land owned	$1,75.87	$1,472.04	$1,315.24
Land mortgaged	24.63	15.93	20.54
Buildings	178.82	330.01	249.97
Livestock	63.65	68.14	65.76
Trees	40.82	35.71	38.41
Supplies	25.54	42.43	33.49
Farm equipment	28.34	65.60	45.88
Total	$1,537.67	$2,029.86	$1,769.29

Table 2. Value per hectare (Farm Area) of Operator's and
Landlord's Capital items②
2866 Farms, 17 localities, seven provinces, China (1921—1925)

	North China	East Central China	Average by 17 localities
Land owned③	$383.69	$874.40	$614.61
Land mortgaged	260.97	239.74	250.98
Buildings	66.09	197.54	127.95
Livestock	18.10	37.79	27.37
Trees	15.16	20.37	17.61
Supplies	9.49	18.35	13.66
Farm equipment	9.12	39.57	23.45
Total per hect.	$495.72	$1,183.88	$819.56

We have thus brought out a strking contrast brtween the agricultural industry in China and that in the United States. In the United States progress of agriculture has been dependent upon the

① Adapted from Buck's Chinese Farm Economy, Table, 13 p. 57.

② Adapted from Buck's Chinese Farm Economy, Table 20, p. 62.

③ In calculating this total, the value of land owned and mortgaged was added and divided by the total farm area for the purpose of finding total investment per hectare in land.

use of capital, mostly in the form of machinery, whereas in China it has been the use of labor, for the most part human labor, with very little capital. The result is that a Chinese farmer needs to apply much more power per acre of crop land than an American farmer, but an American farmer has much more power at his disposal for his farm than a Chinese farmer. Difference in the power used for farming, therefore, gives rise to the difference in the efficiency of farm labor. As shown by Professor Buck's investigation, the production per unit of labor in the United States is far greater than in China. The number of hours of man labor per hectare required to grow cotton in the United States, for instance, is 289, whereas in China it is 1,620. The number of hours of animal labor per hectare required to grow cotton in the United States is 138, while in China it is 253.[①]

Farm Ownership and Tenancy: – Farm land in China is generally worked by owners. According to the estimate of the Ministry of Agriculture and Commerce for 1917, owners constitute 50% of the total farming population in China, while tenants form 28% and part owners, 22%. Several sample investigations of farm tenancy have been made since then and the results tend to confirm the correctness of the official estimate. According to one of Professor Buck's studies, nearly half of the farmers are owners, one quarter part owners, and the other quarter tenants. By separating the regions investigated into North and East Central China, the distribution in percentage is as follows: in

① J. L. Buck, Chinese Farm Economy, p. 230, p. 233.

North China owners, 73%; part owners, 14%; and tenants 13%; and in East Central China owners, 53%; part owners, 21% and tenants, 26%.① The result of the other study of Professor Buck shows that owners average 63%, part owenrs, 17%and tenants 20% of all the farms studied. As already shown in the previous study, tenancy prevails in East Central China more than in North China. In East Central China, owners are found to be 48%, part owners 21%, and tenants 31%. In North China, however, 77% of the farmers are owners, 13% part owners, and only 10%tenants.②

The two studies of Professor Buck cover only a limited area of the country, and it is possible that the extent of tenancy in some other localities may differ from those investigated by him. Lately, however, the Bureau of Statistics of the Legislative Yuan has made a sample investigation of farm tenancy for 1,064 villages distributed throughout the twenty-three provinces of China.③ It has been found by the Bureau that 51.7% of the farmers in the country are owners, 22.1%, part owners, and 26.2%, tenants. This percentage distribution of the three types of farming is about the same as that in Professor Buck's studies.

In the Bureau's study twenty-three provinces are grouped into three parts geographically, namely: the Northeastern Territory, the Yellow River Basin and North, and the Yangtze River Basin and South. As shown in Table 3 the largest percentage of owners is

① J. L. Buck, Farm Tenancy and Outnership in China, published by the Committee on Christianizing Economic Relations, National Christian Council, Shanghai.

② J. L. Buck, Cginese Farm Economy, p. 146.

③ Chang, C. C., A Statistical Study of Farm Tenancy in China, in China Critic, Sept. 25, 1930.

found in the Yellow River Basin and North, namely, 69%; the next in the Northeastern Territory, namely, 51%; and the smallest in the Yangtze River Basin, namely, 32%. As for the tenants, the opposite holds true: the Yangtze River Basin and South gets a percentage of 40%, the highest; the Northeastern Territory gets that of 30%, the next; and the Yellow River Basin and North gets that of 13% only. Part owners constitute the largest percentage in the Yangtze River Basin and South, namely, 28%; while there are only 19% and 18% for the Northeastern Territory and the Yellow River Basin and North respectively. The conclusion may be drawn from the Bureau's study as well as from Professor Buck's that most of the landowners in South China let out their land for cultivation, whereas in North China, land is more commonly cultivated by the owners themselves.

Table 3. Average Percentage of Specified Farm Tenure for Different Provinces in China

Province	No. of the Investig Areas		Average Percentage of Specified Farm Tenure		
	Rslen	Village	Owners	Part Owners	Tenanta
Northern Territory:					
Heilungkiang	5	21	54	18	28
Kirin	11	43	46	17	37
Liaoning	21	71	50	19	31
Jehol	2	3	80	13	7
Chahar	9	26	55	18	27
Suiyuan	4	6	45	35	20
Weighted Average	—	—	51	19	30
Yellow River Basin and North:					

Continued

Province	No. of the Investig Areas		Average Percentage of Specified Farm Tenure		
	Rslen	Village	Owners	Part Owners	Tenanta
Shensi	3	3	58	13	29
Shansi	44	131	72	15	13
Hopei	44	137	66	21	13
Shantung	30	139	72	19	9
Honan	26	81	62	16	22
Weighted Average	—	—	69	18	13
Yangtze River Basin and South:					
Kiangsu	29	121	38	30	32
Anhwei	3	6	28	17	55
Hupeh	7	19	22	27	51
Szechwan	20	40	22	21	57
Yunnan	14	14	46	26	28
Kweichow	4	6	46	19	35
Hunan	8	11	34	32	34
Kiangsi	19	78	27	34	39
Chekiang	24	64	27	31	42
Fukien	5	9	9	22	69
Kwangtung	11	18	30	24	46
Kwangsi	6	17	54	15	31
Weighted Average	—	—	969	18	13
Total Weighted Average for China	349	1,064	51.70	22.10	26.20

As compared with other countries, the extent of farm tenancy in China, according to the official estimate or others found by the three sample studies, is much less than that of England (89%) or United States (38%), much more than that of Denmark (8%) or Canada (8%), but somewhat similar to that in Japan (28%) or Germany (25%).

MINING INDUSTRY

Mining, like agriculture, is a "primary industry," since its products serve as raw materials to manufacturing either for the product itself or as fuel with which to operate power machinery. Thus, for instance, coal may supply the raw material for factories producing coal by-products, or else, it may be used as fuel for most of the manufactures. Likewise, iron ore goes first to iron and steel mills, which, after being refined there, becomes the raw material for structural manufacturers and builders, automobile works, the makers of equipment for transportation, the producers of containers for food, the builders of agricultural implements or machinery and all the machine shops where machinery or tools are made.

Mineral Production in China: – The most authoritative estimate of the mineral produrtion in China is that for 1927 by T. E. Hou of the Geological Survey of China. As given in Table 4 the total value of minerals produced in 1927 amount to $298,850,087, about three fourths of which are non-metallic ($230,357,766) and one fourth metallic ($68,492,321). Of the metallic group, iron ore is the most important, comprising 33.2% of the total value for that group; while tin, the second in importance, occupies 30.6%. Tungsten ore occupies 12.2%; antimony, 10.2%; and the other nine metals, 13.8%. Of the non-metallic group, coal alone occupies 85.5% of which 72.6% are bituminous and 12.9% anthracite; while salt occupies 9%. The remaining 5.5% belongs to seventeen other minerals.

Table 5 gives the provincial distribution of the minerals, with the different provinces arranged in the order of their relative importance in terms of value. It may be noted that Liaoning is the most important, claiming 29.2% of the total for both metallic and non-metallic minerals, as it produces the largest amount of coal as well as iron among all the provinces. Next to Liaoning is Hopei, producing 15.4%, chiefly coal. Yunnan, producing 7.3% ranks third, because of its complete monopoly of tin; while, Hunan, producing 6.8%, ranks fourth, because of its complete monopoly of antimony. Shansi, the richest coal center and the second largest producer of iron, claims 6.6%. Shantung, producing 5%, is also rich in coal; while Kiangsi, producing the largest amount of tungsten ore, also occupies 5%. Besides these seven provinces producing a total of 75.3%, namely, Liaoning, Hopei, Yunnan, Hunan, Shansi, Shantung, and Kiangsi, the remaining 24.7% are produced by eighteen other provinces and Outer Mongolia.

Table 5 also shows China's relative position in the mineral production of the world. We may note that China produces but a very insignificant percentage of the world's minerals that are basic to industrial development. Thus, China produces but 0.5% of the world's iron, 1.6% of the world's coal, 0.00008% of the world's petroleum, 0.02%of the world's copper and 6% of the world's tin.

Table 4. Estimated Production and Value of Metallic and Nonmetallic Minerals Produced in China during 1927

Metallic Minerals	Quantity (in tons)	Value	
		Dollars	%
Iron	411,148	20,557,400	30.0
Iron ore	1,710,135	2,196,524	3.2
Manganese ore	71,331	2,853,240	4.2
Tungsten ore	8,366	8,366,000	12.2
Gold	101,633**	4,065,320	5.9
Copper	166	111,220	0.2
Copper ore	792	158,400	0.2
Arsenic Oxide	820	410,000	0.6
Bismuth	240	720,000	1.1
Silver	45,296**	58,875	0.1
Lead ore	6,124	489,920	0.7
Zinc ore	16,314	293,652	0.4
Tin	9,531	20,968,200	30.6
Quicksilver	74	239,020	0.4
Antimony	20,013	7,004,550	10.2
Total		68,492,321	100.0

** In terms of ounces.

Non-metallic Minerals	Quantity (in tons)	Value	
		Dollars	%
Anthracite	2,970,332	29,703,320	12.9
Bituminous	20,919,227	167,353,816	72.6
Lignite	282,450	847,350	0.4
Petroleum	950*	3,800	
Kaolin	105,023	2,125,460	0.9
Lime	110,000	1,100,000	0.5
Building stones		1,780,000	0.8
Salt	2,067,269	20,672,690	9.0
Gypsum	45,220	904,400	0.4
Saltpeter	5,200	208,000	0.1
Natural Soda	72,500	3,625,000	1.6
Phosphate	12,000	180,000	0.1
Sulphur	2,521	201,680	0.1
Alum	7,200	360,000	0.1
Asbestos	241	31,330	
Talc	23,000	460,000	0.2
Magnesite	21,400	321,000	0.1
Dolomite	77,000	385,000	0.2
Fluorite	3,436	68,720	
Abrasives	2,560	26,200	
Total		230,357,766	100.0

* In terms of barrels.

Table 5. A Classified List of Minerals Produced in the Different Provinces of China, 1927 (in dollars)

Mineral	Liaoning	Hopei	Yunnan	Hunan	Shansi	Shantung	Kiangsi	Other	All	China's % in world Production
I. Metallic										
Iron	11,413,900		1,000,000	1,500,000	3,650,000		70,000	2,923,500	20,557,400	0.50
Iron ore								2,196,524	2,196,524	
Manganese ore	24,000			80,000			645,240	2,104,000	2,853,240	3.90
Tungsten ore				2,000,000			5,300,000	1,066,000	8,366,000	64.30
Gold	400,000	400,000		8,000		12,000		3,605,320	4,065,320	0.53
Copper			111,220						111,220	0.02
Copper ore	158,400								158,400	
Arsenic Oxide			250,000	120,000				40,000	410,000	7.00
Bismuth							360,000	360,000	720,000	19.00
Silver			2,600	54,325				1,950	58,875	0.02
Lead ore	36,960		10,640	442,000				320	489,920	0.09
Zine ore			2,160	291,492					293,652	0.09
Tin			18,332,600	572,000			1,430,000	633,600	20,968,200	6.00
quicksilver				77,520				161,500	239,020	1.80
Antimony				6,603,100				401,450	7,004,550	77.00

Table 5. A Classified List of Minerals Produced in the Different Provinces of China, 1927 (in dollars) (Continued)

Mineral	Liaoning	Hopei	Yunnan	Hunan	Shansi	Shantung	Kiangsi	Other	All	China's % in world Production
II. Non-Metallic										
Anthracite	1,700,000	9,533,960	1,000,000	6,000,000	1,743,510		1,500,000	8,225,850	29,703,320	1.60
Bituminous	68,133,560	33,831,861	880,000	2,400,000	12,827,320	13,072,120	4,321,512	31,887,440	167,353,816	
Lignite								847,350	847,350	
Petroleum								3,800	3,800	0.00008
Kaolin	850,460						1,200,000	75,000	2,125,460	
Lime	50,000	100,000			50,000	50,000		850,000	1,100,000	0.11
Building Stone	700,000	80,000				50,000		950,000	1,780,000	
Salt	2,562,830	2,228,550	317,580	4,320	663,450	1,643,160		13,252,800	20,672,690	12.40
Gypsum				14,400	6,000			884,000	904,400	0.82
Saltpeter		40,000		20,000	12,000	12,000		124,000	208,000	0.23
Natural Soda	60,000	100,000			650,000	100,000		2,715,000	3,625,000	4.50
Phosphate								180,000	180,000	
Sulphur	20.800			89,600	25,920			65,360	201,680	0.11
Alum								360,000	360,000	
Asbestos	7,930	23,400							31,330	0.09
Talc	460,000								460,000	7.60
Magnesite	321,000								321,000	4.80
Dolomite	385,000								385,000	
Fluorite	720							68,000	68,720	1.70
Abrasives	25,000	1,200							26,200	
Tatal	87,310,560	45,978,974	21,906,800	20,276,757	19,628,200	14,039,280	14,826,752	73,982,764	298,850,087	
%	29.2%	15.4%	7.3%	6.8%	6.6%	5.0%	5.0%	24.7%	100.0%	

On the other hand, she produces 64.3% of the world's tungsten, 77% of the world's antimony, 19% of the world's bismuth, 7.6% of the world's tin, 7% of the world's arsenic, etc.

Coal and Iron: Geological opinion on the reserves of China's coal and iron varies greatly. The approximate estimate. However, of 979,000,000 tons of iron and 218,000,000,000 tons of coal may be probably considered as good an estimate as possible. China, with a little less than a third of the world's population, has only about one sixteenth of the world's iron reserve and one-twenty-fifth of the world's coal reserve. Her iron reserve is eleven-fold smaller than that of the United States, six-fold smaller than that of England, and almost eight-fold smaller than that of France, while her coal reserve is thirteen-fold smaller than that of the United States and three-fold smaller than that of Canada. The popular notion that China possesses fabulously rich mineral wealth is evidently not true in the case of iron and coal.

Table 6 givens statistics for the production of coal and iron for the period from 1918 to 1928. we may note from this table that the output of both iron and coal since 1924 was on the decline until 1928 when there was a slight increase.

Table 6. Statistics on the production of coal and iron in China, 1918—1928

Year	Production Coal	(Tons) Iron
1918	18,339,502	1,474,698
1919	20,054,513	1,861,230
1920	21,259,610	1,865,985
1921	20,459,411	1,462,988
1922	21,097,420	1,559,416
1923	24,552,029	1,733,226

Continued

Year	Production Coal	(Tons) Iron
1924	25,780,875	1,765,732
1925	24,255,042	1,519,021
1926	23,040,119	1,561,911
1927	24,172,009	1,710,135
1928	25,091,760	2,003,800

Various estimates have been made on the consumption of coal in China. C. Y. Wang gives 30,000,000 tons as the amount of coal consumption in China, while Boris P. Torgasheff's estimate is 37,890,000 tons. The distribution by uses of these two estimates in percentage varies but slightly. Calculating on the basis of the average of the two estimates, we find that the per capita coal consumption in China is about 0.07 ton which is over sixty times less than that of England and fifty times lea than that of the United States. The per capita iron consumption in China, according to the estimate of K. L. Hsueh of the Geological Survey, is only 1.5 kilograms which is only 1/10 that of Japan, 1/100 that of Great 1/180 that of the United States.

Table 7. Estimate on coal consumption in China by C. Y. Wang.

Distribution	Metric tons	Per cent.
Household (interior)	9,900,000	33.3
Household (main cities)	3,000,000	10.0
Electric Light Plants	3,000,000	10.0
Cotton mills	1,410,000	4.7
Other Manufacturing Plants	5,370,000	17.9
Railways	1,320,000	4.4
Steamers	1,200,000	4.0
Consumption at Mines	2,400,000	8.0
Exports	2,310,000	7.7
Total	30,000,000	100.0

Table 8. Estimate on coal consumption in China by B. P. Torgasheff

Distribution	Metric tons	Per cent.
Household (interior)	9,990,000	26.4
Household (man cities)	3,000,000	7.9
Modern Industry	15,000,000	39.6
Native Industry	2,000,000	5.3
Railways	2,500,000	6.6
Bunkers Coal	3,000,000	7.9
Consumption at Mines	2,400,000	6.3
Total	37,890,000	100.0

Most of the important coal and iron mines in China are controlled by foreign capital. According to the latest statistics, the distribution by nationalities of the total capital invested in and the total production capacity of the large coal mines in China is as follows:

Nationality	Capital(dollars)	Production capacity (tons)
Chinese	$50,000,000	7,000,000
British	22,000,000	4,000,000
Japanese	27,500,000	4,500,000
German	250,000	300,000

In terms of capital investment, therefore, coal mines under purely Chinese control are equal to those under foreign control, but in terms of production capacity the latter become predominant. Owing to geographical location, the foreign controlled mines have been comparatively free from the serious effects of the civil wars in China, and consequently their intensive development within recent years has been so overwhelming that none of the Chinese controlled mine can compete with them. The Fushun mines operated by the South Manchuria Railway Company used to contribute less than 15% of the total coal output in China, but since 1922 their production has been so greatly increased that it reached 27% in 1926, 31% in 1927, and 28% in 1928. Indeed the total coal output of foreign controlled mines increased from 39.60% in 1926 to 43.40% in 1927 and 42.10 in 1928. The Chinese controlled mines, however, show a decreasing tendency in their production. In 1926, their output represented 47.85% of the total tonnage, but it fell to 44.36% in 1927 and 43.74% in 1928.

Table 9. Percentage of coal Production in Foreign Controlled and Chinese Controlled Mines

Nationality	1926	1927	1928
Foreign Capital	39.60	43.40	42.10
Japanese	29.9	34.0	30.5
British	8.6	7.7	9.8
Russian	0.8	1.4	1.6
German	0.3	0.3	0.2
Chinese Capital	60.40	56.60	57.90
Purely Chinese	47.85	44.36	43.74
Sino Foreign	12.55	12.24	14.16
Total	100.00	100.00	100.00

Foreign capital also predominates in China's iron mining. In fact, the Japanese have controlling interests in nearly all the important iron mines in China, such as Hanyehping Company in Hupeh, Yufang in Anhwei, Luta in Shantung, Penchihu Company and Chenhing Company in Liaoning. One authority has estimated that nearly 90% of China's iron ore has come from Japanese controlled mines for the last five years.①

① B. P. Torgasheff, Coal, Iron and Coal in the Far East, 1929, p. 39.

MANUFACTURINGINDUSTRY

Manufacture is defined as the process of making wares from raw materials, either by hand or by tools or machinery, thus adding, in the phraseology of the economist, new utilities and, therefore, additional value, to the already existing utilities and values of the raw material. Manufacturing industries may be classified into four different systems, namely: household, craftsman, merchant-employer and factory;[①] but co-existence and overlapping of industrial systems constitute a notable feature of the transitionary stage of economic development. Thus, in China we may find all the four industrial systems and their transitional forms in existence in the different part of the country. The prevailing systems of industrial organization in China to-day, however, are those of the craftsman and merchant employer, although the factory system is fast growing in such manufactures as iron and steel, shipbuilding, electric light and power supplying, water supplying, cotton spinning and weaving silk reeling, flour milling, oil pressing, match-making, and machine making. The persistence of the household system in China at present is confined to certain parts of the country where the lack of the means of transport and the backwardness in material progress are most conspicuous. In the interior parts of China, for instance, farmers not infrequently raise their own food in the field, supply their own clothing with textile fabrics woven of their own cotton or silk produced on their own farms, and live in houses built with

① H. D. Fong, Triumph of Factory System. 1930, 1st chapter, pp. 3.-22.

their own hands.

Examples of Craftsman and Merchant-Employer Systems: To substantiate this general analysis of the industrial systems in China we may summarize the results of some of the industry studies in Tiensin which have been under taken by the Nankai University Committee on Social and Economic Research, with respect to industrial organization. The weaving industry in Tientsin which includes both cotton and rayon weaving is operated on a very small scale. At the time of investigation by the Committee (1929) the total number of weaving establishments in Tientsin was 328, employing altogether 4,805 looms, a total capital investment of 685,980 dollars and a labor force of 7,873. with respect to the capital invested 67.7% of the weaving establishments employ a capital of 1,000 dollars or less each, or about 15.8% of the total capital invested; 27.3% of the establishments employ a capital of 5,000 dollars or less each, or about 32.1% of the total capital invested; 5% of the esrablishments employ a capital of 5,001 to 100,000 dollars each, or about 52.1% of the total capital invested. In respect to the number of looms employed 15.2% of the establishments have from 1 to 5 looms each; 35.1% of the establishments have from 6 to 10 looms each: 19.2% of the establishments have from 11 to 15 looms each; 15.6% of the establishments have from 16 to 20 looms each; only 14.9% of the establishments have 20 looms or more ach. The number of establishments employing from 1 to 20 workers is the largest, namely; 191; while that employing from 21 to 30 workers comes next in number, namely 53. Thus, 244 establishments, or

74.4%. do not employ more than thirty workers each, having altogether 3,540 wokers, or 44.9%. The other 84 establishments or 25.3%, employ more than thirty workers each, having a total number of 4,333 workers, or 55.1%. The apprentice labor predominates in the weacing industry, occupying as high as 75.4% of the total working force in establishments with 10 or fewer workers, 73.7% in establishments with 11 to 20 workers, 65.7% in establishments with 21 to 30 workers. For the industry as a whole apprentice labor repesents about two thirds of the entire working force, i. e., 5,117 out of a total of 7,873.

The prevalence of such small establishments in the Tientsin weaving industry is to be explained chiefly by the industrial system. Thus Dr. Fong writes:

> "In this class of establishments, the master craftsman is the leading figure. He requires little capital for his business, whether fixed or circulating. His workshop can be rented; his looms, varying from a few to about a dozen, cost him but a few hundred dollars to install. The raw materials, whether rayon or coyyon yarn, he can secure from the stores with a month's credit, while selling his fabrics for ready cash. It is true that he must provide room and board for his workers, as in China dormitory system has become an esrablished rule in small industries, and occasionally in large ones. Such provision, however, is not costly, considering the fact that workshop is invariably converted into dormitory during night time, and that meals constitute the barest elements of food.

Moreover, he can easily reduce his working force during slack periods, and enlarge it when prosperity returns. His family, including wife and children, assist, him in the preparatory processes of weaving, such as winding, spooling, reeling, etc. Its members live with him, and thus help to reduce his personal expenes and to eke out a living with his petty earnings. This, in brief, is a picture of a great number of owners of small establishments, of those whom we designate as master craftsmen. Other owners, however, are only middlemen under the merchant-employer system. They may provide the workshop and looms, and organize a small working force for weaving; but their raw materials whether cotton or rayon yarn, are supplied by other establishments larger than their own. In other words, they do not weave on their own account, but on that of other establishments. Such a middleman may undertake weaving under three arrangements. The middleman buys the raw materials from his merchant employer, that is, the medium or large establishment, at the market price, but does not pay for them until they are conyerted into finished fabrics. The latter, he is bound by contract to sell to his merchant employer, also at market price, but actually at a price much lower than the market price. Under the second arrangement, the merchant employer gives out a certain quantity of raw materials to the middleman, say 200 former forty pi of rayon fabrics, for the weaving of which only 150 pounds of rayon yarn are actually needed. The other 50 pounds or rayon yarn thus constitute the wage for the middleman. Under the third arrangement, the merchant employer gives out the raw material to the middleman, for the weaving of certain fabrics at a fixed wage. At present when the price for rayon fabrics has been considerably depressed by unfavorable market conditions, the first arrangement is preferred, while the other two are resorted to only when such fabrics command a remunerative price. The middleman, under whatever arrangement, nust secure a third person to guarantee his credit in undertaking order for the merchant employer. Otherwise, the former may run away with the the raw materials given him by the latter, and with whatever amount of credit that the latter may extend to the former in case of need, purely as a matter of accommodation."①

The craftsman system and merchant employer system noy only prevail in the weaving industry in Tientsin but also in hosiery knitting. The hosiery knitting industry in Tientsin presents perhaps one of the best examples of organization in the small industries of China to-day. The organization of this industry is highly flexible. The transition of one system to another in many of the small knitting establishments is conditioned chiefly by the presence of business prosperity or depression. A master craftsman works on his own account, providing his own workshop, machines, raw materials and knitting hosiery articles by family members in their

① H. D. Fong, Rayon and Cotton Weaving in Tientsin, 1930, p. p. 19-20.

spare time, or by workmen as well when bysiness conditions become favorable. On the other hand, he can easily contract the scale of his operation in a period of business depression by discharging the casual knitters, but keeping the unpaid apprentices and the idle machines still at work for the larger establishments, with raw materials supplied. In other words, the master craftsman becomes now an outworker. Furthermore, a thrifty and enterprising master craftsman may enlarge the scale of his operation in a few years and thereby becomes a regularmanufacturer. The three industrial systems, namely: craftsman, merchant employer and factory may, therefore, revolve around the same person — the craftsman — under different economic circumstances. This flexibility of industrial systems in hosiery knitting in Tientsin is chiefly due to the small scale of the industry. The latter can be shown in several respects. Of the 154 knitting establishments which the Nankai University Committee on Social and Economic Research investigated in 1929, five employed no workers while the other 149 had altogether 1,610 workers, or an average 11 workers per establishment. The commonest size, however, is that of 6 to 10, applicable to 55 establishments; and the next commonest in size is that of 1 to 5, applicable to 41 wstablishments. The amount of capital invested, too, is insignificant, the total for the industry in 1929 being $180,140. Of this total $106,000 or 59% was contributed by 14 establishments, the other 136 employing only $74,140, or an average of $460 per establishment. In respect to the number of knitting frames, 154 establishments employed a total of 1,265, or an average of eight frames per establishment. The commonest size, however, is that of 1 to 5, applicable to 78 establishments. With this small amount of labour, capital and knitting frames, the amount of raw materials consumed as well as the amount of output could not be large. The 154 establishments consumed in 1929 only $963,674 worth of raw materials and produced $1,541,603 worth of hosiery articles. The latter sum, it may be noted, is 8.5 times that of the capital invested for the whole industry.

Growth of manufacturing centers: The industrial organization of China, as we have noted, is yet essentially on a handicraft basis. We must not overlook the fact, however, that China is emerging from the handicraft to the factory stage. Indeed, the process of industrialization tends to change the whole municipal life of China, as towns and villages are transferred into manufacturing centers in which modern factory industries are localized to a varied extent. Thus, Shanghai, Wusih, Wuhan, Tientsin, Tsingtao are the chief centers for China's cotton industry, whereas Shanghai, Wusih and Tientsin are also flour milling centers. In Shanghai, Wusih and Canton the silk reeling industry is centered; in Dairen the oil pressing industry is largely to be found. Elsewhere other industries flourish, such as iron and steel works in Wuhan, artificial silk weaving in Shanghai and Tientsin, etc. The relative importance of these industrial centers may best be measured by their per capita consumption of coal as estimated by the Geological Survey of China and by the value of their whole trade as furnished by the Maritime Customs Administration in its annual reports.

For lack of statistics on factory industry in general in China, we may briefly dwell on some of these manufacturing centers with the hope that it may give a satisfactory cross-section of the nation as a whole. For this purpose we have selected Shanghai and Tientsin, the former being the largest industrial center in South China and the latter one of the largest industrial centers in North China.

Table 10. Estimated Consumption of Coal at Various Cities of China.

Name of Cities or districts	Population	Consumption (Tons)	Per Capita consumption
Wuchang, Hankow & Hanyang	1,626,700	2,114,710	1.30
Shanghai	1,538,500	2,000,000	1.30
Tientsin	838,629	1,090,217	1.30
Peking	1,181,400	800,000	0.677
Canton	900,000	450,000	0.50
Tsingtao	272,800	354,640	1.30
Chungking	593,000	326,150	0.55
Changsha	538,800	294,690	0.60
Dairen	180,700	234,910	1.30
Nanking	395,500	217,525	0.55
Amoy	300,000	165,000	0.55
Foochow	314,905	157,450	0.50
Ningpo	284,300	142,150	0.50
Hengchow	340,200	136,080	0.40
Shasi	190,000	104,500	0.55
Harbin	165,500	66,200	0.40
Wuhu	113,600	62,480	0.55
Chefoo	92,500	46,250	050
Swatow	83,000	45,650	0.55

Table 11. Ten important Chinese ports as measured by their whole trade, 1919

Port	Hk. Tls.	%
Shanghai	1,035,689,733	55.05
Dairen	473,665,052	16.03
Tientsin	342,631,149	11.60
Hankow	265,519,529	8.99
Canton	185,589,036	6.28
Kiachow	166,801,328	5.65
Antung	91,313,054	3.9
Districts	55,197,506	1.87
Swatow	82,934,149	2.81
Newchaung	78,127,779	2.81
Other 36 ports	177,023,058	5.99
Total	2,954,491,373	100.0

In Shanghai, which is by far the largest industral area in China, there are 1,781 factories of which 1,500, or 84 percent, have been recently investigated by the Social Affairs Bureau of the Greater City of Shanghai. The investigation covers, in particular, two aspects, namely: the nationality and amount of capital invested in each industry; and the number of workers, whether male or female, adult or children, employed in each industry. The relative importance of the industries in Shanghai may be judged through a review of the amount of capital invested and the number of workers employed. As we may note from Table 12, that which employs the greatest amount of capital is the textile industry ($197,764,050, or 67.4% of the total capital investment), next to which is the food industry ($49,714,960, or 17.9%). As to the number of workers employed, textile also ranks first (170,532, or 76.2% of the total number of factory workers in Shanghai), and

Table 12. Statistics on Shanghai Industries, 1928

Name of Industry	No. workers investigated	No. factories	Nationality of Capital invested			No. Workers			
			Chinese	Foreign	Total	Male	Female	Child	Total
Textile	**420**	**450**	**45,087,250**	**152,676,800**	**197,764,050**	**41,828**	**113,550**	**15,154**	**170,532**
Cotton spinning	**55**	**57**	**37,230,000**	**152,350,800**	**189,580,800**	**28,760**	**62,584**	**2,998**	**94,342**
Cotton weaving	99	112	2,243,650		2,243,650	4,323	4,493	511	9,327
Silk reeling	90	90	2,425,900	76,000	2,501,900	2,148	39,484	10,931	52,463
Silk weaving	46	51	1,279,000		1,279,000	3,644	2,190	428	6,262
Wool weaving	7	9	213,700		213,700	417	255	156	828
Hosiery knitting	110	116	1,325,600	250,000	1,575,600	2,224	4,127	185	6,536
Other	13	15	369,400		369,400	312	417	45	774
Chemical	**212**	**260**	**7,394,680**	**1,976,900**	**9,371,580**	**7,428**	**3,845**	**1,085**	**12,358**
Bleaching & printing	81	89	601,450		601,450	2,675	421	94	3,190
Tanning	18	39	1,132,430	943,000	2,075,430	552	1	1	554
Cosmetics	20	20	615,600		615,600	212	381	37	630
Candle & soap	23	27	633,900		633,900	372	174	9	555
Glass	16	18	511,500	393,000	904,500	745	12	486	1,243
Drug	14	20	313,100	640,900	954,000	121	96	2	219
Paper	13	14	1,975,700		1,975,700	1,044	1,118	31	2,193

Continued

Name of Industry	No. workers investigated	No. factories	Nationality of Capital invested			No. Workers			
			Chinese	Foreign	Total	Male	Female	Child	Total
Match	7	10	889,800		889,800	910	1,498	329	2,737
Enameled ware	8	9	258,400		258,400	517	50	85	652
Paint	3	4	275,000		275,000	120	6	5	131
Other	9	10	187,800		187,800	160	88	6	254
Food	**202**	**252**	**25,892,760**	**23,822,200**	**49,714,960**	**8,046**	**6,475**	**539**	**15,060**
Flour milling	12	16	5,835,500		5,835,500	1,871			1,871
Rice cleaning	46	46	312,350		312,350	399			399
Oil pressing	12	16	962,100	361,100	1,323,200	1,502			1,501
Soda water, cold drinks	6	12	367,000		367,000	71			71
Egg preserving	1	8		111,100	111,100	125	155	7	287
Condiments	5	7	252,000		252,000	106	43	2	151
Intestines		12							
Cigarettes	69	79	17,390,110	23,350,000	40,740,110	3,147	5,857	474	9,478
Candy, canned food	47	50	748,100		748,100	780	415	56	1,251
Other	4	6	25,600		25,600	46	5		51
Printing	**212**	**252**	**10,457,100**	**615,971**	**11,072,891**	**6,542**	**596**	**1,110**	**8,248**
Printing	210	249	10,457,100	615,971	11,072,891	6,542	596	1,110	8,248
Ink	2	3							

Continued

Name of Industry	No. workers investigated	No. factories	Nationality of Capital invested			No. Workers			
			Chinese	Foreign	Total	Male	Female	Child	Total
Mechanical	**234**	**292**	**2,441,450**		**2,441,450**	**5,278**	**499**	**1,869**	**7,646**
Machinery	163	193	1,765,450		1,765,450	3,607	81	1,434	5,122
Electric machincry	21	27	517,300		517,300	914	418	86	1,445
Mould making	47	51	120,700		120,700	653		277	930
Ship-building	2	20	38,000		38,000	65		72	137
Other	1	11				12			12
Furniture & Fixture	**89**	**104**	**972,000**	**145,000**	**1,117,000**	**1,523**	**220**	**502**	**2,245**
Metal	57	63	616,550	125,000	741,550	964	111	443	1,518
Rattan, Bamboo & wooden wares	13	16	57,350		57,350	279	100	12	391
Musical instruments & toys	**11**	**16**	**149,800**	**20,000**	**169,800**	**113**	**6**	**27**	**146**
Scientific instruments	3	3	80,300		80,300	73		11	84
Other	5	6	68,000		68,000	94	3	9	106
Daily necessaries	**41**	**46**	**419,100**	**743,000**	**1,162,100**	**1,253**	**907**	**174**	**2,334**

Continued

Name of Industry	No. workers investigated	No. factories	Nationality of Capital invested			No. Workers			
			Chinese	Foreign	Total	Male	Female	Child	Total
Hat	8	9	156,500	43,000	199,500	186	82	8	276
Umbrella	9	10	62,200		62,200	90	53	21	164
Brush	6	6	80,500	700,000	780,500	116	292	23	431
Stationery	4	5	23,000		23,000	50	19	9	78
Optical instruments	5	6	22,900		40,000	500	400	100	1,050
Clothing	3	3	40,000		22,900	36		1	37
Other	6	7	34,000		34,000	225	61	12	298
Miscellaneous	**90**	**125**	**10,958,460**	**10,000,000**	**20,958,460**	**4,350**	**714**	**204**	**5,258**
Construction materials	21	29	1,532,000		1,532,000	872	70	26	968
Coal ball	8	12	197,300		197,300	162	2	9	173
Water & electric works	8	12	8,930,000	10,000,000	18,930,000	1,774		7	1,781
Rope & cords	23	25	26,300		26,300	148	222	70	440
Paper boxes	15	16	76,700		76,700	464	105	32	601
Cotton ginning	5	11	150,160		150,160	416	300	23	739
Other	10	20	46,000		46,000	514	15	37	466
Total*	**1,500**	**1,781**	**103,622,800**	**189,979,691**	**293,602,491**	**76,248**	**126,806**	**20,637**	**223,691**

the food industry comes next (15,060, or 6.7%). Of the total capital investment in the Shanghai factory industries ($293,602,491), foreign capital occupies 64.7 percent and Chinese capital only 35.3 percent. In the textile industry, the most important modern industry in China, Chinese capital claims only 22.8% ($45,087,250) while the other 77.2% of the investment ($152,576,800) is represented by foreign capital. Foreign capital also predominates in tobacco industry, and water and electric works, the former having 57% and the latter, 53% of their respective total investments. Even in the industries grouped under "Daily Necessities." which are of paramount importance to the daily life of the Chinese people, the foreign capital ($23,822,200) is almost equal to the Chinese ($25,892,760). Of the total number of workers employed, male labor has a percentage of 33.7, while female and child labour together occupies 66.3%. Thus, we have a predominance of woman and child labour in the Shanghai factory industries, a feature which essentially characterizes the effects of industrialization. The textile industry which requires neither skill nor strength employs the largest number of women and children, occupying altogether three-fourths of the entire working force in the industry.

Tientsin, as one of the leading industrial centers in North China, had a total number of 2,186 factories in 1928. Strictly speaking, however, some of these can not be taken as factories, as their work is carried on in handicraft workshops in most cases. The total capital invested in the Tientsin industries amounted to

$31,226,944 in 1928, and the total number of workers employed was 47,519. According to the amount of capital in employed was 47,519. According to the amount of capital invested, spinning and weaving, with 850 factories, is the most important industry. It claimed $21,837,363, or a little less than 70% of the total capital investment of all the industries in the municipality, and employed a total of 34,264 workers. The food industry, with 51 factories, is next in importance. It had a total capital investment of $5,126,000, representing 16.41% of that for all the industries in Tientsin, and employed 2,020 workers. The chemical industry comes third. It possessed $3,874,860, or more than 12% of the total capital investment of all the industries in Tientsin, and employed 5,086 workers. The remaining groups claimed altogether a total capital of $388,125 only, representing 1.25% of that for all industries. As regards labour, Tientsin factories differ from those of Shanghai in that more men are employed than women, the former occupied 74% of the total working force, while the latter, only 5.5%. Child labor represented a larger percentage in the working force in the Tientsin industries than Shanghai; in Tientsin, 20.5% of the workers were children, while in Shanghai, only 9%. Most of the child labour in the Tientsin industries is found in the textile industry (21%), while the textile industry in Shanghai has a predominance of women labor (66%).

Table 13. Statistics on Factory Industries in Tientsin, 1928

NAME OF INDUSTRY	No. factories giving capital returns	No. factories giving no capital returns	Capital		No. workers			
			Amount (in dollars)	Percent	Male	Female	Child+	Total
Spinning and Weaving	**850**	**54**	**21,837,363.5***	**69.93**	**24,676**	**2,314**	**7,274**	**34,264**
Cotton Blanket Weaving	2		60,000		121	4	72	197
Silk & Cotton Ribbon			350		421	40	523	984
Dyeing and Weaving	10		36,026		501		375	876
Braid Weaving	157	20	15,000					
Weaving	1		10,000		56	2	7	65
Woolen Yarn Weaving	4		3,500		14	62	2	78
Canvas Weaving	7		25,570		175		48	223
Lampwick Making	1		200		4		1	5
Towel Weaving	19	2	11,390		244		83	327
Hosiery Knitting	78		64,662		708	66	521	1,295
Cotton Spinning	6		20,990,000		13,497	1,842	1,459	16,798
Artificial Silk Weaving	238	6	478,560		3,764	231	2,025	6.020
Cotton Handloom Weaving	166	18	72,239		1,729	21	805	2,555
Carpet Weaving	161	8	69,866.5		3,442	46	1,353	4,841

Continued

NAME OF INDUSTRY	No. factories giving capital returns	No. factories giving no capital returns	Capital		No. workers			
			Amount (in dollars)	Percent	Male	Female	Child+	Total
Food	**51**	**4**	**5,126,100**	**16.41**	**1,952**	**13**	**55**	**2,020**
Canned food	2		13,000		58	13	22	93
Aerated Water	6		19,700		71			71
Table Oil & Soy	2		28,600		23			23
Intestines	7	3	4,000		4,300	124	3	127
Salt Making	1		2,100,000		545			545
Brewing & Distilling	28	1	305,500		454		30	484
Flour Milling	5		2,655,000		677			677
Household Coonveniences	**282**	**21**	**109,000**	**0.35**	**489**	**24**	**377**	**890**
Thread Spools	1		2,000		19		6	25
Oil (burning)	14		7,900		85			85
Candle Making	3		3,700		23		6	29
Palm Brush Making	18		1,300		118	24	127	269
Mat Weaving	6		67,000		31		23	54
Paste Making	1		200		1			1
Stationery	239	21	26,900		212		215	427
Instruments& Tools	**563**	**7**	**71,679.5**	**0.23**	**2,186**		**589**	**2,775**
Wood & Bambo Work	32	4	3,408.5		108		74	182
Coppersmith	9		4,037		103		55	158
Bone & Horn work	6		184		24		18	42
Cement &	4		22,000		99		7	106

Continued

NAME OF INDUSTRY	No. factories giving capital returns	No. factories giving no capital returns	Capital		No. workers			
			Amount (in dollars)	Percent	Male	Female	Child+	Total
Chinaware								
Gauze Making	1		20,000		80			80
Ironworks	511	3	22,050		1,772		435	2,207
Machinery	**62**	**1**	**72,680**	**0.28**	**887**		**310**	**1,197**
Chemicals	**269**	**84**	**3,874,860**	**12,41**	**4,122**	**191**	**773**	**5,086**
Tanning	15	1	34,030		219		10	229
Glassware	9		16,900		192		106	298
Mirror Making	1		10,000		14	2	40	56
Soap Making	15		143,200		215	5	19	239
Electroplating	14		3,710		45		52	97
Asbestos	1		1,000		12	20	5	37
Bleaching	198	83	79,670		1,016		388	1,404
Battery Making	1		100		3			3
Painted Cloth	1		600		2		1	3
Toilet Articles	6		6,900		36		10	46
Hygienic Cotton	2		15,750		26		4	30
Buttons	1		3,000		27			27
Match Making	4		1,560,000		1,770	164	108	2,040
Soda Making	1		2,000,000		545		30	575
Clothing	**65**	**11**	**33,186**	**0.11**	**369**	**14**	**253**	**636**
Furring	30	11	12,420		245	9	103	357
Hat Making	35		20,766		124	5	150	279
Printing	**26**	**3**	**88,875**	**0.29**	**335**	**20**	**55**	**410**
Miscellaneous	18		18,200	0.04	167	30	44	241
Total	**2,186**	**185**	**31,226,944**	**100.00**	**35,183**	**2,606**	**9,730**	**47,519**

A sample factory industry: For our study of China's factory industry, the preceeding cross-section analysis of her two most important manufacturing centers may be supplemented by an analysis of her largest and most important factory industry, namely: cotton spinning and weaving. In this industry the factory system is more fully developed and exhibits its chief characteristics more clearly.

The beginning of the cotton industry in China as a factory industry was in 1890, when Viceroy Li Hung-Chang first established a cotton spinning mill in Shanghai, with 65,000 spindles and 600 looms. Since the conclusion of the Sino-Japanese Treaty of 1896, foreigners have had the right to establish factories in Chinese treaty ports. The cotton mills of Jardine Matheson, Lao Kung Mow (both British) and Jui Kee (German) came into existence one after another. By 1896 there were nine mills in Shanghai and Wusih. After the Russo-Japanese War, cotton piece goods found a good market in Manchuria, anf the cotton mills were induced to install more looms to supply the demand, thereby utilizing also their own yarn in a more profitable manner. By 1908 there were already 23 mills in Kiangsu alone, with 587,646 spindles and 3,066 looms. In 1918, the number increased to 34, with 997,238 spindles and 5,438 looms. The total capitalization was about $35,000,000. the growth of the industry can be shown by the following table.

Table 14. Cotton mills in China, 1891—1928

Year	No. Mills	No. Spindles
1891	11	65,000
1896	12	417,000
1902	17	565,000
1911	32	831,000

Continued

Year	No. Mills	No. Spindles
1916	42	1,145,000
1918	49	1,478,000
1919	54	1,650,000
1923	120	3,550,000
1930	125	4,222,956

In the above table the rapid increase of cotton mills from 42 in 1916 to 120 in 1923 is particularly striking. The increase is primarily a result of the World War which made it impossible to meet the Chinese demand for cotton yarn and cloth by means of foreign supply. The stoppage of foreign supply, and consequently of foreign competition in the Chinese cotton industry, opened a lucrative field for profit-making to the Chinese manufacturers. A new era of unparalled development was quickly ushered in and cotton mills were no sooner promoted than invested in order to beat the race for satisfying an urgent need. This period of rapid growth in the cotton industry extended over ten years, from 1915 to 1924, and witnessed the establishment of 81 of the 125 cotton mills existing in 1930.

Table 15. Revised Statistics on Chinese Cotton Industry, 1930

NATIONALITY OF OWNERSHIP ITEM	CHINESE			JAPANESE			BRITISH			Total		
		Amount	%		Amount	%		Amount	%		Amount	%
No. Mills		81	63.8		43	33.9		3	2.4		127	100
Capital	$	84,621,900								$	84,621,900	
investment for	Tis.	30,702,390		Tis.	36,000,000		Tis.	5,400,000		Tis.	72,102,390	
118 mills				Yen.	142,545,000					Yen.	125,214,000	

Continued

NATIONALITY OF OWNERSHIP ITEM	CHINESE			JAPANESE			BRITISH			Total		
		Amount	%		Amount	%		Amount	%		Amount	%
Reserve for 54 mills	$	5,573,847								$	5,578,847	
	Tis.	2,186,161		Tis.	1,627,000		Tis.	3,600,000		Tis.	7,443,161	
				Yen.	27,138,426					Yen.	27,138,426	
Spindles for 125 mills (Yarn)		2,326,872	58.6		1,488,360	37.5		153,320	3.9		3,968,552	100
Spindles for 35 mills (Thread)		68,920	27.1		185,484	72.9					254,404	100
Looms for 50 mills		16,005	54.7		11,367	38.8		1,900	6.5		29,272	100
Motive power for 119 mills: K. W.		68,363	54.0		58,211	46.0					126,574	100
Motive power for 119 mills: H. P.		31,021	80.6		7,490	19.4					38,511	100
No. workers for 119 mills		161,949	64.3		77,082	30.6		13,000	5.2		252,031	100
Cotton consumed for 117 mills (in piculs)		5,355,910	61.9		3,002,766	34.7		300,000	3.5		8,658,676	100
Yarn spun for 118 mills (in large bale of 400 lbs.)		1,476,363	62.7		750,543	31.9		120,522	5.5		2,356,433	100
Cloth woven for 43 mills (in pi)		6,625,544	44.8		8,153,994	55.2					14,779,538	100

These cotton mills are distributed by cities as follows:

With this brief historical account of the Chinese cotton industry we may examine in greater detail the staristics of cotton mills in China in 1930. As shown in Table 15, the total capital and reserve for 118 mills in 1930 amounted to $90,195,747, Tls. 79,515,551 and yen. 152,352,426. The capital ststistics, however, are not always reliable.for some branch mill, especially of Japanese ownership, the capital investment reported refers to the mill as a whole, not to the branch alone. The two branch mills for Tah Kong, the one in Shanghai and the other in Tsingtao, were reported to have a capital investment of Yen 52,000,000 respectively; actually it is not likely that both together have more than Yen 17,334,000, or one third of the sum reported. For Naigai Wata Kaisha Mill, have 504,440 spindles and 1,600 looms, as compared with 144,080 spindles and 759 looms for the two branch mills of Dah Kong, has a capital investment and reserve of but Yen 42,043,426. Abother fact to be noted in Table 15 is the small number of mills having reserves provided for, namely, 54. In respect of capital ownership 28 were Japanese, 23 Chinese, and 3 British.

The spindle statistics were avaliable for all for of the 125 mills, of which 43 carried on spinning and weaving at the same time, while the other 82 were spinning mills exclusively. Besides, 35 of these mills had 3,968,552 spindles for yarn spinning and 254,404 spindles for thread spinning, — a total of 4,222,956 spinles. In 1930 only 4,076,932 spindles in 118 mills, or 96.5 percent, were reported to have spun 2,356,433 bales of yarn of 400 pounds each. The spindle statistics, like the locm statistics, are more complete than other statistics, and may be taken as an index of geographical distribution. As shown in Table 16, Kiangsu leads all other provinces in China's cotton spinning industry, having two thirds of the spindles (66.4%). Shantung, Hupeh, Hopei, Liaoning and Honan possess respectively 8.8%, 7.7%, 6.9%, 32% and 2.5%. The other six provinces, namely, Chekiang, Shansi, Hunan, Kiangsi, Anhwei and Sinkiang, possess but 4.5%. In Kiangsu the cotton industry is chiefly located in Shanghai, with 55.6% of China's total spindleage; Wusih with 3.9%; Tungchanhai, with 3.4%; and Changchow, with 0.8%. In Shantung it is chiefly located in Tsingtao, with 8.1%. In Hupeh it is chiefly located in Wuhan, with 72%. In Hopei it is chiefly located in Tientsin, with 5.4%. In Liaoning it is chiefly located in Chingchow and Liaoyang, with 2.2%.

In 1930 there were 29,272 powsper looms in cotton weaving, distributed among two weaving and 48 spinning-and-weaving mills. Of these, 26,172 looms in 43 mills or 89.4 percent, were reported to have woven 14,779,538 of cotton cloth. As shown in Table 17, these looms were distributed among eight provinces, namely, 69.3% in Kiangsu, 11.3% in Hupeh, 6.4% in Hopei, 6% in Shantung, 2.7% in Liaoning and Chekiang respectively, 0.9% in Hunan and 0.7% in Honan. In Kiangsu Shanghai possesses 58.3% of China's total, Wusih 4.4%, Tungchanhai 3.9% and Changchow 1.4%. In Hupeh the looms are all concentrated in Wuhan; in Shantung they are all concentrated in Tsingtao. In Hopei Tiensin possesses 4.5%.

Statistics on motive power were available for 119 mills. An analysis of then confirms the common impression that steam power is rapidly giving way to electric power. 76 mills employ electric power. Only 26 mills, chiefly old ones in the interior, still resort to steam as the only source of motive power. Of these 26 mills 15 were established from 1895 to 1909, 10 from 1916 to 1922 and 1 in 1927. 17 mills were located in Kiangsu, of which there were 6 in Shanghai; 3 in Wuhan, Hupeh; 2 in Chekiang; 1 in Shantung; 1 in Shansi; and 2 in Honan. In 1930 these 119 mills had a total power capacity of 126,574 kilowatts and 38,511 horse power.

Table 16. Provincial Distribution of Cotton Mills and Spindles, 1930

Province	No. mills	Spindles	
		No.	%
Kiangsu	79	2,804,770	66.4
Shantung	10	370,668	8.8
Hupeh	7	324,070	7.7
Hopei	9	291,756	6.9
Liaoning	5	135,764	3.2
Honan	4	107,280	2.5
Chekiang	3	58,120	1.4
Shansi	4	53,648	1.3
Hunan	1	40,000	0.9
Kiangsi	1	20,480	0.5
Anhwei	1	15,200	0.4
Sinkiang	1	1,200	—
Total	125	4,222,956	100.0

Table 17. Provincial Distribution of Cotton Power Looms In China, 1930

Province	No. mills	Looms	
		No.	%
Kiangsu	33	20,300	69.3
Hupeh	6	3,315	11.3
Shantung	2	1,743	6.0

Continued

Province	No. mills	Looms	
		No.	%
Hopei	4	1,860	6.4
Liaoning	2	804	2.7
Chekiang	1	800	2.7
Hunan	1	250	0.9
Honan	1	200	0.7
Total	50	29,272	100.0

Table 18. Provincal Distribution of Cotton Workers in China, 1930

Province	No. mills	Workers	
		No.	%
Kiangsu	75	162,434	64.6
Hupeh	7	26,084	10.3
Hopei	9	20,948	8.3
Shantung	10	17,184	6.8
Honan	4	7,750	8.1
Liaoning	5	6,849	2.7
Chekiang	3	5,610	1.8
Hunan	1	2,350	0.9
Shangsi	3	1,451	0.6
Anhwei	1	1,300	0.5
Kiangsi	1	1,071	0.4
Total	119	252,031	100.0

Labor statistic were available for 119 mills, but unfortunately they fail to distinguish men, women or children, a fact sufficient important for the cotton industry because of the great preponder ance of child and woman labor. These statistics give a total of 252,031 workers in 119 mills, who are distributed in Table 18 by provinces. Kiangsu, again, leads the list, with 64.6%; then come the other province in the following order: Hupeh, 10.3%; Hopei,

8.3%; Shantung, 6.8%; Honan, 3.1%; Liaoning, 2.7%; Chekiang, 1.8%; other four provinces, namely, Hunan, Shansi, Anhwei and Kiangsi, 2.4%. Among the cities Shanghai leads with 50.6%; then come the other in following order; Wuhan, 10.4%; Tientsin, 6.1%;Tsingtao, 6%; Tungchanhai, 5.3%; Wusih, 3.7% other cities, 17.9%.

As shown in Table 15, cotton statistics may be further distinguished in respect of the nationality of ownership. In terms of yarn spindles 58.6% belong to the Chinese, 37.5% to the Japanese, and 3.9% to the British; in terms of ehread spindles the Japanese lead with 72.9%, the rest 27.1%, being Chinese. In terms of both kinds of spindles, 56.7% (2,395,792) beling to the Chinese, 39.7% (1,673,844) to the Japanese, and 3.6% (153,320) to the British. The ownership of looms is similarly distributed like that of spindles. The Chinese, again, possess the largest percentage, namely, 54.7% (16,005); while the Japanese and the British possess, 3838% (11,367) and 6.5% (1,900) respectively.

Table 19. Percentage Comparison of Spindles ang Yarn Output, Looms And Cloth Output, Among Chinese, Japanese and British Mills, 1930

Nationality		Chinese (%)	Japanese (%)	British (%)
Spindles operating	Yarn	57.0	39.0	4.0
	Thread	27.1	72.9	-
	Both	55.2	41.1	3.7
Yarn and thread spun		62.7	31.9	5.5
Yarn and thread spun (incl. yarn & thread used for weaving)		59.3	35.0	5.7
Looms operating		56.5	43.5	—
Cloth woven		44.8	55.2	—

Table 20. Percentage Comparison of the Yarn and Cloth Output and the Workers Employed Among Chinese, Japanese and British Mills, 1930

Nationality	Chinese (%)	Japanese (%)	British (%)
Yarn and thread spun (incl. those used for cloth weaving)	59.3	35.0	5.7
Cloth woven	41.9	51.6	6.5
Workers employed	64.3	30.6	5.2
Yarn & thread (used for weaving only)	5.2	7.5	0.9

Table 21. Statistics on 15 Cotton Mills in China Having More Than One Plant Each, 1930

Name *	No. plants	Capital & reaerve	Spindles	Looms	Motive power		Workers	Cotton consumed (piculs)	Yarn spun (in bales)	Cloth woven (in pi)
					K. W.	H. P.				
1. Naigai Wath Kaisha	16 Yen.	42,043,426	504,440	1,600	18,880	800	14,810	535,818 (14)	121,483	1,140,000
2. Shen Hsin	8 $	6,970,000	310,476	2,818	12,388	2,000	19,091 (7)	589,680 (7)	172,076	1,452,920
3. Sino-Japanese	7 Yen.	12,635,000	281,792	500	6,300	3,150	18,971	549,558	138,269	181,726
4. Wing On	3 $	12,000,000	224,216	1,310	5,300		11,140	313,500	94,000	720,000
5. Shanghai	4 Tis.	6,430,000	172,528	2,298	4,008	3,540	10,232	396,834	112,577	2,232,908
6. Dah Sun	4 Tis.	7,533,140	163,564	1,342	750	4,500	16,189	500,245	112,682	464,324
7. Ewo	$ Tis.	9,000,000	153,320	1,900			13,000	300,000	129,522	
8. Dah Kong	2 Yen.	17,334,000	144,080	759	7,500		7,403	307,500	84,000	408,000
9. Hua Hsin	4 $	9,607,440	144,784	250	4,795	800	8,781	251,678	73,182	
10. Kung Dah	2 Tis.	10,000,000	100,000	2,000	3,500		5,500	48,000	10,000	1,440,000
11. Hupeh	2 $	1,000,000	90,000	655		3,100	7,200	200,000	54,300	400,000
12. Tung Hsing	2 Yen.	16,810,000	89,360	1,126	2,500		3,713	109,780	10,650	738,360
13. Poh Yih	2 Tis.	2,942,000	52,120	500	1,550		2,400	110,520	31,626	

Continued

Name *	No. plants	Capital & reaerve	Spindles	Looms	Motive power		Workers	Cotton consumed (piculs)	Yarn spun (in bales)	Cloth woven (in pi)
14. Manchuria	2 Yen.	8,000,000	51,196	504	1,928		2,652	94,945	19,884	376,000
15. Chinhua	2 $	1,500,000	33,600		1,400	500	1,000	31,500	9,000	
Total	Yen. 63 $ Tis.	96,822,426 31,077,440 35,905,140	2,485,476	17,562	70,799	18,890	124,191	4,439,558	1,173,251	9,554,238
Other mills in China	Yen. 64 $ Tis.	55,530,000 59,118,307+ 48,610,411	1,737,480	11,710	55,775	20,121	109,840	4,219,118	1,183,182	5,225,300
% of 15 mills in China's total 50.0			58.9	60.0	55.9	47.2	56.4	51.3	49.8	64.6

* Nos. 1. 3, 5, 8, 10, 12, 14 are owned by the Japanese. Nos. 2, 4, 6, 9, 11, 13 and 15, by the Chinese, and No. 7 by British.

+ Including 4,500,000 dollars Fengtien Currency. (7) (14) indicate that statistics refer to 7 or 14 mills only.

A comparison of the percentage distribution of spindles, looms, yarns spun and cloth woven among the mills owned by different nationalities, as shown in Table 19, reveals interesting facts on efficiency and utilization of the existing facilities. Whereas the Chinese mills own 55.2% of the spindles, they spin 59.3% of the yarns. The Japanese, owning 41.% of the spindles, spin only 35.0% of the yarns; while the British, owning 3.7% of the spindles, spin 5.7% of the yarns. In other words, the spindle efficiency is highest for the British, second for the Chinese and lowest for the Japanese, provided all of these mills, irrespevtive of nationality of ownership, utilize their spindles to an equal extent and spin approximately the same counts of yarn. But as is shown in the same table, the Japanese, having a much larger percentage of the thread spindles than the Chinese cannot spin so much as the Chinese mills, nor can they spin so much as the British mills which have no thread spindles at all. This qualification, however, does not account wholly for the discrepancy in spindle efficiency, as thread spindles constitute but 6% of the total spindles. In respect of cloth weaving, the Japanese mills have a higher efficiency and a fuller utilization of the existing looms than the Chinese mills. The Japanese mills, owning 4.35% of the looms, weave 55.2% of the cloth, while the Chinese mills, owing 56.5% of the looms, weave 44.8% of the cloth. The Chinese looms, however, are probably more obsolete than the Japanese looms, which accounts a good deal for the discrepancy in the percentage of output.

A further comparison may be made for the Chinese, Japanese and British mills in respect of the workers employed and the production of yarn and cloth. As shoen in Table 20, the Chinese mills, employing 64.3% of the workers, spin 59.3% of the yarn and threads; the Japanese mills, employing 30.6% of the workers, spin 35% of the yarns and threads; the British mills, employing 5.2% of the workers, spin 5.7% of the yarns and threads. If we remember that in the first place the Japanese mills weave more cloth than the Chinese and therefore require more workers, and secondly that the yarns and threads spun by the Japanese mills are of much higher counts than those by the Chinese mills, we get a very strong contrast of labor efficiency against the Chinese mills, but in favor of the Japanese mills.

Finally, a few words may be said with regard to the horizontal integration that is now taking place in China's cotton industry. The term mill as generally employed refers to a plant in the teachnical sense. In China's cotton industry, as shown in Table 21, there were in 1930, 15 mills that had more than one plant each. These mills, some of which had as many as 16 plants, owned 50% of the plants in China, 58.9% of the spindles, 60.0% of the looms, 55.9% of the electric power capacity, 47.2% of the steam power capacity. They employed 56.4% of the workers, consumed 51.3% of the raw cotton, spun 49.8% of the yarn and thread, and wove 64.6% of the cloth. These mills were largely Japanese (7) and Chinese (7), only one being British.

LABOR

Production is essentially cooperative; it is the resultant of the combined efforts of land, capital, business management and labor. In this fourfold co-operation labor has no fixed ststus, as the importance of labor varies with time and industry. In the ancient flour mill the miller was the leading character, but workers in a modern plant are understudies to the machinery. In pottery industries producing porelain labor holds full sway, but in the spinning rooms of a yarn factory the machinery dominates the spinners. Yet, over the long years of the past down to the present, if all industries were lumped it would be found that the proeeds of the total output have gone to labor in much greater proportions than to any of the other contributors to production. The story of labor is, therefore, a vital part of the epic of industry.

Employment and unemployment: Labor's most acute problem

since the Industrial Revolution has been that of employment. The mental anguish of joblessness must be experienced to be appreciated. Men anxious to work but denied employment are bitter critics of the social order produced by industrialism. Yet this foremost need of labor for remunerative employment has been but little relieved in China by organized methods of hiring. Most of our industrial pursuits have been recruited by informal methods. A common practice has been the posting of a notice at the gate of the enterprise, and then a hurried superficial selection made by a busy foreman from among the applicants huddled at the entrance. Another method has been for the foreman to tell existing employees to bring in relatives of friends. A brief item in the newspapers is sometimes given to inform prospective workers of the existence of an opening. At times when the local labor reserve is exhausted, employers may send recruiting agents into distant fields to hire workers. All or these hit-or-miss methods have kept the labor market disorganized and have debarred the employer from selecting the proper man to fill a place.

Mention should be made of the contract system which prevails in the mining industry in China, and to a less extent in the manufacturing industry, as for instance, shipbuilding. Torgasheff estimates that contract labor represents approximately 80% of the total working force in the Chinese mines.① The contract system consists of a customary arrangement by means of which the mine owners delegate the hiring of labor to a middleman, or

① Torgasheff, B. P., Mining Labor in China, Chinese Economic Journal, Vol. VII, No. 2, p. 920, Aug., 1930.

"Contractor." In most cases, the contractor is also appointed by the mine owner as foreman or superviser, so that he may constantly watch the labor hired through him and be responsible for the men under him. As a rule, each contractor recruits his labor from his own countrymen, and if in exceptional cases he hires some outsiders he will dismiss them as aoon as he gets a supply of his own men. As every contractor pursues the same policy on hiring, each group of unemployed is connected with some contractor. As a consequence, it is not always as easy as it may seen to get the necessary amount of labor, though the country may swarm with the unemployed. And there is some unwritten law in the contract system in which the power of the contractor inspires some awe in the laborers who are held back from voluntarily seeking for employment by a direct application to the mine owners.

While employment is labor's first effort, to be deprived of it for no fault of the worker is his greatest calamity. Unemployment must be ranked first in importance among the problems that confront the workers to-day. In Shanghai, according to the investigation of the Bureau of Social Affairs in 1928, 75,219 out of 394,145 union workers investigated, or over 19%, were then unemployed. Furthermore, the system of employment in China oftentimes gives rise to unemployment. Under the contract system in the mining industry, for instance, the labor is hired by the contractors and the mine owners feel no direct responsiblilty toward them. The contractors usually do not have any permanent arrangement with the mining management, and after an episodical work is done the labor is dismissed. Again, for lack of sufficient subsidiary industry on the farm, farm labor in China frequently confronts the problem of unemployment in the winter. The development of factories on the small unit basis may be a remedy to this situation, but its realization is only within the hope of the utopians. However a beginning for the rlief of unemployment has been made in large cities and industrial centers. As early as 1920, a private labor exchange was organized as a philanthropic enterprise in Peking. Within a period of one year 3,520 laborers applied for work through the exchange and 1,067 of them succeeded in their applications.

Wages and bours of labor: From the viewpoint of relative importance to the worker, the problem of wages ranks only second to that of unemployment. That wages in China are low is an established fact. Wages paid to the farm laborers hired by the year vary from $26 in Yenshan Hsien, Chihli, to $96 in Lienkiang Hsien, Fukien. In North China they average $41 as compared with $79 in East Central China.① Wages paid to farm laborers hired by the day vary from season to season during the year. In Tah Hsien, Shantung, they average 100 to 120 coppers furing the harvest season as compared with 80 to 100 coppers in the winter (about four copper equal to one cent). In Tantu, Anhwei, they average $.40 during the harvest time, but about two-third less in the winter.② In every case, whether labor is hired by the year or by the day, board is supplied by the employer. In the mining industry

① Buck, J. L., Chinese Farm Economy, 1930, p. 306.

② China Labor Year Book, p. 542-545.

wages average about $0.35 a day. But the range of variation in the wage rates in different mines is great. The two very best and foreign managed coal mines in China, namely: Fushun and Kailan, have an average wage of about $0.40 a day, while the majority of other large mines pay an average of $0.40 to underground labor and $0.35 to the surface labor. Ordinary semi-modern mine do not pay their labor more than $0.30 to $0.35 a day, and the numerous native coal and iron mines seldom pay a daily wage of more than $0.25 to $0.30.① In the manufacturing industry, wages differ from place to place and from industry to industry. In the weaving industry in Tientsin, for instance, the commonest wages per month including board are fifteen to twenty dollars, and the average wage is $15.3. In the knitting industry in Tientsin, the commonest wages per month including board run from ten to sixteen dollars, and the average is $13.1. In Shanghai, according to the investigation of the Bureau of Social Affairs, the average monthly earnings (not wage rates) of the factory laborers range from $10 to $40. Thus, for instance, the monthly earnings in cotton spinning average approximately $15 for male workers, $13 to femsle workers, and $8 for child workers, whereas, on the other hand, the monthly earnings in the printing industry average about $40 for male workers and $28 for female workers.

There is as much variation in the hours of work per day in the different industries as there is in the earnings or wage rate. The hours of work per day on the farm are most irregular. The

① Torgasheff, B. P., Mining Labor in China, Chinese Economic Journal, Vol. VII, No. 2, p. 911, Aug., 1930.

customary practice, however, is to work for longer hours in the summer and autumn than in the spring and winter. In the mining industry, the number of working hours per day is also at variance. In the majority of Chinese mines the length of a working day is twelve hours of almost continuous work, interrupted only by two or three short intervals for meals. The eight or nine hour working day exists only in a few modern and semi-moern mines, and it applies only to underground labor while other categories of workers are occupied a considerably longer time.① In the manufacturing industry, also, no unformity exists in the length of a working day. In both the knitting and weaving industries in Tientsin, the commomest working hours run from 10 to 13 per day. The twelve hour day is almost universal in the Tientsin cotton mils, except one which has recently introduced the three-shift system of eight hours each in place of the two-shift system. In Shanghai, the working hours per day in the different industries vary from 8 to 15. The commonest working hours per day in the industries in Shanghai, however, range from 10 to 12.

The holiday for the workers on the farm are somewhat the same as those for mining and manufacturing industry. For the New Year the holiday is the longest, lasting from three to ten or fifteen days. For the Moon and Dragon festivals, there is a holiday od one to three days, but one day is the commonest. For the Lantern festival, there may not be any holiday or one day's holiday. But differing from farm labor, the mining and manufacturing workers

① Torgasheff, B. P., Mining Labor in China, Chinese Economic Journal, Vol. VII. No. 2, p.914 August, 1930.

have holidays on other occasions such as the National Independence Day (Double Tenth) and the Labor Day. The system of Sunday rest is yet too early for the industries in China, but some beginning towards that direction has been made in some of the mining and manufacturing industries of the country.

Child and woman labor: Under the handicraft system which is still in vogue throughout China, child and woman labor is not only usual, but socially sanctioned. It should be remembered, however, that child labor in a factory differs considerably from apprentice labor in a handicraft shop. The latter is an institution for learning a trade, whereas the former is a means for earning a living. Statistics on these two forms of child labor in China are lacking, but some notion of their extent may be obtained from the sample studies on industries which the Nankai University Committee on Social and Economic Research has undertaken. In the carpet industry in Peking and Tientain, apprentice labor is the mainstay. In Tientsin the proportion of apprentices to adult workers is 0.4 to 1 , while in Peking there are as many as 2.8 apprentices to every worker. In the cotton and rayon weaving industry in Tientsin, the apprentice labor constitutes 65% of the total working force, but in the knitting industry it represents 78% on the other hand, child labor also prevails in factory industries, particularly those in which neither skill nor strength is required. Thus, in the cotton spinning factories in Tientsin child labor represents 37% of the total number of worker employed. The Shanghai Child Labor Committee made an investigation into the factory industries in 1925, and found a total number of 21,900 child workers of whom

92% were employed in the taxtile factories, chiefly cotton sponning and silk reeling factories.

With regard to woman workers, it has been estinated that 70% of the modern industrial workers in Shanghai are women.① Like child labor, women labor also prevails mostry in the textile industries. In fact, of the total number of 126,586 woman workers in Shanghai in 1928, 113,550, or 89.7%, werefound in the textile industries, particularly cotton spinning and silk reeling. In Tientsin, woman labor is also found in cigarette as well as match factories. The British American Cigareite Factory in Tientsin reported, in 1928, that out of 3,600 workers, 2,000 were women.②

The problem of child and woman labor in China as elsewhere, rises partly at least from economic necessity on the part of the worker's family. The carnings of the head of the family in China, either among the farmers or industrial workers, are so small that some subsidiary income from all members of the family is necessary for the maintenance of a hare living. As long as wages are insufficient to provide for the care of a family, the adult head of the family can not but permit his chilren and female members to work. Any effort at regulation of child labor and woman labor is apt, therefore, to meet with as much opposition from the laborers as from the employers.

---

① China Year Book, 1929—1930, p. 553.

② Tao Ling and Lydia Johnson, A study of woman and girls in Tientsin Industrion, 1928.

Table 22. Distribution of Fanily Expenditures

	Farm owners, part owners & Tenants (22)[①]		Hired labor on the farm Manchuria (23)[②]		Factory employees in Shanghai (24)[③]		Handicraft workers in Tientsin)(25)[④]	
	Value	%	Value	%	Value	%	Value	%
Food	$136.29	59.7	Y.39.639	57.5	$218.59	56.03	$131.51	61.82
Cloth	17.31	7.6	8.883	14.7	36.70	9.43	12.88	6.05
Rent	11.32	5.0	6.028	8.8	25.06	6.42	29.89	14.05
Fuel & light	25.32	11.0	9.431	13.2	29.35	7.52	27.12	12.75
Miscellaneous	38.08	16.7	3.900	5.8	80.35	20.60	11.34	5.33
Total	$228.32	100.0	Y.67.881	100.0	$390.05	100.00	$212.74	100.00

Standard and cost of living: The low standard of living of the Chinese labor has been confirmed by varions studies of family budgets made recendy. Table 22 gives the distribution of family expenditures of farm labor and manufacturing labor. In this table it may be noted that in none of the four studies does the average total family expenditure exceed $400 per year, which amount suffices to cover only the barest elements of subsistence. Thus, about 80 percent or more of the total expenditure is invariably spent for the satisfaction of physical wants including food, clothing, rent and fuel and light. Expenditure for other than these four necessaries of life are lower for hired labor on the farm than for farm owners, part owners and tenants; lower for handicraft

① J. L. Buck, Chinese Farm Economic, p. 386.

② Chinese Eastern Railway Semi-Monthly, Vol. I, No. 2, p. 29-32, Aug., 1930.

③ Simon Yang, A Study of the Standard of Living of the Workers .in Shanghai, p.

④ Unpublish data of the Nankai University Committee on Social and Economic Research.

workers than for factory employees. It should be remembered, however, that these studies which differ widely in scope as well as in locality do not furnish a good basis for comparison.

While the stanard of living of the Chinese labor is low, their cost of living has been increasing during the last several years. In table 23 it may be seen that the indices of the cost of living both of Shanghai and Tientsin have been rising. The Shanghai index has increased by 22 percent between the present year and 1926, while during the same period the Tientsin index has increased by 20 percent. One dollar's worth of the worker's necessaries of life in 1926 would cost now one dollar and twenty-two cents in Shanghai and one dollar and twenty cents in Tientsin. The preaent purchasing power of a dollar to the laboring class is only equivalent to that of $0.83 in 1926. He who earns ten dollars a month to-day is receiving only $8.30 in terms of the 1926 purchasing power.

Table 23. Indices of the Cost of Living of the Working Class 1926=100

	1926	1927	1928	1929	1930(ten month average)
Shanghai:①					
Food	100.0	106.7	92.1	98.4	121.2
Clothing	100.0	96.8	95.1	97.7	99.9
Housing	100.0	100.8	101.1	102.1	104.4
Fuel & Light	100.0	131.4	114.6	118.2	122.3
Miscel	100.0	104.4	130.0	136.4	143.3
General index	100.0	106.7	102.5	107.9	122.7

① Compiled by the National Tariff Commission, Shanghai.

Continued

	1926	1927	1928	1929	1930(ten month average)
Tientsin:[①]					
Food	100.0	109.0	113.4	115.8	119.3
Clothing	100.0	101.6	118.0	118.1	107.9
Housing	100.0	110.5	120.2	119.2	118.8
Fuel & Light	100.0	102.2	106.4	124.5	138.5
Miscel	100.0	119.2	123.5	114.1	137.5
General index	100.0	108.6	113.3	116.3	12.0

A rise in the standard of living is a blessing, and results ultimately in national gain. When once a worker has desires different from mere primordial needs, he is on the road to efficiency where one step taken makes the next easier. On the other hand, however, a rise in the cost of living often makes for social unrest, and is much to be dreaded. The consequence of a low standard and an increasing cost of living in China is indeed far reaching from the viewpoint of industrial prosperity and national welfare.

The low standard of living of the Chinese worker reflects very well upon his productivity. In China labor is cheap, but labor cost is high, much higher perhaps than that in the West. In farming, for instance, Professor Buck has demonstrated that the production per hour of man labor for wheat grown in China is 1.6 kilograms, but in the United States of America it is 39.4 kilograms. In mining, the inefficiency of the Chinese labor is also

① Compiled by the Nankai University Committee on Social & Economic Research striking. The average efficiency of a Chinese miner for instance, is about twenty times lower than that of an American coal miner and about four times lower than that of a coal miner in Europe. In the manufacturing industry, some idea of the inefficiency of the Chinese laborer may be obtained from an analysis of the number of operatives per 10,000 spindles and the number of looms per weaver in a cotton mill. In Chinese owned mills in Shanghai, for instance, the number of operatives per 10,000 spindles 20's runs from 550 to 600; whereas in Japanese mills in Japan, the number of operatives per 10,000 spindles 20's averages 350. In the case of weaving, the Chinese mills in Shanghai have, in average, two looms per weaver, but in Japan they have 5.5 looms per weaver.

Growth of unionism: The rise of modern trade unions in China may be dated back to the Armistice, and was accentuated by the Chinese laborers who had returned from the war fronts. "From the armistice to 1921, approximately 200,000 factory workers were organized into various unions in different cities. Their organization was the most efficient then in operation in China. Next to them, in numerical strength, were the miners and the railway men, who numbered 185,000. The agricultural workers, who are always more conservative than the craftsmen, were the least organized." After 1921 trade unions in China sprang sporadically in different industrial sections. With the establishment of the Nationalist regime in Nanking, it has definitely become the policy of the government to encourage and assist the organization of unions in almost every occupation, under the supervision of local Kuomintang. In 1926 at the Third All

China Labor Conference at Canton, there were 400 delegates representing more than 1,200,000 organized workers. The peak of the movement, however, was reached in 1927 when on the occasion of the Fourth All China Labor Congress it was announced that a total of 3,065,000 organized workers were represented. In 1928, however, according to the statistics compiled by the Ministry of Industry, Commerce and Labor, the number of trade unions in China was 106 with a total membership of 1,773,997. This considerable discrepancy between the extent of unionism in 1927 and 1928 is probably due to the fact that many unions in 1927 may have been closed down in 1928 by the Union Labor Purification Committee which, it may be noted, is unique in the Chinese labor movement.

With the growth of the labor movement the occurrence of industrial disputes and strikes becomes a familiar phenomenon in many occupations. In Shanghai alone, there were 222 industrial disputes during a half year period from July to December, 1928. These disputes involved a total labor loss of 389,147 work days, and a total wage loss of $247,877. The establishments affected totaled 5,548, while the workers involved were 82,512. Conditions of employment constituted the most important factor for the disputes between the management and the labor; for 152 cases, or 68.5% of the total numbers of cases, related to wages, hours of labor, hiring and firing, treatment, systems of work, factory regulations, etc. The next important factor, the condition, fulfillment and amendment of collective agreements, gave rise to sixty-one disputes, or 27.5%.

labor Legislation: Labor legislation remained a novelty in China until 1914 when laws governing the mining labor were promulgated by the Peking Government. Ten years again elapsed before the first provincial factory regulations were passed in 1923. These regulations, however, were limited in scope, as they applied only to two classes of factories, namely: those which usually employed not less than one hundred workers, and those which were dangerous and unhealthy. The re-organization of the Kuomintang in 1924 and its mobilization against the Peking Government in 1926 introduced a new era in favor of the labor movement, and consequently labor laws were drafted and passed one after the other wherever the Kuomintang forces prevailed. To sum up, "The first care of the Kuomintang was to give the workers and peasants the power of emancipating themselves at a time when the Nationalist Government still felt; itself too weak to settle their relations with the employers with a high hand. The result was the Act on Trade Unions of 1924. Later, realizing that the disputes arising out of the labor movement threatened the whole economy of the country, the Government intervened by a series of measures on conciliation and arbitration, while at the same time it experimented with the regulation of conditions of work in a limited field. Finally, after the establishment of the Central Government at Nanking in 1927, there was a change of method in the preparation of labor legislation, which became more cautious and more carefully thought out."

Lately, a Factory Law has been submitted by the Ministry of Industry, Commerce and Labor to be Government Council. The

Law has not yet gone into effect, the Legislative Yuan being in fact engaged upon preparing a Labor Code which will have a greater sanction than a mere administrative act by a Ministry can have. In general, the Law is very comprehensive. It consists of sixteen sections, namely: scope of application, woman and child labor, dismissals, hours of work, rest and recreation of the workers, standard of production, minimum wages of the workers, distribution of profits, sanitation and safety, workers, councils, apprenticeship, workers' welfare, special treatment of workers engaged in industries of a dangerous nature, records of employees, factory inspection, penalties and fines.

(The 4th Pacific Conference, Chinese Group, Shanghai-Hangchow, October 21-November 2, 1931)

THE LAND PROBLEM OF CHINA

CHINA remains today, as in thepast, a predominantly agricultural society. Despite the absence of reliable occupational statistics, the consensus is that almost four-fifths of the population in China depend on the soil for their livelihood. On the standard of life ofthis great army of cultivators, both her economic prosperity and her political stability must depend. Any realistic study of modern China, therefore, may well start from the facts relating to the utilization of farm land and the distribution of landed property.

LAND UTILIZATION

China has an area of three and one-third million square miles-more than 300,000 square miles larger than the continental United States of America. This great land mass of China is very rugged,making transportationextremely difficult and livelihood very hard to earn. Limited by topography and also by conditions of precipitation and cli-mate, the extent of arable land in China has been variously estimated from the minimum of 357 million acres, or 16.7 per cent of the area of the country, to the maximum of 810 million acres, or 37.5 per cent of the area of the country.① Most probably the former bears more substantial relation to the truththan the latter. Even optimistically considered, however, 37.5 per cent com-pares unfavorably with the correspond-ing figure for the United States of America, which is 51 per cent.

On the basis of field investigation by Professor Buck, the land under cultivation in "agriculturalChina," covering a gross area of 1,400,000 square miles and exclusive of the northeastern provinces known as Manchuria, has been put at 232 million acres.② With the addition of about 40 million acres for the cultivated land of Manchuria,③ the land un-der cultivation in China as a whole totals 272 million acres, or 12.7 per cent of the area of the country. The differ-ence between the estimate of 357 million acres of arable land and that of 272 million acres of cultivated land may betaken as the probable acreage of un-cultivated arable land-a figure which can in no way account for the optimistic opinion of vast areas still available for cultivation.

The ratio of arable land to the total area of the country is 16.7 per cent, and that of the cultivated land is 12.7 per cent. This paucity of arable land, com-bined with a huge population almost en-tirely dependent for sustenance on thesoil, can have but one conclusion-agri-cultural overpopulation.

---

① The maximum estimate is by Dr. Wong Wen-hao quoted in Statistics on Land of China (in Chinese), compiled by the Direc-torate of Statistics of the Nationalist Govern-
ment of China (Nanking, 1946), p. 11. The minimum estimate is by myself, based on Buck's study for China Proper and on Japa-nese investigation for Manchuria.

② J. L. Buck, Land Utilization in China (1937), p. 165.

③ My own estimate.

One salient feature of China's land utilization is the minute unit of cultivation. Chinese farm are extremely small, the mean size being 3.67 acres. The largest farm in China is found in the average of 11.26 acres for the province of Suiyuan, and the smallest in the average of 1.94 acres for the province of Kwangtung.

The overwhelming pressure of population on land is shown by the exceedingly low ratio of cultivated land to people, the average for the country being only 0.7 acre per capita. Again, Suiyuan has the highest average per capita acreage of cultivated land (2.06 acres) and Kwangtung has the lowest (0.34 acre). The eight agricultural regions included in Professor Buck's investigation give an average density of 1,485 persons per square mile of crop area.

Indeed, the farm population in China has been squeezed into the confines of every little valley, up the slopes of every hill where any soil can be found, and onto the marginal lands where scanty and erratic rainfall constitutes a constant hazard to the cultivator. It has caused a greater modification of the terrain than that of any other area of equal size in the world. From one-fifth to one-fourth of the land under cultivation in China is terraced, and a much larger proportion of it is irrigated. In the rice regions of south China, for in-stance, an average of 62 per cent of the cultivated land is under irrigation, some under systems which have existed for more than two thousand years.

The prevalence of tiny holdings and the abundance of farm hands in China, which have necessitated intensive cultivation in respect to the use of physical labor, suggest also undercapitalization. Indeed, Chinese agriculture is at once overmannedand undercapitalized. Sam-ple studies show that in China the average capitalization per farm never in any case exceeds eight hundred dollars United States currency, of which nine-tenths goes to land and building, thus leaving a practically negligible amount, if any, for the provision of equipment and scientific application.

The inevitable result, therefore, is extremely low productivity per worker. It takes four out of every five workers in China to feed the population, and still there is a deficit which has to be met annually by net imports of rice; whereas in the United States of America only one worker out of every six is needed to feed the population, while producing a huge surplus for export.

TABLE 1. CULTIVATED LAND IN CHINA①

Province	Percent of total area cultivated	Acres cultivated per person	Average number of acres per farm
Northeast			
Chahar	3.7	1.64	8.26
Jehol	8.9	1.65	9.67
Heilungkiang	9.1	1.86	11.10
Kirin	18.4	1.29	7.74
Liaoning	14.5	0.96	5.76
Northwest			
Kansu	4.5	1.07	5.43
Shansi	31.1	1.21	6.40
Shensi	16.2	0.96	5.42

① Adapted from the statistics collected by the Department of Agricultural Economics of the Ministry of Agriculture and Forestry of the Nationalist Government of China, Nanking, 1946.

Continued

Province	Percent of total area cultivated	Acres cultivated per person	Average number of acres per farm
Ningsia	0.5	1.09	5.63
Suiyuan	3.3	2.06	11.26
Chinghai	0.3	1.07	5.43
Sinkiang	0.5	1.48	7.14
Lower Yangtze			
Anhwei	34.7	0.79	4.49
Hunan	16.3	0.43	2.12
Hupeh	23.1	0.55	2.68
Kiangsi	16.7	0.44	2.17
Kiangsu	52.0	0.56	2.77
North Plain			
Honan	40.4	0.62	3.20
Hopeh	51.6	0.74	4.25
Shantung	45.4	0.50	2.80
Southeast			
Chekiang	26.7	0.48	2.16
Fukien	11.8	0.48	2.13
Kwangsi	8.4	0.37	1.95
Kwangtung	12.4	0.34	1.94
Southwest			
Kweichow	8.6	0.61	3.19
Szechwan	24.0	0.65	3.91
Yunnan	4.3	0.60	3.12
Sikang	0.1	0.39	2.37
China	12.7	0.70	3.67

LAND DISTRIBUTION

Impressed by the problem of land utilization, especially that aspect of it presented by the multitude of minute holdings, observers in China have frequently failed to accord due importance to the question of land tenure in the country. While it is true that large land estates in the European sense of the term are seldom found in China, we must recognize the existence Qf inequalities in the distribution of landed property. The system of landowner-ship, which is the institutional fabric of Chinese agriculture, constitutes the foundation of China's national economy at the present stage of its development. It has been estimated that about three and a half centuries ago only half of the total acreage of cultivated land in China was in private ownership, the other half being distributed into: royal estate and government land, 27.2 per cent; temple and ancestral land, 13.6 per cent; and land for military coloniza-tion, 9.2 per cent.①5 Owing to the aliena-tion of public and semipublic domains during the Ch'ing dynasty and to the progressive disintegration of collective ownership in temple and ancestral land, more than nine-tenths of the farm land in China today is privately owned.②

Statistics collected by the National Bureau of Agricultural Research of the Ministry of Agriculture and Forestry bring forth evidence of a definite trend toward private landownership in China since the first decade of the present century. In 1911, 49 per cent of the peasants were occupying owners, 28 per cent were tenants, and 23 per cent owned part of their farmland while renting the remainder. In the decades which have elapsed since the

① Huang Li-chow, "Studies on Land Sys-tems," Part II, in Ming Yi Tai Fang Lu (in Chinese).

② J. L. Buck, op. cit., p. 192.

Republican Revolution, occupying ownership has lost ground and tenancy advanced. The proportion of occupying owners in the total farming population dropped to 46 per cent in 1931, 35 per cent in 1938, and 37 per cent in 1941; whereas that of tenants rose to 31 per cent in 1931, 38 per cent in 1938, and 36 per cent in 1941.

TABLE 2. EXTENT OF TENANCY IN CHINA①

Year	Occupying owner	Tenant	Part tenant (Per cent)
1911	49	28	23
1931	46	31	23
1938	35	38	27
1941	37	36	27

The causes for the transfer of land into fewer hands are both political and economic. War and famine, excessive taxation by the government and exploitation by the moneylender, political disorder and economic instability-these and other factors all have ruinous effects on the small occupying owners and contribute to land concentration. A sample survey of 1,545 landlord families selected at random in eleven provinces by the National Land Commission in 1934 reveals an average ownership per family of 2,030 mu (320 acres), which, although it appears small by western standards, is over one hundred times as large as the average ownership per family of 16.2 mu (about 2.5 acres) among 572,865

① Statistics collected by the National Bureau of Agricultural Research quoted in Statistics on Land Tenure in China, compiled by the Directorate of Statistics of the Nationalist Government of China (Nanking, 1946), pp. 6-7. Also quoted in Chinese Year Book, Vol. II (1948), pp. 1240-1241. (Both in Chinese.)

occupying peasant fami-lies chosen for a similar study in the same regions and at the same time.①

The degree of land concentration varies widely from region to region; it is more marked in south China than in north China, and more so in the neigh-borhood of great cities than in regions in the interior. In 1941, the dis-tribution of the farming population in Szechwan of southwestern China and Kwangtung of south China was 48 and 46 per cent respectively for tenants, 23 and 33 per cent for part tenants, and 29 and 21 per cent for occupying own-ers. On the other hand, the distribution of the farming population in Honan of north China and Ningsia of northwest-ern China in 1941 was 20 and 15 per cent respectively for tenants, 21 and 11 per cent for part tenants, and 59 and 74 per cent for occupying owners.②9 In the delta region of the Yangtze near Shanghai and that of the Pearl River near Canton, from 70 to 90 per cent of the landholdings are said to be rented.

A recent case study on land distribu-tion in south China shows that landlords constituting 3 per cent of the farming population own as much as 30 per cent of the total cultivated land, while poor peasants③ comprising 67 per cent of the farming population possess but 20 per cent of the total cultivated land. In

① National Land Commission, Report on Land Investigation in China, Nanking, 1936 (in Chinese).

② For source of statistics, see note 7 supra.

③ Peasants in China are usually classified in such general terms as rich, middle, and poor. The middle peasant family is one which in normal years can and does make ends meet, while the poor peasant family cannot make ends meet even in normal years. The rich peasant family has an annual surplus income over and above the necessary outlay for living expenses and the cost of farm operation.

north China, how-ever, landlords forming 2 per cent of the farming population own 18 per cent of the cultivated land, while poor peas-ants amounting to 74 per cent of the farming population possess 31 per cent of the cultivated land.

TABLE 3. LAND DISTRIBUTION1①

Classification	South China		North China	
	Per cent of total farming population	Per cent of land owned to total land	Per cent of total farming population	Per cent of land owned to total land
Landlord	3	30	2	18
Rich peasant	7	27	6	21
Middle peasant	23	23	18	30
Poor peasant	67	20	74	31

With land concentration there has arisen in China an increasing number of absentee landlords who are both parasitic and oppressive. They com-pletely detach themselves from the land and its cultivation, but take all they can from it through their agents and put very little into it in return. Ac-cording to a field study by the National Agricultural Promotion Commission in 1941, 27.4 per cent of the landlords in China are absentees.② Resident land lords, who still constitute the majority of the class, are not all open to criti-cism in the same degree. A few of them may be enlightened, but many are bad, and some outrageous.

Eviction and overrenting are grievances of serious magnitude

① From W. H. Wu, "An Inquiry into the Problem of Land in China," New Social Sci-ences Quarterly, Vol. I (1941), No. 4 (in Chi-nese).

② National Agricultural Promotion Commis-sion, Report, Special Series No. II, 1942, pp. 10-11.

and long standing in many parts of the country, though not in all. Time of tenure varies from region to region. On the average, 21 per cent are reported to have permanent tenure and 8 per cent a fixed period of tenure, but as many as 71 per cent are said to hold at the will of the landlord and can be summarily dispossessed without compensation.① Rents absorb approximately half of the proceeds from the land for the country as a whole, but in Szechwan and Kwangtung, they amount to 66 and59 per cent respectively.②

The proportion of the crop allotted to a peasant is usually so small that he cannot live through the year's farm business without asking for advances from his landlord, who in most cases doubles in the role of village moneylender or pawnship proprietor and whose interest charges on loans invariably range from 2 to 6 per cent or more per month.

Indeed, the pressure on the peasant in China has been such that throughout the country agriculture itself actually tends to run down for lack of impetus to technical progress or lack of resources necessary for the minimum maintenance of permanent improvements.

---

① Statistics collected by the Department of Agricultural Economics of the Ministry of Agriculture and Forestry of the Nationalist Government, quoted in Chinese Year Book, Vol.II (1948), p. 1243 (in Chinese).

② Statistics collected by Legislative Yuan, quoted in Statistics on Land Tenure in China, compiled by the Directorate of Statistics of the Nationalist Government of China (Nanking, 1946), pp. 76-77.

POSITION OF THE PEASANT

From the foregoing summary of facts, it cannot be denied that in China the peasant has been impoverished, on the one hand by the minute acreage of his farm, incapable of giving him a tolerable livelihood, and on the other hand by the exorbitant exactions of parasitic interests inherent in the system of land distribution. The latter is more important than the former, since it deprives the peasant of all possibility for advancement and thus imprisons him in a vicious circle.

By the preponderance of his proportion in the total population of the country, the peasant in China holds the key to political stability. Any disregard on the part of a government for his intolerable poverty and ruthless exploitation can only invite domestic disorder and result in disaster. The history of China bears sufficient evidence to this effect.

The failure of the Nationalist Government to inaugurate a program of land reform for the mass of its citizens since its rise to power in 1927 has undoubtedly contributed considerably to its recent downfall. Had the work of the American-Chinese Joint Commission for Rural Reconstruction been started by the government of China two decades ago and extended to the various parts of the country, instead of such superficial measures as road construction and urban modernization for which the population sustained the cost without reaping a proportionate benefit, the turn of events in China might have been different.

FOR THE SUCCESSO F POINT FOUR

From the experience of China's land problem and its effect on her recent national tragedy, the Western world may well evolve a genuine policy for the Point Four Program for underdeveloped countries. It may be reiterated that the attainment of economic prosperity and political stability in a nation must be extended to the great mass of the population. In an underdeveloped country, a reconstruction of the legal and social fabric of the land system is a prerequisite to any measure of economic modernization. Only by establishment of peasantry ownership can the potential energies of the great mass of the people be released and their capacity to receive and absorb technical and financial assistance for development be enhanced.

In an underdeveloped country, too, a general plan of development in the form, for instance, of practical education, agricultural improvement, or public health service should take precedence at the initial stage over a specific project of construction which, as an investment, might result in greater immediate dividend return. After all, it is the advancement of the people in quality, ability, and level of life that counts in the final score, and not necessarily the net result of the profit and loss account of the project itself.

A successful policy for aiding an underdeveloped country is the one which confers the greatest benefit on the greatest number of people in the country the peasantry.

(Annals of the American Academy of Political and Social Science,
Vol. 276, Lessons from Asia, Jul., 1951)

何廉先生年表①

何廉（1895—1975），字淬廉。

1895 年，生于湖南邵阳（宝庆）。

1903 年，入家馆启蒙。

1914 年，以第一名的成绩考入长沙雅礼中学读书。

1919 年，自费赴美国留学，入波姆那学院（Pomona College）二年级学习。

1921 年，在波姆那学院结识了余舜芝小姐。同年，决定主修经济学。

1922 年，进入耶鲁大学研究生院，主修经济学，兼修社会学。期间曾在费暄（Irving Fisher）教授的指导下长期从事物价指数的编订工作。

1923 年，加入在美华人联谊团体——成志会。与同在美国学习的方显廷相识，成为莫逆之交。

1925 年，在亚当斯（Thomas S Adams）教授指导下完成论文《对于英美所得税征收机制与过程的一个比较研究》（Machinery and Procedure in the Administration of Income Taxation: A comparative Study with Special Reference to United States and the United Kingdom）。

---

① 本年表原载于何廉、李锐，《财政学》[M]，北京：商务印书馆，2011 年。此处略有增补，感谢商务印书馆惠允我们使用本文。

1926年，获得耶鲁大学博士学位，旋即接受南开大学商科的邀请，回国任财政学和统计学教授，开设经济学、财政学、统计学和公司理财学四门课程。从一开始，他就尤其注意在授课过程中将经济学理论与中国素材相结合，使学生能够学以致用。

1927年，谢绝“中华文化教育基金会”的邀请，于9月10日创立南开大学社会经济研究委员会，兼任委员会主任导师。

1928年1月，与《大公报》合办《统计周报》副刊。同时创办英文期刊 Nankai Weekly Statistical Service（后更名为 Monthly Bulletin on Economic China 和 Nankai Social & Economic Quarterly），对外发布社会经济研究委员会的研究成果。同年，开始指导委员会着手编制物价、生活费和外贸指数。后来经过不断地发展壮大，形成了蜚声海内外的“南开指数”体系。

1929年1月，邀请方显廷来南开担任经济史教授兼社会经济研究委员会研究主任，从此开始了他们20年的亲密合作。此后，越来越多从海外归来的经济学者加盟这里，南开也由此成了当时中国经济研究的“重镇”。8月，何廉与余舜芝小姐结婚。10月，与张伯苓校长同赴日本参加太平洋国际学会讨论会，获得学会的两项研究资助：东北移民项目和华北工业化项目。前者由何廉主持，后者由方显廷主持，缓解了当时的经费难题。

1930年3月，与《大公报》合办《经济研究周刊》，在3月3日第1期的发刊词中，何廉明确提出了经济学必须实现中国化的目标。5月，何廉与方显廷合著的《中国工业化程度及其影响》由商务印书馆出版，书中提出要研究中国工业化“非实地调查不为功”。

1931年，从洛克菲勒基金会获得了第一笔为期5年的资助，此后来自该基金会的拨款一直持续到了1947年,成为社会经济研究委员会（即后来的经济研究所）重要而稳定的经费来源,委员会的研究领域也由此得以扩展到华北农业经济、乡村工业以及地方行政与财政这三项农业课题,何廉也因此而被誉为"中国最早重视农业的经济学家"。5月，受校长张伯苓的委托，将商学院、文学院的经济系和社会经济研究委员会合并组成了中国大学中的第一个经济学院——南开大学经济学院，何廉任院长，同时设立经济学院董事会，邀请颜惠庆任会长，负责筹款。针对当时大学专业划分过细的状况，何廉对课程设置进行了改革，要求经济学院第一年讲授公共课程，第二年介绍经济学基本课程，三年级以后再划分专业。针对当时国内经济学术语使用混乱的局面，何廉又组织经济学院的教授定期会议，集中探讨经济学术语的标准化问题。

1932年，创办《经济统计季刊》，每期均登载"中国经济概况述要"一篇，总结本季度的中国经济状况，1934年扩刊并更名为《政治经济学报》。

1933年，应全国经济委员会邀请，和方显廷一同对浙江省进行调查并提交"浙江省经济状况与问题"报告。3月，与《大公报》合办《经济周刊》。

1934年，教育部国立编译局召集各大学经济学教授，组织成立国家自然科学用语标准化的经济学工作委员会，由何廉担任主席，在南开大学工作的基础上，统一中国经济学的术语使用，并编撰了《经济学名词》，由教育部颁布，推广到全国各大学使用。5月，斐陶斐励学会南开分会成立，何廉当选副会长。夏，受邀赴庐山与蒋介石会谈中国经济状况。9月，遵照教育部训令，取消经济学院名称，更名为商学院，同时将社会经济研究委员会更名为经济研究所，何廉继续担任商学院院长兼经济研究所所长。

1935年2月，由何廉和李锐合著的《财政学》教科书由国立编译馆出版、商务印书馆发行，成为他经济学中国化主张的一个重要体现。同年，南开经济研究所与北京协和医学院、燕京大学、清华大学和金陵大学联合成立了“华北农村建设协进会”，何廉任协进会主席，方显廷任秘书长，在山东济宁设立试验县。为配合协进会工作，南开经济研究所于秋季首次招收研究生，由洛克菲勒基金会提供奖学金，他们也就成为我国自己培养的第一批经济学硕士。到1948年，经济研究所共招收研究生11届，59人。他们大都成了经济学名家或财经工作者，为经济学研究和国家经济建设做出了重要贡献。

1936年，接受国民政府行政院的任命，任政务处处长，受命考察国民政府经济部门的机构设置状况、政府在经济建设中的作用和财政收支状况这三项问题。同时继续在名义上担任南开大学经济研究所所长，由方显廷代理所长职务。

1937年5月，就所考察的三项问题完成详细的报告，书面呈交蒋介石。3月至9月，代理资源委员会秘书长职务。8月，兼任农本局总经理。10月，兼任农产调整委员会副主任。11月，农产调整委员会主任周作民辞职，何廉接任主任。

1938年1月，将农产调整委员会并入农本局统一管理。2月，鉴于各大学内迁和农本局人员不足的情况，何廉邀请方显廷在重庆共同开设训练班，先后合作招收和培训了数百名大学毕业生，派往各地农本局机构任职。抗战期间，农本局在农产运销、推广良种、开设农业仓库和发放农业贷款等方面取得了很大的成绩。春，华北农村建设协进会南迁至贵州并更名为“中国农村建设协进会”，试验区改到定番（惠水）县，何廉仍为会长。6月，何廉兼任经济部次长，主要负责农业行政工作。同时，何廉还应邀兼任三民主义青年团执行干事和经济处处长。

1939 年，因志趣不投而辞去三民主义青年团职务，因而也失去了与蒋介石直接接触的渠道。9 月，因抗战而南迁的南开大学经济研究所辗转经长沙、昆明后，在重庆沙坪坝南渝中学内恢复，何廉仍任所长，每周回所一次。同时，应张群之邀，兼任西南经济研究所副所长。

1940 年，西南各大城市出现粮食危机，何廉兼任粮食管理局局长。

1941 年 5 月，由于国民政府内部的人事倾轧，何廉的职务被撤销，改任军事委员会参事，同时每周三天到南开经济研究所恢复学术工作。8 月，在汪山的住宅遭日本飞机轰炸，长子罹难，已经搜集的大量农村金融资料也毁于一旦。11 月，赴香港与企业界人士聚会商讨经济问题,决定对西北地区进行考察。12 月，香港沦陷。

1942 年，历险从香港返回重庆，恢复在南开经济研究所的工作。

1943 年 5 月，受邀与蒋介石面谈。12 月，赴甘肃、陕西、青海、宁夏和新疆五省考察西北经济，并撰写了考察报告，认为西北经济的发展不能只依靠私营企业，而更需要政府先投资发展运输和灌溉等基础事业。

1944 年 1 月，就职中央设计局副秘书长，同时邀请方显廷担任中央设计局研究处处长，组织编制《第一期经济建设原则》和《第一期国家经济建设总方案物资建设五年计划草案（提要）》，对各地区发展分别进行规划，主张采取公私混合的经济体制，有计划地发展国营和私营企业，同时尽量将政府的控制减少到最小程度。由于各种原因，这一计划未能公布实施。6 月，与范旭东、龚饮冰等组建建业银行，任总顾问。10 月，再度担任经济部次长。

1945 年冬，中央设计局完成工作后撤销在案。

1946 年 6 月，辞去国民政府的全部工作，应邀任金城银行常务董事兼中国协进企业公司总经理。10 月，与方显廷在上海设立中国经济研究所，何廉任所长，方显廷任执行所长。

1947 年 1 月，与南开大学的老同事张纯明在南京创办期刊《世纪评论》。4 月，与方显廷在上海创办期刊《经济评论》。同时，还与龚饮冰等在上海组建晨南企业公司，任董事长。7 月，作为联合国社会经济理事会的经济与就业委员会和人口委员会的中国代表赴美参加联合国会议，随后在洛克菲勒基金会的资助下访问各主要大学和重要经济学者，并受邀担任普林斯顿高等研究院客座研究员。

1948 年 6 月，张伯苓调任国民政府考试院院长，电邀何廉回国代理南开大学校长。10 月 14 日，正式就职南开大学代理校长，募资修复南开大学图书馆，解决学校师生的粮食和冬季取暖问题。12 月，离开天津，经上海抵香港。

1949 年 1 月，举家从香港转赴美国。3 月，赴日内瓦参加联合国人口会议。6 月，接受哥伦比亚大学邀请任客座教授。

1955 年，担任哥伦比亚大学经济学终身教授，此后相继开设了“中国经济结构”“中国土地制度”和“日本的经济结构”等课程。

1956 年，应历史学教授韦慕廷（Martin Wilbur）之邀，共同主持哥伦比亚大学中国口述历史工程（Chinese Oral History Project, 1958—1976），先后联络采访了 16 位民国名人政要，留下了大量的历史研究资料。

1961 年，因高血压症困扰而从哥伦比亚大学退休。

1965 年 10 月，接受哥伦比亚大学口述史研究中心访谈，至1966年8月完成《何廉回忆录》。

1975年7月5日，病逝于美国纽约。

杨敬年、关永强于南开大学

编后记

本书收录了何廉先生的各类中文文章 70 篇、英文论文 4 篇、书评 4 篇，共计 78 篇。由于篇幅所限，《中国工业化之程度及其影响》《财政学》等何廉先生单独出版的专著都没能收入，《大公报·经济研究周刊》等报刊上一些没有明确署名而实际可能由他撰写的文章也没有编入。

特别遗憾的是，我们虽然一直努力搜寻，但始终未能找到 1948 年 10 月 17 日何廉先生就职南开大学校长时的演讲原文，仅在次日发行的《大公报》上觅得一篇相关的新闻报道，可以由此大致了解当时的情形。这条题为《南开纪念四四周年 张校长五十年努力成绩辉煌 何廉就职阐述大学教育目的》的新闻提到，在南开学校成立四十四周年之际，师生和来宾全体在东院大礼堂开会庆祝，济济一堂，新校长何廉讲到他对大学教育的根本看法和对师生们的希望，他认为：

“大学教育的目的有三：一、使青年人对处世和治学方法能有正确的观点和态度，对国家社会的发展和个人事业前途以及整个人生观能有独立公正的思考判断与抉择能力；二、不必使学生都成‘通才’，但应具有广泛的知识；不必使学生都成‘专家’，但应具基本的治学方法；三、不必能使学生成为‘完人’，但应具有高度责任感和公共精神，消极的要做到富贵不能淫、贫贱不能移，积极的要做到急公好义、勇于负责。这三点，也是南开校训的‘公’和‘能’主旨所在。要实现这种理想，必须要有两个条件：第一是安静的读书环境，第二是相当的经济以充实设备。我不是一个空想主义者，承认现在的困难和阻力都很大，但我们可以加强师生的精神合作，以弥补物质的缺陷。”

值得一提的是，就在本书即将付梓之际，哥伦比亚大学图书馆将何廉先生与韦慕廷教授主持的中国口述历史工程录音资料整理上传至网站并对公众开放。感兴趣的读者在阅读本书的同时，还可以通过网络清晰地听到何廉先生的声音（https://dlc.library.columbia.edu/catalog/cul:3r2280gd56）。

本书的编辑出版始于南开大学出版社纪益员副总编 2015 年的倡议，并得到了杨敬年先生和赵津教授、王玉茹教授、张东刚教授的热情支持，尤其是杨敬年先生允许我使用他《回忆何廉等经济研究所的五位老师》一文作为本书序言，并把我们合作编写的何廉先生年表附录于后，供读者参考，感兴趣的读者也可以通过杨先生的回忆录《期颐述怀》了解更多他与何廉先生的交往经历。东吴大学的徐振国先生也曾惠赐他关于南开经济研究所的大作，令我们受益良多。特别幸运的是，2019—2020 年我在美国访学期间，与何廉先生的女儿何宝琳女士（Pauline Ho Bynum）取得联系，并得到了她的大力支持和惠允本书出版。我们衷心地希望本书的出版能够成为一个开端，让海内外越来越多的学者关注何廉先生对近代中国学术、教育、经济和政治做出的卓越贡献，进而拓展相关领域的研究。

本书得以在南开大学百年校庆之际出版，要特别感谢南开大学梁琪教授、经济学院院长盛斌教授和南开大学出版社的鼎力支持。在本书篇目的查找过程中，我还得到了商务印书馆宋伟编辑、南开大学图书馆古籍特藏部惠清楼老师、林红状老师、施薇老师、李昕老师和南开大学档案馆张兰普老师、鲍志芳老师等的大力帮助，谨此向他们致以感谢。

关永强于南开大学经济研究所

2020 年 9 月